BUR

B.M. QUARTU
DIZIONARIO
DEI MODI DI DIRE
DELLA LINGUA ITALIANA

10.000 MODI DI DIRE
ED ESTENSIONI
FIGURATE
IN ORDINE
ALFABETICO
PER LEMMI PORTANTI
E CAMPI
DI SIGNIFICATO

BIBLIOTECA UNIVERSALE RIZZOLI

Proprietà letteraria riservata
© 1993 RCS Rizzoli Libri S.p.A., Milano

ISBN 88-17-14525-4

coordinamento editoriale e ricerca Elena Rossi
con la collaborazione di Anna Lazzeri *e* Valerio Visintin
consulenza informatica Sergio Gervasini
a cura di
Franco Melotti e Italo Sordi

prima edizione: gennaio 1993

INTRODUZIONE

Motti, proverbi, modi di dire, locuzioni e frasi fatte sono tutte categorie che sfuggono a una definizione precisa anche se molti ricercatori, in epoche diverse, hanno spesso tentato di classificarli. Già i greci e i latini avevano cominciato a stilarne delle raccolte, che ebbero grande diffusione nel medioevo e nei secoli successivi. Nell'800, poi, i dizionari hanno dedicato grande spazio a queste voci che, pur rimanendo distinte dai vocaboli propri della lingua italiana, entrano nondimeno nella sua evoluzione e nella sua storia. Lasciando comunque a etimologisti, linguisti e lessicografi il compito di definire esattamente le categorie, ci limitiamo qui a esporre i criteri che ci hanno guidato nella selezione delle voci da inserire in questa raccolta, innanzitutto nella scelta di usare il termine forse più generico, "modo di dire", che è a sua volta una locuzione, trasparente nel significato degli elementi che la compongono, ma talmente fissa da essere diventata praticamente autonoma. Spesso non ci rendiamo nemmeno conto di quanti modi di dire usiamo parlando o scrivendo e, se è facile distinguere quelli dialettali o di origine proverbiale, altri sono ormai talmente comuni da aver perso il collegamento con la loro origine e da essere considerati dai dizionari un uso particolare dei termini che li compongono. Facciamo subito un esempio.
"Venir meno" ha un valore a sé, diverso da quello che ha il verbo "venire" da solo o legato ad altri avverbi, e la maggior parte dei dizionari lo dà come locuzione, ma in realtà avrebbe tutta l'autonomia per stare a lemma come qualsiasi altro verbo formato da una sola parola, per esempio, in questo caso, i suoi equivalenti "svenire" o "mancare".
Il problema è che a volte, pur nella ricchezza della lingua italiana, non esiste un unico termine per esprimere un certo concetto, ed ecco che si moltiplicano locuzioni e modi di dire anche se non li sentiamo più come tali.
Qual è allora la differenza? E ancora: è forse diverso quando usiamo il significato figurato di una parola, ad esempio "fiamma" per

"sentimento appassionato", oppure quando ricorriamo a una metafora più esplicita quale "andare a vele spiegate"?
Non sapremmo dire quale sia la differenza, se non che nel primo caso il figurato è affidato a un'unica parola, nel secondo a una locuzione. Sta di fatto che in questo dizionario non si troveranno esempi come il primo ma solo come il secondo perché uno dei criteri parte dal presupposto che proprio la fantasia, l'elaborazione del linguaggio sono caratteristiche dei modi di dire.
Un altro problema è dato dalle locuzioni composte da un sostantivo accompagnato da un aggettivo o da un complemento di specificazione, o formate da una coppia di sostantivi, uno dei quali in funzione appositiva, proprie di molti linguaggi tecnici, che servono a definire un'unica entità.
Se pensiamo solo alla botanica e alla zoologia ne troviamo un'infinità: uccello lira, pesce gatto, orsetto lavatore, erba cipollina, cardo mariano, dente di leone, occhi della madonna... Ma anche il linguaggio militare ne è pieno: caschi blu, berretti verdi, fiamme gialle...; e così pure la mineralogia o la chimica: occhio di tigre, pietra di luna, argento vivo, oro nero...
Tutte queste locuzioni nascono da una similitudine o da una metafora ed essendo espressioni della fantasia e del patrimonio popolare ci sarebbe piaciuto considerarle alla stregua di modi di dire. Tuttavia in questa raccolta ci siamo limitati a segnalare solo alcune delle più note, dando la preferenza a quelle che non sono rimaste legate all'oggetto che dovevano definire originariamente, ma che hanno dato origine a un uso più allargato, come nel caso di "argento vivo" che ormai è raramente usato per indicare il mercurio, ma è rimasto nel suo significato di "carattere irrequieto e vivace".
Abbiamo scelto quindi quelle che hanno fatto un passo in più nell'evoluzione del linguaggio e hanno subito ulteriori modifiche, considerando le altre come termini a sé stanti, per quanto composti. Ci piacerebbe un giorno raccogliere tutte queste locuzioni, ma sarà un altro lavoro.
Lo stesso discorso potrebbe valere per molti termini stranieri entrati nella lingua italiana, ma qui il criterio è stato molto più semplice: abbiamo raccolto solo modi di dire della lingua italiana, escludendo quindi quelli dialettali e quelli derivati da lingue straniere, compreso il latino.
Questo perché altri hanno già fatto questo lavoro e perché pensiamo che solo suddividendo sempre più le categorie si potrà arrivare

a una raccolta più allargata e a una sistematizzazione sempre più precisa di ciascuna.
Abbiamo volutamente trascurato anche altre categorie che ci sembrava avessero delle caratteristiche ben precise e che fossero quindi radunabili a sé in altre opere. Si tratta delle frasi celebri e dei proverbi. Nel primo caso è facile riconoscerle perché insieme alla frase solitamente ci è tramandato anche il personaggio a cui è attribuita. Nel secondo caso, che presenta confini più sfumati, il criterio seguito è che il proverbio ha quasi sempre la struttura di una frase fissa e di senso compiuto che esprime un rapporto di causa ed effetto (tanto va la gatta al lardo che ci lascia lo zampino) oppure una sentenza morale o un consiglio pratico (mogli e buoi dei paesi tuoi), mentre il modo di dire non si usa quasi mai da solo in quanto non è una frase completa e necessita di qualcos'altro, foss'anche solo il verbo avere, essere o fare, per formare una proposizione.
Ogni volta che era possibile abbiamo quindi cercato di isolare solo la parte che rimane immutata, per cui la locuzione "prendere armi e bagagli" sarà definita sotto "armi e bagagli", dove saranno citate le possibili varianti in uso. Per facilitare la ricerca, comunque, l'indice finale riporta anche le varianti indicate con il numero di pagina in cui sono definite.
Qualche concessione abbiamo però dovuto farla rispetto alle categorie delle frasi celebri e dei proverbi. Un po', lo confessiamo, per pura simpatia o perché certe locuzioni sono talmente diffuse che non potevamo ignorarle, un po' perché di molte non si usa soltanto la forma completa, ma è sufficiente richiamare la parte iniziale per avere il significato complessivo. Avremo così "chi di spada ferisce...", dove sarà citato il proverbio per esteso ("... di spada perisce"), ma anche "a caval donato non si guarda in bocca", per la prima delle ragioni esposte.
Per concludere, un ultimo accenno a una delle caratteristiche che ci sembra propria di quelli che abbiamo considerato modi di dire e che riguarda la loro origine e la strada che hanno percorso per arrivare a fissarsi nell'uso.
Le fonti principali delle locuzioni più antiche sono le sacre scritture, la mitologia e le favole, opere di grande diffusione come la Divina Commedia, aneddoti storici, proverbi, esperienze di vita quotidiana spesso legate alla civiltà contadina, o termini derivati "per caduta" da un linguaggio tecnico. Il fattore che accomuna tutte queste fonti è che siamo nell'ambito del patrimonio popolare e spesso

anche la forma che assume il modo di dire rispecchia questa realtà, tradendo inclinazioni regionali o forme non proprio corrette della lingua italiana.

Il confine tra linguistica e antropologia si fa sempre più sottile e sinuoso, ma invita a una ricerca ancor più affascinante perché proprio recuperando quella forza intrinseca che oseremmo dire deriva ancora dalla funzione del mito, potremo mantenerla viva nel linguaggio di oggi e dare origine a nuove locuzioni che non siano semplici scopiazzature di un'altra lingua o deformazioni di parole esistenti per adattarle alle nostre esigenze. Potremo così restituire alla lingua quella funzione creativa, di espressione di fantasia che oggi stiamo sempre più perdendo.

GUIDA ALL'USO DEL DIZIONARIO

I modi di dire sono elencati in ordine alfabetico sotto il lemma più significativo, o perché è quello che rimane immutato nelle possibili varianti, o perché è lì che appoggia maggiormente il significato. Nel caso si abbiano più lemmi significativi all'interno di una locuzione, la voce è data solitamente sotto il primo che compare ("essere come cane e gatto" sarà quindi sotto "cane"). Se all'interno del modo di dire è presente un nome proprio, è lì che sarà definito.
Dato però che in molti casi la scelta risulta arbitraria, nell'indice alfabetico sono riportati tutti i modi di dire e le varianti citate, in ordine alfabetico dato dalla lettera iniziale, con il riferimento alla pagina in cui sono definiti.
L'*indice tematico* invece raggruppa i modi di dire spiegati dal dizionario secondo le principali categorie di significati, con l'intento di suggerire al lettore, a partire da un termine più generico, una serie di locuzioni alla cui spiegazione più precisa potrà risalire nella prima parte dell'opera.
All'inizio di alcune voci compare un elenco di paragoni che non necessariamente vengono definiti nel testo, dato che risultano del tutto trasparenti.
I rimandi, quando non sia specificato altrimenti, si intendono interni al lemma stesso; altrimenti è indicato il lemma sotto cui cercare la voce (es. rompersi il capo *vedi* testa: rompersi la testa).
Il segno grafico ‖ divide significati diversi della stessa locuzione.

ABBREVIAZIONI USATE NEL TESTO

- (*fam*) = famigliare
- (*des*) = desueto
- (*pop*) = popolare
- (*sost*) = sostantivo
- (*agg*) = aggettivo
- (*avv*) = avverbio
- (*sm*) = sostantivo maschile
- (*sf*) = sostantivo femminile
- (*var.*) = varianti

BIBLIOGRAFIA

AA.VV., *La memoria delle parole*, Torino 1987
Arthaber A., *Dizionario comparato di proverbi e modi proverbiali italiani, latini, francesi, spagnoli, tedeschi, inglesi e greci antichi*, Milano 1929
Balladoro A., *Saggio di modi di dire*, Verona 1986
Ballesio G.B., *Fraseologia italiana*, Firenze 1889/1903
Barelli A. - Pennacchietti S., *Dizionario delle citazioni*, Milano 1992
Battaglia G., *Grande Dizionario della lingua italiana*, Torino 1961 e segg.
Battisti C. - Alessio G., *Dizionario etimologico della lingua italiana*, Firenze 1950
Bertoldi P., *Motti e detti torinesi*, Milano 1967
Bianchi G., *Proverbi e modi proverbiali veneti raccolti e illustrati con massime e sentenze di varii Autori*, Milano 1901
Bianchini G., *Modi proverbiali e motti popolari, specialmente toscani*, Livorno 1901
Chevalier G. - Gheerbrandt A., *Dizionario dei simboli*, trad. it., Milano 1986
Cortellazzo M. - Zolli P., *Dizionario etimologico della lingua italiana*, Bologna 1979 e segg.
Cortellazzo M.- Cardinale U., *Dizionario di parole nuove 1964-84*, Torino 1986
Delmay B., *Usi e difese della lingua*, Firenze 1990
Devoto C. - Oli G.C., *Dizionario della lingua italiana*, Firenze 1971
Dizionario enciclopedico della lingua italiana, Treccani, Roma 1970 e segg.
Enciclopedia Universale Rizzoli Larousse, Milano 1971 e segg.
Fanfani P., *Cento proverbi e motti italiani d'origine greca e latina*, Milano 1906
Fanfani P. - Arlia C., *Lessico dell''infima e corrotta italianità*, Milano 1877
Forconi A., *La mala lingua*, Milano 1988

Franceschi G., *Proverbi e modi proverbiali italiani*, Milano 1908
Fumagalli G., *Chi l'ha detto?*, Milano 1934
Gherardini G., *Voci e maniere di dire italiane additate a futuri vocabolaristi*, Milano 1838-40
Ghirardini G., *Il parlar figurato, 1269 modi di dire veneziani*, Venezia 1970
Giuliani G., *Delizie del parlar toscano*, Firenze 1880
Kerenyi K., *Gli eroi e gli dei della Grecia*, trad. it., Milano 1989
Lapucci C., *Dizionario dei modi di dire della lingua italiana*, Milano 1990
Lapucci C., *Modi di dire della lingua italiana*, Firenze 1969
La Stella T.E., *Dalie, dedali e damigiane*, Bologna 1990
Lurati O., *3000 parole nuove, le neologie negli anno 80-90*, Bologna 1990
Menarini A., *Ai margini della lingua*, Firenze 1947
Menarini A., *Profili di vita italiana nelle parole nuove*, Firenze 1951
Menarini A., *Modi e detti bolognesi*, Bologna 1974
Nieri I., *Parole e modi propri del parlare lucchese derivati dalla Bibbia e dal rito ecclesiastico*, Lucca 1965
Panzini A., *Dizionario moderno delle parole che non si trovano nei dizionari comuni*, Milano 1950
Pauli S., *Modi di dire toscani ricercati nella loro origine*, Venezia 1761
Pico Luri di Vassano (Passarini L.), *Saggio di modi di dire proverbiali*, Roma 1875
Pico Luri di Vassano (Passarini L.), *Modi di dire proverbiali e motti popolari italiani*, Roma 1875
Pittano G., *Passa parola*, Milano 1987
Pittano G., *Frase fatta capo ha - Dizionario dei modi di dire, proverbi e locuzioni*, Bologna 1992
Premoli P., *Vocabolario nomenclatore*, La Spezia 1990
Provenzal D., *Perché si dice così?*, Milano 1958
Schwamenthal R. - Straniero M.L., *Dizionario dei proverbi italiani*, Milano 1991
Tommaseo N. - Bellini G., *Dizionario della lingua italiana*, 1858-1879
Tosi R., *Dizionario delle sentenze latine e greche*, Milano 1991
Vaccaro G., *Dizionario delle parole nuovissime e difficili...*, Roma 1968
Vassalli S. *Il neo italiano, le parole degli anni ottanta*, Bologna 1989

Vocabolario degli Accademici della Crusca, Firenze 1866 e segg.
Vocabolario della lingua italiana, Ist. della Enciclopedia It. G. Treccani, Roma 1986
Volpi G., *Saggio di voci e maniere del parlar fiorentino*, Firenze 1932
Zanazzo G., *Proverbi romaneschi, modi proverbiali e modi di dire*, Roma 1960
Zingarelli N., *Vocabolario della lingua italiana*, Bologna 1988
Zolli P., *Le parole straniere*, Bologna 1991
Zolli P., *Saggi sulla lingua italiana dell'Ottocento*, Pisa 1974

ABATE

L'*abate* è propriamente il monaco che sta a capo di un monastero, detto erroneamente anche padre priore o semplicemente priore. Nel Medio Evo aveva anche funzioni politiche e godeva di privilegi particolari spesso malintesi.

essere un abatino
Ostentare un'eleganza leziosa, anche negli atteggiamenti o nel comportamento. In questo senso è già usata da Foscolo e da Nievo.
var.: essere un abatino d'Arcadia. ‖ Nel gergo del giornalismo sportivo, calciatore dal gioco elegante ma poco aggressivo.
L'uso più famoso di questa espressione è quello che ne fece Gianni Brera riferendosi a Gianni Rivera, e da allora è diventata popolare nel linguaggio del calcio.

stare come un abate *(raro)*
Essere in una posizione privilegiata, godere di una situazione di comodità e protezione.

ABBICÌ
imparare l'abbicì di una scienza
Apprendere gli elementi basilari, partendo dalle nozioni più semplici, come l'alfabeto.

ABISSO
abisso di scienza
Persona molto dotta, erudita, colta, dalle conoscenze così numerose che potrebbero riempire un abisso. Quasi sempre ironico.

essere sull'orlo dell'abisso
Figurato: correre un enorme pericolo; rischiare una grande disgrazia, essere vicini alla rovina, come trovandosi in bilico sull'orlo di un burrone.
var.: arrivare sull'orlo dell'abisso.

ABITO
gettar l'abito
Figurato: tornare allo stato laicale abbandonando un ordine monastico, o lo stato sacerdotale.
var.: gettar l'abito alle ortiche; gettar la tonaca alle ortiche.

l'abito non fa il monaco
Di origine proverbiale, il detto ricorda che non basta l'apparenza per cambiare la realtà; l'aspetto esteriore che si assume non rende migliori di quello che si è. Ripete l'identico proverbio. Nel Medio Evo, buona parte dei viaggiatori era costituita da monaci, che venivano accolti e rispettati ovunque in virtù del loro abito. Capitava però che proprio per questo anche molti malfattori si travestissero così, tanto che si trovano altre espressioni simili, quali ad esempio "non fanno il monaco la tonaca, la veste e il cappuccio". Il detto, diffuso in quasi tutte le lingue europee, sembra possa derivare da un precedente greco "non è l'abito che fa il cinico ma il cinico l'abito", e che a sua volta risalga a un ancor più antico "la barba non fa il filosofo", attribuito a Plutarco.

l'uomo è il suo abito
L'apparenza è tutto; il modo di presentarsi è fondamentale nei rapporti umani. Il detto, che trova riscontro in un motto medievale in cui si afferma che "dall'abito si deduce la personalità di un individuo", è un'interpretazione del 1500 tratta da un motto latino che dice *Vestis virum reddit*, ossia "è il vestito a fare l'uomo". Questo riprende a sua volta una massima greca citata da Quintiliano (*Proemio*, 8, 20), e in

proposito va detto che la letteratura greca è fitta di critiche nei confronti di chi mostrava trascuratezza nell'abbigliamento e nella persona. Da noi esiste tuttora il proverbio "Vesti un legno, pare un regno", che però ha un sapore fortemente ironico e sembra riallacciarsi di più a un'altra massima medievale, che afferma che "il popolino reputa molto uno sciocco ben vestito".

prender l'abito
Figurato: entrare in convento o diventare sacerdote, indossando quindi l'abito talare.

ACCETTA
fare le parti con l'accetta
Figurato: dividere in modo approssimativo, grossolano o frettoloso.

fatto con l'accetta
Figurato: costruito o realizzato in modo rozzo, senza nessuna cura, con poca attenzione per le rifiniture, detto in genere di un lavoro. ‖ Riferito a una persona, ne definisce il carattere rozzo o l'aspetto fisico spigoloso, in particolare un volto dai lineamenti duri e marcati.
var.: tagliato con l'accetta.

tagliare con l'accetta
Figurato: tagliare grossolanamente, in modo approssimativo. Si riferisce anche a giudizi frettolosi e poco ponderati.

ACCIAIO
L'*acciaio* è una lega di ferro e carbonio. Date le sue caratteristiche di resistenza, robustezza, elasticità e inalterabilità, è suscettibile dei più svariati impieghi nel campo della metallurgia.

d'acciaio
Figurato: molto forte, resistente, che non si piega facilmente. Quindi determinato, fermo, inflessibile. Usato fondamentalmente come rafforzativo per ribadire il concetto di forza, sia fisica che morale, in locuzioni quali "muscoli, volontà d'acciaio".

ACCIDENTE
La parola *accidente* deriva dal latino *accidere*, cioè capitare, e definisce così il caso fortuito, imprevedibile e improvviso. Per estensione è passata a definire anche l'evento imprevisto che turba l'andamento regolare e naturale di qualcosa, soprattutto se di natura spiacevole. In particolare indica una grave malattia fisica improvvisa, soprattutto l'infarto cardiaco o cerebrale.

mandare un accidente *(fam)*
Figurato: imprecare contro qualcuno, maledirlo, augurargli sfortuna e cose sgradevoli in generale.

non capire un accidente *(fam)*
Figurato: non capire niente.
var.: non combinare un accidente; non fare un accidente; non sapere un accidente.

ACCIUGA
Acciuga è termine generico per un tipo di piccolo pesce marino color grigio argento e dal corpo affusolato. Commestibile, viene spesso conservato in salamoia, sotto sale o sott'olio.

far l'acciuga in barile
Figurato: non compromettersi; far finta di niente, così come un'acciuga decapitata, salata e stipata in un barile insieme alle altre, non ha alcuna possibilità d'intervento.
var.: fare il pesce in barile.

pigiati come acciughe
Figurato: costretti in uno spazio molto angusto, addossati gli uni agli altri come le acciughe conservate nei loro contenitori.
Le acciughe salate erano spesso cibo di marinai ed eserciti. Per facilitarne il trasporto e ottenere il massimo sfruttamento dello spazio, si cominciò a stivarle fittamente in grossi barili di legno, adagiate su strati di sale.
var.: schiacciati come acciughe.

ACCORDARE
accordare gli strumenti
Figurato: mettersi d'accordo su un comportamento o una linea di condotta; trovare la sintonia all'interno di un gruppo. ‖ Seguire la maggioranza o adeguarsi al volere dei potenti.
Si riallaccia all'operazione con la quale ogni suonatore accorda il proprio strumento con gli altri prima d'iniziare un'esecuzione musicale. ‖ Figurato: cercare di conciliare due parti avverse; mediare una situazione di contrasto.
var.: accordare le campane.

ACHILLE
Figlio di un mortale e di una Nereide, *Achille* era per i Greci un semidio. Non potendo tuttavia ereditare l'immortalità dalla madre, quest'ultima cercò di renderlo almeno invulnerabile, per cui lo immerse da bambino nelle acque del fiume Stige, reggendolo per un tallone. E fu proprio in quell'unico punto del corpo non lambito dalle acque miracolose che Achille fu poi trafitto da una freccia scagliata da Paride ma guidata dal Dio Apollo.
La nostra conoscenza della figura di Achille ci arriva attraverso la narrazione degli eventi della guerra di Troia che Omero ha lasciato nell'*Iliade*. Achille viene presentato come un personaggio dal carattere ombroso, violento, vendicativo. Durante l'assedio alla città, si rifiuta di prendere parte alle battaglie perché il re Agamennone gli ha sottratto una parte di bottino e soprattutto una schiava che gli era particolarmente cara. Venuto a duello con Ettore, fratello di Paride e principe ereditario del regno di Troia, non si accontenta di ucciderlo in un confronto leale ma ne trascina il corpo per tre giorni attorno alle mura di Troia; questo però gli vale l'antipatia del Dio Apollo, che guiderà più tardi la freccia di Paride.

fare l'Achille sotto la tenda
Figurato: astenersi da un'azione per puntiglio, recando danno alla propria stessa parte. Anche punire qualcuno con la propria assenza, godendo del danno eventualmente prodotto.
Durante l'assedio di Troia, secondo Omero, Achille ebbe dei contrasti con Agamennone, comandante in capo dell'esercito attaccante, per cui, offeso e indignato, rimase a lungo inattivo nel suo accampamento senza prendere parte alle battaglie. La sua assenza si rivelò molto dannosa per l'andamento della guerra, tanto che Agamennone, pur di riaverlo, dovette presentargli le sue scuse.
var.: fare come Achille sotto la tenda.
ira d'Achille
Ira giustificata ma eccessiva, portatrice di grande danno per gli altri.
L'*Iliade* si propone di raccontare le conseguenze della funesta ira di Achille, dopo l'offesa arrecatagli da Agamennone.
tallone d'Achille
Figurato: punto debole di una persona. Anche il punto difettoso di qualcosa.
Achille morì trafitto da un freccia proprio nel tallone, unico punto vulnerabile del suo corpo.

ACQUA
a fior d'acqua
Rasente alla superficie di uno specchio d'acqua; appena affiorante, appena a galla.
var.: a pelo d'acqua.
a pelo d'acqua *vedi* a fior d'acqua
acqua alle corde!
Esclamazione: ormai poco usata, è una specie di grido d'allarme dato da chi si accorge di un'emergenza improvvisa e invita a porvi immediatamente riparo. Usato anche come monito rivolto a chi rischia di compromettersi in qualche modo.

La sua origine risale a un episodio avvenuto verso la fine del 1500, al momento dell'erezione del grande obelisco di piazza San Pietro a Roma. L'impresa richiedeva operazioni molto delicate, tanto che Sisto V, il papa che aveva promosso l'iniziativa, aveva imposto il più assoluto silenzio a tutti gli spettatori che affollavano la grande piazza. Ma un capitano marittimo di Sanremo, un certo Brasca, rendendosi conto che le molte funi impiegate stavano cedendo sotto lo sforzo, non si trattenne dal gridare "Acqua alle corde!", operazione che le avrebbe rese più elastiche. Nonostante il suggerimento fosse giustificato e sensato, tanto che venne immediatamente seguito, il capitano aveva trasgredito a un ordine tassativo del pontefice, che però, anziché punirlo, gli fu riconoscente e gli concesse particolari privilegi.

acqua cheta
Figurato: persona apparentemente calma, tranquilla, accomodante, ma che in realtà si adopera per raggiungere determinati scopi.
L'immagine riprende il proverbio "L'acqua cheta rovina i ponti"; infatti l'erosione che l'acqua esercita alla base dei piloni di sostegno dei ponti è più marcata nei casi in cui la corrente si presenta modesta, ma esercita un'azione ininterrotta.

acqua di fuoco
I distillati alcolici nel linguaggio dei fumetti e del cinema western, che attribuisce la definizione ai Pellerossa.
Pare infatti che fosse uso, da parte dei colonizzatori, distribuire loro whisky, acquavite e altri forti alcolici generalmente di pessima qualità.

acqua di vita
Termine arcaico per definire la grappa e l'acquavite in generale in uso soprattutto tra le popolazioni di montagna, così chiamata per il suo potere corroborante ed energetico.

acqua fresca
Figurato: si dice di qualsiasi sostanza che dovrebbe avere una determinata azione e si rivela invece priva di efficacia. Si usa prevalentemente per i farmaci inutili, ma anche per bevande, minestre o simili particolarmente insipide.

acqua in bocca!
Esclamazione: è un invito a non divulgare una determinata notizia, a mantenere un segreto.
Racconta un aneddoto che un giorno una donna, conscia di essere piuttosto pettegola, chiese aiuto al suo confessore per smettere di cadere in quel peccato. Dopo molte preghiere e penitenze che si rivelarono inutili, il sacerdote le diede una boccetta d'acqua benedetta dicendole di non separarsene mai e di metterne in bocca alcune gocce quando si sentiva assalire dalla tentazione, per deglutirle solo quando questa fosse passata.

acqua passata
Figurato: tutto ciò che non si considera più importante, cui non si dà più valore o senso. Riferito a cose o episodi del passato, generalmente sgradevoli, di cui ci si è addirittura dimenticati e dei quali comunque non importa più niente. Deriva dal proverbio "acqua passata non macina più".

acqua sporca *(fam)*
Figurato: si dice di qualsiasi liquido, bevanda o alimento troppo diluito, che dovrebbe avere un determinato odore o sapore e che si rivela invece insipido o addirittura sgradevole. Anche scherzoso.

affogare in un bicchier d'acqua
Figurato: arenarsi alla minima difficoltà, non sapersela cavare nelle situazioni più banali come chi affogasse nel quantitativo d'acqua contenuto in un bicchiere.
var.: annegare in un bicchier d'acqua; perdersi in un bicchier d'acqua.

all'acqua di rose
Figurato: di scarsa efficacia, molto blando; detto di qualcosa che risulta meno serio, forte o significativo di quanto sarebbe lecito supporre.

Si chiamano in genere *acqua* le soluzioni ottenute come residuo della distillazione di alcune sostanze. Una volta separate le essenze, l'acqua che rimane ne resta leggermente impregnata. L'acqua di rose è usata in cosmesi come tonico astringente per la pelle.

all'acqua e sapone
Naturale, senza cosmetici, privo di trucco, detto in particolare di un volto femminile. Hanno lo stesso senso altre locuzioni come "bellezza all'acqua e sapone", mentre la "ragazza" e il "tipo" all'acqua e sapone indicano più che altro la giovane sportiva, semplice, disinvolta e spontanea.

In realtà esiste un *maquillage* vero e proprio con questo nome, che richiede una laboriosa opera di cosmesi per fare apparire il volto così naturale.

var.: faccia all'acqua e sapone; tipo all'acqua e sapone; bellezza all'acqua e sapone; ragazza all'acqua e sapone.

andar per acqua col vaglio *(raro)*
Figurato: fare una cosa assolutamente improduttiva o inutile; ostinarsi in un'impresa disperata. Anche usare il modo sbagliato per ottenere un dato esito, come chi volesse attingere acqua con un setaccio.

Il detto è diffuso in quasi tutte le lingue europee, e si vuole che alluda alla mitica pena inflitta alle Danaidi, condannate dagli Dei ad attingere acqua con recipienti privi di fondo. Lo confermano diversi riferimenti di Platone, Luciano, Orazio, Tibullo, Plauto, Lucrezio, Seneca e molti altri autori.

andare contr'acqua
Figurato: cercare di contrastare una situazione, un modo di pensare e così via, indipendentemente dalla possibilità di ottenere risultati positivi. Ormai poco usato, gli si preferisce il più moderno "andare contro corrente".

andare in acqua *(fam)*
Sciogliersi, disperdersi, spappolarsi, trasformandosi in una soluzione acquosa. ‖ In senso figurato, perdere efficienza o energia, riferito alle capacità mentali di qualcuno, alla sua forza di carattere, alla sua volontà, alla sua capacità di giudizio. Può essere usato anche per uno stato di salute: dire che a qualcuno è andato il sangue in acqua equivale a darlo praticamente per spacciato.

aver bevuto l'acqua del porcellino
Figurato: essere fiorentini a tutti gli effetti.

Il *Porcellino* è un cinghiale di bronzo che adorna una celebre fontana di Firenze, alle Logge del Mercato Vecchio.

aver bevuto l'acqua di Fontebranda
Figurato: essere leggermente pazzi.

Fontebranda è una fontana di Siena situata nei pressi della porta omonima. Si diceva che la sua acqua rendesse un po' strano chi la beveva.

chi vuol dell'acqua chiara vada alla fonte
Di origine proverbiale, il detto ricorda che chi desidera più di quanto gli viene offerto deve darsi da fare per procurarselo.

Ripete l'identico proverbio.

come l'acqua e il fuoco
Figurato: assolutamente incompatibili, tali da non poter coesistere.

con l'acqua alla gola
Figurato: in una situazione disperata che offre poche e difficili possibilità di scampo, come chi sta per annegare e deve accettare una soluzione qualsiasi per salvarsi. Si usa in prevalenza riguardo a situazioni economiche o simili che non lasciano speranza di una soluzione positiva e inducono quindi a prendere duri provvedimenti. ‖ Figu-

rato: con pochissimo tempo a disposizione per portare a termine un impegno improrogabile, un lavoro urgente e simili.
var.: avere l'acqua alla gola; essere con l'acqua alla gola; trovarsi con l'acqua alla gola.

confondere le acque
Figurato: creare un clima d'incertezza, di confusione, in modo che una data situazione risulti difficilmente comprensibile o visibile.
Nell'acqua torbida o molto mossa, i contorni delle cose si confondono e gli oggetti risultano praticamente invisibili.
var.: intorbidare le acque.

della più bell'acqua
Figurato: assolutamente perfetto nel proprio genere.
In gemmologia viene chiamato *acqua* il colore delle pietre a struttura cristallina, che può essere più o meno "bella". La catalogazione si applica in particolare ai diamanti. Una pietra della più bell'acqua non solo è purissima, ma è perfetta anche nel colore.

essere in acque basse
Figurato: avere scarsa disponibilità di denaro.
Allude alla difficoltà in cui si viene a trovare un'imbarcazione se naviga in acque troppo basse o se viene colta dalla bassa marea, che riduce la sua possibilità di manovra.
var.: navigare in acque basse; trovarsi in acque basse. ‖ Figurato: trovarsi in una situazione di potenziale pericolo. Il pericolo che corre un'imbarcazione in acque basse è dato dal rischio di finire arenata o di cozzare contro scogli affioranti. ‖ Figurato: essere sul punto di uscire da una situazione difficile o pericolosa. Qui si fa riferimento a naufraghi o nuotatori che finalmente trovano acqua bassa e sono quindi in prossimità della costa.
var.: nuotare in acque basse.

far venir l'acqua all'ugola *vedi* **acquolina: far venire l'acquolina in bocca**

fare acqua da tutte le parti
Figurato: non funzionare, non servire, riferito a un oggetto rovinato. Avere delle grosse deficienze o pecche, essere pieno di lacune o carenze oppure essere illogico o irrazionale, se detto di un discorso, un ragionamento, una teoria, un progetto. Riferito a giustificazioni, scuse e simili, essere evidentemente menzognero.
Allude ai natanti, che se imbarcano acqua da varie falle a un certo punto non sono più in grado di galleggiare e affondano.
var.: fare acqua.

fuggire l'acqua sotto le grondaie *(raro)*
Figurato: peggiorare la propria situazione per aver cercato di sfuggire a un pericolo, come se per evitare di bagnarsi sotto la pioggia si andasse a rifugiarsi sotto lo scolo di una grondaia.

gettar acqua sul fuoco
Figurato: rasserenare una situazione tesa o drammatica; alleviare uno stato di tensione; fare il possibile per sedare una lite.
var.: buttare acqua sul fuoco.

gettare acqua sul muro *(raro)*
Figurato: fare qualcosa di assolutamente inutile; fare fatica per nulla.

gettare l'acqua sporca col bambino dentro
Figurato: eliminare qualcosa di utile o positivo insieme alle cose di cui ci si vuole sbarazzare, sia per sbadataggine che per stupidità.
var.: buttare l'acqua sporca col bambino dentro.

grosso come l'acqua dei maccheroni *(raro)*
Figurato: si dice di una persona sciocca, ottusa; anche di chi è molto ingenuo e si mette in condizione di farsi sfruttare facilmente. È un paragone con l'acqua di cottura della pasta che diventa collosa per l'amido.

var.: puro come l'acqua dei maccheroni.

intorbidare le acque *vedi* **confondere le acque**

l'acqua cheta smuove i ponti *vedi* **acqua cheta**

l'acqua fa le funi
Piove a dirotto: quando la pioggia cade scrosciante a grosse gocce, come nei temporali estivi, può sembrare che formi nell'aria una serie di lunghi cordoni, le cosiddette *funi*.
var.: venire a funi; venir giù a funi.

la prima acqua è quella che bagna
Superato il primo impatto, le cose diventano più facili; gli inizi sono sempre la parte più difficile di qualsiasi situazione.
L'*acqua* in questione può essere quella della pioggia, ma anche quella del mare per un bagnante: il primo contatto può risultare sgradevole o fastidioso, ma subito dopo la sensazione spiacevole passa. Il detto ripete l'identico proverbio.

lasciar l'acqua alla china *(raro)*
Figurato: non cercare vendetta o non prendersela troppo per un evento spiacevole; aspettare che la giustizia si faccia strada da sola e che le difficoltà si appianino con il tempo, così come l'acqua, lasciata libera di scorrere lungo un pendio, finirà a valle per legge naturale.
var.: lasciare andare l'acqua alla china.

lasciar passare l'acqua sotto i ponti
Figurato: lasciare passare del tempo prima di fare qualcosa, di intraprendere un'iniziativa o di prendersi una rivincita; aspettare il momento opportuno; attendere che i tempi siano maturi.
var.: far passare acqua sotto i ponti; ne è passata di acqua sotto i ponti.

lavorare sott'acqua
Figurato: agire nascostamente per ottenere uno scopo personale, di solito poco encomiabile, senza che apparentemente si stia facendo niente di sospetto, di strano o di diverso dal solito.

navigare in cattive acque
Figurato: trovarsi in difficoltà, come un'imbarcazione che percorre una zona di mare molto insidiosa. Riferito in genere a problemi economici.
var.: essere in cattive acque; trovarsi in cattive acque; nuotare in cattive acque.

ne è passata di acqua sotto i ponti! *vedi* **lasciar passare l'acqua sotto i ponti**

non trovare acqua in mare
Figurato: non sapersela cavare; non riuscire a trarsi d'impaccio nemmeno nelle situazioni più semplici, come chi non riuscisse a trovare l'acqua nemmeno stando in mare.

passare le acque *(fam)*
Sottoporsi a una cura termale.
La parola "passare" potrebbe alludere al risultato della cura, basata sulla purificazione dell'organismo grazie al lavaggio dei reni ottenuto con la forte diuresi provocata dalle acque stesse.

pestare l'acqua nel mortaio
Figurato: fare una cosa assolutamente inutile; perdere tempo in iniziative assurde o fare fatiche inutili. In particolare, pregare o ammonire qualcuno inutilmente. È un modo di dire usato fin dall'antichità, e si trova citato spesso da Luciano.

portar acqua al mare
Figurato: aggiungere nuovi elementi, arricchimenti, prove ulteriori e simili a favore di una teoria già consolidata, a un argomento di discussione, a una decisione già quasi presa e via dicendo. Il detto è già molto diffuso nell'antichità nelle sue varie sfumature di significato. In Ovidio (*Amores* e *Tristia*) viene usato a indicare l'aumento della passione amorosa. ‖ Figurato: fare una cosa sciocca, insensata, inutile, come aggiungere altra acqua a quella del

mare. Sidonio Apollinare (*Epistole*, 7,3,1) si serve di quest'espressione e della sua variante "portare acqua ai fiumi" per stigmatizzare il comportamento degli arroganti.
var.: portar acqua ai fiumi.

portare l'acqua con gli orecchi *(fam)*
Figurato: adoperarsi per qualcuno al di là di qualsiasi limite; cercare di accontentare qualcuno in qualsiasi richiesta; adorare una persona al punto di fare qualsiasi cosa per amor suo.
var.: portare l'acqua con le orecchie.

puro come l'acqua dei maccheroni *vedi* **grosso come l'acqua dei maccheroni**

scoprire l'acqua calda *(fam)*
Figurato: scoprire le cose più ovvie convinti di essere arrivati a grandi verità. Di solito scherzoso oppure spregiativo.

smuovere le acque
Figurato: creare una situazione tale da mettere in luce situazioni o elementi dimenticati o trascurati; fare in modo di sbloccare una situazione d'immobilismo; anche riportare alla luce vecchi scandali o colpe.
L'immagine è presa da un ipotetico fondale sabbioso che abbia ricoperto e sepolto gli oggetti affondati; rimuovendo l'acqua e in particolare il fondo, questi tornano visibili.

stupido come l'acqua tiepida
Mancante di carattere, di forza, di personalità o comunque di caratteristiche ben definite; anche scarsamente interessante, detto di cose o persone. Oppure, letteralmente stupido.
var.: insulso come l'acqua tiepida; insipido come l'acqua tiepida.

tenersi fra le due acque *(raro)*
Figurato: barcamenarsi tra due fazioni, situazioni o persone cercando di non compromettersi né con l'una né con l'altra.
Il detto ha origine marinaresca, e le due acque in questione sono quella di superficie e quella di profondità, immaginate come strati distinti.
var.: navigare fra le due acque; nuotare fra le due acque.

ACQUOLINA

L'*acquolina* è quella secrezione delle ghiandole salivali che si verifica sotto l'azione di uno stimolo adeguato.

far venire l'acquolina in bocca
Essere molto stuzzicante, in genere con riferimento a un cibo appetitoso la cui sola vista provoca l'aumento della salivazione. In senso figurato, attirare moltissimo, invogliare, suscitare grande desiderio.
var.: far venir l'acqua all'ugola.

ADAMO

Secondo la Bibbia, tutta la razza umana deriva da un'unica coppia di progenitori i cui nomi erano *Adamo* ed Eva. La loro creazione è narrata nel *Genesi* in due racconti distinti ma complementari: nel primo si afferma che nel sesto giorno della Creazione, dopo tutti gli altri esseri, Dio creò l'uomo e la donna a sua immagine e somiglianza riguardo all'intelletto e alla volontà, e per questo li pose al di sopra di ogni altra creatura. Nel secondo racconto Dio costruì l'uomo con la terra e gli insufflò nelle narici lo spirito vitale; poi, considerando che nessuna delle altre sue creature era in grado di stargli alla pari, creò la donna, Eva, da una delle sue costole.

figli d'Adamo
Gli esseri umani, l'umanità.
var.: razza d'Adamo; stirpe d'Adamo; progenie d'Adamo.

il vecchio Adamo
Figurato: gli uomini, la natura umana, in particolare se considerata corrotta dal peccato originale. ‖ Figurato: l'umanità, l'insieme degli uomini presi come razza, con il bagaglio di saggezza e di errori accumulati nel corso del tempo.

parente per parte di Adamo
Di parentela lontanissima; privo della minima parentela, con Adamo come unico antenato comune.

pomo d'Adamo
Nome con cui viene comunemente chiamata la protuberanza cartilaginea tiroidea, posta quasi alla base della gola, che si presenta più o meno marcata e visibile soprattutto negli uomini. Secondo la tradizione popolare è dato dal torsolo della mela conficcatosi nella gola di Adamo al momento del Peccato Originale.

seme d'Adamo
Figurato: la razza umana, discendente da Adamo.

venire dalla costola di Adamo
Figurato: appartenere alla razza umana in quanto discendenti dal primo uomo. ‖ Figurato: vantare un'antica e incontaminata nobiltà. Il senso è prevalentemente ironico.
var.: discendere dalla costola di Adamo.

ADDIO
dare l'addio
Figurato: essere costretti a rinunciare a qualcosa in cui si sperava o a qualcosa di caro che già si possedeva.

dire addio al mondo
Figurato: morire. ‖ Figurato: ritirarsi a vivere in solitudine, oppure entrare in convento e simili, abbandonando la vita sociale.

ultimo addio
L'ultima visita che si rende a un morente, dopo la quale non ci sarà più la possibilità di farlo. In senso lato, anche il presenziare a un funerale.
var.: estremo addio.

ADDOSSO
farsela addosso *(pop)*
Figurato: provare un grande spavento.
Tra le varie reazioni fisiche alla paura c'è anche la perdita di controllo degli sfinteri, con la conseguente emissione involontaria di urina o feci.

parlarsi addosso
Parlare senza dir niente d'importante e ripetendo sempre le stesse cose, con verbosità o autocompiacimento.
L'espressione si è formata per analogia con "farsela addosso".

piangersi addosso
Sentirsi o atteggiarsi a vittima perenne di tutto e di tutti, in genere esagerando le cause del proprio dolore.
L'espressione si è formata per analogia con "farsela addosso".

piovere addosso
Figurato: capitare, in genere di sorpresa. Vale soprattutto per eventi particolarmente fortunati dei quali non si ha merito alcuno.
var.: piombare addosso.

ADONE
Secondo la tradizione greca, derivata da un preesistente culto fenicio, *Adone* era un giovane bellissimo il cui mito si divide in due leggende diverse. La più antica vuole che avesse fatto innamorare tanto la Dea Persefone, regina degli Inferi, quanto Afrodite, Dea della Bellezza, che non venendo a un accordo interpellarono Zeus. Questi stabilì che Adone avrebbe trascorso metà dell'anno agli Inferi con Persefone, e l'altra metà sulla Terra con Afrodite.
Il racconto più diffuso narra invece che il giovane, amato da Afrodite, venne ucciso per gelosia dal Dio Ares, che aveva assunto le fattezze di un cinghiale. Adone divenne il simbolo della bellezza maschile e della vita breve, come voleva la tradizione fenicia, tanto che già nell'antichità ad Atene esistevano i "Giardini di Adone", vasi di coccio in cui si seminavano piante erbacee a rapida crescita, come lattuga e finocchio, che altrettanto ra-

pidamente avvizzivano e morivano.
essere un Adone
Essere un uomo di grande bellezza.
var.: bello come un Adone.

AFFARE
affare d'oro
Ottimo affare, in particolare sotto il profilo del guadagno economico.
affare di Stato
Figurato: si usa per indicare una situazione che pur essendo relativamente semplice viene resa difficile o complicata senza ragione. Ironico o scherzoso. Allude agli affari di Stato in senso stretto, per loro natura intricati, delicati o complessi.
essere in affari *(pop)*
Esercitare un'attività lavorativa indipendente.
La locuzione, non più molto in uso, si usava per definire qualsiasi tipo di lavoro autonomo prevalentemente nel campo della compravendita.
gli affari sono affari
In affari tutto è lecito. Viene usato per giustificare episodi di spregiudicatezza, di scarsa correttezza in operazioni finanziarie o commerciali.
magro affare
Affare poco redditizio, che fa ricavare guadagno scarso o minore di quanto ci si aspettava.
var.: essere un magro affare; rivelarsi un magro affare; fare un magro affare.

AFFETTO
fare la mozione degli affetti
Figurato: parlare in modo da suscitare commozione o pietà per ottenere uno scopo. Spesso ironico.
Secondo i canoni della retorica, la parte finale dell'orazione prevedeva che si cercasse di accattivarsi l'uditorio facendo leva sui sentimenti, cioè "mettendoli in moto", e veniva pertanto chiamata *mozione degli affetti*.
var.: arrivare alla mozione degli affetti; attaccare con la mozione degli affetti.

AGIO
ogni agio ha il suo disagio
Di origine proverbiale, il detto ricorda che anche la situazione più splendida ha degli aspetti negativi.
Ripete l'identico proverbio.
var.: ogni agio porta il suo disagio.

AGLIO
L'*aglio* è una pianta originaria dell'Asia centrale, e nelle sue diverse varietà trova largo impiego in cucina e in medicina. Cresce in terreni sabbiosi ma fertili e si raccoglie in estate. Il sapore acre e l'odore pungente sono dovuti a un olio essenziale ricco di solfuri, con importanti proprietà medicamentose.
consolarsi con l'aglietto
Rassegnarsi a una perdita, un fallimento, un investimento sbagliato, considerandosi già fortunati che non sia andata anche peggio.
In passato i raccolti correvano più rischi che nei tempi attuali, ed era frequente che andassero perduti. I contadini che attingevano alla piccola agricoltura il sostentamento di tutta la famiglia potevano alle volte considerarsi fortunati se avevano salvato almeno l'aglio.
mangiar l'aglio
Essere costretti ad accettare una situazione sgradevole, come chi fosse obbligato a mangiare dell'aglio suo malgrado.
ti saprà d'aglio!
Esclamazione: si dice a chi si è indebitamente appropriato di qualcosa a danno di altri, augurandogli che l'azione si ritorca contro di lui.
var.: che ti sappia d'aglio!.
un mazzo d'agli
Figurato: cosa di scarso valore; cosa poco gradita. Viene usato di solito per

definire una ricompensa, un guadagno o un risultato che si rivela deludente.

AGNELLO
L'*agnello* è il simbolo dell'innocenza, della semplicità e della mitezza, che si trova destinato pertanto al ruolo di vittima sacrificale. Come tale lo ritroviamo nell'Antico e nel Nuovo Testamento; in seguito rappresentò il Cristo, raffigurato come un agnello che porta la croce.

agnello di Dio
Figurato: Gesù, nella sua veste di vittima immolata per la salvezza dell'umanità.

essere un agnello
Essere molto mite, molto dolce e disponibile; comportarsi in modo fin troppo accomodante, tollerando soprusi e angherie.
var.: mite come un agnello; fare l'agnello.

essere un agnello tra i lupi
Figurato: trovarsi in un ambiente infido, tra persone pericolose; essere in condizioni di netta inferiorità rispetto ad avversari più forti e agguerriti; essere una persona debole o mite in balia di nemici crudeli. Riferito spesso a chi non sa difendersi o si mette in condizione di farsi ingannare facilmente. Riprende un passo del Vangelo (Matteo, 10,16) in cui Gesù descrive la situazione in cui si troveranno i suoi discepoli andando a svolgere la loro missione.

AGO
cercare un ago in un pagliaio
Figurato: cercare una cosa praticamente impossibile da trovare.
var.: trovare l'ago in un pagliaio; essere come un ago in un pagliaio.

dare un aghetto per avere un galletto
Offrire un piccolo dono contando di riceverne uno di maggior valore. Il detto ha assunto anche un'intenzione maligna che originariamente non aveva. Un tempo, nei conventi femminili votati alla povertà, le monache non andavano a questua come i frati, ma offrivano i loro lavori d'ago in cambio di generi alimentari o altri beni.
L'*aghetto*, propriamente diminutivo di ago, è anche un altro nome dell'uncinetto.
var.: fare come le monache che danno un aghetto per avere un galletto. ‖ Riferito a una donna, servirsi delle proprie grazie per fini lucrativi.
In questa versione, ormai caduta in disuso, l'aghetto è il laccio che stringeva capi d'abbigliamento intimo tra cui il busto femminile.

dare un ago per avere un palo
Figurato: cercare di ottenere un grosso beneficio in cambio di poco. Il detto si basa sul confronto dimensionale dei due oggetti.

infilare l'ago al buio
Figurato: intraprendere un'iniziativa molto azzardata e con scarse probabilità di successo; incaponirsi in un'impresa assurda; scegliere il modo più difficile per ottenere un dato risultato; non essere organizzati per fare una data cosa.

AIRE
prendere l'aire
Prendere lo slancio, la rincorsa, per acquisire una velocità sufficiente a mantenere il successivo movimento per forza d'inerzia. È usato soprattutto in senso figurato per indicare lo sforzo iniziale che permette poi di continuare facilmente un'impresa. Anche ironico.

ALA
abbassare le ali *vedi* **cresta: abbassare la cresta**

avere le ali ai piedi
Correre o fuggire molto velocemente; fare molto in fretta.
Il Dio Mercurio, messaggero degli

Dei e protettore dei ladri, veniva rappresentato con le ali alle caviglie a simboleggiare la rapidità con cui svolgeva i suoi compiti.
var.: con le ali ai piedi; mettersi le ali ai piedi.
essere sotto l'ala di qualcuno
Figurato: godere della protezione di qualcuno.
L'immagine è tratta dall'abitudine degli uccelli di scaldare e proteggere i piccoli coprendoli con le proprie ali.
var.: mettersi sotto l'ala di qualcuno.
fare ala
Da parte di una folla o di un gruppo di persone, disporsi ai lati di qualcuno al suo passaggio; anche scostarsene leggermente per fargli spazio.
Il detto si riallaccia alla terminologia militare dei Romani: le *ali* dell'esercito, destra o sinistra, si spostavano in modo compatto.
in un batter d'ali
In un tempo brevissimo, molto velocemente; quasi improvvisamente. Si usa generalmente per chi se ne va, o compie un'azione con grande rapidità e senza farsi notare, quasi fosse un uccello che vola via senza rumore.
spiegare ali più grandi del nido
Figurato: raggiungere posizioni elevate partendo da condizioni umili o modeste, riferito in particolare a chi è nato in una famiglia povera. Si usa anche in senso ironico per chi manifesta ambizioni eccessive, al di sopra delle proprie effettive capacità o possibilità.
La frase viene usata da Orazio a proposito di se stesso, figlio di un liberto di modeste condizioni economiche (*Epistolae*, 1,20,21).
var.: voler spiegare ali più grandi del nido.
spiegare le ali
Cominciare a volare, aprendo le ali tenute aderenti al corpo. In senso figurato, trovare una propria autonomia, staccarsi dalla protezione altrui, o iniziare una brillante carriera.
var.: spiegare il volo.
sulle ali del sogno *vedi* **sulle ali della fantasia**
sulle ali del vento
Figurato: con grande velocità, detto soprattutto di notizie che si diffondono rapidamente, quasi utilizzando il vento come mezzo di trasporto.
sulle ali della fantasia
Al di fuori della realtà, in un mondo utopistico o immaginario, dove la fantasia assume la funzione delle ali che possono trasportare in un regno in cui tutto diventa possibile.
var.: sulle ali del sogno.
tarpare le ali
Figurato: impedire a qualcuno di fare quello che desidera; limitare in qualche modo le possibilità di una persona. Ai volatili d'allevamento viene spuntata l'estremità delle penne remiganti, di modo che, pur potendo svolazzare, non riescano a volare via.

ALBERGO
chiedere albergo
Chiedere ospitalità; in certi casi chiedere anche protezione e difesa.
Particolarmente in epoca feudale, chi dava ospitalità a qualcuno sapeva che se ne doveva assumere anche la difesa da eventuali nemici.
var.: dare albergo.

ALBERO
guardare l'albero e perder di vista la foresta
Figurato: sottilizzare nell'analisi e mancare di capacità di sintesi; farsi ingannare dalle apparenze e perdere di vista l'essenziale.
var.: non vedere la foresta a causa degli alberi; guardare gli alberi e non vedere la foresta.
restare sull'albero a cantare
Figurato: farsi raggirare; subire un danno a causa della propria stupidità,

vanità o simili. Allude a una favola di Fedro, ripresa da La Fontaine, in cui si narra che la Volpe, volendosi appropriare di un pezzo di formaggio che il Corvo teneva nel becco, insinuò che la bellezza dell'uccello fosse compromessa dalla voce sgraziata. Volendo dimostrare che la sua voce non era affatto sgradevole, il Corvo vanitoso si mise a cantare; il formaggio cadde, e la Volpe lo afferrò e fuggì. Al Corvo non restò altro che rimanere sull'albero a cantare con la sua voce sgraziata.

sembrare un albero di Natale
Figurato: essere pieno di fronzoli, detto in genere di una signora eccessivamente ingioiellata.

ALCINA
Alcina è una delle sorelle della fata Morgana, che compare nella saga di Re Artù e viene citata in particolare nell'*Orlando Furioso* di Ludovico Ariosto.

essere una maga Alcina
Essere una donna affascinante, una maliarda; detto in particolare di una donna che si serve della seduzione per raggiungere i suoi scopi.

ALFA
dall'alfa all'omega *(raro)*
Dall'inizio alla fine, attraverso tutti i passaggi; riferito in particolare a una spiegazione fornita in modo completo ed esauriente.
L'*alfa* e l'*omega* sono rispettivamente la prima e l'ultima lettera dell'alfabeto greco, ma il riferimento è all'*Apocalisse* (1,8), dove Dio si presenta come il Tutto che contiene in sé tutte le cose.

l'alfa e l'omega
La totalità, la completezza, il tutto.
Il detto è ripreso dall'*Apocalisse*, quando Dio si presenta come il primo e l'ultimo, principio e fine di tutte le cose. ‖ Con la stessa provenienza, la nascita e la morte.

ALGA
viscido come un'alga
Molto viscido, sgradevolmente appiccicoso e scivoloso, appunto come buona parte delle alghe. Usato anche per una persona ambigua, subdola, sfuggente ed equivoca.

ALLOCCO
L'*allocco* è un uccello rapace notturno tutt'altro che stupido, tuttavia i suoi grandi occhi rotondi, fissi e vacui, gli conferiscono un'espressione sciocca, soprattutto se abbagliati dalla luce.

essere un allocco
Essere uno stupido, un grande ingenuo.
var.: fare l'allocco.

restare come un allocco
Restare inerti, attoniti, con espressione instupidita di fronte a una situazione imprevista, così come appare l'allocco improvvisamente abbagliato da una forte luce.

ALLODOLA
specchietto per allodole
Richiamo, attrattiva ingannevole, falsa apparenza.
Deriva dai sistemi di caccia in cui si attira l'allodola nel luogo voluto servendosi di un richiamo. In questo caso, si tratta di un'asticciola sulla quale è imperniato una specie di piccolo giogo girevole di legno rivestito di frammenti di specchio, conficcata nel terreno. Le allodole accorrono attirate dal baluginio del sole.

ALLORO
L'*alloro*, sempreverde tipico del Mediterraneo, era per i Greci la pianta sacra ad Apollo. Con le sue fronde venivano incoronati atleti, condottieri, poeti, e in linea di massima tutti coloro cui si voleva tributare onore. Con i Romani, che lo dedicarono essenzialmente alle glorie militari, diventò sim-

bolo di trionfo e di vittoria. Nel Medio Evo la corona di foglie e bacche d'alloro, detta "bacca laurea", fu conferita a coloro che raggiungevano certi livelli di studio, e da questo ha preso il nome l'attuale titolo accademico di baccalaureato.

dormire sugli allori
Figurato: crogiolarsi nel ricordo delle glorie passate; restare inoperosi godendo dei frutti di successi o vittorie riportate in precedenza.
var.: riposare sugli allori.

essere l'alloro di ogni festa *(raro)*
Essere molto graditi in società, essere una persona che dà lustro a una festa, a un salotto, e la cui amicizia si vanta volentieri.
Allude all'uso delle fronde d'alloro come addobbo.

mietere allori
Figurato: riscuotere successo, ottenere grandi riconoscimenti o grandi onori; riportare grandi vittorie. Usato spesso in senso scherzoso o ironico.

riposare sugli allori *vedi* **dormire sugli allori**

ALTARE

accostarsi all'altare
Figurato: comunicarsi, nel rito cattolico.

andare all'altare
Figurato: sposarsi.
Nel rito cristiano cattolico, il matrimonio è un sacramento che come tale dev'essere celebrato dai due officianti, gli sposi, in un luogo sacro che è appunto l'*altare*.

condurre all'altare
Figurato: sposare qualcuno, prendendolo per moglie o marito.
Deriva dal rito cristiano cattolico di celebrare il matrimonio davanti all'altare, con gli sposi in qualità di officianti e il sacerdote come testimone. ||
Figurato: dare in moglie una figlia.
Secondo l'uso, la sposa viene accompagnata all'altare dal padre o da chi ne fa le veci, come a sottolineare il passaggio da un nucleo parentale all'altro.
var.: portare all'altare.

fare altare contro altare
Gareggiare per la vittoria della propria fazione, gruppo, e così via.
Nelle campagne, dove un tempo era molto sentito il legame con il Santo patrono, l'addobbo dell'altare a lui dedicato era un fatto molto importante. Per cui ci si scatenavano a volte autentiche sfide, tra paesi o parrocchie limitrofe, nell'intento di avere a tutti i costi l'altare più bello.

mettere sugli altari
Figurato: fare oggetto di grande venerazione; considerare inviolabile, intoccabile, sacro. Sugli altari di rito cattolico possono essere collocate soltanto immagini della divinità, della Madonna e dei Santi canonizzati. || Figurato: fare oggetto del massimo rispetto; tributare la massima considerazione; considerare degno di gloria.

passare dall'altare alla polvere
Figurato: passare dai massimi onori alla massima infamia; passare da posizioni invidiabili a condizioni misere o penose; raggiungere grande successo o ricchezza e poi perdere tutto.
Il detto, in altra forma, è citato anche dal Manzoni nella famosa ode *In morte di Napoleone*: "due volte nella polvere, due volte su gli altar".

sacrificare sull'altare di ...
Figurato: sacrificare qualcuno o qualcosa a vantaggio di altro. Può riferirsi a un bene materiale come a un'idea, una fede e così via.
Allude agli antichi sacrifici che prevedevano l'immolazione della vittima sull'altare di una determinata divinità.

scoprire gli altarini
Figurato: mettere in luce pecche o difetti di qualcuno; scoprire e rendere pubblica una scorrettezza, un sotterfugio o simili.

Per l'abitudine di abbellire un altare a scapito di un altro se la povertà di una chiesa non consentiva di ornarli tutti adeguatamente, quando un altare veniva spogliato mostrava tutti i guasti e i difetti che erano rimasti nascosti sotto i normali paramenti.

scoprire un altare
Figurato: contrarre un debito per saldarne uno precedente; risolvere un problema mettendosi in una situazione altrettanto problematica.

Nelle parrocchie di campagna le chiese erano spesso povere, ma non si voleva rinunciare a onorare decorosamente santi e patroni. Capitava così che in certe occasioni un altare venisse spogliato di tutti i suoi paramenti per permettere di addobbare nel modo più sfarzoso possibile quello del Santo festeggiato.
var.: scoprire un altare per coprirne un altro.

ALTO *(agg)*
PARAGONI: alto come il gigante di Cigoli; alto un soldo di cacio.

alto come il gigante di Cigoli *(raro)*
Di bassa statura.
Dice un racconto popolare che nel paese toscano di Cigoli viveva un tempo il discendente di una famiglia di giganti, che era talmente piccolo di statura che doveva raccogliere i ceci bacchiandoli con la pertica.

alto un soldo di cacio
Di bassa statura. È usato in genere affettuosamente, ma può anche contenere una vena malevola nei confronti di chi pretende di misurarsi con eventi o persone superiori a lui.
Il *soldo* era una moneta di valore molto basso, per cui la fetta di formaggio che permetteva di acquistare era di spessore minimo.

in alto loco
In un ambiente di persone influenti, importanti, o dotate di grande potere.

ALTO *(sost)*
alti e bassi
Eventi positivi e negativi, alterne vicende che tuttavia non modificano sostanzialmente una situazione.

far cadere dall'alto
Figurato: concedere o accondiscendere a qualcosa con aria di superiorità, facendolo pesare come un dono prezioso.

fare alto e basso *(pop)*
Disporre le cose e le situazioni a proprio piacimento, avendo sufficiente potere o forza per farlo.

guardare dall'alto in basso
Figurato: considerarsi superiori e guardare gli altri con disprezzo, con degnazione.
var.: trattare dall'alto in basso.

mirare in alto
Figurato: avere grandi ambizioni, adoperarsi per diventare importanti o raggiungere grandi obiettivi.
var.: guardare in alto; puntare in alto.

ALZARSI
alzarsi al canto del gallo
Alzarsi molto presto, perché il gallo comincia a cantare nelle ore che precedono l'alba e il suo grido sonoro rompe il silenzio della notte.

alzarsi all'alba dei tafani
Dormire fino a tardi, quando il sole è già quasi allo zenit, e le mosche, compresi i *tafani*, si rivelano particolarmente fastidiose.

alzarsi col piede sinistro
Figurato: essere irritabili, intrattabili, di cattivo umore; incorrere in una serie di contrattempi.
In molte culture antiche, e ancora oggi nel mondo islamico, sinistra e destra rappresentavano rispettivamente il Male e il Bene. Particolarmente in epoca romana, tutto ciò che veniva o stava a destra era indice della protezione degli Dei, ciò che veniva da sinistra era portatore di disgrazia. Per

questo i Romani, superstiziosissimi, evitavano di alzarsi dal letto appoggiando per primo il piede sinistro, e quando per caso lo facevano si sentivano predisposti a subire sfortuna e contrattempi.
var.: alzarsi col piede sbagliato.
alzarsi con i polli
Alzarsi prestissimo, quasi all'alba, come fanno i polli.
alzarsi con la cuffia di traverso *(pop)*
Figurato: essere irritabili, intrattabili, di cattivo umore; incorrere in una serie di contrattempi.
L'immagine è quella di una persona che dorme con la cuffia in testa, che se la fa andare di traverso a causa di un sonno agitato e si sveglia quindi di pessimo umore per la cattiva nottata.
var.: alzarsi con la cuffia storta.

ALZATA
alzata estrema *(raro)*
Atto coraggioso, temerario o azzardato; tentativo ultimo da parte di chi ritiene di essere nella situazione peggiore possibile. Nel gioco della pallavolo, con questo termine s'intende il lancio della palla da parte di un giocatore che si trova in ginocchio.
fare un'alzataccia
Doversi alzare molto presto la mattina, dopo poche ore di sonno.
Lo spregiativo sottolinea non tanto l'ora mattutina quanto la fatica del risveglio e lo scarso riposo.
var.: fare una levataccia.

AMARE
chi mi ama mi segua
Espressione usata per indurre qualcuno a scegliere se schierarsi dalla parte di chi parla o da quella del suo avversario, senza tentennamenti.
Oggi è per lo più una frase scherzosa, ma in passato tale scelta era spesso tassativa e letterale, sollecitata da sentimenti di fede, ideale, lealtà e simili.

AMARO *(agg)*
PARAGONI: amaro come il fiele; amaro come la bile.
amaro come il fiele
Molto amaro.
Il *fiele*, ossia la bile, è una sostanza secreta dal fegato che ha un sapore amarissimo.
var.: amaro come la bile.

AMARO *(sost)*
aver l'amaro in corpo
Figurato: essere delusi, amareggiati; anche provare un leggero rancore nei confronti di chi ha provocato tale sensazione.
var.: restare con l'amaro in bocca; aver l'amaro in bocca.
inghiottire amaro e sputar dolce
Figurato: essere costretti ad accettare qualcosa di sgradevole senza potere esternare il proprio disappunto.
var.: masticare amaro; inghiottire fiele.

AMBASCIATORE
ambasciator non porta pena
Di origine proverbiale, il detto ricorda che non bisogna prendersela con chi porta cattive notizie per incarico di altri. Da sempre il codice d'onore dà per scontato, anche tra nemici, il massimo rispetto per ambasciatori e messaggeri, cui si riconosce una sorta d'immunità. Il detto ripete l'identico proverbio.

AMEN
Amen è termine ebraico, un aggettivo verbale che si usava per ribadire la verità riconosciuta di quanto affermato come pure la validità di una parola per il presente e per il futuro; in questo senso compare nella letteratura rabbinica e nell'Antico Testamento. Nella liturgia ebraica si trova nelle lodi a Dio o alla fine di una preghiera, mentre Gesù se ne serve in chiave più per-

sonale, più che altro per affermare la propria verità indipendentemente dal pensiero corrente o condiviso da altri.
Il termine fu incamerato nella liturgia cristiana con il significato di "così sia", collocato di solito al termine di una preghiera, venendo poi ad assumere una connotazione conclusiva relativamente a qualcosa che finisce o che si abbandona, tanto che ancora oggi si usa per chiudere un discorso, una discussione e simili.
Con la *Divina Commedia* (*Inferno*, XVI, 88), in cui Dante se ne serve per dare l'idea di un evento che si svolge in fretta, entrò nell'uso anche per qualcosa di molto rapido.

giungere all'amen
Figurato: arrivare alla fine, alla conclusione di qualcosa.
Nella forma latina, quasi tutte le preghiere del rito cattolico finiscono con la parola "amen".
var.: essere all'amen.

in un amen
Figurato: molto in fretta, nello stesso spazio di tempo che occorre a dire "amen".

AMERICA
Per lo più l'*America* entra nei modi di dire come mitica terra di ricchezza dove chiunque poteva far fortuna. Questo significato si affermò dopo il periodo della grande migrazione europea verso gli Stati Uniti.

scoprire l'America
Figurato: pensare o vantarsi di avere scoperto qualcosa che in realtà è nota a tutti.

trovare l'America
Figurato: trovarsi improvvisamente in una situazione di grande floridezza economica, quasi sempre con scarso o nullo merito.

zio d'America
Figurato: persona molto ricca e generosa alla quale si ricorre in caso di bisogni economici. Quasi sempre scherzoso o ironico.
La figura dello *zio d'America* simboleggia il parente emigrato negli Stati Uniti e divenuto ricco dal quale ci si aspettano favolose eredità. Può indicare anche un personaggio inesistente che si chiama in causa per giustificare improvvise floridezze economiche.

AMICO
amici come prima
Espressione usata per indicare la chiusura insoddisfacente di un rapporto, una trattativa o simili, senza però che l'esito negativo leda la relazione personale tra le parti in causa.

amici per la pelle *(fam)*
Amici inseparabili, amici intimi; legati da un'amicizia tale che darebbero la vita, qui identificata con la pelle, l'uno per l'altro.
var.: amici di ferro.

amico del cuore
Il preferito fra gli amici; l'amico con cui ci si confida. ‖ L'amante, l'innamorato; l'uomo o la donna per cui si ha una predilezione di tipo amoroso.
Si usa spesso in senso ironico o scherzoso.

l'amico ciliegia
Amico inseparabile, come Mastro Ciliegia era amico di Mastro Geppetto secondo il *Pinocchio* di Carlo Lorenzini detto Collodi.

l'amico del giaguaro
Figurato: persona che si credeva dalla propria parte e che si rivela invece amica dell'avversario. Sempre scherzoso.
Il detto è nato dalla battuta finale di una barzelletta in cui un tale annuncia a un amico di avere deciso di andare a caccia di giaguari. L'amico gli pone una grande quantità di obiezioni, finché l'altro sbotta: "Ma tu sei amico mio o del giaguaro?". La battuta fu ripresa come titolo di una popolare tra-

smissione televisiva degli anni Sessanta, ed entrò così nel linguaggio familiare.

AMLETO
Amleto, principe di Danimarca, è il protagonista di una delle più note tragedie di William Shakespeare. È ricordato prevalentemente per il celebre monologo "Essere o non essere", che riassume i suoi dubbi sull'opportunità morale di prendere determinate decisioni.
essere un Amleto
Figurato: essere sempre pieni di dubbi; porsi continui problemi esistenziali; essere perennemente indecisi. Anche ironico o spregiativo.
var.: fare l'Amleto.

AMMAZZARE
PARAGONI: ammazzare come un cane; ammazzare come una bestia.
ammazzare come un cane
Uccidere in maniera brutale senza il minimo rimorso.
L'espressione sottintende un'azione difensiva da parte dell'uomo a causa della presunta pericolosità di un cane perché malato, ad esempio di rogna o d'idrofobia, oppure rinselvatichito e aggressivo per la fame.
var.: ammazzare come un cane rognoso.
ammazzare come una bestia
Uccidere in maniera brutale senza il minimo rimorso.
Il detto riflette il concetto non ancora superato che permette di uccidere un animale solo in quanto tale e nel modo preferito, anche il più atroce, senza doverne rendere conto a nessuno. Qui non c'è infatti la giustificazione di una sia pur minima necessità di difesa.

AMMINISTRAZIONE
di ordinaria amministrazione
Figurato: normale, abituale, comune; che rientra nella pratica o nell'attività quotidiana. Anche nel senso di molto facile perché ormai sperimentato molte volte.

AMO
abboccare all'amo
Figurato: cadere in un tranello, farsi prendere in trappola; farsi raggirare ingenuamente, così come viene ingannato il pesce dall'esca.
var.: gettare l'amo; buttare l'amo.

AMORE
amor di madre
Amore disinteressato, pronto a qualsiasi sacrificio. Anche ironico.
andare d'amore e d'accordo
Trovarsi molto bene insieme; avere identità di vedute; vivere in perfetta armonia.
essere un amore
Essere molto grazioso, detto di un bambino, di un cucciolo, di un oggetto; essere un persona squisita, essere molto gentile.
filare il perfetto amore
Avere un rapporto sentimentale sereno e felice. Anche ironico.
l'amore non fa bollire la pentola
Di origine proverbiale, il detto ricorda che i disagi economici possono rovinare anche il matrimonio più felice, che i buoni sentimenti non bastano a risolvere i problemi pratici dell'esistenza, e che per vincere la povertà l'amore serve a ben poco.
Ripete l'identico proverbio.
non avere né amore né sapore
Figurato: essere assolutamente insignificante. Riferito a una pietanza, significa non solo mancare di sapore ma anche essere stata preparata alla meno peggio, di malavoglia.
per amor del cielo
Per pura bontà d'animo; gratuitamente, senza contropartita. Usato anche come invocazione e come formula di

supplica. ‖ Come esclamazione, esprime sorpresa, esasperazione, sdegno e simili. Usato anche come interiezione.
var.: per l'amor del Cielo; per amor di Dio; per l'amor di Dio.
per amore o per forza
Obbligatoriamente, senza possibilità di scelta o di rifiuto. Si usa per qualcosa che va inevitabilmente fatta o subita, per cui tanto vale assoggettarvisi di buon grado.
per l'amor di Dio *vedi* **per amor del cielo**

ANATEMA
Anticamente la parola *anatema* designava la vittima immolata a una divinità, ma passò presto a indicare qualsiasi offerta votiva che in genere veniva appesa ai muri del tempio, più o meno come gli *ex-voto* dei nostri giorni. Sembra che con lo stesso termine gli Ebrei indicassero una riprovazione pubblica da parte dei Sacerdoti seguita dalla condanna a morte, successivamente commutata nella confisca dei beni e nell'esclusione dalla comunità. La Chiesa cattolica recepì quest'ultimo significato e adottò il nome per un particolare e gravissimo provvedimento con cui il peccatore viene scomunicato ed espulso a tutti gli effetti dal Corpo mistico. La sanzione, cui si ricorre in caso di gravi reati contro gli articoli di fede, si applicava un tempo agli eretici e ai sostenitori di teorie condannate. Il termine è rimasto nel linguaggio moderno nel suo senso di condanna grave e definitiva, e anche più bonariamente in quello di biasimo, di riprovazione in generale.
gridare l'anatema
Figurato: condannare, biasimare aspramente; maledire qualcuno, scacciarlo per sempre con grande infamia. Anche scherzoso o ironico.
var.: scagliare l'anatema; lanciare l'anatema; gettare l'anatema.

ANCORA
ancora di salvezza
Figurato: ultima possibilità, rimedio, espediente o persona cui ricorrere in una situazione disperata.
L'*ancora di salvezza* è il nome un po' in disuso di quella che oggi si definisce "ancora di rispetto", ossia di riserva. Si chiamava pure "ancora di speranza", e veniva gettata in caso di estrema necessità.
essere come l'ancora
Essere degli incapaci, non sapersela cavare.
È la contrazione di un altro detto che accusa l'ancora di stare sempre in acqua senza tuttavia imparare a nuotare.
levare le ancore
Figurato: andar via, congedarsi, partire. Riprende l'immagine della nave che salpa le ancore per lasciare il porto.
stare all'ancora *(raro)*
Figurato: restare a guardare senza intervenire in attesa di un qualche avvenimento; attendere il maturare degli eventi; non perdere di vista una determinata situazione in attesa d'intervenire al momento opportuno.
Un'imbarcazione ormeggiata non si sposta, ma è pronta a muoversi in qualsiasi momento.

ANDARE
andar buca *(pop)*
Figurato: fallire, detto di un'impresa, un'iniziativa, un progetto e così via.
andar forte *(fam)*
Figurato: avere successo.
andarsene alla chetichella
Andarsene non visti, senza farsi notare, senza fare rumore.
o la va o la spacca! *(pop)*
Esclamazione: si usa al momento d'intraprendere un'azione dall'esito incerto, che può concludersi in un fallimento o in un grosso insuccesso. Esprime la decisione di affrontarla comunque.

ANFITRIONE

Anfitrione è un personaggio tramandatoci dai racconti dell'antichità come un ospite generosissimo e brillante. Secondo l'omonima commedia di Plauto, il Dio Giove s'introdusse un giorno nella sua casa, dopo averne preso le sembianze, allo scopo di godere i favori della sua bella e fedele moglie Alcmena.
Il tema di Anfitrione venne ripreso più tardi da Molière.

essere un anfitrione
Essere un magnifico ospite.
Nella commedia di Molière, il servo Sosia, per indicare con certezza il vero marito di Alcmena e smascherare così Giove, afferma che "il vero Anfitrione è quello alla cui tavola si pranza" (*Amphitryon*, atto III, scena V, vv. 1073-4).
var.: essere un grande anfitrione.

ANGELO

L'*Angelo* è un essere puramente spirituale oppure dotato di un corpo etereo in forma più o meno umana; serve la divinità come messaggero, guardiano, soldato, cantore, e così via. Creato in stato di perenne felicità e grazia, è capace di scegliere tra il Bene e il Male, come narra la Bibbia nel racconto sulla ribellione a Dio di Lucifero e di altri Angeli. Ci viene tramandato dall'iconografia come un giovane alato di sesso quasi indefinibile, dal volto dolcissimo e la corporatura delicata, oppure come un bimbo piccolo e sorridente.

angelo custode
Figurato: persona che protegge qualcuno o che interviene ad aiutarlo, a consigliarlo, a guidarlo o a consolarlo. Secondo la dottrina cristiano cattolica, ogni essere umano viene affidato alla nascita a un Angelo che l'accompagnerà per tutta la vita per guidarlo e proteggerlo. ‖ In senso ironico, guardiano, carceriere, o anche guardia del corpo.

angelo del focolare
Figurato: la madre di famiglia; in subordine la casalinga. L'uso è attualmente ironico.

angelo del Paradiso
Figurato: persona molto buona e caritatevole.

angelo delle tenebre
Il Demonio, ossia l'Angelo Lucifero, che ribellatosi a Dio di cui tra l'altro era il prediletto, venne precipitato nelle tenebre dell'Inferno insieme ai suoi seguaci. Per trasposizione di significato, il detto si usa oggi per definire una persona, di solito un uomo, di decisa ma fosca bellezza.

discutere sul sesso degli angeli
Figurato: perdersi in discussioni sottili e oziose su argomenti futili, su problemi inconsistenti, inutili, insolubili o immaginari. Anche cavillare su particolari minimi o marginali.
Le prime rappresentazioni degli Angeli risalgono al IV secolo, in cui sono mostrati come giovinetti efebici senza ali né nimbo. Più tardi, con l'arte barocca, cominciarono a essere rappresentati anche con un aspetto femminile. In seno alla Chiesa cristiana sorsero realmente feroci discussioni circa il sesso degli Angeli, che fu motivo di concili, scismi e guerre.

essere un angelo
Figurato: essere molto buoni, e in particolare comprensivi e indulgenti.

salire tra gli angeli
Figurato: morire. Usato in particolare per i bambini.

ANGOLO

ai quattro angoli della terra
Figurato: dappertutto, in ogni luogo, soprattutto se molto lontano o difficoltoso da raggiungere.
I *quattro angoli* citati sono i quattro punti cardinali.

cercare in tutti gli angoli
Figurato: cercare dappertutto, in genere senza risultato.
var.: frugare in tutti gli angoli.
chiudere nell'angolo
Figurato: mettere qualcuno in una condizione senza scampo.
var.: costringere nell'angolo.
smussare gli angoli
Figurato: eliminare le asprezze di una situazione, renderla più accettabile conciliando i punti di vista, sdrammatizzandone gli aspetti difficili e così via.

ANGUILLA

L'*anguilla* è un pesce commestibile dal corpo serpentiforme e la pelle spessa ed estremamente scivolosa. Deriva il suo nome da quello latino del serpente, *anguis*, e già dall'antichità era accomunata a quest'ultimo come simbolo d'inafferrabilità, falsità, insidia e dissimulazione.
essere un'anguilla imburrata
Essere particolarmente imprendibile o sfuggente, come un'anguilla che alla sua naturale scivolosità aggiungesse anche quella del burro di cui fosse spalmata.
fare l'anguilla
Figurato: eludere abilmente domande o situazioni imbarazzanti o sgradevoli.
prendere l'anguilla per la coda
Figurato: risolvere una questione difficile all'ultimo minuto; riuscire a stabilizzare una situazione precaria prima che precipiti; riuscire imprevedibilmente in un'impresa difficile, rischiosa o azzardata, o a sistemare con abilità un'azione disperata.
L'*anguilla* ha una pelle particolarmente scivolosa, e se non si riesce ad afferrarla bene all'altezza delle branchie è quasi impossibile trattenerla. Tanto più è difficile se la si prende per la coda, che oltre a tutto si assottiglia.
var.: afferrar l'anguilla per la coda.

tenere l'anguilla per la coda
Figurato: detenere un potere molto precario, che si può perdere improvvisamente al minimo errore.

ANIMA

L'*anima* è la parte spirituale dell'uomo, qualunque cosa s'intenda con questo. Può indicare anche la forza vitale o l'energia interiore.
all'anima! *(fam)*
Esclamazione: esprime meraviglia, sorpresa, incredulità come anche esasperazione, approvazione, compiacimento e altro. È usato inoltre come semplice interiezione.
anima dannata
Figurato: persona perfida, o infida, o maligna o spregevole, meritevole quindi di andare all'Inferno a subire le pene riservate ai dannati.
anima gemella
Persona molto amata e dalla quale si è ugualmente riamati; anche persona con cui ci si può intendere alla perfezione o con cui si hanno profondi rapporti di comprensione, di amicizia e soprattutto di affinità.
anima in pena
Persona in stato di irrequietezza, d'inquietudine, o di grande ansia.
Allude alle anime che scontano la loro pena in Purgatorio, in attesa del Paradiso.
anima nera
Persona malvagia, che induce altri al male, che regge le fila di un intrigo, che occultamente manovra gli altri per conseguire obiettivi illeciti senza comparire di persona. Vale anche per un cattivo consigliere, per una persona perfida in generale.
Con significato leggermente diverso, l'espressione si trova già nelle *Satire* di Orazio (1,4,85), ed è attualmente diffusa in molte lingue europee.
anima persa
Figurato: persona disonesta, immora-

le o simili che si ritiene completamente irrecuperabile, come l'anima di un peccatore inveterato che si considera "perduta" alle gioie del Paradiso. ‖ Figurato: persona dall'aria spaesata, disorientata, che sembra non sapere cosa fare o dove si trova; persona che non sa operare una scelta o come comportarsi in un dato ambiente o situazione.
Deriva dall'immagine religiosa dell'anima che ha peccato e che non sa trovare la via della redenzione.

aprire l'anima
Figurato: confidarsi con qualcuno, sfogarsi parlando con grande sincerità e fiducia.

dannarsi l'anima
Figurato: sobbarcarsi qualsiasi sforzo o sacrificio per ottenere un certo scopo, per risolvere un dato problema; accollarsi fatiche, sofferenze e tribolazioni in vista di un dato obiettivo.
Il detto si riallaccia probabilmente all'idea, presente nella tradizione popolare e letteraria, del patto con il Diavolo, che offre una vita terrena piena di felicità a chi gli cede l'anima dopo la morte. Richiama poi le sofferenze dell'Inferno, per cui, in vista di un dato obiettivo, si accettano le più gravi sofferenze, come quelle che devono subire le anime dannate.

dare l'anima per ...
Figurato: essere disposti a qualsiasi sacrificio o fatica pur di ottenere qualcosa che si desidera, o per qualcuno che si ama.

darsi anima e corpo
Figurato: impegnarsi a fondo in una impresa; dedicarsi completamente a qualcosa; profondere sforzi fisici e mentali per il raggiungimento di un dato obiettivo.

essere anima e corpo *vedi* **corpo: essere due corpi e un'anima**

essere come un'anima del Limbo
Vivere in stato d'ansia, d'incertezza, di precarietà, soprattutto perché non si è certi di raggiungere un obiettivo che pure s'intravede.
Il *Limbo*, secondo la religione cattolica, è un luogo in cui le anime dei giusti macchiati solo del Peccato Originale, come ad esempio i bambini morti prima del Battesimo o gli uomini giusti vissuti prima dell'avvento di Cristo, attendono il Giorno del Giudizio per poter entrare in Paradiso. Non è un luogo di sofferenza, ma rappresenta l'attesa e la temporanea benché incolpevole privazione di Dio, e quindi della beatitudine.

essere due anime in un nocciolo
Essere due persone legate da profondi sentimenti d'amore o di amicizia, che si capiscono perfettamente e stanno molto bene insieme.

non avere anima
Figurato: essere privi di bontà, di sensibilità, di comprensione, di umanità, come se si fosse privi di qualsiasi capacità spirituale.
var.: essere senz'anima.

non esserci anima viva
Non esserci nessuno.

raccomandare l'anima a Dio
In senso stretto, prepararsi a morire da cristiani. In senso lato, rendersi conto di essere in grave pericolo di vita, trovarsi in una situazione disperata.

reggere l'anima con i denti
Figurato: essere in fin di vita, aver ancora poco da vivere, essere molto ammalati, come se ci si tenesse aggrappati con i denti alla propria anima per impedirle di sfuggire. ‖ In senso lato, essere in una situazione estremamente disastrata, con pochissime speranze di uscirne. ‖ Ancora, essere magrissimi, emaciati, di aspetto cadaverico, apparentemente molto deboli e svuotati di tutte le energie, come se solo la morsa dei denti impedisse all'anima di lasciare il corpo.
var.: tenere l'anima coi denti.

rendere l'anima
Figurato: morire, come restituendo la propria anima al Creatore.
var.: rendere l'anima a Dio.

rimetterci l'anima
Figurato: perdere tutto, riferito in particolare ad affari, trattative, o iniziative che si rivelano fallimentari.
Il detto riprende l'antico tema del patto con il Diavolo, che in cambio dell'anima dopo la morte offre una vita terrena ricca di felicità. In questo caso però il Diavolo non mantiene la promessa, per cui ci si trova ad avere perduto la propria anima in cambio di niente.

rompere l'anima *(pop)*
Figurato: infastidire, disturbare, seccare; privare della tranquillità che deriva da un animo sereno.
Esistono altri modi anche meno eleganti di esprimere lo stesso concetto, in cui alla parola *anima* si sostituisce un vasto repertorio di sinonimi di attributi sessuali maschili. Questo deriva dal parallelismo tra anima ed energia come forza vitale, intesa come capacità procreativa capace di assicurare fertilità e quindi ricchezza.
var.: tazzare l'anima.

sputar l'anima
Figurato: fare una grandissima fatica, sottintendendo così la perdita di tutte le energie.

stare sull'anima *(pop)*
Figurato: suscitare antipatia, grande fastidio, insofferenza.

tenere l'anima coi denti *vedi* **reggere l'anima con i denti**

toccare l'anima
Figurato: commuovere, impietosire; toccare la sensibilità di qualcuno suscitando emozioni profonde.

ANIMO
di buon animo
Volentieri; anche con impegno, con zelo e simili.

leggere nell'animo
Capire i pensieri e i sentimenti nascosti di qualcuno senza che questi li esprima verbalmente, come leggendoli dentro il suo animo.

mettersi l'animo in pace *vedi* **mettersi il cuore in pace**

perdersi d'animo
scoraggiarsi, perdere la fiducia nel buon esito di un'impresa, di un progetto e via dicendo, e in particolare nelle proprie capacità di fronteggiare o di risolvere una situazione.

porre l'animo *(des)*
Dedicarsi a qualcosa, applicarvisi; studiare una situazione, un problema e simili; impegnarsi in un lavoro.

stare di buon animo *(des)*
Figurato: essere sereni, di buonumore; soprattutto stare tranquilli, non preoccuparsi. Usato fondamentalmente come esortazione rasserenante.

ANNATA
d'annata
Figurato: vecchio, detto soprattutto di un vino invecchiato specialmente se prodotto in un'annata particolarmente buona. Usato anche nel senso di superato, o fuori moda, può riferirsi scherzosamente anche alle persone.

ANNO
In senso astronomico, un *anno* è il tempo impiegato da un pianeta per compiere una rivoluzione attorno al suo sole. Per quanto riguarda la Terra, per convenzione, tale periodo è suddiviso in 12 mesi a cominciare dal I gennaio, per un totale di 365 giorni circa, e prende il nome di Anno Solare.

ad anni-luce
Figurato: molto lontano. Usato anche per sottolineare una grande differenza qualitativa e simili.
L'*anno-luce* è un'unità di lunghezza astronomica usata per corpi celesti

molto lontani, ed equivale alla distanza che la luce percorre nel vuoto siderale nell'arco di un anno, pari a circa 9.461 miliardi di chilometri.
anni di piombo
Nome dato in Italia al periodo del terrorismo degli anni Settanta.
Riprende una citazione di Hoelderlin da cui prese il titolo il film tedesco di Margarethe von Trotta che nel 1981 vinse il Leone d'Oro alla mostra del Cinema di Venezia, e che tratta dei problemi e soprattutto del terrorismo nella Germania Federale durante il secondo dopoguerra.
anni verdi
La giovinezza, intesa soprattutto come freschezza vitale.
L'immagine rimanda a una pianta ancora molto giovane e quindi dalle foglie di color verde brillante.
var.: essere nel verde degli anni.
anno di Grazia
Tutti gli anni successivi alla nascita di Cristo.
Allude al dogma secondo il quale la morte di Cristo riscatta l'umanità dal Peccato Originale, restituendole quindi la *Grazia* perduta.
anno sabbatico
Nei Paesi anglosassoni, anno in cui un docente è esentato dal dovere dell'insegnamento perché si possa dedicare all'aggiornamento e alla ricerca. Questo diritto cade una volta ogni sette anni circa. L'espressione è usata in senso lato per definire un periodo pagato di vacanza o di riposo. Spesso ironico.
Presso gli Ebrei, che ogni sette giorni erano tenuti al riposo del *sabbato* sull'esempio di Dio che creò il mondo in sei giorni e poi si riposò, ogni sette anni si sospendevano i lavori dei campi per lasciar riposare la terra.
avere gli anni del primo topo
Figurato: essere molto vecchi.
Pare che il detto faccia riferimento a una famiglia di origine antichissima il cui stemma esibiva cinque topi. Per cui, avere gli anni del primo di questi significava avere un'età molto avanzata.
avere gli anni di Matusalemme
Figurato: essere molto vecchi.
Matusalemme, secondo la Bibbia, visse 969 anni.
avere gli anni di Noè
Figurato: essere molto vecchi.
Noè, secondo la tradizione biblica, raggiunse un'età molto avanzata.
avere molti anni addosso
Figurato: essere molto vecchi.
var.: avere molti anni sulle spalle.
essere in là con gli anni
Essere piuttosto anziani.
var.: essere avanti con gli anni.
il verde degli anni *vedi* **anni verdi**
vivere gli anni di Nestore
Raggiungere un'età molto avanzata.
Nella mitologia greca *Nestore*, re di Pilo e sposo di Euridice, prese parte alla guerra di Troia insieme al figlio Antiloco quando era già molto anziano, poi ritornò a Pilo e aiutò Telemaco nella ricerca di suo padre Ulisse. Omero lo dipinge come un vecchio valoroso e saggio, non ne determina l'età ma vi pone spesso l'accento facendola ritenere avanzatissima.

ANTA
entrare negli "anta"
Aver compiuto i quarant'anni. Quasi sempre scherzoso.
var.: aver passato gli "anta".

ANTICAMERA
fare anticamera
Dovere attendere per essere ricevuti da qualcuno.
non passare per l'anticamera del cervello
Essere lontanissimo dalle intenzioni di chi parla. Allude a idee e simili che vanno soppesate attentamente, imma-

ginate quindi lontane dal centro decisionale del cervello così come l'anticamera è lontana dai locali più importanti.

ANTICO
fare come gli antichi
Comportarsi in modo diretto, senza tante complicazioni; anche usare mezzi sproporzionati al fine da raggiungere, rischiando magari di rovinare tutto per eccesso di zelo. Il detto completo è "fare come gli antichi che tagliavano il fico per cogliere i fichi", con la sua variante "fare come gli antichi che mangiavano la buccia e buttavano i fichi".

ANTIFONA
Nella liturgia, l'*antifona* è una breve frase recitata o cantata prima e dopo il Salmo, che conferisce a quest'ultimo un particolare significato in relazione alla celebrazione del momento. Con il tempo il termine è entrato nell'ambito profano per indicare un discorso allusivo con un preciso sottinteso, oppure un discorso insistente e ripetuto.
capire l'antifona
Cogliere un'allusione, un sottinteso, un suggerimento o simili espressi velatamente.
far più lunga l'antifona del salmo
Letterale: fare una premessa esageratamente lunga a quanto si vuol dire.

APOLLO
Per i Greci il Dio *Apollo* era figlio di Zeus e di Latona e fratello di Artemide. Si tratta però di una divinità antichissima, originariamente preposta a moltissimi aspetti dell'esistenza cosmica e umana. Pare fosse dapprima il Dio della Luce, tanto che uno dei vari significati del suo nome sarebbe "lo splendente"; divenne poi Dio del Sole, e con il tempo della Bellezza e in parallelo anche del Piacere. Per puro godimento estetico avrebbe inventato la musica e la poesia, e nella sua veste di protettore di ogni armonia della natura e dello spirito guidava il coro delle Muse e di conseguenza i canti e le danze. Viene rappresentato spesso nudo come un bellissimo giovane atleta, e da questa raffigurazione è nato il termine "apollineo" per indicare una bellezza maschile perfetta e serena.
essere un Apollo
Figurato: essere bellissimo, detto di un uomo generalmente giovane.

APPARENZA
salvare le apparenze
Figurato: nascondere fatti, situazioni o avvenimenti di cui ci si vergogna, facendo in modo di lasciar credere che non sussistano; mostrarsi osservanti delle convenzioni sociali.
stare alle apparenze
Valutare qualcosa secondo quanto le apparenze lasciano capire. Usato a proposito di un giudizio approssimativo suscettibile di ulteriore approfondimento.

APPELLO
mancare all'appello
Non presentarsi, non essere presenti in un gruppo, e pertanto non essere in grado di rispondere quando si viene chiamati per nome durante l'appello. Usato in passato come eufemismo per un soldato caduto in battaglia, oggi è soprattutto scherzoso per una persona che non si frequenta più, per un oggetto che non si riesce più a trovare e altro.
senza appello
Figurato: definitivo, irrevocabile, senza nessuna possibilità di modifica, come un verdetto contro il quale la legge non ammette il ricorso al tribunale di secondo grado, detto, appunto, Corte d'appello. Usato in genere per qualcosa di sgradevole.

APPOSTA
neanche a farlo apposta
Per accidente, per un caso sfortunato e imprevedibile, tanto da sembrare un dispetto.

APRILE
l'aprile della vita
Gli anni della prima giovinezza, con la sua freschezza ma anche con la sua immaturità. È uno dei tanti parallelismi con il mondo vegetale, per il quale l'aprile rappresenta il momento di apertura alla vita, ancora però precaria e fragile.

AQUILA
Il termine *aquila* definisce una serie di uccelli falconiformi, rapaci diurni dalla vista acutissima che nidificano sulle rocce e adottano una tecnica di caccia praticamente infallibile. D'intelligenza piuttosto limitata, secondo studi recenti, sono dotati di una grande forza fisica che permette loro d'innalzarsi a quote molto elevate con un volo lento e solenne. L'aquila è stata assunta come simbolo di potenza, di nobiltà, d'ingegno, e ha sempre occupato un posto d'onore nella simbologia di molte culture. Prima che degli Absburgo, degli Zar di Russia, degli imperatori tedeschi, dei Francesi e dei Romani, fu il simbolo di Giovanni Evangelista, di Giove, dei Celti, dei Galli e dell'esercito persiano. Abbiamo a tutt'oggi varie decorazioni civili e militari e alcuni modi di dire in cui l'aquila è ancora emblema di elevatezza intellettuale e morale.
essere un'aquila
Essere particolarmente intelligenti, anche in senso ironico.
var.: essere acuto come un'aquila.
l'aquila non prende mosche *(raro)*
Di origine proverbiale, il detto afferma che chi è veramente grande non si occupa delle piccolezze, è superiore alle cose meschine, così come l'aquila non va a caccia di mosche.
Il detto, di origine ignota, ha diverse varianti nei tempi antichi, come "i leoni si avventano contro i tori ma non dan noia alle farfalle" usato da Marziale, o "l'elefante non acchiappa il topo", in uso preso i Greci e ripreso poi da Carducci.
occhio d'aquila *vedi* **vista d'aquila**
vecchiaia dell'aquila
Figurato: vecchiaia dignitosa, in buona salute e in condizioni di ottima forma mentale. Si usa anche per chi mantiene un portamento maestoso o una grande e serena autorevolezza anche in età avanzata.
Riprende una massima che dice "vecchiaia d'aquila, giovinezza d'allodola", usato per dire che le persone veramente forti si mantengono tali anche in tarda età, e i più deboli rimangono loro inferiori anche se sono più giovani. L'immagine è presa da un versetto dei *Salmi* (102,5), ed è utilizzata anche da Sant'Ambrogio e da Sant'Agostino.
vista d'aquila
Figurato: vista particolarmente acuta, paragonabile a quella delle aquile che individuano la preda dall'alto anche a grande distanza.
var.: occhio d'aquila.

ARANCIO
fiori d'arancio
Figurato: il matrimonio, e in particolare la cerimonia nuziale, durante la quale è tradizione che la sposa porti una coroncina o un piccolo mazzo di questi fiori, simbolo di purezza.

ARCA
L'*arca* è propriamente una cassa, un contenitore che può avere diverse dimensioni e forme. In questo senso la Bibbia parla dell'Arca dell'Alleanza, in cui Mosè e i suoi discendenti custodirono le Tavole della Legge. La Bib-

bia definisce inoltre con lo stesso termine il natante che Dio fece costruire a Noè per salvarlo dal Diluvio Universale.

arca di scienza
Figurato: persona molto dotta, erudita, sapiente, dalla cultura così rigorosa e profonda che meriterebbe di essere custodita in un'arca. Spesso ironico.

essere come l'arca di Noè
Essere un luogo affollato di persone o animali di ogni genere.
La Bibbia (*Genesi*, VI-VIII) dice che prima di sommergere il mondo con il Diluvio Universale Dio volle salvare i giusti. Ordinò quindi a Noè di costruire un'arca capace d'imbarcare i pochi eletti nonché una coppia di ogni specie degli animali viventi, che in tal modo poterono sopravvivere e popolare di nuovo la terra.

ARCO
star con l'arco teso
Figurato: essere pronti a tutte le eventualità; stare in guardia; non farsi cogliere di sorpresa.

ARGENTO
avere l'argento vivo addosso
Figurato: non riuscire a star fermi, essere molto irrequieti o vivaci, detto in genere di bambini.
L'*argento vivo* è il mercurio, così chiamato per il suo colore e la sua estrema mobilità che gli conferisce la caratteristica di suddividersi, al minimo urto, in sferette sempre più piccole.

ARGO
avere gli occhi di Argo
Essere molto attenti e vigili, non lasciarsi sfuggire nulla.
Secondo la mitologia greca, il principe *Argo* aveva cento occhi, e ne teneva sempre aperti la metà anche durante la notte. Per questo suo requisito la gelosissima Era lo incaricò di sorvegliare Io, una giovinetta in quel momento amata da Zeus e da lui trasformata in giovenca. Zeus però si rivolse a Eracle, che addormentò Argo con il suono ipnotico del suo flauto, lo uccise e liberò la fanciulla. Era raccolse allora gli occhi del principe e li disseminò sulla coda del pavone, che da quel momento le divenne sacro.

ARIA
L'*aria* è il miscuglio gassoso che forma l'atmosfera, necessario per la respirazione e per la vita in generale. Anticamente considerata uno dei quattro elementi che stanno alla base della sostanza di tutte le cose, insieme all'acqua, alla terra e al fuoco, ha assunto nei tempi moderni una vasta gamma di significati: vento, cielo, spazio, e in senso lato anche apparenza, atteggiamento, situazione, sembianza, finzione, superbia, e altri ancora.

aria fritta (*fam*)
Discorso o simili che ripete banalmente cose risapute o scontate che vengono gabellate per novità.

avere l'aria di ...
Sembrare, parere; apparire in un certo modo.
Qui s'intende l'aria come apparenza.

buttare all'aria
Mettere a soqquadro, di solito per cercare qualcosa.

cambiare aria (*pop*)
Figurato: cambiare località, ambiente, posto di lavoro e così via. Anche allontanarsi per prudenza in quanto ricercati.

campare d'aria
Figurato: essere molto poveri, come se si avesse soltanto l'aria per nutrirsi; anche mangiare pochissimo, o avere pochissime esigenze.
var.: vivere d'aria; nutrirsi d'aria; campare di vento.

campato in aria
Privo di fondamento.

capire che aria tira vedi **sentire che aria tira**

con un'aria da nulla
Con grande indifferenza; con aria ingenua e innocente. L'aria qui è intesa come atteggiamento.

dare aria
Esporre all'aria aperta; fare entrare l'aria esterna in un locale. ‖ In senso figurato, soprassedere a un problema per ripensarci a mente più fresca. ‖ Figurato: lasciare in pace un debitore che si trova in difficoltà economiche per dargli il tempo di assestare i propri affari e metterlo in condizione di assolvere gli impegni presi.
var.: dare ossigeno.

dare aria ai denti *(fam)*
Parlare a vanvera, dire cose stupide, insensate, inutili.
var.: dare aria alla bocca.

darsi delle arie
Assumere un atteggiamento superiore, superbo, nell'intento di farsi credere più importanti di quanto si è.
Qui l'aria è intesa nel senso di apparenza.

darsi l'aria di ...
Assumere un dato contegno, simulando atteggiamenti o sentimenti che in realtà non si provano.
Qui l'aria è intesa nel senso di apparenza.

essere in aria *(fam)*
Figurato: essere in una situazione instabile, provvisoria o precaria.

essere nell'aria
Figurato: essere imminente. Si dice quando si intuisce che sta per accadere qualcosa. ‖ Essere diffuso, essere avvertibile.

essere per aria *(fam)*
Figurato: essere in agitazione, in subbuglio, in ansia, come se non si avessero più i piedi per terra e si fosse così perduto il contatto con la realtà concreta.

fare aria *(pop)*
Figurato: soffrire di flatulenza.

guardare per aria
Figurato: simulare distrazione; fingere di non accorgersi di quanto sta accadendo intorno per non trovarvisi coinvolti, come chi guardando per aria non vede quello che gli succede accanto. ‖ Figurato: essere molto distratti o svagati.

mandare all'aria
Figurato: rovinare un progetto, far fallire un'iniziativa e simili.
var.: andare all'aria.

prendere una boccata d'aria
Figurato: astrarsi da problemi assillanti, o allontanarsi da un ambiente o da una situazione pesante, faticosa o sgradevole, come uscendo all'aperto per respirare l'aria libera.

sentire che aria tira *(pop)*
Figurato: valutare un'atmosfera; cercare di rendersi conto della realtà e degli sviluppi di una situazione, come gli animali che cercano di capire da che parte spira il vento.
var.: sentire che vento tira; vedere che aria tira; capire che aria tira.

sentirsi mancare l'aria
Letteralmente, sentirsi soffocare. In senso figurato, provare una sensazione d'angoscia di fronte a una notizia o a un evento sgradevoli, oppure un senso di oppressione dato da persone assillanti.

senza aver l'aria
Con apparente indifferenza, nascondendo emozioni o sensazioni.

vedere che aria tira vedi **sentire che aria tira**

vivere d'aria vedi **campare d'aria**

ARIETE

Il termine *ariete* indica non solo il montone ma anche un'antica macchina da guerra destinata a sfondare porte e mura. Era costituita da una trave alla cui estremità era fissato un blocco di metallo quasi sempre a forma di testa d'ariete.

a colpi d'ariete
Figurato: con forza e tenacia, con attacchi violenti e ripetuti, come servendosi dell'omonima macchina bellica per superare la resistenza di una persona, di una situazione e simili.

testa d'ariete
Figurato: l'elemento d'attacco più forte, presumibilmente capace di abbattere le resistenze e di ottenere il risultato voluto. Riferito a una persona, indica quella che viene mandata avanti a eliminare le difficoltà per farne trarre vantaggio al suo gruppo.

ARISTARCO
Aristarco di Samotracia, vissuto attorno al 150 a.C., fu un grammatico e filologo alessandrino estremamente rigoroso, e secondo alcuni maligno e pedante. Fu direttore della Biblioteca d'Alessandria e spese la sua esistenza a cercare le pecche nei lavori degli altri, senza nulla concedere nemmeno a Omero, Pindaro, Esiodo.

fare l'Aristarco
Cercare i minimi difetti di qualcosa o di qualcuno in modo fiscale, pedante o maligno; invalidare un progetto, un'iniziativa e simili sulla base di una sua trascurabile manchevolezza. Anche accanirsi contro qualcuno fino a confonderlo.

ARLECCHINO
Arlecchino è una maschera della Commedia dell'Arte veneziana che incarna il tipo del popolano sciocco e ignorante ma scaltro, atavicamente affamato, incapace di pensare a costruirsi una propria solidità se non frodando e raggirando gli altri. Benché sia considerata una maschera nativa di Bergamo, molti studiosi continuano a indagare sulla sua primitiva origine. L'ipotesi più accreditata sostiene che l'odierno Arlecchino, a parte il fatto apparentemente accertato di derivare dal diavolo burlone *Hallequin*, protagonista di molte leggende medioevali francesi, discende pari pari da un buffone selvatico e barbuto di nome Sannio che si incontra spesso nelle farse latine, e da cui deriverebbero i più celebri *Zanni* della Commedia dell'Arte. Attorno al 1700, il teatro francese ne fece una sorta di paggio lezioso e pretenziosamente raffinato, alterandone completamente il carattere nonché l'abbigliamento. Con Goldoni Arlecchino riprende le sue caratteristiche iniziali. Il suo vestito, originariamente bianco, è diventato multicolore a forza di rattoppi disposti però in un disegno armonioso di losanghe, a simboleggiare la sua capacità di adattarsi alle situazioni più disparate; ha la bautta nera in uso a Venezia, e porta alla cintura una borsa di cuoio e una corta daga di legno, che lo innalza dalla pura schiatta dei servi e lo avvicina ai gentiluomini comunemente provvisti di spada di cui Arlecchino è in genere infido e maldestro servitore e confidente. Non perde occasione di costruire raggiri che vengono inevitabilmente scoperti e puniti, ma la sua fondamentale bontà e il forte vincolo che lo tiene legato al padrone gli valgono alla fine il perdono generale.

fare l'Arlecchino
Comportarsi da buffone.

fare l'Arlecchino servitore di due padroni
Figurato: cambiare idea o atteggiamento secondo l'opportunità del momento; fare contemporaneamente gli interessi di due parti avverse.
Il detto deriva dal titolo di una commedia di Carlo Goldoni, in cui Arlecchino, ponendosi al servizio di due padroni, provoca una serie di comici avvenimenti.

ARLOTTO
Il *Piovano Arlotto*, protagonista di

molte burle e facezie, è un certo Arlotto Mainardi, morto nel 1484. Pare fosse un sacerdote stravagante, dotato di arguzia, malizia e furberia. Le sue imprese sono narrate in un'operetta intitolata *Motti e facezie del Piovano Arlotto*.

dare la benedizione del Piovano Arlotto
Figurato: fare uno scherzo pesante ma privo di vere conseguenze.
Si narra che il Piovano Arlotto abbia impartito la benedizione al popolo usando l'olio invece dell'acqua.

essere come il Piovano Arlotto
Fingere di non capire ciò che non piace; intendere soltanto quello che conviene.
Del Piovano Arlotto si dice che sapesse leggere solamente quanto stava scritto nel suo breviario.

essere come la bandiera del Piovano Arlotto
Avere varia e discutibile provenienza, detto in genere di beni di dubbia origine, così come la bandiera del piovano era fatta di pezze rubate.

ARMA
arma a doppio taglio
Figurato: elemento o argomento che può ritorcersi a danno chi se ne serve.

armi e bagagli
Figurato: tutto ciò che si possiede, riferito in genere a chi se ne va portandosi via tutte le proprie cose. In senso lato, anche senza riserve, completamente.
Deriva dal linguaggio militare, e si riferisce alla smobilitazione di un accampamento.
var.: con armi e bagagli; prendere armi e bagagli.

avere un'arma segreta
Figurato: poter contare, all'insaputa dell'avversario, su un elemento qualsiasi capace di risolvere una situazione a proprio vantaggio.

essere alle prime armi
Figurato: fare le prime esperienze, cimentarsi per la prima volta in un'impresa, un'attività o simili.
Il detto, di origine francese, si riferiva inizialmente alle prime esperienze della vita militare, quando un soldato impugnava le armi la prima volta.

passare per le armi
Giustiziare con procedimento sommario, soprattutto in tempo di guerra.
Il detto risale al tempo in cui per armi si intendevano quelle da taglio, e pertanto la vittima veniva trapassata dalle lame.

sotto le armi
Figurato: in servizio militare.

stare con l'arma al piede
Esser pronti all'azione, in stato di allerta; prepararsi a una guerra, come tenendo le armi pronte a essere impugnate velocemente.
var.: stare con le armi al piede.

ARMATO
PARAGONI: armato come un saracino; armato fino ai denti.

armato come un saracino *(raro)*
Con molte armi, armato di tutto punto. ‖ In senso figurato, anche agguerrito, temibile, o, ancora, munito di tutto ciò che serve per ottenere un determinato scopo.
Allude alle antiche lotte fra Cristiani e Saraceni, che nella tradizione popolare hanno lasciato di questi ultimi un ricordo di grande ferocia ed efficienza bellica.

armato fino ai denti
Armato di tutto punto, ben difeso. Spesso scherzoso o ironico. In senso figurato, si dice anche di una persona forte, agguerrita, o munita di tutto ciò che serve per ottenere un determinato scopo.
Deriva dall'immagine del combattente che oltre a tutte le altre armi stringe fra i denti un pugnale o un coltello.

ARME
avere l'arme dei cinque topi *(raro)*
Essere molto vecchio o antico, usato per un casato, una persona o più raramente un oggetto.
Pare che il detto faccia riferimento a una famiglia di origine antichissima il cui stemma esibiva cinque topi.
portare l'arme alla sepoltura
Essere l'ultimo discendente di una dinastia, destinata quindi a estinguersi con la propria morte. L'*arme* in questo caso è lo stemma di famiglia.

ARNESE
Il termine *arnese*, derivato dall'antico francese *herneis* derivato a sua volta dall'antico nordico *hernest*, indicava originariamente l'equipaggiamento di un soldato e poi, più genericamente, le provviste di un'armata.
cattivo arnese
Figurato: persona non affidabile.
male in arnese
Mal ridotto, malconcio, anche vestito poveramente o in cattivo stato di salute.
var.: in cattivo arnese.
rimettere in arnese
Figurato: rimettere in ordine, rimettere a posto in modo da ripristinare la funzionalità o l'utilità di qualcosa. Anche fornire nuovi abiti a qualcuno, oppure aiutare un bisognoso, o curare un malato.

ARNO
saltar d'Arno in Bacchiglione
Figurato: passare senza logica da un argomento all'altro; cambiare continuamente attività senza reale motivo; intraprendere varie iniziative senza aver concluso le precedenti.
L'*Arno* e il *Bacchiglione* sono due fiumi che si trovano rispettivamente in Toscana e nel Veneto. Di questo detto si serve anche Dante Alighieri, che nella *Divina Commedia* (*Inferno*, XV, 113) dice del vescovo Andrea de' Mozzi che "fu trasmutato d'Arno in Bacchiglione", cioè che si trasferì da Firenze, sull'Arno, a Vicenza, sul Bacchiglione.

ARPAGONE
Arpagone è il nome del protagonista della commedia di Molière *L'avaro*, personaggio tragicomico che in età avanzata s'innamora della giovane Marianna, ma che l'amore ancor più forte per il denaro rende insensibile agli altri sentimenti.
essere un Arpagone
Essere avari, avidi, gretti, insensibili.

ARREMBAGGIO
andare all'arrembaggio
Figurato: gettarsi addosso a qualcosa di ambito o invitante per impadronirsene; fare di tutto per conquistarsi le simpatie di una persona. Di solito scherzoso.
Il termine viene dalla marineria, e definisce l'assalto di una nave a un'altra mediante l'abbordaggio.

ARROSTO
combinare un arrosto *(fam)*
Figurato: danneggiare un bene o una situazione per errore; anche sbagliarsi grossolanamente.
var.: far su un arrosto.

ARTE
a regola d'arte
In modo ineccepibile, secondo le regole stabilite. L'*arte* è qui l'antica Corporazione, che dettava le regole delle varie attività lavorative.
ad arte
Per uno scopo preciso, appositamente, a bella posta; anche per finzione, artificiosamente.
impara l'arte e mettila da parte
Di origine proverbiale, il detto invita a non lasciarsi sfuggire l'occasione d'im-

parare qualcosa, perché nella vita può sempre tornare utile. Ripete l'identico proverbio.

non avere né arte né parte
Figurato: non avere né un mestiere né un patrimonio ereditato, quindi non avere una posizione né saper fare nulla. La *parte* è qui citata nel duplice significato di ruolo ricoperto in un'opera teatrale, quindi in senso lato nella vita, e di porzione di eredità.
var.: essere senz'arte né parte.

senz'arte né parte *vedi* **non avere né arte né parte**

ASCIUTTO
essere all'asciutto
Figurato: avere esaurito riserve o risorse; non avere più denaro; rimanere privi della possibilità di continuare un'azione o altro.
Il riferimento più vicino nel tempo è quello al serbatoio della benzina, senza la quale un veicolo non si muove. In passato l'allusione era invece alla borraccia dell'acqua, che se arrivava a rimanere asciutta segnava la fine di qualsiasi viaggio.
var.: lasciare all'asciutto; rimanere all'asciutto.

ASILO
In origine il termine designava il tempio, all'interno del quale non era possibile catturare nessuno. In questo senso la parola è passata a indicare un posto sicuro, dove si è protetti e al riparo da rischi e pericoli.

chiedere asilo
Chiedere accoglienza in un luogo riconosciuto inviolabile, come un convento, un tempio e simili. In senso più esteso, chiedere ospitalità. Lo stesso significato si ha nella locuzione "chiedere asilo politico" da parte di un perseguitato che cerchi rifugio e protezione in un altro Stato senza che questi conceda l'estradizione.

ASINO
L'*asino* è un mammifero degli Equidi usato come animale da soma per la sua grande resistenza. È un animale piuttosto testardo, e questo gli ha guadagnato un'ingiusta fama di scarsa intelligenza. In Grecia era considerato simbolicamente l'animale contrapposto ad Apollo, il Dio protettore di ogni armonia della natura e dello spirito che guidava il coro delle Muse e di conseguenza i canti e le danze, e quindi l'asino era visto come l'antitesi dell'armonia delle sfere celesti. Per questo il binomio dato dall'asino e dalla lira, lo strumento musicale per eccellenza, divenne proverbiale come esempio d'incompatibilità assoluta. Tuttavia un'antica tradizione mesopotamica associava volentieri l'asino e la lira, tanto che ci restano diversi rilievi di orchestre composte di animali, in cui l'asino suona appunto la lira, che risalgono al terzo millennio.

a dorso d'asino
Servendosi dell'asino come mezzo di trasporto.

a schiena d'asino
Di forma convessa, quasi a cuspide, simile a quella della schiena dell'asino, che è appunto relativamente aguzza. Si dice comunemente di un breve ponte o di una strada.

andare come l'asino alla lira *(raro)*
Interessarsi di cose per le quali si è completamente negati o impreparati. Narra Fedro (*Favole*, Appendice, 113) che un asino trovò una lira abbandonata in un prato, e incuriosito andò a toccarne le corde. Dopo averne tratto suoni disarmonici, l'asino commentò: "Un bello strumento, ma è capitato male, perché io non m'intendo di musica".
Il detto si ricollega a uno dei più antichi e diffusi proverbi greci, e va ricordato che l'asino era simbolicamente l'animale contrapposto ad Apollo, e

quindi all'armonia delle sfere celesti.
var.: essere come l'asino alla lira.

asino bastonato *(raro)*
Figurato: persona che viene costantemente maltrattata, sulla quale si scaricano tutte le colpe e che viene tenuta in scarsa considerazione. Anche persona intristita, rassegnata ai maltrattamenti, che non pensa all'eventualità di ribellarsi.

asino battezzato *(raro)*
Figurato: persona villana, o anche ignorante, presuntuosa e testarda, tale da distinguersi dall'asino solo per avere presumibilmente ricevuto il battesimo.

asino calzato e vestito
Figurato: persona ignorante o stupida, come un asino che resterebbe tale pur indossando abiti e calzature.

asino di Buridano
Figurato: persona incapace di prendere una decisione.
Il detto si fa risalire a una favoletta attribuita al filosofo Jean Buridan, in cui si narra che un asino affamato e assetato in uguale misura, trovandosi davanti a un fascio di fieno e a un secchio d'acqua, non riuscì a stabilire se era meglio prima mangiare e poi bere oppure viceversa. E così morì di fame e di sete. In realtà, la favola fu inventata non da Buridan quanto dai suoi detrattori, per ridicolizzarne le sue teorie sulla volontà. Lo studioso sosteneva infatti che la volontà può agire solo quando l'intelletto ha deciso quale sia il maggiore tra due beni; in caso di parità, l'intelletto non può decidere e la volontà rimane di conseguenza paralizzata.
var.: fare come l'asino di Buridano.

asino risalito *(raro)*
Figurato: persona di bassa estrazione e cultura che, arrivata a un certo livello sociale o economico, esibisce atteggiamenti arroganti, sprezzanti pacchiani e così via.

cèrcare l'asino ed esserci sopra
Figurato: cercare affannosamente qualcosa senza accorgersi di averla molto vicina.

chi non può dare all'asino dà al basto
Si dice di chi se la prende con i più deboli, vendicandosi di una persona temuta facendo del male a chi gli è caro. Il detto, registrato fra le sentenze medievali, sembra comparire per la prima volta in Petronio.

esser l'asino che vola *(raro)*
Figurato: costituire un fenomeno incredibile; essere un personaggio stravagante, inusitato. In particolare si dice però di una persona di capacità inadeguate che viene collocata per qualche motivo in una posizione importante, generalmente per fungere da prestanome o perché raccomandata.
Un tempo si teneva a Empoli, il giorno del Corpus Domini, uno spettacolo di piazza di cui il culmine consisteva nel cosiddetto "volo dell'asino". L'animale, cui erano state appiccicate delle ali finte, veniva fatto scivolare dal campanile fino a terra lungo una corda creando l'illusione che volasse, e a seconda del suo comportamento si traevano auspici per il raccolto dell'anno. Si dice che a volte, agli spettatori più ingenui, si cercasse di far credere che l'asino volasse davvero.

essere come l'asino alla lira *vedi* **andare come l'asino alla lira**

essere come l'asino al suono della lira *(raro)*
Mancare di sensibilità, e in particolare non sapere apprezzare intelligenza e bellezza.
In questa forma, il detto è preso direttamente dall'*Orlando furioso* di Ludovico Ariosto (XXXIV, 19). È Lidia che parla, raccontando la propria storia ad Astolfo nella sua discesa agli Inferi, e in questo modo vuole sottolineare la rozzezza intellettuale di chi ammira solo potere e ricchezza a sca-

pito del valore personale e della virtù. Ricordiamo però quanto detto sopra riguardo il binomio asino e lira e a proposito dell'altro detto, "andare come l'asino alla lira".

fare come l'asino che porta il vino e beve l'acqua
Non godere i frutti del proprio lavoro, per stupidità o per ingenuità, e lasciare che altri ne traggano vantaggio; non sapere sfruttare le occasioni propizie.
var.: portare il vino e bere l'acqua.

fare come l'asino del pentolaio *(raro)*
Perdere tempo, disperdere le proprie energie o capacità in maniera inconcludente.
Il detto sembra derivare dal mestiere dello stagnino, o secondo un'altra interpretazione da quello del venditore d'acqua, ancora diffuso in molti Paesi. Entrambi i venditori si fermavano a tutte le porte per trovare acquirenti.

fare l'asino
Figurato: corteggiare una donna in modo asfissiante e ridicolo.
Può alludere alla grande facilità di eccitazione sessuale di questo animale, o alla tradizione che vuole che l'asino sia stupido e testardo.

l'asino del comune *(raro)*
Figurato: persona sulla quale vengono fatte ricadere tutte le responsabilità, le accuse o simili, poiché essendo alle dipendenze di un ente astratto o generico come viene inteso il Comune, non ha nessuno che la difenda.
Ci si riallaccia ai tempi in cui gli asini venivano utilizzati per le attività più svariate, compresi i lavori di manutenzione di pubblica utilità.

legare l'asino dove vuole il padrone
Figurato: adeguarsi alla maggioranza, e soprattutto al volere dei potenti, per evitare inconvenienti e vivere tranquilli.
Il detto deriva da un proverbio che dice: "Lega l'asino dove vuole il padrone: se si rompe il collo, suo danno."

ponte dell'asino
Figurato: punto critico; anche prova di abilità, esame difficile, trabocchetto studiato per saggiare le capacità o la preparazione di qualcuno: i meno dotati, cioè gli asini, non superano l'ostacolo e idealmente cadono giù dal ponte. A livello scolastico, veniva tradizionalmente identificato con il teorema di Pitagora.
Preso direttamente dal latino *pons asinorum*, il detto definiva in origine un vero e proprio schema di comportamento mentale studiato dalla Scolastica, che consisteva nel porre una persona davanti a concetti e problemi astratti di difficile comprensione per valutare così le sue capacità intellettuali.

qui casca l'asino!
Esclamazione: si usa per sottolineare una particolare difficoltà, o anche un tranello, un inganno e simili.
Si riallaccia al cosiddetto "ponte dell'asino", da cui gli asini, appunto, rischiano di cadere.

raglio d'asino non giunge al cielo
Di origine proverbiale, il detto ricorda che i discorsi maligni e le accuse infondate sono inutili perché non trovano ascolto.
Ripete l'identico proverbio.

ASPETTARE
aspetta e spera!
Esclamazione: si dice di solito con ironia o scetticismo a chi dimostra di contare su avvenimenti e situazioni d'improbabile concretizzazione, o che comunque non fa niente per provocare un qualsivoglia cambiamento.

aspettar che venga maggio
Aspettare che vengano tempi migliori, qui rappresentati dalla bella stagione. Per estensione, restare inattivi, senza darsi da fare, contando solo sul tempo per migliorare le cose. Spesso ironico.

aspettare a gloria *(raro)*
Figurato: attendere con fiducia qual-

cosa che si desidera molto, pur sapendo che c'è la possibilità che non arrivi mai.
Il detto può avere origine dal fatto che un tempo, nella liturgia cattolica, il canto del *Gloria* durante la Messa era soppresso nel periodo della Quaresima e riprendeva solo a Pasqua, annunciando la Resurrezione e segnando il momento in cui si scioglievano le campane in segno di gioia.

aspettare al varco
Figurato: aspettare il momento della riscossa o della vendetta senza darsi da fare per affrettarlo; aspettare che qualcuno commetta un errore per trarne vantaggio, come i cacciatori che si appostano ad attendere la preda *al varco*, nel punto in cui dovrà per forza passare.

aspettare che cali il panierino *vedi* aspettare il panierino dal piano di sopra

aspettare il corvo *(raro)*
Figurato: aspettare inutilmente qualcosa o qualcuno che non verrà.
Il riferimento chiama in causa la Bibbia: Noè, quando pensò che il Diluvio Universale fosse terminato, liberò un corvo che però non fece ritorno all'Arca. Successivamente fece uscire una colomba, che rientrò portando nel becco un ramoscello d'ulivo facendogli così capire che la Terra era ritornata a vivere.

aspettare il Messia
Attendere molto a lungo, con fiducia, ma probabilmente invano. Usato anche in senso ironico per chi ha fiducia nel tempo come apportatore di eventi felici, ma nel frattempo non fa nulla per provocarli.

aspettare il panierino dal piano di sopra
Figurato: aspettare un intervento esterno per risolvere i propri problemi, senza far nulla di persona. Quasi sempre spregiativo.

L'immagine è quella del paniere di viveri che qualcuno cala a un bisognoso che abita al piano di sotto.

aspettare il porco alla quercia
Aspettare la buona occasione di fare qualcosa, in particolare per vendicarsi di qualcuno, partendo dal presupposto che l'occasione verrà certamente.
L'immagine è quella di chi sta nei pressi di una quercia ad aspettare che arrivi il maiale, ghiotto di ghiande.

aspettare la lepre al balzello
Figurato: aspettare che si presenti l'occasione giusta per ottenere un certo risultato, in particolare per vendicarsi di qualcuno o per assistere alla sua sconfitta, conoscendo il suo punto debole. Anche essere pronti a sorprendere qualcuno oppure a cogliere qualcosa, soprattutto una buona occasione.
Nel linguaggio dei cacciatori, il detto significa aspettare la lepre e la selvaggina in generale nei luoghi in cui è solita passare cogliendola mentre fa il *balzello*, cioè un piccolo salto. La tecnica consiste nell'appostarsi vicino a un passaggio obbligato, come ad esempio un fosso che divide due campi, dove l'animale è costretto a saltare rendendosi così visibile anche al buio.
var.: attendere la lepre al balzello.

ASSALTO
andare all'assalto
Figurato: attaccare violentemente qualcuno, aggredirlo; anche offenderlo, accusarlo pesantemente, come se si trattasse di un nemico da sconfiggere sul campo di battaglia. Riferito a un'iniziativa, un progetto o altro, affrontarlo con decisione, iniziarlo con irruenza e simili.
var.: partire all'attacco.

ASSO
asso nella manica
Figurato: elemento sconosciuto agli

altri che può risolvere a proprio favore una disputa, un contrasto, una gara o simili.
Il detto deriva dai giochi di carte e segnatamente dal *poker*, in cui l'asso può avere un peso determinante. Secondo i cronisti, molti bari tenevano spesso un asso nella manica della giacca e lo facevano scivolar fuori, non visti, al momento opportuno.

essere un asso
Figurato: eccellere in qualcosa, essere praticamente superiore a chiunque altro; non temere rivali.
Il detto deriva dai giochi di carte in cui spesso l'asso è la carta di maggior valore, ma oggi viene usato per lo più nel linguaggio sportivo.

piantare in asso
Lasciare qualcuno, abbandonarlo bruscamente in una situazione difficile.
L'origine di questo detto è molto discussa. La tradizione più diffusa lo fa risalire al gioco dei dadi, in cui l'asso costituisce il punto più basso e porta a perdere la partita. C'è però chi lo lega all'etimologia latina sostenendo che possa derivare da *assus*, che significava dapprima "arrostito" e poi via via "senza acqua o liquido", poi "puro" e infine "solo, unico, solitario". Per chi caldeggia l'origine greca la parola *asso* sarebbe la corruzione di "Nasso", l'isola delle Cicladi sulla quale Teseo avrebbe abbandonato Arianna dopo la loro fuga da Creta e l'uccisione di Minotauro. Quest'ipotesi è tuttavia poco seguita benché nella traduzione latina "assus" e "Nassus" possano avere pronuncia simile e in certe epoche anche la stessa grafia, soprattutto in presenza della preposizione *in* prevista dal complemento di luogo.

ASTROLOGO
crepi l'astrologo!
Esclamazione: è uno scongiuro, in genere scherzoso, in risposta alla previsione negativa o pessimistica di chi profetizza guai o disgrazie.

ATTACCARSI
PARAGONI: attaccarsi come una mignatta; attaccarsi come l'edera; attaccarsi come un'ostrica allo scoglio.

attaccarsi al fumo delle candele
In una discussione o simili, cercare qualsiasi appiglio per avere ragione, per giustificarsi o per uscire da una data situazione senza tuttavia riuscirci, così come chi pretendesse di trovare sostegno fisico nel fumo delle candele.

attaccarsi anche ai rasoi
Fare ricorso anche agli argomenti più incredibili, alle idee meno affidabili, alle scelte più rischiose pur di trarsi d'impaccio da una situazione pericolosa o di ottenere un fine cui si tiene molto.

attaccarsi anche alle funi del cielo *(raro)*
Il significato è identico a quello del detto precedente.
Le *funi del cielo* sono le linee verticali disegnate dalla pioggia quando cade con violenza, che possono sembrare delle corde tese fra cielo e terra. Il detto ha origine in un proverbio, che dice che "Chi sta per affogare si attaccherebbe anche alle funi del cielo".

attaccarsi come l'edera
Attaccarsi tenacemente, diventare molto difficile da allontanare, riferito anche a una persona. In senso lato, affezionarsi a qualcuno in maniera esagerata.
L'edera, simbolo tra l'altro della fedeltà in amore, è un rampicante parassita che affonda le ventose nel sostegno su cui vive e dal quale è difficilissimo staccarle. Di solito si tratta di un albero, che finisce per esserne soffocato e morire; in tal caso, muore anche l'edera. Un altro detto dice infatti che "l'edera dove s'attacca muore"
var.: essere come l'edera.

attaccarsi come un'ostrica allo scoglio
Non lasciarsi separare da qualcosa, attaccarvisi tenacemente, con tutte le proprie forze. ‖ In senso lato, dedicarsi a qualcosa con grande perseveranza, insistere ostinatamente o anche non lasciare in pace una persona fino a diventare importuni.
In una fase della sua vita l'ostrica vive attaccata a uno scoglio, dal quale è difficilissimo staccarla.

attaccarsi come una mignatta *(pop)*
Essere una persona fastidiosa e invadente di cui non si riesce a liberarsi; assillare qualcuno con discorsi noiosi, con continue richieste o con eccessive manifestazioni d'affetto, o anche procurandogli seccature.
La *mignatta* è la sanguisuga, un animale vermiforme degli Anellidi dotato alle estremità del corpo di due ventose, una delle quali costituisce la bocca. Vive nelle acque stagnanti ed è in grado di attaccarsi saldamente a un vertebrato, incidendone la pelle con il margine seghettato della bocca dotata di tre mascelle, per succhiarne il sangue. Una volta sazia, si stacca spontaneamente. Questa sua peculiarità la rese molto utile nel campo della medicina, che fino al secolo scorso la impiegò largamente per praticare i salassi. ‖ Figurato: approfittare degli altri sfruttandoli e vivendo alle loro spalle; sfruttare una persona il più possibile, soprattutto in senso economico, usato fondamentalmente per strozzini, usurai e simili. Anche in senso lato.
var.: essere una mignatta.

ATTIMO
cogliere l'attimo fuggente
Godere del presente momento per momento, e in particolare delle gioie della vita, poiché tutto è destinato a passare. ‖ Cogliere un'occasione irripetibile.
var.: vivere nell'attimo.

ATTO
passare agli atti
Figurato: considerare chiusa una questione, smettere di interessarsene, come la si riponesse in un archivio insieme agli altri documenti, o *atti*.

ATTORNO
guardarsi attorno
Figurato: agire con cautela, cercando di venire in possesso di tutti gli elementi d'informazione che potrebbero rivelarsi utili. ‖ Figurato: stare bene attenti a non lasciarsi sfuggire occasioni o possibilità vantaggiose. Anche cercare e valutare offerte e proposte interessanti.

AURORA
l'aurora della vita
Figurato: gli anni della giovinezza.

AUTISTA
autista della domenica
Figurato: automobilista poco abile, in genere esageratamente lento e prudente, che proprio per questo rischia di essere pericoloso a sé e agli altri o quantomeno d'intralciare il traffico. L'immagine è quella della persona che normalmente si serve dei mezzi pubblici e usa l'automobile soltanto per le occasioni di svago domenicale, e che priva di una pratica di guida regolare risulta esitante e impacciata come un eterno principiante.

AUTOBUS
perdere l'autobus *(pop)*
Figurato: lasciarsi sfuggire un'occasione irripetibile, in genere per disattenzione o faciloneria.
var.: perdere il treno.

AUTUNNO
l'autunno della vita
La maturità che s'avvia alla vecchiaia e al declino.

AVANZO
avanzo di galera
Figurato: cattivo soggetto, persona disonesta, poco raccomandabile, che fa pensare di essere appena uscito di prigione o comunque di meritarla. Anche criminale, delinquente.

AVARIZIA
crepi l'avarizia!
Esclamazione scherzosa di chi si decide a una spesa insolita, o si concede un piccolo lusso.

AVEMARIA
sapere qualcosa come l'avemaria *(pop)*
Sapere qualcosa molto bene, conoscerla perfettamente. Usato in genere per quanto si può recitare o ricordare a memoria.
L'*Avemaria* è una delle prime preghiere che imparano i bambini cattolici.

AVENTINO
fare l'Aventino
Boicottare un'iniziativa o un'attività in virtù della propria assenza. Il detto è adottato soprattutto dal linguaggio politico, da cui peraltro deriva.
A Roma, nel periodo repubblicano, i plebei decisero di dimostrare ai patrizi di non essere una massa di inutili bocche da sfamare come venivano considerati, e guidati da Menenio Agrippa lasciarono la città e si ritirarono su uno dei suoi sette colli, l'*Aventino*.
L'assenza della forza lavorativa costituita dalla plebe fu presto evidente, e i patrizi vennero a più miti consigli. In epoca più recente, con "ritiro sull'Aventino" si indicò la secessione dei parlamentari che si opponevano al fascismo, e che nel 1924, dopo l'assassinio di Giacomo Matteotti, si astennero dalla vita politica e in particolare dai lavori del Parlamento.
var.: ritirarsi sull'Aventino.

AVERE
avercela con ... *(fam)*
Avere ostilità, avversione, antipatia, rancore e simili nei confronti di qualcuno.
var.: avercela su con; avercela a morte con.

AVORIO
L'*avorio* è il materiale osseo di cui sono costituite le zanne degli elefanti, ed è sempre stato particolarmente ricercato per realizzare monili e piccole sculture. Viene citato anche dalla Bibbia (*Cantico dei Cantici*, V,14), per esaltare la bellezza della Regina di Saba. L'immagine passò successivamente nelle litanie della Chiesa come attributo della Madonna (*turris eburnea*, cioè torre d'avorio), con riferimento alla sua castità.
chiudersi in una torre d'avorio
Isolarsi dal mondo, in una solitudine aristocratica o sdegnosa. Viene usato di solito per quegli intellettuali che si curano solo del proprio mondo ignorando più o meno volutamente la realtà della vita quotidiana.
essere una torre d'avorio
Figurato: essere irraggiungibili, imprendibili, come una torre d'avorio impossibile da scalare data la levigatezza delle pareti; quindi non farsi sfiorare dalle brutture del mondo, dalla malignità, dalle critiche. Anche essere talmente irreprensibili da non temere accuse, calunnie o simili. Riferito a una donna, allude a una grande castigatezza sessuale.
var.: essere una *turris eburnea*.

AVVENTURA
andare all'avventura
Figurato: intraprendere un'azione di esito ignoto e imprevedibile, così come in passato chi voleva viaggiare doveva essere disposto ad affrontare anche situazioni pericolose.

correre l'avventura *(raro)*
Tentare la sorte.
per avventura
Per caso, accidentalmente. È usato anche per sottolineare l'improbabilità di una situazione che va comunque prevista.

AVVOCATO
avvocato del diavolo
Figurato: chiunque avanzi tutte le possibili obiezioni per demolire una tesi, un progetto e simili.
In passato si definiva *avvocato del Diavolo* l'ecclesiastico altrimenti detto "promotore della fede", che nei processi di canonizzazione della Chiesa aveva il compito di trovare tutti gli ostacoli all'elevazione di un candidato all'onore degli altari. Lo scopo era quello di far sì che non sussistesse dubbio alcuno sul diritto del nuovo Santo a essere considerato tale.
avvocato in causa propria
Figurato: chi sostiene una causa considerata nobile solo per interesse personale.

AZZARDO
giocare d'azzardo
Letterale: prender parte a giochi d'azzardo, essere giocatori. ‖ In senso figurato, sfidare la sorte, affidarsi alla fortuna sperando in un esito positivo. ‖ Anche perseguire un fine correndo un grave rischio, con la consapevolezza di poter perdere molto più di quanto è in gioco.

B

BABBO
a babbo morto
Dopo la morte del babbo. Si dice di un debito, di un conto, di un pagamento che si presume venga saldato in tempi molto lunghi, come se si attendesse la riscossione dell'eredità paterna.
var.: prendere soldi a babbo morto; pagare a babbo morto.

senza babbo né mamma
Senza fondamento, privo di logica, detto soprattutto di un discorso, una teoria o simili, come se si trattasse di un orfanello privo pertanto dell'appoggio dei genitori.

BABBORIVEGGOLI
andare a Babboriveggoli *(raro)*
Figurato: morire.
Il detto è una specie di gioco di parole circa il "rivedere il babbo", che in questo caso si presume morto.
var.: andare a Babboriveggioli.

BABELE
Secondo la Bibbia (*Genesi*, XI, 1-9), gli abitanti della città di *Babele* vollero rendere lode a Dio innalzandogli una torre tanto alta da toccare il cielo. Ma Dio considerò quel proposito come un atto di presunzione, e per punirlo confuse i linguaggi degli uomini che così non riuscirono più a comunicare tra loro, abbandonarono la costruzione della torre e si sparsero per il mondo. Da qui, secondo la tradizione, avrebbero avuto origine le diverse lingue parlate sulla Terra.
Babele, con la sua traduzione latina in "Babilonia", è diventata sinonimo di confusione e disordine; per trasposizione di significato arrivò infine a designare anche un luogo di corruzione e di peccato, tanto che nell'*Apocalisse* (XVII,5) viene addirittura definita "madre delle fornicazioni e delle abominazioni della Terra".

essere una Babele
Essere un ambiente pieno di confusione, di disordine, rumore; usato anche per riunioni di vario genere in cui confusione e disordine impediscono di capire e di concludere qualcosa.
var.: essere una Babilonia.

torre di Babele
Figurato: situazione confusa, complessa, intricata, che non si riesce a capire o a chiarire e dalla quale ci si può aspettare solamente altrettanta confusione o danno.
var.: essere come la torre di Babele.

BABILONIA
essere una Babilonia *vedi* Babele: essere una Babele

BACCHETTA
colpo di bacchetta magica
Modo risolutivo, veloce e qualche volta incomprensibile di risolvere una situazione intricata, che fa pensare a un ipotetico ricorso alla magia.
var.: con la bacchetta magica; con un colpo di bacchetta magica; avere la bacchetta magica.

comandare a bacchetta
Comandare con grande autorità e rigore.
La bacchetta è un antico simbolo di comando che ha dato luogo a molte altre locuzioni ormai cadute in disuso, come "rendere la bacchetta", "signore a bacchetta" e altre.

BACCHIARE
bacchiare le acerbe e le mature *(raro)*
Figurato: corteggiare tutte le donne,

indipendentemente dalla loro bellezza e soprattutto dalla loro età.
Allude all'operazione agricola della bacchiatura, che si effettua percuotendo il tronco degli alberi con un lungo bastone, facendo cadere sia i frutti maturi che quelli acerbi. ‖ Figurato: non fare distinzioni tra ciò che è buono e ciò che è cattivo; non badare alla qualità.

BACCO
Corrispondente al Dio greco Dioniso, *Bacco* era per i Romani il Dio del vino, del godimento materiale e della sregolatezza.

Bacco, tabacco e Venere
Figurato: i tre fondamentali piaceri canonici, vale a dire il vino, il fumo e il sesso, che secondo il proverbio "riducono l'uomo in cenere". Usato spesso come avvertimento scherzoso a chi conduce vita sregolata.

devoto di Bacco
Figurato: bevitore, anche ubriacone. In genere scherzoso.

BACO
far baco baco *(pop)*
Fare a rimpiattino. Usato soprattutto in Toscana, la locuzione indica uno scherzo che si fa soprattutto ai bambini piccoli, tipo "bau-cettete", "bau-bau", detto da una persona che balza fuori improvvisamente da dietro un angolo.
Probabilmente *baco* è la stessa voce "bau", pronunciata con una leggera aspirazione e una modifica della desinenza. È usato anche dal Boccaccio (*Decamerone*, 8,361).
var.: fare baco.

BAFFO
coi baffi
Eccellente, detto di cose e persone.
farsene un baffo *(pop)*
Infischiarsene; dare a una cosa o a una persona la stessa importanza che si attribuisce a un paio di baffi.
var.: farsene un baffo a tortiglione.

ha da venì Baffone!
Esclamazione: si usa di fronte a una situazione che si deplora per il suo eccesso di libertà, il suo lassismo e simili, come per minacciare e anche augurarsi l'intervento di una persona forte, autoritaria, in grado di riportare le cose all'ordine.
Il detto era in voga attorno agli anni Cinquanta, e il *Baffone* citato era Stalin.

leccarsi i baffi
Trarre particolare piacere da qualcosa, riferito soprattutto a una vivanda particolarmente gustosa.

BAGNATO
PARAGONI: bagnato come un pulcino; bagnato come un topo.

bagnato come un pulcino
Bagnato fradicio. Il pulcino ha piume così leggere che cosparse anche di poca acqua si afflosciano talmente da sembrare inzuppate.

bagnato come un topo
Bagnato fradicio.
Al pelo del topo, rado e corto, bastano poche gocce d'acqua per appiccicarsi al corpo dell'animale e farlo sembrare inzuppato.

bagnato fino al midollo
Figurato: bagnato fradicio, come se fossero inzuppate anche le ossa e la loro parte più interna, il midollo.

BALESTRA
a un tiro di balestra
Piuttosto vicino, alla distanza cui può arrivare un dardo scoccato dalla balestra, che peraltro non è poi così breve. Con il decadere di quest'antica arma anche il detto è caduto in disuso.

essere una balestra furlana *(des)*
È un modo di dire piuttosto antico e ormai poco usato. Se ne trova traccia

in molte raccolte del 1800, ma non se ne conosce l'origine. Si diceva di chi attaccava verbalmente tutti, senza distinguere tra amici e nemici.

BALIA
cambiare a balia
Letteralmente, scambiare un lattante con un altro. Di solito è usato scherzosamente per un figlio che non rassomiglia per nulla ai genitori o ai fratelli.

BALLARE
PARAGONI: ballare come un orso.
ballare come un orso
Ballare in modo goffo e pesante.
È probabile che derivi dall'usanza di zingari e girovaghi che davano spettacolo sulle piazze esibendo orsi apparentemente ammaestrati a ballare. In realtà il più delle volte gli animali venivano indotti a muoversi goffamente sulle zampe posteriori mediante varie costrizioni, in particolare una lastra di metallo che copriva uno strato di carboni ardenti sulla quale l'orso veniva trattenuto da robuste catene che gli cingevano il collo.
ballare su un quattrino
Fare una cosa molto bene, in particolare con grande precisione, come se si eseguisse una danza senza uscire dai bordi della piccola moneta. Anche agire e comportarsi in modo cauto e guardingo, con grande abilità, facendo attenzione a non uscire dai limiti del caso.
Il *quattrino* era una moneta di basso valore, in rame o in argento, che fu in uso attorno al 1300 in particolare a Roma e in Toscana. Passò poi a indicare genericamente le monete e infine il denaro in generale.
far ballare il tavolino
Partecipare a una seduta spiritica.
Una delle tecniche di comunicazione con i presunti spiriti dell'Aldilà prevede appunto che il tavolino attorno al quale ci si riunisce sollevi una o due delle sue tre gambe e le batta per terra, secondo un codice di comprensione basato sul numero dei colpi.
far ballare su un quattrino
Figurato: indurre qualcuno ad agire in un dato modo senza discutere, eseguendo il volere di chi comanda.
ora si balla!
Esclamazione: esprime preoccupazione per un pericolo o una situazione spiacevole che sta sopravvenendo, come se ci si trovasse su una nave e ci si preparasse a essere sballottati da una tempesta imminente.

BALLO
avere il ballo di san Vito
Figurato: essere incapaci di star fermi.
Ballo di San Vito è il nome popolare di una malattia, la corea, che attacca il sistema nervoso e induce a un movimento convulso delle membra. La tradizione vuole che abbia il suo santo guaritore, appunto San Vito, nella sua qualità di protettore dei danzatori.
entrare in ballo
Entrare in azione, intervenire, come se si prendesse parte a un ballo. Riferito soprattutto a una situazione spiacevole o rischiosa.
essere in ballo
Essere coinvolti in qualcosa, soprattutto se spiacevole o rischiosa, senza potersene disinteressare.
tenere in ballo
Tenere in sospeso, temporeggiare, detto di un'azione, di un progetto e simili che per qualche ragione non si vogliono interrompere ma neppure concludere. Usato anche per una persona lasciata in attesa di una decisione o di una risposta, di un evento risolutivo.
tirare in ballo
Fare intervenire qualcuno o chiamare in causa qualcosa per risolvere questioni generalmente sgradevoli, per sostenere una tesi e simili.

BALLODOLE
andare alle Ballodole *(des)*
Figurato: morire. Anche andare in rovina.
La località chiamata *Le Ballodole*, poco lontano da Firenze, ospitava un tempo il cimitero.

BALOCCO
paese dei Balocchi
Luogo immaginario dove si pensa solo a divertirsi, senza dovere sottostare a obblighi o a impegni. In senso figurato, vivere nel Paese dei Balocchi equivale a vivere al di fuori della realtà.
Nel *Pinocchio* di Carlo Lorenzini, detto Collodi, il protagonista, trascinato dall'amico Lucignolo, finisce appunto nel Paese dei Balocchi. Lì non esistono scuole, ma dopo un po' di tempo, tutti i bambini vengono trasformati in asini.

BAMBAGIA
allevare nella bambagia
Figurato: allevare un figlio in maniera eccessivamente protettiva, risparmiandogli fatiche e difficoltà, come tenendolo avvolto nella morbida bambagia per evitare che possa farsi del male.
var.: tenere nella bambagia; tenere nel cotone.

BANCO
essere l'ombra di Banco
Essere il ricordo ossessivo di una cattiva azione, di una colpa.
Il detto allude a una scena della tragedia *Macbeth* (Atto III, scena IV) di William Shakespeare, in cui lo spettro di *Banquo* viene a terrorizzare il protagonista che si era macchiato del suo sangue.

BANCO
banco di prova
Figurato: avvenimento, esame, momento critico o di particolare difficoltà in cui si ha l'effettiva dimostrazione delle presunte doti o capacità di una persona.
Il *banco* citato è quello dei reparti meccanici in cui si provano i motori.

far saltare il banco
Nel gioco d'azzardo, vincere tutto il denaro detenuto dal banco o una somma superiore.

montare in banco
Figurato: sentenziare, considerarsi unico giudice o intenditore.

scaldare il banco
Frequentare la scuola senza alcun profitto, con svogliatezza.

sotto banco
Nascostamente, senza che altri se ne accorgano.
Deriva dalla vecchia abitudine dei negozianti di vendere solo ai clienti più fidati le merci proibite o i prodotti migliori, tenendoli nascosti sotto il banco di vendita.
var.: di sotto banco.

tener banco
Figurato: essere al centro dell'attenzione; fare discorsi così brillanti da attirare l'interesse di tutti; anche detenere un certo potere. Oppure, non lasciare modo ad altri di parlare o di mettersi in luce.
Il *banco* in questione è quello dei giochi d'azzardo; chi lo "tiene" riceve le puntate e presiede al gioco.

BANDERUOLA
essere una banderuola al vento
Essere una persona volubile o molto influenzabile, che cambia facilmente opinione così come una banderuola girevole su un perno cambia direzione secondo il vento.
var.: essere una banderuola.

BANDIERA
alzare bandiera bianca
Figurato: arrendersi, tanto a un nemi-

co vero e proprio quanto in senso lato.
cambiare bandiera
Tradire, passando al nemico. In senso lato, cambiare opinione, partito e così via.
Fin dai tempi antichi, stendardi e bandiere erano simbolo del gruppo, della città o della nazione di appartenenza.
var.: voltare bandiera.
tenere alta la bandiera
Figurato: fare onore alla propria causa; mantenere una posizione di primo piano; dar lustro a un casato, a una famiglia o simili; conservare una tradizione.
Segni distintivi come bandiere, vessilli, gonfaloni, erano sempre tenuti alti alla testa degli eserciti, venivano rizzati dalle flotte e svettavano sulle città. In caso di disfatta venivano ammainati e sostituiti dalle insegne del vincitore. ‖ Figurato: mostrare una decisa volontà di difendere qualcuno o qualcosa. In battaglia, la bandiera andava tenuta alta di fronte al nemico sia pure dall'ultimo dei soldati rimasti vivi, a dimostrare l'intenzione di non arrendersi.
var.: fare onore alla bandiera.

BANDOLO
trovare il bandolo della matassa
Trovare il punto di partenza, individuare l'elemento giusto che permette di chiarire una situazione, di risolvere un problema.
Il *bandolo* è il capo del filo con cui inizia e finisce una matassa, e quindi il punto da cui si parte per dipanarla.
var.: cercare il bandolo della matassa; perdere il bandolo della matassa.

BARACCA
andare in baracca *(pop)*
Disfarsi, rovinarsi.
Viene dal gergo tipografico, riferito a una composizione che accidentalmente si scombina.

essere una baracca *(fam)*
Funzionare male, per il cattivo stato o la cattiva qualità. Si dice normalmente di una costruzione squallida o cadente, di un oggetto d'uso, e anche di una persona in cattiva salute.
far baracca *(pop)*
Darsi alle gozzoviglie, in genere tra amici, divertendosi in modo per lo più rumoroso.
var.: fare una baraccata.
mandare avanti la baracca *(pop)*
Lavorare, darsi da fare, affrontare difficoltà economiche per mantenere la propria famiglia, un'attività aziendale o commerciale e simili.
var.: tirare avanti la baracca.
piantare baracca e burattini
Andarsene bruscamente, abbandonare un luogo o una situazione spiacevole; anche rinunciare a un'attività o a un'iniziativa.
La *baracca* in questione è il teatrino dei burattini.

BARBA
La *barba* è sempre stata tenuta in grande considerazione presso tutte le culture, procurando spesso la nomea di effeminato a chi se la radeva. Se lunga e bianca, è diventata inoltre simbolo di saggezza.
alla barba di ... *(pop)*
A dispetto di qualcuno. Si dice quando si compie un'azione che contravviene a un divieto, o che provocherà dispetto in qualcuno, oppure gli porterà uno svantaggio.
essere una barba *(fam) vedi* **far venir la barba**
fare la barba agli asini
Figurato: fare una cosa stupida, soprattutto perché inutile.
var.: lavar la testa all'asino.
far la barba al palo
Figurato: essere al limite di una situazione difficile che può avere pericolose conseguenze, soprattutto con il ri-

schio di superare i limiti della legalità. Il detto si fa comunemente risalire al gergo calcistico, in cui indica il passaggio del pallone rasente il palo di una delle porte con il pericolo che vi possa entrare. Nel mondo contadino, invece, indicava il tentativo di appropriarsi di parte del terreno altrui spostando di poco ma continuamente i paletti che segnavano i confini dei diversi appezzamenti.

far la barba e il contropelo *vedi* **pelo: fare il pelo e il contropelo**
far venire la barba *(fam)*
Essere qualcosa di noioso, lento, interminabile, detto in particolare di un discorso e simili. Usato anche per una persona assillante.
var.: essere una barba; far venir la barba bianca; essere una barba sovrana.

farla in barba
Contravvenire a un divieto con astuzia, senza che chi l'ha posto se ne accorga. Il concetto è quello di agire senza farsi cogliere proprio davanti alla barba dell'altra persona, cioè sotto i suoi occhi.

la barba non fa il filosofo
Di origine proverbiale, il detto invita a guardarsi dalle false apparenze.
Si vuole che risalga a Plutarco (*Quaestiones conviviales*, 709) che avrebbe ripreso un antico proverbio greco, in cui i filosofi sono definiti "i sapienti con la barba", ma che sembra alludesse però a certi sofisti che parlavano sentenziosamente e in modo oscuro, cioè "nella barba", come descrive un altro detto. Tale origine è tuttavia discussa benché esistano diverse varianti interessanti, quali ad esempio "vedo la barba ma non vedo il filosofo". L'espressione sembra comunque derivata da un precedente "non è l'abito che fa il cinico ma il cinico l'abito".

non c'è barba di santo *(pop)*
Non c'è nessuno, per quanto potente, che possa far cambiare una situazione o un'idea, o risolvere un problema e così via.
var.: non c'è barba di frate; non c'è barba di cappuccino.

prender Pietro per la barba
Negare l'evidenza, mentire sfrontatamente, come fece San Pietro quando rinnegò Cristo.
var.: far San Pietro.

servire di barba e capelli *vedi* **pelo: far la barba e il contropelo**
servire di barba e parrucca *vedi* **pelo: far la barba e il contropelo**
stare in barba di micio
Godere di una situazione privilegiata, comoda, agiata.

BARBABLÙ
Barbablù è il nome del protagonista di una fiaba di Perrault, un uomo dalla barba tanto nera da sembrare blu che uccise sei mogli perché avevano disobbedito ai suoi ordini e che fu a sua volta ucciso dalla settima. Sembra che il racconto si rifaccia all'uomo d'armi Gilles de Rays (o de Retz), che fu giustiziato nel 1440 per delitti simili.

essere un barbablù
Essere un pessimo marito, iroso e violento. Anche essere un uomo che si compiace di mettere paura, prendendosela soprattutto con le donne.

BARBIERE
farsela come i barbieri
Ingannarsi a vicenda, tendersi tranelli l'un l'altro.
Viene da una vecchia abitudine dei barbieri che approfittavano delle pause del loro lavoro per farsi la barba reciprocamente.

noto ai cisposi e ai barbieri *(raro)*
Risaputo, conosciuto, di dominio pubblico, noto a tutti indistintamente, anche a chi ci vede male ma che non può non averne sentito parlare quanto meno andando dal barbiere.

La bottega del barbiere è da sempre considerata luogo di pettegolezzo, e il riferimento ai cisposi potrebbe alludere agli studi medici, nei quali i malati cronici hanno modo di scambiarsi lo stesso genere d'informazioni. È tuttavia più facile che i cisposi siano citati per contrasto, come in locuzioni quali "lo vedrebbe anche un cieco", mettendo in contrapposizione un personaggio molto informato, il barbiere, con uno che invece ha reali difficoltà a guardarsi intorno. Il detto risale a Orazio (Satire, 1,7,3).
var.: noto a tutti, anche ai cisposi e ai barbieri.

BARCA
una barca di ... *(pop)*
Una grande quantità di qualcosa, in particolare di denaro.
Oltre al natante, si chiama *barca* anche un grosso mucchio di covoni, di paglia o di fascine.
var.: barcata di soldi.

essere nella stessa barca
Essere tutti nella stessa condizione, il più delle volte difficile e precaria. Il detto è a volte usato per invitare qualcuno a non commettere azioni sciocche o dannose che finirebbero per ritorcersi anche su di lui, magari nell'intento di nuocere ad altri, come danneggiando la stessa nave sulla quale si è imbarcati.
L'immagine è diffusa fin dall'antichità, nel mondo greco come in quello latino. Viene utilizzata da Cicerone, da Livio, da Aristeneto e altri, e se ne trovano diverse varianti, come "essere legati alla stessa macina" o "bere dallo stesso bicchiere". Quest'ultima ricorre anche nel Vangelo di Matteo (20,22), in cui Gesù domanda se i figli di Zebedeo sarebbero in grado di bere dal suo stesso calice.

la barca fa acqua!
Esclamazione: usata per dire che le cose vanno male, in particolare se riferita a un'azienda o simili in cattive condizioni economiche.

finché la barca va ...
Figurato: approfittare di circostanze favorevoli, fare una cosa al momento giusto; non abbandonare una situazione positiva fino a quando rimane tale. L'espressione, che in forme diverse si ritrova fin dall'antichità latina, ebbe vasta diffusione attorno agli anni Settanta quando venne usata come titolo di una canzone molto nota.

BARILE
barile di lardo
Persona molto grassa. Il barile, come forma, dà già l'idea di una persona grassa; se poi è pieno di lardo il riferimento è ancora più significativo. Comunque, il lardo si conservava effettivamente nei barili.

BASTIANO
fare il bastian contrario
Avere sempre da obiettare, dire o fare regolarmente il contrario di quello che dicono o fanno gli altri.
È realmente esistito un personaggio di questo nome; era un uomo d'arme bergamasco vissuto attorno al 1600.
var.: essere un bastian contrario.

BASTO
battere il basto invece dell'asino
Figurato: prendersela con i più deboli perché si teme il più forte, sfogare la propria rabbia su un innocente; cercare di punire indirettamente una persona temuta facendo del male a chi gli è caro.
Il *basto* è una bardatura per gli animali da soma su cui poi si pone il carico.
var.: chi non può dare all'asino dà al basto; batter la sella invece del cavallo.

da basto e da sella
Riferito a cose e persone che vanno

bene per tutto. Si diceva un tempo di chi era capace di fare qualsiasi lavoro, e in origine si riferiva ad asini utilizzati come cavalli e viceversa, che potevano essere impiegati per entrambi gli scopi.
var.: da sella e da soma.

non portare il basto
Essere liberi, non essere sottoposti a nessuno, come un animale selvatico che appunto non porta il basto.

BASTONE
avere il bastone del comando
Detenere il potere, essere l'autorità suprema.
Il *bastone*, dal randello allo scettro e in tutte le varie forme che assunse nel tempo, è sempre stato simbolo del comando.

essere il bastone della vecchiaia
Essere la persona cui un anziano si affida, di solito un figlio, come a un bastone cui appoggiarsi per camminare. Il detto è anche scherzoso, e vale fondamentalmente in senso economico.
In passato, l'unica possibilità di sopravvivenza per i vecchi ormai improduttivi era data dall'aiuto che i figli potevano offrir loro.

far sentire il sapore del bastone
Percuotere con il bastone. In senso figurato, castigare severamente o minacciare pesanti punizioni. Il detto si presta a molte varianti, come ad esempio "far sentire la frusta" e simili.
var.: fare assaggiare il bastone.

lavorare di bastone
Percuotere, bastonare qualcuno.

mettere i bastoni tra le ruote
Figurato: fare ostruzionismo, intralciare, ostacolare un'attività, un progetto o altro creando intoppi e difficoltà, così come ponendo un bastone tra le ruote di un carro se ne arresta il movimento.
var.: mettere i bastoni fra le gambe.

usare il bastone e la carota
Figurato: ricorrere alternativamente alle buone e alle cattive maniere per ottenere un dato fine, così come si usa fare con gli asini che un po' vengono allettati con le carote e un po' vengono presi a bastonate quando le carote non bastano a vincere la loro cocciutaggine.
Pare che in questo senso la frase sia stata usata anche da Winston Churchill, in due discorsi alla Camera dei Comuni nel maggio e nel luglio del 1943, in merito al modo in cui secondo lui andava trattato il popolo italiano. Nel 1945 Benito Mussolini riprese il tema e la locuzione in una serie di articoli sul *Corriere della Sera.*

BATTESIMO
battesimo del fuoco
Figurato: affrontare per la prima volta un'impresa difficile o rischiosa.
Deriva dal linguaggio militare, in cui significa prendere parte a un combattimento per la prima volta.

battesimo del sangue
Anticamente, il martirio subito in nome di un ideale, di un credo, di una religione e così via. ‖ Il primo scontro armato cui partecipa un soldato; l'essere feriti per la prima volta in battaglia. Più raramente, l'uccisione in battaglia del primo nemico. ‖ In senso figurato, l'affrontare per la prima volta una grave difficoltà e simili.
Deriva dal gergo militare.

battesimo dell'aria
Volare per la prima volta.

tenere a battesimo
Letteralmente, fare da padrino o da madrina durante il rito del battesimo. In senso figurato, inaugurare, dare il primo impulso a un'impresa, a un'attività o simili; oppure anche assistere all'esordio di qualcuno che si è aiutato a emergere.
Il rito cattolico prevede al momento del Battesimo la presenza di un padrino e di una madrina che accettano la

BAULE

fede cattolica a nome del battezzando e s'impegnano a favorire la sua educazione religiosa. Nello stesso tempo s'impegnano inoltre ad aiutare il figlioccio in caso di necessità anche materiali, in quanto si considerano sostituti del padre e della madre.

BAULE
partire in un sacco e tornare in un baule
Non imparare nulla dalle esperienze vissute, non rendersi conto delle realtà che si incontrano. Viaggiare senza capire ciò che si vede.
var.: viaggiare come un baule.

BAVERO
prendere per il bavero
Letteralmente, afferrare qualcuno per il bavero in atto di minaccia. In senso figurato, prendere in giro, dare a credere cose inesistenti, come se si afferrasse qualcuno per il colletto e lo si trascinasse dove si vuole.
var.: menare per il bavero.

BECCO *(agg)*
esser becco e bastonato *(pop)*
Figurato: subire un danno e venire inoltre coperti di ridicolo.
Il detto deriva probabilmente da Giovanni Boccaccio, e precisamente dalla settima novella della settima giornata del *Decamerone*, ripresa poi da La Fontaine (*Contes et Nouvelles*, III), nella favola *Le cocu battu et content*. Viene popolarmente definito *becco* il marito tradito e dileggiato.
var.: restare becco e bastonato.

essere becco e contento
Figurato: subire un danno e non accorgersene nemmeno, oppure evitare di reagire fingendo di non saperne nulla dimostrandosi acquiescenti.
Viene popolarmente definito *becco* il marito tradito e dileggiato. Per l'origine, vedi il detto precedente.

BECCO *(sost)*
aprire il becco *(fam)*
Figurato: parlare, esprimere un parere, dire la propria opinione, usato soprattutto quando tale intervento viene considerato sgradito o inopportuno.

bagnarsi il becco *(pop)*
Dissetarsi, soprattutto con vino o liquori, che in genere si gustano a piccoli sorsi.
Viene dall'osservazione degli uccelli, che bevono un sorso alla volta come intingendo il becco nell'acqua.
var.: bagnarsi l'ugola; bagnare la gola.

dar di becco *(fam)*
Cominciare a mangiare, o mangiare con appetito o voracità. In senso lato, cominciare a intaccare, a erodere qualcosa, in particolare un patrimonio. ‖ Criticare aspramente, malignamente e con continuità, come se si attaccasse qualcuno a colpi di becco.

drizzare il becco agli sparvieri
Fare una cosa completamente inutile e insensata.

ecco fatto il becco all'oca!
Esclamazione: si usa dopo aver concluso un lavoro, un'operazione o simili. È la prima parte del detto che continua con "e la coda all'elefante"; un'altra versione vuole invece che la continuazione sia "e le corna al Podestà".
var.: ecco fatto il becco all'oca e la coda all'elefante; ecco fatto il becco all'oca e le corna al Podestà.

mettere il becco a mollo *(fam)*
Bere alcolici in misura eccessiva.

mettere il becco in qualcosa *(fam)*
Intromettersi in faccende altrui, intervenire indebitamente.
var.: metter becco; metterci il becco; non metter becco.

non aprir becco *(fam)*
Astenersi dall'intervenire in una questione qualsiasi. Anche non rispondere o non reagire; oppure tacere, non rivelare quello che si sa, mantenere un segreto.

restare a becco asciutto *(fam)*
Letteralmente, rimanere senza mangiare o bere. In senso figurato rimanere delusi, non ottenere quanto si contava di avere; restare senza niente.
var.: restare a bocca asciutta.
tenere il becco chiuso *(fam)*
Tacere, non rivelare quello che si sa.
var.: tener la bocca chiusa.

BELLEROFONTE
portare la lettera di Bellerofonte
Essere inconsapevolmente latori di un messaggio che contiene cose spiacevoli per se stessi.
Secondo il mito greco, durante il suo esilio a Tirinto presso il re Preto, l'eroe corinzio *Bellerofonte* respinse le profferte amorose della moglie del sovrano. La regina, offesa, lo accusò di avere invece tentato di sedurla, cosicché Preto pensò di vendicarsi inviando il giovane dal proprio suocero Iobate, con l'incarico di recargli un messaggio. Il messaggio, sigillato, conteneva la richiesta di mettere a morte chi l'avesse recapitato. Ma Iobate volle prima sottoporre Bellerofonte a prove difficilissime che questi superò vittoriosamente, e il sovrano, pieno d'ammirazione, gli diede in sposa la sua secondogenita.

BELLEZZA
bellezza dell'asino
Figurato: bellezza dovuta solo alla gioventù, destinata a sfiorire con l'andar del tempo.
Una possibile origine potrebbe essere basata sull'osservazione che l'asino, nelle prime settimane di vita, è un animale particolarmente aggraziato. Altri sostengono la derivazione da un detto francese che parla di *beauté de l'age*, letteralmente "bellezza dell'età", in cui la corruzione di *age* avrebbe portato all'*âne*, l'asino. Tuttavia sembra che un detto del genere non esista.

... che è una bellezza
Splendidamente; in modo molto efficace. Anche ironico.
var.: andare via che è una bellezza; filare che è una bellezza; che è un incanto.
chiudere in bellezza
Concludere una carriera artistica o sportiva, o un'attività fortunata o prestigiosa, con uno spettacolo o un'operazione finale di particolare successo o importanza, come a voler lasciare il migliore ricordo di sé.
var.: finire in bellezza.

BELLO *(agg)*
PARAGONI: bello come il sole; bello come un angelo; bello come un Dio; bello come un quadro; bella come una sposa.
bello come il sole
Bellissimo, appunto come il sole, soprattutto nel senso di radioso. Riferito in genere a persone. Usato spesso in senso ironico nei confronti di chi, ad esempio, si presenta allegro e sorridente dopo avere provocato qualche guaio.
Il sole rappresenta la bellezza per eccellenza. Non a caso il Dio greco Apollo, venerato prima come Dio della Luce e poi come Dio del Sole, era anche il Dio della Bellezza. A lui si riallaccia anche il detto "bello come un Dio".
bello come un angelo
Bellissimo, come si suppone siano gli Angeli al servizio di Dio e come li rappresenta l'icografia classica. Sempre riferito a persone, in particolare donne e bambini.
bello come un Dio
Bellissimo, praticamente perfetto.
bello come un quadro
Particolarmente bello e insieme calmo e sereno, detto in genere di un panorama come di una persona, in particolare del suo volto. Usato anche in sen-

so ironico per un'espressione immobile, statica.
Allude all'idea di effigiare la bellezza come per trattenerla e mantenerla viva e perenne; il senso ironico deriva ovviamente dall'immobilità di qualsiasi dipinto.

bella come una sposa
Detto di una donna, molto bella e radiosa, come si suppone sia una sposa nel giorno del suo matrimonio.

BELLO (sost)
volerci del bello e del buono
Richiedere molta fatica, quindi un grande sforzo e molta buona volontà. Si dice di risultati difficili da ottenere o anche di cose incredibili, che possono essere prese per vere solo a queste condizioni.

BENDA
avere una benda sugli occhi
Non rendersi conto della realtà o rifiutarsi di farlo più o meno inconsciamente; non vedere le cose come stanno, come se si avessere gli occhi bendati.
var.: avere la benda agli occhi; far cadere la benda dagli occhi.

BENE (sost)
al di là del bene e del male
Si dice di qualcosa su cui è impossibile esprimere un giudizio perché supera i limiti della comprensione o dell'immaginazione; assurdo, inconcepibile. Usato anche in senso ironico per una cosa che appare folle, o per una persona incredibilmente candida e ingenua.
La conoscenza del Bene e del Male è, secondo la Bibbia, la capacità che l'uomo ha acquisito con il Peccato Originale mangiando l'unico frutto che gli era stato proibito, quello, appunto, della conoscenza del Bene e del Male (*Genesi*, 3, 1-24). Rappresenta quindi i limiti della comprensione umana.
Al di là del bene e del male è anche il titolo di un'opera di F. Nietsche, e in questo caso rappresenta una personalità che si pone al di sopra dei criteri morali universalmente accettati. L'uso figurato o popolare di tale significato è tuttavia molto raro.
var.: al di fuori del bene e del male.

ben di Dio
Grande abbondanza di qualcosa, specialmente di vivande prelibate. Si dice anche un po' volgarmente delle bellezze di una donna formosa.

consumare il bene di sette chiese
Scialacquare un patrimonio; sperperare una quantità di denaro che potrebbe corrispondere ai beni di sette parrocchie.
Allude alle Sette Chiese dell'Apocalisse, fondate da Giovanni Evangelista.

i beni della terra
Figurato: i beni temporali, le ricchezze e gli agi della vita, in contrapposizione ai beni spirituali.

perdere il ben dell'intelletto
Perdere la ragione, impazzire; sragionare. In senso lato, perdere la capacità di pensare sensatamente; anche ironico o scherzoso.
Ben dell'intelletto era un tempo un attributo di Dio, considerato come onniscienza e quindi intelligenza e conoscenza. Solo più tardi acquisì, per estensione, il significato di ragione, di facoltà intellettiva. ‖ Incollerirsi al punto di non ragionare più, come avendo perduto il bene dell'uso della ragione.

BENEDIRE
andare a farsi benedire (pop)
Propriamente, farsi esorcizzare. Esprime il desiderio di ottenere l'aiuto di qualche forza superiore per uscire da una situazione difficile, per evitare l'accanirsi della sfortuna e così via.
In passato la benedizione era vista co-

me una forma di esorcismo, che poteva anche servire a far pentire un malvagio o a cambiare un carattere difficile. Molte volte la si impartiva anche a chi era ritenuto non del tutto normale, perché con l'aiuto di Dio riacquistasse la ragione. ‖ Togliersi di torno. Viene usato per lo più in forma esortativa per pregare qualcuno di andarsene, o di smetterla di insistere su un determinato argomento e così via. Spesso scherzoso. ‖ Rovinarsi, sciuparsi. Di un'iniziativa, finire in niente.
var.: mandare a farsi benedire.
benedire col manico della granata
Prendere a colpi di scopa, bastonare.
In genere scherzoso.
var.: benedire col manico della scopa.
benedire con le pertiche
Percuotere con i bastoni, bastonare.
In genere scherzoso.
quante ne può benedire un prete
In numero altissimo, in grande quantità numerica, equiparabile a quella delle persone che un sacerdote può benedire nella sua vita o in una volta sola.

BENEDIZIONE
essere una benedizione
Figurato: essere fonte di bene, di gioia, di consolazione, di salvezza. Per lo più indica l'intervento positivo di una persona, o un fattore imprevisto che modifica o risolve una situazione negativa.

BENEFICIO
con beneficio d'inventario
Riservandosi di controllare la verità o la fondatezza di un racconto o simili. In particolare, credere solo in parte a ciò che dice una persona che notoriamente esagera quando parla.
Deriva dal linguaggio giuridico, ove il diritto testamentario prevede che gli eredi abbiano la possibilità di controllare lo stato patrimoniale del defunto facendo l'inventario dei beni per poi decidere se vale la pena di accettare l'eredità, sobbarcandosi quindi le tasse di successione, oppure se non sia meglio rinunciarvi.
concedere il beneficio del dubbio
Non accusare o colpevolizzare qualcuno senza aver prima assodato la verità o avergli dato la possibilità di giustificarsi.

BENGODI
paese di Bengodi
Figurato: situazione particolarmente fortunata, soprattutto in senso materiale.
È una località immaginaria della fantasia popolare dove regnano l'allegria e l'abbondanza, in cui nessuno ha problemi o preoccupazioni economiche, e tutti possono mangiare e bere a volontà. Il nome stesso, composto dai termini "bene" e "godi", rende di per sé l'idea. Già ne parla Giovanni Boccaccio (*Decamerone*, VII,3), che lo descrive come un posto in cui è normale "legare le vigne con le salsicce".

BERE
PARAGONI: bere come un cammello; bere come un lanzo; bere come una spugna; bere come uno squalo; bere come un tedesco.
bere come un cammello
Bere moltissimo, detto in genere di acqua, oppure essere forti bevitori.
Il cammello è in grado d'immagazzinare grandi quantità d'acqua, che gli permette così di affrontare i lunghi viaggi nel deserto, per cui beve saltuariamente ma molto.
bere come un lanzo
Essere forti bevitori, come si suppone fossero i *lanzi*, ossia i lanzichenecchi.
bere come un tedesco
Essere forti bevitori, come secondo la tradizione erano i tedeschi.
bere come una spugna
Essere forti bevitori, quindi assorbire

alcol come farebbe una spugna.

bere come uno squalo
Essere forti bevitori. Il paragone con lo squalo è dovuto al suo abitare nell'acqua.

o bere o affogare
Figurato: trovarsi di fronte a due alternative altrettanto sgradevoli, senza possibilità di altra scelta; doversi rassegnare a una situazione spiacevole per evitarne una ancora peggiore.
L'immagine è quella di chi, caduto in acqua, ha solo due alternative: nuotare, con il rischio di "bere", oppure affogare.

BERLINA
mettere alla berlina *vedi* **gogna: mettere alla gogna**

BERNOCCOLO
avere il bernoccolo
Avere una particolare predisposizione per qualcosa, ad esempio gli affari, la matematica o altro.
Il termine viene da una scienza di moda ai primi del 1800, la frenologia, fondata dal medico tedesco F.J.Gall e presto spogliata di ogni credibilità scientifica. Secondo tale teoria le facoltà mentali erano localizzate in punti ben determinati della corteccia cerebrale, e lo sviluppo di una particolare facoltà portava all'ispessimento della parte corrispondente, formando una bozza nella scatola cranica. Gall aveva identificato ventisette facoltà diverse, riconducibili ad altrettanti bernoccoli.

BERTA
ai tempi che Berta filava
In tempi lontanissimi. Il detto originale dice "non sono più i tempi che Berta filava", e indica quindi un'epoca non solo molto remota ma anche finita, sorpassata.
Il detto si riferisce a un episodio storico da cui il troviero Adenet le Roi, vissuto attorno al 1275, trasse un romanzo la cui protagonista, moglie di Pipino il Breve e madre di Carlomagno e di Carlomanno, è detta "Berta dal gran piede" poiché aveva un piede più lungo dell'altro. Durante il viaggio intrapreso per raggiungere il futuro sposo, la principessa fu sostituita con la figlia della sua dama di compagnia, ma riuscì a fuggire e trovò asilo nella casa di un taglialegna presso il quale visse per anni mantenendosi con il lavoro di filatrice. In seguito la sostituzione fu smascherata, permettendo a Berta di prendere posto sul trono che le spettava. Un'altra versione sostiene che la Berta in questione sia invece Genoveffa di Brabante, la cui storia è più o meno simile a quella riferita da Adenet le Roi e ci è tramandata da Andrea da Barberino nei *Reali di Francia*. La tradizione favolistica, invece, narra che un tempo viveva una vedova di nome Berta, molto povera ma molto devota al suo re. Un giorno volle filare una lana sottilissima per donarla al sovrano, e questi, saputa la misera condizione della donna, la coprì di denaro e le garantì un comodo e sicuro avvenire. Quando si seppe di quel gesto generoso, tutti i sudditi si affrettarono a donare al re filati più o meno pregiati, ma il sovrano a tutti rispose: "Non sono più i tempi che Berta filava".
var.: non essere più ai tempi che Berta filava.

BESTEMMIARE
PARAGONI: bestemmiare come un luterano; bestemmiare come un porco; bestemmiare come un turco; bestemmiare tutti i santi del paradiso; bestemmiare tutti i santi del calendario.

bestemmiare come un luterano
Proferire orrende bestemmie, come si suppone possano fare i luterani, che

seguendo una diversa forma di cristianesimo, sono considerati nemici del cattolicesimo.
Il detto è un ricordo delle antiche lotte religiose.
bestemmiare come un porco
Proferire orrende bestemmie, come si suppone potrebbero fare gli animali che non hanno il concetto di religione, e in particolare il maiale considerato repellente.
bestemmiare come un turco
Proferire orrende bestemmie, come si suppone possano fare i Turchi, che seguendo una religione diversa sono considerati nemici del Cristianesimo.
Il detto è un ricordo delle antiche lotte con il mondo musulmano.
bestemmiare tutti i santi del calendario
Bestemmiare, maledire il nome di tutti i santi riportati sul calendario, come se si volesse strapparli dal loro posto e farli cadere.
var.: tirar giù tutti i santi del calendario; bestemmiare tutti i santi del paradiso; tirar giù tutti i santi del paradiso.
bestemmiare tutti i santi del paradiso
Bestemmiare, maledire il nome di tutti i santi che popolano il paradiso, come se si volesse strapparli dal loro posto e farli cadere.
var.: tirar giù tutti i santi del paradiso, bestemmiare tutti i santi del calendario; bestemmiare tutti i santi del paradiso.

BESTIA
andare in bestia
Figurato: essere presi da un'ira così grande da perdere l'uso della ragione, considerata qui come la caratteristica che distingue l'uomo dagli animali.
var.: montare in bestia; mandare in bestia; far andare in bestia.
bestia nera
Figurato: spauracchio, persona o cosa temuta con o senza ragione, oppure oggetto d'antipatia o di odio. Usato anche in senso astratto per indicare un'ossessione, una paura generica.
bestia rara
Figurato: persona fuori dal comune. Allude agli animali che un tempo venivano esibiti dai girovaghi proprio perché rari, e che provenivano da zone lontane.
brutta bestia
Figurato: persona, cosa o situazione che si considera talmente intricata o difficile da far dubitare di poterla affrontare con successo.
conoscere l'umore della bestia
Conoscere una persona abbastanza da capirne l'umore. In senso lato, sapere bene con chi si ha a che fare.
essere la bestia nera di qualcuno *vedi* **bestia nera**
faticare come una bestia
Faticare molto duramente, come gli animali da lavoro che devono sopportare grossi sforzi.
montare in bestia *vedi* **andare in bestia**
trattare come una bestia
Trattare male o in maniera rude, senza alcun riguardo o gentilezza, come molti ritengono vadano trattati gli animali.

BETONICA
La *betonica*, o "bettonica" o anche "vettonica", è una pianta erbacea officinale della famiglia delle Labiate, la *Stachys officinalis*, diffusa in tutta la zona mediterranea. Conosciuta fin dall'antichità, venne così chiamata dagli antichi romani dal nome dei *Bettones*, o *Vettones*, una popolazione della regione iberica. Ha foglie rugose e piccoli fiori rossi raccolti in spighe, ed è sempre stata molto usata per le più svariate preparazioni medicinali; oggi si utilizza prevalentemente come tonico o come emetico.
conosciuto come la betonica
Molto noto, conosciuto da tutti, anche in senso negativo.

essere come la betonica
Figurato: essere sempre in mezzo, detto di una persona che s'incontra ovunque o che si occupa di moltissime cose. Usato anche per un ficcanaso, per un maneggione, o per chi s'intromette dappertutto.

BIADA
dare la biada all'asino
Figurato: attribuire a qualcuno doti d'intelligenza o sensibilità che in realtà non possiede; sprecare un bene, un talento, un gesto gentile o altro per una persona che non è in grado di capirla o apprezzarla.
La *biada*, un miscuglio di granaglie costose, è un foraggio che raramente viene dato agli asini ma che si riserva di solito ai cavalli.

esser nato per mangiar biade *(des)*
Essere una persona gretta, avida o meschina, dedita esclusivamente alla ricerca del benessere e dei piaceri materiali, come gli animali che si ritiene siano interessati solo al cibo. Usato in senso spregiativo anche per una persona stupida, stolida, ignorante e così via.
L'espressione è presa da Orazio (*Epistolae*, 1,2,27) che la usa con questa connotazione spregiativa; ma precedentemente, nel Sesto Canto dell'*Iliade*, è la frase con cui Diomede domanda a Glauco se sia un Dio oppure un mortale, con allusione alla miseria della condizione umana.

BIANCO *(agg)*
PARAGONI: bianco come il latte; bianco come uno straccio, bianco come uno straccio lavato; bianco come un cencio lavato; bianco come un panno lavato; bianco come la neve; bianco come un morto.

bianco come il latte
Bianchissimo, del colore del latte. Detto anche come apprezzamento per il colore della pelle di una persona.

bianco come un morto
Molto pallido, di colorito cereo, cadaverico. Usato in genere in relazione a uno spavento.

bianco come uno straccio
Bianchissimo, nel senso di molto pallido. Usato in genere in relazione a uno spavento, una malattia e simili.
var.: bianco come uno straccio lavato; bianco come un cencio lavato; bianco come un panno lavato.

bianco e rosso *(fam)*
Figurato: di colorito sano, di aspetto florido, quindi ben nutrito e in buona salute. Detto particolarmente di bambini.

BIANCO *(sost)*
andare in bianco
Figurato: fallire uno scopo; non ottenere quanto si era preventivato. Usato quando ciò che si desidera sembra a portata di mano e si rivela invece inaspettatamente imprendibile. Riferito in particolare al campo sessuale.
var.: mandare in bianco.

dare a intendere bianco per nero
Trarre in inganno qualcuno, volutamente o meno, facendogli capire una cosa per l'altra.

mangiare in bianco
Mangiare cibi facilmente digeribili e soprattutto con poco condimento, evitando salse, intingoli, fritture e simili.

prendere bianco per nero
Cadere in un errore marchiano; capire una cosa per un'altra, sbagliandosi grossolanamente.

BIBBIA
fare insieme una Bibbia *(des)*
Essere male assortiti. Ormai quasi dimenticato, il detto veniva usato più che altro per una coppia di coniugi, quando tra i due era evidente una grande differenza d'età e venivano paragonati alla Bibbia, composta dal

Vecchio e dal Nuovo Testamento che sono di dimensioni molto diverse.

BIBLIOTECA
essere una biblioteca ambulante
Figurato: essere una persona molto erudita, con molte e vaste conoscenze.

BICCHIERE
bicchiere della staffa
L'ultimo bicchiere prima di congedarsi da qualcuno o di andarsene da un luogo.
Allude al bicchiere che un tempo si offriva a chi saliva a cavallo per partire e aveva già infilato il piede nella staffa.

BIDONE
essere un bidone *(pop)*
Figurato: rivelarsi un imbroglio, una truffa e simili. Anche risultare deludente, riferito a qualcosa o a qualcuno da cui ci si aspettava molto. ‖ Figurato: essere molto grassi e informi, tanto da ricordare la sagoma di un bidone. Spesso scherzoso.
fare un bidone *(pop)*
Figurato: imbrogliare, raggirare qualcuno; truffarlo.
var.: prendere un bidone; tirare un bidone; dare un bidone.

BIGLIETTO
biglietto da visita
Figurato: la prima opera, il primo lavoro di un esordiente che dà subito prova delle sue capacità. ‖ Figurato: dimostrazione delle conoscenze di una persona che testimonia delle sue capacità o qualità. ‖ Figurato: presentazione delle qualità o delle capacità di qualcuno per introdurlo in un determinato ambiente, fatta da una persona che vi riscuote stima.

BILANCIA
essere l'ago della bilancia
Essere un buon indicatore di una situazione, così come l'ago della bilancia è in grado di registrare variazioni anche minime. ‖ Trovarsi in una posizione tale da poter determinare l'esito di una situazione in un modo invece che in un altro. Riferito di solito a una persona.
L'ago della bilancia in realtà non produce variazioni ma semplicemente le registra; il detto inverte la causa con l'effetto.
mettere sul piatto della bilancia
Esporre apertamente una questione o simili per valutarle con attenzione. ‖ Valutare, vagliare, soppesare il pro e il contro di una situazione o altro.
pesare con la bilancia dell'orafo
Esaminare a fondo, scrupolosamente, valutare con rigorosa esattezza, come usando il bilancino di precisione adoperato in oreficeria.
var.: pesare col bilancino.

BILE
La *bile* è un prodotto della secrezione esterna del fegato, molto importante per la digestione, che si raccoglie parzialmente nella cistifellea. Dato il suo colore giallo verdastro che all'aria diventa quasi nero, la consistenza vischiosa e il sapore amaro, è stata per lungo tempo considerata una sostanza velenosa. La credenza popolare vuole inoltre che in presenza di fattori negativi quali eccessi d'ira, d'invidia e simili, possa accumularsi fino a fare esplodere il sacchetto della cistifellea, portando alla morte. Da questa convinzione sono nati vari termini di uso comune come ad esempio "bilioso" e "fegatoso". La bile era considerata uno degli "umori" fondamentali tanto da Ippocrate quanto da Galeno, che la situavano nella milza e le attribuivano una grande influenza sul carattere delle persone, considerandola causa fisiologica della tristezza e della malinconia.

crepare dalla bile *(pop)*
Figurato: schiattare; morire di rabbia, d'invidia e simili.
ingoiar bile *(pop)*
Figurato: dover sopportare una situazione sgradevole, un'offesa, uno smacco o simili senza aver la possibilità di far nulla.
var.: rodersi dalla bile.

BINARIO
essere su un binario morto
Figurato: essere in una situazione che non lascia prevedere evoluzioni, che non porta a nulla, come se ci si trovasse realmente su un binario che finisce.
uscire dal binario
Figurato: allontanarsi dal normale sistema di vita per lo più nel senso di non rispettare le consuetudini generali. Anche contravvenire alle regole dell'onestà, della moralità, oppure essere stravaganti, bizzarri. Detto soprattutto di persone che improvvisamente cambiano comportamento.

BINOCOLO
vedere col binocolo
Figurato: non ottenere quanto si desidera, poiché si tratta di una cosa irraggiungibile.

BIONDO
PARAGONI: biondo come il grano; biondo come una spiga.

BIRRA
a tutta birra
Velocemente, riferito soprattutto a veicoli a motore.
Una delle ipotesi è che sia corruzione della locuzione francese *à toute bride*, cioè "a tutta briglia", a briglia sciolta, modificata per influsso della parola birra come allusione generica al carburante.
dare la birra
Lasciare indietro qualcuno superandolo nettamente, con particolare riferimento a gare sportive. Anche dimostrare una netta superiorità.
farci la birra *(pop)*
Non sapere che farne, detto di cose che si considerano inutili o inappropriate a una data situazione.
Il detto sembra avere origine romanesca.

BISCIA
andare come una biscia
Letteralmente, procedere su un terreno superando o aggirando le asperità, come fanno i serpenti con la loro andatura sinuosa. In senso figurato, comportarsi in modo da cavarsela in qualsiasi situazione.
andare come una biscia all'incanto
Fare qualcosa molto malvolentieri, contro la propria volontà, senza la possibilità materiale di ribellarvisi, come il serpente che non può fare altro che seguire la musica dell'incantatore.

BISCOTTO
fare il biscotto
Imbrogliare, trasgredire un regolamento per il proprio tornaconto.
Deriva dal gergo degli ippodromi, dove ha il senso di truccare una corsa somministrando a un determinato cavallo sostanze proibite, spesso impastate in un biscotto.

BISOGNO
il bisogno aguzza l'ingegno
Quando ci si trova in una situazione disperata si scopre di avere delle risorse mai supposte.
L'immagine è quella di aguzzare qualcosa per renderla più penetrante. Il detto ripete l'identico proverbio.
var.: la necessità aguzza l'ingegno.

BOCCA
a bocca asciutta
Figurato: senza niente, nonostante le

premesse favorevoli, rimanendo insoddisfatti, delusi o scornati dopo avere sperato in qualcosa.
Il detto si riallaccia al fenomeno della masticazione, che provoca emissione di saliva; senza il cibo, la bocca rimane asciutta.
var.: lasciare a bocca asciutta; restare a becco asciutto; lasciare a becco asciutto; restare a bocca asciutta; a denti asciutti; restare a denti asciutti; lasciare a denti asciutti.

a bocca calda *(pop)*
Figurato: in modo impulsivo, spontaneo, incontrollato, e in quanto tale imprudente, inavveduto e così via, soprattutto in vista delle possibili conseguenze. Detto di un discorso, un'affermazione, un'accusa o altro in cui, presi dalla foga o dalla rabbia, si dicono cose spiacevoli di cui a mente fredda ci si pente.

a bocca stretta
Controvoglia, malvolentieri, come chi cerca di esibire un sorriso forzato a labbra tirate.

avere in bocca un gusto amaro *vedi* **restare con la bocca amara**

avere la bocca che sa ancora di latte
Essere ancora giovani o inesperti. Viene detto di solito a chi si atteggia a persona vissuta o molto colta nonostante la giovane età, soprattutto se fa pesare una presunta superiorità.
var.: avere ancora il latte sulle labbra; avere la bocca che puzza ancora di latte.

avere molte bocche da sfamare
Avere molte persone a cui provvedere, di solito famigliari a carico. Si dice prevalentemente di chi ha una famiglia numerosa e versa in condizioni economiche precarie, tanto da faticare a provvedere alle necessità materiali.

bocca della verità
Figurato: persona che non mente. Anche chi parla sempre con onestà e saggezza.
La *bocca della verità* era una delle varianti meno tragiche con cui un imputato veniva sottoposto al "Giudizio di Dio". Comunemente consisteva in una specie di mascherone applicato ai portali o ai muri dei palazzi, dietro il quale poteva scattare una lama rasente alla bocca. Chi era sospettato di qualche crimine veniva obbligato a introdurre la mano nel foro della bocca: se l'arto ne usciva mozzato la colpevolezza era certa. Una bocca di questo tipo si può vedere ancora oggi a Roma, nella parete del pronao di Santa Maria in Cosmedin. In altri casi la bocca della verità era una specie di buca per le lettere destinata a raccogliere le denunce anonime. A Venezia erano dette "bocca del leone", e le più celebri sono quelle del Palazzo Ducale.

bocca di miele e cuore di fiele
Si dice di chi ostenta amicizia e simpatia per una persona in realtà detestata, cui invece sarebbe ben felice di poter nuocere.

bocca inutile
Persona improduttiva, che non porta reddito e pesa sul bilancio famigliare.

cavare di bocca *(fam)*
Far parlare qualcuno, estorcergli le parole a forza di insistenze, come se avessero una loro materialità.

cucirsi la bocca *(fam)*
Non parlare, soprattutto nel senso di mantenere un segreto.
var.: tapparsi la bocca.

dire per bocca di qualcuno
Far dire a qualcun altro, far sapere qualcosa per mezzo di un'altra persona.

essere di bocca buona *(fam)*
Essere una persona facile da accontentare. Letteralmente, mangiare di tutto.

essere di bocca larga e di mano stretta
Fare molte promesse e mantenerne poche. Essere generosi solo a parole.
var.: largo di bocca e stretto di mano.

essere sulla bocca di tutti
Di una persona, essere oggetto di pettegolezzo, far parlare di sé in senso quasi sempre negativo. Di un episodio o di un avvenimento, essere di dominio pubblico, essere noto a tutti.

far bocca d'orcio *(raro)*
Torcere la bocca, dimostrandosi smorfiosi e schizzinosi.

far la bocca a cul di pollo *(pop)*
Letteralmente, contrarre le labbra. Figurato: essere affettati, posare; in particolare usare un linguaggio eccessivamente ricercato.
var.: far la bocca a culo di gallina.

fare a bocca e borsa *(raro)*
Ripartire il costo di un pranzo o simili tra i vari commensali, come se tutti usassero in pari misura sia la bocca che la borsa.

fare la bocca a qualcosa *(fam)*
Abituarsi a qualcosa, così come si fa l'abitudine a un sapore nuovo.

lasciare a bocca asciutta *vedi* **a bocca asciutta**

lasciarsi scappare di bocca
Rivelare una confidenza o un segreto nonostante l'intenzione di non farlo. Lasciarsi sfuggire qualcosa che si dovrebbe tacere.

mettere in bocca a qualcuno
Figurato: attribuire a qualcuno un'affermazione, un giudizio. Anche suggerire a qualcuno un comportamento, una frase e simili.

non aprir bocca
Tacere o non rispondere, per nascondere qualcosa, per non confessare una colpa, per non rivelare un segreto e così via. Si usa anche per indicare l'atteggiamento di chi non reagisce, di chi rinuncia a difendersi.

passare di bocca in bocca
Diffondersi rapidamente, detto di una notizia e simili, come se venisse riferita da una persona all'altra.

restare a bocca aperta
Figurato: ammutolire per sorpresa o meraviglia, come se si fosse incapaci di parlare. Anche rimanere stupiti, o in ammirazione di qualcosa.

restare a bocca asciutta *vedi* **a bocca asciutta**

restare con la bocca amara
Figurato: dopo un'azione portata a termine, non provare la soddisfazione che ci si era aspettati, essere delusi o amareggiati.
var.: aver l'amaro in bocca; lasciare a bocca amara; restare con l'amaro in bocca; lasciare con l'amaro in bocca; lasciare con la bocca amara; avere in bocca un gusto amaro.

rifarsi la bocca *(fam)*
Cancellare un sapore sgradevole mangiando qualcosa di buono. In senso figurato, cancellare una brutta impressione con qualcosa di piacevole.

sciogliere la bocca al sacco
Decidersi a parlare; sfogarsi; in particolare, tradire o rivelare segreti altrui.
var.: vuotare il sacco.

BOCCALE
scritto sui boccali di Montelupo
Figurato: risaputo, scontato, noto a tutti; anche lapalissiano, evidente.
Allude ai motti, proverbi e simili che spesso si trovano scritti su piatti, brocche e boccali di ceramica decorata. Una florida industria di questo genere si trova fin dal 1400 a Montelupo Fiorentino, da cui il detto.

BOCCATA
boccata d'ossigeno
Momentaneo sollievo che interviene a interrompere una situazione tesa, difficile. Evasione piacevole e rilassante da una routine.
var.: boccata d'aria.

BOCCIA
a bocce ferme
Figurato: con calma, con distacco, senza concitazione, riferito di solito al

parlare o al discutere di un argomento senza farsi trascinare dall'entusiasmo, dalla foga, dall'ira, dall'eccitazione o altro. || Figurato: a posteriori, dopo la prova dei fatti. In questo senso, si riallaccia a una massima che dice che "solo a bocce ferme si vede chi ha fatto il punto".

BOCCONE
a pezzi e bocconi
In maniera frammentaria, disorganica, disordinata; senza sequenza logica e simili, riferito a un racconto, a un'informazione e così via. Sempre riferito a informazioni e simili, si usa quando queste vengono ottenute a fatica e poco alla volta, rendendo così più difficile e lenta la formazione di un quadro d'insieme. Più raramente, si dice anche di un lavoro raffazzonato o comunque mal riuscito, che denuncia la fretta o il cattivo metodo impiegato.
var.: a spizzichi e bocconi.

boccone da prete
Vivanda ghiotta, prelibata. In senso stretto è il codone dei volatili, particolarmente saporito nel pollo.
Popolarmente, i preti hanno fama di buongustai e ghiottoni.
var.: boccon del prete.

col boccone in gola
Figurato: molto in fretta e senza frapporre pause, come se si fosse obbligati a fare qualcosa appena finito di mangiare e senza avere il tempo d'inghiottire l'ultimo boccone.

mandar giù un boccone amaro
Figurato: dovere accettare una situazione sgradevole senza poter reagire.
var.: masticare amaro; mandar giù; inghiottire un boccone amaro; inghiottire amaro; mandar giù l'amaro.

mangiarsi qualcuno in un boccone
Figurato: essere nettamente superiori a qualcuno, talmente più grandi che lo si potrebbe addirittura mangiare in un boccone solo.

tra un boccone e l'altro
Di gran fretta, con pochissimo tempo a disposizione, come se si fosse costretti a occuparsi di qualcosa anche mentre si mangia.

BOIA
fare il boia e l'impiccato
Figurato: seguire contemporaneamente due occupazioni diverse, soprattutto se contrastanti.

BOLLA
finire in una bolla di sapone
Non dare risultati, finire in niente, detto in particolare di progetti parzialmente avviati.
var.: essere una bolla di sapone.

BOLLARE
bollare d'infamia
Tacciare d'infamia, disonorare pubblicamente qualcuno.
Deriva dall'antica usanza, protrattasi fino al 1700 e oltre, di "marchiare" i criminali con un ferro rovente che lasciava sulla pelle un segno indelebile, in modo che fossero riconoscibili da chiunque.
var.: bollare; bollare a fuoco.

BOLLETTA
essere in bolletta
Non avere denaro.
In passato la *bolletta* era una specie di bacheca predisposta sulla pubblica piazza, nella quale si esponevano le "polizze" dei falliti e dei debitori. Tutti potevano quindi vedere chi era privo di denaro.

BOMBA
a prova di bomba
Molto solido, resistente a tutto, tale da non essere danneggiato neppure dalle bombe. Usato prevalentemente in senso figurato per una teoria, una giustificazione, un giudizio o altro che

possono resistere a qualsiasi confutazione o attacco.

tornare a bomba
In una conversazione, tornare all'argomento principale dopo una digressione.
L'espressione è antica, tanto che la si ritova anche nel *Morgante* del Pulci, e allude a un gioco di ragazzi simile al nascondino che si chiamava "pome", in cui chi si metteva in salvo gridava: "Bom!". La parola si è poi trasformata in *bomba*, e ancora oggi, in molti giochi di gruppo, la "bomba" rappresenta spesso il punto d'inizio del gioco stesso, dal quale si parte per cercare gli altri giocatori, oppure un punto d'arrivo simile al traguardo.

BORDATA
tirare una bordata
Figurato: attaccare qualcuno verbalmente, all'improvviso e con argomenti tali da metterlo in difficoltà.
Deriva dal linguaggio marinaro, in cui definisce il tiro simultaneo su uno stesso bersaglio di tutti i cannoni piazzati sullo stesso "bordo", ossia il fianco di una nave.

BORDO
d'alto bordo
Figurato: di grande importanza e di elevata posizione sociale, detto di persone.
Deriva dal linguaggio marinaro, e si riferisce a una nave in cui la parte sporgente dall'acqua si presenta molto alta, il che presuppone grandi dimensioni. Inoltre, nelle navi del passato le murate erano più alte nella zona di poppa, riservata al comandante e ai suoi ufficiali e interdetta alla ciurma.

BORDONE
far venire i bordoni *(des)*
Figurato: far rabbrividire, far venire la pelle d'oca.
In questo caso il *bordone* è quanto resta della penna di un volatile che è stata spuntata a fior di pelle. Il termine è usato anche per una penna nuova che sta nascendo.

tenere bordone
Figurato: assecondare, fiancheggiare, qualcuno generalmente in imprese poco corrette.
Il detto ha origine dal *bordone* musicale, vale a dire il suono grave e continuo emesso soprattutto dagli strumenti antichi come accompagnamento della melodia.

BORSA
La *borsa* era anticamente un sacchetto di pelle o di stoffa chiuso da una *coulisse* che si portava appeso alla cintura e conteneva il denaro monetato prima dell'invenzione delle banconote. Di conseguenza è sempre stata sinonimo della parola "denaro", dando luogo a frasi del tipo "o la borsa o la vita". La stessa parola usata attualmente per indicare il luogo in cui si svolgono operazioni di compravendita di titoli, azioni e simili, deriva invece dal nome di una celebre famiglia di banchieri di Bruges, i Van de Bourse. Nel pugilato il termine si riallaccia al primitivo significato, quello di denaro, intendendo così la somma spettante all'atleta per il combattimento che va a sostenere.

allargare i cordoni della borsa *vedi*
stringere i cordoni della borsa
far borsa *(des)*
Un tempo aveva il significato di reperire denaro per far fronte a una situazione specifica, in genere per aiutare qualcuno. Attualmente significa semplicemente accumulare denaro in particolare per se stessi.

metter mano alla borsa
Decidersi a spendere, a pagare con il proprio denaro.

pagare di borsa
Rimetterci di tasca propria, pagare

con il proprio denaro, in genere perché costretti a causa di un imprevisto, un raggiro e simili.
var.: rimetterci di borsa.
stringere i cordoni della borsa
Fare economia, evitare di spendere, risparmiare. Usato in particolare nel senso di smettere di dare denaro a persone cui normalmente si provvede in termini economici.
I *cordoni* sono quelli della *coulisse* delle borse di un tempo.
var.: allargare i cordoni della borsa; sciogliere i cordoni della borsa.
tenere stretta la borsa
Essere avari, badare a non spendere, come tenendo stretti, quindi chiusi, i cordoni di chiusura della borsa.
var.: tenere chiusa la borsa; tenere la borsa stretta.
toccare nella borsa
Figurato: toccare qualcuno nei suoi interessi economici, o fargli spendere controvoglia il suo denaro.
var.: toccare nel portafoglio.

BOSCO
buono da bosco e da riviera
Versatile, eclettico; adatto alle più diverse applicazioni e per tutti gli usi. Riferito anche a una persona che sa cavarsela in qualsiasi circostanza. Spesso ironico.
Nel mondo venatorio è così definito un cane che si rivela adatto alla caccia sia nelle zone boscose che nei terreni palustri. Il detto è stato reso celebre da Giuseppe Giusti nella poesia *Lo stivale*.
var.: servire da bosco e da riviera.

BOTTA
Il termine *botta*, con il quale si definisce genericamente qualsiasi tipo di colpo, contusione, livido, e così via, deriva dal linguaggio della scherma, nel quale definisce il colpo inferto con la lama detto anche "stoccata". Oggi, soprattutto in senso figurato, questa parola mantiene la connotazione aggressiva che aveva all'origine.
a botta calda
Alla sprovvista; di primo acchito. Si dice solitamente della risposta istintiva a un avvenimento improvviso appena avvenuto e sulla quale non si è avuto il tempo di riflettere, così come raramente ci si controlla nella reazione quando si è appena stati vittime di una contusione.
a prova di botta
Di massima sicurezza, robusto, come alcuni corsetti da duello di un tempo che erano in grado di resistere all'attacco della lama avversaria.
var.: a tutta botta; a botta di pugnale.
botta e risposta
Scambio di battute rapido e incisivo durante una discussione.
Originariamente era il rapido scambio di stoccate e parate di due spadaccini in duello.
botta segreta *(raro)*
Capacità, tecnica, risorsa o abilità non sospettata da un avversario.
Originariamente era un colpo di spada quasi sempre vincente ma particolarmente difficile, noto solo ai migliori spadaccini.
var.: colpo segreto.
botte da orbi
Percosse violente, date a casaccio come da un cieco.
brutta botta *(pop)*
In senso figurato, evento inatteso e sgradevole, episodio sfortunato, grave perdita, delusione e simili.

BOTTE
essere in una botte di ferro
Essere ben protetti o tutelati; avere elementi di sicura difesa, così da non temere attacchi, accuse o imprevisti sgradevoli; sapere di essere dalla parte della ragione o di trovarsi in una posizione di forza.

essere una botte
Figurato: essere grassi, avere una figura tozza, appesantita dall'adipe e quindi tondeggiante come una botte.

BOTTEGA
andare a bottega
Figurato: andare a lavorare, anche nel senso di presentarsi al posto di lavoro. Un tempo con questo termine s'intendeva il lavoro di apprendistato nella *bottega* di un "maestro", che poteva essere tanto un artigiano quanto un artista.
var.: mettere a bottega; mandare a bottega; stare a bottega; essere a bottega.

avere la bottega aperta *(pop)*
Figurato: avere la chiusura dei pantaloni aperta, in genere detto di un uomo.

chiuder bottega
Letteralmente, chiudere il negozio, per la fine del lavoro quotidiano o per cessazione dell'attività. In senso lato, interrompere un'iniziativa, rinunciare a un'impresa, cessare un'attività qualsiasi. Anche abbandonare una situazione, un rapporto, oppure cambiar vita.

essere uscio e bottega
Abitare molto vicino al posto di lavoro.
var.: stare a uscio e bottega; esser casa e bottega.

BOTTONE
attaccar bottone *(fam)*
Figurato: rivolgere la parola a una persona che non si conosce, trattenendola in conversazione. Se nei confronti di una donna, può sottintendere lo scopo di corteggiarla.

attaccare un bottone *(fam)*
Figurato: coinvolgere qualcuno in una conversazione lunga e noiosa.
Con l'andar del tempo il detto ha subito una deviazione, poiché in origine *attaccar bottoni* significava parlar male di qualcuno.

non valere un bottone *(des)*
Avere pochissimo valore, inferiore a quello di un bottone.

BOZZOLO
chiudersi nel proprio bozzolo
Figurato: appartarsi, isolarsi rifiutando il rapporto con gli altri; condurre vita ritirata e così via, come molte larve che in una determinata fase del loro sviluppo si costruiscono intorno un bozzolo dal quale escono soltanto dopo un certo tempo.

uscire dal bozzolo
Figurato: diventare adulti, come le larve che dopo un periodo di tempo trascorso nel bozzolo ne escono con la forma fisica dell'individuo maturo. In particolare, diventare belli, uscendo dall'età adolescenziale durante la quale si è spesso sgraziati. In senso lato, ritornare alla vita sociale dopo un periodo d'isolamento volontario.

BRACCETTO
andare a braccetto
Figurato: andare molto d'accordo, star bene insieme. Riferito a persone o cose.

BRACCIO
In senso anatomico, il *braccio* vero e proprio è quella parte dell'arto superiore che va dalla spalla al gomito, ma comunemente, con la stessa parola, s'intende l'arto intero, fino alla mano. Considerato un'estensione della mente e della volontà, il braccio è da sempre simbolo di forza e di capacità concreta, ed è divenuto immagine del potere esecutivo. Su questa base sono nate locuzioni come "prestare il braccio", sottinteso armato, a una causa e simili; "rifiutare il braccio" o "negare il braccio", "braccio della Chiesa", "braccio secolare", "braccio forte",

"braccio assoluto " o "braccio libero", "prender braccio", "dare braccio" e altre, mentre l'offerta di un appoggio gentile ha dato luogo a "offrire il braccio" o "porgere il braccio". In senso lato, la locuzione "in braccio" acquisì il significato di "fra le braccia" e poi "in grembo" o anche "sulle ginocchia", mentre in senso figurato indicò presto qualcosa di cui bisogna occuparsi. Il braccio fu inoltre un'unità di misura lineare il cui valore cambiava, seppure di poco, secondo la zona geografica. Mediamente pari a circa mezzo metro, era impiegato in genere per cordami e tessuti, e rimase in vigore in Italia fino all'introduzione del sistema metrico decimale.

a braccia aperte
Figurato: calorosamente, con affetto, con grande piacere e gioia, come aprendo le braccia per abbracciare una persona cara. Anche nel senso di perdonare qualcuno.

a braccio
Con una certa approssimazione. Legato di solito a verbi come "misurare, valutare, vendere" e ad altri come "andare, procedere", fa riferimento al *braccio* inteso come unità di misura. ‖ Riferito a un oratore o a un attore, improvvisando, senza leggere un testo scritto o senza seguire un copione. Nel caso dell'attore può esistere una traccia, il cosiddetto "canovaccio" da cui l'equivalente espressione "recitare su canovaccio". Anche recitare a tema, improvvisando su un argomento.

a braccio accorciato
Con la massima forza e violenza, detto di un colpo o simili.
Deriva dal linguaggio militare nel quale indicava un colpo di pugnale che, proprio in quanto inferto a distanza ravvicinata, acquistava una grande potenza.

a forza di braccia
Con la sola forza della braccia. In senso figurato, tende a mettere in rilievo la forza o il coraggio di chi si trova in una situazione difficile e la risolve con le proprie sole risorse.

a pieno braccio
Con tutta la forza possibile, detto di un lancio e simili.
Deriva dal linguaggio militare, e indica un lancio che sfrutta la forza dell'intera persona applicata al braccio.

accogliere a braccia aperte
Accogliere qualcuno calorosamente, con affetto, come si abbraccia una persona cara. In senso lato, anche perdonarlo.
var.: aprire le braccia.

allargare le braccia
Figurato: ammettere la propria impotenza o rassegnazione, come spesso si fa nella vita pratica con il gesto in questione.

alzare le braccia al cielo
Invocare o pregare Dio, per ottenere qualcosa di concreto o per ricevere il dono della pazienza in misura sufficiente alla situazione. Quasi sempre scherzoso.
Con questo gesto ci si rivolgeva un tempo agli dei per invocarne la protezione; oggi il detto si usa in senso figurato con lo stesso significato, oppure per manifestare ironicamente impazienza, sopportazione, disappunto e simili, come a chiedere al Cielo il dono della pazienza.
var.: alzare gli occhi al Cielo; levare gli occhi al Cielo.

andare a braccio *vedi* **a braccio**
aprire le braccia a qualcuno *vedi* **accogliere a braccia aperte**
aver bisogno di braccia
Aver bisogno di manodopera, di persone adatte a compiere un dato lavoro. Il detto è legato al mondo agricolo per il quale le *braccia*, cioè la forza lavoro costituita da braccianti, giornalieri e altri lavoratori agricoli, erano un tempo fondamentali per ottenere

la massima resa nel raccolto.
avere braccio libero
Avere pieni poteri, piena discrezionalità, piena facoltà e potestà di fare una determinata cosa.
var.: avere braccio assoluto; dare braccio libero; dare braccio assoluto.
avere buone braccia
Figurato: essere buoni lavoratori, forti e volonterosi.
Il detto ha origine contadina e definiva la robustezza e la resistenza dei lavoranti, dal momento che le braccia erano il più importante strumento di lavoro. In seguito passò a definire la voglia di lavorare di qualcuno e la sua disponibilità ad adattarsi a qualsiasi attività.
avere cento braccia
Figurato: riuscire a fare molte cose contemporaneamente, oppure avere interessenze in molti settori d'affari. Usato in particolare per le grandi associazioni della malavita, considerate in grado di operare e di colpire in ogni ambiente e Paese.
var.: avere mille braccia; avere le braccia lunghe.
avere in braccio
Figurato: dover provvedere a qualcuno o a qualcosa; essere responsabili o garanti di una persona o di una situazione.
var.: avere sulle braccia.
avere le braccia legate
Figurato: essere nell'impossibilità di agire.
var.: avere le mani legate; essere legato mani e piedi.
avere le braccia lunghe
Figurato: avere una grande influenza e soprattutto molti appoggi, e quindi la possibilità di ottenere ampi privilegi, di giungere dove altri non possono.
var.: avere cento braccia; avere mille braccia.
avere le braccia rotte
Figurato: avvertire una grande stanchezza fisica e muscolare, come se la fatica fosse riuscita a spezzare le braccia.
var.: avere la schiena rotta; sentirsi tutto rotto.
avere mille braccia *vedi* **avere le braccia lunghe**
avere sulle braccia
Avere qualcuno a carico e dover provvedere al suo mantenimento, detto in particolare dei famigliari. Riferito a una cosa o a una situazione, significa averne la responsabilità, in genere pesante o sgradevole.
var.: trovarsi sulle braccia; trovarsi in braccio; avere in braccio.
braccio destro
Figurato: collaboratore diretto e fidato di qualcuno, generalmente in grado di fargli anche da sostituto; aiutante di grandi capacità.
Il braccio, il destro in particolare in quanto si suppone più allenato in virtù del maggiore uso, è considerato la parte operativa della mente in molti campi.
braccio di ferro
Figurato: confronto, prova di forza tra due parti entrambe fermamente decise a piegare l'altra alla propria volontà; competizione, lotta accanita tra due contendenti, rivali, concorrenti e simili.
Allude a una prova di forza fisica in cui, afferrandosi per le palme della mano e con il gomito ben saldo su un piano, si cerca di piegare l'avambraccio dell'avversario.
braccio forte
Figurato: valida difesa, detto di persone su cui si ritiene di poter contare.
cadere in braccio
Figurato: di una persona, corrispondere irrazionalmente all'affetto o alle richieste sessuali di qualcuno. ‖ Figurato: di una cosa o situazione piacevole, capitare inattesa. ‖ Figurato: di una situazione o simili, indica un problema

improvviso e sgradito di cui si farebbe a meno ma che risulta inevitabile.
var.: cadere sulle braccia.

cadere sulle braccia
Figurato: di un problema, una situazione, un avvenimento come pure di una persona, capitare improvvisamente costringendo qualcuno a occuparsene.
var.: capitare sulle braccia; trovarsi sulle braccia.

dare braccio
Aiutare, favorire, fare in modo che una persona abbia la possibilità di realizzare un'impresa, un'iniziativa.
Il detto ha origini incerte. Potrebbe derivare dal linguaggio marinaro in cui il *braccio* era un'unità di misura per il cordame. ‖ Conferire a qualcuno eccessiva autorità, poteri esagerati, incontrollabili.
var.: dar troppo braccio; dar troppa mano.

darsi in braccio
Letterale: farsi abbracciare. In senso figurato, corrispondere irrazionalmente ai sentimenti o alle richieste sessuali di qualcuno; oppure affidarsi completamente a qualcuno; accettare incondizionatamente un'idea, una fede. Anche aderire pienamente a una situazione, soprattutto se negativa, come ad esempio la criminalità, il vizio e così via.
var.: gettarsi in braccio; gettarsi tra le braccia.

di buon braccio
In senso figurato, ad andatura spedita, stabile e regolare.
È preso dal linguaggio della marineria, e indicava la particolare andatura di una nave a vela quando il vento forma con la prua un angolo di 80 gradi.

essere il braccio destro di qualcuno *vedi* **braccio destro**

essere il braccio e la mente
Essere in grado di prendere una decisione e di attuarla personalmente sul piano concreto. Se riferito a due persone, dividersi i due compiti ottenendo lo stesso risultato.

far cadere le braccia
Figurato: scoraggiare, deludere, avvilire. L'immagine è quella di una persona che interrompa un'attività manuale rendendosi conto che non vale la pena di continuare, e lascia andare le braccia lungo il corpo.
var.: far cascare le braccia.

gettare in braccio a...
Mettere una persona a disposizione di qualcuno, favorendo la possibilità di rapporti stretti soprattutto in campo affettivo e sessuale. ‖ Accollare a qualcun altro una questione delicata o difficile, un problema spiacevole di cui non ci si vuole occupare per varie ragioni.

incrociare le braccia
Figurato: scioperare.
A braccia incrociate non si può infatti svolgere nessuna attività materiale.

misurare a braccio *vedi* **a braccio**
negare il braccio
Figurato: rifiutare di prendere parte a una guerra, di impugnare le armi in un'azione bellica o comunque violenta. In questo caso, il braccio è quello che regge un'arma.
var.: rifiutare il braccio.

parlare a braccio *vedi* **a braccio**
prendere braccio
Aumentare il proprio potere, imporsi, prendere il sopravvento. Di una situazione, un evento o simili, suscitare scalpore, attirare l'attenzione, diventare un modello da seguire.
var.: prendere piede.

recitare a braccio *vedi* **a braccio**
rifiutare il braccio *vedi* **negare il braccio**
tagliare le braccia
Figurato: privare della possibilità di agire. Il detto è attualmente sostituito da altri con lo stesso significato.
In passato, per molti reati soprattutto

contro il patrimonio erano previste pene mutilanti, che oltre a fungere da deterrente avevano l'intento d'impedire materialmente al reo di ripetere gli stessi crimini. Così ai ladri si tagliavano le mani, agli spergiuri la lingua, agli assassini un braccio e così via.
var.: troncare le braccia; troncare le mani, tagliare le mani, tagliare le gambe; spezzare le braccia; spezzare le gambe.

tenere le braccia in croce
In senso stretto, questo è gesto di preghiera, umiltà, devozione, e come tale era dovuto in passato prima agli Dei e poi a sovrani e potenti. Oggi ha più il significato di non far niente, di non lavorare, e anche di scioperare o insistere in uno sciopero. In altro senso è al contrario un gesto di sfida nei confronti di qualcuno che cerca d'imporre un'azione o un comportamento, e al quale non si ha nessuna intenzione di cedere.
var.: incrociare le braccia; stare con le braccia in croce.

troncare le braccia *vedi* **tagliare le braccia**

un tanto al braccio
Approssimativamente, senza una valutazione o una misurazione precisa. Si usa per valutazioni generiche di grandi quantità o estensioni come pure per beni di scarso valore che non meritano una quantificazione più esatta, considerando il "tanto" e il "braccio" due unità di misura approssimative ma sufficienti.
var.: un tanto al chilo; un tanto al metro.

valutare a braccio *vedi* **a braccio**

vivere delle proprie braccia
Figurato: vivere con il reddito del proprio lavoro.
Il detto deriva dal mondo contadino che pagava i lavoranti a cottimo, quindi in relazione al lavoro che riuscivano a produrre con le loro braccia.

BRACE
farsi di brace
Figurato: arrossire violentemente, assumendo così il colore delle braci.

soffiare sulla brace
Figurato: eccitare una passione, fomentare discordie, riattizzare sentimenti sopiti così come si soffia sulle braci ancora accese per ravvivare il fuoco.

BRACHE
aver le brache alle ginocchia *(pop)*
Figurato: scoraggiarsi, perdersi d'animo, sentirsi impotenti.
var.: far cascare le brache. ‖ Figurato: essere dei novellini, essere molto giovani, soprattutto nel senso di mancare d'esperienza.
L'immagine è quella di un ragazzino che porta ancora i calzoni corti.

calare le brache *(pop)*
Cedere; dichiararsi battuti; rinunciare a una pretesa, a un diritto. Scendere a patti, accettare un compromesso. Anche arrendersi con poca dignità.

farsi cascare le brache *(pop)*
Figurato: spaventarsi, intimorirsi.

restare in brache di tela *(fam)*
Subire un danno soprattutto economico, in particolare quando invece si pensava di realizzare un guadagno. Anche restare privi di risorse, materiali o meno, a causa di un raggiro, un imprevisto, un errore di valutazione e simili.

sorprendere con le brache in mano *(pop)*
Figurato: cogliere in un momento molto delicato; in particolare sorprendere in flagrante reato.
L'origine si riallaccia all'impaccio di chi è impedito nei movimenti dai pantaloni che si sta infilando.

BRANCALEONE
armata Brancaleone
Insieme di persone disorganizzate e

confusionarie. Riprende il titolo di un film del 1966, *L'armata Brancaleone*, che ha come protagonista Brancaleone da Norcia, immaginario capitano di ventura dell'epoca delle crociate.

BRECCIA
far breccia
Figurato: aprirsi un varco, infrangere una resistenza; trovare modo d'instaurare un dialogo, di suscitare interesse, commozione e simili con chi opponeva resistenza al rapporto.

BRIGLIA
a briglia sciolta
Molto velocemente, come permettendo al cavallo di correre a suo piacere lasciandogli le briglie allentate sul collo. Usato anche per un discorso improvvisato, per una fantasia sfrenata.
var.: a tutta briglia, a briglia abbandonata.

lasciare le briglie sul collo
Figurato: consentire la massima libertà; non imporre limiti o freni; lasciare senza controllo.
Le *briglie* o "redini" sono il mezzo con il quale un cavallo viene diretto e frenato; il lasciargliele allentate sul collo permette all'animale di scegliere a suo piacere velocità e direzione.
var.: lasciare le redini sul collo; tenere le briglie sul collo; tenere le redini sul collo.

BROCCOLO
raccogliere broccoli
Raccogliere e divulgare pettegolezzi e maldicenze.
Il *broccolo* è una varietà di cavolo. Il detto sembra derivare dai discorsi delle donne, che andando a "raccogliere i broccoli", cioè a fare la spesa, si scambierebbero notizie e pettegolezzi.

BRODO
Il *brodo*, originariamente ben diverso da quello che conosciamo noi, fu per tutto il Medio Evo la base dell'alimentazione contadina. Era una specie di minestrone più o meno denso che restava a sobbollire continuamente in una grande pentola a lato del focolare, e veniva arricchito a getto continuo con tutti i generi commestibili che si riusciva a reperire. Vi entravano così legumi, radici, vegetali diversi, ossi, residui di carne. Da questo avrebbero origine vari detti, come "tutto fa brodo" e "sapere cosa bolle in pentola", cosa non sempre facile data la varietà degli ingredienti che spesso diventavano irriconoscibili.

andare in brodo di giuggiole
Manifestare grande contentezza e soddisfazione, dando quasi l'impressione di sciogliersi per la gioia.
La *giuggiola* è un frutto di sapore dolciastro da cui gli antichi Romani, con una prolungata bollitura, traevano un decotto sciropposo. L'origine del detto è però contestata (Arlia, 248) da chi sostiene che si dovrebbe dire "brodo di succiole", intendendo con questo il brodetto o il guazzetto. Si afferma inoltre che le "succiole" sarebbero le castagne o i marroni lessati senza buccia, detti anche "ballotte".
var.: andare in brodo.

brodo di carrucola
Scherzoso: acqua fresca, in particolare quella che si attinge dal pozzo mediante un secchio calato con la carrucola.

brodo lungo
Figurato: discorso, racconto o simili molto prolisso ma povero di concetti. Anche tiritera, solfa interminabile e noiosa. Si dice pure di una situazione trascinata nel tempo senza tentativi di risoluzione.

brodo lungo e seguitate!
Esortazione ad arrangiarsi con i mezzi che si hanno a disposizione.
Narra un aneddoto che all'arrivo di ospiti inattesi alla mensa di un conven-

to, il priore desse ordine al cuciniere, con questa frase, di aggiungere acqua alla minestra in modo di farla bastare per tutti. Un aneddoto analogo è attribuito però anche, nella stessa situazione, al caporale di un esercito.

lasciar bollire qualcuno nel suo brodo
Figurato: non curarsi di qualcuno, lasciando che si arrangi con i propri mezzi, riferito in genere a una persona testarda cui invano si sono dati dei consigli o a chi ha tentato di nuocere a qualcuno senza riuscirci, danneggiando invece se stessa.
var.: lasciare qualcuno nel suo brodo; lasciar cuocere qualcuno nel suo brodo.

tutto fa brodo *(fam)*
Tutto può servire, con allusione al brodo di un tempo che veniva preparato con gli ingredienti più vari.

BRONZO

Il *bronzo* è la prima lega metallica scoperta dall'uomo, composta di stagno e di rame, utilizzata fin dall'antichità per le sue caratteristiche di durezza e resistenza. Era considerato un materiale pregiato e se ne ottenevano manufatti di tutti i generi, comprese le lame delle spade. Data la sua relativa facilità di fusione fu utilizzato anche per realizzare campane e statue, e tutt'oggi quando si parla di "bronzi" s'intendono statue e sculture di questo materiale.

bronzo funebre *(raro)*
La campana che suona a morto.

essere di bronzo
Figurato: essere psichicamente forti, stabili, equilibrati. Anche essere molto severi, rigorosi, oppure incorruttibili. È ormai poco usato.

incidere nel bronzo
Figurato: immortalare, rendere eterno. Spesso ironico.

sacri bronzi *(raro)*
Figurato: le campane.

BRUCO

mutarsi da bruco in farfalla
Figurato: subire un cambiamento radicale migliorando la propria condizione, specialmente l'aspetto fisico, così come il modesto bruco diventa una bellissima farfalla.

BRUTTO *(agg)*

PARAGONI: brutto come la fame; brutto come il peccato; brutto come il demonio; brutto come un rospo.

brutto come il demonio
Orrendo, bruttissimo.
Il demonio viene sempre dipinto con fattezze molto sgradevoli per riflettere la sua malvagità.
var.: brutto come il diavolo.

brutto come il peccato
Orrendo, abominevole.
Il peccato, che fa perdere la salvezza dell'anima, è per i credenti la cosa più brutta che possa esistere. Per trasposizione di significato, un peccatore è brutto per antonomasia, come se portasse in viso i segni delle sue colpe, soprattutto se intese come sregolatezza, vizio e simili.

brutto come la fame
Molto brutto e sciupato, orribile, riferito in particolare all'aspetto di una persona magra, denutrita. Anche orrendo, spaventoso, così come la fame che è stata a lungo lo spauracchio più temuto per il genere umano, tanto da comparire anche tra i quattro biblici Cávalieri dell'Apocalisse.

brutto come un rospo
Molto brutto, ma soprattutto ripugnante, così com'è considerato il rospo dalla maggior parte delle persone. Si usa anche in senso lato per definire una persona sgradevole, viscida, meschina.

farla brutta *(fam)*
Commettere un'azione bassa e meschina, spregevole o proditoria.
var.: farla sporca.

farsi brutto *(fam)*
Figurato: detto di una persona, assumere un'espressione corrucciata, adirata, truce o delusa.
Può alludere al tempo atmosferico, e in particolare al rannuvolarsi del cielo quando diventa cupo e minaccioso prima della pioggia.
guardare di brutto
Guardare con espressione ostile, malevola, minacciosa.
var.: guardar brutto.
rimaner brutto *(fam)*
Subire uno smacco, restare scornati. Si suppone che in questo caso il disappunto e la rabbia modifichino l'espressione del volto, imbruttendolo.
var.: lasciar brutto.
vedersela brutta *(fam)*
Essere in una situazione difficile, sgradevole o pericolosa; anche rischiare di morire o temere per la propria vita.
var.: passarne delle brutte.

BRUTTO *(sost)*
con le brutte
Con le brutte maniere, ricorrendo a minacce, violenza, intimidazione e simili. Anche con modi bruschi, rudi.
venire alle brutte *(fam)*
Arrivare alla lite, allo scontro diretto; trovarsi in condizione di dover ricorrere alle maniere forti.

BUCCIA
esser di buccia dura *(pop)*
Detto di una persona, avere una fibra forte, resistente alle malattie e in grado di sopportare il dolore. In senso lato significa anche non lasciarsi scoraggiare né intimorire, saper resistere alle avversità.
var.: aver la buccia dura.
pensare alla buccia *(pop)*
Figurato: pensare a salvarsi, a sopravvivere, riferito a una situazione di grave pericolo. Qui la *buccia* è la pelle, nel senso di vita.

rivedere le bucce
Figurato: sottoporre a un esame minuzioso e approfondito; cercare accanitamente errori, lacune, mancanze, di qualcuno o di qualcosa, tanto per correggere quanto per accusare.
var.: ripassare le bucce.
salvare la buccia *(pop)*
Salvarsi la vita.
var.: portare a casa la buccia.
scivolare su una buccia di banana
Figurato: rovinarsi per una sciocchezza, subire un danno per aver commesso un piccolo errore, come chi cade e si fa male calpestando una buccia di banana, molto scivolosa.

BUCO
aprire un buco per chiuderne un altro *(pop)*
Figurato: cercare di rimediare a una situazione creandosi un altro problema; mettere in luce una colpa cercando di mascherarne un'altra. Viene usato generalmente quando si contrae un debito per fronteggiarne uno precedente. È l'equivalente dello "scoprire un altare per coprirne un altro".
var.: aprire un buco per tapparne un altro.
arrivare a buco *(pop)*
Capitare a proposito, al momento giusto, come per tappare un buco.
fare un buco nell'acqua
Figurato: fallire uno scopo; riportare un insuccesso; fare un tentativo che si rivela inutile.
passare per il buco della serratura
Figurato: raggiungere un esito positivo con molta fatica, superare a malapena una prova, superare un esame con il minimo dei voti.
var.: passare per il buco della chiave; passare dal buco della serratura.

BUDA
andare a Buda *(des)*
Figurato: morire; andare incontro a

un destino rovinoso, mettersi in una situazione di estremo pericolo. Usato un tempo per chi moriva in un'impresa rischiosa.

Il detto, ormai disusato, sembra collegarsi a un sanguinoso attacco militare che i Turchi sferrarono nel 1686 contro la città di *Buda*, uno dei due nuclei dell'odierna Budapest, massacrandone la popolazione.

prender Buda
Compiere grandi imprese.

Dopo la battaglia di Buda del 1686, la città rimase in mano ai Turchi, e il riconquistarla era la massima aspirazione della Cristianità. La temibilità dei nemici la rendeva però un'impresa più disperata che eroica.

BUE
arare con il bue e con l'asino
Figurato: detto di un uomo, corteggiare tutte le donne senza distinzioni di sorta. Anche non badare troppo ai sistemi che si adottano per ottenere uno scopo; non voler distinguere il bene dal male. ‖ Figurato: mantenere buoni rapporti con fazioni o persone rivali tra loro; fare contemporaneamente gli interessi di due parti avverse, servire cause contrastanti; anche cambiare idea o atteggiamento secondo l'opportunità del momento.

BUFALO
non distinguere i bufali dalle oche
Vederci male, avere la vista debole. In senso figurato, non capire le cose, non saper discernere per mancanza d'intuito o d'intelligenza; essere molto ignoranti oppure sempre distratti, svagati, oppure inesperti, o molto ingenui. Il detto nasce dal confronto delle dimensioni dei due animali e anche dai loro colori, nero il bufalo e bianca l'oca.

non vedere un bufalo nella neve
Figurato: vederci poco. In senso lato, essere un po' ottusi o avere scarsa conoscenza del mondo. Il detto allude al netto contrasto di colore tra il bufalo, che è nero, sulla neve bianca.

BUGIA
le bugie hanno le gambe corte
Di origine proverbiale, il detto ricorda che le menzogne si scoprono in fretta, come se avessero le gambe troppo corte per andare lontano. Ripete l'identico proverbio.

BUGIARDO
PARAGONI: bugiardo come un lunario; più bugiardo di un epitaffio; più bugiardo di un gallo.

bugiardo come un lunario
Costituzionalmente bugiardo, come i *lunari*, cioè i calendari di un tempo che riportavano anche empiriche previsioni del tempo e una specie di oroscopo che prometteva immancabilmente felicità e ricchezza.

far bugiardo (pop)
Dimostrare che qualcuno è bugiardo, smentirlo.

più bugiardo di un epitaffio
Bugiardo, e specialmente bugiardo abituale, così come gli epitaffi tombali e i necrologi che descrivono ogni defunto come un modello di virtù.

più bugiardo di un gallo
Spudoratamente bugiardo, come il gallo che secondo la tradizione dovrebbe cantare all'alba, mentre in realtà lo fa quando ne ha voglia.

BUIO (agg)
epoche buie
Epoche barbare, non ancora illuminate dalla luce della civiltà, o dominate da fedi o ideologie che impediscono alla ragione d'illuminare le menti. Si riservava in particolare ai secoli del Medio Evo.

var.: tempi bui; tempi oscuri; epoche oscure.

BUIO *(sost)*
brancolare nel buio
Non avere punti di riferimento per risolvere una questione; mancare di un punto di partenza, di qualsiasi indizio, detto in particolare delle forze di polizia che stentano a chiarire un caso complicato.
buio che si affetta col filo
Buio molto profondo, in cui non si vede assolutamente niente, come se si fosse circondati da una sostanza scura e compatta.
Con il filo si tagliava un tempo la polenta.
var.: buio che si affetta col coltello; buio che si taglia col coltello.
fare un buio
Figurato: intraprendere un'iniziativa azzardata ma teoricamente redditizia; correre un rischio sperando in un lauto guadagno.
Deriva dal gioco del *poker*, in cui è una mossa con la quale il giocatore primo di mano raddoppia il piatto prima ancora di vedere le proprie carte. Questo gli assicura il diritto di rilanciare; inoltre, se gli altri giocatori si ritirano, incamera la posta senza nemmeno giocare.
var.: fare un'apertura al buio.
fare un salto nel buio
Dedicarsi a una cosa completamente nuova senza alcuna garanzia di successo. Anche intraprendere un'iniziativa rischiosa senza poterne prevedere il risultato; decidere o scegliere alla cieca, come saltando fisicamente nell'oscurità senza poter vedere il terreno sui cui si poseranno i piedi.
fitti come il buio
Pigiati, quasi schiacciati nella ressa.
Il buio dà l'impressione di essere una sostanza tanto più compatta quanto più è intenso.
mettere al buio *(pop)*
Mettere in prigione, luogo poco luminoso per antonomasia data la piccola dimensione delle sue finestre.
Anticamente le prigioni erano collocate nei sotterranei e spesso mancavano del tutto di finestre; in certi casi potevano essere costituite addirittura da semplici buche scavate nel terreno in cui il prigioniero veniva calato mediante una botola, unica apertura.
var.: mandare al buio; tenere al buio.
procedere al buio
Procedere in un'iniziativa già avviata anche quando vengono a mancare le direttive adeguate. Quindi andare avanti secondo il proprio buon senso, senza norme prefissate.
var.: andare avanti al buio.
rimanere nel buio
Vivere un'esistenza oscura, modesta, mediocre, o priva di soddisfazioni o di successi. ‖ Non osare; preferire la modesta sicurezza della quotidianità pur avendo la possibilità di cambiar vita. Si dice di solito a chi afferma di non sentirsela di "fare un salto nel buio".
vivere di buio come le piattole
Essere molto poveri, come se non si avesse altro che il buio per nutrirsi.

BUONO *(agg)*
PARAGONI: buono come il pane; buono come un angelo.
alla buona
In modo semplice, senza ricercatezze, detto di cose fatte svogliatamente o con scarsi mezzi, o senza eleganza. Riferito anche a una persona modesta ma semplice e cordiale.
buono come il pane
Molto buono d'animo, generoso, indulgente, comprensivo. Anche di carattere mite, oppure innocuo e inoffensivo, riferito a persone e animali.
buono come un angelo
Molto buono e gentile, detto in particolare di bambini. Anche ironico.
far buono *(pop)*
Considerare valido, o adatto a uno scopo, qualcosa che in sé potrebbe es-

sere manchevole secondo i requisiti di qualità o di quantità richiesti.
prendere per buono *(pop)*
Accettare come vero.
tenere buono *(pop)*
Conservare qualcosa, salvarla in un insieme inutile o superato considerandola valida, utilizzabile.
tenersi buono qualcuno *(fam)*
Mantenere buoni rapporti con qualcuno, mantenere viva la sua amicizia e la sua benevolenza, quasi sempre per interesse.
troppo buono!
Esclamazione: nato inizialmente come formula di cortesia nei confronti di una persona gentile, il detto è usato oggi in senso prevalentemente ironico per coloro che trattano gli altri con aria di sufficienza.
var.: che buono tu!; come sei buono!; tu sì che sei buono!.

BUONO *(sost)*
essere in buona con qualcuno *(fam)*
Andare d'accordo, essere in buona armonia con qualcuno.
poco di buono
Persona equivoca, poco raccomandabile, disonesta; cattivo soggetto. Riferito a una donna, ne sottolinea la leggerezza in campo sessuale.

BURLA
da burla
Figurato: poco serio, poco importante, privo d'autorità. Riferito spesso a personaggi che ricoprono cariche teoricamente importanti ma in realtà vuote di vero potere. Abbiamo così un "re da burla", un "Paese da burla" e simili, anche se oggi si preferisce dire "re da operetta", "Paese da operetta", il che nel linguaggio teatrale era un tempo la stessa cosa. Quasi sempre spregiativo.
Il detto ha origine dal linguaggio teatrale, dove fino a tutto il 1700 aveva il significato di rappresentare, mettere in scena. La *burla* era infatti l'opera comica.

BURRO
dare un po' di burro *(fam)*
Figurato: ricorrere all'adulazione per ottenere qualcosa, come lubrificando un meccanismo per facilitarne il funzionamento. In senso lato, corrompere, dare mance, pagare tangenti.
Il *burro* è qui inteso come un lubrificante qualsiasi.
essere un burro
Essere molto morbido, detto prevalentemente di un alimento talmente tenero che sembra sciogliersi in bocca. Più raramente, riferito a una persona, essere molto arrendevole.
var.: morbido come il burro; tenero come il burro.

BUSSOLA
perdere la bussola
Figurato: perdere l'orientamento, non sapere dove ci si trova e dove si sta andando. In senso lato agitarsi, perdere la calma e quindi la chiara visione delle cose, il significato di quanto si sta facendo.
Perdere la bussola, per la gente di mare, è fonte di pericolo; all'impossibilità di conoscere la propria posizione sono legati altri detti come "perdere la tramontana", cioè il Nord, o "perdere l'orientamento".

BUTTARE
buttar bene *(pop)*
Essere promettente, dare buone speranze di successo. Anche dare un buon reddito, detto di iniziative economiche.
var.: buttar male.
buttar là *(fam)*
Dire con aria d'indifferenza qualcosa cui in realtà si tiene molto. Può trattarsi di una proposta, un'accusa,

una malignità o altro.
vedere come butta *(fam)*
Propriamente, controllare la crescita dei germogli di una pianta. ‖ In senso figurato, controllare il procedere di una situazione o simili. ‖ Anche lanciare una proposta per vedere le reazioni che suscita e quindi le sue reali possibilità di riuscita, oppure intraprendere un'azione della quale non si possono prevedere gli esiti e sulla quale ci si riserva di decidere più avanti.

BUZZO
di buzzo buono
Con decisione e impegno.
Il *buzzo* è lo stomaco, in particolare degli animali, considerato un tempo come sede della volontà.
var.: mettersi di buzzo buono.

C

CABOTAGGIO
di piccolo cabotaggio
Figurato: d'importanza ridotta, spesso ironico o spregiativo, riferito a persone con idee e capacità limitate, particolarmente nell'ambito affaristico o amministrativo.
Propriamente è la navigazione mercantile esercitata fra porti di uno stesso Stato.

CACCIA
andare a caccia di ...
Figurato: cercare accanitamente una cosa o una persona. Riferito a guai, problemi e simili, mettersi da soli in una situazione spiacevole, quasi cercandola.
var.: andare alla caccia.

andare a caccia di grilli
Figurato: perdere tempo con questioni sciocche o inutili, accanirsi a cercare cose da niente, a trovare soluzione a problemi di scarsa importanza.
var.: andare a caccia di farfalle.

caccia alle streghe
Figurato: ricerca accanita e sistematica, in genere di gruppo, per catturare e perseguitare persone ritenute pericolose, come un tempo si faceva con le donne accusate di stregoneria. Usato in particolare per inchieste, indagini e simili tese non tanto a risolvere un problema quanto a individuarne i responsabili veri o presunti, o per azioni persecutorie contro nemici politici, ideologici e simili. In questo senso è rimasto famoso l'anticomunismo esagerato propugnato dai maccartisti nell'America degli anni Cinquanta.

dar la caccia a ...
Figurato: cercare accanitamente cose o persone che si stenta a trovare; inseguire ostinatamente qualcuno in fuga.
var.: mettersi in caccia.

far buona caccia
Letteralmente, abbattere molte prede. In senso lato, conseguire molti e buoni risultati.

CACCIATORE
cacciatori di teste
Figurato: le persone o le aziende che s'incaricano di reperire dirigenti molto qualificati, studiosi e altre persone di particolare capacità da presentare sul mercato del lavoro.
Cacciatori di teste è designazione generica per varie popolazioni dell'Africa, dell'Asia e dell'America centro meridionale che conservavano la testa dei nemici uccisi o degli antenati dopo averla mummificata. Quest'usanza era considerata un'indispensabile prova di virilità e la testa, simbolo della vita dopo la morte e della capacità di procreare, era il più ambito dono di nozze che un giovane potesse offrire alla sposa.

CACIO
come il cacio sui maccheroni *(fam)*
In modo molto adatto a qualcosa, come tocco finale. Usato per indicare una cosa, una persona o un avvenimento che si presentano al momento giusto, che sono in grado di portare qualcosa a compimento o a perfezionamento.
var.: arrivare come il cacio sui maccheroni; essere come il cacio sui maccheroni; essere come il formaggio sui maccheroni.

fare come quel contadino che portò il cacio al padrone *(raro)*
Dopo aver fatto un regalo, riprender-

selo in altra forma. Un racconto popolare dice che un contadino, andato a far visita al padrone del podere, gli portò in dono una forma di formaggio. Apprezzando il pensiero, il padrone lo invitò a fare uno spuntino con il suo stesso formaggio, e il contadino, con mille ringraziamenti, se lo mangiò tutto.
var.: fare come quello che portò il cacio al padrone.

non volere qualcosa neanche per cacio bacato *(raro)*
Rifiutare decisamente qualcosa, nemmeno in cambio del formaggio con i vermi, considerato una prelibatezza.

CADERE
lasciar cadere
Figurato: non dar peso a qualcosa, ignorarla, trascurarla; anche abbandonarla, smettere di interessarsene.

CAFARNAO
Cafarnao era il nome di un'antica città della Galilea sulla sponda nord occidentale del lago di Tiberiade, identificata con un villaggio attualmente chiamato dagli Arabi Tell Hum. Nella sua sinagoga Gesù pronunciò importanti sermoni e promise l'Eucarestia, facendo di questa città il centro spirituale della sua predicazione, in netto contrasto con la tradizione giudaica che vi era particolarmente sentita. Partirono da qui, di conseguenza, i primi scontri fra le due dottrine, che richiamarono a Cafarnao grandi folle di dotti e curiosi da tutte le province della Palestina (Matteo, IV, 15-16). Per questa ragione la città è stata presa a sinonimo di luogo molto frequentato, caotico, turbolento e affollato di genti diverse. Inoltre, poco dopo avere compiuto il miracolo della moltiplicazione dei pani e dei pesci nella città di Genesaret, Gesù ritornò a Cafarnao per sfuggire alla folla delirante che avrebbe voluto rapirlo per farlo re, (Giovanni, 6,14-15), e si rifece al miracolo appena compiuto per affrontare il discorso eucarisitico del Pane Vivo, invitando a nutrirsi del suo corpo in quanto "pane vivente disceso dal Cielo" (Giovanni, 6,25-71) e a bere il suo sangue per assicurarsi la vita eterna. Il discorso scandalizzò molti dei suoi stessi discepoli, che si allontanarono da lui disorientati. In questo senso, Cafarnao rafforza il suo significato di grande confusione anche in senso mentale.

andare in Cafarnao *(raro)*
Figurato: perdersi, smarrirsi tra la folla. Anche trovarsi in un luogo o in una situazione piena di tanta confusione da perdere l'orientamento o da confondere le idee.

essere una Cafarnao *(raro)*
Figurato: essere un luogo molto affollato, pieno di gente. Di una situazione, essere poco chiara, incomprensibile, tale da provocare disorientamento. Il detto ci arriva anche attraverso l'equivalente francese "*c'est un Capharnaum*".

mandare in Cafarnao *(raro)*
Figurato: mangiare avidamente, divorare.
Il detto potrebbe collegarsi al discorso eucaristico sul Pane Vivo pronunciato a Cafarnao da Gesù.

CAFFÈ
discorsi da caffè
Figurato: discorsi oziosi o inconcludenti, fatti solo per passare il tempo, come si fa appunto quando si sta tranquillamente seduti a chiacchierare al caffè.

eroe da caffè
Figurato: persona verbosa ma inconcludente; smargiasso, vanaglorioso, che sbandiera grandi imprese ed eroismi ai tavolini del caffè guardandosi bene dall'attuarli nella vita reale.

Con lo stesso intento ironico esistono altri detti simili, che chiamano in campo rivoluzionari, scienziati, imprenditori e altro tutti ugualmente "da caffè", ma il personaggio dell'eroe è stato reso celebre da Trilussa che l'illustra nel suo *Ommini e bestie*.

CAINO
Secondo la Bibbia (*Genesi*, IV, 3-6), *Caino*, fratello di Abele, era il primo dei due figli più noti di Adamo ed Eva, che si dedicavano l'uno all'agricoltura e l'altro alla pastorizia. Quando Dio mostrò di gradire maggiormente le offerte di Abele, che considerava più generose e disinteressate, Caino ingelosito uccise il fratello. Dio lo maledisse e lo condannò a vagare sulla terra perseguitato dal rimorso, "segnandolo" in modo che chiunque potesse riconoscerlo. Secondo l'interpretazione più corrente, tale "segno" distintivo erano le sue sopracciglia unite (*Genesi*, IV, 4-15). Caino è divenuto simbolo del tradimento, della cattiveria, e delle passioni umane che conducono alla rovina.

andare ramingo come Caino
Venire scacciati da tutti a causa delle proprie colpe, così come accadde a Caino maledetto da Dio per il suo fratricidio. In senso lato, essere respinti da tutti a causa di pregiudizi o simili, senza avere colpe reali, o anche non trovare pace, vivere tormentati dai rimorsi.

occhio di Caino *(raro)*
Figurato: la luna, soprattutto se circondata da un alone.
Secondo una tradizione popolare, Caino sarebbe stato esiliato sulla luna.

offerta di Caino *(raro)*
Offerta insincera, fatta malvolentieri, per dovere o interesse.

segno di Caino
Secondo un'interpretazione di un passo della Bibbia, le sopracciglia unite al centro della fronte. In senso lato, marchio d'infamia, dato da una mutilazione punitiva o da un vero e proprio "segno" impresso sulla pelle con un ferro rovente. Entrambe erano punizioni riservate ai malfattori che secondo, il diritto di un tempo, dovevano essere pubblicamente riconoscibili.

CALABRONE
fare il volo del calabrone
Fare una fine triste o ingloriosa.

CALCAGNO
aver la testa nei calcagni *(fam)*
Figurato: esser senza giudizio, essere sventati, o distratti.
var.: avere il cervello nei calcagni.

azzannare le calcagna
Figurato: aggredire a tradimento, o anche cercare di aggredire chi è più forte. È l'immagine del cagnolino di piccola taglia che cerca di azzannare i piedi perché non arriverebbe più in alto, e che di solito preferisce attaccare da dietro.

fatto coi calcagni *(fam)*
Figurato: fatto male, senza cura o precisione e così via, detto di un lavoro o simili.
var.: fatto coi piedi.

girare sulle calcagna *(raro)*
Figurato: voltarsi e andarsene, specialmente in segno di disprezzo. In senso lato, anche fare un voltafaccia, cambiare improvvisamente idea, opinione, partito, o rimangiarsi una promesssa, un impegno o altro.

menare le calcagna *(pop)*
Camminare in fretta, in genere per fuggire.
var.: alzare i calcagni; alzare i tacchi.

mostrare le calcagna
Figurato: fuggire, andarsene rapidamente. Spesso scherzoso e a volte spregiativo.
var.: alzare i calcagni; voltare le calcagna.

parlare coi calcagni *(fam)*
Figurato: sragionare, dire cose insensate.

stare alle calcagna
Inseguire qualcuno, pedinarlo, tallonarlo; anche essere sul punto di raggiungerlo. Oppure stare molto vicino a qualcuno, non lasciarlo in pace, privarlo della sua intimità o libertà personale. In senso lato, pressare qualcuno, sollecitarlo insistentemente, fargli fretta, oppure controllare da vicino quello che fa. Ancora, essere vicini a uguagliare le capacità, l'abilità di una persona, anche nel senso di costituire un pericoloso rivale.

CALCE
in calce
Alla fine, al termine. Si usa soprattutto per le firme apposte dopo dopo un articolo, un documento o simili.
È una locuzione di origine latina, derivata dal greco *calix*, calce. Con la calce si tracciavano le linee di delimitazione perché fossero visibili anche da lontano, e in particolare le linee del traguardo negli stadi. Per metonimia, l'espressione passò a significare "alla fine", "al termine".

CALCIO
a calci nel sedere *(pop)*
Figurato: contro la propria volontà, solo perché costretti da qualcuno che si teme. ‖ Grazie all'appoggio e soprattutto alla raccomandazione di qualcuno, riferito per lo più a un avanzamento negli studi o nella carriera.
var.: andare avanti a calci nel sedere; andare avanti a forza di calci; andare avanti a forza di calci nel sedere; mandare avanti a calci nel sedere.

calci della mosca *(raro)*
Figurato: ira ridicola in quanto del tutto inoffensiva, come i calci che può tirare una mosca.

calcio dell'asino
Figurato: azione o ritorsione vile, meschina, detto in particolare degli insulti rivolti a una potente quando è ormai nell'impossibilità di nuocere, dopo esserne stati i servi o gli adulatori.
L'origine è in una favola di Fedro (*Favole*, I, 21), ripresa anche da La Fontaine (*Fables*, III, 14). Quando il Leone, re degli animali, stava morendo, tutti i suoi sudditi andarono a visitarlo, lieti in cuor loro di essersi ormai liberati del tiranno. Tra questi c'era anche l'Asino, che visto il Leone ridotto in condizioni di non nuocere, lo insultò e gli sferrò un calcio. Quel gesto vile fu il maggiore rammarico del vecchio Leone. ‖ Figurato: meschina ingratitudine. In questo senso il detto è di origine contadina, e allude a una presunta abitudine dell'asino di dare un calcio alla greppia dopo aver mangiato; un altro detto dice infatti "fare come l'asino che prima mangia e poi dà calci alla greppia".

dar calci all'aria
Figurato: essere impiccati. Per estensione, morire di morte violenta.
Le contrazioni nervose dell'agonia e la rottura della colonna vertebrale possono provocare il movimento convulso delle gambe. ‖ Figurato: inveire contro un assente, prendersela con qualcuno che è abbastanza forte da non curarsene. Anche non trovare nulla o nessuno su cui sfogare la propria impotenza; arrabbiarsi inutilmente.
var.: tirar calci all'aria; dar calci al vento; tirar calci al vento; tirar calci al rovaio.

dar calci alla greppia
Figurato: mostrare estrema ingratitudine, ricambiare con insulti e offese i benefici ricevuti.
Allude alla presunta abitudine degli asini di prendere a calci la greppia, dopo avere mangiato.

var.: fare come l'asino che dà calci alla greppia.

dare un calcio al mondo
Figurato: rinunciare a privilegi, piaceri, comodità e ricchezze per vivere ritirati; abbandonare la vita sociale.

dare una calcio alla fortuna
Figurato: farsi scappare scioccamente un'occasione favorevole o un affare redditizio.

dare una calcio alla tonaca
Figurato: abbandonare un ordine religioso o conventuale per tornare allo stato laicale.

fare a calci *(pop)*
Figurato: stonare, detto di due o più elementi che non stanno bene insieme o addirittura risultano contradditori.
var.: fare a pugni; fare a cazzotti.

fare come l'asino che dà calci alla greppia *vedi* dar calci alla greppia

prendere a calci
Figurato: trattare malissimo. Anche scacciare, allontanare; respingere qualcuno in modo villano o ingiusto.
var.: prendere a calci in faccia; prendere a calci in culo; prendere a calci sul muso; prendere a calci nel sedere.

prendere calci *(pop)*
Figurato: subire maltrattamenti, delusioni, dispiaceri.

tirar calci al rovaio *vedi* dar calci all'aria

CALDO *(agg)*
chi la vuol calda e chi la vuol fredda *(pop)*
È difficile accontentare tutti, perché ognuno ha i suoi gusti. Si dice di fronte a situazioni in cui emergono divergenze d'opinione in merito a una decisione, una scelta e simili, come se ci si trovasse a dover servire una minestra che ognuno chiede a una temperatura diversa.

darne una calda e una fredda *(pop)*
Figurato: dare alternativamente notizie buone e cattive.

prendersela calda *(fam)*
Figurato: agitarsi, preoccuparsi.
Lo stato di agitazione provoca un lieve rialzo della temperatura corporea dovuto alla dilatazione dei capillari.

CALDO *(sost)*
a caldo
Figurato: impulsivamente, sotto la spinta di un'emozione, una passione e simili. Usato in genere per reazioni o giudizi istintivi, che non si ha avuto il tempo di meditare.

caldo boia *(pop)*
Caldo fastidioso, pesante; il termine *boia* è usato come rafforzativo per sottolinearne la sgradevolezza.

caldo d'inferno
Figurato: caldo insopportabile, paragonabile a quello che si suppone nella fornace ardente che la tradizione attribuisce all'Inferno cristiano.
var.: caldo infernale.

non fare né caldo né freddo
Figurato: lasciare del tutto indifferenti; non portare alcuna modifica o alterazione, nemmeno una piccola variazione di temperatura.

tenere in caldo *(pop)*
Figurato: conservare un'opportunità vantaggiosa per qualcuno perché più tardi ne possa trarre beneficio, come si fa con il cibo mantenuto caldo per chi ritarda a tavola.

CALENDARIO
essere nel calendario *(raro)*
Figurato: essere privilegiati, favoriti dalla sorte; essere importanti, così come tra i moltissimi Santi della Chiesa si ritengono privilegiati, perché più noti, quelli che compaiono sul calendario.

giro di calendario
Figurato: tutto l'arco dell'anno.

non avere qualcuno sul proprio calendario *(raro)*
Figurato: non avere in simpatia qual-

cuno, ignorarlo come un Santo non riportato dal calendario.

CALENDE
alle calende greche
Figurato: mai, in un giorno che non esiste. Oppure in un futuro indeterminato e in ogni caso molto lontano.
Dice Svetonio nella sua *Vita di Augusto* (87) che questo era il modo abituale dell'imperatore per rispondere a chi esigeva un pagamento, il che si potrebbe spiegare con il fatto che a Roma le *calende*, cioè il primo giorno di tutti i mesi dell'anno, costituivano di solito una scadenza prevista appunto per i pagamenti. Nel calendario greco, però, questo termine non esisteva; si trattava quindi di un giorno che non arrivava mai, come nel detto attualmente usato in Germania che parla di un altrettanto inesistente "Natale ebreo". Venendo a epoche più recenti, un aneddoto racconta che Filippo II, nel 1577, pose a Elisabetta I tre precise richieste: non prendere le parti dei ribelli olandesi; riedificare i conventi distrutti da Enrico VIII; riconoscere l'autorità del papa. Ed Elisabetta gli rispose garbatamente che quegli ordini sarebbero stati eseguiti sì, ma alle calende greche.

CALEPINO
Ambrogio dei conti di Calepio, detto *Calepino*, fu un lessicografo bergamasco morto nel 1510. Fattosi monaco agostiniano, dedicò la sua vita alla compilazione di un dizionario della lingua latina con la traduzione dei termini in italiano, tedesco, francese e inglese. L'opera ebbe grande diffusione e fu considerata all'epoca il compendio della scienza universale. Da allora, per libri di questo genere entrò in uso il termine "calepino".
essere un calepino ambulante *(raro)*
Figurato: essere una persona erudita, con profonde o vaste conoscenze. In tono scherzoso viene usato in particolare per i saccenti.

CALIBRO
Il *calibro*, espresso in millimetri oppure in pollici, è propriamente il diametro interno dell'anima di una bocca da fuoco misurato fra i pieni delle righe, cui corrisponde il diametro esterno dei relativi proiettili.
dello stesso calibro
Figurato: della stessa qualità, tipo, livello, importanza e simili.
di grosso calibro
Figurato: di grande importanza, autorevolezza, potere e simili.

CALICE
amaro calice
Figurato: cosa, episodio o situazione molto sgradevole; sofferenza, pena, rimorso e simili.
Comunemente l'espressione si fa risalire alla passione di Gesù, che nell'orto di Getsemani prega Dio di "allontanare questo calice". Altri preferiscono identificarvi il fiele che gli fu fatto bere durante la crocifissione. Ma probabilmente il riferimento è più antico, e si riallaccia all'uso di liberarsi dei nemici e di giustiziare certi condannati obbligandoli a bere un infuso di cicuta, erba velenosa e amarissima. Il più celebre dei condannati all'*amaro calice* è il filosofo greco Socrate.
bere il calice dell'amarezza
Figurato: essere molto amareggiati, delusi; dovere sopportare una situazione spiacevole senza poter far nulla per modificarla; pagare con la sofferenza un errore o simili. Per l'origine, vale quanto detto in riferimento all'"amaro calice".
var.: bere il calice.
bere il calice fino alla feccia
Sopportare la propria pena fino all'ultimo.

La *feccia* è il residuo che rimane sul fondo del tino dopo la pigiatura, e in genere il deposito solitamente sgradevole al gusto che si può formare sul fondo di una bottiglia o di un recipiente. In senso figurato il termine è passato a indicare la parte peggiore di qualcosa, come ad esempio nella locuzione "feccia della società". In questo caso indica l'ultima fase in un crescendo di dolori.

levare i calici
Figurato: brindare, come alzando fisicamente i bicchieri.
var.: alzare i calici.

CALLO
farci il callo *(pop)*
Figurato: prendere l'abitudine a qualcosa di sgradevole, e quindi non provare più fastidio o sofferenza.
var.: fare il callo; farsi il callo.

pestare i calli a qualcuno *(pop)*
Figurato: offendere qualcuno o disturbarlo nei suoi progetti, anche involontariamente.
var.: non farsi pestare i calli.

CALMA
calma e gesso!
Esclamazione: è un invito a non perdere la calma, a valutare razionalmente una situazione per affrontarla nel modo migliore, senza abbandonarsi a reazioni emotive che potrebbero risultare inconsulte.
Viene dal gioco del biliardo, in cui i giocatori, prima di un tiro particolarmente difficile, valutano senza fretta la posizione delle biglie e strofinano con il gesso la punta della stecca; per renderla del tutto uniforme ed essere così sicuri di ottenere il tipo di colpo desiderato.

calma e sangue freddo!
Esclamazione: è un invito a non perdere il controllo di se stessi in situazioni difficili.

CALVARIO
essere un calvario
Figurato: essere qualcosa di lungo e doloroso, detto di una vicenda, di una malattia, di una vita piena di sofferenze e così via.
Il riferimento è alla passione di Cristo sul monte Calvario.

CALVO
calvo come un uovo
Calvo, totalmente privo di capelli; con il cranio liscio esattamente come il guscio di un uovo.

CALZA
mandare a far la calza *(pop)*
Figurato: ingiungere a qualcuno di non intromettersi in qualcosa che non conosce o che non è capace di fare; vietare l'accesso a un'attività o a una conoscenza considerate privilegiate; rifiutare le idee di chi si ritiene inferiore, proibendogli anche di esprimersi. In senso lato, assegnare una persona a ruoli subalterni, con allusione alla condizione delle donne che un tempo erano considerate adatte solo ai lavori domestici.

mezza calzetta
Persona di poco valore in un dato campo, che però si ritiene importante e competente.
Quando ai primi del secolo vennero di moda le calze da donna di seta, il loro costo era talmente alto che solo poche signore benestanti potevano permettersele. Vennero perciò inventate, pare nel napoletano, le cosiddette "mezze calzette", cioè calze più economiche che in seta avevano solo la parte inferiore. Per il resto erano di cotone, il quale però rimaneva ben nascosto data la lunghezza delle gonne dell'epoca.

tirare le calze *(pop)*
Figurato: morire.
Qui le *calze* stanno per "gambe", con

riferimento ai movimenti convulsi che possono compiere alcuni moribondi.

tirare su le calze a qualcuno *(pop)*
Figurato: far parlare qualcuno, indurlo a dire quello che preferirebbe tacere.

CALZARI
non legare neanche i calzari a qualcuno *(raro)*
Figurato: esser nettamente inferiori a qualcuno.
Il detto è la modifica di una frase del Vangelo (Luca, III, 16; Marco, I, 7) attribuita a Giovanni Battista, che annunciava la venuta di Cristo come "Colui che è più forte di me, al quale non son degno di chinarmi a sciogliere il legaccio dei calzari". Va detto che questo era un compito tradizionalmente destinato agli schiavi.

CALZONI
avere appena smesso i calzoni corti
Figurato: essere molto giovani e inesperti, riferito in particolare a chi si dà arie da persona vissuta. Leggermente spregiativo.

dare i calzoni alla moglie *(pop)*
Figurato: farsi dominare dalla moglie. Fino a un tempo abbastanza recente i calzoni erano portati solo dall'uomo, considerato il capo della famiglia: darli alla moglie significava trasferirle anche la propria autorità, e questo era considerato poco virile e soprattutto umiliante.

farsela nei calzoni *(pop)*
Figurato: spaventarsi, avere molta paura, come defecando involontariamente nei calzoni per lo spavento.
var.: farsela sotto; farsela addosso.

portare i calzoni *(pop)*
Figurato: comandare, essere la persona che detiene il potere, soprattutto nell'ambito della famiglia.
Fino a un tempo abbastanza recente i calzoni erano indossati solo dall'uomo, considerato il capo della famiglia, ed erano il simbolo della sua autorità.

CAMALEONTE
Il *camaleonte* è un rettile che cattura le sue prede afferrandole con la lingua sottile e lunghissima che tiene arrotolata in bocca. Si nutre di insetti, e li caccia appostandosi non visto grazie alla pelle che cambia colore per confondersi con l'ambiente e secondo la luce, passando dal verde al grigio giallastro e al bruno. Una curiosa particolarità di questo animale è di essere oviparo nella specie europea e viviparo nelle altre. Il camaleonte è conosciuto già dall'antichità, e fin da allora è simbolo di mutevolezza; in questo senso è citato da Diodoro, Plutarco, Ausonio e altri.

fare il camaleonte
Figurato: cambiare opinione secondo l'opportunità del momento, mettendosi sempre dalla parte del più forte.
var.: essere un camaleonte.

CAMBIALE
firmare una cambiale in bianco
Figurato: mettersi in una situazione incerta o di rischio, soprattutto per eccesso di fiducia in qualcuno.

CAMBIARE
tanto per cambiare
Figurato: come sempre, come al solito, in senso ironico.

CAMBIO
cambio della guardia
Figurato: in un organismo, un'istituzione e simili, sostituzione di persone in un incarico di potere.
L'immmagine è quella dell'avvicendamento dei soldati di guardia a una caserma, una polveriera o altro, quando smontano di servizio per essere sostituiti dai commilitoni del nuovo turno.

CAMERA
dire in camera caritatis
Dire o riferire qualcosa che non va divulgato in confidenza, quasi in segreto, come se ci si trovasse in un luogo in cui è possibile un rapporto d'affettuosa familiarità. Usato principalmente a proposito di rimproveri, accuse o ammonimenti che avvengono lontano da occhi indiscreti, a tutela del colpevole.

"*In camera caritatis*" è un'espressione latina che significa "nella camera dell'amore". Il detto è però di epoca medievale, dove la *camera* identifica il luogo in cui si esercita il potere, e la *caritas* un atteggiamento comprensivo, più vicino al concetto cristiano che amoroso in senso sentimentale, quindi in contrasto con il concetto d'inflessibilità della legge. Per questo la locuzione viene usata fondamentalmente in relazione a un rimprovero.

CAMICIA
avere la camicia che non tocca il culo
Figurato: insuperbirsi, assumere un atteggiamento orgoglioso per un successo ottenuto.

L'immagine è quella di una persona che comincia a camminare con aria impettita, facendo così uscire la camicia dalla cintura dei pantaloni.
var.: con la camicia che non tocca il culo.

essere come la camicia dei gobbi *(raro)*
Figurato: rivelarsi adatto allo scopo, nonostante le apparenze poco promettenti.

Una camicia tagliata per un gobbo è apparentemente mal fatta, ma addosso sta perfettamente bene.

giocarsi anche la camicia *vedi* **rimetterci anche la camicia**
mangiarsi anche la camicia *vedi* **rimetterci anche la camicia**
nascere con la camicia
Figurato: essere molto fortunati.

Qualche volta i bambini nascono ancora avvolti nel sacco amniotico o ne hanno addosso dei frammenti, soprattutto nella parte alta del corpo, il che ha fatto pensare a una specie di camicia. Data la rarità dell'evento, si consideravano questi neonati persone speciali, segnati dal destino o dotati di particolari qualità, e il fenomeno era visto come promessa di buona sorte, ricchezza e fortuna. In Francia, nello stesso senso, c'è il detto "nascere con la cuffia", forse più aderente alla realtà dei fatti.

ridursi in maniche di camicia *(pop)*
Figurato: cadere in miseria, non possedere più niente, come se si fosse rimasti soltanto con la camicia come unico indumento e proprietà. È lo stadio anteriore a "rimetterci anche la camicia", dopo di che si può solo "rimanere in mutande".

Il detto è legato all'ambiente del gioco d'azzardo, con l'immagine del giocatore che ha perso tutto il denaro e comincia a puntare anche gli effetti personali, fino a lasciare il tavolo da gioco proprietario soltanto della camicia che porta addosso.
var.: ridurre in camicia.

rimetterci anche la camicia *(pop)*
Figurato: andare in rovina, perdere tutto, anche la camicia.
var.: giocarsi anche la camicia; mangiarsi anche la camicia.

sudare sette camicie
Figurato: faticare moltissimo per ottenere qualcosa.

Il Sette è uno dei numeri magici e proverbiali, e indica una lunga ripetizione. In questo senso è usato anche dal Vangelo.
var.: sudare quattro camicie; sudare nove camicie.

vendersi la camicia *(pop)*
Figurato: vendere tutto quello che si possiede, compresa la camicia. Usato anche nel senso di andare in rovina.

CAMMINARE
PARAGONI: camminare come una lumaca; camminare come una tartaruga.
camminare come una lumaca
Figurato: camminare molto lentamente, con la velocità delle lumache.
camminare come una tartaruga
Figurato: camminare lentamente, a piccoli passi, come le tartarughe.
camminare con le proprie gambe (pop)
Figurato: essere autonomi, autosufficienti, soprattutto in senso economico. Allude al momento in cui il bambino e qualsiasi cucciolo di animale imparano a camminare, il che rappresenta la prima conquista di autonomia personale.
camminare sulle noci
Figurato: essere in una situazione scomoda o pericolosa, in cui qualsiasi azione risulta difficile, come camminare su uno strato di noci senza scivolare.
camminare sulle uova
Figurato: essere in una situazione difficile o delicata, in cui qualsiasi azione rischia di provocare danno. In senso lato, agire con prudenza e circospezione, come procedendo in modo cauto e goffo su uno strato di uova per evitare di romperle.
Riprende un passo di San Girolamo (*Contra Iohannem Hierosolymitanum*, 23,409 M), che altrove (*Contra Rufinum*, 2,10) usa nello stesso senso l'espressione "camminare sulle spighe", alludendo a questa particolare abilità propria di un personaggio mitologico di nome Ifi.

CAMPAGNA
battere la campagna
Figurato: perlustrare una zona alla ricerca di qualcuno, fuori dai centri abitati, detto in genere di forze di polizia o simili. Riferito a formazioni di armati, compiere azioni di scorreria o guerriglia. Per estensione, ricercare sistematicamente.
buttarsi alla campagna
Figurato: darsi al banditismo. Nel caso di un ricercato, rendersi latitante.
var.: darsi alla campagna.

CAMPANA
ascoltare tutte le campane
Figurato: ascoltare le opinioni di tutti in merito a una determinata questione.
var.: sentire tutte le campane.
avere campane grosse (pop)
Figurato: essere sordi o sentirci poco e male.
essere come la campana del Bargello
Parlare alle spalle di qualcuno; accusare, calunniare; essere un delatore.
Il detto intero dice: "Essere come la campana del Bargello che suonava sempre a vitupero".
In epoca medievale si chiamava *Bargello* il funzionario incaricato del servizio di polizia. Questi risiedeva in un caseggiato che ospitava inoltre il tribunale e spesso la prigione, e con il tempo si definì con quel nome anche l'edificio stesso, dal quale era possibile chiamare a raccolta le forze dell'ordine con una campana.
far campana all'orecchio
Figurato: essere curiosi di pettegolezzi e dicerie. Più raramente, origliare.
Allude al gesto di portare una mano a coppa attorno al padiglione auricolare per udire meglio; in tal modo infatti si "raccoglie" il suono che viene convogliato più chiaramente al timpano.
fare come le campane (pop)
Raccomandare una cosa ma guardarsi bene dal farla, comportandosi così come le campane che chiamano tutti in chiesa ma non vi entrano mai.
stare in campana
Figurato: stare in guardia, essere vigili e pronti, soprattutto quando si è in

una posizione delicata o facilmente attaccabile.

tenere sotto una campana di vetro
Figurato: proteggere gelosamente, soffocare di cure, trattare con riguardi eccessivi, come per evitare a quanto si vuol proteggere qualsiasi possibilità di danneggiamento, difficoltà, pericolo, brutte esperienze. Si usa in generale per le persone, più specificamente per i bambini iperprotetti.
La campana di vetro si usa in effetti per proteggere meccanismi e congegni delicati, oggetti di grande valore oppure sostanze e preparati di laboratorio, giovani piante, innesti e talee e così via.
var.: tenere sotto vetro.

tirare giù a campane doppie
Figurato: sparlare spudoratamente di qualcuno. Anche bestemmiare violentemente.
Molti campanili hanno due campane, pur usandone di solito una sola. Nelle grandi occasioni però vengono azionate contemporaneamente, creando grande sonorità.

CAMPANELLO
attaccare il campanello al collo del gatto
Figurato: progettare un'impresa teoricamente brillante e produttiva ma di realizzazione praticamente impossibile, o talmente pericolosa che nemmeno chi l'ha ideata si sente di attuarla.
Racconta La Fontaine (*Fables*, II, 2) che un giorno i Topi, stanchi di vivere nel terrore del Gatto, decisero di proteggersi attaccandogli al collo un campanello, in modo da essere così preavvertiti del suo arrivo. Nessun Topo, però, accettò di realizzare concretamente l'idea.

campanello d'allarme
Figurato: avvenimento o altro che costituisce o fornisce un'indicazione di pericolo.

comandare a campanello *(raro)*
Figurato: comandare con grande autorità e rigore, soprattutto esigendo precisione e puntualità.
Nelle case signorili con il campanello si convocava il personale di servizio, tenuto ad accorrere immediatamente.

CAMPANILE
Il *campanile* è simbolo di una piccola comunità sociale, di un agglomerato urbano; quindi rappresenta anche i suoi abitanti.

essere corbacchione di campanile *(raro)*
Figurato: essere imperturbabili o insensibili. Anche abituarsi alle situazioni difficili o sgradevoli al punto di non lasciarsene turbare o intimorire.
Il *corbacchione* è la cornacchia, che come altri uccelli nidifica a volte sui campanili, abituandosi al suono assordante delle campane.

incompatibilità di campanile
Figurato: incompatibilità dovuta a una presa di posizione cui non si vuole rinunciare o all'appoggio che si ritiene doveroso fornire a una causa, a una fede, così come anticamente si dava al proprio paese natale, allo Stato e così via.

non vedere più in là del proprio campanile
Figurato: disinteressarsi completamente di quanto avviene al di fuori della propria città, della propria nazione. Anche mancare di lungimiranza, non avere larghe vedute, non capire le situazioni un po' complesse e di conseguenza non saperne prevedere gli sviluppi.

questioni di campanile
Figurato: questioni di rivalità paesana, e in senso lato, anche di nazionalità, di razza, di credo.

spirito di campanile
Figurato: amore eccessivo per le cose o le tradizioni del proprio paese; in

senso lato, attaccamento acritico alle proprie posizioni.
vivere all'ombra del campanile
Figurato: essere legati al proprio luogo di nascita tanto da desiderare di non lasciarlo mai. In senso lato, mancare di curiosità, di interessi più vasti, che vadano al di là del prorio ambiente. Anche rifiutare qualsiasi novità o cambiamento.

CAMPARE
tirare a campare *(pop)*
Figurato: vivere stentatamente, con scarse risorse economiche. Anche accontentarsi di quel poco che si ha senza impegnarsi per avere di più e senza preoccuparsi del futuro.

CAMPIDOGLIO
Il *Campidoglio*, in latino *Capitolium*, è uno dei sette colli di Roma sul quale Romolo elesse la propria residenza. Vi fu eretto un celebre tempio dedicato a Giove Capitolino, divinità massima della città, e questo fece sì che con lo stesso nome di *Capitolium* si passasse a intendere il tempio principale di qualsiasi colonia romana. Al Campidoglio venivano invitati i condottieri vittoriosi quando avevano l'onore del trionfo. Oggi, divenuto sede dell'Amministrazione comunale di Roma, il Campidoglio ha assunto anche il significato generico di sede di un governo, di un presidente, di cuore della vita parlamentare o municipale, di centro del potere.
dal Campidoglio alla Rupe Tarpea *(raro)*
Figurato: dalla gloria alla rovina. Si dice di chi, dopo aver goduto dei massimi onori e del massimo successo, cade in disgrazia.
La *Rupe Tarpea*, una rupe che scendeva a picco dal colle del Campidoglio, veniva utilizzata nell'antica Roma per disfarsi dei figli indesiderati e dei traditori, che da qui venivano gettati nel vuoto.
fare come le oche del Campidoglio
Dare l'allarme.
Secondo la tradizione, quando nel 390 a.C. i Galli che assediavano Roma tentarono un assalto notturno alla rocca capitolina, un gruppo di oche si mise a starnazzare rumorosamente avvertendo così del pericolo i Romani, che poterono grazie a loro a respingere l'assalto.
salire al Campidoglio
Figurato: trionfare, vedersi riconoscere onori solenni. Per estensione, arrivare al potere.

CAMPIONE
essere un bel campione
Si dice ironicamente di una persona di scarso valore intellettuale o morale. Spesso spregiativo.

CAMPO
a tutto campo
Nel linguaggio cinematografico indica un'inquadratura panoramica. Si usa in senso figurato per chi interviene su qualsiasi argomento, specialmente criticando tutto e tutti.
aver campo libero
Figurato: avere ampia possibilità di manovra, potere fare quello che si vuole, come in una zona deserta o in un territorio sgombro di ostacoli e nemici.
campo minato
Figurato: si dice di una situazione o di un momento di estrema delicatezza, che presenta molti o gravi pericoli, e in cui il minimo errore può portare alla rovina.
Nel linguaggio bellico si tratta di una zona disseminata di mine poste a protezione di un appostamento difensivo.
campo neutro
Nel linguaggio delle competizioni sportive, terreno di gara destinato allo

spareggio fra due squadre, o usato da una squadra quando il proprio campo è stato squalificato. In senso figurato indica una zona in cui, tra due contendenti, nessuno gode di particolari privilegi o vantaggi.
cedere il campo
Figurato: ritirarsi da una battaglia lasciando il nemico "padrone del campo", ammettendo così la sua vittoria. In senso lato, abbandonare un'impresa, ritirarsi da una gara, da una competizione o simili, anche nell'ambito sentimentale. Oppure cedere ad altri una posizione acquisita, farsi sostituire da qualcun altro lasciandogli i propri compiti e responsabilità.
essere promosso sul campo
Figurato: ottenere adeguato e immediato riconoscimento per un'azione meritevole e simili.
Nell'ambiente militare, la promozione o la decorazione *sul campo* è riservata a coloro che in battaglia compiono atti eroici o conducono brillanti operazioni belliche. Il conferimento è pubblico, alla presenza delle truppe.
var.: essere decorato sul campo.
fuori campo
Figurato: in modo occulto, senza farsi vedere.
Nel linguaggio del teatro e del cinema, è quanto si svolge senza apparire agli occhi degli spettatori: quindi voci e rumori prodotti da un'azione che non compare sullo schermo o che provengono da dietro le quinte che delimitano il palcoscenico.
lasciare il campo
Figurato: abbandonare un'impresa, un'iniziativa o una relazione affettiva, come se ci si ritirasse da una battaglia lasciando il nemico padrone del campo e quindi vincitore.
Nel linguaggio militare, lasciare il campo di battaglia equivaleva ad arrendersi, a cedere al nemico il bene per cui ci si stava battendo.

var.: abbandonare il campo; lasciar campo libero.
mettere in campo
Figurato: mettere in atto i mezzi operativi per allestire, preparare, organizzare qualcosa. Anche introdurre argomenti da esaminare, avanzare proposte da discutere, obiezioni e simili.
mietere l'altrui campo
Godere i frutti del lavoro altrui, far lavorare gli altri prendendosene i guadagni, i meriti o altro.
muover campo *(des)*
Portare la guerra, attaccare il territorio nemico. In senso figurato, accingersi a contrastare qualcuno.
Il campo era l'accampamento mobile che veniva "mosso" quando si partiva contro il nemico.
prender campo
Figurato: aumentare la propria forza o importanza; prendere spazio per attaccare con più impeto. Anche diffondersi, affermarsi, detto di un'idea, una situazione e simili.
Viene dal linguaggio militare. Dopo avere stabilito i confini del proprio campo e aver avuto la sicurezza di non correre il rischio di irruzioni, gli armati arretravano fino ai limiti posteriori del campo stesso e di lì si lanciavano contro il nemico.
scendere in campo
Presentarsi nella zona di combattimento, quindi dichiararsi pronti a combattere. In senso figurato, partecipare a una contesa, una competizione, un confronto, una gara; schierarsi attivamente dalla parte di qualcuno.
tenere il campo
Figurato: essere in posizione di forza, e quindi potere resistere a un attacco nemico.

CANDELA
accendere una candela ai Santi e una al Diavolo
Figurato: fare in modo di non inimi-

carsi nessuno; dare a credere a due avversari di parteggiare per ognuno di loro; raccomandarsi a chiunque, anche a persone o fazioni in contrasto per ottenere il risultato voluto. || Figurato: esercitare attività o funzioni contrastanti, incompatibili.

arrivare a fumo di candele
Figurato: arrivare all'ultimo minuto, al termine di qualcosa.
La derivazione è liturgica: alla fine di un rito religioso, le candele vengono spente lasciando nell'aria un filo di fumo. Per chi arriva in quel momento la funzione, ormai terminata, non ha più valore, e bisogna "prenderne" un'altra. Ci si riferiva in particolare alla Messa, che ai fini dell'osservanza del precetto era considerata valida purché si arrivasse in tempo ad ascoltare la lettura del Vangelo.
var.: arrivare quando si spengono le candele.

avere la candela al naso *(pop)*
Figurato: avere il naso che cola, per raffreddore o altro. In senso figurato vale come garbata presa in giro nei confronti di chi viene considerato troppo giovane, inesperto e magari un po' saccente. Anche spregiativo.
var.: avere il moccio al naso.

non valere la candela
Figurato: non valere abbastanza da giustificare un'azione o qualsiasi dispendio di energie.
Il detto deriva dal più noto "il gioco non vale la candela", con allusione a un gioco di carte così poco interessante da non valere nemmeno il costo della candela che illumina i giocatori. Un'altra origine potrebbe essere legata all'uso popolare di accendere una candela a qualche Santo per ringraziarlo di un favore ricevuto o per impetrarne la grazia: tale favore o grazia sarebbero talmente piccoli da non valere nemmeno il costo del cero.
var.: il gioco non vale la candela.

reggere la candela *(pop)*
Figurato: favorire l'azione di qualcuno soltanto con la propria presenza. Riferito a un incontro amoroso, anche essere di disturbo.
In genere le imprese furtive si svolgono di notte, per cui è utile disporre di una piccola fonte di luce. In passato c'erano torce e candele, che però non lasciavano le mani libere; si ricorreva pertanto all'aiuto di qualcuno, che scortava e aspettava il protagonista sul luogo dell'impresa senza parteciparvi attivamente ma favorendolo comunque.
var.: reggere il moccolo; tenere il moccolo; reggere il lume.

ridursi alla candela *(raro)*
Deperire, debilitarsi, dimagrire moltissimo, fino ad assumere un aspetto quasi cadaverico.
In questo caso la *candela* è il cero posto accanto al letto mortuario o sulla tomba.
var.: ridursi al lumicino.

CANDIDO
PARAGONI: candido come una colomba; candido come la neve.

candido come la neve
Bianco, immacolato, appunto come la neve. Usato anche per indicare assoluta innocenza oppure grande pulizia morale.

candido come una colomba
Bianchissimo, di grande candore, come si vuole siano le piume di una colomba. Usato in senso figurato per indicare assoluta onestà, moralità, innocenza e simili; in senso ironico, vera o pretesa ingenuità.

CANE
andare d'accordo come cane e gatto
vedi essere come cane e gatto
battere il cane al posto del padrone
Figurato: non potendo affrontare un potente, sfogare il proprio risentimen-

to su qualcuno di più debole che gli sta vicino.

can che abbaia non morde
Di origine proverbiale, il detto afferma che chi proferisce pesanti minacce o avanza propositi eccessivi, raramente attua ciò che dice.
Il detto, che ha diverse varianti, ripete l'identico proverbio che ricorda che i cani veramente pericolosi sono quelli che attaccano senza prima abbaiare; molti, tra l'altro, vengono appositamente addestrati in questo senso.
var.: quello che abbaia è il cane sdentato; il cane pauroso abbaia più forte.

cane da pagliaio
Figurato: persona che inveisce o minaccia ma che in realtà è inoffensiva; persona vanagloriosa, che chiacchiera molto ma non conclude mai niente, oppure che fa molte promesse ma che è incapace di mantenerle poiché gliene mancano le possibilità.
Cane da pagliaio è genericamente spregiativo per i cani da guardia delle fattorie, dove al cane più aggressivo lasciato libero di notte veniva spesso affiancato un cane di piccola taglia rumoroso e petulante, che non poteva far male a nessuno ma che con il suo continuo abbaiare poteva tener lontani i malintenzionati.

cane grosso
Figurato: persona importante, influente, potente.

cane non mangia cane *vedi* **fra cani grossi non si mordono**

cane sciolto
Figurato: persona che rifiuta di seguire le norme della società, o che preferisce agire da sola, evitando le regole di un gruppo.

color can che scappa
Colore che non si può definire con precisione, tra il bruno e il grigiastro, come quello di un ipotetico cane in fuga di cui non si riesce a distinguere bene il colore.

da cani
Molto male, detto di una situazione difficile o dolorosa, oppure di un lavoro o di un'azione eseguiti malamente.

essere come cane e gatto
Trovarsi in continuo disaccordo, litigare costantemente solo per presa di posizione o questioni di principio.
Il detto si basa su una convinzione errata che vuole il cane e il gatto nemici naturali.
var.: andare d'accordo come cane e gatto.

essere come la coda del cane di Alcibiade *(raro)*
Essere di futile importanza, detto di un argomento, un episodio o altro che distoglie l'attenzione da un problema serio e reale.
Racconta Plutarco (*Vita di Alcibiade*, X) che un giorno Alcibiade fece tagliare la coda a uno dei suoi cani preferiti senza ragione apparente. Interrogato su quella decisione, rispose: "Finché gli Ateniesi continueranno a essere così interessati alle mie stranezze, non criticheranno la mia attività politica".
var.: essere la storia del cane di Alcibiade; essere come il cane di Alcibiade.

essere un cane
Figurato: essere una persona ignobile, spregevole o crudele. ‖ Figurato: essere inabili, maldestri, incapaci, riferito a chi lavora male per incapacità, sciatteria o menefreghismo, e in particolare a un attore o un cantante di scarse qualità.

fare come il cane dell'ortolano *(raro)*
Proibire agli altri quello che non si riesce a fare con i propri sforzi. Anche temere il confronto per gelosia. Usato in particolare per persone incapaci e invidiose, che non riuscendo ad avere successo fanno il possibile per ostacolare quello degli altri.
Il detto intero, che si completa preci-

sando che il cane "non mangia l'insalata e non la lascia mangiare agli altri", viene dal titolo di una commedia di Lope de Vega, in cui una gentildonna innamorata del proprio segretario che non può sposare per la differenza di ceto (siamo ai primi del 1600), si oppone al matrimonio di lui con un'altra donna.

fare come il cane di Esopo *(raro)*
Perdere un bene o una posizione acquisita per essersi lasciati allettare dal miraggio di un beneficio maggiore.
Narra una favola di Esopo (*Favole*, 185) ripresa poi da Fedro (*Favole*, I, 4) e La Fontaine (*Fables*, VI, 17) che un cane, dopo essersi conquistato un bel pezzo di carne, si trovò ad attraversare un corso d'acqua e vi scorse riflessa la propria immagine. Pensando che si trattasse di un altro cane nella sua stessa situazione, decise di attaccarlo per impadronirsi anche della preda dell'altro, e così facendo perse la carne nell'acqua.

figlio di un cane
Insulto generico per una persona spregevole, disonesta o comunque detestata cui si rifiuta anche l'appartenenza al genere umano.
var.: razza d'un cane.

fortunato come un cane in chiesa
Ironico: sempre molto sfortunato.
È uso che gli animali, e in particolare i cani, non possano entrare nelle chiese cristiane, tanto che in passato esisteva la figura dello "scaccino", un inserviente che aveva il compito di "scacciare", oltre ai vagabondi, anche i cani che si fossero eventualmente rifugiati in chiesa.
var.: sfortunato come un cane in chiesa; aver la fortuna di un cane in chiesa; fortunato come i cani in chiesa; sfortunato come i cani in chiesa.

fra cani grossi non si mordono
Di origine proverbiale, il detto ricorda che gli individui della stessa specie tendono a non danneggiarsi l'un l'altro. Viene riferito in particolare ai disonesti. Ripete l'identico proverbio.
var.: cane non mangia cane.

il cane pauroso abbaia più forte *vedi* **can che abbaia non morde**

menare il can per l'aia
Figurato: tergiversare, temporeggiare, perdere tempo in chiacchiere o azioni diversive senza arrivare a una conclusione, o per rimandare e possibilmente evitare l'adempimento di un impegno. Riferito in particolare a un discorso, prolungarlo con argomenti inutili senza giungere alla sostanza di ciò di cui si parla.

morire come un cane
Morire in solitudine, abbandonati e dimenticati da tutti.
Non solo i cani ma quasi tutti gli animali, maggiormente quelli selvatici, sembrano presentire l'arrivo della fine e si ritirano a morire in solitudine. Se vivono in gruppo se ne allontanano spontaneamente, anche perché in alcuni casi sarebbe il gruppo stesso a scacciarli. ‖ Morire senza i conforti religiosi, per rifiuto o indegnità.

non esserci neanche un cane
Figurato: non esserci proprio nessuno.

non stuzzicare il can che dorme *vedi* **svegliare il can che dorme**

povero cane
Figurato: persona per cui si nutre compatimento, pietà, o che si desidera difendere da calunnie, accuse o sospetti immeritati. Si usa in genere per individui bisognosi, o sfortunati, considerati comunque brave persone. ‖ Figurato: persona incapace soprattutto nel lavoro o nella realizzazione personale, cui non è il caso di badare più di tanto.

quello che abbaia è il cane sdentato *vedi* **can che abbaia non morde**

razza di un cane *vedi* **figlio di un cane**

sembrare un cane bastonato
Avere l'aria avvilita, triste, vergogno-

sa, come quella di un cane percosso dal padrone. Si usa in generale per chi abbia subito uno smacco o una delusione, soprattutto se per causa propria.
var.: essere come un can frustato; essere come un cane bastonato; sentirsi come un cane bastonato; sentirsi come un cane frustato.

stare come il cane alla catena
Stare in un posto molto malvolentieri ma non avere alcuna possibilità di fare altrimenti; dover subire una situazione sgradevole senza potere agire. ‖ Essere impotenti, e nello stesso tempo irritati dalla propria impotenza.

svegliare il can che dorme
Figurato: mettersi nei guai o causare una situazione spiacevole per avere inutilmente stuzzicato, provocato, o molestato persone suscettibili, oppure per aver sollevato questioni delicate.
È facile che un cane svegliato bruscamente possa spaventarsi e quindi reagire male.
var.: destare il can che dorme; stuzzicare il can che dorme; destare il can che giace; svegliare il can che giace; stuzzicare il can che giace.

trattare come un cane
Maltrattare, trattare malissimo o con modi villani, come un cane che fosse entrato in chiesa. Il detto completo è infatti "trattare come un cane in chiesa".
var.: trattare come un cane in chiesa; trattare da cani.

CANNA
Canna è nome generico per un genere di piante con fusto molto alto, sottile, e cavo negli internodi. È anche il nome di un'antica misura lineare corrispondente a valori diversi, da 1 a 2 metri circa, a seconda delle zone d'Europa in cui era adottata. Il termine definisce inoltre alcuni degli usi della canna stessa: il bastone da passeggio; uno strumento musicale a fiato somigliante a volte alla zampogna a volte allo zufolo, in uso nelle comunità pastorali e che si vuole inventato dal dio Pan; la canna delle armi da fuoco, la canna da pesca, le canne di un condotto; la parte della gola corrispondente all'esofago. La canna entra anche in diverse simbologie. La più diffusa, a parte quelle che ne fanno immagine di flessuosità e volubilità, la vuole legata alla povertà e alla sventura. In questo senso va ricordato il Vangelo di Matteo (XXVII, 28-30) che diede origine a tutta l'iconografia del Cristo deriso, dove si dice che spogliarono Gesù, lo ricoprirono di un manto scarlatto, gli misero una corona di spine sul capo e una canna nella mano destra, con un chiaro intento di dileggio dato dal rovesciamento dei simboli regali. La canna come sinonimo di povertà sembra però risalire ai Babilonesi, per i quali avrebbe significato vuoto, privo di contenuto.

a canne d'organo
Figurato: scoordinato, privo di sequenza logica, come possono apparire le canne dell'organo che sono di altezza diversa. È detto in particolare di un processo distributivo, di un sistema organizzativo e simili.

essere come le canne degli organi *(raro)*
Essere un gruppo di persone tutte di diversa statura. Usato in particolare per i bambini della stessa famiglia.

essere una canna al vento
Essere di carattere volubile, instabile, mutevole; essere molto influenzabili o anche cambiare facilmente parere o bandiera.
La canna arriva a toccare anche diversi metri d'altezza, ed essendo molto leggera si flette al vento con estrema facilità.

prendersela un tanto a canna *(pop)*
Figurato: non farsi turbare troppo da-

gli eventi, non dare troppa importanza a un avvenimento o a una cosa spiacevole.
Qui la canna è chiaramente l'unità di misura.

CANNONE
essere un cannone *(pop)*
Essere molto abile in una determinata attività o disciplina.
L'espressione fa riferimento alla potenza dell'arma. Potrebbe anche riferirsi al rumore del colpo, suggerendo l'idea del fare scalpore, del mettersi in evidenza facendosi sentire e quindi notare. Lo confermerebbero la variante "essere una cannonata" e i detti collaterali "far colpo", "far rumore".
var.: essere una cannonata.

CANOSSA
andare a Canossa
Figurato: implorare un perdono umiliante; essere costretti a chiedere scusa; fare atto di sottomissione totale.
Il detto ha origine da un episodio storico avvenuto nella cittadina emiliana di Canossa il 25 dicembre del 1077. Ne fu protagonista l'imperatore Enrico IV, che colpito dalla scomunica di papa Gregorio VII si vide costretto a implorarne il ritiro, pena la perdita effettiva del suo potere. Il pontefice, che era ospite al castello di Canossa della contessa Matilde di Toscana, cugina e vassalla dell'imperatore ma devota e fedele alla Chiesa, ritirò la scomunica solo per intercessione della nobildonna; tuttavia impose all'imperatore tre giorni di umiliante attesa, che questi dovette trascorrere in abito da penitente, a piedi nudi, nella neve, fuori delle porte del castello.

CANTARE
PARAGONI: cantare come una rana; cantare a gola spiegata; cantare a piena gola.
canta che ti passa! *(pop)*
Esclamazione: è un invito scherzoso a essere ottimisti, a non prendersela, a non amareggiarsi, a non dar troppo peso a inconvenienti o episodi spiacevoli, prendendoli alla leggera.
L'espressione compare nella prefazione a una raccolta di canti militari del 1934, curata da Pietro Jahier, che scriveva sotto lo pseudonimo di Barba Piero e la dedicava "al fante più scalcinato e ammutolito nella trincea più battuta, e gli porta il buon consiglio che un fante compagno aveva graffiato sulla parete di una dolina: canta che ti passa." Evidentemente, la frase era in uso anche in precedenza.
cantar vittoria
Esultare per un risultato raggiunto, per una vittoria riportata o simili; anche ostentare un successo ottenuto.
cantare ai sordi
Figurato: sprecare tempo e fatica. Insistere in un'impresa assurda, inutile o impossibile, come cantare per chi non ha la facoltà di udire.
È un'antica espressione presa dalle *Bucoliche* di Virgilio (10,8), e si trova inoltre in Ovidio, Terenzio, Lucrezio, Lattanzio e altri. In ambito greco se ne servirono Eschilo, Aristeneto, Libanio e altri; il detto ebbe diffusione assai vasta nel Medio Evo, dando origine a molte varianti e proverbi.
cantare come un canarino
Figurato: confessare, tradire un segreto, una confidenza; fare la spia.
Viene dal linguaggio della malavita.
cantare come una rana
Cantare malissimo; soprattutto con voce sgraziata.
e via cantando
Eccetera, e così via. Viene usata per ribadire un concetto di continuità.

var.: e via dicendo.
far cantare *(pop)*
Figurato: estorcere una confessione, o anche indurre abilmente e rivelare un segreto, una confidenza.
Viene dal gergo della malavita.
lasciar cantare *(pop)*
Figurato: lasciar parlare qualcuno senza dargli retta o senza preoccuparsi delle sue minacce.

CANTIERE
mettere in cantiere
Figurato: dare avvio a qualcosa, iniziare la progettazione e in particolare l'esecuzione di qualcosa.
var.: essere in cantiere; avere in cantiere.

CANTO
Questo termine ha significati molto vasti: l'azione del cantare, il componimento musicale destinato a essere cantato, un testo poetico fortemente lirico, le varie parti in cui è suddiviso un poema. Indica inoltre l'insieme di versi più o meno melodiosi emessi da uccelli e animali, il suono di strumenti musicali, e infine l'ispirazione poetica di per sé. È in un certo senso sinonimo di canzone, cantico, cantica, ode, preghiera, inno, invocazione, poesia, poema, epopea, leggenda, armonia, musica.
al canto del gallo
Figurato: alle prime luci dell'alba, quando, secondo la tradizione, il gallo dovrebbe mettersi a cantare.
canto del cigno
Figurato: ultima opera, azione, esibizione di alto valore, in particolare in campo artistico.
La tradizione vuole che il *cigno*, animale profetico e mitico sotto molti profili, sia muto per tutta la durata della sua vita. Troverebbe la voce solo quando sente avvicinarsi la morte, e questo suo primo e ultimo canto sarebbe estremamente dolce e melodioso. Nel *Fedone*, Platone fa dire a Socrate che allora il cigno canta di gioia perché già pregusta le gioie che l'aspettano nell'Aldilà, e la tradizione del cigno come animale muto è attestata anche da Eschilo nell'*Agamennone*. Tuttavia si trovano anche paragoni e detti che vedono nel cigno l'animale canoro per eccellenza, forse perché sacro ad Apollo; da questa seconda concezione sarebbe nato l'attributo di "cigno" come omaggio a un grande artista, come ad esempio il "cigno di Verona" per Catullo, o il "cigno di Busseto" per Giuseppe Verdi. In effetti, il cigno emette solo un grido rauco.
canto della civetta
Figurato: auspicio di morte, presagio di sventura.
La tradizione popolare vuole che la civetta sia in grado di presentire la morte di qualcuno e addirittura di provocarla, ed è pertanto considerata un uccello del malaugurio. Forse alla base di quest'idea sta il fatto che la civetta è un uccello notturno, e che il suo canto può effettivamente sembrare piuttosto lugubre.

CANZONE
È termine generico un tempo usato dagli antichi rimatori per indicare i componimenti lirici destinati a essere accompagnati dal suono di uno strumento musicale, generalmente la cetra, la lira, il liuto. Con il tempo passò a definire brani essenzialmente strumentali: questo concetto si consolidò in Francia nell'arco del 1500 e portò all'accezione odierna di brano musicale per strumenti e voce, che in tempi recenti ha assunto caratteristiche di grande facilità melodica.
canzone dell'oca *(raro)*
Figurato: solfa, tiritera; discorso trito ripetuto infinite volte, fino alla noia,

simile al verso delle oche, che risulta sempre uguale per l'orecchio umano. Dice una vecchia filastrocca: "La storia dell'oca - è bella ma poca: - vuoi che te la dica - o vuoi che te la canti? - La storia dell'oca ..."
var.: canzone dell'uccellino.
cominciare con la solita canzone
Figurato: riprendere un vecchio argomento, un discorso già detto e ridetto fino alla noia.
mettere in canzone
Figurato: canzonare, mettere in ridicolo, come mettendo in forma di canto un episodio poco piacevole facendolo così conoscere a tutti.
In passato la *canzone* era anche il racconto delle gesta di una persona, che giullari e cantastorie provvedevano a diffondere costituendo uno strumento d'informazione che condizionava l'opinione pubblica. In questo modo non era difficile creare leggende attorno a un certo personaggio e soprattutto smitizzarlo o calunniarlo, poiché l'arma del ridicolo era in passato molto più efficiente di oggi. Da questo significato ha origine l'attuale termine "canzonare".
var.: mettere in musica.

CAPELLO
al capello
Esattamente, con estrema precisione. Anche di stretta misura, detto di qualcosa che risulta appena sufficiente ma comunque valido allo scopo voluto.
Qui il *capello* è preso a misura micrometrica.
anche un solo capello fa la sua ombra
Di origine proverbiale, il detto vuole ricordare che anche le persone apparentemente più insignificanti hanno il loro peso e il loro valore. Si usa inoltre per ammonire a guardarsi dall'ira dei deboli e delle persone normalmente tranquille.
Deriva da una sentenza di Publilio Siro, che invitava così i potenti a non sottovalutare nemmeno i nemici più umili.
var.: anche un pelo ha la sua ombra.
avere più guai che capelli
Avere moltissimi guai, in numero addirittura superiore a quello dei capelli che si hanno in testa.
averne fin sopra i capelli
Essere arrivati al limite della sopportazione o della pazienza, non poterne più, riferito a una situazione, a una persona, o a qualsiasi altra cosa che sembra avere assunto proporzioni tali da superare la propria statura.
capelli d'argento
Figurato: capelli bianchi per l'età. Sottintende il rispetto per la saggezza raggiunta con l'esperienza di vita. Usato anche in senso ironico.
var.: capo d'argento.
capelli sale e pepe
Figurato: capelli brizzolati, del colore del sale e del pepe mescolati insieme; capelli un tempo bruni che si avviano alla canizie.
essere sospeso a un capello
Trovarsi in una situazione critica, pericolosa, delicata, che rischia di degenerare rovinosamente alla minima sollecitazione.
var.: appeso a un capello.
far rizzare i capelli in testa
Figurato: terrorizzare, fare inorridire, agghiacciare.
Una situazione traumatica ha l'effetto di sollecitare i bulbi piliferi, che stimolano i relativi muscoli erettori facendo rizzare il pelo, quindi anche i capelli.
var.: far rizzare i capelli.
far venire i capelli bianchi
Figurato: dare molte preoccupazioni a una persona, facendola così invecchiare precocemente. È detto anche di un avvenimento improvviso e spiacevole che porta grave turbamento. ‖ Figurato: spaventare, terrorizzare. A causa di uno spavento improvviso, i capelli

di una persona anche giovane possono incantire di colpo, tutti insieme. ‖ Figurato: essere molto lenti, far perdere tempo trascinando una situazione molto a lungo.

fino alla punta dei capelli
Totalmente, completamente, per tutta l'estensione del corpo. Anche nel senso di moltissimo, profondamente, detto di un sentimento o simili.
var.: dalla punta dei piedi fino alla punta dei capelli.

mancarci un capello
Figurato: mancare pochissimo, detto di una situazione rischiosa o pericolosa che sta per diventare catastrofica; oppure di qualcosa di sgradevole a cui si è sfuggiti all'ultimo istante, quasi per miracolo.

non rischiare un capello
Figurato: non rischiare assolutamente nulla.

non spostarsi di un capello
Essere imperturbabili, non scomporsi, non lasciarsi turbare da niente; oppure non perdere la calma di fronte a qualsiasi avvenimento. Anche non recedere da una posizione, nemmeno di quel poco che si potrebbe paragonare allo spessore di un capello. Ancora, essere inamovibili da una carica o simili.

non torcere un capello
Non fare assolutamente male a qualcuno, come se non gli si danneggiasse nemmeno un capello.

per un capello
Per una piccolissima differenza quantitativa o qualitativa.

prendere la fortuna per i capelli *(raro)*
Figurato: non lasciarsi sfuggire una buona occasione, coglierla subito, non appena si presenta.
Allude a un'immagine tradizionale nell'antichità secondo la quale la fortuna, o meglio l'occasione fortunata, ha i capelli folti sulla fronte ma la nuca calva, di modo che la si può afferrare facilmente quando la si trova davanti a sé ma non si riesce a fermarla una volta sfuggita.

prendersi per i capelli
Figurato: avere una lite violenta, o un aspro contrasto, come se si arrivasse allo scontro fisico.

spaccare il capello in quattro
Esaminare qualcosa con eccessiva pedanteria, cercandone i minimi difetti. Anche sottilizzare, cavillare a oltranza, in genere per puro amore di polemica.
var.: tagliare un capello in quattro; dividere un capello in quattro.

strapparsi i capelli
Figurato: provare o manifestare grande dolore e disperazione, oppure rabbia impotente.
Figurato: lasciarsi andare a manifestazioni di estremo dolore, disperarsi; anche manifestare rabbia impotente.
Un tempo lo si faceva realmente, e talvolta era di rigore in caso di lutto grave. Era uso già presso i Romani, e il farlo a pagamento divenne con il tempo una vera professione che ben presto rimase campo esclusivo delle donne, chiamate *prefiche*.

tirare per i capelli
Figurato: provocare, costringere a reagire. Anche indurre a fare qualcosa controvoglia.

tirato per i capelli
Figurato: forzato, spinto oltre il significato reale, detto di un ragionamento, una teoria o simili, sviluppati con argomenti troppo sottili, artificiosi o tendenziosi, fino a giungere a conclusioni poco rigorose.

CAPESTRO

Il *capestro* è la fune con cui si legano gli animali. È anche la corda destinata alle impiccagioni, e per estensione di significato la forca, il patibolo.

aver l'aria di andare al capestro
Figurato: avere un'aria lugubre, triste,

come quella di chi fosse condotto alla forca. Detto in particolare di chi è costretto a fare qualcosa molto malvolentieri.

essere un capestro
Figurato: essere qualcosa che impedisce il movimento, che priva della libertà d'agire, dell'autonomia e simili. Usato anche per situazioni senza via d'uscita, in particolare per un contratto che vincola in modo inderogabile.

CAPIRE
non capire un'acca
Non capire nulla.
La lettera *acca*, in italiano, non ha una pronuncia a sé stante. Per questo è detta anche la consonante muta.

non capire uno iota
Non capire nulla.
La lettera greca *iota* in alcuni casi non si pronuncia.

CAPITALE
essere un bel capitale
Figurato: essere una persona riprovevole, un pessimo soggetto. Ovviamente ironico.

far capitale di qualcosa *(des)*
Figurato: trarre vantaggio da qualcosa, tanto in senso pratico quanto morale. Oggi si preferisce la forma analoga "far tesoro".

CAPITOLO
aver voce in capitolo
Figurato: godere di potere decisionale su una data questione; avere competenza in un campo nel quale si possono imporre le proprie idee o la propria influenza.
Il *Capitolo* era in origine la riunione quotidiana dei religiosi conventuali durante la quale veniva letto pubblicamente un "capitolo" della loro regola. In seguito, durante le stesse adunanze si cominciarono a discutere affari e questioni relative alla comunità, e le riunioni assunsero caratteri sempre più ufficiali e solenni fino a quando ricaddero sotto il Diritto Canonico, che pian piano ne ridusse il numero dei partecipanti e le riservò ai personaggi eminenti. Avere "voce in capitolo" significava pertanto prendervi parte e quindi potervi esprimere la propria opinione, il che in pratica equivaleva a essere investiti di facoltà decisionale.
var.: non avere voce in capitolo.

CAPO
Il termine *capo* ha diversi significati. Anatomicamente è sinonimo più dotto di "testa", e restringendosi alla parte del cranio umano coperta dai capelli, equivale a "chioma, capigliatura". Per estensione significa anche "cervello, mente", intesi come facoltà pensante capace di ragionamento, immaginazione, comprensione e memoria. Essendo questa la parte più importante di una persona, il termine è passato a definire la persona stessa, in particolare la sua vita, e sulle stesse basi, chiunque si trovi in posizione di potere rispetto ad altri, o sia preposto a un'attività di cui si rende responsabile e che richiede dei sottoposti per le esigenze esecutive. Il capo diventa quindi la guida o l'entità massima, al di là della quale non c'è più niente. A questo significato di guida si collega quello di punto d'inizio di qualcosa, il principio contrapposto alla parte finale, che determina una differenza di posizione nel tempo e nello spazio. Dalla stessa idea di porzione di spazio delimitato da un inizio e da una fine è derivato probabilmente il significato di esemplare isolato o singola unità di un insieme, come un capo di vestiario o di bestiame, e per estensione, anche un punto importante, un aspetto specifico, un argomento fondamentale. E da qui si arriva al capo di una legge o di un trattato, all'andare a capo, e al

capitolo. Nei modi di dire che seguono, il termine "capo" è quasi sempre sostituibile con la parola "testa", cui alcuni vengono rimandati a seconda della diffusione d'uso.

capitare tra capo e collo
Figurato: di una situazione, un imprevisto e simili, arrivare improvvisamente, di solito a sproposito e in genere inducendo alla modifica di un programma con i conseguenti contrattempi e disguidi.
var.: arrivare tra capo e collo; cadere tra capo e collo.

da capo a piedi
Interamente, completamente, del tutto. Si dice generalmente di qualcosa che va rifatto dall'inizio.
var.: da capo a fondo; rifare da capo a piedi.

fare il capo grosso *(raro)*
Frastornare di rumore, di confusione, e in particolare di chiacchiere.

in capo al mondo
In un posto lontanissimo e indeterminato, meglio se sconosciuto, difficile da raggiungere e potenzialmente pericoloso. Anche nel punto in cui il mondo, essendo rotondo, comincia e finisce, e al di là del quale non c'è più niente.
Qui il capo è inteso come parte iniziale e terminale di qualcosa.
var.: andare in capo al mondo; abitare in capo al mondo; perdersi in capo al mondo.

lavata di capo
Figurato: rimprovero, sgridata, grave reprimenda, in particolare da parte di un superiore a un subordinato.
Il detto parte dal concetto che lavando la testa si possano lavare anche i pensieri, il ragionamento, la mente.
var.: lavata di testa.

metter capo a ...
Finire, concludere. Anche comprendere, capire bene un problema o una situazione.
Qui si fondono due concetti di capo: quello di punto iniziale e terminale di qualcosa, e quello di elemento nobile, pensante, che dà un senso a tutto l'insieme.
var.: venire a capo; mettere fine.

non avere né capo né coda
Figurato: mancare dell'inizio e della fine. Per trasposizione, mancare di coerenza, di logica, di un'ordine intrinseco, di un criterio informativo generale. Si dice in genere di una teoria o di un ragionamento sconclusionati o assurdi.
Il detto originario recita "essere come il pesce pastinaca: non avere né capo né coda". Il pesce in questione è una specie di Razza, con il corpo piatto e discoidale in cui è difficile capire da che parte stia la testa. Lo si vede solo dalla coda, che essendo però munita di un aculeo pericoloso viene recisa immediatamente. Dal momento che occhi e bocca sono posti nella regione ventrale, quando il pesce arriva al mercato si presenta perciò come un disco indifferenziato. Esiste però un detto più antico "non avere né capo né piede", che sembra riprendere un passo di Isaia (9,13; 19,15) con il quale il profeta descriveva come un mostro del genere i nemici d'Israele, con particolare riferimento agli Egiziani. Già nell'*Asinaria* di Plauto si trova "non avere né capo né piede" a proposito di un discorso privo di logica e di fondamento, e la stessa espressione è usata poi da Cicerone (*Epistolae ad familiares*, 7,31,2) e da Orazio (*Ars poetica*, 8), mentre Plinio se ne serve come formula di scongiuro (*Naturalis historia*, 27,131). Plutarco e Livio, rispettivamente in *Vita di Catone* (9,1) e in *Periochae* (23,50), riferiscono di un aneddoto secondo il quale Catone si trovò un giorno a ricevere una legazione composta di tre inviati, di cui un primo gottoso, un secondo che avendo

subito la trapanazione del cranio ne portava in testa la traccia ancora evidente, e un terzo che aveva un'aria decisamente stupida. Catone la definì poi come un'ambasceria "priva di testa, di piede e di cuore". Va ricordato che in passato la sede dell'intelligenza, in particolare se legata all'oratoria, era posta nel cuore, come afferma Quintiliano (10,7,15) dicendo che "è il cuore che rende eloquenti". La stessa locuzione "non avere né capo né piede" ricorre anche in Platone.
var.: non avere né capo né piede; senza capo né coda.

piegare il capo
Figurato: cedere, sottomettersi, subire; non essere in condizioni di fronteggiare una situazione e quindi dover accettare quanto imposto dalla parte più forte.
Il piegamento del capo, insieme alla genuflessione, era gesto tradizionale di sottomissione, al sovrano come alla divinità. Ne resta traccia nell'attuale inchino.
var.: chinare il capo; piegare la testa; chinare la testa.

rifare da capo a piedi *vedi* **da capo a piedi**

rompersi il capo *vedi* **testa: rompersi la testa**

venire a capo *vedi* **metter capo**

CAPOLINEA
arrivare al capolinea
Figurato: essere alla fine di qualcosa, aver esaurito tutte le risorse o ogni possibile espediente. Essere alla resa dei conti. Il *capolinea* è il luogo dove si conclude il tragitto di una linea di trasporto pubblico.
var.: essere al capolinea.

CAPPA
La *cappa* era un indumento simile a un mantello, spesso con cappuccio, adottato per lungo tempo da cavalieri, ecclesiastici, magistrati e in genere dalle classi elevate. Oggi si usa di rado, più che altro sopra l'abito da sera femminile; l'equivalente maschile è il "domino".

dare la cappa *(raro)*
Premiare qualcuno, riconoscere tangibilmente un servizio reso particolarmente bene.
Nel linguaggio dell'antica marina mercantile, era un premio che si usava dare al comandante della nave quando il carico arrivava in condizioni perfette. Si chiamava così perché spesso consisteva appunto in una cappa, e più tardi in un cappotto.
var.: ricevere la cappa; meritare la cappa.

mettersi in cappa
Nel linguaggio marinaresco, indica un particolare assetto delle vele cui si ricorre in caso di forte maltempo. In senso figurato, mettersi in posizione o condizione di sicurezza.

sentirsi addosso una cappa di piombo
Figurato: sentire un senso d'oppressione, di soffocamento, sia in senso stretto come può succedere con un clima di bassa pressione, sia in senso figurato a indicare angoscia, preoccupazione, assillo.
Propriamente, la *cappa di piombo* era un antico strumento di tortura costituito da una specie di campana di piombo che si faceva arroventare dopo avervi rinchiuso il condannato.

vestirsi in cappa magna *(raro)*
Vestirsi in maniera vistosamente elegante, con gli abiti delle grandi occasioni. Ironico o scherzoso.
La *cappamagna* era una sopraveste portata dai principi e dai cavalieri di alcuni Ordini. Oggi definisce un manto liturgico indossato da vescovi e cardinali nelle grandi solennità.
var.: mettersi in cappa magna; vestirsi in pompa magna; mettersi in pompa magna.

CAPPELLO
far la parte del cappellone *(raro)*
Fare una brutta figura, non essere all'altezza della situazione per inesperienza o ignoranza di un ambiente.
Il termine *cappellone* designa la recluta appena arrivata in caserma, spesso fatta oggetto di scherzi anche a volte pesanti da parte dei commilitoni più anziani.
var.: far la figura del cappellone.

far tanto di cappello
Figurato: rendere omaggio a qualcuno manifestandogli grande rispetto, ammirazione e simili.
Il detto deriva dall'uso maschile di togliersi il cappello in segno di cortesia e buona educazione prima di entrare in casa d'altri o per salutare qualcuno. Per le donne vale l'inverso, tanto è vero che fino a non molto tempo fa dovevano coprirsi il capo prima di entrare in chiesa.
var.: levarsi tanto di cappello; togliersi il cappello; levarsi il cappello.

fare un giro di cappello
Fare la questua, raccogliere oboli ed elemosine.
Spesso i mendicanti sollecitano l'elemosina tendendo il proprio cappello. Anche nelle chiese, un tempo, le offerte in denaro venivano depositate in un cappello sacerdotale, poi sostituito da un sacchetto scuro, appeso alla fine di un lungo bastone che un chierico porge ai fedeli attraverso i banchi.
var.: fare il giro col cappello.

prendere cappello
Figurato: adombrarsi, impermalirsi, offendersi.
Allude al fatto che in genere, dopo essere stati offesi, si lascia bruscamente il luogo in cui si è ricevuto l'insulto, prendendo quindi il proprio cappello prima di andarsene.
var.: prendere il cappello e andarsene.

prendere il cappello
Figurato: accomiatarsi, congedarsi, salutare e andarsene, riprendendo il proprio cappello prima di uscire.

CAPPIO
avere il cappio al collo
Figurato: essere in una situazione disperata, senza via d'uscita o possibilità di scampo. In senso lato, dover subire un'imposizione, una situazione sgradevole, un accordo svantaggioso senza potersi ribellare.
var.: mettere il cappio al collo.

CAPPONE
Il *cappone* è un gallo castrato in giovane età, le cui carni risultano più saporite di quelle del pollo. Ovviamente disinteressato alla vita sessuale del pollaio, il cappone evita le battaglie di conquista e ha comportamento docile e tranquillo.

essere un cappone
Figurato: essere fiacchi, imbelli, di carattere debole o eccessivamente remissivo. Più rigorosamente significherebbe essere un eunuco, ma in questo senso non si usa quasi mai, se non come spregiativo per un uomo scarsamente virile.

fare come i capponi di Renzo *(raro)*
In una situazione di disagio comune, accusarne i compagni di sventura e non chi l'ha provocata.
Il detto è preso da un brano del III capitolo dei *Promessi sposi*, in cui Renzo va a esporre i propri guai all'avvocato Azzeccagarbugli portandogli in dono quattro polli vivi. Nell'agitazione scuote il braccio con cui li regge, e i polli, disturbati, si prendono a beccate tra loro.

CAPPOTTO
fare cappotto
In una gara o una partita basata sul punteggio, vincere senza permettere all'avversario di realizzare neanche un punto.

L'origine è incerta. Potrebbe forse derivare dall'immagine del cappotto, l'originaria "cappa", come pesante indumento esterno che non lascia penetrare il freddo.
var.: dare cappotto. ‖ Nel linguaggio dei cacciatori, tornare da una battuta con il carniere vuoto. ‖ Detto di un'imbarcazione, inclinarsi su un fianco fino a rovesciarsi.
var.: fare cappello; fare scuffia.

CAPPUCCINO
vita da cappuccino
Vita ritirata, modesta; anche vita povera.
var.: far vita da cappuccino.
voglie da Cesari e borsa da cappuccino
Grandi desideri e poco denaro per appagarli. Vale anche per le grandi ambizioni di chi non ha le capacità per realizzarle, oppure per le pretese di coloro che si aspettano tutto dagli altri come per diritto di nascita.
var.: voglie da imperatori e borsa da cappuccino.

CAPRA
andare dove le capre non cozzano
Figurato: andare in prigione.
Il concetto è quello di un luogo talmente ristretto in cui nemmeno le capre, considerate litigiose, avrebbero spazio sufficiente per prendersi a cornate.
cavalcare la capra verso il chino *(raro)*
Figurato: esporsi a un pericolo, generalmente per sconsideratezza, o avviarsi a prevedibile rovina. Anche mettersi in condizioni di farsi beffare, di subire scherzi pesanti.
La *capra*, considerata un animale balzano e indocile, non tollera di essere cavalcata e si irrita molto se si trova qualunque peso in groppa. Inoltre si muove a scatti con corse improvvise e ama i dirupi e le voragini.
var.: cavalcar la capra.

piantare capra e cavoli *(pop)*
Figurato: per irritazione o stanchezza, abbandonare un'impresa o una situazione e andarsene, oppure dedicarsi ad altro.
salvare capra e cavoli *(pop)*
Figurato: uscire senza danno da una situazione pericolosa o spiacevole, riuscendo a salvare interessi opposti o conciliando esigenze diverse.
Il detto si basa su un rompicapo popolare: un uomo si trova sulla riva di un fiume, e deve traghettare sull'altra sponda una capra, un sacco di cavoli e un lupo. La barca di cui dispone però può trasportare solo uno dei tre, a parte l'uomo stesso, che deve quindi badare a non lasciare la capra sola con i cavoli e nemmeno il lupo solo con la capra. Una soluzione esiste; l'uomo la trovò e riuscì a salvare sia la capra che i cavoli.

CAPRO
essere il capro espiatorio
Figurato: essere la persona su cui vengono fatte ricadere colpe o responsabilità altrui.
Presso gli Ebrei, nel giorno del *Kippur*, che letteralmente significa "espiazione", venivano condotti al Tempio due capri, e il Sommo Sacerdote ne destinava uno a Dio e l'altro al Demone del deserto Azazel. Il primo veniva immolato, il secondo, detto "capro emissario" e solo più tardi *capro espiatorio*, era abbandonato nel deserto dopo che il Sacerdote gli aveva trasmesso tutti i peccati della comunità mediante imposizione delle mani. Lo stesso tipo di rito esisteva presso diverse altre antiche popolazioni, soprattutto orientali.

CARAMPANA
essere una vecchia carampana
Essere brutta, detto soprattutto di una donna bisbetica, poco simpatica

e non più giovanissima.
Il termine sembra derivare dalla corruzione di Ca' Rampani, un postribolo noto a Venezia attorno al 1700 e destinato ai clienti meno abbienti. Ospitava prostitute ormai alla fine della carriera, quindi donne non più giovanissime e in genere piuttosto brutte.
var.: essere una carampana.

CARATO
Il *carato* è un'antica unità di peso adottata per le pietre preziose. Un tempo aveva valore diverso secondo le zone. In seguito venne uniformato come "carato metrico", equivalente a 0,2 grammi, e suddiviso in 4 "grani", ognuno del valore di 0,05 grammi. Il termine è in uso anche come unità di misura dell'oro fino contenuto nella lega d'oro espressa in ventiquattresimi della sua massa totale, in quanto si valuta a 24 carati l'oro assolutamente puro.

a venticinque carati
Scherzoso: assolutamente eccezionale, o al contrario del tutto falso.

a ventiquattro carati
Figurato: al massimo grado di perfezione. Detto di una persona si riferisce in genere alla sua onestà, affidabilità e simili.

CARATTERE
essere in carattere
Armonizzare, star bene insieme, andare d'accordo. Si usa per oggetti, in particolare per capi d'abbigliamento, ma anche per sensazioni, desideri, atteggiamenti.

persona di carattere
Persona di forte e spiccata personalità, riferito generalmente a un individuo coerente, energico, fiero e volitivo. Usato anche in senso ironico per un prepotente.

scrivere a caratteri di scatola
Scrivere a caratteri ben visibili, con lettere molto grandi e marcate, come quelle che si usano sulle scatole per indicarne il contenuto. In senso lato, anche scrivere o parlare molto chiaramente, in modo da evitare incomprensioni o malintesi.

CARBONE
da segnarsi col carbone bianco *(raro)*
È detto di cosa o evento rarissimo, praticamente inesistente. Quasi sempre ironico per avvenimenti eccezionali e memorabili.
Il detto deriva dall'uso di segnare sul muro le cose da ricordare scrivendole con un pezzo di carbone; un'altra origine, più dotta e meno certa, si ricollega all'usanza degli antichi di segnare i giorni con una pietruzza, bianca per quelli fausti e scura per quelli infelici.

essere la copia carbone
Figurato: essere un'imitazione esatta ma di qualità inferiore rispetto a un originale. Si usa in particolare per coloro che si sforzano d'imitare un'altra persona, o per chi assomiglia a qualcun altro soprattutto negli aspetti peggiori. La *copia carbone* è la copia di uno scritto ottenuta con la carta carbone, che interposta tra due fogli, permette di trasferire quanto si scrive su quello superiore a quello sottostante, grazie a una patina scura che ricopre una delle sue facce.

essere sui carboni accesi
Figurato: avvertire grande imbarazzo; essere in apprensione, in ansia. Anche provare forte impazienza per una lunga attesa, oppure grande disagio in una situazione scomoda, soprattutto davanti a un interlocutore dal quale si vorrebbe allontanarsi.
var.: essere sui carboni ardenti; tenere sui carboni accesi; tenere sui carboni ardenti.

essere un carbone spento *(raro)*
Figurato: essere una persona apatica, abulica.

CARICA
tornare alla carica
Figurato: ripetere un tentativo precedentemente fallito, come un reparto di cavalleria che ripete un assalto.

CARITÀ
fare la carità di Don Tubero *vedi* **fare la carità di Monna Candia**
fare la carità di Monna Candia
Fare una carità ipocrita; dare a intendere di beneficare qualcuno quando in in realtà si fanno i propri interessi.
Monna Candia e Don Tubero, personaggi di un proverbio toscano raccolto anche da Giuseppe Giusti, masticavano lo zucchero prima di darlo ai malati.
var.: fare la carità di Monna Candia e Don Tubero; fare la carità di Don Tubero.

CARLO
farne quante Carlo in Francia
Essere protagonisti di una lunga serie d'imprese o azioni generalmente discutibili; anche avere una vita movimentata e ricca d'avventure, imprevisti e situazioni interessanti.
Il detto si riallaccia alle gesta di Carlomagno, che diedero vita a una ricca epopea.

CARLONA
alla carlona
Eseguito con poca diligenza e cura, con trascuratezza, detto di un lavoro o simili che richiederebbero un impegno maggiore.
In origine si diceva di qualcosa fatta in modo semplice e magari un po' rozzo, grossolano, così come alcuni poemi cavallereschi di epoca tarda descrivono il modo di fare di Carlomagno; alcune rappresentazioni del teatro rinascimentale inoltre dipingono il sovrano come un personaggio pasticcione e incostante.

CARNE
avere poca carne addosso *(pop)*
Figurato: essere magri; anche avere poca forza.
var.: avere molta carne addosso.
carne battezzata
Figurato: i Cristiani, in quanto hanno ricevuto il Battesimo.
carne da cannone
Figurato: i soldati che in una battaglia vengono mandati incontro a morte certa, in genere la bassa forza, le truppe di fanteria, come fossero semplicemente della carne destinata ad assorbire i colpi del cannone. Per estensione, chiunque venga messo in una condizione di pericolo mortale senza che possa far nulla per sottrarvisi.
La paternità della frase è generalmente attribuita a Napoleone; nonostante varie smentite, lo confermerebbe anche Leopardi (*Pensieri*, LXXIV).
carne da macello
Figurato: vittima predestinata; anche persona sacrificabile, detto di chi viene mandato ad affrontare un gravissimo rischio o pericolo senza che gli venga fornita la minima protezione. Riferito in particolare alle truppe di fanteria, le più esposte al fuoco nemico.
Allude agli animali da carne, allevati per essere macellati e diventare carne alimentare.
carne viva
Carne scoperta a causa di un'ustione, una ferita profonda e così via.
essere bene in carne *(fam)*
Essere floridi, ben nutriti, grassi.
var.: star bene in carne.
essere carne e ciccia *(pop)*
Equivalersi, essere la stessa cosa.
Ciccia è un termine dialettale entrato nel linguaggio popolare per definire la carne alimentare. È usato spesso con i bambini.
essere carne e unghia *(pop)*
Essere inseparabili oppure strettamente legati da interessi comuni. An-

che essere fondamentalmente persone molto simili nonostante la diversa apparenza.

essere di carne debole
Cedere facilmente alle tentazioni, soprattutto a quelle delle passioni. Quasi sempre ironico.
Allude alla contrapposizione tra la *carne*, cioè il corpo che ascolta facilmente il richiamo dei sensi, e lo "spirito" che impone la virtù.

fare i vermi come la carne tenera *(raro)*
Figurato: essere eccessivamente accomodanti e remissivi, e pertanto divenire vittime di prepotenze e soprusi. Più raramente, il detto è usato a volte per ricordare che anche le persone più miti possono ribellarsi e reagire.
Deriva da un passo di Petronio, in cui si racconta di un liberto di Trimalcione, che durante la celebre cena inveisce violentemente contro un convitato e poi dichiara serenamente di essere una persona di natura pacata, per nulla incline all'ira.

in carne e ossa
Di persona, personalmente.

mettere troppa carne al fuoco
Figurato: dedicarsi a troppe cose, oppure intraprendere troppe attività contemporaneamente.
Il concetto è che in questo modo non si può sorvegliare tutto e quindi aspettarsi su tutto esiti positivi, così come mettendo troppa carne ad arrostire, parte rischia di bruciare o di restare cruda.
var.: mettere molta carne al fuoco; avere molta carne al fuoco; esserci molta carne al fuoco; avere troppa carne al fuoco.

non essere né carne né pesce
Non avere caratteristiche distintive ben precise e definite. Di una persona, mancare di personalità, essere insignificante; anche essere incapace di prendere posizione o di esprimere un parere. Si dice anche di un adolescente che non è più bambino ma non ancora adulto, o di chi per la giovane età non ha ancora operato scelte importanti.
Il detto ha origini gastronomiche, in quanto un tempo la cucina distingueva gli alimenti di origine animale solo nelle due grandi categorie di carne o pesce.

CARNEADE
Carneade, oggi simbolo del perfetto sconosciuto, fu un filosofo greco vissuto attorno al 200 a.C. Nato a Cirene e morto ad Atene, è considerato il maggior rappresentante della Media Accademia.

essere un Carneade
Essere una persona del tutto sconosciuta, nota solo a pochissimi.
La diffusione del detto è dovuta ad Alessandro Manzoni, che nei *Promessi sposi* (cap. VIII) per meglio illustrare la figura di Don Abbondio, gli fa dire con aria perplessa di fronte al nome di questo personaggio incontrato casualmente in un libro: "Carneade. Chi era costui?" Si vuole che Manzoni abbia a sua volta attinto a Sant'Agostino (*Contra Academicos*, I, 7).
var.: essere un Carneade qualsiasi; essere il Carneade di turno.

CARNET
La parola *carnet* è voce francese che significa "taccuino, agenda". Oggi definisce anche il libretto degli assegni.

avere un carnet affollato
Figurato: avere moltissimi impegni. Riferito a una donna, in senso scherzoso o ironico, avere molti corteggiatori.

CARO
tenersi caro *(pop)*
Aver cura particolare di qualcosa; fare

in modo di non perdere l'affetto o l'interesse di qualcosa o qualcuno.
Il bene in oggetto, cosa o persona, viene considerato prezioso in funzione della sua utilità.

CAROGNA
In senso stretto, si definisce con il termine *carogna* il cadavere di un animale in via di putrefazione. È uno dei simboli più efficaci per evocare l'idea del ribrezzo assoluto, perché l'immagine è priva di qualsivoglia idea di bellezza, nobiltà, spiritualità.

essere una carogna *(pop)*
Figurato: essere una persona spregevole, immonda, disonesta e simili, che si comporta nel modo più abietto possibile.
var.: fare la carogna.

CARONTE
Nella mitologia greca e successivamente etrusca e romana, *Caronte* era il barcaiolo addetto a traghettare le anime nel Regno dei Morti, il cui confine era segnato da un fiume ribollente insuperabile da chiunque e sorvegliato dal cane a tre teste Cerbero.

pagare l'obolo a Caronte *(raro)*
Morire; come se si fosse pagato il pedaggio per raggiungere l'Aldilà. In senso lato, anche accollarsi le spese di un funerale.
L'obolo destinato a Caronte consisteva in una moneta e in una focaccia di miele che venivano poste rispettivamente in bocca e in mano al defunto.
var.: placare Caronte.

CAROTA
pel di carota
Figurato: persona di capigliatura rossa. Spesso spregiativo.

piantar carote *(raro)*
Figurato: raccontare frottole.
Le *carote* richiedono un terreno sabbioso, morbido, che qui è velatamente paragonato al cervello di chi "compra carote".
var.: comprar carote.

vendere carote per raperonzoli *(raro)*
Figurato: imbrogliare, dando a credere una cosa per un'altra.
var.: vender carote; rifilar carote.

CARRETTA
essere una carretta
Figurato: essere una persona piena di acciacchi e piccoli malanni, in genere non gravi.
var.: essere una vecchia carretta.

tirare la carretta *(fam)*
Figurato: condurre un'esistenza difficile, faticosa, grama, vivendo di un lavoro che dà poche soddisfazioni e scarsi guadagni.

CARRO
mettere il carro davanti ai buoi
Figurato: dare per scontato il buon esito di un'iniziativa senza averla ancora intrapresa. ‖ Di progetti, ragionamenti e simili, anticipare i tempi trascurando le premesse. Nello stesso senso, anche invertire l'ordine logico di una serie di azioni o simili.

CARTA
avere buone carte
Figurato: avere elementi in grado di garantire un successo; avere buone probabilità di riuscita.

avere le carte in regola
Figurato: avere i requisiti necessari per qualcosa. In senso più lato essere irreprensibili, inattaccabili, in particolare per la propria onestà. Anche avere buone possibilità di riuscita, di successo, di vittoria.
In questo caso le *carte* sono i documenti, che per aver valore devono essere in regola con le norme previste.

cambiare le carte in tavola
In origine, barare. In senso figurato, falsare la realtà dei fatti. Per trasposi-

zione, modificare una situazione a proprio vantaggio alterando dati e premesse, oppure cambiare idea e opinione adducendo mutamenti esterni imputabili ad altri.

dare carta bianca
Figurato: dare pieni poteri a qualcuno, concedergli facoltà di agire senza condizioni, limiti o interferenze, come se gli si consegnasse un foglio bianco che porta solo la firma dell'autorità competente e su cui si può scrivere quello che si vuole.
var.: concedere carta bianca; avere carta bianca.

fare carte false
Figurato: fare qualsiasi cosa, anche pericolosa o illecita, pur di ottenere un determinato fine, come se si arrivasse addirittura a falsificare le carte, cioè i documenti.

fare le carte *(pop)*
Figurato: praticare la cartomanzia, leggere il futuro nelle carte.

giocare a carte scoperte
Figurato: agire apertamente, senza nascondere le proprie mosse; comportarsi lealmente, senza ingannare nessuno.
Alcuni giochi di carte prevedono che le carte siano tenute scoperte, visibili quindi a tutti i giocatori.

giocare tutte le carte
Figurato: impegnare a fondo tutte le proprie risorse; tentare tutte le possibilità, non lasciar nulla d'intentato per raggiungere un dato fine. Usato anche nel caso di una situazione disperata, in cui tanto vale rischiare il massimo.
var.: giocare tutte le carte migliori; giocare l'ultima carta.

giocare una carta
Figurato: compiere un'azione particolare, mettere in atto qualcosa, fare intervenire qualcuno allo scopo d'intervenire in una situazione per produrre effetti vantaggiosi a se stessi. In senso lato, prendere una decisione abbastanza importante da modificare radicalmente una situazione, o anche azzardare, correre un rischio calcolato.
var.: giocare la carta di...; giocare la carta del...

imbrattar carta
Scrivere, soprattutto nel senso di essere uno scrittore di scarso valore.

imbrogliare le carte
Figurato: creare confusione o scompiglio in una situazione e simili, allo scopo di trarne vantaggio personale.

mangiare alla carta
In un ristorante, scegliere i piatti uno a uno dal *menu*, cioè dalla "carta". Si contrappone al meno costoso pranzo a "prezzo fisso", o "turistico", che invece prevede poca scelta.

metter le carte in tavola
Figurato: esporre chiaramente e veridicamente una situazione, senza nascondere nulla; rivelare le proprie intenzioni, progetti o simili; agire apertamente, senza sotterfugi.
Deriva dal linguaggio dei giocatori, che in molti giochi sono tenuti a deporre le carte sul tavolo per effettuare il conteggio dei punti.

sulla carta
Figurato: in teoria.
In questo caso con il termine carta si intendono documenti vari quali il testo scritto di un progetto, di un regolamento, un preventivo e simili, che di solito valgono solo teoricamente in quanto soggetti a modifiche e aggiornamenti che spesso rimangono ignoti fino all'ultimo momento.

tenere la carta bassa
Figurato: comportarsi in modo da non lasciar capire le proprie intenzioni; agire con cautela, con prudente diffidenza. In senso lato, agire slealmente, o prepararsi a un tradimento e simili. Viene con significato letterale dai giochi di carte, dov'è importante non far vedere agli altri il gioco che si ha in mano.

CARTELLONE
tenere cartellone *(raro)*
Figurato: avere successo, come uno spettacolo che viene rappresentato in teatro per un certo periodo.
Il *cartellone* è il manifesto pubblicitario che annuncia la rappresentazione di un lavoro teatrale. Rimane esposto fino a quando durano le repliche, e se questo periodo è lungo, è indice di successo, in quanto lo spettacolo "tiene". "Tenere" dà l'idea di permanere, di mantenere un posto senza cederlo o farsi scalzare.
var.: essere di cartellone; essere in cartellone.

CARTUCCIA
mezza cartuccia
Figurato: persona di bassa statura, generalmente mingherlina e dall'aria debole. In senso lato, persona di scarso valore, capacità o importanza.
Le prime *cartucce* erano costituite da un piccolo cilindro di carta, dal quale derivò il termine, che conteneva la polvere da sparo e la palla di piombo. Se ne poteva riempire anche solo la metà, avendo così una cartuccia a mezza carica, che è il significato originario della definizione.

non avere più cartucce
Figurato: aver esaurito tutte le risorse. In senso lato, arrendersi, ritirarsi da un confronto e simili quando non si ha più la possibilità di resistere, ammettendo così la propria sconfitta.

sparare le ultime cartucce
Figurato: utilizzare le ultime risorse, fare un estremo tentativo, tentare il tutto per tutto sapendo che dopo non si potrà fare altro che cedere.
var.: essere alle ultime cartucce.

sparare tutte le cartucce
Figurato: impegnare a fondo tutte le proprie risorse; tentare tutte le possibilità, non lasciar nulla d'intentato per raggiungere un dato fine. Usato anche nel caso di una situazione disperata, in cui tanto vale rischiare il massimo.

CASA
a casa del Diavolo
Figurato: in un posto lontanissimo, scomodo o difficile tanto da raggiungere quanto da lasciare. ‖ Figurato: luogo sgradevole, isolato o desolato, in cui si sta malvolentieri come si suppone si stia all'Inferno, che è appunto la casa del Diavolo.
var.: mandare a casa del Diavolo; abitare a casa del Diavolo; stare a casa del Diavolo; andare a casa del Diavolo.

a casa di Dio
Figurato: in un posto lontanissimo, scomodo o difficile da raggiungere, così come si suppone difficile raggiungere il Paradiso, che è la casa di Dio.
var.: stare a casa di Dio; abitare a casa di Dio; andare a casa di Dio.

a casa mia *(fam)*
Figurato: secondo la mia opinione, riferito a una parere strettamente personale che comunque si reputa valido in quanto sostenuto dall'usanza. In senso ironico, sottolinea la verità universalmente assodata di un concetto o altro che l'interlocutore sembra ignorare.

abitare a casa di Dio *vedi* **a casa di Dio**

avere un cuore grande come una casa
Figurato: essere molto buoni o generosi. Si usa anche per chi s'innamora facilmente.

casa chiusa
Figurato: postribolo. In Italia non esistono più dagli anni Cinquanta, quando furono abolite con la legge Merlini.
var.: casa d'appuntamenti; casa di tolleranza; casa di malaffare.

chiudersi in casa
Figurato: isolarsi, non frequentare nessuno.
var.: non mettere il naso fuori di casa; tapparsi in casa.

cominciare la casa dal tetto
Figurato: fare le cose a rovescio, o comunque in modo illogico, sbagliato e improduttivo. ‖ Figurato: precorrere i tempi, nel pensare e nell'agire.

di casa
Addetto alla casa, riferito un tempo ai domestici fissi. Oggi, detto di una donna, definisce la casalinga. ‖ Fatto in casa. Riferito in particolare a un prodotto alimentare, ne sottolinea la produzione non industriale o la genuinità. ‖ È detto di chi ama la vita tranquilla e casalinga, che si trova a suo agio nell'ambiente domestico.

essere a casa di Pietro
Figurato: essere in prigione.
Deriva dal detto "a casa di Pietro, dove son le finestre senza vetro".

essere casa e chiesa
Essere una persona estremamente pia, religiosa, osservante, che mostra di dare grande importanza a valori quali la rettitudine, la famiglia, la moralità. Detto spesso con un sottinteso di limitatezza esistenziale, si usa anche in senso ironico per un bigotto.
var.: essere tutto casa e chiesa; essere solo casa e chiesa.

essere di casa
Essere in rapporti di grande amicizia e confidenza con qualcuno, e quindi frequentarne assiduamente l'abitazione. In senso lato, anche essere abituale, detto di cose, avvenimenti o situazioni spiacevoli o meno.

fare come a casa propria
Figurato: comportarsi liberamente, come se si fosse appunto a casa propria. È di solito un invito per un ospite gradito; in senso ironico, si dice a chi eccede nel prendersi qualche libertà.

mandare a casa del Diavolo *vedi* **a casa del Diavolo**

non avere né casa né tetto
Figurato: essere privi di mezzi, molto poveri, al punto di non avere non solo una casa ma nemmeno un riparo.

portarsi la casa addosso come la chiocciola *(raro)*
Cercare di riprodurre il proprio ambiente abituale ovunque si vada; oppure mettersi in viaggio con una grande quantità di bagagli.

rifare la casa *(ant)*
Assicurare la successione a una casata vicina a estinguersi.

tenere le mani a casa *(fam)*
Non mettere le mani addosso agli altri, riferito in particolare a chi tenta di prendersi confidenze con una donna.
var.: tenere le zampe a casa.

CASSA

a pronta cassa
Subito e in contanti, detto di denaro, come se lo si tenesse in una cassetta che si ha con sé.
var.: pagare pronta cassa; volere a pronta cassa; avere a pronta cassa.

batter cassa
Chiedere denaro.
Un tempo, quando il denaro era ancora in monete di metallo, lo si conservava in forzieri o più modestamente in cassette. Bastava scuotere la cassetta per capire se era vuota oppure no. Il detto sembra però derivare dal gesto dei questuanti, che per chiedere un obolo agitavano una cassetta facendo tintinnare le monete che conteneva.

CASSANDRA

Secondo il mito greco, *Cassandra* era figlia del re di Troia Priamo. Il Dio Apollo, innamoratosi di lei, le fece il dono della preveggenza, ma la principessa rifiutò il suo amore ed egli si vendicò condannandola a prevedere fatti luttuosi senza essere creduta mai. Di Cassandra parla Omero nell'*Iliade*, mostrandola mentre predice la rovina di Troia tra la derisione dei suoi concittadini.

essere una Cassandra
Predire sventure, preconizzare avve-

nimenti drammatici, luttuosi, funesti, spesso senza essere creduti. Per estensione, essere molto pessimisti.
var.: fare la Cassandra.

CASTAGNA
avere la castagna
Pronunciare male le parole, come se si fosse impediti dalla presenza di una castagna in bocca.

cavar le castagne dal fuoco
Figurato: procurare un bene, un vantaggio o simili affrontando una situazione pericolosa. A seconda delle circostanze, significa farlo per qualcun altro, assumendo quindi il rischio su di sé, oppure viceversa, indurre qualcuno ad affrontare il pericolo senza fargliene poi godere il vantaggio.
Il detto intero è "cavar le castagne dal fuoco con la zampa del gatto". Viene da una favola di La Fontaine (*Fables*, IX, 17) in cui si narra che un giorno la Scimmia, mentre dormicchiava insieme al Gatto vicino al focolare, vide che sotto la cenere stavano cuocendo delle castagne molto appetitose ma difficili da prendere, dato il calore della brace. Facendo leva sulla vanità del Gatto, che non era personalmente interessato a quel cibo, lo convinse ad affrontare l'impresa, e così ebbe le castagne senza scottarsi.
Pare che La Fontaine abbia a sua volta attinto a versioni precedenti, come *Les jours caniculaires* di S. Maioli, i *Contes d'Eutrapel* di Noel du Fail, l'*Apologi Phaedrii* di J. Régnier. Tutti costoro però presentano il comportamento della Scimmia in modo meno garbato: nei loro racconti questa afferrava senza cerimonie la zampa del Gatto e con quella si procurava le castagne.
var.: cavar le castagne dal fuoco con la zampa del gatto; togliere le castagne dal fuoco; levar le castagne dal fuoco; farsi cavare le castagne dal fuoco.

esser come la castagna *(raro)*
Essere diversi da quello che si sembra, essere ipocriti, nascondere i propri difetti, così come spesso le castagne più belle si rivelano bacate.
Il detto intero recita: "esser come la castagna, che fuori è bella e dentro ha la magagna".

levare le castagne dal fuoco con la zampa del gatto *vedi* **cavar le castagne dal fuoco**

prendere in castagna
Cogliere in fallo, scoprire qualcuno mentre sta commettendo un reato o un'azione disdicevole.

CASTELLO
castello di carte
Figurato: costruzione fragilissima che può crollare da un momento all'altro, detto in particolare di una situazione, un progetto o altro che possono fallire al minimo imprevisto, così come basta appena un soffio per far cadere un castello innalzato con le carte da gioco. Usato anche, benché raramente, in riferimento a qualcosa d'ingannevole che si vuol far passare per reale.
var.: crollare come un castello di carte; fare un castello di carte; essere un castello di carte.

castello di menzogne
Insieme di menzogne legate l'una all'altra, in quantità così grande da richiamare l'idea delle pietre sovrapposte di una costruzione. Il detto vale anche per altro: ipotesi, illazioni, dubbi e così via.

far castelli in aria
Fare progetti molto ambiziosi ma irrealizzabili, puramente immaginari, e quindi visibili solo nell'aria come i miraggi. Anche illudersi, seguendo le proprie fantasie.

far castelli in Spagna
Figurato: fare progetti ambiziosi ma irrealizzabili.
All'epoca dei Mori, la Spagna rappre-

sentava un luogo mitico, favoloso, pieno di meraviglie, ma nello stesso tempo irraggiungibile. Il detto ha origine francese e si trova già nel *Roman de la rose*, sia pure con un altro senso. Alla fine del 1600 si legge in M.me de Sévigné che "è sufficiente andare in Spagna per farsi passare la voglia di erigervi castelli".

mettere a castello *(des)*
Figurato: mangiare.
L'immagine è quella del cibo che arriva nello stomaco, protetto dalla gabbia toracica che sembra offrire il riparo di un castello.

CASTIGO
castigo di Dio
Figurato: disgrazia, calamità alla quale si attribuisce il valore di una punizione mandata da Dio. In senso quasi sempre scherzoso, è usato anche per una persona che reca danno, dolore o grande confusione.

CATALESSI
essere in catalessi
Figurato: essere intontiti, assonnati, inerti; privi di prontezza e così via.
La *catalessi*, ritenuta e chiamata popolarmente "morte apparente", è una forma di malattia che priva temporaneamente della contrattilità volontaria dei muscoli, per cui il corpo del malato pare fatto di cera molle e assume qualsiasi postura gli venga imposta.

CATAPLASMA
essere un cataplasma *(pop)*
Figurato: essere una persona fastidiosa, pesante, noiosa, lamentosa, di cui si fa fatica a liberarsi.
Il *cataplasma* è una forma di medicamento ormai quasi in disuso molto simile all'impiastro. Consiste in una poltiglia umida e calda formata da polveri medicamentose racchiuse in un sacchetto di garza o altro, che viene applicata fino a raffreddamento sulle parti da curare.

CATENA
a catena
In serie, in rapida o continua successione, detto di fenomeni che si presentano l'uno dopo l'altro oppure conseguenti gli uni agli altri. Usato in particolare per guai e disgrazie.

catena di Sant'Antonio
Figurato: successione di azioni o fatti dello stesso genere e legati fra loro, sviluppati in ambiti sempre più allargati e spesso con fini speculativi.
È questo il nome di una specie di gioco, un procedimento epistolare che prevede l'invio di un messaggio a un piccolo gruppo di persone con la richiesta di inviare lo stesso messaggio ad altrettante persone, che a loro volta lo manderanno ad altrettanti nuovi indirizzi e così via. Il messaggio prevede spesso l'invio di piccole somme di denaro che in virtù dell'allungarsi della catena dovrebbe rientrare moltiplicato. Altre volte si tratta semplicemente dell'invito a recitare preghiere a qualche Santo con la promessa di fortuna e felicità per chi non interromperà il gioco, spesso accompagnato da minacce di sventura in caso contrario. Questo gioco viene anche chiamato "catena della fortuna".

mettere in catene
Figurato: incatenare, nel senso di mettere in prigione. In senso lato, privare della libertà d'azione.
Deriva dall'uso del passato di incatenare i prigionieri, così come gli schiavi e i rematori delle galere.
var.: gettare in catene; tenere in catene; mettere in ceppi.

mordere la catena
Figurato: mal tollerare la prigionia, come un cane legato che cerca di liberarsi. In senso lato, mal sopportare una costrizione, una limitazione,

un'imposizione, un vincolo, oppure anche un'attività o un lavoro sgraditi.
spezzare le catene
Figurato: liberarsi, da una prigionia fisica o morale, da un impegno spirituale e simili.

CATTEDRA
salire in cattedra
Figurato: pontificare, darsi arie di dotto, avere un tono saputo e sentenzioso, considerarsi un'autorità in un dato campo.
var.: tener cattedra; montare in cattedra.

CAUSA
far causa comune
Figurato: allearsi contro un nemico comune per difendere interessi che si considerano simili.

CAVALIERE
a cavaliere
In bilico, a cavallo di qualcosa. In senso lato anche fra due epoche, due situazioni diverse e così via.
cavaliere errante
Figurato: persona di natura irrequieta, desiderosa di un'esistenza avventurosa, dedicata alla realizzazione di un ideale.
Deriva dai costumi di vita dei tempi feudali. Tra i figli maschi di un Signore, solo il maggiore ne ereditava i beni; gli altri, una volta divenuti cavalieri, potevano mettersi al servizio di un altro Signore oppure diventare "erranti" o "di ventura". La tradizione li descrive come personaggi generosi sempre alla ricerca di gesta eroiche a difesa dei deboli.
cavaliere senza macchia e senza paura
Figurato: persona coraggiosa, intrepida, integerrima e praticamente perfetta. Sempre ironico, vale anche per le donne.
Con questo attributo è passato alla storia il condottiero francese Pierre Terrail de Bayard, noto in Italia come "il Baiardo", vissuto alla fine del 1400 e celebre all'epoca per le sue eroiche imprese.
fare da cavalier servente
Essere un corteggiatore molto attento, fedele, assiduo e sempre disponibile.
Con questo nome si definivano nel 1700 i gentiluomini che si mettevano galantemente al servizio di una dama, facendole compagnia o scortandole ovunque desiderasse andare, con o senza la presenza di un eventuale marito di cui il cavaliere poteva benissimo essere amico. Detto anche "cicisbeo", non era necessariamente un amante o un corteggiatore.

CAVALLERIA
passare in cavalleria *(pop)*
Figurato: sparire. Si dice di un bene o di un oggetto che non si trova più perché sottratto da qualcuno, di cose prestate e mai restituite, oppure promesse e mai ricevute.
Viene dal gergo militare. La cavalleria, in origine composta da rappresentanti dei ceti elevati della società, era un'arma privilegiata rispetto alla fanteria, nei confronti della quale ostentava spesso un'arroganza che poteva arrivare al sopruso. Pur essendo molto meglio equipaggiati, non era raro che i militari a cavallo s'impadronissero d'autorità di beni in dotazione alla fanteria, che si definivano così "passati" alla cavalleria.

CAVALLINA
correre la cavallina
Condurre un'esistenza disordinata, darsi ai piaceri.

CAVALLO
a caval donato non si guarda in bocca
Di origine proverbiale, il detto ricorda

che non si deve mai criticare un dono. Usato anche nel senso di non accertarne le motivazioni se poco chiare, la provenienza se si sospetta illecita, il valore se poco convincente, e così via. L'esame della dentatura del cavallo permette di stabilire l'età, e quindi il valore, dell'animale.

campa cavallo!
Esclamazione: è un invito ad attendere con pazienza qualcosa che si verificherà in un tempo futuro e lontano. Oggi è usato per lo più in senso ironico da chi dubita che l'avvenimento previsto avverrà veramente.
Deriva dal proverbio "campa cavallo che l'erba cresce".

cavallo d'acciaio
Figurato: la bicicletta, così chiamata per il confronto che, fin dal suo primo apparire, suscitò con il cavallo, che andò rapidamente a sostituire come mezzo di trasporto. Poeticamente fu anche definita il "ferreo corsiero".

cavallo di battaglia
Figurato: settore, attività o ambito in cui una persona riesce meglio a mostrare le sue doti. Detto in particolare di un'opera teatrale, un pezzo musicale e simili in cui un attore o un musicista raggiunge i suoi migliori risultati.
Il *cavallo di battaglia* era quello parzialmente difeso da un'armatura che gli antichi cavalieri usavano per la guerra. Era di solito particolarmente robusto e attentamente addestrato, e godeva di trattamento e alimentazione privilegiati.

cavallo di Frisia
Figurato: ostacolo, barriera, impedimento.
Viene dal mondo militare, nel quale indica una struttura mobile costituita da una specie di cavalletto su cui si avvolge del filo spinato, usata come sbarramento all'avanzata dei nemici. Era particolarmente efficace contro la cavalleria, in quanto terrorizzava gli animali, che s'impennavano e si sbandavano. Si chiama così perché fu utilizzato per la prima volta in Frisia dagli Spagnoli, verso la fine del 1500.

cavallo di ritorno
Figurato: tutto ciò che dopo un giro più o meno lungo ritorna al punto di partenza. Si dice in generale di una notizia, un pettegolezzo, un'informazione e simili riportati alla persona che ne aveva parlato per prima, oppure che si ritorcono contro di lei.
Il detto deriva dalle vecchie stazioni di posta, dove le diligenze sostituivano con cavalli freschi e riposati quelli stanchi, che dopo un periodo di riposo, venivano riattaccati a un'altra carrozza. Alla lunga i cavalli finivano per compiere sempre lo stesso tragitto, e ripassavano quindi, *di ritorno*, alle stesse stazioni. ‖ Figurato: termine che da una lingua passa in un'altra, e poi viene riassorbito con un nuovo significato da quella originaria.

cavallo di Troia
Figurato: persona o altro che s'infiltra tra i nemici, che finge di aderire a un partito avverso e simili, allo scopo di facilitare la vittoria della propria fazione.
Narra Virgilio nel Canto II dell'*Eneide* che i Greci riuscirono a conquistare Troia, dopo dieci anni d'assedio, ricorrendo all'inganno. Simularono infatti il ritiro delle loro truppe, ma lasciarono sul campo un enorme cavallo di legno, dando a credere che si trattasse di un'offerta alla dea Atena. I Troiani lo portarono all'interno delle loro mura e durante la notte, dal ventre del cavallo, uscì un manipolo di guerrieri greci che aprirono le porte di Troia ai compagni nascosti, determinando la caduta della città.

da cavalli ad asini
Si dice a proposito di un forte regresso, di qualcosa che peggiora o che scade nettamente, specialmente in merito

a prestigio, considerazione, fama, privilegi e via dicendo.
Narra un antico aneddoto che un uomo, dopo la fine di una guerra, impiegò il suo valoroso cavallo di battaglia come animale da soma, affidandogli tutti i lavori più umili e faticosi generalmente svolti dagli asini. Non molto tempo dopo, quando scoppiò un'altra guerra, l'uomo volle di nuovo bardarlo per condurlo in battaglia, ma il cavallo gli disse: "Per il mio e il tuo bene, arruolati tra i fanti! Infatti, dopo avermi fatto passare da cavallo ad asino, come farai a ritrasformarmi da asino in cavallo?"

essere a cavallo
Figurato: conseguire quanto si desiderava dopo molte difficoltà; risolvere un problema o uscire da una situazione critica con pieno successo; trovarsi finalmente in una posizione sicura, non avere più preoccupazioni.
Il detto ha origine dagli usi dell'antica Roma, dove poteva appartenere alle forze di cavalleria solo chi poteva permettersi di possedere, mantenere e addestrare a sue spese un cavallo da guerra, il che restringeva non poco la cerchia degli aspiranti. I cavalieri godevano però di bottini più ricchi di quelli dei fanti, e quindi molti investivano tutti i loro averi in quel bene costoso che era il cavallo, sicuri che a guerra finita il riscontro economico li avrebbe ripagati delle spese sostenute. L'*essere a cavallo* era di conseguenza indicativo di floride prospettive economiche conquistate però con sacrificio. ‖ In bilico, a cavallo di qualcosa. In senso lato anche fra due epoche, due situazioni diverse e così via.

essere come il caval del Ciolla (raro)
Essere pieni di acciacchi, di malanni; avere salute malferma.
Il *Ciolla*, protagonista di un racconto popolare, aveva un cavallo con cento piaghe sotto la coda. ‖ Essere sciocchi o creduloni, accontentarsi di parole e di promesse, senza mai ottenere niente di concreto.
Al suo cavallo, il Ciolla prometteva sempre la biada alla sosta successiva.

il cavallo non beve
È un vecchio sottinteso che allude al ristagno di una situazione economica e produttiva, soprattutto se legato a una condizione di mercato. In senso lato, può essere riferito a situazioni di ristrettezza economica in generale.

partire a cavallo e tornare a piedi
Figurato: avere grandi progetti e vederli fallire; dedicarsi con entusiasmo a un'impresa grandiosa e uscirne perdenti, delusi e umiliati.
Il detto fa riferimento alle antiche scorrerie con cui molti cavalieri cercavano di conquistare i territori degli altri. Tornarne dopo aver perso anche il cavallo era il massimo della sconfitta.
Il detto è la contrazione di un proverbio che dice che "la superbia partì a cavallo e tornò a piedi".

quando non vanno i cavalli vanno anche gli asini
Accontentarsi di quello che c'è; in mancanza della soluzione ideale, accontentarsi di un ripiego.

CAVERNA

puzzare ancora di caverna (raro)
Figurato: essere rozzi, ignoranti e ineducati. Si dice soprattutto di persone che, pur sforzandosi di apparire colte e raffinate, tradiscono una bassa estrazione, la mancanza di cultura di base o una natura fondamentalmente violenta, come se fossero appena uscite dalle caverne primitive.

CAVO

essere sui cavi sottili (raro)
Figurato: essere pronti a partire, come se si fosse ancora trattenuti solo da pochi cavi leggeri.
Nel gergo marinaresco, si riferisce a

un'imbarcazione che ha già sciolto gli ormeggi veri e propri e rimane legata a terra solo con i cavi più leggeri, che si tolgono all'ultimo momento.

CAVOLO

Il *cavolo* entra in vari modi di dire per due ragioni: la prima è data dal suo scarso valore commerciale, la seconda da una vaga assonanza eufemistica con il termine popolare usato per l'organo genitale maschile. Per entrambi questi motivi il cavolo è divenuto simbolo di cosa di scarso valore.

andare a ingrassare i cavoli
Figurato: morire, diventando così, dopo la sepoltura, un concime per prodotti dell'orto. In genere spregiativo.
var.: andare a far terra per i cavoli.

andare a piantar cavoli
Figurato: ritirarsi a vita privata; abbandonare la vita pubblica per trovare soddisfazione in un'esistenza più semplice.
Nell'anno 305 d.C., il sessantaduenne imperatore romano Diocleziano abbandonò Roma e il potere per ritirarsi nella cittadina dalmata di Salona, l'attuale Spalato, dove si fece costruire un imponente palazzo ma trascorse i suoi giorni curandosi dei lavori della campagna. Sollecitato a tornare a Roma e alla vita politica, rifiutò, affermando che i suoi cavoli lo rendevano più felice di qualsiasi impero.

col cavolo! *(pop)*
Esclamazione: usato di solito per sottolineare una negazione, un rifiuto.

entrarci come i cavoli a merenda *vedi* **starci come i cavoli a merenda**

farsi i cavoli propri *(pop)*
Occuparsi dei fatti propri, senza darne spiegazione o accettare intromissioni dagli altri. Nello stesso modo, non intromettersi nelle cose altrui e, anche, disinteressarsi della vita sociale; è usato inoltre come invito a non mostrarsi troppo curiosi della vita privata di qualcuno.

non capire un cavolo *(pop)*
Non capire niente.

non fare un cavolo *(pop)*
Non far niente, riferito a chi non sta facendo ciò che dovrebbe, o a persone pigre, inerti, indolenti. È usato anche per meccanismi che non funzionano, per farmaci che si rivelano inefficaci e in generale per cose che non hanno l'utilità prevista.

non valere un cavolo *(pop)*
Non valere niente, nemmeno quanto un cavolo, considerato tradizionalmente un alimento poco pregiato.

portar cavoli a Legnaia *(raro)*
Figurato: fare una cosa inutile, senza senso, come portare qualcosa in un luogo che ne abbonda.
Il paese di Legnaia, in Toscana, era dedito alla coltivazione dei cavoli.

portare il cavolo in mano e il cappone sotto *(raro)*
Volere apparire diversi da quello che si è.

starci come i cavoli a merenda *(fam)*
Stonare, non avere alcuna attinenza con l'argomento o il fatto di cui si sta parlando.
var.: entrarci come i cavoli a merenda.

CECE

andare a far terra per i ceci
Figurato: morire.
Di origine agricola, il detto allude al corpo del defunto che, una volta seppellito, va a render fertile la terra su cui cresceranno i ceci.

avere il cece
Pronunciare male le parole, e in particolare alcune consonanti, come se si fosse impediti nel parlare dalla presenza di un cece in bocca.
var.: avere il cece in bocca

avere il cece nell'orecchio *(raro)*
Figurato: essere sordi, come se si avesse un cece nell'orecchio che ostruisce

il canale auditivo. Usato più spesso in senso lato: non voler intendere o far finta di non capire.

cercare un cece in mare *(raro)*
Figurato: desiderare l'impossibile. Anche sbagliare tecnica per ottenere un risultato, per incapacità o testardaggine.

non tenere un cece in bocca *(raro)*
Figurato: non sapere mantenere un segreto, come se si fosse incapaci di tenere la bocca chiusa sia pure per conservarvi un cece.

CEMBALO

Il *cembalo*, o *cimbalo*, era un antico strumento musicale a percussione da cui discendono gli attuali piatti. Il nome cominciò ad essere usato nella forma plurale "cimbali" o nel più raro "cimberli" quando la parola "cembalo" divenne sinonimo di clavicembalo. I due termini sono qui unificati, tenendo presente di volta in volta la grafia più comune.

andare col cembalo in colombaia *(raro)*
Figurato: raccontare a tutti i fatti propri, parlare di cose che sarebbe meglio tacere. Anche provocare chiacchiere, critiche o simili per aver parlato troppo. L'immagine è quella di chi andasse a suonare il cembalo in una colombaia, disturbando così tutti i piccioni.

andare in cimbali
Ubriacarsi. Per estensione, sragionare, fare discorsi insensati, avere la mente confusa.
var.: andare in cimberli.

avere il capo in cembali *(raro)*
Essere distratti, come se si pensasse a tutt'altre cose da quelle che si stanno facendo. In senso lato, pensare solo a divertirsi.
var.: essere col capo in cimbali.

essere in cimbali *(raro)*
Essere allegri, chiassosi per avere bevuto un po' troppo.

La locuzione è presa dal Salmo 150, *"in cimbalis bene sonantibus"*.

CENA

fare la cena del galletto *(raro)*
Figurato: andare a letto senza cena, come i polli che non hanno orari fissi per i pasti ma mangiano per tutto l'arco della giornata.
Il detto intero dice: "far la cena del galletto: un salto e a letto."

fare la cena di Salvino *(raro)*
Figurato: andare a letto senza cena.

non accozzare il desinare con la cena
Essere molto poveri; stentare a guadagnare il minimo per vivere.
var.: non combinare il pranzo con la cena.

CENCIO

cadere come un cencio
Afflosciarsi, detto in genere di una persona che sviene.

pallido come un cencio
Riferito al viso di una persona, colorito molto pallido, anche livido o grigiastro, in genere a causa di un grosso spavento.
var.: bianco come un cencio; pallido come un cencio lavato; bianco come un cencio lavato.

ridursi a un cencio
Debilitarsi, indebolirsi, dimagrire a vista d'occhio; essere in uno stato di grave prostrazione.

CENERE

covare sotto le ceneri
Figurato: di un'azione in genere progressiva, continuare a esistere, a prepararsi nascostamente, in vista di scatenarsi apertamente e improvvisamente. Usato in genere per fatti tumultuosi, da una rivolta a un'esplosione d'odio. L'immagine è quella della brace che continua ad ardere sotto la cenere e può erompere in una fiammata al primo soffio d'aria.

diventar cenere
Figurato: morire. In senso lato, detto di un'istituzione, di un'ideologia, di una dittatura, di una civiltà e simili, sparire rapidamente, smettere di esistere senza lasciare tracce.

ridursi in cenere
Figurato: rovinarsi, distruggersi completamente, come bruciando fino in fondo sotto l'azione del fuoco. Di un progetto, un'aspettativa e simili, sfumare, non verificarsi.
var.: andare in cenere; finire in cenere.

risorgere dalle ceneri
Figurato: rinascere, rifiorire, ritrovare vitalità, riferito anche a ideologie, correnti artistiche o filosofiche, istituzioni e simili che sembravano finite.
Il detto si collega a un mitico uccello divenuto simbolo della rinascita, l'Araba Fenice. Secondo la leggenda, viveva nell'*Arabia Felix*, l'attuale Yemen, e ogni cinquecento anni si bruciava da sé per poi rinascere dalle proprie ceneri.
var.: rinascere dalle proprie ceneri.

CENTO

contare fino a cento prima di parlare
Figurato: pensare bene a quello che si sta per dire; evitare di dare risposte precipitose.
Il contare fino a cento dovrebbe dare il tempo di riflettere.

farsi in cento
Figurato: darsi molto da fare, moltiplicare gli sforzi. Anche svolgere diverse mansioni insieme, o svolgere una grande quantità di lavoro.

CENTRO

far centro
Colpire il bersaglio, e in senso figurato arrivare allo scopo, raggiungere il fine cui si tende, ottenere il risultato voluto. Anche avere successo, soprattutto di un libro, uno spettacolo o simili.

CEPPO

mettere in ceppi *vedi* **catena: mettere in catene**

venire dallo stesso ceppo
Discendere dalla stessa famiglia, e in senso lato, avere la stessa origine; quindi essere simili.

CERA

aver la cera negli orecchi *(raro)*
Figurato: essere sordi, come se si avesse della cera nelle orecchie che ostruisce il canale auditivo. Usato principalmente nel senso lato di rifiutarsi di ascoltare, di non voler intendere o far finta di non capire.
Racconta Omero nell'*Odissea* (12, 177) che Ulisse impose ai suoi marinai di tapparsi le orecchie con la cera, per evitare che il canto ammaliatore delle Sirene li inducesse a seguirlo portando la nave a fracassarsi sugli scogli. L'espressione si trova però in vari autori, come Orazio, Ammiano Marcellino, Sant'Ambrogio e altri, mentre in un salmo biblico si trova un serpente che resiste agli incantamenti perché ha le orecchie otturate.
var.: tapparsi gli orecchi con la cera; mettersi la cera nelle orecchie.

avere una brutta cera
Avere il volto sciupato, dall'aspetto malsano, malaticcio; in particolare dal colorito pallido, grigiastro.
La parola *cera* deriva dal greco *kára*, cioè "faccia, testa", da cui il francese antico *chiere*", viso.
var.: bella cera.

far buona cera
Fare bella accoglienza.
La cera è qui l'espressione del volto.

CERBERO

Cerbero era un mostro che la mitologia greca poneva a guardia degli Inferi, da cui impediva l'uscita. Figlio di Echidna e Tifone, aveva il corpo di un cane a tre teste, portate al numero di cinquanta da Esiodo, la coda di un drago, e più di cento teste di serpente poste lungo il dorso come una criniera. Poteva essere placato con l'offerta rituale di un dolce di miele, che a questo scopo veniva posto sul corpo dei defunti insieme alla moneta che costituiva l'obolo per Caronte, il barcaiolo addetto a traghettare le anime nel Regno dei Morti. Nella *Divina Commedia*, (*Inferno*, canto VI, vv. 13-33) Dante lo pone a guardia del girone dei golosi.

essere un Cerbero
Essere un guardiano inflessibile, arcigno e scortese. Anche essere una persona autoritaria dai modi rigidi e sgarbati, che sembra servirsi del suo potere per rendere la vita difficile agli altri imponendo una disciplina ferrea e spesso inutile.

CERCARE
cercare col lanternino
Figurato: cercare una cosa difficile da trovare, applicandovisi scrupolosamente con pazienza, fatica, metodo, diligenza. Riferito a guai, grattacapi, fastidi, incorrervi facilmente per sconsideratezza, caparbietà o ingenuità.
Allude alla lanterna che il filosofo greco Diogene, secondo l'aneddoto tramandatoci da Fedro (*Favole*, III, 18), usava portare con sé per cercare l'Uomo. Originariamente infatti il detto diceva "cercare con la lanterna".
var.: cercare col lumicino.

cercare in lungo e in largo
Cercare accuratamente, guardando dappertutto.

cercare la pietra filosofale
Figurato: cercare qualcosa che non esiste, detto in particolare di chi si dedica a speculazioni astruse, come pure di chi insegue accanitamente la ricchezza.
Per gli alchimisti il *Lapis Elixir*, ossia la *pietra filosofale*, rappresentava la fase finale della ricerca per raggiungere l'unità con il Cosmo. Veniva immaginata come una polvere scura capace tra l'altro di trasformare in oro i metalli vili, e questa proprietà sarebbe stata la conferma della fine della ricerca. Anche in virtù della segretezza che circondava l'opera alchemica, la tradizione ha colto e tramandato soprattutto l'aspetto venale della pietra filosofale, e l'ha presentata come un semplice oggetto magico in grado di procurare immense ricchezze.
var.: trovare la pietra filosofale.

cercare la quadratura del cerchio
Figurato: cercare una cosa impossibile, probabilmente inesistente o comunque difficilissima da trovare, riferito soprattutto alla soluzione di un problema, di una situazione intricata e così via.
La *quadratura del cerchio*, cioè la costruzione di un quadrato dal perimetro equivalente alla circonferenza di un dato cerchio servendosi solo di riga e compasso, è sempre stata ambizione dei matematici di tutti i tempi. Solo verso la fine del 1800 ne venne riconosciuta l'effettiva impossibilità, se non al di fuori dei parametri della geometria elementare. Nel frattempo la si vedeva come problema difficilissimo ma di soluzione teoricamente possibile, tanto che fu adottata anche dagli alchimisti come simbolo del raggiungimento dell'unità con il Cosmo, fine ultimo della loro Opera.
var.: cercare la quadratura del circolo.

cercare Maria per Ravenna (des)
Figurato: cercare una cosa dove sicuramente non c'è. Anche, al contrario, cercare una cosa dove questa si trova in abbondanza, per cui il trovarla è impresa ridicola di cui non c'è proprio ragione di vantarsi, e il non riuscirci rappresenta il massimo dell'incapacità. Il detto è praticamente in disuso, data anche la sua scarsa chiarezza e

l'incerta origine. Alcuni vogliono che la *Maria* in questione non sia il nome di una persona bensì il plurale latino *maria*, quindi il mare, da cui la città di Ravenna era un tempo bagnata.

cercare per mare e per terra
Cercare qualcosa ovunque, con attenzione e insistenza, come percorrendo tutti i mari e tutta la terra per trovarla. Il detto ha un antico precedente greco, nato da un passo di Teognide (179) in cui si afferma che "bisogna sfuggire alla povertà per mare e per terra".

cercare per mari e monti
Cercare qualcosa ovunque, con attenzione e insistenza, come percorrendo tutti i mari e tutte le montagne per trovarla.

cercare per monti e per valli
Cercare ovunque, a lungo e con insistenza, come percorrendo monti e valli per trovare qualcosa.

CERO
accendere un cero (pop)
Essere sfuggiti a un grave pericolo per pura fortuna o grazie all'aiuto della Divina Provvidenza, e pertanto accendere una candela in chiesa come ringraziamento.
var.: accendere un cero in chiesa; accendere un lume; accendere una candela ai Santi; accendere un lume alla Madonna.

CEROTTO
essere come il cerotto dei frati (raro)
Essere una panacea universale, un rimedio che cura tutte le malattie o che risolve ogni situazione difficile. Un tempo valeva specificamente per farmaci e medicamenti un po' generici.
Si riferisce a tutti quei farmaci di non meglio identificata composizione, ma generalmente a base di erbe, che un tempo venivano preparati nei conventi.

CERTO
lasciare il certo per l'incerto
Abbandonare qualcosa di sicuro per qualcosa di nuovo che non dà garanzie di successo, riferito soprattutto al lavoro o a scelte di vita in genere. Il significato è molto simile a quello del detto "Lasciare la via vecchia per la nuova".

un certo non so che
Qualcosa di vago, d'indefinito, di cui si avverte nondimeno la presenza e la suggestione.

CERTOSINO
da certosino
Molto paziente oppure minuzioso, degno dei frati Certosini, celebri per la grande accuratezza delle miniature cui si dedicavano e che richiedevano precisione e pazienza. Riferito in genere a un lavoro.

CERVELLO
avere cervello quanto una formica
Avere poco cervello, essere poco intelligenti.

avere il cervello di uno scricciolo
Essere poco intelligenti, come se si avesse lo stesso cervello di un uccellino piccolo quanto lo scricciolo.

avere il cervello in acqua *vedi* **avere il cervello in pappa**

avere il cervello in fumo
Figurato: essere mentalmente stanchi.

avere il cervello in pappa (fam)
Figurato: non riuscire più a usare la propria intelligenza; avere perduto la lucidità mentale, il buon senso, la capacità di giudizio per i motivi più diversi, ivi compresi vecchiaia, stanchezza e innamoramento.
L'immagine è quella di un cervello in poltiglia che avendo perduto la sua consistenza naturale perde anche la sua funzionalità.
var.: avere il cervello in acqua; avere il cervello in marmellata.

avere il cervello sopra il cappello *(raro)*
Figurato: mancare d'intelligenza oppure non usarla, come se il cervello fosse un ornamento da portarsi sopra il cappello.

avere stoppa nel cervello
Figurato: non capire, mancare d'intelligenza o non usarla, come se al posto del cervello si avesse della stoppa, o se quest'ultima fosse d'impaccio al normale funzionamento cerebrale.

bruciarsi le cervella *vedi* **farsi saltare le cervella**

cervello di gallina
Figurato: mancanza d'intelligenza, come se il cervello di una persona fosse grande come quello di una gallina.
Per molto tempo si è ritenuto a torto che la quantità della massa cerebrale fosse in diretto rapporto con l'intelligenza. Di conseguenza, un individuo veniva considerato tanto più intelligente quanto più "cervello" aveva.

dare di volta il cervello
Sragionare, o impazzire improvvisamente, come se il cervello si fosse capovolto. In senso lato si usa anche per una persona che si comporta inaspettatamente in maniera bizzarra o pretende cose assurde.

essere il cervello
Figurato: essere il capo, la persona che studia un progetto e dirige le operazioni. Usato prevalentemente in relazione ad atti criminali e simili.

essere senza cervello
Figurato: mancare d'intelligenza oppure non usarla. Per estensione, essere sempre distratti, svagati, smemorati e così via.

far lavorare il cervello
Pensare intensamente, cercare di farsi venire un'idea, di trovare soluzione a un problema e simili. Anche sforzarsi di capire qualcosa.
var.: far lavorare le meningi; spremersi la meningi.

farsi saltare le cervella
Figurato: suicidarsi sparandosi alla testa.
var.: bruciarsi le cervella.

lambiccarsi il cervello
Pensare intensamente per trovare una soluzione, per venire a capo di una questione, come se si mettesse il cervello in un distillatore da cui raccogliere le idee come prodotto.

lavaggio del cervello
Pressione psicologica violenta e continuata su una persona per rimuoverne gli atteggiamenti mentali precedenti e imporgliene di nuovi. Il termine si usa attualmente in senso lato: nel mondo commerciale, pubblicitario, educativo, politico, e anche per definire l'influenza che una persona può esercitare su un'altra. Anche in senso ironico e scherzoso.

mandare il cervello in vacanza
Figurato: fare ragionamenti sciocchi, assurdi o insensati, come se si fosse momentaneamente privi del cervello. È riferito in genere a una persona che di solito si comporta razionalmente.

mettere il cervello a bottega
Mettere la propria intelligenza al servizio di qualcuno, sprecando in un certo modo le proprie capacità.

portare il cervello all'ammasso
Figurato: rinunciare all'autonomia di pensiero adeguandosi alla maggioranza, per pigrizia o comodità.
L'*ammasso* è il conferimento di prodotti agricoli o industriali a un unico ente che provvede a gestirli nel loro complesso. Nato come operazione volontaria da parte dei produttori per frazionare nel tempo la vendita delle derrate ed evitarne così il deprezzamento, in circostanze particolari divenne una forma di raccolta coatta stabilita dai governi.

uscire di cervello
Impazzire, come se ci si trovasse all'esterno del proprio cervello e non si riuscisse più a controllarne i processi.

CESARE

dare a Cesare quel che è di Cesare
Agire con equità e giustizia, riconoscere a ciascuno i meriti, i diritti o le ragioni che ha effettivamente.
Il detto viene dal Vangelo di Luca (XX,25), in cui si racconta come Gesù, interpellato dai Sacerdoti del Sinedrio che volevano indurlo ad affermare che non era giusto pagare le tasse a Roma, prese una moneta e indicò l'effigie dell'imperatore che vi era incisa dicendo: "Si renda dunque a Cesare quel che è di Cesare, e a Dio quel che è di Dio", gettando così le basi della divisione tra potere spirituale e potere temporale.
o Cesare o Niccolò *(raro)*
O tutto o niente.
Il detto è corruzione popolare del latino *aut Caesar aut nihil*, motto adottato da Cesare Borgia, detto "il Valentino", e ripreso da una frase che secondo Svetonio avrebbe pronunciato Giulio Cesare per dichiarare di preferire di essere il primo cittadino in un piccolo paese, nella fattispecie Veio, piuttosto che il secondo a Roma. L'episodio è citato anche da Plutarco, che però lo colloca in un piccolo villaggio delle Alpi. Il detto potrebbe tuttavia riprendere invece un frase di Caligola, amante del lusso più sfarzoso, che secondo Svetonio imbandiva mense sfolgoranti d'oro e beveva perle disciolte nell'aceto affermando che "bisogna essere o frugali o Cesare".

CESARINI

in zona Cesarini
Figurato: all'ultimo momento, detto in genere di qualcosa che interviene provvidenzialmente a salvare una situazione.
Il detto allude al goal decisivo segnato all'ultimo minuto di gioco dal calciatore italo-argentino Renato Cesarini, che nel 1931 fece così vincere alla Juventus un'importante partita contro l'Ungheria.
var.: in area Cesarini.

CHIACCHIERA

far quattro chiacchiere
Avere una breve conversazione. In senso lato, parlare con qualcuno di un argomento specifico con una certa discrezione.

CHIAMARE

chiamare la gatta gatta e non micia *(raro)*
Figurato: parlar chiaro, dire le cose con franchezza evitando allusioni, sottintesi e giri di parole, anche a costo di apparire rudi e privi di delicatezza. Di questo detto esiste una variante molto antica, "chiamare i fichi fichi e la tazza tazza". Viene attribuito a Menandro e, secondo alcuni, anche ad Aristofane.
chiamare le cose con il loro nome
Figurato: parlar chiaro, dire le cose con franchezza evitando allusioni, sottintesi e giri di parole, anche a costo di apparire rudi e privi di delicatezza.
essere chiamati da Dio
Figurato: morire. ‖ Figurato: avvertire la vocazione religiosa al sacerdozio o al convento.
molti sono i chiamati
Ironico: si usa per chi non riesce in un'impresa da cui si aspettava riconoscimenti e successo, in particolare se viene superato da qualcun altro.
Deriva da una frase pronunciata da Gesù a conclusione della parabola del Banchetto Nuziale (Matteo, XXII, 1-14), in cui si narra di un re che diede un grande banchetto per le nozze del figlio. Per due volte gli invitati si rifiutano di partecipare adducendo varie scuse e arrivando fino a insultare e a uccidere gli inviati del re, finché questi, dopo aver punito i sudditi dando alle fiamme le loro città, manda i servi per le strade a invitare al banchetto

chiunque trovino. Tra i commensali si presenta però un uomo senza abito nuziale, e il re ordina di legargli mani e piedi e di gettarlo nelle tenebre dove "è pianto e stridor di denti. Perché molti sono chiamati, ma pochi eletti".

CHIARO *(agg)*
PARAGONI: chiaro come il sole; chiaro come l'olio; chiaro come il giorno; chiaro come due e due fanno quattro.

cantarle chiare *(fam)*
Figurato: dire energicamente quello che si pensa, senza lasciar possibilità di dubbio in proposito. Si usa in particolare per chi fa valere le proprie ragioni ritenendo di aver subito un sopruso e simili. Anche, rimproverare energicamente motivando le ragioni del rimprovero.

chiaro anche per un cieco
Figurato: molto chiaro, evidentissimo, come una luce talmente abbagliante da risultare visibile persino ai ciechi. Si dice principalmente di un discorso, di un ragionamento, di un episodio che non può essere interpretato che in un solo modo e via dicendo.
Il detto, usato da Quintiliano, Aristofane, Platone, Menandro, Boezio, Sant'Agostino e molti altri, ha origine in Livio (32, 34, 3) che l'attribuisce a Filippo il Macedone, il quale sembra abbia così commentato l'affermazione di chi gli diceva che in guerra si va per vincere o per soggiacere ai più forti. Il concetto ha dato luogo a diverse varianti, quali essere chiaro anche "agli occhi di Omero", che appunto era cieco, che compare in Tertulliano (*De pallio*, 2) e un toscano "lo vedrebbe anche Cimabue che aveva gli occhi di panno".
var.: lo vedrebbe anche un cieco.

chiaro come due e due fanno quattro
Molto chiaro, evidentissimo, indiscutibile.

chiaro come il giorno
Chiarissimo, evidente, comprensibile a chiunque. Anche innegabile, inconfutabile.
var.: chiaro come il sole.

chiaro come l'olio
Chiarissimo, limpido, trasparente. Anche evidente, lampante.

CHIARO *(sost)*
chiari di luna
Figurato: situazione precaria, periodo difficile, soprattutto sotto il profilo economico.
Il *chiaro di luna* è chiamato in causa perché la sua luce fioca nasconde i particolari e rende incerte le immagini.

mettere in chiaro
Figurato: chiarire, fare chiarezza su un dato argomento o fatto.

venire in chiaro
Chiarirsi, diventare evidente, o anche essere accertato. Appurato, detto in genere di un fatto che era rimasto nascosto.

CHIARO *(avv)*
cantar chiaro
Figurato: affermare con energia, parlare con decisa chiarezza, con l'intento di evitare qualsiasi possibilità di fraintendimento.

dire chiaro e tondo
Parlare in modo assolutamente esplicito, senza lasciare adito a dubbi; dire le cose con franchezza evitando allusioni, sottintesi e giri di parole, anche a costo di apparire rudi e privi di delicatezza. Sottintende spesso una vena d'esasperazione, come di chi ha già detto le stesse cose molte volte senza riuscire a farsi capire da un interlocutore che non ne ha la voglia o l'intelligenza.
var.: parlare chiaro.

vederci chiaro
Figurato: vedere, controllare, per

comprendere con chiarezza quanto era rimasto poco visibile o confuso o per scoprire eventuali pecche nascoste.

CHIASSO
far chiasso
Figurato: suscitare clamore, scalpore; anche attirare l'attenzione sucitando commenti, discussioni, pettegolezzi e simili.

far tanto chiasso per niente *(fam)*
Figurato: agitarsi per un nonnulla, suscitare problemi inutili attribuendo grande importanza a cose da poco.
var.: far molto rumore per nulla.

CHIAVE
chiavi in mano
Si dice di prestazioni professionali o servizi che arrivano fino al prodotto finito, liberando il committente da ogni intervento o responsabilità. ‖ Riferito a un alloggio, significa che viene consegnato rifinito e dotato di tutto.

chiudere a sette chiavi
Figurato: chiudere con estrema cura creando condizioni di massima sicurezza, come ritenendo che una chiave sola sia troppo poco per impedire a qualcuno di entrare in un luogo, o di uscirne, o per assicurare l'inviolabilità di un contenitore.
Il numero sette era numero magico, e come tale è entrato nella tradizione.
var.: chiudere con sette sigilli.

posizione chiave
Figurato: posizione che permette il controllo di una situazione e consente d'intervenirvi come si desidera.
Il concetto è quello di una porta chiusa dalla quale bisogna passare per raggiungere un dato luogo. Chi ne possiede la chiave è in condizione di negare o autorizzare il passaggio, ponendo eventualmente proprie condizioni.
var.: essere in posizione chiave; occupare una posizione chiave.

rimanere in chiave *vedi* **uscir di chiave**

tenere sotto chiave
Custodire accuratamente, proteggere un bene chiudendolo in un posto di cui si è gli unici ad avere le chiavi. Riferito a una persona, proteggerla in modo assillante, soffocante, fino ai limiti della libertà personale. Sempre riferito a una persona, anche imprigionarla, tenerla in carcere; in questo senso può essere anche scherzoso.
var.: essere sotto chiave; mettere sotto chiave.

trovare la chiave
Figurato: trovare l'elemento che permette di capire qualcosa, riferito soprattutto a cifrari, misteri, delitti e tutto quanto presenti un aspetto oscuro di cui tuttavia si intuisce una possibilità di comprensione. Anche trovare il mezzo adeguato per raggiungere uno scopo, per favorire un'azione e simili.

uscir di chiave
Non adeguarsi, in modo imprevisto, alle regole imposte da una situazione, una maggioranza, o da un organismo cui si fa capo. Anche non essere più all'altezza dell'immagine che si dà di se stessi. In senso lato, detto di oggetti, azioni e simili, stonare con un dato insieme.
La *chiave* è quella musicale che determina l'altezza delle note, e l'uscirne dà luogo a una stonatura.
var.: rimanere in chiave.

CHIAVISTELLO
baciare il chiavistello *(raro)*
Figurato: andarsene per sempre da una casa, oppure esserne cacciati.
Anticamente, il bacio del chiavistello era segno di addio.

CHICCA
essere una chicca
Figurato: essere una raffinatezza, una cosa da gustare con particolare piacere, detto generalmente di un oggetto d'arte, di un libro, oppure di una noti-

zia ignota alla maggioranza. Anche, essere una cosa eccezionale che si aggiunge ad altro e lo rende ancora più bello, più interessante e simili.

CHIESA
chiese del silenzio
Nome generico dato alle comunità cristiane dei Paesi a regime comunista, nei quali, fino a tempi recenti, era vietata la professione religiosa.
Il detto è entrato in uso dopo la seconda guerra mondiale.

essere mezzo in chiesa *(raro)*
Figurato: essere in punto di morte, già quasi in chiesa per il funerale.

far la visita delle sette chiese
Figurato: andare da un posto all'altro perdendo molto tempo inutilmente, riferito soprattutto alle lungaggini burocratiche.
Deriva dal rito cattolico per la Settimana Santa, in cui è previsto che i fedeli visitino le immagini del Sepolcro di Cristo allestite in almeno sette chiese. Il numero delle chiese era così stabilito a ricordo delle Sette Chiese dell'Apocalisse fondate da Giovanni Evangelista durante il suo lungo esilio nel Vicino Oriente.
var.: fare il giro delle sette chiese.

parere una chiesa parata a festa
Scherzoso: essere vestiti in modo pacchiano, vistoso, con molti fronzoli e grandi pretese di eleganza.

CHIMERA
La *Chimera* è un mostro fantastico della mitologia orientale assorbito in seguito da quella greca, secondo la quale aveva tre teste, una di leone, una di capra e una di serpente, che vomitavano fiamme. Ebbe anche altre raffigurazioni, ma questa è la più comune. La Chimera risiedeva in Licia, dove alla fine venne uccisa dall'eroe greco Bellerofonte, ed è divenuta simbolo delle illusioni, delle ambizioni strane, delle fantasie azzardate, dei sogni irrealizzabili e pericolosi.

essere una chimera
Figurato: essere un'illusione, una fantasia, un desiderio, un sogno bellissimo ma privo di concretezza e di qualsiasi possibilità di realizzazione.

inseguire una chimera
Figurato: perdere tempo in fantasticherie assurde e pericolose.

CHIOCCIOLA
esser fatto di corna di chiocciola *(raro)*
Figurato: essere di salute cagionevole, delicata, soggetta a tutti i malanni di stagione.
Le cosiddette *corna* della chiocciola sono in realtà organi di senso, che avvertono l'animale anche della più piccola variazione atmosferica.

vivere come una chiocciola *(raro)*
Condurre vita ritirata, come la chiocciola che non esce mai dal suo guscio.
var.: fare una vita da chiocciola.

CHIODO
appendere al chiodo
Figurato: abbandonare una data attività, in particolare quando non ci si ritiene più idonei a continuarla. In particolare si dice che si appendono al chiodo gli attrezzi sportivi, a significare che non serviranno più.
Il detto risale a un'usanza diffusa tra gli antichi gladiatori, che quando venivano liberati dedicavano le loro armi al Dio Ercole e le appendevano alle porte del tempio a lui dedicato. (Orazio, Libro I, *Epistola* I, e Libro III, *Ode* 26).

appendere il cappello al chiodo
Figurato: stabilirsi in un luogo e non andarsene più. Si riferisce a una persona che si sistema più o meno stabilmente in casa d'altri, e in particolare a un uomo che, corteggiando una donna, si stabilisce in casa sua facendosi mantenere da lei, e che continua a far-

si mantenere anche dopo un eventuale matrimonio. ‖ Figurato: assicurarsi un diritto, anche se minimo, da rivendicare nel tempo.
Una vecchia favola racconta di un uomo che si vide un giorno costretto a vendere la sua casa. Tuttavia si riservò la proprietà di un chiodo che sporgeva da una parete, e prima di andarsene vi appese un vecchio cappello. Il tempo passò, l'uomo riuscì a migliorare le sue condizioni finanziarie e decise di tornare in possesso della casa, ma quando si presentò per riacquistarla gli venne chiesto un prezzo esorbitante. L'uomo sembrò rinunciare all'acquisto, ma da allora in poi si ripresentò ogni giorno per riprendere e per riporre il cappello sul "suo" chiodo. Giorno dopo giorno, esasperò talmente i nuovi proprietari che questi gli rivendettero la casa a condizioni accettabili.

avere un chiodo in testa *(fam)*
Figurato: avere un pensiero ossessivo, un'idea assillante che non si riesce ad allontanare. Anche avere un'idea fissa, una mania, un puntiglio, oppure un proposito che si è fermamente intenzionati a perseguire a qualsiasi costo.
var.: avere un chiodo fisso in testa; avere un chiodo fisso.

batter sempre sullo stesso chiodo *(pop)*
Figurato: tornare sempre su un dato argomento.
var.: ribadire il chiodo; pestar sempre sullo stesso chiodo.

battere due chiodi a una calda *(raro)*
Figurato: fare due cose contemporaneamente, o dedicarsi a due operazioni diverse ma interdipendenti. Anche ottenere due risultati con una sola azione.
La *calda*, o *caldo*, è una fase della fucinatura che consiste nel riscaldare il metallo e nel lavorarlo finché rimane alla temperatura adatta, continuando a riscaldarlo successivamente fino al completamento del pezzo.
var.: fare due chiodi e una calda; far due chiodi e un caldo; battere due chiodi a un caldo.

chiodo fisso
Figurato: argomento assillante a cui si pensa in continuazione; idea fissa, fissazione, mania, o anche proposito che si è fermamente intenzionati a perseguire a qualsiasi costo.
var.: avere un chiodo fisso in testa; avere un chiodo fisso.

chiodo scaccia chiodo
Di origine proverbiale, il detto ricorda che un nuovo pensiero ne scaccia un altro dello stesso genere ma più sgradevole. Riferito prevalentemente a chi dimentica una delusione amorosa iniziando un'altra relazione.
Il detto, che ripete l'identico proverbio, può avere origine da un antico gioco praticato in Grecia, che consisteva nell'usare un piolo per scalzare o affondare maggiormente un altro piolo conficcato nel terreno.

non batter chiodo *(fam)*
Figurato: non concludere nulla; mancare un risultato, fallire.

piantare un chiodo *(pop)*
Figurato: contrarre un debito, specialmente di quelli che rimangono in sospeso molto a lungo, o che si dubita verranno mai saldati.
Un tempo era usanza affiggere pubblicamente il nome dei falliti e dei debitori pubblici nella "bolletta", e ancor oggi molti esercenti tengono infilzati o appesi a un chiodo scontrini e foglietti che riportano i crediti da riscuotere. ‖ In senso lato, ostinarsi puntigliosamente nel dire o nel fare qualcosa, come martellando insistentemente un chiodo per farlo entrare nella parete.

provare lo stesso gusto che a succhiare un chiodo *(fam)*
Fare qualcosa che non dà alcun piacere o soddisfazione.

roba da chiodi! *(fam)*
Esclamazione: è una reazione a qualcosa d'incredibile o di assurdo. Più raramente viene usata in riferimento a qualcosa di pessima qualità, per sottolineare il disgusto o la disapprovazione che suscita.
L'origine è incerta, ma è possibile che si colleghi al fatto che l'antica arte della falegnameria, per unire due parti, utilizzava ingegnosi sistemi di incastro e considerava un lavoro mal fatto quello che ricorreva all'uso dei chiodi e della colla. Da qui deriverebbe l'immagine figurata di qualcosa che, per restare in piedi, deve essere tenuta insieme a forza di chiodi. Un'altra interpretazione fa risalire il detto all'usanza dei fabbri di fare i chiodi con il materiale di recupero, e in questo caso il significato sarebbe "cosa di nessun valore".

CHIÙ
essere il chiù dell'edera
Sapere tutto di tutti, essere sempre bene informati senza che gli altri se ne accorgano.
L'espressione è attribuita alla tradizione religiosa toscana che voleva spiegare in questo modo l'onniscienza e l'invisibilità di Dio, che sa tutto e vede tutto senza essere visto.
Chiù è nome popolare dell'assiolo, un piccolo rapace notturno così chiamato a causa del suo grido, che si apposta tra le foglie fitte in attesa delle sue prede. Essendo prevalentemente insettivoro, sembra avere una predilezione particolare per l'edera, una pianta che attira molti insetti e ha un fitto fogliame.

CHIUSO
PARAGONI: chiuso come un'ostrica; chiuso come un riccio.
chiuso come un'ostrica
Introverso, riservato, taciturno, come un'ostrica di cui è molto difficile forzare le valve.
chiuso come un riccio
Introverso, riservato, taciturno, come un riccio che in caso di pericolo si appallottola strettamente presentando al nemico solo gli aculei.

CIABATTA
avere una ciabatta del Machiavelli *(raro)*
Figurato: essere molto astuti e abili, come se si possedesse una ciabatta appartenuta a Niccolò Machiavelli capace d'infonderne le doti agli altri.
chiudere la ciabatta *(pop)*
Figurato: smettere di parlare, chiudere la bocca, qui paragonata a una ciabatta. Poco usato, si dice in genere a chi parla molto dicendo sciocchezze e soprattutto facendo maldicenza, critiche e simili.
essere una vecchia ciabatta
Figurato: essere una cosa o una persona di scarso valore, o trattata e considerata come tale.
fare da ciabattina *(fam)*
Figurato: lasciarsi maltrattare, accettare di essere considerati con lo stesso scarso rispetto che si può avere per un oggetto di poco valore come una ciabatta, che si calpesta e non si fa vedere a nessuno.

CICALA
fare la cicala
Sperperare beni o denaro senza pensare al futuro.
La *cicala*, che originariamente rappresentava l'animale canoro e quindi la vita serena e spensierata, è diventata nel tempo il simbolo della persona negligente, improvvida e spendacciona, in contrapposizione alla formica laboriosa e parsimoniosa. Questa fama le deriva da una favola che La Fontaine (*Fables*, I, 1) riprese da Esopo (*Favole*, 336) in cui si racconta la storia di

una cicala e di una formica che abitavano lo stesso albero. Mentre la Formica faceva provvista di viveri per l'inverno, la Cicala, incurante delle esortazioni dell'amica, passava le giornate a cantare godendosi il sole della bella stagione. Ma l'estate finì, e la Cicala, affamata e infreddolita, bussò alla porta della Formica chiedendo cibo e riparo. Ma la Formica le domandò: "Che cos'hai fatto per tutta l'estate?" "Ho cantato", rispose la Cicala. E la Formica: "Hai cantato? E adesso balla!"
var.: fare come la cicala delle favole. ‖ Chiacchierare in continuazione, in genere parlando di sciocchezze o dicendo cose noiose o poco interessanti.
In questo caso viene ripreso il simbolo primitivo della cicala come animale canoro per eccellenza.

grattare la pancia alla cicala *(raro)*
Figurato: cercare d'indurre qualcuno a rivelare un segreto, una confidenza o simili.
Il caratteristico frinire della cicala è prodotto dalla vibrazione delle elitre, mosse da muscoli situati proprio sull'addome. Il detto, di origini antichissime, viene fatto risalire a un diverbio avvenuto tra Luciano di Samosata e Timarco, entrambi vissuti attorno al 150 d.C., durante il quale il primo paragonava i discorsi dell'altro al frinire delle cicale.

CICCA
accontentarsi delle cicche
Figurato: accontentarsi di molto poco, avere poche esigenze, come se si fosse paghi di fumare i mozziconi delle sigarette buttate da altri. ‖ Ricavare molto poco da una situazione da cui tutti traggono vantaggio. ‖ Essere molto poveri, e doversi accontentare di quello che capita.

non valere una cicca *(pop)*
Non valere nulla, come il mozzicone di una sigaretta fumata.

CICERONE
fare da Cicerone
Illustrare ad altri quello che si sa su un dato argomento, e più specificamente fare da guida in un museo, in una città o una zona d'interesse turistico, artistico o simili.
Il motivo per cui è stato scelto il nome di *Cicerone* può esser nato dal paragone fra la sua eloquenza e la verbosità spesso comune alle guide turistiche specializzate. Tuttavia nelle sue *Lettere* Cicerone descrive con grande efficacia e diligenza la Grecia e le residenze dei suoi grandi uomini, tanto che nel 1855 Jacob Burckhardt pubblicò un volume intitolato *Il Cicerone, guida al godimento delle opere d'arte italiane*, considerato un fondamentale repertorio storico e critico dei nostri monumenti artistici.

fare il Cicerone
Fare sfoggio di molte conoscenze in modo ampolloso e saccente; atteggiarsi a esperti di tutto; pretendere di entrare nel merito in qualsiasi argomento anche parlando a sproposito.

CICISBEO
fare il cicisbeo
Proporsi come accompagnatore assiduo, fedele e sempre disponibile, riferito soprattutto a un corteggiatore instancabile, frivolo e noioso.
Il termine è sinonimo di "cavalier servente", che nel 1700 indicava il gentiluomo che si metteva al servizio di una dama. Le faceva compagnia e la scortava ovunque desiderasse andare, anche con la presenza di un eventuale marito di cui poteva benissimo essere amico, in quanto il cicisbeo non era necessariamente né un amante né un corteggiatore della dama.

CICLONE
Il *ciclone*, detto anche uragano, tifone, tornado e così via, è in pratica un

vortice di vento che gira velocissimo attorno a una zona di depressione chiamata "occhio", dove c'è una calma assoluta, mentre la velocità del vento intorno può superare i 300 chilometri l'ora. Il ciclone non sta fermo in un dato luogo, ma si sposta, e con lui il suo occhio; per questo quando investe una località si presenta in tre fasi: una di violenza, una di calma e una di nuova violenza.

essere un ciclone
Figurato: essere una persona esuberante, irrequieta, superattiva e trascinante che porta scompiglio ovunque vada.

trovarsi nell'occhio del ciclone
Figurato: essere in una situazione difficile, delicata o pericolosa; trovarsi al centro di un interesse o di un avvenimento scomodo o poco gradito, esserne travolti e dover essere molto cauti nelle proprie azioni e comportamenti.
In senso lato, essere costretti a prendere provvedimenti e precauzioni in vista di un evento difficile che si profila imminente.

CIECO
PARAGONI: cieco come una talpa.
cieco come una talpa
Molto miope, oppure dalla vista molto debole, come quella di una talpa, che ha la vista molto ridotta poiché, vivendo sottoterra, non ha bisogno di buoni organi visivi.

CIELO
apriti cielo!
Esclamazione: esprime una reazione violenta e improvvisa di fronte a un fatto inatteso.
Secondo le antiche credenze, il Cielo si apriva quando gli Dei volevano colpire la Terra con tuoni e fulmini.
cadere dal cielo *vedi* **piovere dal cielo**
cambiar cielo *(raro)*
Figurato: andarsene, trasferirsi, cambiare residenza, ambiente, Paese e simili.

cielo sporco
Cielo fosco, o parzialmente coperto, o segnato da nuvole che minacciano cattivo tempo.

essere al settimo cielo
Essere al massimo della felicità, o manifestare grandissima gioia.
La cosmogonia tolemaica, oltre a porre la Terra al centro dell'Universo, prevedeva che attorno a lei girassero il Sole e tutti gli altri pianeti conosciuti, che comprendendo anche la Luna risultavano in numero di sette. Ognuno di essi si portava dietro la sua striscia di "cielo" che girava con lui. L'ultimo cielo raggiungibile e concepibile per l'essere umano era così il settimo, oltre il quale stava solo il Divino, e che finì per rappresentare il massimo delle possibilità umane. Fin dall'antichità si trovano espressioni in cui l'arrivare a toccare il cielo esprime il culmine della gioia. A parte Cicerone e Ovidio, si segnalano un "toccare il cielo con il capo" di Saffo e di Orazio, fino a una variante di Petronio in cui la locuzione è "credere di avere in mano un coglione di Giove", spesso emendata dagli studiosi in "credere di toccare il *trono* o il *cielo* di Giove".
var.: toccare il cielo con un dito.

lo sa il cielo!
Esclamazione: non lo sa nessuno, solo Dio.

muovere cielo e terra
Figurato: darsi da fare in tutti i modi, ricorrendo a chiunque possa fornire aiuto, per ottenere un dato risultato o per trovare una soluzione a un problema assillante.
var.: smuovere cielo e terra.

non stare né in cielo né in terra
Figurato: essere impossibile, assurdo, illogico, oppure indegno o scandaloso. Si dice di un ragionamento, una pretesa, un comportamento e così via.

var.: roba che non sta né in cielo né in terra; cose che non stanno né in cielo né in terra.

piovere dal cielo
Figurato: essere provvidenziale, detto di una cosa, un avvenimento o una persona che si presenta inaspettatamente al momento giusto per risolvere una data situazione, o di una somma di denaro imprevista. ‖ Figurato: capitare inaspettatamente, in genere creando disagio. ‖ Figurato: essere una persona di cui si ignora l'origine e il passato, oppure di una cosa di cui non si sa la provenienza.
var.: cadere dal cielo.

portare al cielo
Figurato: esaltare, lodare in modo sperticato.

roba che non sta né in cielo né in terra
vedi **non stare né in cielo né in terra**

salire al cielo
Figurato: morire, e quindi per i giusti ascendere al Paradiso.

toccare il cielo con un dito *vedi* **essere al settimo cielo**

volare al cielo
Figurato: morire, intendendo con la morte la liberazione dell'anima che, svincolata dal corpo terreno, può salire al cielo, simbolo del Paradiso cristiano, come volando.

volesse il cielo!
Esclamazione: esprime il desiderio che si realizzi quanto si spera.
Il cielo simboleggia qui la sede di Dio.
var.: il cielo non voglia; non voglia il cielo.

CIGLIO
a ciglio asciutto
Figurato: senza piangere; senza dar segni di commozione.
var.: a occhi asciutti.

a ogni battito di ciglia
Figurato: molto spesso, con la frequenza con cui si battono le ciglia.
var.: a ogni batter di ciglia.

aguzzar le ciglia
Figurato: cercare di vedere meglio, come mettendo a fuoco l'oggetto d'interesse stringendo gli occhi.
var.: aguzzare gli occhi; aguzzare la vista.

non batter ciglio
Figurato: rimanere impassibili, non scomporsi, non lasciar trasparire alcuna reazione.
var.: senza batter ciglio.

CILECCA
far cilecca *(pop)*
Figurato: fallire, mancare il risultato voluto. Propriamente l'espressione si riferisce alle armi da fuoco, quando per qualche ragione non fanno partire il colpo. È possibile che il detto abbia avuto origine onomatopeica dal rumore del percussore che scatta a vuoto. Originariamente però la parola *cilecca* significava burla, soprattutto con valore di scherno.

CIMA
da cima a fondo
Completamente, totalmente, dall'inizio alla fine.

essere una cima
Essere insuperabile in un dato campo; essere particolarmente intelligente.

CINA
andare fino in Cina
Andare in un posto molto lontano, difficile e disagevole da raggiungere. Anche andare in Paesi lontani, sconosciuti e pericolosi, in genere alla ricerca di qualcosa.
La *Cina* è stata per lungo tempo considerata un Paese lontanissimo e favoloso, pieno di meraviglie ma anche di pericoli sconosciuti.

CINCINNATO
Il condottiero romano Lucio Quinzio Cincinnato, vissuto nel V secolo a.C.,

dopo aver ricoperto le cariche di Console e di Dittatore, si ritirò in campagna a vivere dei prodotti della terra. Quando gli domandarono perché avesse lasciato la città e gli onori che legittimamente gli spettavano, rispose semplicemente che la Patria non aveva più bisogno di lui. La storia ce lo ha tramandato come esempio di virtù, rettitudine e semplicità di costumi (Livio, *Annali*, III, 26 e 29).

essere un Cincinnato
Essere una persona semplice, onesta e disinteressata, che nonostante i meriti acquisiti si ritira a una modesta vita privata.

fare il Cincinnato
Condurre una vita semplice, frugale e ritirata. Anche darlo a credere, ostentando una semplicità che in realtà non si possiede.

CINGHIA
stringere la cinghia
Figurato: digiunare, saltare i pasti, in genere per ragioni economiche. Quindi in senso lato, soffrire la fame, subire privazioni. La *cinghia* è quella dei pantaloni: non mangiando si dimagrisce, la cinghia diventa larga e quindi bisogna stringerla.
var.: tirar la cinghia.

CIPOLLA
coperto come una cipolla
Coperto da molti indumenti indossati l'uno sopra l'altro, in genere per difendersi dal freddo.

doppio come le cipolle
Falso, ipocrita, detto in particolare di una persona che non fa mai capire quello che pensa, che nasconde sempre qualcosa, paragonata alla cipolla che si compone di tanti strati sovrapposti.
var.: doppio come una cipolla.

strofinarsi gli occhi con la cipolla
Figurato: fingere di piangere; fingere un dolore che in realtà non si prova. Allude alla sostanza volatile emanata dalla cipolla, che irrita gli occhi e provoca un'involontaria lacrimazione.

CIRCE
Secondo la mitologia greca, *Circe* era una bellissima semidea figlia di Elio, che seduceva gli uomini per trasformarli in animali e tenerli poi prigionieri nelle sue stalle. Ne parla anche Omero nell'*Odissea*, narrando come Ulisse riuscì a sfuggire alle sue arti e a liberare i compagni trasformati in maiali. Circe, che rappresenta il fascino della natura e dell'istinto a cui i deboli soccombono diventando simili alle bestie, è divenuta il simbolo della lusinga sessuale femminile e della seduzione calcolata.

essere una maga Circe
Essere una donna affascinante, che seduce tutti gli uomini; anche usare volutamente le armi del fascino e della seduzione per ammaliare qualcuno. Spesso ironico.
var.: essere una Circe; essere una vera Circe.

CIRCOLO
circolo vizioso
Ragionamento apparentemente corretto che però riporta sempre al punto di partenza, senza arrivare ad alcuna conclusione. In senso lato si dice di una situazione senza via d'uscita, in cui, risolto un problema, se ne apre un altro della stessa natura.
var.: giro vizioso.

CIRENEO
Con questo nome è passato alla storia Simone da Cirene, che secondo il Vangelo (Luca, XXIII, 26; Matteo, XXVII, 32; Marco, XV, 21) aiutò Cristo a portare la croce nella salita al Golgota. Non è chiaro se abbia dato il suo aiuto spontaneamente o se vi sia stato costretto.

fare il Cireneo
Aiutare qualcuno in un lavoro faticoso; addossarsi fatiche altrui senza esserci tenuti; condividere fatiche e sofferenze di qualcuno nell'intento di portargli sollievo.
var.: fare da Cireneo.

CITTÀ
città dei Cesari
Roma, che vide il succedersi degli imperatori cui anticamente si dava l'appellativo di Cesare.
città del fiore
La città di Firenze, il cui simbolo è un giglio.
città di Dio
Il Paradiso.
città eterna
La città di Roma, così definita dagli antichi Romani.
città fantasma
Figurato: centro urbano abbandonato dai suoi abitanti, in cui sembra si aggirino solo fantasmi.
È relativamente facile trovarne nell'America del Nord, nelle zone in cui si erano insediati i cercatori durante la cosiddetta Corsa all'oro, nel periodo tra il 1848 e il 1896. Esauriti i filoni, i paesi costruiti per l'occasione venivano abbandonati. Ebbero lo stesso destino anche diverse cittadine di frontiera.
città morta
Città abbandonata. Si tratta in genere di agglomerati urbani sorti in seguito a un'unica esigenza specifica, soddisfatta la quale esauriscono la loro ragione di essere e vengono abbandonate. Ne sono esempio tipico le piccole città minerarie sorte all'epoca della Corsa all'oro.
città proibita
Zona della città di Pechino eretta nel 1400 secondo precise regole geomantiche e interdetta alla popolazione in quanto riservata alla corte imperiale. Oggi ospita diverse istituzioni pubbliche e un grande museo.
città santa
Città o zona di una città onorata dai seguaci di una religione in quanto ospita importanti santuari o luoghi di culto, come Gerusalemme per i Cristiani e gli Ebrei, Medina e La Mecca per i Musulmani, Benares per gli Induisti e così via.
città satellite
Agglomerato urbano costruito nell'immediata periferia di una città di grandi dimensioni, sulla quale gravita per tutte le attività.
la città dei morti
L'Aldilà. In senso lato, anche il cimitero.

CIVETTA
Con il termine *civetta* s'intende comunemente un gruppo di uccelli predatori notturni che appartengono all'ordine degli Strigiformi. Molto utili all'agricoltura in quanto si nutrono preferibilmente d'insetti, pipistrelli e piccoli roditori, emettono un richiamo piuttosto lugubre che secondo la tradizione popolare italiana è preannuncio o addirittura causa della morte di qualcuno. La civetta usa una tecnica di caccia particolare, mediante la quale riesce ad attirare attorno a sé molti animaletti, compresi altri uccelli di piccola taglia. Nascono da qui i diversi modi di dire relativi ai comportamenti tesi ad allettare o a colpire l'attenzione e la curiosità. La civetta era uccello sacro alla Dea Atena e simbolo di Atene.
essere una civetta
Essere una donna che ama farsi corteggiare e fa di tutto per attirare a sé quanti più ammiratori possibile.
var.: fare la civetta.
fare civetta *(raro)*
Evitare un colpo abbassando velocemente il capo. In senso figurato, evita-

re qualcosa di spiacevole con un'azione rapida e astuta.
Deriva dall'osservazione del movimento della civetta, che avendo gli occhi posti frontalmente è costretta a ruotare tutto il capo se vuole guardarsi attorno, e per riuscirci deve prima incassarlo nelle spalle.
Il detto richiama anche un vecchio gioco, in cui i partecipanti attorniavano un altro giocatore cercando di fargli cadere il berretto; questi doveva evitarlo abbassando la testa al momento giusto.

fare da civetta
Attirare volutamente l'attenzione, soprattutto a scopo d'inganno, detto di persone o di qualsiasi cosa utilizzata a tale fine.

CLASSE
di prima classe
Di prima qualità, di alto livello qualitativo.
var.: di gran classe; di alta classe; di classe.

fuori classe
Eccezionale, tanto al di sopra del livello comune da non consentire paragoni.

CLIMA
clima pesante
Clima umido o in condizioni di bassa pressione, con aria difficile da respirare. Anche figurato per un ambiente in cui si avverte tensione, irritazione o disaccordo tra le persone presenti.

COCCODRILLO
portar coccodrilli in Egitto *(raro)*
Figurato: fare una cosa inutile o inopportuna, come portare qualcosa in un luogo che ne abbonda.
Il coccodrillo del Nilo è il primo ad essere stato conosciuto, e un tempo il fiume ne ospitava in grandissimo numero.

COCOMERO
avere un cocomero in corpo *(raro)*
Figurato: essere inquieti, agitati, angosciati, in ansia; avvertire un malessere generale dovuto a un dubbio, un sospetto, uno stato d'attesa o di apprensione.
Il *cocomero* in questione, secondo alcune denominazioni dialettali, potrebbe essere un cetriolo, molto meno digeribile del cocomero. Il concetto è comunque quello di aver mangiato qualcosa di pesante che non va né su né giù, che provoca malessere e disturba il sonno.
var.: cacciare un cocomero in corpo; mettere un cocomero in corpo.

non tenere un cocomero all'erta *(raro)*
Figurato: non saper mantenere un segreto, una confidenza o simili.
L'immagine è quella di una persona che non riuscirebbe nemmeno a tenere un cocomero *all'erta*, cioè dritto, impedendogli di rotolare.

CODA
a coda di maiale
Ritorto, attorcigliato, a spirale, come la coda del maiale.

a coda di rondine
A due punte, biforcuto come la coda della rondine. Si usa in generale per indicare il frac o gli abiti maschili da cerimonia con la giacca che termina dietro con due falde a forma di triangolo rovesciato. In falegnameria indica un tipo d'incastro.

andarsene con la coda fra le gambe
Figurato: subire una sconfitta, un'umiliazione, soprattutto dopo aver previsto trionfi e successi; andarsene scornati o pentiti.
Viene dal comportamento di molti animali ma soprattutto del cane, per il quale la coda ritta è segno di tranquillità e sicurezza, mentre se è tenuta abbassata o ripiegata sotto il ventre indica uno stato di frustrazione. Nella ge-

rarchia dei canidi inoltre la coda è un elemento che indica la posizione nel gruppo di un particolare individuo: tenuta alta dai membri dominanti e bassa dai subordinati. In caso di scontro, l'abbassare la coda segnala resa e sottomissione.
var.: tornare con la coda fra le gambe.
avere la coda di paglia
Figurato: stare sulle difensive, sentirsi attaccabili sapendo di aver commesso una colpa o simili, e quindi sospettare di tutto, temere tutto.
Pare che derivi da un vecchio proverbio secondo il quale "chi ha coda di paglia teme che gli prenda fuoco".
di coda
In un gruppo di elementi disposti in fila, l'ultimo, quello che chiude la formazione. Vale per vagoni ferroviari, automobili, gruppi di persone poste a retroguardia di un esercito e così via.
essere un codino *vedi* **parrucca: avere la parrucca con la coda**
fare la coda
Mettersi in fila l'uno dietro l'altro e attendere pazientemente che venga il proprio turno per fare qualcosa. Usato anche in relazione a questioni astratte, come ad esempio attendere la risoluzione di una questione in sospeso, il pagamento di un debito e altro.
var.: mettersi in coda.
in coda
Nella parte terminale di qualcosa, ma in particolare di una fila. Anche, negli ultimi posti di una graduatoria di un elenco o simili.
mettersi in coda *vedi* **fare la coda**
rimanere indietro come la coda del maiale *(raro)*
Essere gli ultimi; farsi superare e quindi esser lasciati indietro. Vale anche in senso figurato, soprattutto per una persona di scarsa intelligenza o abilità. Il maiale gode già di poca considerazione e la coda rappresenta la parte più insignificante.

CODICE
in codice
Figurato: incomprensibile, poco chiaro, detto di un modo di esprimersi, di un discorso o altro che risulta talmente oscuro da sembrare crittografato.
sfiorare il codice
Figurato: essere ai limiti della legalità. In questo caso il *codice* in questione è quello penale.
var.: essere ai limiti del codice.

COLAZIONE
colazione al sacco
Pasto freddo, per lo più a base di panini e simili, adatto a essere trasportato nel *sacco* degli escursionisti.

COLLARE
attaccare il collare a un fico *(raro)*
Figurato: abbandonare il sacerdozio o più generalmente un ordine religioso. Il *collare* in oggetto è quello dell'abito talare dei sacerdoti cattolici.
var.: appiccare il collare a un fico.
portare il collare
Figurato: essere sacerdote, e quindi portare il collare dell'abito talare.

COLLO
a rotta di collo
Molto velocemente, di gran fretta, precipitosamente.
È preso dal gergo dei cavalieri, nel quale andare *a rotta di collo* significa andare al galoppo veloce.
allungare il collo
Figurato: cercare di vedere qualcosa facendo in modo che gli altri non se ne accorgano, o anche, essere molto interessati a qualcosa, averne una grande voglia.
L'immagine è quella di chi cerca di vedere qualcosa al di là di un gruppo di persone o di altri ostacoli che impediscono la vista, e che è costretto ad allungare il collo per sopravanzarli.
var.: fare il collo da giraffa; allunga-

re il collo come una giraffa; tirare il collo.

avere sul collo *(pop)*
Figurato: doversi occupare di qualcosa o di qualcuno che causa fatica o sacrifici, riferito di solito a persone da mantenere ma anche a un lavoro o a un'incombenza ingrata.
var.: avere sul gobbo; avere sulle spalle.

buttarsi al collo
Abbracciare. In senso lato, fare bella accoglienza a qualcuno, o anche perdonarlo.
var.: gettare le braccia al collo; gettarsi al collo; buttare le braccia al collo.

essere nei guai fino al collo
Figurato: avere moltissimi problemi, tanti che se avessero consistenza concreta arriverebbero all'altezza del collo.

essere un collo torto
Figurato: essere un bigotto, un bacchettone, un beghino; una persona che ostenta una religiosità esagerata e spesso falsa. L'immagine è quella di una persona che tiene sempre la testa bassa, come se pregasse.

immerso fino al collo
Figurato: molto concentrato in quello che si sta facendo, riferito in genere allo studio o a lavori di concetto. Detto di problemi o cose spiacevoli, averne in quantità.

piegare il collo
Figurato: fare atto di sottomissione. Quindi darsi per vinti, riconoscersi battuti o inferiori. In senso lato anche accettare, adattarsi, subire.
var.: piegare il collo sotto il giogo.

prendere per il collo
Figurato: indurre qualcuno a piegarsi al proprio volere, ricorrendo a metodi coercitivi. Si riferisce soprattutto al campo economico, e in particolare a quei casi in cui viene indotta una situazione creditizia sempre più pesante per il debitore, che però non può fare altro che pagare.

L'immagine è quella della persona che rischia di essere progressivamente soffocata dalle mani di chi gli sta stringendo la gola.

preso fino al collo *(pop)*
Figurato: occupatissimo, riferito in genere a impegni di carattere lavorativo.
var.: esser preso.

stare sul collo *(pop)*
Figurato: pesare addosso, come un carico pesante che preme sul collo inducendo a tenere la testa china. In senso lato anche far fretta, incalzare, detto di un impegno, e premere, pressare, riferito a un problema, una situazione sgradevole e simili. Ancora, esercitare una pressione o un controllo su qualcuno, in particolare da parte di una persona insistente, impaziente, o assillante e oppressiva. ‖ Figurato: inseguire qualcuno da vicino, incalzarlo, non lasciargli respiro, non dargli tregua.
var.: alitare sul collo; soffiare sul collo.

tirare il collo *(pop)*
Figurato: uccidere, soprattutto se si tratta di un pollo. Usato pure come minaccia scherzosa. In senso lato, mettere in grave difficoltà economica, oppure costringere a un grosso sforzo, e se riferito a un meccanismo e in particolare a un motore, sottoporlo a forti sollecitazioni. Nel caso di una bottiglia significa invece stapparla, e generalmente berla tutta.
Deriva dal modo più comune per uccidere i volatili da cortile.
var.: torcere il collo.

COLOMBA
colomba della pace
Figurato: persona capace di rappacificare due o più contendenti. Spesso in senso ironico.
La *colomba*, insieme all'ulivo, è il simbolo della pace, derivato dal racconto biblico (*Genesi*, VIII, 10-11) in cui si parla del Diluvio Universale voluto da Dio per punire gli uomini. Cessata la

pioggia, Noè mandò in esplorazione il Corvo, che però non tornò all'Arca; attese ancora e poi fece uscire la Colomba, che rientrò all'imbrunire portando nel becco un ramoscello d'ulivo. Era segno che le acque che avevano sommerso la terra si stavano ritirando, e Noè comprese allora che Dio aveva fatto la pace con l'umanità.

tubare come due colombi
Essere innamorati e scambiarsi continue manifestazioni d'affetto.
È preso dal caratteristico verso dei colombi in amore, che dal tono può sembrare una fitta conversazione confidenziale.

COLOMBO
uovo di Colombo
Figurato: soluzione molto semplice cui nessuno pensa proprio per questa ragione.
Si dice che un giorno, alla tavola di un Grande di Spagna, i detrattori di Cristoforo Colombo gli confutarono la teoria sulla rotondità della Terra e con questa il merito della scoperta dell'America. Egli allora prese un uovo sodo e sfidò i convitati a farlo star ritto su una delle due estremità. Quando questi si arresero, Colombo schiacciò leggermente la parte inferiore dell'uovo ottenendo il risultato promesso. Tutti protestarono dicendo che quella era una soluzione troppo semplice, e Colombo rispose: "Sì, ma bisognava pensarci". L'aneddoto, attribuito invece da Giorgio Vasari a Francesco Brunelleschi a proposito della cupola di Santa Maria del Fiore di Firenze, non è provato ed è ritenuto del tutto leggendario.

COLONNA
essere la colonna
Figurato: essere l'elemento portante di qualcosa, fungerne da sostegno, detto della persona cui si fa riferimento e sulla quale si può contare per un progetto e simili, oppure del membro più abile o affidabile di un gruppo.

quinta colonna
Figurato: infiltrato, detto di chi all'interno di un gruppo o di un territorio opera segretamente a favore di una parte avversa, confondendosi tra la gente. Inizialmente aveva un significato di ordine bellico e politico.
La locuzione è stata coniata dal generale spagnolo Queipo de Llano, che nel corso della guerra civile del 1936 la usò per definire gli elementi nazionalisti infiltratisi a Madrid durante l'assedio della capitale. Egli asseriva che la città, attaccata dall'esterno da quattro colonne agli ordini del generale Franco, era minacciata anche dall'interno da una *quinta colonna* costituita da informatori e collaborazionisti.

COLORE
cambiare colore
Trascolorare, impallidire oppure arrossire in volto, per emozione o altro turbamento interiore. ‖ Star meglio, migliorare in salute, mostrando un volto dal colorito più sano, detto di chi era pallido per una malattia, uno spavento o altro.

colore locale
Figurato: l'aspetto folcloristico, caratteristico di un posto.
L'espressione deriva dal linguaggio della pittura, ed è passato poi a quello letterario e giornalistico.

di colore
Colorato, non bianco, detto in particolare dei tessuti. Riferito a una persona, designava fino a poco tempo fa soltanto i neri, ma oggi è usato per chiunque non appartenga alla razza bianca.

difendere i colori
Figurato: gareggiare o combattere a favore di una data parte.
I *colori* erano un tempo quelli dello

stemma, quindi simbolo di una casata, poi di una città, e in tempi recenti anche di una squadra sportiva.

dirne di tutti i colori
Figurato: sfogarsi, parlare liberamente, senza badare alla sensibilità degli altri, alla decenza o anche alla propria convenienza. In senso lato, dire male di qualcuno, e in caso di lite, insultarsi senza ritegno.

diventare di tutti i colori
Figurato: cambiare il colorito del volto, indicando così un turbamento interiore, e in particolare vergogna, ira o indignazione.

farne di tutti i colori
Avere una vita movimentata, piena di avventure diverse molto spesso poco onorevoli, o riprovevoli e disoneste.

vederne di tutti i colori
Avere una grande e vasta esperienza di vita; avere visto molte e diverse cose, situazioni e simili.

COLOSSO
colosso dai piedi d'argilla
Figurato: persona o istituzione che nonostante l'apparenza grandiosa e imponente poggia su fragili basi.
Dice la Bibbia (*Daniele*, II, 31-35) che il Re Nabucodonosor vide in sogno un gigante che aveva la testa d'oro, il petto e le braccia d'argento, il ventre e le cosce di bronzo, le gambe di ferro e i piedi in parte di ferro e in parte d'argilla. La visione venne interpretata dal profeta Daniele come la successione dei regni sulla Terra, destinati a crollare a causa della caducità dei valori su cui si fondano. Il colosso, simbolo della sostanziale unità della Storia, crollò quando il suo piede venne colpito da un sassolino gettato da Dio.

COLPO
a colpi di ...
Figurato: con insistenza, a forza d'insistere, utilizzando più e più volte la stessa cosa come strumento di propulsione o di convinzione. Vale per un utensile come per un argomento o altro.

a colpo sicuro
Con la certezza di riuscire.

accusare il colpo
Risentire in modo manifesto di un avvenimento o di un episodio negativo, e in particolare di un attacco o di un danno inferto volutamente. Anche abbattersi, avvilirsi, soffrire per il male subito.
Viene dal linguaggio del pugilato.

bel colpo *vedi* **colpo gobbo**
colpo basso *(pop)*
Figurato: azione indegna, riprovevole, condotta a tradimento o mediante un raggiro ai danni di qualcuno, in genere per trarne vantaggio.
Viene dal linguaggio pugilistico, dove definisce un colpo proibito inferto sotto la cintura. ‖ Figurato: notizia o avvenimento inaspettato e molto sgradevole.

colpo d'ala
Figurato: idea geniale, ispirazione, soluzione brillante e improvvisa. Si usava in passato per definire un pezzo poetico di particolare bellezza.

colpo da maestro *vedi* **colpo maestro**
colpo di coda
Figurato: ultimo attacco, ultima azione o gesto aggressivo di una persona ormai sconfitta, di un potere che si sta disgregando e così via.
Viene dall'immagine di un grosso pesce o rettile ferito a morte che ancora cerca di lottare colpendo il nemico con la coda.

colpo di forza
Figurato: azione che raggiunge un dato scopo servendosi della forza, o di qualsiasi altro mezzo ritenuto schiacciante per l'avversario.

colpo di frusta
Figurato: incitamento, scossa, azione o discorso che tende a scuotere una

persona da uno stato d'abulia, di depressione, di apatia e simili. Anche stimolo energico, evento o altro che induce all'azione.
colpo di fulmine
Figurato: innamoramento cieco e improvviso; amore a prima vista.
colpo di grazia
Figurato: evento, azione o altro che porta a termine la distruzione o la rovina di qualcosa o di qualcuno. Si dice anche dell'elemento determinante che induce a prendere una decisione piuttosto che un'altra, ad abbandonare una situazione, a operare una scelta e simili. Anche ironico o scherzoso.
In passato era il colpo mortale riservato ai feriti gravi sul campo di battaglia, poi concesso anche alle vittime di un'esecuzione capitale mal riuscita per risparmiar loro le sofferenze dell'agonia.
var.: dare il colpo di grazia.
colpo di mano
Figurato: azione energica e rapida che raggiunge uno scopo o un obiettivo nel minor tempo possibile, sfruttando la sorpresa di chi non era preparato a contrastarla. Riferito in genere a qualche tipo di lotta per il potere, sottintende spesso un'organizzazione dall'interno, da parte di persone insospettabili.
Viene dal linguaggio militare, dove indica in genere operazioni tese a impadronirsi di un centro operativo se non proprio del potere.
colpo di piccone
Figurato: tutto ciò che contribuisce a distruggere qualcosa.
colpo di scena
Figurato: avvenimento improvviso che suscita sorpresa o scalpore, e che modifica inaspettatamente e radicalmente una situazione.
Viene dal linguaggio teatrale, dove definiva una tecnica precisa che prevedeva il cambiamento totale dello scenario in rapporto a vicende completamente diverse da quelle precedenti. L'espediente aveva lo scopo di ribadire il concetto dell'instabilità e della rapidità dei cambiamenti della vita umana, ed era previsto dagli schemi classici del teatro.
colpo di scopa *vedi* dare un colpo di spugna
colpo di testa
Figurato: decisione improvvisa e soprattutto avventata, impulsiva, spesso rischiosa, di cui in genere ci si pente.
colpo gobbo *(pop)*
Ottima riuscita, soprattutto in campo finanziario, di un'operazione che si supponeva dovesse dare risultati inferiori. Anche, resa inaspettatamente favorevole di un'azione nata da un caso fortuito.
Viene dal linguaggio della malavita, dove indicava un *colpo* ladresco rischioso ma particolarmente redditizio.
var.: bel colpo; tentare il colpo gobbo; fare un colpo gobbo. ‖ Figurato: azione che mira a colpire qualcuno a tradimento, in maniera improvvisa, imprevista e spesso indiretta, in modo che l'avversario non abbia possibilità di pararlo.
Qui *gobbo* è l'equivalente di "storto", poiché originariamente, nei duelli, si trattava di una "finta", cioè di un colpo apparentemente orientato in una data direzione mentre poi veniva deviato verso un altro punto.
var.: essere un colpo gobbo; tirare un colpo gobbo.
colpo maestro
Figurato: azione degna di un maestro, quindi molto abile, che porta a risultati più che brillanti. Si usa in genere per definire una soluzione ritenuta improbabile a una situazione difficile.
var.: colpo da maestro.
colpo mancino *(pop) vedi* colpo basso
colpo proibito
Figurato: metodo scorretto, magari il-

legale ma risolutivo per sistemare una situazione.

Viene dal linguaggio pugilistico, dove costano la squalifica i colpi sotto la cintura, alla nuca o al dorso, nonché tutti quelli inferti con qualsiasi parte del guantone che non sia quella imbottita, chiusa a pugno.

colpo su colpo
Di volta in volta, intervenendo con metodo e determinazione ogni volta che la situazione lo richiede, come quando si fa penetrare un chiodo con una serie di colpi di martello.

dare il primo colpo di piccone
Figurato: dare inizio a un'impresa, in senso generale, come se si cominciasse a scavare le fondamenta di una costruzione. ‖ Figurato: iniziare a distruggere qualcosa, in senso generale, come se si prendesse a picconate un edificio da abbattere.

dare un colpo al cerchio e uno alla botte
Destreggiarsi in una situazione scomoda in modo da non scontentare nessuno; mantenere buoni rapporti con due parti avverse tra loro. Anche condurre avanti parallelamente più situazioni, affari o simili, in sé contrastanti.
Il detto deriva probabilmente dal lavoro dei bottai, che dovevano trattare contemporaneamente il legno delle doghe della botte e il ferro che le cerchiava, utilizzando come strumenti di lavoro martelli e mazze.

dare un colpo di piccone
Figurato: contribuire a distruggere qualcosa o completarne la distruzione.

dare un colpo di scopa *(fam)*
Figurato: cancellare dalla memoria un episodio del passato, oppure un'offesa ricevuta; non pensarci più, come spazzandoli fuori dalla propria vita.

dare un colpo di spugna *(fam)*
Figurato: perdonare e dimenticare offese, inimicizie, rancori oppure debiti e pendenze, come ripulendoli dalla propria vita con una spugna, e instaurare con la persona interessata rapporti di nuova cordialità.
var.: passare un colpo di spugna.

dare un colpo di turibolo *(raro)*
Figurato: ricorrere all'adulazione, come usando il turibolo per incensare un potente.

essere agli ultimi colpi di piccone
Figurato: essere sul punto di terminare un'impresa, in senso generale.

far colpo *(pop)*
Figurato: suscitare scalpore, impressione, attenzione; attirare grande e generale interesse.
L'immagine è quella del rumore prodotto da una detonazione, che risveglia l'attenzione di tutti.

fare un colpo *(pop)*
Figurato: commettere un furto, una rapina, un'impresa ladresca in generale. In senso lato, realizzare un'impresa volta a raggiungere un obiettivo importante, soprattutto in termini economici. Anche intraprendere un'azione rischiosa da condursi con decisione e audacia in vista di un notevole guadagno.
Viene dal linguaggio della malavita.

fare un colpo di vita *(fam)*
Uscire dall'ambiente famigliare per andare a divertirsi in compagnia, di solito la sera. Generalmente scherzoso, sottintendendo che succede di rado.

perder colpi *(pop)*
Figurato: perdere energia, interessi, salute, bellezza e simili. Oppure perdere capacità, abilità; cominciare a sbagliare negli affari o altro, essere meno efficienti.
La locuzione fa riferimento al motore a scoppio, che non funziona bene e rende meno se l'accensione, che comanda il movimento e quindi i *colpi* dei pistoni, non è perfetta.

rendere colpo per colpo
Reagire a un'offesa con un'altra offesa, a un insulto con un altro insulto e

così via. Difendersi, reagire in generale; anche vendicarsi.
I colpi in questione sono quelli delle spade usate in duello.
var.: rendere colpo su colpo.

senza colpo ferire
Propriamente, senza colpire con le armi, pertanto senza spargimento di sangue. Quindi, in senso figurato, senza far male a nessuno; senza ricorrere alla forza o alle brutte maniere in generale. Usato in particolare per qualcosa che si ottiene facilmente, con la persuasione e simili, senza bisogno di violenza o brutalità.

vedersi a colpo d'occhio
Essere evidentissimo, apparire chiaro, lampante; vedersi benissimo.

COLTELLO
da tagliare col coltello
Figurato: molto denso, detto in genere di qualcosa che dovrebbe presentarsi in altra forma. Si dice perciò del buio, della nebbia, di un fluido rappreso o coagulato.
var.: che si taglia col coltello.

lotta a coltello
Figurato: lotta feroce, spietata. Anche gara serrata.
L'immagine è quella di due nemici che si affrontano con il pugnale.

mettere il coltello alla gola
Figurato: piegare qualcuno al proprio volere costringendolo con le minacce.
var.: con il coltello alla gola; puntare il coltello alla gola.

mettere il coltello in mano al pazzo *(raro)*
Figurato: essere direttamente responsabili di un'azione dannosa commessa da altri.
var.: mettere il rasoio in mano al pazzo.

rendere coltelli per guaine *(raro)*
Figurato: ricambiare con il male il bene ricevuto, come ricambiando a colpi di pugnale il dono del fodero destinato a contenere il pugnale stesso. Per estensione, anche vendicarsi di un torto subito in maniera sproporzionata.

storia di coltello
Figurato: storia drammatica, di faida o di vendetta, in cui intervengono aggressioni, scontri e omicidi. Riferito a romanzi, avventure, racconti di fantasia e fatti di cronaca. Anche ironico o scherzoso.

tenere il coltello dalla parte del manico *(pop)*
Figurato: essere in posizione vantaggiosa, avere in pugno una situazione, essere in condizione d'imporre la propria volontà.
var.: avere il coltello per il manico.

COMANDANTE
essere il comandante della piazza
Figurato: avere pieni poteri su qualcosa, essere il capo o il padrone.
La *piazza* è qui la piazzaforte; in caso di guerra il suo comandante assumeva i pieni poteri civili e militari e prendeva il nome di "governatore".

COMANDO
a comando
Figurato: meccanicamente, in maniera automatica, come reagendo a un comando automatico.

COMBATTIMENTO
fuori combattimento *(pop)*
Si dice di chi non è più in grado di combattere, quindi perdente o non più pericoloso.
Viene dal linguaggio pugilistico.
var.: mettere fuori combattimento; essere fuori combattimento.

COME
com'è come non è
Locuzione: non si sa come, in maniera inspiegabile; anche stranamente, oppure tutto d'un tratto, improvvisamente.

COMMEDIA
fare la commedia
Figurato: fingere un sentimento, una reazione, che in realtà non si provano affatto.

COMPASSO
col compasso
Figurato: con estrema precisone ed esattezza, calcolando tutto e senza lasciarsi sfuggire nessun particolare.
spendere con il compasso
Spendere con grande oculatezza, con accuratezza spesso esagerata, dopo aver fatto bene i conti e come se si fossero prese le misure con il compasso.
‖ Essere avari, cercare di non pagare mai o di spendere il meno possibile.

COMPRENDONIO
tardo di comprendonio *(fam)*
Ottuso, lento di mente, detto anche scherzosamente di chi è sempre in ritardo a capire qualcosa.
Il termine *comprendonio* è una parola scherzosa coniata dal verbo comprendere, divenuta sinonimo d'intelligenza.
var.: duro di comprendonio.

COMUNELLA
far comunella *(pop)*
Allearsi, accordarsi con qualcuno; agire insieme e concordare le proprie azioni per uno scopo comune. Usato spesso in senso negativo, supponendo azioni poco pulite.
var.: far lega con qualcuno.

CONCIARE
conciare per le feste *(fam)*
Figurato: ridurre in cattive condizioni; maltrattare; anche percuotere. Nuocere in genere, arrecare un danno visibile esteriormente. Spesso scherzoso.
Il detto ironizza sull'abitudine di un tempo, diffusa in particolare tra la gente di campagna, d'indossare i vestiti migliori nei giorni festivi.
conciato da buttar via *(fam)*
Malconcio, impresentabile; ridotto in cattivo stato, se riferito a un oggetto e in particolare di un capo d'abbigliamento. Usato anche per una persona dall'aria malata, infreddolita, stanca, depressa, o che è stata visibilmente percossa.

CONCIO
trattare come il concio *(raro)*
Trattare malissimo, in modo villano, senza alcun riguardo.
Il *concio* è il letame.

CONDIRE
condire via *(fam)*
Fare in modo che un interlocutore che chiede o esamina qualcosa se ne vada soddisfatto dei risultati ottenuti senza rendersi conto di essere stato praticamente beffato. Quindi raccontare cose non vere ma credibili, oppure creare confusione sufficiente da permettere di presentare una soluzione come l'unica possibile. In senso lato, pagare meno di quanto in realtà si dovrebbe, e così via.

CONFESSIONE
sotto sigillo di confessione
In segreto, come parlando a un sacerdote confessore che è tenuto a non divulgare per nessun motivo quanto viene a sapere.
var.: sotto vincolo di confessione; come in confessione.

CONFETTO
dare i confetti di Papa Sisto *(raro)*
Figurato: colpire qualcuno a tradimento e poi dargliene notizia.
Deriva da un episodio della vita del papa Sisto V. Verso la fine del 1590 a Roma si viveva un'epoca di disordini a causa delle lotte per il potere tra le famiglie nobili. Il papa, deciso a metter

fine alla situazione, un giorno invitò alla sua mensa tutti i personaggi importanti della città, e mentre questi erano a tavola diede ordine di uccidere tutti i capi delle loro guardie armate e di appenderli alle torri dei palazzi delle rispettive famiglie. L'operazione si concluse quando gli ospiti erano ormai al dolce, e solo allora il Papa, offrendo loro dei confetti, li invitò alle finestre e disse: "Guardate come son fiorite le vostre torri!"

CONFIDENZA
prendersi delle confidenze
Comportarsi con eccessiva e non autorizzata familiarità. Da parte di un uomo nei confronti di una donna, mancarle di rispetto con proposte o atteggiamenti sconvenienti.

CONFITEMINI
essere al confitemini *(raro)*
Figurato: essere in punto di morte. In senso lato, arrivare alla resa dei conti. In latino *confitemini* significa "confessatevi", sottintendendo i peccati.

CONFITEOR
recitare il confiteor *(raro)*
Figurato: pentirsi delle proprie colpe e confessarle.

CONIGLIO
essere un coniglio
Figurato: essere pavidi, pusillanimi, mancare di coraggio, aver paura di tutto, in particolare dei prepotenti. Anche essere semplicemente timidi, timorosi, poco determinati. Il *coniglio* è un animale timidissimo, considerato per questo molto pauroso.

CONIO
essere dello stesso conio
Figurato: assomigliarsi molto, come due monete coniate dalla stessa matrice. Detto in genere in senso spregiativo.

CONOSCERE
conoscere al fiuto *(pop)*
Figurato: conoscere qualcosa benissimo, tanto da poterla individuare con il solo aiuto dell'odorato. Quindi, anche riconoscere subito qualcosa.
var.: conoscere all'odore.
conoscere al tatto
Figurato: riconoscere subito, al primo contatto o rapporto, come per lunga esperienza precedente, per cui diventa sufficiente tastare qualcosa per riconoscerla. Usato più che altro nel senso di conoscere molto bene, soprattutto se riferito a persone di cui si ha opinione negativa.
var.: conoscere al tasto.
conoscere bene le proprie pecore
Conoscere bene il carattere di una persona, gli aspetti di una situazione, e perciò riuscire a prevederne il comportamento, le azioni o lo sviluppo.
Le pecore sono generalmente marchiate per identificarne l'appartenenza a un dato gregge e quindi a un dato proprietario. Oggi si usa prevalentemente tingerne un ciuffo di lana con un colore indelebile, ma in passato si usava più spesso praticare loro fori o tagli nelle orecchie.
conoscere come le proprie tasche *(fam)*
Conoscere molto bene in tutte le caratteristiche, detto sia di luoghi che di persone.
conoscere di vista
Conoscere qualcuno solo per averlo visto o incontrato qualche volta, senza però avere con lui un vero rapporto.
conoscere i propri polli *(fam)*
Conoscere bene il carattere di una persona, gli aspetti di una situazione, e perciò riuscire a prevederne il comportamento, le azioni o lo sviluppo.
Un tempo i polli venivano lasciati razzolare anche per le strade. Ogni proprietario si premurava per questo di contraddistinguere i suoi legando loro a una zampa una strisciolina di stoffa

colorata. Tanto che il detto intero è "conoscere i propri polli alla calzetta".

conoscere i tordi dagli stornelli
Conoscere bene qualcosa, saperla distinguere. In senso lato, sapere il fatto proprio; anche avere buon senso, capire le cose e agire con discernimento, senza farsi raggirare. Ancora, essere furbi.

conoscere le sorbe dai fichi *(raro)*
Avere un normale buon senso, capire le cose e agire con discernimento, senza farsi raggirare, grazie all'intelligenza, all'esperienza e simili. Anche essere furbi.

conoscere mezzo mondo *(fam)*
Figurato: conoscere molte persone appartenenti agli ambienti più vari.

conoscere palmo a palmo
Conoscere benissimo un luogo in ogni sua parte.

non conoscere l'ortica al tasto *(raro)*
Essere stupidi, tonti, oppure ingenui e creduloni; non capire le cose più elementari o evidenti oppure essere molto ignoranti, come chi non riconoscerebbe un'ortica nemmeno toccandola.

CONSIGLIO
consiglio d'oro
Buon consiglio, che si rivela prezioso per prendere una decisione, per risolvere una situazione, oppure che porta grandi frutti e vantaggi.

CONTAGOCCE
col contagocce
Figurato: con grande parsimonia, in quantità piccolissime, oppure a poco a poco, riferito a cose per cui comunemente si impiegano unità di misura maggiori della goccia. Usato soprattutto a proposito di denaro e informazioni.

CONTARE
PARAGONI: MOLTO: contare quanto il fante di picche; POCO: contare quanto il due di briscola quando l'asso è in tavola; contare come il due di coppe; contare come il due di picche.

contare come il due di coppe
Contare poco, avere scarso valore o scarsa influenza. Il due è la carta più bassa al gioco della briscola.
var.: contare come il due di picche.

contare quanto il due di briscola
Non contare nulla.
Il detto, che completa con la precisazione "quando l'asso è in tavola" o "quando il fante è in tavola", deriva dal gioco della briscola, in cui il due non vale praticamente niente soprattutto se in tavola c'è già l'asso, che è la carta vincente, oppure una figura.
var.: contare quanto il due di briscola quando l'asso è in tavola; contare quanto il due di briscola quando il fante è in tavola.

contare quanto il fante di picche
Contare molto, essere importante come questa carta in quasi tutti i giochi di carte.

CONTO
chieder conto
Figurato: chiedere spiegazioni o giustificazioni in merito a qualcosa. Detto di una spesa, esigerne la dimostrazione.

conto della serva *(fam)*
Figurato: conto minuzioso, pedante, che include anche i minimi spiccioli, paragonato a quello di una domestica che deve giustificare tutto il denaro ricevuto per fare la spesa. In senso lato, si usa anche per una controversia o simili in cui le parti si fanno reciprocamente pesare anche i più piccoli torti.

far conti da speziali
Essere molto precisi, minuziosi; valutare con pignoleria, così come gli speziali pesano attentamente le droghe con i loro bilancini di precisione.

fare conto tondo
Arrotondare un conto o una cifra to-

gliendo o aggiungendo per arrivare alla decina, centinaia o migliaia più vicina e così via.
Il *tondo* è qullo dello zero finale.
var.: fare cifra tonda.

fare i conti addosso *vedi* **fare i conti in tasca**

fare i conti con ... *(fam)*
Figurato: nel fare un progetto, un programma, un calcolo, tenere in considerazione un dato elemento. ‖ Figurato: chiarire una situazione pendente che si ritiene svantaggiosa per se stessi; affrontare qualcuno per rimproverarlo di azioni commesse, per chiarire un fatto, per far valere le prorie ragioni. Anche sgridare o percuotere qualcuno che si ritiene in torto per qualche motivo. Usato in particolare in famiglia.

fare i conti in tasca *(pop)*
Figurato: interessarsi per curiosità della situazione economica altrui, delle sue possibilità finanziarie, di quanto spende e di quanto guadagna, e così via.
var.: fare i conti addosso.

fare i conti senza l'oste
Figurato: sbagliare un calcolo, una previsione, una decisione o simili per non aver consultato la persona interessata o non aver tenuto conto di elementi esterni o di possibili ostacoli.
Racconta un aneddoto popolare che un uomo molto avaro, che non usciva quasi mai di casa per evitare di spendere, si decise un giorno ad andare a pranzo nella modesta locanda del paese. Mentre mangiava calcolava a modo suo il costo di ogni singola portata, ma quando l'oste gli portò il conto, l'uomo si accorse che era molto più alto di quanto aveva valutato lui, con la sua scarsa conoscenza dei prezzi reali.

regolare i conti con qualcuno *(fam)*
Figurato: prendersi una rivincita, una vendetta e simili.
var.: saldare i conti con qualcuno.

rivedere i conti a qualcuno
Figurato: indagare sulle azioni o sul passato di una persona, in genere sperando di scoprirne le pecche.

tenere da conto
Custodire con cura, detto di un oggetto. Di una risorsa o simili, utilizzarla con parsimonia. Riferito a una persona, trattarla con riguardo per mantenerne l'amicizia.
var.: tenere di conto.

tenere in poco conto *(pop)*
Tenere in scarsa considerazione, avere poca stima di qualcuno o di qualcosa, attribuirle un modesto valore. Vale soprattutto per consigli, suggerimenti, raccomandazioni e simili.
var.: tenere in gran conto.

CONTRALTARE
fare da contraltare
Figurato: fare in modo di equilibrare, contrastandola, l'importanza preponderante di qualcosa; proporsi come alternativa; farle concorrenza. Anche agire in modo da mettere in rilievo i difetti di un rivale.
Perché ci sia un *contraltare* ci dev'essere un altare che gli sta di fronte. Il concetto di concorrenza nasce dall'idea che i due altari si sottraggano a vicenda i devoti.
var.: fare contraltare.

CONTROPELO
fare il contropelo
Figurato: irritare, stuzzicare, punzecchiare qualcuno, fino a provocare una reazione aggressiva.
Quasi nessuno degli animali domestici ama farsi accarezzare contropelo; anche il più docile a lungo andare protesta o si ribella.

CONVENTO
prendere quel che passa il convento *(fam)*
Figurato: accontentarsi di quello che

si ha, che vien dato o che capita, non avendo la possibilità di scegliere. Adeguarsi a una situazione non potendo fare altrimenti. Si usa molto per il cibo, quando è scarso o di cattiva qualità, e talvolta quando si è ospiti.
Deriva dalle opere di carità dei conventi, che soprattutto in passato facevano cucina per i poveri e per i viandanti, che ovviamente dovevano accontentarsi di quello che ricevevano. A volte la distribuzione avveniva davanti a una specie di finestrella, attraverso la quale veniva "passato" il cibo.
var.: mangiare quel che passa il convento.

COPIA
far copia di sé *(raro)*
Essere molto disponibili; anche offrirsi, concedersi con generosità, e detto malignamente di una donna, anche con facilità. Quasi sempre scherzoso.
La parola latina *copia* significa abbondanza.

COPPA
accennar coppe e dar denari *(raro)*
Figurato: far credere una cosa per un'altra.
Deriva dai giochi di coppia a carte, in cui il termine *accennare* definisce l'uso di una serie di segni convenzionali intesi a far capire al compagno le carte che si hanno in mano. A volte i giocatori bene affiatati se ne servono in modo volutamente erroneo per trarre in inganno gli avversari.
var.: accennare in coppe e dare in bastoni; accennare in coppe e dare in denari.
servire di coppa e di coltello
Figurato: fare di tutto per rendersi utili, servire qualcuno di tutto punto. Più spesso, essere molto servizievoli ma altrettanto maldestri.
Il coppiere e il siniscalco erano i due domestici più importanti fra quelli un tempo addetti a servire alla tavola dei signori. A volte, però, i meno abbienti erano costretti ad affidare il doppio compito di versare il vino e di preparare le carni a un unico servitore, che spesso si rivelava maldestro in entrambi i ruoli.

CORAGGIO
coraggio da leone
Figurato: grande coraggio, paragonabile a quello attribuito ai leoni. Spesso ironico.
coraggio della disperazione
Coraggio eccezionale, spinto alle estreme conseguenza, che mai si sarebbe supposto di avere e dovuto appunto alla disperazione.
Quando non si ha più via di scampo o ci si vede perduti, l'istinto di sopravvivenza induce ad azioni di cui razionalmente non ci si riterrebbe capaci.
coraggio della paura
Coraggio improvviso, irragionevole e impulsivo che nasce spesso come reazione alla paura in un momento di grande pericolo.

CORDA
avere molte corde al proprio arco
Figurato: disporre di molte risorse, di buoni argomenti e simili, quindi avere buone probabilità di riuscita in una data impresa.
Un arco con la corda spezzata diventava inservibile, ma la possibilità di sostituirla in caso di necessità consentiva di continuare a combattere.
con la corda al collo
Letteralmente, sul punto di essere impiccati. In senso figurato, essere alla fine di un'azione o altro perché non si è più in grado di continuarla a causa di una costrizione qualsiasi, specialmente di carattere economico. Anche trovarsi in una situazione disperata, senza possibilità di risalita. Riferito a un ricercato o a una persona sottoposta a

giudizio, non avere più scampo. È usato anche scherzosamente a proposito di una relazione sentimentale che sta sfociando nel matrimonio.
La *corda* in questione è quella del capestro.
var.: avere la corda al collo; mettere la corda al collo.

dare corda *(pop)*
Figurato: dare a qualcuno ampia libertà di dire o agire, convinti che le sue azioni gli si ritorceranno contro. Fare in modo che chi vuole danneggiarci o sta per commettere un'azione riprovevole si spinga abbastanza avanti da compromettersi e tradirsi.
Il detto si ricollega alle esecuzioni capitali di un tempo, nella fattispecie al capestro, e dice integralmente: "dare abbastanza corda per impiccarsi".

dare la corda *(raro)*
Sottoporre a tortura, oggi usato in senso figurato, ironico o scherzoso. Più raramente anche interrogare qualcuno, cercare di estorcergli notizie o informazioni.
Allude all'antico "supplizio della corda", che consisteva nel legare i polsi del condannato dietro la schiena per poi sollevarlo con la stessa corda e lasciarlo sospeso a mezz'aria. Questa tortura veniva usata anche per ottenere confessioni, denunce e simili. ‖ Dare la carica a un meccanismo, e in particolare a un orologio a contrappeso.

essere giù di corda *(fam)*
Figurato: essere abbattuti, avviliti, senza voglia di agire e reagire.
La *corda* è quella che serve a caricare gli orologi a contrappeso: se quest'ultimo si trova in basso, e con lui quindi la corda che lo regge, vuol dire che l'orologio è scarico, e che per farlo funzionare di nuovo bisogna "tirar su" la corda stessa.

far ballare sulla corda *(pop)*
Figurato: costringere alla propria volontà, far fare a qualcuno quello che si vuole, in genere con le minacce, il ricatto e simili.
Viene dagli antichi giochi di piazza dei saltimbanchi che camminavano su una corda tesa a una certa altezza dal suolo.

intrecciare una corda di sabbia *(raro)*
Fare una cosa sciocca, insensata, assurda; incaponirsi in un'impresa impossibile.
In molti racconti popolari, questa è una delle prove a cui tradizionalmente viene sottoposto il Diavolo.

mettere alle corde
Costringere qualcuno in una posizione senza scampo, non lasciargli via d'uscita.
Viene dal linguaggio pugilistico, e le corde sono quelle del *ring*.

mettere la corda al collo
Figurato: indurre qualcuno a piegarsi al proprio volere, non lasciargli alcuna possibilità di scelta, nessuna alternativa né men che meno una via d'uscita, ricorrendo a progressive costrizioni. Si riferisce soprattutto al campo economico, e in particolare a quei casi in cui viene indotta una situazione creditizia sempre più pesante per il debitore, che però non può fare altro che pagare. L'immagine è quella dello schiavo o dell'animale domestico ai quali il padrone ha messo la corda al collo per poterli condurre dove vuole e impedirne la fuga.
var.: avere la corda al collo; tenere la corda al collo.

mettersi una corda al collo
Suicidarsi, impiccandosi o buttandosi in acqua dopo aver legato un grosso sasso a una corda passata attorno al collo. In senso figurato, rovinarsi con le proprie mani.
Ha origine evangelica, dalla parabola contro coloro che danno scandalo e che farebbero meglio a gettarsi in acqua dopo essersi legati al collo una macina da mulino.

mostrare la corda
Figurato: essere rovinato, sciupato, come un tessuto che quando è molto consumato lascia vedere la trama. Anche essere in declino, rivelare l'incapacità di proseguire in un'azione, un'attività e simili. Si usa anche per un ragionamento ormai trito, una teoria superata e così via.

parlare di corda in casa dell'impiccato
Figurato: fare discorsi indelicati, inopportuni o imbarazzanti per chi ascolta, come appunto parlare di corde e capestri in casa di chi ha un parente morto impiccato.

presentarsi con la corda al collo *(raro)*
Figurato: presentarsi in atteggiamento umile e sottomesso.
Qui la corda al collo è quella dei penitenti, simbolo di sottomissione.

regger la corda *(raro)*
Figurato: aiutare qualcuno in un'impresa, e in particolare esserne complici. La corda è quella che chiude la bocca del sacco in cui viene deposto il bottino di un furto.

tagliare la corda *(pop)*
Figurato: fuggire, scappare; andarsene, in genere di fretta o di soppiatto. Ha due possibili origini. La prima, testimoniata anche da Virgilio, risale al linguaggio degli antichi marinai che indicavano l'azione del salpare con l'espressione *"incidere funes"*, cioè "tagliare le corde", il che era quanto materialmente facevano e che si fa a tutt'oggi in caso d' emergenza. L'altra origine fa riferimento a prigionieri, schiavi o animali che riuscivano a fuggire liberandosi delle corde che li imprigionavano.

tenere sulla corda *(pop)*
Figurato: tenere nel dubbio, nell'incertezza. Lasciare una persona a rodersi in attesa di una risposta o di una decisione senza darle né toglierle speranze, senza farle capire quale sarà la situazione futura.
Deriva dall'antico "supplizio della corda", usato soprattutto per estorcere denunce o confessioni, che consisteva nel sollevare bruscamente la vittima da terra grazie a una carrucola e mediante una corda che la teneva legata per i polsi dietro la schiena.
var.: stare sulla corda; essere sulla corda.

tentare le corde
Toccare le corde di uno strumento musicale prima di cominciare a suonarlo, per accordarlo o valutarne la sonorità. In senso figurato, saggiare una situazione.

teso come una corda di violino
Molto irritabile, nervosissimo, teso come le corde in tensione di un violino, che sono pronte a vibrare al minimo tocco.
var.: teso come le corde di un violino.

tirar troppo la corda *(fam)*
Figurato: esagerare in generale. Insistere in un'azione, in un atteggiamento o altro, provocando una reazione negativa. Anche affaticarsi eccessivamente, fino a quando il fisico non regge più.
Qualunque corda troppo tesa prima o poi si spezza.
var.: tira tira la corda si strappa; tirar la corda.

tirato come una corda molle *(raro)*
Figurato: molto avaro.
Per corda molle qui si intende bagnata, tenuta "a mollo": in queste condizioni una corda si ritira e diventa quindi più corta.

toccare una corda
Figurato: toccare un argomento che può suscitare una determinata emozione, che può commuovere, addolorare o irritare chi ascolta. In origine significava solo far commuovere.
In questo caso la corda è quella musicale, e la parola "toccare" equivale a farla risuonare, pizzicandola.
var.: toccare una corda sensibile.

vibrare come una corda di violino
Avere grande sensibilità fisica o psichica; avvertire sensazioni molto intense; comportarsi in modo appassionato. Anche essere in uno stato di grande tensione o nervosismo.

CORDONE
cordone ombelicale
Figurato: legame, vincolo, rapporto quasi di dipendenza con qualcosa o qualcuno da cui non si riesce o non si vuole staccarsi.
Allude al cordone ombelicale propriamente detto che collega il feto alla placenta.

CORNER
salvarsi in corner
Figurato: salvarsi per fortuna all'ultimo momento, più grazie a un errore altrui che per proprio merito, quando ci si trova in una situazione difficile o pericolosa.
Nel linguaggio calcistico il *corner*, detto anche "calcio d'angolo", è una punizione per la squadra che manda il pallone al di là della propria linea di fondo, generalmente come ultima soluzione per evitare un *goal*. In questo caso l'altra squadra ottiene il diritto a effettuare questo tiro privilegiato.

CORNETO
fare duca di Corneto *(raro)*
Figurato: tradire la fedeltà coniugale promessa a qualcuno.
Il detto si basa sull'assonanza tra "corno" e *Corneto*, che è l'antico nome della città di Tarquinia.
var.: mandare a Corneto.

CORNO
alzare le corna *(fam)*
Figurato: insuperbire; diventare arroganti, insolenti.
var.: drizzare le corna; abbassare le corna.

avere le corna a sette palchi *(raro)*
Figurato: avere subito moltissimi tradimenti da parte del coniuge, tanti da far crescere corna ramificate come quelle di un cervo di sette anni.
Il *palco* è l'ordine delle corna negli animali che le hanno ramificate, come i cervi, le renne e così via. Costituiscono tra l'altro un modo per calcolare la loro età.

avere più corna che capelli
Figurato: avere subito moltissimi tradimenti da parte del coniuge, più numerosi dei capelli che si hanno in testa.

avere qualcuno sulle corna *(pop)*
Figurato: avere qualcuno in grande antipatia, trovarlo insopportabile.
var.: stare sulle corna.

fare le corna *(pop)*
Figurato: tradire la fedeltà coniugale. Per estensione, smettere di frequentare un locale pubblico, un negozio, un ente o simili preferendogli un altro luogo analogo.
Allude al gesto della mano, chiusa a pugno con l'indice e il mignolo protesi in fuori, che può ricordare la forma di una testa con le corna.
var.: mettere le corna. ‖ Figurato: insultare qualcuno, come sottintendendo che si tratta di una persona di così poco valore da essere inevitabilmente tradita dal coniuge. ‖ Figurato: fare gli scongiuri. In questo caso il gesto, per quanto riguarda l'Europa, sembra derivare dall'uso degli antichi Romani di portare un anello portafortuna all'indice e al mignolo. In molti Paesi d'oltreoceano, dove ha probabilmente origini diverse, questo gesto è segno di buon augurio, ed è comune portare addosso piccole sculture di questa forma come amuleti portafortuna.

non importare un corno
Non importare nulla.

rompersi le corna *(fam)*
Figurato: insistere in un intento senza

riuscire a superare un ostacolo insormontabile; intraprendere un'iniziativa superiore alle proprie forze che perciò si risolve in un insuccesso spesso umiliante.

tant'è suonare un corno che un violino *(raro)*
Figurato: fare una fatica inutile, adoperarsi per qualcuno che non apprezza quanto si fa per lui perché non è in grado di capirlo, come se si suonasse un brano musicale raffinato per un persona che non distingue un corno da un violino.

un corno! *(pop)*
Esclamazione. Esprime una negazione, un rifiuto vivace e assoluto.

CORNOVAGLIA
fare conte di Cornovaglia *(raro)*
Figurato: tradire la fedeltà coniugale. Il detto si basa sull'assonanza tra *Cornovaglia* e "corno".
var.: mandare in Cornovaglia.

CORO
far coro a qualcuno
Figurato: appoggiare l'opinione di qualcuno, sostenerla.

CORONA
corona della vittoria
La corona, in genere d'alloro, con cui anticamente veniva onorato un vincitore. Oggi si usa in senso figurato per indicare una vittoria o un successo in generale.

CORPO
a corpo morto
Con tutto il peso della persona, usando il corpo come una massa inerte che può essere spinta con forza, come ad esempio gettandosi addosso a qualcuno con tutto il proprio peso. Oppure senza opporre resistenza a una forza che spinge in una data direzione, come ad esempio cadere privi di conoscenza e così via. In senso figurato, con grande impegno e dedizione, soprattutto se riferito a un'attività come lo studio, il lavoro e simili.

andare di corpo
Espellere le feci.
var.: evacuare il corpo.

aver corpo
Avere consistenza. Si usa soprattutto per i vini quando danno una sensazione di pienezza, di armonia.

avere in corpo *(fam)*
Figurato: essere tormentati da qualcosa, in particolare da un dubbio, un rancore e così via.

corpo a corpo
Figurato: fase finale e in genere più accesa del combattimento fra due avversari; scontro diretto tra due rivali che prima si erano affrontati da lontano, facendo intervenire altre persone.
Il combattimento *corpo a corpo* avveniva di solito alla fine delle battaglie, quando i soldati delle due parti si affrontavano direttamente, a tu per tu, prima con i pugnali e più recentemente con le baionette.

dar corpo
Figurato: concretizzare, attuare un progetto, un'idea o simili, passando alla fase realizzativa.

dar corpo alle ombre
Figurato: dare importanza a cose che non ne hanno; ingigantire i pericoli o le difficoltà, trasformando dubbi, paure e sospetti in minacce reali.

dolori di corpo *(fam)*
Mal di pancia, dolori intestinali.
var.: problemi di corpo.

essere due corpi e un'anima
Essere due persone particolarmente affiatate, legate da profondi sentimenti d'amicizia, d'amore e simili; capirsi perfettamente e spesso dedicarsi pienamente l'una all'altra.
Il detto è ispirato a un passo degli *Atti degli Apostoli* (IV,32), in cui si parla della comunità dei Cristiani.

far corpo
Figurato: condensarsi, rapprendersi, coagulare; diventare corposo. Anche aumentare di volume o di spessore, riempire uno spazio altrimenti vuoto. Oppure avvicinarsi, stringersi gli uni agli altri, detto di persone o animali, in genere a scopo difensivo.

fare corpo a sé
Figurato: costituire un'entità separata, un organismo autonomo e indipendente, senza legami con altri o con un contesto generale.

mettere in corpo *(fam)*
Figurato: insinuare in qualcuno un sospetto, un concetto; suscitare un desiderio, una passione, un sentimento e così via. In senso scherzoso, mangiare.

prender corpo
Figurato: assumere forma o sostanza concreta; cominciare a delinearsi, a diventare visibile, identificabile o riconoscibile.

privo di corpo
Figurato: privo di consistenza. Si usa per qualcosa di materiale ma anche per un'idea, un sospetto e simili che non hanno rispondenza nella realtà, o per un ragionamento fondato su premesse inconsistenti e così via.
var.: senza corpo.

tenere in corpo *(fam)*
Figurato: non dire, non far sapere, tenere per sé, riferito in genere a una confidenza, un segreto, un sospetto, un'informazione che non vanno divulgati; anche non manifestare, detto di un turbamento, un sentimento che si preferisce nascondere agli altri.

CORRENTE *(sost)*
contro corrente
Contrariamente al modo di pensare comune, alla norma, alla moda.
var.: andare contro corrente.

seguire la corrente
Figurato: adeguarsi al comportamento della maggioranza, vista come una corrente che si muove massicciamente in una data direzione.

CORRERE
PARAGONI: VELOCEMENTE: correre come il vento; correre come una lepre.

correrci quanto dal cielo alla terra
Figurato: essere molto diverso, di solito inferiore; non essere confrontabile perché molto lontano dall'elemento di paragone.
var.: correrci quanto dal sole alla terra.

correrci quanto tra il giorno e la notte
Figurato: essere molto diverso, non essere confrontabile perché del tutto dissimile dall'elemento di paragone, come il giorno è diverso dalla notte.

correrci quanto un velo di cipolla
Tra due elementi di paragone, esserci pochissima differenza; di un traguardo o simili, essere a distanza minima.
Per *velo* della cipolla s'intende comunemente la buccia, che è molto sottile, ma più esattamente è la membrana trasparente che sta attaccata a ogni singolo strato interno della cipolla stessa.

correrci un abisso
Figurato: tra due cose, esserci una grande differenza qualitativa o quantitativa; distinguersi nettamente; non reggere a un confronto, come se gli elementi citati fossero separati da un abisso.
var.: esserci un abisso.

lasciar correre
Sorvolare su qualcosa, non badarci, non darle troppo peso e simili, in genere per evitare screzi e discussioni. Essere indulgenti o tolleranti riguardo a piccoli sgarbi ricevuti, difetti, o mancanze altrui.

nessuno ci corre dietro
Non c'è fretta, c'è tutto il tempo che si vuole.

CORSO

aver fatto il proprio corso
Avere esaurito la propria funzione, anche nel senso di essere superato.
Potrebbe alludere al *cursus honorum*, cioè il "corso degli onori", che si doveva percorrere nell'antica Roma per arrivare alle alte cariche dello Stato.

dare libero corso
Non ostacolare, permettere lo svolgimento o l'evoluzione naturale di qualcosa. Riferito anche ad azioni, progetti, pensieri o altro.

fuori corso
Non più valido, detto di monete o banconote. Si dice anche di uno studente universitario che non ha sostenuto tutti gli esami entro gli anni previsti per giungere alla laurea.

seguire il proprio corso
Svolgersi o evolversi in maniera naturale e prevista. Detto in genere di malattie ma anche di qualsiasi avvenimento che prevede un suo sviluppo.
var.: fare il proprio corso.

CORTE

corte dei miracoli
Figurato: insieme di persone che presentano deformità fisiche, o in misere condizioni; anche ambiente o luogo di ritrovo frequentato da persone sospette o disoneste.
Durante il Medio Evo era così chiamato il quartiere delle grandi città che ospitava mendicanti, ladri e malfattori, ma anche i lebbrosi o gli infermi, insomma tutti coloro che vivevano ai margini della società o venivano isolati da questa. La più famosa è quella di Parigi, descritta da Victor Hugo in *Notre-Dame de Paris*. La denominazione viene dal fatto che spesso i mendicanti, per impietosire i passanti, fingevano delle menomazioni che poi scomparivano come per miracolo una volta che questi rientravano nelle loro abitazioni.

fare la corte
Corteggiare una persona; riferito a una cosa, desiderarla ardentemente.

tener corte
Figurato: offrire ricevimenti e simili. Spesso ironico o scherzoso.

CORTINA

cortina di ferro
Figurato: confine, barriera impenetrabile.
L'espressione fu coniata nel 1946 da Winston Churchill per definire la linea di confine ideale tra le nazioni occidentali europee e i Paesi del blocco comunista, che si collocava grossomodo da Trieste a Stettino.
Un'espressione simile, la "cortina di bambù", fu usata per indicare l'isolamento della Cina popolare dal resto dell'Asia e del mondo. Il figurato, tuttavia, non è mai entrato in uso.

CORTO

alle corte *(fam)*
Figurato: in breve, in conclusione.
var.: a farla corta.

essere a corto *(fam)*
Figurato: essere scarsamente provvisti di qualcosa, essere quasi alla fine di una scorta, di una riserva e simili.

farla corta *(fam)*
Figurato: concludere in fretta; esprimersi senza giri di parole; in un discorso, in un racconto e simili, venire all'essenziale, senza disperdersi in divagazioni inutili.

per le corte *(fam)*
Figurato: nel modo più veloce, nella maniera più breve.

tenere a corto *(fam)*
Figurato: far mancare, dare con grande parsimonia, lesinare qualcosa a qualcuno.

CORVO

da cattivo corvo, cattivo uovo *(raro)*
Di origine proverbiale, il detto è usato

per sostenere due concetti antitetici: che la natura di una persona è dovuta al patrimonio genetico ereditato, o che, al contrario, l'individuo è il frutto dell'educazione e dell'ambiente.

Una spiegazione a sostegno della tesi dell'ereditarietà vuole che il detto derivi dal fatto che il corvo non è commestibile, né lo sarebbero le sue uova, e questo sembra infatti essere il significato originario. Tuttavia il detto si riallaccia anche a un aneddoto secondo il quale il maestro di retorica Corace citò in giudizio il suo discepolo Tisia perché non gli aveva pagato la parcella. Per difendersi, il giovane ricorse a un sofisma e disse al maestro: "Se vinci tu, vuol dire che non mi hai insegnato niente e quindi non meriti di essere pagato; se vinco io, a maggior ragione non ti devo alcun compenso". Di fronte a questo ragionamento, i giudici commentarono che da un cattivo maestro non può uscire altro che un cattivo allievo, e forse perché il nome proprio "Corace" è identico al sostantivo greco per il nome comune "corvo", pare abbiano usato esattamente la locuzione citata.

var.: il mal corvo fa mal uovo.

fare come il corvo col cacio
Perdere una posizione o un bene già acquisito per ingenuità, dabbenaggine o vanità.

Narra una favola di Fedro (*Favole*, I, 13) ripresa con qualche variante da La Fontaine (*Fables*, I, 2) che una Volpe vide un giorno un Corvo che se ne stava appollaiato su un ramo tenendo nel becco un pezzo di formaggio. Decisa a impadronirsene, cominciò a lodare la bellezza dell'uccello, insinuando però che avesse, purtroppo, la pecca di una voce sgraziata. Il Corvo, punto nella vanità, volle allora dimostrare che la sua voce non era affatto sgradevole e aprì il becco per cantare, lasciando cadere il formaggio ai piedi della Volpe. La favola esiste già in Esopo (*Favole*, 165), dove la Volpe lusinga il Corvo insinuando che sia muto, e che solo per questa ragione non sia il re degli uccelli. Quando il Corvo apre il becco lasciando cadere il suo pezzo non di formaggio ma di carne, la Volpe dice: "Mi sbagliavo, la voce non ti manca. Se avessi anche il cervello, non ti mancherebbe proprio nulla per diventare re".

COSA
cosa nostra
Nome dato un tempo alla mafia operante negli Stati Uniti e ormai passato a definire la mafia in generale.

tante cose *(fam)*
Formula di commiato che augura a una persona tante belle e buone cose.

trattare come le cose sante *(pop)*
Trattare con il massimo rispetto e riguardo, come si fa con gli oggetti sacri.

COSCIENZA
avere la coscienza sporca
Essersi macchiati di qualche colpa.

caso di coscienza
Propriamente, difficile questione di morale. In senso lato, questione che investe i fondamenti della morale e dell'etica dei rapporti umani e simili.

contro coscienza
Figurato: contro le proprie convinzioni o i propri principi.

COSTO
a tutti i costi
A qualsiasi condizione, detto di qualcosa che si intende assolutamente ottenere o fare.

var.: a qualsiasi costo; costi quel che costi.

COSTOLA
farsi schiacciare le costole
Figurato: trovarsi presi in mezzo alla calca, alla ressa.

mostrare le costole
Figurato: essere talmente magri da evidenziare le costole sotto la pelle.
spianare le costole *(pop)*
Figurato: picchiare qualcuno brutalmente. Anche punirlo; dargli una dura lezione, o danneggiarlo volutamente in qualche modo.
stare alle costole *(pop)*
Figurato: seguire, pedinare; incalzare da vicino. Stare sempre attorno a una persona, non perderla di vista. Anche disturbarla o infastidirla continuamente, pressarla con insistenza per ottenere qualcosa.

COSTUME
di facili costumi
Di grande libertà sessuale, riferito a una donna leggera.

COTONE
avere il cotone negli orecchi *(raro)*
Figurato: sentirci poco o essere sordi del tutto. Anche non sentire ciò che qualcuno dice, oppure fingere di non sentirlo.
tenere nel cotone *vedi* **bambagia: allevare nella bambagia**

COTTA
La *cotta* è la cottura, soprattutto quella usata nell'industria alimentare per la raffinazione e la conservazione dei cibi, che in genere vengono trattati con varie cotture l'una successiva all'altra, a intervalli più o meno lunghi.
di tre cotte *(pop)*
Di grande abilità in un dato campo, come se si fosse stati "cotti" per tre volte. Aggiunto a un aggettivo sostantivato, gli dà in pratica valore di superlativo. Si usa in particolare per furbi, furfanti e simili.
prendere una cotta *(pop)*
Innamorarsi in modo appassionato ma in genere per poco tempo. In passato significava invece prendere una forte sbornia. Nel mondo dello sport indica una crisi improvvisa, uno stato di torpore, una fase d'inefficienza che, per stanchezza o altro, coglie un atleta sotto sforzo.
Il senso generale è quello di diventare molli a causa di una lunga cottura, come avviene a molti cibi.

COTTO
essere cotto
Essere preso da un amore appassionato e in genere poco duraturo.
farne di cotte e di crude
Avere una vita movimentata, piena di avventure e imprese diverse, e non sempre onorevoli. Anche commettere molte azioni riprovevoli oppure poco oneste.
non essere né cotto né crudo *(pop)*
Figurato: non poter essere definito con chiarezza; mancare di caratteristiche precise o definite; essere insignificante o senza personalità. Vale per cose e persone.
L'idea è quella di un'interruzione della cottura pressappoco a metà.

COTTURA
essere indietro di cottura *(fam)*
Figurato: essere poco intelligenti, non capire le cose, come se non si fosse ancora "cotti" al punto giusto.

CREATORE
andare al creatore *(pop)*
Figurato: morire.
mandare al creatore *(pop)*
Figurato: uccidere.

CREDERE
credere agli asini che volano
Figurato: essere molto ingenui e creduloni, come chi realmente credesse che gli asini possono volare.
Allude a uno spettacolo di piazza che si teneva un tempo a Empoli il giorno del Corpus Domini, in cui un asino

munito di ali posticce veniva fatto scivolare lungo una corda dal campanile fino a terra, creando l'illusione che volasse. Dal suo comportamento si traevano auspici per il raccolto dell'anno.
var.: credere che gli asini volano; far credere che gli asini volano; dare a intendere che gli asini volano.

credersi al centro dell'universo
Figurato: ritenersi una persona speciale, superiore, cui tutto è dovuto, tanto importante quanto il presunto punto centrale attorno al quale gira tutto l'universo. Per trasposizione, prendere se stessi a misura del mondo, reputandosi il centro di ogni attenzione e considerazione.
var.: credersi il centro dell'universo; credersi l'ombelico dell'universo; credersi il centro del mondo; credersi il centro di gravità dell'universo.

credersi il figlio della gallina bianca *(fam)*
Ritenersi una persona speciale, che ha diritto a tutti i privilegi per il solo fatto di esistere.
Un tempo la gallina tutta bianca, di una razza diversa e più grande delle comuni galline nostrane, era la più pregiata del pollaio.
var.: credersi il figlio dell'oca bianca.

credersi il padrone del mondo
Ritenersi superiori agli altri e per questo pretendere di fare quello che si vuole o d'imporre la propria volontà.

credersi l'ombelico dell'universo *vedi* **credersi al centro dell'universo**

credersi l'unico gallo nel pollaio *(pop)*
Credersi inattaccabili, pensare di essere in una posizione di forza e sicurezza, di solito erroneamente.

credersi un padreterno
Darsi molta importanza, ritenersi il migliore di tutti; anche essere ridicolmente sussiegosi come se si fosse convinti di essere davvero una persona speciale, onnisciente e onnipotente come Dio.

var.: essere un padreterno; fare il padreterno; arie da padreterno.

non credere ai propri occhi
Stentare a credere quanto si vede nonostante la prova della sua realtà fornita dalla vista. Si dice di qualcosa d'impensato, d'insperato, che comunque suscita meraviglia, stupore. Usato anche in senso figurato e ironico.

non credere alle proprie orecchie
Figurato: essere molto meravigliati, stupefatti, come dubitando della realtà di quanto si sente.

non credere neanche al pan cotto *(raro)*
Non credere a niente, nemmeno alle cose visibili e concrete. Usato un tempo per chi non aveva fede religiosa e badava poco alle cose spirituali.
var.: non credere neanche all'acqua bollita.

CREDO
fare in un Credo *(raro)*
Fare in fretta, nel tempo che sarebbe necessario a recitare il *Credo*, una preghiera fondamentale nella religione cattolica.
var.: fare in un *amen*.

CRESTA
abbassare la cresta
Figurato: deporre il proprio orgoglio, perdere di tracotanza o ridurre le proprie pretese.
Allude al gallo e ai volatili in generale, che in fase di corteggiamento o di lotta gonfiano le piume e inturgidiscono cresta e bargigli. Passato il momento, o quando si vedono sconfitti, tornano al loro aspetto normale.
var.: abbassare le ali; calare la cresta.

alzare la cresta
Figurato: insuperbirsi, agire o reagire in modo presuntuoso in seguito a qualche successo raggiunto, anche come rivalsa.
var.: tirar su la cresta.

far la cresta *(fam)*
Figurato: far figurare di avere pagato un prezzo superiore a quello effettivo per trattenersi la differenza.
var.: far la cresta sulla spesa.

sulla cresta dell'onda
Figurato: in un momento o fase di grande successo, come qualcosa che viene portata in alto dalla parte superiore di un'onda.

CRISMA

Il *crisma*, o meglio "sacro crisma", è propriamente un unguento a base di olio d'oliva, simbolo di forza e dolcezza. È nello stesso tempo un balsamo aromatico, e in questa veste simboleggia il profumo della grazia e della virtù. Viene usato dai cattolici romani e ortodossi per le unzioni in generale, e quindi nella consacrazione di una chiesa, della pietra di un altare, nonché nelle cerimonie del Battesimo, della Cresima, dell'Ordinazione di sacerdoti e vescovi. In questo senso è diventato simbolo di approvazione ufficiale anche al di fuori dell'ambito ecclesiastico.

con tutti i crismi *(fam)*
Figurato: in maniera ineccepibile, seguendo puntualmente tutte le istruzioni, regolamenti e simili.
var.: con tutti i crismi e sacrismi.

CRISTIANO

da cristiani *(fam)*
Figurato: decente, ben fatto, degno di un essere umano civilizzato, riferito a una cosa, un lavoro, un atteggiamento e simili. Per *cristiano* s'intende qui l'essere umano civile, com'era inteso nel passato, in contrapposizione alle bestie e ai barbari.

CRISTO

addormentarsi in Cristo
Morire con i conforti religiosi.
var.: dormire in Cristo.

dare a intendere che Cristo è morto di sonno *(pop)*
Figurato: raccontare menzogne inverosimili, far credere cose assurde, spesso per trarne qualche vantaggio. Anche dare a intendere una cosa per un'altra.
var.: dare a intendere che Cristo è morto di freddo.

fratelli in Cristo
Coloro che sono uniti dal vincolo della fede e della carità, che diventano così fratelli agli occhi di Cristo.

non c'è Cristo che tenga *(pop)*
Non c'è niente da fare. Si dice di una situazione che non può essere modificata o di una decisione che non si ha intenzione di cambiare, nemmeno se intervenisse Cristo in persona.
var.: non c'è Cristo; non ci son Cristi né Madonne; non ci son Cristi né Santi.

non dare un Cristo a baciare
Essere particolarmente avari, gretti e meschini, come chi arrivasse al punto d'impedire un atto di devozione rifiutandosi di prestare il proprio crocefisso da far baciare.

povero Cristo
Figurato: persona che suscita compassione, pietà o simili, come Cristo mentre saliva al Calvario. Usato anche per chi versa in cattiva situazione economica. Spesso spregiativo.

CROCE

a croce o pila *vedi* **testa: a testa o croce**

abbracciare la croce
Figurato: dedicarsi a un'opera o a un'azione faticosa o spiacevole con spirito di sacrificio, sopportazione e simili.

cominciare dalla santa croce *(raro)*
Figurato: cominciare dall'inizio, riferito di solito a un racconto, un resoconto o simili, soprattutto se noioso e prolisso.
La *croce* è quella che un tempo veniva

posta sulla prima pagina degli abbecedari, prima della lettera A.
var.: rifarsi dalla Santa Croce.
dare la croce addosso *(pop)*
Figurato: perseguitare qualcuno, soprattutto se incolpevole, con azioni continuate o insistenti; anche additarlo alla pubblica riprovazione accusandolo pesantemente oppure oltre il dovuto, spesso a torto, per farlo apparire colpevole agli occhi degli altri. Oppure, condannare qualcuno a posteriori per azioni dapprima approvate ma rivelatesi successivamente infelici o rovinose. Allude alla croce di cui fu caricato Gesù per esservi crocifisso.
farci una croce sopra *(pop)*
Figurato: considerare finito, concluso, da dimenticare per sempre. Si dice in genere in merito a un'offesa subita e perdonata, un debito, una persona o altro che si preferisce cancellare dal proprio ricordo, oppure di un desiderio, un progetto e simili che si rivelano irrealizzabili.
Deriva dalla croce cimiteriale, e fu poi ripresa dai contabili che apponevano una croce vicino ai crediti considerati inesigibili.
var.: farci su una croce; tirarci una croce; farci una croce.
farsi il segno della croce *(pop)*
Figurato: invocare l'aiuto divino per sfuggire a una tentazione. È usato anche per chiamare il Cielo a testimoniare che si sta dicendo la verità, e come gesto di scongiuro.
gridare la croce addosso *(raro)*
Figurato: additare alla pubblica riprovazione, accusare pubblicamente e pesantemente, spesso a torto.
var.: predicare la croce addosso; bandire la croce addosso.
mettere ai piedi della croce *(raro)*
Figurato: sopportare con rassegnazione un dolore, una situazione spiacevole o simili come offrendo a Cristo il proprio sacrificio.

mettere in croce *(fam)*
Figurato: tormentare, perseguitare; anche assillare con pretese o richieste.
var.: stare in croce; essere in croce
portare la propria croce
Accettare con rassegnazione sofferenze, dolori e in generale gli eventi negativi che capitano nella vita.
stare in croce *vedi* **mettere in croce**

CRONACA
per la cronaca
Figurato: secondo il reale svolgimento dei fatti, riferito a un'informazione, una notizia e simili. Spesso ironico o scherzoso.
var.: tanto per la cronaca.

CRUSCA
vendere crusca per farina *(raro)*
Figurato: imbrogliare, in particolare attribuendo il valore di un prodotto pregiato a un altro analogo ma di qualità inferiore.
La *crusca* è propriamente l'insieme delle scaglie che proteggono il chicco di grano, ma il termine si usa anche come nome generico per i prodotti secondari e i residui derivati dalla macinazione dei cereali. In questo senso indica pertanto un misto costituito generalmente da cruschello, grumi, spolvero, volandola, farine di seconda qualità nonché da crusca propriamente detta. Oggi è entrata nell'alimentazione umana per ragioni dietetiche, ma in passato è sempre stata usata per l'alimentazione degli animali in quanto aveva scarso valore commerciale.

CUCCAGNA
albero della cuccagna
Palo liscio e spalmato di unto che si innalza nelle feste popolari e su cui si arrampicano i concorrenti per raggiungere i premi appesi alla cima.
essere una cuccagna
Essere una pacchia, una situazione fa-

vorevole e particolarmente allettante; si dice anche di una vita spensierata, senza impegni e preoccupazioni.

paese della Cuccagna
Luogo immaginario della fantasia popolare dove ogni delizia, specialmente alimentare, è alla portata di tutti senza spesa e senza fatica.

CUCULO

essere come il cuculo, tutto voce e niente penne *(raro)*
Gridare, strillare in continuazione, detto in genere di bambini petulanti, capricciosi o frignoni.

fare come il cuculo
Vivere da parassiti, approfittando del lavoro degli altri; pretendere senza dar nulla in cambio; fare il proprio interesse danneggiando gli altri.
Il *cuculo* ha l'abitudine di depositare le sue uova da covare nel nido di altri uccelli, e il pulcino, appena nato, provvede per prima cosa a buttar fuori dal nido le uova o i piccoli dell'altro uccello per garantirsi la sicurezza del cibo e della protezione dei genitori forzatamente adottivi.

CUFFIA

cavarsela per il rotto della cuffia *(fam)*
Cavarsela alla meno peggio, o con difficoltà e fatica.
var.: passare per il rotto della cuffia.

CULLA

dalla culla alla tomba
Figurato: per tutta la vita, dalla nascita alla morte.

CULO

a cul di sacco
Figurato: senza sbocco, senza uscita, detto di solito di una strada, un vicolo, un corridoio a fondo cieco, come pure di una situazione senza via d'uscita.

andare di culo *(pop)*
Andar bene, detto a proposito di una situazione che si presentava rischiosa ma che si risolve in modo fortunato.

avere culo *(pop)*
Figurato: avere fortuna.

avere il fuoco sotto il culo *(pop)*
Figurato: non riuscire a star fermi; essere agitati, irrequieti, impazienti, smaniosi; dimostrare di avere molta fretta.
var.: avere il pepe nel culo; avere il fuoco sotto i piedi; avere il fuoco sotto il sedere.

dar del culo in terra *vedi* **restare col culo per terra**

dar del culo sul lastrone *vedi* **restare col culo per terra**

dar via il culo *(pop)*
Propriamente, prostituirsi da parte di un uomo. In senso figurato, vendersi, rinunciare alle proprie idee o piegarsi a un'azione riprovevole per ricavarne vantaggio.

dare anche il culo *(pop)*
Essere disposti a fare qualsiasi cosa per raggiungere uno scopo. In particolare, adulare in modo smaccato.

entrarci come il culo con le quarant'ore *(raro)*
Non avere alcuna attinenza.
Dal 1500 è diffusa una pratica religiosa che durante la Quaresima prevede quaranta ore di preghiera come simbolo dei quaranta giorni di penitenza che Gesù trascorse nel deserto e degli altrettanti in cui il suo corpo rimase chiuso nel sepolcro prima della Resurrezione. Racconta un aneddoto popolare che durante uno di questi momenti di preghiera, una donna si sentì toccare il sedere da un uomo che stava dietro di lei nella chiesa affollata e si voltò a rimproverarlo. L'uomo cercò di giustificarsi pretendendo che il suo gesto fosse stato involontario e adducendo a scusa la ressa intorno a loro dovuta alle Quarant'ore, ma la donna replicò: "E che c'entra il culo con le Quarant'ore?"

essere culo e camicia *(pop)*
Figurato: essere molto amici, molto uniti, quasi inseparabili.
fare il culo *(pop)*
Figurato: rimproverare, sgridare; deplorare insistentemente il comportamento di qualcuno.
var.: fare un culo così; fare il mazzo; fare un mazzo così.
farsi un culo così *(pop)*
Figurato: affaticarsi, faticare; dedicarsi al lavoro, allo studio e simili con impegno, diligenza e fatica.
var.: farsi il culo; farsi il mazzo; farsi un mazzo così.
fatto col culo *(pop)*
Fatto malissimo, senza nessuna attenzione o cura, di malavoglia, come se non ci si fosse nemmeno presi il disturbo di usare le mani.
mandare a dar via il culo *(pop)*
Allontanare qualcuno in modo villano; decidere di non vedere più una data persona.
var.: mandare a fare in culo.
mettere nel culo *(pop)*
Figurato: imbrogliare, raggirare, truffare.
prendere per il culo *(pop)*
Figurato: beffare; dileggiare, prendere in giro.
restare col culo per terra *(pop)*
Figurato: restare senza niente, rovinarsi, fallire, soprattutto in senso economico.
Deriva da una singolare pena in uso nel Medio Evo: i falliti e coloro che rifiutavano un'eredità passiva erano condannati a farsi battere il sedere sopra una lastra di pietra, tra il dileggio di tutta la popolazione.
var.: dar del culo in terra; restare col culo per terra; dar del culo sul lastrone.

CULPA
fare mea culpa
Figurato: riconoscere un errore, ammetterlo e pentirsene.
Deriva dal *Confiteor*, una preghiera del rito cattolico prevista per la Confessione.
var.: recitare il *mea culpa*.

CUOIO
avere le mutande di cuoio *(pop)*
Figurato: essere molto accorti, attenti e prudenti, in modo da non farsi imbrogliare.
var.: avere le mutande di latta; avere le braghe di cuoio.
tirare le cuoia *(pop)*
Figurato: morire.
Cuoia sta per "pelle", quindi la vita, con allusione alle contrazioni muscolari di alcuni moribondi.

CUORE
Il *cuore* è stato eletto a sede dei sentimenti, delle emozioni, degli impulsi spontanei e delle facoltà affettive, in contrapposizione al cervello che rappresenta il pensiero, l'intelligenza, il senno e la facoltà raziocinante. Un tempo nel cuore si ponevano anche il valore in battaglia e il coraggio in generale.
a cuor leggero
Senza preoccuparsi, serenamente; anche sconsideratamente, con leggerezza o facilioneria.
L'espressione è conosciuta soprattutto per essere stata usata nel 1870 dal Presidente del Consiglio francese Emile Ollivier, nel presentare la domanda di un primo credito di cinquanta milioni di franchi per la guerra contro la Prussia. La Francia, impreparata, subì una grave sconfitta.
a cuore aperto
Figurato: sinceramente, con franchezza; senza nascondere nulla; con fiducia. Si usa per lo più in associazione ai verbi "dire, parlare, confessare", come se si aprisse il cuore all'ascoltatore per permettergli di leggerne i segreti.

affare di cuore
Relazione amorosa, faccenda sentimentale
var.: questioni di cuore.

allargare il cuore
Figurato: dare sollievo morale, rasserenare, rincuorare; dare conforto o speranza.
var.: sentirsi allargare il cuore.

avere a cuore
Interessarsi molto a qualcosa, tenerci in modo particolare, considerarla molto importante, esserci affezionati e simili.
var.: stare a cuore.

avere il cuore di ...
Avere il coraggio, osare. Si dice in genere di azioni crudeli o che danneggiano qualcuno, oppure di azioni pericolose.

avere il cuore libero
Non essere innamorati di nessuno.

avere il cuore pesante
Essere amareggiati, addolorati, oppressi da un dispiacere oppure da un rimorso, una delusione, un rimpianto o simili.
var.: sentirsi il cuore di piombo.

avere il cuore stretto
Figurato: essere in preda all'ansia, all'angoscia, oppure a un cruccio intenso, a un grande dolore, avvertendo una sensazione di peso doloroso. Anche provare una profonda pietà.
Il dolore è dato dalla contrazione dei muscoli della zona cardiaca che si avverte come un peso o una stretta al cuore.
var.: sentirsi stringere il cuore.

avere il cuore sulle labbra
Parlare sinceramente, con franchezza, dicendo quello che si sente nel cuore.
var.: con il cuore sulle labbra.

avere in cuore
Provare intimamente: detto di un sentimento, un turbamento, e simili.

avere un cuore di ghiaccio
Essere insensibili e freddi per temperamento, riferito in particolare alla sfera dei sentimenti d'amore come pure alla compassione.

col cuore in gola
Affannosamente, come dopo uno sforzo o una corsa. ‖ Ansiosamente, con il batticuore per l'angoscia dell'attesa.

col cuore in mano
Con grande generosità e disponibilità. Anche con sincerità e franchezza, con onestà, riferito a un discorso, un consiglio o simili.

colpire al cuore
Figurato: ferire profondamente nella sensibilità; oppure fare innamorare follemente.

con tutto il cuore
Molto volentieri, con grande piacere.
var.: di cuore; di tutto cuore.

cuor contento il ciel l'aiuta
Di origine proverbiale, il detto ricorda che cercando di vedere i lati migliori di una situazione è più facile risolverla; che chi affronta la vita con ottimismo vive meglio di chi si dispera.
Il detto, che ripete l'identico proverbio, sottintende che la disperazione e la sfiducia portano all'inazione, e quindi non aiutano certo a risolvere le cose. Al contrario, chi nonostante le avversità riesce a mantenersi sereno, non solo è nella condizione migliore per trovare le soluzioni necessarie ma risulta inoltre più simpatico agli altri, e quindi avrà migliori occasioni di ricevere aiuto.

cuor di coniglio
Figurato: persona pavida, pusillanime, timorosa di tutto; anche persona timida, poco determinata.
Il *coniglio* è un animale timidissimo, e questo ha fatto pensare che fosse anche pauroso.

cuor di leone
Figurato: persona coraggiosa, impavida; anche persona fiera e leale. Spesso ironico.

cuore d'oro
Persona molto buona, generosa, comprensiva e così via.
cuore di bronzo *(raro)*
Figurato: persona insensibile, dal cuore duro; anche persona rigorosissima, severa. ‖ Figurato: persona di grande coraggio, soprattutto in senso bellico. Poco usato.
cuore di ghiaccio
Persona insensibile, fredda, priva di sentimenti e comprensione.
cuore di pietra
Persona dura, spietata, insensibile, priva di umanità.
var.: cuore di marmo; cuore di sasso.
cuore solitario
Persona priva di legami affettivi che desidererebbe trovare un compagno o una compagna per la vita. Era usato un tempo nelle rubriche matrimoniali. Spesso ironico e scherzoso.
di cuore *vedi* **con tutto il cuore**
due cuori e una capanna
Figurato: allusione a un amore di coppia molto sentito, indipendente dal benessere materiale.
essere di buon cuore
Essere buoni, comprensivi, caritatevoli.
essere tutto cuore
Essere molto buoni e generosi, anche se questo va a scapito del raziocinio e del buon senso.
far male al cuore *vedi* **stringere il cuore**
farsi cuore *(raro)*
Farsi coraggio; in senso lato, rassegnarsi, o consolarsi.
il cuore della città
Figurato: il centro della città, inteso come punto nevralgico, come centro delle sue istituzioni, del potere e così via.
mangiarsi il cuore *(fam) vedi* **rodersi il cuore**
nel cuore di...
Nella parte centrale, usato sia come indicazione di tempo che di spazio in locuzioni quali: "il cuore della città, nel cuore dell'inverno, della notte" e così via.
non avere cuore di ...
Figurato: non avere il coraggio di fare una determinata cosa, perché pericolosa o perché meschina o crudele.
var.: non bastare il cuore.
perdersi di cuore *(raro)*
Perdersi d'animo, scoraggiarsi.
prendere a cuore
Interessarsi attivamente di qualcosa, curarsene in modo fattivo.
var.: prendersi a cuore.
ridere di cuore
Ridere allegramente, gaiamente.
rodersi il cuore
Soffrire, essere tormentati da un dolore, un dispiacere segreto, oppure da rabbia, odio o rancore.
var.: mangiarsi il cuore.
rubare il cuore
Fare innamorare. Anche scherzoso.
scaldare il cuore
Consolare, incoraggiare, ridare fiducia e speranza.
sentirsi il cuore di piombo
Figurato: essere molto tristi, addolorati, con il cuore gravato da una grande pena.
var.: sentirsi il cuore pesante.
sentirsi piangere il cuore
Provare un grande dispiacere, tale da far piangere anche il cuore.
var.: sentirsi stringere il cuore.
senza cuore
Persona insensibile o crudele, come se non avendo il cuore non avesse nemmeno sentimenti.
spezzare il cuore
Figurato: dare un grande dolore. Spesso ironico.
star di buon cuore *(raro)*
Stare allegri, non preoccuparsi.
stare a cuore
Essere molto importante per qualcuno, premergli molto.

strappare il cuore
Figurato: commuovere o impietosire profondamente, provocando la contrazione dei muscoli della zona cardiaca che si avverte come una sensazione di peso o di stretta al cuore.

stretta al cuore
Sensazione di dolore, commozione, pietà e simili, che provoca la contrazione dei muscoli della zona cardiaca.

stringere il cuore
Figurato: impietosire, provocare una pena intensa; anche commuovere profondamente.
var.: far male al cuore; sentirsi stringere il cuore; essere una stretta al cuore.

toccare il cuore
Figurato: commuovere; far pena. Anche suscitare altre emozioni.

togliersi un peso dal cuore
Figurato: liberarsi di una grossa preoccupazione; confessare una colpa, o rivelare un segreto sgravandosi del suo peso.

trovare la via del cuore
Trovare il modo di ottenere quello che si vuole puntando sui sentimenti di una persona.

CURIOSO
PARAGONI: curioso come una biscia; curioso come un gatto.

curioso come una biscia
Molto curioso, come la tradizione popolare vuole che siano le bisce.
Probabilmente il detto è nato dal modo di muoversi dei serpenti in generale, con la testa a terra come se puntassero alla ricerca di qualcosa, oppure anche dalla velocità con cui rizzano il capo quando temono un pericolo.

curioso come un gatto
Molto curioso, come sembrano essere i gatti che vanno ad annusare tutto quello che non conoscono.

DADO
far diciotto con tre dadi
Avere una fortuna sfacciata.
lasciar correre il dado
Lasciare che le cose seguano il loro corso, che una situazione si sviluppi da sola.

DAMA
fare la gran dama
Atteggiarsi a signora dell'alta aristocrazia ritenendo che questo significhi mostrarsi sdegnosa, altezzosa, incontentabile e così via. Vale anche per un uomo.
vedere la dama bianca
Figurato: riuscire a presagire la morte di qualcuno.
Secondo una tradizione popolare europea, una dama vestita di bianco con maschera e guanti neri appare a mezzanotte e a volte anche a mezzogiorno per annunciare la morte del capofamiglia delle persone che la vedono, oppure quella di un personaggio importante. Si dice che sia apparsa anche a Napoleone I in partenza per la Campagna di Russia, nel 1812, e che abbia inoltre annunciato la morte dell'imperatore Guglielmo I.

DAMOCLE
spada di Damocle
Grave pericolo incombente.
Secondo un aneddoto, *Damocle*, amico e uomo di corte del tiranno di Siracusa Dionisio II detto "Il Vecchio", non nascondeva d'invidiare la sorte e i privilegi del potere regale, benché il sovrano cercasse di fargli capire il peso e la precarietà della sua condizione. Per convincerlo, il tiranno l'invitò allora a prendere il suo posto per un giorno, e durante il banchetto della sera gli fece trovare sopra la testa una spada sguainata, appesa soltanto con un crine di cavallo. Solo allora Damocle comprese lo stato di perenne inquietudine in cui viveva Dionisio e i pericoli sempre in agguato per chi detiene un grande potere. L'episodio è ricordato da Cicerone (*Tusculanae,5,21,62*) ed è ripreso da Orazio, Persio, Boezio e altri.

DANAIDI
Narra la mitologia greca che sette figlie di Danao, le *Danaidi*, andarono spose loro malgrado ad altrettanti principi stranieri. Sei di loro, non volendosi piegare a un matrimonio sgradito, uccisero i mariti nel sonno durante la prima notte di nozze. Nell'Oltretomba, per punizione, furono condannate a riempire per l'eternità delle anfore senza fondo.
vaso delle Danaidi
Lavoro, impresa o progetto che nonostante sforzi e fatiche non arriva mai alla fine. Anche azione di cui si conosce in partenza l'impossibilità di una conclusione, e di conseguenza l'assoluta inutilità.
var.: botte delle Danaidi.

DANNO
avere il danno e anche le beffe
Subire un danno ed essere inoltre derisi per questo.
var.: avere il danno e le beffe; aggiungere le beffe al danno.

DATTERO
riprender datteri per fichi
Guadagnare molto in un affare, in uno scambio. Anche trarre grande vantaggio da una cortesia, da un favore fatto

a qualcuno; oppure ripagarsi abbondantemente di un servigio reso. Farsi risarcire con un lauto guadagno per un danno subito, o anche per un torto, un'offesa e simili.
I *datteri* sono molto più pregiati dei fichi.

DEBITO
affogare nei debiti
Essere sommersi dai debiti, come fossero un elemento liquido nel quale è possibile annegare.

DEFORMAZIONE
deformazione professionale
Figurato: atteggiamento che una persona assume per abitudine nelle più svariate occasioni anche se è specifico solo della sua attività professionale. Può trattarsi dell'abitudine a parlare a voce molto alta, ad alzarsi o a mangiare a una determinata ora e via dicendo. Quasi sempre scherzoso.

DELFINO
fare come il delfino che mette i tonni nella rete e poi scappa
Provocare un danno e lasciarne pagare le conseguenze agli altri.

DENARO
il danaro apre tutte le porte
Di origine proverbiale, il detto afferma che quando si è ricchi si ottiene tutto quello che si vuole.

DENOMINATORE
denominatore comune
Figurato: dato che accomuna due o più elementi; base comune di concetti o fatti diversi che permette di collegarli in un unico filone logico.
In matematica, il *denominatore* è quella parte della frazione che indica il numero delle parti in cui l'unità è stata divisa: è *comune* quando è uguale in più frazioni.
var.: trovare un denominatore comune; ridurre a un denominatore comune.

DENTE
a denti stretti
Malvolentieri, come stringendo i denti per sopportare meglio un fastidio o un dolore fisico. Anche fingere un piacere che non si prova, oppure dare controvoglia un consenso, un'approvazione esibendo un sorriso stentato.
affondare il dente
Cercare di ricavare il massimo guadagno da qualcosa; essere esosi; fare il possibile per arraffare quanto più si può.
avere ancora i denti da latte
Figurato: essere molto giovani e inesperti, detto in genere di chi si atteggia a persona vissuta nonostante la giovane età, soprattutto se fa pesare una presunta superiorità.
avere il dente avvelenato
Essere pieni d'astio o di rancore nei confronti di qualcuno.
Allude ai denti dei rettili velenosi.
battere i denti
Avere i brividi, per freddo o per paura.
Entrambi questi stati fisiologici possono indurre a contrazioni involontarie della mandibola.
cavalier del dente *(raro)*
Forte mangiatore, tanto da meritare quasi un'onorificenza ufficiale. Ironico o scherzoso.
difendere coi denti
Difendere strenuamente, con accanimento, decisi a servirsi di tutti i mezzi possibili compresi i denti.
var.: difendere con le unghie e coi denti.
far ballare i denti *(fam)*
Mangiare volentieri, con appetito.
finché si ha denti in bocca
Di origine proverbiale, il detto ricorda che nella vita non si sa mai quello che può succedere.

È contrazione del proverbio che continua "non si sa quel che ci tocca".

fuori dai denti *(fam)*
Con franchezza, apertamente, senza eufemismi, sottintesi o giri di parole.

levarsi un dente
Figurato: togliersi un pensiero fastidioso, eliminare una preoccupazione, risolvere sia pure con sacrificio una situazione scomoda.

mettere qualcosa sotto i denti
Mangiare, avere qualcosa da poter masticare.

mostrare i denti
Mostrarsi pronti a difendersi o ad attaccare, come fanno generalmente i cani e altri animali prima di cominciare a lottare tra loro. In senso lato, cercare d'impaurire qualcuno.

non aver niente da metter sotto i denti
Non aver nulla da mangiare. In senso lato, essere molto poveri.

non è pane per i tuoi denti *vedi* **trovare pane per i propri denti**

stringere i denti
Sopportare, tollerare con grande sforzo una situazione sgradevole, come stringendo i denti per sopportare meglio un dolore fisico.

tirato coi denti *(fam)*
Forzato, stiracchiato, stentato. Riferito a un ragionamento, un discorso o simili, poco convincente.

trovare pane per i propri denti
Imbattersi in un degno antagonista, o anche trovare una situazione adatta ai propri desideri o interessi, alle proprie forze, alle proprie capacità. Il detto contiene sempre un'idea di sfida, di confronto, di verifica del proprio valore.
var.: trovar carne per i propri denti; non è pane per i tuoi denti.

ungere i denti
Scherzoso: mangiare o far mangiare. In senso figurato, anche procurare a qualcuno ricchi benefici allo scopo di ottenerne vantaggio.

ungere il dente *(pop)*
Dare una mancia, una bustarella, una tangente; quindi corrompere.

DE PROFUNDIS
cantare il De profundis
Considerare morto, oppure perduto, irrecuperabile. Quasi sempre scherzoso o ironico.
De profundis è l'inizio di un salmo penitenziale per i defunti, il 129, ed è ormai passato a designare il salmo stesso. Oscar Wilde ne fece il titolo di una sua opera.

DERIVA
andare alla deriva
Riferito a un corpo galleggiante non governato, spostarsi dalla rotta stabilita per effetto delle correnti e del vento. ‖ Figurato: abbandonarsi senza reagire alla sorte; andare incontro in modo inerte alla decadenza fisica e morale.

DESIDERARE
farsi desiderare
Farsi attendere a lungo, anche nel senso di fare aspettare gli altri. Vale anche per eventi che tardano a verificarsi.

lasciare a desiderare
Essere difettoso o non corrispondere alle aspettative o alle caratteristiche previste.

DESIDERIO
attaccare i desideri al campanello dell'uscio *vedi* **voglia: attaccare le voglie al campanello dell'uscio**

pio desiderio
Figurato: desiderio impossibile, illusorio, irrealizzabile; speranza vana, aspettativa o attesa inutile. Quasi sempre ironico.
Deriva dal titolo di un libro pubblicato nel 1675 dal teologo Ph.J.Spenser, che l'aveva a sua volta ripreso da un altro

libro del gesuita H.Hugo, edito nel 1627.
var.: pia illusione.

DESTINO
beffa del destino
Figurato: avvenimento imprevisto che interviene all'improvviso e quasi malignamente, come per dispetto, a sovvertire una situazione accuratamente creata.
var.: ironia del destino; ironia della sorte; scherzo del destino.
seguire il proprio destino
Seguire il corso segnato dalla sorte a dispetto di qualsiasi ostacolo; oppure rassegnarsi ad accettare o subire la propria sorte.
var.: andare incontro al proprio destino; andare al proprio destino.

DESTRA
a destra e a sinistra
Figurato: dappertutto, in tutte le direzioni, da tutte le parti.
var.: cercare a destra e a sinistra; guardare a destra e a sinistra. andare a destra e a sinistra.

DIAMANTE
essere la punta di diamante
Costituire il punto più forte, l'elemento migliore e vincente, capace di superare un ostacolo, di frantumare una resistenza. Riferito di solito a una persona o a un argomento in grado di venire a capo di una discussione, una diatriba e simili, e sul quale si fa pertanto assegnamento. ‖ Oppure, cosa o persona di cui si va orgogliosi, che viene messa in mostra, che suscita ammirazione.
Il *diamante* è durissimo, e incide praticamente tutti gli altri materiali.

DIANA
suonare la diana *(raro)*
Figurato: incitare, anche nel senso di scuotere una persona da uno stato di torpore e simili. Quasi sempre ironico o scherzoso.
La *diana* era lo squillo di tromba che all'alba dava la sveglia ai soldati. In latino la parola definisce appunto la tromba militare; oggi il termine non è più usato e gli si preferisce quello di "sveglia".

DIAPASON
Il *diapason*, o "corista", è uno strumento acustico che emette una nota musicale di altezza determinata, il *la*. Viene usato per regolare l'intonazione degli altri strumenti e per dare l'accordo giusto ai cantanti. In senso lato, indica la massima intensità di un suono, e per estensione la punta più acuta di qualcosa, generalmente un sentimento e simili, come pure una crisi.
dare il diapason
Figurato: dare il tono generale a una conversazione, a una situazione e simili, ivi compresa una cerimonia, una discussione, una festa e altro. Anche imporre un determinato comportamento o un modo di essere o di procedere, o ancora impostare l'andamento in un gruppo di studio o di lavoro, e simili.
giungere al diapason
Toccare il culmine, il punto più alto. Si usa in genere per emozioni, sentimenti, oppure per una discussione, una crisi e così via.
var.: toccare il diapason.

DIAVOLO
al diavolo!
Esclamazione: esprime insofferenza, frustrazione, rabbia e simili.
alla diavola
Modo di cucinare il pollame, dopo averlo aperto, mettendolo intero sulla griglia o sulla brace.
avere il diavolo nell'ampolla
Possedere un mezzo misterioso in gra-

do di esaudire qualsiasi desiderio. Si dice di persone che, senza meriti particolari, riescono a portare a buon fine anche le iniziative più azzardate.

Allude alle credenze che ritenevano possibile, con arti magiche, imprigionare demoni, geni e spiriti maligni mettendoli in bottiglia, sia per renderli innocui quanto per asservirli ai propri voleri.

avere un diavolo in corpo
Figurato: essere molto vivaci, o in grande agitazione. Anche essere pieni di energia, e riuscire a dedicarsi alle attività più diverse, ad avere sempre nuove idee e simili. Usato anche per una persona inquieta, mai soddisfatta, sempre in cerca di qualcosa di nuovo o di diverso che non trova mai, oppure di ragazzini vivacissimi, che non stanno mai fermi.

Un tempo si diceva così degli indemoniati, gli ossessi, che sembrava si contorcessero come per cercare di liberarsi di qualcosa che avevano dentro.

avere un diavolo per capello
Figurato: essere molto irritati, di malumore, o addirittura furibondi; come se si avesse in testa una serie di diavoli che tirano i capelli. ‖ Figurato: essere in grande agitazione a cause delle molte cose che si hanno da fare.

buon diavolo
Figurato: buon uomo, brava persona. Riferito a chi ha qualche difetto che comunque gli si perdona, o a una persona limitata e modesta ma buona. Si dice anche di chi ostenta atteggiamenti burberi ma in realtà è un bonaccione.

come il diavolo e l'acqua santa
Figurato: assolutamente incompatibili, totalmente incapaci di andare d'accordo, detto di persone, cose, colori, forme, come pure di teorie o concetti. Usato anche nel senso di scontrarsi violentemente a ogni occasione.

L'acqua benedetta avrebbe la proprietà di far fuggire i demoni, e secondo le testimonianze di Tertulliano veniva impiegata per gli esorcismi già in epoca romana.

var.: andare d'accordo come il diavolo e l'acqua santa; vedersi come il diavolo e l'acqua santa; essere come il diavolo e la croce.

del diavolo
Rafforzativo che ribadisce un concetto. Si associa a sostantivi di significato sgradevole, come il freddo, la confusione, il dolore, la sete e così via.

essere il diavolo e la croce *vedi* **come il diavolo e l'acqua santa**

essere un diavolo in carne
Essere un demonio in fattezze umane, quindi essere maligni, malvagi, perfidi, tentatori, e tutto quanto di male può rappresentare il diavolo. ‖ Usato in senso scherzoso anche per una persona molto abile o furba che riesce sempre a ottenere quello che vuole, o per ragazzini vivacissimi e rompicollo.

var.: essere un diavolo in carne e ossa; essere un diavolo incarnato.

fare il diavolo a quattro
Fare grande baccano o confusione; anche lasciarsi andare a violente scenate di rabbia. Oppure, agitarsi moltissimo per ottenere qualcosa.

Il detto si riallaccia alle Sacre Rappresentazioni medievali, di cui il Diavolo era un personaggio importante insieme alla Madonna, a Dio, all'Anima e a Santi diversi in relazione alle circostanze. Il popolo divideva queste rappresentazioni in "grandi diavolerie" e "piccole diavolerie", a seconda che vi comparissero più o meno di quattro diavoli.

var.: far il diavolo e peggio; fare il diavolo e la versiera.

fare il diavolo e la Versiera
Fare grande baccano, schiamazzo e confusione; anche arrabbiarsi moltissimo con grandi scenate furibonde; o

infine fare tutto il possibile pur di ottenere qualcosa.

La *Versiera* è la diavolessa. Il nome deriva dalla corruzione di uno dei tanti appellativi del diavolo, in questo caso "l'Avversario".

fare la parte del diavolo
Cercare di indurre in tentazione una persona, così come fa il diavolo per guadagnarsi le anime degli uomini. ‖ Opporre continue obiezioni ai ragionamenti di una persona per aiutarla a trovarne le pecche e i punti deboli, in modo che ne possa tener conto.

fare un patto col diavolo
Sembrare eternamente giovani; avere grande e costante fortuna; godere di privilegi apparentemente immeritati e così via.
Il patto con il diavolo è un tema ricorrente in tutte le letterature di matrice cattolica. Dev'essere firmato con il sangue e prevede l'ottenimento in terra di grandi ricchezze, onori, piaceri, bellezza e gioventù in cambio della cessione della propria anima al momento della morte. Persino un papa, Silvestro II, fu accusato di avere stretto un patto con il diavolo. Il più celebre e conosciuto di questi patti rimane in ogni caso quello presentato da Goethe nel suo *Faust*.

il diavolo non ci andrebbe per un'anima
Si sottintende qui un luogo talmente sgradevole, pericoloso, lontano o difficoltoso da raggiungere, che neppure il diavolo vi andrebbe nemmeno per catturarsi un'anima. Per estensione, si dice anche di qualcosa che non vale gli sforzi per ottenerla.

lisciar la coda al diavolo
Fare una cosa assolutamente inutile, ostinarsi in un'impresa impossibile.
Secondo l'iconografia popolare, la coda del diavolo è ruvidissima e scagliosa, e niente o nessuno al mondo potrà mai renderla liscia.

mandare al diavolo
Allontanare qualcuno in malo modo; invitare sgarbatamente qualcuno a non interessarsi di qualcosa. Anche scherzoso.
var.: andare al diavolo.

parere il diavolo in un canneto
Fare una gran confusione, un forte baccano.
L'immagine è quella del diavolo che avanza in un canneto, fra il rumore delle canne che spezza impigliandovisi con le unghie e le corna.

per tutti i diavoli!
Esclamazione: può esprimere meraviglia, incredulità disappunto, stizza e simili.

ponte del diavolo
Nome dato a molti ponti di epoca antica per la loro eccezionale arditezza. La fantasia popolare ne ha giustificato l'esistenza come opera del diavolo, costruendovi attorno le più svariate leggende.

povero diavolo
Figurato: persona in cattive condizioni economiche che suscita compassione, soprattutto se non riesce a migliorare la sua situazione nonostante sforzi e fatiche. Si dice anche di qualcuno di scarsa intelligenza e capacità, che non si rende conto dei propri limiti e ritiene che la sua posizione lo renda onnipotente.

se il diavolo non ci mette la coda!
Esclamazione: se non capitano imprevisti; se non arriva il diavolo, qui rappresentato dalla sua coda, a rovinare un progetto e simili.

tirare il diavolo per la coda
Essere molto poveri, vivere miseramente; anche farsi corrompere o accettare denaro illecito per necessità economica.
La tradizione popolare vuole che il diavolo sia disposto a tutto pur di guadagnarsi un'anima, e che in particolare distribuisca grandi ricchezze a

chi è disposto a cedergliela. Così è nata l'immagine dell'uomo talmente povero che va personalmente dal diavolo a sollecitare l'offerta, tirandogli la coda perché si accorga della sua presenza. In questo senso viene interpretata un'illustrazione di Bruegel il Vecchio. ‖ Fare il possibile per resistere alle tentazioni, come cercando di allontanare il diavolo trascinandolo per la coda.

Questa spiegazione deriverebbe da un vecchio proverbio francese secondo il quale alla porta di un uomo povero c'è spesso un diavolo. Il concetto è quello del significato precedente, ma in questo caso l'uomo tenta di resistere con tutte le sue forze, e cerca di allontanare il diavolo dalla sua casa trascinandolo per la coda, tenendosene il più possibile lontano. In questo senso P.M. Quitard ha interpretato il detto e l'illustrazione di Bruegel il Vecchio.

tirare le orecchie al diavolo
Giocare a carte. In senso lato, esporsi alle tentazioni, poiché secondo il concetto popolare il gioco mette in condizioni di peccare.

trovare il diavolo nel catino *(raro)*
Arrivare troppo tardi, in genere per usufruire di un beneficio.

In passato il fondo di zuppiere, insalatiere e simili, chiamati genericamente *catino*, era talvolta decorato con la figura del diavolo. Dato che tali stoviglie erano usate come piatti di portata, arrivare a tavola e vedere il diavolo significava trovarlo vuoto, e quindi non trovare più niente da mangiare.

DIES IRAE
cantare il Dies irae *(raro)*
Figurato: considerare morto, o perduto, comunque irrecuperabile. Quasi sempre scherzoso o ironico.

Dies irae è l'inizio di un inno medievale relativo al Giudizio Universale. Entrato nella liturgia attorno al 1200, ed eliminato con l'ultima riforma, veniva cantato durante l'ufficio funebre. Sembra che ne sia autore Tommaso da Celano, discepolo e biografo di San Francesco d'Assisi. La locuzione *Dies irae* compare nel Nuovo Testamento e nell'*Apocalisse* di San Giovanni.

DIFENSORE
difensore d'ufficio
Figurato: persona che interviene a favore di qualcuno e ne prende le parti senza esserne richiesta.

Nel diritto penale, è l'avvocato difensore nominato dall'autorità giudiziaria quando l'imputato in un processo non può o non vuole designarne uno. Dal momento che la legge italiana non permette al cittadino di difendersi da solo, il difensore viene pagato dallo Stato, ma solo se l'imputato può dimostrare di essere nullatenente.

DIGERIRE
digerire anche i chiodi
Figurato: avere uno stomaco robusto, in grado di digerire tutto.

digerire anche i sassi
Figurato: non avere problemi di stomaco, digerire benissimo anche i cibi più pesanti. In senso lato, accettare senza reagire insulti, offese o simili.

digerire anche il ferro
Digerire qualsiasi cosa, non avere nessun problema di digestione.

non poter digerire *(fam)*
Non poter sopportare una situazione e simili. Riferito a una persona, trovarla fortemente antipatica.

DIGIUNO
predicare il digiuno a pancia piena
Cercare di convincere gli altri ad azioni che non si ha la minima intenzione di fare in prima persona.

DILEMMA
le due corna del dilemma
Figurato: le due soluzioni a un problema, opposte fra loro ma uniche possibili.

Nella logica, il *dilemma* è un ragionamento basato su due premesse dette appunto *corna*, di cui una necessariamente vera e l'altra necessariamente falsa, che tuttavia portano alla stessa conclusione. Uno dei più celebri esempi è il "dilemma di Umar", dal nome del califfo cui venne falsamente attribuita la distruzione della biblioteca di Alessandria e che in quell'occasione avrebbe dichiarato: "Se questi libri sono contrari al Corano sono dannosi, e quindi da bruciare; se invece sono conformi al Corano sono inutili, e quindi sempre da bruciare."

DIMENTICATOIO
mettere nel dimenticatoio
Tralasciare o dimenticare qualcosa, volontariamente o per distrazione.

Dimenticatoio è parola scherzosa che rappresenta quella parte della mente che servirebbe, appunto, a contenere le cose dimenticate.

var.: lasciare nel dimenticatoio.

DIO
a Dio piacendo
Se questa sarà la volontà di Dio. In senso lato, se non ci saranno ostacoli che possano impedire il verificarsi di qualcosa. Usato per intenzioni, progetti e simili. A volte ironico.

a Dio spiacente ed ai nemici suoi *(raro)*
Inviso a tutti. Riferito principalmente a chi si trova in questa posizione a causa del proprio comportamento ambiguo o indifferente nei confronti di due parti avverse; si usa inoltre per chi si dimostra vile.

Riprende un verso della *Divina Commedia* (*Inferno*, III, 62,63) in cui Dante definisce gli ignavi "la setta de' cattivi, a Dio spiacenti ed a' nemici sui".

andarsene con Dio
Figurato: andarsene con la benedizione di qualcuno. Anche lasciare in pace qualcuno; oppure togliersi di torno, o andarsene per i fatti propri.

Un tempo, chi congedava una persona e in particolare un pellegrino, gli diceva di andarsene con Dio per invocare su di lui la protezione e l'aiuto del Cielo. In tempi più recenti il detto ha assunto il significato di congedare qualcuno più che altro per essere lasciati in pace.

che Dio ce la mandi buona!
Esclamazione augurale. Si usa quando si è dubbiosi su un'azione che si sta per intraprendere e che presenta dei rischi, per cui la speranza di esito positivo è riposta nell'aiuto di Dio.

Dice un racconto popolare che un contadino che aveva deciso d'improvvisarsi medico si procurò un giorno un buon numero di ricette, se le mise in tasca e cominciò la sua nuova professione. Alla fine di ogni visita estraeva a caso una ricetta dicendo: "Che Dio te la mandi buona!". Secondo l'aneddoto, il contadino si chiamava Grillo, e da qui avrebbe origine anche il detto "Indovinala Grillo!".

che Dio la manda
Riferito quasi solo a pioggia, neve o grandine, ne indica una particolare intensità e violenza.

com'è vero Dio!
Esclamazione: ha senso rafforzativo e si usa per dare a un'affermazione particolare solennità, in particolare se riferito a una promessa o a una minaccia.

come Dio vuole
Alla meno peggio, in qualche modo, oppure per motivi non del tutto chiari, che sembrano esser noti solo a Dio. Usato anche per qualcosa che finalmente si verifica dopo una lunga atte-

sa. ‖ Secondo la volontà di Dio. Si usa per esprimere accettazione o rassegnazione di fronte a un evento sgradevole.
var.: come Dio volle.

Dio lo volesse!
Esclamazione: esprime il desiderio che si realizzi quanto si spera.
var.: Dio non voglia!

Dio manda il freddo secondo i panni
Il detto afferma che Dio non ci manda nessuna disgrazia alla quale non siamo in grado di far fronte, e tutto quello ci capita è proporzionato alle nostre effettive capacità. Quindi non c'è nessun problema che non si possa umanamente risolvere.
Il detto, che ripete l'identico proverbio, vuole ricordare che un problema è del tutto soggettivo, ed esiste solo nel momento in cui viene identificato come tale. In caso contrario non lo si riconosce nemmeno, e quindi non si pone.

Dio sa come
In maniera inspiegabile, che solo Dio può sapere. Anche in modo faticoso, o bizzarro, o doloroso e così via, che comunque ottiene il risultato voluto.

Dio sa quando
In un futuro indeterminato che si prevede comunque lontano, impossibile da calcolare e noto solo a Dio.

Dio sa se ...!
Esclamazione: invoca la testimonianza divina della veridicità di qualcosa, in particolare se incredibile e soprattutto intima o privata, e come tale nota solo a Dio. Usata anche come recriminazione per episodi sfortunati o dolorosi di cui non ci si ritiene colpevoli o responsabili, in quanto azioni commesse in stato di costrizione o di necessità.

Dio solo sa
Affermazione che esprime ignoranza su un determinato argomento, in particolare sul possibile verificarsi di un avvenimento e sui relativi tempi di realizzazione. Esprime inoltre un senso d'incertezza o timore.
var.: lo sa Dio.

essere un senza Dio
Essere un ateo o un miscredente.

essere visitati da Dio
Figurato: essere colpiti da sciagure e simili.
Deriva dalla credenza per cui le sventure sarebbero prove alle quali Dio sottopone gli uomini perché nel dolore possano redimersi o per dar loro modo di perfezionarsi moralmente.

fatto come Dio comanda
Figurato: fatto bene, con cura, secondo le regole, come seguendo uno dei Dieci Comandamenti. Vale per un lavoro, un comportamento o altro.

mandato da Dio
Provvidenziale, come un aiuto proveniente dal Cielo. Detto di persone o cose. Anche ironico.

non essere né di Dio né del Diavolo
Non schierarsi con nessuno, mantenersi equidistanti da due parti o persone rivali tra loro. Anche inimicarsi gli uni e gli altri proprio in virtù di questo comportamento.

presentarsi a Dio
Morire, quindi presentarsi al cospetto di Dio per essere giudicati. Vale anche per il Giudizio Universale.

raccomandarsi a Dio
Raccomandare l'anima a Dio in punto di morte; anche affidarsi a Dio in situazioni di rischio, pericolo, difficoltà e simili.

se Dio vuole!
Esclamazione: era ora, finalmente.

DIONISIO
orecchio di Dionisio
È così chiamata un'antica cava di pietra nei pressi di Siracusa nella quale si riscontra un fenomeno di risonanza per cui anche il minimo rumore viene ripetuto dall'eco.

La tradizione vuole che il tiranno *Dionisio*, vissuto nel IV secolo a.C., avesse fatto costruire nelle mura del suo palazzo dei condotti nascosti in grado di convogliare i suoni nella sua stanza. In questo modo poteva ascoltare segretamente quanto veniva detto negli altri locali, e valutare la fedeltà dei cortigiani. Sembra che questa sua abitudine abbia dato il nome alla cava, anche se Dionisio, in realtà, la usava come prigione.
var.: orecchio di Dionigi.

DIPINGERE
dipingere con la granata *(raro)*
Essere un pittore di scarso valore; dipingere malissimo, come se si usasse una scopa al posto del pennello.

DIRE
avere da dire
Avere una discussione, litigare, o quanto meno rimbeccarsi con qualcuno; anche essere fortemente irritati con lui.
var.: avere a che dire.
avere un bel dire
Affannarsi inutilmente, darsi da fare senza ottenere alcun risultato.
dire la propria
Esprimere la propria opinione, usato spesso in senso ironico per persone saccenti o che tendono a intromettersi nelle faccende degli altri.
dire sul muso *vedi* **faccia: dire in faccia**
dire sul viso *vedi* **faccia: dire in faccia**
dirne quattro
Rimproverare aspramente qualcuno per un cattivo comportamento e simili; dirgli quanto di negativo si pensa di lui. A volte, anche insultarlo.
dirsela con qualcuno *(pop)*
Essere bene affiatati, andare d'accordo. Anche, avere una relazione amorosa con qualcuno.
è tutto dire!
Esclamazione: è incredibile, è impensabile; è il massimo che possa accadere.
non aver nulla da dire
Figurato: essere d'accordo, approvare; non avere obiezioni.
si fa per dire
Si usa per chiarire che quanto si sta per dire è semplicemente un esempio, o un'ipotesi per assurdo su cui costruire conclusioni altrettanto assurde, oppure per sottolineare che quanto si dice non vuole essere troppo serio o profondo, almeno nelle intenzioni.
tra il dire e il fare ...
Tutto può essere facile in teoria, ma non in pratica. Riprende il proverbio che afferma che "tra il dire e il fare c'è di mezzo il mare".
trovare da dire
Criticare, biasimare. A volte anche arrivare a diverbio.

DISCIPLINA
disciplina di ferro
Disciplina severa, rigida, inflessibile.

DISCO
cambiare disco
Cambiare argomento; smettere di parlare sempre della stessa cosa.
sembrare un disco rotto
Parlare sempre della stessa cosa, tornare sempre sullo stesso argomento, essere ripetitivi e monotoni, come se una puntina di giradischi si fosse incantata sul punto difettoso di un disco.

DISCORDIA
essere il pomo della discordia
Essere motivo di lite o di contrasto in generale.
Secondo il mito greco, alle nozze di Teti e Peleo non venne invitata Eris, la Dea della Discordia, che per vendicarsi dell'offesa si presentò comunque al banchetto e gettò in mezzo ai commensali una mela d'oro da destinarsi alla più bella delle convitate. Atena,

Era e Afrodite, che litigarono fra loro ciascuna vantando la superiorità della propria bellezza, alla fine si accordarono perché la mela fosse assegnata da un giudice imparziale, il bellissimo principe troiano Paride. Il giovane scelse Afrodite, consolidando così la fama della sua leggendaria bellezza, e da quel momento in poi una profonda discordia divise le tre Dee.

DISCORSO
discorso a mezz'aria
Discorso vago, sospeso o appena accennato, di cui ci si attende la conclusione, oppure carico di sottintesi. Anche proposta ventilata o velata allusione, sovente maligna o insinuante.
discorso a pera
Discorso sconclusionato, senza senso e senza logica.
In senso figurato, viene definita "a pera" qualsiasi cosa non abbia la forma corretta che dovrebbe avere secondo i canoni convenzionali. La pera è infatti uno dei frutti più soggetti a presentare alterazioni vistose della forma base.
senza tanti discorsi *(fam)*
In modo diretto, conciso, essenziale, senza divagazioni, sottintesi o eufemismi.
var.: senza tante storie.
un'insalata di discorsi
Ragionamento o discorso sconclusionato nel quale si assommano argomenti disparati che costituirebbero altrettanti discorsi a sé stanti.

DISGRAZIA
cadere in disgrazia
Perdere il favore, la stima del pubblico, di un potente o di qualcuno a cui si tiene.
disgrazia volle
È accaduto per sfortuna, per malasorte. Usato in particolare per un evento imprevisto che arriva a rovinare una situazione, un progetto e simili.

DISTANZA
prendere le distanze
Figurato: allontanarsi da persone o situazioni che potrebbero causare problemi, legami sgraditi o comunque episodi spiacevoli. Anche semplicemente smettere di frequentare qualcuno per ragioni diverse. In senso lato, dichiarare la propria estraneità a qualcosa.
tenere a distanza
Figurato: non dare confidenza a qualcuno.
var.: tenersi a distanza; restare a distanza; mantenere le distanze.

DISTURBO
togliere il disturbo
Formula di cortesia per un commiato: andarsene, congedarsi da qualcuno da cui si è in visita o simili.

DITO
avere sulla punta delle dita
Sapere qualcosa molto bene, conoscerla a fondo. Riferito in particolare a una disciplina di studio, a una tecnica di lavoro e simili.
var.: sapere sulla punta delle dita.
contare sulle dita
Figurato: avere poca dimestichezza con l'aritmetica, come se ci si aiutasse con le dita per fare un conto. ‖ Figurato: usato quando i presenti in un luogo o i componenti di un gruppo sono pochissimi, quasi da rientrare nel numero delle dita.
var.: contare sulle dieci dita; contare sulla punta delle dita; contare sulle dita di una mano.
dare un dito e farsi prendere il braccio
Approfittare della disponibilità di qualcuno pretendendo molto di più di quanto l'altro intendeva offrire.
var.: dare una mano e vedersi prendere il braccio.
darsi il dito nell'occhio
Farsi del male, nuocere a se stessi, so-

prattutto se si meditava di danneggiare qualcun altro.

esser come le dita di una mano
Essere di statura differente, detto in particolare dei bambini di una stessa famiglia. ‖ Somigliarsi molto, essere della stessa natura.

lasciar le cinque dita in faccia
Dare un energico schiaffo a qualcuno, tanto da lasciargli sul viso il segno delle dita.
var.: lasciare le cinque dita.

leccarsi le dita
Trovare succulento, molto gustoso; in genere riferito a un cibo. Si usa anche per una situazione, una proposta, una prospettiva che si presentano allettanti e piacevoli.

legarsela al dito
Non dimenticare un'offesa, un torto o simili, in attesa che giunga il momento di vendicarsi.
Deriva dall'usanza antichissima di portare addosso, soprattutto alla mano, un segno qualunque per ricordarsi di qualcosa. Se ne trova traccia già nella Bibbia (*Esodo*, XIII, 9 e 16; *Deuteronomio*, VI, 8, XI, 18), nel Vangelo di Matteo (XXIII, 5), e negli usi dei popoli orientali. In particolare gli Ebrei, oltre alla *mezuzah* appesa al collo, legavano anche alle braccia o sulla fronte piccole strisce di pergamena dette "filatteri", che riportavano i precetti della Bibbia. Sempre in Oriente, e per la precisione in Turchia, nacque l'uso dell'anello di fidanzamento come pegno d'amore, che prima di diventare simbolo di promessa e impegno a un futuro legame era semplicemente il dono che il cavaliere offriva alla sua dama prima di partire per la guerra, in modo che guardandolo pensasse a lui e non lo dimenticasse. Di qui nasce una vasta tradizione di anelli magici, come ad esempio quelli che cambiano colore o che si offuscano, e di cui sono piene favole e miti; ai più poveri bastava comunque un filo di seta, di cui però era molto importante il colore. L'età moderna ha trasformato molti di questi rituali in forme e simboli diversi, tra cui il nodo al fazzoletto per ricordarsi di qualcosa.

mettere il dito sulla piaga
Individuare esattamente l'origine d'un male, la causa reale d'una situazione, il punto più importante d'un problema e simili. Anche affrontare un argomento scomodo e sgradito all'interlocutore.

mordersi le dita
Manifestare dolore o rabbia; pentirsi di avere fatto o non fatto qualcosa, di essersi comportati in un modo invece che in un altro che a posteriori si è rivelato più produttivo e proficuo. Viene usato in genere per le occasioni perdute o i mancati guadagni.
var.: mordersi le mani.

mostrare a dito
Additare alla riprovazione generale; fare oggetto di curiosità molesta; considerare pubblicamente individuo di pessima fama.
var.: segnare a dito.

nascondersi dietro un dito
Accampare scuse e giustificazioni inconsistenti, esili quanto un dito dietro il quale si pretenderebbe di nascondersi. ‖ Prendere misure inadeguate a una situazione complessa.

non muovere un dito
Non fare assolutamente nulla. Si usa per una persona che ha poca voglia di lavorare, come pure per chi potrebbe aiutare fattivamente qualcuno e invece non lo fa.
var.: non alzare un dito.

sapere sulla punta delle dita *vedi* **avere sulla punta delle dita**
segnare a dito *vedi* **mostrare a dito**

DIVINIS
sospendere a divinis
Figurato e quasi sempre ironico: ri-

muovere qualcuno da un'alta carica, destituire, degradarlo o infliggergli una grave punizione.
Nel linguaggio ecclesiastico significa vietare l'esercizio degli uffici religiosi, riferito a un sacerdote giudicato reo di colpe gravi.

DOCCIA
aver bisogno di una doccia fredda
Figurato: essere molto agitati, e quindi aver bisogno di qualcosa per calmarsi. Spesso ironico.
La *doccia fredda* era uno dei mezzi terapeutici adottati un tempo nei manicomi, e veniva impiegata per calmare i malati turbolenti quando davano in escandescenze.

doccia fredda
Evento, imprevisto o notizia che toglie bruscamente un'illusione o fa crollare l'entusiasmo, la fiducia in un'iniziativa e simili.

doccia scozzese
Susseguirsi di notizie, di avvenimenti o altro, alternativamente buoni e cattivi, che giungono come un getto d'acqua alternativamente bollente o gelata. Si dice anche di una situazione instabile.
In realtà la vera *doccia scozzese* prevede che la variazione della temperatura dell'acqua avvenga in modo graduale.

DOLCE
PARAGONI: dolce come il miele; dolce come la melassa.
dolce come il miele
Dolcissimo, detto di cose o anche di persone.
dolce come la melassa
Molto dolce, fino ad essere stucchevole, detto soprattutto di persone. La *melassa* è il liquido che rimane dopo l'estrazione dello zucchero dalla barbabietola e si presenta come una sostanza densa e appiccicosa.

DOLORE
esser tutto un dolore
Essere dolorante in tutto il corpo.

DOMENICA
La *domenica* è stata decretata Giorno del Signore, in ricordo della Resurrezione di Gesù, nel 321 d.C. In quell'anno infatti l'imperatore Costantino emise un editto che ordinava la chiusura dei tribunali e delle attività lavorative poiché questo giorno era dedicato al Sole, del cui culto egli era seguace. I Cristiani suoi contemporanei, che fino a quel momento avevano continuato ad avere per sacro il *sabbath* ebraico, riferirono alla loro fede l'ordine dell'imperatore.

della domenica
Dilettantistico, di scarso valore. Ha intento leggermente spregiativo nei confronti di chi esercita un'attività qualsiasi solo nei momenti liberi, quindi con scarsa esperienza tecnica e risultati generalmente modesti. Usato in particolare per pittori dilettanti e automobilisti che guidano di rado. Anche ironico.

domenica di Quasimodo
La domenica *in albis*, cioè quella che segue la Pasqua.
Il detto è nato dalla corruzione popolare di una frase della Messa di questo giorno, quando ancora si celebrava in latino, e prevedeva all'inizio dell'Introito le parole *Quasi modo geniti...*

esser battezzato di domenica
Aver poco cervello, essere poco intelligenti.
Allude al rito del Battesimo, che prevede oltre all'acqua lustrale anche il sale della sapienza. L'ironia popolare fa notare che la domenica non è possibile comperare il sale perché i negozi sono chiusi.

esser nato di domenica
Essere molto fortunato.
Per molte religioni antiche la domeni-

ca era il giorno sacro al Sole; i nati in questo giorno venivano considerati protetti da influssi benefici, e ancor oggi quest'idea sopravvive in diverse località.

DON CHISCIOTTE
Don Chisciotte della Mancia è il titolo del romanzo considerato il capolavoro della letteratura spagnola, pubblicato a Madrid nel 1605 da Miguel de Cervantes. Vi si narra la vicenda di un anziano gentiluomo di campagna che, esaltato dalle letture dei romanzi cavallereschi, decide di lasciare il suo tranquillo paese di provincia e di andare alla ventura per emulare le imprese dei suoi eroi. All'insaputa di tutti si allontana con il suo vecchio cavallo Ronzinante alla ricerca di fatti eccezionali, e la sua fantasia è così fervida da trasformare la realtà nelle forme della sua immaginazione, fino a vedere in ogni viandante un malfattore o un nemico. Ricondotto a casa, viene curato dagli amici che a ogni buon conto bruciano i libri che l'avevano fatto impazzire, ma Don Chisciotte non disarma, e se ne va di nuovo con Ronzinante facendosi stavolta accompagnare dal servo Sancho Panza, che nomina suo scudiero. Questi invano cercherà di distoglierlo dalle imprese più disastrose, fino a quando, dopo lotte assurde come quella contro un gruppo di mulini a vento da lui scambiati per giganti, Don Chisciotte si ritirerà definitivamente nella sua blanda follia.
essere un Don Chisciotte
Essere un illuso idealista, paladino di cause nobili ma irrealizzabili; anche essere un difensore degli oppressi, un riparatore di torti e così via. Spesso ironico.

DON GIOVANNI
Don Giovanni è il protagonista di una commedia scritta nel 1630 da Tirso de Molina, che lo dipinge come un seduttore che passa di conquista in conquista uscendone sempre inappagato. Le sue avventure sono ispirate a un episodio della tradizione sivigliana che narra l'uccisione del Commendatore Ulloa da parte di don Juan Tenorio, che ne aveva rapito e sedotto la figlia. Secondo il racconto, il Commendatore fu sepolto in una cappella dei frati francescani, che uccisero don Juan dopo averlo attirato con un trucco nel convento e che poi sparsero la voce che egli fosse stato trascinato all'inferno dalla statua posta sulla tomba del defunto, che don Juan si era recato ad insultare. Lo spunto fu ripreso in seguito da molti altri autori sia in campo letterario che in campo musicale, e a tutt'oggi si possono contare almeno un trentina di opere su questo tema.
essere un dongiovanni
Andare costantemente in cerca di avventure amorose; essere un grande seduttore.
var.: fare il dongiovanni.

DONNA
andare a donne
Di un uomo, avere rapporti sessuali con donne diverse; andare in cerca di avventure amorose; cercare una prostituta.
donna cannone
Donna gigantesca, enormemente grassa, che un tempo costituiva un fenomeno da baraccone e si esibiva a pagamento nelle fiere e nei circhi.
donna di malaffare
Eufemismo per definire una prostituta, in tutte le possibili sfumature.
donna di mondo
Figurato: donna che conduce vita brillante, di società. Anche donna disincantata, di molta esperienza, che conosce tutti gli aspetti della vita e vede le cose senza prevenzioni morali o

ideologiche. ‖ Figurato: prostituta, o anche donna di facili costumi.
donna di strada
Passeggiatrice, prostituta; anche donna di facili costumi.
donna di vita *(pop)*
Figurato: prostituta.
esser donna e Madonna
Essere moglie e padrona assoluta.

DORMIRE

PARAGONI: dormire come un ghiro; dormire come un orso; dormire come una marmotta; dormire come un ciocco; dormire come un tasso; dormire come un angioletto; dormire come un sasso.
dormirci sopra
Accantonare momentaneamente un problema per rifletterci più tardi a mente fresca, come dopo un sonno ristoratore.
dormire a occhi aperti
Avere molto sonno e dimostrarlo chiaramente nonostante gli sforzi per non darlo a vedere.
dormire all'albergo della luna
Dormire all'aperto, soprattutto per le difficoltà economiche di procurarsi un tetto. In genere scherzoso, poiché spesso le antiche locande avevano come insegna la luna, il sole o una stella.
var.: dormire all'albergo della stella.
dormire come un angioletto
Dormire con espressione innocente e serena, con la tranquillità di un angelo che non è soggetto a turbamenti, peccati, rimorsi. Usato spesso in senso ironico per chi invece avrebbe motivo di sentirsi turbato.
dormire come un ciocco
Dormire tanto profondamente da sembrare qualcosa di inanimato, come appunto il ciocco che se ne sta inerte vicino al camino.
dormire come un ghiro
Dormire profondamente, come il ghiro che d'inverno va in letargo.

dormire come un orso
Dormire profondamente, pesantemente e magari con respiro rumoroso, come l'orso che d'inverno va in letargo e a cui si attribuisce un sonno agitato a causa della mole.
dormire come un sasso
Dormire di un sonno molto profondo, tanto da sembrare immobili e insensibili come un sasso.
dormire come un tasso
Dormire profondamente, come il tasso che d'inverno va in letargo.
dormire come una marmotta
Dormire profondamente, come la marmotta che d'inverno va in letargo.
dormire con un occhio solo
Essere costantemente vigili, prudenti e guardinghi; non farsi cogliere di sorpresa ed essere pronti a reagire in ogni momento, anche quando si dorme. ‖ Non potersi rilassare, dover stare sempre vigili; vivere nel timore costante di essere aggrediti.
var.: dormire con gli occhi aperti; dormire con un occhio solo come il gatto; dormire con gli occhi aperti come la lepre.
dormire della grossa
Dormire profondamente, pesantemente.
Nella bachicoltura, si dà il nome di *grossa* alla terza e ultima fase di letargo del baco da seta, poiché è la più lunga di tutte.
dormire il sonno del giusto
Dormire tranquilli, serenamente, in quanto consapevoli di avere la coscienza pulita.
dormire in pace i propri sonni
Dormire serenamente, tranquillamente, senza pensieri o preoccupazioni poiché si ha la coscienza tranquilla. In senso lato, non dare importanza a qualcosa, non preoccuparsene.
dormire in piedi
Avere molto sonno. In senso figurato essere distratti, inattivi. Anche essere

tardi a capire, tonti, sciocchi.
var.: dormire in piedi come i cavalli; dormire a occhi aperti.

dormire quanto i sacconi
Alzarsi tardi, dormire a lungo. L'immagine è quella dei materassi che sembrano dormire perché stanno sempre distesi. I *sacconi* sono i materassi costituiti da foglie di granoturco contenute in una fodera, che un tempo erano un giaciglio molto diffuso.
var.: dormire quanto le materasse.

dormire sotto i ponti
Non avere né casa né un posto fisso e riparato dove andare a dormire. In senso lato, essere molto poveri.

dormire sotto le stelle
Dormire all'aperto, senza un riparo. Si dice a proposito di escursioni, campeggio e simili, oppure in riferimento a una condizione di povertà.

dormire su entrambe le orecchie *vedi* **dormire tra due guanciali**

dormire su un barile di polvere
Trovarsi in una situazione molto pericolosa in quanto precaria e instabile e che può diventare rovinosa da un momento all'altro, come su un barile di polvere da sparo che può esplodere alla minima sollecitazione e senza preavviso.
var.: star seduti su un barile di polvere.

dormire su un letto di piume
Non avere problemi o preoccupazioni, in genere di carattere economico o materiale.

dormire su un vulcano
Trovarsi in una situazione molto pericolosa in quanto precaria e instabile e che può diventare rovinosa da un momento all'altro, come vicino alla bocca di un vulcano che può eruttare senza preavviso.
var.: star seduti su un vulcano.

dormire tra due guanciali
Sentirsi sicuri, tranquilli, senza la minima preoccupazione.
var.: tenere la testa fra due guanciali; dormire su entrambe le orecchie.

dormire tutti i propri sonni
Non avere preoccupazioni o problemi tali da togliere il sonno. Si usa anche in senso ironico per una persona un po' irresponsabile.

dormirsela
Dormire saporitamente, serenamente, con evidente piacere.

tenere la testa fra due guanciali *vedi* **dormire tra due guanciali**

DOSE

dose da cavallo
Grande quantità, dose massiccia. Usato in particolare con riferimento ai farmaci, che vengono spesso somministrati in base al peso corporeo.

rincarare la dose
Aumentare i danni o una punizione; peggiorare una situazione già sgradevole.

DOVERE *(verbo)*

fatto come si deve
Fatto bene, secondo le regole, secondo le convenienze e simili, riferito a un lavoro, un comportamento e simili. Così un lavoro "come si deve" è un lavoro ben fatto, un bambino è beneducato, una ragazza è seria, una casa è in ordine, una retribuzione è adeguata, un comportamento è corretto e così via.
var.: a dovere.

non dovere niente a nessuno
Non avere debiti, obblighi o pendenze nei confronti di nessuno. Anche non avere ricevuto aiuti, facilitazione o simili per raggiungere un successo, un obiettivo o altro, attribuendosene così l'intero merito.

DOVERE *(sost)*

chi di dovere
La persona giusta, quella addetta a una determinata mansione e che pertanto ha il *dovere* di espletarla. In sen-

so lato, personaggio importante che provvederà a raddrizzare un torto o a punire un trasgressore.
fare atto di dovere (des)
Ossequiare, rendere omaggio a qualcuno.

DOZZINA
essere di dozzina
Valere poco, per valore intrinseco o per qualità scadente, come le cose che vengono vendute a dozzine per volta.
stare a dozzina (des)
Stare in pensione presso una famiglia, con allusione al pagamento della stanza, che un tempo era dovuto ogni dodici giorni.

DRITTO (agg)
PARAGONI: dritto come un palo; dritto come un fuso.
dritto come un fuso
Molto eretto nel portamento, detto in genere di persone anziane che ci si aspetterebbe invece più o meno curve per l'età. In senso lato, si usa per sottolinearne l'eccezionale forma fisica. ‖ Figurato: senza esitazione, senza indugio; velocemente, senza perdere tempo.
dritto come un palo
Figurato: si dice in genere di chi tiene il corpo molto eretto, soprattutto se si tratta di una persona anziana che nonostante l'età non è curva, ingobbita e simili. Usato anche per chi cammina in maniera eccessivamente rigida o impettita.
var.: dritto come un fuso.

DRITTO (sost)
essere un dritto (pop)
Essere furbo, astuto; anche essere un piccolo imbroglione.
guardare per il dritto e per il rovescio
Figurato: esaminare attentamente una cosa, una situazione, o anche una persona.

DRITTO (avv)
andar dritto (fam)
Andare bene, andare a buon fine, sortire esito positivo, detto di un'iniziativa, un tentativo e simili.
var.: andar dritta; andare storta; andar storto.
andare dritto filato
Andare direttamente, senza indugi o senza ritardi e deviazioni. Usato soprattutto per chi ha molta fretta o anche per chi intende denunciare un torto subito.
var.: andar dritto come un fuso.
fare rigar dritto (fam)
Badare che qualcuno ottemperi ai propri doveri o si comporti onestamente. Anche nel senso d'imporre e mantenere una rigida disciplina.
rigar dritto (fam)
Essere ligi ai propri doveri; anche comportarsi onestamente, riferito soprattutto a chi aveva precedentemente tralignato.
var.: filar dritto.

DUBBIO
essere in dubbio
In senso stretto, non sapersi decidere a fare qualcosa o essere indecisi in una o fra più scelte. In senso figurato, se riferito a un progetto, a una prospettiva o simili, rischiare di non essere realizzato, oppure non avere certezza o garanzia di un evento positivo.
senz'ombra di dubbio
Certamente, sicuramente; non solo senza il minimo dubbio ma senza nemmeno la sua ombra.

DUE
come due e due fanno quattro
Vero, lampante, incontestabile, come si presentano generalmente le verità più semplici.
fare due più due
Figurato: arrivare facilmente a una deduzione o simili mettendo insieme

pochi e generalmente chiari elementi essenziali, così com'è facile sommare due più due. Usato anche per conclusioni scontate e così via.

fare un viaggio e due servizi
Figurato: risolvere due problemi con una sola azione, come chi accetta di recarsi in un luogo per eseguire una commissione e approfitta del tempo o del percorso per svolgerne anche un'altra.

farsi in due
Darsi molto da fare, sobbarcarsi grandi fatiche, lavorare per due, soprattutto adoperarsi moltissimo per aiutare qualcuno.
var.: farsi in quattro.

non c'è due senza tre
Di origine proverbiale, il detto afferma che a un evento ne consegue un altro della stessa sorte o natura.
L'espressione, che riprende l'identico proverbio, si riallaccia ad antiche superstizioni basate sui numeri magici. In questo caso il numero magico tre, che rappresenta il complemento del numero magico due, afferma che se si presentano consecutivamente due eventi della stessa natura è indubbio che in breve tempo se ne presenterà un terzo analogo.

prendere due piccioni con una fava
Ottenere un duplice vantaggio con poca fatica.
Il riferimento è a un metodo di caccia al piccione selvatico, in cui si usava come esca una fava legata a un filo fissato a terra.

prendere due rigogoli a un fico
Ottenere un duplice vantaggio con poca fatica, come nel detto "prendere due piccioni con una fava".
Il *rigogolo*, detto anche "oriolo" dal colore giallo dorato del piumaggio; è un uccello dei passeriformi dal canto melodioso, molto goloso di frutta.

servire due padroni
Mettersi al servizio di due persone, parti o cause che perseguono interessi o scopi contrastanti o incompatibili tra loro. Sottintende la slealtà di chi si comporta in questo modo, spinto da cupidigia e avidità.
Allude alla parabola evangelica in cui Gesù, nel Discorso della Montagna, invita a scegliere tra il bene materiale e quello spirituale: "Nessuno può servire a due padroni: o odierà l'uno e amerà l'altro, o preferirà l'uno e disprezzerà l'altro: non potete servire a Dio e a mammona" (Matteo, 6,24).
La locuzione fu usata anche da Carlo Goldoni, che ne fece il titolo della sua commedia *Arlecchino servitore di due padroni*.

DUNQUE
venire al dunque
Abbreviare un discorso, riassumerlo, tralasciando le cose poco importanti per parlare finalmente dell'argomento sostanziale che interessa davvero.
Dunque è congiunzione conclusiva, e quindi sta per "conclusione", con il significato non di termine ma di punto importante.
var.: arrivare al dunque.

DURARE
chi la dura la vince
Di origine proverbiale, il detto ricorda che per riuscire in un'impresa è necessario essere molto tenaci, senza cedere mai.
Ripete l'identico proverbio.

durare da Natale a Santo Stefano
Durare pochissimo, come lo spazio di tempo tra questi due giorni, successivi l'uno all'altro.

durare dal mattino alla sera
Durare pochissimo, quanto le poche ore dall'alba al tramonto.
var.: durare dalla sera alla mattina.

durare lo spazio di un mattino
Durare pochissimo, quanto le poche ore di una mattinata.

DURO *(agg)*
PARAGONI: duro come il granito; duro come il diamante; duro come il ferro; duro come il marmo; duro come uno zoccolo; duro come un mulo; duro come un sasso; duro come un muro.

duro come il diamante
Molto duro, come il diamante che può incidere praticamente tutti i materiali. Vale anche per una persona insensibile, o per chi, nel perseguire una meta o un ideale, non è disposto a lasciarsi distrarre da nulla.

duro come il ferro
Molto duro e resistente, appunto come il ferro. Detto anche di persone rigide, rigorose, oppure incorruttibili, molto convinte delle proprie idee.

duro come il granito
Durissimo, appunto come il granito, riferito a persone testarde e cocciute ma anche a persone moralmente o psichicamente forti, in grado di resistere agli attacchi esterni e ai colpi della sorte. Si dice inoltre di chi ha una muscolatura o una corporatura particolarmente soda.
var.: essere un granito.

duro come il marmo
Durissimo e compatto, appunto come il marmo. Detto anche di persone testarde e cocciute, che non sanno o non vogliono ragionare. Usato anche per una persona insensibile o molto ostinata. Vale anche per la turgidezza di un muscolo o simili.

duro come un mulo
Molto duro di testa, nel senso di testardo, come si dice siano i muli quando hanno deciso d'impuntarsi.

duro come un muro
Molto duro di testa, cocciuto, testardo, irremovibile e incapace di ragionare come una parete di mattoni.

duro come un sasso
Durissimo, proprio come un sasso. Detto spesso di cibo o di materassi vale anche per la turgidezza di un muscolo. Si dice inoltre di chi si mostra privo di sensibilità, di comprensione o di umanità, oppure di una persona di poco acume o intelligenza, incapace di capire un ragionamento, e ancora di chi risulta stolidamente difficile da convincere o molto ostinato.

duro come uno zoccolo
Duro di testa, ottuso, poco intelligente e incapace di capire come potrebbe esserlo uno zoccolo di legno o lo zoccolo di un animale, fatto di tessuto corneo molto resistente.

duro d'orecchio
Quasi sordo, come chi avesse l'orecchio indurito e privo di elasticità, e non cogliesse più le vibrazioni sonore. Si usa anche in senso ironico, per chi finge di non sentire o di non capire.
var.: duro di timpani.

tener duro
Resistere, non cedere. Usato anche nel senso di non abbattersi, di non scoraggiarsi, di farsi forza, oppure di proseguire in un'impresa con impegno e ostinazione.

DURO *(sost)*
cadere sul duro
Trovarsi a mal partito alla fine di un'impresa, un'attività, una vicenda di alterna fortuna.

essere un duro *(pop)*
Essere una persona decisa, coraggiosa, di forte personalità e in genere onesta, capace di superare tutti gli ostacoli e difficile da ingannare o raggirare. ‖ Persona in genere di pochi scrupoli decisa a farsi strada nella vita anche con sistemi spietati, impiegando tutti i mezzi necessari, leciti o meno, per arrivare a uno scopo. ‖ In senso ironico, persona presuntuosa, testarda e ignorante che si crede più intelligente degli altri e confonde la forza con la prepotenza e la prevaricazione. ‖ Persona inflessibile, priva di bontà, com-

prensione e indulgenza. Anche persona di orgoglio smisurato, che non ammette di sbagliare e si vergogna di qualsiasi sospetto di sensibilità. Anche persona che non accetta facili rappacificazioni e tende a far sentire sempre in colpa gli altri.
var.: fare il duro.

EBREO
essere come l'ebreo errante
Non trovar pace; non avere sede stabile in nessun posto.
L'*Ebreo errante* è un personaggio leggendario condannato a vagare senza pace sino alla fine dei secoli, spostandosi a piedi e con in tasca cinque soldi che non si esauriscono mai. La tradizione vuole che quest'uomo, vedendo Gesù che durante la salita al Golgota si era fermato un momento a riposare appoggiandosi al muro della sua casa, l'abbia scacciato ingiungendogli "Cammina!". Per questo è condannato a camminare a sua volta fino al ritorno di Cristo. La sua figura, ripresa in diverse opere letterarie e molto nota nella cultura popolare, è divenuta allegoria della vita umana, oppure del destino del popolo ebraico scacciato dalla sua terra.

mescolare ebrei e samaritani
Mettere insieme cose di natura molto diversa, oppure addirittura contrastante, opposta.
Il termine generico *Ebrei* indica qui gli abitanti della Galilea, un popolo dell'antica Palestina come i *Samaritani*. Fra Galilei e Samaritani, confinanti di territorio, non ci fu mai possibilità di accordo.

ECCESSO
spingere all'eccesso
Portare qualcosa alle estreme conseguenze, esasperarla, ipotizzarne tutti gli sviluppi possibili, compresi quelli più improbabili. Si usa in genere per un ragionamento, una previsione e simili.
var.: portare all'eccesso.

ECO
farsi eco di qualcosa
Diventare propagatori, diffusori di qualcosa.

EDEN
È questo il nome con cui l'Antico Testamento parla del Paradiso Terrestre in cui Dio mise a vivere Adamo ed Eva (*Genesi*, 2,8-15; 4,16; 3,8; 3,23-24). Propriamente la parola *eden* significa più o meno "campagna", e volendo anche "giardino". Poiché il luogo fu collocato geograficamente nella zona più fertile e verdeggiante della Mesopotamia e la descrizione biblica lo descrive come un posto in cui Adamo ed Eva vivevano perfettamente felici, il termine assunse il significato di "delizia, piacere", rimasto nella tradizione in senso figurato, come equivalente di "paradiso", per esaltare concetti positivi.

essere un Eden
Essere un posto splendido, come un bellissimo giardino; essere un luogo ricco di piaceri e delizie.
var.: giardino dell'Eden.

vivere in un Eden
Vivere in un luogo splendido, in mezzo a piaceri e delizie. Anche vivere una situazione di gioia e serenità.

EDIPO
Nella mitologia greca, *Edipo* è figlio dei sovrani di Tebe Laio e Giocasta, e secondo un oracolo sarebbe stato destinato a sposare la propria madre dopo aver ucciso il padre. Per scongiurare la profezia, appena nato fu esposto sul monte Citerone con i piedi legati, ma un pastore se ne impietosì, lo portò con sé a Corinto e lo affidò alle cure

del re Polibo, che lo allevò come un figlio. Divenuto adulto e conosciuta la profezia che lo riguardava, Edipo pensò di sottrarvisi allontanandosi da quella che credeva essere la sua casa paterna. Mentre si dirigeva a Tebe, venne alla lite con un viandante e lo uccise, senza sapere che si trattava del suo vero padre Laio. Giunto alle porte della città trovò un mostro sanguinario, la Sfinge, che terrorizzava l'intera regione, al punto che i Tebani, saputo della morte del re Laio che si era messo in viaggio proprio per andare a cercare aiuto, avevano deciso di dare il suo trono vacante a chi li avesse liberati da quel flagello. La Sfinge infatti scommetteva la vita con i passanti sottoponendo loro un difficile enigma, e uccideva tutti quelli che non sapevano risolverlo. Ma Edipo ci riuscì, la Sfinge si uccise secondo i patti gettandosi dalla rupe che sovrastava la città, e i Tebani acclamarono Edipo come re a fianco di Giocasta, che divenne sua sposa ignara di essere sua madre. Nacquero quattro figli prima che i due sovrani scoprissero che la profezia si era compiuta. Giocasta s'impiccò, seguendo una forma di suicidio quasi rituale per le donne greche, ed Edipo, cacciato da Tebe, si accecò.

avere il complesso di Edipo
Figurato, in genere scherzoso: da parte di un uomo, essere molto attaccato alla propria madre.
Secondo alcune scuole di psicoanalisi, il *complesso di Edipo* è l'amore soprattutto inconscio per la propria madre, da parte di un bambino, analogo al complesso di Elettra. Raggiungerebbe il suo culmine attorno ai cinque anni di età.

EFFETTO
a effetto
Studiato in modo da suscitare impressione o attenzione.
var.: d'effetto.
fare effetto *(fam)*
Colpire, impressionare; spesso nel senso di suscitare ribrezzo o simili. Oppure, al contrario, colpire in modo favorevole, suscitando stupore o ammirazione.
var.: fare un certo effetto.

EGERIA
Secondo la mitologia romana, *Egeria* era una ninfa dei boschi del corteo di Diana, ispiratrice e consigliera del secondo re di Roma, Numa Pompilio, al quale avrebbe dettato anche gli ordinamenti religiosi (Livio, *Storie*, I, 19).
essere la ninfa Egeria
Essere l'ispiratrice, la consigliera di qualcuno.

EGITTO
ma che ... d'Egitto! *(fam)*
Esclamazione: ha l'intento di negare valore a un'idea, un'affermazione, o simili che si ritengono false o mal poste. Vale anche per richieste che non si intendono soddisfare.

ELDORADO
trovare l'Eldorado
Raggiungere una situazione invidiabile di benessere e abbondanza.
L'*Eldorado* era il leggendario Paese cercato dai conquistatori spagnoli in Sudamerica, sulla scorta di una leggenda che parlava di sette città con i tetti delle case in oro puro, circondate da montagne d'oro e vegliate da una gigantesca statua in oro di una divinità, in spagnolo, *el (hombre) dorado*.
var.: essere l'Eldorado; cercare l'Eldorado.

ELEFANTE
essere un elefante in un negozio di porcellane
Avere modi rudi o movimenti bruschi;

mancare di garbo in generale, oppure di delicatezza e di discrezione.
var.: essere l'elefante in una cristalleria.

ELETTRA
Elettra è un'eroina della mitologia greca figlia dei sovrani di Micene e di Argo, Agamennone e Clitennestra, e sorella di Oreste e di Ifigenia. Dopo l'uccisione del padre da parte di Clitennestra e del suo amante Egisto, riuscì a mettere in salvo il fratellino mandandolo presso il re della Focide, dove Oreste strinse una profonda amicizia con il figlio del re, Pilade, che in seguito divenne sposo di Elettra. Questa nel frattempo rimase nella reggia paterna a meditare la vendetta, trattata da Egisto come una schiava, ma quando il fratello fu adulto lo fece tornare a Micene e insieme uccisero gli assassini del padre. Per questo furono entrambi condannati a morte, ma vennero salvati dall'intervento del Dio Apollo.

avere il complesso di Elettra
Figurato, in genere scherzoso: da parte di una donna, essere molto attaccata al proprio padre.
Secondo alcune scuole di psicoanalisi, il *complesso di Elettra* è l'amore soprattutto inconscio per il proprio padre, da parte di una bambina, analogo al complesso di Edipo. Raggiungerebbe il suo culmine attorno ai cinque anni di età.

ELEZIONE
d'elezione
Volutamente scelto, detto di solito di un luogo diverso da quello d'origine, che diventa pertanto "la patria d'elezione".

EMMAUS
andare in Emmaus
Figurato: essere molto distratti; non vedere una cosa che si ha molto vicino; non riconoscere qualcuno che dovrebbe essere notissimo; non trovare quello che si cerca anche se è in bella evidenza.
Pare che il detto si riallacci a un passo del Vangelo di Luca (XXIV, 13-35) secondo il quale due apostoli, diretti a *Emmaus* per ricongiungersi a Gesù, lo incontrarono e addirittura gli parlarono senza riconoscerlo. ‖ Figurato: svanire, scomparire, andar perduto.
Sempre secondo lo stesso passo di Luca, sulla strada per Emmaus Gesù divise il pane con i due apostoli, e subito dopo scomparve. Solo a questo punto essi si resero conto dell'identità del loro compagno.

ENCICLOPEDIA
essere un'enciclopedia ambulante
Essere una persona colta o erudita, con molte e vaste conoscenze.

EPOCA
d'epoca
Antico e autentico, detto in genere di un mobile, di uno stabile, un gioiello, e anche ironicamente di una persona o di una mentalità.
far epoca
Attirare l'attenzione lasciando un ricordo duraturo; anche segnare una tappa importante nell'evoluzione di qualcosa.

ERBA
dar l'erba trastulla
Illudere, lusingare inutilmente, dare false speranze, far perder tempo con vane promesse. Anche prendere in giro qualcuno, raggirarlo, o ancora tenerlo tranquillo per non farsi disturbare o per evadere un impegno.
È ricavato dal verbo "trastullare"; passando dal significato originario di "far giocare" qualcuno a quello di "prendersi gioco" di lui. L'erba può entrarci per amore di metrica o per il

suo risvolto alimentare.

erba voglio *(fam)*
Figurato: mitica erba capace di soddisfare qualsiasi capriccio che però, come completa il detto che si usa principalmente con i bambini, "non cresce neanche nel giardino del re".

essere conosciuto come la mal'erba
Essere conosciuto da tutti, essere molto noto, in particolare per aspetti negativi. Anche avere una cattiva reputazione.
La *mal'erba* è tutta l'erba infestante dei campi, in particolare la gramigna, che qui si suppone conosciuta da tutti.

estirpare la mala erba
Figurato: eliminare situazioni, vizi o persone che si considerano nocive per gli altri anche solo potenzialmente. Usato soprattutto in senso morale.
La *mala erba* è tutta l'erba infestante dei campi, in particolare la gramigna, che viene strappata per proteggere le coltivazioni.
var.: strappare la mala erba.

fare d'ogni erba un fascio
Equiparare cose diverse senza fare distinzioni, mettendo insieme il buono e il cattivo. Riferito a cose come a persone.

in erba
Si dice delle piante appena germogliate, che hanno quasi tutte l'aspetto di un'erba qualsiasi. In senso figurato, si usa per persone, soprattutto ragazzi, che hanno appena cominciato a intraprendere una carriera, un'attività e simili. Anche ironico.

l'erba cattiva non muore mai
Di origine proverbiale, il detto mette in guardia dai pericoli nascosti che si presentano all'improvviso quando ormai si crede di averli scongiurati. È riferito inoltre a elementi negativi quali vizi, cattive abitudini e simili che continuano a esistere nonostante si sia fatto il possibile per eliminarli, così come l'erba infestante continua a minacciare le coltivazioni anche se viene regolarmente estirpata. In senso scherzoso e affettuoso, viene usato anche per le persone.

mala erba
Figurato: individuo poco raccomandabile per disonestà, immoralità e altro. Si usa anche per le persone restie ad accettare le convenzioni del costume o della società, diverse dalla maggioranza e quindi scomode. Vale anche per chi dà scandalo o cattivo esempio.
La *mala erba* è tutta l'erba infestante dei campi, e in particolare la gramigna.
var.: essere una mala erba.

non esser erba del proprio orto
Essere una cosa copiata o fatta con l'aiuto di altri, riferito a un discorso, un'idea, un'opera, un progetto o altro, spesso perché il preteso autore se ne suppone incapace.

non farsi crescere l'erba sotto i piedi
Figurato: essere efficienti, tempestivi; darsi da fare senza perdere tempo.

sentir l'erba crescere
Avere un udito finissimo, e in senso figurato essere attentissimi a ogni minima cosa. Anche esagerare, preoccuparsi o dare eccessiva importanza alle minuzie.

ERCOLE
È questo il nome latino dell'eroe greco Eracle, figlio di Zeus e di Alcmena, moglie di Anfitrione. Personificava la forza e il valore, e per questo i guerrieri e i gladiatori che si ritiravano dalla vita pubblica gli dedicavano le loro armi, appendendole a un chiodo sui muri del Tempio a lui dedicato. Da qui deriva, tra l'altro, il detto "appendere al chiodo", riferito agli attrezzi sportivi. Ercole diede la prima prova della sua forza ancora nella culla, quando uccise a mani nude due serpenti mandati da Era, moglie di Zeus, per uccidere il bambino nato dall'infe-

deltà del marito. Poi, per tutta la vita dovette sottoporsi a prove straordinarie per sfuggire all'ira implacabile della Dea.
Tra le sue molte imprese, quelle che gli valsero la fama furono le cosiddette "dodici fatiche" compiute per ordine di Euristeo, suo fratellastro e re di Tirinto, nell'arco di dodici anni. Queste furono: l'uccisione del leone Nemeo; l'uccisione dell'Idra di Lerna; la cattura della cerva di Cerinea; la cattura del cinghiale di Erimanto; l'abbattimento degli uccelli del lago Stinfale; la pulizia delle stalle di Augia; la cattura del toro cretese di Minosse; l'uccisione di Diomede e la cattura delle sue cavalle; la conquista del cinto dell'Amazzone Ippolita; l'uccisione di Gerione e la cattura dei suoi buoi; la raccolta delle mele d'oro delle Esperidi; l'incatenamento di Cerbero. Sposò Deianira, figlia del re d'Etolia, e per lei uccise tra gli altri il Centauro Nesso che l'insidiava e che prima di morire donò alla principessa una camicia intrisa del proprio sangue come amuleto contro eventuali infedeltà del marito.
Quando Ercole s'innamorò di Iole, figlia del re di Ecalia, Deianira seguì le istruzioni di Nesso e gli fece indossare la camicia del Centauro, che si rivelò una trappola mortale poiché si appiccicò alla sua pelle procurandogli sofferenze intollerabili che lo indussero a darsi la morte gettandosi in un rogo. Fu quindi assunto in cielo, e divenuto immortale sposò la Dea Ebe, coppiera dell'Olimpo.

colonne d'Ercole
Figurato: limite invalicabile o ritenuto tale.
Colonne d'Ercole era il nome che gli antichi davano allo Stretto di Gibilterra. Secondo loro segnavano la fine del mondo, al di là del quale non era possibile né permesso all'uomo di avventurarsi.

essere come Ercole al bivio
Dover operare una scelta difficile e determinante, ed essere molto indecisi e perplessi.
Secondo il mito greco tramandatoci da Prodico di Ceo, vissuto nel V secolo a.C., e riferito da Senofonte, quando Ercole fu alle soglie dell'adolescenza fu condotto a un bivio da cui si dipartivano due vie: quella del Piacere e quella della Virtù. L'eroe scelse la seconda.
var.: essere a un bivio; fare come Ercole al bivio.

fatica da Ercole
Fatica improba, sovrumana, simile a quelle di Ercole.

EREDE
fare ridere gli eredi
Risparmiare e accumulare per tutta la vita senza godersi niente, per poi morire lasciando tutto agli eredi.
var.: far felici gli eredi.

ERODE
chiamate Erode!
Esclamazione: si usa in senso scherzoso in presenza di un bambino pestifero, con riferimento alla strage degli innocenti.
Si allude in questo caso a Erode il Grande, re degli Ebrei all'epoca della nascita di Gesù. Quando una profezia gli annunciò la recentissima nascita di un bimbo che sarebbe divenuto il Re dei Re, temendo per il proprio trono ordinò l'uccisione immediata di tutti i bambini maschi di età inferiore a due anni, appunto la "strage degli innocenti", dalla quale Gesù si salvò solo perché i genitori, secondo la tradizione avvertiti da un Angelo, riuscirono a fuggire con lui in Egitto.

mandare da Erode a Pilato
Inviare una persona che ha un problema da risolvere da un'autorità all'altra o da un posto all'altro, facendole per-

dere tempo in inutili ricerche o consultazioni. È usato oggi per descrivere i tempi e metodi della burocrazia e simili. Anche, evitare di addossarsi una responsabilità invitando qualcuno a rivolgersi ad altri.
Si tratta qui di Erode Antipa, Tetrarca della Galilea ai tempi di Gesù. Secondo il Vangelo di Matteo (XXVII, 24), quando si trattò di decidere la sorte di Gesù cercò di affidare il caso al Procuratore romano di Giudea Ponzio Pilato, ma questi lo rimandò nuovamente al giudizio di Erode.

EROE
eroe della sesta giornata
Persona che pur non avendo partecipato a un'azione di guerra se ne vanta come se l'avesse fatto, pretendendo la stessa gloria degli altri. Si dice soprattutto degli imboscati, e più in generale di chiunque si tiene al sicuro nel momento del pericolo per mostrarsi solo quando tutto è finito.
Allude alle famose Cinque giornate di Milano, nel 1848, che furono appunto solo cinque.
var.: essere un eroe della sesta giornata.

ERTA
stare all'erta
Stare attenti a qualcosa; vigilare per non farsi attaccare di sorpresa; tenersi pronti a intervenire in caso di necessità. Viene dall'antico linguaggio militare, quando le postazioni difensive e i castelli erano eretti generalmente sulla vetta di un'altura, dalla quale era facile sorvegliare la valle più in basso e avvistare eventuali nemici.

ESCA
mettere l'esca accanto al fuoco
Creare, spesso involontariamente, condizioni favorevoli allo sviluppo di una situazione di rischio. ‖ Mettere a repentaglio qualcosa, rischiarla.

ESERCITO
esercito di Franceschiello
Esercito male armato, privo di disciplina e di mezzi, come un'errata tradizione storica pretende fosse quello di Francesco II di Borbone, chiamato popolarmente *Franceschiello*. Il detto si usa oggi per un'istituzione o un ente disorganizzati, dissestati, inefficienti per incuria, incapacità o mancanza di mezzi.

ESISTERE
non esiste
Si dice di qualcosa di assurdo o di inaccettabile, quasi si volesse negarne l'esistenza.

ETÀ
avere l'età della ragione
Essere adulti. Si dice in senso ironico a chi si comporta in maniera irresponsabile o puerile.
È convenzionalmente considerata *età della ragione* quella in cui i bambini sono capaci di dar prova di senso morale e di raziocinio negli atti quotidiani. Da noi l'inizio di quest'età viene collocata attorno ai sette anni.
essere in età
Essere vecchi, o piuttosto anziani.
var.: essere in buona età.
essere in età da...
Essere abbastanza maturi per fare qualcosa, per comportarsi in un dato modo, per capire determinate cose e così via.
var.: avere l'età di; avere l'età per.
età canonica
L'età superiore ai quarant'anni, cioè quella che deve avere una domestica al servizio di un ecclesiastico. È detta anche "età sinodale", e si presuppone abbastanza avanzata da non essere più dominata dalle passioni. Usato prevalentemente in senso scherzoso. ‖ L'età adatta o prevista per fare qualcosa.

età critica
Il climaterio, l'età in cui comincia a cessare la capacità riproduttiva, creando in uomini e donne crisi fisiologiche e talvolta anche psichiche.

età da marito
Per una ragazza, l'età giusta per sposarsi.

età dell'oro
Mitico periodo di felicità e di benessere che ogni civiltà immagina in momenti del passato molto diversi a seconda della propria cultura e della propria storia. ‖ Periodo di massimo splendore di una civiltà, uno Stato, un filone artistico e così via. In senso più lato, periodo del presente molto fortunato, propizio o prospero.

età ingrata
La prima adolescenza, sempre difficile per i giovanissimi che cominciano ad avere i primi problemi di relazione, a porsi interrogativi esistenziali e così via.
var.: età difficile.

età legale
L'età stabilita dalla legge perché una persona possa cominciare a esercitare le sue prerogative di cittadino, ossia i propri diritti civili e politici. Varia in relazione all'atto che s'intende compiere: votare, sposarsi, farsi eleggere, fare testamento e così via.

la verde età
Gli anni della giovinezza.

maggiore età
L'età legale in cui si raggiunge l'emancipazione, che in Italia è data dai 18 anni.
var.: minore età.

tenera età
L'infanzia.

EVANGELISTA

essere il quinto evangelista
Pretendere di essere sempre creduti sulla parola, senza alcuna verifica, nella convinzione di avere il monopolio della verità. Anche essere una persona molto ascoltata, che tutti consultano per averne giudizi o consigli. Usato anche in senso ironico o scherzoso.
Gli *Evangelisti* furono solo quattro.

FABBRICA
fabbrica degli angeli
Figurato: l'aborto.
In Italia, prima che l'aborto fosse riconosciuto come atto lecito, esso era comunque praticato largamente, e una tradizione di fede popolare vuole che un neonato, quando muore, diventi un angelo.

fabbrica del duomo
Opera, situazione, azione o altro che si trascina nel tempo senza mai concludersi.
Nel 1387 venne istituito a Milano un organismo che portava questo nome, composto di sette membri fra laici ed ecclesiastici, che aveva il compito di provvedere all'amministrazione, alla conservazione e alla disponibilità per il culto del Duomo. Approvato dal Ministero degli Interni, è tuttora operante e continua a curarsi delle opere di manutenzione che sono continuamente necessarie. Lo stesso tipo di organismo opera inoltre con gli stessi fini in molte altre città.

fabbrica di San Pietro
Opera, situazione o azione che si trascina nel tempo senza mai concludersi, e che fa dubitare della capacità o dell'onestà dei responsabili. In senso lato, colletta fraudolenta, opera di carità o istituzione benefica con intenti truffaldini; anche ente di gestione che in nome di nobili scopi raccoglie denaro di cui si appropriano gli amministratori e così via, o incetta di denaro tra persone costrette a esborsi legalizzati.
La ricostruzione di San Pietro cominciò sotto papa Giulio II, ma solo alla fine del 1500 il papa Clemente VIII costituì un organismo ufficiale che se ne curasse direttamente. Nacque così la "Congregazione della Reverenda Fabbrica di San Pietro", che aveva lo scopo di raccogliere offerte per l'opera, trattare le eventuali cause relative, concedere privilegi personali, incamerare legati e così via. Il potere che la "Fabbrica" acquisì nel tempo venne molto limitato nel 1863 da papa Pio IX, e ancor più da papa Pio X, che nel 1908 lo limitò alla pura e semplice amministrazione.

FACCIA
faccia a faccia
Di fronte, al cospetto di qualcuno. Anche in privato, da soli, senza testimoni.

alla faccia di ...
A dispetto di qualcuno, con rabbia, stizza, danno o irritazione di qualcuno. Anche in senso scherzoso.

avere una bella faccia
Sembrare in buona salute. Di una cosa, essere invitante, attraente.
L'espressione ha una lontana relazione con il mondo equino: è infatti chiamata *bella faccia* la grande macchia bianca del mantello del cavallo che occupa tutta la parte anteriore della testa estendendosi fino agli occhi o anche oltre. ‖ In senso ironico, essere incredibilmente impudenti e sfrontati.

avere una brutta faccia
Sembrare in cattiva salute. Anche apparire di cattivo umore.

dire in faccia
Dire chiaramente alla persona interessata quello che si pensa di lei, senza riguardi, timidezza o timore.
var.: parlare in faccia; dire sul muso; dire sul viso;

faccia d'angelo
Espressione falsamente innocente, se-

rafica, riferito a chi si finge estraneo a un'azione riprovevole che in realtà ha commesso.
faccia da boia
Volto sinistro, truce, cattivo.
faccia da luna piena
Volto rotondo e paffuto, in genere dall'espressione cordiale e sorridente.
faccia da schiaffi
Espressione del volto estremamente irritante perché beffarda, canzonatoria o falsamente innocente, che sembra attirare gli schiaffi. Usato anche in senso scherzoso, soprattutto per persone astute che presentandosi con falso candore ottengono quello che vogliono. Oppure atteggiamento indisponente, riferito a persone impertinenti, sfrontate.
var.: faccia da sberle.
faccia della terra
La superficie terrestre con tutti i suoi abitanti.
faccia di bronzo
Figurato: persona sfrontata, spudorata, sfacciata, capace di azioni riprovevoli senza rimorsi, che non vergognandosi di nulla non arrossisce mai, proprio come se fosse di metallo.
var.: faccia tosta.
faccia di capra *(raro)*
Figurato: volto sgradevole, soprattutto per l'espressione maligna, come viene interpretata quella della capra.
Il detto può essere ricollegato al fatto che per lunga tradizione si è rappresentato il Diavolo con le fattezze di un caprone.
faccia tosta *vedi* **faccia di bronzo**
fare la faccia scura
Assumere un'espressione adombrata o preoccupata.
fare una faccia
Manifestare grande disgusto.
gettare in faccia
Rinfacciare qualcosa a qualcuno, anche accusarlo di una colpa o simili, o sbugiardarlo.
var.: gettare in viso; sbattere in faccia.
guardare in faccia qualcosa *vedi* **vedere in faccia qualcosa**
guardare in faccia qualcuno
Trovarsi a distanza ravvicinata, di fronte, viso a viso. In senso figurato indica un confronto diretto di due persone impegnate in un chiarimento, in una discussione e simili per capire o spiegare intenzioni, per ottenere sincerità oppure proferire minacce. Anche affrontare qualcuno senza timore.
leggere in faccia
Leggere nella mente, nel pensiero; capire pensieri ed emozioni di qualcuno dalle espressioni del suo volto.
var.: leggere in viso.
non guardare in faccia nessuno
Non fare parzialità o favoritismi; dire quello che si pensa o agire come si ritiene giusto, senza riguardi e senza farsi intimorire; non badare ai mezzi che s'impiegano per ottenere il proprio scopo.
var.: non guardare in viso nessuno.
non guardare più in faccia qualcuno
Interrompere i rapporti con qualcuno, serbargli rancore, non volerlo più vedere o incontrare, né avere più niente a che fare con lui.
perdere la faccia *(fam)*
Screditarsi, squalificarsi, perdere la reputazione, con la conseguenza di non avere più il coraggio di guardare nessuno a viso aperto.
salvar la faccia *(fam)*
Riuscire a salvare la propria reputazione, evitare una figuraccia.
sbattere in faccia *vedi* **gettare in faccia**
sputare in faccia
Manifestare il massimo disprezzo.
vedere in faccia qualcosa
Trovarsi a distanza ravvicinata. Riferito in particolare alla morte o a un pericolo grave cui si è corso il rischio di soccombere. Anche affrontare un pericolo o un problema senza timore.

voltare la faccia
In senso proprio, non voler nemmeno guardare una persona e pertanto girare volutamente il viso quando la si incontra. In senso lato, cambiare opinione, partito, alleanza e così via. Anche rimangiarsi una promessa o simili.

FACILE
PARAGONI: facile come bere un uovo; facile come bere un bicchier d'acqua.

facile come bere un bicchier d'acqua
Facilissimo, proprio come bere un bicchier d'acqua.
var.: come bere un bicchier d'acqua.

facile come bere un uovo
Facilissimo, appunto come bere un uovo.

FAGIOLO
andare a fagiolo *(fam)*
Andar bene, benissimo, alla perfezione; essere molto adatto, prestarsi benissimo a qualcosa. Anche piacere moltissimo, risultare molto gradito.

capitare a fagiolo *(fam)*
Capitare al momento più adatto, venire a proposito; anche essere provvidenziale.
var.: cadere a fagiolo; cascare a fagiolo; venire a fagiolo.

FALCO
essere un falco
Volere tutto, cercare di accaparrarsi tutto quanto si può, e in genere riuscirci, grazie alla prepotenza, all'astuzia, alla rapidità o altro.

FALLA
pieno di falle
Figurato: pieno di lacune, carenze e difetti, detto spesso di un testo scritto, di un ragionamento, di una teoria e simili.
La *falla* è propriamente una lesione nella carena di un'imbarcazione che permette all'acqua di entrarvi.

FAME
avere una fame da non vederci
Essere affamati, come accecati dalla fame, tanto da non riuscire a pensare ad altro e "vedere" mentalmente solo cibo.

falsa fame
Sensazione di violento appetito senza che ci sia un reale bisogno di cibo da parte dell'organismo.

fame da lupi
Fame tremenda, simile a quella di un lupo, ritenuto dalla tradizione molto vorace.

fare la fame *(fam)*
Figurato: essere molto poveri; condurre una vita misera e stentata.

ingannare la fame
Calmare l'appetito mangiucchiando qualcosa, oppure evitare di pensarci distraendosi.

la fame caccia il lupo dal bosco
Di origine proverbiale, il detto afferma che la necessità induce a fare cose di cui normalmente non ci si riterrebbe capaci.
Il lupo, se non trova cibo nella foresta, scende a cercarlo a valle o addirittura vicino ai centri abitati. Il detto ripete l'identico proverbio.

la fame è una cattiva consigliera
Di origine proverbiale, il detto ricorda che la povertà può indurre alle azioni più malvage.
La Fame, insieme all'Indigenza, è uno dei mostri che Virgilio pone davanti al vestibolo dell'Averno, e che personificano i mali che tormentano l'esistenza umana (*Eneide*, 6,276). Il detto ripete l'identico proverbio, che esiste nella stessa forma in francese e si ritrova in diverse varianti in quasi tutte le lingue europee.
var.: la fame dà cattivi consigli.

morir di fame
Figurato: essere in miseria, non avere nemmeno la possibilità di mangiare.

morir di fame ad Altopascio
Figurato: essere totalmente incapaci, come chi non riuscisse a procurarsi cibo in un posto che ne abbonda.
La cittadina di *Altopascio*, in Toscana, era nota nel Medio Evo per un ospizio per i pellegrini voluto dal ricchissimo Ordine dei Cavalieri d'Altopascio.

morire di fame in una madia di pane
Essere degli assoluti incapaci, che non riuscirebbero a sfamarsi nemmeno all'interno di una madia piena di pane. ‖ Anche trovarsi in una situazione di abbondanza di cui non si può godere.

i morsi della fame
Sensazione di violento appetito, che fa sentire nello stomaco forti crampi simili a morsi.
var.: sentire i morsi della fame; avvertire i morsi della fame; in preda ai morsi della fame.

prender per fame
Figurato: piegare la volontà di qualcuno privandolo del necessario.
Originariamente significava assediare una città fino a costringerla alla resa, dopo averle tolto la possibilità di rifornirsi dei beni di prima necessità, primo fra tutti il cibo.

sembrare il ritratto della fame
Avere un'aria sparuta, denutrita, misera; essere magrissimi, emaciati.

FAMIGLIA
aria di famiglia
Insieme di caratteristiche che accomunano i membri di una stessa famiglia, come i tratti del viso, gli atteggiamenti e altro. Usato in genere per rilevare una rassomiglianza. In senso lato può essere riferito anche agli oggetti; in tal caso si usa per qualcosa che si ritiene di avere già visto, o che si ritrova dopo molto tempo in un luogo insospettato e così via.

di famiglia *vedi* **casa: di casa**
essere di famiglia *vedi* **casa: essere di casa**

FANALINO
fanalino di coda
Propriamente, il fanalino rosso che si attacca all'ultimo vagone di un convoglio ferroviario. In senso figurato, ultimo elemento di un gruppo, quello che chiude una fila e simili. Di una persona, essere l'ultima in una gara, una classifica e così via.
var.: essere il fanalino di coda.

FANGO
gettar fango
Figurato: screditare qualcuno, infamarlo; anche calunniarlo.

raccogliere dal fango
Figurato: redimere, salvare da una vita di abiezione, di vizio, di peccato; anche togliere dalla miseria o da un ambiente squallido.

vivere nel fango
Figurato: vivere nell'abiezione, nel vizio, nel peccato e simili.
var.: sguazzare nel fango.

FANTASIA
di fantasia
Inventato, non reale, riferito a un racconto, un film e simili fondati appunto sulla fantasia. Si dice anche dei gioielli di bigiotteria che imitano quelli preziosi nei metalli e nelle pietre.

FANTERIA
passare in fanteria *(pop)*
Figurato: eliminare, scartare qualcosa che si ritiene ormai inservibile, rovinato e simili. Anche sparire, detto di un bene, di un oggetto che non si trova più perché rubato. Usato anche per cose date in prestito e mai restituite, o promesse mai mantenute e così via.
La *fanteria*, composta in origine da rappresentanti dei ceti inferiori della società, era generalmente male armata ed equipaggiata, e spesso le sue dotazioni erano costituite dagli scarti della cavalleria, un'Arma privilegiata

che "passava" alla fanteria quello che non riteneva più idoneo. Le truppe appiedate comunque non esitavano ad appropriarsi appena possibile dei beni appartenenti alla cavalleria, che "passavano" in fanteria anche in questo modo.

FANTOCCIO
essere un fantoccio
Essere una persona di carattere debole, facilmente manovrabile. In senso lato, detenere un potere fittizio, solo apparente, che in realtà è in mano ad altri.

FARFALLA
essere un farfallone
Di un uomo, essere volubile, incostante, e soprattutto passare da un'avventura all'altra.

essere una farfallina
Di una donna, essere volubile, incostante; anche passare da un'avventura all'altra.

FARINA
la farina del Diavolo va tutta in crusca
Di origine proverbiale, il detto ricorda che ciò che si ottiene con mezzi disonesti è destinato ad andare perduto. Ripete l'identico proverbio.
var.: la farina del Diavolo va sempre in crusca; la farina del Diavolo finisce in crusca.

non esser farina da far ostie
Essere una persona da cui è bene guardarsi. Il detto è quasi sempre scherzoso, e non è del tutto negativo.

non esser farina del proprio sacco
Essere una cosa copiata o fatta con l'aiuto di altri. Si usa per un discorso, un'idea, un'opera o altro, spesso perché se ne ritiene incapace il preteso autore.

non esser farina schietta
Non essere del tutto sincero, leale, veritiero. Si dice di un racconto, di una testimonianza e simili, o della spiegazione, della giustificazione addotta da qualcuno.

FARISEO
Prima dell'inizio del Cristianesimo, la Giudea aveva una vita spirituale molto intensa dominata fondamentalmente da tre gruppi religiosi: i Sadducei, gli Esseni e i *Farisei*. Questi ultimi godevano di grande ascendente nell'insegnamento della legge mosaica e la loro corrente, cui appartenevano i "Dottori della Legge", fu sempre molto forte e seguita dal popolo. La caratteristica più vistosa della loro fede era la scrupolosa osservanza della Legge; per questo i Farisei diedero sempre grande importanza al dovere religioso di studiare la Sacra Scrittura, e allo scopo aprirono diverse scuole in molte città e villaggi. Insistevano sull'osservanza precisa delle pratiche del culto ma insieme pretendevano che si riflettesse sul loro significato spirituale e che venissero eseguite con fervore e spontaneità. L'ipocrisia di alcuni seguaci, fustigata da Gesù, era in parte dovuta alla severità della loro dottrina, e stigmatizzata aspramente dai Farisei stessi.

essere un fariseo
Essere una persona falsa, ipocrita, che bada solo a salvare le apparenze.

FASCIA
in fasce
Appena nato o anche molto piccolo, detto di un bambino. In senso lato, detto di un progetto, un'organizzazione, una civiltà o altro, in fase iniziale.

FASTIDIOSO
PARAGONI: fastidioso come un calabrone; fastidioso come una pulce; fastidioso come una vespa; fastidioso come una zanzara; fastidioso come una mosca.

fastidioso come un calabrone
Molto fastidioso soprattutto perché insistente, riferito in genere a persone. Usato un tempo per corteggiatori irriducibili.
var.: noioso come un calabrone.

fastidioso come una mosca
Molto noioso e insistente, appunto come una mosca.

fastidioso come una pulce
Molto fastidioso, irritante, come appunto la pulce che con il suo morso provoca prurito e non lascia pace al suo ospite.
var.: fastidioso come una zanzara.

fastidioso come una vespa
Molto fastidioso, irritante, come la vespa che può pungere e continua a girare attorno alla sua vittima senza che niente riesca a scacciarla.
var.: fastidioso come un calabrone; fastidioso come una zanzara.

fastidioso come una zanzara
Molto irritante, insistente, come la zanzara che infastidisce con il suo ronzio, provoca prurito con il suo morso e non lascia pace alla sua vittima.

FATA
essere la fata Turchina
Essere la benefattrice, la protettrice di qualcuno. Si dice di una donna buona, comprensiva, dolce ma rigorosa, pronta ad aiutare gli altri guidandoli con i suoi consigli. Spesso ironico.
Si tratta di un personaggio del romanzo *Pinocchio* di Carlo Lorenzini detto il Collodi, ed è la fata che aiuta il burattino in veste di madre, amica e consigliera.
var.: fata dai capelli turchini.

essere una fata
Di una donna, essere molto bella, piena di grazia e dolcezza. ‖ Sempre di una donna, essere molto buona, comprensiva, disponibile ad aiutare gli altri in senso morale quanto pratico. Anche fare del bene a qualcuno.

FATICA
fatica al vento
Figurato: fatica inutile, sprecata, che non raggiunge nessun risultato, come se i suoi frutti fossero portati via dal vento.

FAVOLA
da favola
Stupendo, meraviglioso; talmente bello da sembrare possibile solo nelle favole.
var.: di favola.

esser la favola del paese
Essere una persona di cui tutti parlano con scherno, irrisione o divertimento. Quindi coprirsi di ridicolo.

raccontare la favola del tordo
Indurre una persona a badare non tanto all'apparenza di una cosa, quanto alla sostanza.
Dice un racconto popolare che in un giorno d'inverno un cacciatore trovò le sue reti piene di tordi, e si accinse pazientemente a staccarli uno per uno dopo aver schiacciato loro la testa, come ancora si fa nella caccia agli uccelli con la rete. Il freddo era talmente intenso che gli faceva lacrimare gli occhi, e al vederlo, uno dei tordi disse a un compagno: "Guarda, sta piangendo. Ha compassione di noi!" Ma il compagno gli rispose: "Tu gli guardi gli occhi, mentre dovresti guardargli le mani!"

FAZZOLETTO
un fazzoletto di terra
Figurato: un piccolo appezzamento di terreno.

FEBBRE
febbre da cavallo
Figurato: febbre molto alta.
La normale temperatura corporea del cavallo è simile a quella dell'uomo, ma può salire molto e per questo animale, piuttosto delicato, è molto più pericolosa.

febbre del sabato sera
Figurato: desiderio di divertirsi e in particolare di ballare, soprattutto in discoteca, frequentata per lo più il sabato sera.
Deriva dal titolo di un film di grande successo di John Badhan del 1977.

FECCIA
essere feccia
Figurato: essere spregevoli, detto di persone; rappresentare la parte peggiore di una comunità, un gruppo e simili.
La *feccia* è propriamente il sedimento che si forma nei liquidi fermentati.

FEDE
atto di fede
Gesto, discorso o pensiero che esprime l'adesione a un credo, una causa o simili. In senso lato, anche fiducia riposta in una persona o nella veridicità di quanto questa afferma. Spesso ironico.
var.: fare atto di fede; come atto di fede.

essere articolo di fede
Essere un dogma, qualcosa cui si crede ciecamente senza dubbi o discussioni, indipendentemente dalla sua razionalità o improbabilità.
Si chiamano così quelle parti di una dottrina o simili che un adepto deve accettare senza alcuna spiegazione.

professione di fede
Affermazione della verità di una credenza religiosa, politica o filosofica. In senso lato, anche la fiducia che vi si ripone.
var.: fare professione di fede.

uomo di poca fede
Persona scettica, o poco convinta di qualcosa.
Viene dal Vangelo di Matteo (VII, 26), che attribuisce quest'espressione a Gesù nei confronti degli apostoli. Durante una tempesta sul lago di Tiberiade, i discepoli svegliano il Maestro perché salvi la loro barca in balia dalle onde, e Gesù li rimprovera: "Perché avete paura, uomini di poca fede?"

FEGATO
Il *fegato* è una grossa ghiandola a struttura lobulare situata sotto il diaframma nella cavità addominale, presente solo nei vertebrati e con molte e complesse funzioni. Al fegato si legano molte credenze, e un tempo era ritenuto sede del coraggio.

aver fegato
Avere coraggio.
var.: mancare di fegato.

aver mangiato il fegato di capra
Mancare di discrezione, essere chiacchieroni, non saper mantenere un segreto.

avere un bel fegato
Essere impudenti, sfrontati; commettere azioni spudorate o riprovevoli senza porsi problemi.
var.: ci vuole un bel fegato.

farsi il fegato marcio *vedi* **rodersi il fegato**

farsi scoppiare il fegato *vedi* **rodersi il fegato**

mancare di fegato *vedi* **aver fegato**

rodersi il fegato
Essere vittime dell'ira, dell'invidia, del rancore e simili, provocando un'eccessiva produzione di bile.
var.: farsi scoppiare il fegato; mangiarsi il fegato; rodersi il fegato dalla rabbia; farsi il fegato marcio.

FELICE
PARAGONI: felice come un re; felice come una Pasqua.

felice come un re
Molto felice, come si presume debba essere un re.

felice come una Pasqua
Molto felice, esultante, detto di chi manifesta grande gioia e allegria.

La *Pasqua* è una festività religiosa dal significato gioioso sia per i cristiani che per gli ebrei. Per i primi infatti corrisponde alla resurrezione di Cristo, per i secondi alla liberazione dalla lunga schiavitù in Egitto.

FENICE
essere come l'Araba Fenice
Figurato: essere qualcosa d'introvabile, raro, prezioso, come il leggendario uccello di questo nome.
L'*Araba Fenice* era un mitico uccello divenuto simbolo della rinascita, che viveva nell'*Arabia Felix*, l'attuale Yemen o, secondo altre tradizioni, fra l'Etiopia e l'Egitto. La leggenda dice che ne esisteva un solo esemplare al mondo, e ogni cinquecento anni si bruciava da sé per poi rinascere dalle proprie ceneri. Erodoto e Ovidio sono tra i primi a parlarne e viene citata anche da Dante (*Inferno*, XXIV, III), ma più celebri sono i versi del Metastasio, "come l'Araba Fenice: che vi sia, ciascun lo dice, dove sia, nessun lo sa" che vennero di volta in volta riferiti a persone inafferrabili o cose di cui tutti parlano ma che nessuno ha mai visto.

FERMO
PARAGONI: fermo come un sasso.
fermo come un sasso
Assolutamente fermo, immobile, proprio come sta fermo un sasso. Usato anche in senso figurato per chi, di fronte a certe situazioni in genere spiacevoli, non mostra reazioni o emozioni oppure finge di non averne. Si dice anche di chi non interviene in una data contingenza, in particolare se si tratta di negare il proprio aiuto o simili.

FERRO
Il *ferro* è uno dei metalli più largamente impiegati da sempre, ed è comunemente preso a paragone di tutto quanto ricordi le sue caratteristiche di resistenza e robustezza. Il termine indica a volte oggetti specifici realizzati con questo materiale; si tratta in genere di armi o di utensili, come nelle espressioni "ferri del mestiere", "ferri chirurgici" e così via.
aguzzare i ferri
Figurato: prepararsi a un combattimento, a una prova difficile, a una discussione, un confronto o simili.
Il detto ha origini militari, e i *ferri* erano le armi bianche, cioè spade, pugnali e armi a lama in genere.
var.: affilare le armi.
andare sotto i ferri
Sottoporsi a un'intervento chirurgico.
I *ferri* in questo caso sono gli strumenti chirurgici.
battere il ferro finché è caldo
Approfittare delle circostanze finché sono favorevoli.
Deriva dalle vecchie tecniche della metallurgia, e in particolare dall'operazione della fucinatura impiegata per dare al materiale la forma voluta. Il ferro arroventato viene battuto sull'incudine con il martello fino a quando mantiene la temperatura adatta, poi viene arroventato di nuovo e così via, fino a quando il pezzo è finito.
condannare ai ferri
Condannare ai lavori forzati, dove i galeotti erano un tempo legati con catene di ferro.
di ferro
Figurato: molto forte, resistente, che non si piega facilmente. Quindi determinato, fermo, inflessibile, rigido. Usato fondamentalmente come rafforzativo per ribadire il concetto di forza, di tenacia, in locuzioni quali "volontà di ferro", "pugno di ferro" e così via.
essere ai ferri corti *vedi* venire ai ferri corti

essere di ferro
Figurato: essere forti di carattere; essere molto volitivi; essere molto energici o anche essere inflessibili. ‖ Essere particolarmente resistenti alle malattie o alla fatica, oppure alle sventure, sapere fronteggiare i problemi, le difficoltà e simili.

ferri del mestiere
Gli strumenti propri di una determinata attività, gli utensili, gli attrezzi, gli arnesi necessari all'esercizio di un determinato mestiere. In senso lato, le competenze e l'esperienza utili a svolgerlo.

incrociare i ferri
Sostenere un duello all'arma bianca, con la spada e simili. In senso lato, venire a un'aspra discussione, litigare, scontrarsi; anche rivaleggiare con tutti i mezzi.

mettere a ferro e fuoco
Saccheggiare e distruggere, in genere un centro abitato.
Le antiche abitudini guerriere prevedevano che si uccidessero tutti gli abitanti di un villaggio depredandoli dei loro beni, e che infine si desse fuoco alle costruzioni.

mettere ai ferri
Imprigionare, mettere in catene, condannare al carcere duro e simili.
Un tempo alcuni carcerati venivano incatenati alle pareti della prigione, così com'erano legati con catene di ferro i prigionieri che remavano sulle galere e i condannati ai lavori forzati.

restare sotto i ferri
Morire nel corso di un intervento chirurgico.
I *ferri* sono gli strumenti chirurgici.
var.: rimanere sotto i ferri.

toccare ferro
Fare gli scongiuri, toccando per scaramanzia un qualsiasi oggetto di ferro.
var.: toccar legno.

venire ai ferri
Figurato: in una discussione o altro, arrivare a un contrasto serio, fino alla lite.
In passato significava cominciare a combattere con le spade, cioè i *ferri*.

venire ai ferri corti
Figurato: litigare, riferito a un contrasto che s'inasprisce fino ad arrivare a uno scontro serio.
Propriamente significava che, a un certo punto di un combattimento, si cominciava a lottare con pugnali e simili abbandonando le spade, cioè i "ferri lunghi".
var.: essere ai ferri corti.

FESSO
far fesso *(pop)*
Figurato: imbrogliare, ingannare; dare a intendere cose non vere. Anche beffare qualcuno, o fargli fare la figura dello sciocco.

FESTA
a festa
Adatto a una festa, riferito a qualcosa che si presenta in modo articolarmente elegante, o adornato e simili. È detto anche delle campane quando suonano in modo festoso in occasione di certe ricorrenze, e in particolare a Pasqua.

fare il guastafeste
Disturbare l'atmosfera lieta di un ambiente, oppure agire, volontariamente o meno, in modo da impedire la realizzazione di un piano, di un progetto e simili.
var.: essere un guastafeste.

far la festa a qualcuno
Uccidere. In senso lato anche percuotere, oppure danneggiare gravemente nelle attività, nel lavoro e così via.
Deriva dalle antiche esecuzioni capitali, che venivano eseguite pubblicamente e richiamavano tutta la popolazione della zona, come a una festa. E in effetti l'apparato generale e i preparativi erano appositamente studiati a

questo scopo, in modo che l'esecuzione ribadisse l'immagine della giustizia e della forza del potere.
guastar la festa
Letterale: disturbare e rovinare una festa, e in senso lato l'organizzazione, i progetti o i piani di qualcuno.

FIACCA
battere la fiacca *(fam)*
Fare il possibile per evitare la fatica, soprattutto lavorando poco e svogliatamente.

FIACCHERAIO
fare come il fiaccheraio che comincia dalla frusta
Figurato: fare le cose in modo illogico, insensato, oppure pretenzioso, come chi, volendo intraprendere il mestiere del fiaccheraio, si procurasse per prima cosa la frusta e non la vettura o il cavallo.

FIACCOLA
mettere la fiaccola sotto il moggio
Figurato: fare una cosa inutile, che non torna utile a nessuno.
La fiaccola sotto il moggio è il titolo di una tragedia di Gabriele D'Annunzio rappresentata per la prima volta a Milano nel 1905, che si riallaccia ai Vangeli di Matteo, Marco e Luca. Nel Sermone della Montagna (Matteo, V,15) Gesù dice: "Voi siete la luce del mondo; non può restare nascosta una città collocata sopra un monte, né si accende una lucerna per metterla sotto il moggio, ma sopra il lucerniere, perché faccia luce a tutti quelli che sono nella casa". Anticamente, il *moggio* era un mobiletto a tre o quattro piedi; con il tempo il termine passò a designare un recipiente usato per le misure di capacità e infine una misura di capacità vera e propria. ‖ Figurato: nascondere una verità, occultare un fatto spiacevole. Anche tenersi nascosti, non farsi vedere, in genere per nascondere qualcosa.
var.: nascondere sotto il moggio; nascondersi sotto il moggio.

FIAMMA
diventare di fiamma
Arrossarsi in viso, in genere per timidezza, ira o vergogna.
var.: farsi di fiamma.
lanciar fiamme dagli occhi
Esprimere ira, indignazione, odio e simili con una semplice occhiata.
nuova fiamma
Nuovo amore, persona nuova di cui ci si innamora.
ritorno di fiamma
Figurato: il riaccendersi d'un sentimento che si credeva sopito.
In meccanica è propriamente un fenomeno anomalo della combustione, per cui la fiamma, invece di dirigersi al bruciatore, viene risucchiata nella direzione opposta.
vecchia fiamma
Antico amore, persona che si è amata in passato.
var.: antica fiamma.

FIAMMIFERO
essere un fiammifero
Figurato: essere molto facile all'ira. Anche accendersi facilmente di passione.
var.: accendersi come un fiammifero.

FIANCO
fianco a fianco
Figurato: molto vicini, come sfiorandosi con i fianchi, detto di persone, enti e simili che operano o procedono insieme. Usato anche con valore temporale per cose o situazioni che avvengono contemporaneamente.
lavorare ai fianchi
Figurato: stare sempre vicino a qualcuno per indurlo a poco a poco a comportarsi come si desidera, così come

continuando a percuotere i fianchi di una persona la si costringe prima o poi a piegarsi su se stessa.
Viene dal linguaggio pugilistico.

presentare il fianco
Affrontare nel modo meno rischioso possibile un pericolo, una discussione, una situazione sgradevole e simili.
Nel linguaggio militare, significa che i fianchi di un reparto si spostano parallelamente al fronte nemico, risultando in tal modo più protetti.
var.: presentare il fianco al nemico.

prestare il fianco
Rendersi vulnerabili, dare a qualcuno occasione di nuocere in qualche modo, soprattutto di criticare. L'espressione più diffusa è infatti "prestare il fianco alle critiche".
var.: offrire il fianco.

stare a fianco
Figurato: assistere qualcuno, aiutarlo, dargli sostegno, essere disponibili alle sue necessità.

tenersi i fianchi *(fam)*
Ridere irresistibilmente, tanto da essere costretti a reggersi i fianchi per non piegarsi in due o non essere squassati dalle risa.
var.: reggersi i fianchi; tenersi i fianchi dal ridere.

FIASCO
fare fiasco
Riportare un insuccesso, uno smacco, una sconfitta, e in generale un esito negativo.
Il detto ha origine incerta, benché esista anche in francese, in inglese e in tedesco. Alcuni vogliono che alluda ai soffiatori di vetro, che se sbagliano l'operazione si trovano alla fine della canna in cui soffiano una bolla informe simile a un fiasco invece della sagoma voluta. Altri lo fanno risalire a un episodio della carriera di Domenico Biancolelli, un attore comico del 1600, che nelle vesti di Arlecchino si esibiva improvvisando, prendendo spunto da un soggetto qualsiasi. Si dice che una sera abbia scelto come argomento un fiasco, e gli mancò il successo.

FIATARE
non fiatare
Restare assolutamente zitti, quindi anche non divulgare una notizia, un segreto o simili. In caso di rimprovero, non aver nulla da controbattere. Oppure rimanere completamente immobili, trattenendo anche il fiato.

FIATO
buttar via il fiato *vedi* **sprecare il fiato**
d'un fiato *vedi* **tutto d'un fiato**
fiato corto *vedi* **fiato grosso**
fiato grosso
Respiro affannoso, come dopo una corsa o uno sforzo. Si usa in senso figurato per una situazione, un ente o simili che procedono in maniera faticosa, o che sono allo stremo, che si dibattono in una grave crisi e non hanno quasi più possibilità di riuscita. È usato in particolare con riferimento al settore commerciale ed economico in generale.
var.: fiato corto.

fino a non aver più fiato in corpo
Figurato: fino all'ultimo respiro, fino all'esaurimento, fino alla morte, usato per qualcosa che ci si ostina a fare fino a quando se ne ha la possibilità, finché non vengono meno le forze. Usato spesso per dire che non si è disposti a cedere, a cambiare idea e così via.

in un fiato
In un attimo, nel poco tempo necessario a respirare una volta.

levare il fiato
Stupire, meravigliare, lasciare a bocca aperta per lo stupore, la meraviglia, la sorpresa. ‖ In senso figurato, infastidire qualcuno standogli sempre attorno, assillarlo, non lasciargli quasi il tempo di respirare.

var.: da levare il fiato.
mozzare il fiato
Lasciare stupefatti per la sorpresa o la meraviglia, detto di qualcosa di particolare bellezza. Di un dolore improvviso, essere molto acuto.
var.: da mozzare il fiato.
restare senza fiato
Non potere respirare, in genere per la sorpresa. Quindi restare allibiti, stupefatti, senza parole.
riprendere fiato
Sospendere per un momento un'attività faticosa, riposare un po' durante una fatica. Anche figurato.
risparmiare il fiato
Tacere, stare zitti. Si dice in genere quando si è sottoposti a una fatica ed è quindi meglio riservare tutte le energie allo sforzo che si sta compiendo. ‖ Tacere, star zitti; si usa in una situazione in cui si ritiene che le parole siano inutili, in particolare se l'interlocutore non sa o non vuole capire o ascoltare.
sentirsi mancare il fiato
Non riuscire a respirare per ragioni varie, come ad esempio un dolore improvviso, un odore acre, come pure la meraviglia o la sorpresa.
var.: sentirsi mozzare il fiato.
sprecare il fiato
Parlare inutilmente, non essere ascoltati.
var.: buttar via il fiato.
stare col fiato sospeso
Figurato: attendere con ansia l'esito di qualcosa; anche ascoltare con estrema attenzione, come se si trattenesse il respiro per l'emozione o l'interesse.
tirare il fiato
Figurato: provare sollievo; anche rilassarsi dopo un periodo di tensione. Oppure, sospendere per un momento un'attività faticosa, riposare un po'.
trattenere il fiato
Non respirare per un momento per ragioni varie, come ad esempio stupore, ansia e simili. In senso lato, anche restare come bloccati per la tensione, in genere dell'attesa.
var.: stare col fiato sospeso.
tutto d'un fiato
In un colpo solo, senza interruzione, detto di un'azione in generale, come ad esempio il vuotare un bicchiere in un sorso unico, fare un breve discorso molto in fretta, scendere le scale di corsa e così via.
var.: d'un fiato.

FICO
chiamare i fichi fichi e la tazza tazza *(des)*
Figurato: parlar chiaro, dire le cose francamente evitando allusioni, sottintesi e giri di parole, anche a costo di apparire rudi e privi di delicatezza.
Viene attribuito a Menandro, e secondo alcuni anche ad Aristofane.
cogliere i fichi in vetta
Fare un'inutile bravata, rischiare per sventatezza o vanagloria, come chi vuole arrampicarsi su un fico per cogliere i frutti più in alto.
Il fico ha i rami molto fragili, che si spezzano facilmente sotto il peso.
essere il fico dell'orto *vedi* il più bel fico del paniere
essere il più bel fico del paniere *vedi* il più bel fico del paniere
fare i fichi
Essere molto cerimoniosi, svenevoli, tutti moine e complimenti. Si riferisce alla dolcezza di questo frutto.
il più bel fico del paniere
Il pezzo migliore di una collezione o simili. Si usa anche per le persone in senso ironico o scherzoso.
var.: essere il fico dell'orto.
non importare un fico secco
Non importare nulla; considerare irrilevante, non attribuire a qualcosa nemmeno lo scarso valore di un fico secco.

var.: non valere un fico secco.

non valere un fico secco
Figurato: valere pochissimo, meno di quanto può valere un fico essiccato.

tagliare il fico per cogliere i fichi
Usare un mezzo eccessivamente drastico, sproporzionato allo scopo voluto, che alla fine produce un danno superiore al vantaggio.
Il detto è la contrazione del proverbio che dice: "Fare come gli antichi, che tagliavano il fico per cogliere i fichi".

FIELE

avere il fiele nella lingua
Parlare in modo pungente, offensivo, o con malanimo, acredine, rancore; essere maligni, subdoli, o dire cose pesanti o cattive.

inghiottire fiele
Figurato: essere costretti ad accettare qualcosa di sgradevole senza poter far nulla per evitarlo; anche rodersi d'invidia o di rabbia impotente.

FIENO

dare il fieno all'oca
Fare una cosa inutile, sciocca, insensata, come insistere a nutrire un'oca con il fieno.

FIFA

fifa blu
Grande spavento, tale da rendere lividi in volto.

FIGLIO

essere figlio del proprio padre
Avere ereditato le caratteristiche paterne, nel bene e nel male.

essere figlio del proprio tempo
Incarnare le caratteristiche di un'epoca storica. Si usa per le persone come per correnti di pensiero e simili.

essere figlio delle proprie azioni
Dovere a se stessi la propria sorte.

figlio d'arte
Figurato: chi lavora in teatro essendo figlio di attori. In senso lato, chi esercita una professione o un mestiere di cui già si occupava uno dei genitori. Anche ironico, per chi adotta comportamenti o atteggiamenti tipici dei genitori, soprattutto se negativi.

figlio del proprio secolo
Tipico del proprio tempo, dotato delle caratteristiche fondamentali della propria epoca, riferito a cose, idee, persone o altro.

figlio dell'uomo
Gesù Cristo, secondo una definizione che lui stesso dà di sé in tutti i Vangeli.

figlio della colpa
Figurato: figlio illegittimo, naturale o adulterino.

figlio della serva
Persona considerata inferiore per nascita e trattata di conseguenza, anche in modo sgarbato e villano. Usato soprattutto in senso figurato per chi viene emarginato da un gruppo, o trattato con minor considerazione rispetto agli altri.
var.: essere il figlio della serva.

figlio di buona donna *vedi* **figlio di mignotta**

figlio di famiglia
Figlio nato in una famiglia molto ricca, molto nota o molto considerata. Anche nel senso di persona privilegiata, che non ha bisogno di lavorare per vivere.

figlio di latte
Per una balia, il bambino che ha allattato.

figlio di mamma
Ragazzo eccessivamente soggetto alle cure o all'autorità della madre. || Figurato: essere umano, e come tale soggetto a tutto il carico di bene e di male che questo comporta. Usato soprattutto per scusare persone cui si attribuiscono pecche, difetti o errori. || Figlio illegittimo, privo di un padre ufficiale. L'espressione non ha intento spregiativo, ma si riferisce al contrario

a chi, per questa ragione, va compatito e possibilmente aiutato. In questo senso il detto sembra essere nato dopo l'ultima guerra nelle zone dell'Italia del sud in cui fu particolarmente massiccia la presenza di militari stranieri, e soprattutto nel napoletano veniva usato per i giovani mulatti.
var.: povero figlio di mamma.

figlio di mammà
Persona viziata, coccolata, accontentata in tutto, che tende a dipendere dalla madre anche in età adulta.

figlio di mignotta *(pop)*
Persona disonesta, sleale, infida, oppure scaltra e senza scrupoli, che si suppone educata da una prostituta. Vale di solito come insulto.
Un tempo molte madri naturali non intendevano riconoscere legalmente i propri figli, e non davano il loro nome all'anagrafe; questi bambini, si dice, erano pertanto registrati come "figli di madre ignota", che abbreviato in "M.Ignota" avrebbe dato luogo al termine "mignotta" con valore d'insulto.
var.: figlio di buona donna; figlio di puttana.

figlio di nessuno
Trovatello, o figlio naturale. Era usato anche come insulto o con valore spregiativo. In senso figurato, si dice anche di bambino molto trascurato dai genitori.

figlio di papà
Persona allevata negli agi, accontentata in tutto da genitori danarosi, che si dà alla bella vita senza aver fatto nulla per guadagnarsela.

figlio di puttana *vedi* **figlio di mignotta**

figlio unico di madre vedova
Figurato: ultimo e unico rappresentante di una data specie. Di solito scherzoso, è usato per cose o persone. La locuzione è presa dal linguaggio militare; in Italia infatti, un orfano di padre che sia anche figlio unico viene esentato dal servizio militare.

figliol prodigo
Figurato: persona che dopo una vita dissipata torna pentita sulla retta via, rivalutando quello che in precedenza aveva rifiutato. Spesso scherzoso.
Allude al protagonista di una parabola del Vangelo di Luca (15,11-32), in cui si narra di un giovane benestante che, mal tollerando la semplice vita di famiglia, pretende la propria parte di eredità e abbandona la casa natale per darsi a una vita di bagordi. Caduto presto in miseria, deve adattarsi ai mestieri più umili, ma alla fine, ricordando che i servi di casa sua erano trattati meglio di lui, decide di tornare in famiglia, che lo riaccoglie con affetto e imbandisce in suo onore un grande banchetto, per il quale viene ucciso il "vitello grasso".

il Figlio di Dio
Per i Cristiani, Gesù Cristo.
La natura divina di Gesù fu dichiarata dal Concilio di Nicea, indetto dall'imperatore Costantino nel 325 d.C., con 218 voti favorevoli e 2 contrari.

non fare figli e figliastri
Non fare preferenze per un figlio a svantaggio degli altri, trattarli tutti allo stesso modo. In senso lato, non favorire una cosa a scapito di un'altra. Quasi sempre figurato.

portare un figlio in seno
Esere incinta, aspettare un bambino.

FIGURA

di figura
Di bella apparenza, di bell'effetto.

far figura *(fam)*
Mettersi in vista, comparire bene; anche essere appariscente.

far la figura del cioccolataio
Fare una figuraccia.
L'origine risale a un aneddoto storico che vede protagonista Carlo Felice di Savoia. Nel 1823, in clima di Restaurazione, un ricco fabbricante di cioccolato girava per le vie di Torino in

una carrozza più sontuosa di quella del re. Infuriato, Carlo Felice avrebbe esclamato: "Quando esco in carrozza non voglio fare la figura di un cioccolataio!"

FILA
di fila *vedi* **tutto di fila**
in fila indiana
In fila per uno, l'uno dopo l'altro. Sembra che questo fosse il modo di muoversi dei Pellerossa nella foresta o sulla neve. Lo scopo era di lasciare il minor numero d'impronte possibile per dare l'idea del passaggio di un uomo solo, o comunque di rendere indeterminabile il loro numero.

tutto di fila
Ininterrottamente, senza soste o pause, riferito a qualcosa che si succede nel tempo e in particolare ai diversi concetti di un discorso.
var.: di fila.

FILARE
far filare
Imporre disciplina, ottenere dagli altri il comportamento che si desidera. Anche essere severi, rigorosi, esigenti o autoritari per ottenere il risultato voluto.

filare con qualcuno *(pop)*
Amoreggiare con qualcuno, avere una superficiale relazione amorosa.

filarsela all'inglese
Andarsene senza farsi notare, e più specificamente senza salutare, soprattutto dopo avere approfittato di qualcosa.
Nel linguaggio marinaro il verbo *filare* significa fare scorrere una fune, e in particolare era riferito alla sagola degli antichi solcometri a barchetta con cui si misurava la velocità di un'imbarcazione. La "barchetta" era costituita da un legno appesantito, fissato a un'estremità della sagola e lasciato in mare come punto di riferimento. La sagola era munita di nodi posti a intervalli regolari, e facendola filare da bordo, si potevano contare i nodi che scorrevano in un certo periodo di tempo, calcolando così la velocità. Per estensione, il termine "filare" passò poi a significare "muoversi rapidamente". La locuzione "filare all'inglese", usata in Italia e in Francia, risale probabilmente all'epoca delle guerre navali tra Francia e Inghilterra, come segno di spregio verso la marina inglese. In Inghilterra e in Germania si usa l'equivalente "prender congedo alla francese".
var.: andarsene alla francese; filarsela alla francese; andarsene all'inglese.

filarsela alla francese *vedi* **filarsela all'inglese**

FILIPPI
ci rivedremo a Filippi!
Minaccia più o meno scherzosa che allude a una futura resa dei conti, al momento della vendetta, della giustizia, della punizione. È anche un invito alla prudenza.
Racconta Plutarco nella *Vita di Cesare* (69,11) che una notte del 42 a.C. apparve a Bruto il suo cattivo Genio, che dopo avergli fatto capire che gli Dei non avevano gradito l'uccisione di Cesare, gli annunciò con la frase "mi rivedrai a Filippi" un successivo incontro in quella località. *Filippi* era una cittadina della Tracia non lontano dalla costa del Mar Egeo, e proprio in quella piana, poco tempo dopo, l'esercito di Bruto si scontrò con quello di Antonio e Ottaviano riportando la vittoria in una prima battaglia. Durante la notte, però, comparve nuovamente il Genio, e dal suo silenzio Bruto comprese che alla fine sarebbe stato sconfitto. Così infatti avvenne, e Bruto si tolse la vita. Lo stesso episodio è riportato anche da Svetonio nella *Vita di dodici Cesari* (Bruto, 36).

FILIPPICA
È questo il nome dato a quattro celebri orazioni di Demostene contro il re di Macedonia Filippo II, che contengono aspri attacchi politici. Cicerone volle chiamare con lo stesso nome le proprie quattordici orazioni contro Antonio, ugualmente polemiche.

fare una filippica
Fare un discorso aspro e polemico, accusatorio e simili. In senso lato, fare un pesante e lungo rimprovero.

FILISTEO
I *Filistei* erano gli antichi abitatori della Palestina, che da loro prese il nome. Di origine sconosciuta, furono i più accesi nemici degli antichi Ebrei, dai quali alla fine furono assoggettati con il re David, nel X secolo a.C. Di loro sappiamo poco, e quasi esclusivamente da quanto dice l'Antico Testamento. Alcuni reperti archeologici, oltre a suggerire che fossero forti bevitori di vino e di birra, testimoniano una loro massiccia presenza nell'isola di Cipro. In epoca moderna, attorno al 1600, gli studenti tedeschi usarono questo nome per indicare sprezzantemente i borghesi, attaccati alle tradizioni e diffidenti di ogni innovazione, e Goethe lo divulgò collo stesso significato.

essere un filisteo
Essere conformisti, conservatori, reazionari. Per estensione, essere gretti, meschini, di mentalità e interessi ristretti.

FILM
in che film?
Equivale a "dove mai?", riferito a cose o fatti incredibili, che sembrano frutto della fantasia.
var.: in quale film l'hai mai visto?

FILO
camminare sopra un filo di seta
Figurato: essere in una situazione molto difficile, delicata o pericolosa; in senso lato, agire con grande delicatezza, cautela o circospezione.

dare del filo da torcere
Agire ostinatamente e deliberatamente per ostacolare qualcuno; essere di serio intralcio a qualcosa ricorrendo a insistenti azioni di disturbo. In senso lato, essere un rivale agguerrito, un forte antagonista.
var.: trovare del filo da torcere.

essere attaccato a un filo
Essere in una situazione precaria, insicura, pericolosa, come se si fosse attaccati a un filo che si può spezzare da un momento all'altro.
var.: essere appeso a un filo; sospeso a un filo.

essere legato a doppio filo
Non avere autonomia di movimento per un legame, un vincolo, un impegno con qualcuno o qualcosa, dovendone subire l'influenza e condividere i progetti, la sorte o altro.

essere sempre in filo *(fam)*
Essere sempre pronti a fare qualcosa, essere sempre nella forma migliore, come una lama appena affilata. Anche comportarsi sempre bene, essere sempre all'altezza della situazione.
var.: stare in filo.

essere sul filo di lana
Essere giunti alla fine di qualcosa, averla portata a termine, in genere con successo.
Un tempo, nelle gare sportive come la marcia, la maratona, la corsa e simili, il traguardo era segnato da un filo di lana che veniva spezzato all'arrivo del vincitore dal suo corpo stesso. Oggi il filo di lana è spesso sostituito da un leggero nastro. A questo è legato anche il detto "tagliare il traguardo".
var.: vincere sul filo di lana; arrivare sul filo di lana.

fare il filo
Corteggiare qualcuno; anche darsi da fare con una persona accattivandosela

con adulazioni e lusinghe per ottenere un dato scopo.

filo del discorso
Figurato: sviluppo ordinato e coerente dei concetti di un discorso, di un ragionamento e simili, visti come legati da un filo ideale che conduce da un passaggio logico al successivo. In senso lato, l'argomento principale del discorso stesso.

filo della schiena (raro)
Figurato: energia, fierezza nelle proprie azioni, come se si compissero a testa alta e quindi con la schiena dritta, cioè "a filo".
È questo un modo di chiamare la spina dorsale, e in particolare la successione delle sporgenze delle vertebre.
var.: stare sul filo della schiena.

filo di Arianna
Figurato: mezzo qualsiasi che permette di uscire da una situazione intricata, difficile o pericolosa, o anche di guidare qualcuno verso la salvezza o altro.
Secondo la mitologia greca, *Arianna* era figlia di Minosse e di Pasifae, sovrani di Creta. Era quindi sorella di Minotauro, il giovane dalla testa di toro relegato nel Labirinto al quale venivano sacrificati ogni anno quattordici adolescenti d'ambo i sessi che le città soggette a Creta dovevano inviare come tributo. Tra questi un giorno si mescolò il principe ateniese Teseo, intenzionato a uccidere Minotauro, e Arianna se ne innamorò. Per aiutarlo gli fornì un gomitolo di filo che il giovane cominciò a svolgere appena entrato nel Labirinto, e che gli consentì poi di ritrovarne la via d'uscita.

guidare con un filo di seta
Indurre qualcuno a fare quello che si vuole usando metodi accorti, delicati, in modo che l'altro non si accorga di essere manovrato.

imbrogliare i fili
Figurato: creare un clima di confusione, in modo che risulti difficile fare chiarezza in una situazione, come ingarbugliando i fili di una matassa.

inciampare in un filo di paglia
Arenarsi alla minima difficoltà, non saper superare il minimo ostacolo, essere incapaci di cavarsela nelle situazioni più banali, come chi riuscisse a inciampare anche in una pagliuzza.

parlare con un filo di voce
Parlare con voce esile, sottile, debole.

passare a fil di spada
Uccidere, trapassare qualcuno con la spada.

per filo e per segno
Con grande precisione o con abbondanza di particolari. Si dice del resoconto di un avvenimento o dell'esecuzione di un ordine.
Pare che il detto derivi dall'antico linguaggio della falegnameria, quando si raccomandava ai segatori di "non uscire dal filo della sinopia". La sinopia è una terra rossa con la quale ancora oggi si colorano dei fili utilizzati poi per segnare i tronchi e le assi secondo il taglio che si desidera. Seguire la traccia del filo con la sega era un'operazione che richiedeva una grande abilità.

perdere il filo
Parlando, non ricordare più l'argomento centrale del discorso, visto come un filo che ne guida la logica.
var.: perdere il filo del discorso.

reggere le fila vedi **tenere le fila**

ridursi a un filo
Dimagrire moltissimo, soprattutto per malattia, deperimento e simili.

sospeso a un filo vedi **essere attaccato a un filo**

star ritto coi fili
Essere gravemente ammalati o avere ancora poco da vivere, come se si fosse così deboli da aver bisogno di farsi sostenere dai fili per stare in piedi.
In senso lato, essere in una situazione disastrosa, con poche speranze di uscirne senza danni; oppure prosegui-

re in un'azione con grande sforzo e fatica. ‖ Essere manovrati da qualcuno, come se ci si muovesse grazie ai fili del burattinaio.

stare in filo *vedi* **essere sempre in filo**
sul filo del rasoio
In una situazione difficile, precaria, instabile e pericolosa, che può volgere al peggio in qualsiasi momento, e che richiede un'estrema cautela.
var.: camminare sul filo del rasoio; muoversi sul filo del rasoio.

tenere le fila
Coordinare un'azione o simili, organizzarla, gestirla e così via, spesso senza comparire o senza esporsi, facendo agire altri.
Viene dal teatro delle marionette, in cui il burattinaio nascosto fa muovere i pupazzi tirando opportunamente i fili legati alle loro membra snodate.
var.: reggere le fila.

tirare i fili
Manovrare gli altri, indurli a compiere determinate azioni, come fa il burattinaio che muove così i suoi pupazzi.

tirare le fila
Cercare di concludere. Viene dal lavoro di chi muove le marionette e tira i fili a spettacolo finito.

tre fili fanno uno spago
Di origine proverbiale, il detto ricorda che quando le persone si uniscono diventano più forti, così come la robustezza di uno spago aumenta in proporzione alla sua grossezza, dovuta al numero di fili ritorti insieme che lo compongono.
Ripete l'identico proverbio.

FILOSOFIA
prender la vita con filosofia
Non irritarsi o deprimersi davanti alle seccature o alle disgrazie della vita.
L'opinione popolare vede il filosofo come una persona molto paziente e saggia.
var.: prenderla con filosofia.

FINE
essere alla fine
Figurato: morire, essere alla fine della vita.

essere il principio della fine
Costituire l'avvenimento, il segnale, l'indicazione da cui si può capire che una situazione sta precipitando, che un progetto è destinato al fallimento e simili.
Sembra che la frase sia stata coniata da Talleyrand che avrebbe commentato in questo modo la notizia delle prime sconfitte di Napoleone in Spagna, nel 1808.
var.: essere l'inizio della fine.

essere la fine del mondo *(pop)*
Figurato: si dice di una situazione o di un avvenimento disastroso, tremendo, terrificante, che provoca grande sconquasso e sconvolgimento, tale da far pensare che sia arrivata la Fine del Mondo preannunciata dalle Sacre Scritture. ‖ Figurato: essere una cosa magnifica, straordinariamente bella, tanto da far pensare che il mondo non potrà mai più produrre qualcosa di altrettanto splendido.

fino alla fine dei secoli
Figurato: per sempre, fino a quando finirà il mondo e con questo lo scorrere dei secoli e del tempo.

secondi fini
Figurato: scopi nascosti diversi da quelli dichiarati cui si tende fingendo di perseguire altre mete. Usato in particolare per intenzioni disoneste, immorali, losche o comunque poco onorevoli.
var.: secondo fine.

sembrare la fine del mondo
Figurato: presentarsi come una situazione di grande confusione o agitazione, spesso suscitate da un avvenimento di per sé banale, con riferimento alla Fine del Mondo annunciata dalle Sacre Scritture.

FINESTRA
fare una finestra sul tetto
Mettersi in condizione di prevenire un

avversario anticipandone le mosse, come se si facesse una finestra sul tetto dal quale poterlo avvistare e cautelarsi in tempo.
gettare dalla finestra
Sprecare un bene, buttarlo via, detto spesso di denaro o di un'occasione irripetibile.
stare alla finestra
Figurato: limitarsi a osservare quello che succede senza prendervi parte, il più delle volte in attesa che i tempi siano maturi per intervenire senza rischio e raccoglierne i frutti.

FINIRE
a non finire
In grande quantità, misura o numero.
farla finita
Riferito a una persona, interrompere i rapporti con lei o sbarazzarsene in un modo qualsiasi. Riferito a una cosa o a una situazione, mettervi fine o non parlarne più. Riferito alla vita, uccidersi.

FIOCCO
coi fiocchi
Figurato: ottimo, eccellente, usato come rafforzativo per concetti positivi. Grave, preoccupante, se riferito a concetti negativi.
L'immagine è quella di qualcosa che si presenta in maniera impeccabile, come un pacco perfettamente confezionato e decorato di fiocchi.
var.: coi fiocchi e i controfiocchi.

FIORE
a fior di...
Sulla superficie di qualcosa, usato in genere in locuzioni come "a fior d'acqua", "a fior di pelle" e simili.
esser tutto fiori e baccelli
Essere o apparire in condizioni particolarmente floride e prosperose, come una pianta di piselli carica contemporaneamente di fiori e di frutti.

il fior fiore
La parte migliore di qualcosa, in genere riferito a una comunità di persone.
il fiore degli anni
L'età giovanile.
in fiore
Nel momento del massimo splendore, e in particolare nella pienezza della gioventù.
scegliere fior da fiore
Da un insieme di cose gradevoli, scegliere le migliori, le più belle. Usato in particolare per opere artistiche. Spesso ironico. Allude al verso in cui Dante, nella *Divina Commedia*, presenta Matelda che intreccia ghirlande: "una donna soletta che si gia - cantando ed iscegliendo fior da fiore" (*Purgatorio*, XXVIII, 41)
un fior di ...
Un esemplare particolarmente ben riuscito di qualcosa, o persona che eccelle in un dato campo o presenta una determinata qualità. Spesso ironico.

FISCHIO
col fischio (*pop*)
Niente affatto. Usato spesso come esclamazione. ‖ Meno usato, con significato positivo, si trova nell'espressione "fatto col fischio", cioè a puntino, perfetto.
fare un fischio (*pop*)
Figurato: chiamare qualcuno, richiamarne l'attenzione.
non valere un fischio
Non valere nulla, nemmeno la fatica che si farebbe a chiamare qualcuno fischiando.
prendere fischi per fiaschi
Sbagliarsi grossolanamente, confondendo tra loro due cose completamente diverse. Il detto si basa sull'assonanza tra le due parole.

FIUME
a fiumi
Figurato: in grande quantità, detto di

un liquido, che si immagina scorrere con l'abbondanza dei fiumi in piena.

fiume di lacrime
Pianto dirotto, irrefrenabile, oppure molto prolungato.

fiume di parole
Discorso interminabile, spesso veloce, concitato, e ininterrotto.

fiume sacro
Per gli Italiani, il fiume Piave. Venne chiamato così dopo la I guerra mondiale, in memoria dell'alto numero di soldati che persero la vita per difenderne le sponde.

più il fiume è profondo, più scorre in silenzio
Di origine proverbiale, il detto riprende il concetto dell'acqua cheta che può nascondere insidiosi gorghi, profondi e mortali, in contrapposizione al rumore frastornante prodotto da un torrente, solo apparentemente minaccioso. Ripete l'identico proverbio.
L'origine del detto sembra molto antica; si trova lo stesso concetto in Catone, che in questo modo invita a guardarsi dalle persone troppo tranquille (4,31) e in un detto di epoca bizantina, che sollecita a "chiedersi quanto sia profondo un fiume silenzioso".

tutti i fiumi vanno al mare
Di origine proverbiale, il detto vuole ricordare che è perfettamente inutile cercare di forzare la natura.
Allude alla comune destinazione naturale della maggior parte degli eventi, un concetto ribadito da molti altri detti quali "tutte le strade portano a Roma", "tutti i nodi vengono al pettine", "la verità vien sempre a galla" e vari altri. Ripete l'identico proverbio.

un fiume di...
Figurato: grande quantità di qualcosa in movimento, vista come lo scorrere di un fiume. Usato per sottolineare l'idea di un abbondante fluire, come nelle espressioni "un fiume di parole", "un fiume di gente" e così via.

versare fiumi d'inchiostro
Scrivere molto.

FIUTO
Il *fiuto* è uno dei sensi più sviluppati negli animali, che se ne servono per conoscere e riconoscere la realtà esterna. Nell'uomo civilizzato, per il quale non costituisce più uno strumento di sopravvivenza, l'olfatto si è molto affievolito, anche se pare che raggiunga livelli e qualità diverse secondo l'età, il sesso, la razza, la regione geografica e via dicendo, senza dimenticare le inclinazioni e le abitudini soggettive che rendono il naso più sensibile a certi tipi di odore piuttosto che ad altri. Per molte popolazioni è ancora un senso importantissimo, con il quale si può individuare una cosa pur senza vederla. C'è chi riesce così a localizzare una fonte o una radice, o anche a stabilire il tempo che farà, tanto che in Russia esiste una locuzione che suona più o meno "odorare il freddo". Dell'uso primitivo di questo senso è rimasto un ricordo molto vivo, e ancora oggi il fiuto, che propriamente sarebbe quello degli animali in contrapposizione all'olfatto dell'uomo, è usato come sinonimo di capacità d'intuizione e di comprensione innata, ed è visto come un dono privilegiato.

aver fiuto
Essere capaci d'intuizione immediata senza dover ricorrere all'aiuto del ragionamento. Riferito in particolare al denaro, agli affari, ai pericoli e simili.

riconoscere al fiuto
Riconoscere istintivamente, intuire qualcosa senza bisogno di prove concrete.

FLAGELLO
flagello di Dio
Grande disgrazia, in particolare calamità naturale, epidemia, guerra o simili di vaste proporzioni o di lunga du-

rata, che provocano gravi danni. Usato anche per una persona che causa molti mali, in particolare un dittatore, un capo di Stato e simili, e in senso scherzoso per chi provoca guai, confusione e così via.
L'immagine è quella della punizione divina che si abbatte sull'umanità; l'espressione tuttavia fu coniata attorno al 450 d.C. come attributo di Attila, il re degli Unni che secondo la tradizione fu fermato alle porte dell'Italia solo grazie all'intervento di papa Leone I.

FLANELLA
far flanella
Stare in ozio, bighellonare senza far niente; anche scambiarsi effusioni amorose in modo più o meno vistoso, o amoreggiare senza impegno sentimentale o sessuale.
Viene dalla voce francese *flâner*, cioè "bighellonare".

FOCOLARE
lasciare il focolare
Andarsene di casa, lasciare la famiglia per una ragione qualsiasi.
var.: ritornare al focolare.

FOGLIA
essere una foglia al vento
Essere di carattere volubile, instabile, mutevole; essere molto influenzabili o cambiare idea spesso e facilmente.
mangiare la foglia *(fam)*
Intuire una situazione, comprendere un'allusione, capire immediatamente come stanno le cose dietro una falsa apparenza. L'origine del detto è ignota; potrebbe alludere ai bachi che assaggiano le foglie per controllarne la commestibilità.
non muove foglia ...
Di origine proverbiale, il detto ricorda che nessun avvenimento è casuale bensì determinato da qualcosa o qualcuno.
È contrazione del proverbio che dice "non muove foglia che Dio non voglia".

FOGLIO
dare il foglio di via
Figurato: allontanare, scacciare; obbligare una persona ad andarsene. Spesso scherzoso o ironico, si usa per un corteggiatore respinto, per chi viene licenziato o allontanato da un posto di lavoro e così via.
Propriamente, si tratta di un'ingiunzione scritta con la quale l'autorità di Pubblica Sicurezza obbliga un cittadino indesiderato a rientrare nel Paese o nel comune di provenienza. La dizione completa è "foglio di via obbligatorio".

FOLLIA
alla follia
Locuzione rafforzativa: in modo intensissimo. Si usa in genere con il verbo amare e simili.
fare follie
Figurato: divertirsi moltissimo, al di fuori delle abitudini quotidiane. Anche spendere enormi somme di denaro.
fare follie per qualcuno
Fare cose incredibili, eccezionali e simili per qualcuno che si ama appassionatamente. Per estensione, amare intensamente qualcuno o desiderare moltissimo qualcosa.

FONDO
a fondo perduto
Senza obbligo di restituzione, detto di una somma di denaro concessa in genere come finanziamento. Si usa anche per un servigio o una cortesia, e in senso ironico per un prestito di cui non si presume il rientro.
andare a fondo di ...
Controllare accuratamente qualcosa per capirne lo svolgimento e indivi-

duarne eventuali responsabili, chiarendo gli aspetti oscuri e confusi ed eliminando le false apparenze.

andare fino in fondo
Proseguire in un'azione fino alla fine.

fondo di bottiglia
Figurato: pietra falsa che vuole imitare una pietra preziosa, in particolare il diamante.
var.: fondo di bicchiere.

mandare a fondo
Figurato: far fallire, rovinare, affossare qualcuno o qualcosa.
var.: andare a fondo.

raschiare il fondo del barile
Figurato: cercare di recuperare il possibile in una situazione ormai disperata; attingere alle ultime risorse, sia materiali che psicologiche, per trarsi d'impaccio.

toccare il fondo
Figurato: raggiungere il punto più basso e profondo, e quindi il grado massimo, di qualcosa di negativo. Riferito soprattutto al dolore, alla disonestà, al vizio e simili.

vedere il fondo
Essere sul punto di esaurire qualcosa, in genere il contenuto di un recipiente. In senso lato, si dice anche del denaro che sta per finire o di una situazione che ormai va degradandosi.

FONTE
andare alla fonte
Figurato: trovare l'origine, la causa o il responsabile di qualcosa.
var.: risalire alla fonte; rivolgersi alla fonte.

FORCA
avanzo di forca *vedi* **pendaglio da forca**
far forca a scuola
Marinare la scuola, non andarci.
Deriva dalla forma dello strumento agricolo per sollevare il fieno, che ha due soli denti, paragonata a un bivio in cui una strada porta alla scuola. Il senso è d'imboccare l'altra.

fare la forca *(fam)*
Danneggiare qualcuno in genere segretamente, a tradimento; anche colpirlo in maniera cattiva, scavalcarlo, o portargli via qualcosa che gli spetterebbe, sempre senza che la vittima se lo aspetti. Deriva dalla forma dello strumento agricolo per sollevare il fieno, che ha due soli denti, e si riallaccia al concetto di doppiezza, come nell'espressione "lingua biforcuta".

fare le forche
Figurato: fingere di ignorare qualcosa che si sa.

mandare sulla forca *(fam)*
Scacciare qualcuno in malo modo, augurandogli tutto il male possibile.

passare sotto le forche caudine
Subire una cocente umiliazione, essere costretti a sottomettersi con grande vergogna.
Allude a un'antica usanza degli eserciti romani secondo la quale si facevano passare sotto le cosiddette *forche* i soldati dell'esercito vinto, disarmati e denudati, che con tale gesto dichiaravano la loro sottomissione al vincitore. Le forche, chiamate anche "giogo", erano una struttura improvvisata costituita da due aste conficcate nel terreno e sormontate orizzontalmente da una terza, quest'ultima posta ad altezza tale da costringere i vinti a inchinarsi. I Romani furono costretti ad assoggettarsi essi stessi alle forche, nel 314 a.C., quando due legioni furono sconfitte dai Sanniti vicino a *Caudium*, da cui il nome.

pendaglio da forca
Delinquente, criminale; persona disonesta considerata meritevole di esser impiccata e quindi di penzolare dalla forca. Usato anche come insulto.
var.: avanzo di forca.

FORCHETTA
essere una buona forchetta
Essere forti mangiatori.

parlare in punta di forchetta
Esprimersi affettatamente, con sfoggio lessicale ed esagerata ricercatezza.
Fino a tempi abbastanza recenti, avere a tavola le posate e in particolare la forchetta era uso delle classi abbienti e signorili. La gente comune usava le mani, e anche quando le posate cominciarono a diffondersi, il popolo continuò a considerarne l'uso un'inutile fatica oltre che una sciocca esibizione. Dalla tavola il concetto si estese genericamente al comportamento e al linguaggio.
var.: stare in punta di forchetta; essere tutto in punta di forchetta.

FORFAIT
dichiarare forfait
Arrendersi, rinunciare; dichiararsi battuti o incapaci di proseguire in qualcosa.
var.: dare *forfait*.

FORMA
essere fuori forma *(fam)*
Non dare le usuali prestazioni fisiche, riferito in particolare a un atleta. In senso lato, sentirsi abbattuti, svogliati.
essere in forma *(fam)*
Essere in buona disposizione fisica o spirituale; sentirsi in stato di benessere, pieni di vigore, di serenità, di buonumore. ǀǀ Essere al massimo delle proprie capacità fisiche, detto in particolare di atleti e simili.
var.: essere in buona forma; essere in forma perfetta.
prender forma
Cominciare ad avere una fisionomia precisa, cominciare ad avere consistenza. Si dice di un progetto, un'idea o simili che stanno passando dalla fase teorica a quella realizzativa.

FORMICA
avere le formiche *(fam)*
Avvertire una specie d'intorpidimento, formicolio e prurito dato dalla ripresa della circolazione del sangue in un arto rimasto a lungo in una posizione compressa o scomoda.
essere formicon di sorbo *(des)*
Essere imperturbabili, affrontare senza perdere la calma le avversità della vita; anche non stupirsi più di niente.
Pare che il sorbo, come altri grandi alberi, sia reputato dalle formiche particolarmente adatto per il loro nido. Se la pianta viene abbattuta e sono costrette ad abbandonarla, lo fanno in condizioni di tutta sicurezza, reperendo per prima cosa un'altra abitazione e poi traslocando ordinatamente dal vecchio formicaio, trasportando in bocca uova, larve, provviste e tutto quanto avevano nel vecchio nido.
var.: essere la formica del sorbo.
fare la formica
Risparmiare, fare economia; in particolare essere laboriosi risparmiatori, oppure saggi e tenaci amministratori.
Allude alla favola di La Fontaine (*Fables*, I,1) che presenta il diverso modo di vivere della formica, che durante la bella stagione fa provvista di viveri per l'inverno, mentre la cicala se ne sta a cantare e a godersi il sole tutto il giorno. Alla fine dell'estate, la cicala affamata e infreddolita bussa alla porta della formica chiedendo asilo e cibo, ma ne viene malamente scacciata con l'accusa di stolta imprevidenza.

FORNO
aprire il forno *(fam)*
Figurato: aprire la bocca per introdurvi il cibo.
Usato soprattutto con i bambini.
chiudere il forno *(pop)*
Figurato: smettere di parlare, riferito a una persona che parla in continuazione e che quindi ha la bocca sempre aperta, qui paragonata a un forno.

FORTE
PARAGONI: forte come un cavallo;

forte come un bue; forte come un Ercole; forte come Sansone; forte come un orso; forte come una quercia.

farsi forte di qualcosa
Valersi di qualcosa nel proprio interesse, in genere per fare accettare una propria opinione, una pretesa e così via.

forte come Sansone
Molto forte, come secondo la Bibbia era Sansone, che fece crollare il tempio scuotendone le colonne per seppellirvi sotto i Filistei.

forte come un bue
Molto forte, come il bue che ha una muscolatura molto potente e può trascinare senza sforzo grossi pesi.

forte come un cavallo
Molto forte, come il cavallo che ha una muscolatura molto potente.

forte come un Ercole
Molto forte, come l'eroe greco Ercole al quale la mitologia attribuisce una forza sovrumana che gli permise di superare le leggendarie Dodici Fatiche.

forte come un orso
Molto forte, come l'orso che ha una muscolatura molto potente.

forte come una quercia
Molto forte, come la quercia che resiste a tutte le intemperie.

FORTUNA
esser baciati in fronte dalla fortuna
Essere molto fortunati. Anche avere un colpo di fortuna inaspettato.
L'antichità personificava la Fortuna in una Dea benevola, una bellissima fanciulla dagli occhi bendati che percorreva la Terra distribuendo baci casuali agli esseri umani, che ricevevano allora ricchezze, beni e successi inaspettati senza averne alcun merito.
var.: esser baciati dalla fortuna.

FORZA
a forza di...
Con l'uso di qualcosa, per esempio le braccia, oppure grazie a qualcosa che aiuta a raggiungere uno scopo. ‖ Può alludere a un'azione continuata, in espressioni quali "a forza di insistere...", "di dire bugie..." e così via, seguite dal risultato, buono o cattivo, che si è ottenuto.
var.: a furia di...

a tutta forza
Con tutte le energie possibili, con il massimo impegno; soprattutto con la massima velocità, detto di una persona che corre; oppure a pieno regime, detto di una macchina produttiva, e così via.

a viva forza
Con l'uso della forza. Si usa per sottolineare la necessità di un intervento deciso di fronte al rifiuto di qualcuno a fare una cosa.

bella forza!
Esclamazione: si usa per rimarcare che quanto l'interlocutore sta vantando come merito o simili è una cosa estremamente banale o comunque facilissima per chi dispone di mezzi adeguati. Anche spregiativo per chi compie un'inutile sopraffazione verso una persona più debole.

causa di forza maggiore
Necessità inderogabile, preminente, prioritaria, come dettata dalla costrizione di una forza superiore.
var.: per cause di forza maggiore.

contare sulle proprie forze
Fare qualcosa da soli, senza contare sull'aiuto di nessuno.

di prima forza
Eccellente, molto capace, abilissimo in un dato campo. Usato anche per accentuare una caratteristica negativa di qualcuno.

essere in forza
Far parte dell'organico di una ditta o altro. In senso lato, far parte di un gruppo e simili.
Viene dal linguaggio militare, in cui significa essere arruolati o assegnati a

un dato corpo o in una data località.
var.: avere in forza.
essere in forze
Stare bene; e in particolare aver recuperato le energie dopo una malattia o simili.
var.: rimettersi in forze.
farsi forza
Fare uno sforzo su se stessi per fare qualcosa che non ci si sente di affrontare o per superare un dolore. Quindi prendere coraggio, rassegnarsi a una cosa spiacevole. Anche prepararsi ad affrontare una fatica, uno sforzo e simili.
in forza di ...
A causa di qualcosa, per una data ragione; con la giustificazione o il diritto derivante da qualcosa.
in forze
Con grandi mezzi, con la potenza del numero.
Viene dal linguaggio militare, e allude alle forze armate.
per forza di cose
Per necessità inderogabili e indipendenti dalla propria volontà. Si dice in genere in riferimento a qualcosa che si fa a malincuore.

FOSSA
essere nella fossa dei leoni
Trovarsi circondati di pericoli e non avere altra possibilità che affrontarli o soccombere, a meno che non si verifichi un evento miracoloso.
Il detto si riallaccia a un passo dell'Antico Testamento, in cui si racconta come il profeta Daniele, falsamente accusato agli occhi di re Dario, fu condannato a morire sbranato dai leoni ospitati in una fossa, nella quale venivano comunemente gettati i condannati a morte (*Daniele*, VI). Ma nel suo caso, per intervento divino, i leoni gli si acquattarono ai piedi senza fargli alcun male.
var.: trovarsi nella fossa dei leoni.

fossa dei serpenti
Figurato: luogo malsicuro, in cui si rischiano inaspettati pericoli o si è circondati da nemici.
La locuzione indicava in passato il reparto di un manicomio in cui venivano rinchiusi i pazienti più agitati e imprevedibili.
scavarsi la fossa
Rovinarsi con le proprie mani. Si può anche "scavare la fossa" a qualcun altro.

FOSSO
passare il fosso
Scherzoso: nel linguaggio dei marinai, andare in America. Il *fosso* in questione sarebbe l'oceano.
saltare il fosso
Figurato: rompere ogni rapporto con il passato per dedicarsi a cose del tutto nuove. Prendere una decisione importante, definitiva, senza ritorno, non suscettibile di ripensamenti, che può trasformare radicalmente la vita di una persona. In particolare, si diceva un tempo delle ragazze che si concedevano rapporti sessuali prima del matrimonio. ‖ Aggirare un ostacolo o una difficoltà senza affrontarla direttamente. Riferito a un argomento, al racconto di un episodio e simili, non riferirlo, eluderlo, tralasciarlo.
stare a cavallo del fosso
Essere in una posizione ambigua, come divisi a metà fra due parti o interessi contrastanti, o in sospeso fra due scelte difficili che possono entrambe creare dissapori con la parte esclusa. ‖ Fare il doppio gioco, cercando di mantenere buoni rapporti con due parti avverse tra loro.

FRANCESE
parlare francese come una vacca spagnola
Parlare il francese malissimo o non parlarlo affatto.

FRASCA
arrivare alla frasca
Figurato: arrivare al tetto di una nuova costruzione. Per estensione, essere quasi alla fine di un lavoro, una fatica o simili.
var.: essere alla frasca.
mettere la frasca
Figurato: aprire un'osteria o una rivendita di vino.
Un tempo l'insegna delle osterie era una *frasca* che veniva appesa fuori della porta. Quest'uso deriva a sua volta dalle immagini del Dio Bacco, di solito presentato adorno di foglie e pampini. ‖ Arrivare al tetto di una nuova costruzione. Soprattutto in campagna, la tradizione voleva che la costruzione fosse considerata finita quando si giungeva al tetto, e perché fosse fortunata bisognava festeggiarla sul posto con del buon vino per tutti. Per questo si rizzava una frasca sul tetto, perché fosse ben visibile a tutti i passanti che desiderassero unirsi alla festa.
rendere frasche per foglie
Ripagare uno sgarbo con un altro, un'offesa con un'altra offesa possibilmente maggiore e così via.
Il rapporto è quantitativo, dato che la frasca è il ramo a cui sono attaccate le foglie stesse.

FRASCONE
portar frasconi a Vallombrosa
Fare una cosa stupida o inutile, come portare qualcosa in un posto che ne abbonda.
Vallombrosa, in Toscana, è una località ricca di boschi, come dice il suo stesso nome.

FRASE
frase fatta
Espressione di circostanza che si ripete per abitudine o per sentito dire, senza spontaneità e senza convinzione; modo di dire standardizzato.

FRATE
mandare a farsi frate
Allontanare qualcuno, scacciarlo. Soprattutto scherzoso.
star coi frati a zappar l'orto
Figurato: non prendersi nessuna responsabilità, limitandosi a eseguire quanto viene richiesto senza porsi problemi. Soprattutto in senso ironico o scherzoso.
Un tempo i frati accoglievano anche permanentemente i laici che per qualche ragione desideravano rifugiarsi nei conventi, e che ricambiavano l'ospitalità eseguendo i piccoli lavori di fatica che venivano loro richiesti, il primo dei quali era la cura dell'orto. ‖ Figurato: disinteressarsi di una determinata questione. ‖ Figurato: aspettare lo svolgersi degli eventi tenendosi in disparte, ricomparendo poi al momento propizio per trarne i voluti vantaggi. ‖ Figurato: ritirarsi dalla vita pubblica o mondana per trascorrere un'esistenza semplice, tranquilla, fatta di piccole cose.

FRATELLO
fratello di latte
Persona che non ha legami di sangue con un'altra, ma che è stata allattata dalla stessa balia.
fratello di sangue
Nato dallo stesso padre, ma da madre diversa.

FRECCIA
avere molte frecce al proprio arco
Figurato: disporre di molte risorse da utilizzare per un dato scopo; avere buoni argomenti, mezzi, aiuti, appoggi e simili che fanno prevedere di raggiungere l'obiettivo desiderato.
dritto come una freccia
Figurato: senza indugi, senza perdere tempo in deviazioni, detto in genere di chi ha fretta di raggiungere un determinato luogo.

La freccia scoccata dall'arco viaggia perfettamente dritta verso il bersaglio, salvo piccolissime oscillazioni sul suo stesso asse impercettibili all'occhio.

freccia del Parto

Piccola rivincita che ci si prende dopo una sconfitta, riferito in genere a una battuta malevola, un'insinuazione cattiva e simili.

I *Parti* erano un popolo seminomade stanziatosi nei pressi del Mar Caspio nel II secolo a.C. Abilissimi arcieri e capaci di cavalcare anche voltati all'indietro, furono i primi a proteggere i cavalli con pesanti armature, e usavano una particolare tecnica di battaglia che consisteva nello sparpagliarsi davanti al nemico in apparente disordine. Si facevano poi inseguire uno per uno ottenendo così lo scopo di dividere gli inseguitori, ormai certi della vittoria, per poi colpirli agevolmente con le loro frecce.

FREDDO (agg)

PARAGONI: Freddo come il ghiaccio; freddo come il marmo; freddo come la neve.

FREDDO (sost)

a freddo

Figurato: lucidamente, coscientemente, senza seguire impulsi emotivi dettati dalla paura, dall'ira e simili, che possono influenzare le decisioni della mente. Anche senza emozione, calcolatamente.

freddo boia

Freddo molto intenso, con il termine *boia* usato come rafforzativo per sottolinearne la crudeltà.

freddo cane

Figurato: freddo rigido, molto intenso, cui si presume possano resistere soltanto i cani.

var.: freddo da cani.

freddo ladro

Freddo intenso, aspro, penetrante, da cui chiunque tende a ripararsi tranne i ladri, che per portare a termine le loro imprese non possono permetterselo.

var.: freddo da ladri.

mettere freddo

Figurato: suscitare paura o tristezza

var.: mettere il freddo addosso.

sudar freddo

Provare una forte paura o essere in preda a una violenta tensione.

Entrambi questi stati d'animo possono indurre sudore come reazione fisiologica.

FRENO

stringere i freni

Figurato: diventare più rigorosi, concedere meno di prima, rendere più severe le norme disciplinari e simili, come per rallentare una corsa troppo veloce.

FRESCO (agg)

star fresco (*fam*)

Andare incontro a un grosso guaio; anche avere poche speranze di riuscire in qualcosa, nonostante le speranze; illudersi a torto di sfuggire a un evento spiacevole. Usato soprattutto nell'esclamazione "stai fresco!" equivalente a un rifiuto deciso e un po' irrisorio.

Appare già in un verso della *Divina Commedia* in cui Dante allude all'Antenora gelata, il secondo girone dell'Inferno, cerchio nono (*Inferno*, XXXII,117) con l'espressione "là dove i peccatori stanno freschi".

FRESCO (sost)

andare al fresco

Figurato: andare in prigione.

Le celle delle prigioni erano un tempo situate molto al di sotto del livello del suolo. A volte erano addirittura dei veri e propri pozzi, con un'unica apertura in alto, sul soffitto, che costituiva insieme presa d'aria, punto luce e porta d'ingresso. Anche quando la situa-

zione era più simile a quella odierna, le carceri erano comunque umide e fredde, soprattutto in inverno.
var.: essere al fresco; mandare al fresco; mettere al fresco.

di fresco
Si dice di una cosa molto recente, appena avvenuta o appena fatta.

FRETTA
in fretta e furia
Con precipitazione.

FRIGGERE
friggere con l'acqua
Figurato: cercare di fare qualcosa senza avere gli strumenti adeguati o le necessarie possibilità tecniche o economiche, come chi tentasse di ottenere una frittura utilizzando dell'acqua anziché un grasso. ‖ Essere eccessivamente impulsivi, impazienti, impetuosi, o molto irritabili; in particolare prendersela per cose di poco conto, come se si fosse talmente reattivi al calore da friggere al solo contatto dell'acqua.
var.: friggere con l'acqua fredda.

friggere d'impazienza
Essere visibilmente molto impazienti.

mandare a farsi friggere
Allontanare qualcuno, scacciarlo. Soprattutto scherzoso.

FRITTATA
fare una frittata *(fam)*
Combinare un pasticcio, provocare un guaio irrimediabile.
L'immagine è quella del lasciar cadere delle uova, che si rompono e non si possono più ricomporre.

ormai la frittata è fatta!
Esclamazione: esprime rassegnazione per un guaio ormai avvenuto.

rivoltare la frittata *(fam)*
Presentare un concetto o una situazione in modo completamente opposto a quanto si era fatto in precedenza.

FRITTO
essere fritti *(fam)*
Essere perduti, rovinati, senza più speranza di salvarsi oppure di ottenere quello che si voleva.
Il detto intero che ne spiega l'origine è: "Siamo fritti, disse la tinca ai tincolini".

fritto e rifritto *(fam)*
Vecchio, notissimo, risaputo da tutti e ormai scontato e banale, perché ripetuto infinite volte; è detto di un argomento, una notizia e simili.

FRONDA
vento di fronda
Clima di rivolta latente, di gravi disaccordi e contrasti che però non si traducono in scontri aperti o violenti.
Allude al movimento di ribellione da parte del Parlamento e poi dei nobili contro il governo di Anna d'Austria, reggente del re di Francia Luigi XIV ancora in età minorile. La rivolta, che si rivelò fallimentare, avvenne in due fasi verso la metà del 1600, e prese il nome dal gioco della *fronda*, cioè della fionda, molto diffuso all'epoca tra i coetanei parigini del giovane sovrano.

FRONTE *(sf)*
a fronte scoperta
Senza alcuna protezione, senza riparo. Oppure senza timore, senza mostrare paura.
In passato e soprattutto nelle culture orientali, la fronte libera da fasce, veli, cappucci o copricapi, era privilegio dell'individuo libero, non schiavo. Il detto potrebbe anche avere un'origine militare, fondendo *il* fronte con *il* fronte, vedendovi quindi lo schieramento armato che resta indifeso, oppure che si prepara a sfidare un nemico più potente.

andare a fronte alta
Non mostrare vergogna, e quindi presentarsi apertamente davanti a tutti.

In senso lato, avere la coscienza tranquilla o agire con fierezza. Ancora, ostentare coraggio o spavalderia.
var.: andare a testa alta.

battersi la fronte
Cercare di ricordare qualcosa o di trovare una soluzione a un problema, come se battendosi la fronte si potessero smuovere i pensieri costringendoli a uscire. Il gesto concreto è anche segno di rammarico per essersi dimenticati di qualcosa e simili.

chinare la fronte
Cedere, sottomettersi; soprattutto umiliarsi davanti a qualcuno.
var.: curvare la fronte.

leggere in fronte
Leggere nel pensiero, capire cosa passa nella mente di qualcuno. Spesso riferito a bugie.

rialzare la fronte
Riprendere sicurezza, coraggio. In senso lato anche ribellarsi, reagire.

stare a fronte
Reggere un confronto, avere i requisiti per poter essere paragonato a qualcosa d'altro.

FRONTE *(sm)*
Nel linguaggio militare, indicava in origine il complesso delle costruzioni elevate sopra ogni lato del poligono di base di una fortificazione. Poteva essere costituito da un solo tratto rettilineo oppure da più tratti disposti in una linea spezzata. Attualmente, il termine designa lo schieramento di una formazione i cui componenti sono allineati l'uno di fianco all'altro su una o più righe.

far fronte a ...
Resistere a un attacco nemico, contrastare un avversario. In senso figurato, affrontare una situazione sgradevole, un impegno gravoso, un debito, un imprevisto.

far fronte unico
Figurato: unirsi in una lotta comune per contrastare un pericolo, un attacco che minaccia tutti, o per ottenere uno scopo comune.

fronte interno
Figurato: i nemici mimetizzati all'interno di un gruppo e in generale coloro che, dall'interno, ne contrastano l'azione. Riferito più che altro a situazioni di guerra.
Viene dal linguaggio militare.

FRULLARE
frullare in testa
Figurato: avere in mente, detto di idee, capricci, desideri, progetti e simili, spesso bizzarri o irrealizzabili, che cominciano a delinearsi nella mente.
var.: frullare per il capo.

FRUSTA
farsi la frusta per la schiena
Agire maldestramente, mettersi in una brutta situazione, crearsi le premesse per guai futuri.

non saper tenere in mano la frusta
Non essere capaci di farsi obbedire o rispettare.
var.: non saper reggere la frusta.

non sentire la frusta
Essere indifferenti ai maltrattamenti, alle offese e simili; mancare di dignità.

trattare con la frusta
Figurato: trattare con molta severità o durezza. Anche imporre una disciplina ferrea.

usar la frusta
Figurato: ricorrere a mezzi drastici, essere molto duri e rigorosi. Anche imporre una disciplina ferrea, oppure usare la violenza per ottenere qualcosa. Ancora, essere ingiustificatamente severi.

FRUTTO
arrivare alla frutta
Figurato: essere al momento finale di qualcosa; avere esaurito tutte le risorse, in particolare economiche. ‖ Figu-

rato: essere in ritardo, arrivare a cose fatte, troppo tardi per godere di un beneficio. ‖ Figurato: arrivare a cose fatte, arrivare volutamente in ritardo allo scopo di sottrarsi a un'incombenza o simili.
var.: giungere alla frutta; essere alla frutta.

cogliere il frutto quando è maturo
Sapere agire al momento giusto, approfittare di un'occasione propizia.

dar buoni frutti
Figurato: dare buoni risultati, far guadagnare, fare ottenere una buona riuscita.
var.: dare cattivi frutti.

essere alla frutta *vedi* **arrivare alla frutta**

frutto dell'amore *vedi* **frutto della colpa**

frutto della colpa
Usato ormai solo in senso scherzoso, indica il figlio nato da un'unione illegittima.
var.: frutto dell'amore; figlio della colpa.

frutto di stagione
Figurato: avvenimento o comportamento tipico di un dato momento storico o di una certa età anagrafica. Usato anche in senso scherzoso.

frutto proibito
Figurato: qualsiasi cosa o piacere che sia oggetto di proibizione o divieto. Allude al frutto dell'Albero del Bene e del Male che secondo la Bibbia Adamo ed Eva vollero mangiare nel Giardino dell'Eden nonostante il divieto di Dio. Fu causa del Peccato Originale, e per questo i due progenitori furono scacciati dal Paradiso Terrestre.

mettere a frutto
Figurato: impiegare in modo da produrre un reddito, un vantaggio e simili. Si usa per il denaro, per l'esperienza e altro.

senza frutto
Figurato: senza risultato.

FUCILE
stare col fucile spianato
Stare all'erta, pronti a reagire sparando su un eventuale nemico. In senso lato, essere molto vigili, stare in guardia, badare a non farsi prendere di sorpresa. ‖ Figurato: sorvegliare strettamente qualcuno, come se lo si tenesse sotto il tiro di un fucile. ‖ Figurato: esercitare un controllo attento, continuo e oppressivo, pronti a intervenire con critiche, punizioni o altro al minimo errore altrui.
var.: stare col fucile puntato.

FUCINA
essere una fucina d'idee
Avere sempre molte idee brillanti; anche avere molta inventiva.

FUGGIRE
PARAGONI: fuggire come il vento; fuggire come una palla di fucile; fuggire come un razzo; fuggire come una lepre.

FULMINE
come un fulmine
Con la velocità o la repentinità di un fulmine; anche con grande precisione, paragonabile a quella che erroneamente si attribuisce ai fulmini e che deriva forse dall'antica credenza che fossero scagliati dalla mano degli Dei.

essere un fulmine
Essere velocissimi, tanto nei movimenti quanto nelle azioni.

fulmine a ciel sereno
Figurato: avvenimento o notizia che arriva all'improvviso, assolutamente inattesa e inaspettata, solitamente spiacevole.

fulmine di guerra
Figurato: velocissimo nel fare qualcosa, spesso in senso ironico.
Si usava in passato per condottieri o generali che conducevano le operazioni belliche con audace rapidità.

FUMARE

PARAGONI: fumare come un camino; fumare come un turco; fumare come una ciminiera; fumare come una vaporiera; fumare come un treno.

fumare come un camino
Fumare moltissimo, appunto come un camino. Anche nel senso di essere particolarmente irritati, nervosi, insofferenti, impazienti e simili.
var.: fumare come una ciminiera.

fumare come un turco
Fumare moltissimo, come effettivamente facevano i Turchi e i Musulmani in generale, presso i quali l'uso del tabacco era diffuso fin dall'antichità.

fumare come una vaporiera
Fumare moltissimo, sbuffando fumo come una locomotiva a vapore.
var.: fumare come un treno.

FUMO

andare in fumo
Propriamente, ardere producendo una grande quantità di fumo, quindi bruciare fino in fondo, andare distrutto. In senso figurato, quindi, non esserci più. Anche disperdersi, dileguarsi, sparire; di un progetto, un'idea o simili, non realizzarsi. Di denaro, esaurirsi, soprattutto se in investimenti sbagliati o azzardati, oppure in spese inutili e sciocche.
var.: mandare in fumo.

essere come il fumo negli occhi
Essere decisamente sgradito, irritare, infastidire, proprio come il fumo negli occhi, che li arrossa e li fa lacrimare. Riferito prevalentemente a persone.
var.: vedere come il fumo negli occhi; guardare come il fumo negli occhi.

gettare fumo negli occhi
Figurato: gabellare una cosa per un'altra rendendo confusa una situazione e dando rilievo a false apparenze; far credere cose non vere come appannando la vista all'interlocutore in modo che non distingua bene i contorni di quanto vede. Anche mistificare la realtà di una situazione di cui ci si vergogna o che comprometterebbe il risultato di qualcosa.

i fumi di ...
Figurato: effetto alterante prodotto sul cervello o sulla psiche da sostanze in qualche modo obnubilanti, o che alterano la lucidità mentale, la capacità di ragionamento, di autocontrollo e simili. Si usa in genere per l'alcool o le droghe, ma in senso lato si dice anche per l'ira e così via.

tanto fumo e poco arrosto
Figurato: situazione ricca di apparenza e povera di sostanza. Si dice di progetti e simili che si presentano come importanti o grandiosi ma che poi si rivelano modesti. Usato anche per un discorso, una situazione, una persona. Vale inoltre per chi si dà molta importanza senza realmente averla.

vedere come il fumo negli occhi
Trovare fortemente antipatico, insopportabile; non tollerare qualcuno o qualcosa.
var.: avere come il fumo negli occhi; essere come il fumo negli occhi.

vender fumo
Presentare come reale ciò che è privo di consistenza; vendere cose inesistenti o senza valore reale. In questo senso si usava in passato per tutto il settore della pubblicità.
La locuzione è antica, e si trova già in Marziale, Apuleio e altri, quasi sempre riferito a personaggi che ingannano i semplicioni vantando rapporti di grande familiarità con i potenti. L'espressione perse con il tempo il suo sottinteso di millantato credito e passò a indicare semplicemente una promessa vaga, fumosa, e soprattutto vana. Riacquisì poi la connotazione legata all'inganno, e nel Medio Evo si rintraccia il proverbio "chi vende fumo perisce di fumo", con il senso che chi si serve dell'inganno finirà con

l'essere ingannato a sua volta.
venditore di fumo
Figurato: in origine, venditore di pubblicità. ‖ Figurato: persona che presenta come reale qualcosa che è invece priva di consistenza; anche speculatore o piccolo imbroglione.

FUNGO
venir su come i funghi *(pop)*
Moltiplicarsi, crescere molto rapidamente.
var.: crescere come i funghi; aumentare come i funghi.

FUOCO
aprire il fuoco
Figurato: dare inizio a una lite, una discussione e simili; anche bersagliare qualcuno con domande insistenti, accuse, e così via, iniziare un discorso attaccando a parole una persona in modo violento e simili.
Viene dal linguaggio militare, in cui significa cominciare a sparare. Il *fuoco* è quello dell'artiglieria.
var.: far fuoco.
avere il fuoco addosso
Figurato: essere eccitati o entusiasti per qualcosa. Anche essere molto irrequieti e impazienti, denotare una grande passione, un acceso desiderio per qualcuno o per qualcosa.
Anche, avere un'indole fortemente passionale.
var.: avere il fuoco nelle vene.
avere il fuoco in gola
Figurato: sentirsi bruciare la gola dalla sete.
avere il fuoco nelle vene *vedi* **avere il fuoco addosso**
bruciare a fuoco lento
Figurato: trascinarsi in lunghe sofferenze, restare in angoscia, patire a lungo. In genere si usa per chi è costretto a sopportare uno stato d'incertezza o di attesa.
var.: cuocere a fuoco lento; cuocinare a fuoco lento; rosolare a fuoco lento.
buttarsi nel fuoco per ...
Affrontare qualsiasi difficoltà, sacrificio o simili per amore di qualcuno.
var.: gettarsi nel fuoco.
cucinare a fuoco lento *vedi* **bruciare a fuoco lento**
cuocere a fuoco lento *vedi* **bruciare a fuoco lento**
dar fuoco alle polveri
Figurato: scatenare aspri contrasti o litigi; dare inizio a una situazione movimentata, innescare un meccanismo inarrestabile e così via.
Si presume una situazione latente che aspetta solo una causa scatenante per venire alla luce, in genere con trascinante violenza.
var.: dar fuoco alla miccia.
di fuoco
Figurato: ardente, appassionato, e in generale molto intenso, usato come rafforzativo per sottolineare la particolare veemenza di sentimenti quali l'ira, la passione, lo sdegno, l'orrore e altro. Vale per occhi, sguardi, parole, scritti e così via. ‖ Penetrante, bruciante, rovente; anche minaccioso o malevolo se riferito a un'occhiata, un'espressione cattiva così via.
diventare di fuoco
Arrossire fortemente.
var.: farsi di fuoco.
essere sotto il fuoco
Figurato: fare da bersaglio a invettive, accuse o simili. Allude al fuoco dell'artiglieria.
var.: trovarsi sotto il fuoco.
essere sotto un fuoco incrociato
Esser presi di mira da più parti.
var.: essere sotto tiro incrociato.
far fuochi d'artificio
Figurato: essere pieni d'idee e di trovate brillanti; spiccare per vivacità, brio, arguzia e simili, soprattutto in una situazione mondana. ‖ Divertirsi moltissimo in modo inconsueto, bizzarro, stravagante, al di fuori delle

abitudini quotidiane. Riferito a una coppia di nuova formazione, trovarsi benissimo insieme, soprattutto sul piano sessuale.
var.: fare scintille; fare faville; essere tutto un fuoco d'artificio.

far fuoco *vedi* **aprire il fuoco**

fare fuoco e fiamme
Fare tutto il possibile per raggiungere uno scopo. ‖ Manifestare violentemente la propria collera o disapprovazione.
var.: fare fuoco e fulmini.

fuoco di fila
Figurato: serie incalzante di qualcosa, in particolare domande, accuse o simili. Viene dal linguaggio militare: nei combattimenti in cui le truppe sono schierate in ordine chiuso, è il fuoco di fucileria che ogni soldato della fila spara in serrata successione di tempo.

fuoco di paglia
Figurato: cosa che inizia con grande intensità e finisce in niente quasi subito. Usato in genere per sentimenti, entusiasmi, grandi idee o altro.
La paglia produce una fiammata vividissima che però si spegne subito.

fuoco fatuo
Figurato: passione passeggera, di breve durata; cosa che inizia con grandi premesse e finisce presto. Usato in genere per sentimenti, entusiasmi, grandi idee o altro.
Propriamente il *fuoco fatuo* è una fiammella debole e fugace prodotta dalle emanazioni di fosforo e idrogeno che s'incendiano spontaneamente al di sopra dei luoghi in cui si decompongono materie organiche di varia origine. Il fenomeno, che si osserva principalmente nelle paludi e nei cimiteri, ha dato luogo a una lunghissima serie di superstizioni e credenze popolari.

fuoco greco
Figurato: arma segreta e sicuramente vincente.
Con questo nome si designa una miscela incendiaria di zolfo e olio minerale, successivamente arricchita con il salnitro, in grado di bruciare anche sull'acqua. Anticamente se ne imbeveva della stoppa che poi si scagliava sulle truppe nemiche. Ancor oggi se ne ignora l'origine e fino a poco tempo fa anche la formula; pare sia stato inventato dai Cinesi, ma risulta arrivato a Costantinopoli nel 617 d.C., dove ne fu gelosamente custodito il segreto data la grande supremazia che dava soprattutto nella guerra sul mare.

fuoco incrociato
Figurato: serie assillante di domande, accuse e simili che più persone formulano contro qualcuno.
Nel linguaggio militare, è un insieme di tiri d'artiglieria mirati sullo stesso bersaglio da posizioni diverse.
var.: tiro incrociato.

fuoco sotto la cenere
Figurato: tutto ciò che continua a esistere o si prepara nascostamente, riferito a un sentimento, un proposito di vendetta o di rivalsa, un rancore e simili. Si dice in genere di qualcosa di pericoloso destinato a esplodere all'improvviso in modo violento e inarrestabile, come il fuoco che divampa improvvisamente dalle ceneri semispente di un focolare.

il fuoco eterno
Le fiamme dell'inferno cristiano, e quindi il tormento senza fine dei peccatori che lo meriteranno.

mandar fuoco dagli occhi
Avere lo sguardo pieno d'ira, indignazione, odio o simili. Anche avere gli occhi lucidissimi, fiammeggianti, penetranti, dallo sguardo intenso o appassionato.

mettere a fuoco
Individuare e fissare gli aspetti essenziali di una questione, un problema o simili. Anche ricordare con esattezza.
Il *fuoco* in questione è quello dei siste-

mi ottici, cioè il punto in cui convergono i raggi emessi da una sorgente luminosa posta a una certa distanza dopo averlo attraversato. Collocare un oggetto in quel punto permette di vederlo con la massima nitidezza. Nel linguaggio ferroviario, tuttavia, l'espressione significa alimentare di carbone il focolare della locomotiva.

mettere il fuoco addosso
Figurato: eccitare, entusiasmare, infiammare; suscitare grande passione, intenso desiderio e simili da parte di qualcuno o qualcosa.
var.: mettere il fuoco nelle vene.

prendere fuoco
Figurato: infiammarsi di passione o d'ira violenta; anche dare in escandescenze.

sacro fuoco
Figurato: zelo ardente, grande entusiasmo o impegno, passione fanatica. Quasi sempre ironico.
Allude al fuoco anticamente acceso sugli altari in onore della divinità, spesso vegliato da sacerdoti o sacerdotesse che avevano il compito di non lasciarlo spegnere mai.
var.: preso dal sacro fuoco; ardente di sacro fuoco; pieno di sacro fuoco.

scherzare col fuoco
Affrontare un pericolo reale con grande leggerezza o senza rendersi conto della sua gravità, sottovalutandolo. Anche rischiare di causare un male a sé o agli altri.

sentirsi il fuoco dentro
Figurato: smaniare per qualcosa, desiderarla ardentemente; essere appassionatamente innamorati di qualcuno. Anche essere violentemente sdegnati, o in preda all'ira; essere irrequieti o impazienti.

soffiare sul fuoco
Figurato: eccitare una passione, fomentare discordie o rancori, fare in modo di esasperare un contrasto, di solito tenendosi prudentemente fuori dal pasticcio che ne seguirà. Meno usato nel senso di riattizzare un sentimento sopito e simili.
var.: soffiare sul fuoco che arde.

spegnere il fuoco con la stoppa
Figurato: ottenere un effetto contrario a quello desiderato, come tentando di soffocare un fuoco con un materiale altamente infiammabile come appunto la stoppa.

trovarsi tra due fuochi
Essere in mezzo a due pericoli ugualmente gravi. Anche essere costretti a scegliere tra due parti o persone ben sapendo d'inimicarsi così l'una o l'altra, o ancora esserersele già inimicate entrambe e diventare quindi bersaglio unico di due nemici.

FURBO
PARAGONI: furbo come un furetto; furbo come una volpe.

fare il furbo
Cercare di barare, di cavarsela usando la furberia o imbrogliando gli altri; cercare di ribaltare una situazione o di confonderla a proprio vantaggio, tentando di dar credere una cosa per un'altra.

furbo come un furetto
Molto furbo, come il furetto cui sui attribuisce una grande scaltrezza.

furbo come una volpe
Molto furbo, come la volpe cui sui attribuisce una particolare astuzia.

furbo di tre cotte (*pop*)
Molto furbo, tre volte furbo, come se si fosse stati cotti tre volte per ottenere il grado di scaltrezza desiderato.
La *cotta* è la cottura, in particolare quella usata nell'industria conserviera alimentare.

FURETTO
Il *furetto* è un mammifero dell'ordine dei Mustelidi. È un animale carnivoro e spesso, per procurarsi il cibo, fa razzie negli allevamenti di polli o conigli.

Nei detti popolari ricorre per la sua astuzia, la velocità e l'aggressività.
essere un furetto
Essere particolarmente furbi, o agili, o veloci, o anche irritabili.
viso da furetto
Viso affilato, dall'espressione astuta.

FURIA
Le *Furie*, o "Erinni", erano Aletto, Megera e Tisifone, tre antiche divinità che seminavano il male tra gli uomini. Simbolo della vendetta, erano rappresentate in forma di donne vecchie e brutte, dall'espressione torva e maligna; avevano serpenti al posto dei capelli, ali di pipistrello e in mano una torcia accesa con cui infiammare l'animo degli uomini.
essere una furia
Essere adirati, manifestare grande ira e furore. Anche essere in stato di violenta eccitazione. Si dice inoltre di chi dimostra di avere molta fretta.
fare furia *(pop)*
Metter fretta a qualcuno, incitarlo a sbrigarsi.

FURORE
a furor di popolo
Figurato: con il consenso unanime, con la palese approvazione di tutti. Oggi usato più che altro in senso positivo, con il valore di acclamazione. Letteralmente indica uno scoppio di furore da parte della folla, con allusione ai tempi in cui si teneva giudizio pubblico in piazza, cui assisteva e in un certo senso partecipava anche il popolo. Spesso i giudici tenevano conto dei desideri della folla, che a volte si abbandonava a veri e propri tumulti per esprimere la propria opinione in merito ad assoluzioni e condanne.

Con manifestazioni analoghe, non di rado sapientemente guidate, erano frequenti i casi di ribellione alle decisioni dei potenti e di acclamazione diretta di nuovi capi.
far furore
Riscuotere grande successo, suscitare l'entusiasmo generale.

FUSA
far le fusa
Figurato: manifestare pacatamente grande beatitudine e soddisfazione, quasi facendo le fusa come i felini.
var.: fare le fusa come un gatto.

FUSCELLO
essere un fuscello
Figurato: essere molto snelli e flessuosi, oppure molto magri, leggeri, di poca forza fisica.
essere un fuscello nella tempesta
Di una persona, essere travolta dagli eventi, essere trascinata da forze e situazioni più forti di lei e sulle quali non può esercitare nessun controllo.
fare d'un fuscello una trave
Esagerare; drammatizzare; vedere tutto più grande di quanto sia in realtà, riferito soprattutto a difficoltà e problemi.

FUTURO
avere un luminoso futuro dietro le spalle
Ironico: non avere concluso nulla nella vita pur essendo stati dei giovani promettenti. Si dice appunto di persone che si pensavano molto dotate e destinate a un futuro di grandi successi e che invece non sono riuscite a emergere e a mettersi in luce, lasciandosi così dietro le spalle quel luminoso futuro che ci si aspettava da loro.

GABBANA
voltar gabbana
Essere opportunisti; cambiare idea, opinione o partito secondo la convenienza.

La *gabbana* è la giubba. Si dice che in passato i soldati che disertavano l'indossassero a rovescio per non essere riconosciuti, dal suo colore, come appartenenti a una determinata parte. Il detto esiste anche in altre lingue.

GABBIA
gabbia di matti
Gruppo di persone stravaganti o confusionarie, oppure luogo pieno di confusione, di gente rumorosa.
gabbia dorata
Figurato: situazione apparentemente invidiabile, comoda e agiata, senza preoccupazioni o assilli economici e materiali, ma che priva di determinate libertà.
var.: gabbia d'oro.
mettere in gabbia
Figurato: mettere in prigione. In senso lato, privare della libertà.

GÀBOLA
Gabola è il nome comune del frutto di una pianta ornamentale d'alto fusto, il bagolaro, detto anche "gabolaro". Si tratta di un frutto non commestibile, tondeggiante e di nessuna utilità pratica, talmente leggero che una volta caduto viene facilmente trasportato dal vento.
far gabole
Tessere intrighi o imbrogli, trafficare; organizzare operazioni complicate e poco pulite.
raccontar gabole
Raccontare frottole, dare a intendere cose non vere o inverosimili.

GALEOTTO
da galeotto a marinaio
Figurato: si usa per chi fa grandi progressi, che ottiene un successo poco comune, come quello di chi diventasse marinaio della galera sulla quale era stato precedentemente condannato a remare.

GALLA
restare a galla
Figurato: non soccombere a una situazione negativa o pericolosa, riuscire a superarla.
stare a galla
Figurato: cavarsela, riuscire a vivere in modo abbastanza decoroso pur senza avere molte soddisfazioni, successo o denaro.
venire a galla
Figurato: emergere, acquistare evidenza, detto di cose rimaste o tenute nascoste a lungo.
var.: tornare a galla.

GALLETTO
fare il galletto
Ostentare grande baldanza; essere impertinenti, oppure darsi arie da irresistibile seduttore.

GALLINA
andare a gallina (des)
Figurato: ubriacarsi; comportarsi in maniera dissennata soprattutto se a causa di una vita sregolata; andare in rovina; anche morire. Praticamente in disuso.

Di derivazione molto incerta, il detto pare riallacciarsi al modo di muoversi apparentemente scoordinato delle galline, tipico di chi è piuttosto alticcio.

essere la gallina nera
Essere sempre in ritardo, fare sempre le cose all'ultimo minuto
Il detto completo è "essere la gallina nera, che fa l'uovo a tarda sera", nato probabilmente per puro amor di rima.
var.: fare come la gallina nera.

gallina dalle uova d'oro
Persona, attività o situazione estremamente redditizia.
Allude a una favola di Esopo (*Favole*, 287), in cui si narra di una gallina che deponeva uova d'oro. Il suo proprietario decise di ucciderla convinto di trovare nei suoi visceri grandi quantità del prezioso metallo, ma scoprì che invece si trattava di una gallina come tutte le altre, e che uccidendola aveva perduto una fonte di ricchezza.

gallina vecchia fa buon brodo
È sempre bene fidarsi di chi ha esperienza. Il detto, che ripete l'identico proverbio, è usato spesso per giustificare un rapporto amoroso con una donna non più giovane.
Le carni di una gallina ormai vecchia risultano le migliori per un brodo saporito.

la prima gallina che canta è quella che ha fatto l'uovo
Le giustificazioni non richieste sono indizio di colpevolezza, afferma il detto che ripete l'identico proverbio, così come le galline cantano dopo aver deposto un uovo.

vecchia gallina
Spregiativo: donna anziana, in genere petulante, saccente, invadente.

GALLO
essere il gallo della Checca
Piacere molto alle donne, essere un dongiovanni.
Il detto è preso dall'opera lirica *L'elisir d'amore*, di Gaetano Donizetti, in cui si canta che "il gallo della Checca tutte vede e tutte becca".

fare il gallo
Ostentare grande baldanza; anche essere impertinenti. Oppure ancora, darsi arie da irresistibile seduttore.

GAMBA
a gambe levate
Molto velocemente, riferito a una persona che corre o fugge.

andarci con una gamba sola
Andare molto volentieri in un posto, tanto che lo si farebbe perfino saltando su una gamba sola.

andare a gambe all'aria
Letterale: cadere ruzzoloni, all'indietro. In senso figurato, fallire, andare in rovina.
var.: andare a gambe levate; cadere a gambe all'aria; cadere a gambe levate; finire a gambe levate; finire a gambe all'aria.

andare dove le gambe portano
Andare in giro senza una meta precisa; anche girovagare alla ricerca di un rifugio e simili. ‖ Andare il più lontano possibile, camminando fino a che si ha forza nelle gambe.

avere buone gambe
Figurato: essere buoni camminatori.

avere gambe *vedi* **farsi le gambe**

avere le gambe che fanno giacomo giacomo
Vacillare, reggersi male sulle gambe in genere per paura, per stanchezza o sfinimento.
var.: avere le gambe che fanno diego diego; avere le ginocchia che fanno giacomo giacomo; avere le ginocchia che fanno diego diego.

avere le gambe di stoppa
Avere le gambe deboli, che non reggono bene, per stanchezza o per fragile costituzione fisica. Anche stancarsi facilmente, avere poca resistenza nel camminare.

camminare con le proprie gambe
Figurato: essere autonomi, autosufficienti, anche in senso economico.
Allude al momento in cui il bambino e qualsiasi cucciolo di animale imparano

a camminare, il che rappresenta la prima conquista di autonomia.

con le gambe sotto un tavolo *(pop)*
Figurato: con calma, con comodo, nelle condizioni più rilassate. Riferito in genere a un argomento, una questione o simili che non è il caso di discutere frettolosamente, e al quale è meglio dedicare tempo e attenzione con calma e serenità.

darsela a gambe
Fuggire, scappare velocemente.

esser di gamba lesta
Avere un passo veloce. In senso figurato, procedere rapidamente in un progetto o simili.
var.: essere di gamba lunga.

farsi le gambe
Nell'equitazione, irrobustire le gambe e imparare a usarle per "tenere" il cavallo. Nella corsa, allenarsi.
var.: avere gambe; far gambe.

in gamba *(fam)*
In buona salute. In senso lato anche intelligente, abile, esperto, efficiente. Nel significato primo, allude al fatto che una persona malata sta generalmente a letto e quindi non usa le gambe.
var.: in gambissima.

incrociare le gambe
Figurato: nel gergo calcistico, lo scioperare dei calciatori.
È ricalcato sull'"incrociare le braccia" dei lavoratori dell'agricoltura e dell'industria.

metter le gambe sotto la tavola *(pop)*
Sedersi a tavola per mangiare.
var.: metter le gambe sotto il tavolo.

mettere i bastoni fra le gambe *vedi* **bastone: mettere i bastoni fra le ruote**

mettersi le gambe in spalla
Figurato: avviarsi procedendo di buon passo, in genere sapendo di dovere affrontare un lungo cammino. Oppure fuggire precipitosamente. Usato anche come esortazione, nell'esclamazione "gambe in spalla!"

prendere sotto gamba *(fam)*
Sottovalutare, prendere alla leggera; non dare a qualcosa l'importanza che merita. Riferito in genere a problemi e simili.

raddrizzare le gambe ai cani
Fare qualcosa di assolutamente inutile, impossibile o assurdo; intestardirsi a voler modificare una situazione senza che ce ne sia motivo, vantaggio o possibilità.

sentire le gambe che fanno diego diego
vedi **avere le gambe che fanno giacomo giacomo**

stare in gamba *(fam)*
Star bene, usato in genere come augurio di buona salute. Anche tenersi pronti, stare attenti.

stirare le gambe
Figurato: morire.

tagliare le gambe
Figurato: privare qualcuno della possibilità di agire, come mozzandogli le gambe per impedirgli di camminare.

GAMBERO
fare come i gamberi
Figurato: andare all'indietro, quindi peggiorare, regredire in generale. Più raramente, anche ritirarsi da un'impresa. Normalmente il gambero non procede a ritroso, ma in caso di pericolo spesso si flette e scatta all'indietro.

GANGHERO
uscire dai gangheri
Perdere la pazienza, adirarsi violentemente, dare in escandescenze, perdere il controllo per l'ira.
L'immagine è quella di un battente che a causa di una forte spinta esce dai *gangheri*, sinonimo di "cardini".

GANIMEDE
La mitologia greca racconta che il principe *Ganimede*, figlio di Troo e Calliroe, era talmente bello che fece innamorare Zeus. Così il Dio prese le

sembianze di un'aquila, lo rapì e lo portò con sé sull'Olimpo, dove ne fece il coppiere degli Dei.
essere il Ganimede di qualcuno
Essere l'amico di un omosessuale.
essere un Ganimede
Di un uomo, essere bellissimo, elegante, raffinato.
fare il Ganimede
Atteggiarsi a seduttore elegante, ricercato, o lezioso.

GARIBALDI
parlare male di Garibaldi
Parlar male o dire verità spiacevoli su cose che possono offendere persone, istituzioni, idee o concetti unanimamente considerati sacri e intoccabili.

GARIBALDINO
alla garibaldina
In modo sbrigativo, poco accurato e magari non del tutto legittimo, ma rapido e produttivo.

GAS
a tutto gas
A tutta velocità. In senso figurato, con il massimo impegno.
Si riferisce al carburante di un motore a scoppio, che viene trasformato in gas nel cilindro imprimendo movimento al veicolo.
dare gas
Accelerare l'andatura, come aumentando il gas in un motore a scoppio.

GATTABUIA
essere in gattabuia
Scherzoso: essere in prigione.
var.: mettere in gattabuia; andare in gattabuia; finire in gattabuia.

GATTO
agile come un gatto
Molto agile, come il gatto che è in grado di arrampicarsi e saltare dappertutto.
var.: essere un gatto.

al buio tutte le gatte sono bigie
Di origine proverbiale, il detto afferma che in condizioni di bisogno ci si accontenta di quello che c'è senza badare alle sottigliezze, e che in certe situazioni non ha senso fare distinzioni. Ripete l'identico proverbio.
avere il gatto nella madia
Figurato: vivere poveramente, avere poco da mangiare.
Un gatto nella madia mangerebbe tutte le provviste.
come il gatto e l'acqua bollita
Figurato: del tutto incompatibili; reciprocamente antipatici e simili. Usato anche nel senso di avere grande timore di qualcosa, di essere pieni di diffidenza. Qui l'*acqua bollita* è l'acqua bollente, per cui il gatto, che già detesta l'acqua, ha un ulteriore motivo di antipatia.
comprare la gatta nel sacco
Figurato: fare un cattivo acquisto, senza aver prima esaminato o controllato la merce; farsi imbrogliare per ingenuità, dabbenaggine o eccesso di fiducia.
essere come il gatto e la volpe
Spalleggiarsi l'un l'altro per compiere imprese disoneste; anche essere inseparabili e dipendenti l'uno dall'altro.
Il Gatto e la Volpe sono due personaggi del *Pinocchio* di Carlo Lorenzini detto "Collodi", imbroglioni e truffatori inseparabili che riescono regolarmente a raggirare il burattino.
essere del gatto (*pop*)
Essere rovinati, essere in una situazione senza speranza, come un topo ormai caduto tra le grinfie di un gatto.
essere in quattro gatti
Essere in numero ridottissimo.
fare come il gatto che prima ammazza il topo e poi miagola
Figurato: manifestare un pentimento tardivo.
fare come la gatta di Masino
Fingere di non vedere qualcosa per

non dovere intervenire, per pigrizia, paura o altro.
Dice un racconto popolare che la gatta del contadino *Masino* chiudeva gli occhi per non veder passare i topi.

fare la gatta morta *(fam)*
Persona che maschera la propria natura poco virtuosa sotto un'apparenza dolce, mite e irreprensibile.
La tradizione vuole che i gatti fingano spesso di esser morti per poter meglio sorprendere la preda, come raccontano anche Esopo (*Favole*, 13), Fedro (*Favole*, IV, 2) e La Fontaine (*Fables*, III, 18). In realtà questa è un'abitudine di molti animali, ma non dei gatti.

gatta ci cova!
Esclamazione: si usa quando si ha il sospetto che ci sia qualcosa che non va, che le cose non stiano così come vengono presentate, che ci sia un trucco, o un'intenzione nascosta poco encomiabile.

gatta da pelare
Incombenza fastidiosa, problema, guaio, situazione difficile.
var.: prendersi una bella gatta da pelare; avere una bella gatta da pelare.

gatto di marmo
Persona fredda e inespressiva, spesso riferito a una donna bella ma senza personalità.

gatto di piombo
Persona lenta, fiacca, pigra; oppure poco agile, goffa. È detto soprattutto di chi nuota male, ma si usa anche per chi si muove o cade pesantemente.

gatto Mammone
Animale fantastico usato come spauracchio per i bambini.
È difficile stabilire l'origine di questo detto. Anticamente *Gatto Mammone* era il nome dato a un tipo di scimmia non meglio identificata, rimasto nella tradizione popolare come molto brutta, vagamente simile a un satiro, dotata di coda e di abitudini notturne. Un animale del genere esiste veramente, appartiene al genere *Cercopithecus* ed è effettivamente una specie di scimmia con la coda. Forse il detto risale al tempo in cui le scimmie erano poco conosciute e venivano quindi considerate animali mostruosi che incutevano paura.

giocare come il gatto col topo
Figurato: tormentare un avversario più debole sapendo di poterlo battere quando si vuole.
var.: fare come il gatto col topo.

insegnare ai gatti ad arrampicarsi *vedi* **insegnare: insegnare a nuotare ai pesci**

lavarsi come il gatto
Lavarsi poco, male e in fretta, come il gatto che si limita a passarsi una zampa sul muso.

quando il gatto non c'è i topi ballano
Di origine proverbiale, il detto afferma che quando manca la sorveglianza ognuno fa quello che gli pare.
Ripete l'identico proverbio.

tanto va la gatta al lardo ...
Di origine proverbiale, il detto ricorda che, prima o poi, le azioni disoneste vengono scoperte, e anche il più abile dei malfattori finisce per tradirsi.
È la contrazione del proverbio "tanto va la gatta al lardo che ci lascia lo zampino". Allude alle trappole di un tempo destinate ai topi, che vi erano attirati da un'esca e vi restavano imprigionati sotto una specie di tagliola. Un gatto, troppo grande per infilarci la testa, ci avrebbe comunque "lasciato" una zampa.

ti è morto il gatto? *(pop)*
Domanda scherzosa che si rivolge a chi appare molto triste, o di evidente cattivo umore, o abbigliato in modo insolitamente cupo.

GAVETTA
far gavetta
Entrare in un'attività con mansioni molto umili, al più basso livello, salendo pian piano a tutte le successive fasi

previste dalla carriera intrapresa.
var.: fare la gavetta.
venire dalla gavetta
Aver raggiunto una posizione notevole partendo da una condizione molto umile; aver cominciato dal basso la propria carriera; essersi costruiti una fortuna partendo dal niente.
Nel linguaggio militare, indicava quei casi in cui un soldato, che per il cibo usava la gavetta, arrivava per meriti suoi al grado di ufficiale.

GAZZA
gazza ladra
Si dice di chi rubacchia spesso e volentieri, in genere cose vistose ma di scarso valore.
La *gazza* è un uccello molto attratto da tutto quello che luccica, e tende a impadronirsene e a portarlo nel suo nido.
pelar la gazza senza farla stridere
Imbrogliare elegantemente qualcuno senza che se ne accorga, lasciandolo anzi convinto di essere stato favorito o di aver tratto qualche beneficio.

GELO
diventare di gelo
Figurato: essere colpiti da un'improvvisa sensazione d'angoscia, di paura, orrore, ribrezzo e simili, che sembra arrivare addosso come un'improvvisa ondata di freddo paralizzante.
Deriva dalle molte saghe e leggende delle mitologie per lo più nordiche, in cui i colpevoli di un misfatto venivano trasformati in statue di ghiaccio. Il detto ha inoltre un riscontro fisiologico, in quanto effettivamente, in circostanze come la paura improvvisa ed altre simili, si avverte una sensazione di freddo, e questo perché l'organismo reagisce irrorando di sangue alcune parti del corpo adatte alla sua stessa difesa, a scapito di altre. ‖ Figurato: comportarsi improvvisamente in modo molto freddo con qualcuno.
var.: diventare di ghiaccio; farsi di gelo.
essere di gelo
Figurato: avere un carattere molto freddo, con poche emozioni; essere insensibili o anche impietosi, spietati. Oppure, comportarsi molto freddamente con qualcuno.
farsi di gelo
Figurato: comportarsi improvvisamente in modo molto freddo con qualcuno.

GENIO
Per i Romani il *genio* era il demone, ossia lo spirito, che presiedeva alla vita e al destino di tutti i fatti umani, uomini e cose. Personificò dapprima la forza generatrice della natura e il suo principio vitale, poi l'anima stessa dell'individuo che l'accompagnava per sempre ispirandolo in ogni sua azione. Le donne ne avevano uno proprio, chiamato *Iuno* in onore di Giunone, e pian piano ebbero un genio specifico anche l'imperatore in quanto *Pater familias* dello Stato, le comunità, le legioni e persino gli stessi Dei, oltre alle città, i quartieri, e addirittura alcuni particolari edifici pubblici. Il termine ha assunto nel tempo significati vari come destino, sorte, fortuna, comunque affini a quello originario, per poi cristianizzarsi come coscienza, senso di responsabilità, volontà e simili.
andare a genio
Piacere, essere gradito, attirare, invogliare; anche risultare congeniale.
buon genio
Buona fortuna; anche bontà, buona coscienza.
var.: cattivo genio.
genio incompreso
Persona che possiede o presume di possedere grandi qualità che tuttavia non le vengono riconosciute. Quasi sempre ironico.

genio tutelare
Figurato: persona che assiste, aiuta o protegge qualcuno.

GESÙ
essere tutto Gesù e Maria
Essere bigotto, essere ipocritamente devoto.
fare Gesù
Ringraziare a mani giunte.
fare Gesù con cento mani
Ringraziare calorosamente per qualcosa d'insperato.
parere un Gesù morto *(fam)*
Figurato: avere un aspetto sofferente, oppure un atteggiamento di supplica dolorosa.

GETTO
a getto continuo
Senza interruzione, continuamente, come una fontana da cui l'acqua esce in continuazione senza fermarsi mai.
di getto
D'impulso, con spontaneità, riferito a una reazione emotiva o simili. Anche senza interruzione, come seguendo un'ispirazione improvvisa, detto di un discorso, uno scritto e così via.

GHIACCIO
diventare di ghiaccio *vedi* **gelo: diventare di gelo**
essere di ghiaccio
Figurato: avere un carattere molto freddo, non sentire emozioni e sentimenti, in particolare d'amore. Anche essere insensibili o impietosi, spietati. Oppure, comportarsi molto freddamente con qualcuno.
essere un pezzo di ghiaccio
Non reagire sessualmente, essere frigidi. Anche, non manifestare nessuna emozione o sentimento.
farsi di ghiaccio *vedi* **gelo: farsi di gelo**
restare di ghiaccio
Restare allibiti, senza parole, per stupore, turbamento, sorpresa o altro. Anche rimanere imperturbabili davanti a un avvenimento sconcertante o spiacevole.
rompere il ghiaccio
Prendere per primi un'iniziativa che nessun altro osa prendere, anche per quanto riguarda i primi approcci in una relazione d'affari ma soprattutto di amicizia. Oppure, affrontare per primi una situazione, un argomento o altro su cui nessuno osava intervenire. Sembra che il detto possa derivare dall'uso dei barcaioli che per avanzare in un braccio di fiume gelato dovevavo spezzare il ghiaccio con aste e picconi. La locuzione si trova già in latino.
scritto sul ghiaccio
Ironico: si dice di un'affermazione e in particolare di una promessa e simili destinata a essere presto dimenticata, per leggerezza come per malafede.

GHIBELLINO
I *Ghibellini* erano i seguaci di un movimento politico sorto in Germania nel 1100, che sosteneva la Casa di Svevia avversa alla Chiesa e al grande feudalesimo tedesco in contrapposizione ai Guelfi papisti e sostenitori della casa di Baviera. Gli stessi termini vennero successivamente adottati in Italia per designare da una parte i fautori dell'Impero contrari alle libertà dei Comuni, e dall'altro i propugnatori del Papato e del suo potere temporale. Più tardi ancora passarono infine a indicare fazioni cittadine in contrasto fra loro per interessi particolari di vario genere.
il ghibellin fuggiasco
Dante Alighieri, che venne esiliato per motivi politici dalla città di Firenze.
L'espressione viene usata da Ugo Foscolo in *I sepolcri* (174), e in sé costituisce un'inesattezza poiché Dante era di parte guelfa. Tuttavia molti affermano che la sua concezione dell'impe-

ro fosse fondamentalmente vicina a quella dei Ghibellini, e che il Foscolo, nella sua definizione, si sia voluto riallacciare allo spirito iniziale del termine e non all'etichetta politica che duecento anni dopo divise Firenze nelle due opposte fazioni.

GHINGHERI
mettersi in ghingheri
Vestirsi elegantemente, con estrema cura o ricercatezza esagerata, oppure in modo vistoso e di cattivo gusto. Anche ironico e scherzoso.
Ghinghero è voce del linguaggio famigliare che si trova solo in queste locuzioni.
var.: tutto in ghingheri.

GHIOTTO
essere due ghiotti a un tagliere
Volere in due la stessa cosa.
L'immagine è quella di due persone golose davanti a un'unica appetitosa pietanza.

GHIRBA
salvar la ghirba *(pop)*
Sopravvivere a un grave pericolo, detto soprattutto di un reduce di guerra.
Ghirba è voce araba che significa "otre", in particolare quello di pelle usato in Africa per trasportare l'acqua. Il detto è entrato in uso tra i militari italiani nel 1911, durante la guerra contro la Turchia per la conquista della Libia, con il significato prima di "pancia" e poi di "vita".
var.: portare a casa la ghirba; rimetterci la ghirba; lasciarci la ghirba.

GIALLO
diventare giallo di paura
Spaventarsi moltissimo.
Una violenta paura può effettivamente provocare una crisi epatobiliare e conferire alla pelle un colorito giallognolo.

GIARDINO
giardino d'Armida
Luogo di piaceri, felicità e delizie, simile ai giardini della maga *Armida* descritti da Torquato Tasso nella *Gerusalemme liberata* (Canti XV e XVI).

GINEPRAIO
Ginepro è il nome generico di una sessantina di specie di arbusti della famiglia delle Cupressacee diffuse nelle regioni fredde e temperate di tutto il mondo. Quasi tutte hanno rami intricati e foglie pungenti che formano una massa confusa.
cacciarsi in un ginepraio
Figurato: mettersi in una situazione problematica, intricata, difficile, da cui si rischia di uscire con fatica e magari con qualche danno.
essere un ginepraio
Figurato: essere una situazione complicata, molto confusa e intricata; di uno scritto e simili, essere indecifrabile, farraginoso.

GINOCCHIO
avere le ginocchia che fanno giacomo giacomo *vedi* gamba: avere le gambe che fanno giacomo giacomo
gettarsi alle ginocchia
Figurato: inginocchiarsi davanti a qualcuno per impetrare il suo perdono o per implorare una grazia, un beneficio e simili. Anche chiedere qualcosa con grande umiltà.
mettere in ginocchio
Piegare qualcuno, vincerlo, dominarlo, imporgli la propria volontà; anche umiliarlo.
Da sempre l'inginocchiarsi davanti a qualcuno è segno di sottomissione, riservato alle divinità, ai sovrani e ai potenti in generale. ‖ Nel campo degli affari, stroncare un concorrente, un fornitore e simili con la forza del denaro, fino a costringerlo ad accettare le proprie condizioni. ‖ Mettere in cri-

si, detto di una situazione politica o economica. ‖ Riferito a un'industria, un'attività o altro, anche mandarla in rovina.
mettersi in ginocchio
Figurato: arrendersi, capitolare, cedere davanti a chi è più forte, come inginocchiandosi ai suoi piedi in segno d'umiltà o resa. Anche supplicare qualcuno per ottenere qualcosa d'importante.
pregare in ginocchio
Pregare fervidamente, supplicare, implorare per ottenere qualcosa di molto importante.
sentirsi piegare le ginocchia
Sentirsi cadere per debolezza o paura. In senso figurato, scoraggiarsi o emozionarsi.

GIOCARE
fare qualcosa giocando
Fare qualcosa con estrema facilità.
giocare a...
Imitare per divertimento persone o situazioni. Anche dedicarsi a un'attività o altro in maniera superficiale, o ancora ingannare gli altri facendosi credere persone importanti o esperte in un dato campo.
giocare col morto
In un gioco di carte, presumere che ci sia un giocatore in più, detto appunto il *morto*, distribuendogli le carte che però non vengono usate.
giocare di...
Maneggiare o sapere usare un oggetto o uno strumento qualsiasi con grande abilità. Spesso figurato per doti o capacità. Anche aiutarsi con qualcosa per ottenere un dato scopo.
giocare fuori casa *vedi* **giocare sul terreno avversario**
giocare il tutto per tutto
Tentare un espediente rischioso per uscire da una situazione, pur sapendo che in caso di sconfitta la perdita sarà totale.

giocare in casa
Giocare sul campo di gioco della propria città, sostenuti dall'incoraggiamento dei tifosi. ‖ Figurato: partire avvantaggiati in una situazione perché la si conosce bene o si può contare sul sostegno di amici.
var.: giocare fuori casa.
giocare su...
Farsi forti di qualcosa, avere un elemento vincente da utilizzare per ottenere quanto si desidera. Anche nel senso di contare su doti proprie o debolezze altrui.
giocare sul terreno avversario
Partire sfavoriti, senza poter contare sulla solidarietà, l'aiuto o l'incoraggiamento di nessuno perché ci si trova in territorio nemico, in un ambito ostile e così via. In senso lato, trovarsi in un rapporto competitivo dovendo affrontare argomenti, situazioni o simili che l'avversario conosce molto meglio.
Viene dal linguaggio sportivo, e si dice quando una squadra va in trasferta a giocare una partita sul campo della squadra avversaria.
var.: giocare fuori casa; giocare sul proprio terreno.
giocare sulle parole
Equivocare volutamente su quanto viene detto, o esprimersi in modo tale da creare malintesi di cui potersi servire successivamente.
giocarsi qualcosa
Mettere a repentaglio qualcosa, rischiarlo. Anche scommettere.

GIOCO
avere buon gioco
Figurato: essere nelle condizioni più favorevoli per riuscire in qualcosa, avere buone possibilità di ottenere quanto si vuole; essere molto più forti di un avversario e quindi poterlo facilmente superare, magari approfittando della sua debolezza, ingenuità, o fiducia. Anche, avere possibilità e libertà

d'agire, trovare le condizioni più adatte ai propri scopi.
Nel linguaggio dei giocatori, significa avere delle buone carte. Nel gergo del tresette in particolare, il "buon gioco" è una dichiarazione che va annunciata alla prima mano.
var.: avere cattivo gioco.

entrare in gioco
Intervenire nel raggiungimento di un dato fine, riferito a persone, forze, situazioni ed eventi diversi. Anche misurarsi con altri, entrare in lizza, partecipare a una gara, un concorso e simili.

essere in gioco
Essere in pericolo, correre un rischio, riferito in genere a qualcosa d'importante, anche la vita, che si rischia di perdere se non intervengono determinate condizioni, oppure a qualcosa che si può guadagnare in caso di successo.

essere un gioco *vedi* **un gioco da ragazzi**

far gioco
Far comodo, essere utile, risultare vantaggioso.

fare il doppio gioco
Tradire, agire in modo da fare credere a ognuna di due parti avverse tra loro di favorire il perseguimento dei suoi obiettivi, comportandosi così nei confronti di entrambe.

fare il gioco di qualcuno
Fare proprio quello che desidera l'avversario, comportarsi in modo per lui vantaggioso.

gioco pesante
Figurato: comportamento poco corretto, con cui si approfitta in genere delle debolezze dell'avversario avvalendosi di confidenze, ritorsioni, piccoli ricatti, informazioni riservate e simili.
Nei giochi di squadra, la locuzione indica un'azione di marcamento molto dura e non molto regolare.

gioco di prestigio
Figurato: stratagemma, espediente, trucco operato con grande destrezza per raggiungere un fine. In particolare, grande abilità di cavarsela in situazioni difficili.
Il termine indica propriamente l'azione con cui si produce l'illusione di un fatto apparentemente inspiegabile alla luce delle leggi fisiche, ricorrendo in realtà a una particolare destrezza delle mani o a vari espedienti tecnici.

invitare qualcuno al suo gioco
Convincere qualcuno a fare qualcosa che avrebbe fatto comunque e volentieri senza alcuna sollecitazione. Anche non rendersi conto di sfidare qualcuno in un campo in cui questi è molto più abile.

mettere in gioco
Rischiare, mettere in pericolo.

mettersi in gioco
Rischiare personalmente, mettersi in discussione.

per gioco
Per scherzo, senz'altro fine che il puro e semplice divertimento.

prendersi gioco di qualcuno
Burlare qualcuno, deriderlo, beffarlo; usarlo come un giocattolo per il proprio divertimento o piacere.

scoprire il gioco di qualcuno
Scoprire le vere intenzioni di qualcuno, smascherarlo. Anche capire la sua tattica e quindi essere in condizioni di contrastarlo o prevenirlo.

stare al gioco
Figurato: accettare le regole di comportamento di una situazione nella quale si interviene, come quando, iniziando un gioco, se ne accettano le regole.

un bel gioco dura poco
Di origine proverbiale, il detto ricorda che le cose belle prima o poi finiscono; che una cosa piacevole che tuttavia non fa parte della concreta realtà della vita non può e non deve durare molto,

altrimenti perde la sua bellezza. È usato come consolazione per la fine di un episodio piacevole o interessante, di un momento di felicità o fortuna e così via.
Ripete l'identico proverbio.
un gioco da ragazzi
Figurato: una cosa molto facile, semplice come i giochi dei bambini.
var.: essere un gioco.

GIOCONDO
aver scritto giocondo in fronte *(pop)*
Viene dal significato popolare toscano della parola *giocondo*, equivalente a balordo, sciocco, messo in rapporto alla fronte per indicare che una persona porta scritto in viso di non essere molto intelligente o furba.
var.: averci scritto giocondo.

GIOGO
Il *giogo* è l'attrezzo di legno che si pone al collo dei bovini per attaccarvi il carro o l'aratro. Questo obbliga l'animale a chinare la testa, soprattutto sotto lo sforzo del tirare, e forse nasce da qui il senso figurato del giogo come simbolo di sottomissione, assoggettamento, schiavitù. Era inoltre detta giogo anche la struttura di due lance conficcate verticalmente nel terreno e sormontate da una terza lancia orizzontale, simile a una bassa porta, sotto la quale i comandanti degli eserciti vincitori dell'antichità obbligavano a passare i nemici vinti, costringendoli così a inchinarsi nel tradizionale segno di sottomissione al più forte. Questa struttura è nota anche con la denominazione di "forche caudine", dal nome della località di *Caudium* presso la quale tale umiliazione fu inflitta dai Sanniti all'esercito romano, nel 314 a.C.
passare sotto il giogo
Sottostare a un'umiliante imposizione. In questo caso, il giogo è quello formato dalle lance dell'esercito vincitore.
ribellarsi al giogo
Ribellarsi alla schiavitù, a un tiranno, a un'autorità coatta o a un'imposizione in generale.

GIOIA
darsi alla pazza gioia
Darsi a divertimenti, feste, bagordi, conducendo una vita spensierata e dispendiosa di piaceri e sregolatezza.
le gioie del focolare
Le gioie della vita domestica, la serenità familiare. Usato anche in senso ironico.

GIOIELLO
essere un gioiello
Figurato: essere qualcosa di particolarmente bello, pregiato, eccezionale; o molto caro a qualcuno. Si dice di cose, situazioni, opere d'arte, oppure di persone.

GIORNATA
andare a giornata
Andare a lavorare con la retribuzione delle ore lavorative effettivamente svolte in un giorno.
var.: lavorare a giornata.
andare a giornate
Essere di carattere mutevole, discontinuo, incostante.
var.: andare a giorni.
avere una brutta giornata
Di un ammalato, stare particolarmente male. In senso figurato, essere di cattivo umore. Anche dover trascorrere o prevedere una giornata pesante, piena di fatiche o problemi.
di giornata
Figurato: fatto o preparato in quel giorno stesso, riferito a un alimento deteriorabile o deperibile, e in particolare alle uova.
essere di giornata
Avere determinate incombenze o re-

sponsabilità per la durata di un giorno. Viene dal mondo militare in cui designa il personale incaricato del servizio interno di reparto per un dato giorno. ‖ Riferito a un alimento, essere fatto o preparato nel giorno stesso in cui viene venduto o consumato.

essere in giornata di grazia
Avere una giornata ricca di avvenimenti fortunati e felici. Oppure essere di buon umore, sentirsi particolarmente buoni, generosi, sereni e amici del mondo.
var.: essere in giorno di grazia; giornata di grazia.

far giornata *(fam)*
Guadagnare la somma che basta a vivere un giorno. In senso lato, aver concluso un buon affare, e in particolare per i venditori, realizzare con una sola vendita il guadagno che normalmente si ottiene in un giorno intero.

giornata nera
Giornata in cui tutto va male.
Presso gli antichi Romani, la locuzione indicava un giorno del mese, considerato infausto, in cui bisognava astenersi da qualsiasi azione sia di guerra che del culto. Tale giorno cadeva una volta al mese dopo le *idi*, dopo le *calende* e dopo le *none*; dato che il calendario romano era mobile poteva trattarsi rispettivamente dei giorni 14 o 16, del 2, e del 6 o dell'8 del mese. Sembra che l'usanza avesse radici nella proverbiale superstiziosità dei Romani, poiché era successo più d'una volta che dopo aver celebrato sacrifici in quei giorni l'esercito avesse riportato gravi sconfitte. In proposito si cita particolarmente la battaglia dell'Allia contro i Galli, che portò al sacco di Roma, nel 390 a.C.
var.: giorno nero; giornata no.

guadagnarsi la giornata
Guadagnare quanto basta a vivere un giorno, quindi lavorare meritando il salario, lo stipendio e così via.
È preso dal mondo contadino, ai tempi in cui si assumevano i braccianti giorno per giorno che appunto per questo erano chiamati "giornanti".

non essere giornata *(fam)*
Non essere il momento adatto; essere di cattivo umore; avere pensieri più importanti di quelli per cui si viene sollecitati.
var.: non essere la giornata giusta.

GIORNO

andare a giorni *vedi* giornata: andare a giornate

avere i giorni contati
Essere sul punto di finire. Si dice di solito di una persona vicina alla morte, ma si usa anche per chi sta per essere rimosso da un incarico, per chi ha poco tempo in vista di una scadenza, o anche di una cosa destinata a essere distrutta in breve tempo.

cento di questi giorni
Formula augurale per chi sta festeggiando una lieta ricorrenza, di solito un compleanno.

da un giorno all'altro
Figurato: improvvisamente, senza preavviso; anche con pochissimo tempo a disposizione per fare qualcosa.

dare gli otto giorni
Licenziarsi o licenziare qualcuno, dando il debito periodo di preavviso che varia secondo le diverse categorie di lavoratori e il relativo contratto di lavoro. Il periodo di otto giorni era un tempo quello dei domestici.

essere in giorno di grazia *vedi* giornata: essere in giornata di grazia

finire i giorni
Morire, finire i giorni della vita. ‖ Arrivare al termine di una gravidanza, essere in prossimità del parto.

giorni di calendario
Tutti i giorni dell'anno includendo quelli festivi. Si usa più che altro nel mondo aziendale, in contrapposizione ai giorni lavorativi, e in generale per

stabilire scadenze varie.
giorno di grazia
Giorno di dilazione concesso dalla banca a un cliente per il pagamento di obbligazioni scadute. In senso figurato, giorno particolarmente felice e sereno, o anche giorno in cui succede qualcosa di molto bello e soprattutto molto desiderato, che giunge come un grazia concessa dal Cielo.
giorno nero *vedi* **giornata: giornata nera**
non esser di giorno giusto *(fam)*
Essere di cattivo umore; avere pensieri più importanti di quelli per cui si viene sollecitati.
rimandare al Giorno del Giudizio
Rimandare a un tempo lontanissimo, che praticamente non verrà mai.
Il Giorno del Giudizio avverrà dopo la Fine del Mondo.
parere il Giorno del Giudizio
Si dice del tempo quando è davvero pessimo, con tuoni e fulmini e in generale violente perturbazioni atmosferiche. Si usa anche per un momento o una situazione di grande confusione, con molto rumore, agitazione e simili.
Il *Giudizio Universale* è un dogma della Chiesa cattolica fondato in particolare sul Vangelo di Matteo, (25, 31-46). Nel giorno in cui avverrà, Dio giudicherà i buoni e i cattivi secondo i loro meriti, assegnando quindi la beatitudine o la dannazione eterne. Si apriranno le porte del Limbo e del Purgatorio che avranno esaurito la loro funzione, i morti risorgeranno nei loro corpi e accorreranno nella Valle di Giosafat per sottoporsi appunto al Giudizio finale. La sua data non è mai stata rivelata e lo stesso Gesù dice che se ne ignorano "sia il giorno sia l'ora"; la Bibbia dice solo che sarà preceduto da enormi catastrofi, che segneranno la Fine del Mondo.
var.: parere il giorno del Giudizio Universale.

sul far del giorno
Alle prime luci dell'alba, mentre il giorno si sta "facendo".
un bel giorno
Figurato: improvvisamente, senza preavviso, riferito quasi sempre al passato.

GIOVEDÌ
esser come il giovedì *(fam)*
Essere sempre presente, intervenire o intromettersi in tutto. Anche essere una persona che s'incontra ovunque, che è sempre in mezzo, proprio come il *giovedì* che sta al centro della settimana.
non avere tutti i giovedì a posto
Non essere completamente normali nelle idee e nel comportamento; essere un po' squilibrati, o anche solo strambi, stravaganti, originali.
Il giovedì, giorno centrale della settimana, viene qui visto come il fulcro di un equilibrio, in questo caso della mente.

GIRARE
far girare *(pop)*
Irritare, seccare, infastidire; suscitare l'ira di qualcuno facendogli quindi "girare" l'umore, cambiandolo in peggio.
‖ Far circolare, detto di una notizia, di un testo stampato e simili.
girare a vuoto *(pop)*
Figurato: non concludere nulla, non riuscire a concentrarsi su qualcosa e quindi non produrre nulla di concreto, di fattivo e simili, come appunto un motore che gira a vuoto.
var.: marciare a vuoto.
girare in tondo *(fam)*
Figurato: non arrivare a nessuna conclusione, come si torna sempre allo stesso punto quando si cammina seguendo un percorso circolare.
girare intorno a qualcosa
Figurato: non affrontare direttamente un problema, una discussione, un ar-

gomento o altro. Anche fare un discorso pieno di allusioni o sottintesi, senza dire apertamente quanto andrebbe detto.
var.: girarci intorno.

girare intorno a qualcuno
Cercare di entrare in rapporto con qualcuno, di stargli sempre abbastanza vicino, in genere per stringere amicizia e simili. Usato spesso per i corteggiatori di una donna.
var.: ronzare intorno.

GIRO
andar su di giri *(pop)*
Eccitarsi, diventare euforici per una ragione qualsiasi. Anche essere allegri, pieni di energia, vitalità ed entusiasmo.
È preso dal linguaggio della meccanica, in cui i *giri* sono quelli di un motore quando sta salendo verso il massimo del suo regime di funzionamento aumentando la velocità.
var.: essere su di giri.

andare fuori giri
Figurato: eccedere, esagerare e riportarne danno. Anche perdere magari temporaneamente la lucidità mentale, la facoltà di ragionare correttamente per sovraffaticamento o altro.
Si dice così di un motore che supera il regime corrispondente alla sua potenza massima.

andare in giro
Girare qua e là senza uno scopo preciso o senza una meta determinata; viaggiare, spostarsi per divertimento, vacanze o simili, o anche per lavoro.

avere un giro *vedi* **essere nel giro**
entrare nel giro *vedi* **essere nel giro**
essere in giro
Trovarsi in un luogo non identificabile con precisione, e soprattutto non in quello in cui si viene cercati o si dovrebbe essere. Anche trovarsi nelle vicinanze, ma in ogni caso irreperibili. ‖ Camminare o viaggiare senza uno scopo preciso o una meta determinata, per divertimento o per lavoro e simili.

essere nel giro *(fam)*
Appartenere a un determinato gruppo, specialmente di potere o di malavita; avere solidi legami con una data cerchia di persone e quindi poterne sfruttare i privilegi.
var.: avere un giro; entrare nel giro; uscire dal giro.

fare il giro dell'universo *(raro)*
Figurato: percorrere grandi distanze, in genere alla ricerca di qualcosa o di qualcuno.

fare un giro d'orizzonte
Esaminare gli aspetti più importanti di una situazione, di un problema, di una circostanza e simili.

giro del fumo
Procedimento o attività che si presenta volutamente complicata e contorta, poco chiara, fumosa, tesa a confondere le idee agli estranei.

giro dell'oca
Percorso o procedimento dispersivo o contorto o complicato.
Allude al percorso del Gioco dell'Oca, pieno d'imprevisti.

giro di boa
Figurato: svolta decisiva, cambiamento di direzione, di orientamento, di sistema di vita, di gestione di un'azienda e così via.
Nel linguaggio nautico indica la virata attorno a una boa durante una regata.

giro di chiglia *(des)*
Figurato: castigo gravissimo e crudele. Era un'antica punizione spesso mortale inflitta a un marinaio per gravi mancanze, che consisteva nel farlo passare, trascinandolo con una fune, sotto la chiglia della nave. Era usata soprattutto nella marina da guerra inglese.

giro di valzer
Figurato: avventura sentimentale breve, piacevole e superficiale, che non incide sulla normale vita quotidiana di una persona. Usato anche per il pas-

saggio da un amore all'altro, da un'alleanza all'altra, da un partito all'altro e così via.

In senso proprio, la locuzione indica un movimento del valzer in cui i due ballerini girano su se stessi senza staccarsi l'uno dall'altro. Il detto deriva però da un'espressione usata nel 1902 dal cancelliere tedesco von Bülow a proposito delle preoccupazioni suscitate dall'avvicinamento tra Italia e Francia in merito alla questione su Tripoli. Nel discorso che tenne disse: "Un marito non deve prendersela se una volta tanto la moglie balla con un altro un innocente giro di valzer; l'importante è che non si lasci rapire".

giro di vite
Restrizione, limitazione, inasprimento di determinate norme, aggravamento di disposizioni restrittive in generale.

var.: dare un giro di vite.

giro vizioso
Percorso o procedimento che raggiunge un determinato punto dopo numerose e continue deviazioni. In senso figurato, discorso o ragionamento che ritorna al punto di partenza senza essere giunto a nessuna conclusione.

guardare in giro
Guardarsi intorno distrattamente, senza cercare niente di specifico. Anche essere svagati, disinteressarsi di quanto succede e che magari meriterebbe maggiore attenzione.

guardarsi in giro
Guardarsi intorno per cogliere gli aspetti interessanti di una situazione o di un ambiente, per cercare un'opportunità, un'occasione o simili.

mettere in giro
Far circolare, diffondere, detto in particolare di una notizia o simili.

prendere in giro
Farsi beffe di una persona, burlarla, irriderla, canzonarla.

uscire dal giro *vedi* essere nel giro

GIUBBA
farsi tirare la giubba
Figurato: essere pieni di debiti, tanto da farsi rincorrere per la strada dai creditori.

rivoltare la giubba
Cambiare idea per opportunismo, come si diceva facessero un tempo i soldati che disertavano, per non farsi riconoscere dal colore della divisa come appartenenti a un determinato esercito.

GIUDA
Secondo le Sacre Scritture, *Giuda* detto "Iscariota" era quello dei dodici Apostoli incaricato di amministrare i beni della piccola comunità. Secondo i Vangeli di Matteo (XXVI, 47-49), di Marco (XIV, 43-45) e di Luca (XXII, 47-48), si offrì di consegnare Gesù nelle mani dei suoi nemici in cambio di trenta sicli d'argento, e per indicarlo ai soldati mandati dal Sinedrio per arrestarlo, gli diede un bacio. Successivamente, preso dal rimorso, s'impiccò a un albero di fico dopo aver gettato nel Tempio il denaro ricevuto per il suo tradimento.

bacio di Giuda
Tradimento, tanto più esecrabile in quanto operato giocando sull'affetto della persona tradita.

fare la parte di Giuda
Tradire qualcuno, o apparire anche a torto un traditore.

var.: essere un Giuda.

GIUDIZIO
giudizio di Dio *(raro)*
Prova difficilissima che bisogna superare per vedersi riconosciuti meriti, diritti e simili. Usato anche per situazioni positive che improvvisamente diventano disastrose, facendo perdere benefici e vantaggi ottenuti in modo non del tutto corretto.

Un tempo era il verdetto su questioni

civili o penali cui si giungeva dopo aver sottoposto il presunto reo a particolari prove, talmente difficili e pericolose da risultare insuperabili a chiunque non avesse avuto Dio dalla sua parte, come testimonio d'innocenza. Il *Giudizio di Dio* come normale sistema processuale rimase in vigore fino al 1300; non fu poi del tutto abbandonato, ma rivestì carattere di eccezionalità.

GIULEBBE
andare in giulebbe
Figurato: manifestare grande gioia o piacere, spesso esagerando fino a sdilinquirsi, dando quasi l'impressione di sciogliersi.
Allude a una bevanda molto dolce composta da succo di frutta bollita, bianco d'uovo e acqua zuccherata. Lo stesso nome indica inoltre una preparazione farmaceutica a base di fiori d'arancio, acqua e zucchero, usata come emolliente.
var.: rimanere giulebbe; sorridere giulebbe.

GIURARE
non poter giurare su ...
Essere sicuri di qualcosa, spesso della correttezza e dell'onestà di una persona o di un'azione, ma non al punto di essere disposti a garantirne personalmente.
var.: non poterci giurare; non giurarci su.

GIUSTIZIA
far giustizia di qualcosa
Figurato: distruggere definitivamente qualcosa, con la convinzione di essere nel giusto.

GIUSTO
non essere tutto giusto
Non essere completamente sano di mente. Usato per lo più in senso scherzoso.

GLORIA
Dio l'abbia in gloria
Formula augurale di ricordo reverente o affettuoso per un defunto. In senso scherzoso, è usato per una persona viva ma lontana. Anche ironico.
finire in gloria
Concludersi bene, andare a buon fine nonostante le incerte premesse, riferito a una situazione o a un'azione che si trascinava da tempo.
Allude al versetto che chiude sempre il canto liturgico di un salmo, dal quale ha avuto origine il proverbio dello stesso significato "tutti i salmi finiscono in Gloria".
lavorare per la gloria
Scherzoso: lavorare gratis, senza compenso, ricavandone soltanto merito, ringraziamento, gratificazione.

GNORRI
fare lo gnorri
Fingere di non capire o di non sapere qualcosa.
La parola *gnorri* non esiste autonomamente nelle lingua italiana; la si trova solo in questa locuzione, per assonanza con la parola "ignorare".

GOBBA
spianare la gobba a qualcuno
Percuotere qualcuno, prenderlo a bastonate in modo così violento che se avesse la gobba se la troverebbe spianata. In senso lato, sgridare, rimproverare aspramente una persona, o darle una lezione.

GOBBO
avere sul gobbo
Dover farsi carico di qualcosa o avere qualcuno da mantenere, come se fosse un peso da portare sulle spalle.

GOCCIA
avere ancora la goccia al naso (*fam*)
Figurato: essere ancora giovani e ine-

sperti nonostante l'atteggiamento spavaldo o le pretese di maturità.
Allude ai bambini piccoli che non sono ancora capaci di soffiarsi il naso da soli.

essere due gocce d'acqua
Essere assolutamente identici, indistinguibili.
var.: somigliarsi come due gocce d'acqua.

essere la goccia che fa traboccare il vaso
Parola, azione o altro che oltrepassano determinati limiti, ed esasperando contrasti già esistenti provocano una reazione.

essere una goccia nel mare
Figurato: essere di minima importanza rispetto a qualcos'altro di maggiore entità. Anche essere troppo piccolo, del tutto insufficiente a risolvere una situazione che richiede mezzi o interventi più importanti, riferito in particolare a problemi di denaro, quando una piccola somma non serve a niente di fronte a necessità ben più grandi. ‖ Disperdersi, ma tuttavia apportare un sia pur piccolo contributo a una situazione.
var.: essere come una goccia nel mare.

la goccia scava la pietra
Di origine proverbiale, il detto invita alla perseveranza e alla tenacia nel perseguire uno scopo, così come la goccia, si pure lentamente, arriva a scavare anche la pietra.
Aveva già valore proverbiale presso i latini, tanto che lo si trova in Ovidio (*Ex ponto*, IV, 10, 5 e *De arte amandi*, I, 476) e inoltre in Lucrezio, Tibullo e Seneca.

GOGNA

La *gogna* era un antico strumento di punizione che aveva lo scopo di esporre il colpevole al pubblico ludibrio. Era una pena complementare al carcere e riservata ai truffatori, ai mezzani e ai falliti; consisteva originariamente in un collare di ferro assicurato a una colonna o a un palo mediante una catena e stretto attorno al collo del condannato. Vicino a lui un cartello indicava il suo reato e il suo nome. In caso di morte o contumacia se ne esponeva l'effigie. La cittadinanza aveva una certa libertà d'infierire sul reo, e normalmente lo copriva d'insulti, sputi e percosse. La pena, che otteneva anche lo scopo di rendere note al pubblico le persone giudicate pericolose, fu aspramente criticata da Cesare Beccaria in quanto fortemente lesiva della personalità, e fu abolita subito dopo la Rivoluzione francese.

mettere alla gogna
Figurato: svergognare pubblicamente, esporre al ridicolo o allo scherno di tutti.

GOLA

a piena gola
Con tutta la potenza che la gola può dare, quindi a voce alta, con tutto il fiato che si ha. Usato in relazione ai verbi gridare e cantare.

bagnarsi la gola
Dissetarsi; anche bere vino o liquori in piccola quantità.

far gola *(fam)*
Invogliare, allettare, attirare, suscitare desiderio, riferito in origine a una vivanda e usato poi per qualsiasi cosa, situazione o persona.
var.: metter gola.

mentire per la gola
Mentire spudoratamente per interesse, per ricavarne guadagno o simili.

prendere la gola
Di un odore, essere molto forte e disturbare le vie respiratorie.
var.: prendere alla gola.

prendere per la gola
Corrompere; convincere qualcuno a comportarsi in un dato modo offrendogli una congrua ricompensa. Anche

costringerlo con il ricatto e simili. ‖ Letteralmente, legare a sé qualcuno grazie alla propria abilità culinaria. Quasi sempre scherzoso.

ricacciare in gola
Riferito a insulti e simili, obbligare chi li ha proferiti a ritirarli e a scusarsi. Riferito alle lacrime, trattenerle e riuscire a non piangere.
var.: ricacciare nel gozzo.

GOMITATA
farsi largo a gomitate *vedi* **gomito: farsi avanti coi gomiti**

GOMITO
alzare il gomito
Figurato: eccedere nel bere fino a diventare alticci, anche se non del tutto ubriachi; anche amare il bere.
Il detto deriva dal gesto concreto di chi si porta un bicchiere alle labbra.

dar di gomito
Descrive il gesto usato per richiamare nascostamente l'attenzione della persona vicina, urtandola appunto con il gomito. Usato anche come segno d'intesa, in particolare per chiedere di essere sostenuti in quello che si sta per dire o per fare.

farsi avanti coi gomiti
Figurato: far carriera o simili calpestando gli altri e i loro interessi, diritti e così via.
var.: farsi strada coi gomiti; farsi strada a forza di gomiti; farsi largo a forza di gomiti; farsi largo a gomitate; farsi strada a gomitate; farsi avanti a gomitate; lavorare di gomiti.

gomito a gomito
In posizione molto ravvicinata, l'uno accanto all'altro, quasi toccandosi con i gomiti. In senso lato, molto vicini in generale.

lavorare di gomiti, *vedi* **farsi avanti coi gomiti**

segnarsi con il gomito *(pop)*
Figurato: ringraziare Dio per un grande aiuto, e per questo farsi il segno della croce usando non solo la mano ma addirittura il gomito.
var.: segnarsi coi gomiti.

GOVERNO
piove, governo ladro! *(pop)*
Esclamazione: esprime rabbia, disappunto e contrarietà, secondo il concetto per cui tutti i mali derivano dal malgoverno, che qui si accusa persino del fatto che piova.
L'origine del detto è probabilmente molto antica, anche se viene attribuita a una vignetta umoristica comparsa su un giornale del 1861 in occasione di una manifestazione indetta dai mazziniani e revocata a causa del cattivo tempo. Già all'epoca non era comunque nuova l'abitudine di esprimere il malcontento incolpando il governo di tutte le disgrazie, compreso il fastidio della pioggia.

GOZZO
restare sul gozzo *(fam)*
Figurato: non sopportare o non rassegnarsi a qualcosa di offensivo, di sgradevole e simili.

ricacciare nel gozzo *vedi* **gola: ricacciare in gola**

riempirsi il gozzo *(fam)*
Figurato: mangiare abbondantemente.

GRADASSO
Gradasso, re di Sericana che prende parte all'invasione della Francia, è un personaggio che compare sia nell'*Orlando innamorato* del Boiardo che nell'*Orlando furioso* di Ludovico Ariosto. È divenuto proverbiale come esempio di eroe forte, ardito, ma soprattutto litigioso, attaccabrighe e millantatore.

fare il gradasso
Fare lo spaccone, millantare grande forza o grandi imprese. Anche minacciare a vuoto.

GRADO

a trecentosessanta gradi
Figurato: in modo completo, totalmente; con una visione d'insieme. 360° è la misura dell'angolo giro, che corrisponde all'intero orizzonte.

fare il terzo grado
Figurato: porre una serie di domande insistenti, precise, puntuali e fastidiose, tese in genere a scoprire le pecche di qualcuno.
Allude a un insieme di metodi coercitivi per indurre un interrogato a parlare, usati dalla polizia e simili soprattutto in passato.
var.: terzo grado.

GRAMIGNA

esser come la gramigna *(fam)*
Estendersi velocemente, proliferare largamente e molto in fretta, detto in genere di fenomeni negativi.
La *gramigna*, nome generico per un gruppo di erbe infestanti, è molto tenace, si adatta a quasi tutti i terreni e si diffonde con grande rapidità. È facile quindi trovarla dappertutto, anche dove si credeva di averla estirpata. ‖ Essere sempre di mezzo, essere una persona che s'incontra dappertutto.

sentir nascere la gramigna
Figurato: avere un udito finissimo. Anche avere una sensibilità così acuta da avvertire ogni più piccola cosa. ‖ Essere eccessivamente diffidenti, come avvertendo i possibili aspetti negativi in tutto quello che accade.

GRANCHIO

avere il granchio alla borsa
Essere avari, come se un granchio stringesse fortemente con le chele i lembi della borsa impedendo di aprirla per trarne il denaro.
var.: avere il granchio alla scarsella.

avere un granchio *(fam)*
Essere colpiti da un crampo improvviso.
Il termine *granchio* per "crampo" è corruzione dialettale.

cavare il granchio dalla buca
Figurato: indurre qualcuno a uscire allo scoperto, a lasciare il suo nascondiglio; anche costringerlo ad agire chiaramente, a fare il punto su un dato argomento, oppure ad abbandonare una presa di posizione e simili.

prendere un granchio
Cadere in un errore grossolano.
var.: prendere un granchio a secco.

GRANDE

PARAGONI: grande come una casa; grande come una montagna; grande come il mare; grande come il cielo.

alla grande *(pop)*
In maniera grandiosa, dispendiosa e simili; con grande larghezza, abbondanza e così via. Si hanno in tal modo locuzioni come "vivere alla grande", "vincere alla grande", "andare alla grande" e altri.

fare il grande *(pop)*
Atteggiarsi a persona influente, ricca, potente e così via.
Allude al titolo di "Grande di Spagna", riservato ai ranghi più elevati della nobiltà spagnola dal 1520, ai quali spettavano tra gli altri due eccezionali privilegi: quello di mantenere il capo coperto in presenza del sovrano, del quale erano considerati cugini, e quello di sedere alle *Cortes*, una specie di Parlamento, accanto ai rappresentanti del clero. Il titolo venne soppresso da Giuseppe Bonaparte e ristabilito poi con la Restaurazione, ma solo con significato onorifico.
var.: fare il Grande di Spagna.

fare le cose in grande
Fare le cose con grande larghezza di mezzi, senza badare a spese, in grande stile.

vincere alla grande *(pop)*
Vincere in maniera vistosa, anche senza fatica.

GRANDEZZA
di prima grandezza
Particolarmente grande, o illustre. Riferito in genere a personaggi di gran nome.
La *grandezza* era un tempo anche un'unità di misura astronomica per definire la luminosità di un astro. Dopo che si smise di credere all'esistenza di una sfera nelle stelle fisse, il termine rischiò d'ingenerare confusione tra dimensione e luminosità, per cui fu sostituito dalla parola "magnitudine".
var.: essere una stella di prima grandezza.

GRANITO
di granito
Figurato: molto saldo, incrollabile, tenace, con riferimento alla roccia eruttiva che ha questo nome. Usato in genere per la volontà, la determinazione, la fede, o riferito a una persona di carattere forte. Si dice anche di chi è molto testardo.

GRANO
dividere il grano dalla zizzania
Deriva da una parabola evangelica (Matteo, XIII, 24-30) in cui si racconta che un uomo giusto, dopo essersi accorto che un nemico aveva seminato della zizzania nel suo campo di grano, la lasciò crescere fino al momento della mietitura per non danneggiare le piantine di grano e solo dopo la estirpò dal terreno.
mangiare il grano in erba
Ipotecare il futuro, specialmente in senso finanziario; fare progetti basandosi su un evento che non si è ancora verificato.
Il concetto si trova espresso più o meno nello stesso modo anche in Ovidio (*Heroides*, XVII, 263).
un grano di...
Una minima quantità di qualcosa.
Il *grano* è anche un'unità di misura di peso usata per le pietre preziose, corrispondente a 0,050 grammi. È inoltre un'unità di misura di peso usata in farmacia, ed era infine il più piccolo sottomultiplo di varie unità di misura di peso, con valori diversi ma sempre esigui a seconda degli Stati: ad esempio 0,06486 in Inghilterra, 0,053 in Francia e così via.

GRASSO (agg)
PARAGONI: grasso come un beccafico; grasso come un cappone; grasso come un maiale; grasso come un ortolano; grasso come un porco; grasso come un tordo.
a farla grassa (*pop*)
Nella migliore delle ipotesi, supponendo il caso più favorevole.
parlar grasso
Parlare in modo sboccato, triviale, volgare, licenzioso.

GRASSO (sost)
annegare nel grasso
Di una specifica parte del corpo come ad esempio gli occhi, oppure di un gioiello e simili, sembrare sprofondati nel corpo di una persona molto grassa.
var.: affogare nel grasso; affogare nel lardo; annegare nel lardo. ‖ Essere molto ricchi, vivere nell'abbondanza.
var.: nuotare nel lardo; affogare nel grasso.
mangiare di grasso
Mangiare carne, e in generale prodotti di origine animale. Anche nel senso di non rispettare il precetto religioso che imponeva di "mangiare di magro", cioè di non mangiare carne il venerdì. In senso lato, mettere fine a un periodo di astinenza e simili.
nuotare nel grasso
Essere molto ricchi, vivere nell'abbondanza.
var.: nuotare nel lardo; annegare nel grasso; affogare nel grasso.
schizzare il grasso dagli occhi
Essere molto grassi.

GRAZIA

con buona grazia di qualcuno
Con il permesso, il beneplacito di qualcuno. In senso ironico, nonostante la sua opposizione.

concedere le proprie grazie
Accettare la richiesta di un rapporto sessuale.

di grazia
Per favore. Anche in senso ironico o in tono spazientito.

essere come le tre Grazie
Essere tre donne molto belle, detto quasi sempre in senso ironico. Si dice anche di donne che stanno sempre insieme e che manifestano reciprocamente atteggiamenti affettati o leziosi. Allude a tre sorelle, Aglaia, Eufrosine e Talia, che facevano parte del seguito di ninfe di Afrodite. I Greci le onoravano come apportatrici di civiltà e di consolazione per il genere umano. L'iconografia classica le raffigura sempre insieme, come tre giovani donne sorridenti, dalla bellezza dolce e serena.

essere nelle grazie di qualcuno
Godere della stima, dell'amicizia, della simpatia di qualcuno, e pertanto riceverne le *grazie*, cioè benefici, privilegi e favori.

far grazia di qualcosa
Risparmiare, dispensare, esentare da qualcosa, in genere una seccatura, una fatica, un obbligo e così via.

godere delle grazie di una donna
Eufemismo: avere un rapporto sessuale. Spesso ironico.

grazia di Dio
Grande abbondanza o quantità di beni vari che suscitano meraviglia e soprattutto desiderio. Si dice anche, un po' volgarmente, delle bellezze di una donna formosa.
var.: ben di Dio.

in grazia di...
Per merito, con l'aiuto di qualcuno o qualcosa.
var.: grazie a.

mostrare le proprie grazie
Esibire il proprio corpo, la propria bellezza, detto generalmente in tono scherzoso di una donna vestita in maniera succinta. Anche spregiativo.

per grazia ricevuta
Per riconoscenza, per gratitudine; in cambio di un beneficio ricevuto o simili. Usato anche in senso ironico a proposito di un'offesa, uno sgarbo e così via.
Allude alle *grazie* ricevute da Dio, dalla Madonna o dai Santi, che il credente ricambia con un *ex voto* o una donazione in generale.

stato di grazia
Figurato: stato di benessere, gioia, felicità, o semplicemente buonumore.
Per i credenti, è la condizione di assenza di peccato agli occhi di Dio.

GREGGE

uscire dal gregge
Distinguersi dagli altri in un gruppo o una categoria di persone; emergere dalla mediocrità, dall'anonimato e simili. A questo concetto è legato anche l'aggettivo "egregio".

GREMBO

venire dal grembo di Dio
Essere qualcosa di cui s'ignora completamente l'origine o la causa.
var.: essere nel grembo di Dio.

GRIDARE

PARAGONI: gridare come un'aquila; gridare come un vetturino; gridare come un pescivendolo.

gridare a pieni polmoni
Gridare con la voce più forte possibile, con tutto il fiato che si ha nei polmoni.

gridare a squarciagola
Gridare con tutto il fiato che si ha, con la voce più forte possibile, quasi rischiando di squarciarsi la gola per lo sforzo e la potenza del grido.

var.: gridare a piena gola; gridare a gola spiegata; gridare a pieni polmoni.
gridare fino a slogarsi l'ugola
Urlare fino a sgolarsi, fino a perdere il fiato.

GRILLO
andare a sentire cantare i grilli
Figurato: morire.
I *grilli* che si sentono cantare sono quelli che stanno nell'erba sopra le tombe.

avere i grilli per la testa
Avere idee stravaganti, bizzarre o pretenziose, come se si avesse nella testa una schiera di grilli che con il loro frinire e saltellare incessante impedisse di pensare in maniera logica o sensata. ‖ Avere ambizioni smodate e presumibilmente irrealizzabili, come se si avesse la testa piena di grilli, che notoriamente sono in grado di spiccare dei salti altissimi, apparentemente impossibili.
var.: avere la testa piena di grilli; avere il capo pieno di grilli; avere i grilli in testa.

fare il grillo parlante
Distribuire consigli sensati, invitare alla saggezza, esortare al buon senso in modo assillante e continuo. Anche essere o atteggiarsi a persona onesta, sapiente, capace di trovare le soluzioni corrette a problemi difficili. Usato soprattutto in senso ironico.
Il *Grillo parlante* è un personaggio del *Pinocchio* di Carlo Lorenzini detto "Collodi". È un insetto in grado di parlare e funge da buona coscienza del burattino, richiamandolo costantemente ma inutilmente ai suoi doveri di figlio e di scolaro con mille consigli saggi e sensati.
var.: fare il grillo saggio; essere il grillo parlante; essere il grillo saggio.

quando a tordi, quando a grilli
Di origine proverbiale, il detto ricorda che nella vita ci sono momenti fortunati e altri meno floridi e felici, cioè periodi in cui si possono mangiare i tordi e altri in cui bisogna accontentarsi dei grilli. È usato inoltre come ammonimento alla previdenza e al risparmio per chi non fa economia in vista del futuro.
È contrazione del proverbio che dice: "disse la volpe ai figli: quando a tordi, quando a grilli".
var.: oggi polli, domani grilli.

saltare il grillo
Esser colti da una capriccio improvviso, da un desiderio ingiustificato, una voglia generalmente bizzarra o stravagante. Usato anche per discorsi o comportamenti inopinati. Anche ironico o scherzoso.
var.: saltare il ticchio; saltare in testa; saltare in mente.

GROSSO
alla grossa *(raro)*
Superficialmente, senza approfondire; in modo grossolano, approssimativo. Riferito di solito a un giudizio, una valutazione e simili.
var.: per la grossa.

bere grosso *(raro)*
Figurato: essere molto creduloni, prestar fede a qualsiasi frottola, a tutto ciò che viene detto.
var.: berle grosse.

dirla grossa
Dire ciò che non si dovrebbe, rischiando conseguenze spiacevoli per sé o per altri.

essere grossa *(fam)*
Di una donna, essere incinta ‖ Di una cosa, essere incredibile, inaudita, inverosimile.

farla grossa
Fare un grave errore, commettere una grave colpa. Anche combinare un pasticcio, in particolare offendendo qualcuno. In ogni caso, esporsi a gravi e spiacevoli conseguenze.

per la grossa *vedi* **alla grossa**

GRUCCIATA
dar grucciate agli zoppi
Infierire su chi è già infelice di per sé e non ha certo bisogno di nuove disgrazie.
var.: agli zoppi grucciate.

GUANCIA
porgere l'altra guancia
Perdonare un'offesa o un torto senza cercare la vendetta, e anzi, cercare una riconciliazione.
Viene dall'insegnamento di Gesù, che nel discorso della Montagna (Matteo, 5, 38-39), invita a perdonare le offese ricevute e a far del bene ai propri nemici.

GUANTO
calzare come un guanto
Andare perfettamente, benissimo, riferito in genere a un capo d'abbigliamento, oppure a un soprannome e simili che risulta molto appropriato a una persona.

gettare il guanto
Figurato: lanciare una sfida, come si faceva anticamente gettando fisicamente un guanto per trascinare qualcuno a duello o in battaglia.

mandare il guanto *(raro)*
Dichiarare guerra a qualcuno, secondo le antiche usanze che prevedevano l'invio di un guanto come dichiarazione di guerra. Anche sfidare qualcuno.
var.: consegnare il guanto; inviare il guanto; ricevere il guanto.

raccogliere il guanto
Figurato: accettare un sfida, come raccogliendo fisicamente il guanto che un tempo si gettava ai piedi di qualcuno per sfidarlo a duello.

trattare coi guanti
Trattare con estrema gentilezza, rispetto, riguardo e simili. Anche figurato.

GUARDARE
guardar brutto *vedi* **guardar storto**

guardar male
Guardare qualcuno con diffidenza e sospetto.

guardar storto *(fam)*
Guardare qualcuno con ostilità, rivelando malanimo, antipatia o altro.
var.: guardare di traverso; guardar brutto; guardare di sbieco.

guardare in cagnesco
Guardare minacciosamente, con astio, rivelando rancore, odio, inimicizia, come può guardare un cane pronto ad attaccare.
var.: stare in cagnesco.

guardare per il sottile
Valutare attentamente, tenendo conto di ogni minimo elemento; badare anche alle minuzie, cavillare, sofisticare; essere molto precisi, pignoli, pedanti, soprattutto nel giudicare, nel criticare e simili.

stare a guardare
Figurato: astenersi da un'azione, non prendervi minimamente parte, anche con l'eventuale intenzione d'intervenire solo alla fine o di raccoglierne qualche frutto. Anche attendere il momento più favorevole per agire, aspettare che i tempi maturino, tener d'occhio una situazione per vedere come si evolve e potersi regolare di conseguenza.

GUARDIA
essere della vecchia guardia
Appartenere a un gruppo di persone che ha creato un'istituzione, una comunità, un movimento politico, artistico e simili, ampliatosi nel tempo con nuovi aderenti. Usato anche per i membri più anziani di un gruppo o per coloro che una volta ne erano a capo. In senso ironico indica chi ha idee sorpassate, superate, oppure di stampo conservatore.
Il nome *Vecchia Guardia* fu dato nel 1809 da Napoleone al suo reggimento di veterani.

GUASTO
PARAGONI: guasto fino all'osso; guasto fino al midollo.

GUELFO
non essere né guelfo né ghibellino
Non parteggiare per nessuno; essere imparziale o indifferente rispetto a qualcosa o a qualcuno.
I *Guelfi* erano i seguaci di un movimento politico papista e sostenitore della Casa di Baviera al quale, nel 1100, si oppose, quello dei *Ghibellini*, fautori della Casa di Svevia e ostili alla Chiesa e al grande feudalesimo germanico. Gli stessi termini vennero successivamente adottati in Italia per designare da una parte i propugnatori del Papato e del suo potere temporale, e dall'altra i sostenitori dell'Impero avversi alla libertà dei Comuni. Per estensione, finirono poi per indicare fazioni cittadine in contrasto fra loro per interessi particolari.

GUERRA
fare la guerra
Figurato: opporsi nettamente a qualcuno o a qualcosa: a una persona, a un gruppo, a un'istituzione, a un'idea e simili attaccandone le azioni, i principi e così via.

guerra dei nervi
Figurato: serie d'interventi pressanti che mirano a spezzare la capacità di resistenza dell'avversario sottoponendolo a continue azioni ostili, per privarlo della serenità e del controllo di sé, in modo da esasperarlo e piegarlo a quanto si vuole ottenere.
Propriamente, è una lotta condotta servendosi di pressioni psicologiche o di una propaganda capillare e sistematica tesa a influenzare le opinioni e il conseguente comportamento della nazione o dell'esercito nemico, allo scopo di paralizzarne o ridurne la volontà di combattere.

GUSCIO
esser chiuso nel proprio guscio
Figurato: rimanere legati alle proprie abitudini o mentalità, o al posto o all'ambiente ristretto in cui si è nati e vissuti, in genere per paura del nuovo. Vivere senza stabilire rapporti con gli altri o frequentandoli pochissimo; essere chiusi, introversi, o anche non parlare o discutere dei propri problemi con nessuno. Oppure restare saldamente attaccati alle proprie convinzioni rifiutando qualsiasi confronto, suggerimento o ragionamento che potrebbero rischiare di modificarle.
var.: starsene nel proprio guscio: chiudersi nel proprio guscio.

guscio di noce
Figurato: imbarcazione piccola e leggera. Si usa anche per qualsiasi natante in balia del mare in burrasca.

spezzare il guscio
Figurato: abbandonare bruscamente un ambiente ristretto o protettivo, in genere quello in cui si è nati e vissuti, e con questo le abitudini e la mentalità che gli sono proprie, e costruirsi una nuova vita con valori completamente diversi. Anche dimostrare improvvisamente doti e qualità naturali sopite o nascoste, mostrarsi nella propria realtà, come il pulcino che esce dall'uovo già completo.

uscire dal guscio
Figurato: abbandonare l'ambiente ristretto in cui si è nati e vissuti e cambiare o allargare le abitudini, la mentalità e i valori ad esso legate. Anche uscire dall'isolamento, cominciare o ricominciare a stabilire rapporti con gli altri.

9. *Dizionario dei modi di dire*

I

ICARO
Secondo il mito greco, *Icaro* era figlio di Dedalo, che per ordine del re Minosse aveva costruito il Labirinto di Creta nel quale padre e figlio furono poi rinchiusi affinché non potessero divulgarne i segreti. Dedalo pensò allora di fuggire grazie a due ali fissate sulle spalle con la cera, ma Icaro non tenne conto delle raccomandazioni del padre e volle volare troppo in alto, cosicché il calore del sole sciolse la cera, le ali si staccarono e il giovane precipitò in quel tratto del mare Egeo che da lui venne chiamato Icario.

fare il volo di Icaro
Affrontare un'impresa troppo superiore alle proprie forze e uscirne sconfitti; inorgoglirsi fino al punto di non saper più valutare le proprie reali possibilità; rifiutare i consigli sensati ritenendosi più abili di chiunque altro, e finire miseramente.

IDEA
appena un'idea
Piccolissimo quantitativo.

idea pellegrina
Idea stramba, che non serve a risolvere la situazione per la quale è stata pensata o che non si adatta al contesto in cui la si vorrebbe porre, così come un pellegrino che è sempre di passaggio ovunque si trovi.
var.: idea peregrina.

IDIOTA
utile idiota
Persona che senza rendersene conto finisce per portare a qualcuno un vantaggio indiretto.

In origine era usato dagli anticomunisti per definire le persone che fiancheggiavano le sinistre in modo ingenuo, per motivi ideali, senza capirne la reale portata. La paternità della locuzione è però attribuita a Stalin, che sembra definisse così gli intellettuali del mondo occidentale che simpatizzavano per il partito comunista, facendo indirettamente molti proseliti.

ILLUMINAZIONE
essere l'illuminazione di Prete Cuio
Figurato: non servire a nulla, oppure non esserci, mancare completamente, detto appunto dell'illuminazione. In senso lato, essere inefficace, non raggiungere lo scopo voluto, far perder tempo inutilmente.
Il detto intero parla di "l'illuminazione di Prete Cuio, che con tanti lumi faceva buio". Il nome del prete, chiaramente inesistente, è dovuto a pura questione di rima.

IMBECCATA
dare l'imbeccata
Suggerire di nascosto a qualcuno cosa deve dire o come deve comportarsi. Anche facilitare qualcuno fornendogli gli elementi utili per sapersi regolare in una situazione qualsiasi; dare un pretesto o uno spunto, soprattutto in una conversazione.
L'immagine è quella dell'uccellino ancora implume cui i genitori infilano il cibo nel becco.
var.: aspettare l'imbeccata. ‖ Corrompere con doni o denaro.

IMBUTO
mangiare con l'imbuto
Mangiare in fretta, molto e voracemente, come buttando giù il cibo aiutandosi con un imbuto.
var.: mandar giù con l'imbuto.

IMPIASTRO
essere un impiastro
Essere una persona noiosa, lamentosa, che ha sempre bisogno di qualcosa, o più spesso importuna, che è sempre tra i piedi.
Gli impiastri medicamentosi, molto simili ai cataplasmi, erano generalmente a base di sostanze oleose, vischiose, spesso puzzolenti e quasi sempre appiccicaticce. Erano quindi molto scomodi per chi li preparava, che spesso se ne impiastricciava abbondantemente prima di riuscire a chiuderli nel sacchetto o panno destinato all'applicazione. Erano scomodi anche per chi li subiva, visto che potevano essere quasi bollenti, o al contrario gelati; erano comunque pesanti e costringevano il paziente a una fastidiosa immobilità.

IMPICCARE
essere impiccato *(pop)*
Figurato: avere pesanti esigenze di denaro, essere pieno di debiti. In origine, significava essere nelle mani di uno strozzino. ‖ In senso lato, essere in condizioni difficili, in particolare per quanto riguarda tempo e impegni assunti. Quindi avere problemi per eccesso di lavoro e in generale per l'accumularsi di cose sgradevoli.
lavorare impiccato *(pop)*
Lavorare in condizioni scomode per mancanza di spazio, oppure con tempi molto stretti.
mandare qualcuno a impiccarsi *(fam)*
Figurato: allontanare qualcuno in malo modo, cacciarlo con l'intenzione di rompere i rapporti con lui.

INCANTO
andare d'incanto
Andare benissimo; funzionare perfettamente, riferito a un macchinario; procedere e svilupparsi con buoni risultati, detto di un'iniziativa, un'attività e simili.

... che è un incanto
In modo perfetto, più che soddisfacente. Anche ironico.
var.: andare che è un incanto.
come per incanto
In modo improvviso e imprevisto, stupefacente, come frutto di magia.
rompere l'incanto
Figurato: interrompere uno stato di felicità o d'emozione fantastica riportando alla realtà, come rompendo un incantesimo.
stare d'incanto
Stare molto bene, detto di un capo d'abbigliamento e simili. ‖ Usato anche in riferimento a un luogo in cui ci si trova a proprio agio, a un clima piacevole, allo stato di salute, a un periodo di tempo ricco di avvenimenti felici e a qualsiasi altra situazione di pieno benessere.

INCENSO
dar l'incenso ai morti
Perdere tempo in una cosa inutile, insensata, sciocca.

INCHIOSTRO
scritto con l'inchiostro dei Sette Gioielli *(raro)*
Figurato: memorabile, da conservare, raro. Si dice di uno scritto molto importante, o sacro, o prezioso; riferito a opere letterarie, messaggi, lettere gradite o molto attese, e in particolare a promesse impegnative.
Allude a un inchiostro costituito da un impasto d'oro, argento, corallo, lazurite, malachite e madreperla da usarsi sulla carta laccata. Aveva un'eccezionale brillantezza e tutti i colori cangianti dell'arcobaleno, ed era impiegato un tempo dai monaci amanuensi tibetani per i manoscritti più preziosi.

INCIDENTE
incidente di percorso
Evento imprevisto o conseguenza ne-

gativa in cui s'incorre durante un'azione intrapresa.

INCOLLATURA
per un'incollatura
Per pochissimo, usato in relazione a gare, confronti e simili.
Nel mondo dell'ippica, l'*incollatura* è la lunghezza della testa e del collo del cavallo, che nelle gare si misura per stabilire quale sia il vincitore tra due cavalli arrivati quasi insieme.

INCOMODO
essere il terzo incomodo
Essere di troppo, detto di chi disturba con la sua presenza altre due persone che preferirebbero stare da sole, in particolare se si tratta di una coppia d'innamorati.
var.: fare da terzo incomodo.

INCONTRO
trovare un punto d'incontro
Figurato: trovare una soluzione comune per risolvere una trattativa, una discussione e simili in maniera soddisfacente per tutti gli interessati.
venirsi incontro
Figurato: accordarsi su qualcosa in una trattativa, quando ognuna delle due parti rinuncia ad alcune posizioni in favore dell'altra.

INCUDINE
essere tra l'incudine e il martello
Trovarsi in mezzo a due persone ostili, due interessi opposti, due pericoli e simili, con la prospettiva di esserne vittima in tutti i casi, come il pezzo di ferro da forgiare che viene posato sull'incudine e battuto con il martello.
var.: trovarsi tra l'incudine e il martello.

INDIANO
fare l'indiano
Figurato: fingere di non capire.

Il detto risale ai tempi della colonizzazione americana, quando i Pellerossa non comprendevano il linguaggio dei bianchi.

INDICE
indice di gradimento
Indicazione del livello di favore con cui viene accolta una trasmissione televisiva e simili. Usato anche per la simpatia riscossa da un personaggio pubblico, da un'iniziativa e altro, oppure da una persona qualsiasi nell'ambito delle sue conoscenze e amicizie. Spesso scherzoso.
mettere all'indice
Figurato: bollare d'infamia, additare come immorale, vergognoso e così via; isolare, emarginare, allontanare, detto di persone; oppure condannare, vietare, proibire, riferito a cose.
Nel 1571 il papa Pio V istituì in seno alla Chiesa un organismo chiamato "Congregazione dell'Indice", che aveva il compito di esaminare le opere dell'ingegno sospette di essere nocive alla religione. L'istituzione si accanì in particolare contro la stampa, iscrivendo nell'"Indice dei libri proibiti" quelli che riteneva pericolosi o dannosi per la fede e per la morale di cui pertanto vietò la lettura, la vendita, la traduzione e la detenzione. La Congregazione in quanto tale fu abolita nel 1917 da papa Benedetto XV, che però ne trasferì le prerogative al Sant'Uffizio.
puntare l'indice
Figurato: accusare qualcuno, come puntandogli addosso il dito per indicarlo a tutti.
var.: puntare l'indice addosso.

INDOVINARE
indovinala grillo!
Esclamazione. Si dice per gioco ai bambini quando si pone loro un indovinello, oppure per dichiarare che non si ha idea di come andranno le cose.

Narra un racconto popolare che un contadino di nome Grillo decise un giorno d'improvvisarsi medico. Procuratosi un buon numero di ricette se le mise in tasca, e per ogni paziente ne estraeva una a casaccio dicendo: "Che Dio te la mandi buona!"

non indovinarne una *(fam)*
Fare tutto male, sbagliare sempre, mettersi regolarmente nei pasticci, avere sempre idee fallimentari.

INEDIA
far venire l'inedia
Figurato: stancare, tediare, stufare; annoiare a morte. Vale per persone e cose.
L'*inedia* è uno stato di estenuazione fisica provocato dalla mancanza di cibo, che conduce alla morte. Nel tempo ha assunto anche il significato d'inattività forzata.

INFAMIA
senza infamia e senza lode
Letterale: privo d'infamia come di lode. Quindi di mediocre valore, qualità, merito e così via. Vale per persone e cose.
Il detto ha comunque una connotazione negativa, e risale a Dante che colloca all'Inferno gli ignavi, condannandoli a correre in eterno dietro a una bandiera (*Inferno*, III, 35-36).
var.: senza infamia e senza onore.

INFERNO
d'inferno
Rafforzativo per un concetto negativo già espresso, che ne ribadisce l'aspetto sgradevole, penoso, angoscioso, insopportabile. Usato per il caldo, per il freddo, per il tempo, il dolore e altro.
mandare all'inferno *(fam)*
Allontanare qualcuno in malo modo, scacciarlo sgarbatamente, in genere per esasperazione. Anche scherzoso.
var.: mandare al diavolo.

scatenare un inferno
Suscitare grande subbuglio, parapiglia, confusione, oppure provocare discussioni, scenate, scandalo e simili, come se si aprissero le porte dell'inferno lasciando liberi di agire diavoli e dannati.

INFERRIATA
andar col muso all'inferriata
Figurato: essere in prigione; essere rinchiusi, anche metaforicamente, e avere solo un'inferriata cui accostarsi per guardare all'esterno. Per trasposizione, anche desiderare ardentemente qualcosa senza poterla avere.

INGEGNO
alzata d'ingegno
Trovata, soluzione o risposta brillante a un problema o a una situazione scomoda o difficile. Prevalentemente ironico.
var.: levata d'ingegno; volata d'ingegno.
bell'ingegno
Persona d'intelligenza brillante e acuta, detto soprattutto di chi opera in campo scientifico. In senso lato, persona originale, un po' balzana, imprevedibile ma in generale divertente e simpatica.
star ritto per ingegno
Essere una persona del tutto incapace, che faticherebbe anche a stare in piedi se non la sostenesse qualcuno.
var.: star ritto per scommessa.

INGLESE
fare l'inglese
Fingere di non capire, come se si parlasse un'altra lingua.

INGROSSO
valutare all'ingrosso
Figurato: fare una valutazione approssimativa e sommaria, riferito in genere a un calcolo quantitativo.

INNAMORATO
innamorato cotto
Preso da un amore violento e in genere poco duraturo.

INSALATA
mangiarsi qualcuno in insalata
Avere un facile successo su una persona, esserle superiori, e vincerla con la stessa facilità con cui si mangerebbe un'insalata.

INSEGNARE
insegnare a nuotare ai pesci
Figurato: pretendere di saperne sempre più degli altri, di insegnare qualcosa a chi la conosce benissimo.
Il detto, che è diffuso praticamente in tutte le lingue europee, ha un antico precedente greco, "insegnare a nuotare al delfino", mentre in russo si chiama in causa il luccio.
var.: insegnare ai gatti ad arrampicarsi; insegnare alla lepre a correre.
t'insegno io!
Esclamazione: è un'esplicita diffida a perseverare in determinati comportamenti, pena una severa punizione che "insegnerà" come si deve agire.

INSIEME
andare insieme *(fam)*
Coagularsi, detto di sostanze che inacidendosi vanno soggette a questo fenomeno, come ad esempio il latte. ‖ Figurato: detto di una persona, confondersi, disorientarsi, non raccapezzarsi più in qualcosa, non capire più niente.
Il detto ha diffusione più che altro regionale in alta Italia.
mettersi insieme *(fam)*
Instaurare un rapporto di collaborazione in generale, e in particolare una relazione di coppia.
rimettere insieme
Figurato: accomodare, aggiustare, riferito soprattutto a una situazione disastrata che si cerca di salvare e simili. Può essere anche riferito a persone, nel senso di riappacificare o riunire una coppia.
var.: rimettere insieme i cocci.

INTENDERE
darla a intendere
Far credere cose non vere.
farsi intendere
Farsi ascoltare, nel senso di far valere le proprie ragioni.

INVERNO
l'inverno della vita
La vecchiaia avanzata.

INVIDIA
crepare d'invidia *(pop)*
Rodersi d'invidia, essere molto invidiosi e soffrirne.

IPOTECA
mettere un'ipoteca
Figurato: creare le condizioni favorevoli per assicurarsi qualcosa in futuro. ‖ Figurato: con significato totalmente opposto, mettersi in condizioni di rischio per il futuro.
var.: firmare un'ipoteca.

IPPICA
darsi all'ippica
Figurato: cambiare mestiere, in particolare dopo essersi rivelati incapaci in quello che si svolgeva. Usato come invito scherzoso, a volte anche per chiedere a qualcuno di non interferire in questioni di cui non sa nulla.

IRA
dirne un'ira di Dio
Sfogarsi, soprattutto dicendo male di qualcuno. In caso di lite, insultarsi senza ritegno.
fare un'ira di Dio
Dare in escandescenze; fare una piazzata, una scenata violenta; provocare

grande confusione, subbuglio, scompiglio, sconquasso e così via.
farne un'ira di Dio
Avere una vita movimentata, piena di episodi anche poco onorevoli o disonesti.
un'ira di Dio
Grande quantità di qualcosa, che costituisce un folto gruppo o è sviluppata da molte persone. ‖ Situazione rovinosa, calamità in genere naturale provocata da fenomeni, soprattutto metereologici, eccezionali per vastità e durata, come ad esempio nevicate o piogge abbondanti e ininterrotte che colpiscono un intero Paese e così via.
var.: essere un'ira di Dio; un'ira d'Iddio.
venir giù un'ira di Dio
Piovere a dirotto o nevicare abbondantemente, in particolare se in condizioni di tempo burrascoso.

IRONIA
ironia della sorte
Figurato: elemento imprevisto che interviene all'improvviso e quasi malignamente, come per dispetto, a sovvertire una situazione accuratamente preparata o programmata.
var.: ironia del destino, beffa del destino.

ISOLA
essere un'isola
Figurato: detto di un luogo, essere diverso da quanto lo circonda, avere una situazione propria e specifica, particolare. Si hanno così l'"isola pedonale" o l'"isola linguistica", e in senso più lato l'"isola di pace", l'"isola di felicità" e simili. Usato anche per una persona diversa dagli altri, che sembra vivere e pensare secondo valori differenti da quelli di chi la circonda, oppure di una persona con la quale, per ragioni varie o consimili, risulta difficile intendersi e comunicare.
vivere in un'isola
Figurato: vivere al di fuori della realtà. Usato per chi rifiuta il rapporto con gli altri, per chi non sa o non vuole vivere in un contesto sociale, o non sa o non vuole abbandonare una condizione particolare come ad esempio la follia, uno stato di felicità e simili.

L

LA
dare il la
In senso stretto, dare l'intonazione corretta a un gruppo di musicisti o cantanti in modo che si accordino tutti sullo stesso suono, che in genere è la nota *la*. In senso lato dare l'avvio al comportamento di un gruppo di persone, creando unità d'intenti attorno a un progetto comune. Anche dare spunto, fornire l'occasione di fare o dire qualcosa; dare il tono di una conversazione, di una festa, o simili; guidare un gruppo in una data direzione, indicare una tendenza, uno stile e così via.

LÀ
l'Al di là
L'Oltretomba, il regno dei morti.
var.: l'Aldilà.
essere più di là che di qua
Essere in fin di vita, più vicino all'Aldilà che al mondo dei vivi.
non farsi né in là né in qua
Figurato: restare del tutto indifferenti di fronte a qualcosa, come se quanto accade non fosse sufficiente a giustificare nemmeno la fatica di un piccolo passo.

LABBRA
a fior di labbra
In modo vago, appena accennato, che si vede o si sente appena. Riferito a un sorriso, a parole mormorate e simili.
arricciare le labbra
Manifestare disapprovazione, dubbio, disgusto o simili.

leccarsi le labbra
Figurato: apprezzare molto qualcosa di gustoso, in genere una vivanda e simili, oppure pregustarla con grande piacere. Anche figurato.
var.: leccarsi i baffi.
mordersi le labbra
Figurato: trattenersi dal dire quello che si vorrebbe. In senso lato, provare ira o rabbia, dolore, pentimento o recriminazione, senza darlo a vedere.
morire sulle labbra
Di una frase, di un sorriso e simili, interrompersi prima ancora di essere completati.
pendere dalle labbra di qualcuno
Ascoltare una persona che parla con grande attenzione e interesse.
sentirsi bruciare le labbra
Figurato: pentirsi di quanto si è appena detto per una ragione qualsiasi, o rendersi conto di essersi espressi in maniera pesante, offensiva, disdicevole e simili. ‖ Provare forte desiderio di dire qualcosa.

LACCIO
mettere il laccio al collo
Figurato: costringere qualcuno al proprio volere senza lasciargli alcuna possibilità di fare altrimenti.
Il *laccio* è quello di certe trappole dei cacciatori, costituite da un nodo scorsoio che induce l'animale a non muoversi per non rimanere strangolato. Questo tipo di laccio autostringente viene usato anche per l'addestramento dei cani. ‖ Figurato: indurre al matrimonio, detto di solito di una donna.
var.: mettere la corda al collo.
tendere un laccio
Tendere una trappola, un'insidia; agire in modo subdolo per cercare di far cadere qualcuno in proprio potere.

LACRIMA
asciugare le lacrime
Figurato: consolare chi soffre.

avere le lacrime in tasca
Piangere con grande facilità, per la più piccola sciocchezza. In senso lato, essere molto emotivi o eccessivamente sensibili.
ingoiare le lacrime
Trattenersi dal piangere, controllandosi sia pure a fatica.
lacrime di coccodrillo
Figurato: pentimento falso o tardivo. Secondo un'antica credenza, il *coccodrillo* piangerebbe dopo aver divorato la preda. In realtà è lo sforzo della digestione che in certi casi può produrre un effetto simile alla lacrimazione. L'espressione è registrata già da Apostolio (10,17) e si ritrova in un'opera satirica bizantina del 1400. In greco esiste addirittura un verbo che significa più o meno "fare il coccodrillo", sempre con il senso di pentirsi tardivamente e soprattutto falsamente di una cattiva azione.
var.: piangere lacrime di coccodrillo.
lacrime di San Lorenzo
Le cosiddette "stelle cadenti" che si possono vedere alle nostre latitudini fra il 9 e l'11 d'agosto, così chiamate in onore del santo che si festeggia il giorno 10 dello stesso mese.
Il fenomeno è dato dalla vicinanza delle Perseidi, un insieme di meteoriti radianti dalla costellazione di Perseo che in quel periodo bruciano con frequenza negli strati alti dell'atmosfera.
lacrime di sangue
Figurato: grande sofferenza soprattutto morale, in particolare causata da rimorsi, rimpianti e così via. Anche ironico e scherzoso.
lacrime e sangue
Figurato: grande sofferenza, fatica e tormento, in genere legata al desiderio di perseguire un obiettivo difficile. Quasi sempre ironico o scherzoso.
piangere lacrime amare
Piangere disperatamente, in genere per rimpianto o rimorso. In senso lato, anche pentirsi, rimpiangere o rammaricarsi di qualcosa.
spander lacrime
Figurato: piangere accoratamente. Anche pentirsi tardivamente di qualcosa, usato spesso in senso ironico o scherzoso.
var.: spander lacrime di sangue.
spremere le lacrime
Indurre al pianto, impietosire o commuovere profondamente fino a far piangere. ‖ Sforzarsi di fingere un dolore che non si prova, piangendo lacrime insincere.
una lacrima di ...
Goccia o piccola quantità di un liquido qualsiasi.

LADRO

andare a rubare in casa dei ladri
Tentare di battere un rivale con le sue stesse armi, per lo più senza riuscirci. È riferito in genere a un imbroglione che cerca di raggirare un altro imbroglione.
andare come il ladro alla forca
Fare qualcosa molto malvolentieri. Allude alle antiche pene, che in alcuni casi di furto prevedevano l'impiccagione.
da ladri
Pessimo, terribile. Si usa in genere come rafforzativo per fenomeni sgradevoli, come il freddo, il brutto tempo, una notte molto buia e simili.
fare come i ladri di Pisa
Essere inseparabili nonostante le liti e i diverbi continui.
La tradizione toscana vuole che i ladri di Pisa andassero a rubare insieme durante la notte e poi litigassero fra loro tutto il giorno per dividere il bottino.
il ladro conosce il ladro *(raro)*
Di origine proverbiale, il detto sottolinea che le persone simili si riconoscono a vicenda istintivamente. Si usa talvolta per chi cerca di battere un rivale con le sue stesse armi; e in particolare

per un truffatore che tenta di raggirarne un altro.
Il proverbio, che per intero dice "il ladro conosce il ladro e il lupo il lupo", viene da Aristotele (*Etica Eudemea*, 1235).

intendersi come i ladri alla fiera
Superare i contrasti personali di fronte al vantaggio comune, così come i ladri che si trovano ad agire nello stesso posto cercano di portare a termine la loro impresa senza darsi reciprocamente fastidio.
La fiera rappresenta qui il luogo ideale per i furti, grazie alla confusione e alla folla che consentono l'azione di molti borsaioli.

ladro di cuori
Uomo che ha molto successo con le donne, capace di affascinarle con facilità. Spesso ironico.

ladro in guanti gialli
Ladro dall'aspetto distinto, elegante, signorile, apparentemente insospettabile.

LAMA
incrociare le lame
Sostenere un duello all'arma bianca, incrociando così le lame delle spade.

LAMPADA
avere la lampada di Aladino
Riuscire a realizzare qualsiasi desiderio; ottenere quasi magicamente tutto ciò che si desidera; avere una fortuna straordinaria.
Il detto deriva da una fiaba orientale presente in alcune redazioni di *Le Mille e Una Notte*, e conosciuta in Occidente grazie alla traduzione francese che ne fece per primo Antoine Galland, nel 1717. In questa versione, un giovane molto povero e buono di nome *Aladino* trovò un giorno una vecchia lampada che decise di lucidare per venderla al mercato. Mentre la puliva ne vide uscire un Genio benefico capace di realizzare tutti i desideri del possessore della lampada stessa; Aladino, impietosito, liberò il Genio dalla sua prigionia e questi lo ringraziò rendendolo ricco e potente per sempre. Nella fiaba originale, invece, Aladino è il figlio di un modesto sarto, che desiderando una vita avventurosa, preferisce seguire un Mago piuttosto che ereditare il mestiere del padre. Il Mago lo incarica di una difficile impresa: andare fino al centro della Terra e riportarne una lampada dai poteri soprannaturali. Dopo molte avventure Aladino ottiene il suo scopo, ma invece di consegnare la lampada al Mago decide di tenersela. Sfruttando l'oggetto magico accumula grandi ricchezze, grazie alle quali sposerà alla fine la figlia del Sultano. Le due versioni rispecchiano la morale dei luoghi e delle epoche: la traduzione occidentale premia il merito e la bontà, mentre la versione originale privilegia la capacità di ottenere il risultato voluto indipendentemente dai mezzi impiegati.
var.: avere il Genio della lampada.

LAMPO
lampo di genio
Intuizione, idea geniale che all'improvviso permette di capire un punto oscuro, di risolvere una situazione difficile e simili.

LANA
andar per lana e tornarsene tosi
Avere grandi progetti o speranze e non realizzare nulla, o peggio, ricavarne solo guai o danni.
Di questo detto esistono moltissime varianti che fanno entrare in gioco gli oggetti o gli argomenti più disparati, come quella dei pifferi di montagna che andarono per suonare e tornarono suonati, o quello della superbia che partì a cavallo e tornò a piedi.

esser della stessa lana
Assomigliarsi molto per qualità, natura, idee, indole e simili. Usato generalmente in contesti spregiativi.
var.: essere d'un peso e d'una lana.

essere una buona lana
Essere una persona con la quale è consigliabile usare un po' di prudenza; non necessariamente disonesta ma piuttosto molto furba, di pochi scrupoli. Spesso scherzoso.
var.: essere una buonalana.

far questioni di lana caprina
Cavillare, esaminare qualcosa con eccessiva pignoleria; disquisire di sottigliezze; insistere pedantemente su particolari e minuzie prive di reale importanza.
Il detto si trova già in Orazio (*Epistole*, I, XVIII, 15), che si fa beffe di chi spende il suo tempo a discutere di questioni spicciole, paragonate alla lana di capra praticamente priva di valore commerciale. La sua origine è però ignota; si può solo presumere che l'idea d'inutile pignoleria derivi dal fatto che raramente la capra veniva allevata per la sua lana. Questa infatti, dopo la tosatura, si presenta in bioccoli molto più intricati e difficili da sgrovigliare di quella della pecora, e inoltre dà un filo piuttosto ispido e pungente. È nata forse di qui l'immagine dell'accanirsi su qualcosa di complicato per poi ottenere un risultato che non vale il lavoro compiuto.
var.: essere una faccenda di lana caprina.

LANCIA

combattere con lance d'argento (raro)
Figurato: corrompere qualcuno per ottenere un risultato.
In greco si usava la stessa parola per dire sia "argento" che "denaro", e questi due termini sono divenuti sinonimi figurati anche per molti altri popoli. In questo caso l'espressione allude all'antico detto greco "combatti con lance d'argento e conquisterai tutto", che secondo la tradizione fu la risposta di un Oracolo alle domande poste da Filippo il Macedone. Testimoniano poi Cicerone e Plutarco che il sovrano, afferrato bene il concetto, abbia poi affermato a sua volta che è possibile espugnare qualsiasi fortezza alla quale possa salire un asino carico d'oro.

essere una lancia spezzata
Essere aperto e fedele sostenitore di qualcuno.
Anticamente erano così definiti i soldati che avendo già dato prova di coraggio e fedeltà venivano scelti come guardia personale di un sovrano. In seguito questo nome passò a definire la particolare milizia che li riuniva.

fare di una lancia un punteruolo
Rovinare qualcosa continuando ad apportarvi modifiche, riducendone le dimensioni o l'efficacia. In senso lato, sminuire, ridurre, consumare fino a restare quasi senza niente, riferito in particolare a patrimoni, occasioni perdute, progetti, idee, situazioni e così via.
var.: fare d'una lancia uno zipolo.

partire a lancia in resta
Anticamente, in un torneo e simili, prepararsi ad attaccare appoggiando la lancia all'apposita sede applicata al lato della corazza, che aveva la funzione di mantenerla in equilibrio durante l'attacco. In senso lato, essere pronti a gettarsi in un'azione con atteggiamento determinato, fiero, saldo. Anche agire con impulsività.
var.: mettere la lancia in resta.

spezzare una lancia a favore di qualcuno
Prendere le difese di qualcuno, parlare in suo favore di fronte a chi l'attacca, perorare la sua causa.
Allude ai tornei cavallereschi, dove lo spezzare una lancia equivaleva a di-

chiararsi pronti a battersi. Il primo scontro infatti avveniva con le lance, che spesso si spezzavano all'impatto.

LANTERNA
cercarsele con la lanterna *(pop)*
Andare in cerca di guai, mettersi regolarmente nei pasticci.
var.: cercare col lumicino; cercare col lanternino.

LA PALISSE
parlare come monsieur de La Palisse
Dire qualcosa di scontato, noto a tutti e soprattutto evidente di per sé, presentandolo come una grande scoperta. Il modo di dire deriva da un episodio storico passato alla leggenda. Giacomo Chabannes, signore di La Palisse (la grafia corretta è però *La Palice*), morì combattendo valorosamente nella battaglia di Pavia del 1525, tra l'esercito di Francesco I e quello di Carlo V d'Asburgo. Per celebrare il valore e il coraggio che aveva mostrato fino all'ultimo, dopo la sua morte i suoi soldati composero alcuni versi che dicevano, tra l'altro: "Un quarto d'ora prima di morire era ancora in vita". Da qui prese spunto un poeta francese del secolo successivo, Bernard de la Monnoye, per comporre un'intera canzone piena di banalità e affermazioni scontate che consacrò la fama del personaggio tanto da giustificare la nascita di una nuova parola, "lapalissiano", per dire evidente, ovvio.

LARDO
comprare il lardo dal gatto
Figurato: cercare di acquistare qualcosa da qualcuno che tiene moltissimo al bene in oggetto e che non vuole privarsene, o che lo cederà solo a condizioni pesantissime rendendo quindi l'affare antieconomico. In senso lato, rivolgersi alla persona sbagliata.
nuotare nel lardo
Essere molto ricchi.

Un tempo, nelle società contadine, l'abbondanza di lardo testimoniava il numero dei maiali da cui veniva ricavato, e assicurava come minimo la certezza del cibo.
var.: nuotare nel grasso.

LARGO
alla larga!
Esclamazione usata nei confronti di una persona o una situazione con cui non si vuole avere nulla a che fare.
essere più largo che lungo
Essere grasso e di bassa statura.
farsi largo
Aprirsi un passaggio in mezzo a ostacoli diversi e di varia natura. In senso lato, farsi strada nella vita, emergere, conquistare il successo, o semplicemente fare carriera. Detto anche di idee, mode, opinioni che si affermano e acquistano risonanza.
prenderla larga *(fam)*
In un discorso o in un'azione, cominciare in modo indiretto e cauto, divagando e affrontando argomenti secondari, prima di arrivare al punto veramente importante. Si usa più che altro per una richiesta o simili.
Allude forse al modo di prendere le curve quando si è alla guida di un veicolo: è più facile superarle se non si stringe troppo contro il bordo della strada.
stare alla larga da ...
Tenersi accuratamente lontano da una cosa o da una persona, in genere perché la si teme o perché i rapporti non sono dei migliori.

LASTRICO
essere sul lastrico
Essere in miseria, soprattutto a causa di un tracollo finanziario, un fallimento o simili. Si usa prevalentemente per chi aveva un patrimonio e l'ha perduto, sperperato o consumato.
var.: ridurre sul lastrico; trovarsi sul lastrico; gettare sul lastrico.

LATINO
sprecare il proprio latino
Buttar via tempo e fatica; in particolare sprecare fiato, sprecare la propria eloquenza per nulla.
Il detto si riferisce alle udienze dei tribunali al tempo in cui per le arringhe era prevista la lingua latina, considerata sicuro indice di scienza e di sapere. Il difensore che perorava una causa difficile o perduta in partenza considerava quindi di avere sprecato la sua scienza per nulla.
var.: perdere il proprio latino.

LATTE
aver succhiato qualcosa col latte della madre
Avere un'inclinazione, una mentalità, una propensione che risale all'infanzia, quasi fosse stata assorbita con il latte materno e in effetti derivata dal contesto familiare e sociale in cui si è cresciuti. In senso lato, si dice anche di chi ha una lunga esperienza in qualcosa.
Il concetto di aver succhiato qualcosa insieme al latte si trova già in Virgilio (*Eneide*, 4, 367) nelle parole di Didone che rimprovera a Enea la sua crudeltà domandandogli se per caso sia stato allevato dalle tigri. Cicerone usa invece l'espressione nelle *Tusculane* (3, 1, 2), con riferimento alle falsità e agli errori instillati nell'uomo fin dalla più tenera età.
dare il latte
Allattare. In senso figurato, guidare passo per passo una persona che non sa agire da sola.
essere come il latte di gallina
Essere molto raro, per nulla comune, praticamente introvabile. Si usa anche per definire un cibo o una bevanda squisita e rarissima.
L'espressione *latte di gallina* è usata da Aristofane per indicare una cosa ambitissima, rara e preziosa, e all'epoca esisteva anche la variante "latte di pavone". Dalla locuzione è nata una bevanda simile allo zabaione, cui è stato dato lo stesso nome, a base di latte, zucchero e uova, e alla quale si può aggiungere del vino secco o dell'acquavite. Nello stesso modo sono chiamati anche un decotto di crusca e una diffusissima pianta selvatica delle Gigliacee, dai fiori bianchi disposti a ombrello.
essere tutto latte e miele
Essere molto dolci, premurosi, attenti e soavi con qualcuno, spesso per diplomazia o ipocrisia, per ottenere o per farsi perdonare qualcosa.
Il *latte e miele*, o lattemiele, è la panna montata.
far venire il latte alle ginocchia
Essere molto noiosi, in particolare assumendo atteggiamenti svenevoli e sdolcinati.
latte dei vecchi
Il vino, detto con intento ironico o scherzoso.
nuotare in un mare di latte
Essere molto felici, oppure essere ricchi e vivere nel benessere.

LATTUGA
lasciare la lattuga in guardia ai paperi
Figurato: affidarsi alla persona meno affidabile, come lasciando l'insalata sotto la custodia di un papero che se la mangerebbe tutta. In senso lato, essere imprudenti, sventati, o molto ingenui.

LAVORARE
lavorare di fino
Eseguire un lavoro o altro con estrema accuratezza. Anche rifinire qualcosa.
lavorarsi qualcuno
Manipolare qualcuno, farselo amico per convincerlo a fare qualcosa da cui trarre vantaggio personale.

LAVORO
addetto ai lavori
Persona impegnata professionalmente in un dato lavoro e autorizzata a rimanere nel luogo in cui si svolge. ‖ Figurato: esperto di un certo settore, che ne capisce la terminologia, oscura invece per gli altri.
"Vietato l'accesso ai non addetti ai lavori" è un avvertimento tipico che si trova solitamente nei cantieri.
da lavoro
Destinato a essere usato per lavorare. Vale per un attrezzo, un locale, un vestito e così via.
lavoro cinese
Figurato: lavoro difficile, minuzioso, lento, che richiede molto tempo, pazienza e accuratezza.
I Cinesi sono celebri anche per la maestria del loro artigianato, spesso basato su una accuratissima e complicatissima miniaturizzazione.
lavoro da certosino
Figurato: lavoro di precisione, che richiede molta pazienza, attenzione, cura e tempo, come le miniature e altri lavori artistici cui una volta si dedicavano i frati Certosini.
var.: lavoro certosino.
lavoro da maestro
Lavoro eseguito con grande maestria, con abilità degna di un maestro.
lavoro di pazienza
Lavoro in genere manuale che prevede un'applicazione costante, precisa, molto minuziosa e accurata. Anche figurato per un'azione, un'iniziativa o altro a lungo termine che richiede calma, pazienza, autocontrollo e così via.
lavoro di schiena
Lavoro pesante.

LAZZARO
sembrare Lazzaro risuscitato
Essere magrissimi, avere un aspetto cadaverico, emaciato, come di un cadavere miracolosamente risorto dalla tomba. Il detto si riferisce a Lazzaro di Betania, fratello di Marta e Maria e amico personale di Gesù. Quest'ultimo, secondo il Vangelo (Giovanni XI, 1-44), quando venne a sapere della morte dell'amico, operò il miracolo della sua resurrezione.

LECCARE
leccare e non mordere
Non approfittare di una situazione; non essere esosi o avidi; accontentarsi del giusto guadagno o di quello che viene offerto.

LECCATA
dare una leccata
Adulare, essere servili con qualcuno, in genere un potente. Anche cercare di accattivarsi la benevolenza di qualcuno per ottenere un vantaggio, o ricorrere all'adulazione per rimediare a un'offesa e così via.

LECCHINO
prendere il lecchino *(pop)*
Prendere un'abitudine piacevole e in particolare prendere gusto a una cosa che non si conosceva, come se ci si rendesse conto della bontà di qualcosa subito dopo averla anche solo leccata per assaggiarla.
var.: prendere il lecchetto.

LEGA
di bassa lega
Detto di persone, di animo vile o di bassa estrazione sociale. Riferito a cose, discorsi o altro, indica cattivo gusto, banalità, trivialità.
Viene dal linguaggio della metallurgia, dove designa una lega di metalli contenente quantità minime di elementi pregiati.
far lega con qualcuno
Allearsi, accordarsi con qualcuno; agire insieme o concordare le proprie azioni per uno scopo comune. Anche

trovarsi bene con qualcuno. Si usa spesso in senso negativo, supponendo azioni poco pulite o comunque discutibili.
var.: far comunella.

LEGARE
legarsi a qualcuno
Stringere con qualcuno un legame, un vincolo di natura affettiva, contrattuale o altro.

LEGGE
dettar legge
Imporre la propria volontà. ‖ Anche fungere da modello in un determinato settore.

essere fuori legge
Essere un bandito, un criminale, una persona che opera al di fuori o contro la legge. Si usa anche per le cose di cui è vietata la produzione o l'uso all'interno di un Paese, oppure per quelle che per qualità, contenuti, confezione o altro non rispondono ai requisiti e alle norme previste dalla legge.
var.: essere un fuorilegge.

essere un senza legge *vedi* **non aver legge**

far legge
Avere valore di legge, valere come una legge. In senso lato, fungere da esempio di riferimento, da parametro informativo, da modello da seguire.

legge draconiana
Legge severissima, inflessibile, spietata. Prende il nome dall'ateniese *Dracone*, vissuto nella prima metà del VII secolo a.C., che riformò la legislatura dell'epoca introducendovi sanzioni molto più severe delle precedenti.

non aver legge
Non riconoscere nessuna autorità. In senso lato essere un bandito, un criminale; oppure anche un anticonformista o un rivoluzionario.
var.: essere un senza legge; essere un senzalegge.

LEGGERE
leggere dentro a qualcuno
Capire cosa sente una persona dalle sue espressioni e atteggiamenti. Anche conoscere una persona tanto bene da indovinarne pensieri e sentimenti.

LEGGERO
PARAGONI: leggero come un sospiro; leggero come una piuma; leggero come una farfalla; leggero come una libellula.

alla leggera
Senza riflessione, senza ponderatezza, senza preoccuparsi. Si associa generalmente a verbi come agire, giudicare, prendere.

leggero come un sospiro
Estremamente leggero, appunto come un sospiro.
var.: lieve come un sospiro.

leggero come una farfalla
Leggerissimo e molto delicato, come una farfalla che si posa sui fiori con estrema leggerezza. Detto in genere del tocco di una persona, di una carezza, di un gesto, un movimento e simili.

leggero come una libellula
Leggerissimo e agile, dai movimenti aerei, appunto come una libellula. Riferito in particolare a una donna che sa ballare molto bene.

leggero come una piuma
Estremamente leggero, appunto come una piuma che pesa pochissimo.

tenersi leggero
Mangiare cibi facilmente digeribili.

LEGNAIA
mandare a Legnaia
Percuotere, picchiare con il bastone. Dal fatto che il bastone è di legno deriva l'idea della legnaia come deposito di randelli di cui, dato il nome, si suppone ricco il paese di *Legnaia*, in Toscana, peraltro dedito alla coltivazione dei cavoli come viene ricordato in un altro detto, "portar cavoli a Legnaia".

LEGNATA
legnate da Olio Santo
Percosse violenti, tali da ridurre in fin di vita. Nel rito cattolico, l'unzione con l'Olio Santo è un sacramento riservato ai moribondi.

LEGNO
aggiungere legna al fuoco
Figurato: alimentare una situazione portandovi nuovi elementi, mantenendola viva in tutti i modi; in particolare esasperandola, rendendola più acuta, più accesa, se si tratta di un contrasto, una discussione, una lite e simili.

caricarsi di legna verde
Affaticarsi più del necessario, come chi raccoglie legna verde che pesa molto e non brucia.

essere un legno torto
Essere qualcosa di difficile, complicato, detto di una situazione, un problema e simili. Riferito a una persona, avere un carattere scontroso, irascibile, e in generale essere poco trattabile. Il legno è tanto più difficile da lavorare quanto più è nodoso e contorto.

portar legna al bosco
Fare una cosa inutile, insensata, come portare qualcosa in un luogo che ne abbonda.
Racconta Orazio (*Satire*, 1,10,34) che quando ancora componeva in greco gli apparve in sogno il Dio Quirino, che lo consigliò di portare piuttosto della legna in una selva, cosa senza dubbio meno assurda che andare ad accrescere il già grande numero dei poeti greci. L'espressione ebbe immediata fortuna, e fu ripresa più volte da molti autori, in particolare da Ovidio e da San Gerolamo.

var.: portar legna alla selva; aggiunger fronde alla selva.

toccar legno
Fare gli scongiuri, toccando per scaramanzia un qualsiasi oggetto di legno.

LENTO
PARAGONI: lento come una lumaca; lento come una tartaruga.

LENZUOLO
stendersi quanto è lungo il lenzuolo
Intraprendere iniziative adeguate alle proprie effettive possibilità e capacità, dopo averle seriamente valutate. Vale anche per impegni economici, ambizioni, progetti e simili.

LEONE
essere un leone in gabbia
Mostrare grande insofferenza per una limitazione, in particolare camminando nervosamente avanti e indietro in uno spazio ristretto.

var.: sembrare un leone in gabbia; fare il leone in gabbia.

fare la parte del leone
In una spartizione o simili, assicurarsi i maggiori vantaggi, ottenere più degli altri, in genere con mezzi discutibili. Raccontano Esopo (*Favole*, 207), Fedro (*Favole*, I) e La Fontaine (*Fables*, I, 6) che un giorno il Leone e l'Asino si associarono per andare a caccia insieme. Al momento di dividere la preda, il Leone ne fece tre parti: una per se stesso in quanto re degli animali, una per se stesso in quanto membro della nuova società, e una per se stesso in quanto più forte dell'altro. E con questo ragionamento si tenne tutto.

giovani leoni
Definizione usata negli anni Cinquanta per i ragazzi della buona società che ostentavano una vita eccentrica e dispendiosa.

sentirsi un leone
Sentirsi molto forti, in gran forma, pieni di coraggio e vigore.

var.: essere un leone.

uno, ma leone
Usato per qualcosa di piccole dimensioni o entità, ma di qualità molto elevata.

L'origine risale a Esopo (*Favole*, 194), che racconta di come la Volpe si vantasse della sua numerosa cucciolata davanti alla Leonessa, che invece non riusciva a mettere al mondo più di un figlio alla volta. "Sì", rispose la Leonessa, "uno, ma Leone".

LEPRE

invitare la lepre a correre *(raro)*
Figurato: darsi molto da fare per convincere qualcuno a fare una cosa che gli è molto gradita e che farebbe comunque volentieri senza sollecitazioni. Anche offrire a qualcuno un'opportunità che aspettava.

pigliare la lepre col carro
Figurato: muoversi lentamente, perdere tempo lasciandosi sfuggire un'occasione.

LESINA

La *lesina* è uno strumento usato dai calzolai per la cucitura di suole e tomaie. È diventata simbolo di avarizia probabilmente grazie a un'opera burlesca pubblicata nel 1589 da un autore di nome Vialardi. Lo scritto narra le avventure della *Compagnia della lesina*, composta da persone talmente avare che pur di risparmiare avevano comperato una lesina per aggiustarsi le scarpe da sé.

essere della compagnia della lesina *(pop)*
Figurato: essere avarissimi.

spuntare la lesina
Spendere, riferito a un avaro che non ne ha l'abitudine.

LETTERA

a lettere d'oro
Figurato: presentato in maniera tale da non poter essere né ignorato né dimenticato, come qualcosa che fosse scritto a lettere d'oro.

dire a tutte lettere
Dire chiaramente, esplicitamente, come pronunciando lentamente le lettere una per una.

lettera fiume
Lettera molto lunga.

restare lettera morta
Non avere effetto, rimanere ignorato, detto in genere di una disposizione, di un ordine, oppure anche di un consiglio, una promessa, una proposta.
L'espressione *lettera morta* indica propriamente una disposizione priva di valore.

scrivere a lettere da speziali
Scrivere a caratteri ben visibili, con lettere molto grandi e dal tratto ingrossato, come quelle che un tempo usavano i farmacisti per contrassegnare le scatole dei loro prodotti. In senso lato, anche scrivere o spiegarsi molto chiaramente in modo da evitare incomprensioni o malintesi.
var.: scrivere a lettere di appigionasi; scrivere a lettere di scatola.

scrivere a lettere di appigionasi
Scrivere a caratteri ben visibili, con lettere molto grandi e dal tratto ingrossato, come quelle usate un tempo sui cartelli che segnalavano un appartamento o una stanza da affittare. In senso lato, anche scrivere o spiegarsi molto chiaramente in modo da evitare incomprensioni o malintesi.

scrivere a lettere di scatola
Scrivere a caratteri ben visibili, con lettere molto grandi e dal tratto ingrossato, come quelle usate su una scatola per indicarne il contenuto. In senso lato, anche scrivere o spiegarsi molto chiaramente in modo da evitare incomprensioni o malintesi.
var.: scrivere a caratteri di scatola.

scrivere a lettere maiuscole
Scrivere o spiegarsi molto chiaramente in modo da evitare incomprensioni o malintesi, come scrivendo in lettere maiuscole e pertanto ben visibili.
var.: dire a lettere maiuscole; parlare a lettere maiuscole; dire a tutte lettere.

LETTO

andare a letto con le galline *(fam)*
Figurato: andare a dormire molto presto, come seguendo i ritmi di veglia e di sonno delle galline che al tramonto rientrano nel pollaio.
var.: andare a letto con i polli.

andare dal letto al lettuccio
Avere poca salute, essere malaticci, avere sempre qualche acciacco o malessere. In senso lato, anche essere pigri e sfaticati.
Con *lettuccio* s'intende il divano, quindi il detto allude ironicamente alla fatica di alzarsi dal letto per stendersi sul divano.
var.: passare dal letto al lettuccio; essere tra il letto e il lettuccio.

letto di morte
Il letto sul quale giace un moribondo.

letto di piume
Figurato: situazione agiata, comoda, che non dà problemi pratici di nessun tipo.

rifare il letto a qualcuno
Trattare malissimo, con insulti, percosse o cattive azioni.

stare su un letto di rose
Figurato: avere una vita comoda, agiata, ricca di piaceri e soddisfazioni.

trovare il letto rifatto
Essere in una situazione privilegiata, essere serviti e riveriti, essere accuditi di tutto punto.

LÌ

lì per lì
Sul momento, immediatamente.

LIBERTÀ

mettere in libertà
Figurato: sollevare qualcuno da mansioni, incombenze, doveri. Anche licenziare da un posto di lavoro.

mettersi in libertà
Cambiare abiti, indossandone di più comodi o svestendosi parzialmente. In senso lato, anche mettersi a proprio agio, non stare in soggezione.

prendersi delle libertà con qualcuno
Comportarsi in maniera scorretta, trattare qualcuno con eccessiva e ingiustificata confidenza, in particolare se si tratta di una donna.

prendersi la libertà di fare qualcosa
Permettersi, arrogarsi il diritto di fare qualcosa.

LIBRO

a libro
In grado di aprirsi, chiudersi o ripiegarsi su se stesso con una faccia contro l'altra, come un libro. ‖ Si dice di un taglio di capelli fatto in modo da creare l'effetto scalare dato dalle pagine di un libro aperto.

ad apertura di libro
A prima vista, guardando una pagina qualsiasi di un libro aperto a caso. Si usa in genere per una prova di traduzione estemporanea.

cosa letta nel libro dei sogni
Cosa fantastica, impossibile, che può esistere solo nei sogni, nonostante la convinzione di chi la sostiene.

essere come un libro aperto
Essere trasparenti, senza segreti per gli altri; lasciar trapelare i propri sentimenti.
var.: leggere come in un libro aperto.

essere sul libro nero
Essere invisi o sgraditi a qualcuno, in particolare a un potente, e di conseguenza venire isolati, boicottati e ostacolati in tutto.
Il detto ha origini storiche che datano dalla Rivoluzione francese, quando su un fascicolo dalla copertina nera si segnavano i nomi delle persone sospette. Il termine fu adottato dalle posteriori istituzioni di polizia, per le quali costituiva l'elenco dei sospetti prima di reati politici e poi anche comuni. Di qui è entrato nell'uso quotidiano.
var.: segnare sul libro nero.

essere un libro chiuso
Essere impenetrabile. Si dice di una

persona che non rivela i suoi pensieri, sentimenti e altro, o che non si riesce a capire. Per estensione, riferito a un argomento, una materia e simili, essere oscuro, incomprensibile o sconosciuto, in cui si è incompetenti.

libro da spiaggia
Libro non impegnativo, di contenuto leggero, in genere un romanzo, teoricamente destinato a essere letto in vacanza.

libro del destino
Figurato: l'insieme delle vicende che compongono la vita, la sorte, il destino di qualcuno.
var.: libro della vita; libro del futuro.

libro della natura
Figurato: il mondo della natura in senso lato, l'insieme delle cose che esistono in natura, considerate come fonte d'insegnamento.
var.: libro dell'universo.

libro della vita *vedi* libro del destino

libro sacro
Figurato: il testo di una dottrina, una fede, un'ideologia, e per estensione di significato qualsiasi testo scritto cui si attribuisca grande valore di saggezza e a cui ci si riferisca come tale. Quasi sempre ironico.

mettere a libro
Assumere regolarmente un lavoratore pagando i contributi di legge.

parlare come un libro stampato
Sapere molte cose ed esporle in maniera chiara e convincente. Si usa spesso in senso ironico per chi fa sfoggio di erudizione o pedanteria.

portare a libro
Registrare, riportare su un registro. Si usa in ambito commerciale o burocratico.

LIMBO
Per la religione cattolica, il *Limbo* è un luogo ultraterreno le cui porte si apriranno il giorno del Giudizio Universale. Si tratta di una specie di anticamera del Paradiso in cui le anime dei bimbi morti prima di poter ricevere il Battesimo e dei giusti vissuti prima della venuta di Cristo rimarranno fino alla Fine del Mondo, in un'attesa priva di sofferenza ma senza la gioia della visione di Dio.

tenere nel limbo
Tenere in sospeso, fare aspettare. Anche accantonare, lasciare dimenticato senza prendere una decisione.

vivere in un limbo
Essere trasognati, come vivendo in un mondo irreale, fantastico, privo di agganci con la realtà quotidiana.
var.: vivere come in un limbo.

LIMONE
fare i limoni *(pop)*
Di una coppia, scambiarsi vistose effusioni.

spremere come un limone
Sfruttare fino in fondo, approfittare il più possibile di qualcuno, soprattutto in tema di denaro. In particolare, gravare di tasse eccessive.

spremere i limoni
Ironico: pregare fervidamente, ardentemente, premendo forte le mani giunte come se vi si tenessero dei limoni da spremere.

LINEA
La guerra tradizionale prevede gli schieramenti militari in termini di *linee*, rappresentate dalle righe dei soldati armati. Si ha così la "prima linea", quella che affronta direttamente il nemico faccia a faccia, poi la "seconda", che le viene subito dietro, pronta a spalleggiarla o a sostituirla in caso di cedimento e così via. Con l'avvento dell'artiglieria si aggiunse nel tempo la "linea del fuoco", ossia la zona difesa dalle armi da fuoco e in cui cadono i proiettili, che sostituì la "linea di tiro", precedentemente difesa dagli archi e dalle altre armi da lancio.

a grandi linee
In generale, più o meno, presentando solo gli aspetti principali di qualcosa, usato di solito per l'esposizione di un'idea, il racconto di un avvenimento, un riassunto e altro.

essere in prima linea
Figurato: essere più importante, prioritario. Trovarsi in posizione preminente anche nel senso di avere successo, emergere, essere tra i primi, oppure ancora essere nella posizione di maggior rischio.

essere sulla linea del fuoco
Figurato: essere nella zona, nella fase o nel momento più pericoloso di qualcosa, come trovandosi sotto il tiro dell'avversario, molto esposti ai suoi attacchi. Quindi anche dover combattere per difendersi; essere un facile bersaglio; essere in una posizione molto difficile o scomoda.

linea d'ombra
Dal titolo di un romanzo di Joseph Conrad, è usato per alludere al confine incerto fra due realtà contrapposte. Anche limite che, una volta superato, costituisce un punto di non ritorno.

passare in seconda linea
Figurato: perdere priorità, importanza, considerazione o simili; non essere più l'elemento o la persona principale o primeggiante.

su tutta la linea
In modo completo, totale. Si dice per una vittoria, un fallimento e altro.

LINGUA

avere la lingua in bocca
Sapersela cavare in ogni circostanza, sapersi togliere d'impaccio, riuscire sempre a trovare e a esporre chiaramente gli argomenti necessari a risolvere una situazione, a far valere i propri diritti c così via.

avere lasciato la lingua a casa
Figurato: essere taciturni, e soprattutto non voler parlare. Si dice di solito ai bambini timidi.

avere sulla punta della lingua
Non riuscire a ricordare qualcosa che però si ha l'impressione di poter riportare alla memoria da un momento all'altro, riferito in genere a un nome, a una singola parola e così via. ‖ Essere sul punto di dire una cosa ma trattenersi dal farlo per una ragione qualsiasi, soprattutto per prudenza.

avere una buona lingua
Avere una buona loquela, essere sempre in grado di trovare le parole più adatte per sostenere le proprie opinioni, i propri diritti e così via.

fare a lingua in bocca *(pop)*
Andare molto, troppo d'accordo con qualcuno, nonostante si dichiari il contrario.

farsi mangiare la lingua dal gatto
Figurato: restare in silenzio, non pronunciare una parola. Usato spesso scherzosamente nei confronti di un bambino intimidito.

la lingua batte dove il dente duole
Di origine proverbiale, il detto ricorda che si parla sempre di quello che più preoccupa. È usualmente riferito a chi insiste continuamente su un dato argomento.
Ripete l'identico proverbio: quando un dente dà fastidio si tende a stuzzicarlo spesso con la lingua.

lingua affilata
Figurato: si dice di affermazioni pungenti, mordaci, riferito a una persona che tende a reagire verbalmente con parole taglienti.

lingua biforcuta
Persona bugiarda, insincera, oppure spergiura e traditrice.
La locuzione è entrata in uso con la diffusione dell'Epopea Indiana del Far West, e nel linguaggio dei fumetti veniva usata dai Pellerossa nei confronti dei coloni bianchi. Il riferimento originario, però, risale alla lingua bifida dei serpenti, comunemente considerati animali subdoli e infidi.

var.: lingua di serpente; lingua serpentina; lingua viperina.

lingua che taglia e cuce
Persona pettegola, maldicente, portata a criticare gli altri con acuta malignità.
var.: lingua tagliente; lingua tagliente come un rasoio.

lingua di fuoco
Propriamente, fiamma lunga e stretta. In senso figurato indica un discorso o un'accusa pesante, o una persona che parla in modo acceso e pungente.

lingua d'inferno
Lingua malefica, maligna, velenosa, detto di una persona che sparla, accusa e calunnia tutti.
var.: lingua infernale.

lingua di serpente *vedi* **lingua biforcuta**

lingua lunga
Figurato: si dice di una persona che parla troppo, e che in particolare racconta in giro i fatti propri o altrui. Usato anche per chi non è capace di mantenere un segreto, oppure ancora per i chiacchieroni irriducibili.

lingua sciolta
Facilità e scioltezza nel parlare. In senso ironico, si usa per chi parla con troppa franchezza, per chi racconta con leggerezza confidenze ricevute o notizie riservate e così via.

lingua serpentina
Figurato: lingua pungente, maligna, velenosa come erroneamente si credeva quella dei serpenti, riferito a una persona portata alla maldicenza e alle insinuazioni, o che gode nel provocare discordia. Propriamente la *lingua serpentina* è un vizio di alcuni cavalli e di altri animali domestici, come il cane e il gatto, consistente nel fare uscire continuamente la lingua dalla bocca.
var.: lingua viperina.

mala lingua
Persona maldicente, maligna, perfidamente pettegola.
var.: malalingua.

mordersi la lingua
Trattenersi dal dire qualcosa, in genere per prudenza. Anche pentirsi di non averlo fatto.

sciogliere la lingua
Indurre a parlare, a rivelare quello che si sa, ricorrendo alle lusinghe, all'intimidazione, alle minacce, alle droghe e altro. Riferito anche agli effetti dell'alcool.

tenere la lingua a freno
Sapersi controllare e trattenere nel parlare, in modo da non dire quello che non si vorrebbe o dovrebbe.

tenere la lingua a posto
Sorvegliare il proprio modo di esprimersi; non usare un linguaggio sconveniente, non dare risposte irriverenti o ineducate e così via. Anche non spettegolare, o non rivelare confidenze o segreti.

ti si possa seccare la lingua! *(fam)*
Esclamazione rivolta a una persona eccessivamente verbosa, o che dice cose fuori luogo, per invitarla a tacere. Si usa anche in altre forme, come ad esempio "Non ti si secca mai la lingua?", cioè "non ti stanchi mai di parlare?"

LIRA

non valere una lira
Figurato: non valere nulla, nemmeno una lira.

tranquillo come un due lire *(des)*
Tranquillo, sereno. Anche con aria angelica, innocente, detto di chi invece avrebbe da rimproverarsi colpe o mancanze.
L'origine del detto è incerta; forse allude al fatto che la moneta da due lire non è più in uso ed è per questo lasciata in pace, e quindi tranquilla.

LISCIO

PARAGONI: liscio come l'olio; liscio come un biliardo; liscio come un uovo.

andar liscio
Riferito a una prova, una situazione, un'impresa e simili, svolgersi senza difficoltà, senza problemi. Anche concludersi senza conseguenze negative. Detto di una persona, comportarsi in modo tranquillo, logico, coerente, senza stranezze e senza strafare.
var.: andar via liscio.

andare per le lisce *(raro)*
Comportarsi senza cerimonie, agire in modo sbrigativo e senza tanti riguardi. Qui *lisce* è sinonimo del più usato *spicce*.

liscio come l'olio
Calmo, assolutamente piatto, senza increspature, riferito alle acque del mare o di un lago. ‖ Senza intoppi e difficoltà, riferito a un'impresa, a un lavoro, a un'azione o altro che si svolgono senza problemi o inconvenienti, o che raggiungono con facilità un esito positivo.

liscio come un biliardo
Perfettamente liscio, piatto, senza rugosità o increspature, detto soprattutto di una superficie e in particolare di uno specchio d'acqua, o di una testa calva. In senso figurato, si usa inoltre per un'impresa o simili che risulta particolarmente facile.
Il biliardo non deve presentare gobbe o rugosità per consentire il gioco. ‖ Riferito a una persona, completamente calva.
var.: liscio come una palla da biliardo.

liscio come un uovo
Calvo, totalmente privo di capelli; con il cranio liscio esattamente come un uovo, riferito a una persona e alla sua capigliatura. ‖ Usato anche, più raramente, per una situazione, un'iniziativa o simili che non presenta problemi e intoppi.

LITANIA
essere una litania
Essere lungo, noioso, monotono e sempre uguale. Si dice di un discorso, una lagnanza, una lamentela petulante e simili.
var.: fare una litania.

LIVELLO
livello di guardia
Figurato: limite massimo oltre il quale le azioni o le provocazioni di una persona rischiano di creare reazioni e conseguenze spiacevoli o pericolose. Si usa anche per la pazienza, per dire che sta per esaurirsi.
Si tratta propriamente del livello massimo delle acque che un fiume o un lago possono raggiungere senza pericolo per la popolazione o le colture. Viene normalmente segnato sugli argini per poter controllare la situazione a prima vista e intervenire a tempo.

LOMBO
discendere da magnanimi lombi
Discendere da un'illustre casata. Usato oggi in senso ironico.
var.: discendere da sacri lombi.

LUCCIO
buttar sardelle per prender lucci
Figurato: sacrificare qualcosa per ottenerne in cambio un bene di maggior valore, come usando un pesce poco pregiato, le sardine, come esca per catturare i lucci.
var.: buttare sardine per prendere lucci.

LUCCIOLA
far vedere le lucciole
Figurato: procurare un intenso dolore fisico. È un modo di dire ormai poco usato, sostituito dall'equivalente "far vedere le stelle".
var.: far vedere le stelle.

prendere lucciole per lanterne
Capire o vedere una cosa per un'altra, sbagliarsi, confondere due cose vagamente simili.

LUCE

alla luce dei fatti
A posteriori, secondo la realtà dei fatti, sulla base di quanto è avvenuto effettivamente, contrapposto a qualcosa che si era valutato solo in base a una teoria, una previsione o simili.

alla luce del giorno
Figurato: con chiarezza, con lucidità, come guardando una cosa bene illuminata dalla luce diurna, senza che le ombre della notte ne alterino i contorni. Per trasposizione, con una visione netta e razionale della realtà, in contrapposizione a quanto si può pensare o sentire quando la mente è offuscata da stanchezza, pregiudizi, paure e così via. Si usa per un'idea, un progetto o altro cui si era pensato in condizioni di scarsa lucidità, come in sogno, e che viene poi ridimensionato quando si riprende contatto con la realtà quotidiana.

alla luce del sole
Apertamente, pubblicamente, sotto gli occhi di tutti; senza nascondersi, senza sotterfugi o simili; in modo pienamente legale.

alla luce di...
In base a, prendendo in considerazione i fattori citati in precedenza. Usato per una conclusione, un giudizio e simili, cui si giunge dopo avere valutato una situazione o altro.

arrivare quando si spengono le luci
Arrivare troppo tardi, quando tutto è ormai finito, e nelle stanze ormai vuote sono già spente anche le luci.

dare alla luce
Partorire, mettere al mondo. ‖ Per estensione, pubblicare.

essere la luce degli occhi
Essere qualcosa di preziosissimo, di molto caro per qualcuno, come il dono della vista.

far luce su qualcosa
Chiarire, spiegare; trovare una spiegazione a qualcosa che rimaneva oscuro. Vale per un mistero, un delitto, uno scandalo e così via.
var.: gettar luce su qualcosa.

la luce eterna
Per i cattolici, Dio e la sua luce, con cui illuminerà l'eternità dei giusti che avranno meritato il Paradiso.
var.: la luce perpetua.

le luci della ribalta
Figurato: la carriera teatrale e il mondo dello spettacolo in generale. In senso figurato, la notorietà, la fama, la celebrità presso il grande pubblico.

mettere in buona luce
Figurato: dare un'immagine positiva di qualcuno o di qualcosa mettendone in risalto i lati migliori, come ponendo un oggetto in un punto in cui l'illuminazione gli risulta favorevole.
var.: gettare una buona luce su; mettere in cattiva luce; gettare una cattiva luce su.

mettere in luce
Mostrare, manifestare. Anche sottolineare, mettere in risalto, focalizzare qualcosa. Ancora, individuarne o scoprirne un aspetto trascurato o sconosciuto.
var.: portare alla luce.

mettere in piena luce
Evidenziare, mettere in mostra, far notare; rendere molto chiaro e perfettamente visibile.

presentare qualcosa nella sua vera luce
Chiarire o ridimensionare qualcosa, mostrandone l'effettiva realtà o la vera qualità.

ricevere la luce
Essere ammessi ai riti d'iniziazione di una setta. È usato principalmente dalla Massoneria, che coniò il detto.

vedere la luce
Nascere, venire al mondo.

venire alla luce
Nascere, venire al mondo. ‖ Apparire, farsi trovare o vedere, venire allo scoperto, detto di un reperto archeologico come di un elemento nuovo o na-

scosto di una situazione.
var.: vedere la luce.
venire in luce
Manifestarsi, rivelarsi, apparire, mostrarsi chiaramente e pubblicamente, riferito in particolare a una verità, un segreto, uno scandalo e simili tenuti nascosti, oppure per dei nuovi elementi che intervengono in una questione.

LUCERNA
mettere la lucerna sotto il moggio
Nascondere le proprie qualità, doti o virtù; essere esageratamente discreti, riservati, schivi.
sapere di lucerna
Figurato: si dice soprattutto di un saggio, un'esposizione letteraria o simili, che si presenta pedante, libresca e poco originale, e che risente molto delle ricerche condotte su altri testi.
L'immagine è quella dello studioso di un tempo che passava le notti a consultare vecchi libri al lume della lucerna. Il detto si riallaccia a un precedente "puzzare di stoppini" che si trova già in Plutarco nella sua *Vita di Demostene* (8, 4), rivolto come critica all'oratore greco.

LUCERTOLA
fare la lucertola
Restare immobili a prendere il sole, come fanno le lucertole.
trovare la lucertola con due code
Trovare una cosa molto rara; avere un colpo di fortuna.
vivere di lucertole
Essere molto magri, come se si mangiassero solo lucertole, che secondo la credenza popolare fanno dimagrire.
Il detto nasce dall'osservazione degli animali, in particolare dei gatti randagi di campagna che spesso si nutrono di piccole prede tra cui le lucertole. Il fatto che siano generalmente molto magri è dovuto in realtà all'alimentazione insufficiente; sembra tuttavia che le carni della lucertola risultino effettivamente non assimilabili, in quanto conterrebbero una sostanza tossica che induce il vomito o quanto meno compromette la digestione.

LUMACA
essere una lumaca
Essere una persona estremamente lenta, nel camminare o in qualsiasi altra attività.
lasciare lo strascico come le lumache
Dimenticare o lasciare in giro i propri oggetti sparpagliandoli per la casa o altrove, come lasciandosi dietro una scia di disordine, così come le lumache, spostandosi, lasciano sul terreno una striscia di muco. Si dice anche di chi lascia di sé cattivi ricordi, o che ha suscitato pettegolezzi, discussioni, liti o altro.

LUME
a questi lumi di luna ...
In questo periodo di difficoltà, riferito in particolare a problemi economici.
var.: con questi chiari di luna.
accendere un lume
Riconoscere di essere sfuggiti a un grave pericolo per pura fortuna, o per l'aiuto della Divina Provvidenza che per i credenti va ringraziata con l'offerta di una candela in chiesa.
var.: accendere un cero; accendere una candela; accendere un lume in chiesa; accendere un lume alla Madonna.
arrivare a lumi spenti
Arrivare in ritardo, quando tutto è finito da un pezzo, e nei locali ormai vuoti sono già spente anche le luci.
chiedere lumi
Domandare chiarimenti, spiegazioni su qualcosa che risulta oscuro, come chiedendo una luce per vederci.
perdere il lume della ragione
Adirarsi al punto di non ragionare

più, diventando come ciechi per la rabbia. Per estensione, montare su tutte le furie, dare in escandescenze.
var.: perdere il lume degli occhi.
reggere il lume *vedi* **candela: reggere la candela**

LUMICINO
essere al lumicino
Essere in fin di vita, all'estremo delle forze vitali. Si usa anche per un'azienda, un'attività, un ente, un'impresa e altro che si trovano in condizioni così precarie da farne prevedere l'imminente fallimento.
In questo detto convergono diverse immagini: quella della fiamma di un lume che vacilla per esaurimento dell'olio, quella del morente cui era uso porre accanto un lumino benedetto, e infine una pratica un tempo molto comune, quella di controllare se il moribondo era ancora in vita accostandogli alle labbra una fiammella, guardando se c'era ancora il respiro che la faceva tremolare.
var.: ridursi al lumicino; essere ridotto come un lumicino cui manca l'olio.

LUNA
a punti di luna
Molto raramente.
abbaiare alla luna
Figurato: lamentarsi o agitarsi inutilmente; prendersela con chi non c'entra; sfogarsi contro qualcuno che non si cura di reagire.
Secondo una vecchia credenza popolare, i cani sono disturbati dalla luce della luna, e pertanto cercano di scacciarla abbaiandole contro.
var.: ululare alla luna.
andare a lune
Figurato: essere incostanti, volubili; andare soggetti a sbalzi d'umore, come seguendo il ritmo delle fasi della luna e subendone gli influssi.
La luna può effettivamente influenzare l'umore delle persone, anche se non tutti ne risentono allo stesso modo. Il suo potere, prima ancora che dalla scienza, era riconosciuto dalla cultura popolare, tanto che la luna è citata in diversi modi di dire anche piuttosto antichi.
var.: andare a quarti di luna; andare a punti di luna.
averci a che fare come la luna coi granchi
Non avere alcuna attinenza, legame o rapporto con qualcosa.
La credenza popolare lega però l'immagine del granchio a quella della luna, confortata anche dalla simbologia astrologica e dall'iconografia dei Tarocchi. L'unica ragione che potrebbe giustificare tale legame è che il granchio esce dall'acqua con la bassa marea, a sua volta influenzata dalle fasi lunari.
avere la luna *(fam)*
Essere intrattabili, irritabili, di pessimo umore, come influenzati negativamente dalla luna. Più raramente, essere trasognati o malinconici.
var.: avere la luna per traverso; avere la luna storta.
con questi chiari di luna ...
Con questo periodo di difficoltà, riferito in particolare a problemi economici.
var.: a questi lumi di luna.
essere di luna buona *(fam)*
Essere di buon umore, sereni, allegri e cordiali.
far vedere la luna nel pozzo
Far credere cose assurde, impossibili, generalmente allo scopo di raggirare qualcuno. Anche illudere, lusingare, creare false illusioni.
luna di miele
I primi giorni di matrimonio, generalmente quelli che una coppia di sposi trascorre nel viaggio che tradizionalmente segue alle nozze.
luna sporca
Luna velata, offuscata, oppure rossa o

circondata da un alone, che indica un'alta percentuale d'umidità nell'atmosfera.

LUNARIO
Il *lunario* è l'antenato del moderno calendario, chiamato così perché riportava in primo luogo le fasi lunari di tutto l'anno, importantissime per l'economia agricola su cui un tempo si basava la vita. Pian piano, oltre ai giorni del mese e relativi Santi, cominciò a riportare consigli morali, versetti della Bibbia, ricette di cucina, barzellette e qualsiasi altra cosa servisse a renderlo più ricco, più colorato e più appetibile per i compratori, comprese le previsioni astrologiche.

essere un venditore di lunari
Essere una persona poco seria, inattendibile, superficiale e leggera; oppure un piccolo imbroglione.

sbarcare il lunario
Vivere stentatamente, mettendo insieme il denaro appena sufficiente alla sopravvivenza quotidiana.

LUNGO
PARAGONI: lungo come la Quaresima; lungo come una sposa; lungo come la messa cantata; lungo come il Po; lungo come la processione; lungo come la fame; lungo come l'anno della fame; lungo come il digiuno.

andare per le lunghe *vedi* **mandare per le lunghe**

essere lungo *(fam)*
Essere lenti un po' in tutto, impiegare molto tempo a fare qualcosa.

farla lunga *(fam)*
Allungare inutilmente un discorso; insistere troppo in una lamentela, una discussione, un rimprovero e simili.

farla più lunga della camicia di Meo
Figurato: continuare a lungo, non finire mai. Detto in particolare di un un discorso, un racconto e simili, in genere noiosi o poco interessanti.

Meo è diminutivo di Bartolomeo, e il detto potrebbe alludere a Bartolomeo Colleoni, vissuto nel 1400. Un malizioso gioco di parole ispirato al cognome del condottiero bergamasco giustificherebbe la lunghezza della sua camicia.

lungo come il digiuno
Molto lungo, lentissimo a passare.
Il digiuno citato è quello della Quaresima, che dura oltre quaranta giorni.

lungo come il Po *(des)*
Molto lungo, interminabile; anche nel senso di molto lento.
Il *Po*, con i suoi 652 chilometri, è il fiume più lungo d'Italia.

lungo come l'anno della fame
Figurato: estremamente lungo, interminabile, e in generale sgradevole, penoso, faticoso. Allude agli anni di carestia, che impongono sacrifici e sembrano non finire mai.
var.: lungo come la fame.

lungo come la Messa cantata
Molto lento, trascinato nel tempo, come la Messa cantata che dura più della Messa normale.

lungo come la processione
Lungo, lento; riferito a gruppi di persone o cose.
Allude alle processioni religiose, spesso di notevole lunghezza dato il grande numero di persone in corteo, e inoltre lenta a spostarsi.

lungo come la Quaresima
Interminabile, penoso, come i quarantaquattro giorni di privazioni e penitenza della Quaresima che i cristiani sono tenuti a osservare e che sembrano non finire mai. Riferito a persone, essere molto lenti o apatici nelle azioni, nel lavoro, nei movimenti e altro.

lungo come una sposa
Molto lento nel fare le cose.
Il detto completo è "lungo come una sposa a vestirsi".

mandare per le lunghe
Procrastinare, rimandare qualcosa;

prolungare di molto i tempi di una situazione o altro, in genere nel tentativo di evitarla.
var.: andare per le lunghe; tirare in lungo; tirare per le lunghe.

saperla lunga *(fam)*
Conoscere benissimo un argomento. Più usato nel senso di essere furbi, scaltri, oppure di sapersi trarre d'impaccio in tutte le circostanze.

tirare di lungo
Continuare a camminare senza badare al richiamo di qualcuno o a quanto succede intorno. Ignorare volutamente persone o eventi nei quali ci si imbatte, passando oltre e fingendo di non vederli nemmeno, in genere per evitare coinvolgimenti o simili. Per estensione, proseguire in un'azione senza curarsi d'altro. ǁ Fare qualcosa in fretta, alla meno peggio, senza troppa attenzione o cura.
var.: tirar via.

tirare in lungo *vedi* **mandare per le lunghe**

LUPO

a urli di lupo
Molto raramente, una volta ogni tanto.
La tradizione popolare vuole che il lupo sia un animale molto silenzioso, che ulula di rado.

aver provato il morso del lupo
Essere diventati prudenti dopo avere avuto esperienze sgradevoli.
var.: aver provato il dente del lupo; aver visto il lupo.

aver visto il lupo
Avere una voce fioca, tremula, come dopo un grande spavento.
Secondo la tradizione popolare, la vista di un lupo è così paurosa che fa perdere la voce. ǁ Diventare eccessivamente prudenti dopo uno spavento o un'esperienza spiacevole.

cadere in bocca al lupo
Cadere in mano a un nemico; dovere affrontare un grave pericolo o trovarsi in una situazione difficile a causa della propria imprudenza o ingenuità.

crepi il lupo!
Esclamazione. È la risposta rituale all'augurio "in bocca al lupo!".

da lupi
Rafforzativo legato ai concetti di duro, difficile, ostile, detto del clima, di un luogo o altro che si considerano adatti soltanto ai lupi. Si hanno così una notte da lupi, un tempo da lupi, un posto da lupi e simili.

essere una lupa bianca
Essere qualcosa di molto raro, strano e un po' misterioso, che sembra quasi opera di magia.
In realtà il lupo bianco esiste, anche se non è molto comune, e il suo colore è dovuto a un normale fenomeno di albinismo che però sembra più diffuso nei maschi. Forse il detto, citando la lupa, tiene conto di questa differenza.

fare il lupo pecoraio
Fare qualcosa che non è assolutamente della propria natura, in genere tramando un inganno da cui trarre profitto, così come farebbe un lupo che decidesse di diventare pecoraio.
Deriva da una favola di Verdizotti (*Cento favole*) ripresa poi da La Fontaine (*Fables*, III, 3). ǁ Affidare un bene prezioso alla persona meno adatta, di cui si dovrebbe invece diffidare, come se si assumesse un lupo per far la guardia alle pecore. In senso lato, essere imprudenti, sventati o molto ingenui.

fare più miglia di un lupo a digiuno
Viaggiare molto, spostarsi continuamente. Anche fare molta strada, venire da lontano, compiere un viaggio lungo e faticoso.
Un lupo affamato percorre lunghe distanze per trovare una preda.

gridare al lupo
Dare un allarme inascoltato; invocare aiuto contro un pericolo immaginario,

essere inutilmente allarmista.
Narra una storiella popolare che un giovane pastore, non sapendo come passare il tempo mentre pascolava le sue pecore, cominciò a gridare "Al lupo! Al lupo!" Gli abitanti del paese accorsero in sua difesa per rendersi poi conto che si era trattato solo di uno scherzo, tuttavia credettero ancora al pastore quando questi volle ripetere la sua burla. Di nuovo il paese accorse ad aiutarlo, e il pastorello, sempre più divertito, ripeté lo scherzo altre volte ancora. Finché un giorno il lupo venne davvero, ma benché il ragazzo si affannasse a chiamare aiuto, non accorse nessuno.

il lupo cambia il pelo ma non il vizio
Di origine proverbiale, il detto ricorda che non si può cambiare l'indole naturale di qualcuno.
Si tratta di un proverbio che in origine è riferito non tanto al lupo quanto alla volpe. La prima testimonianza del detto è in Svetonio, che nella *Vita di Vespasiano* (16) racconta come con questa frase l'imperatore venne un giorno accusato da un contadino di essere sempre stato e di continuare a essere un avaro incorreggibile. Un detto simile precisa che "la volpe può mutare i peli da fulvi in bianchi, ma non cambia mai i suoi costumi", e un epigramma anonimo dell'*Antologia Palatina* (9, 47) narra di una capra che viene costretta dal pastore ad allattare un lupacchiotto e, vedendosi già divorata, pensa amaramente che il beneficio ricevuto non servirà certo a cambiare la natura del cucciolo.
var.: il lupo perde il pelo ma non il vizio; la volpe cambia il pelo ma non il vizio; la volpe perde il pelo ma non il vizio.

in bocca al lupo!
Esclamazione augurale di buona fortuna rivolta a chi sta per affrontare una prova difficile, detta con intenzione scaramantica per contrastare la sorte rovinosa di chi "finisce in bocca al lupo". La risposta prevista è "crepi il lupo!".

lupo di mare
Persona che ha navigato molto e ha pertanto affrontato con successo i pericoli del mare in tempesta.

lupo in veste d'agnello
Figurato: persona infida, pericolosa, che nasconde intenti malvagi sotto un'apparenza innocua, dolce e mite.
Viene da un passo del Vangelo di Matteo (7,15), dov'era riferito ai falsi profeti, ma lo stesso concetto era già diffuso nella letteratura ebraica. L'immagine venne più tardi ripresa con il significato attuale nella *Divina Commedia* di Dante (*Paradiso*, 27,55), nel *Decamerone* di Boccaccio (4,2,11), e in altre opere di vari autori, tra cui anche Lorenzo il Magnifico.

lupo mannaro
Licantropo, essere umano che, secondo la tradizione popolare, si trasforma in un lupo nelle notti di luna piena. La sua immagine è spesso usata come spauracchio per i bambini.

mettere il lupo nell'ovile
Mettere qualcuno in una posizione di grande vantaggio, dandogli la possibilità di nuocere facilmente a chi vuole, come ponendo un lupo all'interno di un ovile. In senso lato, essere imprudenti, sventati o molto ingenui, oppure tradire la propria parte in genere per interesse. ‖ Affidare un bene prezioso alla persona meno adatta, di cui si dovrebbe invece diffidare, come se si assumesse un lupo per far la guardia alle pecore. In senso lato, essere imprudenti, sventati o molto ingenui.
Il richiamo è a una fiaba di Esopo (*Favole*, 317) dove il pastore che sta per commettere tale imprudenza viene salvato all'ultimo momento dal cane.

mettere in bocca al lupo
Esporre una persona o una cosa a un

grave pericolo, darla in mano al nemico.
var.: andare in bocca al lupo; finire in bocca al lupo.

tenere il lupo per gli orecchi
Trovarsi in una situazione precaria, in condizioni di equilibrio instabile, nella quale non si può resistere a lungo e che al minimo cedimento potrebbe volgere al peggio

È un detto proverbiale già in epoca romana, usato da Svetonio nei confronti dell'imperatore Tiberio e da altri autori, tra cui Terenzio. Nel suo *Phormio* (506) si dice: "Tengo il lupo per le orecchie, e non so né in che modo mandarlo via né come tenerlo fermo". L'espressione risulta anche in Plauto e in diversi autori classici.

LUSCO
tra il lusco e il brusco
A mezza luce, in penombra, come nelle prime ore del mattino o della sera. Usato anche in senso figurato per indicare una situazione vaga, confusa, in cui non è facile distinguere o giudicare. ‖ Con un'espressione incomprensibile, a mezzo tra benevola e severa, o come quella di una persona insicura o poco sincera che parlando non guarda in faccia l'interlocutore.

Lusco, dal latino *luscus*, significa guercio; la seconda parte, *brusco*, potrebbe riprendere il vecchio significato di scuro, rannuvolato, detto del cielo, oppure alludere a qualcosa d'improvviso, di repentino. È però possibile che sia intervenuta semplicemente per amor di rima.

LUSSO
andare di lusso *(pop)*
Figurato: svolgersi con grande successo, senza problemi o intoppi, procurando un utile maggiore del previsto oppure evitando un danno e simili.

LUSTRATA
dare una lustrata
Figurato: fare opera di adulazione. ‖ Figurato: sgridare qualcuno, rimproverarlo aspramente.

LUSTRO
dar lustro
Dare gloria, fare onore a qualcuno, in genere a una casata, a una nazione, a una città e simili.

star lustro *(raro)*
Andare incontro a un grosso guaio; avere poche speranze di riuscire a sfuggire a un evento sgradevole, oppure poche probabilità di riuscire a ottenere quello che si desidera. Usato soprattutto nell'esclamazione "stai lustro!", che corrisponde a un rifiuto deciso e un po' irrisorio, è oggi meno diffuso dell'equivalente "stai fresco!".

M

MA
non esserci "ma" che tenga
Non esserci obiezioni, eccezioni o altro che possano modificare una situazione, una decisione o simili. Si usa per ribadire la propria irremovibilità di fronte a qualcuno che presenti delle obiezioni.

MACCHIA
a macchia d'olio
Tendente a espandersi su tutti i lati, proprio come una macchia d'olio che si allarga lungo la circonferenza. Riferito in particolare a fenomeni di massa che si diffondono visibilmente.
darsi alla macchia
Rifugiarsi e nascondersi in zone boscose, selvagge, disabitate. In senso lato, rendersi irreperibili, nascondersi, non farsi trovare, e in particolare, sfuggire alla giustizia, alla polizia o comunque ai rappresentanti delle forze dell'ordine rendendosi irreperibili. Un tempo era questo il classico modo di evitare l'arruolamento forzato. ‖ Darsi al brigantaggio, diventare banditi. ‖ Entrare nelle formazioni partigiane, come si diceva durante la Seconda Guerra Mondiale. Altro modo di dire analogo era "andare in montagna".
var.: buttarsi alla macchia.
lavare una macchia col sangue
Vendicarsi di un affronto versando il sangue dell'offensore, quindi uccidendolo. Allude all'antico codice cavalleresco secondo il quale questo era l'unico modo di riscattare l'onore macchiato da un'offesa, un insulto e simili. Si riallacciava in qualche modo al Giudizio di Dio, presupponendo che la giustizia celeste non avrebbe permesso la morte di un innocente.

MACCHINA
fare macchina indietro
Figurato: ritirarsi, recedere da un tentativo, un'impresa o altro. Anche sconfessare quanto si è precedentemente detto, promesso o simili. Allude alla retromarcia di un autoveicolo.
var.: fare marcia indietro.
mettere in macchina
Figurato: dare avvio a un progetto, un'iniziativa o altro; cominciarne la fase esecutiva o realizzativa.

MACCHINETTA
a macchinetta
In modo meccanico, quasi automaticamente. È in genere riferito a verbi come "rispondere" o "parlare", anche nel senso di parlare ininterrottamente, senza fermarsi mai, come se si fosse caricati da una molla e quindi continuando fino alla fine della carica.
ripetere a macchinetta
Ripetere a memoria, in modo meccanico, come una macchina.

MACELLO
andare al macello
Andare incontro alla morte, detto in genere di un gruppo di soldati. Anche andare incontro a una situazione pericolosa, rischiosa o comunque spiacevole.
var.: mandare al macello.
fare un macello
Figurato: creare un gran disordine, una grande confusione, soprattutto di oggetti vari o frantumati. Riferito a un'azione bellica, una calamità naturale e simili, fare una strage, una carneficina, o anche portare gravi danni e devastazione.

MADDALENA
maddalena pentita
Peccatrice pentita. Quasi sempre in senso ironico.
Allude alla peccatrice evangelica (Luca, VII, 37-50) che lavò i piedi di Gesù con le proprie lacrime e li asciugò poi con i capelli, divenuta per la cristianità il simbolo della penitente. La tradizione tende a identificarla con una delle "pie donne" che assistettero alla crocifissione e alla sepoltura di Cristo e quindi alla sua successiva resurrezione; alcuni vogliono invece che si trattasse di Maria di Betania, sorella di Lazzaro. Alcune teorie recenti avanzano l'ipotesi che si trattasse comunque della moglie di Gesù.

MADIA
La *madia* vera e propria è divisa in due corpi: quello superiore è costituito da una cassa con la facciata ribaltabile e da un coperchio incernierato, che una volta aperto rivela un piano sul quale s'impastava il pane; la parte inferiore è munita di cassetti e di due ante a pannelli, per conservare il pane fatto e la farina.
essere usciti dalla stessa madia
Somigliarsi moltissimo, sia fisicamente quanto nel carattere, nei difetti o nelle doti.
var.: spianati nella stessa madia.

MADONNA
avere le madonne *(pop)*
Essere irritati, intrattabili, di pessimo umore.
essere come la Madonna dei Sette Dolori
Soffrire di molti dolori, acciacchi, malattie. Usato spesso in senso ironico per un malato immaginario o per una persona che si lamenta in continuazione di qualsiasi piccolo malessere.
L'iconografia presenta la Madonna dei Sette Dolori con il cuore trafitto da sette spade, divenuta oggetto di venerazione popolare non sempre autenticamente cristiana. Il riferimento è al Vangelo di Luca (II,35), nel passo in cui il vecchio Simeone profetizza a Maria che avrebbe avuto "l'anima trafitta da una spada".
var.: esser la Madonna dei dolori.
essere donna e Madonna
Essere la padrona assoluta.
essere la Madonna Pellegrina
Figurato: non stare mai fermi, detto di una persona che deve cambiare spesso abitazione o luogo di residenza, oppure che deve viaggiare molto.
Allude a qualsiasi statua della Madonna che venga portata in processione e che in quel momento rappresenta la Madonna come patrona del mondo, che le fu consacrato nel 1942 dopo le apparizioni e i miracoli di Fatima.
essere tutto Santi e Madonne
Essere bigotti, essere ipocritamente devoti.
madonnina infilzata
Donna che nasconde la sua scarsa virtù o bontà dietro un'apparenza pia, devota; oppure dolce, innocente, remissiva, e comunque molto per bene. Quasi sempre ironico.
Allude alla Madonna dei Sette Dolori, che l'iconografia presenta con il cuore trafitto da sette spade.
var.: madonna infilzata.
sembrare la Madonna del petrolio
Portare addosso un gran numero di monili e gioielli, come una statua della Madonna che i fedeli ringraziano con *ex voto* a testimonianza di un miracolo o di una grazia esaudita.
Sono molte le Madonne miracolose che vengono letteralmente ricoperte di oggetti preziosi, secondo un uso particolarmente seguito nei Paesi del Sud d'Europa e d'America.
var.: sembrare la Madonna di Monte Nero; sembrare la Madonna di Loreto.

tirar madonne *(pop)*
Bestemmiare, in particolare il nome della Madonna. In senso lato, usare un linguaggio sboccato, con improperi, parolacce e simili.
var.: tirar giù madonne.

MADRE
di madre lingua
Riferito a un insegnante di lingue, indica la persona nata nel Paese di cui insegna l'idioma.
la grande madre
Figurato: la Terra, la Natura.
madre patria
In origine, la nazione di provenienza di un gruppo di coloni. Per estensione, la patria nel senso di Paese natale.
var.: madrepatria.

MAESTRO
da maestro
Con grande maestria, con abilità e perizia degne di un maestro. Si dice in genere di un'azione, di un lavoro, di un'idea e altro.
farla da maestro
Essere molto abili in qualcosa, essere superiori a tutti gli altri e non dovere temere confronti. ‖ Avere un atteggiamento saccente, pretendere di saperne più degli altri.

MAGGIO
È questo il mese della primavera piena, simbolo di entusiasmo, giovinezza, amore, che pare prenda nome dalla Dea Maia cui era dedicato ai tempi dell'antica Roma e che si ritrova in molti detti e in molte tradizioni. Una gentile usanza contadina voleva ad esempio che il primo giorno di questo mese gli innamorati offrissero alla donna amata un ramo fiorito, il "maio", facendoglielo trovare sulla porta di casa. La religione cattolica lo celebra come mese Mariano, ossia dedicato alla Madonna.

cantare il maggio
Essere innamorati e non nasconderlo. Deriva dall'usanza, diffusa soprattutto in Toscana, di festeggiare il primo giorno del mese con canti e omaggi floreali dedicati alla donna amata. Tale festa veniva chiamata Calendimaggio, termine che passò poi a definire anche i canti popolari composti per la festa stessa.
var.: fare il maggio.

MAGRO
PARAGONI: magro come un'acciuga; magro come il cavallo dell'Apocalisse; magro come una lanterna; magro come un chiodo; magro come la Quaresima; magro come un uscio; magro come un lampione.
magro come il cavallo dell'Apocalisse
Estremamente magro, scheletrico.
Il detto si riallaccia alla Bibbia (*Apocalisse*, VI,8) che dei Quattro Cavalieri dell'Apocalisse presenta in particolare l'ultimo, che simboleggia la Morte, montato su un cavallo talmente magro da apparire verdastro.
magro come la Quaresima
Molto magro, macilento, come dopo quarantaquattro giorni di digiuno.
magro come un chiodo
Molto magro, filiforme, asciutto, privo di curve appunto come un chiodo.
var.: secco come un chiodo; essere un chiodo.
magro come un uscio
Molto magro, scheletrico, piatto come una porta che ha spessore sottile e uniforme. Riferito in particolare a una donna segaligna, priva delle curve caratteristiche della struttura femminile.
magro come un'acciuga
Figurato: molto magro, quasi rinsecchito, detto di persone o animali.
L'*acciuga*, soprattutto se sottoposta a salagione e quasi sempre privata della pelle, si presenta piatta e rinsecchita.
var.: secco come un'acciuga.

magro come una lanterna
Molto magro e allampanato, tale da far pensare al fusto sottile e alla trasparenza del vetro di una lanterna stradale.
var.: magro come un lampione.

MAIALE
essere un maiale
Il *maiale* è uno degli animali più maltrattati dalle convinzioni generali, dalle quali è stato eletto a simbolo di grande sporcizia, ingordigia e bassezza morale. La sua immagine è usata per definire un individuo molto grasso e ingordo, oppure sporco e trasandato; o ancora chi si comporta in modo lubrico e lascivo, attento solo alle soddisfazioni sessuali o materiali in genere. In senso lato, si dice anche di una persona avida, sleale, vile, traditrice e così via.

MAIO
attaccare il maio a ogni uscio
Figurato: corteggiare tutte le donne, o innamorarsene.
Una vecchia usanza campagnola voleva che a Calendimaggio, cioè il primo giorno del mese di maggio, i giovani innamorati appendessero un ramo fiorito, il *maio*, alla porta di casa della ragazza che desideravano sposare. Con il passare del tempo il detto ha assunto significati carnali che originariamente non aveva.
var.: appendere il maio a ogni uscio.

MALATO
darsi malato
Fingere una malattia per evitare un impegno.
malato al cervello
Figurato: bizzarro, strampalato, riferito a persone. Quasi sempre ironico o scherzoso.
malato al cuore
Figurato: innamorato, riferito in particolare a chi assume atteggiamenti melensi e sdolcinati o a chi non riesce a pensare ad altro che al suo amore. Quasi sempre scherzoso. Usato anche per un innamorato non corrisposto, che al contrario è sempre triste, afflitto, tetro.

MALE (avv)
andar di male in peggio
Peggiorare, detto di una situazione o altro già negative in partenza.
finir male
Figurato: detto di una persona, fare una brutta fine in genere a causa di scelte di vita disoneste, quindi andare in prigione, morire di morte violenta e così via. Di una cosa o altro, essere distrutta o danneggiata, e comunque inutilizzabile.
parlar male
Sparlare di qualcuno, denigrarlo. ‖ Figurato: usare un linguaggio triviale, sboccato, oppure dire cose inopportune e sconvenienti.
restar male *(fam)*
Restare delusi, dispiaciuti, addolorati; oppure mortificati, risentiti, offesi.
var.: restarci male, rimaner male; rimanerci male.
risponder male *(fam)*
Rispondere in modo irrispettoso, oppure sgarbato e villano.
star male a...
Essere poco forniti di qualcosa, in genere di denaro.

MALE (sost)
Il termine *male*, oltre al suo significato morale, era anche usato genericamente nel senso di malattia, spesso associato a un aggettivo per indicare affezioni particolari. Ne sono nate locuzioni popolari a volte ancora in uso, e ne diamo qui un breve elenco: mal caduto, mal caduco, male comiziale, piccolo male, grande male, male sacro, mal di luna, per l'epilessia; mal sottile,

per la tubercolosi polmonare, detta anche tisi o etisia; mal francese, male spagnolo, male napoletano, per la sifilide; mal del *miserere*, per la peritonite e altre affezioni quasi sempre mortali a carico degli organi interni del ventre; mal della pietra, per le calcolosi in generale; brutto male, per il cancro.

avere il mal della lupa *(pop)*
Figurato: essere molto voraci, avere un appetito insaziabile, simile a quello di una lupa che deve allattare i piccoli. Usato anche, benché raramente, in campo sessuale.

avere il mal di mare
Figurato: essere afflitti dall'ansia, da una preoccupazione, un problema o altro che provoca la stessa sgradevole sensazione data dal mal di mare vero e proprio.
È comunemente detto *mal di mare* il disturbo propriamente chiamato chinetosi, ossia la sensazione di nausea provocata dal movimento di un'imbarcazione.
var.: far venire il mal di mare.

avere il male, il malanno e l'uscio addosso
Figurato: avere proprio tutte le disgrazie, compresa l'antipatia della gente che ti chiude le porte in faccia.
var.: avere il malanno e l'uscio addosso.

brutto male *(pop)*
Il cancro in generale, così chiamato eufemisticamente per ragioni scaramantiche che vietano di pronunciarne il nome.

mal del miserere *(pop)*
La peritonite e qualsiasi altra malattia un tempo mortale, e che quindi induceva al *miserere*, a carico degli organi interni del ventre.

mal della pietra *(pop)*
In medicina, calcolosi in generale, così detta poiché il calcolo si presenta come una piccola pietra. Usato in particolare per la calcolosi vescicale.

mal di luna *(pop)*
L'epilessia, che anticamente si credeva influenzata dalla luna. ǁ La licantropia, fenomeno imputato all'influsso della luna piena che secondo la tradizione popolare induce gli uomini a trasformarsi temporaneamente in lupi.

mal di maggio
Figurato: l'innamoramento, tradizionalmente legato alla primavera di cui il mese di maggio è il simbolo, e in senso lato alla giovane età, vista come la primavera della vita.

mal francese *(pop)*
La sifilide, che si diceva fosse stata diffusa dai Francesi, benché molte altre nazioni abbiano avuto la stessa reputazione, in particolare quelle che esercitavano forti traffici mercantili con altri Paesi.

mal sottile *(pop)*
La tubercolosi polmonare, così definita per il suo carattere subdolo e soprattutto perché induceva un forte dimagrimento.

male del secolo
La tubercolosi polmonare, che nel 1800 era praticamente incurabile e molto diffusa in tutti i Paesi dell'Europa meridionale.
Per i romantici del tempo, la debilitazione fisica e psichica, l'aspetto emaciato e gli occhi accesi indotti dalla malattia si presentavano come aspetti poetici e interessanti della personalità, fino al punto di far nascere una vera e propria moda. Poeti, scrittori e intellettuali in generale cercarono di adeguarsi a quei tratti malinconici, creando un filone artistico che esasperava la sensibilità fino a renderla morbosa e puntando su temi come la nostalgia della morte, la sofferenza per le cose perdute, la malinconia immotivata e così via. In breve, e soprattutto in Francia, si definì *male del secolo* proprio questo tipo di atteggiamento. ǁ Il

cancro, oppure l'AIDS, malattie molto diffuse nel secolo attuale.
male del vedovo *(pop)*
Figurato: dolore acutissimo ma di breve durata, in particolare quello che si prova urtando col gomito, paragonato a quello di chi soffre molto alla morte del coniuge ma che con il tempo si rassegna alla sua perdita.
male giallo
L'ittero, o itterizia; malattia a carico dell'apparato epatobiliare così chiamata poiché induce una colorazione giallastra della pelle e delle mucose, dovuta al deposito abnorme dei pigmenti biliari presenti nel sangue.
male inglese *vedi* **mal francese**
male napoletano *vedi* **mal francese**
male spagnolo *vedi* **mal francese**
metter male *(pop)*
Figurato: suscitar discordia, fomentare rivalità e simili.
non fare male a una mosca
Non far del male a nessuno, essere miti, innocui. Si dice di una persona molto buona soprattutto quando la si vede ingiustamente sospettata di azioni malvage.

MALEDIZIONE
avere la maledizione addosso
Figurato: essere molto sfortunati.

MALOCCHIO
gettare il malocchio
Gettare un influsso malefico su qualcuno. La credenza popolare attribuisce a certe persone il potere di influenzare negativamente la vita altrui con una semplice occhiata.
var.: gettare il mal occhio.

MALORA
andare in malora
Guastarsi, rovinarsi, deteriorarsi; perdere funzionalità, non servire più; riferito a un'azienda o a una persona, andare in rovina, fallire.

È probabile che il detto derivi dalla corruzione delle parole latine *mala hora*, cioè "ora cattiva" e quindi momento funesto. Corrispondeva alle ore tra le 2 e le 4, cioè alla notte fonda che incuteva più paura, e in cui si riscontrava il maggior numero di decessi tra i malati e gli anziani. Il periodo di tempo è diventato poi un luogo fisico e quasi geografico.
var.: andare alla malora; mandare in malora.
mandare in malora
Figurato: allontanare qualcuno in malo modo, scacciarlo.

MAMMA
come l'ha fatto mamma
Nudo, come al momento della nascita.
essere attaccato alle gonnelle della mamma
Essere poco o affatto autonomi, impacciati, come bambini ancora bisognosi dell'aiuto della mamma. Si dice di persone adulte, in senso ironico o scherzoso.
sembrare la mamma del freddo
Mostrare di avere molto freddo, come se se ne fosse la causa generatrice. Di un luogo, essere gelido.

MANDARE
mandar giù
Figurato: sopportare, subire qualcosa di spiacevole senza poter reagire, riferito in particolare a offese, torti, maltrattamenti e simili.
var.: mandar giù un boccone amaro.
mandare avanti
Figurato: far proseguire in qualche modo, in genere con difficoltà e fatiche; riferito in genere ad aspetti economici relativi alla conduzione di una famiglia, un'azienda e simili.
non mandarle a dire *(pop)*
Dire chiaramente e direttamente a qualcuno quello che si pensa, senza intermediari e senza riguardi.

MANETTA
andare a manetta
Figurato: andare molto in fretta; correre; fare qualcosa con grande foga.
La *manetta* in questione è quella del gas, che su alcuni veicoli comandava un tempo l'afflusso del carburante e quindi incideva sulla velocità del mezzo.
var.: andare a tutto gas.

MANGIA
fare il Mangia
Spaventare, incutere paura.
Nel dialetto toscano, il *Mangia* è uno spauracchio per bambini, rappresentato come un uomo dall'aspetto sgradevole che incute paura. È anche sinonimo di gradasso. ‖ Essere uno sfruttatore di donne, come se si "mangiassero" i guadagni di una prostituta.

MANGIARE
PARAGONI: POCO: mangiare come un uccellino; come uno scricciolo; come un grillo; INEDUCATAMENTE: mangiare come un maiale; come un porco; coi piedi; MOLTISSIMO O AVIDAMENTE: mangiare come un maiale; come un porco; come un bue; a quattro palmenti; BENISSIMO O RICCAMENTE: mangiare da re; come un principe, come un re.

mangiare a quattro palmenti
Mangiare voracemente, con ingordigia e in abbondanza. Anche figurato, per indicare chi si procura guadagni, magari illeciti, attingendo a fonti diverse.
Il *palmento* è ognuna delle due macine del mulino ad acqua; il fatto di usarne addirittura il doppio sottolinea il concetto di voracità.

mangiare a ufo
Farsi mantenere, mangiare senza pagare e senza dare nulla in cambio.
var.: mangiare il pane a ufo. ‖ Mangiare in abbondanza, fino alla completa sazietà.

mangiare coi piedi
Non sapere stare a tavola, mangiare in maniera ineducata, anche suscitando schifo negli altri commensali, come se invece delle posate si usassero i piedi.

mangiare come un bue
Mangiare moltissimo, in continuazione, come si presume faccia un bue.
Il detto nasce non solo dalla dimensione dei buoi ma anche dal fatto che questi animali sembrano mangiare senza interruzione. In realtà, trattandosi di ruminanti, tutti i bovini sono costretti a rimasticare a lungo lo stesso cibo già predigerito che ritorna alla bocca in virtù del loro stomaco particolare.

mangiare come un grillo
Figurato: mangiare pochissimo, tanto quanto basterebbe a un grillo.

mangiare come un porco
Mangiare avidamente, con ingordigia e in grande quantità. Anche mangiare in maniera rumorosa o comunque maleducata, suscitando schifo negli altri commensali.
var.: mangiare come un maiale.

mangiare come un re
Mangiare benissimo, gustare piatti prelibati quali si suppone siano quelli serviti alla tavola di un re.
var.: mangiare da re; mangiare come un principe.

mangiare come uno scricciolo
Mangiare pochissimo, come si suppone possa mangiare lo scricciolo che è un uccellino molto piccolo e dall'aspetto gracile.
var.: mangiare quanto uno scricciolo.

mangiare come un uccellino
Mangiare pochissimo, come si suppone possa mangiare un uccellino.
In realtà gli uccelli hanno un forte fabbisogno di cibo, e questo a causa della loro digestione immediata e del continuo movimento. Il colibrì, ad esempio, deve mangiare ogni giorno diciotto volte il proprio peso.

mangiare da re vedi **mangiare come un re**

mangiare per due
Mangiare moltissimo, quanto basterebbe a due persone. Usato anche per alludere allo stato di gravidanza di una donna.
Deriva dalla falsa credenza secondo la quale una gestante dovrebbe mangiare in quantità doppia per nutrire anche il feto.

mangiarsi vivo qualcuno
Figurato: aggredire una persona, offenderla o attaccarla con grande violenza, in genere per ira o esasperazione, come a volersela togliere di torno a costo di mangiarselo senza nemmeno prendersi il fastidio di ucciderla.

MANICA

Le *maniche*, che cominciarono ad avere l'aspetto attuale solo nel Medio Evo, erano un tempo intercambiabili, cosicché si potevano staccare da un abito per metterle su un altro. Questo consentiva tra l'altro di affrontare meglio il cambio di stagione, visto che in passato la differenza tra l'abbigliamento estivo e quello invernale era dato fondamentalmente da quanto si portava sotto il vestito, almeno per quanto riguardava le classi elevate. Le maniche intercambiabili consentivano inoltre di modificare il tono dell'abbigliamento in relazione alle varie occasioni ufficiali o mondane, e per questo erano riccamente adornate di metalli e pietre preziose, per cui la loro ampiezza testimoniava della ricchezza di chi le indossava. Nasce da qui la locuzione "essere di manica larga" come concetto di generosità, poiché era uso che una dama premiasse il valore del vincitore di un torneo gettandogli una delle sue maniche tempestate di gioielli. Per corruzione linguistica, quest'usanza portò nel tempo alla parola "mancia", contrazione di "manica", nel significato attuale di riconoscimento a chi svolge particolarmente bene la propria attività.

essere di manica larga
Essere indulgenti, comprensivi; giudicare senza severità eccessiva, detto di chi esercita un qualche tipo d'autorità. Vale in particolare per insegnanti e genitori. Contiene una leggera nota di deplorazione.
var.: essere di manica stretta.

essere nella manica di qualcuno
Godere dei suoi favori, della sua indulgenza, benevolenza o simpatia.

essere un altro paio di maniche
Essere un'altra cosa, completamente diversa.

manica di...
Gruppo o insieme di persone poco raccomandabili. Sempre spregevole, per ladri, lazzaroni, farabutti e così via.

mezze maniche
Impiegato di basso livello, e in senso lato persona mediocre, priva di ambizioni.
Deriva dall'uso degli impiegati di un tempo che per non sporcare o rovinare la giacca, allora di rigore in tutti gli uffici, vi indossavano sopra due specie di tubi di tessuto nero che ne ricoprivano le maniche fino al gomito.

rimboccarsi le maniche
Figurato: mettersi a lavorare con impegno, sapendo di dovere affrontare sforzi e fatiche. Usato principalmente per chi si trova in condizioni di bisogno, soprattutto per rimediare a una forte perdita o a un grosso danno, con il senso di essere costretti a ricominciare da capo.

MANICO

aver manico *(pop)*
Figurato: essere energici, abili, intelligenti e volitivi; sapere come ottenere quello che si vuole, farsi rispettare e così via.

avere ingoiato il manico della scopa
Camminare o stare impettiti; mantenere una posizione del corpo bene eretta ma rigida.

avere manico a un lavoro *(pop)*
Essere abili in un lavoro, essere portati a farlo o svolgerlo con scioltezza grazie a una lunga pratica.

ciurlare nel manico *(pop)*
Tentennare, non decidersi, in genere per evitare di tenere fede a una promessa, a un impegno o simili, facendo perdere tempo agli altri o prendendoli in giro.
Letteralmente l'espressione indica il gioco del manico di legno che dovrebbe inserirsi perfettamente nell'anello di metallo di un attrezzo come una pala, una vanga e simili, e che invece *ciurla*, cioè gira o si muove, rendendo più difficile o faticoso l'impiego dell'utensile.

gettare il manico dietro la pala
Figurato: procurarsi un danno con un'azione stupida o inutile, come chi avendo rotto o perduto la pala gettasse via anche il manico, restando quindi senza gli strumenti adatti per continuare a lavorare.

gettare il manico dietro la scure
Prendere una decisione avventata o seguendo impulsi irrazionali, come se chi avesse già perduto la scure gettasse via anche il manico per un moto di stizza.

uscire dal manico
Sfuggire al controllo, come accadrebbe a un attrezzo che si sfilasse dal manico.

MANNA
È comunemente chiamata *manna* la sostanza zuccherina che si ricava da alcune varietà di *Fraxinus orniellus*, ma altri tipi di manna come la manna di Persia, la manna di larice, la manna tabashir e altre, si ottengono da diverse altre specie vegetali. Quella citata nelle Sacre Scritture si suppone fosse una specie di lichene del genere *Lecanora*. Secondo il racconto biblico, (*Esodo*, 16, 1-15; *Sapienza*, 16, 20; *Numeri*, 11, 6-9), quando gli Ebrei fuggiti dall'Egitto si trovarono a corto di viveri nel deserto, Dio cominciò a farla cadere dal cielo durante la notte, cosicché i fuggiaschi, raccogliendola al mattino, riuscirono a sopravvivere per tutti i quarant'anni del lungo viaggio verso la Palestina. Le Sacre Scritture sono comunque discordi nel descriverla: l'*Esodo* parla di "una cosa minuta e granulosa come è la brina sulla terra" oppure dice che era "simile al seme del coriandolo, e bianca; aveva il sapore di una focaccia di miele". Il *Libro dei Numeri* non ne riporta l'aspetto esteriore ma spiega che "il popolo, dopo averla ridotta in farina, la faceva cuocere in pentole o ne faceva focacce". Tutti concordano però sul fatto che fosse bianca, dolce, e molto nutriente. Venne spiritualizzata dai Profeti che ne fecero il simbolo della parola di Dio e del dono dello Spirito Santo, ma in seguito Gesù vi contrappose con lo stesso significato l'Eucarestia, pur senza toglierle la sua prerogativa di dono provvidenziale mandato da Dio.
In questo senso la manna è entrata nella cultura tradizionale a rappresentare un evento fortunato, insperato, che giunge inaspettatamente a risolvere una situazione difficile per chi ha l'unico merito di averne bisogno.

aspettar la manna dal cielo
Restare inoperosi invece di darsi da fare per risolvere un problema o una situazione difficile, aspettando un aiuto esterno. Anche non preoccuparsi del domani fidando nel tempo, negli eventi o nella fortuna, per vivere senza problemi. Quasi sempre ironico.

essere una manna
Essere un evento fortunato, insperato

e provvidenziale, in grado di risolvere una situazione difficile. Detto anche dell'abbondanza improvvisa di qualcosa, o di una contingenza favorevole che permette grandi guadagni senza fatica.

MANO
a cento mani
Facendo ricorso a tutti i poteri o le possibilità, le risorse o simili di cui si dispone; con tutta la propria volontà. ‖ Con il concorso di molte persone, detto di un lavoro, di un'iniziativa e così via. Usato anche per un'opera o altro la cui scarsa uniformità denuncia l'eccessivo numero d'interventi.

a man salva
Senza limiti di quantità; anche senza timore di sanzioni. Riferito alla possibilità di arraffare il più possibile, in genere rubando o comunque in modi non del tutto leciti o regolari.
Un tempo la locuzione indicava una concessione dei re agli esattori dei tributi o agli amministratori della giustizia, considerati rappresentanti della sua *mano*, cioè del suo potere.

a mani nude
Senza usare armi, riferito in particolare a chi uccide o combatte servendosi esclusivamente delle mani. ‖ Senza l'aiuto di utensili, riferito a chi compie un'operazione che sarebbe facilitata dall'uso di attrezzi; anche con le mani prive di protezione.

a mano a mano
Poco alla volta, di seguito, gradatamente.
var.: di mano in mano; mano a mano; man mano.

a mano armata
Con l'uso delle armi. Detto quasi esclusivamente di una rapina, di un'aggressione e simili.

a piene mani
In grande quantità, come riempiendosi completamente le mani di qualcosa.

a portata di mano
Facilmente raggiungibile, tanto vicino che sarebbe sufficiente allungare una mano per arrivarci. Vale per cose, persone e situazioni.

a quattro mani
In musica, esecuzione di due pianisti sullo stesso strumento. ‖ In senso lato, lavoro o altro svolto da due persone in collaborazione.

alla mano
Pronto da esibire, da estrarre, da prendere in mano. Usato in genere per denaro e documenti. ‖ Riferito a una persona, semplice, cordiale, facile da avvicinare.

allungare le mani
Figurato: rubacchiare, sottrarre oggetti di poco conto. In senso lato, toccare qualcosa senza avere il permesso di farlo.
L'immagine è presa dal gesto di chi opera furti di destrezza, riuscendo ad *allungare le mani* fino ai beni altrui senza che il derubato se ne accorga. ‖ Figurato: imporre a una persona, in genere una donna, effusioni spinte non autorizzate.
var.: allungare le zampe. ‖ Più raramente, percuotere qualcuno.
var.: alzare le mani.

alzare le mani
Figurato: riconoscere la propria impotenza; dichiarare la propria resa.
È evidente che chi tiene le mani in alto non ha nessuna possibilità di usare qualche arma.
var.: alzare le braccia. ‖ Percuotere qualcuno, alzando quindi le mani contro di lui.

alzare le mani al cielo
Figurato: manifestare esasperazione, deprecazione o simili, come se si chiedesse l'intervento di Dio o la grazia della sua assistenza per rimediare a una situazione o per non perdere il controllo di sé. In genere scherzoso o enfatico.

aver le mani d'oro
Sapere fare bene molte cose, o anche solo una ma con risultati eccezionali, riferito in genere a esecuzioni manuali e in particolare a lavori di cucito, ricamo e simili.

avere in mano
Possedere qualcosa, disporne, potersene servire; detto di beni, informazioni e simili. Riferito a una persona, averla in proprio potere ed essere in condizione d'imporle la propria volontà; di una situazione, dominarla saldamente, non perderne il controllo.

avere la mano felice
Avere un colpo di fortuna, come per aver saputo scegliere il biglietto vincente di una lotteria; vincere abitualmente al gioco; riuscire particolarmente bene negli affari che s'intraprendono.

avere la mano leggera
Trattare qualcosa o qualcuno con delicatezza, gentilezza o diplomazia, usando le belle maniere. Anche essere indulgenti, clementi, nel punire, nel giudicare e simili.

avere la mano pesante
Letteralmente, percuotere con violenza, facendo più male di quanto si pensi. In senso figurato, essere rigorosissimi, duri; punire, condannare, giudicare o rimproverare con estrema severità; trattare qualcuno rudemente senza motivo adeguato, ricorrendo alle maniere forti e a volte anche all'intimidazione, alle minacce, fino al ricatto. In senso lato, esagerare, eccedere, non avere il senso della misura; inoltre, anche mancare di finezza.

avere le mani bucate
Spendere molto, scialacquare denaro generalmente in spese inutili o esagerate, come se si avessero le mani piene di buchi che pertanto non riescono a trattenere il denaro.

avere le mani in pasta
Essere addentro a qualcosa, in particolare a una questione d'affari, o essere legati a una situazione di potere e simili.
Allude al procedimento casalingo con cui si fa la pasta alimentare, che prevede di tuffare le mani nell'impasto di farina e acqua, latte, uova o altro.

avere le mani legate
Figurato: non potere agire, non avere alcuna possibilità d'intervento in una situazione, come se si avessero le mani materialmente legate.
var.: essere legato mani e piedi; legare mani e piedi.

avere le mani lunghe
Rubacchiare, essere dei ladruncoli. Anche cercare di prendersi confidenze sconvenienti con una persona dell'altro sesso.

avere le mani sporche
Figurato: essersi macchiati di gravi reati o essere immischiati in qualcosa d'illecito, spesso con riferimento ad appropriazioni indebite. In senso lato, anche non essere onesti.
Originariamente si diceva così degli assassini, che avevano quindi le mani sporche del sangue della loro vittime.
var.: avere le mani pulite.

avere per le mani
Letterale: occuparsi di qualcosa, averci a che fare, interessarsene, detto in genere di un affare, un lavoro, un'occasione e simili. Detto anche di una persona con la quale si sta iniziando una relazione amorosa.

avere una buona mano
Figurato: trovarsi in una situazione favorevole, avere buone possibilità di successo.
Nei giochi di carte, significa avere in mano un gioco che promette buone possibilità di vincere. La locuzione esiste anche nell'industria cartaria, e indica una carta con ottime caratteristiche di spessore, resistenza, ingualcibilità e così via. || Saper dipingere o disegnare bene.

calcare la mano
Figurato: esagerare in rigore e severità, soprattutto se riferito a una punizione, un'accusa e simili.

cedere la mano *vedi* **passare la mano**

cogliere con le mani nel sacco
Sorprendere qualcuno nell'atto di compiere qualcosa di scorretto, o con le prove evidenti della sua colpevolezza, come un ladro colto nel momento in cui nasconde la refurtiva dentro a un sacco.
var.: prendere con le mani nel sacco.

con mano ferma
Figurato: con fermezza, con autorevolezza, senza cedimenti. Usato in genere per chi comanda o dirige qualcosa o qualcuno.

dar man forte
In origine, venire in aiuto di un debole per difenderlo con la forza della propria mano armata. Oggi semplicemente aiutare, sostenere, spalleggiare.

dare l'ultima mano
Figurato: finire un lavoro o simili dandogli gli ultimi ritocchi.
Viene dalle tecniche di verniciatura, poiché un tempo i colori si stendevano a mano ed è pure chiamato *mano* un singolo strato di colore. L'"ultima mano", o "mano di finitura", è l'applicazione finale che costituisce la rifinitura. La locuzione esiste nella stessa forma già in latino, ed era riferita tanto al lavoro di finitura di un artigiano quanto al perfezionamento finale di un'opera letteraria.

dare una mano
Aiutare, venire in soccorso di qualcuno in difficoltà.

dare una mano di bianco
Figurato: mettere a tacere; considerare superata un'azione o condizione negativa.

dare una mano di colore
Dipingere, tinteggiare, verniciare; applicare un colore in genere, con particolare riferimento a un muro, a una parete, o anche a un oggetto qualsiasi. Usato anche in tono scherzoso per il trucco femminile.

dare una mano e vedersi prendere il braccio
Offrire aiuto o disponibilità, fare una piccola concessione a qualcuno che ne approfitta aumentando le pretese.

di bassa mano
Di umili condizioni, detto di una persona; mediocre, di qualità scadente, se riferito a una cosa.

di mano di qualcuno
Fatto personalmente o espressamente da una persona in particolare. Si dice in genere di un'opera d'arte, di una lettera, della firma di qualcuno e così via.

di prima mano
Nuovo, mai usato prima né da altri. Di una notizia, recentissima, inedita, che proviene direttamente dalla fonte.

di seconda mano
Già usato, non nuovo. Di una notizia, riportata da altri.

esser di mano
Figurato: essere nella posizione più favorevole per effettuare un'operazione. Deriva dai giochi di carte, e significa propriamente essere seduti a sinistra del mazziere, e quindi avere diritto a giocare per primi.

essere la lunga mano di qualcuno
Agire per conto di altri, esporsi o figurare al loro posto.
È la traduzione letterale della locuzione latina *longa manus*, che ha lo stesso significato.

essere la mano di Dio
Essere qualcosa di provvidenziale, che giunge a proposito, al momento giusto, come se Dio si muovesse personalmente a dare il suo aiuto. ‖ Evento sfortunato o doloroso che sembra colpire qualcuno per punirlo di qualche colpa, come se Dio si muovesse personalmente a infliggere un meritato castigo.

essere legato mani e piedi
Figurato: non avere la minima possibilità di agire, proprio come se si avessero le mani e i piedi legati.
var.: legare mani e piedi; avere le mani legate.

essere nelle mani di Dio
Affidarsi a Dio, accettare la sua volontà. Si dice in genere quando ci si trova in una situazione senza uscita o senza speranza, e in particolare in caso di grave malattia e di serio pericolo. ‖ Essere affidato alla bontà di Dio, e in senso lato anche al caso, alla sorte. Si dice quando non si sa cosa possa riservare il futuro a proposito della vita di una persona, dello sviluppo di una situazione e così via. Usato in particolare nelle situazioni di grave rischio, e soprattutto quando si ritiene di avere fatto tutto il possibile per agire nel modo migliore.

essere nelle mani di qualcuno
Essere prigioniero di qualcuno. In senso lato, essere in suo potere, dover sottostare alle sue decisioni e alla sua volontà. ‖ Affidarsi totalmente a qualcuno, o essere nelle condizioni di doverlo fare. ‖ Non avere potere decisionale, non avere possibilità d'intervento in una situazione o simili di cui s'incarica qualcun altro.

essere svelto di mano
Essere un borseggiatore o un abile ladruncolo. ‖ Essere maneschi, ricorrere spesso alle percosse per indurre gli altri alla propria volontà. Anche essere sempre pronti ad azzuffarsi e a picchiarsi.
var.: essere di mano lesta.

far la mano a qualcosa *vedi* **prender la mano a qualcosa**

far man bassa
Arraffare, prendere tutto quello che si può. In genere collegato al rubare, ma si dice anche in riferimento al mangiare o al bere cose che piacciano molto. La frase "mani a basso" era il segnale che negli antichi eserciti dava il via al saccheggio.

fare la mano morta
Toccare una persona dell'altro sesso in maniera sconveniente e facendo finta di nulla, soprattutto in luoghi affollati in cui si può sfruttare la confusione e la ressa.

fare una cosa con la mano sinistra
Fare una cosa con estrema facilità, quasi usando solo la mano sinistra ritenendo superfluo usare la destra. ‖ Fare una cosa con trascuratezza, senza la minima cura.

fare una cosa con una mano sola
Fare qualcosa con estrema facilità, quasi usando una sola mano ritenendo superfluo usarle entrambe. ‖ Fare una cosa con leggerezza e superficialità, senza porvi l'attenzione dovuta.

fregarsi le mani
Figurato: manifestare grande soddisfazione.
var.: sfregarsi le mani; stropicciarsi le mani.

fuori mano
Lontano, scomodo, isolato, difficile e disagevole da raggiungere. Riferito a un luogo mal collegato con altre località.

giù le mani da ...
Letterale: invito non toccare una data cosa. È oggi diffuso come *slogan* per manifestazioni di protesta a difesa di qualcosa, contro chi se ne vorrebbe impadronire indebitamente.

in buone mani
Nelle mani di una persona di fiducia, detto di una cosa, una persona o una situazione affidata alle cure di chi se ne occuperà per il meglio.
var.: in cattive mani; essere in buone mani; essere in cattive mani; mettere in buone mani; mettere in cattive mani.

in mani sicure
In condizioni di sicurezza, detto di un oggetto prezioso, di un documento

importante o di una persona cara che si affida alle cure di qualcuno.

lavarsene le mani
Disinteressarsi di qualcosa in cui non si vuole essere coinvolti, lasciare che se ne occupi qualcun altro.
È legato al gesto attribuito a Ponzio Pilato con il quale egli declinò qualsiasi responsabilità nella condanna di Gesù. L'episodio è riportato dal Vangelo di Matteo (XXVII, 24).
var.: lavarsene mani e piedi; lavarsene le mani e anche i piedi.

mangiarsi le mani *vedi* **mordersi le mani**

mani di burro *vedi* **mani di pasta frolla**

mani di fata
Riferito a una donna, grande maestria nei lavori classicamente femminili che richiedono abilità, delicatezza e pazienza, in particolare il ricamo, la maglia, l'uncinetto, il cucito e così via. ‖ Riferito indifferentemente a un uomo e a una donna, capacità di eseguire un lavoro con grande precisione e delicatezza. Usato soprattutto in campo medico e sanitario.

mani di pasta frolla
Mani prive di forza, riferito a una persona che lascia regolarmente cadere tutto, come se non riuscisse a conservare la presa. Anche figurato per chi manca d'energia, che non riesce a farsi obbedire, a tenere sotto controllo una situazione e così via.
var.: mani di burro; mani di ricotta.

mano di ferro in guanto di velluto
Energia e forza di volontà nascosti sotto un'apparente dolcezza. Si dice di chi sa far valere la propria autorità pur mantenendo un atteggiamento dolce e benevolo.

mano lesta
Borsaiolo, abile ladruncolo, così definito a causa della rapidità delle sue azioni.

menar le mani
Azzuffarsi, picchiarsi, fare a botte.

mettere la mano sul fuoco
Essere assolutamente certi di qualcosa, tanto da essere disposti a scommetterci e a risponderne personalmente. Riferito a una persona, garantire della sua onestà, capacità o simili.
Nel Medio Evo, il mettere la mano nel fuoco faceva parte delle varie prove previste dal Giudizio di Dio. Un innocente avrebbe potuto contare sull'aiuto di Dio, e pertanto avrebbe ritirato la mano indenne. L'origine del detto potrebbe tuttavia essere ancora più antica e risalire all'epoca romana e in particolare a Muzio Scevola, che avendo per errore ucciso un soldato invece del re Porsenna, secondo la tradizione affondò la mano destra in un braciere fumante per "punire la mano che ha sbagliato".

mettere le mani addosso
Toccare fisicamente qualcuno per colpirlo, percuoterlo, malmenarlo. È usato anche nel senso di raggiungere un fuggiasco, di catturare un colpevole e così via. ‖ Prendersi delle libertà sconvenienti con una persona dell'altro sesso.

mettere le mani avanti
Prendere misure cautelative per evitare la possibilità di essere coinvolti in qualcosa o accusati di una colpa; addurre in anticipo argomenti che possono prevenire un'obiezione o simili.
Il detto sembra derivare dal gesto istintivo che si fa quando ci rende conto di essere sul punto di cadere a terra in avanti.

mettere le mani su ...
Di un oggetto, assicurarsene il possesso. Di una persona, catturarla o simili, anche in senso figurato, e spesso scherzoso.

mettere mano a ...
Figurato: cominciare a fare qualcosa, dare inizio a un lavoro o altro. ‖ Estrarre, tirar fuori, riferito in particolare al portafoglio quando si deve

effettuare un pagamento.
In origine, la locuzione era riferita alla spada, che si estraeva per affrontare o uccidere qualcuno.
var.: porre mano.

mettersi le mani nei capelli
Figurato: manifestare profonda disperazione, dolore, impotenza, esasperazione, come se ci si volesse strappare i capelli per sfogarsi. Anche ironico e scherzoso.
Il gesto faceva parte del rituale seguito dalle *prefiche*, cioè le donne che venivano chiamate per piangere un defunto.

mettersi nelle mani di qualcuno
Affidarsi a qualcuno di cui ci si fida, per esempio un medico o un avvocato, delegandogli scelte e decisioni.

mettersi una mano sul cuore *vedi* mettersi una mano sulla coscienza

mettersi una mano sul petto
Affermare la propria lealtà o la sincerità di quanto si dichiara. Anche dimostrare il proprio impegno nel fare qualcosa, o ancora assicurare l'intenzione di volersi comportare con umanità e giustizia.
Viene da un antico gesto rituale che equivaleva a offrire al sovrano o al proprio signore la disponibilità del proprio cuore, inteso come lealtà e fedeltà ma anche come braccio armato, dichiarandosi quindi pronti a combattere per lui.

mettersi una mano sulla coscienza
(fam)
Figurato: essere assolutamente sinceri, spassionati; anche essere giusti, agire con umanità; oppure prendersi le proprie responsabilità dopo un accurato esame di coscienza. Oggi si usa prevalentemente per invitare qualcuno a essere comprensivo, umano o indulgente.
var.: mettersi una mano sul cuore.

mordersi le mani
Figurato: rodersi di rabbia per un comportamento sbagliato o per qualcosa che si è perduto e da cui si sarebbe potuto avere grande vantaggio. ‖ Tormentarsi, arrovellarsi; essere in ansia e simili.
var.: mangiarsi le mani; rodersi le mani.

non far sapere alla mano destra quello che fa la sinistra
Essere molto discreti; non raccontare o riferire i fatti propri o altrui; agire con grande discrezione senza rendere note le proprie azioni, in particolare quando si tratta di opere caritatevoli e simili.
È una frase riportata dal Vangelo secondo Matteo (6,3) e attribuita a Gesù in occasione del Discorso della Montagna: "Quando fai l'elemosina non sappia la tua sinistra ciò che fa la tua destra, perché la tua elemosina resti segreta". L'intenzione è di mettere in guardia dal compiere opere buone solo per guadagnarsi una ricompensa o l'ammirazione degli altri.

passare la mano
Figurato: rinunciare a un'impresa, cedere di fronte a un avversario che si considera più forte; ritirarsi.
Nel linguaggio dei giocatori significa rifiutare il gioco perché non si hanno buone carte.
var.: cedere la mano.

prender la mano a qualcosa
Diventare pratici di qualcosa, farci l'abitudine, detto in genere di un'attività prettamente manuale.
var.: far la mano a qualcosa.

prender la mano a qualcuno
Figurato: sfuggire al controllo, detto di una situazione e simili; di una persona, anche agire di propria volontà, senza più seguire direttive altrui.
Si dice nel mondo dell'ippica di un cavallo che il cavaliere non riesce più a dominare.

reggere la mano a ...
Figurato: guidare qualcuno in un'azio-

ne, consigliarlo, istruirlo e così via. In senso lato, anche fargli far quello che si vuole, farlo agire come si desidera per i propri scopi.
var.: guidare la mano; tenere la mano.

restare a mani vuote
Letterale: restare senza niente, in particolare dopo avere operato in vista di un guadagno, un vantaggio o simili.

restare con le mani piene di vento
Figurato: restare senza niente, non trarre il vantaggio previsto, in particolare dopo avere operato, lavorato e magari anche speso in vista di un guadagno e simili.

sentirsi prudere le mani
Figurato: sentir voglia di percuotere qualcuno, in genere per esasperazione. Anche scherzoso.

sotto mano
Vicino, comodo da prendere, a disposizione, detto di oggetti o di persone.

sporcarsi le mani
Partecipare a un'azione poco onesta, o anche solo trattare con persone poco raccomandabili. ‖ Fare lavori che richiedono l'uso delle mani, e in particolare impiegando dei materiali che le sporcano.

star con le mani sui fianchi
Essere inoperosi, starsene in disparte a guardare gli altri che lavorano.

stare con le mani in tasca
Figurato: non far nulla, come in effetti accade a chi tiene le mani in tasca. Usato soprattutto in contrapposizione ad altri che lavorano. Anche essere impossibilitati ad agire.

starsene con le mani in mano
Oziare, poltrire; non lavorare, essere inattivi, per scelta o anche per costrizione.

stendere la mano
Mendicare, chiedere l'elemosina. In senso figurato, chiedere aiuto, soccorso; spesso ironico o scherzoso.

tendere una mano a qualcuno
Venire in aiuto a qualcuno che si trova in difficoltà o in condizioni di bisogno.

tener mano a qualcuno
Favorire o aiutare qualcuno in un'azione disonesta, scorretta, clandestina o simili; esserne complici o quanto meno a conoscenza.

tenere le mani a posto
Non mettere le mani addosso a una persona e quindi evitare di prendersi con qualcuno confidenze a lui sgradite, usato soprattutto in riferimento ai rapporti tra un uomo e una donna. In senso lato, anche sorvegliare i propri gesti e quindi il proprio comportamento. ‖ Non essere maneschi, evitare di toccare una persona per percuoterla.

tirarle fuori dalle mani *(fam)*
Figurato: attirare i ceffoni, quasi tirandoli fuori dalle mani, comportandosi in maniera irritante e indisponente con qualcuno. Riferito in genere a rapporti tra genitori e figli.
var.: far prudere le mani.

toccare con mano
Figurato: accertarsi personalmente di qualcosa.
Allude alla richiesta di San Tommaso, che non avendo assistito alla prima apparizione di Gesù rifiutò di credere alla sua resurrezione se non a condizione di "mettere il dito al posto dei chiodi e mettere la mano nel suo costato", come dice il Vangelo di Giovanni (XX, 25 e 27-29).

torcersi le mani
Soffrire, avere un grave cruccio, tormentarsi; essere in angoscia, in preda all'ansia; anche arrovellarsi su un grave problema cui non si riesce a trovare soluzione.

venire alle mani
Venire alla rissa, allo scontro fisico; picchiarsi, azzuffarsi.

venire per le mani
Riferito a un oggetto, trovarlo casualmente, senza averlo cercato. Di una situazione o simili, avere l'occasione di esaminarla, considerarla, valutarla,

e d'intervenirvi o approfittarne. Riferito a una persona, incontrarla per regolare una questione rimasta in sospeso, per avanzare una richiesta, ottenere o dare un'informazione, oppure anche per litigarci.

MANTELLO
aver mantello per ogni acqua
Figurato: essere preparati o attrezzati per qualsiasi situazione o evenienza; saper far fronte a qualsiasi imprevisto.
‖ Figurato: esser pronti o disposti a cambiare opinione, partito e simili secondo l'opportunità.
var.: tener mantello per ogni acqua; avere ombrello per ogni acqua.
girare il mantello secondo il vento
Essere opportunisti; cambiare idea, opinione o partito secondo la convenienza.

MAOMETTO
Il Profeta *Maometto*, fondatore dell'Islam, è citato nei modi di dire fondamentalmente a causa di un aneddoto di cui sarebbe stato protagonista e che è rimasto noto come "il miracolo di Maometto". Si dice che un giorno il Profeta, sollecitato dalla folla a compiere un miracolo, promise che con l'aiuto di Dio avrebbe indotto una montagna a spostarsi e ad avvicinarsi a lui. Si pose quindi a una certa distanza dal monte e cominciò a pregare, ma quando dopo un certo tempo fu evidente che la montagna non accennava minimamente a muoversi, il Profeta si alzò e s'incamminò verso il monte dicendo: "Se la montagna non viene a Maometto, Maometto va alla montagna".
fare il miracolo di Maometto
Andare a cercare qualcuno di cui non si hanno notizie o che non aderisce all'invito di chi lo cerca. In senso lato, procurarsi da sé qualcosa che ci si aspettava da altri, o anche intervenire in una situazione che si pensava potesse risolversi da sola.
se la montagna non viene a Maometto ...
Se le cose non procedono da sole, è meglio intervenire perché questo avvenga. Usato per chi, desiderando incontrare qualcuno che non si fa vedere, si decide ad andarlo a cercare personalmente.
È contrazione del proverbio che dice "Se la montagna non viene a Maometto, Maometto va alla montagna", che si dice sia la frase pronunciata dal Profeta in occasione del suo miracolo.
venire come la montagna a Maometto
Non arrivare, non farsi vedere, riferito a chi è atteso con fiducia ma inutilmente.

MARAVALLE
andare a Maravalle
Figurato: morire; andare in rovina; mettersi in una situazione disastrosa.
Il detto, oggi abbandonato, deriva dalla corruzione delle parole latine del *Dies irae*: "*dies magna et amara valde*", cioè "grande giorno, molto amaro", divenute nel linguaggio popolare *Maravalle* e trasformate in una località geografica.
var.: andare al paese di Maravalle.

MARCANTONIO
essere un marcantonio
Essere un uomo prestante, alto e robusto, dal nome del triumviro romano o, secondo altri, di un famoso attore comico francese, Marc-Antoine, vissuto nella seconda metà del 1500 e famoso in tutta Europa.

MARCHIO
marchio di fabbrica
Figurato: caratteri distintivi che fanno riconoscere una persona come appartenente a una data famiglia, un gruppo, una setta, un'ideologia e simili, come se fossero il marchio concreto

impresso da una fabbrica per contrassegnare i propri prodotti.
marchio d'infamia
Figurato: grande disonore, vergogna riversata pubblicamente su chi ha commesso una colpa.
Allude al marchio a fuoco che anticamente veniva impresso sul corpo di chi si rendeva colpevole di alcuni reati.

MARCIA
aprire la marcia
Figurato: essere l'elemento trainante di un progetto, un'iniziativa e altro, come la persona che sta in testa a una sfilata, un corteo e simili.
var.: chiudere la marcia.
avanzare a marce forzate
Figurato: procedere in un'azione con grande rapidità ed energia. Anche arrivare a perseguire rapidamente un obiettivo sia pure a costo di grandi sforzi e fatiche.
Nel linguaggio militare, indica l'avanzare delle truppe con tappe di lunghezza superiore a quella ordinaria, che velocizzano l'azione ma costano fatica.
avere una marcia in più
Figurato: avere una possibilità in più rispetto a qualcuno e quindi essergli superiori, essere più abili e brillanti, come un veicolo che disponesse appunto di una marcia più degli altri.
far marcia indietro
In senso proprio, innescare la retromarcia e procedere a ritroso; in senso figurato, recedere da un'iniziativa o da un proposito; ricredersi su un'idea o una convinzione; frenare la propria azione; rinunciare a un progetto o altro. Anche non mantenere una promessa e simili.
var.: invertire la marcia.
marcia a vista *(raro)*
Di un treno, viaggiare a velocità tale da potersi fermare nello spazio di visuale libera. ∥ In senso figurato, procedere con grande cautela, in modo da potersi rendere conto di tutto quello che avviene.

MARCIARE
marciare a vuoto
Figurato: non ottenere alcun risultato dai propri sforzi, faticare o lavorare per nulla.
In meccanica, si dice di un motore che funziona senza essere collegato alla macchina utilizzatrice.
var.: girare a vuoto.

MARCIO
marcio fino al midollo
Figurato: profondamente corrotto, depravato, moralmente guasto fino nell'essenza più intima, qui rappresentata dal midollo.
marcio fino all'osso
Figurato: profondamente corrotto, depravato, moralmente guasto fino nell'essenza più intima, qui rappresentata dall'osso.

MARE
andare a scopare il mare
Figurato: fare una cosa assolutamente inutile, o intraprendere un'iniziativa che non ha alcuna possibilità di successo. ∥ Invito più o meno scherzoso a togliersi di torno, magari per andare a fare una cosa inutile e impossibile, ma evitando di far perder tempo agli altri. Usato di solito in forma esortativa, si rivolge in genere a chi propone cose o soluzioni insensate. ∥ Figurato: invito bonario a non dire sciocchezze o a smetterla con atteggiamenti noiosi o importuni rivolto a una persona noiosa, insistente o fanfarona.
var.: mandare a scopare il mare.
buttare a mare
Rinunciare completamente o definitivamente a qualcosa. Anche eliminarla, abbandonarla, disinteressarsene.

Riferito a una persona, sacrificarla a un interesse superiore.
var.: gettare a mare.

correre i mari
Navigare per lunghi periodi in mari lontani. ‖ Fare i pirati, i corsari.

essere in alto mare
Figurato: essere molto lontani dalla meta o dal risultato voluto, come quando ci si trova al largo dove il mare è molto profondo. In senso lato, ignorare un argomento o sbagliare una valutazione.
In mare aperto, un tempo, poteva capitare non solo di ignorare la propria posizione ma anche di scegliere una rotta sbagliata, proprio a causa della mancanza di punti di riferimento.

essere in un mare di guai
Avere molti problemi e difficoltà, essere in una situazione talmente difficile da sembrare un mare nel quale ci si trova immersi.

mare a ochette
Mare disseminato di chiazze di schiuma dovute al frangersi delle onde.
var.: mare a montoni; mare a pecorelle.

mare senza fondo
Figurato: tutto ciò che ha bisogno di essere continuamente alimentato senza arrivare mai a riempimento, riferito a cose, persone o enti che assorbono energie, risorse o denaro e continuano a esigerne, senza dare nulla in cambio. Usato spesso per enti e istituzioni pubbliche. ‖ Con significato completamente opposto, si dice di tutto ciò che sembra essere inesauribile, cui si può attingere continuamente senza economia.

mettersi in mare senza biscotto
Iniziare un'impresa in modo imprudente, avventato, senza essersi provvisti del necessario, come chi s'imbarcasse per un lungo viaggio senza viveri. Con *biscotto* s'intendono qui le gallette, che costituivano la base delle scorte alimentari in dotazione alla marina.

nuotare in un mare di latte
Essere ricchi, vivere nel benessere. Anche essere perfettamente felici.

promettere mari e monti
Fare grandi promesse, promettere grandi cose.

un mare di ...
Grandissima quantità o vastissima estensione di qualcosa.

MARINAIO
marinaio d'acqua dolce
Persona che vanta grandi avventure marinare e che all'atto pratico si rivela poco competente in materia. Anche marinaio di scarsa esperienza, che non ha ancora affrontato navigazioni difficili. Quasi sempre scherzoso e a volte spregiativo.

MARMELLATA
ridurre in marmellata
Figurato: spappolare, ridurre a una poltiglia informe, proprio come si fa con la frutta per preparare la marmellata. In senso lato, rovinare una cosa fragile o delicata con un trattamento troppo energico, oppure percuotere violentemente una persona, come sbriciolandole le ossa. Ancora, non riuscire più a pensare con chiarezza e lucidità per stanchezza, confusione o altro. Anche scherzoso o ironico.

MARMO
di marmo
Figurato: molto sodo, duro e compatto. Anche gelido, impassibile, privo di emozioni, se riferito a uno sguardo, un'espressione del volto o simili, oppure irrigidito, paralizzato, detto di chi resta così bloccato da paura o sorpresa.

diventare di marmo
Figurato: irrigidirsi nel corpo, impietrire.

var.: restare di marmo; rimanere di marmo; farsi di marmo.
scolpire nel marmo
Lasciare di qualcosa un ricordo indelebile.
var.: incidere nel marmo.

MARMOTTA
essere una marmotta
Essere tonti, tardi, ottusi oppure mentalmente pigri. Anche essere indolenti, abulici, indifferenti a tutto, difficili da scuotere e da far reagire. In particolare, essere dormiglioni.
sonno da marmotta
Sonno molto profondo, pesante come quello delle marmotte quando vanno in letargo.

MARTA
fare da Marta e da Maddalena
Sapere o dover fare molte cose disparate o contrastanti; anche darsi molto da fare ma in modo incoerente, dispersivo, senza seguire un filo logico. Allude ai rispettivi simboli assunti nel tempo da questi due personaggi evangelici: Marta impersona quello della vita attiva, Maddalena quello della vita contemplativa.

MASCHERA
avere una bella maschera
Di un attore di teatro, avere una mimica facciale molto espressiva.
avere una maschera sul volto
Figurato: fare il possibile per apparire diversi da quello che si è, presentare un'apparenza mendace. Anche nascondere i propri pensieri o le proprie intenzioni, oppure assumere un'espressione che non lascia trapelare alcuna emozione, essere imperscrutabili.
var.: mettersi una maschera; indossare una maschera; nascondersi dietro una maschera.
gettare la maschera
Figurato: rivelarsi per quello che realmente si è; dichiarare le proprie reali intenzioni; smettere di fingere.
var.: strappare la maschera; togliersi la maschera.
sembrare una maschera
Persona dal volto eccessivamente truccato con colori troppo violenti, oppure vestita in modo rutilante, vistoso, a tinte squillanti e contrastanti, con effetto caricaturale.
ti conosco mascherina!
Esclamazione: si usa di solito per comunicare più o meno scherzosamente a qualcuno di avere capito le sue vere intenzioni nonostante le finzioni e le simulazioni che ha adottato.
La frase si usava un tempo, quando erano frequenti le feste mascherate, per annunciare a qualcuno di averlo riconosciuto sotto la maschera che gli nascondeva il volto.

MATASSA
dipanare la matassa
Risolvere un problema intricato, venirne a capo, chiarire una situazione oscura, ingarbugliata o complessa.

MATERASSO
battere come un materasso
Figurato: percuotere qualcuno, picchiarlo violentemente e a lungo come si fa per togliere la polvere dai materassi di lana o di crine, servendosi del battipanni. Anche scherzoso.
rivoltare come un materasso
Figurato: mettere a soqquadro un ambiente, o un cassetto e simili, alla ricerca di qualcosa. Riferito a una persona, perquisirla a fondo; o anche sottoporla a un interrogatorio stringente per estorcerle tutte le informazioni che può dare. Oppure, sottoporre qualcuno a un'accurata visita medica.
stare tra due materassi
Figurato: essere in una posizione protetta.

MATERIA
non avere materia grigia
Figurato: essere stupidi, mancare d'intelligenza. È detta *materia grigia*, o "sostanza grigia", la parte del tessuto nervoso composta prevalentemente di cellule che si trova nell'encefalo e nel midollo spinale. È così chiamata in contrapposizione alla "sostanza bianca", in cui prevalgono i prolungamenti delle cellule, cioè le fibre nervose, che appaiono di aspetto biancastro a causa del loro rivestimento di mielina.
var.: avere poca materia grigia; mancare di materia grigia.

MATTINA
dalla mattina alla sera
Figurato: improvvisamente, in modo inatteso e in pochissimo tempo, come nell'arco di una sola giornata. Riferito spesso a cambiamenti di programma, d'idea e simili, oppure al verificarsi di un evento imprevisto e così via.
var.: dalla sera alla mattina.
mattina e sera
Figurato: sempre, costantemente, quotidianamente; senza sosta o senza interruzione. Riferito in genere a qualcosa che annoia o tedia.
var.: mattino e sera.

MATTO (agg)
PARAGONI: matto come un cavallo.
matto come un cavallo
Imprevedibile, balzano, usato in senso benevolo e scherzoso per persone stravaganti o irrequiete. Il cavallo è un animale bizzoso, che si adombra facilmente.

MATTO (sost)
cose da matti
Cose incredibili, inconcepibili, oppure pazze, irragionevoli, assurde, degne di una mente malata.
var.: roba da matti.
essere come il matto dei tarocchi
Essere onnipresente e sempre gradito. Nei Tarocchi usati per i giochi normali, il *Matto* è una carta che si può associare a qualsiasi altra per raggiungere il valore desiderato. È l'antenato del *Jolly* o "matta" dei giochi attuali.
invitare il matto alle sassate
Figurato: scatenare una situazione che poi non si riesce più a controllare, o suggerire incautamente azioni che si rivelano dannose a qualcuno che non ci aveva ancora pensato. Anche fare il gioco dell'avversario. ‖ Figurato: invitare qualcuno a fare qualcosa che avrebbe comunque fatto volentieri anche senza sollecitazioni.
roba da matti *vedi* cose da matti

MATTONE
avere un mattone sullo stomaco
Non avere digerito, sentire il cibo pesare ancora nello stomaco come fosse un mattone. In senso figurato, avere un dispiacere, un problema e simili che non si riesce a eliminare.
essere un mattone
Figurato: noioso o pesante da sopportare. Si dice di un libro, di un film, di una situazione difficile che si trascina nel tempo, o anche di una persona.

MATUSALEMME
essere un Matusalemme
Essere molto vecchio. In senso lato, essere antiquati, sorpassati, anche se non necessariamente retrogradi. Oppure essere lenti nei movimenti o nei processi mentali, come potrebbe esserlo una persona molto vecchia.
Matusalemme, o Matusala, è il nome di uno dei patriarchi vissuti prima del Diluvio Universale, e secondo la Bibbia sarebbe vissuto fino all'età di 969 anni (*Genesi*, V, 25-27).
var.: avere gli anni di Matusalemme; avere l'età di Matusalemme.

MAZZO
estrarre dal mazzo
Scegliere, prendere il meglio di quanto disponibile.
mettere tutti in un mazzo
Non fare distinzioni, raggruppare o considerare nello stesso modo cose o persone diverse tra loro. Sottintende un errore di valutazione.
tenere il mazzo
Essere di turno a distribuire le carte. In senso figurato, si dice di chi detiene il potere in una determinata situazione o è comunque in grado di dettare condizioni agli altri.
uscire dal mazzo
Uscire da un gruppo o da una categoria di persone, e soprattutto distinguersi, elevarsi, emergere dalla mediocrità, dall'anonimato e simili.
var.: restare nel mazzo; entrare nel mazzo.

MEDAGLIA
l'altra faccia della medaglia *vedi* **rovescio della medaglia**
meritare una medaglia
In senso ironico, si usa per una persona che ha fatto qualcosa di molto banale convinta che si trattasse di chissà quale grande impresa, oppure per chi ha compiuto un'azione dannosa o riprovevole e se ne vanta come di un atto eroico.
La *medaglia* è in genere un simbolo di riconoscimento al merito di qualcuno.
rovescio della medaglia
Figurato: aspetto di una situazione, una persona o altro, che si contrappone a quello più evidente. Riferito in genere a un dato negativo.
A volte anche nelle medaglie più elaborate viene trascurato il rovescio, che può presentarsi molto povero o addirittura privo di qualsiasi incisione. Diderot insinuava ironicamente che questo avveniva perché niente potesse offuscare la bellezza dell'altra faccia, che spesso recava l'effigie del sovrano.
var.: l'altra faccia della medaglia.
volere una medaglia
Pretendere l'attribuzione di un merito, un riconoscimento e simili. Usato quasi sempre in senso ironico per chi ritiene a torto di aver compiuto un'impresa importante o per coloro che commettono un'azione malvagia, o stupida, o rovinosa.

MEDICO
medico da borsa
Si usa in senso spregiativo per indicare un medico che s'interessa più del proprio guadagno che della salute dei suoi pazienti.

MEGERA
Megera era una delle tre Furie, divinità infernali che personificavano la vendetta. Insieme alle sorelle Aletto e Tisifone, seminava il male tra gli uomini. Le tre Furie, dette anche "Erinni", erano rappresentate come donne brutte, arcigne, vecchie, sempre torve e maligne, con serpenti al posto dei capelli, ali di pipistrello e una torcia in mano.
essere una megera
Figurato: essere becera, maligna, astiosa, detto in particolare di una donna vecchia e brutta.
var.: essere una vecchia megera.

MELA
dare le mele *(raro)*
Percuotere, picchiare, prendere a colpi di bastone, che in passato era spesso fatto di legno di melo. In senso figurato, avere il sopravvento su qualcuno, piegarlo alla propria volontà con l'uso della forza.
non sapere neanche di mele secche
Non avere alcun sapore, proprio come le mele secche. In senso figurato, si usa per qualcosa che lascia del tutto indifferenti.

MELASSA

La *melassa* è il liquido che rimane dopo l'estrazione dello zucchero dalla canna e dalla barbabietola. È dolcissimo, molto denso ed estremamente appiccicoso.

appiccicoso come la melassa
Molto appiccicoso, soprattutto in senso figurato per indicare una persona di cui non si riesce a liberarsi o che assilla gli altri con eccessive gentilezze.

nuotare in un bagno di melassa
Figurato: essere circondati da tanta dolcezza e gentilezza, o da svenevolezze e moine, da sentirsene nauseati.
var.: essere in un bagno di melassa.

MELO

piantare un melo
Cadere battendo il sedere per terra, detto soprattutto ai bambini, con allusione alle "mele" nel senso di natiche.

MEMORIA

a memoria
Si dice di qualcosa che si è in grado di ripetere, citare o ricordare perfettamente, in tutti i particolari, e indipendentemente dal fatto di averne compreso il significato o la sostanza. In senso lato, si usa anche per qualcosa che si conosce molto bene, per lunga esperienza o altro. ǁ Mentalmente, senza l'aiuto di macchine o semplicemente di carta e penna. Riferito di solito a un calcolo numerico e simili. ǁ Genericamente, per quel che si può ricordare. Riferito a una valutazione o una descrizione di massima.

a memoria d'uomo
Da tempi immemorabili, dal tempo più lontano cui può risalire la memoria dell'umanità, o semplicemente quella di una generazione, e per quanto possono ricordare le persone ancora in vita. Usato spesso a proposito di fenomeni particolari, come ad esempio una nevicata eccezionalmente abbondante, oppure di teorie o idee considerate stravaganti che sembrano sovvertire concezioni universalmente accettate da sempre.

alla memoria
In onore e a ricordo di un defunto.
Il detto è nato insieme alle decorazioni militari, per indicare quelle che vengono conferite per meriti di guerra a un combattente caduto.
var.: medaglia alla memoria.

avere la memoria del cardinal Mezzofanti
Avere un'ottima memoria.
Il bolognese *Giuseppe Mezzofanti*, nato nel 1774, fu un celebre poliglotta e pare conoscesse un centinaio tra lingue e dialetti. Manifestò la sua propensione per le lingue già in seminario, ed era ancora giovanissimo quando gli venne affidata la cattedra di lingua araba all'università di Bologna. Successivamente si trasferì a Roma e venne nominato cardinale nel 1838. Morì nel 1849 lasciando un'imponente raccolta di saggi linguistici, in parte pubblicati postumi.

avere la memoria di Mitridate
Avere un'ottima memoria.
Secondo gli storici, il re di Ponto *Mitridate il Grande*, vissuto tra il II e il I secolo a.C., parlava correntemente ventidue lingue.

avere la memoria di Pico della Mirandola
Avere una memoria eccezionale, come quella di Pico della Mirandola.
L'umanista e filosofo *Pico della Mirandola* (1463-1494), vissuto alla corte di Lorenzo il Magnifico, è rimasto famoso soprattutto per la sua memoria che si dice prodigiosa, e a soli ventitré anni presentò 900 tesi su ogni ramo dello scibile con l'intento di discuterle pubblicamente.

avere una memoria da elefante
Avere un'ottima memoria, paragona-

bile a quella degli elefanti. Usato in particolare per chi non dimentica un'offesa o un torto ricevuto.
Si dice che gli elefanti siano animali molto permalosi, in grado di ricordare a lungo gli eventuali maltrattamenti subiti. Tuttavia questo si potrebbe spiegare non tanto con delle particolari doti di memoria quanto con la loro longevità.
di felice memoria
Locuzione elogiativa usata quando si cita un defunto, oppure, in senso scherzoso o ironico, per una persona vivente ma lontana. Si dice anche per una situazione, un'epoca e simili.
memoria di ferro
Ottima memoria, talmente forte da sembrare di ferro.
rinfrescare la memoria
Far ricordare. Spesso ironico, in riferimento a qualcuno che finge di dimenticare un impegno assunto, una colpa commessa e simili.

MENINGE
La *meninge* è ognuna delle tre membrane che nell'uomo avvolgono e proteggono il cervello, o per maggior esattezza l'asse cerebrospinale. Dall'esterno all'interno sono rispettivamente la duramadre, la piamadre e l'aracnoide, tra le quali circola il liquido cefalorachidiano. In senso figurato, il termine meninge è divenuto sinonimo di cervello, inteso come produttore d'idee e quindi d'intelligenza, e si usa più che altro con intento scherzoso o ironico.
far lavorare le meningi
Pensare intensamente per farsi venire un'idea, per trovare una soluzione a un problema, come mettendo il cervello al lavoro. Anche sforzarsi di capire qualcosa.
spremersi le meningi
Pensare intensamente, fare grandi sforzi per capire o escogitare qualcosa, per farsi venire un'idea come spremendola fuori dal cervello.

MENO
venir meno a se stesso
Mancare ai propri doveri o a impegni assunti; non mantenere promesse o simili. Anche dimostrare di non essere all'altezza di una situazione.

MENSA
levare le mense
Figurato: sparecchiare il tavolo da pranzo. Anche alzarsi da tavola, finire di mangiare.
Nell'antichità non c'erano praticamente tavoli fissi. Questi erano costruiti di volta in volta utilizzando delle assi che venivano posate all'occorrenza sui supporti più svariati. Esaurito il loro scopo, venivano levate e riposte fino alla successiva occasione.
var.: mettere le mense.

MENTE
a mente fresca
Con la mente riposata, e quindi più efficiente perché non stanca.
aprire la mente
Figurato: favorire lo sviluppo intellettuale di qualcuno fornendogli orizzonti culturali più vasti, oppure aiutandolo a capire le cose mostrandogliele in un contesto più ampio e sotto aspetti diversi.
aprire la mente a qualcosa
Figurato: prestare grande attenzione a qualcosa, concentrarvi il pensiero.
di mente corta
Poco intelligente, ottuso; anche poco lungimirante, come chi avesse una mente troppo corta per arrivare a vedere oltre un certo punto.
var.: corto di mente.
essere nella mente di Dio
Essere molto lontano nel futuro. Si usa in genere per un'idea vaga e ancora informe, oppure per un progetto o

altro che non si esclude possa realizzarsi ma comunque in un tempo molto lontano. Usato inoltre per una persona non ancora nata, o per un avvenimento non ancora accaduto. ‖ Essere molto lontano nel passato, detto a una persona più giovane, per indicare un'epoca o un episodio avvenuto quando questa non era ancora nata. ‖ Riferito alla realizzazione di una speranza, di un desiderio e simili, essere inconoscibile, noto solo a Dio, poiché "nella mente di Dio sono tutte le cose passate, presenti e future".
La frase, traduzione letterale del latino *in mente Dei*, si riferisce all'onniscienza di Dio. In greco esiste un equivalente "stare sulle ginocchia degli Dei", o "di Zeus", che ricorre frequentemente in Omero.

far mente locale
Pensare a un argomento specifico isolato da tutto il contesto, rifletterci o applicarvisi specificamente, come se si mettesse la mente in un preciso luogo fisico.

ficcarsi in mente *(fam)*
Figurato: capire qualcosa sia pure con molti sforzi; rendersene conto; convincersi, persuadersi. Usato anche come esortazione.
var.: cacciarsi in mente; mettersi in mente; ficcarsi in testa; cacciarsi in testa; mettersi in testa; ficcare nel cervello; cacciare nel cervello.

non passare per la mente
Non avere la minima intenzione di fare qualcosa, non esserne affatto interessati, non pensarci nemmeno. Usato spesso come esortazione per invitare qualcuno a non prendere neanche in considerazione l'idea di fare una determinata cosa.
var.: non passare neanche per l'anticamera del cervello; non passare neanche per la testa.

saltare in mente
Si dice di un'idea venuta all'improvviso, soprattutto se bizzarra o non adeguata alla situazione.

MEO
essere un Meo
Essere un po' sciocchi, creduloni e simili.
Meo è diminutivo di Bartolomeo, e il detto potrebbe alludere al condottiero bergamasco Bartolomeo Colleoni (1400-1475), grazie a un gioco di parole un po' equivoco con il suo cognome.

MERAVIGLIA
Il termine *meraviglia* definisce il sentimento suscitato dalla visione o dalla conoscenza di qualcosa di straordinario e inaspettato. Indica anche l'oggetto che lo suscita, che quindi deve presentare aspetti insoliti che possano far pensare a qualcosa di prodigioso. In questo senso, gli antichi davano il nome di "Sette Meraviglie del Mondo" ad altrettanti monumenti allora celebri, della cui identificazione non si è a tutt'oggi del tutto sicuri. Sembrerebbe comunque che fossero: le piramidi d'Egitto; i giardini pensili di Babilonia; la statua di Zeus in oro e avorio a Olimpia; il tempio di Artemide a Efeso; il mausoleo di Alicarnasso; il faro di Alessandria; il colosso di Rodi.

compiere meraviglie
Fare cose eccezionali, riuscire in cose molto difficili.
var.: operare meraviglie.

dire meraviglie
Parlare molto bene di qualcosa o qualcuno, esaltarne i pregi, le doti, le capacità e così via.

essere l'ottava meraviglia
Essere qualcosa di talmente meraviglioso da lasciare stupefatti, tanto che potrebbe essere aggiunta alle Sette Meraviglie del Mondo.

essere una delle Sette Meraviglie
Figurato: essere qualcosa di assoluta-

mente splendido, talmente meraviglioso da lasciare stupefatti.
essere una meraviglia del creato
Essere qualcosa di straordinariamente bello, usato come complimento enfatico. Quasi sempre ironico o scherzoso.
far meraviglie
Manifestare stupore, in genere eccessivo o poco sincero. Quasi sempre in senso ironico, si usa per chi finge di essere all'oscuro di qualcosa di cui è invece perfettamente al corrente.
var.: fare le meraviglie.

MERCANTE
mercante d'ebano
Figurato: negriero, mercante di schiavi neri.
Viene dal nome con cui un tempo s'indicavano gli schiavi negri catturati in Africa, cioè "legno d'ebano", dal colore scuro di questo legno.
mercante di morte
Figurato: spacciatore di droga.

MERCATO
a buon mercato
A basso prezzo, di poca spesa. Più usato in senso figurato: con poca fatica, facilmente, senza sforzo.
var.: cavarsela a buon mercato.
far mercato di ...
Figurato: cercare di trarre guadagno da beni di per sé non venali, come ad esempio l'onore, la vita umana e così via. Spregiativo, e a volte ironico.
far mercato di sé
Esercitare la prostituzione. Quasi sempre scherzoso.
var.: far mercato del proprio corpo.
fare un mercato
Figurato: fare grande confusione, con frastuono, vocio, agitazione e così via.
mercato nero *vedi* **borsa: borsa nera**

MERLO
essere un merlo
Figurato: essere ingenui, creduloni; farsi raggirare o incantare facilmente; credere a qualunque frottola.
Allude al carattere di quest'uccello, di natura curiosa e socievole, che per questo risulta facile da catturare e da addomesticare.

MESSIA
In aramaico la parola *messia* significa "unto", consacrato con l'unzione, e in origine era un appellativo riservato ai re, che venivano così consacrati nella loro funzione regale al momento di salire al trono. Fu poi allargato anche al Sommo Sacerdote e infine ai Sacerdoti tutti, di modo che l'unzione venne a qualificare gli uomini scelti per una determinata e specifica funzione o missione. Solo negli ultimi secoli precristiani il termine passò a designare il liberatore, il salvatore che Dio avrebbe dovuto mandare agli uomini per instaurare il suo regno, secondo la Promessa. Parte degli Ebrei lo identificarono più tardi in Gesù di Nazareth, e ritennero così compiuta la profezia; altri però gli negarono questo ruolo, e ancora attendono il promesso Messia.
accogliere come il Messia
Accogliere con piacere, con grande gioia, con sollievo, con soddisfazione, come si accoglierebbe un salvatore.
essere atteso come il Messia
Figurato: essere attesi impazientemente, con grande desiderio; riferito a una persona o a un evento da cui ci si aspetta la soluzione di un problema, un risvolto favorevole, una bella o importante notizia e così via.

MESTIERE
di mestiere
Per professione, come attività abituale. In senso figurato e ironico, si riferisce in genere a chi si comporta regolarmente in un determinato modo per lo più sgradevole agli altri, come ad esempio i disturbatori, i seccatori, gli

attaccabrighe e così via. ‖ Realizzato grazie alla pratica o a una buona conoscenza tecnica ma privo di genialità, talento, fantasia e simili, riferito in genere a opere d'arte non pienamente riuscite.

essere del mestiere
Essere competente o abilitato a svolgere una data attività; praticarla come abituale, professionalmente.

il mestiere più vecchio del mondo
La prostituzione.

incerti del mestiere
Inconvenienti e problemi connessi a una data attività. Spesso ironico o scherzoso.
var.: inconvenienti del mestiere. ‖ Guadagni secondari che derivano da una determinata attività.

mestiere girovago
Attività lavorativa che per sua natura prevede lo spostamento di luogo in luogo da parte di chi l'esercita.
La legge italiana, che ne contempla una precisa regolamentazione, fa rientrare in questa vasta categoria i mestieri più disparati, includendovi a tutt'oggi gli ambulanti di tutti i generi, i cenciaioli, i saltimbanchi, i cantastorie, i suonatori, i facchini, i conducenti di auto pubbliche, i lustrascarpe e i barcaioli. Vi sono inoltre equiparati gli interpreti, le guide, i portatori alpini, i pescatori e i cacciatori di professione.

vecchio del mestiere
Si dice di chi ha lunga esperienza di un'attività, e la sa svolgere con la competenza data dall'abitudine e dalla pratica. Anche ironico.

MESTOLO
avere il mestolo in mano
Detenere il potere, il comando; dirigere; poter agire a modo proprio imponendo agli altri la propria volontà.
Viene dal linguaggio famigliare ripreso dal proverbio che dice che " chi ha il mestolo in mano fa la minestra a modo suo".

cominciare dal mestolino
Fare qualcosa irrazionalmente, cominciando dalle cose meno importanti, come se nell'arredare una casa si comperasse per prima cosa un mestolino.

fare il mestolino
Essere sul punto di scoppiare in lacrime e darlo a vedere dalla contrazione dei muscoli facciali. Quasi sempre scherzoso, è usato soprattutto per i bambini.
Mestola è uno dei termini popolari per il mento, che nei bimbi che piangono, soprattutto i più piccoli, sembra quasi che tremi e si allarghi.

METÀ
dividersi a metà
Occuparsi di più attività, cose o persone contemporaneamente.

la mia metà
Scherzoso: mia moglie o mio marito, considerando ognuno dei coniugi come la metà di una coppia.

lasciare a metà
Figurato: non portare a termine; anche interrompere, sospendere.

METEORA
essere una meteora
Figurato: fare qualcosa con grande rapidità, oppure durare molto poco, come una meteora che si vede passare nel cielo per un tempo brevissimo.

passare come una meteora
Passare molto velocemente, come una meteora che passa velocissima nel cielo. Detto prevalentemente di mode, notorietà e simili.

METTERE
mettercela tutta *(fam)*
Impegnarsi a fondo in qualcosa, sforzarsi di affrontarla o di portarla a termine impiegandovi tutta la propria

energia, gli sforzi, la determinazione, la fatica e simili.

metterci del proprio
Contribuire personalmente a un'iniziativa o altro, dando il proprio aiuto, il proprio denaro, le proprie idee e così via. ‖ Aggiungere particolari inventati nel riferire una vicenda e simili.

mettersi con qualcuno (pop)
Associarsi o collaborare con qualcuno, riferito a rapporti di lavoro, d'affari e simili, soprattutto se poco onesti e corretti. ‖ Prendere le parti di qualcuno, appoggiarlo, difenderne le idee. Vale anche per partiti politici, movimenti d'opinione e così via. ‖ Entrare a far parte di un gruppo, di un'associazione e simili. ‖ In campo sentimentale, iniziare una relazione amorosa con qualcuno, far coppia con lui. ‖ Mettersi in competizione con qualcuno. In particolare mettersi contro un avversario più forte, rischiando quindi di perdere o di rimetterci.

sapersi mettere (fam)
Presentarsi bene; avere buon gusto nel vestire e in generale saper valorizzare esteriormente la propria persona.

MICHELACCIO
l'arte di Michelaccio
Lo stare in ozio, evitando lavoro, fatiche e impegni.
Il detto completo dice che "l'arte di Michelasso è mangiare, bere e andare a spasso". Una probabile origine lo riconduce al *Miquelet*, soprannome anticamente usato in Francia e in Spagna per i fedeli che si recavano in pellegrinaggio al santuario di San Michele, e più tardi anche per le persone che facevano loro da guida e che ne fecero presto una vera professione. Con il tempo il termine assunse un significato negativo e passò a definire il vagabondo intenzionato il più possibile a evitare il lavoro. Secondo altri, il detto deriverebbe invece dal nome di un certo Michele Panichi, un ricco fiorentino che si ritirò dagli affari in età ancora giovane e che visse per il resto dei suoi anni senza far nulla.
var.: fare la vita del Michelaccio.

MIDA
Mida fu re di Bromio, in Macedonia, e in seguito della Frigia. Secondo una leggenda, si trovò a ospitare Sileno, il precettore del Dio Dioniso, e avendolo trattato con tutti gli onori ebbe in cambio la possibilità di esprimere un desiderio. Mida chiese allora di poter tramutare in oro tutto ciò che toccava, ma ben presto si rese conto che anche cibi e bevande, appena portati alla bocca, diventavano d'oro. Quando infine implorò Dioniso di liberarlo da quello scomodo dono, il Dio gli ordinò di lavarsi nelle acque di un fiume, che da allora è ricco di pagliuzze d'oro. Mida è passato nella tradizione popolare come simbolo di ricchezza e di avidità.

avere il tocco di re Mida
Arricchire facilmente.

MIDOLLO
Midollo è un termine generico con il quale l'anatomia designa la parte più interna di un organo, in contrapposizione a quella esterna che viene detta "corticale". Nel linguaggio comune si riferisce generalmente al midollo osseo, cioè al tessuto connettivo grasso e molle che riempie il canale midollare centrale delle ossa, e in questo senso è passato nell'ambito figurato a indicare l'elemento più interno, più profondo, più intimo e nascosto di qualcosa.

fino al midollo
Figurato: completamente, del tutto, fino in fondo; fino alla parte più intima, profonda e nascosta di qualcosa. Usato come rafforzativo in locuzioni quali "marcio fino al midollo", "guasto fino al midollo" e così via.

penetrare nelle midolla
Figurato: penetrare fino in fondo, detto di una sensazione fisica come ad esempio il freddo, o di un'emozione o altro che pervade tutta la persona.

succhiare anche il midollo
Riferito a una persona, sfruttarla completamente, fino a quando non ha più niente da dare o da farsi portar via.

MIELE

avere il miele in bocca e il rasoio alla cintola
Ostentare grande amicizia per una persona che in realtà si odia profondamente e alla quale si fa il possibile per nuocere.

avere il miele sulle labbra e il veleno nel cuore
Ostentare grande amicizia per una persona che in realtà si detesta e alla quale si fa il possibile per nuocere.

nuotare nel miele
Essere in uno stato di grande beatitudine e felicità, soprattutto in una relazione amorosa; sentirsi molto amati, coccolati, fatti oggetto di continue manifestazioni di dolcezza e tenerezza.

tutto miele
Figurato: molto dolce, soave, riferito a una persona che presenta atteggiamenti melensi e sdolcinati. Vale anche per un comportamento particolarmente gentile o affettuoso, in genere da parte di chi vuol farsi perdonare qualcosa o fa il possibile per recuperare un rapporto compromesso. Si usa anche per un periodo, una situazione, un momento di particolare felicità soprattutto in una relazione amorosa.
var.: essere tutto miele.

MINESTRA

In quasi tutti i detti riguardanti la *minestra* si potrebbe sostituire il termine con la parola "brodo" oppure "zuppa", che hanno lo stesso senso figurato dal momento che in origine erano la stessa cosa. Minestre, brodi e zuppe, che in tutto il mondo sono stati alla base della cucina più antica, si differenziavano solo per la maggiore o minore densità e per l'introduzione eventuale di pane, riso, pasta o altre preparazioni alimentari a base di farinacei.

essere sempre la solita minestra
Essere sempre la stessa cosa, che quindi viene a noia. Si usa un po' per tutto, da una persona a una situazione, a un discorso, a una teoria e altro, spesso con una vena di delusione. ‖ Riferito a un regime di governo, a un gruppo di potere e simili, descrive un cambiamento solo apparente, che non muta la sostanza delle cose. ‖ In una questione di denaro in cui interviene il sospetto di qualche illecito, indica la scarsa speranza di veder fatta giustizia o chiarezza, partendo dal presupposto che le persone coinvolte finiranno per aiutarsi a vicenda a uscirne salvi, poiché fanno parte della stessa solita minestra, ossia dello stesso gruppo.
var.: essere sempre la stessa zuppa; essere sempre la stessa minestra; essere tutta un'altra minestra.

essere tutta un'altra minestra
Essere una cosa completamente diversa.

essere una minestra che non piace
Non piacere, non convincere, suscitare diffidenza, detto prevalentemente di una situazione sospetta e confusa.

fare un minestrone
Mettere insieme cose, persone, discorsi, concetti disparati, creando un insieme eterogeneo e confuso. Anche semplicemente confondersi, oppure capire e collegare male quanto si legge, si ascolta e così via.
var.: far su un gran minestrone.

guadagnarsi la minestra *vedi* lavorare per la minestra

guastare la minestra
Disturbare i piani, i progetti o le ma-

novre di qualcuno, farli fallire, provocarne l'insuccesso.
lavorare per la minestra
Guadagnarsi da vivere con i proventi del proprio lavoro.
var.: guadagnarsi la minestra.
minestra riscaldata
Figurato: cosa, situazione, discorso o altro, già detto, fatto o vissuto, che si ripropone o si riprende dopo un certo tempo. Usato soprattutto in riferimento a una relazione amorosa. Ha connotazione generalmente negativa.
o mangi la minestra o salti la finestra
Si usa per convincere qualcuno a fare una determinata cosa facendogli capire che non ha alternative, che vi è costretto, o che rifiutando una cosa non ne avrà in cambio un'altra.
L'origine, familiare e scherzosa, fa riferimento al pasto. *Saltare* qui sta per digiunare, e la finestra compare per questioni di rima.
tener dalla minestra *(pop)*
Badare solo al proprio interesse, alla convenienza, al guadagno, senza porsi problemi di dignità, d'onore, di coerenza e simili. ‖ In senso lato, stare sempre dalla parte del più forte.
trovare la minestra bell'e pronta
Figurato: non dover faticare per procurarsi il necessario; trovare le difficoltà già appianate da altri, avvantaggiarsi dell'opera o del lavoro altrui. Anche ottenere qualcosa senza fatica. ‖ Essere serviti di tutto punto, essere accuditi con premura.
var.: trovare la minestra già scodellata.

MINIERA
miniera d'oro
Figurato: attività, persona o altro che si rivela fonte di lauti guadagni.
una miniera di ...
Fonte molto ricca di qualcosa. Usato in genere per informazioni, idee, soluzioni, notizie e simili.

MINUTO
avere i minuti contati
Figurato: avere molta fretta, avere pochissimo tempo, soprattutto da perdere. Dover fare molte cose. ‖ Figurato: essere in punto di morte.
contare i minuti
Figurato: attendere con grande ansia che si verifichi un dato avvenimento. ‖ Tenere minuziosamente conto del tempo, badando anche ai minuti, detto in particolare di chi controlla con pignoleria il lavoro di una persona pagata a ore.
guardare il minuto
Tenere minuziosamente conto del tempo, badando anche ai minuti, detto in genere in rapporto a un'attività lavorativa svolta da personale dipendente.
spaccare il minuto
Figurato: essere molto puntuali. Si dice anche di un orologio molto preciso, come se la lancetta delle ore tagliasse nettamente in due il numero riportato sul quadrante nel momento esatto in cui scocca quell'ora.
var.: spaccare il secondo.
stare al minuto
Essere molto puntuali; anche esigere la massima puntualità.
var.: guardare il minuto.

MIRACOLO
essere un miracolo di ...
Nel proprio campo o genere, essere un esemplare di perfezione, di bellezza, di capacità e così via. Vale per persone e cose. Anche ironico.
far miracoli
Compiere imprese che sembrano straordinarie, riuscire a fare cose faticose o difficili, che nessun altro penserebbe di tentare. Usato soprattutto per chi non può agire diversamente in quanto spinto dalla necessità.
far miracoli con ...
Ottenere risultati molto positivi par-

tendo da cose di scarsa importanza o valore, riferito prevalentemente ad abilità manuali, artigianali o artistiche.

per miracolo
In maniera quasi incredibile, che potrebbe far pensare a un miracolo, oppure semplicemente per puro caso, riferito a chi riesce all'ultimo istante a fare qualcosa in cui non sperava più, come ad esempio prendere un treno pur essendo in grave ritardo. È usato anche a proposito di avvenimenti di carattere eccezionale, come ad esempio essere l'unico superstite di un disastro e simili. ‖ In maniera incredibile, detto per chi porta inaspettatamente a compimento un'impresa molto difficile, sia pure con grande difficoltà, in modo da far pensare a un intervento divino fondamentalmente immeritato. Riferito a chi supera una prova difficile di cui viene comunemente ritenuto incapace, ha intenzione fortemente ironica per insinuare la possibilità di un inganno, di un aiuto o di un intervento altrui.
var.: per puro miracolo.

MISERERE
essere al miserere
Essere in punto di morte.
Il *miserere* è un inno funebre.

MISERIA
essere una miseria
Riferito al denaro, essere una somma estremamente esigua, misera. In senso figurato, si dice di una cosa di scarsissimo valore.
var.: pagare una miseria; guadagnare una miseria; per una miseria; lavorare per una miseria; vendere per una miseria.

MISURA
a misura d'uomo
Letterale: adatto alle dimensioni umane. In senso figurato si dice oggi di qualcosa che permette a un individuo di continuare a essere una persona con tutte le sue caratteristiche, i suoi desideri, i suoi bisogni umani e non già un numero, un'entità spersonalizzata, un ingranaggio del mondo produttivo. Usato ad esempio per una piccola città in contrapposizione alle metropoli considerate disumanizzanti. È riferito anche a qualcosa che una persona comune può arrivare a capire, a usare e a godere senza il rischio di danni fisici o mentali, quindi non eccessivamente astrusa, impegnativa o troppo vasta: vale per un lavoro, un tipo di vita, un'attività ricreativa e altro.
var.: a misura umana.

colmare la misura
Figurato: far perdere la pazienza; arrivare al limite considerato giusto o normale. Riferito in genere al comportamento di una persona esasperante che non si è più disposti a tollerare.
var.: la misura è colma.

fuori misura
Di misura completamente diversa da quella voluta, richiesta o prevista, riferito in genere a oggetti di grandi dimensioni. In senso figurato, si usa per gravi errori o per comportamenti inaccettabili, che superano i limiti considerati giusti, normali, o quanto meno tollerabili.

mezze misure
Insieme di azioni o provvedimenti troppo blandi per ottenere lo scopo desiderato; eccessiva moderazione o cautela nell'agire.

misura per misura
Nella stessa misura, su un piano di parità. Usato soprattutto per indicare la restituzione di un torto subito, di una vendetta e simili. Si riferisce in particolare al metro di valutazione con cui si giudica chi a sua volta ci ha precedentemente giudicato.
Il detto è preso dal titolo dell'omoni-

ma commedia di Shakespeare, che s'ispira al passo evangelico in cui Gesù ricorda che "di qual giudizio giudicherete sarete giudicati, e della misura che misurerete sarà altresì misurato a voi" (Marco, IV, 24; Matteo, VII, 2; Luca, VI, 38).

passare di misura
Diventare troppo piccolo, detto di un capo di abbigliamento e con particolare riferimento a quelli dei bambini. In senso figurato, detto di una situazione, un rapporto personale e simili, smettere di essere interessante, come se fosse un abito divenuto troppo stretto per poterlo indossare ancora.

passare la misura
Figurato: superare il limite considerato giusto o normale, provocando la reazione di qualcuno cui si è fatta perdere la pazienza. Riferito in genere a comportamenti, azioni ed errori fino a quel momento tollerati.

prender le misure
Figurato: studiare una persona per capirne il carattere e sapersi quindi regolare sul come comportarsi con lei. Più raramente, riferito anche a una situazione.

rendere a misura di carbone
Vendicarsi abbondantemente. L'idea è di pesare un'offesa ricevuta e di ricambiarla con una di peso superiore. Si chiama in causa il carbone in quanto è considerato uno dei materiali di minor valore che si vendano a peso.

su misura
Realizzato specificamente per una data persona, secondo le sue misure corporee, detto di un capo d'abbigliamento. In senso figurato, indica una situazione o altro particolarmente adatta a qualcuno, usato spesso in senso ironico per gli incontentabili che non trovano mai niente di loro completo gradimento.

vincere di stretta misura
Vincere con un minimo vantaggio.

Viene dal linguaggio agonistico, dove si riferisce al momento del taglio del traguardo.
var.: vincere di misura; vincere di una misura.

MITE
PARAGONI: mite come un agnello.

MOCCOLO
reggere il moccolo
Figurato: in un incontro amoroso, essere di disturbo con la propria presenza. Anche favorire un incontro clandestino.

MODO
modo di dire
Locuzione entrata nell'uso con una struttura più o meno fissa, per esprimere un concetto attraverso un'allusione, un'immagine figurata o una metafora.

per modo di dire
Per esempio. ǁ Soltanto a parole, per una pura convenzione.

MOGLIE
essere come la moglie di Cesare
Essere una persona al di sopra di ogni sospetto, non dare adito a chiacchiere, in particolare per quanto riguarda onestà e moralità, e soprattutto essere tenuti a regolarsi in tal modo.
Il detto si riallaccia a un episodio della vita di Giulio Cesare, narrato da Svetonio nel suo *Vita di dodici Cesari*, secondo il quale egli avrebbe ripudiato la moglie Pompea dopo avere scoperto che Clodio, approfittando di una festa, si era introdotto in abiti femminili nella sua casa per incontrarla. Al processo di divorzio Cesare affermò di non sapere nulla dell'episodio, e quando gli venne domandato per quale motivo volesse allora ripudiare Pompea, rispose: "Perché credo che la moglie di Cesare non debba essere

neppure toccata da un sospetto". In realtà, a Cesare faceva buon gioco allontanare Pompea, e si comportò così per ragioni strettamente politiche.

mogli e buoi dei paesi tuoi
Di origine proverbiale, il detto afferma che è preferibile a scegliere la moglie, e in senso lato gli amici, i collaboratori o i soci in affari, tra persone della propria stessa provenienza, sia geografica che sociale, presumendo che in questo modo sia più facile capirsi e andare d'accordo.

restare come la moglie di Lot
Restare stupefatti, impietriti dalla meraviglia o dalla sorpresa.
Dice la Bibbia (*Genesi*, XIX,24-26) che per punire dei loro peccati gli abitanti di Sodoma e di Gomorra, Dio stabilì di distruggere le due città. Quando Abramo gli chiese di risparmiarle, Dio promise che l'avrebbe fatto se vi avesse trovato almeno dieci uomini giusti. Per questo inviò a Sodoma due Angeli in veste di pellegrini, che vennero accolti con grande ospitalità nella casa di Lot, uomo integro e pio. Ma gli abitanti di Sodoma si presentarono alla sua porta chiedendo la consegna dei due stranieri per farne oggetto di atti sessuali, il peccato più grave secondo le legge mosaica, e per difendere i suoi ospiti Lot offrì in vece loro le sue due figlie, che però vennero rifiutate. Dio decise allora che i Sodomiti non meritavano alcuna pietà, a parte Lot e la sua famiglia. Mentre la città veniva incenerita, i due Angeli aiutarono gli ospiti a fuggire con la raccomandazione di non voltarsi mai indietro, per indicare con questo la rinuncia completa al peccato e l'inizio di una nuova vita. Ma nonostante il divieto, la moglie di Lot non seppe trattenersi dal volgersi a guardare la città che bruciava, e fu trasformata in una statua di sale.

tra moglie e marito...
Di origine proverbiale, il detto invita a non intromettersi nelle faccende private altrui, specialmente se riguardano un rapporto di coppia. Vale anche in senso lato per le questioni di qualsiasi genere che devono essere risolte solo dagli interessati, senza intromissioni esterne.
Il proverbio completo è "Tra moglie e marito non mettere il dito".

MOLLA

da prendere con le molle
Da trattarsi con molta cautela, con prudenza, attenzione; riferito a cose o persone dalle quali potrebbero derivare danni o guai, come succederebbe se si prendesse qualcosa dal fuoco senza le apposite molle. Si usa anche per affermazioni o informazioni che si sospettano poco attendibili o tendenziose, e alle quali è meglio non credere prima di un'attenta verifica.

scattare come una molla
Reagire prontamente o vivacemente alla minima sollecitazione, riferito a chi ha i riflessi pronti oppure a persone molto nervose o eccessivamente permalose.

teso come una molla
Molto nervoso, molto teso, come una molla pronta a scattare.

MONDO

Questa parola ha sempre avuto molte sfumature di significato. Definisce l'insieme delle cose esistenti, un corpo celeste in generale, il nostro pianeta inteso tanto come globo terrestre quanto come sede abitativa dell'umanità o come teatro delle vicende umane e così via. È usata anche per indicare l'insieme generico degli uomini che vivono sulla terra dal punto di vista del loro modo di vivere e del loro modello sociale, l'insieme di coloro che risiedono in Paesi della stessa civiltà, cultura o collocazione geografica, come ad esempio il mondo romano o il mondo orientale, oppure di coloro che sono accomunati da un'identità d'interessi o di attività, come il mondo degli affari, quello dello spettacolo, della malavita e così via. In questo senso il termine indica anche un ambito specifico che raggruppa cose o animali dello stesso genere, come i minerali o gli insetti.

In un'ottica diversa, il mondo rappresenta il simbolo della realtà materiale, in particolare della vita terrena, in contrapposizione alla spiritualità; e a volte ne sottintende gli aspetti considerati deteriori come la frivolezza, la ricerca del piacere, la vanità delle cose effimere. Al contrario, la parola può rivestire anche significati nettamente spirituali e positivi quandi si tratta delle idee, dei sentimenti o degli aspetti che caratterizzano la vita di grandi personaggi, come il mondo di Dante o di Leonardo, o la mentalità di un'epoca storica o artistica, come il mondo elisabettiano o rinascimentale. Nella sfera privata, il termine può indicare un modo di essere interiore, morale o psichico, e infine, dato il suo concetto implicito di vastità e di massima grandezza, la parola viene comunemente usata come termine di paragone assoluto con valore superlativo e come rafforzativo in generale.

IMPRECAZIONI: porco mondo; mondo ladro; mondo cane; mondo boia; boia d'un mondo ladro.

al mondo
Esistente, presente; reperibile o possibile sulla terra. In senso lato anche tangibile, concreto, appartenente al mondo terreno e come tale percepibile dai sensi.

andare al mondo di là
Morire, andare nel mondo che sta al di là di questo nostro dei vivi.

andare all'altro mondo
Figurato: morire.
var.: mandare all'altro mondo.

andare in capo al mondo *vedi* capo: in capo al mondo

cascasse il mondo
A qualsiasi costo, qualsiasi cosa accada, usato per ribadire la ferma determinazione a fare qualcosa, a mantenere una decisione, un progetto o simili.
var.: caschi il mondo.

come è piccolo il mondo!
Esclamazione: usata quando ci si imbatte casualmente in una persona conosciuta in circostanze completamente diverse, moltissimo tempo prima o in un luogo lontano.

cose dell'altro mondo
Cose inaudite, incredibili, assurde, oppure cose indegne e scandalose, riferito per lo più a una pretesa, un'idea, una teoria, un comportamento e così via. Usato anche per qualcosa di sensazionale o straordinario in generale, come per qualcosa di nuovo o di strano mai visto prima e a cui si stenta a credere, per qualcosa di meraviglioso, di terrificante e così via.
var.: roba dell'altro mondo.

da che mondo è mondo
Letterale: da sempre. Usato per sottolineare che una cosa è assolutamente normale, oppure codificata dall'uso, o ancora data per scontata in quanto reale o naturale.

di mondo
Si dice di una persona che conduce vita brillante, mondana, oppure di chi ha molta esperienza, conosce tutti gli aspetti della vita e soprattutto vede le cose senza prevenzioni morali o ideologiche. In senso ironico, se riferito in particolare a una donna, ne insinua a volte la libertà dei costumi. ‖ Figurato: di un uomo, essere un libertino; di una donna, essere una prostituta.

divertirsi un mondo
Divertirsi moltissimo, come si ci si trovasse nella situazione più divertente del mondo intero.
var.: godersela un mondo; spassarsela

un mondo; godere un mondo.
essere al mondo
Vivere, esistere, essere vivi.
var.: stare al mondo.
essere ancora al mondo
Essere ancora vivi. Anche esserci ancora, essere ancora in uso, detto in genere di un oggetto o altro che si credeva perduto, scartato, rovinato e simili.
essere fuori dal mondo
Non rendersi conto della realtà concreta, dei suoi aspetti e dei suoi problemi, come se si vivesse appunto al di fuori del mondo e di quanto vi accade. Anche essere svagati, distratti, oppure incredibilmente ingenui.
essere nel mondo dei più
Essere morti, far parte del mondo che annovera la maggioranza delle persone, cioè quelle vissute dall'origine dell'uomo fino a oggi.
var.: passare al mondo dei più; andare nel mondo dei più.
essere nel mondo dei sogni
Dormire profondamente, e quindi presumibilmente sognare. In senso figurato, vivere estraniandosi dalla realtà concreta, non capirla o non accettarla. Anche avere molte illusioni, e in senso ironico, essere molto ingenui.
gabbare il mondo
Farsi beffe di molte persone, oppure essere degli abili imbroglioni, in grado di prendersi gioco del mondo intero.
godere un mondo *vedi* **divertirsi un mondo**
il bel mondo
La società elegante, composta di persone importanti e abbienti che conducono vita brillante.
il gran mondo
L'alta società.
l'altro mondo
L'aldilà, l'oltretomba, il mondo dei morti.
l'occhio del mondo
L'attenzione di tutti, l'opinione generale. Anche l'opinione pubblica, il giudizio della società o degli altri.
mettere al mondo
Generare, partorire, far nascere.
mezzo mondo
Grande numero di persone in generale. Usato per ribadire il concetto di moltitudine in locuzioni come "conoscere mezzo mondo", "chiedere a mezzo mondo", "esserci mezzo mondo" e così via. ‖ Grande estensione di spazio. Usato per ribadire il concetto di vastità in locuzioni come "girare mezzo mondo", "cercare per mezzo mondo" e così via.
morire al mondo
In senso proprio, scegliere la vita monastica. Per estensione, condurre una vita appartata, ritirata, lontano dalla frenesia e dai problemi della società produttiva. In senso figurato, sparire, andarsene, non dare più notizie di sé, non farsi più vedere, o anche cadere nell'oblio, essere dimenticati oppure essere allontanati, come se non si esistesse più.
non esser più di questo mondo
Essere morti, non appartenere più a questo mondo terreno.
non essere di questo mondo
Non essere qualcosa di umano, oppure di destinato agli uomini. In senso figurato, si dice di cose talmente incomprensibili o assurde che non sembrano appartenere alla realtà terrena. Anche ironico per concetti o beni considerati irraggiungibili come ad esempio la perfezione, o la felicità e così via.
non sapere in che mondo si vive
Vivere estraniandosi dalla realtà concreta, non capirla; essere distratti, svagati, oppure ottusi, tardi; anche essere ingenui, creduloni, troppo fiduciosi, sempre disposti a credere degli altri solo il meglio. Ancora, essere profondamente sconcertati da qualcosa d'inaspettato, insolito o incomprensibile, da domandarsi se quanto sta accadendo sia reale. Infine essere assorti

nei propri pensieri e non accorgersi di quanto succede intorno, oppure vivere un momento di grande emozione che induce a dimenticare la realtà.

non se ne trova l'uguale a girare tutto il mondo
Essere rarissimo, detto prevalentemente in senso ironico di persone un po' strambe, originali, o difficili da capire o da trattare; vale anche per chi in questo modo crea problemi o difficoltà agli altri.

prendere il mondo come viene
Non agitarsi, non preoccuparsi, rimanere imperturbabili di fronte agli avvenimenti che capitano, anche se sgradevoli; rassegnarsi agli eventi cercando di non soffrirne troppo; lasciare che le cose vadano per il loro verso senza cercare di forzarle; non pretendere di poter modificare il mondo o le persone.

roba dell'altro mondo *vedi* **cose dell'altro mondo**

saper stare al mondo
Sapersi comportare adeguatamente alle circostanze; sapere affrontare situazioni, difficoltà o simili. Per estensione, conoscere la buona educazione.
var.: non saper stare al mondo.

se non casca il mondo
Se tutto va bene, se non si verificheranno gravi ma improbabili imprevisti o contrattempi.

sentirsi crollare il mondo addosso
Vivere una situazione disperata, tragica, o ricevere una notizia inaspettata che toglie ogni speranza. Anche veder vanificati tutti i propri sforzi da un evento esterno che non si era calcolato e contro il quale non si può reagire.

senza un pensiero al mondo
Sereno, senza problemi, senza alcun motivo di preoccupazione.
var.: senza una preoccupazione al mondo; senza un problema al mondo.

tornare al mondo
Resuscitare, usato soprattutto in senso figurato per una persona che dopo un periodo d'isolamento rientra in un ambito da cui si era allontanata, o per un personaggio che torna alla notorietà o simili dopo un periodo d'oblio. Si usa a volte quando si ritrova un oggetto che si considerava perduto. Anche ironico.

un mondo di ...
Figurato: grande quantità, numero o grandezza di qualcosa.

un mondo di bene
Amore o affetto grandissimo, quasi sconfinato, come il mondo.

uscire dal mondo
Figurato: morire, abbandonare il mondo terreno.

vedere il mondo dipinto di rosa
Essere ottimisti; avere una visione serena e felice della vita. Anche vedere sempre il lato positivo di cose, persone, situazioni, come se si vedesse il mondo avvolto in una luce rosata. Anche ironico per ingenui e creduloni, per chi non si rende conto della realtà. ‖ Essere ottimisti e felici soprattutto perché si è innamorati, come vedendo il mondo in una luce idilliaca che rende più buoni e disponibili verso gli altri. Anche ironico per chi vuole illudersi a tutti i costi.
Il colore rosa è tradizionalmente riferito all'amore e alla serenità.
var.: guardare con gli occhiali rosa; guardare il mondo con gli occhiali rosa; avere gli occhiali rosa.

venire al mondo
Nascere, cominciare a esistere in questo mondo.

venire dal mondo della luna
Non rendersi conto della realtà della vita, stupirsi di tutto, anche delle cose più comuni, come se non le si avesse mai viste prima perché si proviene da un altro mondo.

vivere nel mondo della luna
Essere sempre distratti, svagati, come fuori dalla realtà. Anche essere pro-

11. *Dizionario dei modi di dire*

fondamente assorti nei propri pensieri, oppure essere totalmente disinformati, sempre all'oscuro di quanto succede intorno.

MONETA
batter moneta
Emettere denaro da parte di chi ne ha facoltà, quindi uno Stato, un sovrano e simili.

far monete false per qualcuno *(des)*
Figurato: fare qualsiasi cosa, anche illecita o pericolosa per amore di qualcuno, come se si fosse disposti persino a falsificare il denaro.

gettare la moneta
Tirare a sorte facendo a "testa o croce", cioè lanciando in aria una moneta e legando la scelta alla faccia che questa mostrerà una volta ricaduta. In senso figurato, decidere a caso, senza riflettere.
var.: lanciare la moneta; tirare la moneta.

moneta sonante
Denaro in contanti, in banconote o monete, e non sotto forma di assegni, titoli di credito e simili.
Viene dall'epoca in cui circolava solo il denaro monetato, che quando veniva posato sul banco di vendita emetteva un suono metallico. Inoltre lo si teneva generalmente in una borsa floscia appesa alla cintura, e con il movimento si poteva sentirlo tintinnare.
var.: pagare in moneta sonante; essere moneta sonante; volere moneta sonante.

prendere per moneta corrente
Figurato: prestare fede a qualcuno, dar credito alle parole di qualcuno; accettare qualcosa come vero, non dubitarne.
Allude al denaro in corso, il cui valore è garantito di per sé.
var.: prendere per moneta buona.

ripagare con la stessa moneta
Ricambiare nello stesso modo, detto in genere di un'offesa, un torto, uno sgarbo e simili.

MONTAGNA
fare il parto della montagna
Fare grandi preparativi da cui sarebbe lecito aspettarsi risultati altrettanto grandiosi e che invece si rivelano insignificanti.
Allude a una favola di Fedro (*Favole*, IV, 23) ripresa poi da La Fontaine (*Fables*, V, 10). Vi si narra che un giorno la Montagna annunciò di essere prossima al parto, avvertendo tutti di stare molto attenti ai pericoli che in quel momento avrebbe potuto suo malgrado provocare. E infatti tutti pensarono con preoccupazione a quale figlio gigantesco avrebbe potuto nascere da una madre così grande, e ancor più si spaventarono quando avvertirono terremoti e boati che sembravano provenire dal cuore della terra. Quando tutto si quietò e la paura fu passata, tutti vollero andare a vedere il figlio della Montagna: era un topolino. Un'espressione simile, "partoriranno i monti e nascerà un ridicolo topo", si trova però in Orazio (*Ars poetica*, 139) in riferimento a grandi promesse non mantenute, mentre nella *Vita di Agesilao* di Plutarco (36,9) l'immagine costituisce il commento degli Egiziani quando, andati a rendere omaggio ad Agesilao, si trovano davanti non il personaggio maestoso e imponente che si aspettavano bensì un vecchio minuto e dimesso. Nelle varianti medievali, il detto è invece riferito alla superbia.
var.: essere il parto della montagna; essere come il parto della montagna; fare come la montagna che partorì il topolino.

MONTE
a monte
Figurato: all'origine, all'inizio, con-

trapposto a "a valle".
Viene dalla terminologia geografica, in cui indica il punto di un fiume più vicino alla sorgente.

andare a monte
Figurato: non realizzarsi, finire in niente; anche non raggiungere lo scopo, non dar frutto, oppure fallire.
Il *Monte* era un tempo l'ammontare dei debiti che i cittadini contraevano con lo Stato, con il Comune o con altri enti. Dal momento che anche allora esistevano i tassi d'interesse, chi "andava al Monte" era automaticamente un debitore, e se non riusciva a risolvere la sua situazione, veniva privato dei beni personali fino alla copertura del debito. Il primo vero Monte dei Pegni, detto anche Monte di Pietà, fu però fondato a Perugia, nel 1462, ad opera dei frati francescani, che concedevano prestiti su pegno a basso interesse per tutelare i meno abbienti e difenderli dall'usura all'epoca molto diffusa. Successivamente il monte continuò a conservare il senso primitivo d'insieme comune di beni, e con tale significato passò nel gioco d'azzardo e simili, in cui è ancora in uso l'espressione "monte premi". Nei giochi di carte, però, il monte è anche il mazzo al centro del tavolo cui i giocatori devono attingere, che resta pertanto un bene comune ed al quale ritornano le carte in caso di errore tecnico o di contrasti tra i giocatori. In questa eventualità la partita o la mano si considerano annullate, come pure il punteggio realizzato fino a quel momento. Da qui il significato di mancata realizzazione, che è quello più corrente.
var.: finire a monte; mandare a monte.

partire per i Monti della Luna *(des)*
Partire per un viaggio lunghissimo, verso un luogo mitico, favoloso, difficilissimo da raggiungere.
Risale a un'ipotetica catena montuosa che gli antichi geografi situavano al centro dell'Africa, vicino all'equatore, e dalla quale pensavano che nascesse il Nilo. La tradizione popolare voleva che nelle sue viscere celasse miniere ricchissime d'oro e d'argento. La convinzione che queste montagne esistessero realmente perdurò fino alla metà del 1800.

un monte di ...
Figurato: una grande quantità di qualcosa. Vale anche per affetti e sentimenti in genere.

MORALE
avere il morale a zero
Essere abbattuti, depressi, scoraggiati, avviliti e simili.

morale della favola
Figurato: conclusione di un discorso, di un avvenimento o simili. Anche la sostanza di un ragionamento, di una metafora, di un giro di parole, di una richiesta e simili.
In senso stretto, è l'insegnamento morale che si dovrebbe trarre da una favola, a volte espresso esplicitamente alla fine della favola stessa.

MORBIDO
PARAGONI: morbido come il burro.
morbido come il burro
Molto morbido in generale. Cedevole, arrendevole se riferito a una persona. Tenerissimo, che si scioglie in bocca se detto di un alimento, soprattutto della carne.
var.: tenero come il burro; essere un burro.

MORBO
morbo sacro
L'epilessia, che anticamente si riteneva mandata dagli Dei.

MORDERE
a mordi e fuggi *vedi* **scappare: a scappa e fuggi**

MORFEO
essere tra le braccia di Morfeo
Dormire, soprattutto se profondamente e serenamente. Si usa più che altro in senso scherzoso.
Per i Greci, *Morfeo* era il Dio del sonno e in subordine dei sogni.

MORIRE
far morire
Figurato: risultare particolarmente sgradevole, detto di qualcosa che causa grande dolore, che tormenta o preoccupa molto. Anche nel senso di annoiare profondamente, oppure assillare, non dare pace. Spesso scherzoso. ‖ Figurato: risultare particolarmente gradito, detto di qualcosa che piace o diverte moltissimo, che fa quasi morire dal ridere, oppure dare un piacere grandissimo, quasi insopportabile, che potrebbe far morire per la troppa felicità.

morire piuttosto che ... *(pop)*
Indica una forte avversione a fare qualcosa, o la ferma determinazione a non farla. Usato come rafforzativo in locuzioni quali "Morire piuttosto che studiare".

più di così si muore
Si dice per indicare il massimo o l'eccesso di qualcosa, in genere una condizione o una qualità. Usato come rafforzativo in locuzioni quali "più bello di così si muore".

possa morire se ... *(pop)*
È una specie di giuramento usato per ribadire a ogni costo un'affermazione precedente, come una verità dichiarata tale, l'intento di fare o non fare una determinata cosa, la propria convinzione circa il verificarsi o meno di una circostanza o altro.
var.: potessi morire se ...; vorrei morire se non ...

sentirsi morire
Figurato: provare un'intensa emozione sgradevole, a volte improvvisa, data da paura, preoccupazione, angoscia e così via.

MORRA
giocare alla morra al buio *(raro)*
Figurato: fidarsi completamente di una persona.
La *morra* è un gioco in cui due giocatori mostrano ognuno le dita di una mano scommettendo sul loro numero totale. Le dita vanno quindi contate, il che non sarebbe possibile al buio; per giocare al buio, bisognerebbe avere una fiducia illimitata nell'avversario. Il detto è usato e spiegato già da Cicerone nel *De officiis* (3,19,77).

MORTE
a morte
Figurato: fino alla fine, fino alle estreme conseguenze; anche in massimo grado. Si usa solitamente con verbi quali annoiare, tediare, stancare e simili.

a ogni morte di papa
Molto di rado, con scarsissima frequenza.
var.: a ogni morte di vescovo.

avercela a morte con qualcuno *(pop)*
Nutrire un profondo rancore nei confronti di qualcuno; detestarlo, odiarlo, avversarlo con rabbia, e se possibile cercare di nuocergli.
var.: avercela su a morte.

essere la morte di qualcuno
Figurato: dare a qualcuno grandi dolori, gravi preoccupazioni, problemi, guai e simili. Può essere riferito a una persona oppure a una cosa, una situazione, un problema, come pure a un vizio, a un lato del carattere e così via. Anche scherzoso o enfatico.
var.: far venir la morte.

essere una morte lenta
Figurato: costituire una lunga sofferenza causata da un'attesa angosciosa, da una grave preoccupazione, e in generale da una situazione dolorosa che

continua a restare in sospeso.
giocare con la morte *vedi* **scherzare con la morte**
morte bianca
Figurato: morte per assideramento o congelamento, con riferimento al colore della neve e del ghiaccio. ‖ Morte dovuta all'accumulo di sostanze tossiche, oppure a incidenti sul lavoro imputabili alla scarsa osservanza delle norme di sicurezza, in particolare a carico di lavoratori non risultanti come tali e quindi ufficialmente inesistenti.
morte civile
In senso figurato, si dice della condizione di disagio dovuta a una condizione di vita priva di stimoli, all'impossibilità di soddisfare interessi e curiosità sociali o culturali e di esprimere la propria personalità, le proprie doti o le proprie capacità. Si dice anche di uno stato d'emarginazione, in cui si resta isolati o inascoltati, oppure della difficoltà di dialogo e comprensione con l'ambiente in cui si vive come pure dell'incapacità di adattarvisi, o ancora di una condizione di inattività forzata. Infine, può riferirsi a una località geografica molto lontana da centri più vivaci, in cui ci si sente tagliati fuori dal mondo, come morti rispetto alla civiltà. In senso proprio, l'espressione indica la perdita dei diritti civili in seguito a una condanna penale. ‖ Figurato: la condanna all'ergastolo, e in passato alla deportazione. Per estensione, riprovazione sociale che comporta il pubblico disprezzo, l'isolamento, l'emarginazione e simili.
morte dolce
Figurato: l'eutanasia, vista come mezzo per alleviare le sofferenze dei malati gravi e incurabili.
morte eterna
Per i cristiani, la dannazione eterna all'inferno.
sapere di che morte si muore
Figurato: sapere in quale situazione ci si trova, o sapere come si concluderà una data vicenda. Si dice quando ci si trova coinvolti in una situazione che appare poco chiara, per cui non si sa bene cosa fare, che cosa si aspettino gli altri, che cosa si sarà costretti a fare o cosa succederà dopo.
scherzare con la morte
Esporsi a un pericolo molto grave senza prendere alcuna precauzione, per temerarietà, incoscienza o simili, come sfidando la morte.
var.: giocare con la morte.
vedere la morte in faccia
Trovarsi in grave pericolo di vita e rendersene conto.
a ogni morte di vescovo *vedi* **a ogni morte di papa**

MORTO *(agg)*
dare per morto
Considerare morto qualcuno, o perché non si conta più sulla sua possibilità di salvarsi da una malattia o da un pericolo, o perché non si vuole avere più niente a che fare con lui. In senso lato, accantonare un progetto o altro considerandolo non più attuabile.
morto di fame
Figurato: affamato, sul punto di morire di fame. Per estensione, persona bisognosa, molto povera. ‖ Figurato: persona meschina, gretta e soprattutto molto avida, come se fosse afflitta da una fame insaziabile.
morto di sonno
Figurato: molto assonnato, sul punto di addormentarsi per la troppa stanchezza. ‖ Figurato: persona lenta di riflessi, poco attiva o priva d'iniziativa; anche persona tarda, ottusa, lenta ad agire ma soprattutto a capire, come se fosse immersa in un perenne stato di sonnolenza.
morto e sepolto
Passato, concluso, definitivamente finito; anche ormai privo di valore, oppure completamente dimenticato o su-

perato. Usato di solito per avvenimenti del passato, per un rancore dimenticato e simili; più raramente per una persona.
var.: morto e seppellito; morto e sotterrato.

piangere per morto
Soffrire per la presunta morte di qualcuno, che poi in genere si rivela essere vivo e in ottima salute.

più morto che vivo
In punto di morte. In senso figurato, prostrato, privo di forze, in genere per stanchezza o spavento; anche malridotto, malconcio, a causa di un incidente o simili.

MORTO (sost)

fare il morto
Galleggiare sull'acqua in posizione supina, senza muoversi. Oppure rimanere immobili, fingersi morti come fanno spesso gli animali per ingannare un nemico che potrebbe aggredirli. Anche figurato, nel senso di astrarsi da una situazione, una conversazione o altro. Infine, in alcuni giochi di carte, presenziare al tavolo e ricevere le carte ma senza utilizzarle.

fare prima il morto e poi piangerlo
Manifestare il proprio pentimento, spesso falso, per un'azione alla quale non si può più rimediare. Anche lamentarsi o condannare qualcosa di cui si è responsabili.

i morti non mordono
Si usa per tranquillizzare chi teme una persona in realtà inoffensiva, oppure ormai privata di qualche precedente potere. Si dice anche per invitare qualcuno a sbarazzarsi di un rivale, ricordando che il miglior modo di non avere nulla da temere da un nemico è quello di saperlo morto.
Il detto, diffuso in epoca medievale, si trova originariamente nella *Vita di Pompeo* di Plutarco (77,7). Qui Teodoto di Chio, maestro di retorica di Tolomeo XIV, lo consiglia di uccidere senza timore Pompeo che si era messo sotto la sua protezione e che una volta morto non avrebbe certo potuto nuocergli, allo scopo di attirarsi l'amicizia di Cesare. L'espressione si ritrova con alcune varianti in diverse lingue europee.

lasciare che i morti seppelliscano i morti
Non perdere tempo con cose meno importanti di quelle a cui si è intenti, o con una persona con la quale non si vede possibilità d'intesa, convenienza di rapporto e così via. Anche non rivangare il passato, non tornare su una cosa o un'esperienza già finita. Spesso il detto è anche riferito a una persona che ha perso autorità, influenza, potere e simili, ma che continua a comportarsi e ad agire come se ne disponesse ancora.
Allude a un episodio del Vangelo (Matteo, VIII, 22 e Luca IX, 59-60) secondo il quale Gesù diede questa risposta a un seguace che gli aveva chiesto il permesso di allontanarsi per andare a seppellire il proprio padre, invitandolo invece ad andare a predicare il regno di Dio.

pallido come un morto
Molto pallido, esangue, cereo, dal colorito simile a quello di un cadavere. Si dice principalmente di una persona che ha appena provato un grande spavento.

rammentare i morti a tavola
Ricordare qualcosa di spiacevole in un momento poco appropriato; toccare un argomento che suscita l'avversione degli astanti.

roba da far resuscitare i morti
Cosa squisita, talmente invitante che indurrebbe i morti a risorgere per averla. Viene solitamente riservato a una pietanza succulenta o, in senso scherzoso, alle grazie di una bella donna.

scapparci il morto
Concludersi con la morte di qualcuno, riferito in genere a un incidente o meglio ancora a una rissa, un diverbio e simili.

sembrare un morto che cammina
Essere molto malandato in salute, avere un aspetto cadaverico, fortemente debilitato.
var.: sembrare un morto in piedi.

suonare a morto
Figurato: annunciare la fine di qualcosa. ‖ Propriamente, far suonare le campane con rintocchi gravi e lenti in occasione della morte di qualcuno.

MOSCA

andare come le mosche al miele
Affluire in gran numero, precipitarsi con entusiasmo verso qualcosa di molto ambito, come farebbero le mosche se si trovassero a disposizione un vaso di miele.

come mosche
In gran numero, detto di solito di persone che accorrono in grande quantità, oppure che muoiono durante un'epidemia o in un'azione di guerra.
var.: come le mosche.

essere come una mosca nel latte
Essere un elemento di disturbo ben individuabile; irritare con la propria indebita intromissione; turbare un equilibrio o un clima d'armonia. Anche rappresentare un fastidio o una seccatura in generale.

essere una mosca senza testa
Agire in maniera sconclusionata, senza avere una direzione, un obiettivo, uno scopo.
Una mosca privata della testa si agita ancora per qualche tempo, con movimenti disordinati.

essere una mosca tse-tse
Essere molto irritanti e fastidiosi, come una mosca *tse-tse*, vale a dire la *Glossina Palpalis*, che diffonde la malattia del sonno.

far di una mosca un elefante
Esagerare, drammatizzare, dare peso eccessivo a una cosa da poco. In particolare ingigantire una notizia, un episodio, un fatto e simili per megalomania o senso drammatico.

far saltare la mosca al naso
Provocare irritazione, dar fastidio; disturbare ripetutamente inducendo all'esasperazione e all'ira, come può fare una mosca che insiste a posarsi sul naso di qualcuno.
var.: far venir la mosca al naso.

fare la mosca cocchiera
Figurato: minacciare a vuoto, soprattutto avocandosi poteri e autorità che non si possiedono.
Racconta una favola di Fedro (*Favole*, III,6) che una Mosca posatasi sul timone di un carro redarguiva la Mula che lo trainava minacciandola di trafiggerle il collo se non avesse aumentato l'andatura. Ma la Mula le rispose che poteva risparmiarsi quelle minacce, poiché l'unica cosa che poteva intimorirla realmente era la frusta retta dal cocchiere.

guardar le mosche che volano
Non far niente, rimanere inoperosi, con gli occhi fissi in aria come guardando attentamente un gruppo di mosche che volano. Usato anche come critica o accusa per oziosi, fannulloni e simili.

non sentire volare una mosca
Essere circondati da un silenzio assoluto, senza il minimo rumore.

pigliar mosche
Figurato: perdere tempo, non realizzare mai niente di costruttivo, quasi che ci si desse da fare per ottenere, come risultato, solo delle mosche.

zitto e mosca! *(pop)*
Esclamazione. È un invito a tacere e in particolare a non divulgare un segreto casualmente appreso, comportandosi come le mosche che potendo volare ovunque vedono e ascoltano

tutto quello che vogliono, ma non lo rivelano mai.

MOSCONE
essere un moscone
Figurato: essere una persona importuna. Anche corteggiare una donna, soprattutto se in modo insistente. || Nel gergo degli agenti di Borsa, chi compie piccole operazioni di compravendita.

MOSSA
dare la mossa
Dare avvio a qualcosa, dare spunto, costituire uno stimolo; aprire la strada al verificarsi di qualcosa.
darsi una mossa
Affrettarsi, sbrigarsi, fare in fretta. Anche riprendersi da uno stato di torpore o uscire da un momento d'inattività e cominciare ad agire, a darsi da fare.
essere sulle mosse *vedi* **prender le mosse**
mossa falsa
Azione sbagliata, inopportuna, che porta conseguenze negative
var.: passo falso; movimento falso.
non stare alle mosse
Dimostrare impazienza, essere ansiosi di avere o fare una data cosa, come i cavalli che attendono scalpitando il segnale di partenza di una gara.
Nel linguaggio dell'ippica, si dice che "stanno alle mosse" i cavalli che prima della partenza di una corsa vengono tenuti fermi dietro la sbarra.
prender le mosse
Essere sul punto di cominciare un'azione, di affrontare un discorso o simili, come i cavalli che "prendono" le mosse solo poco prima della partenza per la gara.
var.: essere sulle mosse.
prender le mosse da ...
Figurato: prendere spunto, ispirarsi a qualcosa; approfittare di un aggancio dato dal comportamento o dall'azione di qualcun altro.
Viene dal linguaggio di giochi come la dama, gli scacchi e simili.
stare alle mosse di ...
Adeguare il proprio comportamento a quello di qualcun altro. In particolare, studiare le azioni di un rivale, di un concorrente o simili, e regolarsi di conseguenza.
Viene dal linguaggio di giochi come la dama, gli scacchi e simili.
tenere alle mosse
Figurato: frenare l'impazienza di una persona, calmarla; oppure, al contrario, tenerla volutamente in sospeso per crearle uno stato d'impazienza, come quello dei cavalli da corsa prima della partenza di una gara.
var.: tenere sulle mosse.

MOSTRO
mostro sacro
Figurato: entità considerata molto importante, intoccabile, che incute grande rispetto e timore reverenziali, per cui nessuno può e deve permettersi di metterla in discussione. In genere ironico.

MULINO
essere un mulino a vento
Parlare oppure muoversi senza interruzione, così come un mulino non smette di girare finché dura il vento.
il mulino non macina senz'acqua
Di origine proverbiale, il detto afferma che nessuno agisce senza un proprio tornaconto. In altro senso, ricorda che per ottenere un dato risultato è necessario impiegare mezzi e strumenti adeguati.
Ripete l'identico proverbio.
prendersela coi mulini a vento
Sprecare energie in una lotta impari contro qualcosa o qualcuno che nemmeno se ne accorge. Anche, combattere contro nemici immaginari o vede-

re nemici dappertutto, o considerare un minimo pericolo come qualcosa di drammatico. Ancora, fare inutili bravate.
Allude al personaggio di Don Chisciotte della Mancia, protagonista dell'omonimo libro di Miguel Cervantes. In uno degli episodi più famosi, l'eroe scambia due mulini a vento per giganti smisurati che stanno meditando azioni malvage nei confronti dell'amata Dulcinea; li sfida quindi a duello, e li accusa di vigliaccheria quando non reagiscono alle sue provocazioni.
var.: combattere contro i mulini a vento.

tirare l'acqua al proprio mulino
Figurato: fare i propri interessi, in genere senza tener conto degli altri oppure anche a loro danno.
Il *mulino* citato è quello ad acqua. Un tempo i mugnai cercavano di assicurarsi la maggior quantità d'acqua possibile che prelevavano "tirando" apposite condotte; in questo modo però il flusso veniva impoverito, a danno degli altri mulini circostanti.
var.: portare l'acqua al proprio mulino; tirare al proprio mulino.

MULO
aver perduto i muli e cercare i capestri
Figurato: cercare la cosa sbagliata. Anche cercare di ottenere un risultato con i mezzi inadatti oppure con i sistemi più complicati e tortuosi, come chi avesse perduto i muli e pensasse di ritrovarli mettendosi a cercare le funi con cui li aveva legati.

MURO
esser scritto anche sui muri
Essere una cosa molto nota, risaputa, che conoscono tutti, quasi fosse scritta anche sui muri e quindi visibile a chiunque.

fare a testate nei muri
Ostinarsi in un'impresa quasi impossibile da realizzare, come se si cercasse di abbattere un muro a colpi di testa.
var.: fare le capate col muro; fare a craniate contro il muro.

fare muro
Creare un'opposizione compatta; radunarsi per difendere qualcosa o per opporre resistenza all'avanzata di un'idea, allo sviluppo di un progetto e simili.

fare muro di gomma
Mostrare indifferenza ad attacchi, offese, insinuazioni o altro come facendoli rimbalzare contro un muro di gomma, a volte con lo scopo di esasperare l'avversario.

i muri hanno orecchie
Figurato: è un invito a essere cauti nell'esprimersi in quanto si teme di essere spiati, come se anche i muri avessero le orecchie e potessero così ascoltare quanto viene detto.
L'espressione è già usata da Ammiano Marcellino (14,1,7) per descrivere un clima politico di sospetto e terrore. Usata inoltre da Cicerone (*Epistulae ad familiares*, 4,14,3) e da San Girolamo nel suo *Commento all'Ecclesiaste*, ha dato luogo a vari proverbi diffusi in molte lingue europee.

i muri parlano
Figurato: è un invito a essere cauti nell'esprimersi e nell'agire in quanto si teme di essere spiati, come se anche i muri potessero rivelare quello che vedono e sentono.

mettere al muro
Condannare a morte per fucilazione. In senso figurato, costringere in una posizione senza scampo, che non lascia vie d'uscita.

muro del pianto
Figurato: situazione dolorosa, luttuosa, tragica, drammatica, che coinvolge un gruppo di persone che non nascondono il loro dolore. Spesso ironico nei confronti di chi esagera.
Il *Muro del pianto* propriamente det-

to, chiamato anche "Muro delle lamentazioni", è un muro reale che fa parte delle rovine del perimetro esterno dell'antico tempio di Gerusalemme, inaugurato il 10 a.C. ai tempi di Erode il Grande. Ancora oggi gli Ebrei vi si recano a piangere la distruzione del tempio avvenuta a opera dei Romani nel 70 d.C.

parlare al muro
Parlare a vuoto, parlare inutilmente a chi non vuole ascoltare né intendere. Riferito in genere a consigli, lamentele, proteste e simili.

un muro di ...
Figurato: barriera, baluardo, difesa, costituita idealmente da concetti astratti come l'indifferenza, il disprezzo, l'incomprensione e altro, che si suppone vengano utilizzate come pietre per costruire un muro da opporre a qualcuno.

MUSA
invocare la Musa
Ricercare l'ispirazione artistica.
Le *Muse*, nella mitologia greca e romana, erano nove Dee protettrici delle arti e delle scienze, e a loro ci si rivolgeva per ottenerne ispirazione.

MUSCOLO
muscoli d'acciaio
Figurato: muscolatura soda e compatta, capace di sviluppare una grande forza.

muscoli di bronzo *(raro)*
Figurato: corpo scultoreo, statuario; splendida muscolatura dal punto di vista della forza ma soprattutto da quello estetico, detto di un corpo in cui le fasce muscolari risaltano nette e sode sotto la pelle.

sciogliere i muscoli
Fare esercizi ginnici per rendere i muscoli più elastici, più tonici, pronti a scattare e a sopportare gli sforzi richiesti.

MUSICA
arrivare dopo la musica
Arrivare in ritardo, perdere il momento culminante di un avvenimento, come chi arrivasse a una festa quando l'orchestra ha già smesso di suonare.
var.: arrivare a musica finita.

cambiar la musica ma non i suonatori
Figurato: lasciare una situazione pressoché inalterata, nonostante le apparenze di rinnovamento.
var.: cambiano i suonatori ma la musica rimane la stessa; cambiare i suonatori ma non la musica.

essere musica per le orecchie di qualcuno
Costituire un discorso gradito, essere una proposta vantaggiosa e così via.

essere sempre la stessa musica
Essere sempre la stessa cosa, che quindi finisce per venire a noia. È riferito solitamente a discorsi, raccomandazioni, scuse o pretesti già sentiti, magari esposti in modo apparentemente diverso ma rimasti sostanzialmente uguali.
var.: essere sempre la stessa solfa.

essere un'altra musica
Essere una cosa completamente diversa. Riferito a cose, situazioni o persone, ma più spesso a discorsi, progetti, programmi e simili.
var.: essere tutta un'altra musica.

mettere in musica
Propriamente, comporre la musica per rendere cantabile un testo scritto. In senso figurato e di solito ironico, ripetere per l'ennesima volta un'affermazione, ribadire un concetto, chiarire nuovamente una presa di posizione già affermata e così via.

musica maestro!
Esclamazione: un tempo era il modo in cui si sollecitava l'inizio di un'esecuzione musicale. Oggi costituisce un invito all'allegria, o a festeggiare un avvenimento piacevole. Usato soprattutto in senso ironico.

MUSO

a muso duro *(pop)*
Senza tanti riguardi o delicatezza, con molta decisione o anche con rudezza. Anche con sfacciataggine, con impudenza.
var.: a grugno duro.

avere il muso *vedi* **muso lungo**
avere il muso lungo un palmo *vedi* **muso lungo**
dire sul muso *vedi* **faccia: dire in faccia**
fare il muso *vedi* **muso lungo**
mettere il muso *vedi* **muso lungo**

muso lungo
Espressione imbronciata, immusonita, seccata, oppure triste, depressa, che fa sembrare il viso più allungato, simile al muso di un cane con le orecchie abbassate.
var.: avere il muso; avere il muso lungo un palmo; fare il muso; mettere il muso; tenere il muso.

ridere sul muso *(pop) vedi* **ridere: ridere in faccia**

rompere il muso *(pop)*
Figurato: percuotere, picchiare violentemente qualcuno, come se gli si volessero rompere le ossa del volto. Usato più che altro come minaccia.
var.: spaccare il muso; spaccare la faccia; rompere la faccia.

sbattere sul muso *(pop)*
Rinfacciare apertamente qualcosa a qualcuno. Anche rifarsi di un errore di giudizio altrui, della sua sfiducia o delle sue insinuazioni, accuse, ostilità o simili, sbandierandogli smaccatamente davanti le prove del proprio successo. Oppure, ostentare un sentimento o simili senza riguardo per gli altri. Usato spesso per ripicche, dispetti, vendette, o pure desiderio di suscitare invidia.
var.: sbattere in faccia; sbattere sul naso.

spaccare il muso *vedi* **rompere il muso**

tenere il muso
Figurato: continuare a essere offesi con qualcuno, dimostrandoglielo con l'espressione imbronciata del viso.

MUTO

PARAGONI: muto come un pesce; muto come una tomba.

muto come un pesce
Muto, silenzioso; anche reticente, detto di chi è deciso a non fare rivelazioni, confessioni o ammissioni di sorta. Anche molto discreto, capace di mantenere un segreto.
L'idea che i pesci siano muti è solo dovuta al fatto che l'orecchio umano non è in grado di captare i loro rumori. In realtà i pesci comunicano tra loro per mezzo di suoni.

muto come una tomba
Figurato: silenzioso, anche molto discreto, detto particolarmente di una persona capace di mantenere un segreto.

N

NABABBO
far vita da nababbo
Vivere sontuosamente, riccamente, nelle mollezze e negli agi, circondati dall'ossequio di tutti, come si suppone vivesse un nababbo.
Nababbo era originariamente un titolo spettante agli alti funzionari dell'impero moghul: successivamente passò a definire i principi dell'India musulmana.
var.: vivere come un nababbo.

NASCONDERSI
andare a nascondersi
Figurato: vergognarsi profondamente, tanto da desiderare di non essere visti da nessuno, usato generalmente in forma esortativa per chi ha commesso un'azione riprovevole.

NASO
a lume di naso
Senza dati precisi, senza elementi concreti, con il solo aiuto dell'intuito qui rappresentato dall'uso del fiuto. Riferito a una misurazione, equivale a circa, più o meno, con una certa approssimazione.
var.: a naso.

andare in giro col naso per aria
Camminare guardandosi intorno senza badare a dove si mettono i piedi e quindi anche inciampare e cadere; in senso lato, avere un incidente qualsiasi per distrazione o simili. Anche essere molto distratti o svagati, senza badare a quello che avviene intorno.
Narra un'antica favola che una notte un astronomo che camminava per la campagna guardando il cielo mise un piede in fallo e cadde in un fosso. Soccorso da un contadino, giustificò la propria distrazione spiegando di essere stato troppo occupato a osservare le stelle per badare alle accidentalità del terreno, ma il contadino gli fece notare che prima di guardare le stelle avrebbe fatto meglio a guardare dove metteva i piedi. La favola sembrerebbe tratta da un episodio realmente accaduto al filosofo Talete, secondo quanto testimoniano Platone (*Teeteto*, 174), Diogene Laerzio (1,34) e Sereno, ma con lo stesso spirito, un'altra favola racconta di un filosofo che per osservare gli uccelli morì morsicato da una vipera, e un'altra ancora si fa beffe di un secondo filosofo che pur camminando in riva al mare cercava i pesci nel cielo.
Il fatto è che l'espressione, con molte varianti e immagini diverse, venne spesso usata per ridicolizzare i filosofi e la loro pretesa di occuparsi solo di cose elevate. Per questo Aristofane rappresenta Socrate mentre medita "col naso all'aria" accoccolato in un cesto appeso al soffitto, mentre un'accusa piuttosto frequente rivolta ai filosofi era quella di "meditare su cose trascendentali e nel contempo mangiare i frutti della terra".

arricciare il naso
Figurato: manifestare disapprovazione mista a disgusto, contrarietà, repulsione, come in presenza di un odore sgradevole.
È preso dall'effettivo gesto del viso.
var.: torcere il naso; storcere il naso.

avere buon naso
Avere un buon intuito, qui rappresentato dal naso nel senso di fiuto, inteso come capacità di giudizio.

avere il naso come un peperone
Avere un naso grosso e rossastro, tale da assomigliare a un peperone.

bagnare il naso
Figurato: battere qualcuno, vincerlo nettamente, surclassarlo in una competizione, soprattutto facendogli fare una pessima figura. Anche superare qualcuno nella carriera, nel successo o nella vita.

con un palmo di naso
Sconfitti, delusi e scornati; anche stupefatti.
var.: con tanto di naso; lasciare con un palmo di naso; lasciare con tanto di naso; restare con un palmo di naso; restare con tanto di naso.

dar di naso
Incontrare, imbattersi inaspettatamente in qualcuno o qualcosa, come se ci si fosse andati a sbattere addosso picchiando il naso.

dar nel naso
Essere fastidiosi, molesti per qualcuno; creargli disturbo, come può disturbare un odore o un corpo estraneo che s'infila nel naso oppure un insetto che vi si posa sopra.

farla sotto il naso
Contravvenire a un divieto, o compiere un'azione ai danni di qualcuno senza che l'interessato se ne accorga, raggirandolo con garbo e astuzia ma senza darsi la pena di nascondersi, quasi come se si agisse davanti ai suoi occhi senza tuttavia essere visti.

ficcare il naso
Essere invadenti, curiosi, impiccioni, indiscreti; intromettersi indebitamente nelle faccende altrui.
Allude probabilmente alle abitudini della maggior parte degli animali che fiutano tutto per conoscerlo o riconoscerlo.
var.: cacciare il naso; mettere il naso; metter naso.

menare per il naso
Prendere in giro qualcuno in vari modi, per lo più dandogli a credere cose non vere e a volte incredibili, o raggirandolo, o facendosi beffe di lui.
Deriva dall'uso di condurre i buoi tenendoli per un anello infilato nelle narici. È un detto molto antico, già in uso tra i Romani e prima ancora tra i Greci.
var.: prendere per il naso.

mettere il naso *vedi* **ficcare il naso**

mettere il naso fuori di casa
Uscire di casa, in genere con riferimento a quello che succede subito dopo essere usciti, come ad esempio l'arrivo improvviso di un temporale e così via. Usato prevalentemente nella forma negativa per indicare una persona che volontariamente o meno conduce una vita molto ritirata.

mettere sotto il naso
Far vedere o dimostrare qualcosa a qualcuno in maniera molto chiara ed evidente, come mettendogliela vicinissima, direttamente sotto gli occhi, così che non possa non vederla.

non ricordare dal naso alla bocca
Mancare assolutamente di memoria. Dimenticarsi delle cose in fretta e facilmente, anche per distrazione.

non vedere più in là del proprio naso
Vederci poco. In senso figurato, essere di vedute limitate, o mancare di lungimiranza, di previdenza, d'iniziativa e simili. Anche essere lenti a capire, ad afferrare una situazione.

prendere per il naso *vedi* **menare per il naso**

sbatterci il naso *(fam)*
Incappare nella prova evidente di qualcosa a cui non si voleva credere; trovarsi di fronte a un fatto di cui si è sottovalutata l'importanza o il pericolo. Riferito a persone, incontrarle inaspettatamente.
var.: andare a sbatterci il naso.

soffiare il naso alle galline
Fare una cosa stupida, inutile, ridicola, oppure intestardirsi in un'impresa impossibile. Si usa anche come irrisione per chi sembra darsi molto da fare ma non conclude mai nulla, o per chi

si atteggia a persona geniale, capace di fare qualsiasi cosa.
stare col naso all'aria
Figurato: restare inoperosi, magari con gli occhi fissi nel vuoto come se si fosse intenti a guardare attentamente qualcosa. Anche accusatorio per oziosi, fannulloni e simili.
torcere il naso *vedi* **arricciare il naso**
vincere di un corto naso
Vincere di stretta misura.
Viene dal linguaggio dell'ippica, dove si riferisce a un cavallo che vince la corsa con un distacco inferiore alla lunghezza del proprio naso.

NAUSEA
fino alla nausea
Letterale: fino alla completa sazietà, fino a non poterne più. Oltre che per il cibo, si usa in senso figurato per cose dette o fatte moltissime volte.

NAVE
dar fondo a una nave di sughero
Figurato: scialacquare, spendere moltissimo, fino a sperperare un patrimonio.
Il detto si lega all'immagine della rovina economica vista come una nave che cola a picco; in questo caso l'idea è accentuata dalla leggerezza di un'ipotetica nave fatta di sughero, praticamente impossibile da affondare.
essere come una nave in un bosco
Trovarsi in una situazione disagevole, difficile, in cui non si riesce ad agire con la consueta scioltezza. Anche agire o comportarsi in maniera goffa e impacciata, o ridicola, oppure malaccorta, rovinosa e così via.

NEBBIA
imbottar nebbia
Fare una cosa sciocca o un tentativo assurdo, inutile, come se si cercasse di stivare la nebbia nelle botti.
var.: insaccar nebbia.

NECESSITÀ
far di necessità virtù
Rassegnarsi a fare quello che proprio non si può evitare. Anche arrendersi all'inevitabile cercando di soffrirne il meno possibile.

NEGRO
fare il negro di qualcuno
Svolgere lavori faticosi e pesanti per conto di qualcuno. Nel mondo dell'editoria e del giornalismo, scrivere testi che poi verranno firmati da un autore celebre.
lavorare come un negro
Lavorare moltissimo, senza tregua, dedicandosi ad attività impegnative o pesanti.
Allude alla vita che conducevano gli schiavi negri nelle piantagioni.

NEMICO
a nemico che fugge ponti d'oro
È un consiglio ad agevolare la ritirata di chi recede dalle proprie posizioni, non facendogli pesare la sconfitta, ma accontentandosi di aver ottenuto la vittoria. Ripete l'identico proverbio.
nemico pubblico numero uno
Persona estremamente pericolosa per la società, dannosa all'ordine sociale. Per estensione, l'avversario principale, più temibile e agguerrito. Anche scherzoso o ironico.
Il detto è nato negli Stati Uniti all'epoca del proibizionismo per definire i gangster, che vennero addirittura valutati in ordine d'efferatezza. Il primo a fregiarsi di questo titolo fu John Dillinger.

NEMO
farne quante Nemo (*des*)
Essere indaffaratissimi, molto attivi, sempre impegnati; lavorare moltissimo o curarsi di moltissimi affari o faccende.
Nemo è un personaggio creato dalla

fantasia popolare come interpretazione del pronome latino *nemo*, cioè "nessuno". Poiché lo si trova spesso in molte citazioni religiose, un tempo sempre in latino, ne nacque ben presto l'immagine di un personaggio reale sempre molto affaccendato. Il detto è ormai poco usato.

NERO

PARAGONI: nero come un corvo; nero come il carbone; nero come un carbonaio; nero come un paiolo; nero come uno spazzacamino; nero come la notte; nero come il buio; nero come il di dentro di un infedele; nero come la fame; nero come un calabrone; nero come un magnano; nero come un cioccolatino.

fare nero qualcuno
Prendere a botte, riempire di lividi.

mettere nero su bianco
Figurato: mettere per iscritto. Si usa generalmente riferendosi a contratti, accordi o simili, per evitare malintesi e garantire due parti magari un po' diffidenti.

nero come il buio
Nero, buio, oscuro, detto in genere di un luogo tenebroso.

nero come il carbone
Nerissimo, appunto come il carbone, riferito spesso al colore degli occhi, all'abbronzatura di una persona e simili.

nero come il di dentro di un infedele
Nero, molto buio, oscuro, come l'anima di un infedele che non è rischiarata dalla luce della fede.
var.: buio come il di dentro di un infedele.

nero come la fame
Nero, buio, tenebroso; anche di pessimo umore.

nero come la notte
Nero, buio, oscuro, riferito anche al colore degli occhi o dei capelli di una persona, ma soprattutto a un luogo privo di qualsiasi illuminazione.

var.: nero come una notte senza luna.

nero come un calabrone
Figurato: di pessimo umore, dal colore della livrea di quest'insetto e dal suo carattere aggressivo.

nero come un carbonaio
Nero, ma soprattutto molto sporco, proprio come può esserlo un carbonaio che sta continuamente a contatto con il carbone.

nero come un cioccolatino
Figurato: nero di pelle, ma soprattutto molto abbronzato, del colore della cioccolata.

nero come un corvo
Nerissimo, e di solito anche lucente, come il piumaggio del corvo che ha riflessi bluastri. Usato spesso per il colore degli occhi e soprattutto dei capelli di una persona.
var.: nero come l'ala di un corvo.

nero come un magnano
Sporco, impolverato; nero di sporcizia, di polvere scura, come si suppone sia un magnano, ossia un fabbro.

nero come un paiolo
Nero, ma soprattutto molto sporco. Il paiolo, che un tempo era tenuto appeso al camino, era sempre annerito di fumo. Usato raramente in senso figurato per una persona di umore cupo.

nero come uno spazzacamino
Nero, di pelle ma soprattutto di sporcizia, come s'immagina che sia uno spazzacamino che si suppone sempre coperto di fuliggine. Si dice anche per una persona di cattivo umore, dall'espressione cupa e aggrondata, e più raramente di chi ha una forte abbronzatura.

non distinguere il nero dal bianco
Vederci male, avere la vista corta. In senso figurato, non capire le cose, non saper distinguere le differenze più evidenti per mancanza d'intuito o d'intelligenza; essere sempre distratti o svagati oppure essere molto ignoranti, o inesperti, o ingenui.

vedere tutto nero
Essere pessimisti, prevedere sempre il peggio; avere della vita una visione cupa. Anche essere in un momento difficile e pertanto aspettarsi solo avvenimenti funesti.

NERVO
avere i nervi a fior di pelle
Essere irritati, intrattabili, molto nervosi, come se i nervi fossero risaliti fino a livello della pelle diventando quindi estremamene sensibili.
var.: avere i nervi scoperti; avere i nervi.

avere i nervi a pezzi
Essere molto stanchi, stremati, esauriti; non essere più in grado di reggere condizioni di tensione o fatica.

avere i nervi saldi
Non lasciarsi turbare o spaventare da niente, non lasciarsi prendere dal panico; reagire con logica ed efficienza in una situazione di pericolo, senza perdere il controllo di sé.

avere i nervi scossi
Essere profondamente turbati, in genere da uno spavento o simili. Anche dare segni d'instabilità mentale.

avere i nervi tesi come le corde di un violino
Essere tesi, reagire esageratamente a ogni minimo stimolo. Anche essere in apprensione, in allarme, oppure stare all'erta, pronti a reagire o a prevenire qualsiasi evento.

dare ai nervi
Provocare irritazione, dare molto fastidio; fare innervosire.
var.: dare sui nervi; urtare i nervi.

essere senza nervi
Essere fiacchi, senza energia, incapaci di reazione, detto anche di chi si lascia ingiustificatamente maltrattare da un prepotente senza mai ribellarsi o risentirsene. Anche essere imperturbabili, rimanere impassibili di fronte a situazioni difficili o pericolose, eventualmente reagendo con logica controllata, oppure non lasciarsi abbattere dagli eventi negativi della vita.

essere tutto nervi
Essere molto magri, o agili e scattanti. In senso lato, essere dinamici, efficienti, con reazioni e riflessi pronti. Anche essere irrequieti, incapaci di star fermi, o insofferenti di tutto.

far saltare i nervi
Portare alla perdita dell'autocontrollo, delle facoltà raziocinanti, della lucidità mentale. In senso lato, anche esasperare, provocare un violento attacco d'ira, rendere furibondi.

far venire i nervi
Provocare irritazione, dar fastidio. Anche esasperare, indurre all'ira.

nervi d'acciaio
Figurato: capacità di rimanere imperturbabili davanti a qualsiasi avvenimento, di non perdere il controllo di sé in una situazione difficile o pericolosa; di reagire a un pericolo con freddezza ed efficienza senza lasciarsi prendere dal panico.

urtare i nervi *vedi* **dare ai nervi**

NESCI
fare il nesci
Fingere di essere all'oscuro di qualcosa, far finta di niente.
Il termine *nesci* viene dal latino *nescire*, ignorare, non sapere, e si usa solo in questa locuzione.

NESPOLA
Il termine *nespola* è entrato nel linguaggio figurato con diversi significati, quasi sempre legati al concetto di evento sgradevole e spesso improvviso. Viene riferito quindi a una grossa spesa imprevista, a una contusione prodotta da incidenti o percosse, a una disgrazia, a una perdita e così via.

essere una bella nespola
Figurato: essere uno sgradevole e pesante imprevisto, riferito in genere a

una spesa inaspettata o maggiore del preventivato. Usato anche per un qualsiasi evento negativo che colpisce all'improvviso una persona creandole molti problemi.

prendere un sacco di nespole
Figurato: ricevere molte percosse.

NESSO
la camicia di Nesso
Figurato: tormento insopportabile, di cui non è possibile liberarsi.
Dice la mitologia greca che il Centauro *Nesso* tentò di sedurre Deianira, moglie di Eracle, che per questo l'uccise con una freccia intinta nel sangue velenoso dell'Idra di Lerna. Il Centauro morente volle vendicarsi, e fingendosi pentito raccomandò a Deianira di serbare la tunica insanguinata che portava in quel momento, poiché se un giorno il marito l'avesse tradita, le sarebbe bastato fargliela indossare per ricondurlo a sé. Quando Eracle l'abbandonò per amore di Jole, Deianira seguì il consiglio, ma appena Eracle l'ebbe indossata, la tunica del Centauro si attaccò alla sua pelle procurandogli sofferenze talmente atroci che l'eroe preferì morire gettandosi nelle fiamme di un rogo.

NEVE
nevi eterne
Neve di alta montagna, che date le temperature non fa in tempo a sciogliersi durante l'estate e persiste da un inverno all'altro.
var.: neve perenne.

sciogliersi come neve al sole
Svanire, dileguarsi, dissolversi, sparire senza lasciar traccia. Riferito a patrimoni dilapidati, progetti abbandonati, timori, dubbi, stati d'animo in generale e altro.
L'immagine della neve che si scioglie con il sole è molto usata da Ovidio, che la riferisce via via all'ira, alle lacrime, al dolore, alle preoccupazioni, alternandola a volte con l'immagine molto simile della cera che si scioglie al calore del fuoco. Il detto ricorre comunque in molti autori, da Livio Andronico a Lucano, che addirittura lo usa come paragone per le membra che si rilassano al momento della morte (9, 781), mentre Prudenzio ne parla a proposito dei peccati che svaniscono con i digiuni. Quest'ultimo però riprende un precedente biblico (*Siracide*, 3, 15) che parla dei peccati che si sciolgono come il ghiaccio nel tepore di una bella giornata, e che probabilmente è la prima origine del detto.
var.: svanire come neve al sole; dileguarsi come neve al sole.

NIDO
nido d'amore
La casa di una coppia d'innamorati o di giovani sposi, oppure il rifugio segreto di una coppia.

nido di serpi
Figurato: ambiente in cui regnano l'invidia, l'ipocrisia, la malvagità mascherata da gentilezza.
var.: nido di vipere.

nido di vespe
Figurato: ambiente in cui regnano la discordia, il rancore e simili.

tornare al nido
Tornare a casa, detto in particolare di chi se ne era allontanato e vi fa ritorno pentito. Per estensione, ritornare con piacere tra le pareti domestiche.

NIENTE
con tanti niente ammazzi l'asino
A forza di piccole trascuratezze si può provocare una catastrofe; una serie di piccoli dolori può stroncare anche una persona forte, così come l'asino, animale notoriamente robusto e resistente, può arrivare a morire per una serie di piccoli ma continui maltrattamenti. Una favola popolare racconta di un

uomo che era andato a far legna nel bosco con il suo asino. Nonostante i compagni continuassero a dirgli che stava caricando troppo l'animale, egli continuava ad aggiungere rami e rametti l'uno dopo l'altro, sostenendo ogni volta che si trattava di un peso da niente. Ma alla fine, sotto il carico complessivo, l'asino crollò a terra e morì.

il dolce far niente
L'ozio, il riposo, la vacanza.

restare senza niente in mano
Letterale: restare senza niente, in particolare dopo avere sperato o anche operato e lavorato in vista di una guadagno, un vantaggio o simili. Anche restare senza più nulla, perdere tutto.
var.: restare con niente in mano; restare con un niente in mano.

NIRVANA
Nelle filosofie indiane che credono alla reincarnazione, il *Nirvana* è la liberazione dal ciclo delle trasmigrazioni dell'anima dopo la sua totale purificazione. Ne deriva la cessazione di tutti i mali insieme alle loro cause e ai loro effetti. Il Nirvana è quindi uno stato di completa beatitudine che rappresenta il fine ultimo dell'esistenza.

essere nel Nirvana
Figurato: essere in uno stato di felicità e benessere. Anche essere presi da pensieri talmente piacevoli da dimenticare la realtà.

NOCCIOLO
nocciolo della questione
Il punto principale di una questione, l'argomento fondamentale, la sua sostanza.

non esser mica noccioline
Non essere cose da poco, riferito in genere a grosse somme di denaro.
Deriva dai tanti giochi dei bambini in cui la posta è costituita da beni di poco valore, come oggi i tappi o le biglie, e un tempo le nocciole, le castagne e così via.

non far di noccioli *(raro)*
Fare sul serio, non scherzare.
Deriva dai tanti giochi dei bambini in cui la posta è costituita da beni di poco valore, come oggi i tappi o le biglie, e un tempo le nocciole, le castagne e così via.

NOCE
aver le noci in bocca
Parlare in modo incomprensibile, come se si avesse in bocca qualcosa che impedisce di scandire le parole, come appunto le noci complete di guscio e gheriglio che pungono se si stringono troppo le mascelle.
var.: avere le patate in bocca.

comprare noci per castagne *(raro)*
Figurato: mancare di buon senso o di discernimento. Per estensione, anche farsi imbrogliare.

essere quattro noci in un sacco
Essere in numero molto ridotto in un ampio spazio.

lasciar schiacciare le noci in casa propria
Figurato: essere eccessivamente remissivi, sopportare qualsiasi angheria e prepotenza senza reagire.

mangiare le noci col mallo
Figurato: prendersela con chi è più forte, e quindi rimetterci.

mutare le noci in chiocciole *(raro)*
Essere abilissimi nel modificare e trasformare una situazione, quasi operando un miracolo.

NODO
avere un nodo alla gola
Sentirsi la gola chiusa come da un nodo per emozione, commozione o simili stati d'animo.
var.: avere un groppo in gola.

cercare il nodo nel giunco
Cercare a tutti i costi un difetto, o anche cavillare, rilevare ogni minima

pecca, badare a tutte le minuzie. Oppure creare un problema o una difficoltà che di per sé non avrebbero peso.
Il *giunco* non ha nodi. La locuzione è identica nelle *Satire* di Ennio e in Plauto (*Menaechmi*, 247).
var.: trovare il nodo nel giunco.

nodo gordiano
Faccenda o situazione intricata, complicata, molto difficile da comprendere e ancor più da districare o risolvere.
Secondo la mitologia greca, *Gordio* era un povero contadino che un giorno arrivò con il suo carro alle porte di Telmisso, la città principale della Frigia. Quando la popolazione vide che sul timone del suo carro si era posata un'aquila reale, dietro suggerimento dell'Oracolo lo insediò sul trono di Frigia momentaneamente vacante. Per ringraziare gli Dei di tanta fortuna, Gordio fondò una città cui diede il proprio nome e vi eresse un tempio a Zeus, in cui volle custodire il giogo e il timone del suo carro dopo averli legati insieme con un nodo inestricabile. Il re però non ebbe figli, e l'Oracolo predisse che colui che fosse riuscito a separare i due pezzi del carro sciogliendo quel nodo gli sarebbe succeduto al trono, e sarebbe poi divenuto re di tutta l'Asia. I tentativi furono numerosi, ma tutti senza successo, finché nel 333 a.C. arrivò nella città di Gordio Alessandro il Macedone. Dopo avere cercato in tutti i modi di sciogliere il nodo, risolse la questione tagliandolo in due con la spada. Poi partì per le sue conquiste, realizzando così la profezia dell'Oracolo.
var.: nodo di Gordio.

tagliare il nodo gordiano
Risolvere una situazione complessa o difficile ricorrendo a sistemi drastici o comunque diversi da quelli usuali o previsti.

tutti i nodi vengono al pettine
Di origine proverbiale, il detto ricorda che gli inganni, le menzogne, le cattive azioni, prima o poi vengono scoperti, con le relative conseguenze. Si dice anche degli errori, che prima o poi si pagano. Ripete l'identico proverbio.

NOIA
ammazzare la noia
Fare qualcosa per non annoiarsi durante un momento d'inattività.

dar noia anche all'aria
Essere irritanti, dar fastidio a tutti, persino all'aria.
var.: dar noia anche all'ombra.

non dar noia a una mosca
Non dar noia a nessuno, essere assolutamente pacifici e inoffensivi.

non dar noia neanche all'erba
Essere del tutto inoffensivi; essere estremamente discreti e riguardosi, badando sempre a non dare fastidio o disturbo a nessuno.
Il detto completo dice "non dar noia neanche all'erba che si calpesta".
var.: non dar fastidio neanche all'erba.

NOIOSO
PARAGONI: noioso come una mosca; noioso come una pulce; noioso come una vespa; noioso come un calabrone; noioso come una zanzara.

noioso come un calabrone
Molto noioso soprattutto perché insistente, riferito in particolare a corteggiatori irriducibili.

noioso come una mosca
Molto noioso e insistente, appunto come una mosca.

noioso come una pulce
Estremamente noioso e soprattutto fastidioso, irritante, come appunto una pulce che con il suo morso provoca prurito e non lascia pace al suo ospite.

noioso come una vespa
Estremamente noioso e fastidioso, come una vespa che può pungere e con-

tinua a girare intorno alla sua vittima senza che niente riesca a scacciarla.
noioso come una zanzara
Molto fastidioso, irritante e insistente, come la zanzara che infastidisce con il suo ronzio, provoca prurito con il suo morso e non lascia in pace la sua vittima.

NOME
bel nome
Ottima discendenza, casato celebre; riferito in particolare alle famiglie nobili.
buon nome
Onore, onestà, onorabilità e simili. Può essere detto di una persona, di un'azienda, di una famiglia. Per estensione, anche buona qualità, riferito alla marca di un prodotto.
di nome
Conosciuto, noto per le sue qualità positive; usato per una persona come per un prodotto merceologico.
di nome e di fatto
Realmente, a tutti gli effetti. Si usa come rafforzativo per aggettivi o attributi riconosciuti calzanti, come ad esempio nel caso di un uomo di nome Bruno che abbia i capelli neri.
essere un nome
Essere un personaggio importante, soprattutto in un campo specifico.
essere un senza nome
Essere uno sconosciuto, essere una persona priva di notorietà; oppure discendere da una famiglia non nobile o famosa.
farsi un nome
Emergere in un determinato campo; anche raggiungere il successo, diventare famosi, celebri.
i più bei nomi
I personaggi più eminenti e in vista di un determinato gruppo sociale.
nome d'arte
Pseudonimo. Coniato in origine per la gente di spettacolo, il suo uso si è poi esteso alle più disparate attività.
spendere un nome
Servirsi del nome di qualcuno per ottenere un vantaggio e simili.

NONNO
mio nonno in carriola! *(pop)*
Esclamazione: esprime scetticismo o esasperazione nei confronti di un'affermazione ritenuta falsa o sciocca.
rifare il nonno *(des)*
Figurato: imporre a un neonato il nome del nonno.
var.: rifare la nonna.

NOTA
dolenti note
Figurato: spiacevolezze, fatti sgradevoli, problemi oppure spese. Quasi sempre scherzoso.
Riprende un verso della *Divina Commedia* (*Inferno*, V, 25) : "ora incomincian le dolenti note a farmisi sentire", riferito alle grida di dolore delle anime dannate.
nota falsa
Stonatura; parola, gesto, comportamento o qualsiasi altro elemento che non armonizza con il contesto generale di una situazione. Si usa di solito per indicare il sospetto di una frode o simili.
Viene dal linguaggio musicale, dove identifica la nota stonata, difettosa nell'intonazione
var.: nota stonata.

NOTIZIA
far notizia
Di un avvenimento, essere importante, di rilievo, e quindi meritare ampio interesse soprattutto da parte dei mezzi di comunicazione; di una persona, attirare l'attenzione pubblica.
Viene dal linguaggio giornalistico.
notizia calda
Notizia appena ricevuta, ancora non diffusa.

Viene dal linguaggio giornalistico.

notizia fresca
Notizia appena ricevuta, ancora non diffusa, oppure relativa a un evento appena accaduto.
Viene dal linguaggio giornalistico.

NOTTE

a notte alta
In piena notte, a notte fonda.

buona notte
Figurato: si dice scherzosamente di qualcosa ormai concluso, o fallito, o di cui non si vuole più sentir parlare.
Allude all'augurio rivolto a chi va a dormire, che in questo modo conclude la giornata.
var.: buona notte suonatori; buona notte al secchio.

essere uno che fa notte innanzi sera *(raro)*
Essere uno scansafatiche, una persona molto pigra. Più raramente, si dice anche di un vile.
Il detto, ormai poco usato, allude a un verso del *Trionfo della Morte* di Francesco Petrarca (Canto, I, 57) che definisce i vili e gli ignavi "gente cui si fa notte innanzi sera".

far della notte il giorno
Dormire di giorno e stare svegli di notte, riferito in particolare ai neonati che non hanno ancora preso un ritmo di vita regolare.
var.: scambiare la notte per il giorno; scambiar la notte col giorno.

far notte
Fare tardi, a causa di un lavoro o altro che impegna fino a tarda ora. Usato anche per qualcosa che fa perdere tempo poiché si dilunga e si trascina inutilmente.

fare la notte
Passare la notte in una data attività, prevalentemente vegliando un malato o svolgendo un turno di lavoro. Anche essere in giro a divertirsi tutta la notte, fino all'alba.

la notte eterna
Figurato: la morte. ‖ Figurato: la cecità.

nella notte dei tempi
In tempi lontanissimi, tanto remoti da essere rimasti oscuri alla conoscenza e perciò paragonabili a una lunghissima notte.
var.: perdersi nella notte dei tempi.

notte bianca
Notte trascorsa senza dormire, a volte senza nemmeno andare a letto.
L'espressione *notte bianca* era un altro modo di chiamare la veglia d'armi che anticamente precedeva l'investitura di un cavaliere. Questi era tenuto a trascorrerla in preghiera, in un luogo consacrato, vicino alle sue armi che sarebbero state benedette l'indomani. L'investitura aveva carattere religioso, pertanto egli doveva indossare per la veglia un abito bianco, come quello dei novizi della Chiesa. Di qui il nome e il detto.
var.: notte in bianco.
Figurato: la notte di Natale, che la tradizione europea dipinge con neve abbondante.

notte dei cristalli
È la notte dal 9 al 10 novembre del 1938, quando nella Germania hitleriana ebbe luogo il primo attacco organizzato contro gli Ebrei, diretto dal generale Reinhard Heydrich. Secondo i suoi stessi rapporti, furono uccisi 36 Ebrei e ne furono arrestati 20.000. Vennero distrutte 195 sinagoghe, 171 abitazioni e 815 negozi. Il nome allude alle vetrine infrante.

notte dei lunghi coltelli
È la notte dal 29 al 30 giugno del 1934, quando Hitler ordinò una sanguinosa epurazione nelle file delle SA, i reparti d'assalto del partito nazista.
L'azione a sorpresa si svolse contemporaneamente a Berlino e nei dintorni di Monaco, e secondo le dichiarazioni dello stesso Hitler causò 77 vittime.

notte di San Bartolomeo
Figurato: strage efferata, in genere per motivi ideologici.
Il 24 agosto del 1572, giorno dedicato a San Bartolomeo, Caterina de' Medici, reggente del trono francese, organizzò la strage degli Ugonotti, facendo uccidere circa 20.000 persone.

notte di Valpurga
Notte delle streghe, in cui si verificano fatti oscuri e tenebrosi.
Tradizionalmente, la notte dal 30 aprile al 1° maggio, dedicata a santa Walpurga, era una delle notti in cui si svolgeva il Sabba, la riunione tra Diavoli, streghe e quanti partecipavano a tali riti. La gente vedeva con timore questo giorno e non si arrischiava a uscire di casa dopo il calar del sole. Ne parla anche Goethe a proposito del "sabba romantico".

notte in bianco *vedi* **notte bianca**

passare la notte
Di un malato grave, sopravvivere fino al mattino.

peggio che andar di notte!
Esclamazione: indica una situazione già disastrosa che minaccia di degradare ulteriormente. Usato anche per un rimedio o simili che peggiorano le cose.
Il riferimento è ai tempi in cui, data la mancanza d'illuminazione per le strade, chi usciva di notte si esponeva a una quantità di effettivi pericoli.

sul far della notte
All'imbrunire, mentre la notte sta avanzando, si sta "facendo".

NOTTOLA
portar nottole ad Atene
Fare una cosa inutile o sciocca, come portare una cosa in un luogo che ne abbonda.
La parola *nottola* era un vecchio sinonimo della civetta, che nell'antichità greca era animale sacro alla Dea Atena e simbolo di Atene, che ne poneva l'effigie anche sulle sue monete. L'espressione si trova già in Aristofane (*Uccelli*, 301), e venne ripresa anche da Goethe e da Ludovico Ariosto, che dà così la misura di un'azione sciocca: "portar, come si dice, a Samo vasi, nottule a Atene, e crocodili a Egitto" (*Orlando Furioso*, 40, 1, 5).

NOZZE
andare a nozze
Sposarsi, detto in genere della donna. In senso lato, partecipare come ospite ai festeggiamenti di un matrimonio. ǁ Figurato: apprestarsi a fare qualcosa di estremamente facile o gradito.
var.: essere un invito a nozze.

far le nozze coi fichi secchi
Non voler rinunciare a una cosa pur non avendone le possibilità; pretendere di fare qualcosa d'importante senza disporre dei mezzi adeguati, e quindi farla male, in economia, come un ricevimento di nozze a base di fichi secchi. Oppure, volere economizzare a tutti i costi.
var.: far le nozze coi funghi.

invitare a nozze
Figurato: invitare o sfidare un avversario a fare qualcosa che gli risulta estremamente facile o addirittura gradito, contrariamente a quanto riteneva il suo rivale.
var.: essere un invito a nozze.

nozze d'argento
Il venticinquesimo anniversario di matrimonio di una coppia di coniugi.
Gli anniversari di matrimonio fanno sempre riferimento a qualcosa di prezioso, con andamento progressivo partendo dall'argento, benché si parli anche, ad esempio, di "nozze di ferro".

nozze d'oro
Il cinquantesimo anniversario di matrimonio di una coppia di coniugi.

nozze di diamante
Il sessantesimo anniversario di matrimonio.

NUDO
PARAGONI: nudo come un verme; nudo come un bruco.

lasciar nudo
Figurato: lasciare senza un soldo, senza più nulla, in miseria.
var.: restar nudo.

mettere a nudo
Scoprire, privare di un rivestimento o simili. Si dice di una radice estratta dalla terra, di una ferita che rivela i tessuti sottostanti, di un filone minerario e così via. In senso figurato, scoprire o svelare qualcosa, ad esempio una verità, dei fatti tenuti nascosti, uno scandalo, oppure anche un sentimento e altro.

nudo bruco
Molto povero, tanto da mancare quasi degli abiti per coprirsi.
All'origine il detto era "nudo come un bruco".
var.: nudo e bruco.

nudo come l'ha fatto mamma
Completamente nudo, come alla nascita.

nudo come un verme
Completamente nudo. Usato a volte come figurato per una persona ridotta in miseria, come se non le fosse rimasto nemmeno un abito per coprirsi.
var.: nudo come un bruco.

nudo e crudo
Completamente nudo, senza vestiti, oppure anche poco coperto in un ambiente freddo. ‖ Più spesso in senso figurato: senza abbellimenti, detto di un racconto, o in tutta la sua crudezza, riferito a una notizia relativa a fatti spiacevoli.
Il detto si basa solo sulla rima.

NULLA
dal seno del nulla
Dal niente, senza origine o causa apparente. Si dice in genere di un importante avvenimento originato da piccoli fatti, di una persona che diventa importante senza che nessuno si fosse mai accorto prima della sua esistenza, e così via.
var.: dal grembo del nulla.

finire nel nulla
Non dare esito, interrompersi prima della fine. Oppure cadere nell'oblio dopo un periodo di successo o simili, riferito a idee, progetti e persone. ‖ In particolare, di una persona, non dare più notizie di sé, scomparire, non essere più rintracciabile.
var.: svanire nel nulla.

NUMERO
avere dei numeri
Di una persona, avere doti, capacità o qualità che ne fanno presumere il successo.
Probabilmente deriva dai giochi popolari come la tombola, il lotto e simili, in cui l'avere buoni numeri dà una certa garanzia di vincere.
var.: aver tutti i numeri; avere buoni numeri; non avere i numeri.

dare i numeri
Sembrare impazziti, dire o fare cose sconclusionate, senza senso, prive di nesso logico, come se si stessero annunciando i numeri del lotto che non seguono alcuna sequenza.

esser del numero
Accodarsi a un gruppo, far parte di una compagnia.

essere il numero due
Essere il secondo in una graduatoria, in particolare nelle valutazioni sportive. In senso lato, essere la persona più importante dopo quella che sta a capo di un gruppo, di un partito, di un'azienda e simili.

essere il numero uno
Essere la persona più importante di un gruppo e simili, di solito esserne il capo. Per estensione, eccellere nel proprio campo, essere considerato il migliore e quindi il primo, il più importante.

essere un numero
Non contare nulla come persona, valere solo per quello che si dà con il proprio lavoro, senza essere considerati esseri umani pensanti e sensibili. È riferito soprattutto allo scarso peso della persona nei grandi complessi industriali. ‖ Nel linguaggio famigliare, essere una macchietta, un tipo buffo, o una persona che si presta volentieri a far divertire gli altri. Di un episodio buffo, essere molto divertente.
var.: essere un bel numero.

far numero
Di una persona o di una cosa, avere importanza solo per la sua presenza, utile per fare aumentare di numero un gruppo o un insieme, e non per le sue caratteristiche o qualità.

fare i numeri
Darsi da fare per cercare di salvare una situazione, oppure per ottenere uno scopo difficile da raggiungere e simili, facendo tutti i tentativi possibili, anche i più fantasiosi, faticosi o strani. ‖ Fare il possibile per farsi notare, per mettersi in vista in qualsiasi modo. Anche comportarsi in modo stravagante e a volte disdicevole senza rendersene pienamente conto.

passare nel numero dei più
Morire, entrare a far parte del numero dei defunti, molto superiore a quello dei viventi.

NUMEROSO
PARAGONI: numerosi come la sabbia del mare; numerosi come le stelle del cielo; numerosi come mosche.

numerosi come la sabbia del mare
Innumerevoli, impossibili da contare, proprio come i granelli della sabbia.

numerosi come le stelle del cielo
Innumerevoli, impossibili da contare, proprio come le stelle del cielo.

numerosi come mosche
Numerosissimi, come le mosche che compongono uno sciame.

NUORA
dire a nuora perché suocera intenda
Dire una cosa a una persona per farla sapere indirettamente a un'altra persona presente.

NUOTARE
PARAGONI: BENE: nuotare come un pesce; nuotare come un delfino; MALE: nuotare come un mattone; nuotare come un gatto di piombo.

nuotare come un delfino
Nuotare benissimo, appunto come un delfino.

nuotare come un gatto di piombo
Non sapere affatto nuotare, come un gatto che per di più fosse fatto di piombo.
In realtà il gatto, come tutti i felini, è in grado di nuotare se vi è costretto, benché non lo faccia volentieri anche perché la sua pelliccia sopporta male il contatto con l'acqua. Esistono tuttavia dei gatti selvatici che si nutrono di pesce che catturano da soli.

nuotare come un mattone *(pop)*
Non sapere affatto nuotare, come il mattone che va a fondo.

nuotare come un pesce
Nuotare benissimo, appunto come i pesci.

nuotare senza sughero *(des)*
Figurato: raggiungere l'autonomia, l'indipendenza; arrivare a essere in grado di affrontare da soli le difficoltà della vita, come chi è finalmente in grado di nuotare senza l'aiuto del salvagente, che un tempo era fatto di sughero. Ormai poco usato, si diceva in particolare ai figli ancora giovani.
Deriva da un passo di Orazio, che nelle *Satire* (1,4,120) riporta quanto gli diceva il padre in merito allo scopo dell'educazione famigliare, che è quello di preparare e guidare i figli accompagnandoli fino alle soglie della loro maturità. Il detto aveva carattere proverbiale già allora.

NUOVO
nuovo di zecca
Nuovissimo, come una moneta appena uscita dalla Zecca, quindi appena coniata.

nuovo fiammante
Nuovissimo, come appena uscito dalla mano del costruttore.
Allude alle monete d'oro di un tempo, che appena coniate erano lucidissime, scintillanti come se mandassero bagliori di fiamma.

NUVOLA
andare su per le nuvole
Disquisire su argomenti astratti o futili.

cadere dalle nuvole
Figurato: manifestare la più assoluta ignoranza di un fatto, di un episodio e simili, in buona fede oppure fingendo.

costruire sulle nuvole *vedi* **cadere dal mondo delle nuvole**
Figurato: fare progetti irrealizzabili, privi di basi o di fondatezza. Si dice anche di un ragionamento, di una teoria e altro.
var.: fabbricare sulle nuvole.

essere nelle nuvole *vedi* **vivere sulle nuvole**

senza nuvole
Perfettamente sereno, riferito al cielo.
In senso figurato, senza problemi, turbamenti, dispiaceri o simili, detto di situazioni che si sviluppano senza intoppi o a momenti di per sé felici ma che per loro natura possono venire compromessi da elementi vari. Riferito in particolare a una situazione sentimentale, famigliare e simili.

vivere sulle nuvole
Essere sognatori; essere distratti o svagati, essere sventati. Anche non rendersi conto della realtà circostante, non capirla, quasi non accorgersene nemmeno, come se realmente non si vivesse sulla Terra ma, appunto, sulle nuvole.
var.: essere nelle nuvole; vivere nelle nuvole.

O
essere più tondo dell'o di Giotto
Essere perfettamente rotondo. In senso figurato, avere poco cervello o essere molto ingenui e sprovveduti, secondo il significato toscano della parola "tondo".
Dice un aneddoto riferito da Giorgio Vasari che papa Bonifacio VII, volendo scegliere l'artista migliore per affrescare la Loggia Lateranense, fece chiedere anche a Giotto un esempio della sua arte. Il pittore gli mandò un semplice pezzo di carta su cui aveva tracciato in un unico tratto un tondo perfetto; l'emissario del pontefice ne rimase scandalizzato, ma il papa, rendendosi conto della difficoltà di tracciare a mano libera una figura simile, affidò l'incarico a Giotto.
var.: esser tondo come l'o di Giotto.
non saper fare l'o col fondo del bicchiere
Essere assolutamente incapaci. Per estensione anche essere analfabeti o comunque molto ignoranti.

OASI
oasi di pace
Figurato: luogo o situazione che offre riposo o distensione, soprattutto in contrapposizione a un ambiente generale poco sereno.
var.: oasi di tranquillità.

OBOLO
obolo di San Pietro
Figurato: offerta in denaro della cui effettiva utilità si dubita. Nel Medio Evo, era il canone pagato alla Santa Sede da alcuni Stati europei postisi sotto la sua protezione. La tradizione vuole che sia stato istituito nel Settecento da Offa, re di Mercia, e successivamente esteso ad altri regni. Con l'avvento della Riforma protestante, molti sovrani rifiutarono l'impegno, e poco per volta il canone venne abolito ovunque. Fu però ripristinato sotto altra forma dopo il 1859, quando lo Stato Pontificio si trovò in difficoltà economiche in seguito alle guerre risorgimentali. Papa Pio IX, con un'enciclica del 1875, consacrò l'iniziativa di raccogliere contributi finanziari in tutti i Paesi cattolici, e a Roma venne istituita un'apposita amministrazione, detta "dell'Obolo di San Pietro", dapprima indipendente e poi, nel 1926, inglobata nell'amministrazione del patrimonio della Sede Apostolica.
var.: denaro di San Pietro.
pagare l'obolo a Caronte
Figurato: morire, come se si pagasse il pedaggio a Caronte per raggiungere l'Aldilà. ‖ In senso lato, anche accollarsi le spese di un funerale.
Nella mitologia greca e successivamente etrusca e romana, *Caronte* era il barcaiolo addetto a traghettare le anime nel Regno dei Morti, il cui confine era segnato da un fiume insuperabile da chiunque e sorvegliato dal cane a tre teste Cerbero. L'obolo destinato a Caronte consisteva in una moneta e in una focaccia di miele, che venivano poste rispettivamente in bocca e in mano al defunto.
var.: placare Caronte.

OCA
andare in oca *(pop)*
Figurato: confondersi; anche dimenticarsi di qualcosa.
ferrare l'oca
Fare una cosa sciocca, inutile o insen-

sata, oppure laboriosa e difficile come appunto ferrare le oche quasi fossero cavalli.

menare le oche in pastura
Fare una cosa sciocca, inutile, insensata, che non serve a niente o non porta a nessun risultato, come appunto condurre le oche a pascolare.

oca giuliva
Si dice di una donna sciocca, superficiale, oppure ingenua e credulona. A volte usato anche per una persona che ride sempre per niente.

OCCASIONE
l'occasione fa l'uomo ladro
Di origine proverbiale, il detto ricorda che anche la persona più onesta può essere tentata di approfittare indebitamente di un'occasione illecita se gli si offre l'opportunità di farlo, oppure se le si lasciano troppi poteri e libertà d'azione.
Ripete l'identico proverbio.

OCCHIO
a colpo d'occhio
A prima vista, d'acchito, come prima impressione.

a occhi aperti
Figurato: coscientemente, scientemente; con piena cognizione di quanto si sta facendo. Anche calcolatamente, dopo aver considerato tutti gli elementi utili a valutare una situazione e quindi il comportamento da adottare; oppure con attenzione, con cautela e soprattutto con un pochino di diffidenza.
Il concetto è quello di assicurarsi di conoscere bene la situazione cui si va incontro per poter fronteggiare eventuali imprevisti, e di garantirsi soprattutto da sgradite sorprese.

a occhi chiusi
Figurato: con piena fiducia, senza operare controlli o prendere precauzioni.

a occhio
Senza l'aiuto di strumenti di misura appositi, quindi approssimativamente, all'incirca, calcolando grossolanamente.
var.: a occhio e croce.

a occhio e croce
Su per giù, all'incirca, più o meno. Si usa di solito in riferimento a un calcolo, a una misura e simili, che si considerano valutati con un'occhiata per il lungo e una per traverso, come percorrendo con lo sguardo le due braccia di una croce.
var.: a occhio.

a occhio nudo
Senza l'aiuto di strumenti ottici, quali ad esempio il binocolo, il canocchiale o semplicemente gli occhiali, riferito a qualcosa che si guarda, si legge, o più raramente si misura. In senso lato si usa inoltre a proposito di cose molto evidenti, di grande spicco o rilievo, e in particolare per una differenza evidente, o per un errore, un difetto o altro che risultano nettamente visibili.

a perdita d'occhio
Per un'estensione molto vasta, oltre il punto a cui può arrivare lo sguardo.

a quattr'occhi
In colloquio privato fra due sole persone, senza la presenza di altri. Sottintende l'esigenza di un discorso confidenziale o addirittura segreto.
var.: parlare a quattr'occhi; vedersi a quattr'occhi.

a vista d'occhio
Con grande velocità, detto in genere di qualcosa che cresce, cambia o si sviluppa in modo rapido, evidente, chiaramente visibile, tanto da potersi vedere senza bisogno di misurazioni.

aguzzare gli occhi
Cercare di vedere qualcosa di lontano o indistinto, guardando attentamente. È normale in questi casi socchiudere le palpebre per ridurre l'ampiezza del campo visivo a favore della sua pro-

fondità, come se gli occhi diventassero in tal modo più "aguzzi", più penetranti.
var.: aguzzare la vista; aguzzare le ciglia.
alzare gli occhi su ...
Figurato: aspirare a un rapporto soprattutto matrimoniale con una persona di classe sociale o economica superiore. ‖ Figurato: aspirare al possesso di una determinata cosa, posizione o simili. In genere implica l'inadeguatezza del soggetto a quel dato bene, carica, situazione o simili, e a volte il suo intento ad arrivarci con qualsiasi mezzo.
var.: mettere gli occhi su; levare gli occhi su.
anche l'occhio vuole la sua parte
Si dice quando si desidera che qualcosa, oltre a essere utile, possa appagare anche il senso estetico.
aprire gli occhi
Rendersi conto di una verità generalmente spiacevole che non si era immaginata prima, e in particolare di avere sbagliato la valutazione di qualcosa, in genere riferito a persone false o fraudolente. Vale anche per situazioni che si scoprono più rischiose di quanto si pensava.
aprire gli occhi a qualcosa
Prender conoscenza di una cosa, scoprirla; anche prenderne coscienza o valutarla sotto aspetti cui non si era mai pensato.
aprire gli occhi a qualcuno
Rivelare a qualcuno una realtà che non conosceva, in genere spiacevole. In particolare, indurre una persona a rendersi conto della possibilità di un inganno, della pericolosità di una situazione, delle vere intenzioni di qualcuno e così via.
aprire gli occhi ai ciechi
Indurre qualcuno a rendersi conto di qualcosa, in genere spiacevole. Anche insegnare, spiegare, far capire qualcosa d'importante. In senso lato, rivelare profonde verità esistenziali, profondere saggezza, illuminare la mente o lo spirito di qualcuno.
È probabile che il detto derivi dai Vangeli, con riferimento ai miracoli operati da Gesù.
avere ancora negli occhi
Avere un vivo ricordo di qualcosa, come se lo si avesse ancora davanti agli occhi o vi fosse rimasto dentro.
aver gli occhi fuori dalle orbite
Essere furibondi, infuriati, con un'espressione talmente distorta dall'ira da far pensare a una fuoriuscita degli occhi dalla loro sede.
var.: avere gli occhi fuori della testa.
aver l'occhio a qualcosa
Prestare attenzione a qualcosa, tenerla sotto controllo, badarci. Anche aspettare il momento propizio, un'occasione favorevole per ottenere un risultato, un vantaggio o altro. ‖ Avere conoscenza ed esperienza di qualcosa grazie all'abitudine, per averla vista molte volte; quindi riconoscerla facilmente. Si usa anche per indicare una buona capacità psicologica nel capire le persone, nel valutarle e nel sapere come trattarle.
aver l'occhio a tutto
Non perdere di vista nessun particolare; occuparsi di varie cose contemporaneamente.
var.: tenere un occhio a tutto; avere occhi per tutto.
avere buon occhio
Saper calcolare o valutare bene, spesso in riferimento a misure e conteggi ma anche a cose, persone e situazioni.
avere davanti agli occhi
Avere a portata di mano un oggetto che si stava cercando, la soluzione di un problema, o la prova evidente di qualcosa. Può essere riferito sia a qualcosa di concreto che a qualcosa di astratto.
var.: avere sotto gli occhi.

avere gli occhi che si chiudono
Figurato: avere molto sonno, essere sul punto di addormentarsi.
var.: avere le palpebre che si chiudono.

avere gli occhi foderati di prosciutto
Non vedere le cose più evidenti, e in senso lato, anche essere scarsamente perspicaci.
var.: avere le fette di prosciutto sugli occhi; avere le fette di salame sugli occhi.

avere gli occhi fuori della testa *vedi* **aver gli occhi fuori dalle orbite**

avere gli occhi pesanti
Avere sonno, avvertire lo stimolo a chiudere gli occhi per la pesantezza delle palpebre.
var.: sentirsi gli occhi pesanti; sentire le palpebre pesanti.

avere gli occhi più grandi della pancia *(fam)*
Valutare o prevedere in eccesso. Si dice di solito di una persona che ritiene di avere un grande appetito e poi lascia nel piatto buona parte del cibo che ha voluto.
var.: avere gli occhi più grandi dello stomaco.

avere le fette di salame sugli occhi *vedi* **aver gli occhi foderati di prosciutto**

avere occhi da bue
Essere esagerati o allarmisti; vedere le cose più grandi o più gravi di quanto sono in realtà; anche ingigantire i fatti come guardandoli con i grandi occhi di un bue.
Si ritiene popolarmente che i buoi vedano le cose molto più grandi di quello che sono, e questo significherebbe che la loro mitezza è dovuta in realtà alla paura.

avere occhi solo per ... *vedi* **non avere occhi che per ...**

avere solo gli occhi per piangere
Essere molto poveri, come se si possedessero soltanto gli occhi con cui piangere sulla propria situazione.
var.: non aver più neanche gli occhi per piangere.

avere sott'occhio
Avere qualcosa davanti agli occhi, e quindi poterla vedere bene. Per estensione, anche tenerla sotto controllo, non perderla di vista. In senso figurato, avere una cosa ben presente nella mente, ricordarsene come se la si avesse davanti agli occhi.

avere un occhio alla padella e uno al gatto
Badare contemporaneamente a due cose, persone o situazioni che richiedono uguale sorveglianza o che potrebbero entrare in conflitto tra loro.

avere un occhio di riguardo
Favorire qualcuno in considerazione dei suoi meriti, della stima che si prova per lui o di circostanze particolari; riservargli un trattamento di rispetto. Anche sottolineare l'importanza che si annette a un episodio, un concetto, un movimento artistico o altro mettendolo in rilievo tra altri consimili, in particolare nell'ambito di un evento pubblico.
var.: usare un occhio di riguardo; con un occhio di riguardo; tenerci su un occhio di riguardo.

averne fino agli occhi
Essere profondamente stanchi, stufi o seccati di una persona o di una situazione, come se si trattasse di qualcosa in cui si è sprofondati fino all'altezza degli occhi.
var.: averne fin sopra gli occhi.

balzare agli occhi *vedi* **saltare all'occhio**

cavare gli occhi a qualcuno *(pop)*
Figurato: litigare furiosamente, con rabbia, acredine, rancore. Si usa anche per esprimere un violento desiderio di vendetta.
var.: cavarsi gli occhi.

chiudere gli occhi
Figurato: morire. ‖ Non voler vedere una realtà in genere spiacevole, con-

vincersi che le cose stiano in un certo modo, credere quello che fa piacere credere. Anche tollerare una mancanza, ignorarla, fingendo di non aver visto niente poiché in quel momento si tenevano gli occhi chiusi.

chiudere un occhio
Figurato: essere indulgenti, tollerare una mancanza, non badarvi, come fingendo di non vederla.

colpo d'occhio
Figurato: vista, veduta, panorama; quadro d'insieme soprattutto se visto dall'alto. Anche in senso lato, nel senso di sguardo generale.

con la coda dell'occhio
Di sbieco, lateralmente, riferito a un'occhiata che si lancia di lato, senza muovere la testa.
La *coda dell'occhio* è qui la sua parte più stretta, verso le tempia.
var.: guardare con la coda dell'occhio; vedere con la coda dell'occhio.

con tanto d'occhi
Con grande meraviglia, sorpresa e simili, che viene manifestata sgranando gli occhi.
var.: guardare con tanto d'occhi; fare tanto d'occhi.

costare un occhio *vedi* un occhio della testa

costare un occhio della testa *vedi* un occhio della testa

covare con gli occhi
Guardare continuamente, amorosamente qualcuno o qualcosa, come a volerne controllare la sicurezza, il benessere e simili.

dare nell'occhio
Essere vistoso, attirare l'attenzione. Farsi notare per un abbigliamento particolare o per il comportamento; oppure per qualche caratteristica che spicca nel contesto generale.
var.: dare all'occhio.

dare un occhio a... *(fam)*
Sorvegliare, controllare, badare a qualcosa o a qualcuno; anche prendersene cura, in genere per un periodo limitato in assenza dei diretti interessati o responsabili.
var.: buttare un occhio.

dare un occhio per ... *(fam)*
Figurato: essere disposti a un sacrificio, a una spesa o simili pur di trovarsi in una determinata situazione, per ottenere, sapere, vedere, fare o conoscere qualcosa. È usato solo al condizionale in locuzioni come "darei un occhio per sapere dove sta andando".
var.: dare un occhio pur di...

esserci dentro fino agli occhi
Essere profondamente coinvolti in qualcosa, come se ci si trovasse sprofondati dentro e sommersi fino all'altezza degli occhi. Si riferisce di solito a questioni complesse e intricate, oppure spiacevoli e poco oneste, come guai, debiti, scandali, crimini, e simili.

essere tutt'occhi
Essere magrissimi soprattutto in volto, nel quale gli occhi spiccano quindi come fossero grandissimi. ‖ Essere molto concentrati nel guardare o seguire qualcosa.

far l'occhio di triglia
Guardare con espressione languida, dolce, innamorata; anche lanciare sguardi sdolcinati, oppure ammiccanti e allusivi.
var.: far l'occhio da pesce morto.

fare gli occhi alle pulci
Essere molto abili in ogni tipo di attività e lavoro, specie per quanto riguarda esecuzioni minuziose, di precisione o pazienza. Per estensione, anche essere eccessivamente pignoli.

fare gli occhi dolci
Avere uno sguardo che esprime un languido amore. In senso lato, cercare di sedurre una persona, corteggiarla, manifestarle il proprio interesse con fini sentimentali o sessuali, o più in generale cercare di conquistarne la simpatia o l'attenzione. Detto ironicamente, tentare d'ingraziarsi qualcuno,

ricercarne l'alleanza e simili.

fare l'occhio del porco
Guardare di sottecchi, o con la coda dell'occhio.
Il detto allude forse al fatto che i maiali hanno gli occhi piccoli e sfuggenti, che hanno dato luogo ad altre espressioni simili, come "sguardo porcino" e "occhi porcini".

fare l'occhio da pesce morto *vedi* **far l'occhio di triglia**

fare l'occhiolino *vedi* **strizzare l'occhio**

farsi gli occhi *(pop)*
Truccarsi gli occhi. In senso figurato, accontentarsi di godere della vista di qualcosa che non si può sperare di ottenere.

giocarsi un occhio
Figurato: perdere l'uso di un occhio, in genere per un incidente e in particolare se causato dalla propria inavvedutezza e simili. ǁ Figurato: perdere al gioco somme molto forti o beni di grande valore, paragonabili a quello che si attribuisce alla vista. In questo caso, l'espressione potrebbe riallacciarsi ai vari detti quali "costare un occhio della testa". ǁ Figurato: scommettere un bene prezioso come un occhio, e in particolare dichiararsi disposti a farlo. Usato in genere da chi è molto sicuro di quanto afferma.

girare l'occhio
Distrarsi brevemente, perdere di vista qualcosa o qualcuno per un momento. Si usa in genere quando proprio in quell'attimo succede qualcosa di spiacevole, oppure la persona eventualmente sorvegliata ne approfitta in qualche modo.
var.: voltare l'occhio.

guardare di buon occhio *vedi* **vedere di buon occhio**

guardare di mal occhio
Figurato: avere avversione, diffidenza o sospetto nei confronti di qualcuno, non fidarsene o comunque considerarlo sgradito. Vale anche per una situazione, un'iniziativa o simili.
var.: vedere di mal occhio; non vederla bene.

guardare nel bianco degli occhi *(pop)*
Fissare l'interlocutore direttamente negli occhi. È usato spesso in forma esortativa, per richiedere il massimo della sincerità.
Il *bianco degli occhi* è la sclera, cioè la membrana protettiva di colore biancastro che circonda l'iride.

guastarsi gli occhi *vedi* **perderci gli occhi**

in un batter d'occhio
Molto in fretta, in un attimo, nel piccolo spazio di tempo sufficiente a battere le ciglia.
var.: in un batter di ciglia.

leggere negli occhi
Capire cosa pensa o prova una persona guardando l'espressione dei suoi occhi.

levare gli occhi al cielo
Volgere le pupille verso l'alto con espressione esasperata, come se si volesse invocare l'aiuto di Dio.
var.: alzare gli occhi al cielo.

lontano dagli occhi ...
Di origine proverbiale, il detto vuole ricordare che la lontananza favorisce il distacco dalle passioni, dagli affetti, dai desideri e via dicendo.
È contrazione del proverbio, molto antico, "lontano dagli occhi, lontano dal cuore". ǁ È usato anche per affermare che non si può soffrire per quello che si ignora. Riferito spesso a tradimenti d'amore, similmente a un altro proverbio che dice "occhio non vede, cuore non duole".

lustrarsi gli occhi
Vedere qualcosa di molto bello, che non si potrà mai possedere ma si può almeno ammirare. Anche guardare qualcosa con grande piacere e compiacimento.

mangiare con gli occhi
Guardare qualcosa o qualcuno con

grande desiderio, bramosia, o affetto.
var.: divorare con gli occhi.

metter gli occhi addosso a ...
Di una cosa, desiderarla vivamente. Di una persona, trovarla interessante a fini sentimentali, oppure tenerla presente in vista di un determinato progetto.
var.: metter gli occhi su.

non aver più occhi per piangere
Avere avuto moltissimi e grandi dispiaceri, disgrazie, motivi di dolore e di pianto.

non avere occhi che per...
Nutrire una particolare predilezione per una cosa o una persona, esserne presi, affascinati, quasi non si riuscisse a vedere nient'altro.
var.: avere occhi solo per...

non chiudere occhio
Non riuscire a dormire.

non levare gli occhi di dosso
Letterale: essere tanto interessati a qualcuno o a qualcosa da non riuscire a distoglierne lo sguardo. ‖ Sorvegliare o controllare qualcuno o qualcosa con estrema attenzione, senza mai distogliere gli occhi.

non perdere d'occhio *vedi* tenere d'occhio

occhi bovini
Occhi sporgenti, in genere larghi e poco espressivi.

occhi come carboni accesi
Occhi molto lucenti, che brillano, detto di uno sguardo profondo e intenso oppure fiammeggiante d'ira e simili.
var.: avere gli occhi come carboni ardenti.

occhi d'acciaio
Figurato: occhi dallo sguardo fermo, freddo, risoluto; oppure occhi di color grigio azzurro, che comunicano un'impressione di freddezza.

occhi da basilisco
Occhi terribili, agghiaccianti, che incutono paura e sembrano capaci di fulminare con lo sguardo.
La parola greca *Basilisco* significa "piccolo re". Nel Medio Evo si dava questo nome a un animale immaginario nato da uova di gallo poi rotte dai rospi, che poteva uccidere con lo sguardo e che sarebbe morto lui stesso al solo vedersi in uno specchio: e questo era, anche secondo Plinio, l'unico modo per ucciderlo.

occhi da civetta
Occhi molto grandi e rotondi, in genere spalancati, dallo sguardo fisso e inespressivo.
var.: sguardo da civetta; espressione da civetta.

occhi da gatto
Occhi allungati o cangianti, in genere di color verde dorato; anche occhi dall'espressione imperscrutabile, sibillina, quasi misteriosa.

occhi da pesce lesso
Occhi vacui, inespressivi, dall'espressione intontita, che sembrano fissi nel vuoto senza vedere nulla.

occhi da talpa
Occhi piccoli, inespressivi come quelli delle talpe. Per estensione, anche vista debole, occhi molto miopi.

occhi di smalto
Occhi di colore intenso, vivido e lucente, in particolare se chiari.

occhi ladri
Occhi ammaliatori, in grado di affascinare chi li guarda, come se gli rubasse il cuore.

occhi pesti
Occhi circondati da un alone scuro, con il tessuto circostante annerito da un colpo violento. In senso figurato, occhi circondati da occhiaie profonde, che evidenziano grande stanchezza o mancanza di sonno.

occhio alla penna!
Esclamazione. Si usa per invitare qualcuno a vigilare, a stare in guardia, a prestare molta attenzione a qualcosa, in genere per non farsi sorprendere, per non farsi cogliere impreparati e

parare in tempo un pericolo, un attacco e così via.

Nel linguaggio marinaresco la *penna* è la parte alta della vela, e dal suo movimento è possibile controllare la situazione del vento. È quindi un punto che va "tenuto d'occhio" con una certa costanza per prevedere eventuali raffiche o cambiamenti di direzione. Ma per gli arcieri, la penna è ognuna delle piume poste sulla coda della freccia, che la mantengono nella direzione voluta dopo che è stata scoccata dall'arco. Anche in questo caso, se si vuole ottenere un tiro preciso, è necessario prestarle la massima attenzione. Come si vede, entrambe le origini sono abbastanza antiche da essere ugualmente possibili.

occhio clinico
Propriamente, grande intuito diagnostico da parte di un medico. Per estensione, grande intuito in generale, e in particolare capacità di capire subito una situazione, oppure il carattere o le intenzioni di una persona.

var.: sguardo clinico.

occhio da pesce morto
Sguardo inespressivo, vuoto, appannato. In senso ironico, anche sguardo languido, innamorato.

var.: occhio da pesce lesso; sguardo da pesce lesso.

occhio di falco
Vista acutissima, come quella dei falchi che individuano la preda dall'alto, anche a grandissima distanza. Anche sguardo penetrante. ‖ Sguardo avido, voglioso, in cui si legge il desiderio di possesso.

occhio di lince
Vista acutissima; oppure persona dalla vista molto acuta. Usato anche per una persona d'intelligenza penetrante e di grande intuizione, capace di prevedere l'evoluzione degli eventi.

Un tempo si riteneva che la lince avesse la vista migliore di tutto il mondo animale, e si credeva addirittura che riuscisse a vedere attraverso i muri. ‖ In senso figurato, poliziotto o investigatore privato.

occhio per occhio
Si dice a proposito di una piena e completa vendetta.

Il detto ripete la formulazione biblica della cosiddetta "legge del taglione" (*Esodo*,21,24), secondo la quale un colpevole dev'essere punito nella stessa misura del danno arrecato. La locuzione per esteso dice "occhio per occhio, dente per dente", e fa parte delle norme stabilite dal Codice dell'Alleanza per regolare la vita e i rapporti tra gli uomini. Considerata spesso spietata, soprattutto in contrapposizione al concetto di misericordia portato da Gesù, la legge mosaica intendeva fondamentalmente contenere le punizioni entro limiti accettabili.

var.: occhio per occhio, dente per dente.

parlare con gli occhi
Avere gli occhi molto espressivi, capaci di trasmettere sensazioni, emozioni, e in generale quello che si pensa. Anche comunicare qualcosa a un'altra persona con l'espressione degli occhi, senza che gli altri se ne accorgano. Oppure, non riuscire a nascondere quello che si pensa.

pascer l'occhio
Guardare cose belle, piacevoli, come se fossero un alimento per gli occhi.

perderci gli occhi
Rischiare d'indebolire o danneggiare la vista su un lavoro minuzioso e paziente.

var.: levarsi gli occhi; consumarsi gli occhi; cavarsi gli occhi; perdere gli occhi; lasciarci gli occhi; guastarsi gli occhi.

perdere d'occhio
Non riuscire a vedere più qualcosa. Anche non prestarle la dovuta attenzione, riferito per lo più all'argomento

principale di un discorso, a un aspetto di una situazione o simili.
piangere con un occhio solo
Fingere un dolore che in realtà non si prova affatto.
rifarsi gli occhi
Ritoccare il trucco degli occhi. Oppure provare piacere guardando qualcosa di bello, di sereno, gradevole, soprattutto dopo essere stati costretti a vedere solo cose brutte. Anche riposare la vista con un panorama naturale dopo un periodo di vita in città.
saltare agli occhi
Figurato: aggredire qualcuno, fisicamente o anche solo verbalmente, di solito in seguito a una provocazione vera o presunta.
Deriva dal comportamento di quegli animali che si difendono da un aggressore cercando di colpirlo agli occhi.
saltare all'occhio
Essere molto evidente, spiccare con grande chiarezza, usato in genere per cose che sarebbero dovute rimanere nascoste. Usato per difetti, errori, pecche, oppure per una differenza, un miglioramento e così via.
var.: balzare all'occhio.
stare all'occhio *(pop)*
Stare molto attenti, essere vigili, badare a non farsi cogliere impreparati da un pericolo o un avvenimento che si attende, si spera o si teme.
strizzare l'occhio
In senso proprio significa fare un cenno d'intesa che consiste nel chiudere rapidamente un occhio solo, nel gesto detto anche "occhiolino". Usato in senso figurato allude a un accordo segreto tra due persone o parti, e in particolare a un accordo su qualcosa di dannoso per gli altri.
tenere d'occhio
Tenere qualcosa o qualcuno sotto continua sorveglianza visiva, controllarla, sorvegliarla attentamente da vicino. Anche pedinare una persona.

var.: non perdere d'occhio.
tenere gli occhi addosso
Figurato: sorvegliare attentamente qualcuno e il suo operato, senza mai distrarsi, quasi sempre per cercare di coglierlo in fallo.
tenere gli occhi aperti
Essere vigili, non lasciarsi sfuggire alcun particolare. Stare bene attenti a quello che succede per non andare incontro a danni, inconvenienti o simili.
var.: tenere gli occhi ben aperti.
tenere gli occhi bassi
Tenere lo sguardo rivolto a terra per pudore, timidezza, vergogna, o in segno di obbedienza e sottomissione.
un occhio della testa
Riferito a concetti come spendere, valere, pagare e simili, indica una somma di denaro molto elevata.
uscire dagli occhi
Provocare saturazione, stancare, riferito a cose o persone che sono venute a noia per eccesso di quantità o di presenza, come se il tedio interiore fosse cresciuto a dismisura e ormai traboccasse anche dagli occhi.
vedere di buon occhio
Avere simpatia, benevolenza o stima per una persona; vederla volentieri. Di una situazione, un'iniziativa e simili, esserne convinti, approvarla, appoggiarla.
var.: guardare di buon occhio.

ODORE
essere in odore di ...
Far pensare di avere determinate caratteristiche, in positivo o in negativo, come se se ne potesse emanare l'odore. Usato principalmente nelle locuzioni "essere in odor di santità" ed "essere in odor di mafia".
Il detto ha origine dal fatto che molti racconti sulla vita dei Santi affermano che alla loro morte, secondo la testimonianza dei presenti, si sarebbe sprigionato dal loro corpo un qualche ge-

nere di profumo, spesso di rosa o di violetta. Inoltre vari testimoni affermano che l'apparizione ai devoti di molti Santi è accompagnata da un profumo che si diffonde nell'aria. Le apparizioni del Diavolo, invece, sarebbero accompagnate da un forte odore di zolfo o di bruciato.

morire in odore di santità
Di una persona particolarmente pia, devota e simili, morire dopo avere condotto una vita esemplare, degna di un Santo, ed essere poi riconosciuto tale anche dalla Chiesa.
var.: essere in odor di santità.

sentire all'odore
Avere una grande sensibilità, un grande intuito per determinate cose. Usato prevalentemente per indicare la capacità di capire immediatamente una persona, di saperla valutare e d'inquadrarla subito. È riferito soprattutto a disonesti, truffatori e simili, come se emanassero un odore particolare che li rende immediatamente riconoscibili a una persona perspicace.
var.: riconoscere dall'odore.

sentire odor di bruciato
Figurato: percepire un insieme di segnali o un'atmosfera particolare che fanno presagire qualcosa che non va, come ad esempio la presenza di un inganno, di un pericolo o altro.
var.: puzza di bruciato; puzza di zolfo; odor di zolfo.

sentire odor di polvere
Figurato: percepire un insieme di segnali o un'atmosfera particolare che fanno presagire lo scoppio di una guerra, e in senso lato, anche l'avvicinarsi di uno scontro, di un pericolo e così via.
Allude all'odore acre della polvere da sparo.

sentire odor di quattrini
Figurato: precepire un insieme di segnali o un'atmosfera particolare che fanno presagire la possibilità di guadagnare molto denaro. Riferito anche a persone avide o interessate che sono sempre pronte a farsi avanti quando c'è da guadagnare, oppure a chi capisce di avere a che fare con una persona ricca, e cerca di approfittarne.

sentire odor di stalla
Figurato: essere quasi arrivati al luogo di destinazione. Anche aver quasi finito quello che si sta facendo, ed essere quindi impazienti di concluderlo, così come diventano impazienti gli animali che rientrando dal lavoro dei campi cominciano a sentire l'odore della loro stalla.

sentire odor di tempesta
Figurato: percepire un insieme di segnali o un'atmosfera particolare che fanno presagire una lite, una discussione e simili, oppure grossi cambiamenti, difficoltà, imprevisti e via dicendo.
var.: sentire aria di tempesta.

sentire odor di zolfo *vedi* **sentire odor di bruciato**

OLIMPO
È questo il nome di varie montagne o catene montuose tra le più alte della Grecia e dell'Asia Minore, ma la più celebre è quella che sorge ai confini settentrionali della Tessaglia, sulla quale la mitologia greca poneva la dimora degli Dei. Il termine ha acquisito in questo modo il senso figurato di luogo esclusivo, riservato agli eletti, a persone privilegiate o dotate di vari meriti e comunque in qualche modo superiori alla gente comune.

appartenere all'Olimpo di ...
Figurato: fare parte di un ambiente elitario da cui le persone normali sono rigorosamente escluse, così come i mortali, salvo casi eccezionali, erano esclusi dalla comunità degli Dei. Si può così appartenere all'Olimpo della finanza, della scienza e così via. Anche ironico.

scendere dall'Olimpo
Abbandonare un atteggiamento di altezzoso distacco dalle persone o dalle cose comuni; calare le arie, abbandonare la superbia. Usato in senso ironico, scherzoso o spregiativo.

OLIO
essere all'Olio Santo
Essere in punto di morte, essere pronti per ricevere l'Estrema Unzione, impartita appunto con l'Olio Santo.
Per il rito cattolico l'Estrema Unzione è uno dei Sette Sacramenti, ed è riservato ai moribondi che stanno quindi per essere giudicati da Dio. La definizione *Olio Santo* è tuttavia generica, e indica l'olio che viene consacrato dal vescovo il Giovedì Santo con cerimonie diverse a seconda dell'uso cui è destinato.

esser come l'olio per il lume
Essere di grande aiuto; essere un toccasana, risanare una situazione fortemente compromessa o simili.
L'immagine è quella di un lume che langue per mancanza d'olio; basta aggiungerne, e la fiamma si ravviva.
var.: esser come mettere olio nel lume.

gettar olio sul fuoco
Figurato: eccitare una passione, riattizzare sentimenti soprattutto di rancore. Anche fomentare discordie.

gettare olio sulle onde
Riportare la calma in una situazione di tensione, di lite o simili; rappacificare dei contendenti; minimizzare un problema esasperato riportandolo alle sue effettive dimensioni; calmare scoppi d'ira, climi turbolenti, passioni esagerate.
Allude a un vecchio uso marinaro, per cui in caso di forti burrasche si gettava dell'olio in mare. A causa della sua forte tensione superficiale le onde ne risultavano frenate e il loro impatto sullo scafo era meno violento.

olio di gomito *(fam)*
Figurato: la fatica fisica, in particolare delle braccia, che si suppongono mantenute in buona efficienza dall'olio che sta nei gomiti. Usato prevalentemente per lavori di pulizia e simili, dove occorre strofinare, raschiare con energia e simili.

OLIVA
veder cascar le olive nel paniere
Avere una buona occasione senza aver fatto niente per trovarla, come se invece di doversi affaticare per raccogliere le olive queste cadessero spontaneamente nel paniere.

OLIVO
portare il ramo d'olivo
Portare un annuncio o una proposta di pace, dimostrarne la volontà; offrirsi di por fine a una lite e simili.
Fu un ramoscello d'olivo portato nel becco da una colomba che fece capire a Noè che il Diluvio Universale era finito, e che quindi Dio aveva fatto la pace con gli uomini.
var.: porgere il ramo d'olivo; offrire il ramo d'olivo.

OMBRA
all'ombra di ...
Figurato: con il sostegno o la protezione di qualcosa o qualcuno. In senso lato, anche ispirandosi a qualcosa o a qualcuno, con particolare riferimento all'insegnamento o all'opera di un artista e simili.

dare ombra a ...
Intralciare qualcuno, metterne in pericolo il successo facendo in modo che i suoi meriti rimangano sconosciuti oppure oscurandoli e minimizzandoli.

diventare un'ombra *vedi* **ridursi l'ombra di se stesso**

essere l'ombra di qualcuno
Non allontanarsi mai da una persona, accompagnarla ovunque vada in modo

più o meno palese o più o meno legittimo. Quindi anche pedinare.
var.: sembrare l'ombra di qualcuno; seguire come un'ombra.
gettare delle ombre
Portare turbamento, inquietudine, dubbi o simili in una situazione altrimenti felice. Riferito a una persona, renderla sospetta, metterne in dubbio l'onestà, la moralità, la fedeltà e via dicendo.
lasciare nell'ombra
Riferito a una persona, non permettere che ne vengano resi noti o riconosciuti il valore e i meriti che potrebbero oscurare il prorio successo. Anche accaparrarsi il completo merito di qualcosa, disconoscendo o minimizzando l'apporto altrui. ‖ Riferito a un concetto, a un fatto e simili, non farne menzione, non citarlo, non renderlo noto; o quanto meno non riferirne con chiarezza o completezza.
le ombre della notte
L'oscurità in generale.
nell'ombra
Figurato: di nascosto, in segreto, come con la protezione dell'oscurità che impedisce di essere visti.
ombra della morte
La vicinanza della morte, vista come una grande ombra incombente.
prendere ombra *(raro)*
Figurato: offendersi, risentirsi, impermalirsi.
L'espressione è originariamente riferita ai cavalli, quando s'innervosiscono o s'imbizzarriscono, in generale perché spaventati appunto da un'ombra. A questa particolare paura dei cavalli si riallacciano anche i termini "ombroso" e "adombrarsi".
ridursi l'ombra di se stesso
Dimagrire moltissimo, diventare tanto esili da non assomigliare più a se stessi quanto alla propria ombra. In senso lato, anche perdere vigore, energie, capacità; vedere affievolirsi o venire a mancare le doti personali di un tempo.
var.: diventare un'ombra; ridursi a un'ombra.
senza ombre
Senza punti oscuri, riferito in particolare alla reputazione di una persona.
sotto l'ombra di ...
Con la protezione di qualcosa o qualcuno, come un'istituzione, una carica, una copertura e così via. Ha spesso connotazione negativa per il suo sottinteso d'illecito e d'immunità.
tramare nell'ombra
Cospirare, congiurare; ordire una macchinazione segreta contro qualcuno allo scopo di colpirlo a tradimento.
un'ombra di ...
Una piccolissima quantità di qualcosa, riferito in genere a elementi astratti come il sospetto, la fiducia e così via, oppure a condimenti diversi come il sale o lo zucchero.
vivere all'ombra di qualcuno
Vivere con qualcuno cui si lasciano meriti, successi e fama senza pretenderne la parte che sarebbe di proprio diritto. Anche sacrificare le proprie ambizioni, desideri, capacità e doti personali per favorire il successo di un altro rinunciando al proprio. Oppure, in entrambi i casi, non vedersi mai riconoscere nulla di tutto questo.
vivere nell'ombra
Vivere nell'anonimato, senza farsi notare o rinunciando alla celebrità, al successo e simili. Anche condurre volutamente una vita appartata, ritirata, semplice, pur essendo in grado di poter fare diversamente.
zona d'ombra
Figurato: punto o aspetto oscuro oppure sconosciuto, o confuso di qualcosa, come se fosse una zona non illuminata in cui non si può vedere quello che succede. In senso lato, anche lacuna, mancanza d'informazioni in un dato settore.
Nel linguaggio delle telecomunicazio-

ni, la *zona d'ombra* è una zona di silenzio radio, da cui è difficile o impossibile trasmettere o ricevere segnali per le caratteristiche proprie delle onde elettromagnetiche.

OMBRELLO
scoprire l'ombrello
Ritenere di avere fatto chissà quale grande scoperta mentre si tratta in realtà di una cosa ovvia, scontata e già nota a tutti.

OMBROSO
PARAGONI: ombroso come un cavallo.
ombroso come un cavallo
Permaloso, facile a impermalirsi, come il cavallo che spesso s'innervosisce e si spaventa quando vede davanti a sé la propria ombra. Usato anche per una persona eccessivamente timorosa.

ONDA
seguire l'onda
Adeguarsi alla maggioranza nell'agire, nel pensare, nel comportarsi e simili. ‖ Figurato: sfruttare un momento o una situazione favorevole già iniziata e che sta ancora proseguendo. Riferito in genere a un recente successo, una congiuntura economicamente fortunata, una moda redditizia e così via.
sull'onda di ...
Sfruttando un momento favorevole; approfittando di quanto si è già ottenuto o realizzato, come continuando a farsi trasportare da una stessa onda. ‖ Facendosi trascinare dallo slancio di un impulso, di un'emozione e simili, come l'eccitazione, l'entusiasmo o altro, visti come un'onda dalla quale ci si lascia trasportare.

ONORE
fare gli onori di casa
Accogliere un visitatore o un ospite con tutte le regole della buona educazione e con la gentilezza adatta a farlo sentire a suo agio.
fare onore a ...
Dare motivo di vanto, di gloria e simili a qualcuno o a qualcosa, riferito in genere a una casata, una famiglia, una città, una squadra sportiva e così via. ‖ Mostrare il proprio apprezzamento godendo pienamente di qualcosa, prevalentemente un pranzo o una pietanza. ‖ Riferito a un impegno o a una promessa, mantenerli, rispettare quanto era stato stabilito.
per onor di firma
Per rispettare un impegno preso, detto di qualcosa che si fa senza averne voglia, come per non mancare a una promessa sottoscritta.

OPERA
mettersi all'opera
Cominciare a fare qualcosa, a lavorare, ad agire e simili.
opera santa
In senso proprio, azione caritatevole. In senso figurato, favore, servigio, cortesia o cosa utile in generale. Spesso ironico.

OPERAIO
essere l'operaio dell'ultima ora
Arrivare per ultimi e pretendere gli stessi diritti, compensi o riconoscimenti di coloro che sono arrivati tra i primi.
Riprende una parabola del Vangelo (Matteo, XX, 1-16), in cui si narra di un uomo che ingaggia dei braccianti a orari diversi. Alla fine della giornata, vedendo che egli paga tutti nella stessa misura indipendentemente dal tempo effettivamente occupato nel lavoro, uno dei braccianti assunti tra i primi gli fa notare quella che gli sembra un'ingiustizia. Ma si sente rispondere che a lui non è stato fatto alcun torto, avendo in effetti ricevuto il denaro inizialmente pattuito, e che non deve oc-

cuparsi degli altri. Il testo conclude dicendo che "così i primi saranno gli ultimi e gli ultimi saranno i primi a entrare nel Regno dei Cieli".

OPERETTA
da operetta
Da burla, ridicolo, fasullo; privo di serietà, come i personaggi dell'operetta. Si può usare un po' per tutto, ma in particolare per situazioni o persone che invece avrebbero pretese d'importanza o solennità.

L'*operetta* è un genere teatrale leggero, di tipo sentimentale o burlesco. Composta da un'alternanza di recitazione e di brani musicali, ebbe larga diffusione per tutto il 1800, soprattutto in Francia e in Austria. Nella sua forma originale tramontò verso la metà del 1900, trasformandosi nell'attuale commedia musicale all'americana.
var.: re da operetta; paese da operetta.

ORA *(sost)*
a quest'ora
Figurato: ormai, a questo punto. Si dice in riferimento a una deduzione, una conclusione o simili che finalmente si dovrebbero trarre da precedenti esperienze o ragionamenti. ‖ Figurato: in questo esatto momento. ‖ Figurato: in ritardo, troppo tardi, riferito a qualcosa che non vale più la pena di fare o per la quale è ormai passato il momento adatto.

a tutte le ore
In qualsiasi momento del giorno o della notte, con il sottinteso di orari inopportuni.

alla buon'ora!
Esclamazione: finalmente, meno male. Riferito a qualcosa che si aspettava o si desiderava da tempo e che finalmente si verifica dopo molti intoppi e soprattutto indecisioni, tentennamenti e simili.

avere le ore contate
Figurato: essere in punto di morte, alla quale si presume manchi talmente poco tempo da poterlo calcolare in poche ore. ‖ Avere pochissimo tempo per fare qualcosa entro una scadenza prefissata.

essere l'ora di qualcuno
Figurato: morire, essere l'ora della morte, il momento di morire.
var.: venir l'ora di qualcuno.

fare l'ora di ...
Far passare il tempo in attesa che arrivi l'ora adatta o prevista per un dato avvenimento, come ad esempio l'ora di colazione, l'ora di andare in ufficio, alla stazione, a dormire e così via.

fare le ore piccole
Rincasare o andare a dormire dopo la mezzanotte, quando il conteggio delle ore ritorna ai numeri piccoli.

non avere ore
Essere imprevedibile, estemporaneo, irregolare, usato per eventi o simili. Detto di persone, anche essere sregolati, non fare mai le cose all'ora adatta o prescritta, volontariamente o meno. Inoltre, sempre riferito a una persona, lavorare moltissimo, senza badare all'orario.
var.: non avere un'ora fissa.

non veder l'ora
Desiderare qualcosa con grande ansia o impazienza, avere fretta che arrivi il momento in cui si verificherà un dato evento.

ora canonica
Nel linguaggio liturgico, una delle ore in cui è prescritta la lettura dell'Ufficio. Usato prevalentemente in senso lato e scherzoso per definire un'ora o un momento in cui si può o si deve fare qualcosa.

ora della verità
Figurato: momento in cui promesse, affermazioni, intenzioni, propositi e simili devono trovare una verifica nella realtà o tradursi in fatti concreti.

Anche momento in cui si scoprono menzogne, inganni e così via.

ora estrema
Il momento della morte, o il periodo immediatamente precedente; anche la morte in sé.
var.: ultima ora.

ora X
Ora decisiva, momento stabilito per iniziare qualcosa.
È il sinonimo più moderno di quella che un tempo si chiamava "ora H", e cioè l'ora, tenuta segreta fino all'ultimo, in cui deve scattare un'operazione militare. Per le fasi che la precedono o ne segnano l'inizio, al simbolo *H* o *X* si uniscono i minuti da conteggiare, preceduti dal segno *più* o *meno*.
var.: ora Zero; ora *H*.

ore di punta
Le ore di maggior traffico automobilistico o di maggiore affluenza di persone in un luogo.

ore liete
Figurato: periodo molto felice. Riferito soprattutto all'infanzia o alla giovinezza, ma ancor più al periodo in cui si è innamorati.

ore tristi
Figurato: periodo d'infelicità, di difficoltà e così via. Riferito in particolare alla vecchiaia, la malattia e simili.

passare il quarto d'ora di Rabelais
Essere in un momento critico e dover trovare in fretta una soluzione per uscirne, riferito in particolare al momento in cui ci si trova a dover far fronte a un pagamento senza avere il denaro necessario.
Un aneddoto di cui si ignora l'effettiva autenticità racconta che, in un periodo di crisi economica, il grande scrittore *Rabelais* si trovava in un albergo di Lione senza il denaro necessario a pagare il conto. Quando vide che l'albergatore cominciava a insospettirsi, pensò che fosse arrivato il momento di tornare a Parigi, ma gli mancava anche il denaro per il viaggio. Così ricorse a un espediente: finse di dimenticare nella sua stanza diversi piccoli involti con scritte come "veleno per il re", "veleno per la regina" e così via, che lasciavano pensare che egli volesse avvelenare l'intera Corte, e uscì tranquillamente a fare una passeggiata. Al suo ritorno in albergo trovò ad attenderlo la polizia, che su denuncia dell'albergatore lo arrestò per sospetto regicidio e lo tradusse sotto scorta alla capitale. Rabelais non dubitava di cavarsela data l'amicizia che lo legava al re, Francesco I, che in effetti si divertì molto della sua trovata, ma data l'epoca in cui tradimenti e congiure erano all'ordine del giorno, il periodo di tempo passato nel trasferimento da Lione a Parigi non fu certo per Rabelais un'esperienza piacevole.
var.: essere come il quarto d'ora di Rabelais; avere il quarto d'ora di Rabelais; passare un brutto quarto d'ora.

passare un brutto quarto d'ora
Vivere un momento difficile, o di grande ansia o paura.
var.: passare il quarto d'ora di Rabelais.

quarto d'ora accademico
Nelle lezioni universitarie, il quarto d'ora iniziale in cui è tollerato il ritardo del docente o degli studenti. In senso figurato, è usato ironicamente per chi non riesce mai a essere puntuale, e da cui ci si aspetta un regolare ritardo.

quarto d'ora di celebrità
Figurato: notorietà effimera, di breve durata e in genere improvvisa e casuale. Spesso ironico.

rubare le ore al sonno
Dormire poco, in genere per cause di forza maggiore; sacrificare il sonno per dedicarsi a qualcosa di prioritario per la quale non si ha il tempo sufficiente durante il giorno.

ultima ora *vedi* **ora estrema**

ORACOLO
L'*oracolo*, istituzione tipica del mondo greco antico, era il responso dato da una divinità a chi l'interrogava. Passò presto a intendere il luogo fisico in cui venivano richiesti e dati i responsi, la divinità stessa, e la persona che fungeva da mediatrice tra il richiedente e la divinità, e che spesso ne interpretava le parole, generalmente oscure. Gli Oracoli, intesi come mediatori e quindi sacerdoti, erano spesso donne, dette Pizie o Sibille, da cui il termine "sibillino" nel senso di oscuro, misterioso. Si dava per scontato che quanto diceva l'Oracolo fosse vero, e che quindi andasse puntualmente eseguito.

essere l'Oracolo
Figurato, quasi sempre ironico: persona o discorso sentenzioso, pedante, che ha pretesa di verità assoluta. Anche luogo comune, o affermazione cattedratica accettata senza discussione in quanto emessa da persona di grande autorità o sapere. Ancora, persona che si ritiene o è ritenuta praticamente infallibile.
var.: ha parlato l'Oracolo; ascoltare come l'Oracolo; credere come all'Oracolo; parlare come un Oracolo.

ORBITA
L'*orbita* è propriamente la traiettoria fissa più o meno circolare che un corpo celeste descrive attorno al suo Sole e dalla quale non si può allontanare. Il termine, che indica inoltre la cavità ossea che ospita l'occhio dei vertebrati, è attualmente usato anche per definire un percorso circolare o ellittico in generale.

andare in orbita
Perdere il senso della realtà, come se non si vivesse sulla Terra ma le si girasse attorno come un satellite nella sua orbita. È usato prevalentemente per fenomeni piacevoli, in genere euforia, esaltazione, felicità, innamoramento, e più raramente per emozioni come la collera, il dolore e simili.
Il detto è nato all'inizio della cosiddetta "era spaziale", quando si cominciò a mettere in orbita attorno alla Terra i primi satelliti artificiali.
var.: essere in orbita.

essere fuori dell'orbita di qualcuno
Detto di una cosa o di una situazione, essere fuori della propria sfera di competenza o d'influenza. Per estensione, riferito a un'azione, a un'impresa e simili, essere troppo superiore alle proprie possibilità.

essere nell'orbita di qualcuno
Appartenere alla cerchia di persone che si frequentano con una certa regolarità, alle quali si è in qualche modo legati. Oppure, essere sottoposti all'influenza di qualcuno.

ORCIO
essere come l'orcio dei poveri
Figurato: essere una persona sudicia e sboccata.
L'*orcio* è un grosso vaso di terracotta un tempo usato per conservare olio, vino o altri generi alimentari, e in questo caso si deve supporre che i poveri dovessero accontentarsi di un orcio molto malandato.

ORDINE
all'ordine del giorno
Figurato: si dice di qualcosa che accade con una frequenza costante, quasi quotidiana.
Nel linguaggio militare, l'*ordine del giorno* è un foglio compilato giornalmente dal comandante che riporta le indicazioni per i soldati. Il termine è passato poi a indicare una lista di questioni da affrontare nel corso di una riunione.

di prim'ordine
Di ottima qualità, di grande valore. Si usa per cose o persone.

di second'ordine
Di qualità scadente, di livello inferiore. In senso via via peggiorativo si può dire anche di "terz'ordine", "di quart'ordine" e così via, fino a "di infimo ordine". Vale per cose o persone.

di terz'ordine
Del terzo livello di qualità, quindi scadente, di basso pregio. Usato anche per le persone.

ritirarsi in buon'ordine
Figurato: rinunciare a un atteggiamento aggressivo, a un progetto o altro, cedendo alle ragioni dell'avversario. Nel linguaggio militare, significa ritirarsi senza sbandamenti.

ORECCHIO
a orecchio
Riferito a chi suona o canta, farlo senza avere davanti uno spartito o senza conoscere bene il brano che si esegue. In senso lato, riferito a un discorso o simili, parlare per sentito dire o senza conoscenza diretta dell'argomento, oppure improvvisando su un tema cui non si era preparati, regolandosi secondo la situazione che si ha di fronte.

allungare le orecchie
Figurato: cercare di ascoltare un discorso altrui, o di carpire informazioni varie, senza farsi notare.
var.: tendere le orecchie; tirare le orecchie.

aprire bene le orecchie *(fam)*
Prestare la massima attenzione, stare molto attenti a quanto si sta per ascoltare. Usato prevalentemente come ammonimento a chi disattende un ordine impartito. ‖ Stare bene attenti a quello che succede intorno per carpire informazioni.

aver l'orecchio fine
Sentirci molto bene, avere un udito particolarmente sensibile e sviluppato. Anche figurato.

avere ancora le prime orecchie
Ironicamente: essere ancora giovani, come se le orecchie si cambiassero come i denti.

avere gli orecchi foderati di prosciutto
Non sentire o fingere di non sentire, come se si avessero le orecchie coperte da grosse fette di prosciutto che non lasciano passare i suoni.

avere le orecchie lunghe
Essere indiscreti, curiosi, invadenti; ascoltare anche indebitamente i discorsi altrui e quindi sapere tutto di tutti. In senso lato, anche origliare, spiare. ‖ Non capire nulla; essere molto ignoranti, oppure cocciuti, come la tradizione vuole che sia l'asino qui rappresentato dalle sue lunghe orecchie.
var.: avere gli orecchi lunghi.

avere orecchio
Avere un udito molto acuto, e in particolare avere grande attitudine a percepire con precisione l'armonia dei suoni o l'intonazione delle note musicali.

entrare da un orecchio e uscire dall'altro
Non provocare alcun effetto, non suscitare reazioni, cambiamenti o modifiche in chi ascolta; rimanere inascoltato, ignorato, disatteso. Si dice in genere di un consiglio, un suggerimento o simili che la persona cui è diretto ignora completamente, come se gli attraversasse fugacemente il cervello e ne uscisse senza lasciar traccia. Anche venire subito dimenticato, riferito per lo più a una nozione, un pettegolezzo, un'ingiuria e simili.

essere tutt'orecchi
Essere molto concentrati e attenti nell'ascoltare qualcosa, esserne molto interessati. ‖ Ascoltare con estrema curiosità.

fare orecchio da mercante
Fingere di non sentire, come i mercanti che udivano solo quello che faceva loro comodo invocando la confusione della piazza del mercato.

non aver né bocca né orecchie
Figurato: evitare di farsi coinvolgere in qualcosa, come rifiutandosi di parlare e di ascoltare. Anche essere molto discreti.

non avere né occhi né orecchie
Essere il massimo della discrezione, fingere di non vedere e non sentire nulla, come se si fosse privi di occhi e di orecchie.

non sentirci da un orecchio
Non volere ascoltare, e in particolare non voler esaudire una richiesta con la scusa di non averla sentita perché pronunciata dalla parte dell'orecchio sordo. Spesso ironico o scherzoso.

rizzare le orecchie
Mostrare un interesse improvviso per un discorso che si sente, e quindi ascoltarlo con estrema attenzione. Anche stare molto attenti per cercare di capire bene quello che viene detto, magari per captare informazioni e simili. Ancora, stare molto attenti per cogliere qualsiasi minimo rumore che possa sembrare d'allarme.
È preso dall'osservazione degli animali, che quando avvertono un pericolo o un rumore sconosciuto rizzano le orecchie per captarlo meglio.

sentirsi fischiare le orecchie
Un'antica credenza vuole che se qualcuno parla di una persona assente, questa si sente fischiare le orecchie. Si può addirittura stabilire se ne parla in bene o in male a seconda che l'orecchio interessato sia il sinistro oppure il destro, e se poi si vuole cercare d'individuare l'autore del discorso, basta scegliere a caso un numero, e la lettera dell'alfabeto che vi corrisponde ne darà l'iniziale del nome. Il giochetto è talmente antico che ne parla anche Plinio il Vecchio nella sua *Storia naturale* (XXVIII, 5).

stare con l'orecchio teso
Stare molto attenti per captare anche il minimo rumore, soprattutto per capire se sta arrivando qualcuno che si aspetta o che si teme.

stare in orecchi *(raro)*
Stare molto attenti per cogliere qualsiasi minimo rumore.

sturare le orecchie a qualcuno *(fam)*
Costringere qualcuno ad ascoltare, fargli capire bene quello che non vorrebbe sentire.

tapparsi gli orecchi
Figurato: rifiutarsi volutamente di ascoltare, come chi si tappasse concretamente le orecchie per non farvi entrare alcun suono.
var.: tapparsi le orecchie.

tendere l'orecchio
Stare bene attenti per cercare di sentire quello che viene detto o altro, come ad esempio un rumore, soprattutto se si hanno difficoltà uditive oppure ci si trova in cattive condizioni d'acustica. Usato soprattutto come figurato, nel senso di spiare, o di stare bene attenti per captare informazioni e simili.

tirare le orecchie
Rimproverare in tono blando, quasi bonario, per errori, difetti o mancanze di poco conto.

ORESTE

Nella mitologia greca, *Oreste* è figlio dei sovrani di Micene e di Argo, Agamennone e Clitennestra, e fratello di Elettra e di Ifigenia. Dopo l'uccisione del padre da parte di Clitennestra e del suo amante Egisto, venne salvato da Elettra che lo mandò a vivere presso il re della Focide, dove Oreste venne allevato insieme al principino Pilade. Tra i due bambini nacque un'amicizia fortissima, secondo alcuni a sfondo omosessuale, che comunque li legò per tutta la vita. Quando Oreste fu adulto, Elettra lo fece tornare a Micene e insieme uccisero gli assassini del padre; per questo furono entrambi condannati a morte, ma vennero salvati dall'intervento del Dio Apollo.

essere come Oreste e Pilade
Essere amici inseparabili. Si dice anche per insinuare più o meno scherzosamente un rapporto omosessuale tra due uomini.

ORLANDO
montare sul cavallo di Orlando *(raro)*
Impazzire, e in senso lato montarsi la testa, darsi delle arie, soprattutto riferito a una persona di non troppo valore che diventa boriosa e presuntuosa dopo un piccolo successo.
Orlando, protagonista dell'*Orlando furioso* di Ludovico Ariosto, impazzisce per amore di Angelica, e si trasforma in un individuo violento e pericoloso che terrorizza il circondario. Rinsavisce solo quando Astolfo va a recuperarne il senno, custodito in un'ampolla sulla luna.

ORMA
calcare le orme
Figurato: seguire l'esempio di qualcuno, oppure presentare aspetti di carattere o di comportamento simili a quelli di qualcun altro. È spesso riferito a un figlio rispetto al padre, a uno studioso che riprende gli studi di un altro e così via.
var.: seguire le orme.

seguire le orme
Figurato: imitare qualcuno, emularlo, ispirarsi a lui. Anche riprenderne il lavoro o il pensiero dopo la sua morte e così via. Vale per teorie scientifiche, filoni artistici e letterari, o anche per difetti, vizi, cattive azioni e altro.
var.: seguire i passi di qualcuno.

ORO
d'oro
Rafforzativo usato per esaltare qualcosa che si considera valida, buona, positiva, proficua e così via. Vale per cose, situazioni e simili, e riferito a una persona ne sottolinea le doti di carattere, intelligenza, abilità, virtù, capacità e simili. In senso lato può essere detto anche di una parte del corpo usata per realizzare tali doti e capacità, come le mani, l'ugola, il cuore e via dicendo.

l'oro apre tutte le porte
Di origine proverbiale, il detto afferma che con il denaro si riesce a ottenere qualsiasi cosa.
È contrazione del detto di Menandro "l'oro apre tutto, anche le porte di bronzo", divenuto proverbiale già in epoca antica e ripreso da vari autori classici. L'espressione fu spesso riferita all'ambito bellico, da cui un altro detto secondo il quale "il denaro è il signore della guerra", per dire che la corruzione è il primo modo di vincere. Cicerone (*Epistulae ad Atticum*, 1, 16, 12) e Plutarco (*Vita di Paolo Emilio*, 12, 6), riportano un'affermazione di Filippo di Macedonia secondo il quale "non esistono fortezze inespugnabili, se solo vi può salire un asinello carico d'oro", e questo perché, secondo la tradizione, Filippo avrebbe un giorno consultato un Oracolo ricevendone come risposta il consiglio: "combatti con lance d'argento e conquisterai tutto". Il concetto dell'onnipotenza dell'oro e quindi del denaro è diffuso in tutte le epoche e in tutte le culture, e ha dato luogo a molti detti; se ne attribuiscono a Enrico V, a proposito delle proprie ricchezze, e a Guglielmo I a proposito delle industrie. Il maresciallo Trivulzio avrebbe detto al re di Francia Luigi XII che voleva invadere Milano: "Per vincere una guerra ci vogliono tre cose: primo, il denaro; secondo, il denaro; terzo, il denaro"; mentre è del cardinale Richelieu l'affermazione per cui "Se il denaro è, come si dice, il nerbo della guerra, è anche il lubrificante della pace".

nuotare nell'oro
Essere molto ricchi, avere molto de-

naro, come se si disponesse di tanto oro da potervi nuotare dentro.

oro del Giappone
Oro falso, metallo vile che vuole imitare l'oro.
Il detto intero è "oro del Giappone, che in Italia si chiama ottone". Il Giappone interviene solo per necessità di rima.

oro di Bologna
Oro falso, metallo vile che vuole imitare l'oro.
Il detto intero è "oro di Bologna, che diventa rosso dalla vergogna". Bologna interviene solo per necessità di rima.

per tutto l'oro del mondo
Rafforzativo per un rifiuto, per ribadire di non essere disposti a fare qualcosa nemmeno in cambio della più ricca contropartita.

periodo d'oro
Periodo particolarmente fortunato nella vita di una persona. Può essere riferito anche a un'epoca storica o al momento di massimo splendore di una cultura, di una civiltà, di un movimento artistico e simili.
var.: epoca d'oro; secolo d'oro; tempi d'oro.

prendere per oro colato
Accettare un'affermazione, un discorso e simili come veritiero, valido, reale, effettivo.
L'*oro colato*, o "di coppella", è quello che è stato sottoposto al processo della coppellazione, con il quale vengono eliminate tutte le impurità. Si tratta pertanto di oro puro, senza tracce di altri metalli.
var.: prendere come oro colato.

secolo d'oro *vedi* **periodo d'oro**
tempi d'oro *vedi* **periodo d'oro**
valere tant'oro quanto si pesa
Essere di grande valore, come fatto d'oro. Usato in generale per una persona dotata di grandi capacità o virtù, o anche per oggetti.

ORSO
invitare l'orso alle pere
Offrire a qualcuno un'opportunità che aspettava; sollecitarlo a fare qualcosa che gli è molto gradito e non gli costa alcuna fatica.

menar l'orso a Modena
Doversi sobbarcare un'impresa faticosa, pesante, rischiosa, e per di più dall'esito incerto.
Allude a una curiosa richiesta della Casa d'Este, che come contropartita all'uso di determinati boschi della Garfagnana, pretendeva dal ducato di Modena un pagamento annuale che consisteva in un orso vivo. L'animale doveva essere reperito dalla gente del luogo, che ogni anno si trovava così a dover catturare un orso feroce e pericoloso e a trascinarlo fino a Modena, per parecchi chilometri di territorio accidentato.

pelare l'orso
Figurato: affrontare un'impresa molto difficile o considerata impossibile, come appunto quella di pelare un orso.

ORTICA
conosciuto come l'ortica
Molto conosciuto, come l'ortica che cresce dappertutto.

gettare alle ortiche
Buttar via, liberarsi di qualcosa che non si intende usare più. Usato prevalentemente nella locuzione "gettar l'abito alle ortiche", cioè abbandonare la veste sacerdotale, lasciare un ordine religioso in generale.
L'immagine è quella di una cosa che viene abbandonata in un luogo incolto e poco frequentato, dove presto verrà sommersa dalle ortiche.
var.: gettar l'abito alle ortiche; gettar la tonaca alle ortiche.

ORTO
curare il proprio orticello
Badare ai fatti propri cercando di trar-

ne frutto in termini di guadagno, soddisfazione, piacere e simili, senza interessarsi degli altri; accontentarsi di quello che si ha e fare il possibile per goderne al meglio. Riferito a uno scienziato o a uno studioso, occuparsi di un settore ristretto di ricerca.
Con questo concetto Voltaire conclude il suo romanzo *Candido*, in cui l'ingenuo protagonista, dopo una serie di avventure rocambolesche che lo portano da situazioni di grande splendore ad altre di assoluta miseria, finisce per ritirarsi a vivere in campagna a condurre una vita semplice e felice, mettendo in pratica i consigli di ottimistica saggezza del suo pedagogo Panurge. ‖ Vivere in maniera limitata, in un orizzonte ristretto, badando solo a ciò che è d'interesse immediato o personale disinteressandosi di tutto il resto e rifiutando cultura, conoscenze e mentalità diverse. ‖ Coltivare amicizie o situazioni in vista di un utile o di un vantaggio futuro.
var.: curarsi l'orto; curare l'orto.

tenere l'orto salvo e la capra sazia
Riuscire a fare due o più cose teoricamente incompatibili tra loro.

OSANNA

passare dall'osanna al crucifige *(raro)*
Passare dalla gloria all'infamia; conoscere la ricchezza e poi la miseria.
Il detto si riallaccia alla vita di Cristo, che al suo ingresso in Gerusalemme fu accolto con grida di *osanna*, cioè di esultanza (Giovanni, XII,13) dallo stesso popolo che successivamente lo condannò a morire in croce, al grido di *crucifige* (Giovanni, XIX,6).

OSPITE

andarsene insalutato ospite
Andarsene senza salutare nessuno, senza prendere o ricevere congedo; non dar modo agli altri di capire che si sta andando via.

È traduzione letterale di una corrispondente locuzione latina.

OSSO

all'osso *vedi* ridotto all'osso
avere le ossa dure
Figurato: essere coraggiosi, forti di carattere; saper resistere e reagire a difficoltà o sventure senza soccombervi o farsi abbattere.

avere le ossa rotte
Sentirsi indolenziti, quasi pesti, per stanchezza, malessere, fatica o altro.
var.: sentirsi le ossa rotte.

buttar l'osso
Gettare un'esca, offrire a qualcuno un allettamento, una tangente, una mancia e simili per garantirsene il favore o la complicità, così come si butta un osso a un cane per ammansirlo. Ha quasi sempre un sottinteso spregiativo, anche perché si riferisce in genere a esborsi di poco conto che sottolineano lo scarso valore del destinatario.
var.: gettare un osso.

corrotto fino all'osso *vedi* fino all'osso
costare l'osso del collo *vedi* osso del collo
essere tutt'ossi *vedi* pelle e ossa
far l'osso a ... *(pop)*
Abituarsi a qualcosa, sia pure controvoglia; quindi farci l'abitudine o smettere di soffrirne.
Allude all'osso che si riforma lentamente dopo una frattura, chiudendo così la fase più dolorosa della guarigione.

farsi le ossa
Fare esperienza, far pratica in un dato campo, soprattutto nel senso d'imparare un lavoro, un mestiere e così via grazie alla pratica.
Allude a una corporatura che si sviluppa e si irrobustisce grazie al costante esercizio fisico.

fino all'osso
Figurato: profondamente, intimamente, fin nel profondo del proprio esse-

re. È usato spesso in relazione a scelte morali seguite con assoluta convinzione, come l'essere completamente onesti o al contrario completamente corrotti, oppure anche a fatti fisici, come nel caso di chi è bagnato fino all'osso e quindi fradicio. || All'estremo, all'eccesso, usato ad esempio in locuzioni quali "risparmiare, fare economia fino all'osso" e simili.

L'*osso* è qui considerato come la parte essenziale, più profonda di qualcosa, e insieme come la più interna, attorno alla quale sta tutto il resto.

var.: fin nelle ossa; bugiardo fino all'osso; guasto fino all'osso; marcio fino all'osso.

fuori l'osso! *vedi* sputa l'osso!

osso del collo
Figurato: la vita.

L'espressione indica propriamente il gruppo delle vertebre cervicali che uniscono il capo al tronco. Per questo rappresenta la vita, il bene cui si tiene di più, e in questo senso ha dato luogo a vari modi di dire, accostato a verbi come costare, rimetterci, lasciarci, perderci, tutte enfatizzazioni che significano in pratica il perdere la vita. Altre espressioni associate a verbi come rischiare, giocare, scommettere e simili, sottintendono invece un grosso rischio, in genere mortale. La locuzione è inoltre alla base di parole composte come "rompicollo", "scavezzacollo" e simili.

var.: costare l'osso del collo; rimetterci l'osso del collo; lasciarci l'osso del collo; perderci l'osso del collo; rompersi l'osso del collo; giocarsi l'osso del collo; scommetterci l'osso del collo.

osso di prosciutto (*des*)
Gergale e scherzoso per indicare una pistola.

Allude alla forma dell'arma.

osso duro
Ostacolo difficile o laborioso da superare. Usato spesso per chi oppone forte resistenza all'azione di qualcuno, o per una persona difficile da convincere in generale.

pelle e ossa
Magrissimo, quasi scheletrico, detto di una persona o di un animale che sembra fatto solo delle ossa e della pelle che le ricopre.

var.: tutt'ossi; essere tutt'ossi; ridursi pelle e ossa.

posa l'osso!
Esclamazione: quasi sempre in senso scherzoso, si usa per invitare qualcuno a non toccare o a rimettere al suo posto un oggetto che aveva preso in mano. Vale inoltre per qualsiasi cosa alla quale si aspiri e dalla quale si vuole allontanare un possibile concorrente intervenuto in un tempo successivo, per invitarlo a non occuparsi di quanto si considera di proprio diritto o di propria competenza.

L'immagine è quella di un cane che difende il suo osso.

prendersi un osso da rodere
Figurato: trovarsi davanti a un ostacolo difficile da superare, oppure a una persona che oppone forte resistenza o che non è facile convincere o piegare alla propria volontà.

var.: prendersi un bell'osso da rodere.

raddrizzare le ossa a qualcuno
Figurato: percuotere qualcuno, picchiarlo, bastonarlo, come se gli si raddrizzassero tutte le ossa del corpo. Riferito in genere a una dura punizione, oppure a una ritorsione nei confronti di chi non si piega alla volontà d'altri.

ridotto all'osso
Figurato: privo di qualsiasi parte accessoria e non essenziale. Riferito a denaro o a risorse finanziarie o altro, essere sul punto di finire, di esaurirsi, essere quasi completamente utilizzate. Detto di un equipaggiamento, un'attrezzatura, un corredo o simili, essere ridotto al minimo indispensa-

bile. Di una teoria, un concetto, un resoconto e così via, essere esposti in forma estremamente schematica, riassuntiva e succinta.
var.: all'osso; essere all'osso; arrivare all'osso.

rimetterci l'osso del collo *vedi* **osso del collo**

rischiare l'osso del collo *vedi* **osso del collo**

rompere le ossa a qualcuno
Percuotere violentemente qualcuno, colpirlo, picchiarlo fino a rompergli le ossa. In senso figurato, danneggiare gravemente una persona.
var.: spaccare le ossa a qualcuno; spezzare le ossa a qualcuno.

rompersi l'osso del collo *vedi* **osso del collo**

sacco d'ossa
Si dice di una persona o di un animale magrissimo, emaciato o consunto da una malattia, che fa pensare a un mucchio d'ossa avvolte nel sacco della pelle.

scommetterci l'osso del collo *vedi* **osso del collo**

sputa l'osso!
Esclamazione: si usa quasi sempre scherzosamente per farsi dire qualcosa, per indurre a parlare qualcuno che non si decide o non osa farlo.
L'immagine è quella di una persona che abbia una scheggia d'osso conficcata in gola.
var.: fuori l'osso!

OSTE

domandare all'oste se ha buon vino
Fare una domanda sciocca alla quale non si può avere che una risposta scontata, senza alcuna garanzia di verità.

OTRE

essere un otre gonfio di vento
Essere pieni di superbia, di boria e saccenteria; darsi arie di grande superiorità completamente ingiustificate.

OTTO

volere le tre otto *(raro)*
Con questo formula si riassumevano le rivendicazioni sindacali dei lavoratori della fine del 1800, quando operai e impiegati si battevano per una suddivisione della giornata in tre parti di otto ore ciascuna, rispettivamente per lavorare, per dormire e per ricrearsi.

OVILE

ricondurre all'ovile
Figurato: riportare qualcuno sulla retta via distogliendolo dai pericoli di una vita sbagliata, peccaminosa, immorale e simili.
Allude al Vangelo di Luca (XV, 4-7) in cui si narra di un buon pastore, che in una notte tempestosa lasciò la sua casa per andare a cercare una delle sue pecore che si era smarrita; la trovò in mezzo ai rovi e la riportò in salvo all'ovile.
var.: riportare all'ovile.

tornare all'ovile
Figurato: rientrare in seno alla famiglia che si era abbandonata, in genere dopo essersi pentiti di una vita disordinata, peccaminosa e così via. In senso lato, anche rientrare in seno a un organismo, oppure riabbracciare un'ideologia e simili da cui ci si era precedentemente allontanati.

OZIO

ozi di Capua
Periodo di vita oziosa e a volte dissipata che finisce per compromettere l'esito di una situazione già intrapresa.
Il riferimento è di origine storica. Nel 215 a.C., dopo la battaglia di Canne che l'aveva visto vincitore, Annibale rinunciò a marciare immediatamente su Roma preferendo prima ripristinare i suoi approvvigionamenti. Si fermò quindi nella cittadina etrusca di Capua, che pur rientrando nella sfera d'influenza romana sosteneva Cartagi-

ne, e lì passò l'inverno per riposare dalle fatiche della guerra, in vista di un futuro attacco alla capitale. Ma quel periodo d'inattività, oltre a indurre l'esercito a una vita pigra e oziosa, diede modo di riorganizzarsi anche ai nemici, e nello scontro successivo il generale cartaginese fu battuto.

P

PACCHIA
essere una pacchia
Essere una situazione fortunata, piacevole, piena di comodità e benessere, che non dà preoccupazioni, pensieri o problemi.
Deriva dalla parola latina *pabula*, che indicava dapprima i pascoli e poi la pastura per gli animali.

PACE
con buona pace di ...
Senza offesa per nessuno; anche con il permesso, con l'autorizzazione di qualcuno. ‖ Quasi sempre ironico, con il significato opposto, per sottolineare un dispetto oppure per prendersi una rivincita, per scavalcare un rivale del quale ci si sente più forti, più abili, più furbi e così via.
darsi pace *vedi* **mettersi il cuore in pace**
mettersi il cuore in pace
Calmarsi, smettere di agitarsi o d'inquietarsi, soprattutto nel senso di rassegnarsi a qualcosa che non si è in condizioni di modificare.
var.: mettersi l'animo in pace; darsi pace.
pace eterna
Figurato: la morte, soprattutto per chi è vissuto da giusto e quindi non è presumibilmente condannato all'inferno.
pigliarsi una cosa in santa pace *(fam)*
Affrontare con calma, con serenità, con tranquillità una situazione difficile, considerando quindi la pace interiore un bene che va rispettato come fosse santo. Oppure, riferito a qualcosa di piacevole, anche fare in modo di gustarla, come nelle locuzioni "pigliarsi un caffè in santa pace", "leggersi un libro in santa pace" e così via.

PADELLA
cadere dalla padella nella brace
Per evitare un rischio, mettersi in un pericolo maggiore.
Il detto avrebbe origine in un vecchio aneddoto in cui si narra di un pesciolino ancora vivo messo a friggere in una padella. Non appena sentì il calore dell'olio bollente ne saltò fuori, ma solo per cadere inesorabilmente tra le braci accese.
var.: cadere nella brace.
fare padella
Mancare la preda a cui si è sparato durante una battuta di caccia.
Viene dal linguaggio dei cacciatori.

PADRONE
andare a padrone
Andare a esercitare un'attività lavorativa in qualità di dipendente, usato in contrapposizione al lavoro in proprio.
Si diceva un tempo con commiserazione o disprezzo per chi era costretto ad abbandonare un mestiere autonomo.
Si diceva inoltre delle donne che trovavano lavoro come domestiche.
var.: andare sotto padrone; mettere a padrone; mandare a padrone.
cercar padrone
Letteralmente, cercare un lavoro in qualità di dipendente, ma usato più spesso in senso scherzoso per un oggetto di cui non si conosce il proprietario o che si vorrebbe regalare a qualcuno per disfarsene senza però buttarlo via.
var.: trovar padrone.
essere il padrone del baccellaio
Figurato: detenere il potere decisionale, soprattutto in campo economico. Anche gestire le cose a proprio giudizio e imporle agli altri, riferito di soli-

to a chi dirige un'azienda o simili. In senso lato può alludere all'atteggiamento eccessivamente rigido o tirannico di chi si trova in una posizione di potere, da un padre di famiglia a un capo di Stato.
Viene dal mondo contadino, e si diceva di un proprietario terriero che decideva personalmente delle coltivazioni e del modo di occuparsene.

essere il padrone del vapore
Figurato: detenere il potere decisionale, quindi comandare, gestire le cose a proprio giudizio e imporle agli altri. È riferito più che altro a chi esercita un potere in modo ecessivamente rigido o tirannico.
Viene dal linguaggio marinaresco, in cui la parola *padrone* identifica il grado di chi è abilitato al comando di mercantili di una certa stazza.
La locuzione divenne di moda verso la metà degli anni Cinquanta, dopo la pubblicazione del libro *I padroni del vapore*, di E. Rossi.

farla da padrone
Spadroneggiare, comportarsi in tutto e per tutto come se si fosse il padrone di qualcosa che in realtà appartiene ad altri. Usato spesso per un prepotente, un arrogante o semplicemente un maleducato cui nessuno ha il coraggio di opporsi.

il padrone ce l'hanno i cani
Affermazione di principio con cui si ribadisce il diritto alla propria libertà personale, senza imposizioni altrui.

non essere padrone in casa propria
Non avere libertà decisionale neppure nella propria casa, nella propria azienda e così via. Usato in genere come lamento da chi si sente oppresso.

rimanere padrone del campo
Figurato: vincere, risultare vincitori in un confronto qualsiasi dopo avere indotto un rivale ad abbandonare un'impresa o simili, come se si fosse concretamente cacciato il nemico dal campo di battaglia rimanendone così padroni. Quindi poter fare quello che si vuole senza dover temere ostacoli, ostruzionismo e così via.

PAESE
andare a quel paese
Figurato: levarsi di torno; anche abbandonare per sempre una situazione, una persona o un luogo.
In alcuni casi, anche morire.
Quel paese è un eufemismo che maschera l'Aldilà: la mentalità popolare tende spesso a evitare di pronunciare esplicitamente parole di significato fortemente negativo, come ad esempio morte, cancro e simili.

mandare a quel paese
Allontanare bruscamente qualcuno, invitarlo a togliersi di torno o anche solo a stare zitto. Usato anche come espressione d'insofferenza nei confronti di qualcuno, oppure per rispondere negativamente a una richiesta o a una proposta. Spesso scherzoso.

paese che vai...
Di origine proverbiale, il detto ricorda che ogni Paese ha caratteristiche e usanze peculiari e, in senso lato, che su certe cose ognuno fa a modo suo. Sottintende a volte un giudizio di stravaganza che tuttavia si accetta bonariamente.
È contrazione del proverbio che dice "Paese che vai, usanza che trovi".

scoprir paese *(des)*
Propriamente, esplorare una zona. In senso figurato, scoprire le intenzioni nascoste di qualcuno.

trovar paese
Trovare residenza, patria. In senso figurato, trovare un posto adeguato alle proprie esigenze, in cui ci si trova bene realizzando i propri interessi, curiosità e attività in generale. Usato anche per una situazione, un lavoro o altro da cui si trae soddisfazione, guadagno e così via.

PAGANINI
Paganini non ripete
Si dice più o meno scherzosamente quando non si vuole ripetere quanto si è già detto. Usato anche per accompagnare una minaccia che s'intende eventualmente mettere in pratica senza ulteriori ammonizioni.

Il detto ha origine in un episodio avvenuto nel 1825 al Teatro del Falcone, quando il re Carlo Felice, assistendo a un concerto di Paganini, fece pregare il maestro di ripetere un brano che gli era particolarmente piaciuto. Ma Paganini, che amava improvvisare molti pezzi che pertanto risultavano impossibili da ripetere, gli fece rispondere con la frase "Paganini non replica", il che gli costò l'espulsione per due anni dagli Stati del re.

PAGARE
pagare a caro prezzo
Figurato: ottenere una cosa con grande fatica, riferito in particolare al successo ottenuto sacrificando valori o sentimenti importanti. Dedicarsi con accanimento alla conquista di qualcosa e poi scoprire che questo ha comportato svantaggi superiori al suo stesso valore.

pagare a peso d'oro
Pagare a carissimo prezzo, come sborsando una quantità d'oro pari al peso del bene che si acquista.
var.: vendere a peso d'oro.

pagare a pronta cassa
Pagare subito e in contanti, come traendo il denaro da una cassetta che si ha con sé.

pagare di persona
Subire personalmente le conseguenze delle proprie azioni; rendersene responsabili; anche essere ritenuti tali senza esserlo, ma doverne comunque subire le conseguenze.

pagare il Giorno del Giudizio
Rimandare il pagamento di un debito a un tempo lontanissimo ben sapendo che non verrà mai, come il giorno del Giudizio Universale che si terrà dopo la Fine del Mondo. Quindi, praticamente, non pagare affatto.

pagare in moneta sonante
Pagare in contanti, con banconote o monete in corso e non con titoli di credito di vario genere.

pagare nella Valle di Giosafat
Rimandare il pagamento di un debito a un'occasione lontanissima ben sapendo che non verrà mai. Praticamente, non pagare affatto.
La *Valle di Giosafat* è il luogo in cui si terrà il Giudizio Universale.

pagare per San Bindo
Rimandare il pagamento di un debito a un tempo lontanissimo ben sapendo che non verrà mai, come il giorno del fantomatico San Bindo che si dovrebbe festeggiare tre giorni dopo il Giudizio Universale. Quindi, praticamente, non pagare affatto.

pagare per tutti
Figurato: subire da soli le conseguenze negative di azioni commesse insieme ad altri; andarci di mezzo.

PAGINA
pagina bianca
Figurato: persona, argomento, avvenimento o altro che non si riesce a comprendere, a decifrare o simili. ‖ Figurato: avvenimento, episodio o simili ragionevolmente suscettibile di sviluppi sui quali tuttavia si ritiene impossibile fare pronostici. Usato anche per un rapporto sentimentale che ci si augura piacevole e magari definitivo, ma troppo recente perché si possa prevederne l'evoluzione.

L'immagine è quella letterale di una pagina bianca sulla quale è possibile scrivere qualsiasi cosa. ‖ Figurato: ignoranza, mancanza di informazioni su un dato argomento.

Il detto è nato attorno alla metà degli

anni Ottanta in riferimento all'Unione Sovietica e alla sua abitudine di non fare menzione di avvenimenti o personaggi ritenuti scomodi o imbarazzanti e pertanto ignorati come inesistenti. Ad esempio, degli otto presidenti del Consiglio che ressero il governo dopo Stalin, il "Dizionario enciclopedico sovietico" ne ignora due (*La Repubblica*, 3, 11, 1987).

voltar pagina
Figurato: cambiare sistema di vita, o comunque operare un cambiamento decisivo rispetto al passato. Anche dimenticare un'offesa, un malinteso e simili mantenendo le relazioni con chi ne è responsabile, oppure al contrario rompere i rapporti con tali persone come cancellandole dalla propria esistenza, come voltando la pagina di un libro non si legge più quanto era scritto a quella precedente. Anche, più semplicemente, cambiare argomento o discorso.
var.: girar pagina; cambiar pagina.

PAGLIA
avere paglia in becco
Conoscere cose che gli altri non sanno, essere depositari di segreti o confidenze che assicurano il successo. ‖ Anche avere in mente un obiettivo particolare che si vuole mantenere segreto; oppure essere già provvisti di tutto quello che serve per raggiungere un determinato scopo.
L'immagine è presa probabilmente dalle rondini occupate a costruirsi il nido, che da un lato dispongono già di quanto serve loro, e da un altro non possono aprire il becco per non far cadere la paglia che trasportano.

guardare la paglia e non vedere la trave
Criticare le pecche altrui e non vedere le proprie. In senso lato, badare alle minuzie e non accorgersi dei difetti gravi.

Allude alla frase di Gesù "Perché guardi la pagliuzza che è nell'occhio del tuo fratello e non scorgi la trave che è nell'occhio tuo?" riportata dal Vangelo di Matteo (VII, 3).
var.: guardare la pagliuzza nell'occhio altrui.

lasciar la paglia vicino al fuoco
Figurato: indurre qualcuno in tentazione con la propria imprudenza, fornendogli modo di approfittare di un'occasione vantaggiosa. Usato in particolare per un rapporto amoroso, soprattutto se favorito dall'ingenuità d'altri.
var.: mettere la paglia vicino al fuoco.

tirare la paglia più corta
Essere sfortunato; essere colui a cui spetta il compito più ingrato.
La scelta tra alcuni fili di paglia di diversa lunghezza parzialmente coperti dal palmo della mano è uno dei tanti metodi per tirare a sorte. Perde chi pesca la paglia più corta.

PAGNOTTA
guadagnarsi la pagnotta
Lavorare per procurarsi il necessario per vivere.
var.: guadagnarsi il pane; guadagnarsi la minestra.

lavorare per la pagnotta
Lavorare per procurarsi il necessario per vivere, vivere del reddito del proprio lavoro.
var.: lavorare per la minestra.

PAIOLO
essere come il paiolo che tinge o scotta
In un modo o nell'altro, recare comunque un danno, usato in particolare per situazioni senza alternative.

PALA
andar dietro a qualcuno con la pala e il sacco
Figurato: non fidarsi del modo di lavo-

rare di qualcuno, e quindi seguirlo continuamente per controllarlo ed eventualmente rimediare ai suoi errori.
var.: seguire con la pala e il sacco.
aver piantato la pala e voler piantare il manico
Figurato: volere strafare, non accontentarsi dei risultati ottenuti.
var.: voler piantare il manico dopo aver piantato la pala.
prendere la pala per il manico
Figurato: mettersi a lavorare con impegno, in genere per iniziare, riprendere o portare a termine un lavoro a lungo trascurato e simili; decidersi ad affrontare un problema, un'impresa e così via, oppure prendere il comando di una situazione.

PALANCA
per quattro palanche
A bassissimo prezzo, per una misera somma, soprattutto nel senso di svendere un bene essendovi costretti.
La *palanca* era una moneta di poco valore in uso in alcune regioni d'Italia, tra cui la Repubblica Veneta.

PALCO
far palco *(pop)*
Fingere, e in particolare simulare reazioni, convinzioni e simili per convincere qualcuno o farsi credere quello che non si è.
Il *palco* è qui il palcoscenico.
lasciar la testa sul palco
Essere decapitati, essere giustiziati mediante decapitazione. Anche in senso figurato per chi ci rimette molto o arriva al fallimento economico, in un'impresa o simili. In questo caso il *palco* è quello del patibolo.
var.: lasciare il collo sul palco.

PALCOSCENICO
calcare il palcoscenico
Lavorare come attore teatrale, ballerino o cantante; esibirsi in teatro.

PALLA
come una palla di fucile
A gran velocità, simile a quella di una pallottola sparata da un fucile.
essere una palla al piede
Costituire un impaccio, un impedimento; limitare la libertà di qualcuno, vincolarlo a una data situazione, essergli di peso. Detto di persone scomode, di obblighi precedentemente assunti e simili.
Allude alla palla di piombo o di ferro che un tempo veniva saldata alle catene con cui si legavano le caviglie di prigionieri e schiavi, per impedirne l'eventuale fuga e comunque limitarne la libertà di movimento.
fare a palle e santi
Figurato: accordarsi su qualcosa, trovare il modo di andare perfettamente d'accordo con qualcuno.
var.: diventare palle e santi.
in palla *(pop)*
Obnubilato, confuso, ottenebrato; incapace di ragionare lucidamente per ubriachezza, stanchezza eccessiva, o uso di stupefacenti; può essere riferito a chi ragiona male o non ha la mente lucida per motivi diversi.
Deriva probabilmente da una deformazione della voce dialettale *balla*, nel senso di sbornia.
var.: mandare in palla; essere in palla.
palla bianca
Figurato: voto favorevole, parere positivo, approvazione.
Un vecchio sistema di votazione prevedeva l'introduzione in un'urna di una pallina, che poteva essere bianca se si voleva dare parere positivo e nera in caso contrario. A quest'uso si riallaccia l'attuale termine "ballottaggio".
palla di lardo
Persona molto grassa, generalmente di bassa statura. Quasi sempre spregiativo.
passare la palla
Figurato: offrire a qualcuno l'opportu-

nità di farsi avanti al proprio posto per conquistare una posizione di rilievo, portare a buon fine un progetto e così via. Anche desistere, rinunciare a favore di qualcun altro.
Viene dai giochi di squadra come il calcio o il rugby, dove un giocatore passa la palla a un compagno di squadra che si trova in una posizione migliore per proseguire l'azione.

prendere la palla al balzo
Cogliere l'occasione favorevole e approfittarne, come fa un buon giocatore che s'impadronisce della palla al primo rimbalzo.

rimettere in palla *(fam)*
Rimettere in forma, riportare a buone condizioni fisiche o intellettuali. Anche nel senso di rincuorare, sollevare, ringalluzzire, ridare fiducia a qualcuno.
Viene dall'immagine del giocatore che dimostra di avere una grande padronanza della palla.

sparare a palle infuocate
Porre continue obiezioni, rimbeccare, contraddire insistentemente le affermazioni di qualcuno, come se lo si tenesse costantemente sotto il tiro di un'arma da fuoco.

PALLINO
avere il pallino
Avere una passione, una predilezione particolare per qualcosa, in genere un hobby e simili. Anche avere un'idea fissa, una mania, una convinzione o un desiderio insistente da cui non si riesce a staccarsi. Oppure avere un'inclinazione naturale a qualcosa, esservi portati per indole; riferito di solito a una scienza, come la matematica o la musica, oppure a un'arte, come la pittura o la musica, per le quali si possiede un particolare talento.

PALLONE
essere nel pallone
Essere in uno stato confusionale, far fatica a ragionare lucidamente, in genere per motivi quali stanchezza, superlavoro, preoccupazioni e così via. Si dice anche di chi ha perso di vista la realtà per una ragione qualsiasi, ma più spesso per l'uso di droghe, allucinogeni e simili.
var.: andare nel pallone.

pallone gonfiato
Persona piena di boria e prosopopea che si attribuisce meriti, doti, capacità o successi inesistenti.

PALMA
ottenere la palma
Conseguire un successo, una vittoria, un trionfo, e in particolare vederselo riconoscere con l'attribuzione di un premio o simili.
Il ramo di palma era simbolo della vittoria già presso Greci e Romani. Fu ripreso dai Cristiani, che lo unirono alla simbologia evangelica della Domenica delle Palme e ne fecero emblema della vittoria sul peccato e in particolare del martirio, tanto che molti martiri onorati dalla Chiesa sono raffigurati con una foglia di palma in mano.

palma del martirio
Per i Cristiani, la gloria eterna riservata ai martiri morti per la Fede.

palma della vittoria
Il ramo di palma con cui anticamente veniva onorato un vincitore. Oggi si dice in senso figurato per indicare una vittoria o un successo in generale.

PALMO
Il *palmo*, oltre alla parte interna della mano chiamata anche "palma", è pure la distanza tra la punta del pollice e la punta del mignolo in una mano aperta con le dita distese. Fu usato come unità di misura di lunghezza dai Greci e dai Romani e più tardi divenne una misura usata in diverse zone d'Italia, il cui valore cambiava da una regione all'altra ma rimaneva sempre vicino ai

25 centimetri. Oggi, in senso figurato, si usa genericamente per definire una piccola distanza o estensione.

palmo a palmo
Pezzo per pezzo, detto di un territorio, una città, una località o altro che si percorrono, si conquistano, si perlustrano e simili. || Punto per punto, nei minimi particolari, riferito alla conoscenza di un territorio, una città, una località o simili. Più raramente si riferisce inoltre a un argomento, una questione e così via.

portare in palma di mano
Lodare, elogiare, esaltare qualcuno o qualcosa, manifestando apertamente l'ammirazione, il rispetto, la stima che gli si portano.

PALO
aguzzarsi il palo sulle ginocchia
Procurarsi un danno per imprudenza, pigrizia o sbadataggine.

Quando per costruire recinzioni o altro si usavano i pali di legno, questi andavano appuntiti a un'estremità per poter essere agevolmente conficcati nel terreno. L'operazione veniva eseguita a mano, a colpi d'ascia o di coltello, e l'imprudente che lavorasse tenendosi il palo sulle ginocchia correva un reale pericolo di farsi del male.

fare da palo
Stare di guardia mentre qualcun altro compie un'azione, per fare in modo che non venga disturbato o sorpreso. Usato in genere per imprese poco oneste, e in particolare per un furto. Viene dal gergo della malavita.
var.: fare il palo.

rimanere al palo
Figurato: lasciarsi sfuggire una buona occasione.

Nel mondo dell'ippica si dice di un cavallo che si rifiuta di partire all'inizio di una gara. Il *palo* è ognuna delle due aste bianche sormontate da un disco che segnano rispettivamente il punto di partenza e il punto d'arrivo del percorso di una corsa.

saltare di palo in frasca
Passare da un argomento all'altro senza ragione logica; parlare di cose completamente diverse l'una dall'altra.

Può derivare dall'abitudine degli uccelli di saltellare qua e là posandosi su qualsiasi cosa trovino.

PAMPINI
far tanti pampini e poca uva
Essere di grande apparenza ma di scarsa sostanza. Si dice di chi si dà molta importanza senza averla, di chi fa molte promesse senza poi mantenerle, oppure anche di un progetto che si rivela inferiore alle aspettative e così via.

I *pampini* sono le foglie della vite, e l'immagine è quindi quella di una vigna che produce più foglie che frutti.

PANCA
essere la panca delle tenebre
Essere sistematicamente maltrattati, essere la vittima di tutti, per cui nessuno ha riguardo, rispetto o pietà.

In passato, durante la Settimana Santa, era uso che durante l'ufficio religioso delle Tenebre i fedeli percuotessero con delle verghe le panche della chiesa.

scaldare le panche
Occupare un posto per nulla, riferito a scolari svogliati che non traggono profitto dall'insegnamento o a impiegati fannulloni che ricevono uno stipendio dando in cambio pochissimo o nessun lavoro.

PANCHINA
restare in panchina
Essere messo in disparte, attendere il proprio turno senza poter agire.

Il termine è derivato dai giochi di squadra e la *panchina* è quella ai lati del campo, da dove l'allenatore della squadra segue il gioco insieme ai giocatori di riserva.

PANCIA
a pancia all'aria
Figurato: in ozio assoluto. Usato per chi non fa nulla, soprattutto in contrapposizione a chi nel frattempo lavora o comunque si dà da fare.
Deriva dall'immagine di chi sta supino e tranquillo a riposare.

avere la pancia vuota
Non avere mangiato, avere appetito, essere affamati. Usato spesso come figurato nel senso di essere poveri, indigenti, di mancare del necessario.
var.: avere la pancia piena.

grattarsi la pancia
Figurato: stare in ozio, senza far niente e soprattutto senza lavorare, come usando le mani solo per grattarsi la pancia.

pancia mia fatti capanna! *(raro)*
Esclamazione: è detta da chi si accinge a godersi un pasto lauto e inusitato, come invitando il proprio stomaco ad assumere le dimensioni di una capanna per poter contenere tutto quanto viene portato in tavola.
Qui la *capanna* riprende il senso antico di "dispensa".

salvare la pancia per i fichi
Risparmiarsi per il futuro, rinunciare a qualcosa d'immediato in vista di maggiori vantaggi nel tempo, come chi a un pranzo si tenesse leggero alle prime portate in attesa della frutta. In senso lato, stare lontano dai pericoli, non mettere a repentaglio la vita o le comodità.
Il detto ha dato origine al temine "panciafichista", usato con disprezzo dagli interventisti della I Guerra Mondiale nei confronti dei sostenitori della neutralità.

tenersi la pancia dal ridere
Figurato: ridere smodatamente, senza riuscire a trattenersi.
var.: tenersi la pancia dalle risate.

PANCIOLLE
stare in panciolle
Stare beatamente in ozio, senza lavorare, circondati di ogni comodità.
Il paese di *Panciolle* è uno dei tanti luoghi immaginari nati dalla fantasia popolare: i suoi abitanti trascorrono la vita nell'ozio, mangiando a volontà, senza alcun bisogno di lavorare. Il nome è una contaminazione tra la parola "pancia" e la parola "satollo".

PANDEMONIO
fare un pandemonio
Figurato: fare molto rumore, una grande confusione, oppure fare una scenata, una sfuriata violenta.
Pandemonio è il nome della capitale dell'Inferno nel *Paradiso perduto* di John Milton, nella quale i Diavoli tengono le loro riunioni.

PANE
a pane e acqua
Figurato: alimentazione ai limiti della sopravvivenza, presa in genere a simbolo di una punizione durissima. Può alludere al carcere come pure a un pessimo trattamento, di cui la privazione del nutrimento è l'immagine più immediata. In senso non punitivo, vale anche per indicare grandi ristrettezze economiche.
L'alimentazione a pane e acqua rientrava fra le varie forme di punizione carceraria applicate fino a tempi non troppo lontani.
var.: tenere a pane e acqua; andare avanti a pane e acqua; vivere di pane e acqua; mettere a pane e acqua.

cercar miglior pane che di grano
Non accontentarsi di quello che si ha, nemmeno se è il meglio che ci sia; cercare l'impossibile.

dare il pane con la balestra
Fare un favore molto malvolentieri, con voluto malgarbo, per far ben capire la propria riluttanza.

dare il pane e la sassata
Aiutare qualcuno, fargli un favore, oppure esaudire una sua richiesta facendoglielo pesare o rinfacciandogli il proprio intervento, umiliandolo.
var.: dare il pane con la balestra; dare il tordo e la sassata.

dire pane al pane e vino al vino
Essere molto schietti, franchi, dire le cose apertamente senza lasciare possibilità di malintesi, anche a costo di essere brutali.
var.: dire pane al pane.

essere il pane di qualcuno
Di un argomento specifico, risultare molto familiare o gradito a una persona. Usato in locuzioni quali "la storia d'Italia è il suo pane", oppure "la polemica è il suo pane" e così via.

essere pane e cacio
Andare molto d'accordo con qualcuno, trovarsi bene insieme, così come stanno bene insieme il pane e il formaggio. Deriva dalla cultura pastorizia, in cui l'alimentazione era basata sul pane e formaggio.

essere un pane perso
Costituire un investimento sbagliato, come il denaro che si spende per comperare del pane che poi finisce per essere sprecato o buttato via. Si dice anche di una fatica o di un lavoro inutile, che richiede sforzi e spese e che poi non dà frutto o guadagno. Può essere inoltre riferito a una persona che delude la fiducia accordatale, a chi non ammette i propri errori, a chi si rivela ostinato, e in generale a persone con cui si reputa che non valga la pena di perdere tempo.
var.: essere un pane perduto.

essere un pezzo di pane
Essere mite, indulgente, di carattere malleabile. Riferito a un animale, essere mite e innocuo.

far cascare il pane di mano
Scoraggiare, far perdere le speranze, l'interesse o la voglia di continuare. Riferito in particolare a una persona maldestra, o testarda, o sciocca, che agisce o si comporta in modo tale da far dubitare della possibilità di trarne qualcosa di buono.

guadagnarsi il pane col sudore della fronte
Figurato: lavorare per procurarsi il necessario per vivere.
Si riferisce a una delle condanne pronunciate da Dio quando cacciò Adamo ed Eva dal Paradiso Terrestre per punirli del Peccato Originale (*Genesi*, 3,19). Poiché con la predicazione di Cristo il pane ha acquisito anche il significato eucaristico di grazia spirituale, il detto si riferisce inoltre alla continua ricerca del fine ultimo dell'esistenza da parte dell'uomo. In senso lato, vale anche per qualsiasi sforzo teso alla conoscenza.
var.: guadagnarsi il pane.

leccare un pane dipinto (*raro*)
Figurato: illudersi, più che altro per disperazione, come chi si illudesse di placare la fame leccando la raffigurazione di un pane.
Il detto riprende un passo di Sant'Agostino (*De civitate Dei*, 4,23,176) in cui l'uomo che persegue il benessere terreno ignorando volutamente la felicità che viene da Dio, il solo che la può concedere, viene paragonato a un cane affamato che lecca un pane dipinto e non lo chiede invece all'uomo, che potrebbe dargliene uno vero.

levare il pane di bocca
Farsi aiutare da qualcuno inducendolo a fare grandi sacrifici e rinunce, o sfruttarlo economicamente fino a impoverirlo.
var.: togliersi il pane di bocca; levarsi il pane di bocca.

mancare del pane
Figurato: essere poverissimi, non avere nemmeno da mangiare.

mangiar pane e cipolle
Figurato: avere pochissime esigenze o

pochissimo denaro per soddisfarle; in ogni caso accontentarsi del minimo indispensabile alla sopravvivenza. Anche essere molto poveri, non avere altro da mangiare che alimenti poco costosi come il pane e le cipolle. Il detto non ha la connotazione di sofferenza comunemente legata alla povertà, e si usa piuttosto per una scelta di vita che induce a rinunciare ai beni materiali piuttosto che a quelli spirituali considerati di maggior valore, spesso la libertà, l'indipendenza e simili.

mangiare il pane a tradimento
Vivere alle spalle altrui senza mostrare alcuna gratitudine. Esiste anche l'espressione equivalente "mangiapane a tradimento".

mangiare il pane a ufo
Vivere alle spalle di qualcuno, farsi mantenere senza dar niente in cambio, senza lavorare. Usato in pari misura per disoccupati e fannulloni.

mangiare pane e veleno
Essere infelici perché rosi da risentimento, invidia, rancori e altre passioni negative che "avvelenano" l'esistenza.

mangiare pane e volpe
Essere poco furbi. Usato in senso scherzoso o ironico anche per invitare qualcuno a essere meno credulone, ingenuo e simili.
La *volpe* è sempre stata considerata simbolo di astuzia.

mangiarsi il pan pentito
Pentirsi amaramente, in genere per avere o non avere fatto qualcosa che avrebbe portato grandi vantaggi; rendersi conto di essersi lasciati sfuggire un'occasione proficua, e quindi ripensare a quello che si è perduto ogni volta che si mangia un pezzo di pane. Ha una sfumatura di rabbia.

masticare come il pane
Figurato: conoscere molto bene un argomento o un lavoro specifico in genere grazie a una lunga abitudine, riferito in particolare a una lingua straniera, a un linguaggio tecnico e simili.

non distinguere il pan dai sassi
Vederci pochissimo, tanto da non riuscire a vedere nemmeno la differenza tra il pane e i sassi. Anche mancare del più elementare discernimento, non capire le cose, non saper distinguere per mancanza d'intuito o d'intelligenza. Oppure ancora essere sempre distratti o svagati, o molto inesperti, ingenui e creduloni e, in senso lato, molto ignoranti.

non volere il pane a conto
Non volersi sentire in debito con qualcuno, non accettare prestiti o favori troppo impegnativi.
Il pane *a conto* è quello che si compera facendosi segnare l'importo su una nota da pagare in un tempo successivo.

per un tozzo di pane
A bassissimo prezzo, riferito in genere a un bene di grande valore che viene ceduto da chi è spinto dal bisogno.
var.: vendere per un pezzo di pane; vendere per un tozzo di pan secco; comprare per un pezzo di pane; comprare per un tozzo di pane; venir via per un pezzo di pane.

rendere pan per focaccia
Ripagare uno sgarbo con un altro sgarbo, un'offesa con un'altra offesa e così via.
È un detto molto antico, e in origine non aveva sottintesi di vendetta ma si riferiva semplicemente al ricambiare quanto si riceve. In questo senso si trova in Terenzio, che lo impiega in un contesto amoroso nell'*Eunuchus* (445) e affettivo nell'*Adelphoe* (72); in ambito bellico se ne serve invece Erodoto (1,18) mentre Plauto (*Asinaria*, 172) lo riferisce a questioni puramente economiche. Per *focaccia* s'intende qui un pane condito di forma bassa e rotonda.

spezzare il pane della scienza
Figurato: fornire alimento spirituale o intellettuale; mettere a disposizione di

qualcuno le proprie conoscenze; insegnare.

vendere come il pane
Vendere con grande facilità, come se si trattasse di una cosa necessaria e quotidiana come il pane, detto di un articolo o di un bene molto richiesto.
var.: andare come il pane.

vivere di pan duro
Essere molto poveri, come se si avesse solo del pane vecchio per sfamarsi. In senso figurato, pagare un certo benessere economico con umiliazioni e simili, come trovarsi in condizioni di bisogno e venire aiutati da qualcuno che non risparmia il proprio disprezzo.
var.: vivere di pan secco.

PANIA
cadere nella pania
Figurato: cedere a una lusinga che nasconde un tranello.
La *pania* è una sostanza vischiosa estratta dalle bacche del vischio e dalla corteccia dell'agrifoglio, usata per catturare uccelli e insetti.

PANIERE
aver le budella nel paniere *(pop)*
Figurato: avere una terribile paura.

PANNA
essere in panna
Termine nautico che si riferisce a un veliero in stato di relativa immobilità ottenuta con un'opportuna disposizione delle vele. È impropriamente riferito anche all'arresto di un veicolo a causa di un guasto, ma in questo caso si usa prevalentemente l'equivalente francese *panne*.

PANNO
lavare i panni in Arno
Figurato: conferire a uno scritto le caratteristiche del fiorentino, considerato la vera lingua italiana. In senso lato, vivere in Toscana per perfezionare l'italiano. ‖ Figurato: essere fiorentini, o quanto meno toscani.
Il detto si riallaccia a una frase di Alessandro Manzoni, che in una lettera alla madre dice di essersi ritirato vicino a Firenze per rivedere il manoscritto dei *Promessi sposi*.
var.: sciacquare i panni in Arno.

lavare in casa i panni sporchi
Figurato: discutere e aggiustare le proprie questioni in via privata, senza farne sapere niente agli altri ed evitando pubblicità e intromissioni. Usato in genere in riferimento a liti, situazioni sgradevoli o fatti di cui ci si vergogna.
var.: lavare i panni sporchi in famiglia.

mettersi nei panni di qualcuno
Immaginare di essere nelle esatte condizioni di qualcun altro, di essere al suo posto, d'identificarsi con lui come indossandone le vesti e assumendone così la personalità, con tutti i problemi inerenti.
var.: vestire i panni di qualcuno.

non stare nei panni
Figurato: attendere con forte impazienza qualcosa di molto gradito oppure essere fuori di sé dalla gioia manifestando grande eccitazione, come se l'agitazione facesse schizzar fuori una persona dalle proprie vesti.

non voler essere nei panni di qualcuno
Non invidiare a una persona la sua posizione; non voler affrontare i suoi stessi problemi.

sapere di che panno è vestito qualcuno
Conoscere molto bene una persona; sapere com'è veramente al di là delle apparenze. Anche capire subito con chi si ha a che fare, riconoscere una certa categoria di persona, inquadrarla, in genere per averne avuto esperienza.

tagliare i panni addosso a qualcuno
Figurato: sparlare di qualcuno, criticarlo alle spalle, come se gli si tagliassero i vestiti per mettere a nudo i difetti nascosti.

PANTALONE

Pantalone è una maschera veneziana molto antica, che spesso rappresenta l'intera città di Venezia e che era già molto popolare attorno al 1600. Secondo alcuni deriva il suo nome dall'espressione "piantare i leoni", con allusione all'abitudine dei Veneziani di porre sculture del Leone di San Marco nei territori conquistati, mentre altri vogliono che lo prenda da San Pantaleone, cui è dedicata una delle chiese più antiche di Venezia. Nella commedia veneziana Pantalone è un gentiluomo molto avaro, che viene regolarmente messo in condizione di dover pagare gli errori e gli sprechi altrui. In questo modo è divenuto simbolo della persona ricca e sciocca, facile da sfruttare, e quindi anche del contribuente impotente nei confronti dello Stato.

paga Pantalone
Figurato: pagare per tutti, sia in senso concreto che metaforico, di solito senza trarre alcun beneficio e spesso dopo essere inoltre stati beffati. È usato in particolare dalla persona che si deve accollare delle spese supplementari a causa degli sprechi o dell'approfittazione degli altri.
Di questo antico detto si hanno due possibili origini. La prima vuole che risalga al 1400, all'epoca delle guerre contro i Francesi e i Turchi da parte delle città di Ferrara, Napoli e Pisa, i cui costi finirono per incidere pesantemente sull'economia della ricchissima Repubblica di Venezia, che pagava per tutta l'Italia. Un'altra origine lo vuole più recente, e lo fa risalire al tempo della caduta della Repubblica. Secondo una satira dell'epoca, quando i plenipotenziari partono da Campoformio, il locandiere che li ha alloggiati insegue la loro carrozza gridando: "Chi mi paga?" E Pantalone, che siede a cassetta, risponde: "Amigo, pago mi!"

var.: tanto paga Pantalone; Pantalon paga per tutti.

PAPA

entrare papa in conclave e uscirne cardinale *vedi* **tornare di papa vescovo**
morto un papa se ne fa un altro
Nessuno è insostituibile, nemmeno il papa che alla sua morte viene sostituito da un successore. Si usa particolarmente in campo sentimentale, per consolare chi perde un amore.

solo il papa è infallibile
Esclamazione: si usa quando si è accusati di un errore che si riconosce di aver commesso, oppure per qualcuno che si vanta di non sbagliare mai.
Il dogma cristiano dell'infallibilità del papa, e comunque solo quando parla *ex cathedra* e pertanto ufficialmente, come Maestro della Fede, risale al 1870, dopo il Concilio Vaticano I. Sempre infallibile è invece la Chiesa, che non può errare né insegnare ufficialmente l'errore in materia di dogma e morale, in quanto detentrice della verità rivelata e in virtù della promessa di Gesù che s'impegnò ad assistere gli Apostoli nel loro insegnamento (Matteo, 28, 20).
var.: neanche il papa è infallibile.

stare come un papa
Condurre una vita molto comoda e agiata, come si suppone sia quella di un alto personaggio come il papa.
var.: stare da papa; vivere come un papa.

tornare di papa vescovo
Dover rinunciare a una posizione acquisita; perdere potere, autorità. Più raramente subire uno smacco; in ogni caso retrocedere, rimetterci.
var.: entrare papa in conclave e uscirne cardinale.

PAPATO
godere il papato
Approfittare dei benefici e dei pri-

vilegi di un'alta carica.
La frase è attribuita a Leone X, papa dal 1513 al 1521, che l'avrebbe usata per dichiarare le sue intenzioni.

PAPAVERO
alto papavero
Personaggio eminente, importante, che ha grande potere o ricopre un'alta carica o posizione.
Allude a un aneddoto citato da Tito Livio (*Ab Urbe condita*, I,54) secondo il quale il settimo re di Roma Tarquinio il Superbo, volendosi impadronire della città di Gabi, vi mandò il proprio figlio facendolo apparire un esiliato. Quando il giovane ebbe raggiunto una posizione di rilievo e inviò al padre un messaggero per chiedere istruzioni, il re si limitò a farsi accompagnare dal messo in un prato, e con un bastone falciò i papaveri più alti. L'inviato tornò a Gabi senza aver capito nulla, ma il principe interpretò esattamente il messaggio paterno e si affrettò a uccidere i cittadini più importanti, indebolendo così la città che venne poi facilmente conquistata da Roma.

PAPERO
essere buon papero e cattiva oca
Peggiorare con l'età. Si dice di un giovane promettente per capacità e iniziativa che però non si realizza in età adulta. Usato anche per un bravo ragazzo che poi diventa un cattivo soggetto.
i paperi menano l'oca a bere
Figurato: pretendere di saperne di più del proprio maestro, o insegnare una cosa a chi la conosce perfettamente o la sa fare benissimo.
prendere una papera
Pronunciare erroneamente una parola, in particolare deformandola con elementi di altre parole. Usato specialmente per oratori e gente di spettacolo.

PAPPA
aspettar la pappa scodellata
Pretendere di trovare tutto pronto, già fatto e preparato da qualcun altro, senza dover faticare.
var.: voler la pappa pronta.
essere pappa e ciccia *(pop)*
Essere in gran confidenza con qualcuno, detto solitamente in senso spregiativo per episodi di complicità, connivenza, favoritismi, interessi loschi e via dicendo.
Viene dal linguaggio che si usa con i bambini.
pappa molle
Persona fiacca, debole, indecisa, priva di energia o di coraggio.
scodellare la pappa a qualcuno
Evitare a una persona tutte le difficoltà, renderle la vita più facile possibile; anche servirla e riverirla con grande ossequio.
soffiare sulla pappa
Figurato: fare la spia.
trovare la pappa pronta
Trovare tutto già pronto e quindi non dover faticare.

PAPPAGALLO
Il *pappagallo* è un uccello quasi sempre coloratissimo e dalle movenze aggraziate, che a volte sembra pavoneggiarsi per esibire le sue piume variopinte dalle tinte accese e brillanti. Quasi tutti i pappagalli sono poi in grado di imitare la voce degli altri uccelli; molte specie hanno inoltre una straordinaria capacità di imitare la voce umana, e possono imparare e ripetere un buon numero di parole.
fare il pappagallo
Ripetere meccanicamente le parole o i pensieri di qualcun altro. Anche imitare pedestremente una persona negli atteggiamenti, nel comportamento, o nel linguaggio, oppure adottarne il modo di pensare, le idee, la filosofia di vita. ‖ Detto di un uomo, importu-

nare le donne o farle oggetto di corteggiamento insistente e sgradito.
pappagallo della strada
Uomo che per la strada importuna insistentemente le donne di passaggio.
ripetere a pappagallo
Ripetere meccanicamente a memoria un discorso, un testo scritto e simili, senza però averne colto il senso o la sostanza.
var.: sapere a pappagallo; imparare a pappagallo.
stare come un pappagallo impagliato
Non partecipare attivamente a qualcosa; restare immobili, silenziosi e inattivi, in mezzo a persone che lavorano, si muovono, conversano e simili.

PARADISO
giocarsi il Paradiso
Perdere una buona opportunità, o una situazione felice o prospera.
paradiso artificiale
Stato di grande benessere e a volte di ebbrezza indotto dall'assunzione di droghe.
Paradiso delle Urì
Figurato: situazione molto felice, appagante; in senso scherzoso, anche luogo o ambiente in cui s'incontrano donne molto belle.
È così detto il Paradiso musulmano, dove i credenti di sesso maschile potranno godere, dopo la morte, di un'esistenza eterna di felicità piena in un magnifico giardino allietato dalla presenza delle *Urì*, bellissime fanciulle "dagli occhi neri molto luminosi", come dice la parola araba *hūr*, eternamente giovani e permanentemente vergini. Secondo l'interpretazione dei teologi sarebbero però le mogli terrene dei credenti stessi.
paradiso terrestre
Figurato: luogo incantevole, dalla natura incontaminata, o anche luogo in cui si può trovare grande felicità. In senso lato, anche situazione che dà grandi soddisfazioni di vario genere, o luogo che consente la realizzazione di buoni guadagni; in questo senso sono nate locuzioni quali "paradiso fiscale", "paradiso economico" e simili.
È traduzione del termine Eden in "Giardino dell'Eden", cioè il luogo che secondo la Bibbia Dio mise a disposizione di Adamo ed Eva e in cui questi vissero felici fino a quando non caddero nel Peccato Originale (*Genesi*, 2,8-3,24).
sentirsi in Paradiso
Essere felici, vivere una situazione di grande felicità, beatitudine, gioia, appagamento totale.
stare in Paradiso a dispetto dei Santi
Essere un intruso, essere in un posto dove non si è graditi. Anche imporsi sgarbatamente agli altri.
strada del Paradiso
Strada o sentiero molto ripido, o difficile da percorrere. In senso figurato, ideale di vita onesta e virtuosa.
tirare giù tutti i santi del Paradiso
Bestemmiare il nome di tutti i Santi, come cercando di farli cadere giù dal Paradiso. Anche bestemmiare in generale.

PARANOIA
andare in paranoia *(fam)*
Entrare in uno stato di profonda confusione mentale. Come termine medico, *paranoìa* indica una psicosi caratterizzata da un delirio coerente, che non intacca le restanti funzioni psichiche.

PARATA
mala parata
Momento avverso che si sta preparando, situazione che volge al peggio.
vista la mala parata
Si dice quando una persona se ne va da un posto rendendosi conto di una situazione sfavorevole, di un brutto momento. Usato soprattutto quando si avverte un atteggiamento malevolo

nei propri confronti, quando si profila un'atmosfera burrascosa in cui le cose sembrano mettersi male e si prevede di rischiare guai o spiacevolezze.

PARCO
parco buoi
Nel gergo della Borsa, in senso spregiativo, è la zona riservata al pubblico, l'insieme dei piccoli investitori che viene vista dai professionisti come un recinto affollato di aspiranti speculatori destinati a subire solo perdite.

PARENTE
fare parente qualcuno *(pop)*
Farsi prestare denaro da qualcuno e poi non restituirglielo, come si farebbe con un parente o un famigliare con il quale si condivide la stessa fonte di reddito.

PARI
giocare a pari e dispari
Tirare a sorte, puntando su un numero pari oppure dispari. In senso figurato, affidare al caso una scelta o una decisione.
var.: fare a pari e dispari.

mettersi in pari
Annullare un distacco che separa da altri oppure riguadagnare il tempo perduto. Si usa generalmente in riferimento allo studio, al lavoro e simili.
var.: portarsi in pari.

pari e patta
Risultato di parità, riferito in genere a una partita e simili. Si usa inoltre per una vendetta, una ritorsione e così via, quando si ricambia in ugual misura l'offesa ricevuta, e anche per dispute, contese, discussioni nelle quali alla fine non ci sono né vincitori né vinti. Al di fuori dei giochi, il termine *patta* indicava più anticamente la parità dei voti raccolta da diverse proposte in una votazione, soprattutto a livello politico o amministrativo. Si usava soprattutto a Venezia, per le decisioni del tribunale.

trattamento alla pari
Ospitalità che prevede vitto e alloggio in famiglia in cambio di piccole prestazioni di lavoro, in genere domestico. Molto diffuso nei Paesi anglosassoni per giovani e studenti, è praticamente ignorato in Italia.

PARIGI
Parigi val bene una messa
Per ottenere uno scopo cui si tiene molto, vale la pena di fare qualche piccolo sacrificio. Riferito spesso a chi scende a compromessi avvilenti, rinunciando a un ideale, a una fede e simili per ragioni di convenienza e interesse.
L'espressione è comunemente attribuita al re di Francia Enrico IV, che con queste parole avrebbe manifestato la sua intenzione di convertirsi al cattolicesimo, come effettivamente fece il 23 luglio del 1593, per mettere fine alla forte opposizione cattolica che serpeggiava nel Paese. Sembra che in realtà il detto sia posteriore, comunque Enrico entrò trionfalmente a Parigi dopo essere stato incoronato a Chartres il 27 febbraio 1594.
var.: la corona val bene una messa; il trono val bene una messa.

PARIGLIA
render la pariglia
Ricambiare in ugual misura un'offesa, uno sgarbo, un torto e simili, come se si rimandasse a qualcuno lo stesso tiro di cavalli.

PARITÀ
porre su piede di parità
Attribuire a due o più elementi la stessa importanza, valore e simili, come riconducendoli allo stesso ordine d'idee.
var.: su piano di parità.

PARLARE

PARAGONI: TRIVIALE: parlare come un carrettiere; parlare come uno scaricatore di porto; INUTILMENTE: parlare al vento; parlare al deserto; parlare ai sordi; parlare al muro; IN MODO INCOMPRENSIBILE: parlare arabo; parlare cinese; parlare ostrogoto; parlare turco; VELOCEMENTE: parlare come una mitragliatrice.

far parlare di sé
Dare adito a pettegolezzi, suscitare chiacchiere sul proprio conto; anche attirare l'attenzione della stampa e simili dopo aver commesso un reato o un'azione riprovevole. ‖ Suscitare l'interesse della gente, e soprattutto attirare l'attenzione della stampa e simili dopo aver raggiunto fama o successo in qualche campo.

var.: far parlare.

parla quando pisciano le galline! *(pop)*
Esclamazione: scortese invito a tacere rivolto a qualcuno di cui si stimano poco le opinioni, a chi s'intromette nelle faccende altrui o a chi notoriamente parla sempre a sproposito.
Dato che le galline non producono urina, il senso è quello di non parlare mai.

parlare arabo
Figurato: parlare in modo incomprensibile, oscuro; più specificamente non spiegarsi chiaramente, o dire cose molto difficili da capire.
Il detto è retaggio delle antiche lotte contro i Mori, che hanno lasciato un'immagine degli Arabi come di gente dai costumi e dalla lingua completamente incomprensibili alle popolazioni occidentali.

parlare a vanvera
Dire cose senza senso, fuori luogo o senza aver riflettuto. La parola *vanvera*, di etimologia incerta, esiste sono nella locuzione "parlare a vanvera" e nella meno usata "fare le cose a vanvera".

parlare ai sordi
Rivolgersi a qualcuno che non ha la minima intenzione di ascoltare quanto gli si dice, esattamente come se fosse sordo. Riferito di solito a consigli o ammonimenti.

parlare al deserto
Dire cose a cui nessuno presta attenzione, come se si parlasse in mezzo al deserto, dove non c'è nesssuno che possa ascoltare. Riferito di solito a consigli o ammonimenti.

parlare al muro
Rivolgersi a qualcuno che non ha la minima intenzione di ascoltare e che non mostra di reagire a quanto gli si dice, che si comporta esattamente come potrebbe fare un muro. Riferito di solito a consigli o ammonimenti.

parlare al vento
Rivolgersi a qualcuno che non ha la minima intenzione di ascoltare quanto gli si dice, come se le proprie parole fossero portate via dal vento. Riferito di solito a consigli o ammonimenti.

parlare cinese
Figurato: parlare un linguaggio incomprensibile. In senso lato, non riuscire a farsi capire, spiegarsi male o parlare di cose che l'interlocutore non conosce o non comprende per una ragione qualsiasi.
La Cina era vista un tempo come una terra mitica e lontanissima piena di ricchezze e di mistero, abitata da una popolazione dai costumi e dalla lingua incomprensibili.

parlare come un carrettiere
Usare un linguaggio volgare o triviale, come si suppone facciano i carrettieri. Sembra che in origine il detto significasse solo parlare a voce molto alta, come dovevano fare i carrettieri per superare la confusione della piazza del mercato in cui esponevano le merci portate con il carretto, o il rumore delle sue ruote sulle strade di un tempo. Lo confermerebbe anche il termine

13. *Dizionario dei modi di dire*

"triviale", da "trivio", con allusione alla necessità di alzare la voce per parlarsi da un carretto all'altro quando ci si trovava all'incrocio di tre strade.

parlare come una mitragliatrice
Parlare molto e molto in fretta, come se le parole uscissero con la velocità dei proiettili di una mitragliatrice.

parlare come uno scaricatore di porto
Usare un linguaggio volgare o triviale, come si suppone facciano gli scaricatori di porto.
Quello dello scaricatore di porto era considerato un mestiere molto basso e plebeo.

parlare della pioggia e del bel tempo
Parlare di cose futili o leggere, per nulla importanti, solo per il piacere della conversazione o per evitare discorsi impegnativi.
var.: parlare del tempo.

parlare dietro le spalle
Criticare, sparlare di una persona alla cui presenza si fa mostra di cordialità, amicizia, stima e simili.

parlare fra i denti
Pronunciare le parole in modo indistinto; anche dire qualcosa malvolentieri.

parlare nella barba
Figurato: parlare per allusioni, sottintesi o metafore, senza esprimersi chiaramente.
L'immagine è quella di una persona le cui parole si perdono nel folto della barba.
var.: non parlare nella barba.

parlare ostrogoto
Figurato: parlare un linguaggio incomprensibile. In senso lato, non riuscire a farsi capire, spiegarsi male o parlare di cose che l'interlocutore non conosce o non comprende per una ragione qualsiasi.
Le antiche invasioni hanno lasciato degli Ostrogoti un'immagine di gente dai costumi barbari e incivili, dal linguaggio incomprensibile anche perché considerato duro e gutturale.

parlare solo perché si ha la lingua in bocca
Dire cose sciocche, assurde, senza senso oppure imprudenti; anche parlare senza riflettere.

parlare turco
Parlare in modo incomprensibile o esprimersi in modo poco chiaro per chi ascolta. Anche dire cose molto difficili da capire.
Le invasioni saracene sono rimaste a lungo nella fantasia popolare e hanno dato origine a innumerevoli detti, tramandando un'immagine dei Turchi come barbari e incivili, dai costumi e dalla lingua completamente incomprensibili alle popolazioni occidentali. Allo stesso modo venivano considerati i Mori, e il giudizio si estese poi a tutti gli arabi in generale.
var.: parlare arabo.

prima di parlare conta fino a cento
Figurato: è un invito a prendersi il tempo di riflettere su quello che s'intende dire prima di esprimersi, evitando di dire qualcosa di sconsiderato di cui poi ci si potrebbe pentire.

PAROLA

a parole
In teoria, basandosi su affermazioni verbali oppure su ragionamenti o calcoli ipotetici, senza avere riscontro con la realtà dei fatti.

avere l'ultima parola
Essere l'ultimo a parlare, e quindi avere la meglio in una discussione, una disputa e simili.

avere una sola parola
Mantenere in ogni caso quanto si promette, tenere fede agli impegni precedentemente assunti.

basta la parola
Espressione usata per indicare che una sola parola, o un nome, è sufficiente a richiamare alla mente un determinato concetto. ‖ Usata come

esclamazione, significa che si ritiene sufficiente un accordo verbale basato sulla reciproca fiducia, senza bisogno di documenti scritti o altre garanzie.

di parola
Si dice di una persona che mantiene regolarmente impegni e promesse.

di parola in parola
A forza di parlare, passando da un discorso all'altro. Generalmente si usa quando, attraverso una libera associazione d'idee, ci si trova a parlare di cose diverse da quelle che avevano dato origine al discorso iniziale.

dire a mezze parole
Dire qualcosa con poca chiarezza, con reticenza; non spiegarsi, esprimersi in modo confuso tanto da rendere difficile la comprensione di quanto si dice. ‖ Esprimersi con allusioni e sottintesi, in genere per comunicare qualcosa che si sarebbe tenuti a tacere, oppure che deve essere capito da una sola persona e non dagli altri presenti. Usato spesso per promesse vaghe, notizie riservate e simili.

dire due parole
Avere un breve colloquio con qualcuno. Usato spesso in senso ironico, sottintende rimproveri, rimostranze e simili. ‖ Tenere un breve discorso.

due parole in croce *vedi* **quattro parole in croce**

è una parola!
Esclamazione: si usa per sottolineare la difficoltà di un'azione, di concretizzare un progetto, un'idea o simili.

essere bravo solo a parole
Si dice di chi vanta la propria abilità in qualche campo ma si rivela incompetente alla prova dei fatti, di chi parla molto e agisce poco, o ancora di chi è solito dare consigli agli altri ma si guarda bene dal prendere un'iniziativa concreta.

essere in parola con qualcuno
Essere in trattative con qualcuno per affari o simili.

var.: entrare in parola con qualcuno.

far parola di qualcosa
Parlare di un dato argomento, riferirne per sommi capi o anche solo accennarne.

var.: non fare parola.

in una parola
In conclusione, con una sintesi quanto mai succinta.

macinar parole
Figurato: parlare in continuazione, per lo più ripetendosi o dicendo cose inutili o irrilevanti.

mancare solo la parola
Si dice di un animale per indicare che è particolarmente sveglio, intelligente ed espressivo, oppure di un'opera d'arte che rappresenta con eccezionale realismo la figura umana.

metterci una buona parola
Intercedere in favore di qualcuno.

var.: dire una buona parola; spendere una buona parola.

mezza parola
Figurato: impegno o promessa non ben definita, ancora vaga o lasciata in sospeso, che ha valore più di trattativa che di accordo vero e proprio.

mezze parole
Discorso vago, incompleto; oppure non impegnativo. Anche allusione, sottinteso e simili.

misurare le parole *vedi* **pesare le parole**

non avere parole *vedi* **restare senza parole**

non è ancor detta l'ultima parola
Riferito a una questione, non essere ancora conclusa, e quindi essere suscettibile di modifiche, ritocchi e rovesciamenti.

parola d'ordine
Parola o frase convenuta che consente di identificare le persone autorizzate ad avvicinarsi o a entrare in un dato luogo. In senso lato, si dice così anche di una parola o frase riassuntiva di un programma o simili, usata quasi come

slogan per incitare a impegnarvisi.
È nato in ambito militare, e prevede che all'avvicinarsi di uno sconosciuto la sentinella gli domandi di pronunciare una parola prestabilita alla quale deve poi rispondere con una determinata controparola per farsi riconoscere a sua volta.

parola di Dio
La Sacra Scrittura e le omelie che la commentano.

parola di re
Figurato: si usa per sottolineare la veridicità di un'affermazione, di una promessa, di una garanzia e simili, con allusione al fatto che non è lecito dubitare della parola di un re. Anche ironico o scherzoso.

parola per parola
Si dice di solito di un discorso o un testo che viene riportato fedelmente e integralmente, quasi non si tralasciasse una sola parola.

parole d'oro
Parole piene di verità, riferito anche a un aforisma, un motto, un consiglio, un giudizio e simili.

parole di fuoco
Discorsi accesi, infuocati, che eccitano gli animi. ǁ Anche parole o addirittura insulti pronunciati con volontà di colpire o ferire un'altra persona.

parole grosse
Parole o discorsi offensivi. ǁ Discorsi o promesse impegnative, importanti.

parole pesanti
Insulti, offese, minacce, accuse gravi che emergono in genere nel corso di una lite, di una discussione accesa e simili.

parole sante!
Esclamazione: esprime il pieno accordo con quanto dice qualcuno, generalmente in merito a un giudizio, una decisione e così via.

passar parola
Far conoscere qualcosa facendo girare l'informazione da una persona all'altra, in genere riferito a notizie riservate oppure a ordini, comunicazioni e così via.

pesare le parole
Esprimersi riflettendo attentamente su quanto si dice; parlare con prudenza, scegliendo con cura le parole per evitare di farsi sfuggire qualcosa di cui ci si potrebbe pentire, o per non dare adito a malintesi. Anche stare molto attenti a quello che si dice per non correre il rischio di offendere qualcuno.
var.: misurare le parole.

prendere in parola
Attribuire valore d'impegno o di promessa a quanto qualcuno sta dicendo.
var.: prendere sulla parola.

quattro parole in croce
Si dice di un discorso o di uno scritto molto succinto e conciso, come formato da quattro parole che intersecandosi formano le quattro braccia di una croce.

var.: due parole in croce.

restare alla parola
Basarsi su quanto è stato già stabilito o pattuito.

restare senza parole
Figurato: rimanere esterrefatti, sbalorditi, tanto stupiti o meravigliati da non riuscire a reagire, nemmeno parlando.
var.: non avere parole.

rimangiarsi la parola
Venir meno a una promessa, un impegno o simili.

spendere una parola
Parlare a favore di qualcosa, o almeno attirarvi l'attenzione degli altri. Anche raccomandare una persona, o intercedere in suo favore.

sulla parola
Basandosi solo sull'assicurazione di qualcuno, della cui lealtà e serietà non si dubita.
Usato in locuzioni come "credere sulla parola" o semplicemente "sulla parola!", intendendo che quanto si afferma

è garantito sul proprio onore.
tenere in parola qualcosa
Tenere impegnato un bene prima di decidere se acquistarlo o rinunciarvi. Vale anche per una prospettiva di lavoro o simili.
tenere in parola qualcuno
Tenere vincolato qualcuno in una trattativa d'affari o in una prospettiva di lavoro.
togliere la parola di bocca
Dire esattamente quello che pensava un altro, anticipare qualcuno in quanto intendeva esprimere.
var.: rubare la parola di bocca; levare la parola di bocca.
venire a parole
Arrivare a una disputa, a un alterco con qualcuno, che può sfociare anche in espressioni violente e offensive.
var.: venire a male parole.

PARROCCHIA
Nel mondo cattolico, la *parrocchia* è ognuna delle circoscrizioni territoriali in cui è divisa una diocesi. In senso figurato, indica un gruppo ristretto di persone con interessi comuni, una cerchia chiusa e di carattere settoriale.
essere di un'altra parrocchia
Essere omosessuali.
fare gli interessi della propria parrocchia
Fare gli interessi del proprio gruppo, della propria parte o categoria.
non essere della stessa parrocchia
Figurato: non avere alcuna relazione con quanto è in oggetto. Anche appartenere a un altro gruppo, partito, casta e simili; avere interessi che non coincidono con quelli della maggioranza. Oppure essere diversi per mentalità, modo di vivere e simili, tanto da non trovare modo di capirsi con gli altri.

PARRUCCA
avere la parrucca con la coda
Figurato: essere reazionari, perbenisti, o anche solo bigotti; detestare le novità e i cambiamenti soprattutto a livello sociale e politico.
La moda del 1700 imponeva ai gentiluomini una parrucca spesso elaborata e terminante con il "codino", una treccia di capelli ugualmente artificiali che scendeva sotto la nuca. Con la Rivoluzione francese questa moda cadde in disuso, ma gli ultimi ad abbandonarla furono gli uomini del re, ovviamente contrari alla rivolta. Codino e parrucca, oltre a identificare l'estrazione sociale, diventarono simbolo non solo di un'epoca ma soprattutto di una ben precisa mentalità. ‖ Figurato: essere retrogradi, antiquati; credere ancora a vecchi schemi e valori. In genere scherzoso.
var.: essere un codino; essere una coda.

PARTE
essere di parte
Non essere obiettivi; essere prevenuti nell'esprimere un giudizio in quanto sostenitori di una delle parti interessate.
essere parte in causa
Figurato: avere un interesse diretto in una determinata situazione, esservi in qualche modo coinvolto.
Allude al senso proprio della locuzione, cioè quello di soggetto di un rapporto giuridico.
far due parti in commedia
Comportarsi in modo da mantenere buoni rapporti con fazioni o persone rivali tra loro; fare contemporaneamente gli interessi di due parti avverse; servire due cause contrastanti. Anche essere doppi, falsi, sleali, ipocriti.
var.: fare più parti in commedia.
far parte a sé
Essere diverso, non assimilabile a un insieme più ampio, e quindi da trattarsi separatamente. Oppure essere considerato indipendente da un comples-

so di altri elementi e pertanto essere soggetto a criteri, valutazioni e trattamento differenti. Riferito a una persona, restare isolata, non mescolarsi agli altri.
var.: essere parte a sé; essere parte a sé stante; fare per se stesso.
gioco delle parti
Figurato: il ruolo che tocca a ciascuno nelle alterne vicende della vita, con allusione agli attori che sostengono ruoli diversi in ogni diversa commedia.

PARTITA
esser della partita
Unirsi a un gruppo già formato, a una compagnia che intende operare in un'impresa qualsiasi.
Riprende l'antico significato di *partita* come divertimento di gruppo, come nel caso di partita di caccia, partita di piacere e simili.
giocare a partita doppia
Agire in modo da non rimetterci mai, soprattutto quando ci si trova in mezzo a due interessi contrastanti. Usato in genere nell'ambito degli affari, per chi è molto abile ma in particolare per chi specula o tradisce per interesse.
Deriva dal linguaggio dei mercanti di un tempo, che speculando su varie partite di merce facevano in modo di guadagnare da almeno una quello che potevano perdere sulle altre.
saldare la partita
Figurato: sistemare una questione, oppure regolare i conti con qualcuno vendicandosi di un torto e simili.
Deriva dal linguaggio contabile, in cui la *partita* è un sistema di rilevazione del giro d'affari in cui le voci "dare" e "avere" devono alla fine "tornare", risultare uguali. Solo allora la partita è "chiusa" o "saldata".

PARTITO
a mal partito
In situazione sfavorevole, in difficoltà, come chi militasse in un partito sconfitto. Usato anche a proposito di cattive condizioni fisiche, detto in genere di chi è stato duramente percosso, di chi ha subito un grave incidente, oppure di chi è molto ammalato,
var.: trovarsi a mal partito; essere a mal partito; ridurre a mal partito.
buon partito *(fam)*
Nubile o scapolo di buona condizione economica e sociale, con cui un eventuale matrimonio risulterebbe molto vantaggioso.
mettere a partito qualcosa
Utilizzare qualcosa con profitto, farlo fruttare, trarne utilità, vantaggio o anche insegnamento. Usato soprattutto per consigli ed esperienze da cui si è imparato qualcosa.
mettere la testa a partito
Mettere giudizio, fare delle scelte responsabili, solitamente dopo una vita sregolata.
per partito preso
Per puntiglio, per pregiudizio, per decisione preconcetta e ostinata sulla quale ci si rifiuta di riflettere, come se ci si adeguasse ciecamente alla linea imposta dal partito nel quale si milita sentendosi in obbligo di sostenerlo nonostante tutto.
trarre partito
Trarre giovamento, trarre profitto; ricavare beneficio o utilizzare con vantaggio, riferito a beni materiali o anche a esperienze e insegnamenti.
var.: mettere a partito.

PASQUA
dare la mala Pasqua
Guastare una festa, arrecando dolore o brutte notizie.
Deriva da un'antica esclamazione popolare, "A te la mala Pasqua!", usata per esprimere esasperazione o ira.
venire la Pasqua in domenica
Si dice di qualcosa che accade al momento opportuno.

La Pasqua cade sempre di domenica, e più precisamente nella domenica che segue il primo plenilunio dopo l'equinozio di primavera.

PASSAGGIO
di passaggio
Figurato: rapidamente, di sfuggita, riferito a un argomento o simili di cui si viene a parlare incidentalmente, senza soffermarvisi. Può essere usato anche come aggettivo, nel significato di transitorio.
passaggio chiave
Figurato: fase particolarmente delicata, che una volta superata permette di tenere sotto controllo la situazione.
passaggio obbligato
Figurato: azione necessaria per ottenere un determinato scopo, vista come un punto da cui si deve necessariamente passare per arrivare in un dato luogo.

PASSARE
passar sopra a qualcosa (fam)
Non dare molta importanza a qualcosa, non tenerne conto; riferito spesso a difetti, mancanze e simili. Anche perdonare, essere indulgenti, accomodanti e simili.
passare per ...
Essere considerati o giudicati in un dato modo; vedersi attribuire a torto o a ragione determinate doti o difetti.
Insieme alla variante "passare da ...", l'espressione è largamente usata in locuzioni quali "passare per bugiardo", "passare per stupido", "passare da villano" e altre simili.
passarla bella (pop)
Trovarsi in una situazione spiacevole o in grande pericolo, e uscirne a stento o dopo molta paura.
passarla liscia (pop)
Superare senza danno e in genere per pura fortuna un pericolo o una difficoltà; più usato nel senso di scansare una punizione, un castigo meritato e così via.
passarsela male (pop)
Trovarsi in ristrettezze economiche, essere poveri, soprattutto se temporaneamente o in contrasto con un precedente periodo di benessere.
var.: passarsela bene.

PASSO
a due passi
Vicino, a una distanza molto ridotta, che si potrebbe coprire in due passi.
a ogni passo
Figurato: con molta frequenza, continuamente, in ogni occasione, detto di qualcosa che accade o si presenta ripetutamente all'attenzione, con la stessa frequenza con cui si fa un passo. Usato in locuzioni come "trovare difficoltà a ogni passo" e simili.
a passi da giraffa
A passi lunghi ma irregolari. In senso figurato, si usa per chi fa le cose con buon esito ma in modo anomalo o stravagante.
La *giraffa* non solo ha gli arti anteriori molto più lunghi di quelli posteriori, ma cammina muovendo insieme le due zampe dello stesso lato, assumendo così un'andatura molto particolare.
a passo di carica
Figurato: con grande energia e risolutezza, detto di chi affronta un'azione in maniera molto decisa, come se si preparasse ad andare all'assalto contro un nemico. Usato anche per chi cammina in modo veloce e un po' rigido e pesante.
Era il passo adottato un tempo dalla fanteria per muoversi in formazione serrata prima di un attacco.
a passo di formica
Lentamente, oppure anche poco per volta, come facendo qualcosa a passi piccoli come quelli delle formiche.
a passo di lumaca
Molto lentamente, con la velocità di

una lumaca. Detto del camminare o dell'agire di una persona, del procedere di un veicolo, di una situazione e altro.
var.: camminare a passo di lumaca; andare a passo di lumaca.

a passo d'uomo
Lentamente, alla velocità con cui si procederebbe andando a piedi. Detto di veicoli in generale.

cedere il passo
Letteralmente, lasciar passare per primo qualcun altro. In senso figurato, non ostacolare le azioni di persone che si ritengono più abili, più forti o meritevoli, oppure ritirarsi da un'impresa in quanto si riconosce la propria inadeguatezza.
var.: lasciare il passo.

di buon passo
Ad andatura sostenuta, rapidamente.

di pari passo
Contemporaneamente, come tenendo la stessa andatura o lo stesso ritmo. Usato in senso figurato per eventi o altro che procedono insieme, come persone che camminano affiancate, o per situazioni che si manifestano in modo simile, con uno svolgimento praticamente parallelo.

essere a un passo da...
Essere vicinissimi, più spesso in senso figurato, quando manca poco per raggiungere un obiettivo che ci si era posti. Anche in negativo, in espressioni come "essere a un passo dalla bancarotta" e simili.

esserci un passo
Esserci pochissima differenza, riferito a due cose, situazioni o persone.
var.: correrci un passo.

essere un passo avanti
Essere all'avanguardia; avere una posizione di supremazia rispetto agli altri, come se si aprisse una strada.

fare quattro passi
Fare una breve passeggiata.
var.: fare due passi.

far passi da gigante
Avanzare rapidamente; fare grandi e rapidi progressi.

far tre passi su un mattone
Essere lenti nel camminare e in senso lato nell'agire, come se si impiegassero tre passi per percorrere la superficie di un mattone. Si usa inoltre per chi è talmente flemmatico che a forza d'indugiare o di riflettere con calma finisce per non concludere mai nulla.

fare i propri passi
Figurato: intraprendere determinate azioni, prendere provvedimenti per conseguire uno scopo, spesso a causa o in vista di un contrasto con altre persone.

fare il gran passo
Figurato: prendere una decisione importante, risolutiva, decisiva. In senso scherzoso, sposarsi. Usato più raramente nel senso di morire.

fare il passo più lungo della gamba
Intraprendere qualcosa di sproporzionato alle proprie effettive capacità, possibilità o situazioni contingenti.
var.: fare il passo secondo la gamba.

fare un passo avanti
Figurato: progredire, ottenere una piccola conquista, migliorare in qualche misura una situazione.
var.: andare un passo avanti.

fare un passo avanti e due indietro
Figurato: progredire con molta fatica, perdendo spesso quanto si è conquistato e dovendo quindi ricominciare da capo ogni volta; alternare progressi e regressi.

fare un passo indietro
Figurato: regredire, perdere quanto si era precedentemente conquistato peggiorando la propria situazione.
var.: essere un passo indietro. ‖ Figurato: in un discorso, un racconto o simili, riprenderlo da un punto precedente o già citato.

guidare i passi di qualcuno
Figurato: aiutare qualcuno in un'im-

presa, fornendogli appoggio pratico e morale, come se lo si sostenesse mentre cammina. Anche indirizzare qualcuno verso una professione mettendogli a disposizione la propria esperienza.
var.: reggere i passi di qualcuno.
lasciare il passo *vedi* **cedere il passo**
muovere i primi passi *vedi* **primi passi**
passi lunghi e ben distesi
Si dice nei confronti di qualcuno che si desidera allontanare o con cui non si vuole avere alcuna relazione.
passin passetto *vedi* **passo passo**
passo d'elefante
Passo pesante, detto di chi ha un modo di muoversi piuttosto goffo o poco armonioso. Anche passo lento ma costante, infaticabile, riferito a una persona che ottiene i risultati voluti senza accorgersi di danneggiare altri, oppure di una situazione spiacevole che si avvicina lenta ma inesorabile.
passo falso
Figurato: errore di comportamento che rischia di pregiudicare un'azione.
Allude al movimento scoordinato del piede quando imprevedibilmente non si trova l'appoggio sicuro che ci si aspettava.
passo passo
Molto lentamente ma con costanza, detto in genere di cose che procedono verso il fine voluto.
var.: un passo dopo l'altro; passin passetto.
perdere il passo
Figurato: rallentare il ritmo di un'azione, un'operazione, un'attività e così via. Anche non riuscire più a seguire quello degli altri, in particolare concorrenti, avversari e simili; quindi anche farsi battere, superare, oppure rimetterci.
È preso dal linguaggio militare.
primi passi
Figurato: fase iniziale di un'impresa, o anche esordio di una persona in una determinata attività, in genere artistica o lavorativa.
Allude al modo di muoversi incerto di un bambino che sta imparando a camminare.
var.: muovere i primi passi; essere ai primi passi.
rompere il passo
Figurato: perdere il ritmo di un'azione o non riuscire ad adeguarsi a quello degli altri.
Nel linguaggio militare, smettere di marciare a ritmo cadenzato.
sbarrare il passo
Figurato: opporre intralci, ostacoli e simili, come se si sbarrasse un passaggio fisico.
segnare il passo
Figurato: detto di una situazione, un progetto, un'attività o simili, avere un periodo di stasi, una battuta d'arresto; non procedere, non avere sviluppi, nonostante si continui a dedicarvisi. Anche essere impossibilitati ad agire per cause esterne o non raccogliere frutti dalle proprie azioni.
Nel linguaggio militare, indica l'arresto di un reparto che continua a mantenere il precedente passo di marcia senza tuttavia spostarsi dal luogo fisico in cui si trova.
stare al passo
Figurato: adeguarsi, adattarsi a una situazione, come mantenendo un determinato ritmo del passo imposto da una marcia collettiva. ǁ Seguire il ritmo generale dell'ambiente in cui si vive; mantenersi all'altezza degli altri e in particolare di possibili concorrenti, soprattutto per non farsi estromettere o superare.
var.: tenere il passo.
tornare sui propri passi
In senso proprio, ripercorrere il cammino già fatto, ritornare indietro lungo la stessa strada. In senso figurato, ricominciare da capo o rifare qualcosa; pentirsi di una decisione, una scel-

ta o simili, e quindi cambiare idea, modificare il proprio atteggiamento e così via.

PASTA
La *pasta*, ossia qualsiasi impasto di consistenza tenera e facilmente plasmabile, in senso figurato indica anche la natura, l'indole di una persona. Riprende in tal modo il riferimento biblico secondo il quale Dio plasmò Adamo ed Eva da un impasto di creta.

essere di buona pasta
Riferito a una persona, essere buona, generosa, onesta e simili.

essere di pasta grossa
Essere piuttosto grossolani, poco raffinati e magari un po' zotici. Oppure essere poco intelligenti, o non arrivare alle sottigliezze di certi procedimenti mentali.

essere di tutt'altra pasta
Riferito a una persona, avere un carattere completamento diverso da quello di un'altra con cui viene paragonata.

pasta d'uomo *(fam)*
Persona buona, bonaria, mite, generosa, comprensiva, con la quale è facile accordarsi e stare insieme.

PASTO
dare in pasto
Offrire qualcosa o qualcuno alla curiosità più o meno malevola degli altri, come se lo si gettasse in pasto alle belve affamate.

esser di poco pasto *(raro)*
Essere una persona che mangia poco.

saltare i pasti
Non mangiare a pranzo o a cena: per mancanza di tempo, per ragioni di dieta, ma principalmente per mancanza di denaro.

PATATA
avere le patate in bocca
Figurato: parlare in maniera incomprensibile, come se si avesse la bocca piena di patate che impediscono di scandire bene le parole.
var.: avere le noci in bocca.

essere una patata
Essere sciocchi, poco intelligenti, oppure creduloni. Anche essere grossolani, rozzi, oppure sgraziati e ineleganti.

patata bollente
Situazione o problema difficile, pericoloso, delicato, in cui si rischia di rimetterci personalmente, così come si rischia di scottarsi prendendo in mano una patata bollente.
var.: passare la patata bollente.

PATRASSO
andare a Patrasso
Figurato: finire male, fallire, andare in rovina. Originariamente aveva anche il significato di morire, oggi poco usato.
Il detto deriva dalla corruzione popolare della traduzione latina di una frase della Bibbia, "*ire ad patres*", cioè "andare a raggiungere gli antenati", e quindi morire. La cittadina greca di Patrasso non c'entra per niente.

PATTO
patti chiari...
Di origine proverbiale, il detto vuole sottolineare che è sempre buona norma chiarire bene le condizioni di un accordo, in modo che poi non insorgano sorprese o contestazioni.
È contrazione del proverbio "Patti chiari, amicizia lunga".

patto leonino
Accordo svantaggioso, stipulato con persone più forti, dal quale invece degli illusori benefici previsti possono derivare soltanto danni e guai.
Sembra che la locuzione sia nata nell'ambito del diritto, e coniata dal giudice Lucio Cassio Longino (*Digesto*, 17, 2, 29). Allude comunque a diverse

versioni di favole in cui vari animali stringono alleanza con il Leone per andare a caccia insieme, ma quest'ultimo, alla fine, reclama invariabilmente la preda tutta per sé. In Esopo l'Asino finisce sbranato; in Fedro la Capra, la Pecora e la Mucca hanno salva la vita ma restano a mani vuote, e solo la Volpe, di nuovo in Esopo, chiedendo solo una parte piccolissima riesce a ottenere qualcosa.

scendere a patti
Accettare di venire a un accordo; accontentarsi di un compromesso riducendo le richieste iniziali.
var.: venire a patti.

PATURNIE
avere le paturnie
Essere malinconici, oppure irritabili, di cattivo umore. Deriva dalla locuzione "patire Saturno".

PAURA
avere paura anche a respirare
Aver paura di tutto, vivere con una sensazione di paura costante, temere anche le cose più innocue o normali. Vedere pericoli dappertutto, in ogni minima cosa.

aver paura anche dell'aria
Figurato: aver paura di tutto.

aver paura della propria ombra
Spaventarsi per niente, aver paura di tutto, anche delle cose più innocue come la propria stessa ombra.
La paura della propria ombra è in realtà piuttosto diffusa tra i cavalli, tanto da aver dato origine al detto "ombroso come un cavallo". Riferisce Plutarco nella *Vita di dodici Cesari* (*Vita di Alessandro*, 6) che Alessandro il Macedone riuscì a domare quello che sarebbe diventato il suo leggendario cavallo Bucefalo proprio identificando questa paura dell'animale quando era ancora allo stato selvaggio.

da far paura
Letterale: tale da incutere timore. Usato per lo più come locuzione enfatica e rafforzativa, associato in genere a qualcosa di brutto, di pericoloso, oppure di enorme o impressionante.

essere mezzo morto di paura
Spaventarsi terribilmente, tanto da sentirsi quasi morire; essere fortemente impressionati, visibilmente scossi.

la paura fa novanta
Figurato e ironico: sotto lo stimolo della paura si fanno cose che sembrerebbero impensabili in condizioni normali.
Nella cabala del lotto, dove a ogni numero dall'1 al 90 è abbinata una serie di simboli e d'immagini, la paura corrisponde al numero 90. Anche il verbo "fare", in questo significato, appartiene alla tradizione del gioco del lotto, della tombola e delle lotterie popolari in genere.

non aver paura dell'inferno
Agire senza scrupoli, sfidando qualsiasi legge o autorità, e quindi, presumibilmente, anche quella divina.

non aver paura di nessuno
Avere un grande coraggio. Anche avere una grande audacia, nel senso di sfrontatezza, impudenza.

non aver paura neanche del Diavolo
Non aver paura di nulla.

non avere paura né di Diavolo né di Versiera
Non avere paura di nulla.
La *Versiera* è la Diavolessa, così chiamata per corruzione di uno dei tanti appellativi del Diavolo, in questo caso "l'avversario".

PAVONE
Il termine *pavone* indica un genere di uccelli dal corpo robusto lungo poco più di un metro diffusi soprattutto in India, a Ceylon, in Birmania e a Giava. Tra le razze più note ci sono quella bianca, quella con le ali nere e quella

policroma, che è la più facile da incontrare nei nostri parchi e giardini. In questa razza, il maschio ha il dorso verde dorato e la coda rossa, coperta da oltre un centinaio di altre penne verdi, molto più lunghe, che l'uccello può rizzare e allargare a ventaglio formando la cosiddetta "ruota", che può arrivare ai due metri di raggio. Ogni penna porta all'estremità una grossa macchia discoidale di colore azzurro intenso circondata da un alone dorato, chiamata "occhio". Data la ricchezza e lo splendore dei suoi colori, può sembrare che il pavone "faccia la ruota" con il preciso intento di esibire la propria bellezza; di qui deriva la parola "pavoneggiarsi", nonché l'idea che ne ha fatto simbolo di vanità e superbia. Nell'antichità greca il pavone era sacro alla Dea Era, che secondo il mito aveva disseminato sulla sua coda i cento occhi del principe Argo, e l'effigie di quest'uccello era rappresentata sul trono dei re di Persia, che ancor oggi; appunto per questo, è detto anche "trono del Pavone".

far la ruota come un pavone
Pavoneggiarsi, compiacersi di sé, mettersi in mostra, esibirsi e così via.
var.: fare il pavone.

più superbo di un pavone lodato
Molto superbo, tronfio, come sembra il pavone quando viene ammirato per la sua bellezza.
L'immagine viene da Ovidio, che nelle *Metamorfosi* (13,802) descrive così Galatea, ma è abbastanza frequente anche in altri autori classici.

PAZIENZA
armarsi di pazienza
Prepararsi a sopportare situazioni o persone noiose oppure sgradevoli che non si possono evitare, facendo in modo di non far trasparire la propria insofferenza.
var.: armarsi di santa pazienza.

avere la pazienza di Giobbe
Essere infinitamente pazienti.
Giobbe è un personaggio biblico conosciuto per il Libro della Bibbia che porta il suo nome. Ricco e potente, fu messo alla prova da Dio che gli tolse progressivamente i beni, i figli e la salute. Di fronte a tutto ciò, il suo commento fu: "Dio ha dato, Dio ha tolto: sia benedetto il nome del Signore". La Bibbia ne ha fatto simbolo ed esempio di giustizia e di pazienza.

avere la pazienza di un bue
Essere estremamente pazienti, come il bue che non si rifiuta mai al suo pesante lavoro e si lascia aggiogare senza ribellarsi.
Il bue, con il suo carattere docile e mite, è divenuto simbolo di questa virtù.
var.: paziente come un bove.

avere la pazienza di un certosino
Figurato: avere una grande pazienza, paragonabile a quella dei frati Certosini.
var.: pazienza certosina.

avere la pazienza di un Santo
Avere una pazienza infinita, quanta si suppone ne abbiano i Santi.

santa pazienza!
Esclamazione: esprime il desiderio che la pazienza, detta "santa" poiché la Chiesa l'annovera fra le virtù cardinali, venga ad assistere chi la sta ormai perdendo.

PAZZO
andar pazzo per ...
Essere fortemente attratti da qualcosa, desiderarla con intensità quasi maniacale, come se si avesse una fissazione che fa impazzire o si avessero le manie proprie dei pazzi.
var.: andar matto per qualcosa.

come un pazzo
Rafforzativo o enfatico usato con senso più o meno negativo, principalmente associato a verbi come correre, urlare, agitarsi e così via.

var.: come un matto.
cose da pazzi
Cose inaudite, incredibili, assurde, oppure vergognose, impensabili da parte di una mente sana. Usato anche come esclamazione.
var.: roba da pazzi; roba da matti.
da pazzi
Rafforzativo o enfatico per ribadire concetti tanto negativi quanto positivi. Usato in locuzioni come "lavoro da pazzi", "divertirsi da pazzi" e così via.
var.: da matti.

PECCATO
Il *peccato* è la trasgressione cosciente e volontaria della legge di Dio. Per estensione, la parola è passata a indicare una colpa in generale, e in senso figurato si usa per definire un errore, una mancanza, un difetto e in genere qualsiasi cosa o azione che possa dar luogo a pentimento, rimorso, oppure castigo, vergogna e così via.
essere un peccato
Figurato: azione o cosa che suscita rincrescimento. Riferito in genere a un oggetto che si rompe, a un'occasione perduta e via dicendo.
var.: che peccato!
peccato della carne *(raro)*
Figurato: peccato di lussuria, peccato sessuale.
peccato di Dio *vedi* **peccato mortale**
peccato di gioventù
Figurato: colpa imputabile all'inesperienza o alla passionalità proprie della gioventù. Un tempo veniva generalmente riferito a un amore sbagliato e soprattutto a un figlio illegittimo; oggi si usa più che altro in senso scherzoso.
peccato mortale
Figurato: grave errore, grande sbaglio, detto di qualcosa di cui ci si pente amaramente; riferito anche a un grosso spreco. In generale, azione riprovevole, o del tutto negativa.
Per i cattolici, è il peccato che fa perdere completamente la Grazia di Dio, e in mancanza della Confessione, condanna all'Inferno.

PECORA
contare le pecore
Figurato: soffrire d'insonnia e cercare d'addormentarsi contando i capi di un gregge immaginario.
Il detto deriva da una raccolta di aneddoti del 1200, *Il Novellino* (XXXI), in cui si racconta che Ezzelino da Romano, che soffriva d'insonnia, per riempire le ore di veglia avesse assunto un suo narratore personale, che però tendeva ad addormentarsi con grande facilità. Una sera il narratore raccontò di un pastore che era arrivato con il suo gregge sulla riva di un fiume, e dopo lunghe contrattazioni aveva convinto il proprietario di una piccola barca a traghettare lui e le sue bestie, però una alla volta date le dimensioni dell'imbarcazione. Nel racconto il barcaiolo caricò una pecora e la portò all'altra sponda, poi tornò indietro a caricarne un'altra. A questo punto il narratore tacque, e alle proteste di Ezzelino che lo sollecitava a continuare rispose: "Signore, dobbiamo prima far passare tutte le pecore!" Secondo la favola, gli fu concesso di dormire.
dare le pecore in guardia al lupo
Figurato: affidarsi alla persona meno affidabile, come lasciando delle pecore sotto la custodia di un lupo, che se le mangerebbe tutte. In senso lato, essere imprudenti, sventati o molto ingenui.
Il detto è di origine greca e ricorre già in Erodoto (4,149), mentre una favola di Esopo narra di un pastore che incautamente affidò le sue pecore a un lupo che si era sempre dimostrato mansueto ma che approfittò dell'occasione per divorarle tutte. L'immagine, che si trova anche in Plauto e in Terenzio, è usata spesso a proposito di

azioni che favoriscono una relazione amorosa, in cui pecore e lupi raffigurano la fanciulla e l'amante. Così Ovidio, nell'*Ars amatoria* (2, 363 e 3, 7), se ne serve per descrivere il comportamento di Menelao che parte lasciando soli Elena e Paride, e Abelardo racconta come il suo amore con Eloisa sia stato agevolato dallo zio di lei, Filiberto, che l'aveva affidata alle sue cure. Il detto ha molte varianti che esprimono lo stesso concetto, come dare "l'oca in guardia alla volpe", "le pere all'orso", "la lattuga ai paperi" e altri.

essere la pecora nera
All'interno di una famiglia, di un gruppo e simili, essere l'elemento che si distingue dagli altri per un comportamento diverso, non conforme alle usanze o alla tradizione, e giudicato generalmente negativo.

essere una pecora
Essere paurosi, vili, timorosi di contraddire i più forti; piegarsi regolarmente alla volontà o alla prepotenza altrui.

essere una pecora segnata
Essere il bersaglio di tutti, la persona contro cui tutti si accaniscono o alla quale vengono imputate tutte le mancanze, anche se commesse da altri, a volte a causa di un precedente che potrebbe giustificare dei sospetti. Anche essere una vittima predestinata indipendentemente dalle proprie azioni. Nel gergo della malavita significa essere sorvegliati, segnalati o schedati dalla Polizia. Il detto ha sempre una connotazione negativa.

Le pecore sono generalmente marchiate in qualche modo per identificarne l'appartenenza a un dato gregge e quindi a un proprietario. Oggi si usa prevalentemente tingerne un ciuffo di lana con un colore indelebile, ma in passato si usava spesso praticare loro tagli o fori nelle orecchie.

PELATO
PARAGONI: pelato come il culo delle scimmie; pelato come una palla da biliardo; pelato come un ginocchio; pelato come un uovo.

pelato come il culo delle scimmie
Completamente calvo, come il sedere di buona parte delle scimmie, che è perfettamente glabro.

pelato come un ginocchio
Completamente calvo, totalmente privo di capelli esattamente come un ginocchio. In senso scherzoso o ironico, senza denaro.

pelato come un uovo
Calvo, totalmente privo di capelli; con il cranio liscio esattamente come il guscio di un uovo.

pelato come una palla da biliardo
Calvo, senza nemmeno un capello in testa, così come sono perfettamente pulite e lisce le biglie del biliardo.

PELLE
La *pelle* è il tessuto di rivestimento che ricopre il corpo degli uomini e degli animali. In senso lato indica anche il rivestimento esterno di molti organismi vegetali, e anche lo strato esterno e superficiale di cose e oggetti inanimati. In senso figurato la parola è divenuta simbolo della vita organica di per sé, e quindi della sopravvivenza di un essere animato; in tal senso, e recuperando i significati estensivi, è a volte sostituita da termini più popolari quali "buccia", "ossa", "penne", "scorza" e altri.

a fior di pelle
Figurato: riferito ai nervi di una persona, indica uno stato di grande irritabilità. Detto di un'emozione o di una sensazione, suggerisce che sia vaga, difficile da identificare, oppure superficiale, poco profonda o non importante. Anche, al contrario, violenta e immediata, capace di suscitare reazione al primo contatto.

andarne della pelle *(pop)*
Essere una questione di vita o di morte, detto di solito a proposito di situazioni che impongono una scelta rischiosa in cui una valutazione sbagliata comporta pericolo di vita. In senso lato, si usa anche in merito a una questione difficile o azzardata che potrebbe risolversi in un totale fallimento.

avere la pelle d'oca
Rabbrividire, in particolare a causa del freddo oppure per paura o ripugnanza; più raramente, anche a causa di un'emozione o di una sensazione intensa e piacevole, come ad esempio quella suscitata da un brano musicale.
La reazione al freddo causa l'indurimento dell'estremità dei bulbi piliferi, conferendo alla pelle la granulosità tipica di quella dei volatili spennati, in questo caso delle oche.

avere la pelle dura *(pop)*
Figurato: essere molto resistenti alle malattie, oppure essere spesso scampati alla morte. Anche essere persone di molta esperienza e abilità, che difficilmente subiscono raggiri.
var.: avere la buccia dura; avere la pellaccia dura; esser di pelle dura; esser di buccia dura. || Figurato: essere scarsamente impressionabili, oppure anche mancare di sensibilità.
var.: avere la scorza dura.

averne una pelle *(fam)*
Essere stufi di qualcosa, averne una quantità tale da bastare per un'intera vita, qui rappresentata dalla pelle. Riferito in genere a episodi sgradevoli, noiosi e simili.

far accapponare la pelle
Fare rabbrividire, per il freddo ma più spesso per ribrezzo e soprattutto paura, provocando così l'erezione dei peli del corpo e il conseguente indurimento del follicolo pilifero, che conferisce alla pelle la granulosità tipica di quella dei volatili spennati, in questo caso del cappone.

fare la pelle *(pop)*
Uccidere qualcuno, togliergli la vita, qui rappresentata dalla pelle.

fare la pelle di cappone
Rabbrividire per paura, ripugnanza o freddo.
La reazione nervosa fa emergere le estremità dei bulbi piliferi, dando alla cute un aspetto granuloso simile a quello della pelle dei polli o dei capponi spennati.

fare una pelle a qualcuno *(fam)*
Maltrattare seriamente qualcuno in vari modi. Anche rimproverarlo aspramente, causargli gravi problemi o preoccupazioni, oppure tediarlo, esasperarlo e così via.
Il concetto di maltrattamento allude alle percosse fisiche che lasciano il segno sulla pelle per lungo tempo, da cui l'idea di cose sgradevoli in quantità tale da bastare per un'intera vita.

lasciarci la pelle *vedi* **rimetterci la pelle**

levare la pelle
Rimproverare qualcuno con grande asprezza, fino a ferirlo, quasi lo si scorticasse.

non stare nella pelle
Figurato: attendere qualcosa di piacevole con grande gioia e impazienza, oppure manifestare felicità o contentezza con tale eccitazione da sembrare sul punto di schizzare fuori dalla pelle, come incapaci di trattenere le proprie emozioni.
Il detto, che alcuni vogliono derivato dal teatro comico, compare in un commento di Porfirione alle *Satire* di Orazio, dove il poeta la riferisce a se stesso quando vede la possibilità di arrivare a ricoprire delle cariche importanti, cosa del tutto preclusa a chi come lui era figlio di un liberto. Il fatto che lo stesso Orazio, sempre nelle *Satire*, citi la favola di Fedro (*Favole*, 1, 24) sulla

Rana che volendo diventare grossa come il Bue si gonfia d'acqua fino a scoppiare, sembra dimostrare che l'origine prima del detto sia appunto in Fedro.

vendere la pelle dell'orso prima di averlo ucciso
Disporre della destinazione di un bene prima di esserne entrati in possesso.
Si riallaccia a una favola attribuita a Esopo e ripresa poi da La Fontaine (*Fables*, V, 20, 37-38), in cui si narra di due amici che, per risolvere i loro problemi economici, decisero un giorno di andare a caccia di orsi, la cui pelle era molto pregiata e richiesta. Mentre si avviavano verso la foresta cominciarono a fare progetti su come impiegare il denaro che avrebbero ricavato, e già si vedevano ricchi e felici quando dal folto del bosco uscì improvvisamente un orso gigantesco. I due cacciatori fuggirono terrorizzati, e i loro piani naufragarono miseramente lasciandoli poveri come prima.

non voler essere nella pelle di qualcuno
Figurato: non invidiare la posizione di un altro; non volersi trovare ad affrontare i suoi stessi problemi.

pelle di pesca
Pelle vellutata, rosea e delicata come la buccia di una pesca.

pelle di seta
Figurato: pelle molto morbida, liscia, levigata, riferito in genere al volto di una persona.

questione di pelle
Attrazione o repulsione istintiva per qualcuno. Il detto è spesso usato per giustificare simpatie, amori o antipatie razionalmente immotivate.

rimetterci la pelle *(pop)*
Morire, perdere la vita accidentalmente oppure in un'azione o in un'attività pericolosa, come la guerra o simili.
var.: lasciarci la pelle; lasciarci la pellaccia; lasciarci la buccia; lasciarci le penne; lasciarci le ossa; lasciarci la scorza.

riportare a casa la pelle *(pop)*
Tornare a casa sani e salvi dopo aver corso pericoli mortali, in particolare quelli che si corrono in guerra.
var.: riportare a casa le ossa; riportare a casa la ghirba; riportare a casa la buccia; riportare a casa la scorza.

rischiare la pelle *(pop)*
Correre un pericolo mortale.
var.: rischiare le penne; rischiare la ghirba; rischiare la buccia; rischiare la pellaccia.

salvare la pelle *(pop)*
Riuscire a sopravvivere a un pericolo mortale, uscire indenni da una situazione critica.
var.: salvare la pellaccia; salvare la ghirba; salvare la buccia.

scivolare sulla pelle
Riferito a un'esperienza sgradevole oppure a un'offesa, a un'accusa e simili, non dar fastidio, non sentirsene coinvolti e nemmeno toccati, non annetterci alcuna importanza; ignorarla completamente.

sensazione di pelle
Impressione che si riceve da una persona, indipendentemente da qualsiasi valutazione razionale; anche simpatia o antipatia istintiva, non motivata da ragioni obiettive.

sotto pelle
Figurato: si dice principalmente di emozioni o sensazioni vaghe, difficili da identificare, che non affiorano con chiarezza ma sembrano rimanere appunto sotto la pelle.

vender cara la pelle *(pop)*
Figurato: difendersi accanitamente fino all'ultimo, soprattutto in caso di uno scontro armato in cui si capisce di essere destinati a soccombere, e pertanto si è ben decisi a uccidere quanti più nemici possibile. In senso lato, ricorrere a tutti i mezzi disponibili,

compresi i più rischiosi o dannosi per tutti, pur di risolvere una questione difficile.
var.: vender cara la vita; vender cara la buccia.

vestire la pelle del leone
Atteggiarsi a persone forti per nascondere la propria paura e debolezza, e alla fine rimetterci più del solito.
Si riallaccia al racconto di Esopo (*Favole*, 267 e 279) ripreso poi da La Fontaine (*Fables*, V, 21) in cui si narra che un giorno un Asino trovò per caso un Leone morto, di cui si affrettò a indossare la pelle. Si aggirò poi nella foresta incutendo terrore a tutti gli animali, e l'ebbrezza della sua nuova potenza lo eccitò talmente che non poté trattenere un raglio di gioia; in questo modo fu subito riconosciuto e si trovò bastonato e deriso da tutti gli altri animali.
var.: mettere la pelle del leone.

PELLICANO
pietoso come un pellicano
Molto generoso, fino al punto di dare la vita per gli altri.
Il *pellicano* è un grosso uccello acquatico dal corpo lungo quasi due metri, la cui caratteristica più evidente è data da una capace sacca dilatabile posta tra la pelle e il becco, nella quale può accumulare le riserve di cibo e trasportarle fino al nido per nutrire i piccoli. I pulcini nascono molto deboli, per cui i genitori li nutrono per un lungo periodo di tempo con il cibo rigurgitato che prelevano dalla sacca, e la posizione che devono assumere ha dato vita alla leggenda secondo la quale il pellicano arriverebbe a squarciarsi il petto per nutrire i piccoli con le proprie viscere se non avesse altro cibo da offrire. Per questo è stato assunto nell'iconografia cristiana come simbolo di Cristo, offertosi nell'Eucaristia come nutrimento spirituale.
var.: generoso come un pellicano.

PELO
avere il pelo sullo stomaco
Essere completamente privi di qualsiasi tipo di scrupoli.
Il detto presuppone che una persona priva di coscienza e moralità sia in grado di subire insulti, rimproveri e accuse senza provarne alcun disagio, come se avesse sullo stomaco uno strato di pelo protettivo che attutisce i colpi ed evita di avvertirne il fastidio.

cercare il pelo nell'uovo
Cercare qualcosa con grande pedanteria, anche se la probabilità di trovarla è praticamente nulla, riferito in particolare a piccoli difetti, pecche e manchevolezze altrui. Per estensione, anche essere estremamente pignoli, fiscali e simili.
var.: trovare il pelo nell'uovo.

di primo pelo *(pop)*
Si dice di una persona molto giovane, come appena entrata nell'età in cui spuntano sul viso i primi peli della barba. Usato in senso figurato per una persona ancora inesperta, soprattutto in riferimento a una professione, una carriera o simili.

essere a un pelo da ...
Essere molto vicini a qualcosa, come alla distanza di un pelo.

essere di un pelo e di una buccia
Avere grande affinità, capirsi molto bene, essere molto affiatati; essere molto simili, come i frutti della stessa pianta e i piccoli di una stessa cucciolata.
var.: esser della stessa buccia; essere dello stesso pelo.

fare il pelo e il contropelo
Propriamente, passare il rasoio in tutti i sensi della pelle, in modo da lasciarla perfettamente liscia. Da qui il senso figurato di criticare in modo severissimo, fiscale, pignolo, intransigente. Si dice di un lavoro, un'azione, un comportamento, una persona. Anche malignare, spettegolare sul conto di qual-

cuno andandogli a cercare tutti i difetti e le pecche possibili, vere o presunte che siano.
var.: fare la barba e il contropelo.

lasciarci il pelo *(pop)*
Figurato: morire, perdere la vita, in genere a causa di un incidente, o in un'azione pericolosa, oppure in guerra e così via.

levare il pelo
Rimproverare qualcuno con grande asprezza, in modo da ferirlo profondamente, quasi gli si strappasse il pelo.

lisciare il pelo
Adulare qualcuno, trattarlo con tutti i riguardi e le attenzioni possibili, assecondare i suoi desideri e le sue inclinazioni al fine di accattivarselo per poi trarne vantaggio. ‖ Ironico: percuotere oppure criticare qualcuno duramente, come appiattendogli il pelo addosso.

mancare un pelo
Mancare pochissimo a qualcosa, come se la quantità, il peso o la distanza per raggiungerla fosse pari a quella di un pelo.

non avere peli sulla lingua
Dire schiettamente quello che si pensa, senza farsi trattenere da timidezza, riguardi, timore e simili. L'immagine allude al parlare senza essere intralciati da eventuali peli sulla lingua.

pel di carota
Appellativo non sempre gradito per chi ha i capelli rossi, usato a volte in senso sprezzante o ingiurioso.
Secondo la tradizione popolare, è buona norma non fidarsi di una persona dai capelli rossi, che gode fama di essere cattiva e maligna come dice anche l'espressione "rosso malpelo". È possibile che questo sia dovuto all'antica paura del Diavolo, che il colore dei capelli riporterebbe inconsciamente alla memoria.

per un pelo
Per pochissimo, per un'inezia, detto in genere di qualcosa che fallisce all'ultimo momento a causa di un piccolo intoppo, un contrattempo, un imprevisto e simili. Usato anche per episodi positivi, come ad esempio un pericolo a cui si è sfuggiti quasi per miracolo.
var.: mancarci un pelo.

rizzare il pelo
Manifestare paura, rabbia o ribrezzo, come fanno gli animali di fronte a un pericolo.
var.: arruffare il pelo.

un pelo di ...
Misura indeterminata e approssimativa per piccolissime quantità, distanze, tempo.

PENA

far pena
Letteralmente, suscitare pietà. Usato in senso figurato come spregiativo generico per cose che si considerano molto brutte, malfatte, sgradevoli, meschine e simili. Riferito a una persona, suscitare disapprovazione o disprezzo.

patire le pene dell'inferno
Soffrire atrocemente, come si suppone si soffra all'inferno.
var.: soffrire le pene dell'inferno.

PENELOPE

Secondo Omero, *Penelope* era regina di Itaca e moglie di Ulisse, e attese fedelmente il marito per tutti i vent'anni che questi trascorse nella guerra di Troia e nelle avventure che costellarono il suo ritorno. Per evitare di passare a nuove nozze, promise ai pretendenti che aspiravano alla sua mano che avrebbe operato la sua scelta non appena finito di tessere un sudario per il suocero Laerte, ma ogni notte disfaceva la tela tessuta di giorno in modo che il lavoro non avesse mai fine.

essere come la tela di Penelope
Essere qualcosa che non finisce mai.
var.: tessere la tela di Penelope.

essere una Penelope
Essere una moglie perfetta e completamente fedele.

PENNA
arruffare le penne
Figurato: manifestare rabbia o paura, come fanno i volatili per difendersi o prima di un combattimento.
essere una buona penna
Essere un valido scrittore.
essere una penna venduta
Scrivere da mercenari, adeguandosi ai desideri di un finanziatore, dell'opinione pubblica, del potere politico o economico e così via. Anche adulare o appoggiare i più forti con i propri scritti, in genere per motivi d'interesse. Riferito sempre più spesso a giornalisti e scrittori, e in particolare a quelli che "fanno opinione".
var.: essere un pennivendolo.
farsi bello con le penne altrui
Cercare di apparire migliori o diversi da quello che si è; farsi vanto di meriti altrui.
Narra Esopo (*Favole*, 162) che un giorno Zeus decise di dare un re agli uccelli e li convocò tutti per scegliere il più bello. Il Gracchio, per mascherare la sua bruttezza, raccolse le penne più belle che gli altri uccelli abbandonavano nel bosco e se ne adornò, diventando in tal modo bellissimo. Stava per essere designato re quando gli altri uccelli, indignati, gli strapparono tutte le penne, lasciandolo scornato e brutto come prima.
farsi bello con le penne del pavone
Vantarsi di opere o meriti altrui.
Il detto deriva da una favola di Fedro (*Favole*, I, 4), in cui si narra che un giorno un Corvo, dopo essersi adornato delle penne di un Pavone, abbandonò i propri compagni e si unì ai Pavoni stessi, che però scoprirono il suo trucco e lo cacciarono in malo modo. Umiliato e malconcio, il Corvo tornò allora dai suoi compagni, ma questi, offesi, non lo vollero più con loro.
intingere la penna nel fiele
Nello scrivere, mostrare acredine o malevolenza. Vale in particolare per un articolo, una recensione, un libro polemico e così via.
lasciarci le penne *vedi* **rimetterci le penne**
lasciare nella penna
Dimenticare di scrivere qualcosa, come se lo si fosse lasciato dentro la penna che si è usata. Si dice per lo più ai bambini in merito alle omissioni ortografiche. Oppure, evitare di proposito di scrivere qualcosa per non compromettersi.
lasciarsi uscir di penna
Scrivendo, lasciarsi sfuggire qualcosa che sarebbe stato meglio omettere. Anche sbagliare a scrivere una parola o una frase, aggiungendovi degli elementi in più.
var.: lasciarsi sfuggir di penna.
levare le penne maestre
Figurato: privare qualcuno della sua efficienza o della possibilità di agire, servendosi di mezzi diversi: boicottandolo, screditandolo, infliggendogli una perdita finanziaria o altro.
Le *penne maestre* degli uccelli sono le remiganti poste sulle ali, indispensabili per il volo. Recidere tali penne significa quindi impedir loro di volare. Un tempo si usava farlo con i volatili da cortile.
nascondersi dietro una penna
Figurato: accampare scuse e giustificazioni inconsistenti, esili quanto una penna dietro la quale si pretenderebbe di nascondersi. Usato prevalentemente in merito a errori commessi nell'ambito di lavoro. ‖ Figurato: scrivere lettere o denunce anonime, nascondendosi in tal modo dietro la penna che le ha vergate.
non saper tenere la penna in mano
Non saper scrivere in modo corretto,

riferito in particolare a scrittori, giornalisti e simili. In senso lato, anche essere ignoranti.

penna d'oro
Figurato: giornalista o scrittore molto famoso.

rimetterci le penne *(pop)*
Figurato: morire. Per estensione, anche subire un grave danno, soprattutto economico.
Le *penne*, come in altre locuzioni la pelle, le ossa e così via, sono qui sinonimo di "vita", il che per gli uccelli ha significato letterale. Da qui ha origine anche il termine "spennare" nel senso figurato di far pagare qualcosa a caro prezzo o di sottrarre a qualcuno grosse somme di denaro.
var.: lasciarci le penne.

PENNELLO
a pennello
Perfettamente; molto bene; usato spesso per capi d'abbigliamento molto appropriati che sembrano quasi dipinti addosso alla persona che li porta. Si dice anche di un soprannome, una definizione, una soluzione e simili che si adatta perfettamente a una persona, a una situazione o altro.
var.: andare a pennello; calzare a pennello.

PENSIERO
attaccare i pensieri al campanello dell'uscio
Non affliggere gli altri con i propri problemi; non portare le proprie preoccupazioni esterne nell'ambito della famiglia, come se le si lasciasse appese al campanello, fuori dalla porta. Il detto vale anche per aspirazioni, desideri e sogni troppo arditi, ai quali tacitamente si rinuncia.

stare in pensiero
Essere preoccupati, in genere per qualcuno che tarda o simili.
var.: essere in pensiero.

PENTOLA
fare la pentola a due manici
Poltrire, essere pigri, fannulloni. Anche non intervenire.
L'immagine è quella di una persona possibilmente grassa che se ne sta comodamente con le mani sui fianchi senza far nulla a guardare gli altri che lavorano, venendo così ad assomigliare a una grossa pentola a due manici.

ogni pentola ha il suo coperchio
Di origine proverbiale, il detto afferma che non c'è niente di così difficile, strano, brutto, negativo e simili che non trovi qualcosa di adatto o adeguato. È riferito in particolare a matrimoni o unioni amorose in generale; si usa inoltre per ricordare che non c'è problema, per quanto arduo, che non abbia una sua soluzione.
Era usato in origine per dire che ogni popolo ha i capi che si merita; in questo senso è citato anche da San Gerolamo.
var.: ogni pentola trova il suo coperchio; non c'è pentola così brutta che non trovi il suo coperchio.

sapere cosa bolle in pentola
Essere bene informati, essere a conoscenza di quanto sta per succedere; conoscere i progetti o le mire di qualcuno, avere idea dei possibili sviluppi di una situazione.
Alla base dell'alimentazione antica c'era quello che veniva chiamato "brodo", in realtà una specie di minestra data da un insieme di vegetali, ossi, carni varie quando c'erano, e legumi diversi, in particolare piselli. Nel pentolone, che rimaneva a bollire sul camino e veniva continuamente arricchito di nuovi elementi, poteva esserci di tutto.

PEPE
essere pieno di pepe
Essere arguto, pungente, polemico;

oppure brioso, eccitante o anche licenzioso, detto di solito di un testo letterario, un'opera teatrale, e in generale di un brano scritto. Usato anche per le persone.

essere tutto pepe
Essere molto briosi, arguti, vivaci; anche mostrarsi decisi a farsi valere, a non tollerare soprusi e simili. Oppure avere sempre la risposta pronta, e a volte anche essere polemici.
var.: essere un peperino.

PEPERONE
diventare rosso come un peperone
Arrossire fortemente, tanto da assomigliare a un peperone.

PERA
a pera
Di forma simile a quella delle pere. Usato come figurato con il senso di quasi deforme, riferito a qualcosa di mal fatto, sbilenco, e quindi irregolare nella forma, o a qualcosa d'insensato, illogico, e quindi irregolare nell'essenza; compare quindi in locuzioni quali "testa a pera", "ragionamenti a pera" e simili.
La *pera* è forse uno dei frutti che, nelle sue tante varietà, presenta le maggiori irregolarità di forma.

aspettar le pere guaste *(raro)*
Trattenersi troppo a tavola, come aspettando l'ultima portata costituita dalla frutta, cioè le pere guaste. In senso lato, anche indugiare, attardarsi, perdere tempo inutilmente, senza concludere nulla.
Si chiamava *pere guaste* un piatto ormai non più in uso, costituito da una composta di pere cotta nel vino.

cadere come una pera
Cadere a peso morto, come una pera che quando è matura si stacca dal ramo e finisce a terra. Usato in senso figurato, spesso ironico o scherzoso, riferito a chi si addormenta di colpo, a chi casca in un tranello o in un raggiro che sarebbe stato facile evitare, e infine a chi s'innamora improvvisamente e a un punto tale da non ragionare quasi più.
var.: cadere come una pera matura; cascarci come una pera cotta; cadere come una pera cotta.

dare le pere
Mandar via, allontanare qualcuno, riferito soprattutto a una coppia che si separa.
Allude al fatto che con la frutta il pranzo è concluso, e gli ospiti possono essere congedati.

farsi una pera
Drogarsi, in particolare con sostanze iniettabili.
Allude alla forma che assume la mano chiusa a pugno attorno alla siringa, e anche alla *pera* da clistere.

grattarsi la pera *(fam)*
Essere perplessi o preoccupati; meditare, pensare, cercare una soluzione.
La *pera* è qui la testa.
var.: grattarsi la zucca; grattarsi la crapa.

lasciar le pere in guardia all'orso
Figurato: affidarsi alla persona meno affidabile, come lasciando delle pere sotto la custodia di un orso, che se le mangerebbe tutte. In senso lato, essere imprudenti, sventati o molto ingenui.
var.: dar le pere in guardia all'orso.

PERLA
dare perle ai porci
Dare qualcosa di prezioso, d'importante, di bello, a chi non ne è degno o non è in grado di apprezzarlo.
Il detto, che integralmente dice "non gettate le vostre perle davanti ai porci", è preso dal Vangelo di Matteo (VII, 6), che traduce un precedente greco che sembra a sua volta riallacciarsi al *Deuteronomio* (23, 19). Qui si prescrive di non portare nella Casa del

Signore né la ricompensa di prostitute né il denaro dei cani, ossia di coloro che seguivano culti pagani, il che sembra riportare al concetto del cane come animale impuro e al detto "cane infedele". La tradizione cristiana tuttavia identifica le *perle* con i sacramenti e i cani come i non battezzati, e raccomanda di non dar loro ciò che è santo, cioè l'Eucarestia.
var.: dare le perle in pasto ai porci; gettare le perle ai porci.

essere una perla
Figurato: rappresentare il meglio nel proprio genere o anche avere qualità eccellenti, detto in genere di una persona che si apprezza molto. ‖ Ironico: parola o frase errata di uno scritto, un discorso o simili, che risulta di grande comicità di per se stessa oppure perché mette in luce la sostanziale ignoranza di un presuntuoso. Nello stesso senso, può riferirsi anche a un comportamento, un'azione e così via.

essere una perla rara
Essere un'autentica rarità, detto di qualcosa già di per sé prezioso che inoltre non si trova facilmente. Usato anche per una persona, e in senso ironico per un tipo originale.

una perla di ...
Figurato: cosa di particolare pregio nel suo genere o ambito, che spicca per doti, capacità e simili. Usato in locuzioni quali "una perla di virtù", "una perla di marito" e così via.

PERO

andar su per il pero *(des)*
Abbandonarsi a progetti fantastici, megalomani, a fantasie irrealizzabili, come arrampicandosi su un pero molto alto da cui si vede il paesaggio in una prospettiva diversa. ‖ Fare ragionamenti o discorsi complicati, artificiosi, contorti come i rami molto intrecciati di alcune varietà di pero. Anche complicare inutilmente situazioni o questioni di per sé molto semplici.

cascare dal pero
Dover prendere atto, in genere dolorosamente, di una data realtà. Anche essere costretti a cambiar vita, peggiorandone il tenore, a causa di un rovescio economico e simili. Oppure essere costretti ad abbandonare un atteggiamento di superiorità, di snobismo, di altezzosità.

piantare un pero
Figurato: cadere picchiando il sedere per terra. Usato in senso scherzoso, soprattutto con i bambini.
Si vedono qui le natiche come pere, che piantate nella terra darebbero vita all'albero.

scendere dal pero
Abbandonare un atteggiamento di superiorità, snobismo e simili, e rendersi conto di essere individui normali come tutti gli altri. Usato quasi sempre come invito a persone superbe e presuntuose.
L'immagine è quella di una persona che dopo essere scesa da una pianta molto alta vede le cose che le stanno intorno in una prospettiva diversa. ‖ Prendere atto di una realtà, tornare al presente delle cose reali e quotidiane. Usato quasi sempre in senso scherzoso come invito a una persona particolarmente distratta o svagata, sia per indole quanto per motivi contingenti. Si dice anche a chi è talmente ingenuo e credulone da non capire un imbroglio, un raggiro, un modo di comportarsi poco corretto ma comunemente tollerato e subito.
var.: venir giù dal pero.

scuotere il pero a qualcuno
Fare in modo che qualcuno abbandoni un atteggiamento di superiorità, di superbia, di snobismo e simili, inducendolo suo malgrado ad ammettere di essere una persona normale come tutti gli altri. L'immagine è quella di una persona che scuote vigorosamente una

pianta, facendo ruzzolare a terra chi vi si è arrampicato. ‖ Danneggiare qualcuno in senso finanziario, compromettere la sua stabilità economica privandolo delle basi del suo benessere. ‖ Far capire una spiacevole realtà a qualcuno che non la voleva o non la sapeva vedere.

stare un po' sul pero e un po' sul pomo
Cambiare idea molto facilmente, in genere non per doppiezza ma per debolezza di carattere o grande influenzabilità.

PERSO
dare per perso
Letterale: considerare perduto. Riferito a una persona, considerarla introvabile, irrintracciabile, oppure anche sconfitta, traviata, ammalata senza speranza, morta e così via.

perso per perso
Considerazione usata quando si fa un estremo tentativo di sanare una situazione che si considera comunque disperata, affrontando gravi rischi ai quali si può soccombere.

PERSONAGGIO
personaggio del giorno
Persona di cui si parla moltissimo in un dato momento. Può essere un personaggio noto o improvvisamente celebre come anche un comune cittadino balzato agli onori della cronaca per una ragione qualsiasi, nel bene o nel male.
var.: uomo del giorno.

PERÙ
valere un Perù
Valere moltissimo, avere un valore inestimabile.
Il *Perù*, soggiogato dal "conquistador" Francisco Pizarro nel 1532 in nome della Corona di Spagna, era un tempo molto ricco d'oro, e in Europa divenne simbolo di un luogo favoloso pieno di risorse e di enormi ricchezze.

PESANTE
PARAGONI: pesante come il piombo; pesante come un mattone.

andarci pesante *(pop)*
Eccedere nell'uso di qualcosa, abusarne; anche nel senso generico di esagerare. Usato in locuzioni quali "andarci pesante" con gli alcolici, con le accuse, con le critiche e così via. ‖ Essere ingiustificatamente rudi nei confronti di qualcuno; oppure anche portare una situazione alle sue estreme conseguenze. ‖ Parlare con eccessiva chiarezza, senza mezzi termini; rasentare la villania esponendo il proprio pensiero senza riguardo o rispetto per chi ascolta, esprimendosi con brutalità non necessaria.
var.: andar giù pesante.

PESCE
buttarsi a pesce *(fam)*
Approfittare di un'occasione o dedicarsi a qualcosa con grande entusiasmo, irruenza e decisione. Riferito in particolare al cibo, divorarlo con grande avidità, come fanno i pesci che accorrono a frotte quando si getta loro del cibo nell'acqua.

come un pesce fuor d'acqua
Figurato: a disagio. Usato per chi si sente in imbarazzo, fuori posto, che non sa come comportarsi lontano dal proprio ambiente, e si trova visibilmente spaesato come potrebbe trovarsi appunto un pesce fuori dal suo elemento naturale.
var.: sentirsi un pesce fuor d'acqua; essere un pesce fuor d'acqua.

espressivo come un pesce
Del tutto inespressivo, riferito allo sguardo o al volto di qualcuno. Anche nel senso di non lasciare trasparire nessuna emozione.
Allude agli occhi fissi e immobili dei pesci, che non cambiano mai espressione.

fare il pesce in barile
Mostrare di non vedere e non sentire nulla, di non accorgersi di quello che accade intorno, come non può vedere nulla uno dei tanti pesci tenuti in conserva dentro un barile; non prendere posizione.

finire in pesce (raro)
Figurato: concludersi molto male, riferito a un'impresa che all'inizio sembrava promettente, a una speranza delusa e così via. Usato più raramente per qualcosa che sotto un'apparenza positiva e allettante nasconde bruttura e squallore, oppure rischi, pericoli o inganni.

L'immagine, presa da Orazio nell'*Ars poetica*, è quella di una pittura in cui "una donna bella nella parte superiore finisce in uno scuro pesce", dove è possibile che per "scuro pesce" s'intenda in realtà un mostro marino, simile alla Sirena. Orazio tuttavia usava il paragone a proposito di opere prive d'armonia, irrazionali, senza logica, destinate perciò ad apparire ridicole.

mandare a bastonare i pesci
Figurato: in origine, andare in prigione. In tempi moderni divenne un invito più o meno scherzoso a togliersi di torno, andando in un posto sufficientemente lontano come ad esempio in mezzo al mare. Oggi è ancora usato nello stesso senso, con l'ulteriore sottinteso di liberarsi di un importuno facendogli fare qualcosa di stupido, faticoso, inutile e praticamente impossibile. Allude al tempo in cui i colpevoli condannati a remare sulle galee, immergendo i remi nell'acqua, in un certo senso prendevano a bastonate i pesci. ‖ Figurato: far fare a qualcuno qualcosa di inutile o con scarse speranze di riuscita. È l'interpretazione più moderna e più diffusa.

var.: andare a bastonare i pesci.

pesce d'aprile
Burla, scherzo che si fa tradizionalmente il primo giorno d'aprile, di solito consistente nel dare a credere notizie false o nel creare false illusioni in qualcuno per poi deluderlo.

L'origine di quest'usanza è incerta, anche se comunemente viene fatta risalire alla metà del 1500, quando il re di Francia Carlo IX riportò l'inizio ufficiale dell'anno dal primo di aprile al primo di gennaio. Alla fine di dicembre venne quindi osservata la tradizione dello scambio dei doni augurali di buon anno, ma pare che molti burloni, poco d'accordo con lo spostamento della data del Capodanno, inviassero agli amici doni fasulli e messaggi d'auguri il primo aprile successivo. Il riferimento al pesce sarebbe legato al fatto che in quel secolo il Sole usciva proprio in aprile dal segno zodiacale dei Pesci. L'origine del *pesce d'aprile* potrebbe tuttavia essere ancora più antica. Si dice che il primo giorno d'aprile di un anno imprecisato, l'imperatore romano Domiziano avesse convocato d'urgenza il Senato, e presentando ai convenuti un magnifico pesce rombo avesse seriamente domandato consiglio sul modo migliore di cucinarlo. Al di là delle varie spiegazioni, l'usanza, diffusa in tutta l'Europa e l'America, si ricollega agli antichi riti propiziatori del mondo agricolo e pastorale, legati al cambiamento delle stagioni.

pesce grosso
Figurato: persona importante o influente, che gode di molta autorità in un dato ambiente. Usato per lo più nel linguaggio della malavita, riferito ai capi di organizzazioni o di operazioni criminali.

pesce piccolo
Figurato: nel linguaggio della malavita, piccolo delinquente che opera per conto di altri.

trattare a pesci in faccia
Trattare malissimo, in modo villano e umiliante.

PESO

a peso d'oro
A carissimo prezzo, riferito in genere all'acquisto di un bene, stimandone il valore pari all'equivalente del suo peso in oro.
Era un tempo un pagamento effettivo e reale, previsto soprattutto dal diritto germanico come forma di risarcimento in certi casi d'omicidio. Era stabilito ad esempio che i congiunti della vittima rinunciassero alla vendetta qualora venisse loro pagato l'equivalente in oro del peso della vittima stessa. Si hanno inoltre testimonianze che in tempi diversi era abbastanza frequente rapire un alto personaggio per rilasciarlo solo a seguito di un riscatto in questa forma. Ancora, in molti Paesi orientali era uso che una volta all'anno il sovrano si facesse pesare in pubblico nel corso di una fastosa cerimonia; dopo di che veniva distribuito al popolo, come donativo, l'equivalente in oro del suo peso. Un'usanza simile fu sporadicamente seguita anche da alcuni signorotti europei, di cui resta traccia grazie a soprannomi quali "pala d'oro" e simili, che sembra distribuissero al popolo quantità varie di monete soprattutto in occasione della nascita di un figlio, e in relazione al peso del neonato.
var.: pagare a peso d'oro.

avere due pesi e due misure
Adottare due criteri diversi per giudicare, punire e simili. Anche valutare le cose in modo diverso a seconda dell'opportunità, dell'interesse privato, della simpatia personale e così via.
var.: tenere due pesi e due misure; usare due pesi e due misure.

avere un peso sulla coscienza
Sentirsi in colpa, sapere di avere commesso un'azione reprensibile e sentirne il rimorso, come se si avesse la coscienza oppressa da un peso.
var.: togliersi un peso dalla coscienza.

avere un peso sullo stomaco
Figurato: avere un problema, una preoccupazione, un cruccio di cui gli altri non si accorgono ma che grava come un cibo non digerito che appesantisce lo stomaco. Usato in particolare per una colpa che non si osa confessare, per un segreto imbarazzante e simili.

cadere di peso
Cadere pesantemente, trascinati dalla forza del proprio stesso peso che spinge in basso, senza che nulla attutisca la caduta. In senso figurato, fallire improvvisamente, andare in rovina.

essere di peso
Essere gravoso, molesto; costituire un onere o un fastidio; gravare su qualcuno, detto in genere di una persona che si affida a un'altra per farsi mantenere, consigliare, appoggiare e simili.

essere di un peso e di una lana
Assomigliarsi molto per qualità, idee, indole, mentalità e simili, come due pecore di ugual peso appartenenti alla stessa razza. Usato più che altro per difetti e pecche, ha senso generalmente spregiativo.

essere un peso morto
Figurato: costituire un gravame inutile, improduttivo; detto anche di una persona inattiva, inoperosa, che risulta di peso o d'intralcio agli altri.

il peso della carne
Figurato: il carico della parte materiale di un essere umano contrapposta alla sua parte spirituale. Quindi la debolezza, la fallibilità, gli errori, le tentazioni e altro cui si è soggetti, sentiti come un peso da chi tende alla piena realizzazione spirituale.

liberarsi di un peso
Liberarsi di un gravame, di un onere, di un fastidio o simili costituiti da un impegno, un dovere o altro che finalmente vengono assolti. Vale anche per una persona o per una spesa.

non dar peso a qualcosa
Non dare importanza a qualcosa, non

badarci, non preoccuparsene. Riferito a vicende spiacevoli oppure a offese e simili su cui si preferisce sorvolare, si usa a volte in senso critico per dire che invece meriterebbero ben maggiore attenzione.
var.: non aver peso.

peso massimo
Figurato: persona di struttura molto pesante e massiccia; anche persona molto grassa, e più raramente molto forte. Anche scherzoso o ironico.
Viene dal linguaggio del pugilato, dove indica la categoria dei professionisti che pesano oltre 81 chili.

peso piuma
Figurato: persona minuta, di struttura molto leggera.
Viene dal linguaggio del pugilato, dove indica la categoria dei professionisti che pesano da 51 a 57 chili.

prendere di peso
Figurato: affrontare una persona con decisione, senza riguardi, senza mezzi termini. Anche affrontare una situazione con la ferma intenzione di risolverla. Oppure, rimproverare aspramente una persona.
Viene dall'immagine di qualche cosa che viene afferrato e sollevato di forza, bruscamente, in un colpo solo.
var.: alzare di peso; sollevare di peso; levare di peso.

togliersi un peso dallo stomaco
Figurato: liberarsi di una preoccupazione, portare a termine un'impresa sgradevole soprattutto se rimandata a lungo. In particolare, dire finalmente a qualcuno quello che si desiderava fargli sapere da tempo senza trovare il coraggio di farlo, riferito comunemente a opinioni negative, confessioni di colpa, e in generale a qualcosa che può portare a uno scontro, a una lite, a una rottura e così via.
L'immagine è quella di un cibo rimasto pesante e indigesto che finalmente si riesce ad assimilare oppure a vomitare, liberandosi così lo stomaco.
var.: levarsi un peso dallo stomaco.

PESTA
essere nelle peste
Essere in difficoltà, negli impicci; non sapere come uscire da una situazione difficile o sgradevole, come se a un certo punto di un percorso difficoltoso e sconosciuto le *peste*, cioè le orme che si stavano seguendo, si facessero troppo confuse per essere utili. Si dice di solito quando si è abbandonati da un compagno, un socio o simili che per varie ragioni si ritira da un'impresa iniziata o progettata insieme.
var.: trovarsi nelle peste; lasciare nelle peste; mettere nelle peste; togliere dalle peste.

essere sulle peste di qualcuno
Inseguire qualcuno, incalzarlo; sapere come fare per rintracciare una persona che si cerca poiché la si segue ormai da vicino. In senso lato, vale anche per oggetti, scoperte e simili.
var.: essere sulle tracce di qualcuno.

seguire le peste di qualcuno
Figurato: rifarsi al pensiero, alle idee, al modo di agire di qualcuno; imitarlo o proseguirne l'opera, come seguendo le sue impronte lasciate sul terreno.
var.: seguire le orme di qualcuno.

PESTE
La *peste* è una malattia infettiva a carattere epidemico che in passato si presentava in forme quasi sempre letali, decimando popolazioni intere. In Europa cominciò a scomparire verso la fine del 1700, ma l'ultima epidemia in Italia si verificò ancora nel 1815. Al di fuori dell'Europa continuò a infierire per molto tempo ancora, come ad esempio in India, dove nel 1912 si calcolò avesse fatto registrare undici milioni di decessi negli ultimi vent'anni. Per la sua virulenza, la peste passò nel tempo a definire genericamente tutte

le malattie epidemiche ad alto tasso di mortalità, e in questo senso dà il nome a molte gravi malattie che colpiscono gli animali d'allevamento.
dire peste e corna
Figurato: parlare malissimo di qualcuno.
var.: dire corna.
essere una peste
Figurato: riferito a una persona, essere insopportabile per varie ragioni, quali lo spirito polemico, la litigiosità, la cattiveria e simili. Riferito a un bambino, ne sottolinea l'irrequietezza o la bizzosità. ‖ Figurato: essere molto dannoso dal punto di vista sociale o morale, detto in genere di fenomeni negativi di vasta portata come ad esempio la diffusione della droga, o riferito a ideologie osteggiate dalla maggioranza.
sfuggire come la peste
Evitare con ogni mezzo qualcosa o qualcuno, come se si trattasse di una malattia infettiva.

PETTEGOLO
PARAGONI: pettegolo come una portinaia; pettegolo come una taccola.
pettegolo come una portinaia
Pettegolo, chiacchierone, come la tradizione descrive le portinaie che di solito sanno tutti i fatti degli inquilini.
pettegolo come una taccola
Pettegolo, petulante, o anche solo chiacchierone.
La *taccola*, un corvide dei passeriformi, vive in comunità di molti elementi che si uniscono spesso a gruppi di corvi e storni. Emette un verso continuo e articolato, che dato il grande numero di uccelli, appare come un ininterrotto chiacchiericcio.

PETTO
avere in petto
Figurato: pensare, riferito soprattutto a qualcosa che non si esterna o che non si vuole rivelare agli altri. Usato principalmente per un sentimento ma anche per un'idea, un'intenzione e così via.
Qui il *petto* è visto come la sede del cuore e quindi dei sentimenti.
var.: avere in animo; avere in mente.
battersi il petto
Pentirsi, manifestare pentimento riconoscendo le proprie responsabilità.
Era il gesto dei penitenti mentre ripetevano il "*Domine non sum dignus*"; permane ancora nella preghiera cattolica *Confiteor* in cui si confessano genericamente i propri peccati assumendosene la colpa davanti a Dio.
do di petto
Figurato: azione brillante, particolarmente ben riuscita.
Nel canto, è il *do* acuto della voce di tenore. Il nome è improprio, poiché deve sempre risuonare nelle cavità facciali e viene soltanto sostenuto dalla risonanza toracica. Il detto allude alla difficoltà dell'emissione vocale di questa nota.
prendere di petto
Affrontare direttamente e con decisione una persona, un problema, una situazione e così via. Sottintende l'intenzione di risolvere una questione sospesa, di arrivare a un chiarimento, di mettere fine a qualcosa, pur sapendo di andare così incontro alla possibilità di liti o fatiche. ‖ Impegnarsi a fondo in qualcosa, con l'intento di risolverla o portarla a termine.

PEZZA
avere le pezze sul sedere
Essere molto poveri, miserabili; come se non si avesse il denaro per acquistare un abito e si portassero quindi vecchi calzoni rattoppati nei punti più consunti. Usato in particolare come commento spregiativo nei confronti di una persona originariamente povera che ha fatto fortuna.

essere una pezza da piedi
Figurato: essere una persona trascurabile, di scarsa importanza; essere una persona che si ritiene meriti poca stima, scarso rispetto, oppure una persona incapace. Si usa inoltre per definire chi si mette al servizio di un potente magari abdicando alla propria dignità, che di per sé vale poco ma che pretende di farsi rispettare in forza della sua posizione. Usato a volte come insulto. Le *pezze da piedi* erano un tempo delle strisce di tessuto che si avvolgevano attorno ai piedi e alle caviglie con la funzione delle nostre attuali calze. Per molto tempo furono usate solo dalle classi elevate e dai guerrieri, poi il loro uso si estese, e furono usate dal popolo e dai soldati di truppa fino alla prima guerra mondiale.

mettere una pezza
Figurato: rimediare in qualche modo a un errore, a una svista e simili; sanare una situazione alla meno peggio, ottenendo risultati appena accettabili, come coprendo con una toppa lo strappo di un tessuto. Usato anche per un rimedio provvisorio, una guarigione parziale e altro.
var.: metterci una pezza; metterci una toppa.

pezza d'appoggio
Figurato: elemento che permette di sostenere una tesi, un'affermazione, una giustificazione e così via.
È così chiamato uno scontrino, una fattura o altro che dimostra una spesa sostenuta, oppure un documento che attesta la veridicità di una dichiarazione, di un titolo, di un diritto e simili.

trattare come una pezza da piedi
Trattare malissimo, senza il minimo riguardo, riferito a una persona. Anche trascurarla, agire senza tenere conto dei suoi sentimenti o della sua sensibilità, come fosse un oggetto inanimato cui si ricorre solo quando serve, come appunto le pezze per i piedi.

PEZZO
cadere a pezzi
Essere molto deteriorato, rovinato, sciupato, quasi inservibile. In senso lato si dice anche di una persona anziana e in cattiva salute; riferito a teorie, ragionamenti e simili, mancare di basi solide, di logica, di organicità e così via, oppure rivelarsi completamente privi di validità alla luce di nuove scoperte o informazioni. Infine, detto di illusioni, sogni, progetti, rivelarsi irrealizzabili, sfumare.
var.: andare in pezzi; mandare in pezzi.

essere tutto d'un pezzo
Figurato: essere una persona integra, leale, che non scende a compromessi. Anche in senso ironico. ‖ Figurato: essere una persona rigida, testarda, conservatrice, che si basa soltanto sui propri valori consolidati e non accetta di rivedere le sue posizioni preconcette.

fare a pezzi
Letterale: distruggere, soprattutto volontariamente, con rabbia, provando grande soddisfazione. Usato anche a proposito di teorie, progetti, illusioni. Riferito a una persona, trattarla malissimo, senza riguardi, magari screditandola pubblicamente.

pezzo d'asino *vedi* asino: testa d'asino
pezzo d'uomo
Figurato: uomo aitante; anche uomo robusto, di corporatura massiccia.

pezzo da museo
Oggetto degno di essere conservato in un museo. Usato spesso in senso scherzoso o ironico per qualcosa di molto vecchio, superato, fuori moda, ormai sciupato e mal funzionante. Vale anche per una persona, con riferimento all'età, all'aspetto fisico, oppure alla sua mentalità.

pezzo da novanta
Figurato: persona molto importante, molto influente, di grande autorevolezza e potere.

Viene dal linguaggio militare e allude alla grandezza dei *pezzi*, ossia dei proiettili per l'artiglieria, che sono tanto più distruttivi quanto è maggiore il loro calibro. Un pezzo di calibro novanta era usato un tempo per i cannoni più grandi.
var.: pezzo grosso.

pezzo di ...
Rafforzativo: si usa per ribadire il sostantivo che lo segue tanto in senso positivo quanto in senso negativo, come in locuzioni quali "bel pezzo di ragazza", "pezzo d'uomo" o anche "pezzo d'asino".

pezzo di pane *vedi* **pane: essere un pezzo di pane**

pezzo forte
Il pezzo teatrale, musicale o altro in cui un artista riesce a dare il meglio di sé, e in genere quello che gli procura maggior successo. Per estensione, l'argomento in cui ci si sente più ferrati e con il quale si può fare la miglior figura. In senso scherzoso, può indicare un capo d'abbigliamento, un accessorio o altro su cui si conta per attirare l'ammirazione altrui.

pezzo grosso *vedi* **pezzo da novanta**

sentirsi a pezzi
Figurato: essere molto stanchi; anche essere estremamente abbattuti, sfiduciati e simili.

PIACERE *(verbo)*
... che non mi piace
Letterale: usato soprattutto per situazioni che si presentano poco chiare, poco pulite o potenzialmente pericolose, quindi per il sintomo di una malattia che si teme grave, il comportamento ambiguo di qualcuno, una proposta che fa pensare a un inganno e così via.

PIACERE *(sost)*
... che è un piacere
In modo molto soddisfacente. Usato per sottolineare il perfetto funzionamento di qualcosa. Anche in senso ironico.

ma fammi il piacere!
Esclamazione: è usata per invitare qualcuno a tacere, a smetterla con affermazioni ritenute assurde o fuori luogo.
var.: ma per piacere!

PIAGA
esser peggio delle piaghe d'Egitto
Si dice di una calamità o di una persona particolarmente fastidiosa.
Le *Sette Piaghe d'Egitto*, secondo la Bibbia, furono inviate da Dio per punire gli Egiziani che tenevano in schiavitù il popolo d'Israele.

essere una piaga
Figurato: si dice di una persona che si lamenta in continuazione di tutto, che si lagna di ogni minimo malessere o di ogni piccolo problema, o di chi è sempre indeciso, o perennemente bisognoso dell'aiuto di altri, oppure anche incontentabile o pignolo, che trova difetti in tutto.

PIALLINO
fare come mastro Piallino
Rovinare qualcosa continuando ad apportarvi modifiche, in particolare riducendone le dimensioni e l'efficacia.
In senso lato, ridurre, intaccare, erodere, consumare qualcosa fino a restare senza niente, usato in particolare per patrimoni, occasioni, progetti e così via.
Il detto intero è "fare come Mastro Piallino che fece da una trave un nottolino" a forza di piallarla, con il nome del fantomatico artigiano nato da esigenze di rima.

PIANGERE
PARAGONI: piangere come un vitello; piangere come una vite tagliata.
far piangere *(fam)*
Figurato: indurre quasi a lacrime di di-

sperazione, detto di qualcosa di brutto aspetto e simili. Usato anche per cose di scarso valore, di pessima qualità e così via, o per comportamenti che lasciano delusi, per rapporti squallidi, azioni meschine e simili.

far piangere i sassi
Commuovere profondamente, suscitare tanta pietà che farebbe intenerire persino i sassi. Anche ironico o spregiativo.

pianger miseria
Affermare di versare in condizioni economiche molto peggiori di quelle effettive.
var.: piangere il morto.

piangere come un vitello
Piangere a dirotto.

piangere come una vite tagliata
Piangere a dirotto, senza interruzione, così come la vite continua a stillare umore quando viene tagliata.

piangere il morto
Dare a intendere di avere dispiaceri o preoccupazioni maggiori di quelli che si hanno in realtà, con particolare riferimento a questioni economiche.

piangere sul latte versato
Abbandonarsi a rimpianti inutili.

PIANO
di primo piano
Di grande importanza, detto di cose, avvenimenti, situazioni, e in particolare di personaggi autorevoli, di grande prestigio in un dato ambito, e che quindi godono di particolare risalto, come se fossero sempre inquadrati da vicino da una telecamera.
Il *primo piano*, termine derivato dal linguaggio della pittura, è anche un tipo d'inquadratura fotografica, cinematografica o televisiva che riprende il solo volto di una persona, o che mostra un oggetto molto da vicino.

di secondo piano
Non prioritario, d'importanza secondaria. Riferito a cose, avvenimenti, situazioni, oppure anche a personaggi pubblici non particolarmente noti o importanti.

in primo piano
Figurato: al primo posto per importanza, urgenza, valore e così via. Vale per cose o persone.
var.: essere in primo piano; mettere in primo piano.

piano di battaglia
Figurato: comportamento che s'intende adottare per ottenere un dato scopo, pianificato come quello degli strateghi quando devono decidere come condurre una battaglia. Anche ironico o scherzoso.
Nel linguaggio militare, si chiama *piano di battaglia* il documento contenente le modalità esecutive di un'operazione bellica che richiede l'intervento coordinato di più unità.

PIANTA
di sana pianta
Dal nuovo, completamente, da capo, come una nuova pianta nata da un nuovo seme. Usato in genere per rafforzare il concetto di un nuovo inizio, in associazione a verbi come fare, rifare, inventare e simili.
var.: inventare di sana pianta; rifare di sana pianta; ricominciare di sana pianta.

in pianta stabile
Permanentemente, per sempre, con riferimento a un luogo che non si ha intenzione di abbandonare o in cui si è sempre reperibili. Nel campo del lavoro, si riferisce alle persone regolarmente assunte.

inventare di sana pianta *vedi* **di sana pianta**

rifare di sana pianta *vedi* **di sana pianta**

scendere dalla pianta
Abbandonare un atteggiamento di superiorità e rendersi conto di essere persone normali come tutti gli altri.

Oppure, riprendere contatto con la realtà, così come scendendo da una pianta si mettono i piedi per terra, riferito a persone svagate o anche molto ingenue.
var.: venir giù dalla pianta.

PIANTO
essere un pianto *(fam)*
Figurato: essere tale da destare compassione oppure insofferenza e noia. Spesso scherzoso. ‖ Figurato: riferito a una persona, essere piena di guai e problemi reali o meno, e lamentarsene in continuazione.

pianto greco
Figurato: querimonia, lamentela lunga e noiosa, piagnisteo prolungato e fastidioso.
Allude ai "treni", i canti funebri in uso fra gli antichi Greci e di cui ci hanno lasciato esempi Simonide, Pindaro nonché molte tragedie.

PIATTO *(agg)*
PARAGONI: piatto come un uscio; piatto come un'asse; piatto come una tavola.

andar giù piatto *(pop)*
Figurato: esprimersi chiaramente, senza sottintesi, allusioni o mezzi termini, dicendo tutto quello che si sa, presentando apertamente le proprie richieste, esponendo una situazione in tutti i suoi aspetti e così via.

PIATTO *(sost)*
arrivare a piatti lavati
Figurato: arrivare a cose fatte, quindi troppo tardi per godere di un beneficio. ‖ Figurato: arrivare a cose fatte, e quindi sottrarsi a un'incombenza.

far pesare il piatto
Figurato: costituire un elemento determinante nel valutare una questione, prendere una decisione o simili.
Il *piatto* è quello della bilancia, che si abbassa sotto il peso.

il piatto piange
Espressione prevista nel gergo di alcuni giochi di carte, in particolare il *poker*, per ricordare ai giocatori di mettere la propria posta nel piatto. In senso figurato, si usa per sollecitare il pagamento di una quota, un debito, un arretrato e simili.

per un piatto di lenticchie
In cambio di una minima contropartita, detto di una cosa preziosa o importante che si vende o si scambia con un bene di valore trascurabile.
Il riferimento viene dalla Bibbia (*Genesi*, XXV, 29 - 34), che racconta come Esaù cedette i propri diritti di primogenitura al fratello minore Giacobbe in cambio di un piatto di lenticchie.

piatto del giorno
Nella lista di un ristorante, vivanda preparata specialmente per un dato giorno e quindi già pronta, in contrapposizione ai "piatti da farsi".

piatto forte
La portata principale e più sostanziosa di un pranzo. In senso figurato, si dice per l'elemento più importante, più interessante o di maggior successo.

sputare nel piatto in cui si mangia
Figurato: dimostrare una gretta ingratitudine, essere irriconoscenti, detto di chi riceve un beneficio di cui ha grande bisogno, qui paragonato al piatto di cibo, e ciò nonostante critica il proprio benefattore.

PIATTOLA
La *piattola* è il pidocchio del pube, e deriva il suo nome comune dalla forma tondeggiante e schiacciata. È un ectoparassita molto tenace che si tiene aggrappato con una specie di pinza alla radice del pelo, da cui si stacca solo per portarsi sulla pelle a succhiare il sangue dell'ospite con una frequenza media di tre volte al giorno. Il suo veloce ciclo riproduttivo ne fa un insetto infestante di cui è difficile liberarsi.

avere sangue di piattola *(fam)*
Essere molto metodici, abitudinari, noiosi; oppure essere lenti, flemmatici, o anche indecisi, sempre tentennanti, o privi d'ambizione.

essere una piattola *(pop)*
Figurato: essere una persona asfissiante, molesta e fastidiosa di cui è molto difficile liberarsi. Si dice anche di un piccolo sfruttatore che convince qualcuno a modesti ma costanti esborsi di denaro, o che riesce a ottenere continui favori e vantaggi.

PIAZZA

andare in piazza *vedi* **essere in piazza**

di piazza
Pubblico, a disposizione di chiunque voglia servirsene; riferito in particolare a una vettura e al suo conducente, nel significato di taxi. ‖ Di dominio pubblico, risaputo, noto; pettegolo o anche calunnioso, riferito a voci, dicerie, notizie e simili. ‖ Volgare, popolaresco, triviale; riferito a ingiurie o a un modo di esprimersi.
Allude al linguaggio dei popolani che arrivavano sui loro carretti carichi di merci da vendere sulla piazza del mercato. Deriva da qui anche la locuzione "linguaggio da carrettiere".

essere il meglio che offre la piazza
Essere il meglio che si possa reperire, come in un ambito commerciale, qui rappresentato dalla *piazza* intesa come quella del mercato. Usato per cose e persone.

essere in piazza *(fam)*
Avere pochi capelli, essere calvi soprattutto sulla sommità del capo che viene quindi paragonata a una piazza.
var.: andare in piazza.

far piazza pulita
Liberare un luogo di tutto ciò che lo ingombra per poterlo utilizzare in modo diverso, e in pratica farne quello che si vuole. ‖ In senso figurato, eliminare ostacoli posti da altri, vincere nemici o rivali, distruggere i progetti o le speranze di qualcuno. Anche demolire idee, preconcetti, illusioni e altro.
La *piazza* citata era la piazzaforte di una cittadella; liberarla dai soldati che la difendevano equivaleva a conquistarla militarmente.

mettere in piazza *(fam)*
Figurato: divulgare, dire in giro, far sapere a tutti, riferito in genere a notizie o episodi poco onorevoli che si volevano tenere nascosti e che in questo modo finiscono invece sotto gli occhi di chicchessia, come esposti sulla piazza del mercato.

piazza d'armi
Figurato: luogo, ambiente o locale molto vasto.
Propriamente era un ampio spiazzo destinato all'addestramento dei soldati posto all'interno delle mura dei castelli e più tardi, all'interno delle cittadelle, in corrispondenza dei salienti e dei rientranti. Era così chiamato inoltre un particolare tipo di trincea, detta anche "parallela", utilizzata dalle forze attaccanti nelle operazioni d'assedio.

rovinar la piazza *(pop)*
Figurato: screditare, danneggiare qualcuno con confronti per lui svantaggiosi, rendergli difficile un'attività. Usato in genere per rivali e concorrenti, anche in senso scherzoso.
Qui la *piazza* è quella del mercato, in cui chi offre prodotti o prezzi migliori danneggia gli affari e la reputazione degli altri venditori.

scendere in piazza
Figurato: manifestare pubblicamente il proprio scontento all'autorità radunandosi in una piazza, sfilando in corteo per le strade e simili.

stare a quel che fa la piazza
Figurato: regolarsi secondo le opinioni della maggioranza, come se ci si adeguasse all'andamento della piazza del mercato.

PICCHE
dare il due di picche
Negare o rifiutare qualcosa, dare una risposta negativa a una richiesta, magari cacciando il postulante.
In molti giochi di carte il *due di picche* è la carta di minor valore del mazzo, ma a volte può bastare a far perdere la partita e quindi a "buttar fuori" il giocatore, eliminandolo dal gioco.
rispondere picche
Rifiutare recisamente, di solito in malo modo.

PICCHIATA
gettarsi in picchiata
Figurato: iniziare a fare qualcosa con grande impeto o con grande entusiasmo, come un aeroplano che scenda velocemente verso terra con una traiettoria molto inclinata.
Viene dal linguaggio dell'aviazione.
var.: buttarsi in picchiata.

PICCIONE
fare il tiro al piccione
Figurato: prendersela vilmente con qualcuno avendo la certezza di essergli superiori, e pertanto di non rimetterci. Usato anche per chi tende un agguato in condizioni di netta superiorità, con la sicurezza di poter colpire vittime intrappolate o indifese.
Allude allo sport dello stesso nome, detto anche "tiro a volo", che consiste nell'abbattere a colpi di fucile i piccioni che vengono di volta in volta liberati da una gabbia, uccidendoli in pratica appena ne escono e quando perciò non hanno ancora avuto il tempo di prendere il volo.

PICCO
andare a picco
Di un'imbarcazione, affondare. In senso figurato, riferito a un'impresa, un'iniziativa e simili, fallire, andare in rovina.
var.: colare a picco; mandare a picco; far colare a picco.

PICCOLO
nel proprio piccolo
Nell'ambito delle proprie ridotte o modeste possibilità. Sottintende quasi sempre la soddisfazione dei risultati raggiunti, delle ambizioni o dei desideri che si è riusciti a realizzare, nonostante la pochezza dei mezzi impiegati, e di cui si è paghi.

PIDOCCHIO
Pidocchio è il nome comune degli insetti anopluri parassiti, e in particolare delle specie che vivono sul cuoio capelluto e tra i peli dell'uomo e di molti mammiferi e uccelli. Non più lungo di 3 millimetri, è un ectoparassita di forma tondeggiante e di colore biancastro, che si tiene aggrappato con una specie di pinza alla radice del pelo da cui si stacca solo per portarsi sulla pelle a succhiare il sangue dell'ospite, con una frequenza media di tre volte al giorno. Il suo veloce ciclo riproduttivo ne fa un insetto infestante di cui è molto difficile liberarsi. L'uomo è afflitto fondamentalmente dal pidocchio della cute e dal pidocchio del pube, detto anche piattola, due varietà che in pratica si differenziano solo per il diverso colore. Per estensione di significato, il termine definisce qualsiasi parassita del pelo e del piumaggio degli animali, e anche delle piante.
essere un pidocchio
Essere una persona avara, taccagna, venale. Anche essere meschini, gretti, vili e genericamente spregevoli.
essere un pidocchio rifatto
Essere una persona di umile origine economica e sociale, che dopo essersi arricchita ostenta con boria denaro o potere.
Allude alla velocità con cui l'insetto cresce di dimensioni, gonfiandosi del

sangue che succhia, e soprattutto alla rapidità con cui si moltiplica diventando così molto fastidioso e impossibile da ignorare.

grattarsi i pidocchi *(pop)*
Figurato: essere molto poveri, miserabili. ‖ Figurato: essere nei guai, nei pasticci; avere molti problemi dovuti a errori o trascuratezze commesse in passato e mai rimediate, delle quali solo in seguito compaiono le conseguenze.

scorticare un pidocchio
Essere avarissimi, venali, e insieme meschini e gretti, come chi non si lascia sfuggire nessuna occasione di guadagno o vantaggio e arriverebbe per questo anche a scorticare i pidocchi. ‖ Fare un magro affare, da cui si ricava ben poco; darsi da fare e faticare per un compenso molto misero, paragonabile a quello che si trarrebbe scorticando un pidocchio.

PIÈ

La parola *piè* deriva dal troncamento di "piede". Ha uso quasi esclusivamente letterario, ma la si trova in varie locuzioni.

a ogni piè sospinto
Continuamente, a ogni occasione, con la stessa frequenza con cui si spinge il piede in avanti nel camminare.

andare a piè zoppo
Figurato: fare qualcosa molto malvolentieri, di malavoglia, oppure con grande fatica, come chi si trovasse a intraprendere un lungo cammino con un piede azzoppato e dolorante. ‖ Figurato: fare qualcosa o andare in un luogo molto volentieri, tanto che lo si farebbe persino avendo un piede azzoppato.

aspettare a piè fermo
Propriamente, senza muoversi. In senso lato, con coraggio, senza timore, come stando pronti a respingere la carica del nemico.

saltare a piè pari
Figurato: omettere, tralasciare completamente, come spiccando un salto a piedi uniti per atterrare al di là di un ostacolo.

tornare a piè zoppo
Risultare perdenti, tornare battuti e scornati, in particolare dopo essersi gettati in un'impresa con grande baldanza.
L'immagine è quella di chi ritorna camminando lentamente, come azzoppato per le percosse ricevute in una zuffa.

vincere a piè zoppo
Vincere senza sforzo, con grande facilità, come se in una corsa si arrivasse per primi al traguardo pur essendo zoppi da un piede. È usato anche in senso scherzoso o ironico per una facile vittoria ottenuta contro rivali di scarso valore, e quindi dovuta non tanto ai propri meriti quanto all'inettitudine degli altri.
Il detto è legato a un vecchio gioco di squadra chiamato "fare a piè zoppo", in cui ci sono inseguiti e inseguitori. Questi ultimi devono acchiappare i primi saltellando su una gamba sola, ed è chiaro che in queste condizioni è molto difficile conseguire la vittoria.

PIEDE

a piede libero
In libertà; in particolare in attesa di processo, ma senza carcerazione. Usato anche in senso figurato o scherzoso per una persona ritenuta potenzialmente pericolosa.
Allude all'antico uso di porre ceppi, catene e simili ai piedi di carcerati, prigionieri e schiavi.

andare coi piedi di piombo
Figurato: usare estrema prudenza e cautela, come se si avessero pesanti piedi di piombo che quindi costringerebbero a camminare lentamente e con grande attenzione.

var.: andare coi calzari di piombo; muoversi coi piedi di piombo.

avere già il piede nella staffa *vedi* **essere con il piede nella staffa**

avere i piedi dolci
Figurato: avere i piedi molto delicati.

avere i piedi per terra
Figurato: essere realisti, concreti, razionali; vedere e valutare la realtà qual è e non quale si vorrebbe che fosse; ragionare sulla base di dati oggettivi senza farsi deviare da fantasie irrealizzabili, ed evitando gli ottimismi ingiustificati o i comportamenti superficiali.
var.: tenere i piedi per terra; tenere i piedi in terra.

avere per i piedi *vedi* **essere tra i piedi**

avere un piede nella fossa
Essere vicini a morire, come se si avesse già un piede nella tomba. Anche essere molto vecchi, o gravemente ammalati.
Il detto è antico, e lo si trova in entrambi i sensi in Luciano, nell'*Hermotimus* (78) e nell'*Apologia* (1). Lo stesso Luciano usa inoltre la variante "un piede nella barca", con allusione a Caronte che traghettava le anime nell'Aldilà.
var.: avere un piede nella tomba.

cadere in piedi
Figurato: uscire senza danno da una situazione pericolosa, in genere più per fortuna che per abilità.
È facile che il detto si riferisca all'agilità dei gatti, che dopo un balzo o una caduta riescono ad atterrare quasi sempre sulle zampe, senza farsi del male.
var.: cadere in piedi come i gatti.

cercare cinque piedi al montone
Figurato: cercare una cosa inesistente, come una quinta zampa di una pecora, oppure cercare ostinatamente qualcosa, anche se la probabilità di trovarla è praticamente nulla.
Nello stesso modo, il "trovare cinque piedi al montone" costituisce un incredibile colpo di fortuna.
var.: trovare cinque piedi al montone.

essere con il piede nella staffa
Figurato: essere in procinto di andarsene, come se si fosse già messo il piede nella staffa per salire a cavallo. In senso lato, avere molta fretta, essere impazienti di fare qualcosa ed essere costretti ad aspettare che siano pronte altre persone.
var.: avere già il piede nella staffa.

essere sul piede di guerra
Figurato: prepararsi a uno scontro con un rivale, accingersi ad attaccarlo.

essere sul piede di partenza
Essere sul punto di partire, come se si fosse già mosso il piede per iniziare il cammino. In senso lato, essere in procinto di fare qualcosa. Anche ironico o scherzoso.

essere tra i piedi *(pop)*
Stare vicinissimo, quasi addosso, costituendo un intralcio, un fastidio e simili, proprio come un oggetto o altro che rende malagevole il cammino.
var.: stare tra i piedi; mettere tra i piedi; avere tra i piedi. stare per i piedi; avere per i piedi.

fare un lavoro coi piedi
Lavorare malissimo, con sciatteria e incuria.

fatto coi piedi
Fatto malissimo, senza nessuna attenzione o cura, come se non ci si prendesse nemmeno il disturbo di usare le mani.

in punta di piedi
Figurato: in modo furtivo, silenzioso, guardingo; tale da non denunciare la propria presenza per non creare disturbo agli altri o per non farsi cogliere in un'azione illegittima. Riferito in generale al camminare, al muoversi e simili. In senso lato, anche all'agire con estrema cautela.

lasciare a piedi *vedi* **restare a piedi**
leccare i piedi
Essere eccessivamente ossequiosi con

qualcuno, adularlo, comportarsi in modo servile e privo di dignità nei confronti di una persona, in genere un potente.
var.: leccare il culo; leccare le zampe.

mettere i piedi sul collo
Figurato: dominare qualcuno, con la violenza, con la prepotenza, e in generale con la forza di qualsiasi genere, costringendolo a comportarsi secondo la propria volontà. In senso lato, mancare di rispetto, offendere, insultare gratuitamente; anche maltrattare.

mettere il piede avanti
Figurato: prevenire, soprattutto nel senso di agire in un dato modo per non farsi cogliere impreparati. Equivale più o meno a "mettere le mani avanti", anche se quest'ultima locuzione suggerisce più che altro l'idea di difendersi per parare un attacco.

mettere in piedi
Figurato: dare inizio a qualcosa, in genere un'organizzazione, un'attività, un'azienda e simili.

mettere sotto i piedi
Figurato: trattare malissimo, detto di persone, cose o valori per cui non si nutre né stima né rispetto, e che si ritiene di potere calpestare senza rimorso. Anche maltrattare una persona per far pesare la propria autorità.

mettere un piede davanti all'altro
Letteralmente, camminare, procedere con regolarità. In senso figurato, agire con prudenza, metodicamente, senza fretta.

mettere un piede in fallo
Figurato: subire un danno per aver commesso un errore, un'imprudenza o simili, come chi scivola, inciampa e cade per aver posato il piede su un appoggio malsicuro o su un terreno cedevole.

muoversi coi piedi di piombo *vedi* andare coi piedi di piombo

non essere né a piedi né a cavallo
Figurato: non avere niente di cui dolersi e niente di cui rallegrarsi. Quindi stare mediamente bene, anche in senso economico; avere una vita relativamente soddisfacente anche se non certo esaltante.

partire col piede giusto
Figurato: iniziare un'impresa, un'attività o altro nel modo corretto o migliore, e quindi poter presumere di ottenere buoni risultati.
Si riallaccia all'abitudine superstiziosa degli antichi Romani di alzarsi la mattina ponendo a terra per primo il piede destro, cioè quello *giusto*, per assicurarsi una giornata priva di eventi sfortunati.
var.: partire col piede sbagliato.

pestare i piedi
Figurato: impuntarsi, ostinarsi irragionevolmente in qualcosa; fare i capricci, con particolare riferimento alle bizze dei bambini, da cui deriva l'immagine.

pestare i piedi a qualcuno
Figurato: dar fastidio a qualcuno, disturbarne i progetti o i piani, fare qualcosa che gli causa danno o anche solo intralcio.

piede della staffa
Il piede sinistro, ossia il primo che il cavaliere infila nella staffa per poter salire in sella.

prender piede
Figurato: affermarsi, diffondersi, svilupparsi e simili, detto di una moda, una teoria, un costume, una mentalità e così via.
In agronomia si dice di una pianta che attecchisce.

puntare i piedi
Figurato: impuntarsi, ostinarsi in un'idea, un puntiglio, una posizione preconcetta e simili, come se si puntassero i piedi per rifiutarsi di muoversi da un determinato posto, cercando di non farsi trascinare altrove.

puntare i piedi al muro
Ostinarsi in un rifiuto con tutte le pro-

prie forze, come puntando i piedi contro il muro per non farsi trascinar via. Anche impuntarsi in generale.
restare a piedi *(fam)*
Figurato: subire una perdita o una delusione impreviste, in particolare quando vengono a mancare mezzi, situazioni o persone su cui si contava per fare qualcosa. Riferito soprattutto a questioni finanziarie.
Deriva dall'immagine di chi si trova improvvisamente senza i mezzi di trasporto previsti.
var.: rimanere a piedi; lasciare a piedi.
rimettere in piedi
Figurato: ripristinare un'attività o altro. In particolare, far rifiorire un'azienda giunta quasi al fallimento, guarire un ammalato, aiutare una persona a ricrearsi una posizione sociale ed economica.
stare in piedi
Figurato: avere una propria logica, essere coerente e razionale, riferito di solito a un discorso, un ragionamento, una teoria e simili.
stare in piedi da solo
Figurato: essere autonomi, essere capaci di sbrigarsela senza bisogno dell'aiuto o dei consigli di qualcun altro. L'immagine è quella del bambino piccolo che ormai ha imparato a stare ritto sulle gambe, senza bisogno di essere aiutato a reggersi. ‖ Figurato: si dice di un indumento o di un tessuto molto sporco, talmente incrostato di sudiciume da essere diventato sufficientemente rigido per non afflosciarsi.
tenere il piede in due staffe
Figurato: essere in una situazione di difficile compromesso fra cose o situazioni diverse. Destreggiarsi tra due persone, fazioni, situazioni o interessi tra loro incompatibili o contrastanti per non inimicarsi nessuna delle due in vista di possibili futuri vantaggi, oppure in attesa di scegliere la parte che si rivelerà più forte o vantaggiosa. Anche rimandare una scelta, tenendo in sospeso le varie alternative.
Allude ai cavalieri di un tempo, che in determinati casi si mettevano in viaggio con due cavalli in modo da poterli alternare quando quello che montavano dava segni di stanchezza. In questo modo uno dei due era sempre abbastanza fresco e permetteva di proseguire il cammino senza doversi fermare. ‖ Fare il doppio gioco, agire in modo da ricavare vantaggi personali da due situazioni incompatibili tra loro.
var.: tenere il piede in due scarpe.
tenere in piedi
Figurato: sostenere, mantenere; impedire la caduta, la disgregazione o una modifica peggiorativa di qualcosa. Riferito di solito a un ente, un'istituzione, un'azienda e simili, si usa anche per una finzione, per un rapporto fra persone e così via.
togliersi dai piedi *(pop)*
Andarsene, andar via, in particolare nel senso di smettere di dar fastidio, disturbo, intralcio. Usato anche in forma transitiva, quindi mandar via qualcuno, allontanarlo, liberarsene, detto in questo caso anche per un oggetto, un lavoro, un impegno, un'incombenza e simili, in genere fastidiosi, onerosi o sgraditi.
var.: levarsi dai piedi.

PIEGA
non fare una piega *(fam)*
Figurato: rimanere indifferenti, impassibili; non reagire minimamente.
var.: non fare una grinza.
prendere una buona piega
Figurato: dimostrare un andamento positivo, detto di situazioni, progetti, iniative e simili. Usato anche per le persone, in particolare se giovani, il cui comportamento fa prevedere un futuro di onestà, rettitudine e simili,

oppure una vita ricca di successi e di soddisfazioni.
var.: prendere una brutta piega.

PIENO *(agg)*
PARAGONI: pieno come un otre; pieno come un uovo; pieno fino alla gola.
pieno come un otre
Sazio, satollo, rimpinzato di cibo, come un otre che si riempie fino al massimo possibile.
pieno come un uovo
Sazio, satollo, detto di chi ha mangiato tanto da non poter più ingerire altro perché ha lo stomaco pieno come il guscio di un uovo, completamente riempito dal tuorlo e dall'albume.
pieno di sé
Superbo, tronfio, detto di persone egocentriche e presuntuose.
pieno fino alla gola
Sazio, rimpinzato di cibo fino alla gola, e quindi in condizioni di non poter più ingerire altro.

PIENO *(sost)*
fare il pieno *(pop)*
Figurato: essere esasperati da una situazione o da una persona al punto di non sapersi più trattenere, come se si fosse completamente riempito un ipotetico spazio destinato alla pazienza, arrivando al colmo della propria capacità di sopportazione.
È nato inizialmente nel linguaggio commerciale, in cui si usa per magazzini, stive, camion che vengono riempiti o caricati al massimo. Oggi è riferito principalmente al serbatoio di un autoveicolo, quando viene completamente riempito di combustibile.

PIETÀ
far pietà
Suscitare pietà, detto in senso figurato e spregiativo per qualcosa di meschino, squallido, spregevole, o anche solo molto brutto o mal fatto. Si usa inoltre come insulto nei confronti di persone cui ci si sente superiori.

PIETRA
di pietra
Figurato: molto duro, o anche molto rigido, immobile. Usato come enfatico o come rafforzativo. Si dice in particolare di un'espressione del volto impassibile o fredda, che non tradisce emozioni; di uno sguardo duro, di un carattere privo di dolcezza e sensibilità e così via.
farsi di pietra
Irrigidirsi, restare come paralizzati per una violenta emozione improvvisa, come il terrore o anche la delusione, lo stupore e così via.
var.: diventare di pietra.
metterci una pietra sopra
Figurato: non pensare più a qualcosa, come mettendoci realmente sopra una grossa pietra. Anche nel senso di dimenticare un'offesa e simili.
Alcuni vogliono che la *pietra* suddetta sia quella che si pone sopra le tombe.
non restare pietra su pietra
Essere totalmente distrutto, in completa rovina, con particolare riferimento a una costruzione o a una città di cui non è rimasto nulla, nemmeno due pietre che siano ancora l'una sopra l'altra. In senso figurato, vale anche per tutto ciò che è completamente scomparso, di cui non rimane più traccia, e in particolare per antiche civiltà perdute, per iniziative ormai dimenticate e così via.
L'espressione si trova nel Vangelo di Luca (19, 44), quando Gesù preannuncia la distruzione di Gerusalemme da parte dei suoi nemici per non aver riconosciuto la venuta del Messia: "... e non lasceranno in te pietra su pietra, perché non hai riconosciuto il tempo in cui sei stata visitata."
pietra angolare
Figurato: l'elemento portante di una situazione, riferito a una persona co-

me a un avvenimento, una teoria, un articolo di fede o altro.
In edilizia si chiama così la pietra o il mattone che, insieme ad altre, collocate più o meno nella stessa posizione, costituisce o rinforza l'angolo formato da due strutture murarie e ne supporta le spinte trasversali.

pietra del focolare
Figurato: la persona che ha fondato una grande famiglia o che la tiene unita e la dirige. Anche la persona cui si rivolgono tutti i famigliari.
In origine era la pietra leggermente incavata destinata ad accogliere il fuoco, attorno alla quale si riuniva anticamente la famiglia tanto per i pasti quanto per le cerimonie del culto privato. Era sempre collocata in una posizione importante: nella stanza principale della casa greca e nell'*atrium* di quella romana. Anche in epoche più vicine a noi il focolare era situato nel locale in cui si trascorreva la maggior parte del tempo, circondato da panche o da sedili di pietra.

pietra dello scandalo
Figurato: persona che dà pessimo esempio. Si usa per un corruttore ma soprattutto per chi turba l'armonia o la serenità di una situazione data per scontata, o che induce altri a comportamenti imprevisti e disapprovati dai più, finendo in tal modo per suscitare dissapori e discordie.
L'origine risale probabilmente alla prima lettera di Pietro agli Apostoli (2, 7-8) dove, in una simbologia che riguarda la missione del sacerdozio, si dice degli increduli: "la pietra che i costruttori hanno scartato è diventata la pietra angolare, sasso d'inciampo e pietra di scandalo spirituale". Il riferimento è alle Scritture (*Isaia*, 8, 14) dove però il significato è diverso.
A Roma era detta *pietra dello scandalo* una pietra, vicino al Campidoglio, che portava incisa l'immagine di un leone. Andare a sedervisi equivaleva a dichiararsi falliti, e chi lo faceva, dopo essere stato privato dei beni e di alcuni diritti, non era più perseguibile per i suoi debiti.

pietra di paragone
Figurato: elemento di riscontro che serve a verificare per paragone l'esattezza o le proprietà di qualcosa.
Il termine è preso dal linguaggio dell'oreficeria, dove indica una varietà di diaspro nero usato per saggiare l'oro. È detto anche "pietra lidia".

pietra miliare
Figurato: elemento o momento di grande importanza nello svolgimento di qualcosa, che ne segna una tappa fondamentale.
Allude alla pietra sagomata che a partire dall'epoca romana viene infissa nel terreno lungo le strade di lunga percorrenza, e che reca incisa la distanza da un determinato punto.

portare la propria pietra
Figurato: dare il proprio apporto, il proprio contributo a situazioni pratiche o a fenomeni culturali, come portando una pietra per aiutare a costruirli.
var.: portare il proprio mattone.

posare la prima pietra
Iniziare la costruzione di un edificio. In senso lato, dare avvio a un'impresa, far partire un'iniziativa, creare una premessa fondamentale e così via.
L'azione concreta di collocare la prima pietra di una costruzione è divenuta un gesto simbolico, e in caso di opere importanti se ne fa una cerimonia pubblica.
var.: porre la prima pietra.

scagliare la prima pietra
Figurato: esporre per primi un argomento che suscita una lite o che provoca una situazione sgradevole. Anche mettere nei pasticci qualcuno lanciandogli un'accusa, una critica e simili che viene poi raccolta da altri.

Allude alla frase di Gesù in difesa dell'adultera che stava per essere lapidata: "Chi di voi è senza peccato scagli la prima pietra". Secondo il Vangelo di Giovanni (VIII,7), queste parole indussero la folla a disperdersi salvando così la donna.

PIFFERO
far come i pifferi di montagna
Rimanere vittime dei propri stessi raggiri; cercare d'ingannare qualcuno ed esserne invece ingannati. Anche subire uno smacco, non riuscire a far valere i propri diritti, uscire sconfitti da una situazione a causa di elementi non considerati.
Il detto intero dice "fare come i pifferi di montagna che andarono per suonare e furono suonati", e la parola *piffero* sta qui per "fischiatore". Qualcuno fa risalire il detto agli usi delle milizie mercenarie della svizzera tedesca, che in battaglia erano precedute da un manipolo di fischiatori, sostituiti successivamente dai pifferai. Questa tradizione venne abbandonata dopo la sconfitta di Melegnano da parte di Francesco I di Francia, avvenuta il 14 settembre 1515.

PIGNA
avere le pigne in testa
Fare ragionamenti insensati, fare discorsi inconsulti o manifestare desideri o pretese assurde, come se in testa si avessero delle pigne al posto del cervello.
var.: avere la testa piena di pigne.
essere una pigna verde
Essere molto avari, non dare niente a nessuno, come una pigna che finché è verde, e quindi non ancora matura, non lascia uscire i pinoli.
si apre una pigna verde! *(raro)*
Esclamazione: esprime stupore di fronte al fatto che un avaro si decida incredibilmente a regalare qualcosa.

La *pigna* è verde quando è acerba. Diventa marrone quando matura, e solo allora si apre e lascia uscire i pinoli.

PILATO
Ponzio Pilato, procuratore romano della Giudea dal 26 al 36 d.C., è uno dei tanti personaggi discussi del passato. Generalmente presentato come uomo venale, crudele, inutilmente provocatore nei confronti dei sentimenti religiosi del popolo ebraico, viene tuttavia venerato come santo dalla Chiesa copta, secondo la quale sarebbe stato martirizzato sotto Nerone dopo essersi convertito al Cristianesimo. Una tradizione vuole che invece sia morto suicida gettandosi nel Tevere; il suo corpo, trascinato dalla corrente, sarebbe arrivato alle foci del Rodano e poi fino in Svizzera, ai piedi del monte che oggi porta il suo nome. Ponzio Pilato è ricordato soprattutto per la parte avuta nel processo a Gesù. In quell'occasione, dopo ripetuti tentativi per salvarlo, non ebbe la forza di opporsi alle pressioni del Sinedrio che ne aveva già decretato la morte. Tentò allora di demandare la decisione finale al Tetrarca di Galilea, Erode Antipa, il quale però si appellò a questioni di giurisdizione, e alla fine Pilato dichiarò la propria impotenza lavandosi pubblicamente le mani davanti alla folla cui consegnava la sua vittima, pronunciando la celebre frase "Sono innocente del sangue di questo giusto". Da qui anche il detto "lavarsene le mani".
fare come Pilato
Rifiutare di addossarsi una responsabilità, scaricare su altri una decisione difficile o pericolosa.

PILLOLA
in pillole
Figurato: a piccole dosi, in piccole quantità, poco alla volta.

indorare la pillola
Figurato: cercare di rendere meno sgradevole al destinatario una notizia, un danno, una perdita e simili, così come si cerca di confondere il sapore amaro di una pasticca medicinale.
Un tempo si usava ricoprire le pillole di un leggero velo di liquirizia, che risultava di colore dorato o argenteo; questo serviva non solo a mascherarne il sapore ma anche a preservarle dall'umidità, e rendendole scivolose ne facilitava l'inghiottimento. Oggi è ancora comune dorare o argentare prodotti di confetteria.
var.: inzuccherare la pillola; addolcire la pillola.

inghiottire la pillola
Figurato: accettare o subire qualcosa di spiacevole perché non si è in condizioni di fare diversamente, così come si è costretti a prendere medicine amare quando si è ammalati.

PIOGGIA
a pioggia
In grande quantità, in forma diffusa, continua e regolare, simile a quella in cui cade la pioggia, come in locuzioni quali "seminare a pioggia" e simili. È particolarmente usata l'espressione "interventi a pioggia", con riferimento a un'autorità, un ente o simili che fornisce piccoli sussidi più o meno a chiunque li chieda, per non scontentare nessuno.

una pioggia di ...
Figurato: grande quantità di qualcosa che arriva con ritmo continuo e regolare come quello della pioggia.

PIOMBO
Il *piombo*, un metallo di colore grigio, facilmente malleabile e largamente utilizzato in diverse leghe, è entrato nei modi di dire per la sua caratteristica pesantezza, per l'opacità e per lo scarso valore commerciale.

di piombo
Plumbeo, pesante, nero, triste, riferito a pensieri, emozioni, atmosfere e condizioni climatiche, in locuzioni quali "cuore di piombo", "cappa di piombo", "cielo di piombo" ecc. ‖ Con riferimento alla pesantezza del metallo, di schianto, di colpo, nella locuzione "cadere di piombo".

mutare il piombo in oro
Figurato: essere particolarmente abili nelle questioni di denaro, in particolare riuscire sempre a concludere affari e imprese molto redditizie, come se veramente si trasformasse in oro tutto quello che si tocca.
Il detto potrebbe alludere alla leggenda di Mida, il re della Frigia che ricevette da Dioniso il dono di trasformare in oro tutto ciò che toccava, ma anche al mito per cui la stessa facoltà era propria del caduceo di Hermes. Il piombo potrebbe intervenire, in contrapposizione all'oro, in quanto da sempre considerato il più vile dei metalli, ma era anche l'elemento da cui partivano gli alchimisti nella ricerca della Pietra Filosofale. ‖ Figurato: ricompensare lautamente un piccolo favore.

PIOVERE
come se piovesse
In grande quantità, senza limiti.

far piovere
Figurato: fare qualcosa d'insolito, al di fuori delle proprie abitudini, come se si trattasse di un evento talmente eccezionale da potere influire sul clima. Usato quasi sempre in senso ironico, soprattutto per un comportamento positivo da parte di una persona dalla quale non ci si aspetta niente di buono. In origine, però, il detto significava in particolare cantare malissimo.

lasciarsi piovere addosso
Figurato: non reagire o non agire, non

fare nulla per evitare i colpi della sfortuna o per guidare la propria vita con scelte autonome. Anche subire supinamente gli avvenimenti esterni, le decisioni di qualcun altro e così via.
var.: farsi piovere addosso.

non ci piove! *(pop)*
Esclamazione: è certo, è sicuro, è indiscutibile, è assodato; oppure è ovvio, è chiaro, è sottinteso. Esprime la certezza di un avvenimento, di un dato di fatto, di una conclusione scontata; si usa inoltre per riaffermare una posizione dalla quale non si intende recedere.

piove sempre sul bagnato *vedi* **piovere sul bagnato**

piovere a bocca di barile
Piovere a scrosci, a dirotto, come se la pioggia venisse versata dalla bocca di un barile.
var.: piovere a orcio.

piovere a catinelle
Figurato: piovere a dirotto, come se la pioggia venisse rovesciata a scroscio da una moltitudine di catinelle.

piovere a orcio *vedi* **piovere a bocca di barile**

piovere a ritrecine
Piovere a dirotto, a scrosci, con massicci rovesci d'acqua, simili a quelli sollevati e riversati dalle pale di un mulino.
Le *ritrecine* sono le pale curve dei vecchi mulini ad acqua.

piovere a secchie
Piovere a dirotto, come se l'acqua fosse versata dal cielo a secchiate.

piovere addosso
Figurato: capitare, in genere di sorpresa. Vale soprattutto per eventi particolarmente fortunati dei quali non si ha merito alcuno.

piovere che Dio la manda
Piovere a dirotto, con grande intensità, continuità o violenza, come se la pioggia ottemperasse a un preciso volere di Dio.

piovere sul bagnato
Accumularsi, crescere, aumentare, incrementare, detto di fortune o denaro che migliorano ulteriormente la posizione di un privilegiato, o al contrario di disgrazie che si abbattono sul capo di chi ne ha già tante altre. È una considerazione di fatto, ma può contenere una punta d'invidia o di commiserazione secondo i casi.
var.: piove sempre sul bagnato.

PIPA
andare a far terra da pipe
Scherzoso: morire.
Allude al corpo del defunto che una volta seppellito, si trasforma in terra. Il riferimento è alle vecchie pipe di terracotta.

cercare la pipa e averla in bocca
Figurato: cercare affannosamente qualcosa senza accorgersi di averla molto vicina.

PIRATA
pirata della strada
Automobilista che dopo avere investito una persona o provocato un grave incidente non si ferma a prestare soccorso. In senso lato e scherzoso, si dice di chi guida molto male, soprattutto in modo imprudente o irresponsabile.

PIRRO
vittoria di Pirro
Vittoria ottenuta a caro prezzo; successo che porta più danni che vantaggi.
Allude alla vittoria che *Pirro*, re dell'Epiro, riportò sui Romani nel 279 a.C. e che gli costò perdite talmente gravi da indurlo a chiedere la pace, che venne però rifiutata.

PISELLO
stare come un pisello in un baccello
Star comodi, a proprio agio e al sicuro, come il seme nel baccello.
Il detto prende origine dalla confor-

mazione del baccello, costituito da una doppia guaina protettiva, al cui interno ogni singolo seme è adagiato in una specie di nicchia.
var.: essere in un baccello.

PITTIMA
essere una pittima *(fam)*
Essere una persona noiosa, lagnosa, sempre scontenta e pronta a lamentarsi di qualsiasi cosa soprattutto per vittimismo, alla quale non va mai bene niente o che trova comunque difetti e manchevolezze in tutto.
Un tempo si chiamava *pittima* un particolare cataplasma di vino caldo aromatizzato, che si applicava mediante compresse di garza.

PITTORE
pittore della domenica
Figurato: pittore poco capace, di scarso valore.
Allude ai pittori dilettanti, con poco mestiere e poca esperienza, che esercitando un'altra attività lavorativa possono dedicare alla pittura solo il tempo libero, qui rappresentato dalla domenica.

PIUMA
essere una piuma al vento
Essere incostanti, volubili; cambiare idea spesso e facilmente, essere molto influenzabili, come se ci si lasciasse trascinare qua e là in balia del vento.
sedere in piuma *(raro)*
Figurato: vivere nell'ozio circondati da mille agi e comodità, tra cui si annovera anche il poter sedere sulle piume. È un'espressione dantesca, usata anche in senso ironico per pigri e fannulloni.

PIÙ
fare il di più *(fam))*
Esagerare in un'azione, in un lavoro o altro, in genere con l'intento di dimostrare la propria superiorità in un dato ambito.
il di più *(fam)*
Il superfluo, ciò che non è strettamente necessario a un dato scopo. Si usa prevalentemente per quanto non rientra nei bisogni di sopravvivenza, in contrapposizione a "il necessario".
parlare del più e del meno
Parlare di cose prive d'importanza, chiacchierare senza impegno.

PIVA
Piva è termine generico per strumenti musicali a fiato simili alla cornamusa, al piffero, allo zufolo e altri, fondati sulla risonanza prodotta dall'aria in vibrazione all'interno di un tubo cavo e forato. Nel linguaggio comune, la parola indica attualmente la cornamusa.
avere la piva *(fam)*
Figurato: avere un'espressione immusonita, scontenta; avere il broncio.
Allude alla forma allungata della piva, paragonata all'apparente allungarsi di un volto imbronciato.
var.: fare la piva; metter giù una piva.
essere una piva *(fam)*
Essere una persona noiosa, querula, alla quale non va mai bene niente o che trova difetti e manchevolezze in tutto.
Allude al suono monotono e lamentoso della piva. ‖ Essere qualcosa di noioso, tedioso, e che per di più dura molto a lungo.
Allude alla lunghezza dello strumento e al suo suono monotono e lamentoso.
var.: che piva!; fare la piva.
metter giù una piva *vedi* avere la piva
tornare con le pive nel sacco
Tornare delusi o scornati per non avere ottenuto quanto si era andati a reclamare, a chiedere, a ricevere; più in generale, per non avere ottenuto lo scopo voluto.
Le possibili origini del detto sono due. La prima viene fatta risalire alle ritira-

te militari di un tempo, che avvenivano normalmente in silenzio. Trombe e squille, le *pive* appunto, restavano quindi riposte nelle loro custodie, cioè nel *sacco*, o addirittura infilate negli zaini dei soldati, anch'esso chiamato spesso "sacco". Un'altra derivazione può essere data dall'uso ancora attuale, nel periodo natalizio, di andare a suonare cennamelle, zampogne e cornamuse per le strade, in cambio di offerte in denaro. Un tempo, soprattutto nei paesi di campagna, i suonatori si fermavano di casa in casa, dove ricevevano doni vari, di solito generi alimentari, che riponevano in un sacco preparato allo scopo. Se ricevevano poco, e il sacco risultava così semivuoto, potevano metterci dentro anche le pive.
var.: restare con le pive nel sacco.

PIZZA
essere una pizza
Riferito a una persona, essere tediosa, pesante, anche esasperante. Detto di una cosa, in particolare un discorso, un libro, un film e simili, essere noioso, lungo, poco interessante e così via.

PLATEA
per la platea
Per riscuotere successo agli occhi degli altri, riferito a un'azione o altro che si fa solo per far bella figura. Spesso spregiativo.
var.: per amor di platea.

POCO
pochi, maledetti e subito
Si dice di una somma di denaro, in genere modesta, che si desidera riscuotere in fretta. Usato in particolare in caso di ritardi di pagamento.

POESIA
far passar la poesia
Spoetizzare, fare svanire una suggestione, un'idea di bellezza e simili. Riferito a situazioni deludenti nonostante le buone premesse iniziali, e in particolare a persone che si ritenevano sensibili, raffinate, elevate, e che poi si rivelano comuni, normali, o addirittura spregevoli.
var.: far perdere la poesia.
senza poesia
Figurato: banale, piatto, pedestre, privo di bellezza, suggestione, incanto. Anche eccessivamente prosaico, crudo, realistico, oppure molto mediocre e senza speranze di miglioramenti futuri.

POETA
a tutti i poeti manca un verso
Nessuno è perfetto, così come anche il più grande dei poeti ha senza dubbio qualche manchevolezza. ‖ La perfezione è di per sé irraggiungibile, e anche il migliore dei poeti deve rendersi conto che si potrebbe scrivere ancora meglio.
il Sommo Poeta
Per gli Italiani, Dante Alighieri, che peraltro non è particolarmente noto agli stranieri.
var.: il Divino Poeta.
poeta vate
Poeta che scrive su grandi temi patriottici, religiosi o civili.

POLITICA
fare la politica dello struzzo
Figurato: non volere vedere la realtà, cercare d'ignorarla per non doverla affrontare e quindi essere costretti a prendere decisioni, ad assumersi responsabilità e così via; rimandare continuamente difficoltà e problemi, rifiutarli, fingendo di non accorgersene o addirittura che non esistano.
Si dice che lo struzzo nasconda la testa sotto la sabbia quando si accorge dell'avvicinarsi di un pericolo.
politica del carciofo
Modo d'agire che arriva al risultato

voluto mediante fasi successive, per piccoli passi.
Il detto deriva da una frase attribuita al re di Sardegna Carlo Emanuele III, che alla fine del 1700 affermò che l'Italia era come un carciofo e come tale andava mangiata una foglia per volta.
politica del piede di casa *vedi* **politica delle mani nette**
politica della lesina
Figurato: politica finanziaria impostata al più stretto risparmio.
Fu chiamata così la politica adottata dopo l'unità d'Italia dalla Destra storica italiana, e in particolare da Quintino Sella e da Giovanni Lanza, con l'intento di risanare il bilancio dello Stato.
politica delle mani nette
Figurato: politica rinunciataria.
L'espressione fu coniata nel 1878 dal primo ministro Cairoli in occasione del congresso di Berlino, promosso da Bismark per rivedere gli equilibri nei Balcani. Cairoli sintetizzò con questa frase l'intenzione del governo italiano di astenersi dalle questioni internazionali, per timore di gravi contrasti interni.
var.: politica delle mani pulite; politica del piede di casa.

POLLAIO
andare a pollaio
Scherzoso: andare a dormire, detto soprattutto di chi si ritira molto presto, più o meno quando scende la sera, comportandosi così come i polli.
sembrare un bastone da pollaio
Essere coperto e incrostato di sudiciume, come i bastoni su cui si appollaiano le galline, che sono tutti imbrattati di escrementi.

POLLICE
avere il pollice verde
Ottenere ottimi risultati nel curare le piante.

girarsi i pollici
Figurato: non lavorare, non far niente. Anche perdere tempo in un'attesa forzata.
non mollare di un pollice
Non scendere a patti, non transigere; non cedere su nulla, nemmeno nella piccola misura equivalente a un pollice. Riferito a trattative d'affari e di denaro, o anche a scontri e discussioni in cui ognuna delle parti in causa intende restare ferma sulle proprie posizioni, senza fare concessioni di nessun tipo.
Il *pollice* è un'unità di misura inglese pari alla trentaseiesima parte della *yard*, cioè a cm 2,54.
var.: non spostarsi di un pollice; non cedere di un pollice.
pollice verso
Figurato: riprovazione, condanna, rifiuto, negazione e così via.
Deriva dal gesto usato dagli antichi Romani per decidere la sorte di un gladiatore sconfitto durante un combattimento nel Circo. Il vincitore, pur avendo il diritto di uccidere il rivale, poteva chiedere il parere del popolo e dell'imperatore; questi rispondevano mostrando il pollice rivolto in alto se desideravano fargli grazia della vita, oppure il pollice *verso*, cioè rivolto in basso, per decretarne la morte.

POLLO
essere come i polli di mercato
Di un insieme di cose o persone, essere male assortiti; di una cosa fra altre, essere rovinato, inutilizzabile, scadente e simili.
Deriva dall'abitudine dei mercanti di vendere una coppia o un gruppo di polli in cui almeno uno era in cattivo stato; in questo modo riuscivano a vendere anche i capi che altrimenti nessuno avrebbe comperato.
essere un pollo *(pop)*
Essere sciocco, credulone, farsi imbrogliare facilmente.

Allude alla scarsa intelligenza attribuita ai polli.

far ridere i polli *(fam)*
Parlare, agire o comportarsi in modo estremamente ridicolo, tanto da far ridere anche chi non ne avrebbe affatto voglia o chi non sarebbe nemmeno in grado di farlo, in questo caso i polli.

pelare come un pollo *(fam)*
Figurato: indurre qualcuno a una grossa spesa o a fargli sborsare tutto il denaro di cui dispone, lasciandolo come un pollo pronto per la cottura e privo pertanto di tutte le sue penne.
var.: pelare il pollo; spennare come un pollo.

portare polli *(des)*
Favorire relazioni d'amore, in genere clandestine.
Allude all'epoca dei messaggi segreti, che venivano ripiegati in modo tale da somigliare alle ali di una gallina bianca, a quel tempo pregiatissima.

spennare come un pollo *vedi* pelare come un pollo

POLMONE
a pieni polmoni
Con tutto il fiato, solitamente per emettere un grido.

avere buoni polmoni
Figurato: avere molta voce, molto fiato, detto in genere dei bambini piccoli che piangono a lungo senza stancarsi. In senso ironico o scherzoso, anche essere verbosi o chiacchieroni, parlare incessantemente; oppure ripetere sempre le stesse cose, in genere consigli, raccomandazioni e simili, senza mai essere ascoltati. Nel gergo sportivo è detto degli atleti che hanno una buona capacità respiratoria.

sputare i polmoni *(pop)*
Figurato: parlare con foga, a lungo e ininterrottamente; parlare inutilmente, senza essere ascoltati, e continuare a farlo fin quasi a rovinarsi i polmoni, come riducendoli a pezzi che si è poi costretti a sputare.

POLO
andare fino al polo
Andare in un posto lontanissimo, difficile e disagevole da raggiungere.

POLPETTA
fare polpette di qualcuno
Figurato: percuotere violentemente qualcuno, quasi riducendolo simile alla carne tritata con cui si fanno le polpette. Anche nuocergli gravemente creandogli problemi, screditandolo, infliggendogli uno smacco o un'umiliazione e simili. Riferito a un rivale, surclassarlo nettamente. Usato anche in senso scherzoso.

POLSO
aver polso
Figurato: essere energici, volitivi; essere autorevoli; saper governare una situazione, prendere decisioni, iniziative e simili.

avere un bel polso
Figurato: dimostrare vigore, intensità, forza espressiva, detto di scrittori, pittori e simili.

di polso
Energico, fermo, risoluto, detto di una persona capace di dominare con efficacia situazioni e persone.

polso di ferro
Figurato: grande fermezza e risolutezza, detto in particolare di chi riesce a far rispettare una rigida disciplina.

tastare il polso
Figurato: cercare di scoprire le idee, le intenzioni, la disponibilità di qualcuno, così come si tasta il polso per controllare la regolarità delle pulsazioni del sangue.

POLVERE
avere le polveri bagnate
Essere impreparati ad affrontare una

situazione imprevista o lasciarsi sfuggire una buona occasione a causa della propria inadeguatezza, dovuta tanto a incapacità quanto a mancanza di mezzi opportuni, come se al momento di uno scontro a fuoco ci si ritrovasse con la polvere da sparo bagnata e quindi inutilizzabile.

dare la polvere *vedi* **mangiare la polvere**

gettar polvere negli occhi
Ingannare qualcuno grazie a false apparenze inducendolo a credere cose false che hanno la parvenza di verità, come se si gettasse della polvere negli occhi di qualcuno per confondergli la vista.

Il detto ha origine in Gellio (5,21,4) che lo riferisce in particolare a chi ha acquisito una cultura superficiale e la esibisce profusamente per nascondere così la propria sostanziale ignoranza. Se ne servono inoltre Sant'Agostino (12,16,23) ed Erasmo (*Adagia*, 2,9,43), mentre Plauto, nel suo *Miles Gloriosus* (148) preferisce l'espressione "calare la cateratta sugli occhi".

mangiare la polvere
Essere sconfitti, essere battuti o superati da un rivale, un antagonista e così via. Anche scherzoso.

Allude alla scia di polvere sollevata dal passaggio di un corridoio in una gara o simili; chi gli è alle spalle non può evitare di respirarla.

var.: dare la polvere.

mordere la polvere
Essere duramente sconfitti, in genere con grave danno.

È un ricordo delle antiche battaglie equestri, in cui cadere da cavallo implicava la morte certa. Il cavaliere disarcionato, accecato dalla polvere sollevata dallo scontro e impacciato dalle sue stesse armi, restava alla mercè del suo rivale, e se non era quest'ultimo a ucciderlo, finiva inevitabilmente calpestato dagli zoccoli dei cavalli o dal furore degli altri combattenti, ugualmente accecati dalla polvere. Questo destino si fece ancora più inesorabile con il perfezionamento delle armature, che nel tempo divennero sempre più pesanti fino a impedire a chiunque di salire a cavallo senza l'aiuto di un palafreniere. In ogni caso, se il cavaliere cadeva, il cavallo generalmente fuggiva terrorizzato, diventando suo malgrado strumento di morte; non a caso alcuni "cavalli di battaglia" che si comportavano diversamente divennero giustamente famosi.

ridurre in polvere
Figurato: distruggere, annientare. Riferito a nemici o rivali oppure anche a progetti, ideologie, teorie o altro di cui non resta o non si intende lasciare traccia. Vale anche per regni e civiltà perdute.

scuotere la polvere di dosso
Percuotere qualcuno, come a toglierli di dosso la polvere battendolo come si farebbe con un tappeto. Anche ironico o scherzoso.

tenere asciutte le polveri
Figurato: tenersi pronti a ogni evenienza, non farsi cogliere impreparati da un evento qualsiasi.

Allude alla polvere da sparo, che se non è perfettamente asciutta diventa inutilizzabile. Pare che il detto derivi dalla raccomandazione rivolta da Oliver Cromwell ai suoi soldati, nel 1650, mentre attraversavano un fiume poco prima della battaglia di Dunbar: "Due cose dovete conservare: la fede in Dio e le polveri all'asciutto!"

POLVERONE
sollevare un polverone
Figurato: creare una situazione di scompiglio per confondere le idee agli altri, per suscitare uno scandalo, per costringere qualcuno a reagire, per attirare l'attenzione su qualcosa e così via.

POMPA
in pompa magna
Con grande eleganza e sfoggio ostentato, detto di abbigliamento o atteggiamento. Quasi sempre ironico o scherzoso.
Pompa era un tempo quasi sinonimo di "processione, corteo", e il detto allude al fasto con cui si svolgevano queste cerimonie.

PONTE
bruciare i ponti
Figurato: abbandonare un luogo, una situazione, un ambiente, un sistema di vita o simili facendo in modo di non lasciare alcuna possibilità di ritornare sulle decisioni prese.
Allude all'uso degli eserciti di bruciare o comunque distruggere i ponti dietro di sé, allo scopo non solo d'isolare le località interessate, ma soprattutto d'impedire eventuali diserzioni da parte delle proprie truppe. Inoltre, la consapevolezza che la ritirata è impossibile darebbe più ferocia ai combattenti, inducendoli a battersi fino all'ultimo. Va ricordato che in passato i ponti erano comunemente di legno, e a volte potevano essere semplici passerelle fatte di assi sostenute e ancorate per mezzo di robuste corde.
var.: bruciarsi i ponti alle spalle; tagliare i ponti; tagliarsi i ponti alle spalle.

far ponti d'oro
Fare a qualcuno offerte o proposte molto vantaggiose, interessanti, proficue, in genere per assicurarsene i servigi o il lavoro, o per convincerlo a fare qualcosa. Si usa anche per una persona sgradita, o molesta, improduttiva o simili, per indurla ad andarsene e a lasciare la sua carica, le sue funzioni o altro. Oppure, offrire a un nemico tutte le facilitazioni per fuggire. In questo senso esiste anche un proverbio: "a nemico che fugge ponti d'oro".
L'immagine è quella di rendere più allettante l'invito facendo camminare l'interessato su ponti d'oro.

fare da ponte
Fungere da elemento di collegamento tra due persone, enti e simili. Detto di persone o cose.

fare il ponte
Non lavorare durante uno o più giorni normalmente feriali ma inclusi tra due festivi vicini. Riferito a scuole, aziende e simili.

gettare un ponte
Figurato: manifestare la propria disponibilità o comprensione verso una persona, una situazione, una mentalità diversa e così via. Anche creare le premesse per stringere un legame, per instaurare un rapporto suscettibile di sviluppi futuri.

mettere in ponte
Dare inizio a un'impresa o simili, come se questa stesse già percorrendo un ponte che conduce al luogo della sua destinazione.
Un'altra immagine è quella dell'automezzo in via di riparazione già issato sul *ponte* dell'officina meccanica.

rompere i ponti con qualcuno *vedi* **tagliare i ponti con qualcuno**

tagliare i ponti a qualcuno
Figurato: privare qualcuno della sua libertà d'azione, isolarlo, impedirgli di uscire da un determinato ambito, come distruggendo i ponti che dovrebbe percorrere per farlo.
Un tempo, questo era un modo abbastanza diffuso per isolare un centro abitato senza arrivare a un vero e proprio assedio.

tagliare i ponti con qualcuno
Figurato: interrompere definitivamente i rapporti con qualcuno, in modo da non lasciare alcuna possibilità di ritornare sulle decisioni prese o di tentare una qualsiasi riconciliazione. Anche abbandonare una situazione, un tipo di vita, un ambiente e così via.
In passato, quando i confini di una

proprietà o di una città erano quasi sempre segnati da fiumi o da fossati, i ponti costituivano l'unico modo per accedervi. In caso di rottura di rapporti, i ponti venivano subito demoliti per evitare incursioni da parte del nuovo nemico.
var.: rompere i ponti con qualcuno.

tenere in ponte *(fam)*
Tergiversare, temporeggiare; tenere in sospeso un'iniziativa o altro per avere il tempo di valutare la situazione prima di prendere una decisione.

testa di ponte
Figurato: la parte più avanzata di qualcosa, soprattutto di un progetto, un'impresa e simili, riferito in particolare alle persone che se ne occupano. Si dice di chi sta per questo valutando una situazione per porre le basi di una collaborazione o di un'iniziativa, per organizzare un ufficio distaccato e simili. Si usa inoltre per una sede lontana che funge da collegamento e alla quale si ricorre per contattare qualcun altro, o anche per la prima filiale su un nuovo mercato.
La *testa di ponte* propriamente intesa è la parte di ponte in fase di montaggio che avanza verso la sponda da raggiungere. In zona di combattimento indica il reparto che si è attestato sulla sponda nemica di un fiume, da cui agevola l'afflusso di altre truppe per organizzare una massiccia avanzata. ‖ Figurato: persona che opera all'interno di un'organizzazione qualsiasi e dalla quale si aspettano le informazioni necessarie a ottenere uno scopo voluto.
Sempre nel linguaggio militare, la testa di ponte indica anche gli agenti infiltrati in territorio nemico.

POPOLO
il basso popolo
Il popolino, le classi inferiori della popolazione, considerate soprattutto in rapporto alla loro ignoranza. Spesso spregiativo.

noto al popolo e al comune *(raro)*
Noto a tutti, risaputo, riferito anche alla nomea di una persona.
La locuzione intera è "noto al popolo, al comune e al contado", e risale ai tempi delle antiche "grida", cioè delle disposizioni di legge che un tempo venivano lette in pubblico e alle quali dovevano attenersi tutti gli abitanti della zona interessata.

popolo bue
La gente intesa come massa acritica, facilmente manipolabile o anche remissiva, sottomessa, che si piega senza ribellarsi così come fa il bue che si lascia aggiogare docilmente.

PORCO *(agg)*
fare il porco comodo
Comportarsi secondo il proprio egoistico vantaggio, senza assolutamente curarsi dei danni e dei disagi che possono venirne ad altre persone.
var.: fare i propri porci comodi.

PORCO *(sost)*
comperare il porco
Figurato: non accorgersi che qualcuno se n'è andato alla chetichella, senza salutare nessuno.
Il detto sembra avere origine dall'abitudine dei contadini che quando portavano il bestiame al mercato se ne andavano in fretta non appena conclusa la vendita, per non farsi trovare se gli acquirenti avevano poi qualche recriminazione da fare.

essere un porco
Essere una persona spregevole per varie ragioni: disonestà, corruzione, lascivia, slealtà, vigliaccheria, prepotenza e via dicendo. Usato generalmente come insulto.

far la vita del beato porco
Avere un'esistenza comoda e garantita, come quella del maiale che vive

senza problemi nell'abbondanza, ben nutrito, libero di fare quello che vuole senza bisogno di lavorare. Usato in senso spregiativo.

PORO
sprizzare da tutti i pori
Manifestare apertamente, intensamente e chiaramente un determinato sentimento, uno stato d'animo, una condizione fisica e simili. Può essere riferito a gioia, ira, odio, salute, cattiveria e simili.

PORRO
mangiare il porro dalla coda
Figurato: fare una cosa alla rovescia.
piantar porri e raccogliere cipolle
Figurato: ottenere un risultato diverso da quello voluto, positivo o negativo.
predicare ai porri *(des)*
Sprecare fiato, dire cose che nessuno ascolta, come se si predicasse ai porri che non possono sentire avendo sotto terra la parte ingrossata, paragonata alla testa.

PORTA
a porte chiuse
In privato, senza la presenza di estranei. Riferito a un processo, un esame o simili, che si svolge senza ammettere la presenza di pubblico.
andare a porta inferi *(raro)*
Figurato: morire.
Le parole latine significano letteralmente "porta dell'inferno", dove con "inferno" si intende non il luogo di punizione dei cristiani ma semplicemente l'Aldilà.
aprire le porte
Figurato: accogliere o ammettere qualcuno in un gruppo o simili.
chiudere le porte
Figurato: respingere qualcuno più o meno brutalmente, rifiutargli l'accesso a un ambiente, a un gruppo e simili. Anche negargli un favore, o un aiuto, bocciare una sua richiesta e così via.
dare dalla porta e togliere dalla finestra
Trovare modo di recuperare abbondantemente quanto si è dato.
essere alle porte
Essere imminente, sul punto di sopraggiungere, riferito a persone ma soprattutto a situazioni o scadenze. Si dice pertanto del nemico, dell'inverno, degli esami e così via.
mettere alla porta
Scacciare, allontanare, mandar via, riferito particolarmente a un ospite poco gradito. Di un dipendente, licenziarlo in tronco, con decorrenza immediata.
picchiare alla porta
Figurato: chiedere aiuto a qualcuno, implorare un favore o simili. ‖ Figurato: imporsi con urgenza, riferito a un evento ormai inevitabile e generalmente prevedibile. Può trattarsi della morte come della primavera.
var.: bussare alla porta.
prendere la porta
Figurato: andarsene, in genere infuriati dopo una lite o simili.
var.: prendere la porta e andarsene; infilare la porta.
ridursi alle porte coi sassi
Essere in grande ritardo. Anche ridursi all'ultimo momento, doversi affrettare e affannare a fare qualcosa per la quale non rimane più che pochissimo tempo.
È un detto fiorentino che sembra risalire ai tempi in cui la città, ancora circondata dalle mura, chiudeva le porte all'una di notte. Gli eventuali ritardatari erano quindi costretti a picchiare con i sassi per farsi aprire. Una versione più gentile vuole invece che i guardiani, sapendo che soprattutto nelle sere d'estate molti cittadini uscivano a passeggiare fuori delle mura, battessero con un sasso sulla porta per avvertire della chiusura imminente.

sbattere la porta sul naso
Rifiutarsi di ricevere qualcuno, come chiudendogli la porta in faccia. Anche figurato.
var.: sbattere la porta in faccia.

sfondare una porta aperta
Voler dimostrare qualcosa di ovvio, che nessuno mai contesterebbe. Anche cercare di superare un ostacolo o una difficoltà in realtà inesistente, e in senso ironico, vantarsene.

trovare tutte le porte aperte
Non incontrare difficoltà, ostacoli o simili; essere facilitati in quello che si sta facendo.
var.: aprire tutte le porte.

trovare una porta chiusa
Figurato: vedersi negare un aiuto, una possibilità, un appoggio sul quale si contava.

PORTO
arrivare in porto
Figurato: finire, terminare, arrivare alla conclusione di qualcosa, vederne la fine, in genere con sollievo o dopo lungo tempo e fatica; portare a termine un viaggio, un'impresa, una trattativa, un lavoro o simili.

condurre in porto
Figurato: concludere felicemente una impresa, una iniziativa, una trattativa d'affari o altro. Anche finire un lavoro e simili.

essere un porto di mare
Figurato: essere un luogo perennemente affollato, con grande andirivieni di persone, paragonabile a un porto in cui le navi salpano e attraccano in continuazione.

far porto a ...
Nel linguaggio marinaro, fermarsi in un determinato posto, detto di una nave. In senso figurato, interrompere o sospendere a un determinato punto un'azione o altro.

naufragare in porto
Figurato: soccombere all'ultimo momento, quando ormai si crede di avere superato i pericoli e le difficoltà maggiori. Anche fallire stupidamente, per una svista, per distrazione, o a causa di una cosa di poco conto.

PORTOGHESE
fare il portoghese
Figurato: non pagare il biglietto d'ingresso ove invece sarebbe previsto, come ad esempio a teatro, in uno stadio e simili.
Pare che il detto alluda a un episodio avvenuto a Roma nel 1700, quando l'ambasciata del Portogallo organizzò al teatro Argentina un fastoso ricevimento al quale avevano libero accesso i cittadini portoghesi: il risultato fu che tutti gli intervenuti si qualificarono come Portoghesi. L'ipotesi è però giudicata fantasiosa in quanto l'inaugurazione del teatro Argentina avvenne nel 1732, e fino al 1900 non si riscontra alcuna documentazione del detto. Un'altra versione vuole invece che risalga a una concessione di un papa non meglio identificato, che per ricambiare i ricchi doni ricevuti da un re del Portogallo avrebbe concesso ai suoi sudditi il libero ingresso in tutti i teatri di Roma.

POSIZIONE
farsi una posizione
Riuscire bene nella vita, avere successo nel lavoro, nella carriera e così via, soprattutto con un buon riscontro economico.

prendere posizione
In una controversia, una discussione, una lite o simili, assumere un atteggiamento determinato a favore di una delle persone, delle parti o delle idee in contrasto.

POSTO
esserci posto per far ballare i topi
Si dice di un luogo molto ampio, spa-

zioso, e in senso ironico, di un locale pubblico con pochi clienti, di una sala di spettacolo cui sono intervenuti pochissimi spettatori e così via.

essere a posto
Essere bene ordinato, presentabile, detto di cose o persone. In senso lato, riferito a persone, essere corretti, onesti, affidabili; detto di una situazione, una pratica burocratica e simili, essere regolare, lecita e così via. ‖ Riferito a persone, avere trovato un'attività lavorativa stabile e sicura, in genere nel settore impiegatizio e preferibilmente pubblico.

mettere a posto qualcosa
Fare ordine, riordinare. In senso figurato, sistemare una questione, una situazione e simili, eventualmente ripristinando ordinamenti o gerarchie precedenti. Usato spesso con valore di minaccia.
var.: rimettere le cose a posto; mettere le cose a posto.

mettere a posto qualcuno
Figurato: richiamare una persona ai suoi doveri, ricordandole i suoi obblighi, la sua posizione e così via. Anche rimproverarla aspramente, o malmenarlo, o ricambiare un'offesa ricevuta.
var.: rimettere a posto; rimettere al suo posto. ‖ Figurato: procurare a qualcuno un impiego, un lavoro, una sistemazione economica e simili.

mettersi al posto di qualcuno *vedi* panno: mettersi nei panni di qualcuno

non esserci posto neanche per bestemmiare *(pop)*
Essere un luogo angusto, piccolo o sovraffollato, in cui manca lo spazio per fare qualsiasi cosa, fosse anche bestemmiare.

posto da capre
Figurato: luogo impervio e scosceso, malagevole, considerato adatto solo alle capre che non temono i dirupi.

posto da lupi
Posto desolato, inospitale, impervio e selvaggio, che si ritiene adatto soltanto ai lupi.

prender posto
Mettersi a sedere, in particolare in un locale pubblico quale un cinema, un teatro, una sala da riunioni e così via.

stare al proprio posto
Figurato: comportarsi secondo la propria reale condizione, quindi come impongono l'età, la posizione economica o sociale, l'ambiente, i rapporti di relazione e via dicendo.

trovarsi un posto al sole
Farsi una posizione, trovare un buon inserimento nella società; avere successo o riconoscimento pubblico; riuscire nella vita, nel lavoro e simili con una soddisfacente situazione economica, come conquistandosi il diritto a occupare uno spazio di terreno nel quale stare tranquilli, indisturbati, al sicuro.

POTENZA
alla massima potenza
Figurato: in massimo grado. Detto di cosa o persona che raggiunge il massimo delle sue potenzialità o rappresenta il meglio nel suo genere.
Deriva dal linguaggio matematico, in cui l'elevazione a *potenza* indica un'operazione con cui si associa un numero reale o complesso al prodotto di un certo numero di fattori.

in potenza
In stato di potenzialità, di possibilità, riferito a qualcosa o qualcuno che possiede qualità, capacità e requisiti necessari per realizzare qualcosa che ancora non si è verificata.
Deriva dal linguaggio filosofico, soprattutto aristotelico e scolastico, in cui l'espressione designa tutto ciò che tende a realizzarsi senza essere ancora in atto. Per Aristotele definiva la capacità o la possibilità di produrre un mutamento.

potenza occulta
In senso lato, entità sconosciuta e in-

conoscibile per le facoltà umane, dotata di poteri misteriosi, che la credenza popolare associa generalmente a esseri demoniaci.

Per gli occultisti si tratta di entità soprannaturali in grado di esercitare il loro influsso sugli uomini o sugli avvenimenti del mondo fenomenico.

POTERE

a più non posso
Quanto più è possibile, al massimo delle possibilità.

non poterne più
Essere esausti, non essere più in grado di sopportare qualcosa, essere arrivati al massimo delle proprie capacità di sopportazione, di pazienza, di tolleranza, di sofferenza, di fatica, di resistenza e così via.

POVERO

povero in canna
Figurato: poverissimo, in miseria.
Si recupera con questo detto l'idea della canna come simbolo di miseria e sventura.
Secondo un'altra interpretazione, l'idea di povertà sarebbe legata al fatto che la canna è internamente cava, e quindi non contiene nulla.

POZZO

chiudere il pozzo dopo che è annegato il vitello
Correre ai ripari quando ormai è troppo tardi; anche pentirsi tardivamente.

pozzo di San Patrizio
Persona, attività, impresa, situazione o altro che sembra inesauribile nel distribuire, o più raramente nell'assorbire, denaro, energia, risorse o altro. Sono due i pozzi di questo nome, anche se comunemente s'intende quello di Orvieto, in cui secondo la tradizione basta gettare una moneta per vedere esaudito un desiderio. L'altro, detto anche "Purgatorio di San Patrizio", è una profonda caverna sull'isola di Derg, in Irlanda, che si riteneva fosse la via d'accesso al Purgatorio e all'Inferno dei cattolici. Una leggenda voleva che fosse stata indicata personalmente da Dio a San Patrizio, perché potesse rendersi conto concretamente delle pene del Purgatorio e convincere più facilmente gli increduli. Secondo la tradizione, chiunque vi avesse trascorso un giorno e una notte di preghiera sarebbe stato purificato da tutti i propri peccati.

pozzo di scienza
Persona molto dotta, erudita, colta, dalle conoscenze così numerose che vi si potrebbe attingere come a un pozzo. Usato più che altro in senso ironico o scherzoso.

pozzo senza fondo
Figurato: tutto ciò che ha bisogno di essere continuamente alimentato senza arrivare mai a riempimento, riferito a cose, persone o enti che assorbono energie, risorse o denaro, e continuano a esigerne senza dar nulla in cambio. ‖ Figurato: con significato completamente opposto, si dice di tutto ciò che sembra essere inesauribile, cui si può attingere continuamente senza economia.

scavare un pozzo vicino a un fiume *(raro)*
Figurato: fare una cosa sciocca, una fatica inutile, come appunto scavare un pozzo per cercare l'acqua quando vicino c'è un fiume.

PREDICA

come suonare a predica *(raro)*
Figurato: ripetutamente, con insistenza, come lo scampanio che chiama alla messa. Se riferito a percosse, anche sonoramente. Usato per qualcosa che si fa o si dice molte volte, in genere senza risultato.
var.: bastonare come suonare a predica.

PREDICARE
predicar bene e razzolare male
Figurato: fare discorsi moraleggianti esortando gli altri alla virtù e poi comportarsi personalmente in maniera del tutto opposta; dare consigli giusti e sensati che però non si mettono in pratica nelle proprie azioni.

PRENDERE
prendere il largo *(pop)*
Figurato: allontanarsi, andarsene, in generale per evitare un'accusa, una condanna, una responsabilità, una situazione spiacevole in generale.
Viene dal linguaggio della marineria, in cui si riferisce a un'imbarcazione che si allontana dalla costa verso il *largo* del mare.

prendere o lasciare
Dover accettare una situazione alle condizioni imposte da altri o altrimenti rinunciarvi; non avere una reale possibilità di scelta, trovarsi di fronte a due sole alternative, senza speranza di patteggiamento. Usato più che altro a proposito di scelte coatte, quasi sempre svantaggiose per chi vi è costretto. Anche riferito a un prezzo non trattabile.
Usato spesso come intimazione.

prendere per ...
Confondere una cosa con un'altra. Anche sbagliare completamente a valutare qualcosa o qualcuno, come nel caso di chi si accorge a posteriori di essere stato ingannato, truffato, circuito da chi si era "preso per un galantuomo", o nel caso di chi "prende per stupida" una persona e tenta d'ingannarla senza riuscirci.

prenderla in mala parte
Interpretare in senso negativo parole o azioni altrui; anche reagire male a una notizia o a una situazione dimostrando offesa o rancore, oppure delusione, dolore e simili.
var.: prenderla male.

PRESA
far presa
Aderire, attaccarsi, detto di sostanze collose e simili. In senso figurato, suscitare interesse, risultare convincente; anche riscuotere successo.

PRESSIONE
essere sotto pressione
Figurato: essere gravati da problemi, impegni, scadenze o altro che impongono un pesante e faticoso ritmo di vita; essere pressati, sollecitati a fare qualcosa, soprattutto nell'ambito del lavoro.
Si dice così di un motore quando la pressione del vapore ha raggiunto il livello necessario per il funzionamento.
var.: mettere sotto pressione; tenere sotto pressione.

far pressione
Figurato: insistere, sollecitare qualcuno per ottenere qualcosa.

PRETE
dar da bere al prete perché il chierico ha sete *(raro)*
Favorire qualcuno per ottenere un beneficio dalla persona che lo protegge, o anche chiedere qualcosa per sé fingendo che sia per altri.

sbaglia anche il prete all'altare
Di origine proverbiale, il detto ricorda che nessuno è veramente infallibile, nemmeno il prete quando celebra la messa sull'altare in qualità di ministro di Dio.
var.: sbaglia anche il prete a dir messa.

PREZZEMOLO
essere come il prezzemolo
Essere dappertutto, essere presente in luoghi e situazioni diverse, o in molte istituzioni, organismi e simili, come il prezzemolo che viene largamente impiegato nelle più disparate preparazioni culinarie. Anche, mettersi sempre

di mezzo, intrufolarsi ovunque, intromettersi in tutto.
essere come il prezzemolo nelle polpette
Essere scarsamente significativo, non apportare alcuna modifica a una situazione o simili, così come il sapore piuttosto forte dell'impasto delle polpette non viene alterato da un'eventuale aggiunta di prezzemolo.
var.: starci come il prezzemolo nelle polpette.

PREZZO
non aver prezzo
Figurato: avere un valore talmente alto da non essere quantificabile, perché nessuna somma di denaro per quanto grande riuscirebbe a pagarlo. Riferito a opere d'arte, valori o sentimenti quali la libertà, l'amicizia, l'indipendenza, la gloria, l'amore, o anche la vendetta.
var.: essere senza prezzo.
prezzi impiccati
Prezzi di vendita molto bassi, quasi al limite del guadagno.
prezzo alle stelle
Figurato: prezzo elevatissimo, talmente alto che sembra raggiungere l'altezza delle stelle.
prezzo fisso
Prezzo non trattabile, riferito a una merce qualsiasi. Riferito a un ristorante, costo forfettario di un pasto costituito da portate prestabilite dal ristoratore in cui il cliente ha una scelta limitata.
prezzo stracciato
Prezzo bassissimo, ridotto al massimo.
tirare sul prezzo
Mercanteggiare, contrattare su un prezzo richiesto per cercare di ridurlo.
ultimo prezzo
Prezzo proposto all'acquirente al di sotto del quale il venditore non è disposto a scendere; prezzo scontato al massimo.

PRIMADONNA
Nel mondo dello spettacolo, la *prima donna* era la protagonista di un'opera teatrale, e in particolare di un melodramma. La definizione è poi passata a indicare il personaggio principale di uno spettacolo di qualsiasi tipo. In senso lato e leggermente ironico si è esteso poi ai divi in generale, uomini compresi, e a chi vuole sempre primeggiare.
essere una primadonna
Figurato: comportarsi come una diva e atteggiarsi a tale, con capricci, pretese, preziosismi e in genere tutti i comportamenti negativi attribuiti ai divi di successo.
var.: fare la primadonna; arie da primadonna; fare da primadonna.

PRIMAVERA
avere molte primavere
Figurato: essere piuttosto anziani, avere molti anni qui rappresentati dalle primavere che si sono vissute.
la primavera della vita
Figurato: l'età giovanile, la giovinezza o anche l'adolescenza.

PRIMIERA
far primiera con tre carte
Figurato: barare al gioco. Anche essere incredibilmente fortunati o estremamente abili, tanto da riuscire anche nelle imprese impossibili.
La *primiera* è un punteggio del gioco della scopa, e si calcola facendo la somma di quattro carte.

PRIMO
il primo venuto
Figurato: individuo non precisato cui si attribuiscono ipotetici giudizi che vanno tenuti in scarsa considerazione, o ipotetiche azioni, proposte e simili di cui è meglio diffidare. Spesso spregiativo. ‖ Figurato: individuo che si permette di esprimere giudizi, opinio-

ni o consigli non richiesti a persone con cui non è in confidenza, oppure che pontifica su determinati argomenti pretendendo di avere un'autorevolezza che gli altri non gli riconoscono.
var.: il primo che passa.

primo, non nuocere *(raro)*
Il primo beneficio che si chiede a una cosa è quello di non causare danno.
L'espressione ebbe una certa diffusione negli anni Cinquanta, quando venne usato come formula pubblicitaria per un noto lassativo. Risale però all'età latina, che voleva così ricordare che il primo dovere di un medico è quello di non procurare altri mali al paziente, riprendendo in tal modo un precetto che Ippocrate aveva più volte espresso in varie forme.

PRINCIPE
far vita da principe
Vivere comodamente, riccamente, con tutti gli agi, i piaceri e i privilegi, come si suppone che viva un principe.
var.: vivere come un principe.

il principe dei demoni
Per i cristiani, il Diavolo, e in particolare Lucifero.

il principe delle tenebre
Per i cristiani, il demonio Lucifero, principe degli angeli che si ribellò a Dio e fu per questo precipitato all'Inferno, luogo buio in quanto non toccato dalla luce divina, dove divenne principe dei demoni. L'espressione è usata soprattutto in senso figurato per definire una persona, di solito un uomo, di decisa ma fosca bellezza.
var.: angelo delle tenebre.

principe consorte
Titolo spettante al marito di una sovrana regnante. Usato in senso scherzoso per il marito di qualsiasi donna famosa, e a volte per un uomo che fa prendere alla moglie tutte le decisioni.

principe del sangue
Membro di una famiglia regnante.

sognare il principe azzurro
Pensare all'uomo ideale che secondo l'opinione comune ogni ragazza sogna come marito. Usato in senso ironico per le giovani che non si decidono a sposarsi in quanto non giudicano adatto a loro nessun pretendente, con il sottinteso che siano loro stesse troppo esigenti, oppure per ragazze svagate, distratte o pasticcione che sembrano troppo occupate a pensare al matrimonio per interessarsi d'altro.
Allude al protagonista maschile della favola *Biancaneve*, dei fratelli Grimm.
var.: aspettare il principe azzurro.

PRINCIPESSA
essere come la principessa del pisello
Ironico: assumere atteggiamenti altezzosi, di superiorità e sussiego. Anche essere schizzinosi o eccessivamente sensibili e delicati.
Narra una favola di Andersen che un giorno una giovane principessa si smarrì nella foresta, e al calar della sera chiese asilo in una casa di contadini, dichiarando la propria condizione e promettendo di esaudire qualsiasi desiderio dei suoi ospiti in cambio di un giaciglio per la notte. La padrona di casa non le credette affatto, ma ad ogni buon conto volle verificare a modo suo l'identità dell'ospite, e le preparò un letto con sette materassi, sotto l'ultimo dei quali nascose un pisello. Il mattino seguente le domandò come avesse dormito, e quando la giovinetta rispose di non aver potuto chiudere occhio a causa di qualcosa di duro nel letto, concluse che il suo racconto doveva essere vero, poiché solo una principessa poteva avere una pelle così delicata da avvertire la presenza di un pisello sotto sette materassi.

PRINCISBECCO
restare di princisbecco *(raro)*
Restare stupefatti, di stucco, senza pa-

role per la sorpresa o lo smacco.
Il *princisbecco*, che prende il nome dal suo inventore inglese Pinchbeck, è un tipo di ottone che imita l'oro e contiene circa il 15% di zinco. Il detto allude all'ammirazione delle persone semplici e modeste di fronte all'oro, sia pure falso.

PROCESSIONE
andare in processione
Figurato: far parte di un gruppo di persone che l'una dopo l'altra vanno tutte nello stesso luogo, o che seguono pedestremente la stessa direzione mentale, culturale, ideologica e simili. Si dice inoltre di tutti coloro che ricorrono alla stessa persona, in genere un potente.
essere una processione
Essere una grande quantità di persone oppure di veicoli in fila, che avanzano lentamente come in una vera e propria processione. Riferito in genere a un lungo e lento andirivieni di gente in un ufficio, allo sportello di un ente pubblico e simili, a una coda automobilistica e altro.

PROCUSTE
Procuste, o più esattamente "Procruste" significa "stiratore", ed era il soprannome di un leggendario brigante greco che attendeva i viandanti sulla strada che porta da Atene a Megara. Dopo averli catturati li stendeva su una specie di letto al quale la loro statura doveva adattarsi perfettamente, e se questo non avveniva, provvedeva ad amputarli o a stirarli secondo i casi. Procuste venne ucciso dall'eroe ateniese Teseo.
essere sul letto di Procuste
Provare forte disagio in quanto obbligati a mantenersi, in un'azione o simili, entro limiti molto ristretti, e quindi avere poca libertà di movimento, poco spazio di manovra. Anche trovarsi in una situazione pericolosa in cui basta un movimento sbagliato per trovarsi in serie difficoltà. Oppure, soffrire di una situazione che obbliga alla costrizione o all'inazione.

PROFESSIONE
di professione
Detto di una persona, si riferisce alla sua attività lavorativa o principale, come in locuzione quali "pittore di professione". È però usato più spesso in senso ironico o scherzoso per sottolineare aspetti negativi del carattere di qualcuno, come ad esempio bugiardi, seccatori, fannulloni ugualmente "di professione".

PROFETA
essere cattivo profeta
Sbagliare una previsione.
essere facile profeta
Fare una previsione facilissima, che chiunque sarebbe in grado di fare. Spesso ironico per chi si atteggia a persona saggia e lungimirante.

PROFILO
di basso profilo
Espressione che indica cose e persone mediocri, di scarsa levatura.
var.: di alto profilo.

PROGRAMMA
essere tutto un programma *(fam)*
Figurato: si dice di qualcosa che s'impone per la sua singolarità, per caratteristiche tanto originali e curiose da apparire buffe o da sfiorare il ridicolo. Per estensione, all'opposto, essere qualcosa di problematico, difficile, faticoso, cui tuttavia ci si rassegna.
fuori programma
Non contemplato da un programma prestabilito. In senso lato, anche imprevisto, inaspettato, riferito a qualcosa che non rientrava nelle previsioni. Riferito spesso a un intermezzo o a

una sorpresa solitamente piacevoli.

PROMESSA
essere una promessa
Figurato: persona in genere giovane che rivela potenziali qualità molto positive in un determinato campo, tanto da far ritenere di avere un brillante futuro o di essere destinata a un grande successo. Usato principalmente in relazione ad attività artistiche o sportive; più raramente nell'ambito della ricerca scientifica.

fare promesse da marinaio
Promessa a vuoto, che non si ha la minima intenzione o l'effettiva possibilità di mantenere.
Sembra che il detto derivi dai frequenti rischi della vita marinara, che induceva i naviganti a promettere qualsiasi cosa a Dio o ai Santi se li avessero protetti dal naufragio e dalla morte, salvo poi dimenticarsene non appena la tempesta era passata. Può però alludere anche alla vita vagabonda dei marinai, che quando sbarcavano per una sosta nei loro lunghi viaggi spesso promettevano alle ragazze di sposarle al loro successivo ritorno, che però non avveniva mai. Da qui ha origine anche il detto "una donna in ogni porto".

PROMETTERE
promettere male
Far prevedere sviluppi o situazioni sfavorevoli, detto di situazioni che peggiorano, del tempo che si mette al brutto, di giovani che sembrano avviati su una cattiva strada o verso situazioni negative, o ancora di persone che si sospettano affette da una grave malattia.
var.: promettere bene.

promettere poco
Far prevedere risultati scadenti o peggiori di quanto si pensava, detto di situazioni, cose o persone. Anche in senso ironico.

PRONTO
essere pronti e già mangiati *(pop)*
Figurato: essere in perfetta efficienza, pronti a intraprendere un'operazione senza avere bisogno di niente.
L'espressione sembra avere origine militare, con riferimento agli eserciti che venivano fatti uscire "pronti e dopo aver mangiato". In questo senso è riferita anche da Catone.
var.: essere pronti e dopo aver mangiato.

PROPORRE
l'uomo propone e Dio dispone
Di origine proverbiale, il detto vuole ricordare che la vita è piena d'imprevisti, e che quanto viene programmato dagli uomini è sempre soggetto ai capricci della sorte, qui rappresentata dalla volontà di Dio.
Ripete l'identico proverbio.

PROVA
a prova di ...
In grado di resistere a qualcosa, come un tessuto "a prova d'acqua" e quindi impermeabile, una porta "a prova di fuoco" e così via. Anche in senso figurato o ironico.

a tutta prova
Completamente sicuro o affidabile, tale da non lasciar dubbi; riferito in genere a una dote morale di qualcuno, di solito onestà, lealtà e simili. Anche ironico per qualità opposte o diverse.

alla prova dei fatti
Nella realtà, dopo opportuna verifica.

fare la prova del nove
Figurato: controllare, verificare fino a ottenere la certezza di qualcosa.
La *prova del nove* è un procedimento aritmetico che si usa per verificare l'esattezza di una divisione. A differenza di quanto si crede, non è valida in senso assoluto.

mettere alla prova
Indurre qualcuno a dimostrare opera-

tivamente determinate capacità, conoscenze, attitudini, doti e simili. Riferito a cose o situazioni, verificarne la potenzialità.
prova d'amore
In passato, rapporto sessuale prematrimoniale visto come concessione da parte di una donna nei confronti del fidanzato che lo richiede come prova del suo amore e della sua fiducia in lui.
prova di forza
Figurato: atteggiamento saldo e irremovibile con cui ci si pone di fronte a un avversario al fine di saggiarne la resistenza e possibilmente indurlo a cedere.

PRUDENZIO
essere un sor Prudenzio
Ironico o scherzoso: essere eccessivamente prudenti, pieni di paure e dubbi, fino a non concludere mai nulla per evitare qualsiasi rischio.
Il *Sor Prudenzio* esiste solo nella fantasia popolare, per richiamare con il suo stesso nome caratteristiche di estrema cautela.

PUBBLICITÀ
non far pubblicità
Figurato: non divulgare una notizia o simili, mantenerla riservata, non parlarne troppo.

PUGNO
avere il pugno proibito
Figurato: essere una persona molto forte, in grado di sferrare un pugno talmente violento da poter essere considerato una vera e propria arma.
dare un pugno in cielo
Fare una cosa inutile, che sicuramente non dà risultati. Nello stesso senso, anche sfogare la propria rabbia contro chi non se ne accorge nemmeno.
essere come un pugno in un occhio
Essere qualcosa di stonato, che non armonizza con un insieme, che risulta sgradevole appunto come un pugno in un occhio. Si dice in genere di colori male assortiti, di un abbinamento sbagliato e così via.
var.: essere un pugno in un occhio; fare a pugni.
fare a pugni
Figurato: non armonizzare per nulla con qualcos'altro, in particolare sotto il profilo estetico.
L'immagine è quella di due persone che non si sopportano a vicenda fino al punto di prendersi a pugni.
mordersi i pugni
Figurato: provare o manifestare rabbia, invidia, impotenza e simili, soprattutto per qualcosa che si sarebbe potuta ottenere se ci si fosse comportati in modo diverso.
mostrare i pugni
Figurato: minacciare qualcuno in modo violento o iroso.
pugno di ferro
Ferma autorità nascosta sotto un'apparente dolcezza.
Allude al tirapugni, di cui il termine è sinonimo.
pugno di ferro in guanto di velluto
Grande energia, forza, volontà o simili esplicati sotto un'apparente dolcezza o calma.
rimanere con un pugno di mosche in mano
Figurato: restare senza niente, con le mani piene solo di mosche e quindi ancor peggio che vuote, in particolare dopo avere sperato o lavorato in vista di un guadagno, un vantaggio o simili.
stringere i pugni
Figurato: reprimere ira, rabbia e simili, in particolare quando ci si trova in situazioni d'impotenza.

PULCE
fare le pulci
Cercare accanitamente i difetti e gli errori di qualcosa o di qualcuno, an-

che i più piccoli, con spirito animosamente pignolo e malevolo.
var.: cercare le pulci in testa a qualcuno.

mettere la pulce nell'orecchio
Figurato: instillare un sospetto, un dubbio, come mettendo nell'orecchio di qualcuno una pulce che muovendosi per uscire gli ricorda continuamente la propria fastidiosa presenza.

Nel Medio Evo e per tutto il Rinascimento, l'espressione era usata a proposito dei tormenti e dei desideri d'amore, che turbavano il sonno e impedivano di dormire proprio come se si avesse avuto una pulce nell'orecchio.

PULCINELLA
Pulcinella è una maschera napoletana della Commedia dell'Arte nata fra il 1500 e il 1600 e diffusasi presto anche all'estero. Indossa un costume bianco con i calzoni larghi e un ampio camiciotto stretto con una cintura da cui pende il bastone o la daga, e porta una maschera nera e un cappello a cono bianco. Pulcinella incarna il popolano opportunista e volubile, pettegolo e linguacciuto, più furbo che intelligente, che si mette nei pasticci a causa della sua impulsività e delle sue alzate d'ingegno e finisce regolarmente per essere preso a bastonate.

fare il Pulcinella
Comportarsi da persona poco seria, opportunista o volubile, assomigliando così allo stereotipo della nota maschera napoletana.

nozze di Pulcinella
Festa che finisce con dissapori, liti e così via. Si dice anche di un'impresa o simili che finisce presto e malamente pur essendo partita con ottime premesse.
var.: finire come le nozze di Pulcinella; fare le nozze di Pulcinella.

segreto di Pulcinella
Notizia o informazione che all'insaputa dell'interessato è nota a tutti, come i segreti confidati a Pulcinella che questi non riesce a tenere per sé e ripete a sua volta a chiunque, sempre in gran segreto.

PULCINO
avere i pulcini di gennaio *(raro)*
Figurato: aver figli in età avanzata.
Gennaio sta qui per l'inverno, che simboleggia la vecchiaia. Il detto intende alludere a qualcosa che avviene contro natura.

essere come un pulcino bagnato
Essere timidi, impacciati, a disagio; anche abbattuti, senza energia.

Il pulcino nasce tutto bagnato, con la leggerissima peluria che sembra incollata alla pelle. Inoltre un pulcino bagnato perde realmente energia poiché disperde il calore interno, e oltre ad avere freddo, è anche disorientato dal fatto di non potersi servire del suo corpo come al solito.
var.: essere come un pulcino bagnato.

essere un pulcino nella stoppa
Figurato: essere impacciati oppure a disagio; anche non sapersela cavare, dimostrarsi incapaci di uscire da una situazione qualsiasi. Usato quasi sempre con simpatia per persone giovani e inesperte che si trovano ad affrontare un'esperienza nuova e vi si dibattono con fatica come farebbe un pulcino nella stoppa.
var.: essere come un pulcino nella stoppa.

PULPITO
da che pulpito viene la predica!
Si usa in genere nei confronti di chi rimprovera ad altri i suoi stessi difetti che non si rende conto o non ammette di avere. Anche ironico o spregiativo.

montare in pulpito
Pontificare su un argomento qualsiasi; ergersi a maestri di vita, di conoscenza e simili. Anche diventare superbi, bo-

riosi per un successo ottenuto; non tollerare che si metta in dubbio una presunta superiorità.
var.: salire in pulpito; montare sul pulpito.

PUNTA
mettersi di punta
Mettersi a fare qualcosa con grande impegno e determinazione, decisi a portarla a termine a tutti i costi, come se si affrontasse un nemico presentandogli la punta della lancia. È riferito in genere a imprese difficili o faticose; si usa inoltre per chi agisce con accanimento spinto da un puntiglio, un rancore o simili.
var.: mettercisi di punta.

prendere di punta
Avere un atteggiamento rigido, aggressivo, per nulla accomodante; trattare qualcuno in modo brusco, magari arrogante, come se lo si sfidasse a una prova di forza o simili.

una punta di ...
Una minima quantità di qualcosa, in genere di una polvere o simili. Usato anche per una qualità o una caratteristica personale in genere negativa, come in locuzioni quali "una punta d'invidia", "una punta di malevolenza" e simili.

PUNTELLO
andare avanti a forza di puntelli
Figurato: avere una salute malferma, come se si restasse in vita solo perché forniti di sostegni; andare avanti stentatamente, con fatica, e solo grazie a vari tipi d'aiuto, usato anche per studenti e altri personaggi con forti raccomandazioni.

è più debole il puntello della trave!
Esclamazione: si usa in relazione a qualcosa che non apporta nessun beneficio a una situazione pericolante, o che addirittura corre il rischio di danneggiarla ulteriormente. È detto anche di una scusa poco credibile, che non regge.

PUNTINO
mettere i puntini sulle i
Figurato: precisare con la massima chiarezza i termini di una questione per evitare qualsiasi rischio di equivoco o malinteso. Anche essere esageratamente minuziosi, pignoli.
Prima dell'adozione dei caratteri tipografici in piombo a lettere mobili, la *i* minuscola non prevedeva il puntino superiore, che venne in uso solo per non confondere questa lettera con altri segni verticali. In origine il puntino era un accento acuto, e si usava solo quando la *i* era doppia per distinguerla dalla *u*; con il tempo gli accenti divennero punti e s'integrarono nella lettera stessa.

PUNTO
dare dei punti a qualcuno
Figurato: essere nettamente superiore a qualcuno.
Deriva dai giochi di carte, quando all'inizio della partita un giocatore concede a un avversario più debole dei punti di vantaggio.

di punto in bianco
Improvvisamente, senza preavviso, in maniera del tutto inaspettata.
Deriva dal linguaggio militare, e nella fattispecie dai corpi d'artiglieria pesante. Indicava il punto di arrivo della traiettoria di un proiettile sulla linea di mira naturale, cioè "ad alzo zero"; questo tipo di tiro non richiedeva operazioni di calcolo per il puntamento e poteva quindi essere sparato in qualsiasi momento. Risultava micidiale per la sua grande potenza distruttiva e sfruttava il vantaggio della sorpresa, ma poteva essere impiegato solo a distanza ravvicinata.

di tutto punto
Perfettamente, in modo completo e ineccepibile. Riferito a una cosa fatta

bene, senza trascuratezze, con grande cura fin nei minimi particolari, cioè i *punti*.

essere in punto e virgola
Essere esageratamente ricercati, formali, osservare in modo pignolo le regole dell'etichetta. Anche nel senso di essere affettati o artificiosi, oppure perfezionisti al massimo.
var.: parlare in punto e virgola; fare qualcosa in punto e virgola; tenersi in punto e virgola.

essere un punto interrogativo
Figurato: essere qualcosa d'incerto, d'imprevedibile, riferito a una situazione, un avvenimento futuro o altro che non consentono di fare previsioni.
‖ Figurato: riferito a una persona, risultare incomprensibile o anche poco affidabile.

fare il punto
Stabilire con esattezza i termini di una situazione, individuarne gli aspetti fondamentali o analizzarla alla luce di nuovi elementi o evoluzioni, per capire in che fase o condizione si trova.
Deriva dal linguaggio marinaresco, in cui *fare il punto* significa stabilire il luogo esatto in cui si trova un'imbarcazione, ricorrendo a diversi tipi di strumenti e di calcoli.
var.: fare il punto della situazione.

fatto in punto e virgola
Fatto in maniera ineccepibile, con estrema esattezza, precisione, accuratezza, o anche con una certa pignoleria o puntigliosità.
var.: fatto a punto e virgola.

in punto
Esattamente all'ora di cui si parla. Allude al punto segnato sul quadrante degli orologi in corrispondenza di ogni ora.

metterci un punto *(fam)*
Figurato: mettere fine a una situazione, una questione, una lite, una lamentela e simili; non pensarci più, indipendentemente dall'esito.

punto critico
Figurato: momento o situazione difficile, o particolarmente delicata, che a volte impone una scelta dalla quale dipende il futuro. Anche momento o fase pericolosa che può evolvere in modo incontrollabile tanto in bene quanto in male.
In senso stretto, il *punto critico* è quello in cui un fenomeno raggiunge il massimo dello sviluppo o dell'intensità, dopo di che comincia la parabola discendente oppure inverte o modifica bruscamente il suo andamento.
var.: momento critico; fase critica.

punto d'onore
Puntiglio, questione sulla quale non si è disposti a recedere in quanto si considera di avervi impegnato il proprio onore.

punto di rottura
Figurato: situazione di massima tensione dopo la quale gli equilibri si rompono. Vale per rapporti difficili, situazioni tese, capacità di sopportazione e così via.

punto e basta!
Esclamazione: usata per metter fine a una discussione e simili, imponendo con forza la propria opinione.

punto morto
Figurato: difficoltà che non si riesce a superare. Anche punto d'arresto, o situazione che non porta a nulla.
In meccanica, il *punto morto* è ciascuna delle due posizioni estreme di un organo di macchina a moto alternativo, in cui praticamente non viene prodotto lavoro.
var.: trovarsi a un punto morto.

punto per punto
In dettaglio, particolareggiatamente; oppure con metodo, fermandosi su tutti i passaggi logici. Riferito in genere a spiegazioni, descrizioni, resoconti e simili.

segnare un punto
Figurato: aggiudicarsi un vantaggio,

come quando in una gara o in una partita a carte si "segna" il punteggio raggiunto. Anche vedersi riconoscere un merito.
trovarsi a un punto morto *vedi* **punto morto**
vincere ai punti
Figurato: vincere a stento, con un minimo vantaggio sull'avversario.
Nel pugilato, quando si arriva alla fine di un incontro senza che nessuno dei due contendenti sia andato al tappeto, la vittoria viene assegnata per punteggio.

PURO
PARAGONI: puro come l'acqua dei maccheroni; puro come un angelo; puro come una colomba; puro come l'acqua; puro come un giglio; puro come una vergine; puro come un neonato; puro come un ruscello di montagna.
puro come l'acqua
Puro, privo di sostanze estranee; anche innocente, onesto, che ricorda la trasparenza dell'acqua.
puro come l'acqua dei maccheroni
Ironico: nient'affatto puro, non certo innocente.
L'acqua di cottura della pasta non è mai limpida.
puro come un angelo
Innocente, onestissimo, come un angelo che per sua natura non è contaminato dal peccato.
puro come un giglio
Innocente, senza macchia, come il giglio che è perfettamente candido. Anche molto ingenuo.
Il giglio è simbolo di purezza e di castità maschile.
puro come un neonato
Innocente, appunto come un neonato che non ha ancora avuto il tempo di peccare.
puro come un ruscello di montagna
Puro, innocente; anche giovane, fresco, o ingenuo, inesperto, come un ruscello di montagna, appena sgorgato dalla sorgente e non contaminato dai prodotti della civiltà.
puro come una colomba
Innocente, senza macchia, come le piume di una colomba bianca.
La colomba è simbolo di purezza e di castità femminile.
puro come una vergine
Puro, casto come una vergine. Anche molto ingenuo.
tutto è puro per i puri
La malizia non sta nelle cose o nelle situazioni, ma nell'interpretazione di chi le guarda.
Il detto, che ha origine in un'Epistola di San Paolo (1,15) venne ripreso anche da Cicerone (*Tusculanae*, 4,16,36), ma è più nota per l'uso che ne fa Manzoni nell'ottavo capitolo dei *Promessi sposi*, in cui con queste parole Padre Cristoforo mette a tacere il frate portinaio Fazio che si scandalizzava per la presenza delle donne nel convento.

PUZZA
avere la puzza sotto al naso
Fare gli snob, considerarsi parte di un'élite superiore e guardare le persone considerate inferiori con aria altezzosa, come se puzzassero.
esserci puzza di...
Essere nell'aria, come una sensazione avvertibile all'olfatto. Usato soprattutto in negativo, in espressioni come "c'è puzza di bruciato, di imbroglio" e simili.
var.: sentire puzza di...

PUZZARE
PARAGONI: puzzare come un avello; puzzare come un pesce; puzzare come un maiale; puzzare come un cadavere; puzzare come una iena.
puzzare come un avello
Puzzare, appunto come una tomba in

cui si suppongono corpi in putrefazione.
puzzare come un cadavere
Puzzare, appunto come un cadavere in via di putrefazione.
puzzare come un maiale
Puzzare, appunto come il maiale considerato un animale molto sporco.
puzzare come un pesce
Puzzare, appunto come un pesce lasciato a marcire.

var.: puzzare come un pesce marcio.
puzzare come una iena
Puzzare, come una iena che si nutre di cadaveri e ha l'alito fetido.
puzzare di...
Figurato: far pensare o far presentire qualcosa; avere le caratteristiche distintive di qualcosa. Usato quasi sempre in senso negativo in locuzioni quali "puzzare di guai, puzzare d'imbroglio" e così via.

Q

QUADRATO
far quadrato
Figurato: prepararsi a difendere qualcuno o qualcosa, come disponendoglisi attorno per proteggerlo. Riferito spesso ai componenti di un organismo, di un partito e simili.

Deriva da un'antica formazione militare a quadrato assunta in combattimento dalla fanteria, che poteva così fronteggiare gli assalti da qualsiasi parte venissero senza dover cambiare lo schieramento, e veniva disposta all'intorno di un comandante e del suo Stato Maggiore. Successivamente divenne la formazione classica per difendersi dalle cariche della cavalleria.

quadratura mentale
Linearità di ragionamento, chiarezza d'idee; anche senso pratico.

QUADRO
fare un quadro
Figurato: esporre o descrivere a qualcuno una situazione o altro, in modo che possa farsene un'idea generale.
var.: fare il quadro.

sembrare un quadro
Essere di particolare bellezza, detto di un panorama, di una visuale, di un paesaggio e simili. Si dice anche di una persona, in genere di una donna, e a volte viene usato in senso ironico per indicarne il volto troppo truccato.
var.: essere un quadro.

QUARANTENA
La *quarantena* è propriamente un periodo di quaranta giorni che si ritiene sufficiente a fare emergere i segni di qualsiasi malattia epidemica in incubazione, durante il quale i possibili portatori vengono tenuti in isolamento e sotto osservazione. Si applicava un tempo alle navi in arrivo ritenute infette, e pare sia stata introdotta dai Veneziani all'epoca delle Repubbliche marinare.

mettere in quarantena
Figurato: allontanare, estromettere, isolare qualcuno da un ambiente per un periodo indeterminato. Inteso quasi sempre in senso punitivo.

QUARANTOTTO
andare a carte quarantotto
Andare in rovina, fallire, finire nello scompiglio o molto male, detto di un progetto, un'iniziativa o simili che non giungono a realizzazione.

essere un quarantotto
Essere qualcosa di molto confuso, una situazione disordinata, caotica, di grande scompiglio; anche sanguinosa. Allude all'anno 1848 della storia d'Italia, quando l'Europa fu messa in subbuglio da una serie di sommosse e rivolte che scossero dalle fondamenta l'ordine costituito.
var.: fare un quarantotto; succedere un quarantotto.

QUARESIMA
essere una Quaresima *(fam)*
Figurato: avere un'espressione o un carattere triste, lugubre; essere sempre privi d'allegria o di vitalità; parlare solo di malattie, problemi, disgrazie e simili in modo noioso e assillante. Vale anche per una situazione, un ambiente e così via.

fare Quaresima
Propriamente, osservare il digiuno imposto dalla Chiesa per i quaranta giorni che precedono la Pasqua. In senso lato, digiunare in generale, anche nel senso di attraversare un periodo di difficoltà e privazioni.

QUARTA
partire in quarta *(pop)*
Iniziare qualcosa con grande entusiasmo e foga, come partendo in automobile innestando subito la quarta marcia per l'impazienza.
Il detto contiene una sfumatura d'ironia: il più delle volte, innestando subito la quarta, il motore dell'auto in realtà si spegne.

QUARTIERE
lotta senza quartiere
Lotta senza tregua, senza riposo, senza sosta fino alla vittoria finale.
Nell'antico linguaggio militare, quando molte questioni si risolvevano con il duello, lo sfidante poteva accettare di ritirare la sfida in cambio d'una simbolica somma di denaro. Tale somma si chiamava *quartiere* poiché corrispondeva alla quarta parte della paga d'un ufficiale, e dal momento che il duello era ammesso solo tra nobili e che quasi tutti i nobili erano ufficiali, si supponeva che la transazione avvenisse su basi di parità. Benché fosse norma dichiarare anticipatamente se ci si batteva al primo o all'ultimo sangue, era comunque previsto che uno dei duellanti potesse chiedere la resa, o meglio "quartiere"; in tal caso stava all'altro decidere se concederlo o meno, incamerando eventualmente la somma di diritto.
var.: guerra senza quartiere.
non dare quartiere
Non concedere tregua a un nemico e simili; anche non accettarne la resa. Riferito a un'azione, portarla avanti con accanimento.
quartier generale
Figurato: luogo in cui si svolge abitualmente l'attività di un gruppo di persone, e in particolare la sede da cui viene diretta o coordinata.
Il *quartier generale* è comunemente il posto di comando di un generale e del suo Stato Maggiore; in Italia e in Francia era invece, in passato, sinonimo di caserma.
quartieri alti
Figurato: la zona urbana abitata dai ceti più abbienti. In senso lato, la buona società, l'insieme delle persone più ricche di una città.
Il termine deriva dal nome dato ai quartieri abitativi costruiti a Roma per la nuova borghesia ministeriale, dopo il 1870.

QUARTO
essere di quarto *(raro)*
Essere di turno, soprattutto se di sorveglianza o simili.
Viene dal linguaggio marinaro, dove si definiva così il turno di guardia, che durava quattro ore.
fare il quarto
Prestarsi a completare la seconda coppia di giocatori, soprattutto nei giochi di carte.
quarti di nobiltà
Figurato: discendenza nobile.
In araldica, è l'insieme degli ascendenti nobili di una persona in una stessa generazione.

QUATTRINO
bussare a quattrini
Chiedere denaro, quasi pretendendolo e con una certa sicurezza di riuscire a ottenerlo.
Il detto deriva dal gergo dei giochi di carte. Nel tresette un giocatore può calare una carta battendo un colpo sul tavolo e dicendo "busso": questo equivale a chiedere al proprio compagno di "rispondere" giocando la carta più alta dello stesso seme. Si può quindi "bussare" a bastoni, spade, coppe o denari. Da "denari" si è passati al significato di "soldi" o "quattrini".
var.: bussare a denari; bussare a soldi.
essere quattrini gigliati *(des)*
Figurato: essere denaro sicuro; per

estensione, anche costituire un buon investimento.

Riportavano l'emblema del giglio le monete fiorentine e francesi, entrambe considerate solide e sicure.

non avere il becco di un quattrino *(fam)*
Essere del tutto sprovvisti di denaro, non avere un soldo, essere in miseria. Nel gergo popolare si chiamava *becco* il bordo leggermente rialzato delle monete da un quattrino.

non avere un quattrino da far cantare un cieco *(raro)*
Figurato: essere in miseria, non avere assolutamente denaro, nemmeno una moneta di poco valore come un quattrino.

In passato, le persone afflitte da menomazioni fisiche vivevano spesso di carità, e i ciechi in particolare si esibivano cantando sulle piazze. Ai ciechi veniva tra l'altro attribuita una grande sensibilità musicale, ed era facile trovarne molti fra i cantori e gli organisti di chiesa.

QUATTRO
come due e due fanno quattro
Con grande facilità, quella stessa con cui si fa la somma di due più due. ‖ Con certezza, con evidenza, in modo inconfutabile, così come è chiaro e innegabile che sommando due più due si ottiene quattro.

farsi in quattro
Agire in modo fattivo e con grande impegno per ottenere uno scopo, spesso in favore di qualcuno.

in quattro e quattr'otto
Facilmente, tempestivamente e in pochissimo tempo, come quello che occorre per fare la somma di quattro più quattro.

QUERCIA
essere una vecchia quercia
Figurato: si dice di una persona anziana ma in ottima salute, oppure di una persona forte e robusta in generale. Riferito anche a individui di grande saldezza morale o grande forza d'animo, capaci di far fronte alle difficoltà e di sopportare e reagire alle avversità della vita senza lasciarsene abbattere. La *quercia* ha tronco e radici robustissime, è molto longeva e resiste anche alle più violente tempeste.
var.: essere una quercia.

QUI
finiamola qui! *(fam)*
Esclamazione: usata per chiudere una discussione o simili imponendo la propria opinione.

non finisce qui!
Esclamazione: usata generalmente da chi soccombe in una discussione o simili per minacciare ritorsioni, vendette o altro.

non ricordarsi da qui a lì *(fam)*
Avere una pessima memoria; anche essere estremamente distratti, come se ci si dimenticassero le cose nel breve tempo occorrente a fare un passo.

tutto finisce qui!
Esclamazione: si usa per assicurare che non ci saranno strascichi o conseguenze di una determinata questione.

QUINTA
agire dietro le quinte
Agire nascostamente, in genere per interesse personale, lasciando credere che quanto avviene sia opera d'altri. Anche indurre altri a comportarsi in un certo modo per ricavarne vantaggi. In teatro, le *quinte* sono i telai che chiudono la scena sui due lati, nascondendo le azioni di chi non sta recitando davanti al pubblico. L'origine del detto potrebbe risalire al teatro dei burattini, che il burattinaio fa muovere sulla scena senza farsi vedere. Un'altra possibile origine si potrebbe ricollegare al teatro comico, con riferi-

mento alla maschera di Arlecchino, che a volte recita da dietro le quinte senza apparire in scena.
var.: lavorare dietro le quinte.

tra le quinte
Di nascosto, senza essere visti, come succede in teatro dove gli spettatori non possono vedere quello che succede tra le quinte ai lati del palcoscenico. Anche nel senso di furtivamente, segretamente, riferito in genere ad azioni malvage o comunque reprensibili.
Nel linguaggio teatrale si dice così delle battute pronunciate da un attore che sta appunto tra le quinte, perciò non visibile al pubblico in sala.

QUOTA
perder quota
Figurato: calare, diminuire, detto in genere del successo, della stima, della notorietà di cui gode qualcuno. Anche perdere le proprie capacità, e in generale perdere slancio, perdere forza e vigore, indebolirsi.
Propriamente, si dice così dell'abbassarsi di un areoplano in fase d'atterraggio, o che non riesce a mantenere la linea di volo e sta per precipitare.
var.: prendere quota.

R

RACCOMANDARE
raccomandato di ferro
Figurato: persona che gode di una forte raccomandazione da parte di un personaggio molto influente.
var.: raccomandazione di ferro.

te lo raccomando!
Esclamazione: si usa in senso ironico per distogliere una persona dal frequentare qualcuno o dall'occuparsi di qualcosa che si ritengono negativi.

RADICE
La *radice* è simbolo di saldezza e di stabilità in un luogo; esprime inoltre il concetto di antichità, con il quale è stata accolta nell'araldica.

estirpare alla radice
Figurato: eliminare completamente, in modo da impedire il riformarsi di qualcosa. È riferito spesso a malattie, attività criminali, vizi e simili.
var.: distruggere alla radice.

metter radici
Figurato: stabilirsi in un dato luogo, fermarcisi; anche rimanerci più del necessario o del dovuto, a rischio di riuscire sgraditi. Riferito a costumi, idee, teorie, affermarsi, diffondersi, penetrare profondamente in un dato ambito.
var.: piantare le radici.

RAGAZZA
ragazza da marito
Giovane donna giunta in età adatta per pensare a sposarsi. Anche ragazza per bene, signorina di buona famiglia, destinata ed educata per un adeguato matrimonio.

RAGAZZO
ragazzo di strada
Monello; più spesso ragazzaccio. Anche giovane scapestrato che conduce vita disordinata, priva di freni morali e al di fuori delle convenzioni sociali.
In tutti i casi si suppone che si tratti di un ragazzo cresciuto senza la guida dei genitori, che ha avuto la strada come unica casa.

ragazzo di vita *(pop)*
Figurato: ragazzo che si prostituisce.
È detto per analogia con donna di vita.

RAGGIO
raggio d'azione
Figurato: ambito in cui si esercita un potere, un'influenza, l'efficacia di qualcosa in generale.
È un termine derivato dal linguaggio militare, dove assume connotazioni diverse a seconda dello strumento a cui si riferisce. Di un veicolo, indica la distanza massima che può coprire in determinate condizioni su un percorso di andata e ritorno, senza rifornirsi di carburante; in questo senso è utilizzato anche per gli aerei, come sinonimo di "autonomia di volo". Di un'arma, indica la distanza massima che può raggiungere il proiettile, mentre detto di un esplosivo, indica la distanza che raggiungono le schegge al momento dello scoppio.

RAGIONE
a ragion veduta
Dopo aver valutato attentamente una situazione; avendo ben chiari i propri obiettivi.

aver ragione da vendere
Avere ragione in modo pieno e completo, anche più del necessario, tanto che ne avanzerebbe addirittura per venderla a qualcun altro. La locuzione si usa anche al plurale, in cui le *ragioni* equivalgono a degli ottimi motivi per fare o meno una cosa.

aver ragione di qualcuno o di qualcosa
Superare qualcuno, vincerlo, sconfiggerlo in un modo qualsiasi.

avere cento ragioni
Enfatico: avere completamente ragione, come se questa fosse numericamente quantificabile e moltiplicabile.

darle di santa ragione
Percuotere qualcuno, picchiarlo violentemente, con il sottinteso che si tratti di una punizione pienamente giustificata, per cui *santa*, commisurata al male commesso.
In origine *di santa ragione* significava appunto "giustamente".
var.: prenderle di santa ragione; suonarle di santa ragione.

di pubblica ragione
Noto a tutti, divulgato, conosciuto; di dominio pubblico. Riferito a un fatto, una notizia e così via.

farsi una ragione
Rassegnarsi, accettare razionalmente un fatto molto sgradevole; rendersi conto dell'inevitabilità di un evento negativo o doloroso.

non sentir ragione
Intestardirsi, ostinarsi in qualcosa senza voler ascoltare suggerimenti, consigli o simili; non smuoversi dalle proprie idee per nessun motivo. Usato in genere per atteggiamenti e posizioni preconcette che qualcun altro cerca inutilmente d'invalidare ricorrendo al ragionamento.
var.: non intender ragione.

prenderle di santa ragione *vedi* **darle di santa ragione**

ragion di stato
Interesse supremo dello Stato di fronte al quale deve cedere qualsiasi altro interesse o considerazione di diverso ordine. Usato anche nella sfera privata, soprattutto in senso ironico.

rendere ragione di ...
Rispondere di un'azione o altro, assumersene la responsabilità e renderne conto a qualcuno.

Qui *ragione* è usato nel senso antico di "calcolo" o "conto", da cui deriva anche il termine "ragioniere".
var.: chiedere ragione.

RAGNO
Il *ragno* simboleggia la diligenza e l'assiduità operosa. In tal senso entra anche in araldica.

essere un ragno
Figurato: essere molto magri, soprattutto se si hanno membra molto lunghe, quasi sproporzionate. ‖ Figurato: essere molto agili, con le membra molto snodate, dando così l'idea di essere in grado di arrampicarsi dappertutto e di saper mantenere le più difficili posizioni corporee.

non cavare un ragno dal buco
Non concludere nulla nonostante sforzi e tentativi, come cercando di stanare un ragno che invece si addentra sempre più nella sua tana per sfuggire al disturbatore.

RAMAZZA
essere di ramazza
Viene dal gergo militare, dove si riferisce ai soldati incaricati della pulizia della caserma. In senso più esteso e scherzoso: essere di turno per fare qualcosa di spiacevole.
var.: essere comandato di ramazza.

RAMENGO
andare a ramengo *(pop)*
Figurato: fare una brutta fine; fallire; andare in rovina.
Si tratta probabilmente di una corruzione di "andare ramingo", cioè ridursi a peregrinare senza beni di fortuna, senza tetto, senza aiuto da parte di nessuno. Nel linguaggio popolare, la locuzione è diventata una località geografica non meglio identificata; potrebbe trattarsi di Aramengo, in provincia di Asti.
var.: mandare a ramengo.

RAMO

avere un ramo di pazzia
Presentare qualche aspetto bizzarro, non del tutto normale nel carattere, nel pensiero, nella mentalità e così via.
Il detto allude al fatto che in certe famiglie di origine antica c'è spesso un ramo di discendenza in cui sono frequenti i casi di anormalità, dovuti anche all'usanza dei continui matrimoni tra consanguinei.
var.: avere un ramo di follia; avere un ramoscello di pazzia; averne un ramo.

ramo morto
Ramo di fiume, strada o simili privo di sbocchi, a fondo cieco, che non conduce in nessun luogo. Si dice anche di un settore o di una branca di un'attività che risulta improduttiva.

ramo secco
Figurato: membro o settore di un'impresa non più produttivo e quindi inutile. Può essere riferito anche a una donna sterile.

tagliare il ramo su cui si è seduti
Danneggiarsi con le proprie mani, procurarsi un grave danno, in genere per sventatezza o errore di valutazione, come accadrebbe a chi sta segando il ramo di un albero senza rendersi conto di esserci seduto sopra.

RANA
La *rana* simboleggia la povertà felice. In tal senso compare anche in araldica, benché raramente.

andar per rane *(fam)*
Figurato: durante una discussione o una conversazione, divagare fino a perdere il filo del discorso.
L'immagine è quella letterale di chi va a caccia di rane, ed è costretto quindi, per inseguirle, a saltellare qua e là come loro.

fare come la rana con il bue
Rovinarsi per invidia, procurarsi un grave danno, amareggiarsi la vita; a volte, addirittura morirne.
Il detto fa riferimento a una favola di Fedro (*Favole*,I,24), riportata anche da Orazio (*Satire*,II,III,314-20) e da La Fontaine (*Fables*,I,3). Vi si narra che una Rana, vedendo un giorno un grosso Bue che si abbeverava allo stagno, fu presa dall'invidia per la sua mole. Pensando che ne fosse causa l'acqua che l'animale stava bevendo in grande quantità, decise di imitarlo per diventare grossa come lui. E bevve tanto che alla fine scoppiò.

gonfio come una rana
Figurato: gonfio d'invidia o di collera repressa. Oppure borioso, o pieno di prosopopea.
Allude alla favola di Fedro citata per il detto precedente, "fare come la Rana con il Bue".

sangue di rana *(raro)*
Si dice di un vino di qualità scadente o che sembra annacquato.
Il detto richiama l'idea che si tratti in realtà di semplice acqua di pozzo, colorata di rosso dal sangue delle rane che ci vivono.

RANGO
Il termine *rango*, oltre che come sinonimo di ceto e di posizione sociale, entra nel linguaggio militare come equivalente di schiera, fila o riga di soldati. In passato era sinonimo di truppa.

a ranghi serrati
Figurato: molto unito e solidale, detto di un gruppo, un organismo e simili, soprattutto se riferito all'attuazione di un progetto, un'impresa, un'iniziativa e così via.
Nel linguaggio militare indica una formazione in cui i soldati sono disposti gomito a gomito, in righe compatte che si susseguono a breve distanza l'una dall'altra.

rientrare nei ranghi
Figurato: rinunciare volontariamente o meno a una carica o simili, o anche

abbandonare una lotta per il potere e ritornare in seno a un gruppo anonimo di cui si faceva parte in precedenza. In senso lato, abbandonare velleità, pretese o desideri troppo ambiziosi, quasi sempre cedendo a chi è più forte.
var.: uscire dai ranghi.
rompere i ranghi
Figurato: disobbedire, ribellarsi a un ordinamento, una direttiva imposta e simili, come abbandonando senza un ordine preciso le fila di una formazione militare.
serrare i ranghi
Figurato: detto di più persone, impegnarsi a fondo in un'azione comune, affrontare uniti una lotta oppure difendere qualcuno o qualcosa in modo compatto.
Nel linguaggio militare, significa riordinare la formazione di combattimento, avvicinando i componenti della truppa per riempire i vuoti lasciati dai caduti.

RANNO
perdere il ranno e il sapone
Sprecare fatica e denaro in un'impresa che non dà frutti.
Il *ranno* è l'acqua usata un tempo per fare il bucato, che si otteneva facendo colare dell'acqua bollente attraverso uno spesso strato di cenere di legna per estrarne le sostanze detergenti. Vi si immergevano i panni prima di strofinarli con il sapone.

RANOCCHIO
essere un ranocchio
Figurato: essere fisicamente brutti, sgraziati, gracili, con membra sproporzionate.
fare come il ranocchio
Lasciar credere di non voler fare qualcosa per non dovere ammettere di non essere in grado di farlo. Detto in genere di chi non è in condizioni di reagire, di difendersi e in generale di nuocere. Deriva dal proverbio che afferma che "il ranocchio non morde perché non ha denti".

RAPA
In araldica, la *rapa* simboleggia la beneficienza, ma nell'uso popolare ha fama di alimento insipido e poco pregiato, dato il suo alto contenuto d'acqua e per il fatto che costituiva una delle basi dell'alimentazione dei poveri. La dietologia moderna l'ha invece rivalutata per la sua ricchezza di sali e vitamine.

RARO
PARAGONI: raro come le mosche d'inverno; raro come un cane giallo; raro come un merlo bianco; raro come una mosca bianca.
raro come le mosche d'inverno
Rarissimo, praticamente inesistente.
In inverno è in effetti molto difficile incontrare delle mosche.
raro come un cane giallo
Molto raro, praticamente introvabile o inesistente.
È difficile stabilire il motivo di questo detto, anche perché i cani dal pelo giallastro non sono affatto rari.
raro come un merlo bianco
Molto raro, come i merli di questo colore che sono bianchi per un fenomeno d'albinismo per altro abbastanza diffuso.
raro come una mosca bianca
Rarisssimo, praticamente inesistente.
La mosca è sempre nera, e non va soggetta a fenomeni d'albinismo veri e propri.

RASOIO
adoperare il rasoio
Figurato: intervenire in modo drastico per eliminare elementi negativi.
essere come i rasoi dei barbieri
Essere sempre disponibili, soprattutto

per qualcosa di piacevole.
Deriva da un detto più lungo, "essere come i rasoi dei barbieri che sono sempre in filo", quindi sempre pronti per l'uso.
essere un rasoio al cuore
Figurato: essere un dolore, un cruccio, un dispiacere intenso e continuo, assillante, che tormenta e non lascia pace. Anche scherzoso o ironico.

RAZZA
da razza
Riferito a un animale, adibito alla riproduzione. In senso ironico o spregiativo, si dice anche di un uomo.
di razza
Figurato: di particolare valore, soprattutto se riferito alle specifiche abilità o capacità di qualcuno.
Allude ai libri genealogici in cui vengono iscritti gli animali puri di una determinata razza.
far razza a sé
Figurato: non socializzare, non fare amicizia, vivere isolati, appartati. Anche avere un carattere difficile, essere un po' strani, e quindi lasciati in disparte dagli altri.
Si riallaccia agli usi di certe popolazioni di un tempo, dette endogamiche, che contraevano matrimonio solo con persone del proprio paese o dello stesso ambito familiare.
non far razza
Figurato: vivere isolati, appartati; non dare confidenza a nessuno, non avere amicizie. Riferito a idee o simili, non diffondersi, non convincere, non aver seguito; detto di un'impresa, un'iniziativa, un'attività, essere destinati al fallimento.
passare in razza
Figurato: ricevere un'alta carica puramente onorifica che in realtà comporta l'esonero di fatto da compiti importanti espletati fino a quel momento. Si dice di personaggi che in molti ambiti vengono promossi di grado appunto perché smettano di occuparsi di determinate attività. Anche scherzoso o ironico.
Allude al trattamento riservato agli animali da competizione, in particolare cavalli o cani, che alla fine della carriera sportiva vengono adibiti alla riproduzione.
razza di ...
Spregiativo: usato per enfatizzare gli aspetti negativi di qualcosa o di qualcuno. Anche scherzoso.

RAZZO
come un razzo
Molto velocemente, appunto come un razzo.
var.: filare come un razzo; fuggire come un razzo; andare come un razzo; correre come un razzo, a razzo.

RE
da re
Degno di un re, riferito a qualsiasi cosa che si apprezza moltissimo. Vale per cibi, abbigliamento, stile di vita, vacanze, trattamento e così via.
far vita da re
Vivere comodamente, riccamente, negli agi e nei piaceri come si suppone viva un re.
re da burla *vedi* **burla: da burla**
spendere come un re
Spendere moltissimo, scialacquare, come se si disponesse delle grandi ricchezze che si suppone abbia un re.
stare come un re
Essere in una situazione privilegiata, stare benissimo, godendo di tutti gli agi, le comodità e il benessere possibile, così come si suppone stia un re.
var.: stare come un re.
vestire come un re
Vestire riccamente ed elegantemente, come si suppone vesta un re.
vivere come un re *vedi* **stare come un re**

REALISTA
essere più realista del re
Sostenere o difendere un'idea, una tesi, un diritto o simili con maggior accanimento di chi vi è direttamente interessato. Anche essere intransigenti, intolleranti circa un dato argomento.
Pare che la frase sia stata coniata da Adolphe Thiers, uomo politico e storico francese, Presidente del Consiglio nel 1836 e nel 1840, che l'avrebbe usata per definire i legittimisti della Restaurazione.

REALTÀ
realtà romanzesca
Si usa nei confronti di una realtà che ha dell'incredibile, quasi come uscisse dalle pagine di un romanzo. È stato il titolo di una popolare rubrica della *Domenica del Corriere*, in cui venivano riportati e illustrati fatti singolari e curiosi.

REBUS
essere un rebus
Figurato: essere molto complesso e oscuro, difficile da capire o da risolvere, detto di persone, problemi, situazioni e così via.
Allude a un gioco di enigmistica in cui bisogna ricavare una parola o una frase interpretando uno schema dato da una o più figure associate a lettere o gruppi di lettere. Il nome del gioco deriva dal latino *rebus*, cioè "per mezzo di cose".

REGALO
fare il regalo che fece Marzio alla nuora
Fare un regalo inadeguato, ridicolo, quasi offensivo per chi lo riceve.
Secondo un aneddoto popolare, il non meglio identificato Marzio volle premiare la dedizione che la nuora gli riservava da tre anni, e le regalò una nocciola.

REGINA
arie da regina
Figurato: atteggiamento altezzoso, superbo, riferito a una donna che si ritiene superiore agli altri.
essere una regina di virtù
Figurato: avere molte doti e qualità positive, avere raggiunto la perfezione morale. Quasi sempre ironico per donne che ostentano la propria virtù e pretendono d'insegnarla a tutti.

REGISTRO
cambiare registro
Figurato: cambiare atteggiamento, tipo d'approccio, modo di comportarsi e così via, come cambiando il registro di uno strumento musicale.
Il *registro* è un sistema di meccanismi che permette di cambiar "voce" a uno strumento, a volte inserendo diversi elementi di risonanza corrispondenti a un determinato suono. Così ad esempio nell'organo, utilizzando una determinata serie di canne, si può ottenere la voce di un violino, di un flauto e così via.

REGNO
il mio regno per un cavallo *(des)*
Si dice scherzosamente quando si chiede un piccolo favore, come dichiarandosi disposti a ricambiarlo in maniera più che lauta.
L'espressione, comunemente attribuita a Riccardo III in occasione della battaglia di Bosworth Field, il 22 agosto del 1485, è divenuta celebre in quanto inserita da Shakespeare nel suo *Riccardo III* (V atto, scena V), e costituisce uno dei pezzi forti per gli attori inglesi. Dice inoltre un aneddoto che mentre Barry Sullivan recitava appunto questa scena in un teatro di provincia, uno spettatore gridò: "Scusi, non le basterebbe un asino?". E l'attore rispose: "Come no! Vuole accomodarsi in palcoscenico?".

REGOLA
a regola di briscola *(pop)*
In base a una valutazione empirica, secondo criteri approssimativi, quali possono essere le regole per vincere al gioco della briscola.

fare uno strappo alla regola
Fare un'eccezione, contravvenire a una regola, trasgredirla.

REGOLAMENTO
regolamento di conti
Figurato: vendetta in generale.
Nel gergo della malavita, indica un'azione violenta che ha lo scopo di vendicare un torto subito.

RELIGIONE
con religione
Figurato: con grande attenzione e rispetto, riferito al comportamento o all'esecuzione di qualcosa che viene trattato come fosse una cosa sacra.

entrare in religione
Entrare in un ordine religioso, prendere i voti.

essere senza religione
Figurato: essere disonesti, immorali, senza scrupoli o anche viziosi, come si suppone siano gli atei o i miscredenti, cui manca appunto la religione.

non c'è più religione!
Esclamazione: esprime indignazione o stupore di fronte a episodi o fatti che vanno contro la mentalità e i costumi tradizionali. Spesso scherzoso.

RELIQUIA
tenere come una reliquia
Conservare con venerazione e rispetto, come se si trattasse di qualcosa di molto prezioso, perché sacro o perché costituisce una testimonianza storica.

RELITTO
essere un relitto umano
Figurato: essere in condizioni di grande decadimento fisico o morale; essere gravemente minato da malattie, vizi o altro, tanto da essere abbandonato dalla società.

REMO
condannare al remo
Figurato, in genere scherzoso: infliggere una grave punizione.
Anticamente, significava condannare qualcuno a remare sulle galere.

tirare i remi in barca
Figurato: giungere alla fine di qualcosa, come quando si sta per approdare dopo un viaggio in barca e si ritirano a bordo i remi. ∥ Figurato: giunti alla fine di un'attività o di un lavoro, tirare le conclusioni e fare il conto dei ricavi. ∥ Figurato: ritirarsi dagli affari, cessare un'attività, concludere una carriera. ∥ Figurato: ritirarsi da un'impresa considerata rischiosa prima di averne dei danni.

REMORA
La *remora* è un pesce dei Teleostei lungo circa 40 centimetri, diffuso comunemente nei mari caldi e temperati. Sul dorso presenta una specie di ventosa discoidale che gli permette di attaccarsi alla pelle di altri pesci, al guscio delle tartarughe o allo scafo delle navi; in questo modo può farsi trasportare arrivando in nuove zone di caccia. La leggenda, ricordata anche da Alessandro Manzoni nei *Promessi sposi*, vuole che sia in grado di frenare anche le grosse imbarcazioni. Per questo è diventato simbolo di tutto quanto rallenta o impedisce un movimento, un progresso e simili.

essere una remora
Essere d'impaccio; costituire un ostacolo, un freno, o anche un dubbio che induce a rimandare azioni o decisioni. Anche in senso morale.
var.: avere delle remore; farsi delle remore; superare le remore; vincere le remore.

RENE
spezzare le reni
Figurato: annientare qualcuno, distruggerlo; renderlo inoffensivo mettendolo in condizioni di non poter agire. Implica un'azione di forza nei confronti di un nemico o di un ribelle, ed era molto usato un tempo in campo militare.
Le *reni* sottindendono qui la parte di spina dorsale della regione sacrale, la cui frattura porta alla paralisi degli arti inferiori. Il detto fu usato da Benito Mussolini, che in occasione della guerra contro la Grecia del 1940 dichiarò: "Spezzeremo le reni alla Grecia".

REPERTORIO
di repertorio
Si dice di opere teatrali, canzoni, brani musicali e simili che fanno parte del repertorio abituale di un artista. In senso figurato, indica qualcosa di già visto o sentito, non originale.

RESA
resa dei conti
Figurato: momento in cui ognuno deve affrontare le proprie responsabilità e rendere conto del proprio operato, come presentando il rendiconto delle spese sostenute.

RESPIRO
fino all'ultimo respiro
Figurato: fino in fondo, fino alla fine; senza cedere, senza arrendersi, come volendo insistere in un'azione fino alla morte, al momento cioè dell'ultimo respiro.

RETE
cadere nella rete
Figurato: cadere in un'insidia, in un tranello; essere vittime di un raggiro, di una truffa e simili. ‖ Riferito a un ricercato, farsi catturare.

tendere le reti
Figurato: preparare un'insidia, un tranello o simili per catturare o raggirare qualcuno, come sistemando le reti per catturare un animale.

tendere le reti al vento
Figurato: fare una cosa completamente inutile e sciocca, come tendere delle reti per catturare il vento.

RETROMARCIA
fare retromarcia
Figurato: ritirarsi da un progetto, ricredersi su qualcosa, cambiare idea ritornando a posizioni precedentemente assunte, come innestando la marcia indietro su un veicolo a motore.

RIALZO
giocare al rialzo
Figurato: esaltare le proprie qualità o capacità, in modo da essere valutati al meglio; sfruttare al massimo una situazione; aumentare le proprie richieste nel corso di una trattativa.
Viene dal linguaggio della Borsa, in cui significa speculare in previsione di un rialzo dei titoli.

rialzo delle quotazioni
Figurato: aumento della stima, dell'apprezzamento, del favore di cui gode qualcuno, come se si trattasse di un valore di Borsa.

RIBALTA
Oggi per *ribalta* s'intende comunemente il proscenio, ma nel 1800, quando nacque, era una lunga tavola di legno incernierata al bordo del palcoscenico che poteva essere ribaltata per impedire alle luci esterne d'illuminare la scena. Poco più tardi venne montata davanti alle lampade su perni girevoli, consentendo così di graduare l'intensità della luce.

essere sotto le luci della ribalta
Figurato: essere al centro dell'attenzione, come un attore illuminato dalle

lampade del proscenio. Riferito a personaggi noti, a persone in vista o a chiunque accentri su di sé l'interesse generale per un motivo e un periodo qualsiasi.

luci della ribalta
Figurato: il mondo del teatro e dello spettacolo in generale, inteso come mondo di fascino e di attrazione.

sognare le luci della ribalta
Figurato: cercare facili successi, come un aspirante attore che al mondo del teatro chiedesse solo la notorietà.

venire alla ribalta
Imporsi all'attenzione, arrivare alla notorietà, diventare un personaggio pubblico o importante soprattutto se in modo repentino e inatteso. Detto anche di episodi o avvenimenti che diventano improvvisamente di grande attualità. Deriva dall'uso degli attori di presentarsi a ringraziare il pubblico dopo la fine di una rappresentazione teatrale.
var.: salire alla ribalta; tornare alla ribalta.

RIBASSO
essere in ribasso
Diminuire di prezzo o di valore. Riferito a persone o anche a teorie e simili, perdere prestigio e autorità.

giocare al ribasso
Figurato: minimizzare le proprie qualità, doti, capacità e simili. Anche minimizzare le caratteristiche generali di una situazione, o diminuire le proprie richieste nel corso di una trattativa, in ogni caso con lo scopo di ottenere un preciso vantaggio, comportandosi come gli speculatori di Borsa che in previsione di una flessione vendono i loro titoli anche allo scoperto per farne crollare il valore.

RICAMARE
ricamarci su *(fam)*
Riferito a un episodio, un pettegolezzo, una notizia o simili, arricchirlo con particolari di fantasia, illazioni ed elementi presunti, soprattutto quando lo si racconta agli altri.
var.: farci su i ricami.

RICCIO
Il *riccio* è un animale insettivoro dal manto ricoperto di aculei. Di fronte a un pericolo si appallottola su se stesso per proteggere il muso.

chiudersi come un riccio
Figurato: assumere un atteggiamento di chiusa difesa, di reticenza o simili, rifiutando qualsivoglia intervento esterno.
var.: chiudersi a riccio; essere un riccio; fare il riccio.

RICCO
ricco come un Creso
Essere molto ricco, detto di una persona.
Creso, vissuto attorno al 550 a.C., fu l'ultimo re della Lidia. Si dice che possedesse tesori favolosi, ma la fama della sua ricchezza viene dal fatto che introdusse l'uso del denaro abolendo il baratto e che fu probabilmente il primo dei monarchi mediterranei a coniare monete in oro.
var.: più ricco di Creso.

RICHIAMO
richiamo delle foresta
Figurato: forte attrazione verso qualcosa che si sente come profondamente congeniale, e che induce a ripudiare le abitudini della vita vissuta fino a quel momento. Oppure attrazione istintiva verso gli aspetti più naturali o primitivi della vita e della natura, anche come cedimento agli impulsi incontrollati tipici degli animali.
Deriva dal titolo di un celebre romanzo di Jack London del 1903, in cui si narra la storia di un cane che dopo aver condiviso la dura vita di un cercatore d'oro e avergli dato molte prove

d'affetto, sente rinascere l'istinto della sua razza e alla fine torna a vivere nella foresta quando avverte il richiamo d'amore di una lupa.
var.: sentire il richiamo della foresta; seguire il richiamo della foresta.

RIDERE
far morir dal ridere
Essere molto divertente, oppure assurdo, incredibilie o spropositato. Anche in senso ironico.
L'espressione era diffusa già nell'antichità greca e latina, con varianti quali "andare in mille pezzi" di Seneca o "dissolversi" di Terenzio.
var.: morir dal ridere; crepare dal ridere; fare crepar dal ridere; scoppiare dal ridere.

far ridere
Parlare, agire o comportarsi in modo estremamente ridicolo, tanto da suscitare le risate altrui. Riferito a una cosa, essere talmente sciocca o di poco conto da non meritare nemmeno di essere presa in considerazione, come ad esempio nel caso di minacce talmente esagerate che "fanno ridere". Di un lavoro o altro che va eseguito, essere molto semplice e facile.

far ridere i polli
Parlare, agire o comportarsi in modo estremamente ridicolo, tanto da costringere a ridere anche chi non ne avrebbe affatto voglia o chi non sarebbe nemmeno in grado di farlo, in questo caso i polli.

far ridere i sassi
Rendersi estremamente ridicoli, tanto da far ridere anche chi non è in grado di farlo, come appunto i sassi.
var.: far ridere le pietre.

far ridere il mondo
Far ridere tutti, coprirsi di ridicolo in vari modi.

far ridere le panche
Rendersi involontariamente ridicoli, tanto da far ridere non solo le persone ma perfino le panche sui cui stanno sedute.

non farmi ridere!
Esclamazione: si usa nei confronti di qualcuno che dice stupidaggini, fa richieste inadeguate o racconta fatti incredibili. Esprime incredulità ma anche insofferenza e stizza.

ridere a denti stretti
Ridere malvolentieri, forzatamente, come stringendo i denti per sopportare meglio il fastidio di doverlo fare.

ridere come un cavallo
Ridere in maniera sgraziata, emettendo una specie di nitrito o mettendo in mostra tutti i denti, soprattutto se grandi e lunghi.

ridere di cuore
Ridere gustosamente, sinceramente, per qualcosa che diverte realmente.
var.: ridere di gusto.

ridere in faccia
Ridere sfacciatamente di scherno, in genere di fronte a una proposta assurda o giudicata inadeguata.

ridere sotto i baffi
Sogghignare, sorridere di nascosto con malizia o segreto compiacimento, come nascondendo il movimento delle labbra sotto il pelo dei baffi.

ridere verde
Ridere forzatamente, senza averne affatto voglia poiché si è in realtà pieni di rabbia, d'impotenza, d'invidia e così via.
Il verde è il colore della bile, che si riteneva aumentasse di quantità sotto l'effetto dell'ira.

tutto da ridere
Si usa in senso ironico nei confronti di qualcosa di poco serio, non attendibile, oppure ridicolo e assurdo.

RIFARE
è tutto da rifare!
Esclamazione: essere completamente sbagliato, e quindi da rifare daccapo. Spesso scherzosamente drammatico.

La locuzione era il commento preferito del corridore Gino Bartali a proposito del mondo del ciclismo.
rifarsi con qualcuno *(pop)*
Sfogare la propria ira su qualcuno che non ne è la causa.

RIFLESSO
di riflesso
Figurato: in modo indiretto, proprio come provocato da un riflesso.
var.: per riflesso.

RIGA
Nel linguaggio militare, la *riga* è una formazione in ordine chiuso, con i soldati disposti fianco a fianco a leggero contatto di gomito.
leggere tra le righe
Riuscire a capire anche quello che non viene chiaramente espresso oppure deliberatamente taciuto, riferito a uno scritto, a un discorso e simili.
mettere in riga
Figurato: far recedere da un atto di ribellione o d'indisciplina; riportare qualcuno all'ordine, all'obbedienza, inducendolo all'osservanza dei doveri richiesti dalla sua posizione o altro. Per estensione, anche rimproverare aspramente qualcuno, domarlo; piegarlo con la forza o anche umiliandolo e mortificandolo.
Deriva dal linguaggio militare.
var.: rimettere in riga; mettersi in riga; rimettersi in riga.
mettersi in riga con qualcuno *(raro)*
Figurato: cercare di emulare qualcuno, di metterglisi alla pari, allo stesso livello, come per esser degni di stargli a fianco.
Deriva dal linguaggio militare.
rompere le righe *(raro)*
Figurato: sfuggire al controllo, rifiutare di riconoscere un'autorità o simili. Anche sbandarsi, muoversi o agire disordinatamente, senza coordinamento, come a casaccio, senza seguire alcuna precisa direzione.
Viene dal linguaggio militare, in cui costituisce il comando con cui si mettono in libertà i soldati allineati in formazione chiusa.
sopra le righe
Eccessivo, sproporzionato alla situazione. Si dice di un tono di voce alterato, di un atteggiamento o una presa di posizione considerati sconvenienti o inopportuni.
Le *righe* sono quelle del pentagramma musicale e da qui l'idea di qualcosa di "stonato", "fuori di tono".

RIGUARDO
senza tanti riguardi
Figurato: senza complimenti, senza attenzioni e rispetto, quindi anche rudemente, brutalmente, con malgarbo, riferito al modo di trattare qualcosa o qualcuno. Per estensione, in modo semplice, familiare, confidenziale, senza ricercatezze. Detto di una frase, un discorso o simili, anche apertamente, con franchezza, senza mezzi termini o delicatezza di linguaggio, senza tener conto dei sentimenti altrui.

RIMA
cantare in rima
Figurato: dire qualcosa in modo molto chiaro ed esplicito. Anche dover ripetere più volte un'affermazione, un ordine, un invito e simili. Spesso scherzoso o ironico.
var.: dire in rima; mettere in rima.
rispondere per le rime
Reagire, replicare in modo vivace e senza complimenti a quanto è stato detto in maniera scortese, a un'osservazione sgradita e simili. Anche controbattere punto per punto affermazioni poco convincenti.
Pare alluda alle corrispondenze poetiche in uso nel Medio Evo, tra due persone che gareggiavano tra loro con botta e risposta in rima. La gara pre-

vedeva che le rime della risposta ripetessero quelle della proposta.

RIMEDIO
rimedio eroico *(des)*
Figurato: mezzo, provvedimento o altro molto drastico, penoso o pericoloso, al quale si ricorre in casi di estrema gravità.
È un termine proprio della farmacologia, dove indica i preparati galenici a base di droghe *eroiche*, cioè molto attive ma pericolose, come ad esempio la morfina. Per quanto i rimedi galenici siano praticamente scomparsi, il termine è tuttora in uso nella farmacopea che regola l'utilizzo delle piante officinali.

RIPARO
correre ai ripari
Figurato: cercare di porre immediato rimedio a un errore, un danno, un inconveniente o simili, come se in caso di pericolo ci si mettesse a correre verso i *ripari* in cui rifugiarsi.

RIPASSATA
dare una ripassata *(pop)*
Rileggere o ripercorrere con la mente quanto si è già letto, studiato o altro, per fissarlo meglio nella mente.
Allude al controllo finale con cui si mettono a punto gli ultimi ritocchi di qualcosa nell'intento di eliminarne tutti i difetti. ‖ Rimproverare aspramente, sgridare. Nello stesso senso, anche percuotere a scopo punitivo.

RISMA
della stessa risma
Figurato: dello stesso genere, dello stesso tipo, categoria e simili. Usato di solito per le persone, sempre in senso spregiativo.
La *risma*, dall'arabo *rizma*, è un'unità di conteggio commerciale per la carta in formato. Corrisponde a 500 fogli per quella da stampa e a 400 per quella da cancelleria. I fogli di una stessa risma sono uguali per formato e per tipo: da qui il modo di dire.

RISO
mettere in riso
Buttare sul ridere, in genere per sdrammatizzare una situazione dolorosa o difficile, per superare un momento di tensione e così via. Anche schernire, mettere in ridicolo qualcuno o qualcosa, generalmente con intento maligno.
var.: mettere in ridere; buttarla in ridere.

sbellicarsi dalle risa
Ridere smodatamente, senza riuscire a trattenersi.
Il verbo *sbellicare*, oggi rimasto solo in questa locuzione, significava letteralmente "rompere l'ombelico". Sulla base di questo significato sono nati altri modi di dire che alludono alla sensazione di sentirsi scoppiare il ventre per un attacco di riso, come "tenersi la pancia dalle risate", "scoppiare dal ridere" e simili.
var.: fare sbellicare dalle risa.

tra il riso e il pianto
In uno stato emotivo instabile, indefinito, nel quale la malinconia e il pianto si mescolano facilmente alla serenità e al sorriso.

RISOTTO
fare un risotto *(pop)*
Figurato: provocare una grande confusione mettendo insieme cose o argomenti eterogenei, estranei gli uni agli altri, così come nel risotto gli ingredienti vengono amalgamati e diventa difficile distinguerne i diversi sapori. Usato anche per una disputa, una discussione o una lite fra molte persone per un motivo su cui tutti hanno informazioni diverse.
var.: far su un risotto.

RISPETTARE
farsi rispettare
Figurato: non tollerare soprusi e prevaricazioni, mettersi in condizione di non subire offese e simili. Anche far valere i propri diritti, le proprie ragioni e così via.

RISPETTO
con rispetto parlando
Locuzione usata per scusarsi con i presenti di dover ricorrere all'uso di una parola o di una frase considerata scurrile, volgare o poco riguardosa in generale.
di tutto rispetto
Degno di rispetto, di riconosciuto valore, riferito a cose fatte bene oppure a persone che agiscono al meglio nel lavoro o altro.
var.: che si rispetti.
i miei rispetti
Formula di saluto o di commiato ormai poco usata che esprime reverenza e ossequio. In senso ironico o scherzoso, oggi è usata come esclamazione rivolta a una persona che ha compiuto un'azione particolare, insolita, fuori della norma.
trattare con rispetto
Figurato: trattare con cura, con prudenza, con attenzione, cautela e simili, riferito a una cosa, come se si trattasse di una persona cui si dimostrano ossequio e deferenza. Anche ironico e scherzoso.
var.: trattare con tutti i rispetti.

RITIRATA
battere in ritirata
Figurato: fuggire per evitare una situazione rischiosa o spiacevole. In senso lato, cambiare idea, rinunciare a un'azione già iniziata o che si è sul punto d'intraprendere ma che promette male o si rivela al di sopra delle proprie possibilità.
Viene dal linguaggio militare. Il segnale della ritirata sul campo di battaglia veniva dato con uno squillo di tromba, e in epoche più antiche con il "battere", cioè il rullare dei tamburi.
ritirata strategica
Figurato e ironico: tentativo di nascondere una sconfitta, uno smacco, una brutta figura, oppure di mascherare una situazione imbarazzante e simili, in genere accampando pretesti e scuse poco attendibili.
Nel linguaggio militare, indica l'arretramento delle truppe di fronte a un'offensiva o a un tentativo di accerchiamento da parte dell'avversario per potersi attestare su posizioni migliori.

RITRATTO
essere il ritratto della fame
Essere magrissimi, avere l'aria smunta, denutrita, così come l'iconografia ha tramandato la rappresentazione simbolica della fame, riferito a persone come ad animali. Per estensione, si dice anche di chi è molto povero.
var.: sembrare il ritratto della fame.
essere il ritratto della salute
Avere un aspetto sano, florido, che testimonia un ottimo stato di salute. Usato in senso ironico anche per una persona un po' troppo grassa.
var.: sembrare il ritratto della salute.
essere il ritratto di qualcuno
Essere molto somigliante a qualcuno.
far ritratto da qualcuno *(des)*
Somigliare moltissimo a un ascendente, come avendone ereditato gli aspetti distintivi fisici, caratteriali, mentali, morali e così via. Anche ironico.

RIVA
avere tutto il cotone a riva *(des)*
Figurato: procedere bene, senza difficoltà in un'impresa o altro.
Nel linguaggio marinaro, indicava il procedere a vele spiegate, a velatura piena. Il *cotone* citato è quello delle vele, dette anche "tela"; mentre il ter-

mine *riva* era un tempo usato come sinonimo di alberatura.
giungere a riva
Figurato: arrivare alla fine di qualcosa, concluderla, detto in particolare di un lavoro o di un'iniziativa che ha richiesto un lungo impegno.
l'altra riva
Figurato: l'Aldilà, il mondo dei morti.

RIVIERA
prendere riviera *(des)*
Figurato: raggiungere una meta o uno scopo, essere finalmente usciti da una situazione difficile. Anche e soprattutto iniziare una nuova vita più tranquilla della precedente.
Nel linguaggio marinaro significava approdare, e soprattutto riparare in un porto per sottrarsi al maltempo e riparare le avarie.

RIVISTA
passare in rivista
Figurato: prendere attenta visione di un insieme di cose per cercare o controllare qualcosa. Anche farne un esame minuzioso.
Viene dal linguaggio militare e allude all'azione del "rassegnatore", l'ufficiale che passa davanti alle truppe schierate per accertarne l'efficienza.

RODAGGIO
periodo di rodaggio
Figurato: periodo di adattamento a qualcosa, in cui ci si impratichisce di una data attività o lavoro, oppure ci si adatta a una specifica situazione.
Deriva dal linguaggio automobilistico, che a sua volta lo deriva dal più vasto ambito della tecnologia meccanica. Definisce il periodo in cui una macchina o un meccanismo viene fatto funzionare senza essere spinto al massimo delle sue potenzialità, per fare in modo che i suoi vari organi si assestino tra di loro.
var.: essere in rodaggio; fare rodaggio.

RODOMONTE
Il saraceno *Rodomonte*, re di Sarza, è un personaggio dell'*Orlando innamorato* di Matteo Maria Boiardo e dell'*Orlando furioso* di Ludovico Ariosto. Viene dipinto da entrambi gli autori come un guerriero valoroso dotato di eccezionale forza fisica e di coraggio temerario, ma di natura rozza e violenta. Il suo nome ha assunto l'attuale senso figurato dopo che venne usato così da Manzoni nei *Promessi sposi* (cap.4).
essere un Rodomonte
Essere uno spaccone, vantarsi della propria forza e del proprio coraggio. Per estensione, fare il prepotente, minacciare o angariare una persona ritenuta più debole.
var.: fare il Rodomonte.

ROGNA
La *rogna* è un altro nome della scabbia, un'affezione dermatologica provocata dalla penetrazione di un acaro sotto la pelle. Si manifesta con solchi e vescicole che danno un forte prurito.
avere delle rogne *(pop)*
Figurato: avere dei problemi, delle difficoltà, dei guai.
var.: creare rogne; dar rogne; grattarsi le rogne.
cercar rogne *(pop)*
Figurato: crearsi volutamente fastidi o problemi, provocare qualcuno per litigare, attaccar briga, come se si andasse in cerca di guai o danni.
chi ha la rogna se la gratti
È un invito a chi ha dei problemi a risolverli da solo. Ripete l'identico proverbio.
essere una rogna *(pop)*
Figurato: essere qualcosa di fastidioso o problematico, che comporta fatica, difficoltà, tedio o anche rischio. Rife-

rito a cose, situazioni o persone.
var.: essere una bella rogna.
grattar la rogna a qualcuno *(pop)*
Figurato: darsi da fare per togliere dai guai qualcuno che in genere non merita di essere aiutato.
prendersi una rogna
Assumersi un compito o un impegno fastidioso, complicato, pieno di problemi.

ROMA
andare a Roma e non vedere il Papa
Figurato: non raggiungere il risultato desiderato; non cogliere l'aspetto più importante di qualcosa; intraprendere un'operazione e condurla a termine solo in parte, per incapacità o distrazione.
Deriva dall'uso dei pellegrini del Medio Evo, che da tutte le parti d'Europa affrontavano lunghi e scomodi viaggi per Roma allo scopo di vedere il Papa.
prendere Roma per Toma
Confondersi, dire una cosa per l'altra; travisare il significato di qualcosa. Per estensione, non capire niente; essere un po' tardi di mente.
L'origine della parola *Toma* potrebbe derivare da un altro detto, "promettere Roma e Toma", che deriverebbe a sua volta dal detto latino *promittere Romam et omnia*, cioè "promettere Roma e tutto il resto". L'uso popolare avrebbe poi deformato in "Toma" la pronuncia di *et omnia*, come se si trattasse di un'altra città. Lo scambio d'iniziali fra Roma e Toma giustifica il significato di travisamento e confusione.
var.: scambiare Roma per Toma; capire Roma per Toma.
promettere Roma e Toma
Fare promesse grandiose che non si possono mantenere.
L'origine della parola *Toma* è la stessa che nel detto precedente.
Roma non fu costruita in un giorno
Si dice di imprese che richiedono tempo e fatica, mentre si pretenderebbe di vederle risolte velocemente.
tutte le strade portano a Roma
Di origine proverbiale, il detto si usa per ricordare che esistono molti modi per arrivare allo stesso risultato, anche che si finisce per giungere a una determinata conclusione pur non avendone inizialmente intenzione.

ROMANA
fare alla romana *(fam)*
Pagare ognuno la propria quota di una spesa comune o collettiva, riferito generalmente a un pranzo e simili.

ROMANZO
da romanzo
Avventuroso, con caratteristiche singolari che sembrano frutto della fantasia di uno scrittore. È riferito solitamente a una vicenda insolita e simili.
farne un romanzo
Figurato: creare una situazione complessa e intricata attorno a una questione o un episodio da poco; anche continuare a pensarci o a parlarne aggiungendovi elementi di fantasia o conclusioni soggettive.

RONDA
fare la ronda
Figurato: aggirarsi intorno a qualcuno o a qualcosa come se si volesse tenerlo sotto controllo aspettando il momento propizio per l'azione che si ha in mente. Riferito a una donna, corteggiarla.
Nel linguaggio militare la *ronda* è sia il servizio di sorveglianza fatto da una pattuglia nei confronti dei militari in libera uscita, sia il giro d'ispezione compiuto dai soldati, a intervalli regolari, su un dato percorso.

RONDINE
La *rondine* è uno dei tanti simboli della libertà. In araldica rappresenta l'uguaglianza e i viaggi d'oltremare.

una rondine non fa primavera
Di origine proverbiale, il detto ricorda che un caso isolato non costituisce una regola, e quindi dev'essere valutato con attenzione.
Ripete l'identico proverbio.

ROSA *(sost)*
La *rosa* è simbolo d'amore, di bellezza e regalità. È accolta nell'araldica come rappresentazione dell'onore.

esser la più bella rosa del giardino
Essere la persona o la cosa più bella o migliore di un gruppo, usato spesso in senso ironico.

essere tutto rose e fiori
Essere una situazione particolarmente felice, serena, facile e simili. Usato più spesso nella forma negativa "non son tutte rose e fiori", per ricordare che anche le situazioni apparentemente più felici e privilegiate comportano fatiche e disagi.

fresco come una rosa
Figurato: in ottime condizioni fisiche, riposato; anche vitale, vivace, pieno d'energia. Riferito al colorito, sano, fresco, rosato, detto in particolare di un bambino. In senso ironico, si usa per chi fa un discorso molto ingenuo oppure per chi si presenta con aria innocente e disinvolta dopo avere combinato un grosso guaio, o aver fatto preoccupare gli altri e così via.
var.: fresco come una rosa di maggio.

non c'è rosa senza spine
Di origine proverbiale, il detto ricorda che ogni cosa, per quanto piacevole, ha in sé degli elementi negativi che non si possono eliminare.
Ripete l'identico proverbio.

ricevere la Rosa d'Oro *(raro)*
Figurato: ricevere un alto e raro riconoscimento.
La *Rosa d'Oro* era un dono rituale che dall'anno Mille in poi veniva tradizionalmente offerto dal Papa come simbolo di riconoscenza a sovrani o dignitari che si erano resi benemeriti nei confronti della Chiesa. Consisteva in un cespo di rose in oro e pietre preziose, e prima di essere consegnato veniva benedetto solennemente dal papa stesso la quarta domenica di Quaresima, detta per questo "domenica delle rose". L'ultima Rosa d'Oro venne offerta alla regina Elena d'Italia nel 1937.

se son rose fioriranno
Di origine proverbiale, si usa per dire che solo il tempo farà vedere se una cosa ha possibilità di successo o di evoluzione. Il significato sottinteso è che è inutile preoccuparsene al presente. Può essere riferito a rapporti sentimentali, progetti allo stadio iniziale, prospettive di guadagno o altro.
Ripete l'identico proverbio.

ROSPO
essere un rospo
Figurato: essere burberi, scontrosi e scostanti; assumere toni sgarbati, scortesi e così via, ricordando così la voce e l'atteggiamento sgraziato dei rospi.

ingoiare il rospo *(fam)*
Costringersi a sopportare qualcosa di molto sgradevole o umiliante perché non si può fare altrimenti, possibilmente senza manifestare il proprio dissapunto.

sputare il rospo *(fam)*
Decidersi a parlare di qualcosa che non si intendeva dire per timore, per scrupolo, per pudore e così via, e che in ogni caso costituisce motivo di malumore, preoccupazione, sofferenza e simili. Si tratta di solito di qualcosa che può portare a contrasti, liti o scontri in generale.

ROSSO *(agg)*
PARAGONI: rosso come un pomodoro; rosso come un peperone; rosso come un gambero; rosso come una

fragola; rosso come il fuoco; rosso come un papavero; rosso come un rubino.

rosso come il fuoco
Molto arrossato, riferito al colore del volto di chi arrossisce per timidezza o vergogna. Oppure di colore rosso vivo, acceso, brillante, come quello del fuoco; usato spesso per sottolineare la bellezza delle labbra di una donna o delle guance di un bambino. Anche congestionato oppure arrossato dalla febbre, riferito al colorito del viso. È usato inoltre per il colore del corpo intero, con riferimento al rossore provocato da un'eccessiva esposizione al sole oppure da affezioni cutanee dovute a malattie quali eczemi, morbillo, orticaria e via dicendo.

rosso come un gambero
Molto arrossato, riferito al colore del volto di chi arrossisce per timidezza o vergogna, di chi è agitato, di chi si è sottoposto a sforzi prolungati e simili. Usato anche per il colore del corpo intero dopo una lunga esposizione al sole, al calore, a vapori caldi o altro.
Il gambero ha comunemente un colore grigiastro o appena rosato, ma diventa rosso dopo la cottura.

rosso come un papavero
Molto arrossato, riferito al colore del volto di chi arrossisce per timidezza o vergogna.

rosso come un peperone
Molto arrossato, riferito al colore del volto di chi arrossisce per timidezza o vergogna. Anche congestionato, riferito al colorito del viso e in particolare del naso. Usato anche per il colore del corpo dopo una lunga esposizione al sole, al calore, a vapori caldi o altro.

rosso come un pomodoro
Di colore rosso acceso, riferito in genere al colorito del viso e in particolare al naso.

rosso come un rubino
Di colore rosso intenso, cupo, sanguigno, simile a quello del rubino. Usato in particolare per esaltare la bellezza delle labbra di una donna, oppure anche il colore di un vino.

rosso come una fragola
Di colore rosso acceso, brillante, come quello delle fragole. Usato anche per sottolineare la bellezza delle labbra di una donna.

ROSSO (*sost*)
andare in rosso
Avere un'esposizione di denaro che supera l'ammontare della propria disponibilità bancaria.
Fino a tempi recenti, gli estratti conto delle banche riportavano le partite di dare e avere rispettivamente in nero e in rosso.

veder rosso come i tori
Figurato: adirarsi, andare in collera, farsi prendere da un'ira cieca e furibonda così come la tradizione vuole che succeda ai tori quando vedono qualcosa di colore rosso.
In realtà, sembra che i tori non siano in grado di distinguere i colori, e vedano tutto in diverse sfumature di grigio. Anche la *muleta*, cioè il panno rosso agitato dai toreri durante la corrida, potrebbe infatti essere di qualsiasi altro colore; la reazione del toro è data dal continuo movimento del drappo, oltre che dai maltrattamenti cui l'animale viene sottoposto nell'arena.
var.: vedere rosso; veder tutto rosso come i tori.

ROTAIA
uscire dalle rotaie
Figurato: compiere un'azione contraria alle regole o alle consuetudini, come un treno che deraglia. Per estensione, abbandonare la via dell'onestà. Oppure, nel corso di un'esposizione orale o scritta, allontanarsi dall'argomento principale per inserire delle divagazioni.

var.: uscire dal binario; uscire di carreggiata.

ROTELLA
avere una rotella fuori posto *vedi* **mancare di una rotella**
essere solo una rotella
Figurato: essere poco importanti, occupare una posizione di scarso rilievo all'interno di un'organizzazione o simili, così come ogni rotella è solo un elemento minore di un ingranaggio.
var.: essere una rotella.
mancare di una rotella *(fam)*
Essere un po' strambi, originali, bizzarri o stravaganti nel comportamento o nel modo di pensare, come un meccanismo che funziona in modo leggermente anomalo a causa della mancanza di qualche rotella degli ingranaggi.
È probabile che il meccanismo cui allude il detto sia quello dell'orologio.
var.: avere una rotella fuori posto; non avere tutte le rotelle a posto; avere qualche rotella fuori posto.

ROTOLO
andare a rotoli
Andare in rovina, fallire disastrosamente, soprattutto in modo rapido e inarrestabile, come rotolando inesorabilmente lungo una china.
var.: mandare a rotoli; finire a rotoli.

ROTTA (1)
La *rotta* è la direzione seguita da una nave o da un aereo, espressa dall'angolo formato con una linea ipotetica che passa dal Nord.
cambiare rotta
Figurato: cambiare idea o atteggiamento, oppure ricredersi su qualcosa.
var.: invertire la rotta.
perdere la rotta
Figurato: sentirsi smarriti, confusi; non sapere cosa fare, come proseguire in un'azione, un'impresa o simili.

ROTTA (2)
In questo caso, la *rotta* viene dal verbo "rompere", e ha il significato di rottura, spaccatura, disfatta.
essere in rotta
Aver troncato ogni rapporto con qualcuno.

RUBA
andare a ruba
Figurato: essere molto richiesto o venduto, riscuotere grande successo, detto di un prodotto o di un bene commerciale talmente interessante che sembra che i compratori se lo rubino gli uni agli altri, o che se non fosse in vendita, verrebbe magari rubato.

RUBICONE
passare il Rubicone
Prendere una decisione importante, irrevocabile, definitiva, operando una scelta senza ritorno.
Nel 49 a.C., rientrando da una delle campagne in Gallia, Giulio Cesare giunse sulle rive del fiume Rubicone, fra Cesena e Rimini, che all'epoca segnava il confine tra la Gallia cisalpina e l'Italia propriamente detta. Era quindi il confine del territorio specificamente romano, che nessun magistrato investito di cariche militari poteva varcare in armi senza l'autorizzazione del Senato. Dopo una breve attesa, visto che l'autorizzazione prescritta non arrivava, Cesare decise di attraversare comunque il fiume, pronunciando secondo Plutarco e Svetonio la celebre frase *"Alea iacta est"*, cioè "il dado è tratto". Con quel gesto d'insubordinazione Cesare sapeva benissimo che sarebbe divenuto a tutti gli effetti "nemico di Roma", e infatti fu da qui che ebbe inizio la guerra civile.

RUMORE
far molto rumore per nulla
Sollevare chiacchiere, scalpore o simi-

li per un fatto del tutto irrilevante.
Deriva dal titolo di una commedia di Shakespeare, *Molto rumore per nulla*.

far rumore
Figurato: suscitare grande interesse o scalpore; dare adito a discussioni, chiacchiere o commenti; attirare l'attenzione generale. È riferito spesso a una notizia o un evento importanti, soprattutto se inattesi, o anche a un personaggio di successo.

mettere a rumore
Creare uno stato d'allarme o di tensione; suscitare scalpore o scandalo, imporsi all'attenzione generale suscitando subbuglio e confusione.

RUOLINO
ruolino di marcia
Figurato: elenco dei compiti che ci si prefigge di svolgere con l'indicazione del tempo previsto per ognuno. Si dice anche di un programma dettagliato suddiviso in varie fasi.
Propriamente, è l'elenco del personale che si trasferisce da una località all'altra.

RUOTA
La *ruota* è stata spesso presa a simbolo della vita, con le sue alterne vicende, così come della fortuna. In quest'ultimo senso è stata accolta in araldica, dove rappresenta l'instabilità e l'intelligenza.

a ruota libera
Figurato: liberamente, senza freni o impedimenti; oppure senza uno schema prefissato, riferito in particolare a un discorso improvvisato che non segue una traccia precisa. Si dice anche di un ragionamento privo di una logica coerente o dettato dall'impulso, dall'estro del momento e così via. Può essere riferito inoltre ad azioni e comportamenti senza metodo, senza regola o senza inibizioni.
La *ruota libera*, di cui sono dotate quasi tutte le biciclette, è data da un meccanismo in cui i denti d'arresto del mozzo cui è collegata la ruota agiscono solo sotto tensione, in assenza della quale non ingranano più e lasciano la ruota libera di girare, a vuoto, indipendentemente dal pignone.
var.: andare a ruota libera; parlare a ruota libera.

essere l'ultima ruota del carro
Figurato: contare poco o nulla.
L'*ultima ruota del carro* era una quinta ruota che si teneva di riserva come pezzo di ricambio per i trasferimenti particolarmente lunghi. Dato lo scarso tasso di emergenze cui un carro era suscettibile, a questa ruota si dedicava un'attenzione men che minima.
var.: essere la quinta ruota del carro.

far la ruota
Essere molto vanitosi, pavoneggiarsi, compiacersi di sé, mettersi in mostra in modo fatuo e così via.
La *ruota* è in questo caso la coda del pavone maschio, formata da oltre cento lunghissime penne dai colori brillanti, che l'uccello può aprire a ventaglio con un raggio che arriva a toccare i due metri.
var.: fare la ruota come un pavone.

ruota della fortuna
Figurato: l'alternarsi della buona e della cattiva sorte nell'arco dell'esistenza umana.

ruota della vita
Figurato: l'alternarsi delle vicende umane, della buona e della cattiva sorte, del succedersi delle generazioni e degli eventi.
Nel buddismo, è il ciclo delle reincarnazioni, rappresentato appunto in forma di ruota.

ruota di scorta
Figurato: persona tenuta in scarsa considerazione, generalmente ignorata o trascurata, cui si ricorre solo in caso di necessità o in mancanza di alternative migliori.

Allude alla ruota supplementare di cui sono dotati gli autoveicoli per poter sostituire una di quelle in funzione in caso di guasto.
var.: essere la ruota di scorta; tenere come ruota di scorta; fare da ruota di scorta.

seguire a ruota
Figurato: venire subito dopo, seguire a brevissima distanza, pari a quella di una ruota di bicicletta; anche ottenere un risultato appena inferiore a quello di qualcun altro, o in tempi leggermente più lunghi.
Viene dal linguaggio delle corse ciclistiche, dove indica due corridori che giungono al traguardo con uno scarto minimo, corrispondente al diametro della ruota della bicicletta.
var.: arrivare a ruota; tenere la ruota; stare a ruota; andare a ruota; venire a ruota.

succhiare la ruota *(raro)*
Figurato: approfittare delle esperienze altrui, e in genere trarne vantaggio; subentrare in un'operazione avviata da altri e così via.
Viene dal mondo del ciclismo, e significa sfruttare la scia di un avversario.

ungere le ruote *(pop)*
Corrompere, in genere con denaro, per ottenere facilitazioni, favori o benefici illeciti o non dovuti.
Allude alle ruote dei carri, che venivano unte per migliorare lo scorrimento sulle strade.

RUSSARE
PARAGONI: russare come un ghiro; russare come una locomotiva.

russare come un ghiro *(fam)*
Figurato: dormire profondamente, come un ghiro durante il letargo.

russare come una locomotiva *(fam)*
Letterale: dormire russando, producendo un rumore qui paragonato a quello emesso da una locomotiva in movimento.

RUSSIA
essere una Russia
Figurato: essere un luogo, una situazione o altro pieno di disordini e tumulti, oppure di confusione o di elementi eterogenei.
Il detto risale ai tempi della rivoluzione russa, e alludeva al grande subbuglio di quel momento storico, così poco comprensibile per la mentalità e le conoscenze degli europei.

far Russia
Creare confusione, disordine.

S

Il termine indica un terreno ricoperto da un alto spessore di sabbia impregnata d'acqua, nel quale si sprofonda senza poterne uscire.
var.: finire nelle sabbie mobili; sprofondare nelle sabbie mobili.

SABBIA
costruire sulla sabbia
Fare qualcosa che è destinato a non durare per mancanza di basi, di premesse; realizzare cose apparentemente grandiose ma in realtà fragilissime, come se non avessero fondamenta o posassero sulla sabbia.
var.: fabbricare sulla sabbia; edificare sulla sabbia.

gettar sabbia negli occhi
Ingannare qualcuno inducendolo a credere a cose che hanno parvenza di verità, come gettandogli la sabbia negli occhi per approfittare della sua momentanea cecità.

granello di sabbia
Figurato: cosa o persona di poco conto, irrilevante all'interno di un ambito molto vasto, come se avesse le dimensioni di un granello di sabbia su una spiaggia.

scritto sulla sabbia
Ironico: si dice di una frase, un'affermazione e soprattutto di una promessa e simili destinate a essere presto dimenticate, per leggerezza o malafede.

seminare nella sabbia
Figurato: lavorare o affaticarsi senza risultato; dedicarsi a un'attività improduttiva o, in generale, a qualcosa che non porta a nulla, come accadrebbe se si tentasse di avviare una coltivazione sulla sabbia.

trovarsi nelle sabbie mobili
Figurato: trovarsi in una situazione insidiosa o subdola, in cui si rischia di rimanere invischiati senza riuscire a liberarsi.

SACCO
come un sacco di patate
Pesantemente, goffamente, riferito a chi si muove o cade con la stessa poca grazia di un sacco pieno di patate.

mettere a sacco
Di una città o simili, saccheggiarla in occasione di una scorreria o di un'azione bellica in generale, come se la si depredasse di tutto asportando il bottino nei sacchi. Per estensione, approfittare delle idee altrui per fare il proprio interesse.

mettere nel sacco
Ingannare qualcuno, raggirarlo, fare in modo di averlo in proprio potere come se lo si fosse fisicamente catturato e rinchiuso in un sacco.

sciogliere la bocca al sacco *(pop)*
Decidersi a rivelare quello che si sa, in genere segreti, confidenze o simili, come sciogliendo i lacci che tengono chiusa l'imboccatura di un sacco permettendo così la fuoriuscita del suo contenuto. Riferito anche a una delazione, un tradimento e simili.

sembrare un sacco
Riferito a una persona, avere un aspetto informe, a causa della corporatura o anche di un vestito troppo largo o tagliato male.

sembrare un sacco di patate
Si dice di una persona dalla corporatura tozza o informe, oppure che veste in modo da sembrarlo.

tenere il sacco
Figurato: aiutare qualcuno in un'azione disonesta o comunque riprovevole. Allude al complice di un ladro, che gli tiene aperto il sacco in cui riporre il bottino.

var.: reggere il sacco.
un sacco e una sporta *(pop)*
Una grande quantità oppure un gran numero di cose, in misura quasi eccessiva. È riferito per lo più a qualcosa di spiacevole.
vuotare il sacco *(pop)*
Rivelare tutto quello che si sa, in genere segreti o confidenze, oppure fare una confessione. Riferito anche a una delazione, un tradimento e simili.

SACRESTIA
aria di sacrestia
Figurato: atmosfera di falsa religiosità, di bigottismo.
var.: puzzare di sacrestia; odor di sacrestia; puzza di sacrestia.
entrare in sacrestia *(fam)*
Figurato: mescolare a sproposito cose sacre a cose profane.

SACRO
mescolare il sacro col profano
Figurato: mescolare insieme cose, persone o anche idee eterogenee o addirittura contrastanti, che comunque non hanno niente a che vedere le une con le altre. Anche semplicemente confonderle, far confusione.

SAETTA
PARAGONI: veloce come un fulmine; veloce come una setta.
veloce come una saetta
Molto veloce nell'agire e soprattutto nel muoversi, come il guizzare rapido dei fulmini.
var.: veloce come un fulmine.

SALAME
essere un salame
Essere goffi, lenti, impacciati nei movimenti. Anche essere sciocchi, ottusi, oppure molto ingenui e creduloni.
legare come un salame
Immobilizzare qualcuno con legami molto stretti, impossibili da sciogliere, come le cordicelle che legano i salami.
rimanere come un salame
Figurato: rimanere stupefatti, senza parole, come immobilizzati dallo sbalordimento. Anche non riuscire a reagire davanti a uno smacco, a una sfuriata, a un'accusa e simili, oppure rimanere scornati, soprattutto restando raggirati da chi si credeva di raggirare.
var.: lasciar lì come un salame.

SALE
Sale è il nome corrente del cloruro di sodio, elemento molto importante nell'alimentazione e carico di simbologie fin dai tempi più remoti. Era previsto nei riti sacrificali da Ebrei, Greci e Romani come emblema d'incorruttibilità; veniva sparso sulle rovine delle città nemiche rase al suolo a simboleggiare la futura sterilità della zona; era considerato sicura protezione contro gli influssi maligni con particolare riguardo alle streghe, mentre dal tempo dei Longobardi in poi, se offerto insieme al pane, era il segno dell'accettazione di un ospite straniero e della sua inviolabilità. Nel rito cristiano del Battesimo viene esorcizzato e posto in bocca al battezzando a significare la forza spirituale e l'incorruttibilità morale della sapienza, dopo che Cristo ebbe definito "sale della terra" i propri discepoli (Matteo, V, 13) in quanto votati a dare "sapore" alla vita, e quindi a darle significato, mediante la diffusione della parola di Dio e salvando così il mondo dalla corruzione.
aver poco sale in zucca *(pop)*
Essere sciocchi, poco intelligenti; anche mancare di raziocinio, di buon senso.
Il *sale* è qui inteso come simbolo di saggezza.
color sale e pepe
Colore grigiastro, del colore del sale e del pepe mescolati insieme. Si dice di

un tessuto ma più spesso di barba o capelli brizzolati, un tempo bruni e ora avviati alla canizie.
var.: capelli sale e pepe; barba sale e pepe.
con un grano di sale
Capire qualcosa secondo buon senso, senza fermarsi al significato letterale. È la traduzione dell'espressione latina *cum grano salis.*
var.: capire con un grano di sale; prenderla con un grano di sale; metterci un grano di sale; con un granello di sale.
essere dolce di sale
Riferito a una vivanda, essere insipida o mancante di sale. Usato anche in senso scherzoso o ironico per una persona molto sciocca, poco intelligente o estremamente ingenua o credulona.
essere il sale della terra
Si dice di una persona che viene ritenuta particolarmente saggia o colta, oppure, ironicamente, di chi è convinto di essere depositario dell'unica verità illuminata che pretende d'imporre a tutti gli altri. È un'espressione tratta dal Vangelo (Matteo, V, 13), dove Gesù chiama così i suoi discepoli.
essere indietro di sale *(fam)*
Figurato: essere poco intelligenti, capire poco.
essere senza sale *(fam)*
Mancare di caratteristiche marcate o ben definite, essere scialbo, insulso, banale. Vale per una persona, un libro, un discorso, un film, una conversazione o altro.
var.: non saper né di sale né di pepe.
mettere il sale sulla coda
Catturare o fermare qualcuno, come arrivandogli tanto vicino da poterlo afferrare per un'ipotetica coda.
È un detto scherzoso che allude a un immaginario sistema di caccia consistente appunto nel mettere il sale sulla coda della preda.
non metterci né sale né olio
Restare estranei a una situazione o simili; non parteciparvi, non farsene coinvolgere e non intervenire in alcun modo. Di un discorso, riferirlo fedelmente senza aggiungervi né commenti né interpretazioni proprie.
var.: non metterci né sale né pepe.
non sapere né di sale né di pepe *vedi* **essere senza sale**
rimanere di sale *(fam)*
Restare stupefatti, allibiti, come paralizzati dallo sbalordimento.
Il detto fa riferimento ai molti personaggi dell'antichità che secondo la tradizione furono trasformati in statue di sale. In particolare allude alla moglie di Lot (*Genesi*, XIX, 24-26), che fu così punita poiché, nonostante l'espresso divieto di Dio, si era voltata indietro a guardare la città di Sodoma distrutta dalla collera divina.
var.: sembrare una statua di sale; lasciare di sale.
rispondere col sale e col pepe
Reagire, ribattere, rispondere in termini polemici con parole pungenti, mordaci o simili.
saper di sale
Essere umiliante, amaro, difficile da sopportare.
Allude al verso della *Divina Commedia*: "proverai sì come sa di sale lo pane altrui" (*Paradiso*, XVII, 58-59), con cui Cacciaguida predice a Dante le amarezze del suo futuro esilio e la vergogna di dover vivere della carità altrui.
sparger sale sulle piaghe
Figurato: rendere più acuto il dolore di qualcuno, esacerbare umiliazioni, rimorsi, rimpianti e simili.
Il sale provoca un forte bruciore su una ferita aperta e ne ritarda la cicatrizzazione.
var.: sparger sale sulle ferite.

SALIVA
attaccato con la saliva *(fam)*
Attaccato in modo precario e pertanto

destinato a staccarsi in breve tempo, come se invece di una colla si fosse usata la saliva. Si dice anche di una conoscenza superficiale che si dimenticherà in fretta, oppure di concetti o idee che si cerca di collegare tra loro nonostante i pochi punti in comune.
var.: attaccato con lo sputo.

SALOMONE
Salomone, terzo re d'Israele che regnò attorno al 970 a.C., fu celebre per sapienza, saggezza e pietà.

avere l'anello di Salomone *(raro)*
Figurato: andare molto d'accordo con gli animali, esserne amati, obbediti e capiti, quasi si riuscisse in qualche modo a comunicare con loro.
Secondo la tradizione orientale, Salomone possedeva un anello magico che gli consentiva di comprendere il linguaggio degli animali e di farsi capire a sua volta.

giudizio di Salomone
Decisione esemplare, imparziale, saggia, rigorosamente fedele ai principi della giustizia. Anche ironico. Oppure decisione giusta, ma drastica o dolorosa.
La Bibbia (*Libro dei Re*, 3,16 e seguenti) narra che un giorno due donne si presentarono al re Salomone perché decidesse della sorte di un bimbo del quale entrambe si dichiaravano madri. Per risolvere la questione il sovrano propose che il piccolo fosse tagliato in due per poterlo così dividere equamente fra le due contendenti. Il rifiuto della vera madre identificò come tale una delle due donne, e le fece quindi attribuire il bambino. ‖ Divisione, spartizione equa di un bene o altro. Anche ironico.
var.: giudizio salomonico.

sapienza di Salomone
Grande sapienza, come quella attribuita al re Salomone. Soprattutto ironico.

SALOTTO
da salotto
Detto di discorsi, leggeri, fatui o poco importanti, come si suppone siano quelli di un ambiente mondano. Riferito anche a teorie o argomentazioni pretenziose, prive di sostanza, di sensatezza, di basi scientifiche e simili, proponibili solo in un ambiente leggero e frivolo come un salotto.

far salotto *(pop)*
Riunire amici e conoscenti per conversare. ‖ In senso scherzoso o spregiativo, riunirsi per fare maldicenze o pettegolezzi. ‖ Anche perder tempo in chiacchiere futili o frivole, soprattutto se invece si dovrebbe lavorare.

tenere salotto
Ricevere in casa propria amici o conoscenti, un tempo allo scopo di scambiarsi opinioni su interessi comuni e in particolare letterari. Oggi è usato soprattutto per definire riunioni per lo più mondane, o in senso leggermente spregiativo per incontri con pretese culturali o artistiche.
Fu un'usanza molto diffusa dal 1600 in poi soprattutto fra le signore colte della società elegante, che avevano così modo d'incontrare letterati, filosofi e intellettuali in genere.

SALSA
cambiare salsa
Cambiare qualcosa solo in apparenza, come ricoprendo con una salsa diversa il cibo di sempre.

è sempre la stessa salsa
Si usa per dire che qualcosa si ripete senza novità, in modo monotono, e finisce quindi per venire a noia.

in tutte le salse *(fam)*
In tutti i modi, sotto i più diversi aspetti, riferito a qualcosa sostanzialmente sempre uguale ma che viene ripetutamente presentato in forme diverse come fosse una novità.
var.: cucinare in tutte le salse.

salsa di San Bernardo *(pop)*
Scherzoso: la fame, che rende saporito anche il cibo più insipido.

SALSICCIA
fare salsicce di qualcuno *(pop)*
Figurato: ridurre qualcuno a malpartito, conciarlo male fisicamente, come facendolo a pezzetti tanto piccoli da essere adatti a farne salsicce.

SALTARE
PARAGONI: saltare come un grillo; saltare come una cavalletta.
far saltar fuori
Riuscire a trovare, a reperire, a procurare qualcosa, in genere riferito a tempo o denaro, o a un oggetto che era stato sottratto.
far saltare *(fam)*
Figurato: far trasalire, provocare in qualcuno una specie di sobbalzo fisico o emotivo d'improvvisa paura, sorpresa, ira e simili. ‖ Figurato: far lavorare molto qualcuno o costringerlo a una disciplina molto rigida. ‖ Figurato: provocare il fallimento economico di una persona, un'azienda e così via. Anche rovinare la carriera a qualcuno, farlo licenziare, destituire. ‖ Come espressione di cucina, cuocere rapidamente a fuoco vivo con una base di condimento, facendo in modo che il cibo risulti leggermente dorato all'esterno.
saltar fuori *(fam)*
Mostrarsi, rendersi visibile, apparire o farsi avanti improvvisamente. Usato per oggetti che si ritenevano perduti, per persone di cui non si avevano più notizie oppure di elementi nuovi o nascosti che intervengono in una situazione. Usato spesso in relazione a vecchi scandali insabbiati. ‖ Intromettersi inopinatamente in un discorso o in una situazione, in genere in modo sciocco, indelicato o rovinoso, spesso tale da compromettere o modificare una questione.

saltar su *(fam)*
Sbottare, replicare o reagire sgarbatamente a una parola, una frase o altro con impulsività non trattenuta. ‖ Intromettersi inopinatamente in un discorso, in genere con un intervento sciocco o indelicato.
saltare addosso *(pop)*
Figurato: aggredire verbalmente qualcuno, maltrattarlo, accusarlo o simili, in genere in modo improvviso o ingiustificato.
saltare in aria
Esplodere, essere distrutti da un'esplosione. In senso figurato, fallire economicamente, oppure ancora dare in escandescenze per un attacco d'ira o simili.
var.: saltare per aria.
saltare in testa *(fam)*
Venire in mente all'improvviso, detto in genere di un'idea inopportuna, di un capriccio e simili.
var.: saltare in mente.
saltare in testa a qualcuno *(fam)*
Figurato: aggredire, accusare, o rimproverare aspramente qualcuno, anche reagire in modo violento e inaspettato nel corso di una discussione.

SALTO
a salti
In modo irregolare, discontinuo, riferito all'andamento di qualcosa. Vale anche per lo sviluppo di una teoria e simili.
esserci un bel salto
Esserci una bella differenza, in termini di quantità, qualità o altro.
fare i salti mortali *(fam)*
Figurato: fare grandi sforzi e fatiche per raggiungere un dato scopo.
fare il salto della quaglia
Nel linguaggio politico, manovra di un partito per scavalcare le posizioni di un altro partito e ottenere i propri scopi senza dare a quest'ultimo la possibilità do fare ostruzionismo.

Si riferisce alla velocità della quaglia e alla sua capacità di cogliere di sorpresa il cacciatore in agguato.

fare quattro salti *(fam)*
Ballare, soprattutto in famiglia, a casa di amici o simili.

fare un bel salto *(pop)*
Figurato: fare un netto miglioramento in generale, come passare rapidamente da una posizione a un'altra superiore senza percorrere gli stadi intermedi comunemente previsti, o migliorare notevolmente e in modo improvviso la propria posizione economica, sociale e così via. Anche lasciare un'attività, un impiego o simili per un altro molto più vantaggioso. Detto di prezzi, costi e simili, rincarare bruscamente. || Figurato: sposare una persona di livello economico e sociale molto superiore al proprio.

fare un salto *(fam)*
Figurato: fare una breve visita a una persona o andare per un breve tempo in un determinato luogo, eventualmente anche un negozio e simili. || Detto di prezzi o di costi, rincarare bruscamente.
var.: fare un bel salto.

SALUTE
avere salute da vendere
Figurato: essere in ottime condizioni fisiche, avere talmente tanta salute che ne avanzerebbe anche da vendere a qualcun altro.

crepare di salute *(pop)*
Stare benissimo, godere di ottima salute; in particolare avere un aspetto sano e florido.
var.: scoppiare di salute.

pensa alla salute! *(pop)*
Esclamazione: è un invito a non prendersela troppo per qualcosa di spiacevole, ricordando che la salute è il bene più importante della vita.

salute di bronzo *(raro)*
Figurato: ottima salute.

salute di ferro
Ottima salute, detto di una persona molto resistente alle malattie e al degrado fisico dell'invecchiamento.

scoppiare di salute
Stare benissimo, godere di ottima salute. Anche ironico per una persona un po' troppo grassa.

SALUTO
fare un saluto *(fam)*
Fare una breve visita a qualcuno, come trattenendosi soltanto il tempo necessario a salutarlo.

togliere il saluto
Figurato: rompere i rapporti con una persona per varie ragioni, come ostilità, disprezzo, rancore e così via.
var.: levare il saluto.

SAN BINDO
rimandare a San Bindo
Rimandare a un tempo lontanissimo, ben sapendo che non verrà mai. È riferito in particolare a un impegno gravoso, a un pagamento, a una promessa che non si ha intenzione di mantenere e simili.
San Bindo esiste solo nell'immaginazione popolare, e il giorno che gli è dedicato si dovrebbe festeggiare tre giorni dopo quello del Giudizio Universale.
var.: pagare per San Bindo; arrivare a San Bindo; tirare fino a San Bindo.

SAN FRANCESCO
andare col cavallo di San Francesco
Andare a piedi, così come faceva San Francesco d'Assisi, che avendo optato per un'assoluta povertà, percorreva a piedi lunghe distanze per portare il suo messaggio.

SAN MARTINO
fare San Martino
Traslocare in una nuova abitazione. In senso ironico, essere costretti a lasciare una casa o ad abbandonare

una posizione. In quest'ultimo senso il detto fu usato da Vittorio Emanuele II, alla battaglia di San Martino contro gli Austriaci. Guidando le truppe all'assalto del colle, avrebbe detto infatti: "O prendiamo San Martino o gli Austriaci ci faranno fare San Martino!".
San Martino ricorre l'11 novembre, data in cui, prima della riforma dei patti agrari, scadevano i contratti di locazione per i coltivatori diretti in alcune regioni d'Italia. L'usanza è stata successivamente applicata anche ai contratti d'affitto per le abitazioni. Allo stesso significato è legato il giorno dedicato a San Michele, che ricorre il 29 settembre.
var.: fare San Michele.

SAN MICHELE
fare San Michele *vedi* **San Martino: fare San Martino**

SAN PIETRO
cattedra di San Pietro
Figurato: il papato, il trono pontificio, la carica di Pontefice, la Santa Sede.
In senso stretto, con questo nome si intende il seggio di legno che secondo la tradizione cristiana sarebbe stato usato da San Pietro. Racchiuso in un monumento di bronzo dorato, si trova a Roma, nella basilica di San Pietro.
fare San Pietro
Rinnegare una persona oppure una fede, un ideale e simili, come fece San Pietro dopo l'arresto di Gesù nell'orto di Getzemani.
Riconosciuto da una serva del Sommo Sacerdote come uno dei discepoli di Cristo, Pietro negò per tre volte di averlo conosciuto. L'episodio è riportato da tutti e quattro gli Evangelisti, con lievi differenze (Marco XIV, 66-72; Matteo XXVI, 69-75; Luca XXII, 54-62; Giovanni XVIII, 17 e 25-27).
var.: fare come San Pietro.

gabbare San Pietro
Abbandonare l'abito ecclesiastico, come se in tal modo ci si facesse beffe di San Pietro.

SAN QUINTINO
fare un San Quintino
Compiere una strage.
Allude alla sanguinosa battaglia di San Quintino, avvenuta il 10 agosto 1557 nella Francia settentrionale, in cui gli Spagnoli sbaragliarono i Francesi facendone strage.
più povero di San Quintino
In condizioni di estrema povertà.
Secondo un proverbio, "San Quintino sonava a messa coi tegoli" perché la sua parrocchia era talmente povera da non potersi permettere le campane.
var.: essere come la parrocchia di San Quintino; povero come San Quintino.

SANGUE
Il *sangue* è da sempre simbolo di energia vitale, calore e coraggio, ma anticamente si credeva che contenesse anche gli "umori" che determinavano sentimenti e carattere. Indica inoltre tutto quanto deriva al singolo individuo attraverso il patrimonio genetico e ne costituisce quindi le caratteristiche ereditarie.
a sangue
Figurato: con violenza, come fino a fare uscire il sangue dalle ferite provocate con percosse o simili. Anche aspramente, con grande intensità, in genere associato a sentimenti d'odio e simili.
a sangue freddo
Freddamente, coscientemente, con piena avvertenza di ciò che si sta facendo. Usato per lo più in riferimento a omicidi o azioni malvage in generale, commesse in totale consapevolezza.
all'ultimo sangue
Fino alla morte.
Il detto risale al linguaggio dei duelli, in cui si poteva scegliere di battersi "al

primo sangue", cioè fino a che uno dei due spadaccini veniva ferito, o "all'ultimo sangue", cioè fino alla morte di uno dei due contendenti.
var.: battersi all'ultimo sangue.
avere nel sangue
Figurato: riferito a una qualità interiore, una virtù come un vizio, averla connaturata o profondamente radicata, sentirla intensamente come fosse congenita.
battersi all'ultimo sangue *vedi* **all'ultimo sangue**
cavar sangue dalle rape *(fam)*
Fare una cosa impossibile per sua natura; anche impegnarsi per ottenere un risultato che si presenta molto difficile e faticoso da raggiungere. Anche ostinarsi a voler convincere qualcuno pur sapendo che si rischia di sprecare tempo e fatica inutilmente. In particolare, cercare di reperire denaro ricorrendo a tutti i modi leciti possibili. Si dice inoltre di persone di grande abilità e tenacia, che sembrano riuscire anche nelle imprese apparentemente impossibili.
In latino esisteva il detto "chiedere acqua alla pietra pomice", usato anche da Plauto (*Persa*, 14), che è rimasto identico nello spagnolo.
var.: cavar sangue dalle pietre.
dare metà del proprio sangue
Figurato: essere disposti a grandi sacrifici per ottenere uno scopo.
fare andare il sangue alla testa
Provocare forte irritazione o sdegno; indurre all'ira, mandare in collera; far perdere la pazienza, la calma e la capacità di ragionare.
Una forte eccitazione nervosa procura in effetti un arrossamento del volto, come se il sangue affluisse più abbondantemente alla testa, e chi va in collera spesso diventa rosso in viso, come fosse stato tenuto a testa in giù.
var.: far salire il sangue alla testa; sentirsi montare il sangue alla testa; sentir andare il sangue alla testa; sentir montare il sangue alla testa; far salire il sangue alla testa.
farsi cattivo sangue *(pop)*
Adirarsi o tormentarsi per qualcosa, angustiarsi fino a rovinarsi il sangue.
var.: guastarsi il sangue; farsi il sangue guasto.
farsi sangue amaro *(pop)*
Figurato: inquietarsi, irritarsi, adirarsi moltissimo; in particolare provare invidia o rancore, quasi sempre senza poter dare sfogo ai propri sentimenti. Anche amareggiarsi, tormentarsi per qualcosa.
L'amarezza che scorre nel sangue ribadisce l'idea di un sentimento tanto forte da permeare tutta la persona. Ci può essere anche un'allusione a quel generico "travaso di bile" provocato da un accesso di rabbia capace di trasfondere nel sangue il sapore amaro della bile.
var.: farsi cattivo sangue; farsi il sangue cattivo; guastarsi il sangue.
fatto di sangue
Episodio riguardante un ferimento o un omicidio.
È preso dal linguaggio giornalistico.
grondare di sangue
Figurato: si dice di qualcosa che si è ottenuto a prezzo di stragi o uccisioni, oppure di un assassino. Usato prevalentemente nella locuzione "mani che grondano sangue".
guastarsi il sangue *(pop)* *vedi* **farsi cattivo sangue**
il sangue non è acqua
Di origine proverbiale, il detto afferma che i legami famigliari sono più forti di qualsiasi altro vincolo.
Ripete l'identico proverbio.
lavare nel sangue
Figurato: riferito a un'offesa e simili, vendicarla. Oggi quasi sempre in senso ironico o scherzoso.
Anticamente certe offese si riscattavano soltanto a prezzo della vita dell'av-

versario, il quale veniva generalmente sfidato a un duello che poteva concludersi solo con la morte di uno dei due contendenti. Soltanto in questo modo l'offeso poteva "lavare" la macchia con cui l'altro aveva sporcato il suo onore.

mezzo sangue
Figlio nato da due genitori di razza diversa. Usato soprattutto per i cavalli, in contrapposizione a purosangue. Riferito a una persona equivale a meticcio, ed è termine spregiativo.

non aver sangue nelle vene
Figurato: avere un temperamento freddo, incapace di passione o emozioni. ‖ Mancare di coraggio, essere pavidi o vili.

non correre buon sangue (pop)
Non avere buoni rapporti con qualcuno, essere in grave discordia.
Per gli antichi il sangue non solo era un elemento vitale ma anche quello che conteneva gli "umori". Di qui, per traslazione, è passato a indicare i sentimenti.
var.: correre cattivo sangue; esserci cattivo sangue.

sangue blu
Figurato: sangue nobile, discendenza aristocratica.

sangue caldo
Figurato: temperamento passionale, focoso, facile a infiammarsi di passione, d'entusiasmo, di collera e simili. Riferito spesso al campo sessuale, anche ironico o scherzoso.
var.: sangue bollente; sangue ardente.

sangue del proprio sangue
Figurato: i propri figli.

sangue freddo
Figurato: impassibilità, imperturbabilità, ottimo dominio delle proprie emozioni; forte autocontrollo, grande padronanza dei propri nervi; capacità di non farsi prendere dal panico e di reagire fattivamente a un pericolo improvviso mantenendo la calma.

sangue latino
Figurato: temperamento passionale, focoso, soprattutto in campo amoroso e sessuale, quale si attribuisce ai popoli latini. Anche ironico o scherzoso.

scritto a caratteri di sangue
Importante, memorabile, indimenticabile, riferito a episodi storici accompagnati da lotte o battaglie sanguinose. Anche ironico o scherzoso.
var.: scritto col sangue.

sentirsi gelare il sangue nelle vene
Provare un grande spavento o un profondo orrore.
Descrive un'effettiva condizione fisiologica: in caso di grande spavento l'organismo reagisce facendo affluire il sangue agli organi interessati alla difesa dal pericolo. Questo, unito alla scarica di adrenalina che vi si accompagna, provoca una specie di paralisi repentina e momentanea che viene spesso avvertita come una sensazione di freddo improvviso.
var.: sentirsi gelare il sangue; sentirsi ghiacciare il sangue; sentirsi gelare; sentirsi ghiacciare il sangue nelle vene.

sentirsi rimescolare il sangue nelle vene
Provare una forte agitazione emotiva, un grande tumulto interiore, in genere per ira, sdegno e simili.

soffocare nel sangue
Figurato: detto di una rivolta o simili, domarla con la forza ricorrendo all'uso delle armi per uccidere i rivoltosi.

sparger sangue
Figurato: provocare la morte di qualcuno, con delitti e stragi come per cause di guerra; commettere atti sanguinari in generale. Anche scherzoso.

sputar sangue (pop)
Figurato: fare una grandissima fatica, sobbarcarsi pesanti sacrifici per arrivare a uno scopo, o doverli affrontare per imposizione altrui.
var.: far sputar sangue; sudar sangue.

16. *Dizionario dei modi di dire*

succhiare il sangue *(pop)*
Figurato: sfruttare economicamente qualcuno, toglierli a poco a poco tutto quello che possiede. Usato a volte per usurai e simili. In senso lato, anche sottrarre a una persona la sua vitalità e le sue energie.

sudar sangue *(pop)* *vedi* **sputar sangue**

SANGUISUGA
La *sanguisuga* è un anellide acquatico parassita, noto anche come "mignatta". Un tempo veniva utilizzata in medicina per praticare salassi quando non si voleva ricorrere alla chirurgia, ponendola sul corpo del paziente al quale si attaccava per succhiarne il sangue. Una volta sazie, le sanguisughe si staccavano spontaneamente.

essere una sanguisuga
Essere avidi di denaro e procurarselo sfruttando gli altri, riferito soprattutto a usurai, strozzini e simili. Si usa inoltre per chi vive alle spalle di qualcuno o che lo assilla con continue richieste di denaro che finisce per ottenere. ‖ Figurato: essere una persona asfissiante, insistente nelle sue richieste, di cui non si riesce a liberarsi.

SANO
PARAGONI: sano come un pesce; sano come una lasca.

sano come un pesce
Sanissimo, in perfetta salute, come si suppone siano i pesci forse a causa della loro vivacità, mentre in realtà sono invece soggetti a moltissime malattie come tutti gli altri animali.

sano come una lasca
In perfetta salute, come si suppone siano i pesci tra cui la *lasca*, più nota con il nome di temolo.
var.: sano come un pesce.

SANT'ANTONIO
avere il fuoco di Sant'Antonio
Figurato: essere in stato di agitazione e irrequietezza fisica, detto di una persona che sembra non trovare mai una posizione comoda, che non riesce a star ferma o che continua a grattarsi senza causa apparente. In senso lato, essere intrattabili, insofferenti, manifestando un disagio fisico.

Fuoco di Sant'Antonio era il nome che veniva dato in passato a un gruppo di malattie, dovute prevalentemente a intossicazione da segale cornuta, caratterizzate da episodi ricorrenti di brividi di freddo e colpi di calore, prostrazione, violento dolore alla testa e ai reni, tumefazione diffusa con formazione di ascessi alle linfoghiandole e cancrena alle estremità, e a volte delirio. Oggi questo nome viene dato all'*Herpes Zoster*, che si manifesta all'inizio con una sensazione d'intenso bruciore. La tradizione popolare invocò contro questa malattia Sant'Antonio Abate, protettore contro il fuoco.

troppa grazia Sant'Antonio!
Esclamazione: si usa in presenza di qualcosa che pur essendo gradito e utile risulta tuttavia eccessivo. Anche ironico.

Narra un aneddoto che un giorno un uomo, non riuscendo a salire a cavallo, si rivolse a Sant'Antonio chiedendogli la grazia di aiutarlo a issarsi in sella, quindi prese la rincorsa e ritentò l'operazione. Ma questa volta lo slancio fu tale che l'uomo addirittura superò il cavallo e rotolò a terra dall'altra parte, per cui, volgendo gli occhi al cielo, pronunciò questa frase.

SANT'ELMO
fuoco di Sant'Elmo *(raro)*
Figurato: preannuncio di sventura, e in particolare di punizioni divine per chi si è macchiato di gravi colpe.
Con questo nome si definisce una debole scarica elettrica luminosa che in condizioni temporalesche si sprigiona da elementi metallici appuntiti, come

parafulmini, alberi di nave, antenne, cime di campanili. La sua forma, ad alone oppure a pennacchio a seconda che la scarica sia negativa o positiva, ha dato origine a molte superstizioni e credenze popolari.
var.: essere il fuoco di Sant'Elmo; vedere i fuochi di Sant'Elmo.

SANTIFICETUR
fare il santificetur
Ostentare grande religiosità, atteggiamenti di devozione e simili; essere bigotti.
Santificetur, o più esattamente *sanctificetur*, è parola latina che significa "sia santificato". Si trova nella parte iniziale del *Padre nostro*, e si sentiva spesso quando le preghiere erano in latino.

SANTO *(sost)*
avere qualche Santo in paradiso *(fam)*
Figurato: godere della protezione di personaggi influenti.
avere un Santo dalla propria *(pop)*
Figurato: avere molta fortuna in una situazione difficile; anche poter contare sull'aiuto di qualcuno, come se effettivamente si godesse della protezione di qualche Santo. Usato in particolare a proposito di grossi rischi o gravi pericoli dai quali ci si è salvati.
var.: tirare un Santo dalla propria.
c'è un santo anche per te!
Esclamazione: usata per consolare qualcuno e invitarlo a non perdere la fiducia in tempi migliori, oppure per rallegrarsi del primo segno positivo in una situazione negativa, di un colpo di fortuna insperato dopo una serie di guai e così via. È riferito inoltre a chi si salva incredibilmente da un grave pericolo.
essere tutto Santi e Madonne *(pop)*
Essere bigotti, ostentare grande religiosità. Anche essere effettivamente ma esageratamente religiosi e devoti.

essere un Santo
Figurato: essere una persona molto buona, soprattutto molto paziente e tollerante.
non c'è Santo che tenga *(fam)*
Non c'è niente da fare. Si dice per ribadire che nulla può impedire il verificarsi di un dato evento, detto in particolare di una decisione o simili, nemmeno l'intervento di un Santo.
var.: non ci sono Santi; non ci sono né Santi né Madonne; non c'è barba di Santo.
non essere uno stinco di santo
Essere una persona poco onesta o corretta, o di pochi scrupoli, o dal passato un po' burrascoso; essere uno scapestrato. Quasi sempre ironico o scherzoso.
È detto *stinco* il tratto della gamba in cui sono congiunti la tibia e il perone, e quindi l'allusione è all'osso di un Santo, venerato come reliquia.
qualche Santo ci aiuterà!
Esclamazione: esprime la fiducia per cui, una volta esaurite le personali possibilità d'azione, si possa contare su aiuti imprevisti.
raccomandarsi a tutti i Santi *(pop)*
In un momento di bisogno, difficoltà o altro, chiedere aiuto a tutti coloro che potrebbero darlo.

SAPERE
non sapere a che Santo votarsi
In una situazione difficile non sapere come regolarsi, cosa fare, a chi rivolgersi per avere aiuto o quantomeno consiglio, come se non si riuscisse nemmeno a capire qual è il Santo a cui promettere un voto per riceverne la grazia.
var.: non sapere a che Santo rivolgersi; non sapere che Santo baciare.
non sapere che acqua bere
Figurato: non riuscire a operare una scelta; non sapere come fare a uscire da una data situazione, non necessariamente difficile o spiacevole. ‖ Figu-

rato: essere molto indecisi di fronte ad alternative ugualmente sgradevoli; essere in una situazione che sembra non presentare vie d'uscita.

non sapere che pesci pigliare
Non sapere cosa fare, non sapersi decidere, non saper scegliere tra due o più alternative.

non sapere da che parte voltarsi
Figurato: essere indaffaratissimi, dover fare moltissime cose e mancare del tempo per occuparsi di tutte, senza sapere a quale dare la precedenza. ‖ Figurato: non riuscire a operare una scelta, non sapere che cosa fare per uscire da una data situazione, a chi rivolgersi per avere aiuto o quanto meno consiglio.

non sapere di che colore sia una cosa
Figurato: non conoscere affatto la cosa o l'argomento in questione, al punto di non sapere nemmeno che colore abbia.

non sapere dove sbattere la testa
Non sapere cosa fare, a chi rivolgersi per trovare aiuto o consiglio in una situazione difficile o che richiede una soluzione urgente.
var.: non sapere dove sbattere il capo.

non sapere dove si andrà a sbattere *(pop)*
Non sapere che cosa succederà da un certo momento in poi; non poter prevedere l'esito di qualcosa.

non sapere dove stia di casa qualcosa *(fam)*
Ignorare qualcosa completamente, non saperne nulla. Riferito a una dote personale, mancarne del tutto, con particolare riferimento a qualità come buon senso, buona volontà, puntualità, diligenza e così via.

saperci fare *(fam)*
Essere abili, essere diplomatici; sapere come trattare una persona, come condurre una trattativa, e in generale come comportarsi per ottenere un dato scopo.

sapere dove il diavolo tiene nascosta la coda
Essere molto astuti, essere furbi almeno quanto il diavolo, tanto da riuscire sempre a scoprirgli la coda anche se perfettamente nascosta.
La tradizione popolare voleva che il diavolo si aggirasse spesso tra gli uomini in cerca di anime. I particolari da cui lo si poteva riconoscere, ma tenuti ben nascosti sotto i suoi tanti travestimenti, erano i piedi di capra o d'asino, la puzza di bruciato o di zolfo ma soprattutto la coda. Il diavolo era condannato a non poter modificare nessuno di questi dettagli fisici, ma riusciva quasi sempre a nasconderli e a ingannare così gli esseri umani. Solo chi era molto attento e furbo poteva scoprirli ed evitare di cadere in sua balia.

sapere il fatto proprio
Sapere come comportarsi per ottenere quanto si desidera e per far rispettare i propri diritti; essere abili, e non farsi raggirare facilmente.

saperne una più del diavolo
Essere molto furbi, conoscere tutte le malizie che può conoscere il diavolo e addirittura una di più.

SAPONE
dare il sapone
Adulare, lusingare, rendere più malleabile qualcuno.
Il sapone, molto scivoloso, richiama l'idea di azioni sfuggenti, insinuanti.

SAPORE
dar sapore
Figurato: rendere più interessante, più gustoso, più vivace, riferito a un episodio, un avvenimento, una festa, un film e così via.

far sentire il sapore di qualcosa
Dare un assaggio, far provare qualcosa di cui una persona non ha mai avuto esperienza. Usato anche in locuzioni quali "far sentire il sapore della liber-

tà", "il sapore della ricchezza" e simili.
var.: assaggiare il sapore.

SARDANAPALO
Assurbanipal, più noto in Occidente come *Sardanapalo*, fu l'ultimo re degli Assiri vissuto attorno al 600 a.C. e la tradizione greca ce lo ha tramandato come il prototipo del sovrano orientale ricchissimo e lussurioso. Si dice che sulla sua tomba egli avesse voluto un'iscrizione che invitava i passanti a mangiare, a bere e a godersi la vita.
fare una vita da Sardanapalo
Vivere nel lusso più sfrenato, circondandosi di comodità, mollezze e piaceri, così come la leggenda vuole sia vissuto il re Sardanapalo. Anche condurre una vita libertina, dispendiosa e immorale.

SARDINA
pigiati come sardine
Molto stretti, con pochissimo spazio a disposizione; pigiati gli uni contro gli altri, così come si dispongono le sardine sotto sale stipate nei barili.
var.: stare come sardine in una scatola.

SASSO
a un tiro di sasso
Molto vicino, a una distanza molto breve, pari a quella che si può raggiungere tirando un sasso.
gettare il sasso e nascondere la mano
Negare di aver commesso un'azione, in genere poco onorevole o dannosa per qualcuno. Anche provocare situazioni sgradevoli e fingere di esserne all'oscuro, eventualmente unendosi alla deplorazione generale. Oppure agire di nascosto, magari a tradimento, e indurre altri a farlo in propria vece; danneggiare qualcuno badando bene a non esporsi.
lanciare un sasso nello stagno
Creare scompiglio in una situazione tranquilla, dando avvio a una lunga serie di eventi, provocando reazioni e conseguenze a catena che altrimenti non si sarebbero avute.
Un sasso gettato nell'acqua immobile di uno stagno provoca una serie di piccole onde che si allargano a cerchi concentrici.
var.: gettare un sasso nello stagno; buttare un sasso nello stagno.
restare di sasso
Figurato: rimanere sbalorditi, allibiti, come paralizzati per sorpresa, stupore e simili. Anche rimanere volutamente immobili per qualche ragione.
Il detto si riallaccia ai protagonisti di molti episodi leggendari che secondo i miti, per svariati motivi, sarebbero stati trasformati in statue di pietra da qualche divinità.
sotto il sasso sta l'anguilla
Esclamazione: esorta a non fidarsi delle apparenze troppo modeste che possono nascondere qualcosa di utile o positivo, così come sotto un comunissimo sasso si può trovare una succulenta anguilla da cucinare.
tirare sassi in piccionaia
Figurato: creare subbuglio e scompiglio intervenendo in una situazione tranquilla, suscitare chiacchiere o critiche, provocare reazioni sollevando un argomento scabroso, oppure parlando di cose che sarebbe meglio tacere e così via.
L'immagine è quella di chi tira un sasso in una colombaia, disturbando e spaventando tutti i piccioni.

SATIRO
Nella mitologia greca, i *Satiri* sono divinità dei boschi con sembianza umana ma piedi e orecchie di capra e coda di cavallo. Insieme alle Ninfe, fanno parte del corteo di Dioniso.
essere un satiro
Si dice di un uomo, solitamente anziano, lascivo e lussurioso.

SBALLO
da sballo *(pop)*
Piacevolissimo, tale da creare uno stato d'allegra euforia. Oggi viene usato principalmente nel senso di stupefacente, fantastico e simili. *Sballo* è un termine gergale che indica l'effetto di una droga.

SBARCO
da sbarco
Figurato: da trattarsi senza troppi riguardi, detto in genere di capi d'abbigliamento, di attrezzature o altro cui si ricorre quando ci si accinge a lavori pesanti o sporchevoli.
Deriva dal linguaggio militare e in particolare dalle operazioni di sbarco dei mezzi anfibi in territorio nemico, che prevedevano la possibilità di danneggiare o perdere buona parte dei materiali in dotazione. ‖ Figurato: scanzonato, spensierato, detto in particolare di una compagnia di giovani. Di solito scherzoso. In senso lato, anche privo di remore o di scrupoli.
Viene dal linguaggio militare. Le truppe da sbarco sono formate da soldati scelti consci di correre un particolare pericolo, e come spesso avviene in questi casi, il loro comportamento in libera uscita pare sia piuttosto sfrenato.

SBARRA
esser dietro le sbarre
Figurato: essere in prigione.
mettere alla sbarra
Letteralmente, giudicare un imputato in tribunale. In senso figurato, sottoporre qualcuno a un giudizio severo, a forti critiche. La *sbarra* è quella che nei tribunali separa i giudici dall'imputato.
var.: essere alla sbarra; mandare alla sbarra.

SBATTERE
da sbatter via *(pop)*
Di rifiuto, di scarto, da eliminare come spazzatura. Anche figurato per una persona malconcia in salute, o dall'aria molto stanca e simili.

SBUFFARE
PARAGONI: sbuffare come un cavallo; sbuffare come una ciminiera; sbuffare come un treno; sbuffare come una vaporiera; sbuffare come un mantice.
sbuffare come un cavallo
Sbuffare in modo rumoroso, plateale, in genere per fatica, per difficoltà respiratoria oppure per irritazione, impazienza o altro.
Data la sua struttura nasale, un cavallo che sbuffa produce molto rumore ed emissione di vapore acqueo.
var.: ansimare come un cavallo; soffiare come un cavallo.
sbuffare come un mantice
Sbuffare in continuazione, principalmente a causa di uno sforzo, come il mantice che alimenta il fuoco della fucina dei fabbri.
sbuffare come una ciminiera
Sbuffare in continuazione, come una ciminiera che mostra sempre un pennacchio di fumo.
sbuffare come una vaporiera
Manifestare impazienza, irritazione o insofferenza, contrarietà e simili sbuffando, bofonchiando e sospirando in maniera evidente, tanto da essere paragonati a una vaporiera, cioè a una locomotiva a vapore, che emette a intermittenza grossi sbuffi di fumo.
var.: soffiare come una vaporiera; sbuffare come un treno.

SCACCO
Il gioco degli scacchi ha origini antichissime ed è diffuso in tutto il mondo. Il suo nome risale al persiano *shah*, cioè "re", con allusione alla figura che rappresenta il pezzo chiave del gioco. La partita, giocata tra due avversari, finisce quando il re di uno

dei due è minacciato da un pezzo nemico e si trova nell'impossibilità di muoversi o di eliminare la minaccia che questo costituisce. In tal caso si ha lo "scacco matto", dal persiano *shah mat*, che significa "il re è morto". Dal gergo degli scacchi alcune locuzioni sono entrate nel linguaggio comune.

dare scacco matto
Riportare una vittoria, battere un avversario con una mossa decisiva.

essere sotto scacco
Figurato: essere bloccati da una minaccia avversaria.

subire uno scacco
Riportare un insuccesso, una sconfitta, soprattutto se umiliante, come quando nel gioco degli scacchi viene minacciato uno dei pezzi più importanti.
var.: dare scacco.

tenere in scacco
Impedire la libertà di movimento a qualcuno tenendolo sotto una continua minaccia, circondandolo di pericoli e così via; metterlo in condizioni d'inferiorità. Oppure, riuscire abilmente a evitare di essere danneggiati da qualcuno. Si dice anche di ricercati e fuggiaschi che riescono a non farsi catturare dai loro inseguitori.
var.: tenere sotto scacco.

SCAFFALE
dotto come uno scaffale
Figurato: essere molto dotto, sapiente, avere molte e vaste conoscenze, come dovrebbe essere uno scaffale che regge i libri. Usato soprattutto in senso ironico.

SCALA
adagio che le scale son di vetro!
Esclamazione: è un invito alla prudenza rivolto a chi parla o agisce con troppa precipitazione, rischiando così di compromettere il buon esito di qualcosa. Usato anche in senso ironico per chi al contrario eccede in prudenza o lentezza.

SCAMORZA
essere una scamorza
Avere poco carattere, essere imbelli, privi di nerbo o di personalità, come il formaggio molle e poco saporito chiamato appunto "scamorza". Usato anche per un incapace, o per una persona cui è difficile insegnare qualcosa perché sembra impossibilitata a imparare veramente.

SCANDALO
gridare allo scandalo
Mostrare di scandalizzarsi per qualcosa. Anche ironico.

SCAPPARE
a scappa e fuggi
In fretta, molto velocemente, riferito in particolare ad azioni che normalmente si compiono con una certa calma, come mangiare o simili.
var.: a mordi e fuggi.

non si scappa!
Esclamazione: non ci sono alternative, non c'è altra possibilità.

scappar detto
Dire involontariamente, inavvertitamente, riferito in genere a qualcosa che sarebbe stato meglio tacere.

SCAPPATA
fare una scappata
Fare una breve visita a una persona, o andare in un luogo e trattenervisi per un periodo molto breve.

SCARPA
avere le scarpe del morto
Figurato: avere ucciso qualcuno per interesse, come per impossessarsi delle sue scarpe.
var.: ballare nelle scarpe del morto.

essere una scarpa
Essere inetti, incapaci, incompetenti.

essere una scarpa e uno zoccolo
Formare una coppia male assortita; non assomigliarsi affatto; non essere neanche lontanamente paragonabili fra loro, detto di cose o persone.
var.: essere una scarpa e una ciabatta.

fare le scarpe a ... *(pop)*
Danneggiare qualcuno in modo subdolo, generalmente allo scopo di prenderne il posto. Riferito in genere ad ambienti di lavoro, a cariche ambite e così via.

lustrare le scarpe
Figurato: essere molto inferiori a qualcuno per capacità o altro, tanto da essere appena all'altezza di lucidargli le scarpe. Usato in genere in confronti e simili. || Adulare qualcuno, dimostrarglisi servili.

morire con le scarpe ai piedi
Morire di morte violenta, con le scarpe ai piedi perché non si è nel proprio letto.

non avere scarpe ai piedi
Figurato: essere molto poveri, tanto da non possedere nemmeno un paio di scarpe.

rimetterci anche le suole delle scarpe
Subire una perdita tale da andare in rovina, rimetterci tutto, fallire; riferito soprattutto a un'azione che sembrava redditizia anche se difficile. In senso lato, aver faticato per nulla.

SCARTAMENTO
a scartamento ridotto
Figurato: si dice di cose, azioni, iniziative o imprese di dimensioni ridotte, più piccole del normale, e soprattutto di scarso rilievo.
È un termine proprio del linguaggio ferroviario. In Italia la distanza, o *scartamento*, normale tra le due rotaie di un binario è di 1,435 metri. Se la distanza è inferiore, i binari vengono detti *a scartamento ridotto*, e si trovano ancora solo su tratte secondarie o su brevi percorsi.

SCATOLA
averne piene le scatole *(pop)*
Aver esaurito la propria capacità di sopportazione, essere stufi.
In questo caso e in altri delle locuzioni del genere, il termine *scatola* è usato in senso eufemistico al posto di "testicoli".

comprare a scatola chiusa
Fare un acquisto senza controllare la qualità e le caratteristiche di quanto si compera, valutandone la convenienza solo in generale, come se si comperasse un bene in una scatola chiusa senza verificarne l'effettivo contenuto.

gioco delle scatole cinesi
Figurato: situazione di cui non si riesce a vedere la fine. Anche caso difficile da risolvere perché intervengono sempre nuovi elementi.
Il gioco delle *scatole cinesi* è costituito da una serie di scatole di misura sempre decrescente, contenute le une nelle altre.

SCEMO
essere lo scemo del paese
Figurato: essere estremamente sciocchi, detto in particolare per confronto con altri componenti dello stesso gruppo di persone. Quasi sempre scherzoso.
Allude a un'effettiva realtà dei tempi passati, quando in molti paesi c'era spesso un minorato mentale, oggetto di derisione da parte degli abitanti del paese stesso.
var.: essere lo scemo del villaggio.

fare lo scemo per non pagare il dazio
Fingersi sciocchi per far meglio il proprio interesse, per evitare un'incombenza sgradevole e simili.

SCENA
calcare le scene
Letteralmente, intraprendere la carriera teatrale. Oggi è usato anche per cantanti e personaggi dello spettacolo in generale.

var.: darsi alle scene; calcare le tavole del palcoscenico.

entrare in scena
Figurato: apparire, presentarsi, pubblicamente o di fronte a un gruppo. Si dice di una persona e più spesso di un elemento nuovo che con la loro imprevista comparsa possono modificare una situazione.
Nel teatro greco, la parola *scena* designava la piattaforma su cui si esibivano gli attori e la parete di sfondo. Oggi, per estensione, è sinonimo di "palcoscenico", il luogo in cui si svolge l'azione teatrale.

far scena *(fam)*
Essere vistoso, avere un'apparenza tale da attirare l'attenzione di chi guarda. Sottintende spesso una mancanza di sostanza.

fare scena muta
Non sapere cosa rispondere e quindi restare in silenzio, soprattutto di fronte a domande poste durante un'interrogazione, una discussione e così via.
La *scena muta* è un'azione teatrale senza recitazione, che si avvale della sola mimica.

fare una scena madre
Figurato: fare una piazzata, una scenata, oppure una sfuriata violenta, soprattutto esasperando una causa di poco fino a farle assumere proporzioni esagerate. Spesso ironico per chi drammatizza tutto.
Il termine viene dal mondo del teatro, dove indica una delle scene portanti e a volte quella principale.

tutta scena!
Esclamazione: si dice di qualcosa che è solo apparenza, privo di reale sostanza, o di chi finge un dolore o un sentimento che in realtà non prova.

uscir di scena
Figurato: ritirarsi da un dato campo di lavoro, d'affari o simili; sparire dalla vita pubblica o mondana in generale; smettere di frequentare un ambiente o una persona. Oppure perdere importanza, non contare più; smettere di avere notorietà, venire dimenticati, passare di moda; essere in declino nella carriera, nel successo e così via. Per estensione, anche morire.
La locuzione viene dal mondo teatrale, dove si riferisce a un attore che lascia il palcoscenico alla fine della propria parte.

SCETTRO
scettro del comando
Figurato: il potere, qui rappresentato dallo *scettro* che da sempre è simbolo dei sovrani. Quasi sempre ironico o scherzoso.

SCHELETRO
scheletro nell'armadio
Figurato: episodio del passato di una persona o di una famiglia che si vuole tenere nascosto perché giudicato riprovevole o umiliante, oppure perché potrebbe portare spiacevoli conseguenze se venisse divulgato.

SCHERZO
bello scherzo
Scherzo pesante, sgradito, che porta spiacevoli conseguenze. Anche tiro mancino, azione sleale e inaspettata.
var.: brutto scherzo.

neanche per scherzo!
Esclamazione: per nessuna ragione o motivo.

scherzo da prete *(pop)*
Figurato: scherzo di cattivo gusto, o pesante, fatto inaspettatamente con furberia e malizia. Anche azione dannosa o sleale, tiro mancino.
In origine il detto è nato con il senso di scherzo inatteso proprio perché proveniente da un sacerdote, cui comunemente si attribuisce il dovere di una costante gravità.

scherzo di mano
Spintone, schiaffo o lieve percossa da-

ta per gioco, o cui si arriva nella foga di una banale discussione.
Deriva dal proverbio che dice: "scherzo di mano, scherzo da villano".
var.: gioco di mano.

scherzo di natura
Persona, animale o pianta che presenta qualche tipo di aberrazione o di grave anomalia. Quasi sempre spregiativo e magari moraleggiante per chi mostra di avere qualche caratteristica al di fuori del normale.

scherzo pesante
Scherzo che può avere conseguenze spiacevoli e danneggiare qualcuno anche seriamente. Anche scherzo volgare, di cattivo gusto.

SCHIAFFO
schiaffo morale
Umiliazione, lezione mortificante inflitta a qualcuno da cui si è ricevuto uno sgarbo o una scorrettezza, per rifarsi su un piano puramente morale. Anche in senso scherzoso.

SCHIAVO
essere schiavo di ...
Figurato: essere emotivamente legati a qualcosa al punto di farsene condizionare e dominare, fino a perdere la propria autonomia. È riferito spesso al denaro, ai sensi, al lavoro, ai pregiudizi, alle passioni, alla paura, ai vizi e così via, come anche a persone da cui non si riesce a staccarsi.

SCHIENA
avere la schiena di vetro
Figurato: trovare tutte le scuse possibili per non lavorare, detto di chi non ne ha mai voglia.

curvare la schiena
Figurato: piegarsi al volere, al potere o alla prepotenza altrui senza reagire o ribellarsi, come chi viene obbligato a caricarsi la schiena di un grosso peso che lo costringe a curvarsi. In generale, avere un atteggiamento umile, sottomesso, remissivo, o anche servile.
var.: piegare la schiena.

pugnalare alla schiena
Colpire a tradimento, vilmente; danneggiare gravemente una persona ricorrendo all'inganno, e in particolare approfittando della sua fiducia.
var.: pugnalare alle spalle; colpire alla schiena; colpire alle spalle.

spezzarsi la schiena
Fare un lavoro molto duro e faticoso; lavorare moltissimo, quasi fino a spezzarsi la schiena per la fatica.
var.: rompersi la schiena.

spianare la schiena a qualcuno *(fam)*
Figurato: percuotere qualcuno brutalmente, come appiattendogli a bastonate tutte le vertebre della spina dorsale. In senso lato, danneggiarlo gravemente.

voltare la schiena
Fuggire davanti a un pericolo. In senso figurato, abbandonare una situazione, un'attività e simili. ‖ Figurato: abbandonare una persona soprattutto nel momento del bisogno; anche troncare nettamente i rapporti con qualcuno.
var.: voltare le spalle.

SCHIOPPO
a un tiro di schioppo
Non molto lontano, a breve distanza, pari a quella che si può raggiungere con un colpo dei fucili di un tempo.

SCIA
mettersi sulla scia
Figurato: seguire l'esempio di qualcuno, imitarlo o proseguirne l'opera, come seguendo la scia lasciata da un'imbarcazione.

SCIENZA
avere la scienza infusa
Sapere tutto. Quasi sempre ironico per chi si atteggia a persona molto colta e sapiente in tutti i campi, preten-

dendo che tutti accettino ciecamente la sua guida e i suoi giudizi.

L'espressione allude propriamente alla conoscenza che Dio infuse in Adamo. Si trova poi nei Vangeli, nelle parole con cui Gesù annuncia agli apostoli la venuta dello Spirito Santo che infonderà loro la sapienza perché vadano per il mondo a diffondere la Buona Novella.

SCILLA
Scilla e Cariddi sono rispettivamente uno scoglio e un gorgo marino che si trovano l'uno in corrispondenza dell'altro nello stretto di Messina. Per le antiche navi rappresentavano un pericolo molto serio, e la fantasia popolare li trasformò in terribili mostri marini. Ne parlano Omero (*Odissea*, XII, 73, 235), Virgilio (*Eneide*, III, 420) e Dante (*Divina Commedia*, *Inferno*, VII, 22). Oggi il vortice viene chiamato localmente Carofalo o Garofalo; Scilla porta tuttora il suo antico nome.

cadere di Scilla in Cariddi *(raro)*
Figurato: scampare a un pericolo e cadere in uno maggiore; andare di male in peggio.
var.: cader di Scilla e non scampar Cariddi; cadere in Scilla per scampar Cariddi.

trovarsi fra Scilla e Cariddi
Figurato: essere attaccati da due pericoli contemporanei e ugualmente temibili; correre un grave rischio ma non avere alcuna possibilità di evitarlo. Anche dover scegliere tra due possibilità ugualmente sgradevoli o pericolose.
var.: essere tra Scilla e Cariddi.

SCIMMIA
Nella tradizione popolare, la *scimmia* è spesso associata all'idea di qualcosa di brutto, di malefico, di pericoloso, come in locuzioni quali "brutta scimmia", "cattivo come una scimmia", "scimmia dispettosa" e simili. Anche il Gatto Mammone, lo spauracchio un tempo usato per i bambini, sembra essere il nome comune di una scimmia non meglio identificata che alcuni testi definiscono "molto brutta". In diversi modi di dire la scimmia è legata all'idea della perdita del controllo su se stessi, in particolare nel caso dell'alcolismo che veniva un tempo considerato il peggiore e il più vergognoso dei vizi. L'abitudine al bere era molto diffusa e altrettanto vituperata, e forse per questo la fantasia popolare preferì vedere il bevitore come la vittima di una scimmia che gli stava appollaiata sulla spalla e lo pressava con il proprio bisogno d'alcol. Se l'ospite rifiutava di soddisfarlo, la scimmia si vendicava facendolo star male; secondo alcune versioni, graffiandogli il volto o strappandogli i capelli. La vendetta della scimmia andrebbe identificata con il disagio della crisi d'astinenza.

agile come una scimmia
Molto agile, appunto come le scimmie.
var.: arrampicarsi come una scimmia.

avere la scimmia *(pop)*
In origine, essere ubriachi fradici o bevitori abituali. Più recentemente, anche trovarsi sotto l'influsso della droga, o drogarsi abitualmente. ‖ Attualmente, nel gergo dei drogati, essere in crisi di astinenza.
var.: avere la scimmia sulla spalla.

essere una scimmia
Essere brutti, sgraziati, avere un aspetto che ricorda vagamente le scimmie. In particolare, essere molto pelosi o avere un fisico sproporzionato soprattutto per quanto riguarda gli arti. Anche avere un carattere sgradevole, essere petulanti e dispettosi come si dice siano le scimmie. ‖ Essere molto agili, come le scimmie. ‖ Imitare qualcuno nel modo di fare, di parlare,

di agire, di pensare e così via. Anche copiare o rubare idee o altro.

fare la scimmia
Imitare il modo di comportarsi o di parlare di qualcuno, seriamente o per motteggiarlo, come fanno le scimmie che ripetono i gesti dell'uomo.
var.: essere la scimmia di qualcuno.

SCINTILLA
fare scintille
Occuparsi di qualcosa con grande energia, vivacità, entusiasmo e simili, come facendo sprizzare le scintille con il proprio contatto. Per estensione, essere molto brillanti, avere successo in qualcosa.
var.: far faville.

SCOMUNICA
La *scomunica* è una pena ecclesiastica con la quale il Papa esclude un battezzato dalla comunità dei fedeli; chi ne è colpito non può più accostarsi ai Sacramenti.

avere la scomunica addosso
Figurato: avere molte disgrazie, essere molto sfortunati; anche essere evitati o scacciati da tutti.

SCONOSCIUTO
illustre sconosciuto
Personaggio assolutamente sconosciuto, mai sentito nominare. L'*illustre* è solo ironico. Usato da persone saccenti quando s'imbattono in un personaggio noto a tutti ma non a loro, o riferito a chi ha raggiunto qualche piccolo successo ed è convinto di essere per questo famoso.
var.: illustre ignoto.

SCOPA
sembrare una scopa
Essere molto magri e allampanati, soprattutto se si ha inoltre un'andatura rigida e legnosa.
var.: sembrare una scopa vestita.

SCOPPIARE
fino a scoppiare
Fino al limite massimo, per lo più riferito al mangiare moltissimo. Vale anche per qualsiasi caso di eccesso, e in particolare a situazioni sgradevoli che si ritiene di non riuscire più a sopportare.
var.: da scoppiare.

scoppiare da ... *(fam)*
Non poterne più, essere al limite della sopportazione, riferito generalmente a cose sgradevoli. Usato in locuzioni quali "scoppiare dalla bile", "scoppiare dalla rabbia", "scoppiare dal caldo" e così via.

sentirsi scoppiare la pancia *(fam)*
Aver mangiato moltissimo, tanto da sentirsi il ventre completamente pieno. Oppure ridere in maniera irrefrenabile, tale da provocare il dolore dei muscoli del ventre.
var.: sentirsi scoppiare la pancia dal ridere.

SCORZA
avere la scorza dura
Avere un fisico resistente, in grado di sopportare grandi fatiche o di superare gravi malattie. Si dice anche di persona insensibile, gretta, o di chi è poco influenzabile dalle opinioni altrui.
Scorza è qui inteso come involucro esterno nel suo senso figurato, ed equivale a "pelle".
var.: essere di scorza dura; avere la pelle dura; avere la buccia dura.

SCOTTO
pagare lo scotto
Figurato: subire le conseguenze negative di una colpa o di un errore; essere chiamati a rispondere di un'azione, o di qualcosa che si è ottenuto senza alcun merito.
Scotto, dal dialetto francone *skot*, tassa, era originariamente il prezzo che si doveva pagare a un'asta.

SCOZZESE
essere uno scozzese
Essere molto avari, taccagni, come la tradizione popolare vuole siano gli Scozzesi.

SCRICCIOLO
Lo *scricciolo* è un uccello dei passeriformi di piccole dimensioni, con la coda ritta e corta e il piumaggio bruno-rossiccio.
essere uno scricciolo
Si dice affettuosamente di persone piccole o gracili di costituzione. Spesso riferito ai bambini.

SCUDERIA
ordine di scuderia
In senso proprio è l'ordine impartito dalla scuderia ai suoi rappresentanti che concorrono a una gara, e riguarda la condotta della corsa, la precedenza nell'arrivo e così via. ‖ Figurato: disposizione impartita dal vertice di un organismo, politico, aziendale o di altro tipo, per stabilire una linea di condotta comune tra tutti i membri del gruppo.

SCUDO
alzata di scudi
Figurato: ammutinamento, ribellione e simili.
È preso dal mondo militare antico, quando i combattenti in campo aperto potevano ripararsi solo dietro il loro scudo. Indica la disposizione a sostenere e respingere un attacco combattendo.
var.: levata di scudi; levare gli scudi; fare una levata di scudi.
farsi scudo di ...
Usare una cosa o una persona per ripararsi e proteggersi. In senso figurato, scansare responsabilità e simili attribuendole o assegnandole ad altri, o invocare a propria difesa una particolare situazione o condizione.

portare sugli scudi
Figurato: acclamare trionfalmente qualcuno nel conferirgli una carica; lodare o esaltare una persona, farla sentire ammirata e importante.
Deriva dall'antica usanza di portare in trionfo sul suo stesso scudo il condottiero vincitore di una battaglia. Nel tardo impero romano questa cerimonia equivaleva in pratica all'acclamazione a imperatore: un generale che tornava vittorioso alla testa del suo esercito veniva in questo modo portato dai suoi soldati nella sala del trono, senza ulteriore bisogno d'incoronazione ufficiale.

SCUFFIA
prendersi una scuffia *(pop)*
Essere ubriachi fradici. Anche essere ciecamente innamorati.

SCUOLA
di scuola
Convenzionale, privo di originalità o di effettivo valore artistico. Nel campo dell'arte in particolare, si dice di un'opera che segue puntualmente lo stile caratteristico di un certo indirizzo o maestro.
fare forca a scuola *vedi* **marinare la scuola**
fare scuola
Diffondersi grandemente, riscuotendo un successo tale da creare imitatori o seguaci, da diventare di gran moda.
marinare la scuola
Disertare la scuola o una lezione.
Marinare significa letteralmente mettere a bagno un cibo nell'aceto, secondo un antico metodo di conservazione. La scuola verrebbe così "conservata", come messa da parte per tenerla in serbo per il futuro.
var.: salare la scuola; bigiare a scuola; fare forca a scuola.
scuola della domenica
In senso stretto, scuola di catechesi. In

senso figurato, scuola di scarso valore. Queste scuole furono fondate dai Cattolici nei Paesi Bassi verso il 1500, e si diffusero rapidamente in altri Stati e in altre religioni.

tenere scuola
Insegnare, tenere lezione; creare imitatori o seguaci. Anche ironico.

venir su alla scuola di ... *(fam)*
Imparare da qualcuno in particolare. Detto in genere dell'allievo di uno specifico studioso, scienziato o professionista di grande fama. In senso scherzoso o ironico anche seguire l'esempio di qualcuno, e in senso spregiativo, averne preso principalmente i difetti.
var.: crescere alla scuola di...

SCURE
darsi la scure sui piedi
Farsi del male, nuocere a se stessi, procurarsi un danno agendo con zelo o foga eccessiva.
La locuzione è antica e si trova già in Petronio e ancora in Cicerone, Apuleio, Sant'Agostino, Commodiano e altri, con lo stesso senso, anche se si parla di "darsi la scure in una gamba". Da qui è nato anche il più raro "darsi alle gambe da sé", ormai poco usato.
var.: darsi alle gambe da sé; darsi la zappa sui piedi.

tagliato con la scure
Grezzo, appena abbozzato, privo di rifiniture, come un lavoro d'intaglio fatto con uno strumento non adatto. Vale anche per un volto dai lineamenti molto duri. Oppure rozzo, grossolano, riferito al carattere di una persona, a un giudizio o simili.
var.: tagliato con l'accetta.

SCUSA
chiedere scusa anche all'aria
Essere estremamente remissivi, sottomessi, timorosi. Anche essere molto discreti, oppure servili.

SÉ
non stare in sé da ...
Figurato: non riuscire a contenere un'emozione o un sentimento e simili, come se non si riuscisse a contenerli dentro di sé. Usato in genere per gioia, felicità e così via; più raramente per rabbia, sdegno e altro.

SECCA
lasciare nelle secche
Figurato: abbandonare qualcuno in una situazione difficile, lasciandolo a cavarsela da solo di fronte a un pericolo, come una barca che si trovi incagliata in acque basse.

restare in secca *(pop)*
Trovarsi in una situazione difficile, riferito prevalentemente a difficoltà economiche. Anche essere nell'impossibilità di procedere in un determinato progetto.

SECCHIO
buonanotte al secchio! *(pop)*
Esclamazione: esprime rassegnazione irritata davanti a qualcosa che è andato male, che si considera perduto e concluso.

chiedere secchi e rifiutare vasche *(raro)*
Figurato: chiedere una cosa e rifiutarne un'altra della stessa natura.
Il detto, che si trova già in Plutarco (*De garrulitate*, 512) era un tempo usato per sottolineare la mancanza di logica di un ragionamento e in particolare di una richiesta.

fare come le secchie *(fam)*
Perdere tempo senza concludere niente. Anche girare intorno a un argomento senza affrontarlo veramente, o non riuscire a decidersi, tentennare tra due scelte, continuare a cambiare idea.
Le *secchie* in questione sono i secchi del pozzo, che pur continuando ad andare su e giù restano sempre dove sono.

SECCO *(agg)*
PARAGONI: secco come un chiodo; secco come un uscio; secco come un'aringa; secco come un'acciuga.

far secco *(pop)*
Figurato: uccidere, specialmente in modo rapido e improvviso.
Viene dal gergo della malavita.
var.: lasciar secco.

restarci secco *(pop)*
Figurato: morire improvvisamente, in genere per un attacco cardiaco o simili. Anche morire sul colpo in un incidente o altro.
Allude al *rigor mortis*, la rigidità cadaverica che dopo alcune ore dal decesso fissa le membra di un corpo nella posizione in cui si trovavano al momento della morte.
var.: restare stecchito.

secco come un chiodo *(pop)*
Molto magro, asciutto, segaligno, privo di forme evidenziate come il chiodo che è cilindrico e punge.

secco come un uscio *(raro)*
Molto asciutto, magrissimo. Anche macilento, scheletrico, detto di persone o animali. Riferito a una donna, piatta, senza forme pronunciate.
var.: magro come un uscio; piatto come un uscio.

secco come un'aringa *(pop)*
Molto magro, rinsecchito, quasi incartapecorito, come l'aringa secca che risulta praticamente disitratata.
var.: secco come un'acciuga. ‖ Assetato, bisognoso di bere; detto soprattutto in senso scherzoso per un bevitore.

SECCO *(sost)*
a secco *(fam)*
Figurato: in modo brusco, inaspettato e repentino.

a secco di ... *(fam)*
Figurato: privo di qualcosa. Riferito in particolare al denaro, o ad altro elemento che privi della possibilità di continuare un'azione.
Nato in origine con riferimento alla borraccia dell'acqua che non doveva mai restare vuota durante un viaggio, oggi allude più che altro al serbatoio di un automezzo in cui non c'è più carburante e quindi impedisce di continuare il cammino.
var.: lasciare a secco; rimanere a secco; essere a secco.

murare a secco *(pop)*
In senso proprio, costruire muri con sole pietre, non legate da calce. ‖ Figurato: mangiare senza aver niente da bere.

SECOLO
al secolo
Locuzione preposta alle generalità anagrafiche di religiosi conventuali, che ritirandosi a vita spirituale abbandonavano tutti i beni del mondo materiale, compreso il proprio nome originario. Per estensione, è riferito anche ad attori, scrittori, e in genere a chi adotta uno pseudonimo.
Il *secolo* è qui inteso come la vita del mondo terreno contrapposta a quella spirituale.

avvenimento del secolo
Figurato: avvenimento di grande importanza o risonanza che per qualche ragione viene considerato il più importante del proprio tempo. Usato anche per qualcosa di poco conto che si vuole enfatizzare. A volte ironico.

fuggire dal secolo *(raro)*
Figurato: ritirarsi in convento, abbracciare la vita monastica.
Il *secolo* è qui inteso come il mondo dei beni materiali, in contrapposizione a quello dei beni spirituali.
var.: ritirarsi dal secolo.

per tutti i secoli dei secoli
Figurato: per sempre, per tutta l'eternità.
Traduce la locuzione latina *in saecula saeculorum*, che precede l'*amen* nella preghiera cattolica *Gloria*.

roba dell'altro secolo *(pop)*
Cose ormai superate, fuori moda, detto in particolare di mentalità, idee, ideologie e simili.

SECONDO *(agg)*
non essere secondo a nessuno
Non risultare inferiore a nessuno per capacità, per abilità, o in una dote qualsiasi.

SEDE
in separata sede
In privato, a tu per tu, riferito a un incontro o a un colloquio tra due persone. Anche separati, lontani dagli occhi degli altri.

SEDIA
recitare per le sedie
Figurato: non essere ascoltati, parlare o agire inutilmente.
Il riferimento è a uno spettacolo recitato davanti alle poltrone vuote della platea.

scaldare la sedia
Figurato: occupare un posto per nulla, riferito in particolare a lavoratori fannulloni che vengono pagati per un'attività che in realtà non svolgono.

sedere in pizzo di sedia *(raro)*
Figurato: trovarsi in una situazione instabile, precaria, che si potrebbe essere costretti ad abbandonare da un momento all'altro. Usato soprattutto con riferimento a posti di lavoro. Anche trovarsi in una situazione disagevole, pericolosa o simili.
Allude al modo di sedere scomodo e quasi precario di chi si sente a disagio e non vede l'ora di andarsene.
var.: sedere in punta di sedia.

star seduti su due sedie
Figurato: destreggiarsi tra due persone, fazioni, situazioni o interessi tra loro incompatibili o contrastanti per non inimicarsi nessuna delle due in vista di possibili futuri vantaggi, oppure in attesa di scegliere la parte che si rivelerà più forte o vantaggiosa.
Il detto, diffuso in varie lingue europee e che si ritrova anche in Goethe (*Massime e riflessioni*, 213), risale all'epoca romana, tanto che fu usato come rimprovero rivolto a Cicerone. Questi, secondo un aneddoto riferito da Seneca padre e da Macrobio, era contrario all'allargamento del senato conseguente alla decisione di Cesare di concedere la cittadinanza romana ai Siriani, e un giorno si rifiutò di far posto a Laberio accanto a sé, dicendo che stava già molto stretto. Laberio gli rispose allora con il detto citato, rinfacciandogli così la sua posizione ambigua tra Cesare e Pompeo e il suo atteggiamento adulatorio verso entrambi. ‖ Fare il doppio gioco, agire in modo da ricavare vantaggi personali da due situazioni incompatibili tra loro.

SEDILE
far sedile di botte
Adattarsi alle circostanze sopportandone il disagio, in genere per favorire o aiutare qualcuno.
Viene probabilmente dalla necessità di utilizzare una botte come sedile non disponendo di meglio, o per cedere la sedia a un ospite. ‖ Oziare, starsene fermi senza far niente.

SEGA
mezza sega *(pop)*
Persona di corporatura molto minuta, esile, macilenta, in genere riferito a un uomo. Si dice anche di una persona incapace, inaffidabile, che non vale nulla. Sempre spregiativo, è un'espressione volgare usata spesso come insulto.

SEGGIOLONE
essere caduto dal seggiolone *(fam)*
Figurato: sembrare un po' folli, stravaganti, strambi e simili, facendo pensare di non avere il cervello del tutto

normale a causa di un colpo in testa dovuto a una caduta dall'alto del seggiolone quando si era piccoli. Generalmente scherzoso, a volte ironico.

SEGNATO
essere segnato
Figurato: essere predestinati a qualcosa, come se si fosse stati "segnati" su un particolare elenco, o portare addosso un marchio di riconoscimento.
segnato dal Signore
Figurato: persona che presenta qualche anomalia o deformità fisica chiaramente visibile.

Secondo la credenza popolare diffusa soprattutto nel Medio Evo, le malformazioni fisiche sono punizioni divine che indicano l'animo maligno di chi ne è vittima. Il Signore userebbe pertanto questo sistema per aiutare i giusti a guardarsi dai malvagi, rendendoli riconoscibili a prima vista.

var.: segnato da Dio; segnato da Cristo.

SEGNO
andare a segno
Figurato: riuscire, raggiungere lo scopo; ottenere un esito positivo.

Negli sport di tiro, il *segno* è il centro del bersaglio. In altri casi è il segno vero e proprio che si traccia per segnare i punti.

var.: mandare a segno; mettere a segno.

colpire nel segno
Figurato: indovinare o intuire esattamente qualcosa, come se si colpisse il *segno*, cioè il centro del bersaglio.

lasciare il segno
In senso proprio, è detto di percosse o ferite di cui rimane una traccia visibile sotto forma di livido o cicatrice. In senso figurato, essere significativo, non farsi dimenticare, produrre effetti duraturi; si dice di un'esperienza, una lettura, una sventura, un incontro o altro, che in qualche misura modificano la vita di una persona.

mettere a segno
Letteralmente, centrare il bersaglio voluto. Anche figurato per indicare la piena realizzazione di un obiettivo, la buona riuscita di un'impresa alla quale si è lavorato con intelligenza.

passare il segno *(fam)*
Figurato: esagerare in qualcosa di negativo, riprovevole e simili; superare il limite della tolleranza o della pazienza altrui e così via.

segno dei tempi
Caratteristica peculiare di una data epoca storica.

sotto il segno di …
Si dice di qualcosa che subisce l'influsso di determinate circostanze, favorevoli o sfavorevoli, oppure di elementi che conferiscono a una situazione, un'impresa o altro le proprie caratteristiche, come in locuzioni quali "un giorno nato sotto il segno della sfortuna" e simili.

Si riferisce ai segni zodiacali, che secondo l'astrologia influenzano gli avvenimenti umani.

tenere a segno
Figurato: tenere a freno qualcuno, controllarlo, farlo agire in maniera corretta, sensata, disciplinata e simili, come facendo in modo che non esca da determinati limiti tracciati con un *segno*.

SEGRETO
portare un segreto nella tomba
Figurato: morire senza rivelare un segreto.

segreti del talamo
I rapporti personali privati o intimi della vita di una coppia.

segreto delle sette comari *(raro)*
Figurato: cosa risaputa da tutti, detto di qualcosa che sarebbe dovuto rimanere segreto ma che invece viene nascostamente divulgato.

segreto di stato
Notizia che deve restare segreta perché riguarda la sicurezza dello Stato. In senso figurato e ironico, si dice di una cosa di cui si fa grande mistero, come se fosse d'importanza capitale.

tenere i segreti come un paniere
Non saper mantenere un segreto, qui visto come un liquido conservato in un paniere che lo lascia sfuggire dagli interstizi.

SEGUIRE
PARAGONI: seguire come un'ombra; seguire come un cane.

seguire come un cane
Seguire qualcuno costantemente, senza allontanarsene mai, in genere tributandogli affetto, ammirazione e simili. Si dice anche di una persona in posizione subordinata che si dimostra molto fedele a chi comanda.
var.: seguire come un cagnolino.

seguire come un'ombra
Seguire qualcuno costantemente, senza staccarsene mai un momento. Usato anche per una persona importuna o appiccicaticcia.

SELLA
battere la sella invece del cavallo
Figurato: non potendosela prendere con un potente, sfogare il proprio risentimento su qualcuno di più debole che gli è caro o gli sta vicino.

restare in sella
Figurato: cavarsela in una situazione difficile, riuscire a non perdere una data posizione o i propri beni.
var.: tenersi in sella; mantenersi in sella.

rimettersi in sella
Figurato: recuperare posizione o beni dopo averli perduti, ritornare in buone condizioni economiche. Anche riprendersi da un brutto periodo, specialmente dopo aver corso un serio pericolo o essere guariti da una grave malattia; aver superato un momento difficile ed essere pronti a ricominciare le normali attività.
Allude agli antichi cavalieri, per i quali cadere da cavallo durante un combattimento significava praticamente morire. Il rimettersi in sella costituiva quasi l'unica possibilità di sopravvivere, ma dato il peso e l'ingombro delle armature era un'impresa tutt'altro che facile.
var.: risalire in sella.

sbalzare di sella
Figurato: soppiantare qualcuno in una carica, una posizione o simili, in genere ricorrendo a sistemi poco corretti.

SEME
non lasciare neanche il seme *(pop)*
Figurato: portare via proprio tutto, riferito a un furto come a un trasloco e simili. Distruggere completamente qualcosa, senza lasciare la possibilità che venga ricostruita. Anche mangiare avidamente e voracemente tutto quello che si ha davanti, fino all'ultima briciola.

se ne è perso il seme
Si dice di qualcosa che è ormai introvabile, che non esiste più.

SEMINATO
uscire dal seminato
Figurato: divagare da un argomento, allontanandosi dal tema principale; perdere il filo di un discorso e simili.

SENNO
del senno del poi son piene le fosse
Di origine proverbiale, il detto ricorda che pentirsi in ritardo non serve a niente, che un errore grave non è mai riparabile e viene pagato a caro prezzo. ‖ Si dice anche a proposito di un giudizio facile e ovvio, nato dalla conoscenza di quanto è già avvenuto. Spesso ironico.
Ripete l'identico proverbio.

SENO
il seno della terra *(raro)*
Figurato: il sottosuolo del nostro pianeta, inteso soprattutto dal punto di vista geologico, agricolo o minerario.
in seno a ...
Figurato: all'interno, nell'ambito di qualcosa, come dentro a una specie di cavità protettiva. Usato per lo più in riferimento alla famiglia, a una fede religiosa o politica e così via.
var.: rientrare in seno a ...

SENSAZIONE
fare sensazione
Figurato: suscitare scalpore, attirare l'attenzione generale. Detto per lo più di notizie o avvenimenti clamorosi ma anche di film, di libri e simili.
var.: destare sensazione.

SENSO
a senso unico
Percorribile in una sola direzione, detto di una strada. In senso figurato si dice di una mentalità, una teoria e simili che non tengono conto della molteplicità delle cose e dei fenomeni. Usato anche per scelte o situazioni da cui non si può tornare indietro, quasi si fosse imboccata una strada a senso obbligato.
far senso *(fam)*
Provocare una sensazione di ribrezzo, ripugnanza, disgusto, schifo e così via.
senso comune
Criterio di giudizio normale, comune, considerato anche molto semplice in quanto usualmente seguito da un intero gruppo sociale e legato ai suoi costumi e alle sue tradizioni.
sesto senso
Figurato: particolare facoltà d'intuizione, a volte circoscritta ad ambiti specifici, che consente di percepire cose che altri non avvertono e che sembra aggiungersi ai cinque sensi propriamente detti, ossia vista, udito, tatto, gusto e olfatto, grazie ai quali si ha percezione del mondo esterno.

SENTENZA
la Gran Sentenza
Per i credenti, il giudizio di Dio circa il destino delle anime.
var.: l'ultima sentenza.
sputar sentenze *(fam)*
Figurato: esprimere giudizi e pareri, quasi sempre non richiesti, con grande presunzione, saccenteria o arroganza.

SENTIMENTO
fare qualcosa con tutti i sentimenti *(pop)*
Fare qualcosa con grande cura e attenzione, alla perfezione, cercando di dare tutto il meglio di sé.
var.: fare qualcosa con tutti i sette sentimenti.
uscire dai sentimenti *(pop)*
Impazzire, perdere la ragione. Anche sragionare per un attacco d'ira, per lo sdegno, per un turbamento profondo o una forte emozione.
var.: essere fuori di sentimento; mandar fuori di sentimento; levare di sentimento; fare uscire di sentimento; tirar fuori dai sentimenti. ‖ Perdere i sensi, svenire.

SENTIRE
farsi sentire *(pop)*
Figurato: esprimere vivamente una protesta, una lamentela o altro. Anche far valere le proprie ragioni o pretendere il rispetto dei propri diritti. Ancora, far pesare la propria autorità o posizione. Si dice inoltre di cose, situazioni, sensazioni e simili che cominciano a manifestare i propri effetti.
non sentirci *(fam)*
Figurato: non essere disposti a fare qualcosa, non volerne nemmeno sentir parlare.
sentire di ...
Avere un vago odore o sapore di qual-

cosa che normalmente non ci dovrebbe essere. Usato in genere per cibi leggermente avariati e simili.

sentirsela *(pop)*
Figurato: ritenere di essere in grado, di avere il coraggio e di essere disposti a fare una determinata cosa. Riferito in genere a imprese impegnative, pericolose, disoneste o faticose, oppure nelle quali si rischia come minimo una brutta figura.

sentirsele *(fam)*
Figurato: subire rimproveri, sgridate, sfuriate e così via.

SEPOLCRO
essere un sepolcro imbiancato
Figurato: essere falsi, ipocriti; nascondere una natura perversa oppure comportamenti riprovevoli, azioni disoneste e così via sotto una parvenza d'irreprensibile rettitudine. Usato più che altro in senso morale.
Riprende un'invettiva di Gesù contro i Farisei e gli Scribi (Matteo, XXIII, 25), accusati di essere "...simili a sepolcri imbiancati: all'esterno son belli a vedersi,... ma dentro son pieni di ossa di morti e di ogni putridume". La tradizione religiosa imponeva, in determinate circostanze, di non toccare le tombe, considerate impure; per questo era uso imbiancarle a calce, in modo che risultassero facilmente visibili e nessuno corresse il rischio di calpestarle involontariamente, diventando così impuro a sua volta.

SERA
dalla sera alla mattina
Figurato: improvvisamente, senza preavviso, riferito a qualcosa d'inaspettato che sembra esser nato nell'arco di una sola notte.

tirar sera *(pop)*
Arrivare alla fine della giornata. Riferito in genere tanto a chi non ha niente da fare fino a quel momento quanto a chi, al contrario, ha una giornata molto pesante e laboriosa e non vede l'ora che finisca.
var.: far sera.

SERIE
fuori serie
Figurato: eccezionale, particolare, raro, come qualcosa che viene prodotto al di fuori di una *serie* normale e standardizzata. Riferito principalmente a cose o persone che presentano caratteristiche di eccezionalità, pregio, bellezza e così via.
Propriamente, l'espressione indica i modelli originali di autoveicoli o di altri prodotti industriali fabbricati in numero limitato o in esemplari unici, al di fuori della normale produzione. In particolare, si dice di un'automobile elegante e potente prodotta in pochi esemplari, anche se si preferisce la dizione "fuoriserie".

SERPE
allevare una serpe in seno
Figurato: fare del bene a chi può rappresentare un potenziale pericolo.
Secondo un racconto popolare, una sera d'inverno un uomo trovò una piccola vipera intirizzita dal freddo. Impietosito, la raccolse e se l'infilò tra gli abiti sul petto. Ma la vipera, risvegliata dal calore del corpo e spaventata per l'insolito ambiente, cercò di fuggire e morse il suo salvatore.
var.: scaldare una serpe in seno; mettersi una serpe in seno; covare una serpe al seno.

essere una serpe
Figurato: essere una persona malvagia, infida e subdola, caratteristiche che tradizionalmente vengono attribuite a tutti i serpenti, anche alle bisce più innocue.
var.: essere un serpente.

covare una serpe al seno *vedi* **allevare una serpe in seno**

SERPENTE
essere un serpente a sonagli
Figurato: essere una persona infida, subdola, pericolosa, malvagia, con tutte le caratteristiche attribuite a questo serpente portate all'estremo.

È questo il nome comune del genere di serpenti *Crotalus*, a cui appartengono alcune delle specie più velenose del mondo. Sono chiamati così perché l'estremità della loro coda presenta una serie di anelli cornei che a ogni movimento producono un suono simile a quello delle nacchere.

var.: essere un serpente.

fare come il serpente che si mangia la coda
Figurato: tornare sempre allo stesso punto, riferito a un ragionamento, una situazione e altro.

Il serpente che si mangia la coda è uno dei simboli esoterici più antichi, a indicare che l'Universo è un tutto unico senza principio né fine.

l'antico serpente
Per i cristiani, il Diavolo.

Allude alla forma assunta dal Diavolo per tentare Eva nel Paradiso terrestre.

serpente di mare
Figurato: notizia falsa, storia inventata; frottola ben presentata che ha tutta l'aria della verità.

È questo il nome comune del *Lauticada colubrina*, una specie di serpente velenoso che può vivere sia nell'acqua salata che sulla terraferma. È anche il nome generico dato a leggendari animali marini dall'aspetto mostruoso, più simili ai draghi che ai serpenti; da questo secondo significato il gergo giornalistico ha adottato l'espressione per definire una notizia sensazionale completamente inventata.

viscido come un serpente
Molto viscido e scivoloso. In senso lato, subdolo, estremamente infido. Si dice di una persona equivoca, ambigua, sfuggente, maligna, capace di fare del male nascondendosi sotto un'apparente gentilezza.

Allude alla pelle del serpente che secondo la credenza popolare sarebbe scivolosa e viscida, mentre in realtà è molto asciutta, a volte secca e scabrosa e a volte liscia e quasi serica. È possibile quindi che il serpente citato sia invece l'anguilla, che ha invece la pelle viscida e grassa, a cui vengono assommate le caratteristiche negative del serpente che tentò Eva nel Paradiso terrestre.

SERRA
essere un fiore di serra
Figurato: si dice di una persona dall'aspetto fragile e delicato, oppure di salute cagionevole, come una pianta che richieda una coltivazione attenta in particolari condizioni climatiche.

SERVO
servi di Dio
Gli appartenenti a un ordine religioso, o ancor meglio conventuale.

SESAMO
essere l'apriti sesamo
Essere l'elemento, la persona o l'evento che conduce alla risoluzione apparentemente miracolosa di una situazione difficile, complicata e simili. Anche ironico.

Il detto allude alla favola di *Alì Babà e i quaranta ladroni* che compare nella prima raccolta delle *Mille e una notte* presentata in Europa da A. Galland, nel 1704. In realtà il racconto non fa parte dei manoscritti arabi che costituiscono il nucleo dell'opera, ed è pertanto esclusa dalle traduzioni più recenti. Vi si racconta di un povero boscaiolo che un giorno incappò in una banda di predoni. Nascosto nel folto della foresta, ebbe modo di assistere al loro ingresso in una grotta mascherata da una lastra di pietra che si apriva pronunciando le magiche parole "Apriti sesamo!". Allontanatisi i briganti, il boscaiolo entrò nella caverna e la trovò piena dei loro tesori razziati, che cominciò a rubare a sua volta un po' per giorno. Quando si accorse del furto, il capo dei predoni pensò di vendicarsi, e si presentò alla casa di Alì Babà facendosi passare per un ricco mercante che portava a vendere i suoi otri d'olio, e chiedeva ospitalità per sé e per la sua merce. Negli otri erano però nascosti i quaranta ladroni della banda, che a un segnale prestabilito sarebbero dovuti uscire dal loro nascondiglio per recuperare il tesoro. Ma grazie all'intervento di Morgana, fedele serva di Alì Babà, i briganti finirono arrostiti negli otri con una gettata di olio bollente.

SESSO
essere senza sesso
Figurato: essere una persona dalle caratteristiche sessuali poco pronunciate o poco appariscenti. Anche avere poca personalità, avere un carattere amorfo, non ben definito.
gentil sesso
Scherzoso o ironico: le donne, il sesso femminile.
sesso debole
Scherzoso o ironico: le donne, il sesso femminile.
sesso forte
Scherzoso o ironico: gli uomini, il sesso maschile.
terzo sesso
Gli omosessuali in generale.

SESTO (sost)
Sesto è l'antico nome del compasso, che permettendo di tracciare cerchi perfetti avrebbe dato luogo al significato estensivo di misura esatta, di ordine regolare. In architettura indica la curvatura di un arco, ma lo stesso termine era anche variante di "assesto", e quindi posizione, sistemazione corretta, giusta, regolare. In più, nel veneziano antico significava garbo, grazia, armonia.
con un po' di sesto *(raro)*
Con un po' di grazia, di gentilezza e simili; con le buone maniere; anche con un buon senso estetico.
essere fuori sesto *(raro)*
Figurato: non essere nelle condizioni migliori, riferito a salute, umore e altro. Si usa anche per un congegno, un macchinario e simili che non funzionano con la dovuta precisione.
rimettere in sesto
Rimettere in ordine, a posto; riportare a un ordine o a una normalità perduta, ripristinare una situazione precedente considerata positiva. Riferito principalmente a situazioni finanziarie o di salute, può essere usato un po' per tutto, da un capo di abbigliamento, a una casa, a una sbandata sentimentale e così via. Anche ironico o scherzoso.
var.: mettere in sesto; rimettersi in sesto.

SETACCIO
passare al setaccio
Figurato: esaminare con estrema attenzione e meticolosità.

SETE
levarsi la sete col prosciutto *(raro)*
Figurato: danneggiarsi da soli con un'azione che torna a proprio svantaggio, come se avendo sete si mangiasse qualcosa di salato come appunto il prosciutto. Riferito in genere a un puntiglio, una presa di posizione e simili. Anche prendersi una soddisfazione o soddisfare un desiderio pagando un caro prezzo, oppure fare qualcosa di sciocco o d'insensato, che poi si rivela controproducente, per ostinazione o sventatezza.
levarsi la sete con l'acqua salata
Figurato: fallire uno scopo o procurar-

si un danno per pura testardaggine, come chi cercasse di dissetarsi bevendo acqua di mare.

SETTE *(agg)*
non dare né in sette né in sei *(raro)*
Figurato: fare o essere qualcosa d'improduttivo, d'inutile, che non serve, non produce o non rende niente. Anche non concludere nulla di positivo, non combinare nulla di buono.
Deriva dai giochi di carte e in particolare dalla scopa, in cui i sette e i sei servono per calcolare il punteggio della primiera.

SETTIMANA
essere di settimana
Essere tenuti a un turno di servizio settimanale.
settimana corta
Figurato: settimana lavorativa di cinque giorni su sette.
settimana dei tre giovedì
Ipotetico periodo felice che non verrà mai. Quasi sempre ironico.
Un tempo, per alcune categorie di lavoratori, il *giovedì* era giorno festivo in luogo della domenica.
settimana grassa
L'ultima settimana di Carnevale, quella che nel rito cattolico precede immediatamente il Mercoledì delle Ceneri con il quale inizia la Quaresima. Nel rito ambrosiano, seguito soprattutto a Milano, comprende anche i giorni che dal Mercoledì delle Ceneri vanno alla domenica successiva. È chiamata *settimana grassa* in contrapposizione alla Quaresima, durante la quale si mangia di magro in segno di penitenza e in preparazione della Pasqua.
settimana santa
Nel rito cristiano, la settimana che precede la Pasqua, consacrata a rivivere gli ultimi giorni della vita terrena di Gesù Cristo.

SFERA
le alte sfere
Figurato: i gradi più elevati di una gerarchia; i detentori del potere.

SFIDA
sfida all'arma bianca
Sfida a duello, che si combatteva per lo più con il fioretto o con la spada in generale.
var.: sfidare all'arma bianca.

SFINGE
La *Sfinge* è un mostro favoloso dal corpo di leone e dalla testa umana che si ritrova nella mitologia egiziana e greca. Per gli Egiziani, che la raffigurarono con il volto del Faraone e il capo acconciato secondo l'uso del tempo, era il simbolo della forza in battaglia del Faraone stesso. Per i Greci, che la rappresentarono come una leonessa alata dal volto di donna, era un mostro inviato dalla Dea Era per punire il re tebano Laio che aveva rapito il giovane Crisippo. Accovacciata su una rupe nei pressi della città di Tebe, divorava tutti i passanti che non sapevano dare risposta all'enigma che poneva loro: "qual è l'animale che cammina con quattro gambe al mattino, con due a mezzogiorno e con tre la sera?". Quando infine l'enigma fu risolto da Edipo, che identificò nell'uomo l'animale in questione, la Sfinge ebbe conferma della profezia secondo la quale la vendetta per cui era stata mandata non si sarebbe mai compiuta, e si uccise gettandosi dalla rupe.
essere una sfinge
Figurato: essere una persona impenetrabile, che non lascia trasparire nulla di quello che pensa o sente.
var.: sembrare una sfinge.
sguardo da sfinge
Sguardo impenetrabile, misterioso, che non lascia trasparire pensieri o sentimenti.

SGUARDO
sguardo d'acciaio
Figurato: sguardo molto fermo, che dà l'idea di una grande risolutezza. Anche sguardo gelido, pungente, oppure molto penetrante.
sguardo da pesce lesso
Sguardo inespressivo, fisso e appannato come quello di un pesce dopo la cottura, che diventa bianco. Anche sguardo languido, innamorato, oppure ammiccante, voglioso o lubrico.
sguardo di gelo
Sguardo freddissimo, che lascia come congelati, privo di calore o simpatia. Anche sguardo cattivo o minaccioso, o severo e sprezzante.
var.: sguardo di ghiaccio.

SICURO
andare sul sicuro *(pop)*
Fare in modo di non correre rischi o pericoli di sorta.
var.: stare sul sicuro.

SIGILLO
avere il sigillo alle labbra
Non parlare, non lasciarsi sfuggire un segreto, come se si avessero le labbra sigillate.
var.: chiudersi le labbra con un sigillo; mettere i sigilli alle labbra.
avere il sigillo diplomatico
Figurato: essere in una situazione di privilegio, senza obbligo di spiegazione di ciò che si fa. Anche essere molto importante, riferito a un argomento, o proporsi come verità incontrovertibile, detto di un'affermazione e così via. Quasi sempre ironico o scherzoso.
Il *sigillo diplomatico* è un timbro che attesta l'autenticità e l'ufficialità di documenti di carattere diplomatico, cui garantisce i particolari trattamenti e privilegi che spettano appunto ai diplomatici. Ne sono depositari il ministro degli affari esteri e le varie rappresentanze diplomatiche.

chiudere con sette sigilli
Chiudere con estrema cura e attenzione, in modo da garantire la massima sicurezza a quanto si vuole proteggere, come usando una formula magica, qui rappresentata dal sigillo e dal numero sette, che sono entrambi elementi e simboli esoterici.

SILENZIO
cadere nel silenzio
Lasciare indifferenti, non suscitare alcun interesse o curiosità; anche essere dimenticati. Oppure, detto di una richiesta, una protesta e simili, rimanere inascoltata.
passare sotto silenzio
Non parlare di qualcosa, evitare un argomento, ometterlo, non accennarvi nemmeno, come nascondendolo con il silenzio.
ridurre al silenzio
Far tacere, in genere in modo brusco. Per estensione, impedire che vengano conosciute le idee o i progetti di qualcuno. In senso lato, uccidere.
silenzio di tomba
Silenzio perfetto, assoluto, totale, e anche un po' lugubre o minaccioso, come quello che c'è in una tomba.
var.: silenzio sepolcrale; silenzio di morte.
vivere nel silenzio
Vivere nell'anonimato, senza far parlare di sé. Si dice a volte di personaggi di cui solo dopo la morte si scopre l'importanza, oppure di coloro che si ritirano dalla vita pubblica dopo grandi successi.

SIRENA
Nella mitologia greca, le *Sirene* erano mostri dal corpo d'uccello ma con il volto e il seno di donna, dotati d'una voce dolcissima e ammaliante. Vivevano su un'isola identificata con Capri oppure con le Isole Sirenuse, di fronte alla costa campana, cui avrebbero da-

to il nome. Da lì, con il loro canto affascinante, cercavano di attirare i marinai allettandoli con la promessa di grandi ricchezze e piaceri, e i naviganti, incapaci di sottrarsi a quell'invito, andavano a infrangersi sugli scogli dell'isola. Solo Ulisse e gli Argonauti riuscirono a resistere alle loro lusinghe, e questo fallimento indusse le Sirene a uccidersi gettandosi in mare. Probabilmente per quest'ultima ragione, dal Medio Evo in poi, la tradizione cominciò a immaginarle e a raffigurarle come esseri dal busto di donna e la coda di pesce.

canto da Sirena
Canto melodioso, affascinante, suggestivo come quello delle Sirene.

discorsi da Sirena *(raro)*
Figurato: lusinghe, allettamenti; detto in genere di proposte affascinanti che nascondono inganni e tradimenti.
L'espressione è presa dall'*Andromaca* di Euripide (936) e si ritrova nelle *Satire* di Orazio (2,3,14). Nella *Consolazione della Filosofia* di Boezio (1,1), la Filosofia si rivolge in questo modo alla Musa della Poesia, e la locuzione ricorre ulteriormente negli autori cristiani, come ad esempio San Gerolamo e Paolino da Nola, sempre con significato negativo.

essere una Sirena
Detto di una donna, essere incantevole, affascinare con la propria bellezza o con le lusinghe, prevalentemente con secondi fini. Usato spesso in senso ironico o scherzoso, con intento leggermente spregiativo, o con una lieve nota di riprovazione morale.

fare la Sirena
Detto di una donna, cercare di affascinare un uomo, di sedurlo con allettamenti e lusinghe, spesso con secondi fini e in genere senza riuscirci.

voce da Sirena
Voce melodiosa, suadente come quella delle Sirene.

SISIFO
fatica di Sisifo
Fatica inutile, che non porta a nulla.
Nella mitologia greca *Sisifo* è il figlio del Re dei Venti, Eolo, e avendo ingannato Zeus e Persefone fu condannato per l'eternità a spingere un masso fino alla sommità di un monte dal quale questo rotolava inesorabilmente a valle, costringendolo a ricominciare da capo l'inutile impresa.

SITUAZIONE
essere all'altezza della situazione
Essere in grado di fronteggiare una situazione con successo, avere le capacità di affrontarla.
var.: essere all'altezza.

SMALTO
perdere smalto
Figurato: perdere energia, brillantezza, vivacità; cominciare a offuscarsi in generale. Perdere incisività o forza di persuasione, detto di un discorso, una teoria, una capacità creativa e simili. Di una persona, perdere vitalità oppure autorità, carisma e così via.

SOCCORSO
portare il soccorso di Pisa
Soccorso che non serve più, poiché arriva quando il pericolo è ormai scongiurato. Sottintende spesso l'intento di voler ricavare un vantaggio senza aver rischiato nulla.
Nel 1099 Pisa prese parte alle Crociate, sotto la guida dell'arcivescovo Dagoberto, ma giunse in Terra Santa quando Gerusalemme era ormai stata conquistata dai Genovesi e dai Veneziani capeggiati da Goffredo di Buglione, troppo tardi quindi per dare un aiuto concreto alla presa della città. Nonostante questo, si aggiudicò la sua parte di vantaggi, tra cui diversi importanti scali commerciali. Un'altra origine del detto potrebbe ricollegarsi

alla conquista di Pisa da parte dei Fiorentini, nel 1508. In quell'occasione Pisa contava sugli aiuti promessi dall'imperatore Massimiliano, che però non arrivarono mai.

SOFFIARE
soffiare il posto *(fam)*
Portar via il posto a qualcuno, subentrargli subdolamente, scalzarlo. Si può *soffiare* anche un portafoglio, un'occasione, o qualsiasi altra cosa che venga sottratta con destrezza, astuzia o raggiro.
Nel gioco della Dama, "soffiare" significa vincere ed eliminare dalla scacchiera la pedina con cui l'avversario avrebbe dovuto "mangiare" un pezzo.

SOFFIO
d'un soffio
In maniera repentina, improvvisa, velocissima.
in un soffio
In un tempo molto breve, tanto quanto dura un soffio.
mancare un soffio
Mancare pochissimo, pari alla distanza, al tempo o al peso di un soffio.
per un soffio
Per pochissimo, con una minima differenza, riferito in genere a una vittoria mancata oppure ottenuta con un piccolissimo distacco tra il primo il secondo arrivato.

SOFFRIRE
PARAGONI: soffrire come un'anima dannata; soffrire come una bestia.
non poter soffrire
Avere una forte antipatia o avversione per qualcosa o qualcuno.
soffrire come un'anima dannata
Soffrire moltissimo, come si suppone soffrano le anime condannate alle pene dell'Inferno.
soffrire come una bestia
Soffrire moltissimo, come gli animali, che non avendo una filosofia di vita e non sapendo di essere destinati a morire, vivono la loro esistenza in un eterno presente e non sono in grado di farsi una ragione delle loro sofferenze, come succede anche ai bambini piccoli.
soffrire le pene dell'Inferno
Soffrire moltissimo, come si suppone soffrano i dannati all'Inferno.

SOGNARE
non sognarselo nemmeno *(pop)*
Non immaginare, non supporre; non ritenere affatto. Anche non illudersi, oppure non avere la minima intenzione di fare qualcosa.
var.: non sognarselo neanche; non sognarselo neanche lontanamente.
sognare a occhi aperti
Fantasticare, abbandonarsi alla fantasia, farsi trasportare dall'immaginazione.

SOGNO
coronare un sogno d'amore
Sposarsi.
di sogno
Bellissimo, splendido, quasi incredibile, simile alle più belle immagini che si vedono nei sogni. Anche molto suggestivo, incantevole, dotato di fascino particolare. Usato per cose o persone.
essere nel mondo dei sogni
Dormire, e presumibilmente sognare.
essere un sogno
Essere qualcosa di molto bello, incantevole, suggestivo, di fascino particolare. Usato per cose o persone.
nemmeno per sogno!
Esclamazione: assolutamente no, nel modo più assoluto, neanche per idea; usato per rafforzare una negazione.
var.: neanche per sogno; neppure per sogno.
sogni d'oro
Formula per augurare la buonanotte, un riposo tranquillo e sereno allietato da sogni piacevoli.

vivere nel mondo dei sogni
Vivere lasciando largo spazio alla fantasia e al sogno, come al di fuori della realtà che non si capisce o non si vuole capire o accettare. Anche avere molte illusioni oppure ancora essere distratti, svagati.

vivere un sogno d'amore
Vivere una relazione amorosa perfetta, pienamente appagante e felice, che realizza il proprio ideale d'amore. Riferito spesso a storie sentimentali di breve durata.

SOLDATO
essere come i soldati del papa
Essere degli incapaci, dei buoni a nulla, riferito in particolare a un'istituzione dissestata, disorganizzata o priva di mezzi.
Viene dal proverbio che dice "Soldati del papa: otto a cavare una rapa; e senza il sergente non sono buoni a niente".

essere come i soldati del re Erode
Essere male equipaggiati, laceri, in disordine, secondo quanto l'iconografia tradizionale ci mostra delle guardie di Erode il Grande, re degli Ebrei all'epoca della nascita di Gesù.

SOLDO
Il *soldo*, derivato dal *solido* romano e bizantino, fu introdotto da Carlo Magno come moneta divisionaria, equivalente alla ventesima parte della lira. Divenne poi moneta reale e assunse valori diversi a seconda dei tempi e delle località. Con l'introduzione del sistema decimale divenne l'equivalente di cinque centesimi, e come tale rimase in circolazione in Italia fino alla seconda guerra mondiale.
Il soldo era anche la retribuzione dei prestatori d'opera, e soprattutto dei militari. Da qui derivano la parola "soldato" e il senso figurato di "soldo" come vita militare.

da quattro soldi
Di poco pregio, di scarsissimo valore; anche riferito a persone, idee, teorie, opere e così via.
Espressioni simili si trovano già in greco e in latino, come l'"essere uomo da tre oboli" di Aristofane, Nicofonte e Plauto, "da due assi", di Persio, "da mezzo asse", di Cicerone, "da un sesterzio", di Petronio e via dicendo.
var.: da due soldi; da pochi soldi.

essere al soldo di ...
Fare il soldato mercenario per qualcuno. Per estensione, essere al servizio di qualcuno da cui si percepisce una ricompensa in cambio di determinate prestazioni. Usato prevalentemente in senso spregiativo per traditori, funzionari corrotti, assassini, spie, e in genere per tutti i prezzolati in campo politico, militare, economico, finanziario, industriale e così via. Usato anche in senso ironico o scherzoso per chi si mette dalla parte di un rivale nella sfera privata.

i soldi non hanno odore
Quando si tratta di denaro, la sua provenienza non ha importanza.
Si dice che la frase sia stata pronunciata dall'imperatore Vespasiano in risposta al figlio Tito che lo biasimava per aver imposto una tassa sugli orinatoi pubblici.

in soldoni *(pop)*
Nel modo più realistico, o nel modo più schietto, o pratico, o concreto. Anche nel modo più chiaro, comprensibile, semplice e sintetico, detto di una conclusione, un discorso, un ragionamento e simili.
Allude alle dimensioni del *soldone*, ossia del soldo coniato in rame o in lega così chiamato per le sue proporzioni maggiori del normale, dovute al minor valore del metallo impiegato rispetto all'argento.
var.: dire in soldoni; metterla in soldoni.

mancare diciannove soldi a una lira
Essere del tutto insufficiente.
La lira era un tempo divisa in venti soldi.

metterla in soldoni *(pop)*
Evidenziare gli aspetti pratici, concreti o redditizi di una questione.
Il riferimento al *soldone* riguarda qui non le dimensioni della moneta ma il suo valore venale.

non dare un soldo per ...
Valutare pochissimo qualcosa o qualcuno, non averne alcuna stima o fiducia, oppure non desiderare affatto avere con questa relazioni o rapporti. Anche ritenere una persona o una cosa del tutto priva di futuro.

non valere un soldo bucato
Non valere nulla, nemmeno un soldo e per di più bucato.

per quattro soldi
Per una somma misera, inadeguata, riferito soprattutto a una retribuzione oppure alla vendita o all'acquisto di qualcosa di valore.
var.: per due soldi; per tre soldi.

volerci un soldo a cominciare e due a smettere
Si dice quando si stenta a far cessare qualcosa cui era stato peraltro faticoso dare avvio. Usato in genere con riferimento a qualcuno che, inizialmente riluttante a compiere un'azione qualsiasi, poi non vuole più abbandonarla.
È possibile alluda ai suonatori che si esibivano nelle strade e nelle taverne, sempre disposti a suonare in cambio di una modesta somma, e dei quali risultava poi difficile e costoso liberarsi.

SOLE

andare a vedere il sole a scacchi
Figurato: andare in prigione.
Il *sole a scacchi* è quello che si vede attraverso i riquadri formati dall'incrocio delle sbarre di una cella.

avere qualcosa al sole
Possedere beni immobili, con particolare riferimento a poderi o terreni.

dove non batte il sole
Sul sedere, con allusione al fatto che è una parte del corpo che generalmente rimane coperta.

farsi bello del sole di luglio
Vantarsi di successi o di opere altrui, come attribuendosi il merito del calore del sole in una bella giornata estiva.
var.: farsi onor del sol di luglio.

girare come il sole
Essere irrequieti, non riuscire a star fermi, quasi non si trovasse pace in nessun posto. Usato anche per chi viaggia di frequente o cambia spesso casa o luogo di residenza.
var.: girare come un girasole.

niente di nuovo sotto il sole
Nessuna novità. Il detto vuole ricordare che al mondo, in realtà, non c'è mai nulla di nuovo. Si applica ad avvenimenti scontati o già previsti, situazioni che si ripetono e così via.
Di origine biblica, l'espressione si ritrova in ugual forma in latino, *nihil sub sole novum*, e ripete le parole di Qoèlet, figlio di Davide, re di Gerusalemme (*Ecclesiaste*, I,9).

sole che spacca le pietre
Sole caldissimo, rovente, che produce un calore tale da sgretolare le pietre. Usato per definire tanto un clima insopportabilmente caldo quanto una bellissima giornata di sole.

sotto il sole
Al mondo, sulla terra. È usato soprattutto nella locuzione "nulla di nuovo sotto il sole!", traduzione dal latino *nihil sub sole novum* (*Ecclesiaste*, I,9).

vendere il sole di luglio
Figurato: imbrogliare un acquirente, come vendendogli qualcosa di cui non si è proprietari oppure che chiunque può avere gratuitamente. Anche essere convinti di avere un'idea grandiosa o molto redditizia che in realtà o si è già dimostrata fallimentare oppure è già stata realizzata da altri. Ancora,

raccontar frottole evidentissime, cui nessuno potrebbe mai credere.

SOLFA

Il termine *solfa*, usato per "solfeggio", deriva dal nome delle due note "sol" e "fa", e indica propriamente gli esercizi di lettura ritmica di un brano musicale in cui si pronuncia il nome di ogni singola nota, spesso battendo il tempo con la mano. Nell'uso comune ha assunto il senso figurato di suono o discorso ripetuto, che diventa quindi monotono; da qui è passato a indicare qualcosa che provoca noia e fastidio.

battere la solfa
Letteralmente, eseguire un solfeggio, battere il tempo. In senso lato vale come comandare, imporre la propria volontà, così come chi dirige la musica ne impone il tempo.

che solfa!
Esclamazione: che noia, che tedio. Usato per qualcosa di poco interessante, un brano musicale o più spesso un discorso, una lamentela, una raccomandazione e simili, che vengono ripetuti fino a diventare monotoni, noiosi, fastidiosi.

suonare sempre la stessa solfa
Ripetere sempre le stesse cose, tornare sullo stesso argomento, fino ad annoiare.
var.: essere sempre la stessa solfa; ripetere sempre la stessa solfa.

SOLO

PARAGONI: solo come un cane.

solo al mondo
Figurato: senza famiglia, senza genitori, famigliari o parenti; senza persone care cui eventualmente ricorrere.

solo come un cane
Figurato: abbandonato da tutti, emarginato, reietto. Quindi sfortunato, da compatire.
I cani sono animali che amano il gruppo, ed è difficile che stiano da soli, se ne hanno la possibilità. Tendono però a isolarsi quando sono ammalati, e tanto più se stanno per morire. A volte, se il gruppo identifica una malattia che considera pericolosa, provvede ad allontanarne il portatore.

soluzione di continuità
Interruzione di una continuità spaziale o temporale. In senso figurato è usato più spesso al negativo, "senza soluzione di continuità", riferito a qualcosa di incessante, ininterrotto o anche interminabile.
var.: senza soluzione di continuità.

SONNO

cascare dal sonno *(fam)*
Essere molto stanchi, avere molto sonno, avere un bisogno estremo di dormire.
Durante il sonno i muscoli si rilassano e non sono più in grado di sostenere il peso del corpo; priva del sostegno del letto, una persona addormentata cadrebbe.
var.: cadere dal sonno; morire di sonno.

essere impastato di sonno
Essere molto assonnati, come se il sonno fosse una cosa concreta che rimane appiccicata addosso, visto che appesantisce gli occhi e rende lenta la voce e i pensieri, come impastandoli. Vale anche per chi è perennemente sonnolento, torpido, o sempre stanco e desideroso di dormire, oppure per una persona poco attiva, fiacca, poco intraprendente.

essere nel primo sonno
Essersi appena addormentati, quando il sonno non ha ancora raggiunto la soglia profonda.

fare tutto un sonno
Dormire senza interruzioni.

guastare i sonni a qualcuno
Figurato: dare a qualcuno seri motivi di preoccupazione, togliergli la serenità, procurargli problemi o crucci che

teoricamente gli dovrebbe impedire di dormire. Anche rovinare i progetti di una persona, in particolare di un rivale o di qualcuno di cui ci si vuole vendicare.

il sonno del giusto
Figurato: il sonno tranquillo, sereno, di una persona che non ha nulla da rimproverarsi. Spesso ironico.

non perderci il sonno *(fam)*
Non preoccuparsi per qualcosa, soprattutto se si tratta di questioni considerate trascurabili, a torto o a ragione.

perdere il sonno *(fam)*
Figurato: avere gravi preoccupazioni, dispiaceri, timori o problemi che tolgono la serenità e impediscono di dormire la notte.

sonno eterno
Figurato: la morte.
var.: ultimo sonno.

sonno pesante
Sonno profondo, dal quale non ci si sveglia nemmeno in presenza di rumori relativamente forti.
var.: sonno duro.

ultimo sonno *vedi* **sonno eterno**

SORCIO

far vedere i sorci verdi
Destare meraviglia e stupore, soprattutto in virtù della propria superiorità. Anche preparare a qualcuno una sorpresa sgradevole, o imporsi nettamente senza riguardi per gli altri.
Viene da una frase scherzosa di origine romana, ripresa come nome di un reparto speciale dell'aviazione italiana, famoso negli anni 1937-38 per le sue imprese sportive e successivamente belliche. Sulla carlinga degli aerei erano dipinti tre topi di colore verde.

SORDO

PARAGONI: sordo come una campana.

fare il sordo
Fingere di non sentire, in particolare riferito a una richiesta o a un argomento scomodo.

non dire a sordo
Non parlare a vuoto, parlare a qualcuno che capisce subito.
var.: non parlare a sordo; non dar a intendere a sordo.

sordo come una campana
Completamente sordo, come le campane che si suppongono assordate dal loro stesso suono, oppure come una campana incrinata, che non ha più le sue normali vibrazioni ed emette quindi suoni smorzati e privi di sonorità.

SORTE

avere in sorte
Essere in possesso di qualcosa in modo fortuito, senza proprio merito. Si dice soprattutto di una dote naturale fisica o morale. In senso ironico, vale anche per elementi negativi.
Il detto può alludere a un atto di benevolenza della sorte, intesa come fortuna, caso, destino, oppure alla tavoletta di legno un tempo usata per le estrazioni, chiamata pure *sorte*, da cui è nata la parola "sorteggio".
var.: toccare in sorte; ricevere in sorte.

tentare la sorte
Affrontare un rischio nel tentativo di ottenere qualcosa, come sfidando il destino. È riferito in particolare al gioco d'azzardo.

tirare a sorte
Scegliere per mezzo del sorteggio.
La *sorte* era in origine una tavoletta di legno usata per le estrazioni. Più tardi si diede lo stesso nome a tutti gli strumenti utilizzati per trarre presagi.
var.: estrarre a sorte.

SOSPESO

essere tra color che son sospesi
Essere in attesa di qualcosa d'importante che ci riguarda direttamente, in particolare una decisione, l'esito di un

giudizio, di un verdetto e così via. Anche essere in uno stato d'incertezza, d'ansia, di apprensione e via dicendo. Riprende il verso di Dante (*Inferno*, II, 52) che descrive la situazione delle anime del limbo che vivono nel desiderio di vedere Dio senza poter sapere quando verrà soddisfatta la loro aspirazione. ‖ Essere pieni di dubbi e perplessità riguardo una scelta, non sapere che decisione prendere, come se si fosse sospesi nel vuoto, senza punti di riferimento e privi di elementi adatti a scegliere la direzione da prendere.

tenere in sospeso
Tenere qualcuno nell'incertezza, in uno stato d'ansia dato dall'attesa. ‖ Riferito a un oggetto di acquisto, riservarsi di comperarlo o meno entro un determinato lasso di tempo. Di un pagamento, rimandarlo. Detto di una decisione, un lavoro o simili, accantonarlo temporaneamente; di una pratica burocratica, essere bloccata o ancora inevasa.
var.: lasciare in sospeso.

SOSPIRO
a sospiri
Figurato; un poco alla volta, con lunghi intervalli, come tra un sospiro e l'altro. Per estensione, a stento, a fatica, malvolentieri o con sacrificio, come sospirando per alleviare o manifestare la propria sofferenza.

SPADA
chi di spada ferisce...
Dèriva dal proverbio "chi di spada ferisce di spada perisce", usato in senso figurato per mettere in guardia chi compie un'azione aggressiva nei confronti di qualcun altro, facendogli notare che gli potrebbe toccare la stessa sorte, quasi per una legge di compensazione.

difendere a spada tratta
Figurato: difendere con foga e decisione qualcosa o qualcuno, come se si fosse impegnati in un combattimento con la spada sguainata.

incrociare le spade
Affrontare un avversario, sfidarlo a duello. Per estensione, dare inizio alle ostilità, a una lite e simili, così come un tempo i duellanti incrociavano le spade prima di dare inizio al combattimento. In senso figurato, mettersi in competizione, confrontarsi con qualcuno sul piano del lavoro, delle capacità e simili.

la spada della giustizia
Figurato: la giustizia intesa come strumento di punizione.
var.: la spada della legge.

SPAGHETTO
prendere uno spaghetto (*fam*)
Figurato: spaventarsi molto, provare un momento di grande paura.
Deriva probabilmente dall'immagine di una persona che si contorce e si ripiega su se stessa per lo spasimo della paura, o che si raggomitola per ripararsi da un pericolo, come si avvolge sul gomitolo uno spago di cui *spaghetto* è diminutivo.
var.: prendere uno spago.

SPAGO
dare spago (*fam*)
Assecondare qualcuno, incoraggiarlo a fare o a dire quello che effettivamente desidera per trarne un proprio successivo vantaggio.
Deriva probabilmente dall'usanza di legare a una corda certi animali domestici per impedirne la fuga o per delimitare lo spazio in cui possono muoversi o pascolare. Più è lunga la corda, maggiore è la loro libertà di movimento, ma il padrone ha la sicurezza di non averli perduti.
var.: dar corda.

prendere uno spago *vedi* **spaghetto: prendere uno spaghetto**

SPALLA

a spalla
Sulle spalle, riferito a carichi che vengono così trasportati.
var.: a spalle.

accarezzare le spalle *vedi* **spolverare le spalle**

alle spalle *vedi* **dietro le spalle**

alzare le spalle
Figurato: manifestare il proprio disinteresse per qualcosa, come si fa con il gesto descritto.
var.: fare spallucce.

alzata di spalle
Figurato: manifestazione di noncuranza, disinteresse o indifferenza per un determinato argomento.

assalire alle spalle
Figurato: colpire a tradimento.
var.: colpire alle spalle; pugnalare alle spalle.

avere le spalle grosse
Figurato: essere in grado di sopportare disagi, fatiche, responsabilità, oppure dolori, delusioni, disgrazie e così via, come chi ha le spalle robuste ed è in grado di sopportare carichi gravosi.
var.: avere le spalle forti; avere buone spalle.

avere le spalle quadre
Figurato: essere persone solide, concrete, sensate, che non si lasciano fuorviare da elementi emozionali o simili, così come una persona dalle spalle quadrate non barcolla sotto un carico e non rischia che questo gli possa scivolar via.

avere sulle spalle
Figurato: sopportare un peso, una responsabilità. In particolare, dover provvedere al mantenimento economico di qualcuno, in genere la famiglia.

buttarsi dietro le spalle *vedi* **gettarsi dietro le spalle**

cogliere alle spalle *vedi* **prendere alle spalle**

con le spalle al muro
In una posizione dalla quale non si può indietreggiare ulteriormente o dalla quale non ci si può più muovere, come trovandosi concretamente con le spalle appoggiate a un muro. In senso lato, trovarsi nell'impossibilità di scegliere e di agire liberamente. Usato soprattutto per chi non ha più possibilità di scampo o di salvezza.
var.: trovarsi con le spalle al muro; essere con le spalle al muro; mettere con le spalle al muro.

coprirsi le spalle *vedi* **proteggersi le spalle**

dietro le spalle
All'insaputa di qualcuno, o in sua assenza. Usato in espressioni come "parlare dietro le spalle", cioè dire male di qualcuno in sua assenza, "agire dietro le spalle", cioè agire in modo che l'interessato non ne venga a conoscenza se non a fatto compiuto, "ridere alle spalle", cioè beffarsi di qualcuno, e altre simili.
var.: alle spalle.

essere di spalla tonda *(pop)*
Figurato e ironico: non aver voglia di lavorare.
Allude al fatto che chi ha le spalle troppo rotonde non è in grado di portarvi grossi carichi, che scivolerebbero giù. Prima della diffusione dei mezzi meccanici, anche i carichi pesanti si trasportavano sulle spalle.

fare da spalla
Aiutare qualcuno, favorirlo, sostenerlo, dargli il proprio appoggio, usato spesso in senso negativo, per imprese poco oneste e simili.
Viene dal linguaggio teatrale, in cui l'attore "di spalla", o "spalla", fiancheggia il protagonista fornendogli gli attacchi per le battute, i tempi, a volte gli spunti e così via.

gettare sulle spalle
Figurato: addossare a qualcuno, riferito in genere a colpe o responsabilità oppure a fatiche o a incarichi gravosi o sgradevoli.

var.: mettere sulle spalle; caricare sulle spalle.

gettarsi dietro le spalle
Figurato: dimenticare qualcosa che fa parte del proprio passato. Anche disinteressarsene, non pensarci più.
var.: buttarsi dietro le spalle.

gravare le spalle
Detto di un peso, una responsabilità e simili, gravare su qualcuno.

guardarsi alle spalle
Stare in guardia per far fronte a eventuali attacchi di sorpresa; anche premunirsi, cautelarsi, fare in modo di non farsi cogliere impreparati da pericoli imprevisti.
var.: proteggersi le spalle; coprirsi le spalle. ‖ Figurato: guardarsi indietro, ripensare al proprio passato.

lavorare di spalle
In senso stretto, lavorare usando le spalle, quindi portando carichi, pesi e così via. In senso lato, fare un lavoro molto faticoso. ‖ Figurato: fare il contrabbandiere.
In passato il contrabbando avveniva per lo più attraverso i valichi di confine delle Alpi a opera dei cosiddetti "spalloni", uomini che si spostavano a piedi trasportando le merci sulla schiena, nelle bricolle assicurate alle spalle.

prendere alle spalle
Figurato: colpire a tradimento, sfruttando la sorpresa. Anche colpire qualcuno che non se lo aspetta, coglierlo impreparato, in genere approfittando della sua fiducia.
Allude agli attacchi a un reparto militare sferrati contro le retrovie, dal di dietro, e in generale dalla parte opposta a quella che, secondo le previsioni, dovrebbe costituire la linea di contatto fra gli eserciti nemici.
var.: cogliere alle spalle.

proteggersi le spalle
Stare in guardia contro eventuali attacchi di sorpresa; mettere in atto misure precauzionali e difensive, tutelarsi, non farsi cogliere impreparati.
var.: coprirsi le spalle.

pugnalare alle spalle *vedi* **assalire alle spalle**

ridere alle spalle
Burlarsi di una persona o deriderla in sua assenza.

spolverare le spalle
Figurato: percuotere qualcuno, picchiarlo, come se si volesse togliergli la polvere dalle spalle con un bastone. Generalmente scherzoso.
var.: accarezzare le spalle.

stringersi nelle spalle
Figurato: manifestare la propria impotenza o rassegnazione, come si fa con questo stesso gesto. Anche esprimere indifferenza, noncuranza, disinteresse; oppure ostentare ignoranza di un argomento, spesso fingendo di non conoscere o di non capire qualcosa.

vivere alle spalle di qualcuno
Farsi mantenere da qualcuno, vivere a sue spese senza portargli alcun contributo economico o di altra natura. Anche sfruttare qualcuno in senso lato.

voltare le spalle
Fuggire voltando le spalle al nemico. In senso figurato, abbandonare una situazione, ritirarsi da un'impresa, in genere per paura, disinteresse o simili. ‖ Girarsi per non guardare più in faccia una persona, manifestando in questo modo l'intenzione di non voler parlare con lei. Anche allontanarsene sdegnati, in particolare nel corso di una discussione o simili. Ancora, non voler più avere rapporti con qualcuno, abbandonarlo, disconoscerlo. ‖ Figurato: abbandonare qualcuno nel momento del bisogno, rifiutare un aiuto a chi ci contava.
var.: volgere le spalle; girare le spalle.

SPARARE

spararle grosse *(pop)*
Raccontare frottole molto evidenti, che risultano chiaramente incredibili.

SPARTIRSI
non aver niente da spartire
Figurato: non assomigliare affatto a qualcosa o a qualcuno, non avere caratteristiche in comune, essere completamente diverso o estraneo. Anche non avere interessi in comune con una persona o situazione.
spartirsi i noccioli
Dividere con qualcuno cose di poco conto, insignificanti, senza valore, come appunto i noccioli della frutta.

SPECCHIO
arrampicarsi sugli specchi
In una discussione o simili, ricorrere agli argomenti più sottili o artificiosi, cercare qualsiasi appiglio per avere ragione o per giustificarsi senza tuttavia riuscirci, così come scivolerebbe chi tentasse di arrampicarsi sulla superficie liscia di uno specchio.
var.: arrampicarsi sui vetri.
farsi specchio di qualcuno
Prendere a esempio qualcuno, cercare di rassomigliargli, d'imitarlo.
guardarsi allo specchio
Figurato: fare un esame di coscienza, riconoscere i propri difetti, prendere atto della propria realtà, come se ci si confrontasse con la propria immagine riflessa.
lucidare a specchio
Lucidare accuratamente, rendere una superficie molto lucida e brillante, fino a quando è in grado di riflettere la luce come uno specchio.
servire come uno specchio a un cieco
(raro)
Essere perfettamente inutile, non servire a niente. Usato anche a proposito di un discorso, una spiegazione e simili, rivolte a chi non vuole o non può capire o ascoltare.
Il detto è antico e ha diverse varianti. Sembra risalire al teatro comico greco, secondo quanto testimonia Stobeo (4,30,6), e in epoca medievale si ritrova il motto "al cieco non giova pittura, color, specchio o figura".
specchio di ...
Modello esemplare, esempio perfetto di qualcosa, riferito in genere a virtù, onestà e simili.
Allude alla limpidezza di uno specchio pulito, che non presenta ombre né macchie.

SPENDERE
spendere e spandere
Spendere con larghezza eccessiva, senza criterio né misura; fare spese esagerate e spesso inutili; condurre una vita molto dispendiosa trattando il denaro come se fosse acqua che si rovescia da un recipiente.

SPERANZA
di belle speranze
Pieno d'illusioni, d'ottimismo, e a volte di facilioneria. Usato in particolare nella locuzione "giovanotto di belle speranze", riferito a persone effettivamente dotate dalle quali si sperano buoni risultati di successo, ma che tuttavia devono ancora essere messe alla prova.
var.: giovanotto di belle speranze.
oltre ogni speranza
In modo quasi miracoloso, che non si osa nemmeno sperare.

SPERARE
aspetta e spera!
Esclamazione: esprime scetticismo o sfiducia nel verificarsi di un evento peraltro gradito. Anche ironico per chi tende a illudersi facilmente.

SPESA
a proprie spese
Figurato: con sacrificio o danno personale. Riferito in genere al raggiungimento di una conoscenza, di una capacità e altro, ottenuto dopo esperienze gravose o negative.

a spese di ...
Inducendo una persona o un ente a sobbarcarsi il costo di qualcosa da cui non ricava beneficio. Usato in particolare quando c'è qualcuno che trae vantaggio dall'esborso, dal danno o dalla perdita di altri. ‖ Figurato: rinunciando a qualcosa, con il sacrificio di qualcosa. Riferito in particolare a valori importanti, come ad esempio la dignità, l'onore e simili, ai quali si rinuncia pur di raggiungere un dato scopo o vantaggio, come l'ottenere un'alta carica "a spese della libertà" e simili.

esser più la spesa che l'impresa
Essere un affare poco redditizio, al punto che non vale la pena di occuparsene.

essere sulle spese
Dover provvedere al proprio mantenimento, generalmente in albergo, quando ci si trova in viaggio o comunque al di fuori della propria dimora. Riferito in genere a rappresentanti, viaggiatori di commercio, funzionari in missione e così via.
var.: stare sulle spese.

far le spese di ...
Figurato: subire le conseguenze negative di qualcosa, rimanerne vittima, come se si fosse obbligati a pagarne il costo.

spesa viva
Figurato: insieme dei costi necessari a sostenere una determinata operazione e che non include la propria prestazione personale e il capitale investito.

spese pazze
Spese eccessive, irragionevoli, assurde, degne di un pazzo.
var.: spese folli.

tirar giù dalle spese *(pop)*
Uccidere, dato che una persona morta non costa più. ‖ In senso lato, congedare un dipendente o allontanare definitivamente qualcuno. ‖ È detto anche per un animale da macello, oppure per un animale domestico che per qualche ragione si decide di sopprimere.

togliersi dalle spese *(fam)*
Rendersi economicamente indipendenti, e quindi non pesare più sul bilancio di altri.

SPETTACOLO
dare spettacolo
Lasciarsi andare a manifestazioni eccessive o poco dignitose in pubblico, attirando l'attenzione altrui come se si fosse al centro di una scena teatrale.

SPEZIALE
cose che non vendono gli speziali
Persona, cosa, qualità astratta o morale, capacità o altro che sia rara o molto difficile da reperire o da incontrare, come un bene fuori commercio.

SPEZZATINO
ridurre a uno spezzatino
Figurato: malmenare qualcuno, picchiarlo, percuoterlo, come riducendolo a pezzetti piccoli quanto quelli di uno spezzatino. Anche umiliare qualcuno, mortificarlo, trattarlo malissimo. Spesso ironico o scherzoso.
var.: fare spezzatino di qualcuno.

SPIAGGIA
tipo da spiaggia
Persona fatua e superficiale, esibizionista, che tende a mettersi in mostra in maniera vanitosa o che si veste e si comporta in modo eccentrico e stravagante. Per estensione, anche persona ridicola. Allude alla moda frivola e permissiva che si dà per scontata sulle spiagge.

ultima spiaggia
Ultima possibilità di salvezza, ultima speranza, come sarebbe un approdo reale per un'imbarcazione in avaria che ha esaurito tutte le possibilità di continuare la navigazione.
Il detto allude al titolo di un film di Stanley Kramer del 1959, che ai suoi

tempi riscosse grande successo. Vi si parla di due persone che trovano sulle spiagge dell'Australia l'ultima possibilità di salvezza dalle radiazioni diffuse nel mondo da una guerra atomica. ‖ Il periodo finale della vita, intesa come una lunga navigazione. ‖ La morte, intesa come riposo dopo le tempeste della lunga navigazione della vita.
Allude alle molte rappresentazioni antiche in cui il confine tra la vita e la morte è segnato da un mare o da un fiume che l'anima deve attraversare.

SPICCIOLATA
alla spicciolata
Uno alla volta o pochi per volta, detto di un gruppo di persone che si separano o si radunano in questo modo.
Il detto può alludere tanto allo staccarsi da un picciolo, nel caso di persone che se ne vanno, quanto al cambio di una banconota in tanti spiccioli.

SPINA
essere sulle spine
Essere in ansia, in apprensione; anche soffrire e soprattutto agitarsi a causa di un disagio interiore come potrebbe fare chi si trovasse seduto sulle spine e cercasse di trovare sollievo al dolore cercando continuamente una posizione migliore.
var.: stare sulle spine; tenere sulle spine.
senza spina dorsale
Senza carattere, senza volontà, detto di persone deboli, inette o eccessivamente remissive.
spina dorsale
Figurato: elemento fondamentale di una struttura, di un sistema.
spina nel cuore
Figurato: preoccupazione, cruccio, dispiacere che priva della serenità.
var.: spina nel fianco.
spina nel fianco
Motivo di tormento, di grande preoccupazione, di cui non si riesce a liberarsi e che dura a lungo.
Il *fianco* rappresenta qui il fegato, collocato appunto sul fianco destro del corpo. Il fegato è sempre stato considerato un organo vitale e molto sensibile, come testimoniano tutti i modi di dire a lui connessi.

SPIRITO
aver sette spiriti
Avere una vitalità eccezionale, una straordinaria energia, soprattutto nel senso di superare facilmente anche gravi malattie, di cavarsela dopo un brutto incidente e così via, come se si disponesse di sette spiriti vitali.
var.: avere sette spiriti come i gatti.
calmare i bollenti spiriti
Figurato: controllarsi, evitare di farsi trascinare da eccessi d'entusiasmo, di zelo, d'ira, d'indignazione e simili, qui paragonati a spiriti ribollenti nell'animo che possono indurre ad azioni inconsulte.
entrare nello spirito di ...
Capire a fondo, penetrare intimamente il significato di qualcosa, coglierne l'essenza. Anche immedesimarsi in un ruolo o simili, assumendo gli atteggiamenti adeguati.
fare dello spirito
Scherzare su un argomento, dire frasi o battute spiritose o che vorrebbero essere tali su qualcuno o qualcosa. Usato di solito con riprovazione per chi lo fa a sproposito o in maniera inopportuna.
in spirito
Con il pensiero, con l'immaginazione, con il ricordo; usato per definire la propria vicinanza morale quando non si può dare la presenza fisica.
povero di spirito
Persona mediocre nell'intelligenza, nelle aspirazioni e nei gusti, incapace di guardare criticamente o con umorismo le vicende e le realtà della vita.

Più raramente, anche persona un po' gretta.
Riprende le parole di Cristo, citate nel Vangelo secondo Matteo (V, 3): "Beati i poveri in spirito, perché loro è il Regno dei Cieli". Il significato originale però è completamente diverso da quello passato nella tradizione popolare, poiché il primo collegava il concetto di povertà all'idea della piccolezza e inadeguatezza dell'essere umano, che per questo ha bisogno di Dio. Un'altra interpretazione vuole che sia *povero di spirito* chi non è vittima dell'attaccamento ai beni materiali.

presenza di spirito
Capacità di reazione pronta, immediata e adeguata alle situazioni anche improvvise; prontezza di riflessi che mette in grado di far fronte a qualsiasi circostanza nel modo migliore. Si usa in riferimento a situazioni di pericolo ma anche per chi si rivela particolarmente diplomatico e simili.

spirito di corpo
Sentimento di solidarietà, cameratismo e collaborazione che unisce le persone appartenenti a un medesimo gruppo o legate da una stessa attività, ideale, condizione e simili.
Viene dall'ambiente militare, e il *corpo* è l'arma in cui si milita.

spirito di parte
Atteggiamento fazioso, partigiano, tendente a sostenere la propria fazione contro qualsiasi altra. Anche spirito di coesione che lega i componenti di un gruppo a un interesse, un ideale o simili, e che rischia di precludere la serenità e l'obiettività di scelte e giudizi.

spirito di patata
Insulsaggine, battuta sciocca che pretenderebbe di essere spiritosa.
Dalla patata si ricava un alcol usato per fare alcuni tipi di vodka e liquori meno pregiati di quelli ricavati a partire dai cereali.
var.: spirito di rapa.

SPOLA
fare la spola
Andare avanti e indietro, muoversi o spostarsi continuamente tra due punti o luoghi, come fa nel telaio la *spola*, detta anche "navetta".

SPOLVERATA
dare una spolverata
Figurato: percuotere qualcuno, come a levargli la polvere di dosso; oppure rimproverarlo aspramente. Anche scherzoso. ‖ Ripassare un argomento già noto ma che non si ricorda più molto bene; usato in genere per materie di studio o simili.

SPONDA
avere una buona sponda
Figurato: avere buoni appoggi o raccomandazioni, godere di forti protezioni.
L'immagine allude agli argini, cioè le sponde che proteggono un corso d'acqua, o forse al gioco del biliardo, dove sono chiamati *sponde* i quattro lati interni imbottiti del tavolo da gioco.
var.: farsi una sponda.

di sponda *(pop)*
Indirettamente, come conseguenza, di riflesso, detto di un avvenimento o altro che oltre a toccare il diretto interessato coinvolge collateralmente anche altre persone o situazioni.
Viene dal gioco del biliardo, dove la palla può colpire quella dell'avversario anche dopo essere rimbalzata contro una delle quattro sponde.

essere dell'altra sponda *(pop)*
Essere omosessuali.

farsi una sponda *vedi* avere una buona sponda

passare all'altra sponda
Figurato: tradire una parte, una fazione o simili; passare al nemico. In senso scherzoso, diventare omosessuali. ‖ Figurato: morire, e quindi attraversare la sponda del fiume che in molte

mitologie divide il mondo dei vivi da quello dei morti.

SPORCO
PARAGONI: sporco come un maiale; sporco come le stalle di Augia; sporco come un bastone da pollaio.
farla sporca *(pop)*
Commettere un'azione disonesta, o meschina, bassa, moralmente riprovevole.
sporco come le stalle di Augia
Terribilmente sporco.

Sulla costa occidentale del Peloponneso, secondo la mitologia greca, viveva un tempo *Augia*, re di Elide, che nelle proprie enormi stalle deteneva insieme i suoi armenti e le favolose ricchezze del padre. Temendo per quei tesori, il sovrano non permetteva a nessuno di metterci piede, fino a quando il fetore del letame accumulato non invase tutto il suo regno. Una delle dodici fatiche cui dovette sottoporsi Ercole fu di ripulire quelle stalle, ma l'impresa era tale che l'eroe non trovò di meglio che provvedere al suo incarico deviando il corso di due fiumi, l'Alfeo e il Peneo, i quali trascinarono via tutta la sporcizia.
sporco come un bastone da pollaio
Lurido, incrostato di sporcizia.

Il bastone è quello su cui vanno ad appollaiarsi le galline per dormire, sul quale si accumula lo sterco perché non viene quasi mai cambiato o pulito.
sporco come un maiale
Molto sporco, sudicio, come si ritiene sia il maiale soprattutto perché si rotola nel fango.

In realtà, il maiale si rotola nel fango per liberarsi dei parassiti.

SPORT
per sport
Per divertimento, per capriccio, per puro piacere, per passatempo e simili, detto di qualcosa che si fa senza un vero o serio motivo. Ha spesso connotazione spregiativa.

SPOSO
il casto sposo
Secondo la Bibbia e per i cristiani, San Giuseppe, lo sposo della Madonna che dato il voto di castità di entrambi non ebbe alcuna parte nella nascita di Gesù.
sposa dello Spirito Santo
Per i cattolici, la Madonna.
sposo delle vergini
Per i cattolici, Gesù Cristo. Le *vergini* in questione sono le suore, che entrando in convento pronunciano voto di castità.
var.: sposo celeste.

SPRONE
Lo sperone, o *sprone*, da cui derivano sia "speronare" che "spronare", è una specie di rotella dentata che si porta alla caviglia degli stivali da equitazione. Il cavaliere se ne serve premendola più o meno leggermente contro i fianchi del cavallo per incitarlo. Oggi il termine viene usato in senso figurato con valore appunto d'incitamento, di pungolo, di spinta a fare qualcosa.
a spron battuto
A tutta velocità, molto in fretta, come al galoppo.
dar di sprone
Spronare, incitare una persona, così come si appoggiano gli speroni ai fianchi di un cavallo per fargli aumentare la velocità. Anche dare impulso a una situazione o simili.
servire da sprone
Figurato: essere d'incitamento, di stimolo.
var.: esser di sprone.

SPUGNA
essere una spugna
Essere degli ubriaconi, bere alcolici in grande quantità.

gettare la spugna
Figurato: arrendersi, ritirarsi; rinunciare a un'impresa, a un'iniziativa o simili, dichiarando in tal modo la propria inadeguatezza.
Nel pugilato, il lancio della spugna viene effettuato dal secondo di un pugile in difficoltà per chiedere l'interruzione del combattimento. Equivale a una dichiarazione di resa e rientra tra le sconfitte per *knock out* tecnico. Oggi non si usa più la spugna bensì l'asciugamano.
var.: buttare la spugna; getto della spugna; lancio della spugna.

SPUTARE
sputare su ...
Manifestare grande disprezzo per qualcosa, come sputandoci sopra.
var.: sputarci sopra; sputarci su.

sputare tondo
Parlare pomposamente, con tono grave e solenne, come se si stessero dicendo cose importantissime, con la ridicola concentrazione che si avrebbe volendo ottenere uno sputo perfettamente rotondo.

SPUTO
a uno sputo di distanza *(fam)*
A brevissima distanza, pari a quella cui può arrivare uno sputo.

attaccare con lo sputo
Figurato: attaccare con qualcosa che non dà garanzie di tenuta, in maniera quindi precaria. In senso lato, è detto anche per teorie e simili basate su elementi molto incerti.
var.: appiccicare con lo sputo.

ricoprire di sputi
Figurato: insultare qualcuno, diffamarlo gravemente.

STAFFA
perder le staffe
Perdere la pazienza, adirarsi, perdere il controllo di se stessi, così come perdendo la presa del piede dalle staffe si perde anche il controllo del cavallo.

STAGIONE
ogni frutto ha la sua stagione
Di origine proverbiale, il detto ricorda che tutto avviene al momento opportuno, quando i tempi sono maturi, e che non serve cercare di affrettarli, così come sarebbe sciocco e assurdo pretendere che i frutti della terra maturassero tutti nella stessa stagione. In altro senso, afferma che ogni età della vita ha i suoi piaceri da offrire, la vecchiaia come l'infanzia.
Ripete l'identico proverbio.

STALLA
chiudere la stalla dopo che i buoi sono fuggiti
Correre ai ripari quando ormai è troppo tardi.

STAMPA
cattiva stampa
Cattiva reputazione, cattiva fama.
La *stampa* è qui intesa come mezzo di diffusione di notizie. Si usa anche in senso positivo, la locuzione "godere di buona stampa".
var.: buona stampa.

STAMPO
dello stesso stampo
Molto somigliante, spesso riferito a due persone della stessa famiglia, per indicare che sono molto simili soprattutto nel carattere e in particolare negli aspetti negativi.

di stampo antico
Figurato: alla maniera antica, secondo la moda o gli usi di un tempo. Riferito spesso a un oggetto, uno stile, un atteggiamento; si dice anche di una persona, in questo caso con una connotazione non sempre positiva.

essersene perduto lo stampo
Costituire qualcosa di molto raro,

quasi introvabile, come se si trattasse di una cosa ormai irriproducibile di cui non esiste più nemmeno lo stampo. Detto in genere con nostalgia di qualcosa di positivo che si rimpiange, e soprattutto di persone considerate rare per le loro doti e virtù.

fatto con lo stampo
Esattamente uguale a un dato modello. Usato in genere per sottolineare la banalità, la scarsa originalità di qualcosa che rivela smaccatamente le caratteristiche derivate da qualcos'altro.

STANZA
essere nella stanza dei bottoni
Figurato: essere al comando, nel luogo in cui si prendono le decisioni importanti.
Il detto è nato con le prime installazioni dei dispositivi per il comando a distanza mediante tasti e pulsanti, ossia i *bottoni*. La "stanza dei bottoni" è quella che ospita tali apparecchiature e costituisce quindi il centro di controllo e di comando.

STATO
stato interessante
Stato di gravidanza.
Qui *interessante* riprende l'antico significato medico di "che può disporre a complicazioni".

STECCA
fare una stecca
Nel gioco del biliardo, colpire male la palla. In senso lato, sbagliare.
Nel gioco del biliardo, l'urto contro una biglia colpita male produce un rumore secco, come di legno che si spezza, e fa pensare alla possibilità di veder saltar via dalla stecca una lunga scheggia.
var.: fare una stecca falsa. ‖ In campo musicale, suonando o cantando, emettere una nota sbagliata che spesso risulta stridula o sgradevole.
var.: prendere una stecca.

lasciare la stecca
Lasciar fare a qualcun altro, specialmente se si tratta di cose sgradevoli, di responsabilità, e soprattutto di lavori faticosi e simili.
Viene dal gioco del biliardo, dove si lascia la stecca solo per passarla a un altro giocatore. Nel linguaggio dei militari, si dice di chi va in congedo e lascia il posto ad altri. In questo caso il detto potrebbe venire da uno strumento ormai desueto, chiamato appunto *stecca*, che serviva a lucidare i bottoni delle antiche uniformi. ‖ Ritirarsi da un'impresa o da un'iniziativa cedendo al più forte o capace. In senso lato, accettare una sconfitta.
var.: passare la stecca.

prendere una stecca *vedi* **fare una stecca**

STECCHETTO
a stecchetto *(fam)*
In regime di economia, di ristrettezze. Riferito originariamente al cibo, oggi vale più che altro per il denaro.
Una delle ipotesi proposte è che derivi dallo stecchino usato per imbeccare con briciole di cibo gli uccellini caduti dal nido o allevati in gabbia.
var.: tenere a stecchetto; essere a stecchetto.

STELLA
alle stelle
Figurato: molto in alto, detto di rumori, prezzi, gloria, successo e altro.
var.: andare alle stelle; arrivare alle stelle.

dalle stelle alle stalle
Dalla gloria all'infamia, dalla ricchezza alla miseria e così via, detto di una persona che si trova a sperimentare entrambi questi estremi della vita.
var.: passare dalle stelle alle stalle.

essere la buona stella di qualcuno
Figurato: proteggere o aiutare qualcu-

no, come se si fosse realmente la sua buona fortuna.
Stella sta qui per congiunzione astronomica favorevole, secondo le credenze dell'astrologia.

essere una stella
Figurato: essere il personaggio più importante di uno spettacolo e simili, quello che brilla in mezzo a tutti gli altri come se emanasse la luce di una stella. Per estensione, la locuzione è poi passata a definire una persona celebre, soprattutto nel campo dello spettacolo. ‖ Figurato: essere una persona molto buona, disponibile o di buon carattere, che ispira affetto e simpatia.

nascere sotto una buona stella
Detto di una persona, essere fortunata. Di un progetto, un'impresa e simili, iniziare bene, sotto auspici favorevoli, quindi avere buone possibilità di successo.
Si riallaccia alle convinzioni dell'astrologia, secondo la quale le congiunzioni planetarie influenzano i destini umani. Ce ne sono pertanto di positive e di negative.
var.: nascere sotto una cattiva stella.

portare alle stelle
Esaltare qualcuno, lodarlo con entusiasmo, magnificarlo, attribuirgli doti eccezionali.

salire alle stelle
Raggiungere posizioni molto elevate; riscuotere grande successo; arrivare alla celebrità. ‖ Figurato: sentirsi particolarmente ottimisti, euforici, felici.

seguire la propria stella
Figurato: seguire il proprio destino, che un tempo si riteneva fosse già scritto nelle stelle.

stella dei Magi
La cometa, che secondo la tradizione cristiana guidò i Re Magi alla culla di Gesù.

vedere le stelle
Figurato: provare un acutissimo dolore fisico, per lo più improvviso e temporaneo.
La locuzione descrive l'effettiva sensazione di quella specie di sfarfallio luminoso davanti agli occhi che si verifica spesso quando si è colpiti da un dolore acuto e improvviso.

STOLA

avere la stola sui piedi *(raro)*
Figurato: essere in fin di vita.
Nel rito cattolico è uso che il sacerdote che impartisce l'estrema unzione a un moribondo gli ponga la stola sui piedi, nel caso lo debba lasciare momentaneamente solo.

STOMACO

avere lo stomaco di ...*(fam)*
Figurato: avere il coraggio di fare qualcosa di molto disgustoso senza provarne un ribrezzo sufficiente a far vomitare. In senso lato, essere capaci di sopportare situazioni profondamente umilianti, come anche di compiere azioni bassamente meschine.
var.: avere un bello stomaco; volerci un bello stomaco; avere uno stomaco di ferro.

avere lo stomaco in fondo alle scarpe *(pop)*
Avere un grande appetito, come se ci si sentisse in grado di mangiare abbastanza da riempire uno stomaco allungatosi fino ai piedi.

avere un bello stomaco *vedi* avere lo stomaco di ...

avere uno stomaco da struzzo
Essere in grado di digerire anche i cibi più pesanti. In senso figurato, essere disposti a sopportare offese, maltrattamenti, situazioni umilianti senza mostrare emozioni, oppure di abbassarsi a compiere azioni meschine o vergognose, ad accompagnarsi a persone ripugnanti e così via, senza provarne disgusto.
Allo *struzzo* si attribuisce la capacità

d'inghiottire gli oggetti più vari senza riportare alcun danno. In effetti quest'uccello è in grado d'immagazzinare in una parte dello stomaco tutto quello che inghiotte e che non risulta digeribile, come sassi, chiodi, pezzi di legno e così via.

avere uno stomaco di ferro
Figurato: digerire qualsiasi cosa. In senso figurato, riuscire a tollerare offese, umiliazioni e simili senza dar segno di reazione.

dar di stomaco
Vomitare, come dando fuori tutto quello che si ha nello stomaco.

essere delicato di stomaco
Letterale: avere problemi digestivi. In senso ironico, essere schizzinosi, incontentabili, ipercritici, non trovare mai niente di abbastanza buono. Anche darsi arie da raffinati intenditori o assumere atteggiamenti di disgustata superiorità, estraniandosi dalla realtà della vita e rifiutandone gli aspetti meno poetici.

fare qualcosa contro stomaco
Dover fare qualcosa controvoglia, molto malvolentieri, provandone quasi ribrezzo e disgusto come se ci si sentisse rivoltare lo stomaco nel farla.

rivoltare lo stomaco
Provocare nausea, schifo, ribrezzo o altre sensazioni sgradevoli che potrebbero indurre a vomitare. Usato quasi sempre in senso figurato per azioni disgustose o immorali che tuttavia si è costretti a compiere o a subire, seppure controvoglia.

stare sullo stomaco (fam)
Figurato: suscitare forte avversione, riferito a cose o persone, così come fa un cibo rimasto indigesto che quindi pesa sullo stomaco.
var.: star qui; rimanere sullo stomaco.

STONATO
PARAGONI: stonato come una campana.

stonato come una campana
Figurato: molto stonato, come la campana che si suppone tale perché assordata dalle sue stesse vibrazioni.
Quando il battaglio picchia contro una parete della campana, il rumore del tocco precedente non si è ancora spento, e il suono che ne risulta, sentito da vicino e non ancora diffuso nell'aria, è tutt'altro che armonioso.

STOPPA
essere di stoppa
Scherzoso: essere di mentalità o di idee molto arretrate; oppure essere rudi, incivili o violenti. Anche vivere in condizioni di grande arretratezza tecnologica e culturale.

STORIA
fare storie
Accampare pretesti, avanzare lamentele o difficoltà.

la storia dell'uovo e della gallina
Quesito insoluto, che non ha risposta, come quando si domanda se sulla Terra sia comparso prima l'uovo da cui è nata la gallina oppure la gallina stessa che l'ha deposto.

passare alla storia
Acquistare grande fama ed essere annoverati fra i personaggi il cui nome viene tramandato nei secoli futuri; restare nella memoria dell'umanità, essere ricordato dai posteri per aver compiuto grandi imprese. Detto di un evento e simili, diventare memorabile per la sua importanza o eccezionalità. Spesso ironico.
var.: consegnare alla storia; entrare nella storia; fare storia.

senza tante storie
In modo diretto; senza avanzare lamentele; senza fare complimenti.

storie di vita vissuta
Episodi tratti dall'esperienza personale. Usato spesso per testimoniarne la veridicità.

tutta un'altra storia
Qualcosa di completamente diverso, estraneo o non assimilabile all'argomento, alla persona o alla situazione di cui si sta trattando.

una vecchia storia
Una cosa già accaduta o risaputa, che si ripropone provocando un senso di fastidio.

STORPIO
essere uno storpio e un gobbo
Figurato: non avere i mezzi o le capacità di fare una determinata cosa, detto di due o più persone che intraprendono un'iniziativa di dubbio successo.

STRACCIO
ridurre a uno straccio
Rovinare, sciupare irrimediabilmente, detto in genere di capi d'abbigliamento, tessuti e simili. ‖ In senso figurato, detto di malattie, preoccupazioni e altro, debilitare, affaticare, abbattere una persona.

trattare come uno straccio
Trattare malissimo, senza riguardi, appunto come uno straccio che si adopera per le pulizie più umili e spesso si butta dopo l'uso. Si dice di capi d'abbigliamento e di oggetti d'uso che vengono stupidamente sciupati, oppure di persone delle quali non si ha considerazione.

uno straccio di ... *(fam)*
Rafforzativo che si premette a cose o persone di scarso valore o pregio, oppure a qualcosa che viene considerato di poco conto ma che tuttavia si ottiene con grande fatica. Molto usato in locuzioni quali "uno straccio di lavoro", "uno straccio di diploma", "uno straccio di marito" e così via.

STRADA
a metà strada
Figurato: a metà di un lavoro, di un'iniziativa e simili. Anche in posizione intermedia, con caratteri intermedi, detto di due cose apparentemente simili ma sostanzialmente diverse, come un film "a metà strada fra il comico e il tragico".

andare per la propria strada
Figurato: mirare al proprio scopo senza preoccuparsi di quello che dicono o fanno gli altri. Usato anche in forma esortativa in locuzioni come "Va' per la tua strada", nel senso di lasciare in pace qualcuno, di non interferire in questioni che riguardano altri.

aprire la strada
Figurato: riferito a una persona, facilitarla in un'azione, e in particolare nella carriera. ‖ Figurato: riferito a una cosa, favorirne la realizzazione con un lavoro preliminare, creare le premesse per il suo successo. Usato in particolare con riferimento a una scoperta, un filone artistico, un campo di ricerca e simili.

essere fuori strada
Figurato: essere in errore; essere nella condizione di chi sbaglia e insiste nell'errore senza rendersene conto, come chi continuasse a camminare senza capire di aver preso una strada o una direzione sbagliata.

var.: essere fuori strada; mettere fuori strada; portare fuori strada.

essere in mezzo a una strada
Figurato: essere molto poveri, versare in misere condizioni economiche, mancare dei mezzi per sopravvivere, non avere nemmeno un tetto sotto cui ripararsi.

essere sulla buona strada
Figurato: agire nel modo giusto, avvicinarsi allo scopo voluto, alla verità o alla soluzione di un problema, come percorrendo la strada giusta per arrivare in un dato luogo.

essere sulla cattiva strada
Figurato: avere un comportamento discutibile, dimostrare propensione a comportamenti immorali o disonesti.

var.: prendere una cattiva strada; prendere una brutta strada.

fare strada
Accompagnare qualcuno, guidarlo precedendolo nella direzione o nel luogo in cui desidera andare, per insegnargli così il cammino o per semplice atto di cortesia. In senso figurato, fare in modo che non incontri ostacoli e difficoltà. ‖ Progredire, diventare più importante. Vale per la carriera, il successo, la vita in generale.
var.: fare strada nella vita; farsi strada.

farsi strada
Aprirsi un passaggio, un varco, tanto in mezzo a una folla di persone come fra una serie di ostacoli. ‖ In senso figurato, ottenere successo, fare carriera, crearsi una posizione più o meno importante o prestigiosa, in genere partendo da più modeste condizioni.
var.: fare strada.

fermarsi a metà strada
Figurato: non portare a termine un'azione, un'impresa e simili, oppure anche non concludere una frase, un discorso o altro.

incontrarsi a metà strada
Figurato: arrivare a un compromesso, riferito per lo più a una trattativa d'affari in cui ognuna delle due parti cerca di venire incontro alle esigenze dell'altra.

mettere in mezzo alla strada
Figurato: privare qualcuno dei suoi mezzi di sostentamento. Anche nel senso di cacciare una persona perché economicamente improduttiva, come in passato succedeva spesso ai vecchi, oppure licenziarla improvvisamente, senza preavviso. Oggi si dice anche di chi viene sfrattato di casa, senza che abbia avuto la possibilità di trovarne un'altra.
var.: buttare in mezzo a una strada; gettare in mezzo a una strada; lasciare in mezzo a una strada.

mettere sulla buona strada
Figurato: aiutare qualcuno a trovare la soluzione a un problema, come indicandogli la strada giusta per arrivare alla sua meta.
var.: mettere sulla strada. ‖ Anche riportare qualcuno sulla via dell'onestà.

mettersi la strada fra le gambe
Figurato: avviarsi procedendo di buon passo, in genere sapendo di affrontare un lungo cammino.

non esserci strada
Figurato: riferito a un problema o simili, non avere soluzione.

non trovare la strada di casa
Figurato: sentirsi dubbiosi, incerti, non capire più niente; trovarsi in una situazione confusa di cui non si intravede la soluzione. ‖ Anche nel senso di rifiutarsi di rincasare o far tardi perché, per qualche motivo, non si vuole rientrare.

prendere una brutta strada *vedi* **essere sulla cattiva strada**

riportare sulla buona strada
Figurato: aiutare qualcuno ad avvicinarsi alla verità o alla soluzione di un problema. ‖ Anche ricondurre una persona a un comportamento onesto o moralmente corretto, aiutarla a redimersi.
var.: mettere sulla buona strada; rimettere sulla buona strada.

spianare la strada
Figurato: facilitare il successo di una persona, di un'idea e simili, eliminando tutti gli ostacoli che potrebbero incontrare.
var.: appianare la strada.

tagliare la strada
Intercettare bruscamente la traiettoria di un altro, porglisi davanti all'improvviso obbligandolo così a fermarsi. In senso figurato, disturbare le azioni o i progetti di qualcuno, ostacolarlo, impedirgli di agire, bloccarlo in qualche modo, come tagliandogli la strada materialmente.

tentare tutte le strade
Fare tutti i tentativi possibili per risolvere una questione, come percorrendo tutte le strade esistenti alla ricerca di quella che conduce alla meta voluta. Usato in genere quando, nonostante gli sforzi, non si ottiene risultato.

trovare la propria strada
Trovare l'attività o il modo di vivere più confacente alle proprie capacità, inclinazioni, desideri e così via, e con questi la serenità e l'appagamento interiore.

vedere una strada
Figurato: vedere una soluzione a un problema, pensare di averla trovata.

STRAPAZZO
da strapazzo
Di poco conto, meritevole di scarsa considerazione. Da trattare senza troppi riguardi se riferito a un oggetto, in particolare un capo di abbigliamento; di poco valore se riferito a una persona, in particolare a un artista, un professionista e simili.

STRETTA
mettere alle strette
Obbligare qualcuno a fare una cosa che voleva evitare, come chiudendolo in una strettoia dalla quale non può uscire se non nella direzione che gli viene imposta. Si usa in genere per qualcuno che si costringe a prendere una posizione o una decisione, a fare una confessione e così via.
var.: essere alle strette.

stretta al cuore
Fitta, dolore acuto alla regione cardiaca. Usato prevalentemente in senso figurato per indicare un improvviso e forte dispiacere, un cruccio, oppure un moto di profonda commozione o pietà.

STRILLARE
PARAGONI: strillare come una gallina spennata; strillare come un'aquila.

strillare come un'aquila
Strillare acutamente, come l'aquila il cui verso è piuttosto stridulo.

strillare come una gallina spennata
Figurato: strillare forte e in continuazione, con toni striduli, come strillerebbe una gallina se venisse spennata da viva.

STRINGERE
stringersi intorno a ...
Figurato: dimostrare a qualcuno la propria solidarietà o la propria partecipazione in occasione di un evento doloroso, come a volerlo proteggere dai colpi di cui potrebbe essere fatto bersaglio. Vale anche per un'idea, un'istituzione e simili che si è pronti a difendere.

STRISCIO
di striscio
Non direttamente o non profondamente, come solo sfiorando, riferito di solito a colpi, ferite e così via. In senso figurato, riferito a un argomento, un discorso e simili, accennarvi soltanto, affrontarlo solo marginalmente.

STRUZZO
fare come lo struzzo
Fingere di non accorgersi di situazioni scomode o sgradevoli; ignorare un problema sperando che si risolva da solo o che vi provveda qualcun altro. Si dice che lo *struzzo* sia un animale particolarmente pauroso, e che in caso di pericolo nasconda la testa nella sabbia sperando di non essere visto, così come in questo modo lui stesso non può vedere niente e nessuno. Questa credenza non ha fondamento; in realtà lo struzzo, che si nutre anche di erbe e semi, fruga nel terreno con il becco, e la posizione che deve così assumere, chinando il lungo collo, fa pensare che nasconda la testa sotto terra.

var.: nascondere la testa come lo struzzo.

STUCCO
rimanere di stucco
Figurato: rimanere stupefatti, immobili e imbambolati per lo sbalordimento, come statue di gesso.
var.: restare di stucco.

SU
non andare né su né giù *(fam)*
Si dice di un cibo rimasto indigesto, o di una pillola che non si riesce a deglutire e simili. In senso figurato, infastidire, irritare, detto di qualcosa che urta la propria suscettibilità, di un'umiliazione subita, di uno sgarbo ricevuto, di un affronto magari non grave che però non si riesce a dimenticare e così via.

SUDORE
avere i sudori freddi
Figurato: essere in preda a una violenta ma controllata paura di fronte a un pericolo reale, a una situazione critica e simili.
Fisiologicamente, l'emissione di sudore freddo avviene a causa di uno stato morboso in genere con febbre molto alta, ma anche per uno stato di forte tensione emotiva.
var.: sudare freddo.
essere in un bagno di sudore
Traspirare in misura eccessiva.

SUGO
curare con sugo di bosco
Scherzoso: percuotere, prendere a bastonate. Il *sugo di bosco* è il legno degli alberi di cui è fatto il bastone, inteso come una medicina che cura la testardaggine di chi non si lascia convincere.
senza sugo *(fam)*
Figurato: insulso, scialbo, banale, piatto; non interessante sotto alcun profilo. Detto di persone, discorsi, teorie, libri e così via. Riferito a un'esperienza, di scarsa soddisfazione, deludente.

SUOCERA
essere suocera e nuora
Figurato: non andare assolutamente d'accordo, detestarsi, non sopportarsi a vicenda, essere in continuo e perenne attrito, come la tradizione popolare vuole che accada fra suocera e nuora.
essere una suocera *(fam)*
Figurato: essere una persona dispotica, intrigante, pettegola o brontolona, come per tradizione vengono descritte le suocere. Si dice anche di un uomo.

SUONARE
suonar bene
Figurato: essere convincente, appropriato; trasmettere un'impressione positiva. Riferito a un nome, un verso poetico, uno slogan o altro, risultare piacevoli da udire.
suonar male
Figurato: non essere convincente, detto in genere di un racconto o simili che lascia perplessi in quanto vi si intuisce qualcosa d'illogico o di falso. Di un suono, un verso poetico e simili, risultare sgradevole all'orecchio.
var.: suonare strano; non suonare.

SUONATA
dare una bella suonata *(pop)*
Figurato: percuotere qualcuno con una certa violenza, con colpi secchi che producono una serie di suoni rumorosi, come ad esempio quelli dei ceffoni. In senso lato, rimproverare severamente qualcuno.
prendere una suonata *(pop)*
Figurato: subire uno smacco; subire una grossa perdita, generalmente economica, quasi sempre in seguito a un raggiro. Anche subire una forte e inaspettata delusione per eccesso d'inge-

nuità, per un errore di valutazione o di calcolo e così via.

SUONATORE
buonanotte suonatori!
Esclamazione: esprime irritazione oppure al contrario rassegnazione o anche sollievo davanti a qualcosa che finalmente si conclude.

SUPPLIZIO
supplizio di Tantalo
Sofferenza data dalla vicinanza di qualcosa che si desidera moltissimo ma che non si può avere.
Secondo la mitologia greca, *Tantalo* era il ricchissimo re di Sipilo e figlio di Zeus. Per questo era ammesso alla mensa degli Dei, ma un giorno ne approfittò per rubare il nettare e l'ambrosia che davano l'immortalità. Gli Dei lo precipitarono allora nel Tartaro incatenandolo per sempre a un albero carico di frutti, ai piedi di una limpida fonte; ma tanto i frutti quanto l'acqua si allontanavano da lui ogni volta che vi si avvicinava, condannandolo così a soffrire la fame e la sete per l'eternità.
Va detto che quest'immagine era spesso citata nell'antichità a proposito degli avari, che pur possedendo molti beni non riescono a goderne. Altre versioni dicono che la colpa di Tantalo sia stata quella di avere custodito per Pandareo il mastino d'oro che questi aveva rubato agli Dei stessi, o ancora di avere imbandito le carni del proprio figlio Pelope agli Dei, per metterne alla prova l'onniscienza. L'ipotesi di quest'ultima colpa porta a una diversificazione del mito, in cui si dice che dopo il macabro banchetto gli Dei invitarono Tantalo a loro volta, ma lo fecero sedere sotto un enorme masso traballante. Probabilmente sulla base di questa versione Pindaro aggiunse alla pena di Tantalo la presenza di un grosso masso in bilico su una roccia esattamente sopra il suo capo, sempre in procinto di precipitare.

SUSANNA
Narra un'appendice biblica del *Libro di Daniele*, che all'epoca dell'Esilio di Babilonia due anziani giudici sorpresero al bagno una donna di nome Susanna, e invaghitisi di lei cercarono di sedurla. Essendo stati respinti, vollero vendicarsi accusandola di adulterio, un reato allora punito con la morte. Susanna venne però salvata dall'intervento del profeta Daniele, che smascherò i falsi accusatori.
essere una casta Susanna
Quasi sempre ironico: atteggiarsi a donna esageratamente virtuosa e pudibonda che ostenta grande modestia e riservatezza.

T

TABACCO
avere il tabacco del nonno *(des)*
Figurato: essere licenziati, e quindi essere mandati a casa, lasciati da parte come i vecchi ormai improduttivi, che se ne stanno a non far niente e a fiutar tabacco.

TABULA
fare tabula rasa
Figurato: non lasciare niente di quello che c'era, portare via tutto; annientare completamente. Usato soprattutto per un discorso o una nozione dimenticati, per un'offesa perdonata e così via, e talvolta con il senso di ripartire dal nulla, ricominciando da capo.
Anticamente gli strumenti della scrittura erano una tavoletta incerata, la *tabula*, e uno stilo che aveva un'estremità aguzza e una appiattita, che servivano rispettivamente per graffiare la cera della tavoletta e per cancellare spianando i segni di quanto era già stato scritto, rendendo quindi la *tabula* nuovamente rasa e di conseguenza pronta per scriverci di nuovo. Già nell'antichità il paragone con la *tabula rasa* era usato per la memoria, come si trova in Eschilo (*Prometeo*, 788) e in Platone (*Teeteto* e *Filebo*); si deve invece ad Aristotele, nel *De Anima*, il parallelo con la mente, che prima della conoscenza è vuota ma pronta alla ricezione. Gli stoici proposero il paragone con l'anima, vista come un terreno inizialmente vergine, e in questo senso l'espressione venne usata anche da Plutarco, da Platone, Locke, Boezio, Alberto Magno e vari altri.
var.: essere una *tabula rasa*.

TACCA
Il termine *tacca* viene dal contrassegno che i mercanti fiorentini di tessuti dovevano applicare sulle merci importate, e che riportava l'importo del prezzo pagato e delle spese sostenute per il trasporto; per estensione ha assunto il significato di livello, statura, da cui le espressioni "della stessa tacca" e "di mezza tacca".
della stessa tacca
Dello stesso livello, detto solitamente con una sfumatura spregiativa.
di mezza tacca
Scadente, mediocre, di scarsa capacità o valore, detto in genere di persone.

TACCO
alzare i tacchi *(pop)*
Andarsene in fretta, fuggire velocemente, come lasciando vedere di sé soltanto i tacchi levati nella corsa. Anche semplicemente andarsene, allontanarsi da un luogo.
avere sotto i tacchi
Mancare completamente di qualcosa che non si tiene in alcuna considerazione, riferito in particolare a virtù come l'onestà, il senso morale e simili, oppure al coraggio, alla voglia di lavore e così via.
var.: tenere sotto i tacchi.
girare sui tacchi
Figurato: voltarsi e andarsene, come invertendo la direzione facendo perno sui tacchi delle scarpe, specialmente in segno di disprezzo. Anche fare un voltafaccia, cambiare improvvisamente idea, opinione, partito, oppure rimangiarsi una promesssa, un impegno o altro.
var.: girare sulle calcagna; voltare i tacchi.
il tacco d'Italia
Figurato: la Puglia, con allusione alla

forma di stivale della penisola italiana.
var.: il tallone d'Italia.

mettere sotto i tacchi
Figurato: valutare pochissimo qualcosa o qualcuno, provarne un forte disprezzo, non averne la minima considerazione, come di qualcosa che si può impunemente schiacciare sotto i piedi.

mettersi ai tacchi di ...
Mettersi all'inseguimento di qualcuno; anche pedinarlo oppure rimanergli sempre molto vicino, senza perderlo di vista.
var.: stare al tacco di

tenere sotto il tacco
Figurato: opprimere, schiavizzare; tenere qualcuno sotto un rigido controllo obbligandolo alla propria volontà, come se si fosse intenzionati a schiacciarlo sotto i piedi al minimo cenno di ribellione.

TACCONE
peggio il taccone del buco *(pop)*
Il rimedio è peggiore del male.
La parola *taccone* è una forma regionale veneta tuttavia ormai diffusa in tutta la penisola. Si tratta della toppa, il pezzo di cuoio con cui si ripara un buco in una scarpa, con risultati esteticamente grossolani.

TAFANO
essere peggio di un tafano
Essere una persona fastidiosa, assillante o importuna; anche sfruttare gli altri in misura modesta ma costante, come il tafano che punge continuamente la pelle di altri animali per nutrirsi del loro sangue.

TAGLIARE
tagliar corto
Essere bruschi o laconici in una conversazione oppure interromperla bruscamente, spesso per far capire all'interlocutore che non si ha voglia di dedicargli tempo o attenzione. Anche troncare un discorso, oppure dimostrarsi molto frettolosi per esigenze di tempo.

tagliar fuori
Separare, emarginare; isolare da un gruppo, da un ambiente e simili. Anche estromettere qualcuno in generale, impedire a una persona di partecipare a un progetto, di approfittare di un'occasione o altro.

TAGLIO
a doppio taglio
Figurato: pericoloso, infido e simili, detto di un'azione, un argomento o altro che può ritorcersi contro chi se ne serve.
Si definivano così le armi bianche a lama piatta come la daga o la spada propriamente detta, che avevano affilati entrambi i bordi, a differenza di altre, quali ad esempio la scimitarra.

dare un taglio *(pop)*
Concludere qualcosa, sia interrompendola che portandola a termine. Si dice di un rapporto che viene troncato bruscamente, di una situazione o questione trascinata nel tempo che viene infine definita in maniera decisa o drastica, di una lamentela o simili sulla quale si smette di tornare. In quest'ultimo caso vale in genere come invito a smetterla.

di taglio
Si dice di un oggetto più o meno piatto disposto in modo da avere i lati più larghi posizionati perpendicolarmente alla superficie su cui appoggia.

TALAMO
condurre al talamo
Figurato: prendere in matrimonio, sposare, detto in particolare dell'uomo nei confronti della sposa.

contaminare il talamo
Figurato: commettere adulterio, contaminando quindi il letto coniugale.

var.: macchiare il talamo; disonorare il talamo; profanare il talamo.

TAMBURO
a tambur battente
Molto in fretta; immediatamente e velocemente, come al ritmo veloce del rullare di un tamburo.
andare a far pelle da tamburo *(pop)*
Figurato: morire, in genere ironico o riferito a qualcuno per cui si ha poca stima o simpatia.
Un tempo per i tamburi si usava la pelle d'asino.
andare in giro col tamburo
Figurato: diffondere una notizia che avrebbe dovuto essere riservata, confidenziale o segreta; spettegolare.
battere il tamburo
Figurato: dare ampia pubblicità, nel modo più clamoroso possibile, soprattutto a se stessi e a quanto si fa.
Un tempo la lettura di bandi, editti, proclami e simili avveniva sulla pubblica piazza, e il banditore richiamava l'attenzione suonando un tamburo. Era questo l'unico modo di assicurarsi che la popolazione venisse informata delle decisioni dell'autorità.
sul tamburo
Subito, immediatamente; oppure in modo improvvisato e veloce.
teso come un tamburo
Molto teso, detto in genere di un tessuto oppure della pelle. È riferito anche al ventre, per indicare gonfiore oppure sazietà.

TANA
cacciarsi nella tana del lupo
Mettersi in grave pericolo, per imprudenza o incoscienza.
entrare nella tana del leone
Confrontarsi con un avversario sul suo terreno, dove quindi questi è più forte; affrontare direttamente e con decisione una persona temibile oppure un problema, un rischio, una situazione sgradevole o potenzialmente pericolosa.
var.: essere nella tana del leone.

TANDEM
viaggiare in tandem
Figurato: essere una coppia di persone legate da un'attività comune, da interessi condivisi e simili; essere quindi molto affiatati, com'è necessario per pedalare sullo stesso tandem.
var.: essere un tandem; essere un bel tandem; essere in tandem; lavorare in tandem.

TANTO
darne tante *(fam)*
Percuotere qualcuno, duramente e soprattutto a lungo.
dirne tante *(fam)*
Insultare qualcuno, offenderlo, maltrattarlo; sgridarlo violentemente.
farne tante *(fam)*
Commettere molte azioni riprovevoli, usato sia per semplici marachelle che per reati veri e propri. Usato soprattutto al passato.
var.: combinarne tante.
non più di tanto
Pochissimo, quasi per nulla. Usato in genere in valutazioni a carattere negativo.
var.: non più che tanto.
passarne tante *(fam)*
Avere una vita piena di episodi sfortunati; avere una lunga serie di disgrazie o di vicende dolorose, difficili, faticose. Usato soprattutto al passato.
tanto di ...
Si usa per enfatizzare il sostantivo che segue, usato in locuzioni quali "guardare con tanto d'occhi", "restare con tanto di naso", "far tanto di cappello" e così via.
tanto di guadagnato!
Esclamazione: si dice di un vantaggio inaspettato, ottenuto come sovrappiù. ‖ Con intonazione sarcastica, riferito a una perdita che non si rimpiange.

vederne tante *(pop)*
Avere una grande esperienza della vita, vederne gli aspetti più vari e disparati, e pertanto non stupirsi più di niente.

TAPPA
bruciare le tappe
Procedere molto velocemente, in tempi più veloci di quelli previsti o considerati normali; condurre un'azione in minor tempo di quello usualmente necessario; superarne le fasi più velocemente del consueto. In particolare, far carriera molto in fretta.

TAPPETO
a tappeto
Azione sistematica e capillare tesa a non farsi sfuggire nessuno degli obiettivi voluti.
Il termine venne coniato durante la seconda guerra mondiale per definire un tipo di bombardamento aereo che interessava indistintamente tutta una zona.

battere come un tappeto
Percuotere qualcuno violentemente e lungamente, come si fa con i tappeti per toglierne la polvere.

mandare al tappeto
Figurato: battere un rivale, vincerlo, metterlo in condizioni di non potere agire più.
Il riferimento è al mondo del pugilato, dove il contendente *mandato al tappeto*, cioè caduto a terra, viene dichiarato perdente se non si rialza entro dieci secondi.
var.: mettere al tappeto; andare al tappeto.

mettere sul tappeto
Di un argomento, una questione e simili, farlo presente per proporre l'esame o la discussione in pubblico, di fronte a tutti. Deriva dal linguaggio dei giocatori, che sul *tappeto* del tavolo da gioco depongono le carte.
var.: gettare sul tappeto; porre sul tappeto.

tappeto verde
Figurato: il gioco d'azzardo in generale.
Allude al panno di questo colore che ricopre tradizionalmente i tavoli da gioco, e anche il biliardo.

TAPPEZZERIA
fare tappezzeria
Figurato: si diceva un tempo delle donne che a una festa da ballo non ricevevano inviti a danzare e quindi rimanevano sedute al proprio posto, generalmente vicino alle pareti della sala, quasi fossero state incollate ai muri appunto come la tappezzeria. Per estensione, essere lasciati in disparte, ignorati, trascurati.
var.: fare da tappezzeria.

TAPPO
essere un tappo
Figurato: essere molto bassi di statura. Quasi sempre scherzoso.

TARANTOLA
avere la tarantola *(pop)*
Essere estremamente agitati, non riuscire a star fermi. Se riferito ai bambini, essere molto vivaci.
La *tarantola* è un grosso ragno dal morso irritante diffuso nell'Italia centrale e meridionale. Per curare gli effetti del suo veleno, un tempo si prescriveva una specie di lunga danza frenetica da eseguirsi alla presenza di un gruppo di persone disposte in cerchio, e non è impossibile che le contorsioni prescritte potessero facilitare lo smaltimento della sostanza irritante insieme al sudore; in ogni caso, la tradizione vuole che da qui sia nato il ballo chiamato "tarantella". Con il tempo, confondendo la causa con l'effetto, si cominciò a vedere la danza non più come antidoto al morso del ragno ben-

sì come sua diretta conseguenza, e da questo deriva l'idea di agitazione o vivacità cui il detto si riferisce.
var.: sembrare morso dalla tarantola.

TARLO
avere il tarlo con qualcuno
Avere una fortissima antipatia per qualcuno e desiderare di nuocergli in qualche modo, anche solo rodendolo come fa il tarlo con il legno.

TARTUFO
essere un tartufo
Essere falsi, ipocriti, impostori, soprattutto nascondendo mire opportunistiche dietro un atteggiamento di assoluta onestà.
Allude alla celebre commedia *Le Tartuffe*, che Molière riprese dall'*Ipocrito* di Pietro Aretino, in cui il protagonista bigotto, perbenista e benpensante, vede alla fine smascherate le sue mire disoneste. La notorietà dell'opera deriva più che altro dalle aspre polemiche che scatenò tra i cortigiani di Luigi XIV, molti dei quali si riconobbero nel protagonista, di nome Tartufo.

TASCA
aver qualcuno in tasca
Figurato: non poter soffrire qualcuno, averlo in antipatia. Anche non riuscire più a sopportare qualcuno o qualcosa. In questo senso il detto è usato da Giuseppe Giusti nella poesia *Sant'Ambrogio*.
mettersi in tasca qualcuno *(fam)*
Figurato: essere nettamente superiori a una persona, essere molto più forti di lei e quindi non temerla affatto.
rivoltare le tasche
Figurato: spendere tutto il denaro che si ha, come dopo aver rivoltato le tasche per cercare l'ultima monetina. Oppure, cercare il proprio denaro, o qualcosa d'altro che possa stare in tasca, e non riuscire a trovarlo.
vuotare le tasche a qualcuno
Figurato: borseggiare qualcuno, derubarlo del suo denaro. Anche indurre una persona a spendere moltissimo, oppure estorcergli molto denaro in qualche modo, come lasciandolo con le tasche completamente vuote. Spesso scherzoso.
var.: ripulire le tasche.

TASTO
battere sullo stesso tasto
Figurato: insistere su un determinato argomento, generalmente sgradito o noioso per gli altri.
Il battere sullo stesso tasto di uno strumento musicale produce un suono sempre uguale che alla fine diventa fastidioso o quantomeno monotono.
tasto doloroso
Figurato: argomento sgradevole, delicato o doloroso che è preferibile evitare o affrontare con le dovute cautele.
var.: toccare un tasto doloroso.
toccare il tasto giusto
Figurato: fare il discorso più opportuno, affrontare l'argomento giusto; anche prendere l'iniziativa più adatta alla situazione.
toccare un tasto falso
Fare una cosa inopportuna, in genere nel parlare di un argomento che sarebbe meglio evitare.

TATTO
avere il tatto di un elefante
Mancare di tatto, di discrezione, di delicatezza; parlare o agire in modo pesante, con allusione alla mole e al peso di questo pachiderma.

TAVOLA
finire sotto la tavola *(fam)*
Figurato: ubriacarsi, tanto da cadere dalla sedia.
gettare una tavola a qualcuno
Figurato: aiutare qualcuno in un frangente difficile, come gettando un'asse

di legno a chi sta per annegare perché vi si possa aggrappare.

tavola rotonda
Figurato: convegno, riunione, dibattito su un determinato argomento che viene discusso tra persone ugualmente esperte e competenti in materia.
Deriva dal leggendario tavolo del castello di Re Artù a Camelot. Secondo i racconti del Ciclo Bretone, il sovrano volle che fosse rotondo per simboleggiare che tra i suoi cavalieri non c'erano differenze gerarchiche.

ultima tavola di salvezza
Appiglio estremo a cui ricorrere in caso di pericolo, come un'asse che aiuti un naufrago a tenersi a galla.

TAVOLO
sedersi intorno a un tavolo
Riunirsi per discutere con calma un argomento, un problema, una questione o simili, dedicandogli tempo e attenzione.

TEBAIDE
Tebaide era il nome della la zona desertica dell'alto Egitto in cui sorgeva l'antica città di Tebe. Nei primi secoli del Cristianesimo divenne un attivo centro di vita religiosa, e ospitò molti anacoreti.

essere una Tebaide
Figurato: essere un luogo desolato, deserto, privo di risorse o di vita sociale, in cui si conduce un'esistenza difficoltosa, solitaria e isolata. || Figurato: essere un eremo; essere un luogo di preghiera o di santità, ove si conduce una vita moralmente esemplare e spiritualmente edificante. Per estensione, si dice di una località quieta e appartata.

TEGOLA
tegola in testa
Figurato: disgrazia improvvisa, episodio sgradevole del tutto inatteso che provoca danno e stupore, come una tegola che cadesse improvvisamente da un tetto sulla testa di qualcuno.
var.: cadere una tegola in testa; cascare una tegola in testa; prendere una tegola fra capo e collo; ricevere una tegola tra capo e collo; ricevere una tegola in testa.

TELA
calare la tela
Figurato: porre fine a un argomento, a una situazione e così via.
La *tela* è quella del sipario teatrale, che un tempo era costituito da un drappo arrotolato su se stesso che veniva calato dall'alto. Solo più tardi fu sostituito dall'attuale coppia di tende scorrevoli lateralmente. Ancora oggi nei copioni è usata la dicitura "cala la tela" a fine atto o al cambio di scena.

far tela *(pop)*
Svignarsela, fuggire in tutta fretta.

far tela con qualcuno *(pop)*
Figurato: iniziare un rapporto con qualcuno, in genere di amicizia, come mettendosi a tessere insieme la stessa tela.

imbrattare le tele
Essere un pessimo pittore, dipingere malissimo, come sporcando le tele illudendosi di dipingerle.

TEMPESTA
aria di tempesta
Figurato: sensazione che si avverte in una situazione di tensione, che fa prevedere liti o discussioni.
Il senso figurato è preso dalla realtà meteorologica. In effetti, quando si avvicina una tempesta, un temporale o comunque una grossa perturbazione atmosferica, l'aria si carica di elettricità che produce un odore particolare.

tempesta di sentimenti
Insieme di sentimenti confusi, appassionati, violenti e spesso contrastanti

in cui una persona si dibatte come una nave nella tempesta.
tempesta in un bicchier d'acqua
Scalpore, scandalo, confusione e simili di grande violenza ma di breve durata. Sottintende in particolare che tanta agitazione sia nata per una sciocchezza.
Il detto si può ricollegare a un passo di Cicerone (*De legibus*, 3, 16, 36) che si riferisce sprezzantemente alle proposte di legge avanzate da un piccolo mestatore, il quale sarebbe stato molto più rispettabile se avesse provocato le stesse tempeste non già "in una coppetta", ma almeno nel Mar Egeo. In ambito greco si trova poi un passo di Ateneo, che riferisce come Dorione, autore di un'importante opera sui pesci, a proposito di una terribile tempesta descritta da Timoteo commentò di avere visto una tempesta più grande "in una pentola che bolliva".
var.: scatenare una tempesta in un bicchier d'acqua.

TEMPO
a tempo perso
Nei ritagli di tempo, nei momenti liberi da altri impegni, riferito in genere ad attività collaterali a quella principale oppure a passatempi o a divertimenti vari.
ai tempi di Noè
Figurato: in tempi remotissimi, come quelli in cui visse Noè, il patriarca al quale secondo la Bibbia Dio impose di costruire l'Arca per salvare le specie viventi dal Diluvio Universale.
al tempo!
Esclamazione: è un invito a fare le cose con calma, senza forzare i ritmi naturali di un'azione o simili, senza tentare di precedere gli eventi e così via. Invita anche a non agitarsi, ad avere pazienza, ad attendere serenamente qualcosa che prima o poi si verificherà di sicuro.
È originariamente un comando militare. Nell'esercito, durante i movimenti in ordine chiuso, annulla il comando precedente; in marina è il comando di ripetere dall'inizio l'esecuzione di una manovra.
al tempo dei tempi
In un passato remotissimo, in un'epoca lontana e in qualche misura leggendaria o favolosa.
ammazzare il tempo *(pop)*
Figurato: dedicarsi a un passatempo, tenersi occupati per allontanare la noia. Dedicarsi a un'attività qualsiasi, di solito banale o inutile, soltanto per non annoiarsi durante un'attesa o simili.
var.: ingannare il tempo; ammazzare la noia.
aver fatto il proprio tempo
Esser fuori moda, essere superato, sorpassato, aver perso valore o validità. È detto di un oggetto, di una teoria, di un'ideologia e altro. Riferito a una persona, anche avere perso credito o credibilità, influenza e simili.
aver tempo da perdere *vedi* avere buon tempo
aver tempo da vendere
Figurato: non avere fretta, disporre di molto tempo, tanto che ne avanzerebbe anche per venderlo ad altri.
avere buon tempo
Disporre di molto tempo libero, essere spensierati, senza problemi o preoccupazioni, soprattutto in contrapposizione a chi invece ne è assillato. Nello stesso senso, anche aver sempre voglia di scherzare e quindi far perdere tempo agli altri, e per estensione, essere superficiali, evitare qualsiasi tipo d'impegno interiore.
var.: aver tempo da perdere.
avere i tempi impiccati
Avere un tempo ridottissimo per fare qualcosa.
dar tempo al tempo
Attendere con fiducia e pazienza che

si verifichi un determinato evento; aspettare il momento opportuno per fare qualcosa e così via.
var.: lasciare tempo al tempo.

darsi al bel tempo
Divertirsi, spassarsela; darsi a una vita di piaceri più o meno sregolati.

far fruttare il tempo
Non sprecare il tempo, impiegarlo in un'attività produttiva di qualsiasi genere.

fare la pioggia e il bel tempo
Imporre la propria volontà avendo il potere o la forza per farlo; obbligare gli altri a fare quello che si vuole; avere in pugno una situazione, detenere un potere dispotico, come se si potesse addirittura comandare al clima.
Potrebbe alludere a Zeus, il re degli Dei nella mitologia greca, che aveva il potere di colpire la Terra con i suoi fulmini. Zeus fu accolto nella mitologia romana con il nome di Giove, e uno dei suoi appellativi era "Giove Pluvio".
var.: fare il bello e il cattivo tempo.

guadagnar tempo
Tergiversare, riuscire a rimandare una decisione, l'assolvimento di un impegno e simili.

il tempo è denaro
Figurato: il tempo è un bene prezioso, che non va sprecato e di cui bisogna fare buon uso.
Il detto è ripreso da una sentenza di Teofrasto riportata da Diogene Laerzio (V, 2,40). Divenuto proverbio, è molto usato in Inghilterra.

il tempo stringe!
Esclamazione: usata per ricordare che manca poco a un dato evento, allo scadere del tempo previsto o concesso e simili. È un invito ad affrettarsi.

ingannare il tempo *vedi* **ammazzare il tempo**

lasciare il tempo che si trova
Non produrre alcun effetto, non avere nessuna influenza su qualcosa, essere completamente indifferente. È detto di fatti o persone che intervengono in una situazione senza tuttavia modificarla.

lasciare tempo al tempo
Non avere fretta, lasciare che le cose si risolvano da sole con il passar del tempo.
var.: dar tempo al tempo.

nei ritagli di tempo
Figurato: nel tempo libero, in quello che avanza dopo aver svolto le proprie normali e doverose attività; nei momenti liberi o di pausa tra un lavoro e l'altro. Sottindende che questo tempo sia poco, come se fosse letteralmente ritagliato da un pezzo di tessuto.

senza por tempo in mezzo
Letterale: senza indugio, subito, immediatamente, senza far passare del tempo, in genere tra una decisione presa, un ordine e simili, e la relativa esecuzione.

stringere i tempi
Affrettarsi, cercare di ridurre il tempo che si impiega per fare qualcosa.

tempi bui
Epoche barbare, tempi lontani e soprattutto non ancora illuminati dalla luce della civiltà, in cui la vita era dura, violenta, difficile. Fino a non molto tempo fa, la cultura ufficiale riservava questa definizione ai secoli del Medio Evo.
var.: epoche buie; tempi oscuri; epoche oscure.

tempi duri
Periodo di crisi, sfortunato, penoso, irto di difficoltà. Vale per una persona, per un gruppo sociale, una situazione, un'azienda, una nazione, un'ideologia e altro.

tempo da cani
Cattivo tempo, in genere molto freddo e con vento, pioggia, neve, temporali e così via, che rendendo tutto più difficile, provoca disagi e sofferenze che si ritiene possano o debbano esse-

re sopportati soltanto dalle bestie, e in particolare dai cani.
var.: tempo cane.
tempo da ladri
Cattivo tempo, in genere molto freddo e con vento, pioggia, neve, temporali e così via, che si ritiene venga affrontato solo dai ladri motivati dalle loro losche imprese.
var.: tempo ladro.
tempo da lupi
Tempo bruttissimo, tempestoso, burrascoso, freddissimo, con pioggia o neve, che si ritiene adatto soltanto ai lupi che vivono in un ambiente simile.
venire a tempo come un'acqua d'agosto
Capitare a proposito; essere provvidenziale; arrivare al momento giusto magari insperatamente, come un acquazzone estivo che rinfresca piacevolmente la temperatura.
var.: benedetto come un'acqua d'agosto.

TENDA
levare le tende *(fam)*
Figurato: andarsene, come smontando le tende di un accampamento.
piantare le tende *(fam)*
Figurato: fermarsi in un luogo, soggiornarvi, come montando le tende di un accampamento. Anche restare in un luogo più a lungo del previsto o del dovuto, magari abusando dell'ospitalità altrui e simili.

TENEBRE
le tenebre eterne
Per i cristiani, l'Inferno, la dannazione eterna dopo la morte.
L'inferno cristiano è dipinto tradizionalmente come un luogo buio, poiché non toccato dalla luce divina.
opera delle tenebre
In alchimia, l'opera di ricerca che porta alla trasmutazione della materia e dell'operatore, che rivela di essere giunta a compimento quando un metallo vile si trasforma in oro. È detta anche "Opera nera" o "Grande Opera".
opere delle tenebre
Per i cristiani, il peccato, le azioni malvage suggerite dal Demonio, che è il sovrano dell'Inferno, regno delle tenebre.

TENTENNA
essere un re Tentenna
Essere una persona perennemente insicura, indecisa, esitante e piena di dubbi.
Deriva dal soprannome dato al re Carlo Alberto, dal titolo di una satira che Domenico Carbone scrisse contro di lui, perché troppo indeciso nel concedere le riforme. La satira, del 1847, costò l'arresto al suo autore, ma pare abbia spinto il sovrano ad accordare lo statuto.
essere un sor Tentenna
Essere una persona perennemente insicura, indecisa, esitante e piena di dubbi.
Il nome del signor *Tentenna* è ricavato dal senso del verbo "tentennare".

TERESA
la vispa Teresa
Si dice scherzosamente di una bambina o di una donna giovane dall'aria ingenua e sbarazzina, un po' svagata ma simpatica.
La *vispa Teresa* è la protagonista di una poesiola della metà del 1800 che inizia: "La vispa Teresa avea tra l'erbetta a volo sorpresa gentil farfalletta...". Il suo vero titolo sarebbe infatti *La farfalletta*, ma è più nota con le parole del primo verso. Si dice che la filastrocca fosse dedicata alla principessina Maria Pia di Savoia, che aveva come istitutrice la sorella dell'autore, Luigi Sailer; nel 1917 Trilussa vi aggiunse una sua coda, dedicata all'attrice Dina Galli.

TERMINE
a rigor di termini
Secondo il significato letterale; per essere precisi, per l'esattezza.
ridurre ai minimi termini
Figurato: ridurre in cattive condizioni, sia fisiche quanto psicologiche. Di una questione o altro, semplificarla al massimo.
Allude all'omonimo procedimento matematico che si applica alle frazioni, in cui il numeratore e il denominatore vengono divisi per il loro massimo comune divisore. In questo modo, il valore di entrambi i numeri considerati isolatamente viene molto ridotto.
senza mezzi termini
In modo schietto, molto chiaro e deciso, senza riguardi. Riferito a qualcosa che potrebbe essere detto o fatto con maggior delicatezza.

TERRA
abbandonare questa terra
Figurato: morire.
calcar terra *(raro)*
Figurato: vivere, essere in vita, quindi in grado di calpestare la terra.
essere a terra
Figurato: versare in cattive condizioni, fisicamente, moralmente, economicamente e così via.
var.: buttare a terra; mettere a terra; rimanere a terra; restare a terra; essere a terra.
essere sotto terra
Figurato: essere morto, e come tale seppellito.
far terra bruciata
Dare alle fiamme, distruggere completamente tutto quanto potrebbe essere utile ad altri; creare una situazione che nessuno potrebbe essere in grado di sanare o di utilizzare a proprio vantaggio.
In tempo di guerra, era frequente che un esercito che penetrava in territorio nemico radesse al suolo tutto quanto incontrava per impedire ad altri di servirsene. L'identica cosa veniva fatta anche dagli abitanti stessi di una località minacciata, perché l'invasore non trovasse nulla di cui avvantaggiarsi.
var.: essere terra bruciata.
le viscere della Terra
Figurato: il sottosuolo, le profondità del nostro pianeta, intese come giacimenti minerari o come sede di fenomeni geologici.
var.: il ventre della Terra.
sulla faccia della Terra
Figurato: nel mondo, sul pianeta in cui viviamo.
terra benedetta
Per i cattolici, la parte del cimitero che viene consacrata con un apposito rituale in quanto destinata alla sepoltura dei fedeli.
var.: terra consacrata.
terra di nessuno
Figurato: cosa o situazione di cui nessuno si occupa, oppure in stato d'abbandono o di assenza di tutela, protezione o regolamentazione, che di conseguenza lascia la possibilità per chiunque d'intervenirvi senza ostacoli o sanzioni. Può essere riferito a un luogo fisico, a un campo d'attività, a un'idea e simili.
Nel linguaggio militare, è lo spazio di terreno compreso tra le posizioni di due gruppi belligeranti che si fronteggiano. Per estensione è passato poi a indicare una fascia di territorio sulla quale nessuno Stato può vantare un titolo giuridico di possesso.
terra promessa
Figurato: ciò che si desidera molto e da lungo tempo.
Per gli Ebrei era la Terra di Canaan, ossia la Palestina, che Dio aveva promesso al popolo ebraico.
terra santa
La Palestina, in quanto terra promessa da Dio agli Ebrei, e successivamente santificata dalla presenza di Cristo.

‖ Cimitero, camposanto; inteso come terra benedetta destinata alla sepoltura dei cristiani.
var.: terra consacrata.

terra terra
Molto banale, di scarsissimo pregio, di basso livello qualitativo. Vale anche per le persone.

voler essere sotto terra
Figurato: vergognarsi moltissimo, tanto da desiderare di sprofondare sotto terra per non essere visti da nessuno. Anche scherzoso.

TERREMOTO

essere un terremoto
Essere molto vivaci, creare grande trambusto e confusione, detto in particolare di bambini.

provocare un terremoto
Figurato: provocare grande subbuglio, scompiglio, scandalo o grandi mutamenti improvvisi in un ambiente altrimenti tranquillo.

TERRENO

essere su un terreno pericoloso
Affrontare una situazione, un argomento, una discussione o simili che presenta incognite, rischi, imprevisti e così via.

guadagnare terreno
Figurato: avvicinarsi a una persona che si insegue, riducendo la distanza che separava da lei, come avanzando verso il nemico sul campo di battaglia. Anche avvantaggiarsi su qualcuno oppure diffondersi ampiamente, assumere sempre maggiore importanza, riferito a un'idea, alla notorietà di una persona, o anche a un prodotto che comincia a imporsi e così via.
var.: perdere terreno.

non esser terreno da piantar vigna
Figurato: essere poco promettente in termini di utilità o guadagno. Si dice anche di una persona accorta, che non si lascia ingannare facilmente.

perder terreno *vedi* **guadagnare terreno**

preparare il terreno
Figurato: creare una situazione favorevole a un'azione successiva; predisporre le cose in maniera da ottenere uno scopo voluto, così come si prepara il terreno prima di seminare.
var.: lavorare il terreno.

restare sul terreno
Figurato: morire in battaglia, restando quindi a terra sul campo in cui si è svolto lo scontro. In senso lato, anche uscire con molto danno da una situazione, o essere costretti ad abbandonarla da sconfitti rimettendoci molto.
var.: lasciare sul terreno.

scendere sul terreno
Figurato: intraprendere un'azione, entrare in una competizione o simili, come un duellante pronto a battersi contro l'avversario. Vale anche per una discussione, una disputa, un battibecco e così via.

sentirsi mancare il terreno sotto i piedi
Figurato: sentirsi perduti, in grave pericolo, senza possibilità di salvezza, come se non si sentisse più l'appoggio solido del terreno sotto i piedi e ci si rendesse conto che si sta per precipitare nel vuoto. È riferito ad aiuti o altro su cui si contava e che invece vengono meno in un momento critico.

tastare il terreno
Figurato: cercare di capire le intenzioni di qualcuno o di conoscere le condizioni di qualcosa.
var.: saggiare il terreno.

terreno minato
Figurato: situazione pericolosa, piena di rischi e insidie nascoste che si possono presentare in qualsiasi momento.
var.: campo minato.

trovare il terreno adatto
Figurato: trovare persone capaci di capire e di sostenere un proprio progetto e simili; trovare un ambiente favorevole a realizzare quanto si desidera;

come le piante che attecchiscono nel terreno a loro congeniale.

TESORO
far tesoro di qualcosa
Ricordare qualcosa per avvantaggiarsene, per ricavarne insegnamento e simili, riferito in genere a consigli, esperienze o altro che potranno tornare utili in futuro.

TESTA
a testa alta
Figurato: serenamente, senza vergogna, con la coscienza tranquilla. Anche con fierezza. In particolare, con la sicurezza data dalla propria onestà o dal sapersi pienamente conformi alla moralità comune.

a testa bassa
Con estrema irruenza o imprudenza, badando solo allo scopo da raggiungere senza vedere nient'altro, come fanno molti animali quando caricano, con la testa abbassata e le corna protese in avanti. Anche sotto la spinta di un interesse esclusivo per qualcosa, a cui si dedicano tutte le energie.
var.: andare a testa bassa; partire a testa bassa. ‖ In atteggiamento di umiltà, di vergogna o timidezza.

a testa o croce
A sorteggio, gettando in aria una moneta.
Anticamente, era incisa una croce sul dritto di certe monete, la cosiddetta "faccia", mentre sull'altro lato c'era spesso la testa del sovrano. Con la stessa parola *croce* si definiva anche la parte mobile del conio, in contrapposizione alla "pila" che era invece la parte fissa sull'incudine, con la quale si otteneva la figura sul rovescio.
var.: a croce o pila.

alzata di testa
Azione, risposta o reazione insolita e imprevista, dettata da un impulso di ribellione, da un moto di caparbietà o da puro e semplice capriccio.
Allude alla posizione di chi decide di non restare più a capo chino in segno di sottomissione.

andar giù di testa *(fam)*
Figurato: perdere parte della lucidità mentale, non ragionare più perfettamente, dimenticare le cose o confondersi spesso, in genere per stanchezza ma principalmente per decadimento senile.
var.: andar via di testa.

andare a testa alta
Figurato: non avere nulla di cui vergognarsi; non essersi macchiati di alcun reato; aver diritto a rispettabilità e onorabilità.
È normale sfuggire lo sguardo di una persona di fronte alla quale ci si sente colpevoli. In senso figurato, quindi, chi non sfugge lo sguardo altrui o non abbassa gli occhi e pertanto la testa, non ha nulla di cui vergognarsi.
var.: andare a fronte alta.

avere in testa
Avere intenzione, avere in progetto di fare qualcosa. Anche avere un'idea fissa e assillante nella mente, riferito soprattutto a idee bizzarre o considerate stravaganti.
var.: avere in mente; avere per la testa. ‖ Figurato: conoscere o ricordare qualcosa molto bene, detto di un argomento, una località e così via.

avere la testa a segno *(raro)*
Figurato: essere una persona ponderata, razionale, sensata, cosciente e simili.
var.: mettere la testa a segno.

avere la testa dura
Essere testardi, cocciuti; anche essere poco intelligenti, stentare a capire.

avere la testa fra le nuvole
Essere svagati, distratti, fuori della realtà immanente e quotidiana, come presi da tutt'altri pensieri.
A parte l'immagine della distanza delle nuvole, il detto può alludere alla

commedia di Aristofane *Le nuvole*, in cui viene presentato Socrate mentre medita in un cesto issato a una certa altezza da terra.
var.: vivere con la testa fra le nuvole; avere la testa nelle nuvole.

avere la testa per aria
Figurato: non riuscire a pensare in maniera logica, oggettiva o chiara, come se si avesse la testa persa nell'aria. È riferito in genere a persone assillate da gravi problemi e preoccupazioni, nei quali sono talmente concentrate da perdere il contatto con la realtà quotidiana. In senso lato, essere svagati o distratti.
var.: con la testa per aria.

avere la testa solo per bellezza
Essere completamente stupidi o non usare il cervello, come se l'unica funzione della testa fosse esclusivamente estetica.
var.: tenere il capo solo per bellezza; avere il capo solo per bellezza.

avere la testa sul collo *(fam)*
Figurato: essere realisti, concreti, razionali; ragionare secondo dati di fatto oggettivi e quindi non lasciarsi distrarre o deviare da illusioni o fantasie irrealizzabili; agire con buon senso, valutando tutti gli aspetti e le conseguenze di quello che si fa.
var.: avere la testa sulle spalle.

avere la testa vuota
Figurato: avere difficoltà a pensare oppure a ricordare qualcosa, come se tutti i pensieri fossero stati cancellati dalla mente.

averne fin sopra la testa
Averne abbastanza, aver raggiunto il limite della pazienza o della sopportazione; essere stufi, non poterne più, riferito a una situazione, a una persona o altro che sembra avere assunto proporzioni tali da superare la statura di chi ne è vittima.

battere la testa contro il muro
Figurato: manifestare clamorosamente rabbia, dolore, pentimento, rammarico, disperazione e simili. ‖ Figurato: scontrarsi con un ostacolo insormontabile, la cui difficoltà era stata sottovalutata. Anche sprecare inutilmente le proprie energie nel tentativo di ottenere uno scopo impossibile. Spesso ironico.
var.: picchiare la testa contro i muri.

con la testa nel sacco
Senza riflettere, senza rendersi conto di una situazione, della realtà circostante, come se si avesse la testa infilata in un sacco che impedisce di vedere.

con la testa per aria *vedi* **avere la testa per aria**

dalla testa ai piedi
Completamente, in tutto il corpo, detto in genere di chi è completamente bagnato, o molto sporco e così via. ‖ Completamente, interamente, del tutto, riferito in genere a qualcosa che va rifatto dal nuovo o dall'inizio.
var.: da capo a piedi.

dare alla testa
Inebriare, alterare, detto in particolare di bevande alcoliche che allentano i freni inibitori e offuscano le facoltà razionali della mente. In senso lato, anche esaltare, eccitare, detto di avvenimenti o situazioni, in genere piacevoli, che danno una sensazione di euforica allegria. Per estensione, fare insuperbire a causa di un successo, un colpo di fortuna imprevisto e così via.

di testa propria
Da sé, senza ascoltare opinioni o consigli altrui.
var.: agire di testa propria; fare di testa propria.

essere con la testa nel sacco *vedi* **fare le cose con la testa nel sacco**

essere fuori di testa *(fam)*
Aver perso la ragione, come se non si avesse più alcun collegamento con la propria testa e quindi con le proprie facoltà di raziocinio e pensiero. Per estensione, sragionare, nel senso di

essere talmente adirati da sembrare impazziti oppure tanto distratti da non sapersi concentrare sulle cose.
var.: andar fuori di testa.

essere in testa
Essere davanti a tutti, il primo di una serie o fila. In particolare essere il primo in una gara, in una classifica e simili. In senso figurato, essere il principale, il primo in ordine d'importanza. Riferito alla posizione di uno scritto rispetto a un foglio, essere in alto, verso il bordo superiore, mentre per qualcosa scritto in fondo si dice "a piede" oppure "in calce".

essere senza testa
Figurato: essere perennemente svagati, distratti, sventati; anche essere smemorati, dimenticarsi regolarmente di assolvere a piccole incombenze, di fare ciò che era previsto e simili.

far cadere delle teste
Figurato: punire persone ritenute responsabili di qualcosa, in genere privandole di un potere, di una carica e simili.
Allude all'antica pena della decapitazione.

far entrare in testa
Figurato: convincere, persuadere; far comprendere o far ricordare qualcosa a qualcuno.
var.: mettere in testa; cacciare in testa; ficcare in testa; mettersi in testa; ficcarsi in testa; cacciarsi in testa; farsi entrare in testa.

far girare la testa
Provocare un capogiro, causare le vertigini. In senso lato, anche causare una fastidiosa sensazione di smarrimento, di vuoto cerebrale, di confusione mentale o simili. Riferito in genere a un chiacchiericcio ininterrotto, a un rumore frastornante, a un discorso troppo complesso e simili. ‖ Figurato: indurre qualcuno a farsi delle idee stravaganti, eccitarlo con visioni di ricchezze, successo, gloria e simili di cui questi potrebbe diventare protagonista. ‖ Essere talmente bello da catturare l'attenzione con tanta intensità da confondere ogni altro pensiero, da non far ragionare più. Usato in particolare per avvenimenti eccezionali e imprevisti, come ad esempio un colpo di fortuna tale da modificare radicalmente l'esistenza di una persona. Riferito anche a un uomo ma più spesso a una donna, di grande bellezza e fascino. ‖ Fare innamorare qualcuno ciecamente. ‖ Detto di una somma di denaro, essere altissima.

fare la testa come un pallone *(fam)*
Figurato: frastornare, provocare una fastidiosa sensazione di confusione, detto specialmente di chiacchiere, discorsi, raccomandazioni e così via. Anche lasciare rintronati, stordire con un rumore assordante e simili.
var.: fare la testa come una campana; avere la testa come un pallone; avere la testa come una campana; avere la testa come un cestone; fare la testa come un cestone.

fare le cose con la testa nel sacco
Agire sconsideratamente, alla cieca, come tenendo la testa e di conseguenza anche gli occhi all'interno di un sacco, quindi senza poter vedere quello che succede intorno. Di qui l'agire senza tener conto delle circostanze e delle conseguenze di quanto si sta facendo.
var.: fare le cose con il capo nel sacco.

fare qualcosa senza testa
Figurato: fare qualcosa distrattamente, senza porvi attenzione, come pensando ad altro. Anche agire in maniera superficiale o sciocca.

fare una testa così *(fam)*
Insistere a oltranza su un determinato argomento; oppure frastornare di chiacchiere. Anche magnificare oppure denigrare in modo esagerato una persona, una situazione, un episodio o altro.

fasciarsi la testa prima di essersela rotta
Preoccuparsi eccessivamente di qualcosa prima che sia accaduta, cercando rimedio a un male che deve ancora presentarsi e che spesso è solo ipotetico. Per estensione, essere tendenzialmente pessimisti, prevedere sempre il peggio e prefigurarsi tutti i rischi e le possibilità negative di qualcosa.

ficcarsi in testa
Comprendere, capire, rendersi conto di qualcosa e non dimenticarsene più
var.: ficcarsi in mente; cacciarsi in mente; cacciarsi in testa; mettersi in testa; mettersi in mente.

gettarsi a testa bassa
Figurato: affrontare una situazione con estrema o eccessiva irruenza; agire in maniera irriflessiva e imprudente; dedicarsi a qualcosa in modo esclusivo o esagerato.
L'immagine è quella di un animale, classicamente il caprone, che carica abbassando la testa tra le spalle per colpire con le corna.

giocarsi la testa
Perdere la vita, qui rappresentata dalla testa, per imprudenza o sventatezza. Oppure rovinarsi, soprattutto finanziariamente, per essersi esposti a rischi eccessivi. Usato spesso per introdurre una scommessa in cui ci si dichiara disposti a giocarsi tutto, persino la testa, manifestando in tal modo la propria sicurezza di essere dalla parte della ragione.
var.: rimetterci la testa; scommetterci la testa.

grattarsi la testa
Figurato: essere perplessi o dubbiosi davanti a un problema; sforzarsi di comprendere qualcosa che risulta poco chiaro, di ricordare qualcosa che sfugge e simili, con allusione al gesto concreto del grattarsi la testa che a volte viene spontaneo in un momento di perplessità.

lavar la testa all'asino
Figurato: fare una cosa stupida, soprattutto perché inutile.
var.: fare la barba agli asini.

lavata di testa
Figurato: rimprovero, sgridata, reprimenda. Di solito da parte di un superiore, per cui il subordinato è tenuto a non reagire.
Il detto parte del concetto che lavando la testa si possano lavare anche i pensieri, il ragionamento, la mente.
var.: lavata di capo.

levarsi dalla testa *(fam)*
Rinunciare a un progetto irrealizzabile, a un sogno troppo ambizioso, a una pretesa, a un'illusione e via dicendo.
var.: togliersi dalla testa.

mangiare la pappa in testa a qualcuno *(fam)*
Figurato: essere superiori; essere migliori, più capaci, più abili di qualcun altro. Anche superare, surclassare, battere qualcuno.
In origine aveva solo il significato di essere più alti di statura, ed era usato in genere a proposito di due fratellini. Ma l'alta statura, come la forza fisica, era considerata un elemento di superiorità, e nel tempo questo senso ha finito con il prevalere.
var.: mangiare la torta in testa; mangiar la pappa in capo.

metterci un po' di testa *(fam)*
Fare qualcosa con buonsenso, con intelligenza, con riflessione e simili.

mettere in testa
Figurato: convincere, persuadere; anche plagiare. Vale inoltre per lusingare, invogliare, allettare, far venire un desiderio nuovo.
var.: cacciare in capo; cacciare in testa; mettere in capo.

mettere la testa a partito
Lasciare una vita sregolata, un ambiente negativo e simili, e cominciare a comportarsi in maniera responsabile, matura, seria, rispettabile.

Il detto ha origine incerta, ma si può ritenere che risalga ai tempi in cui era praticamente d'obbligo lo schierarsi con l'una o con l'altra fazione, "parte", o "partito", che detenevano il potere nelle diverse organizzazioni sociali. Il significato primitivo doveva quindi essere quello di prendere una decisione, di scegliere il gruppo al quale allinearsi e logicamente seguire le direttive e i comportamenti che venivano impartiti.

var.: metter la testa a posto.

mettersi in testa
Figurato: credere, ritenere, presumere. Farsi una convinzione, pensare qualcosa, in genere erroneamente. Usato spesso per chi avanza pretese basate su una convinzione ambiziosa ma erronea della propria importanza, dei propri diritti, della propria intelligenza o capacità. ‖ Figurato: ostinarsi, incaponirsi, insistere in un'impresa o in una sfida; anche inseguire una chimera, un sogno, un obiettivo difficile e così via.

var.: mettersi in capo; mettersi in testa.

montare la testa
Agire in modo da fare insuperbire qualcuno.

montarsi la testa
Insuperbire, sopravvalutarsi, attribuirsi valore o meriti eccessivi, o capacità e doti superiori a quelle che effettivamente si possiedono. Anche sentirsi superiori agli altri in virtù di qualche successo, farne sfoggio ostentato e rinnegare per questo l'ambiente da cui si proviene.

non avere la testa a posto
Non essere completamente normali mentalmente. In senso figurato, essere un po' strani, bizzarri, stravaganti. Spesso scherzoso.

non avere testa *(fam)*
Figurato: essere poco intelligenti. Anche essere distratti o sventati, oppure avere poca memoria o scarsa capacità di concentrazione.

non avere testa per ... *(fam)*
Figurato: non avere talento o inclinazione per un'attività o altro.

non esserci con la testa *(fam)*
Essere distratti, svagati, confusi o simili, tanto da non riuscire a concentrare la propria attenzione su qualcosa.

non sapere dove sbattere la testa
Figurato: non sapere come uscire da una situazione difficile; avere grande bisogno di aiuto e non sapere a chi chiederlo. Usato spesso in relazione a impellenti problemi economici.
Si riallaccia al detto "battere la testa contro i muri" per manifestare grande dolore e disperazione, ma in questo caso, il soggetto non ha nemmeno il conforto di un muro per sfogarsi.

var.: non sapere dove picchiare la testa; non sapere dove sbattere il capo.

passare di testa
Dimenticare, scordare qualcosa, come se questa fosse materialmente uscita dalla testa.

var.: passare di mente.

passare per la testa
Figurato: presentarsi alla mente. Si dice in genere di una fantasia passeggera come di un pensiero vago, spontaneo, fuggevole, che il più delle volte non si riesce a fermare. Vale anche per un'idea poco sensata oppure piuttosto azzardata che si scarta subito, e pure per una conclusione cervellotica cui si arriva dopo ragionamenti esasperati.

var.: passare per il capo.

perdere la testa
Figurato: essere agitati, o essere talmente colpiti da qualcosa fino a perdere il controllo di sé; non essere più in grado di dominarsi, non ragionare più. Anche, innamorarsi appassionatamente, ciecamente.

piegare la testa
Figurato: cedere, sottomettersi, rasse-

gnarsi, subire; non essere in condizioni di fronteggiare una situazione e quindi arrendersi, accettare quanto viene imposto dalla parte più forte.
Il piegamento della testa, insieme alla genuflessione, era il gesto classico della sottomissione, al sovrano come alla divinità. Ne resta traccia nell'attuale inchino.
var.: chinare la testa; piegare il capo; chinare il capo.

por testa *(des)*
Applicare le proprie capacità mentali alla soluzione di un problema, alla comprensione di qualcosa e così via.

rompersi la testa
Figurato: pensare intensamente; spremersi il cervello; fare il possibile per capire, utilizzando al massimo le possibilità del cervello fino a temere che la testa si possa rompere sotto lo sforzo. Si usa in genere per indicare la ricerca frenetica della soluzione a un problema oppure la difficoltà di comprensione di un testo difficile. Anche sfiancarsi in un lavoro difficoltoso e complicato.
var.: rompersi il capo. ‖ Figurato: affrontare un contrasto o una situazione superiore alle proprie capacità uscendone malamente sconfitti. Anche subire uno smacco, uno scorno. Riferito in genere a persone testarde, superbe o incapaci di valutazione.
var.: rompersi le corna.

sbattere la testa contro il muro
Figurato: fare un'esperienza negativa per ostinazione, per cocciutaggine, per sopravalutazione delle proprie forze. Si dice di chi si ostina in una determinata idea o impresa e ne esce perdente. ‖ Figurato: disperarsi, abbandonarsi a manifestazioni di dolore isteriche e violente.
Psicanaliticamente, si può vedere in questo gesto la ricerca dell'autopunizione per un errore commesso.
var.: picchiare il capo contro il muro; sbattere il capo contro il muro; picchiare la testa contro il muro.

scaldare la testa
Figurato: sobillare qualcuno, convincerlo ad azioni che non avrebbe mai pensato da solo, e in particolare ad atti di ribellione, di presunzione e simili.

scrollare la testa
Figurato: manifestare rassegnazione, impotenza o simili, come a volte si fa con questo gesto.
var.: scrollare il capo.

scuotere la testa
Figurato: manifestare diniego, perplessità, sopportazione o simili, come a volte si fa con questo gesto.
var.: scuotere il capo.

sentir montare il sangue alla testa *vedi* **sangue: fare andare il sangue alla testa**

sentire la testa pesante
Avere un vago mal di testa, sordo e diffuso, in genere causato da scarsa ossigenazione dovuta ad aria viziata, stanchezza o malessere, che si avverte come un senso di pesantezza.

tener testa
Resistere validamente a qualcosa o qualcuno, non cedere supinamente; anche non lasciarsi intimidire.

tenere la testa tra due guanciali
Essere assolutamente tranquilli, non avere la minima preoccupazione.

testa a pera
Figurato: persona che fa ragionamenti assurdi o insensati, oppure che distorce o fraintende quanto gli si dice traendone conclusioni illogiche.
Viene definita *a pera* una testa di forma piuttosto allungata, in un certo senso irregolare, e il detto suppone che non possa contenere altro che un cervello ugualmente irregolare, e quindi che funziona in maniera anomala.

testa calda
Figurato: persona che si accende facilmente tanto d'entusiasmo quanto di

sdegno, che si lascia trascinare dalle emozioni ad agire impulsivamente, sempre pronta a gettarsi nelle imprese più rischiose, azzardate o sconsiderate. Anche persona che tende a convogliare la propria instabilità emotiva in varie forme di violenza, soprattutto di gruppo.

testa coronata
Figurato: sovrano in generale.

testa d'asino
Persona di scarsa cultura o di poca intelligenza.
L'asino è tradizionalmemte collocato fra gli animali meno intelligenti.
var.: pezzo d'asino.

testa d'uovo
Figurato: intellettuale capace di elaborare importanti strategie d'azione in un ente pubblico, in un'azienda e simili.
Deriva dall'immagine tradizionale dell'intellettuale con la testa calva, unita all'idea del contenuto vitale dell'uovo, cui la testa assomiglia.

testa di cavolo
Figurato: persona poco intelligente, che non capisce bene le cose, o anche testarda e cocciuta.
La scarsa intelligenza è qui paragonata allo scarso valore del cavolo.

testa di cazzo
Persona sciocca e ignorante, di nessun valore, paragonata all'organo genitale maschile che la morale comune considera cosa bassa, da tenersi in poco conto. Usato anche come spregiativo per chi commette un errore, una scorrettezza e simili.

testa di legno
Persona di scarsa intelligenza e di grande ostinazione, restia ai consigli. ‖ Prestanome; persona che si espone al posto di altri in azioni non sempre lecite, e che poi ne paga le eventuali conseguenze.
var.: testa di gesso.

testa di rapa
Persona sciocca, priva d'intelligenza, qui paragonata alla rapa che nella tradizione popolare costituisce un cibo di scarso pregio.

testa di turco
Figurato: persona sulla quale vengono fatte ricadere tutte le colpe. Anche vittima predestinata.
Anticamente, i cavalieri si allenavano al combattimento contro un fantoccio girevole che raffigurava il nemico con i tratti di un Turco, e per molto tempo, nei baracconi delle fiere, delle teste raffiguranti un Saraceno con il turbante vennero usate come bersagli. Da tutto ciò traspare il ricordo delle antiche lotte contro i Turchi, guerrieri molto temuti per la loro ferocia, come testimonia anche l'esclamazione di paura "mamma li turchi!" arrivata fino ai nostri tempi.

testa o croce *vedi* **a testa o croce**

testa quadra
Figurato: persona cocciuta, testarda, fissata, rigidamente ferma nelle sue idee preconcette.

testa vuota
Figurato: persona poco intelligente oppure molto sventata, con scarsa memoria o incapace di concentrazione.

uscirne con la testa rotta
Figurato: uscire perdenti da un contrasto, riportandone grave danno.

volere la testa di qualcuno
Figurato: volere la rovina di qualcuno, e in particolare cercare di farlo allontanare da una carica, da una funzione e simili.
Allude all'antica pena di morte mediante decapitazione, che a volte era chiesta a gran voce direttamente dal popolo.
var.: chiedere la testa di qualcuno.

TESTARDO
PARAGONI: testardo come un mulo.

testardo come un mulo
Estremamente testardo, ostinato, coc-

ciuto e inconvincibile, come si vuole siano i muli.

TESTO
far testo
Figurato: costituire il punto di riferimento per un giudizio, un verdetto e simili. Anche essere un esempio di grande valore, o un parametro di verità, di credibilità e via dicendo.

testi sacri
Figurato: tutti gli scritti che contengono i principi fondamentali di una religione. Per estensione, le opere fondamentali di un credo politico, di una disciplina scientifica e così via. Spesso ironico o scherzoso.
var.: sacri testi.

TETTO
arrivare al tetto
Figurato: portare a termine un'operazione, un'iniziativa, un'impresa e simili.

avere messo il tetto
Figurato: essere arrivati alla fine di qualcosa, averla conclusa. Sottintende spesso il sollievo di essersene finalmente liberati.

gridare dai tetti *(raro)*
Figurato: diffondere una notizia, renderla di dominio pubblico.

restare senza tetto
Restare senza casa, senza un posto dove abitare. In senso lato, mancare del denaro necessario per avere un'abitazione.

tetto del mondo
Nome dato per la sua altezza al grande acrocoro asiatico del Pamir. Nel linguaggio comune si dice in particolare del monte Everest, la montagna più alta della Terra, e per estensione della catena dell'Himalaya.

THULE
ultima Thule
Figurato: ultima speranza e possibilità di salvezza; ultimo rifugio. In senso lato la morte, intesa come riposo tranquillo dopo le fatiche e le vicissitudini della vita.

Thule era il nome di una mitica isola che gli antichi collocavano a sei giorni di navigazione a nord della Britannia e a un giorno di cammino dal "mare solidificato". Secondo la leggenda il tempo vi si fermava perché al solstizio d'estate il sole non tramontava, ed era considerata l'estremo limite settentrionale del mondo. Ne parla già Virgilio nelle *Georgiche* (1,30) prospettando che Ottaviano possa diventare il Dio di quella Terra felice; Seneca la cita nella *Medea*, (atto II, 378), e diventa popolare in epoca recente, grazie a una ballata di Goethe cantata da Margherita nel *Faust*, che Carducci inserì così tradotta "... fedel sino a l'avello, egli era in Tule un re ..." nelle *Rime nuove* (8,95).

Tacito dà questo nome alle Isole Shetland, per Procopio si trattava della Scandinavia; successivamente si è cercato d'identificarla con l'isola di Mainland, con l'Islanda e con la Norvegia, ma il primo a parlarne come del luogo più a nord della Terra fu il geografo Pitea di Marsiglia, che cercò di raggiungerla senza però riuscirvi attorno al 325 a.C.

I moderni studi concordano sul fatto che i dati in suo possesso non permettano di raggiungere il Circolo polare, ed egli stesso, giunto a latitudini in cui la notte dura un paio d'ore, afferma di avere solo sentito parlare di una zona ancora più a nord. || Figurato: luogo favoloso, lontanissimo, posto ai confini del mondo; luogo difficile da raggiungere e dal quale è ancor più difficile tornare.

TIFO
fare il tifo
Figurato: parteggiare per qualcuno o

qualcosa in modo così acceso da sembrare in preda ad attacchi di febbre, come accade a chi contrae il tifo. Si dice di solito a proposito di una squadra sportiva.

TIGNA
essere una tigna *(pop)*
Figurato: essere molto avari, come se si arrivasse ad accumulare persino le numerose crosticine provocate dalla malattia della tigna.

grattar via la tigna *(pop)*
Figurato: percuotere, picchiare violentemente qualcuno, come fino a fargli cadere di dosso tutte le crosticine provocate dalla malattia della tigna.

TIGRE
cavalcare la tigre
Figurato: gettarsi in un'impresa pericolosa dalla quale non ci si può più ritirare, o anche trovarcisi coinvolti proprio malgrado; affrontare un pericolo con grande coraggio e determinazione, consci delle possibili conseguenze. Allude al proverbio cinese "chi cavalca la tigre non può smontare".
var.: essere a cavallo della tigre.

tigre di carta
Figurato: spauracchio apparentemente temibile che all'atto pratico si rivela fasullo o inoffensivo. Riferito a cose o persone.
L'immagine della tigre che incute spavento ma che poi si rivela ritagliata nella carta è dovuta alla fantasia dei Cinesi, che nel 1963, durante la crisi di Cuba che rischiò di precipitare il mondo in una terza guerra mondiale, definirono in questo modo la potenza secondo loro illusoria degli Stati Uniti.

TILT
andare in tilt
Figurato: perdere la normale lucidità mentale o il normale equilibrio; far fatica a ragionare per stanchezza, sovraffaticamento e simili. Usato di solito in riferimento a episodi temporanei della vita di una persona.
Il detto è piuttosto moderno ed è giunto in Italia insieme al gioco del *flipper*, una specie di biliardino elettrico ancor oggi molto diffuso nei bar. Il gioco consiste nel mandare in buca un determinato numero di palline dopo averle fatte cozzare contro il maggior numero possibile di sensori che "fanno punti". In caso di scorrettezze, come ad esempio lo scuotere brutalmente tutto l'apparato per cercare di tener ferma la pallina contro il sensore per guadagnare punti a ripetizione, il gioco si ferma automaticamente con uno scatto che assomiglia al suono *tilt*, e si perde tutto, partita, palline e punteggio già accumulato.

TIMBUCTÙ
La città di *Timbuctù*, nel Mali, è situata ai bordi del Sahara. Fu un grande centro di diffusione della cultura islamica ed era il punto di partenza delle vie carovaniere che attraversavano il deserto. Raggiunse il massimo splendore verso il 1500.

andare fino a Timbuctù
Figurato: andare in un posto lontanissimo, favoloso, molto difficile da raggiungere.

TIMONE
raddrizzare il timone
Figurato: riportare un'iniziativa o simili all'andamento o alla linea di condotta precedente; riportare una situazione alle condizioni originarie; anche ripristinare vecchie direttive; riprendere in pugno il comando o la direzione di un'impresa annullando orientamenti o iniziative avvenute nel frattempo per opera d'altri.
Deriva dal linguaggio marinaro; il timone si raddrizza quando l'imbarcazione sta andando fuori rotta.

reggere il timone
Figurato: governare, dirigere, riferito a uno Stato, a un'organizzazione e simili.

TIMPANO
rompere i timpani
Figurato: assordare con rumori talmente forti e fastidiosi da sembrare capaci di rompere i timpani delle orecchie. Per estensione, parlare a voce troppo alta, oppure infastidire con discorsi ripetuti.
Il *timpano* è una membrana che separa il condotto uditivo esterno dall'orecchio interno, e che può irrigidirsi per età o malattia. La perdita di elasticità dà luogo a fenomeni di maggiore o minore sordità.

TIRARE
tirar dritto *(fam)*
Procedere, continuare, andare avanti senza deviare. ‖ Figurato: continuare in quello che si sta facendo senza lasciarsi distrarre o fuorviare. ‖ Fingere di non vedere qualcuno che s'incontra casualmente, in genere per motivi di scarsa simpatia e simili. Anche evitare di fermarsi con qualcuno che non s'intende frequentare.

tirar su *(fam)*
Figurato: rincuorare; far coraggio; sollevare moralmente oppure economicamente, riportando una persona alla serenità; indurre al miglioramento in qualcosa o in qualcuno, come se lo si raccogliesse da terra per rimetterlo nella sua posizione naturale. Si usa per una situazione che viene risanata, per un farmaco in grado di aiutare un malato a riprendersi, per un evento o l'intervento di qualcuno che ridona coraggio o fiducia e così via. ‖ Figurato: allevare un figlio, mantenerlo, educarlo e così via.

var.: tirar grande. ‖ Figurato: educare, istruire, formare una persona; detto di un insegnante o di un personaggio importante che insegnano a un allievo la propria arte, dottrina, scienza e simili.

tirar tardi *(fam)*
Fare tardi, riferito al troppo tempo impiegato per fare qualcosa per la quale se ne prevedeva meno, causando un ritardo negli impegni successivi. ‖ Rincasare o andare a dormire tardi alla sera, soprattutto per essersi intrattenuti con qualcuno o essere andati a divertirsi.

tirar via *(fam)*
Andare avanti, proseguire senza fermarsi. Anche in senso lato. ‖ Figurato: fare qualcosa senza cura, sciattamente e rapidamente, senza badare ai particolari, come se la si facesse di gran fretta e quindi con risultati deludenti.

tirare a campare *(pop)*
Figurato: cercare di vivere lavorando e guadagnando solo lo stretto necessario, con il minimo sforzo; per estensione, anche vivere di espedienti. ‖ Figurato: vivere stentatamente, con pochi mezzi, dovendosi accontentare di lavori precari, saltuari o mal pagati. Anche accontentarsi della propria situazione sperando in futuri miglioramenti. ‖ Figurato: cercare di andare d'accordo con tutti per evitare fastidi o problemi; non intervenire nelle cose lasciandole andare così come vanno, senza tentare di modificare una situazione. Anche non impegnarsi in niente e con nessuno, oppure non arrabbiarsi, non prendersela, badando soprattutto a vivere tranquilli.

tirare avanti *(fam)*
Procedere, proseguire. ‖ Far proseguire alla meglio, in modo faticoso o forzato. È riferito a un ammalato che non riesce a guarire e continua a vivere tra una ricaduta e l'altra; a un'attività di lavoro poco gradevole o redditizia ma che tuttavia si continua a svolgere; a un rapporto difficile o non più interessante dal quale però non si riesce a staccarsi, e soprattutto a un'esistenza

scialba, povera di soddisfazioni o economicamente pesante che si prosegue a stento e con difficoltà.

tirare avanti qualcosa *(fam)*
Riferito alla famiglia, lavorare duro per mantenerne i componenti. Usato anche per un'azienda, un'attività e così via.
var.: tirare avanti la baracca; tirare avanti la carretta.

tirare gli ultimi *(pop)*
Morire, esalando gli ultimi respiri.
var.: essere agli ultimi.

tirare le somme
Figurato: arrivare a una conclusione, valutare a posteriori, come facendo il bilancio finale di una situazione.

tirarla *(fam)*
Figurato: versare in cattive condizioni economiche e quindi fare una vita di stenti.

tirarsi addosso
Figurato: riferito a cose o situazioni spiacevoli, attirarsele con il proprio comportamento o con i propri errori.

tirarsi fuori *(pop)*
Figurato: uscire da una situazione difficile, o sgradevole, o pericolosa; liberarsi di un problema o simili.
var.: venirne fuori.

tirarsi indietro
Figurato: cambiare idea e recedere da una posizione, rimangiarsi un'impegno, una promessa o simili, come ritornando concretamente sui propri passi.

TIRO

a tiro *(fam)*
A portata di mano, vicino, facilmente raggiungibile. Riferito a persone con le quali si intende affrontare una quastione o regolare dei sospesi, oppure a occasioni favorevoli, a momenti o circostanze adatte per fare qualcosa.
var.: venire a tiro; capitare a tiro; essere a tiro.

aggiustare il tiro
Prendere la mira regolando il tiro di un'arma in modo da colpire il bersaglio. Anche figurato, nel senso di sviluppare una strategia più adatta a perseguire uno scopo.
var.: correggere il tiro.

essere fuori tiro
Figurato: essere in salvo, non poter più essere raggiunti da un'azione dannosa, come una vendetta, una ritorsione, un castigo e altro.
In senso stretto, essere troppo lontano per essere colpiti dal tiro di un'arma.
var.: portarsi fuori tiro; mettersi fuori tiro.

essere sotto il tiro incrociato
Figurato: trovarsi bersagliati da tutte le parti con domande, accuse, provocazioni, richieste e così via.
Nel linguaggio militare, il *tiro incrociato* è l'insieme dei proiettili che vengono indirizzati su uno stesso bersaglio da varie direzioni.
var.: essere sotto il fuoco incrociato.

essere sotto tiro
Figurato: essere presi di mira da qualcuno, come se si avesse un'arma puntata addosso. Anche nel senso di essere tenuti sotto stretto controllo, e quindi non potersi permettere il minimo errore o distrazione.
L'espressione è presa dal linguaggio militare, dove il *tiro* è quello delle armi pronte a colpire un nemico già individuato se questi appena compie un movimento sospetto.

tiro mancino
Figurato: azione scorretta, condotta a tradimento nei confronti di qualcuno, in genere allo scopo di trarne vantaggio personale.
Allude a un colpo sferrato di sorpresa perché inferto con la mano o il braccio sinistro, considerato tradizionalmente il meno usato e al quale in genere si presta minore attenzione.
var.: colpo mancino.

TIZZONE
tizzone d'inferno
Persona malvagia, perfida, meritevole dell'inferno dove brucerebbe come un tizzone, oppure talmente empia da far pensare che uno dei tizzoni che ardono costantemente nell'Inferno cristiano abbia preso forma umana.

TOMBA
essere una tomba
Figurato: riferito a una stanza, un locale e simili, essere tetro, lugubre, a volte angusto; anche essere silenzioso, privo di rumori e di segni di vita, oppure freddo, per nulla accogliente. Di un ambiente, una riunione e simili, essere monotono, noioso e simili. ‖ Figurato: riferito a una persona, saper mantenere un segreto, non parlare; essere estremamente discreta.

seguire nella tomba
Figurato: morire poco tempo dopo qualcun altro, in genere un famigliare o comunque una persona cara.

TONTO
fare il finto tonto
Fingere di non capire qualcosa per evitare di esservi coinvolti, di doversi assumere oneri o responsabilità. Parlare o agire ostentando atteggiamenti ingenui o svagati, allo scopo di ottenere informazioni utili, per sfuggire a una situazione sgradevole e così via.

TOPO
fare come i topi degli speziali
Essere circondati di cose belle e non poterne godere, come i topi che vivono in un negozio pieno di cibi appetitosi ma non hanno la possibilità di mangiarli.
Il detto completo, oggi poco usato, dice: "fare come i topi degli speziali, che leccano i barattoli".

fare la fine del topo
Morire intrappolati in un luogo chiuso, senza possibilità di scampo.
Può derivare dal fatto che un tempo i topi erano molto numerosi su tutte le navi, e che quando queste affondavano i topi ne seguivano la sorte senza poterne fuggire. Un'altra possibile origine può collegarsi al vecchio modo di disinfestare cantine e granai: una volta individuate le tane e le aperture dalle quali i topi sarebbero potuti uscire, queste venivano murate bloccando agli animali qualsiasi via di fuga. Per evitare di trovarsi poi i loro corpi putrefatti all'interno dei locali, oggi si usano invece sostanze tossiche che attaccano i polmoni e inducono i topi a uscire all'aperto in cerca d'aria.
Anticamente l'espressione aveva però diverso significato. Presso i Latini, veniva usata per chi moriva per propria colpa, alludendo alla tradizione secondo la quale nessun topo verrebbe mai catturato e ucciso se non tradisse la propria presenza con la sua voce stridula; i Greci invece la riferivano a coloro che morivano serenamente di morte naturale, come si diceva succedesse al topo, spegnendosi lentamente, senza reagire. È possibile che l'attuale significato interpreti la seconda versione, cogliendone soprattutto l'aspetto dell'inazione, del non far nulla per opporsi alla morte.
var.: fare la morte del topo.

sembrare un topo uscito dall'orcio
Essere bagnati fradici, con gli abiti appiccicati al corpo e i capelli alla testa. Si dice anche di chi ha i capelli troppo impomatati, unti di brillantina, di *gel* e simili.
L'immagine è quella del topo che esce da un orcio, in cui un tempo si conservava l'olio, con il pelo di conseguenza unto e appiccicato alla pelle.

topo d'albergo
Figurato: ladro che si dedica specificamente ai furti negli alberghi.
Il *topo*, con i suoi movimenti furtivi, è

stato preso a immagine del ladro che opera il cosiddetto "furto con destrezza". Si parla quindi anche di topo d'auto, topo di treno, topo d'appartamento, topo d'aereo e così via.

topo d'appartamento
Ladro che si dedica specificamente ai furti negli appartamenti.

topo d'auto
Ladro che si dedica specificamente ai furti nelle automobili.

topo di biblioteca
Lettore accanito, assiduo frequentatore di biblioteche, erudito che passa il suo tempo in mezzo ai libri a studiare e divorare volumi, come un topo chiuso in una biblioteca a rosicchiare pagine su pagine.

topo di treno
Ladro che si dedica specificamente ai furti sui treni.

TORBIDO
pescare nel torbido
Figurato: cercare di approfittare di situazioni confuse, poco chiare, complicate o anche drammatiche e simili, al fine di trarne vantaggio o guadagno. Più raramente, servirsi allo stesso scopo di informazioni particolari o riservate, quindi praticamente ricattare qualcuno.
var.: rimestare nel torbido.

TORCHIO
fare gemere i torchi
Pubblicare uno scritto, fare stampare un libro e simili.
Nelle vecchie macchine da stampa a mano, quando la vite di pressione veniva manovrata per stampare qualcosa, emetteva un forte cigolio. ǁ Mettere in moto i torchi per produrre olio o vino. Si usava anche in riferimento a un raccolto agricolo particolarmente buono, o per descrivere la situazione di abbondanza di una fattoria.
Anche i vecchi torchi agricoli a mano cigolano quando entra in funzione la vite di pressione.

mettere sotto il torchio
Sottoporre qualcuno a uno sforzo lungo e prolungato. In particolare, sottoporre una persona a un interrogatorio spietato o pressante.
var.: mettere al torchio.

TORDO
essere un tordo
Figurato: essere ingenui e creduloni, essere facili da raggirare, così come è abbastanza facile cacciare quest'uccello nascondendosi dietro un riparo qualsiasi.

fischiare ai tordi
Fare una fatica inutile, parlare senza riuscire a farsi intendere, magari perché si dicono cose che l'interlocutore non capisce.
Allude al fatto che non è sufficiente imitare il fischio del tordo per farlo accorrere nel punto voluto, o perché l'uccello comprenda quello che si vorrebbe dirgli.

prendere il tordo
Figurato: cogliere in fallo qualcuno, oppure riuscire a raggirarlo, come se si prendesse al laccio un tordo cui si dà la caccia.

TORO
prendere il toro per le corna
Figurato: affrontare un problema con decisione.
Pare che il modo migliore per non farsi infilzare da un toro e da qualsiasi altro animale cornuto sia di afferrralo per le corna, in modo da bloccargli la testa.

tagliare la testa al toro
Figurato: adottare una soluzione netta e definitiva, prendere una decisione drastica, anche se può comportare una rinuncia o un danno.
Un racconto popolare narra che un giorno un toro s'infilò con la testa in

una giara, e non riusciva più ad uscirne. Il proprietario del toro, che non voleva rompere la giara per liberare l'animale, chiese consiglio a un amico, e questi non trovò soluzione migliore che tagliare la testa al toro, salvando però la giara.

TORTA
fare la torta *(pop)*
Figurato: provocare una situazione confusa, complessa, inestricabile, che può causare danni irreparabili.
L'allusione alla torta deriva dai suoi molti ingredienti, che una volta mischiati in un impasto omogeneo non possono più essere separati. ‖ Figurato: accordarsi con qualcuno per dividere guadagni o vantaggi generalmente illeciti, creando o sfruttando una situazione confusa e intricata in cui risulta difficile individuare i responsabili.
L'allusione è sempre agli ingredienti di una torta, che una volta miscelati non si possono più distinguere l'uno dall'altro.
spartirsi la torta
Figurato: dividersi guadagni soprattutto illeciti; spartirsi il potere o i vantaggi di una situazione redditizia in modo poco onesto.
var.: dividersi la torta.

TORTURA
tortura cinese
Tortura molto lenta, dolorosa e crudelmente raffinata, tesa a far durare la sofferenza della vittima il più a lungo possibile. Si usa spesso per definire l'inquietudine o l'ansia che deriva da un'attesa angosciosa, da una preoccupazione assillante, da un dubbio o da un sospetto, da un'aspettativa la cui risoluzione si prospetta molto lontana e così via.
Pare che i Cinesi ponessero la tortura al livello delle loro arti, per cui vi si dedicavano con la stessa maestria.

TRAMPOLINO
trampolino di lancio
Figurato: avvenimento o episodio anche casuale, oppure piccolo successo, che può costituire un punto di partenza verso la celebrità e simili.

TRAVE
fare di una trave un nottolino
Ridurre qualcosa di grande a piccole proporzioni, come chi lavorasse un oggetto eliminando poco a poco il materiale che lo compone, fino a ridurlo a minime dimensioni. Vale per patrimoni e progetti, come anche per problemi, situazioni e simili.
Deriva dal detto "fare come Mastro Piallino, che fece da una trave un nottolino". Il nome dell'artigiano nasce da pure necessità di rima.

TRAVERSO
andare di traverso *(fam)*
Provocare estremo fastidio, come un boccone che non si riesce a deglutire correttamente.
Il detto intero parla di "un osso che va di traverso".
var.: stare di traverso.

TRAVICELLO
contare i travicelli *(raro)*
Figurato: oziare, e in particolare poltrire a letto, nel senso di passare il tempo a contare le travi del soffitto nelle case di una volta. ‖ Figurato: soffrire d'insonnia o essere costretti a letto da una malattia, senza altro da fare che contare le travi sul soffitto.
essere un Re Travicello
Ricoprire una carica puramente onorifica, di grande prestigio ma senza alcun potere o autorità effettiva.
Allude a una favola di Esopo (*Favole*, 66), ripresa poi da Fedro (*Favole*, I, 2) e da La Fontaine (*Fables*, III, 4) in cui si narra che le Rane, in continuo disaccordo tra loro, pensarono di risol-

vere i loro problemi chiedendo a Zeus di dar loro un re perché governasse il loro stagno. Zeus allora gettò nello stagno un grosso pezzo di legno, e le Rane se ne ritennero soddisfatte fino a quando si resero conto che quello strano re non era altro che una trave galleggiante, che non solo non si occupava dei problemi di governo, ma sulla quale si poteva addirittura saltare e camminare senza che succedesse niente. Per cui protestarono fieramente con Zeus, pretendendo un altro e più energico monarca. Ma questa volta il Dio, spazientito, inviò loro una Cicogna che se le mangiò tutte.

TREBISONDA
perdere la trebisonda
Perdere l'orientamento. In senso lato, non sapere più cosa fare o anche non ragionare più, andare in collera e abbandonarsi ad azioni inconsulte, in genere procurando danno a se stessi.
Trebisonda è l'antico nome di *Trabzon*, una città della Turchia asiatica che fu capitale dell'impero omonimo fondato da Alessio Commeno nel 1204, all'epoca della quarta crociata, e che durò fino a quando la città venne conquistata dai Turchi sotto la guida di Maometto II, nel 1461. A quel tempo Trebisonda costituiva il maggior porto sul Mar Nero, e per i mercanti che rifornivano le regioni interne, perdere la rotta di Trebisonda, o "perdere la Trebisonda", significava perdere il denaro investito nel viaggio. Da qui derivò l'idea di danno e disgrazia.

TREMARE
PARAGONI: tremare come una foglia; tremare come una vetta; tremare come una canna.
far tremare
Figurato: incutere grande timore, grande soggezione e simili, come se si facesse tremare qualcuno di paura.
tremare come una canna
Tremare fortemente, per freddo o paura, come le canne tremano al vento a causa della loro leggerezza.
tremare come una foglia
Tremare fortemente, in genere per freddo o paura, così come tremano al vento le foglie e le vette degli alberi, cioè i rami più alti e sottili.
var.: tremare come una vetta.
tremare verga a verga
Tremare violentemente in tutto il corpo, per freddo o paura.

TRENO
perdere il treno *(pop)*
Figurato: perdere una buona occasione, lasciarsi sfuggire un'opportunità favorevole e che difficilmente si potrà ripresentare, in genere per stoltezza o ingenuità.
var.: perdere l'autobus.
treno bianco
Treno adibito al trasporto di ammalati in pellegrinaggio a luoghi miracolosi, in particolare a Lourdes.
treno di vita
Figurato: stile o modo di vivere inteso in senso economico, quindi con i costi determinati dalle esigenze e dalle abitudini di vita quotidiane.

TRENTA
aver fatto trenta e fare anche trentuno
Aver faticato molto per raggiungere uno scopo ed essere disposti a sobbarcarsi un ultimo o ulteriore sforzo, non previsto o non richiesto, ma che può aggiungere vantaggi supplementari a quanto si è ottenuto.
Il detto può avere origine dai giorni del mese, ma potrebbe anche alludere a un episodio avvenuto durante il pontificato di Leone X. Il Papa, che aveva deciso di limitare a trenta il numero dei nuovi cardinali, si accorse a posteriori di avere dimenticato un prelato

che gli stava particolarmente a cuore. Così ritornò sulla sua stessa decisione e ne nominò trentuno.
aver fatto trenta e trentuno
Aver compiuto un lavoro, un'impresa o simili in modo più che accurato, andando addirittura oltre quanto era richiesto. In senso lato, essersi adoperati al massimo, avere fatto tutto il possibile.

TRENTUNO
prendere il trentuno *(pop)*
Andarsene bruscamente, in particolare dopo una lite da cui si è usciti sconfitti. Anche abbandonare impulsivamente un ambiente, una situazione, e in particolare un posto di lavoro.
Pare che derivi dal fatto che un tempo il *trentuno*, ultimo giorno del mese, era giorno di paga; era quindi il momento migliore per interrompere un rapporto di lavoro e cercarne un altro.
var.: prendere il trentuno e andarsene; dare il trentuno; dare il trentuno e andarsene.

TRIANGOLO
l'eterno triangolo
Figurato: la coesistenza di due coniugi e dell'amante di uno dei due, vista come una situazione che esiste da sempre. Oggi si parla semplicemente di "triangolo", senza aggettivi.
var.: il vecchio triangolo; il solito triangolo.

TROMBA
dar fiato alle trombe
Figurato: divulgare una notizia nel modo più clamoroso possibile, dandole la massima pubblicità e possibilmente suscitando scalpore.
Allude all'antica usanza di suonare le trombe prima di dare lettura a un bando, a una comunicazione dell'autorità e simili, per assicurarsi l'attenzione di tutta la popolazione.

partire in tromba *(fam)*
Figurato: partire rapidamente, come con uno scatto improvviso; lanciarsi in un'impresa con grande entusiasmo o irruenza.
vendere alla tromba *(des)*
Vendere all'asta.
Anticamente il banditore di un'asta pubblica faceva segnalare con uno squillo di tromba l'aggiudicazione di ogni bene trattato.

TRONCO
in tronco
Improvvisamente, senza preavviso, riferito in genere a un licenziamento immediato o a qualcosa che viene bruscamente interrotto.

TROTTO
essere come il trotto dell'asino *(raro)*
Durare pochissimo.
L'asino è molto resistente nelle andature lente, ma si stanca subito se viene costretto a trottare.

TUNNEL
tunnel della droga
Figurato: la situazione che vive chi sia ormai dipendente dall'uso di droghe, raffigurata come un cunicolo senza via d'uscita che spesso conduce alla morte. Usato soprattutto in riferimento all'eroina.
uscire dal tunnel
Venire fuori da una situazione difficile che sembrava disperata, come se si vedesse la luce dopo un luogo percorso al buio. ‖ Liberarsi dalla dipendenza di droghe pesanti, in particolare dall'eroina.

TUONARE
tanto tuonò che piovve
Di origine proverbiale, la locuzione si usa per una situazione che si consolida dopo una lunga maturazione di eventi, per un fatto che si verifica dopo essere

rimasto in sospeso o essere stato a lungo minacciato.
Allude al fenomeno metereologico in cui il lungo rumoreggiare dei tuoni preannuncia l'avvicinarsi di un temporale con la relativa pioggia.

TURCO
mamma li turchi!
Esclamazione di paura, usata oggi più che altro in senso ironico o scherzoso. Risale al tempo delle scorrerie turco-arabe che devastarono le coste dell'Italia meridionale e insulare fino al 1600, costringendo così gli abitanti ad abbandonare i villaggi costieri per rifugiarsi all'interno.

prendere il turco per i baffi
Avere un colpo di fortuna; fare un tentativo difficile e avere successo. Il detto risale ai tempi in cui i Saraceni terrorizzavano le coste del Mediterraneo ed erano considerati nemici sanguinari e invincibili. Riuscire a immobilizzarne uno, afferrandolo inoltre per i baffi di cui questi andavano molto orgogliosi, era considerata un'impresa così difficile da potersi giustificare solo con un incredibile colpo di fortuna.

TUTTO
pensarle tutte *(fam)*
Pensare e mettere in pratica tutte le soluzioni possibili, anche le più strane, azzardate o stravaganti, per risolvere un problema, per uscire da un pasticcio, per capire una situazione intricata e così via.
var.: inventarle tutte.

U

UCCELLO
essere l'uccello sulla frasca
Esser sempre pronti ai cambiamenti e alle novità, come l'uccello sul ramo sempre pronto a spiccare il volo. ‖ Essere in una situazione precaria, insicura o transitoria, che non offre nessuna garanzia o premessa di stabilizzarsi.
essere uccel di bosco
Rendersi irreperibile, non farsi trovare, detto in particolare di persone ricercate dalle forze dell'ordine.
essere uccel di gabbia
Figurato: essere in prigione. Anche avere pochissima libertà.
uccello del malaugurio
Figurato: persona che predice sventure. Anche persona particolarmente pessimista, sempre propensa a vedere solo i risvolti negativi di una situazione o simili; oppure, persona ritenuta capace di esercitare influssi nefasti.
La credenza popolare vuole che il verso di alcuni uccelli soprattutto notturni, come ad esempio la civetta, annunci la morte di qualcuno.
var.: uccellaccio del malaugurio; fare l'uccello del malaugurio.
uccello di passo
Figurato: persona di natura inquieta, incapace di star ferma a lungo nello stesso luogo, oppure sentimentalmente incostante, che predilige rapporti amorosi intensi ma di breve durata.
Nel linguaggio venatorio, la locuzione indica propriamente l'uccello migratore, cioè "di passaggio", in contrapposizione a quello "stanziale". I due termini si riferiscono non solo agli uccelli ma a tutta la selvaggina in generale.
vendere l'uccello sulla frasca
Far progetti basati su un evento che non si è ancora verificato. Riferito in particolare a futuri ma ancora ipotetici guadagni, come se si vendesse un uccello ancora prima di averlo catturato.

UGOLA
bagnarsi l'ugola
Figurato: dissetarsi; anche bere, soprattutto vino o liquori, che si gustano a piccoli sorsi.
ugola d'oro
Figurato: grande cantante o cantante di successo; persona dalle particolari capacità canore, e in particolare dotata di una bellissima voce.

UGOLINO
fare la morte del conte Ugolino
Morire di fame.
Il conte *Ugolino della Gherardesca*, condottiero e uomo politico pisano vissuto nel 1200, cercò di mutare il governo della sua città da ghibellino a guelfo, ma venne sconfitto dal vescovo Ruggieri degli Ubaldini. Rinchiuso in una torre insieme ai due figli e ai due nipoti, venne lasciato a morire di fame. La sua storia è raccontata da Dante (*Inferno*, XXXIII), che lo condanna a rodere in eterno la testa di Ruggieri.
var.: fare la fine del conte Ugolino.

ULTIMO
beati gli ultimi!
Esclamazione: usata scherzosamente per consolare chi rimane per ultimo in una determinata azione o situazione, è generalmente riferita all'ultima persona che si serve da un piatto e simili.
È una contrazione del proverbio "beati gli ultimi se i primi sono onesti", o "discreti", che allude al fatto che più si procede nell'esame di una serie di persone, più si trovano colpe, difetti, pec-

che. Il detto potrebbe però, alludere invece alla parabola evangelica in cui Gesù afferma "beati gli ultimi, poiché saranno i primi a entrare nel Regno dei Cieli", intendendo dire che gli ultimi della gerarchia sociale, cioè coloro che non sono vissuti in funzione del successo sulla Terra e per questo sono magari disprezzati e maltrattati, saranno tra i favoriti in Paradiso.

UMORE
essere di umore nero
Essere di pessimo umore.
var.: essere nero.
essere un bell'umore
Figurato: essere una persona un po' bizzarra ma simpatica e divertente.

UNGHIA
avere le unghie lunghe
Figurato: essere un ladro.
capitare sotto le unghie
Figurato: trovarsi senza difesa, e soprattutto rimanere esposti a ritorsioni e vendette; cadere in balia di un nemico e simili.
con le unghie e coi denti
Accanitamente, con tutte le proprie forze, risorse, mezzi e simili. Riferito per lo più a chi combatte, resiste, si difende e così via.
L'espressione è antica, e ricorre già in Luciano e Sant'Agostino.
l'unghia del leone
La genialità di un artista e simili. Si dice di un aspetto o di un particolare di un'opera che mette in evidenza la grandezza dell'autore.
Il detto deriva dal più antico "dall'unghia puoi riconoscere il leone", e quindi dal concetto per cui da un piccolo dettaglio si possono trarre indicazioni sulla natura dell'insieme al quale questo appartiene. In tal senso è usato da Sofrone, da Plutarco e da vari altri autori; in particolare, Luciano (*Hermotimus*, 55) riferisce un aneddoto secondo il quale lo scultore Fidia, vedendo un'unghia, la riconobbe come quella di un leone. Da qui deriva anche un altro detto: "Abbiamo visto l'unghia, aspettiamo il leone".
var.: mostrare l'unghia del leone.
mancare un'unghia
Figurato: mancare pochissimo, tanto quanto lo spessore di un'unghia. Anche nel senso di essere molto vicini a qualcosa.
metter fuori le unghie
Assumere un atteggiamento chiaramente aggressivo, riferito in particolare a chi mostra l'intenzione di difendersi contrattaccando in modo deciso. Allude al comportamento dei gatti.
var.: tirar fuori le unghie; mostrare le unghie.
mettere le unghie addosso
Arrivare ad avere qualcuno in proprio potere, in genere per potersene vendicare o simili. Riferito a un oggetto, un bene, una carica o altro, riuscire a venirne in possesso.
mostrare le unghie *vedi* **metter fuori le unghie**
non valere l'unghia del dito mignolo
Figurato: valere pochissimo, nemmeno quanto l'unghia più piccola, cioè quella del dito mignolo. Si dice solitamente di una persona paragonata a un'altra cui si attribuiscono qualità o capacità nettamente superiori.
per un'unghia
Per pochissimo, riferito in genere a un successo mancato e così via, con riferimento al minimo spessore di un'unghia.
sull'unghia *(pop)*
Detto di un pagamento immediato e in contanti. È anche usato per una risposta, o una replica, o una reazione molto pronta.

UNGUENTO
avere unguento per ogni piaga
Figurato: essere in grado di trovare

soluzione o rimedio per ogni guaio, inconveniente, problema. Generalmente ironico.
dare l'unguento di zecca *(des)*
Figurato: corrompere qualcuno.
La *zecca* è qui il luogo in cui si stampa o si conia il denaro.

UOMO
a tutt'uomo
Con grande forza, potenza, impegno, energia e simili, cioè con tutte le doti e capacità che un uomo è in grado d'impiegare in un'azione o altro.
come un sol uomo
Figurato: all'unanimità, con una reazione entusiastica condivisa da tutti. Anche in senso scherzoso o ironico, riferito all'azione impetuosa di una sola persona.
da uomo a uomo
Figurato: lealmente e con chiarezza, con la fiducia di una reciproca intesa e comprensione fondata sul forte senso dell'onore che un tempo era considerato prerogativa maschile.
essere come l'uomo delle caverne
Scherzoso: essere di mentalità o di idee molto arretrate; nello stesso senso anche essere rudi, incivili, violenti, e in senso lato rozzi e maleducati. ‖ Oppure, vivere in condizioni di grande arretratezza tecnologica e culturale.
essere un uomo morto
Figurato: essere in una situazione senza speranza, senza vie d'uscita; non avere alcuna possibilità di uscire da una situazione molto difficile. Anche scherzoso.
il primo uomo
Per il cristianesimo e l'ebraismo, Adamo, il primo essere umano creato direttamente da Dio insieme alla sua compagna Eva.
mezzo uomo
Figurato: uomo di bassa statura, mingherlino o dall'aspetto gracile o macilento. Anche persona di carattere debole, pavida, sottomessa, poco volitiva e così via.
Nel linguaggio della marina, è un membro dell'equipaggio che aspira a diventare marinaio e che nel frattempo non ha compiti specifici. Deve però saper fare un po' di tutto sia pure a livelli minimi, e quindi tenersi pronto a dare una mano ai veri marinai, o "uomini", in caso di emergenza o bisogno. Allo scopo gli è stato assegnato un posto specifico, tra il pozzetto e il boccaporto. È detto anche "mezzo marinaio".
È così chiamato anche un attrezzo che fa parte dell'equipaggiamento delle barche, fatto come un bastone e terminante con una specie di uncino. In questo caso, però, si avrebbe un significato opposto, per nulla spregiativo, perché l'attrezzo, anch'esso detto pure "mezzo marinaio", è uno strumento indispensabile e serve a molteplici usi, quali l'attracco o il recupero di cime e oggetti caduti in acqua.
uccidere un uomo morto
Accanirsi vigliaccamente su chi non è più in grado di difendersi.
Allude a un episodio storico avvenuto nel 1530, dopo la battaglia di Gavinana. I Fiorentini guidati da Francesco Ferrucci, che avevano respinto più volte le truppe imperiali, furono alla fine sconfitti per opera del traditore Fabrizio Maramaldo. Quando il condottiero fiorentino gli fu trascinato davanti, Maramaldo lo uccise freddamente benché l'altro fosse ferito a morte, e sembra che le ultime parole di Ferrucci siano state appunto "Vile, tu uccidi un uomo morto". L'immagine del vile che uccide un uomo morto si trova però già nella letteratura greca, e viene usata in particolare da Sofocle.
uomo d'onore
Persona corretta, e in particolare che tiene fede ai propri impegni.

Deriva dall'antica "parola d'onore", cioè dalla dichiarazione con cui s'impegnava il proprio onore in qualcosa, e che attirava ignominia pubblica e perenne su chi non l'avesse rispettata. Un tempo tale disonore poteva comportare la perdita di tutti i privilegi del proprio rango.

uomo del giorno
Figurato: personaggio divenuto improvvisamente molto noto o giunto inaspettatamente a una posizione di rilievo, del quale parlano tutti come se fosse la persona più importante del momento, cioè di quella giornata.

uomo della Provvidenza
Figurato: persona che interviene quasi miracolosamente a risolvere un problema o una situazione difficile, quasi fosse mandata dalla Provvidenza divina. Il detto fu applicato a Benito Mussolini.

uomo della situazione
Persona adatta alla situazione contingente, che si suppone in grado di risolverla felicemente.

uomo della strada
Figurato: il cittadino medio, quello che rappresenta le aspirazioni, la cultura e la mentalità corrente del Paese in cui vive.

uomo di fatica
Uomo adibito a lavori umili e pesanti. A volte anche facchino.

uomo di mondo
Figurato: uomo disincantato, che ha grande esperienza di vita e vede le cose senza prevenzioni morali o ideologiche.

uomo di paglia
Prestanome, persona che si espone al posto d'altri in azioni non sempre lecite, e che poi ne paga le eventuali conseguenze.
Viene dalle sagome con figura umana anticamente usate per allenamento nelle piazze d'armi, contro le quali i guerrieri si lanciavano come contro un vero nemico.

uomo di penna
Figurato: persona che scrive per mestiere, quindi giornalista, scrittore, letterato.

uomo di punta
Persona particolarmente abile e decisa nel portare avanti un'impresa, nel sostenere un'idea e simili. È la persona sulla quale si conta per riuscire in una determinata azione e che pertanto viene incaricata di compiti di responsabilità, spesso scelta per il suo carisma.

uomo di soldo
Figurato: spia, informatore. Anche persona corrotta o corruttibile, disposta a commettere illeciti per denaro. Anticamente era così definito il soldato, e in particolare il mercenario, in quanto percepiva il *soldo*, ossia la paga spettante ai militari.

uomo di stoppa
Figurato: persona priva di carattere.

uomo nero
Immaginario essere malvagio usato come spauracchio per i bambini.
L'immagine è legata all'omonimo gioco di carte che prevede il pagamento della posta da parte del giocatore che, dopo successive eliminazioni di altre carte, rimane con in mano il fante di picche o di bastoni, definito appunto "uomo nero".

uomo nuovo
Figurato: persona di modeste origini che ha raggiunto elevate posizioni nella scala sociale. Anche persona che subentra in una carica ad altre persone che l'hanno occupata per lungo tempo, in particolare ai vertici di un organismo. In generale, personaggio emergente. ‖ Per i cristiani, Gesù; in seguito, per trasposizione, ogni essere umano riscattato dal peccato originale mediante il battesimo.

UOVO

mangiar l'uovo in corpo alla gallina
Figurato: precorrere i tempi; fare pro-

getti basati su un evento che non si è ancora verificato, come pensare di mangiare un uovo prima ancora che la gallina l'abbia deposto.

meglio un uovo oggi ...
Di origine proverbiale, il detto afferma che è preferibile un beneficio immediato, magari modesto ma sicuro, piuttosto che uno futuro, maggiore ma aleatorio.
Viene dal proverbio "meglio un uovo oggi che una gallina domani".

rompere le uova nel paniere
Rovinare in modo imprevisto un'iniziativa altrui con il proprio intervento; rovinare i progetti di qualcuno impedendogli di raggiungere i suoi scopi; portare scompiglio in un sistema, una programmazione, un piano già predisposto, introducendovi elementi o comportamenti imprevisti.

URAGANO
scatenarsi come un uragano
Diventare estremamente violenti, come il vento distruttore di un uragano.

URLARE
PARAGONI: urlare come un'anima dannata; urlare come un ossesso.

urlare come un'anima dannata
Urlare di dolore, in modo prolungato, come si suppone facciano le anime dei dannati a causa delle sofferenze dell'Inferno.

urlare come un ossesso
Urlare con forza, in modo prolungato; lanciare grida strazianti. *Ossesso* significava originariamente "posseduto dal Demonio", e in senso figurato indica chiunque venga colto da una crisi violenta.
var.: gridare come un ossesso.

URNA
andare alle urne
Andare a votare, deponendo la propria scheda elettorale nell'apposita urna.

chiamare alle urne
Figurato: chiamare a votare, indire le elezioni.

responso delle urne
Il risultato dello scrutinio elettorale, che viene ottenuto mediante il conteggio dei voti risultanti dallo scrutinamento delle schede deposte nelle urne dei vari seggi elettorali. Per estensione, la volontà della maggioranza.
var.: risposta dalle urne.

URTO
dose urto
Forte quantità di un farmaco somministrato all'inizio di un trattamento per fronteggiare la fase iniziale o acuta di una malattia. È anche chiamata "dose d'attacco". In senso figurato, si dice di un quantitativo massiccio di qualsiasi cosa.
var.: cura urto.

entrare in urto
Figurato: venire a un dissidio, a una lite o simili con qualcuno; avere un dissapore che presto diventa serio o duraturo.
var.: mettersi in urto; venire in urto.

mettersi in urto *vedi* entrare in urto

urto di vomito
Figurato: sensazione di forte ripugnanza, di profondo disgusto, paragonata al movimento peristaltico dello stomaco che spinge a vomitare.

USCIO
essere l'uscio del trenta
Essere molto frequentato, detto di un posto di grande viavai, oppure di una casa sempre piena di gente, dove non c'è mai un attimo di quiete.
È contrazione del detto "essere l'uscio del trenta, chi esce e chi entra". Il *trenta* è motivato da questioni di pura assonanza.

mettere tra l'uscio e il muro
Costringere qualcuno a venire allo

scoperto, a mostrarsi; quindi, in senso lato, a rivelare i suoi pensieri, le sue intenzioni e così via.

L'immagine è quella di una persona nascosta dietro una porta che viene stretta progressivamente fra l'anta e la parete, e che quindi è costretta a spostarsi e a farsi vedere.

var.: chiudere tra l'uscio e il muro; stringere fra l'uscio e il muro; mettere tra la porta e il muro.

non fermarsi al primo uscio
Figurato: non accettare la prima possibilità o soluzione che si presenta ma fare in modo di averne altre, per poter decidere con cognizione di causa quale sia la migliore.

non trovarsi a tutti gli usci
Essere qualcosa di raro, di non facile da trovare o incontrare, che non tutti hanno e che quindi non si trova comunemente in una casa qualsiasi. È riferito più che altro a grandi virtù o persone dotate di qualità particolari.

trovare l'uscio di legno
Non trovare in casa la persona che si cerca; anche non trovare nessuno, solo la porta chiusa.

UTILE
unire l'utile al dilettevole
Adoperarsi in modo che un lavoro o una cosa che si fa per averne un utile o un vantaggio risulti possibilmente anche piacevole e divertente; fare qualcosa di piacevole traendone in più dei benefici.

Si ricollega a un passo dell'*Ars poetica* di Orazio (343), che si lega a sua volta a un altro suo passo (333) in cui il poeta afferma che i poeti vogliono o essere utili oppure divertire.

VACANZA
sentirsi in vacanza
Figurato: sentirsi liberi, senza impegni o problemi, come quando si è in vacanza.

VACCA
andare in vacca
Guastarsi, deteriorarsi, non servire più; sfasciarsi, disorganizzarsi completamente; rovinarsi, fallire.
Il detto risale al gergo degli allevatori di bachi da seta, in cui si definisce *vacca* il baco ammalato che diventa giallastro, si gonfia e non produce bozzolo.
essere in tempo di vacche grasse
Essere in un periodo d'abbondanza. In senso lato, vivere un momento particolarmente felice, ricco di soddisfazioni, di successi o altro.
Si riallaccia al racconto biblico (*Genesi*, XLI, 1-4) secondo il quale un Faraone sognò sette vacche grasse che pascolavano vicino a un fiume, seguite subito dopo da sette vacche magre che divoravano le prime. Chiese allora a Giuseppe, figlio del patriarca ebreo Giacobbe, che viveva alla sua corte, che interpretasse il suo sogno, e questi gli predisse l'avvento di sette anni di grande abbondanza seguiti da altri sette anni di dura carestia.
var.: essere in tempo di vacche magre.
stare in un ventre di vacca
Figurato: vivere comodamente, circondati da tutti gli agi e senza preoccupazioni materiali, così come il vitellino ancora nel ventre della mucca. Con lo stesso senso, anche essere al sicuro, ben difesi e protetti; non correre rischi o pericoli.

VAGLIO
passare al vaglio
Figurato: esaminare o valutare minuziosamente, con grande attenzione ai particolari, come passando qualcosa al setaccio.
var.: passare al vaglio fine.

VALERE
farsi valere
Imporsi, pretendere e ottenere il riconoscimento dei propri meriti, diritti, richieste e simili.

VALLE
a valle
Figurato: posteriore, successivo nel tempo o nello spazio a un elemento precedente, detto in genere degli effetti, conseguenze o ripercussioni di un fatto e così via.
Ripete la terminologia geografica in cui indica il fondo della valle, la sua parte bassa, e con riferimento a un fiume, un punto più vicino alla foce che alla sorgente.
valle di lacrime
Il mondo terreno, in contrapposizione al Regno dei Cieli; la Terra come sede dell'uomo, con il suo dolore e le sue miserie, dopo che il Peccato Originale l'ha privato del Paradiso Terrestre condannandolo a subire e a infliggere dolore e sofferenza. Anche ironico o scherzoso.
L'espressione compare in diverse preghiere della religione cattolica e in particolare nel *Salve Regina*, rivolta alla Madonna; con lo stesso senso è usata anche dal Petrarca.

VALVOLA
valvola di sfogo
In meccanica, valvola che fornisce una

via di scarico per i sovraccarichi di vapore, di pressione e simili. In senso figurato, azione o altro che serve di sfogo a una persona, evitandole il rischio di accumuli di tensione e così via.
var.: valvola di scarico.

valvola di sicurezza
In meccanica, valvola che permette uno sfogo ai sovraccarichi di vapore, di pressione e simili. In senso figurato, elemento che fornendo un diversivo o simili impedisce a una situazione di sfuggire al controllo, o di superare i limiti previsti o i livelli di pericolosità.

VANGELO
prendere per Vangelo
Figurato: accettare acriticamente un'affermazione o altro, con la stessa fiducia nella sua veridicità che un cristiano ripone nel Vangelo come parola di Dio. Anche ironico o scherzoso.

VAPORE
a tutto vapore
Figurato: a gran velocità, come impiegando tutta l'energia prodotta dal vapore in una caldaia. Quasi sempre scherzoso.

VASCELLO
bruciare i vascelli
Figurato: privarsi volontariamente della possibilità di ritornare sulle proprie decisioni.
Si dice che in passato molti condottieri dessero fuoco alle loro stesse navi per indurre i soldati a battersi meglio, data l'impossibilità materiale di ritirarsi dal luogo dello sbarco. Pare che il primo ad agire così sia stato Agatocle, poi, tra i più famosi, si ricordano Guglielmo il Conquistatore, Roberto il Guiscardo e soprattutto Fernando Cortés, che ricorse a questo sistema per evitare diserzioni nel 1519, all'inizio della sua spedizione di conquista del territorio che oggi costituisce il Messico.

VASO
essere un vaso di coccio tra vasi di ferro
Essere indifesi in mezzo a persone o avvenimenti pericolosi; essere costretti a trattare con un prepotente, o con una persona più forte o più abile, senza essere in grado di contrastarla. Quindi, in senso lato, rischiare di rimetterci fortemente.
Il detto riprende una favola di Esopo (*Favole*, 354) in cui si narra che un giorno un vaso di coccio si trovò trascinato dalla corrente di un fiume che aveva travolto il carico di cui faceva parte. Quando vide che vicino a lui navigava un vaso di metallo si spaventò, e lo pregò di tenersi alla larga per non rischiare uno scontro dal quale sarebbe uscito in pezzi. La favola è ripresa da La Fontaine (*Fables*, V, 2) e da Flavio Aviano (*Favole*, 11) ed è ricordata da Alessandro Manzoni nel primo capitolo dei *Promessi Sposi*, descrivendo l'indole di Don Abbondio.
var.: essere un vaso di coccio; far la parte del vaso di coccio.

portar vasi a Samo
Fare una cosa inutile, superflua, come portare qualcosa in un posto che ne abbonda.
L'isola greca di *Samo* fu celebre nell'antichità per le sue ceramiche.

un brutto vaso non si rompe
Di origine proverbiale, il detto ricorda che i beni più fragili sono quelli preziosi. Si usa per cattive abitudini, vizi o cattivi costumi che risultano difficili da estirpare. Si dice inoltre di una persona cagionevole di salute che in genere, di solito proprio perché più attenta, vive più a lungo di altre.
Il detto ha molte varianti, anche in lingue straniere e nei dialetti italiani, ed è abbastanza antico da esistere già in epoca bizantina.

VECCHIO *(agg)*
PARAGONI: vecchio come il cucco; vecchio come l'arca di Noè; vecchio come il mondo; vecchio come Noè; vecchio come Matusalemme; più vecchio del mondo; più vecchio del prezzemolo.

essere più vecchio del prezzemolo
Figurato: essere molto vecchi, come il *prezzemolo* che è conosciuto praticamente da sempre. In particolare, non costituire una novità, essere qualcosa di noto, risaputo, riferito a scoperte o invenzioni già collaudate che tuttavia pretendono di essere rivoluzionarie, oppure a persone che si conoscono da molto tempo perché continuano a frequentare gli stessi ambienti.

essere vecchio del mestiere
Avere grande esperienza di un'attività o in dato campo.

più vecchio del mondo
Figurato: molto vecchio, antichissimo, esistente da tempo immemorabile.

vecchio bacucco
Vecchio e rimbecillito, decrepito. Se riferito a cose, molto antiquato.
Si vuole che il detto alluda al profeta Abacuc: mancano dati certi sulla sua longevità, ma in ogni caso egli visse in epoche così lontane da poter giustificare il detto, se non con la durata della sua vita, almeno con la distanza del suo tempo dal nostro.

vecchio come il cucco
Molto vecchio.
Il detto alludere al cuculo, l'uccello che secondo alcune leggende popolari può vivere mille anni.
var.: vecchio bacucco.

vecchio come l'arca di Noè
Vecchissimo; addirittura antidiluviano, dato che Noè costruì la sua arca giusto prima del Diluvio Universale.

vecchio come Matusalemme
Molto vecchio, come Matusalemme che secondo la Bibbia sarebbe morto all'età di 969 anni. Oppure essere antiquato, sorpassato, detto di persone, cose, idee e altro.

vecchio come Noè
Vecchissimo. Secondo la Bibbia (*Genesi*, 6,5-9,29) Noè morì all'età di 969 anni e ne aveva 600 quando venne il Diluvio Universale.

VEDERE
chi s'è visto s'è visto!
Esclamazione: esprime la convinzione che una cosa si sia conclusa definitivamente e non si possa più modificare, come se chi vi ha preso parte se ne fosse andato per sempre. Si dice spesso in relazione a chi promette aiuto, collaborazione o altro e poi non si fa più trovare.

da non vederci *(fam)*
Rafforzativo usato per sottolineare l'intensità di una sensazione, in genere fisica, come in locuzioni quali "avere una fame da non vederci" e simili.

farla vedere a ...
Far valere le proprie ragioni, agire in modo da indurre un rivale ad ammettere la propria sconfitta, la propria inferiorità e così via; anche sgridare qualcuno, punirlo, umiliarlo, oppure vendicarsene. Ha spesso tono di minaccia. ‖ Agire in modo da indurre qualcuno a ricredersi su un dato argomento, dargli prova del suo errore, dimostrare la propria ragione.

la vedremo!
Esclamazione: esprime l'intenzione di accettare una sfida, di reagire a una minaccia e simili.

non dare a vedere
Non far trasparire un'emozione, un sentimento, o comunque ciò che intimamente si prova.

non poter vedere *(fam)*
Figurato: provare una forte avversione per qualcuno o per qualcosa, quasi da non sopportarne la vista.

non vederci più
Figurato: non riuscire più a ragionare

con obiettività in quanto accecati da una violenta emozione, in particolare dalla rabbia, dall'indignazione, dall'odio e altro. Usato anche per definire una sensazione molto intensa, in particolare nella locuzione "non vederci più dalla fame".

non vedercisi *(fam)*
Figurato: non riuscire a immaginare se stessi in una data situazione, circostanza, posizione e simili; non ritenervisi adatti, non trovarcisi a proprio agio, non riuscire ad abituarcisi e così via.

non vedere neppure *(fam)*
Figurato: non avere la minima considerazione per qualcuno, ignorarlo, non tener conto delle sue opinioni, idee e simili; comportarsi come se non esistesse proprio e nemmeno lo si vedesse fisicamente.
var.: non vedere neanche; non vedere manco.

vederci doppio
Non vederci bene, come se a causa di un difetto della vista l'oggetto che si sta guardando si sdoppiasse sotto gli occhi. In senso lato, sbagliarsi grossolanamente. Usato anche nel senso di essere ubriachi, e più raramente di essere impazziti, e quindi non avere una visione chiara delle cose. Quasi sempre scherzoso o ironico.

vedere lontano
Figurato: essere lungimiranti; saper prevedere lo sviluppo di eventi, situazioni e simili, come chi avendo un'ottima vista riesce a vedere a grande distanza.

vedersela con ... *(fam)*
Affrontare una persona o una situazione di solito difficile o sgradevole; doversi togliere d'impaccio, dover risolvere un problema complesso.

VEGLIA
veglia d'armi *(raro)*
Figurato: attesa di preparazione a qualcosa d'importante che si sta per intraprendere.
Nel Medio Evo, chi stava per essere nominato cavaliere era tenuto a passare sveglio la notte precedente il giorno delle sua investitura. Secondo il rituale, doveva restare in preghiera in un luogo consacrato, solo con le sue armi che sarebbero state benedette insieme a lui, e vestito di bianco come i novizi della Chiesa. Da quest'ultimo elemento vengono anche le locuzioni "notte bianca" e "passare la notte in bianco".

VEICOLO
essere veicolo di ...
Figurato: costituire il mezzo di diffusione di qualcosa, in particolare di una malattia.

VELA
a gonfie vele
Figurato: con successo, nel migliore dei modi, senza alcuna difficoltà e nelle condizioni più favorevoli. Usato per attività, rapporti personali o imprese che procedono felicemente.
Viene dal linguaggio marinaro: quando le vele sono *gonfie* di vento, un'imbarcazione che ha un assetto corretto raggiunge la massima velocità.

a vele spiegate
Figurato: con successo, senza intoppi o difficoltà. Anche senza spreco di tempo. Usato per attività, rapporti personali o imprese che procedono felicemente.
Viene dal linguaggio marinaro: le vele si *spiegano* per raccogliere tutto il vento possibile; quando le condizioni del tempo permettono di farlo, l'imbarcazione procede velocemente e con assetto stabile.

alzare le vele al vento
Figurato: iniziare un'impresa, cominciare a realizzare un progetto e simili.
Viene dal linguaggio marinaro: le vele vengono *alzate* subito dopo che l'im-

barcazione ha lasciato il porto ed è pronta a prendere il mare.

ammainare le vele
Figurato: ritirarsi da un'attività o ritirarsi a vita tranquilla, detto in genere di chi ha avuto un'esistenza turbolenta. In senso lato, prepararsi a invecchiare con serenità.
Viene dal linguaggio marinaro: le vele si *ammainano*, cioè si abbassano per poi toglierle, subito prima di entrare in porto, quindi alla fine della navigazione. ‖ Figurato: rinunciare alla lotta; arrendersi; ritirarsi da un'impresa che si considera troppo faticosa.

andare a vela e a remi
Figurato: essere ingegnosi, pronti e capaci di cavarsela in ogni situazione; sapere sfruttare qualsiasi elemento in caso di necessità. Anche impiegare ogni mezzo o risorsa per raggiungere uno scopo, oppure sapersi adattare a tutte le circostanze e le situazioni anche in senso negativo.
Vela e remo furono i soli mezzi di propulsione in acqua fino all'introduzione del motore.

avere le vele a segno *(raro)*
Figurato: essere nelle condizioni ideali per ottenere successo in un'impresa o altro.
Riprende il linguaggio marinaro, in cui significa avere le vele perfettamente orientate per sfruttare al massimo il vento.

raccogliere le vele
Figurato: abbandonare un dato atteggiamento, di solito presuntuoso, testardo o intransigente. Anche cedere alla forza della ragionevolezza, diventare più accomodanti.
Viene dal linguaggio marinaro: le vele si *raccolgono*, cioè si abbassano senza però toglierle, quando si ha intenzione di continuare la navigazione senza rientrare in porto.

sciogliere le vele
Svolgere le vele per issarle e prendere il vento per navigare. Per trasposizione, partire, andarsene, mettersi in viaggio; e in senso figurato intraprendere un'impresa o altro che si dimostra subito molto promettente.

spiegare le vele
Figurato: partire, andarsene, come fa la nave quando spiega le vele al vento.

VELENO
andare in tanto veleno *(fam)*
Figurato: mutarsi da qualcosa di piacevole e gradito in qualcosa di sgradevole e detestabile a causa di un evento inaspettato. Usato in particolare con riferimento a una pietanza mal digerita per un attacco di rabbia e simili.

avere il veleno in corpo *(fam)*
Provare rancore, malanimo, livore e così via; essere fortemente adirati e simili. Anche essere fondamentalmente cattivi.

mandar giù veleno *(fam)*
Figurato: dovere accettare qualcosa di molto sgradevole senza poter reagire; accumulare rabbia, rancore e simili senza poterli sfogare.
var.: mangiar veleno; inghiottire veleno.

sputare veleno
Dire cose maligne, cattive o astiose nei confronti una persona; parlare molto male di qualcuno, con perfidia, accusarlo pesantemente.

VELLUTO
andare sul velluto
Figurato: procedere felicemente in un'azione o simili senza incontrare ostacoli e difficoltà, come se realmente ci si muovesse su un tappeto di morbido velluto.
var.: camminare sul velluto; procedere sul velluto.

VELO
far cadere il velo dagli occhi
Figurato: rivelare un inganno, far ces-

sare un'illusione, far vedere chiaramente la realtà.
mettersi un velo davanti agli occhi
Figurato: rifiutare di accettare una realtà in genere spiacevole, non volerla vedere. Anche convincersi che le cose stiano in un certo modo, credere quello che fa piacere credere. Usato spesso per chi cerca di trovare giustificazioni assurde al cattivo comportamento di qualcuno che gli è caro.
var.: tirarsi un velo sugli occhi.
prendere il velo
Di una donna, farsi monaca, entrare in convento.
stendere un velo
Figurato: non parlare di qualcosa che si desidera dimenticare o far dimenticare agli altri.
stendere un velo pietoso
Tacere un episodio o una verità dolorosa o semplicemente spiacevole. Usato di solito in riferimento a un episodio sul quale si preferisce non ritornare per evitare contrasti, dissapori o discussioni, oppure per non rivangare antiche colpe, rancori e simili. Tralasciare i particolari scabrosi o dolorosi di una questione per delicatezza, pudore, pietà o altro. Anche scherzoso.
tirarsi un velo sugli occhi *vedi* **mettersi un velo davanti agli occhi**

VELOCE
PARAGONI: veloce come un fulmine; veloce come un furetto; veloce come una saetta; veloce come un razzo.
veloce come un fulmine
Molto veloce, rapidissimo, appunto come un fulmine.
var.: veloce come una saetta.
veloce come un furetto
Molto veloce e scattante, appunto come il furetto.
Il *furetto* è una varietà albina della puzzola. Lungo circa cinquanta centimetri, ha pelo di colore giallastro e gli occhi rossi, che hanno contribuito a creargli fama di animale particolarmente crudele. Timidissimo ma molto agile e veloce, risulta addomesticato già in epoca romana, quando veniva addestrato per la caccia, in particolare contro i conigli.
veloce come un razzo
Velocissimo, appunto come un razzo.

VENA
avere una vena di ...
Avere un vago odore o sapore di qualcosa; anche presentare determinate caratteristiche che richiamano l'idea di qualcos'altro.
essere in vena
Sentirsi particolarmente propensi a fare qualcosa, averne voglia.

VENDERE
averne da vendere
Figurato: in grandissima quantità, tanto da poterne addirittura vendere una parte. Usato in riferimento alla salute, al denaro, alla ragione, al tempo, e a qualsiasi altro bene concreto come astratto.

VENDETTA
gridar vendetta
Essere qualcosa d'ignobile, infame, meritevole della punizione divina; usato inoltre per qualcosa di molto brutto o mal fatto. Anche scherzoso. Il detto intero recita "gridar vendetta al cospetto di Dio", e allude all'episodio biblico dell'uccisione di Abele da parte di suo fratello Caino, delitto che attirò sull'omicida la vendetta di Dio.
var.: gridar vendetta al cospetto di Dio.

VENERDÌ
mancare di un venerdì
Figurato: essere una persona strana, eccentrica, stravagante, bizzarra, che ragiona in modo tutto particolare, a volte incomprensibile o non condiviso

dalla maggioranza. Anche apparire poco normali, e per estensione, essere pazzi.

VENERE
essere una Venere
Figurato: essere una donna di particolare bellezza, paragonabile a quella della stessa *Venere*, la dea latina della Bellezza.
sacrificare a Venere
Figurato: avere un rapporto sessuale. Usato quasi esclusivamente in senso scherzoso o ironico.
Allude ai sacrifici che si offrivano alle divinità in epoca pagana per propiziarsi il loro favore nel campo di cui erano protettrici. *Venere* era anche la dea dell'Amore.
strabismo di Venere
Leggero strabismo divergente, in genere relativo a un occhio solo. È riferito per galanteria a una donna, come considerandolo un elemento di attrattiva, forse perché può conferire agli occhi un'aria vagamente sognante.

VENIRE
come viene viene *(pop)*
Alla meno peggio, con poca cura o impegno, riferito al risultato di un'azione o simili che si prevede di accettare così com'è, senza migliorie o perfezionamenti.
venir fuori *(fam)*
Figurato: uscire, emergere inaspettatamente, riferito a una notizia, un'informazione, una prova e simili; anche presentarsi improvvisamente, detto di un elemento imprevisto, una novità e così via. Di una persona, presentarsi inaspettata o farsi trovare, oppure arrivare alla notorietà e al successo, imporsi sugli altri per meriti o capacità in modo inatteso.
venir fuori dal mazzo *(pop)*
Figurato: emergere, raggiungere il successo, la notorietà e simili. Vale anche per una teoria, un'ideologia e simili che s'impone su altre.
var.: uscire dal mazzo; restare nel mazzo.
venir su *(fam)*
Crescere, detto per lo più di bambini, animali e piante. Anche maturare, affinarsi, trovare realizzazione e simili, riferito a un progetto, alla formazione culturale, intellettuale o artistica di una persona e così via.
venirsene fuori con ... *(fam)*
Figurato: dire inaspettatamente qualcosa che in genere si rivela sciocco, inopportuno e così via.

VENTITRÉ
sulle ventitré
Si dice del cappello o del berretto portato molto inclinato da una parte, come la riga che tracciasse il diametro del quadrante di un orologio toccando le cifre che indicano le ore 5 e le ore 11, ossia le *ventitré*. È inteso spesso come segno di spavalderia.
Un'altra interpretazione vuole che il detto risalga al computo del tempo basato sull'orario delle funzioni religiose. L'Avemaria corrisponde alle ore ventiquattro, intese come la fine della luce del giorno, quindi le ventitré cadono un'ora prima del tramonto, quando il sole è già basso sull'orizzonte e i suoi raggi arrivano molto obliqui, inclinati, appunto come la posizione del cappello.
var.: berretto sulle ventitré; cappello sulle ventitré.

VENTO
andare col vento in poppa
Figurato: procedere felicemente, senza problemi, favoriti dalla sorte e senza incontrare ostacoli.
Benché si ritenga comunemente che una nave con il vento in poppa navighi nelle condizioni migliori, questo non è sempre vero, poiché tale andatura, ol-

tre a essere la più pericolosa, non è nemmeno la più veloce. Il detto è giustificato soltanto dalla sua origine antica; infatti, fino al 1700, le navi non erano in grado di viaggiare in direzione opposta a quella del vento, e quindi potevano prendere il mare solo con i venti portanti, ossia più o meno di poppa.
var.: avere il vento in poppa; navigare col vento in poppa.

andare secondo il vento *vedi* **secondo il vento che tira**

annusare il vento *vedi* **fiutare il vento**

buttare al vento
Sprecare, sciupare, gettar via. Si dice in particolare di fatiche che non hanno dato il risultato previsto o sperato, oppure di denaro speso sconsideratamente e così via.
var.: gettare al vento.

campare di vento
Figurato: mangiare pochissimo. Anche non avere grandi esigenze o bisogni, accontentarsi di poco; vivere frugalmente magari per necessità, non avendo alcuna risorsa. Spesso scherzoso o ironico.
var.: vivere di vento.

capire che vento tira *(fam)*
Figurato: capire la situazione in cui ci si trova e soprattutto quello che sta per succedere.
var.: capire che aria tira.

come il vento
Molto velocemente, detto di una cosa o di una persona che si muove o si sposta a grande velocità.

esposto ai quattro venti
In posizione molto esposta, per nulla riparata, soggetta quindi a essere battuta dai venti che soffiano dai quattro punti cardinali. In senso figurato, essere esposti alle azioni dannose di più persone.

esser pieno di vento
Figurato: essere una persona vanitosa, boriosa, tronfia, del tutto priva di spessore culturale, umano e così via.

farsi vento *(pop)*
Figurato: rimanere inattivi, restare in ozio, avendo come unica occupazione quella di rinfrescarsi con un ventaglio.

fiutare il vento
Figurato: intuire, cercare di capire in che posizione ci si trova rispetto a una situazione o un avvenimento in cui si è coinvolti; in particolare, in una situazione di pericolo, cercare di capire da che parte può arrivare un eventuale attacco.
Allude al comportamento degli animali, che fiutano gli odori portati dal vento per individuare la presenza di prede o predatori.
var.: annusare il vento.

girare con il vento *vedi* **volgersi a tutti i venti**

gridare ai quattro venti
Divulgare largamente una notizia, detto soprattutto di qualcosa che sarebbe meglio non divenisse di dominio pubblico. Anche tradire un segreto, una confidenza e simili.
I venti citati sono quelli che soffiano più o meno dalla direzione dei quattro punti cardinali, ossia il Maestrale, lo Scirocco, il Grecale e il Libeccio.
var.: strombazzare ai quattro venti; dire ai quattro venti.

gridare al vento
Figurato: parlare inutilmente, senza essere ascoltati, come rivolgendosi al vento che passa senza fermarsi e inoltre porta lontano le voci. Riferito in particolare ad avvertimenti, grida d'allarme e simili.

pascersi di vento
Figurato: accontentarsi o vivere di cose vane, senza sostanza.

prendere il vento
Figurato: avviarsi, mettersi in moto, detto spesso di un'iniziativa, un'impresa e simili che sta per iniziare o che comincia a dare buoni risultati.
Si dice degli uccelli quando s'immetto-

no in una corrente d'aria favorevole al loro volo; nello stesso senso è usato anche per gli alianti e per le vele di un'imbarcazione.

qual buon vento!
Esclamazione: usata come saluto a una persona che si vede con piacere dopo molto tempo e che arriva inaspettata, come portata da un vento favorevole. Il detto intero nasce in forma interrogativa: "Qual buon vento ti porta?"

secondo il vento che tira
Secondo l'opportunità del momento; per estensione, adeguandosi alla posizione vincente per trarne vantaggio.
var.: andare secondo il vento.

seminare al vento
Figurato: dedicarsi a un'attività improduttiva; sprecare tempo e fatica, fare una cosa sciocca o inutile, come gettare i semi nel vento, che li porta via. In particolare, vedere sprecate le proprie fatiche, i propri sforzi, i risultati del proprio lavoro. Si dice anche di chi dà suggerimenti e consigli che rimangono inascoltati.

volgersi a tutti i venti
Cambiare continuamente idea, per opportunismo, per leggerezza o influenzabilità di carattere, come anche per semplice curiosità.
var.: girare con il vento.

VENTRE
camminare ventre a terra
Strisciare sul terreno o camminare carponi, tenendosi con il corpo molto rasente al suolo.

correre ventre a terra
Figurato: correre molto velocemente, come lanciando un cavallo al massimo del galoppo, costringendolo quindi a lunghe falcate che gli fanno abbassare il ventre verso terra.

il ventre non ha orecchie
Di origine proverbiale, il detto vuole ricordare che la povertà, qui rappresentata dal ventre vuoto, non è in grado di ascoltare altro che il proprio bisogno.
Allude a una favola di La Fontaine, (*Fables*, 9,18) in cui si racconta che un Usignolo venne un giorno catturato da un Nibbio affamato. L'uccellino cercò di convincere il rapace a lasciarlo vivere facendogli ascoltare la bellezza del suo canto, ma il Nibbio gli rispose: "Mi dispiace per te, ma il ventre non ha orecchie". Il proverbio esisteva però già in epoca latina, e racconta Plutarco che Catone, in una sua orazione contro il lusso e le spese eccessive, iniziò a parlare affermando che "è difficile parlare al ventre, che non ha orecchie" (*Vita di Catone*, 8,1). Sembra che l'orazione si riferisse all'abrogazione di una legge che limitava il numero dei partecipanti ai conviti, la *lex Orchia*.

pensare solo al ventre
Essere molto ghiotti, ingordi o golosi, pensare solo al cibo. In senso lato, interessarsi esclusivamente di ciò che può procurare vantaggi, guadagni, benefici e simili.

VENTURA
andare alla ventura
Mettersi in viaggio senza una meta o un programma preciso, pronti ad affrontare tutte le incognite che si potranno incontrare e accettando a priori quello che porterà la sorte.
Si riallaccia al significato letterale della parola latina *ventura*, cioè "le cose che verranno". ‖ Fare qualcosa procedendo a caso, o per tentativi, oppure senza un obiettivo o un disegno preciso e prestabilito. Anche intraprendere un'impresa o simili con scarse risorse, fidando nelle proprie capacità e sperando nella buona sorte.

VERDE *(agg)*
PARAGONI: verde come un aglio.

verde come un aglio *(pop)*
Figurato: detto in genere del volto di un ammalato oppure di una persona anziana, o anche di chi è livido per il freddo, con riferimento al colore verde acceso della pianta d'aglio. ‖ Figurato: pallido, livido, riferito al viso di chi cambia colorito per rabbia, paura o simili, o di chi si sforza di non manifestare l'ira, l'invidia o altro.
var.: farsi verde come un aglio.

verde di bile
Figurato: pieno di rabbia impotente, d'invidia, di livore e così via, tanto da impallidire in volto assumendo quasi il colore verde della bile. In passato si riteneva che la bile aumentasse di quantità sotto l'effetto della rabbia.

VERDE *(sost)*
essere al verde
Non avere denaro, essere senza un soldo. Secondo un'interpretazione, il *verde* era il colore del tessuto che rivestiva internamente i forzieri, le cassette e la fodera della borsa appesa alla cintura in cui si teneva il denaro monetato. Quando si arrivava a vedere il colore delle fodere, significava che il denaro scarseggiava. Un'altra possibile origine si riallaccia al fatto che un tempo era uso tingere in verde l'estremità inferiore delle candele, per cui, quando il lucignolo arrivava a bruciare a quell'altezza, la candela era quasi alla fine. Una terza possibilità riconduce invece a certi tipi di verdure di cui si mangia abitualmente solo la parte bianca, come ad esempio il sedano o i porri.
var.: ridursi al verde; rimanere al verde; restare al verde.

nel verde degli anni
Figurato: nell'età giovanile, durante l'adolescenza.

VERGINE
vergine folle
Figurato: ragazza o donna poco conformista o considerata stravagante, che non si comporta come previsto dalle norme sociali e della quale si pensa quindi che avrà difficoltà a trovare marito. Quasi sempre in senso scherzoso.
Allude alla parabola evangelica (Matteo, 25,1) in cui si narra che una sera dieci fanciulle erano in attesa dello sposo. Solo cinque, però, ebbero l'assennatezza di rifornire le loro lampade a olio; le altre cinque, appunto le *folli* in quanto poco previdenti, alla venuta dello sposo furono costrette ad allontanarsi in cerca d'olio perché i loro lumi si stavano spegnendo, e non poterono così entrare nella sala delle nozze.

VERITÀ
essere la Verità rivelata
Figurato: essere un'affermazione o un concetto assolutamente vero, indiscusso e indiscutibile, a cui credere ciecamente come si trattasse della parola di Dio. Quasi sempre ironico, si usa in riferimento a persone credulone oppure inamovibili nei loro preconcetti.
Per il Cristianesimo, la *Verità rivelata* è l'insieme dei contenuti della Rivelazione, ossia degli interventi di Dio che manifesta se stesso. Fonte della Rivelazione è il Vangelo, che a sua volta presuppone l'Antico Testamento.

verità sacrosanta
Verità che si presume indiscussa, che va accettata come tale senza dubbi o incertezze. Spesso scherzoso.
Allude ai dogmi della Chiesa cattolica che sono proposti in questo modo.

VERME
avere il verme solitario
Figurato: avere sempre un grande appetito, mangiare in continuazione, soprattutto se nonostante questo si rimane magri. Di solito scherzoso.
Verme solitario è nome comune dei

parassiti del genere Tenia e in particolare della *Taenia Solium*, che nell'organismo umano può raggiungere gli otto metri di lunghezza. La credenza popolare vuole che sottragga la maggior parte del nutrimento al suo ospite, inducendolo in tal modo ad alimentarsi in maniera sovrabbondante.

essere un verme
Essere una persona spregevole, abietta, indegna, vile, sleale e così via.

fare i vermi
Marcire, andare in putrefazione riempiendosi così di vermi. Anche figurato, per qualcosa di molto vecchio e rovinato.

strisciare come un verme
Figurato: comportarsi in maniera servile, rinunciare alla propria dignità sottomettendosi al volere altrui per interesse o paura.

VERSO

andare per il proprio verso
Di una situazione, un'iniziativa, un progetto e simili, procedere seguendo l'ordine o lo svolgimento normale o previsto, senza intoppi, contrattempi o simili.
var.: andare per il verso giusto.

fare il verso *vedi* **rifare il verso**

fare le cose a verso *(raro)*
Fare le cose come devono essere fatte, nel modo corretto o previsto. In senso lato, agire sensatamente.

fare mille versi *(fam)*
Fare moine, smorfie, smancerie e simili, in genere per uscire da una situazione imbarazzante, per ottenere qualcosa o per accattivarsi qualcuno. Per *versi* si intendono qui le espressioni facciali e i toni di voce. ‖ Emettere rumori sgradevoli agli altri, come ad esempio lo starnutire o lo sbadigliare in modo rumoroso e simili.
var.: fare versi.

non avere il verso
Non avere la capacità, abilità e simili per fare qualcosa. Anche non avere attitudine o propensione per qualcosa.

non c'è verso *(fam)*
Non c'è possibilità o modo di fare qualcosa. Usato spesso in riferimento a persone testarde che non si riesce a convincere.

per ogni verso *(fam)*
In ogni modo, in tutte le maniere possibili. Anche in tutti i particolari e in tutti gli aspetti, riferito a qualcosa che si esamina attentamente.

per un altro verso *(fam)*
Da un altro punto di vista.

per un verso *(fam)*
Secondo un determinato punto di vista, sotto un certo aspetto, da un certo lato.

pigliarla per un altro verso *(fam)*
Cambiare sistema, affrontare una situazione in un modo differente da quelli usati fino a un certo momento, che si sono rivelati inadeguati o poco produttivi. Riferito anche a persone di carattere difficile con le quali si pensa di adottare nuove e diverse tecniche d'approccio o di convincimento.
var.: guardarla da un altro verso; vederla da un altro verso.

prendere per il verso del pelo
Figurato: saper trattare una persona nel modo più adatto, secondo il suo carattere, l'umore del momento, la situazione contingente e così via, in modo da non irritarla o contraddirla. Agire quindi come si farebbe per rendersi amici un cane o un gatto, evitando di accarezzarli contropelo. Riferito in genere a qualcuno che si desidera ammansire, o dal quale si desidera ottenere qualcosa.
var.: prendere per il verso giusto.

rifare il verso
Imitare l'atteggiamento, il comportamento, il modo di parlare o di atteggiarsi di qualcuno, in genere per burla o dileggio.
var.: fare il verso.

VESPA
anche le vespe fanno i favi
Poco usato, il detto invita a badare attentamente per distinguere tra quello che è realmente buono e quello che lo è solo in apparenza, così come un favo costruito dalle vespe è apparentemente simile ma sostanzialmente ben diverso da quello costruito dalle api.
Riprende un detto di Tertulliano (*Adversus Marcionem*, 4,5), che voleva così stigmatizzare la fondazione delle Chiese dei Marcioniti.

vitino di vespa
Figurato: la circonferenza della *vita*, ossia della cintura di una donna quando è molto sottile.
Allude alla breve linea con cui l'addome delle vespe si unisce al resto del corpo.
var.: vita di vespa.

VESPAIO
suscitare un vespaio
Figurato: creare una situazione difficile o scabrosa che fa nascere problemi, contrasti, discordie, irritazione e simili all'interno di un gruppo di persone.
var.: finire in un vespaio; mettersi in un vespaio.

VESTE
in veste di ...
Figurato: in qualità di; con una determinata funzione, mansione, carica e simili, come ad esempio un dignitario che si presenta in veste di portavoce, un personaggio che parla in veste ufficiale e così via.
In passato, alcuni capi o particolari dell'abbigliamento distinguevano la professione, il ceto, la condizione e simili di chi li indossava. Costituivano perciò una specie di uniforme o di distintivo, rendendo la persona immediatamente riconoscibile e fungendo in pratica da conferma ufficiale della sua posizione. Proprio per questo poteva capitare che alcuni malfattori ricorressero al travestimento, come testimonia molta letteratura del passato, e quest'uso ha conferito alla locuzione il significato di travestimento in senso negativo. Da qui ha origine tra l'altro il proverbio "l'abito non fa il monaco". ǁ Sotto false apparenze, fingendo di essere qualcun altro, quasi sempre a scopo d'inganno, come nel detto "lupo in veste d'agnello".

tagliar la veste secondo il panno
Figurato: intraprendere iniziative adeguate a una data situazione oppure alle proprie effettive capacità o possibilità, dopo un'attenta e spassionata valutazione, così come il sarto guarda e controlla il tessuto prima di tagliare un abito.

VESTITO
vestiti della festa
Gli abiti migliori, che un tempo e soprattutto nelle campagne s'indossavano la domenica per andare in chiesa e si tenevano da parte per le occasioni importanti.

VETRINA
mettere in vetrina
Figurato: esibire, ostentare pubblicamente e smaccatamente. Riferito alle faccende personali di qualcuno, farle sapere a tutti, renderle di dominio pubblico.

VETRO
essere di vetro
Figurato: di un oggetto, essere molto delicato, fragile, o facile a sciuparsi e così via. Di una persona, essere delicata, di salute cagionevole, o poco resistente a sforzi e fatiche, oppure psichicamente fragile e simili. Sempre riferito a una persona, anche non avere voglia di lavorare, come se temesse di essere spezzata dalla fatica. Quasi sempre ironico, si dice inoltre di chi teme

che tutto possa nuocere alla salute e di chi si lamenta per un nonnulla.
var.: essere una cannetta di vetro; avere la schiena di vetro.

mettere sotto il vetrino
Figurato: esaminare con estrema attenzione, come si studia un campione posto sul vetrino sotto la lente di un microscopio.

tenere sotto vetro
Figurato: custodire gelosamente, proteggere con molta cura. Di una persona, tenerla isolata per ripararla dalle difficoltà esterne ed evitarle così eventuali danni, come si fa con gli oggetti preziosi. ‖ Mettere in mostra qualcosa ma in tutta sicurezza, come ponendo un oggetto prezioso in una teca di vetro per farla ammirare pur proteggendola da furti o danneggiamenti.
var.: mettere sotto vetro; tenere sotto una campana di vetro.

VETTA
raggiungere la vetta
Arrivare al massimo dei risultati possibili in un determinato ambito, in particolare della carriera o del successo in generale.

VETTURINO
andare col vetturino Gamba
Figurato: andare a piedi, servendosi delle proprie gambe come vetturino.

VIA
andare per vie traverse
Figurato: ricorrere a mezzi indiretti, in genere poco leali, per ottenere uno scopo; cercare di ottenere privilegi usando sistemi non sempre leciti. Anche cercare di raggiungere un fine utilizzando metodi diversi da quelli considerati normali, oppure, in una conversazione, arrivare all'argomento centrale solo dopo lunghi giri di parole, allusioni, sottintesi e simili. Contiene una vena di giudizio morale negativo.
Per *vie traverse* s'intendono qui le strade trasversali, che costringono a un percorso più lungo ma permettono di farsi notare meno che in una strada importante, di solito più affollata.

dare via libera
Permettere di proseguire. In senso figurato, lasciare una piena libertà d'azione; non porre limiti a qualcosa o a qualcuno.

essere sulla via di Damasco
Figurato: ravvedersi. In senso lato, meditare un cambiamento brusco e profondo della propria vita, delle proprie idee e simili.
Si legge negli *Atti degli Apostoli* (IX, 3) che la conversione di San Paolo avvenne mentre questi stava percorrendo la via che conduceva a Damasco, allora colonia romana.

lasciare la via vecchia per la nuova
Lasciare qualcosa di sicuro per qualcosa d'incerto, d'ignoto. Anche rischiare nella speranza di ottenere qualcosa di meglio.
Deriva dal proverbio "chi lascia la via vecchia per la nuova sa quel che lascia ma non quel che trova", che aggiunge un significato pessimista alla scelta.

non essere la via dell'orto
Figurato: essere qualcosa di complesso, tortuoso, difficile, che richiede abilità, tempo, e soprattutto organizzazione, e che pertanto non assomiglia affatto alla strada che conduce all'orto di casa, in genere dritta, breve, sicura e conosciuta da tutti. È spesso riferito a un viaggio oppure a un'impresa insolita o complicata, che va organizzata con cura in quanto fa prevedere difficoltà e complicazioni.
var.: non essere la strada dell'orto.

passare alle vie di fatto
Figurato: venire alle mani, arrivare alla rissa o comunque alle percosse, in genere dopo essersi convinti che con le parole non si conclude nulla.
L'espressione risale ad alcuni codici

penali precedenti all'unità d'Italia, dove indicava atti generici di violenza.
prendere la via dell'orto
Figurato: scegliere la soluzione più semplice e più facile, come quella che conduce all'orto di casa. In senso lato, anche arrendersi alle difficoltà.
var.: prendere la strada dell'orto.
tornare sulla retta via
Figurato: redimersi, abbandonare una vita moralmente riprovevole e ritrovare l'onestà. Per estensione, abbandonare posizioni che si ritengono erronee facendosi convincere dalle idee di altri. Spesso scherzoso o ironico.
var.: riportare sulla retta via.
via Crucis
Figurato: lunga serie di sofferenze, disgrazie, ostacoli, difficoltà e simili. Si dice spesso anche del tempo e della fatica inutili sprecati in un ufficio pubblico per una pratica burocratica.
La *via Crucis* è una pratica del rito cattolico che vuole ricordare, attraverso quattordici tappe di meditazione e preghiera, l'ascesa di Cristo al monte Calvario.
via di mezzo
Figurato: compromesso tra due alternative; anche ibrido tra due cose di natura simile.
via lattea
Fascia di stelle che fa il giro completo della sfera celeste e che viene percepita come una banda biancastra, sfumata, a contorno irregolare.
La mitologia vuole che sia stata formata dalle gocce di latte cadute dal seno della dea Giunone mentre allattava il piccolo Ercole. Fino a non molti anni or sono, la definizione era usata come sinonimo di galassia.

VIAGGIO
buon viaggio!
Esclamazione: in senso figurato, esprime rassegnazione davanti a un progetto fallito, a un'occasione perduta, a una situazione sgradevole contro la quale si è impotenti.
in viaggio
Figurato: si dice di qualcosa o di qualcuno che sta per arrivare o per verificarsi. Usato spesso nei confronti di un bambino che deve nascere.
l'ultimo viaggio
Figurato: la morte.
viaggio della speranza
Figurato: il viaggio delle coppie di coniugi impossibilitati ad avere figli verso località in cui è possibile ottenere l'inseminazione artificiale. Usato anche per i viaggi verso nazioni in cui è possibile adottare neonati senza le difficoltà del nostro Paese, o magari comperarli. ‖ Figurato: in passato, il viaggio intrapreso dagli emigranti che espatriavano nella speranza di trovare lavoro all'estero, soprattutto negli Stati Uniti.

VIALE
essere sul viale del tramonto
Figurato: essere in fase di declino. Vale per attività o simili in via d'esaurimento, per una moda che sta passando, per una civiltà che non produce più grandi cose. Si dice anche di un artista alla fine della carriera, come pure di una persona che si avvia alla vecchiaia.
Il detto riprende il titolo di un noto film del 1950, *Viale del tramonto*, di B. Wilder, in cui si racconta la storia di un'attrice non più giovane che prevede vicina la fine della sua carriera.

VIATICO
dare il viatico
Figurato: dare conforto, sostegno, aiuto e simili a chi ne ha bisogno per superare un problema, per portare a termine un'impresa e così via.
In origine, il *viatico* era l'insieme delle provviste di cui si corredava una persona che partiva per un viaggio. In se-

guito il termine venne assunto dalla liturgia cattolica con lo stesso significato simbolico, e indicò l'Eucarestia somministrata a un moribondo dopo l'Estrema Unzione, come per fornirgli le provviste necessarie ad affrontare il viaggio verso l'Aldilà.

VICOLO
essere in un vicolo cieco
Trovarsi in una situazione che non lascia scelta, priva di soluzione, dalla quale non si vede il modo di uscire, come se ci si trovasse realmente in una strada a fondo cieco.
var.: cacciarsi in un vicolo cieco.

VIGNA
la vigna del Signore
Figurato: l'insieme dei militanti della Chiesa cattolica, con riferimento alla parabola evangelica della vigna (Luca, 20,9-16).
legare la vigna con le salsicce
Figurato: vivere nell'abbondanza, in condizioni di estrema agiatezza. Oppure essere sciuponi, sperperare inutilmente beni e ricchezze, detto in particolare dei nuovi ricchi che vedono nello spreco una normale e compiaciuta esibizione del loro successo.
Così si faceva nel Paese di Bengodi, secondo quanto racconta Giovanni Boccaccio (*Decamerone*, VIII, 3).
var.: legar le viti con le salsicce.

VILLANO
villano rifatto
Persona di bassa estrazione sociale, priva di cultura e di educazione, che si fa forte e arrogante in virtù della sua nuova ricchezza.

VINO
consumare più vino che olio
Essere un forte bevitore.
levare il vino dai fiaschi
Figurato: fare chiarezza su una questione rimasta in sospeso, oppure dubbia o confusa; anche affrontare definitivamente una situazione in modo da concluderla e così liberarsene.
L'effettiva qualità di un vino si verifica solo al momento di consumarlo.
vino battezzato
Figurato: vino allungato con acqua. Sempre scherzoso.
vino duro
Vino molto aspro.

VINTO
guai ai vinti!
Esclamazione: ormai poco usata, si dice per ribadire che non c'è limite alla sconfitta, e quindi alla sfortuna e alle disgrazie. Quasi sempre scherzoso. È inoltre commento spregiativo nei confronti di chi infierisce su un avversario sconfitto.
Nelle *Historiae* di Livio (V, 48,9) e in storici come Plutarco (*Vita di Camillo*, 28,6) e altri, si legge che dopo la battaglia dell'Allia contro i Galli, nel 390 a.C., i Romani avevano perduto tutta Roma tranne il colle Capitolino. Nell'intento di allontanare i Galli, i Romani si accordarono con il comandante Brenno offrendogli un forte quantitativo d'oro, ma quando il peso stabilito era già quasi raggiunto, Brenno gettò sul piatto della bilancia la propria spada per aumentare così il valore del riscatto dicendo "*Vae victis!*", cioè "guai ai vinti", per ribadire il proprio potere nei confronti della città sconfitta. Si dice che allora intervenisse Camillo, che con la celebre frase "non con l'oro ma con il ferro si difende la patria" indusse alla rivolta i suoi concittadini.

VIOLINO
essere violino di spalla
Figurato: essere un collaboratore fedele e fidato anche se non molto brillante.

Il *violino di spalla* è il primo o secondo violino di un'orchestra, che guida tutto il gruppo dei violini ed esegue eventuali assolo.
var.: fare il violino di spalla.
suonare il violino
Figurato: lusingare qualcuno, adularlo. Dalla parola *violino* derivano con lo stesso senso anche "sviolinare" e "sviolinata".

VIPERA
essere una vipera
Figurato: essere una persona pungente, perfida e maligna. Usato in particolare per le donne.

VISITA
fare la visita di Santa Elisabetta
Figurato: fare una visita molto lunga, come quella che secondo le Sacre Scritture fece la Madonna alla cugina Santa Elisabetta, e che sarebbe durata tre mesi. Ironico o scherzoso.
marcare visita *(pop)*
Figurato: accampare motivi di salute per non fare qualcosa. Di solito ironico o scherzoso.
Viene dal gergo dell'ambiente militare, in cui il soldato di leva che accusa un malessere si "marca", cioè si iscrive, per essere sottoposto a visita medica, e viene successivamente "marcato" sulla lista dei malati compilata dal medico.
passare la visita *(pop)*
Sottoporsi a una visita medica o ad accertamenti clinici, e in particolare alla visita che stabilisce l'idoneità al servizio militare.

VISO
a viso aperto
Senza nascondere la propria identità. In senso figurato, coraggiosamente, senza timore, riferito in particolare a qualcosa di sgradevole, a una discussione, a un'accusa o altro che si affrontano serenamente. ‖ Figurato: direttamente, lealmente. Usato prevalentemente in contrapposizione a "dietro le spalle", per ribadire la correttezza del comportamento come anche il coraggio in caso di liti, sfide o contrasti.
essere buio in viso
Avere un'espressione triste, cupa, preoccupata, addolorata, oppure corrucciata, accigliata.
far buon viso a cattiva sorte
Adattarsi il meglio possibile a situazioni sgradevoli che non si ha la possibilità di evitare o modificare.
var.: fare buon viso a cattivo gioco.
fare il viso buio
Assumere un'espressione cupa, o triste, o accigliata, o adirata, o minacciosa, e così via.
fare il viso dell'arme
Figurato: assumere un'espressione minacciosa, torva, corrucciata, combattiva e simili, come a dimostrare di essere pronti a impugnare le armi. Anche mostrarsi ostili a qualcuno o contrari a qualcosa.
fare il viso duro
Figurato: assumere un'espressione dura, severa, ostile o minacciosa.
fare il viso scuro
Figurato: rabbuiarsi in viso, incupirsi, rattristarsi; esprimere preoccupazione, cruccio e così via. Anche aggrondarsi, accigliarsi.
var.: fare il volto scuro; fare la faccia scura.
gettare in viso
Figurato: rinfacciare qualcosa a qualcuno; anche insultare una persona che non se l'aspetta o rivelarle brutalmente con astio o disprezzo qualcosa di spiacevole e inatteso.
var.: gettare in faccia; gettare sul viso.
leggere in viso
Leggere nella mente, nel pensiero; capire cosa sente o pensa una persona dalle espressioni del suo viso.

var.: leggere in volto; leggere in faccia.

poter mostrare il viso
Figurato: non avere nulla di cui vergognarsi, e quindi non dovere chinare la testa davanti agli onesti.
var.: poter mostrare il volto; poter mostrare la faccia.

viso d'angelo
Figurato: viso di grande bellezza, e in particolare molto dolce e sereno.
var.: volto d'angelo.

viso lungo
Atteggiamento del viso che lo fa apparire allungato, quindi espressione mogia, triste, cupa. Anche aria seccata, imbronciata, immusonita.
var.: faccia lunga; muso lungo.

viso pallido
Nome con il quale, secondo la tradizione, i Pellerossa chiamavano i colonizzatori bianchi.

VISPO
PARAGONI: vispo come un grillo.

vispo come un grillo
Vivace, vispo e allegro come il grillo che salta agilmente nei prati. Per estensione, anche in ottima salute, in piena forma fisica e simili. Si dice anche di una persona particolarmente vitale, allegra, briosa.
var.: vispo e arzillo come un grillo.

VISTA
a prima vista
Alla prima occhiata, alla prima impressione, al primo impatto, al primo momento e simili; a un'osservazione superficiale e così via. ‖ Subito, immediatamente, riferito di solito a reazioni impulsive, a valutazioni affrettate e simili.

a vista
Non nascosto o mimetizzato, posto in posizione tale da poter essere visto chiaramente. Usato specialmente per diversi particolari d'arredamento oppure dell'edilizia, come i mattoni, le travi e così via.

avere la vista corta
Essere miopi. In senso figurato, essere poco lungimiranti, non saper prevedere gli sviluppi di una situazione. Anche mancare d'intuito, oppure d'accortezza, d'intelligenza e simili.
var.: avere la vista lunga.

far bella vista
Presentarsi bene, avere un bell'aspetto, far bella figura; essere bello, decorativo e simili.

far vista di ...
Locuzione: fingere, simulare, far finta di; anche dare a vedere, lasciare intendere, in genere falsamente.
var.: far mostra.

guardare a vista
Sorvegliare attentamente; non perdere d'occhio qualcosa o qualcuno.
var.: sorvegliare a vista.

guastarsi la vista *(fam)*
Figurato: indebolirsi o danneggiarsi la vista con lavori minuziosi o lavorando in condizioni di luce scarsa o inadatta.
var.: rovinarsi la vista; perdersi la vista; rimetterci la vista.

in bella vista
Ben visibile, in grande evidenza. Anche volutamente in mostra, in modo da essere notato e ammirato da tutti. Usato per alcune preparazioni gastronomiche in cui si vuole esaltare il lato estetico.

in vista
In evidenza, ben visibile, in modo da poter essere visto con facilità. ‖ Vicino, nello spazio o nel tempo; raggiungibile in fretta, detto di una località, e imminente, previsto o prevedibile, riferito a un evento solitamente preannunciato da circostanze o informazioni. ‖ Importante, celebre, molto conosciuto, riferito a una persona che occupa una posizione di rilievo o simili.

mettersi in vista
Figurato: distinguersi dagli altri dimo-

strando superiorità di valore, capacità e simili; mettersi in evidenza, emergere, primeggiare.
perderci la vista *vedi* **guastarsi la vista**
perdere di vista
Non riuscire più a vedere qualcosa. Anche figurato, riferito a una persona che si smette di frequentare o di cui non si hanno più notizie.
sparare a vista
Sparare senza preavviso, non appena si vede la persona che si vuole colpire. In senso figurato, aggredire verbalmente qualcuno che non se l'aspetta.

VITA
avere sette vite come i gatti
Essere di fibra molto resistente, rimettersi presto da una malattia. Usato anche per chi è scampato a gravi incidenti o di chi gode di ottima salute nonostante conduca una vita faticosa o sregolata.
Il paragone con i gatti è dovuto non solo alla loro buona capacità di guarigione, comune a quella di molti altri animali, ma soprattutto alla loro agilità, che li mette in grado di salvarsi anche da brutte cadute. Questa destrezza, in un animale considerato sacro da molte civiltà, ha contribuito a far nascere la leggenda delle sue sette vite.
var.: avere sette spiriti come i gatti; avere nove vite come i gatti.
avere vita breve
Figurato: durare poco, detto di idee, teorie, progetti, mode, intenzioni e altro. Si usa inoltre per oggetti che si prevede si rompano presto.
var.: avere vita lunga.
darsi alla bella vita *vedi* **fare la bella vita**
essere ancora in vita
Figurato: permanere, durare, esistere ancora, essere ancora in uso. Riferito a un oggetto, una legge o altro che si riteneva ormai superato, rovinato e così via.

essere tra la vita e la morte
Essere in pericolo di vita per una grave malattia, per un incidente e simili.
fare la bella vita
Vivere spensieratamente, concedendosi svaghi e piaceri, divertendosi senza preoccuparsi di nulla.
var.: darsi alla bella vita.
fare la vita *(pop)*
Figurato: esercitare la prostituzione.
var.: darsi alla vita.
guadagnarsi la vita
Figurato: lavorare per procurarsi il denaro necessario alle esigenze e alle necessità del vivere quotidiano. Sottintende in genere fatiche e preoccupazioni.
guastarsi la vita *(fam)*
Figurato: adirarsi, incollerirsi, amareggiarsi la vita in genere per futili motivi.
in bella vita *(fam)*
In giacca o simili, ma comunque senza cappotto, soprabito e così via.
var.: in vita.
la vita è fatta a scale
Di origine proverbiale, il detto allude all'alternarsi della buona e della cattiva sorte, ma anche ai diversi gradi di successo, potere e simili, a cui può aspirare una persona.
Il detto completo sarebbe "la vita è fatta a scale, c'è chi scende e c'è chi sale", volendo significare che per un individuo che fa carriera e raggiunge posizioni elevate, ce n'è un altro che perde prestigio e considerazione.
la vita eterna
Per i cattolici, la gioia senza fine dei giusti che meriteranno il Paradiso.
passare a miglior vita
Figurato: morire, nel senso d'iniziare la vita ultraterrena priva delle sofferenze e delle tribolazioni del mondo terreno.
pieno di vita
Figurato: pieno di vivacità, vitalità, brio, energia, entusiasmo e simili, ri-

ferito a una persona. Detto di una località o di un ambiente, pieno di animazione. Di un testo letterario o teatrale oppure di un quadro, una scultura e simili, pieno di forza, di vigore, d'intensità espressiva e così via.
var.: senza vita; privo di vita.

questione di vita o di morte
Questione molto importante, da cui può dipendere la vita di qualcuno. In senso lato, questione che può capovolgere una situazione, che può mutare radicalmente lo svolgersi d'importanti eventi. Anche ironico o scherzoso.

sapere vita, morte e miracoli
Sapere tutto sul conto di qualcuno.
È preso dai vecchi testi agiografici, che narravano con grande puntualità la vita di un Santo.

su con la vita!
Esclamazione: è un'esortazione a farsi coraggio, a non lasciarsi abbattere dalle sventure, a riacquistare ottimismo e così via.
In origine era un'esortazione a tenere eretto il busto, cioè la *vita* anatomicamente intesa. Si dice anche "stare sulla vita", in riferimento a chi mantiene la voluta posizione eretta.

vita da cani
Figurato: vita dura, difficile, piena di stenti, paragonabile a quella di un povero cane randagio.

vita facile
Figurato: vita comoda, senza problemi o preoccupazioni, spesso senza necessità di lavorare. Sottintende spesso il ricorso a mezzi disonesti o illeciti per potersela permettere.

VITELLO
adorare il vitello d'oro
Pensare solo alla ricchezza, ai beni materiali in generale. In senso lato, perseguire un ideale che dietro un'apparenza positiva nasconde insidie, pericoli, peccati e così via.
Allude all'episodio biblico (*Esodo*, 32) secondo il quale, quando Mosè discese dal monte Sinai con le Tavole della Legge ispirategli da Dio, trovò il suo popolo che, credendosi abbandonato, adorava un vitello di legno rivestito d'oro secondo l'usanza delle popolazioni con le quali era venuto in contatto durante il lungo viaggio nel deserto.

andar vitello e tornar bue
Diventare più stupidi di prima. Si usa soprattutto quando, dopo aver contato sul miglioramento di una persona in virtù di esperienze, studi o simili, ci si rende conto di essersi sbagliati.

uccidere il vitello grasso
Figurato: festeggiare sontuosamente un avvenimento gradito, e in particolare il ritorno imprevisto di una persona cara. A volte anche ironico o scherzoso.
Allude alla parabola evangelica del Figliol Prodigo (Luca, 15,11-32), in cui si narra di un giovane benestante che torna pentito alla sua casa che aveva abbandonato per darsi a una vita di bagordi. La famiglia, anziché rimproverarlo, imbandisce per il suo ritorno un grande banchetto per il quale viene ucciso il vitello più grasso.

VITTORIA
vittoria ai punti
Figurato: vittoria non particolarmente gloriosa, ottenuta solo con un lieve vantaggio sull'avversario.
Viene dal mondo del pugilato, in cui definisce la vittoria attribuita in base al punteggio assegnato a ognuno dei contendenti in ogni singola ripresa giunta regolarmente a termine, e quindi senza la decisiva superiorità determinata dal K.O., ossia l'atterramento di un pugile per almeno 10 secondi.

VITUPERIO
essere in vituperio
Godere di cattiva fama, avere una-

pessima reputazione. Ormai disusato, è oggi solo scherzoso.
suonare a vituperio
Figurato: biasimare, criticare aspramente e pubblicamente. Oggi quasi sempre scherzoso.
Anticamente, quando un colpevole stava per essere messo alla gogna in piazza, era uso suonare le campane per richiamare la popolazione.

VIVERE
non lasciar vivere
Figurato: infastidire qualcuno, tormentarlo, non lasciarlo in pace. Anche assillare una persona con eccesso di premure, di manifestazioni d'affetto, di raccomandazioni e altro, come impedendole di vivere imponendole la propria presenza soffocante.
quieto vivere
Vita tranquilla, priva di discussioni, polemiche e simili.
saper vivere
Essere in grado di badare a se stessi e di trarre il meglio dalla vita, e anche saperla godere. ‖ Figurato: conoscere le norme del galateo o almeno della buona educazione che stanno alla base dei civili rapporti umani.
Viene detto *il saper vivere* l'insieme delle norme del galateo.
var.: saper stare al mondo.
stare sul chi vive
Figurato: stare in guardia, essere pronti a fronteggiare qualsiasi avvenimento o imprevisto sgradevole.
Viene dal linguaggio militare, e riprende la domanda "Chi vive?" con cui una sentinella intimava di farsi riconoscere a chiunque si avvicinasse. In tempi più antichi l'intimazione era "Chi viva?", e prevedeva che l'interpellato dichiarasse con un "evviva" la propria appartenenza a una delle parti in contrasto.
var.: essere sul chi vive; restare sul chi vive.

vivere alla giornata
Vivere giorno per giorno senza pensare al futuro, soprattutto in senso economico e organizzativo, riferito in particolare a chi non si preoccupa di trovarsi una strada nella vita, che passa leggermente da un lavoro all'altro, che non economizza, che pensa solo a divertirsi, senza domandarsi che cosa succederà più avanti. Si dice inoltre di chi non riesce a trovare un lavoro stabile pur desiderandolo, e deve pertanto affidarsi a quello che trova giorno per giorno.
L'espressione è usata fin dall'antichità, e la si trova anche in Cicerone, in Plinio il Giovane e in vari altri autori.
vivere alla grande *(pop)*
Vivere spendendo molto, spesso al di sopra delle proprie possibilità economiche. Spesso scherzoso o ironico.
vivere e lasciar vivere
Figurato: badare ai fatti propri e lasciare che gli altri facciano altrettanto senza assillarli, criticarli e così via. Usato spesso come invito alla tolleranza nella frase "vivi e lascia vivere".

VIVO *(agg)*
farsi vivo
Dar notizie di sé, soprattutto dopo molto tempo.
vivo e vegeto
In ottima salute e pieno di vigore; detto principalmente di persone anziane che si mantengono lucide e arzille a dispetto dell'età avanzata o che addirittura si ritenevano ormai morte. Riferito a istituzioni, aziende e simili, essere ancora floride e attive.

VIVO *(sost)*
dal vivo
Ottenuto o presentato senza l'intervento di mezzi tecnici, meccanici e simili. Anche non registrato, non ricostruito in studio, detto in particolare di uno spettacolo, di un concerto, del-

l'esibizione di un cantante e così via.
entrare nel vivo
Figurato: riferito a un discorso, un argomento, una questione e simili, affrontare la parte essenziale, più pertinente, sostanziale.
toccare nel vivo
Urtare la suscettibilità di una persona, il suo amor proprio; oppure affrontare un argomento doloroso, delicato, sgradito per qualcuno, come se si frugasse nella carne viva di una ferita aperta.
var.: pungere nel vivo.

VIZIO
vizio contro natura
Figurato: le pratiche omosessuali.
vizio solitario
Figurato: l'onanismo, la masturbazione solitaria.

VOCE
a tiro di voce
Vicino, alla distanza fino a cui si può udire una voce.
a viva voce
Direttamente, parlando di persona.
alzare la voce
Figurato: litigare con qualcuno, alzando così il tono di voce per l'eccitazione o l'ira. ‖ Figurato: rimproverare qualcuno, minacciarlo; cercare d'imporre la propria volontà alzando il tono di voce convinti di darsi maggiore autorevolezza.
var.: fare la voce grossa.
dare sulla voce *(fam)*
Zittire una persona, metterla a tacere di solito muovendole riproveri.
dare una voce a *(fam)*
Figurato: chiamare qualcuno, fargli sentire la propria voce.
fare la voce grossa *vedi* **alzare la voce**
passare la voce
Diffondere una notizia facendola conoscere a più persone che a loro volta fanno altrettanto.

rifare la voce di ...
Imitare il modo di parlare e il timbro di voce di qualcuno, in genere per burla o dileggio.
spiegare la voce
Cantare con voce piena, sonora, emettendo la voce in tutta la sua forza come se la si aprisse completamente dopo averla tenuta ripiegata. Usato soprattutto in contrapposizione alla voce in sordina.
voce bianca
Figurato: la voce dei bambini e dei ragazzi che non hanno ancora raggiunto la pubertà, quindi ancora infantile, che non ha ancora acquisito il timbro dell'età adulta.
L'aggettivo *bianco* allude qui all'innocenza sessuale dovuta all'età giovanile, ma in origine l'espressione si riferiva alla voce degli eunuchi.
voce d'angelo
Figurato: voce molto armoniosa e musicale. Usato in particolare per chi canta di professione.
voce da confessionale *(raro)*
Volume di voce bassissimo, simile a quello che si usa comunemente durante la Confessione.
voce del cuore
Figurato: sorta di richiamo ideale dettato dal sentimento d'affetto o d'amore per qualcuno; sentimento d'attrazione particolare e istintiva per una persona cara.
voce del sangue
Figurato: sorta di richiamo ideale dettato dal legame di parentela con qualcuno; sentimento istintivo di affetto, solidarietà o simili che lega ai propri famigliari. È riferito in particolare ai figli.
voce di bronzo *(raro)*
Voce sonora, profonda, risonante, simile al suono prodotto dal bronzo percosso. Non a caso questa lega continua a essere utilizzata nella produzione delle campane.

voce di corridoio
Figurato: notizia, confidenza o simili non ufficiale o non ancora annunciata che proviene da un ambiente o da una persona credibile. Nato dal gergo giornalistico e riferito solitamente all'ambiente politico, è usato anche per segreti mal custoditi, indiscrezioni, pettegolezzi e simili.

voce di tomba
Figurato: voce cupa, tetra, lugubre, quasi uscisse da una tomba.

voce nel deserto
Figurato: parole, raccomandazioni, consigli, ammonimenti e simili che non vengono ascoltati. Riferito inoltre a idee o insegnamenti che non trovano seguito.
Allude all'episodio biblico (*Isaia*, XV, 3) in cui un araldo di *Jahvé* ordina agli Israeliti di preparare nel deserto la strada del ritorno dall'esilio babilonese. La frase è successivamente ripresa dai Vangeli (Giovanni, I, 23; Matteo, III, 3; Lucá, III, 4; Marco, I, 3) con riferimento alla predicazione di Giovanni Battista, che veniva dal deserto e invitava gli uomini a vivere in penitenza e in ritiro spirituale, annunciando l'imminente salvezza portata da Cristo.
var.: essere una voce nel deserto; predicare come una voce nel deserto; predicare al deserto.

VOGLIA
attaccare le voglie al campanello dell'uscio
Rinunciare a realizzare desideri e sogni, come lasciandoli fuori della porta di casa.
var.: attaccare i desideri al campanello dell'uscio.

aver la voglia del calcinaccio
Figurato: continuare a modificare la struttura di una casa. In senso lato, desiderare di avere diverse abitazioni o d'investire in beni immobiliari.

VOLARE
volare alto
Figurato: non preoccuparsi delle piccolezze della vita quotidiana, spesso non capirle neanche quasi non le si vedesse nemmeno, come se ci si dovesse occupare di cose molto più importanti e per questo si volasse molto in alto, tanto da non riuscire a scorgere quello che succede a livello del suolo.

VOLATA
di volata
Con grande rapidità, immediatamente.

tirare la volata
Avere un ruolo trainante, essere di stimolo in una data situazione. ‖ Aiutare qualcuno assumendosi parte dei suoi impegni o spianandogli la strada.
Viene dal gergo del ciclismo dove si riferisce a un gregario che aiuta un corridore della sua squadra nella *volata*.

VOLERE
ci vuol altro!
Esclamazione: esprime la convinzione che ciò di cui si dispone non sia minimamente sufficiente o adeguato alla necessità contingente. Usato anche come espressione di disprezzo nei confronti di qualcuno con cui si è in contrasto e al quale ci si sente superiori.

voler cantare e portar la croce
Voler fare contemporaneamente due cose per loro natura incompatibili.

voler la carne senza l'osso
Figurato: pretendere di avere solo la parte migliore di qualcosa, gli aspetti positivi senza quelli negativi connessi; esigere un bene senza doverne pagare il prezzo.
var.: volere il miele senza le mosche; volere il pesce senza la lisca.

voler la frittata senza rompere le uova
Pretendere un vantaggio o un beneficio senza pagarne il prezzo. Usato principalmente per persone avide che cercano di avere tutto gratis.

voler pettinare un riccio
Figurato: pretendere di fare una cosa impossibile, come appunto voler pettinare un riccio che è tutto ricoperto di aculei.
var.: voler fare la frittata senza rompere le uova.

volere andare in paradiso in carrozza
Pretendere un vantaggio o un privilegio senza averne merito; volere qualcosa senza sobbarcarsi lo sforzo di meritarla. Usato prevalentemente con questo secondo significato nei confronti di persone che tendono a farsi servire il più possibile.
Il detto deriva dal proverbio "In paradiso non ci si va in carrozza".

volere appendere all'uncino il formaggio tenero *(raro)*
Voler fare una cosa sciocca, praticamente impossibile, che non può dare buoni risultati.
Allude all'uso di appendere a un uncino i pezzi di formaggio da affumicare, che ovviamente non possono essere del tipo a pasta molle o almeno devono essere già un po' stagionati. In origine il detto si riferiva ai ragazzi di poco carattere, privi di nerbo, considerati difficili da educare perché apparentemente incapaci d'imparare veramente le cose. Il detto è già citato da Diogene Laerzio che lo attribuisce come battuta di spirito a Bione di Boristene.

volere il miele senza le mosche *vedi* **voler la carne senza l'osso**

volere il pesce senza la lisca *vedi* **voler la carne senza l'osso**

volere la botte piena e la moglie ubriaca
Pretendere di avere tutto, anche le cose che per loro stessa natura si escludono a vicenda.
var.: volere la botte piena e la serva ubriaca.

volere la luna
Volere cose impossibili. Anche avere pretese esagerate, non accontentarsi mai di quello che si ha.

volere la rosa senza spine
Pretendere di avere i vantaggi di una situazione senza i problemi che comporta, come una rosa dallo stelo privo di spine.

volere le pere monde *(des)*
Figurato: pretendere di trovarsi la strada spianata da ogni ostacolo; voler godere gli aspetti positivi di una situazione senza sobbarcarsene i lati spiacevoli, come potrebbe essere quello di sbucciarsi da sé una pera prima di mangiarla.

volere o volare
Figurato: obbligatoriamente, riferito a qualcosa che è meglio fare di buon grado in quanto dev'essere fatta in ogni caso.
L'alternativa inevitabile si pone qui tra una facoltà umanamente possibile come la volontà, e una impossibile, come la capacità di volare.

VOLO
a volo d'uccello
Dall'alto e rapidamente, come ottenendo la visione che avrebbe un uccello in volo. Per estensione, in gran fretta, senza dedicare attenzione ai particolari, usato di solito in riferimento a qualcosa che viene raccontato o spiegato in modo rapido e riassuntivo.
var.: riferire a volo d'uccello; dire a volo d'uccello; spiegare a volo d'uccello.

al volo
Prontamente, subito, senza bisogno di riflessione, senza perdere tempo.

capirsi a volo
Capirsi senza bisogno di spiegazioni, detto di persone che s'intendono fra loro pur non parlandosi chiaramente, come se il pensiero dall'una volasse nell'aria verso l'altra.

cogliere al volo
Figurato: di un'occasione, una propo-

sta e simili, accettarla immediatamente appena viene formulata. Di un sottinteso, un'allusione, un segnale, capirne prontamente il significato.

prendere al volo
Intercettare un oggetto in movimento, in particolare se viene lanciato o se sta per cadere a terra, come se lo si bloccasse durante il suo *volo*. In senso lato, non lasciarsi sfuggire un'occasione, una proposta interessante e simili.

prendere il volo
Figurato: fuggire, scomparire, detto in particolare di ricercati, di persone che temono di vedersi chiedere ragione del loro operato e in generale di chi se ne va in fretta, come un uccello. ‖ Figurato: di una ragazza, lasciare la casa natale per sposarsi.

volo pindarico
In un discorso, uno scritto e simili, passaggio repentino da un argomento a un altro apparentemente privo di relazione con il precedente. Si usa con senso spregiativo per discorsi sconclusionati, o ironico per l'esposizione di progetti, teorie, speranze o altro che appaiono utopistici, illusori, eccessivamente ambiziosi e via dicendo.

Il poeta lirico Pindaro, vissuto in Grecia verso la fine del 500 a.C., propose uno stile libero dal vincolo dell'epoca che imponeva di motivare la logica dei passaggi da un argomento all'altro. Nei suoi inni dedicati alle gare sportive panelleniche, iniziava con un accenno ai vincitori per poi passare rapidamente a celebrare qualche divinità, a narrare una leggenda e così via.

VOLONTÀ
a volontà
Senza limiti, riferito di solito a un bene di cui c'è grande abbondanza.

volontà di ferro
Figurato: volontà ferma, tenace, irremovibile, fortemente determinata a raggiungere i propri obiettivi.
var.: volontà d'acciaio.

VOLPE
essere un volpone
Figurato: essere una persona molto astuta o che si avvale con abilità di mezzi spesso subdoli e a volte illeciti.

essere una vecchia volpe
Figurato: essere una persona capace di destreggiarsi anche nelle situazioni più difficili e complesse grazie alla propria abilità e a una lunga esperienza di vita.

essere una volpe
Figurato: essere una persona abile e astuta, o anche molto prudente o diffidente.

fare come la volpe con l'uva
Ostentare disprezzo o disinteresse per quello che non si riesce a ottenere pur desiderandolo molto.

Narra una favola di Esopo (*Favole*, 32) ripresa poi da Fedro (*Favole*, IV, 3) e La Fontaine (*Fables*, III, 11) che un giorno una Volpe affamata si trovò a passare sotto una vite da cui pendeva un grosso grappolo d'uva matura. La Volpe cercò in tutti i modi di afferrarlo, ma senza risultato, e quando si rese conto dell'inutilità dei suoi sforzi se ne andò affamata quanto prima esclamando: "Bella quell'uva; peccato che non fosse matura".

fare la volpe con un'altra volpe
Tentare di battere un rivale con le sue stesse armi, di solito senza riuscirci. È riferito in genere a un imbroglione che cerca di raggirare un altro imbroglione, o a chi si difende da un truffatore adottando i suoi stessi sistemi.

Il detto è diffuso nell'antichità classica soprattutto in chiave difensiva. Lo stesso Ovidio afferma così che è lecito difendersi da una frode ricorrendo a un'altra frode (*Ars amatoria*, 3,49), e molti altri autori e massime popolari invitano a utilizzare gli stessi mezzi adottati dal nemico per non restarne vittime, in locuzioni quali "con la volpe, anche tu comportati da volpe", "è difficile prendere una volpe con un'altra volpe" e varie altre.

VOLTO
volto di Madonna
Volto di donna bellissimo, dolcissimo, spirituale.

VULCANO
avere una mente come un vulcano
Figurato: avere una mente fantasiosa, capace di numerose e continue idee brillanti e geniali.
essere un vulcano
Figurato: essere una persona esuberante, piena di vitalità trascinante, sempre pronta a impegnarsi con energia in numerose attività. Più raramente, avere sempre nuove idee, progetti, iniziative e simili.

VUOTO
a vuoto
Figurato: inutilmente, detto di un'azione che non dà risultato.
andare a vuoto
Figurato: non avere effetto, non sortire alcun risultato; rivelarsi inutile o sprecato. Anche essere disertato, oppure rimanere inascoltato o venire respinto, riferito principalmente a proposte, progetti, offerte e altro.
cadere nel vuoto
Figurato: rimanere inascoltato, detto di parole, suggerimenti, consigli, di richieste, preghiere e così via.
fare il vuoto intorno a ...
Figurato: isolare una persona, allontanare chi gli stava intorno, alienargli la simpatia, la fiducia, la stima degli altri.

Z

ZAMPA
allungare le zampe *(fam)*
Figurato: prendersi delle confidenze non autorizzate con una donna; infastidirla toccandola o con effusioni spinte.

lo zampino del Diavolo
Intervento, intromissione o imprevisto che rischia di compromettere seriamente l'esito di un progetto, di un affare, di un lavoro e simili.
var.: se il Diavolo ci mette lo zampino.

metterci lo zampino *(pop)*
Figurato: intromettersi in una questione lasciando tracce del proprio intervento, a volte provocando conseguenze più o meno negative.
var.: esserci lo zampino di; vederci lo zampino di.

zampe di gallina
Figurato: grafia molto irregolare e disordinata, quasi illeggibile, simile ai segni lasciati da una gallina che razzola sul terreno. ‖ Figurato: l'insieme di piccole rughe che compaiono sul viso agli angoli esterni degli occhi a causa dell'età o del troppo sole.

zampe di mosca
Figurato: grafia molto minuta e confusa, quasi illeggibile, simile ai segni che potrebbero lasciare le zampe di una mosca.

ZAPPA
darsi la zappa sui piedi
Farsi del male, procurarsi un danno, detto in particolare di chi agisce avventatamente o spinto dall'ira. Usato soprattutto a proposito di chi finisce per nuocere a se stesso pensando di danneggiare qualcun altro.
In latino si trovano locuzioni simili, come "darsi la scure sui piedi", darsi la scure in una gamba", e "darsi alle gambe da sé".
var.: darsi la scure sui piedi; tirarsi la zappa sui piedi.

ZELO
soprattutto niente zelo!
Esclamazione: è un invito a non eccedere, ad agire con calma e senza entusiasmi incontrollati.
Riprende la frase con la quale Talleyrand, allora ministro degli Esteri, nel 1799 esortò i dipendenti del proprio ministero a riorganizzarsi per adeguarsi totalmente alle sue direttive improntate a una diplomatica cautela.

ZEPPA
mettere le zeppe fra due persone
Figurato: fomentare discordie, mettere l'una contro l'altra due persone che erano sempre andate d'accordo, come interponendo delle zeppe tra due elementi che in questo modo non possono più combaciare.

mettere una zeppa *(fam)*
Figurato: trovare un rimedio temporaneo o di fortuna a una situazione, come inserendo uno spessore sotto la gamba di un tavolo traballante.

ZERO
essere a zero *(pop)*
Mancare del tutto, essere completamente esaurito, detto in genere di beni materiali.

essere uno zero
Figurato: essere una nullità, non valere nulla, come lo zero che da solo, quando non è associato a un'altra cifra, non ha nessun valore numerico o quantitativo.
var.: non valere uno zero.

partire da zero
Figurato: cominciare dal nulla. Riferito a imprese che iniziano praticamente con scarsi mezzi, senza appoggi e simili, o a persone che raggiungono posizioni di rilievo partendo da condizioni iniziali molto modeste e così via.
var.: cominciare da zero.

ridursi a zero
Figurato: finire, esaurirsi del tutto. Riferito a una persona, ridursi in miseria.

ripartire da zero
Figurato: dover ricominciare da capo, avendo perduto tutto quello che si possedeva. Riferito a un patrimonio, a un lavoro, oppure a una relazione sentimentale e altro.
var.: ricominciare da zero.

ritornare a zero
Figurato: ritornare al punto di partenza; avere perduto tutto quello che si possedeva, non avere concluso niente.

spaccare lo zero
Figurato: cavillare su una questione di poco conto, qui rappresentata dal nullo valore dello zero.
var.: spaccare lo zero in quattro.

sparare a zero
Figurato: aggredire violentemente qualcuno con accuse, critiche o invettive anche perfide o esagerate. In artiglieria è detta "alzo zero" la posizione orizzontale della canna dell'arma, quando il dispositivo che misura l'inclinazione della bocca da fuoco segna lo zero. Si usa per i tiri a distanza ravvicinata.

tagliare a zero
Figurato: riferito ai capelli, tagliarli quanto più possibile vicino alla cute.
var.: rapare a zero; radere a zero.

zero al quoto
Figurato: niente, poiché in matematica *zero al quoto* dà ancora zero.

zero assoluto
Figurato: assolutamente niente, nulla di nulla, detto principalmente in merito alla mancanza di reazione di qualcosa.
In fisica, è la temperatura alla quale un sistema termodinamico possiede l'energia minima possibile. Corrisponde a $-273,15$ gradi Celsius.

zero via zero *(fam)*
Assolutamente niente, ossia quanto si otterrebbe mettendo insieme uno zero dopo l'altro.

ZIO
zio Sam *(pop)*
Nomignolo scherzoso per il governo statunitense e in generale per gli abitanti di questo Paese. Lo si è composto con le lettere iniziali di *United States of America*.

ZIZZANIA
Zizzania è un nome generico per erbe infestanti nocive soprattutto alle coltivazioni di grano, poiché s'intrecciano alle sue radici e le trascinano con sé quando si tenta di estirparle. Per questo la zizzania è stata presa a simbolo della discordia.

seminare zizzania
Figurato: mettere disaccordo, aizzare gli uni contro gli altri; nuocere a qualcuno, per lo più suscitando discordie dannose.
Viene dalla parabola evangelica (Matteo, XII, 24-30) in cui si narra di un uomo che per danneggiare un nemico seminò zizzania nel suo campo di grano.
var.: mettere zizzania.

ZOCCOLO
andare a zoccoli per l'asciutto *(raro)*
Figurato: praticare la sodomia.

ZOPPO
agli zoppi grucciate *(raro)*
A chi ha già una disgrazia ne arriveranno certo delle altre: questo poiché i deboli sono i più esposti ai colpi della sorte in quanto meno capaci di difen-

dersi ed è facile che non siano in grado di ricorrere all'aiuto di chi è più forte di loro, oppure poiché si dà per scontato che un infelice rimanga tale e quindi non ci si addolora troppo se ha un problema in più, e infine poiché non è difficile infierire sui più deboli, così come non è difficile percuotere uno zoppo, magari con le sue stesse stampelle.

chi va con lo zoppo impara a zoppicare
Di origine proverbiale, il detto vuole mettere in guardia dalle cattive compagnie.
Ripete l'identico proverbio.

ZUCCA
andar fuori di zucca *(pop)*
Perdere la ragione; confondersi; ridursi alla pazzia; avere un attacco d'ira; sragionare; impazzire; delirare; non capire più niente.
La *zucca*, qui, è uno dei tanti sinonimi di "testa".
var.: andar fuori di testa.

essere una zucca *(fam)*
Figurato: essere ottusi, poco intelligenti, non capire le cose. Anche essere cocciuti, testardi o puntigliosi.
var.: essere una zucca vuota.

essere una zucca dura *(fam)*
Figurato: essere cocciuti, testardi, difficili da convincere di qualcosa.

ZUCCHERO
dare lo zuccherino *(pop)*
Figurato: dare a qualcuno un piccolo premio, un regalino, una gratificazione o simili per indurlo ad accettare qualcosa di sgradevole.
La zolletta di zucchero è un premio o un incentivo che viene offerto a molti animali, in particolare ai cavalli. Viene inoltre data spesso ai bambini per consolarli del cattivo sapore di una medicina.

essere uno zuccherino *(pop)*
Figurato: essere una cosa facile o gradita, sottintendendo un confronto con qualcosa di difficile o penoso.

essere uno zucchero
Figurato: essere molto dolci, amabili, gentili e affettuosi; usato anche in senso ironico. Oppure non creare problemi, mostrarsi disponibili e ben disposti. Riferito a una situazione, non presentare difficoltà, essere facile, priva di ostacoli e intoppi.
var.: essere uno zuccherino.

essere zucchero e miele
Figurato: essere molto dolci, affettuosi, accomodanti e simili, riferito in particolare a chi deve farsi perdonare qualcosa. Anche essere sdolcinati, svenevoli, soprattutto con ipocrisia.
var.: essere tutto zucchero; essere tutto zucchero e miele.

ZUPPA
darne una zuppa *(fam)*
Figurato: tediare qualcuno con un discorso lungo, pedante e noioso. Riferito anche a un pesante rimprovero, a una lamentela piagnucolosa, o a una serie di pettegolezzi per cui l'interlocutore non ha il minimo interesse.

essere una zuppa *(pop)*
Figurato: essere un insieme confuso oppure molto noioso, riferito a discorsi e simili.

essere una zuppa e un pan molle
Figurato: assomigliarsi moltissimo.

far la zuppa nel paniere
Fare una cosa in maniera insensata o sciocca, da incapaci, senza quindi ottenere alcun risultato, come se volendo preparare una zuppa si utilizzasse un paniere.
È contrazione del proverbio che dice "chi vuol far l'altrui mestiere fa la zuppa nel paniere".

fare la zuppa
Figurato: per trarne guadagni illeciti, creare volutamente una situazione confusa e complicata in cui risulti difficile scoprire le irregolarità e indivi-

duare i responsabili, in genere accordandosi segretamente con altri.

se non è zuppa è pan bagnato!
Esclamazione: si usa per una cosa che è più o meno uguale a un'altra, con pochissima differenza.

sempre la solita zuppa
Sempre la stessa cosa, che quindi viene a noia. Riferito a un discorso, a una situazione, a una teoria e simili. Adombra una vena di delusione.
var.: essere sempre la solita minestra.

INDICE ALFABETICO

a babbo morto 40
a bocca asciutta 56
a bocca calda 57
a bocca stretta 57
a bocce ferme 58
a botta calda 61
a braccia aperte 63
a braccio 63
a braccio accorciato 63
a briglia abbandonata 67
a briglia sciolta 67
a buon mercato 297
a calci nel sedere 77
a caldo 78
a canne d'organo 90
a casa del Diavolo 105
a casa di Dio 105
a casa mia 105
a catena 108
a caval donato non si guarda in bocca 109
a cavaliere 109
a cento mani 281
a ciglio asciutto 126
a coda di maiale 129
a coda di rondine 129
a colpi d'ariete 29
a colpi di … 133
a colpo d'occhio 333
a colpo sicuro 133
a comando 136
a corpo morto 145
a croce o pila 525
a cul di sacco 153
a cuor leggero 154
a cuore aperto 154
a denti stretti 159
a destra e a sinistra 161
a Dio piacendo 165
a Dio spiacente ed ai nemici suoi 165
a doppio taglio 515
a dorso d'asino 32

a dovere 173
a due passi 377
a effetto 179
a farla corta 147
a farla grassa 239
a festa 193
a fior d'acqua 3
a fior di… 203
a fior di labbra 250
a fior di pelle 384
a fiumi 203
a fondo perduto 205
a forza di… 208
a forza di braccia 63
a freddo 211
a fronte scoperta 212
a furia di… 208
a furor di popolo 219
a gambe levate 221
a getto continuo 226
a gonfie vele 551
a grandi linee 262
a grugno duro 317
a lettere d'oro 259
a libro 260
a lume di naso 318
a macchia d'olio 272
a macchinetta 272
a mal partito 376
a man salva 281
a mani nude 281
a mano a mano 281
a mano armata 281
a memoria 294
a memoria d'uomo 294
a mente fresca 295
a metà strada 509
a misura d'uomo 302
a misura umana 302
a monte 308
a mordi e fuggi 309

a morte 310
a muso duro 317
a naso 318
a nemico che fugge ponti d'oro 320
a non finire 203
a notte alta 327
a occhi aperti 333
a occhi asciutti 126
a occhi chiusi 333
a occhio 333
a occhio e croce 333
a occhio nudo 333
a ogni batter di ciglia 126
a ogni battito di ciglia 126
a ogni morte di papa 310
a ogni morte di vescovo 310
a ogni passo 377
a ogni piè sospinto 404
a orecchio 348
a pancia all'aria 363
a pane e acqua 363
a parole 372
a passi da giraffa 377
a passo di carica 377
a passo di formica 377
a passo di lumaca 377
a passo d'uomo 378
a pelo d'acqua 3
a pennello 390
a pera 391
a perdita d'occhio 333
a peso d'oro 395
a pezzi e bocconi 59
a piede libero 404
a piena gola 236
a piene mani 281
a pieni polmoni 416
a pieno braccio 63
a pioggia 411
a più non posso 423
a portata di mano 281
a porte chiuse 420
a prima vista 564
a pronta cassa 106
a proprie spese 500
a prova di ... 428
a prova di bomba 59
a prova di botta 61
a punti di luna 267
a qualsiasi costo 148
a quattro mani 281

a quattr'occhi 333
a questi lumi di luna 266
a quest'ora 345
a ragion veduta 439
a ranghi serrati 441
a regola d'arte 31
a regola di briscola 445
a rigor di termini 523
a rotta di collo 130
a ruota libera 457
a salti 463
a sangue 465
a sangue freddo 465
a scappa e fuggi 473
a scartamento ridotto 474
a schiena d'asino 32
a secco 481
a secco di ... 481
a senso unico 485
a sospiri 497
a spalla 498
a spalle 498
a spese di ... 501
a spizzichi e bocconi 59
a spron battuto 504
a stecchetto 506
a tambur battente 516
a tappeto 517
a tempo perso 520
a testa alta 525
a testa bassa 525
a testa o croce 525
a tiro 535
a tiro di voce 568
a trecentosessanta gradi 238
a tutta birra 56
a tutta botta 61
a tutta briglia 67
a tutta forza 208
a tutta prova 428
a tutte le ore 345
a tutti i costi 148
a tutti i poeti manca un verso 414
a tutto campo 85
a tutto gas 223
a tutto vapore 549
a tutt'uomo 544
a un tiro di balestra 41
a un tiro di sasso 471
a un tiro di schioppo 476
a uno sputo di distanza 505

a urli di lupo 269
a valle 548
a vele spiegate 551
a venticinque carati 100
a ventiquattro carati 100
a viso aperto 563
a vista 564
a vista d'occhio 333
a viva forza 208
a viva voce 568
a volo d'uccello 570
a volontà 571
a vuoto 572
abbaiare alla luna 267
abbandonare il campo 86
abbandonare questa terra 523
abbassare la cresta 150
abbassare le ali 150
abboccare all'amo 18
abbracciare la croce 151
abisso di scienza 1
abitare a casa di Dio 105
accarezzare le spalle 499
accendere una candela ai Santi e una al Diavolo 86
accendere un cero 116
accendere un cero in chiesa 116
accendere un lume 266
accendersi come un fiammifero 194
accennar coppe e dar denari 141
accennare in coppe e dare in bastoni 141
accogliere a braccia aperte 63
accogliere come il Messia 297
accontentarsi delle cicche 124
accordare gli strumenti 3
accordare le campane 3
accostarsi all'altare 14
accusare il colpo 133
acqua alle corde 3
acqua cheta 4, 7
acqua di fuoco 4
acqua di vita 4
acqua fresca 4
acqua in bocca 4
acqua passata 4
acqua sporca 4
ad anni-luce 23
ad apertura di libro 260
ad arte 31
adagio che le scale son di vetro 473
addetto ai lavori 256

addormentarsi in Cristo 151
adoperare il rasoio 442
adorare il vitello d'oro 566
affare di cuore 155
affare di Stato 10
affare d'oro 10
afferrar l'anguilla per la coda 21
affilare le armi 192
affogare in un bicchier d'acqua 4
affogare nei debiti 159
affogare nel grasso 239
affondare il dente 159
aggiungere le beffe al danno 158
aggiungere legna al fuoco 258
aggiustare il tiro 535
agile come una scimmia 477
agile come un gatto 223
agire di testa propria 526
agire dietro le quinte 437
agli zoppi grucciate 574
agnello di Dio 11
aguzzar le ciglia 126
aguzzare gli occhi 333
aguzzare i ferri 192
aguzzare la vista 334
aguzzarsi il palo sulle ginocchia 362
ai quattro angoli della terra 20
ai tempi che Berta filava 52
ai tempi di Noè 520
al buio tutte le gatte sono bigie 223
al canto del gallo 92
al capello 93
al di fuori del bene e del male 50
al di là del bene e del male 50
al diavolo 161
al mondo 305
al secolo 481
al tempo 520
al tempo dei tempi 520
al volo 570
albero della cuccagna 152
alitare sul collo 131
alla barba di ... 44
alla buona 71
alla buon'ora 345
alla carlona 101
alla diavola 161
alla faccia di ... 185
alla follia 205
alla garibaldina 223
alla grande 238

alla grossa 241
alla larga 254
alla leggera 257
alla luce dei fatti 265
alla luce del giorno 265
alla luce del sole 265
alla luce di... 265
alla mano 281
alla massima potenza 422
alla memoria 294
alla prova dei fatti 428
alla spicciolata 502
all'acqua di rose 5
all'acqua e sapone 5
all'anima 21
allargare i cordoni della borsa 61
allargare il cuore 155
allargare le braccia 63
alle calende greche 79
alle corte 147
alle spalle 498
alle stelle 506
allevare nella bambagia 43
allevare una serpe in seno 486
all'ombra di ... 342
all'ordine del giorno 347
all'osso 354
all'ultimo sangue 465
allungare il collo 130
allungare le mani 281
allungare le orecchie 348
allungare le zampe 573
alti e bassi 15
alto come il gigante di Cigoli 15
alto papavero 368
alto un soldo di cacio 15
alzare bandiera bianca 43
alzare di peso 396
alzare gli occhi al cielo 63, 337
alzare gli occhi su ... 334
alzare i calcagni 76
alzare i calici 80
alzare i tacchi 514
alzare il gomito 237
alzare la cresta 150
alzare la voce 568
alzare le braccia 281
alzare le braccia al cielo 63
alzare le corna 144
alzare le mani 281
alzare le mani al cielo 281

alzare le spalle 498
alzare le vele al vento 551
alzarsi al canto del gallo 15
alzarsi all'alba dei tafani 15
alzarsi col piede sbagliato 16
alzarsi col piede sinistro 15
alzarsi con i polli 16
alzarsi con la cuffia di traverso 16
alzarsi con la cuffia storta 16
alzata di scudi 479
alzata di spalle 498
alzata di testa 525
alzata d'ingegno 247
alzata estrema 16
amaro calice 79
amaro come il fiele 16
amaro come la bile 16
ambasciator non porta pena 16
amici come prima 17
amici di ferro 17
amici per la pelle 17
amico del cuore 17
ammainare le vele 552
ammazzare come una bestia 18
ammazzare come un cane 18
ammazzare come un cane rognoso 18
ammazzare il tempo 520
ammazzare la noia 325
amor di madre 18
anche le vespe fanno i favi 559
anche l'occhio vuole la sua parte 334
anche un pelo ha la sua ombra 93
anche un solo capello fa la sua ombra 93
ancora di salvezza 19
andar buca 19
andar col muso all'inferriata 247
andar di male in peggio 275
andar dietro a qualcuno con la pala e il sacco 359
andar dritta 174
andar dritto 174
andar dritto come un fuso 174
andar forte 19
andar fuori di testa 527
andar fuori di zucca 575
andar giù di testa 525
andar giù pesante 393
andar giù piatto 401
andar liscio 264
andar matto per qualcosa 382
andar pazzo per ... 382

andar per acqua col vaglio 5
andar per lana e tornarsene tosi 252
andar per rane 441
andar su di giri 233
andar su per il pero 392
andar via di testa 525
andar via liscio 264
andar vitello e tornar bue 566
andarci con una gamba sola 221
andarci pesante 393
andare a Babboriveggioli 40
andare a bastonare i pesci 394
andare a bottega 62
andare a braccetto 62
andare a braccio 63
andare a Buda 69
andare a caccia di ... 74
andare a caccia di farfalle 74
andare a caccia di grilli 74
andare a Canossa 91
andare a carte quarantotto 435
andare a donne 171
andare a fagiolo 187
andare a far pelle da tamburo 516
andare a far terra da pipe 412
andare a far terra per i cavoli 112
andare a far terra per i ceci 112
andare a farsi benedire 50
andare a fondo 206
andare a fondo di ... 205
andare a fronte alta 212
andare a gallina 220
andare a gambe all'aria 221
andare a gambe levate 221
andare a genio 225
andare a giornata 230
andare a giornate 230
andare a giorni 230
andare a ingrassare i cavoli 112
andare a letto con i polli 260
andare a letto con le galline 260
andare a lune 267
andare a manetta 278
andare a Maravalle 288
andare a monte 309
andare a nascondersi 318
andare a nozze 328
andare a padrone 356
andare a Patrasso 380
andare a pennello 390
andare a piantar cavoli 112

andare a picco 403
andare a piè zoppo 404
andare a pollaio 415
andare a porta inferi 420
andare a quarti di luna 267
andare a quel paese 357
andare a ramengo 440
andare a Roma e non vedere il Papa 453
andare a rotoli 456
andare a ruba 456
andare a rubare in casa dei ladri 251
andare a ruota libera 457
andare a sbatterci il naso 319
andare a scopare il mare 289
andare a segno 483
andare a sentire cantare i grilli 241
andare a testa alta 525
andare a testa bassa 525
andare a vedere il sole a scacchi 494
andare a vela e a remi 552
andare a vuoto 572
andare a zoccoli per l'asciutto 574
andare al creatore 149
andare al diavolo 163
andare al fresco 211
andare al macello 272
andare al mondo di là 305
andare al paese di Maravalle 288
andare alla caccia 74
andare alla deriva 160
andare alla fonte 206
andare alla malora 277
andare alla ventura 556
andare all'altare 14
andare all'altro mondo 305
andare all'aria 28
andare all'arrembaggio 31
andare all'assalto 35
andare all'avventura 38
andare alle Ballodole 43
andare alle stelle 506
andare alle urne 546
andare avanti a calci nel sedere 77
andare avanti a forza di puntelli 431
andare avanti al buio 71
andare che è un incanto 245
andare coi calzari di piombo 405
andare coi piedi di piombo 404
andare col cavallo di San Francesco 464
andare col cembalo in colombaia 113
andare col vento in poppa 554

andare col vetturino Gamba 560
andare come il ladro alla forca 251
andare come il pane 366
andare come l'asino alla lira 32
andare come le mosche al miele 313
andare come una biscia 56
andare come una biscia all'incanto 56
andare contr'acqua 5
andare contro corrente 146
andare d'accordo come cane e gatto 88
andare d'accordo come il diavolo e l'acqua santa 162
andare dal letto al lettuccio 260
andare d'amore e d'accordo 18
andare di corpo 145
andare di culo 153
andare di lusso 271
andare di traverso 538
andare d'incanto 245
andare dove le capre non cozzano 99
andare dove le gambe portano 221
andare dritto filato 174
andare fino a Timbuctù 533
andare fino al polo 416
andare fino in Cina 126
andare fino in fondo 206
andare fuori giri 233
andare in acqua 5
andare in baracca 44
andare in bestia 53
andare in bianco 54
andare in bocca al lupo 271
andare in brodo 67
andare in brodo di giuggiole 67
andare in Cafarnao 75
andare in capo al mondo 96
andare in cenere 114
andare in cimbali 113
andare in cimberli 113
andare in Emmaus 180
andare in fumo 215
andare in giro 233
andare in giro col naso per aria 318
andare in giro col tamburo 516
andare in giulebbe 235
andare in malora 277
andare in oca 332
andare in orbita 347
andare in paranoia 369
andare in pezzi 398
andare in piazza 402

andare in processione 427
andare in rosso 455
andare in tanto veleno 552
andare in tilt 533
andare in vacca 548
andare incontro al proprio destino 161
andare insieme 248
andare nel pallone 361
andare per il proprio verso 558
andare per il verso giusto 558
andare per la propria strada 509
andare per le lisce 264
andare per le lunghe 269
andare per vie traverse 560
andare ramingo come Caino 76
andare secondo il vento 556
andare sotto i ferri 192
andare sotto padrone 356
andare su per le nuvole 331
andare sul sicuro 490
andare sul velluto 552
andare un passo avanti 378
andare via che è una bellezza 49
andarne della pelle 385
andarsene alla chetichella 19
andarsene alla francese 199
andarsene con Dio 165
andarsene con la coda fra le gambe 129
andarsene insalutato ospite 352
angelo custode 20
angelo del focolare 20
angelo del Paradiso 20
angelo delle tenebre 20
anima dannata 21
anima gemella 21
anima in pena 21
anima nera 21
anima persa 21
annegare in un bicchier d'acqua 4
annegare nel grasso 239
anni di piombo 24
anni verdi 24
anno di Grazia 24
anno sabbatico 24
annusare il vento 555
ansimare come un cavallo 472
antica fiamma 194
appartenere all'Olimpo di ... 341
appena un'idea 244
appendere al chiodo 121
appendere il cappello al chiodo 121

appendere il maio a ogni uscio 275
appeso a un capello 93
appianare la strada 510
appiccare il collare a un fico 130
appiccicare con lo sputo 505
appiccicoso come la melassa 294
aprire bene le orecchie 348
aprire gli occhi 334
aprire gli occhi a qualcosa 334
aprire gli occhi a qualcuno 334
aprire gli occhi ai ciechi 334
aprire il becco 48
aprire il forno 207
aprire il fuoco 216
aprire la marcia 289
aprire la mente 295
aprire la mente a qualcosa 295
aprire la strada 509
aprire l'anima 22
aprire le braccia 63
aprire le braccia a qualcuno 63
aprire le porte 420
aprire tutte le porte 421
aprire un buco per chiuderne un altro 69
aprire un buco per tapparne un altro 69
apriti cielo 125
arare con il bue e con l'asino 70
arca di scienza 27
aria di famiglia 188
aria di sacrestia 460
aria di tempesta 519
aria fritta 27
arie da regina 444
arma a doppio taglio 30
armarsi di pazienza 382
armarsi di santa pazienza 382
armata Brancaleone 66
armato come un saracino 30
armato fino ai denti 30
armi e bagagli 30
arrampicarsi come una scimmia 477
arrampicarsi sugli specchi 500
arrampicarsi sui vetri 500
arricciare il naso 318
arricciare le labbra 250
arrivare a buco 69
arrivare a fumo di candele 87
arrivare a lumi spenti 266
arrivare a musica finita 316
arrivare a piatti lavati 401
arrivare a ruota 458

arrivare al capolinea 97
arrivare al dunque 175
arrivare al tetto 532
arrivare alla frasca 210
arrivare alla frutta 213
arrivare alla mozione degli affetti 10
arrivare come il cacio sui maccheroni 74
arrivare dopo la musica 316
arrivare in porto 421
arrivare quando si spengono le candele 87
arrivare quando si spengono le luci 265
arrivare sull'orlo dell'abisso 1
arrivare tra capo e collo 96
arruffare il pelo 388
arruffare le penne 389
asciugare le lacrime 250
ascoltare tutte le campane 83
asino bastonato 33
asino battezzato 33
asino calzato e vestito 33
asino di Buridano 33
asino risalito 33
aspetta e spera 34, 500
aspettar che venga maggio 34
aspettar la manna dal cielo 280
aspettar la pappa scodellata 368
aspettar le pere guaste 391
aspettare a gloria 34
aspettare a piè fermo 404
aspettare al varco 35
aspettare che cali il panierino 35
aspettare il corvo 35
aspettare il Messia 35
aspettare il panierino dal piano di sopra 35
aspettare il porco alla quercia 35
aspettare il principe azzurro 426
aspettare la lepre al balzello 35
aspettare l'imbeccata 244
assaggiare il sapore 471
assalire alle spalle 498
asso nella manica 35
attaccar bottone 62
attaccare con lo sputo 505
attaccare i desideri al campanello dell'uscio 569
attaccare i pensieri al campanello dell'uscio 390
attaccare il campanello al collo del gatto 84
attaccare il collare a un fico 130
attaccare il maio a ogni uscio 275

attaccare le voglie al campanello dell'uscio 569
attaccare un bottone 62
attaccarsi al fumo delle candele 36
attaccarsi anche ai rasoi 36
attaccarsi anche alle funi del cielo 36
attaccarsi come l'edera 36
attaccarsi come una mignatta 37
attaccarsi come un'ostrica allo scoglio 37
attaccato con la saliva 461
attaccato con lo sputo 462
attendere la lepre al balzello 35
atto di fede 191
autista della domenica 37
avanzare a marce forzate 289
avanzo di forca 206
avanzo di galera 38
aver bevuto l'acqua del porcellino 5
aver bevuto l'acqua di Fontebranda 5
aver bisogno di braccia 63
aver bisogno di una doccia fredda 170
aver campo libero 85
aver corpo 145
aver fatto il proprio corso 147
aver fatto il proprio tempo 520
aver fatto trenta e fare anche trentuno 539
aver fatto trenta e trentuno 540
aver fegato 191
aver fiuto 204
aver gli occhi foderati di prosciutto 335
aver gli occhi fuori dalle orbite 334
aver la buccia dura 69
aver la cera negli orecchi 114
aver la testa nei calcagni 76
aver la voglia del calcinaccio 569
aver l'amaro in bocca 58
aver l'amaro in corpo 16
aver l'aria di andare al capestro 94
aver le brache alle ginocchia 66
aver le budella nel paniere 366
aver le mani d'oro 282
aver le noci in bocca 324
aver l'occhio a qualcosa 334
aver l'occhio a tutto 334
aver l'orecchio fine 348
aver mangiato il fegato di capra 191
aver manico 279
aver mantello per ogni acqua 288
aver passato gli "anta" 24
aver paura anche dell'aria 381
aver paura della propria ombra 381
aver perduto i muli e cercare i capestri 315

aver piantato la pala e voler piantare il manico 360
aver poco sale in zucca 460
aver polso 416
aver provato il dente del lupo 269
aver provato il morso del lupo 269
aver qualcuno in tasca 518
aver ragione da vendere 439
aver ragione di qualcuno o di qualcosa 440
aver scritto giocondo in fronte 230
aver sette spiriti 502
aver succhiato qualcosa col latte della madre 255
aver tempo da perdere 520
aver tempo da vendere 520
aver tutti i numeri 329
aver visto il lupo 269
aver voce in capitolo 95
avercela a morte con qualcuno 310
avercela con ... 38
avercela su a morte 310
avercela su con 38
averci a che fare come la luna coi granchi 267
averci scritto giocondo 230
avere a che dire 167
avere a cuore 155
avere ancora i denti da latte 159
avere ancora il latte sulle labbra 57
avere ancora la goccia al naso 235
avere ancora le prime orecchie 348
avere ancora negli occhi 334
avere appena smesso i calzoni corti 81
avere braccio assoluto 64
avere braccio libero 64
avere buon gioco 228
avere buon naso 318
avere buon occhio 334
avere buon tempo 520
avere buone braccia 64
avere buone carte 103
avere buone gambe 221
avere buoni polmoni 416
avere campane grosse 83
avere cattivo gioco 229
avere cento braccia 64
avere cento ragioni 440
avere cervello quanto una formica 116
avere come il fumo negli occhi 215
avere culo 153
avere da dire 167

avere davanti agli occhi 334
avere dei numeri 329
avere delle remore 445
avere delle rogne 452
avere due pesi e due misure 395
avere gambe 222
avere già il piede nella staffa 405
avere gli anni del primo topo 24
avere gli anni di Matusalemme 24
avere gli anni di Noè 24
avere gli occhi che si chiudono 335
avere gli occhi come carboni ardenti 338
avere gli occhi di Argo 27
avere gli occhi foderati di prosciutto 335
avere gli occhi fuori della testa 334
avere gli occhi pesanti 335
avere gli occhi più grandi della pancia 335
avere gli occhi più grandi dello stomaco 335
avere gli orecchi foderati di prosciutto 348
avere gli orecchi lunghi 348
avere i giorni contati 231
avere i grilli per la testa 241
avere i minuti contati 301
avere i nervi a fior di pelle 322
avere i nervi a pezzi 322
avere i nervi saldi 322
avere i nervi scoperti 322
avere i nervi scossi 322
avere i nervi tesi come le corde di un violino 322
avere i piedi dolci 405
avere i piedi per terra 405
avere i pulcini di gennaio 430
avere i sudori freddi 512
avere i tempi impiccati 520
avere il ballo di san Vito 42
avere il bastone del comando 47
avere il bernoccolo 52
avere il capo in cembali 113
avere il cappio al collo 98
avere il cece 112
avere il cece in bocca 112
avere il cece nell'orecchio 112
avere il cervello di uno scricciolo 116
avere il cervello in acqua 116
avere il cervello in fumo 116
avere il cervello in pappa 116
avere il cervello nei calcagni 76
avere il cervello sopra il cappello 117
avere il coltello per il manico 136
avere il complesso di Edipo 179

avere il complesso di Elettra 180
avere il cotone negli orecchi 149
avere il cuore di ... 155
avere il cuore libero 155
avere il cuore pesante 155
avere il cuore stretto 155
avere il cuore sulle labbra 155
avere il danno e anche le beffe 158
avere il danno e le beffe 158
avere il dente avvelenato 159
avere il diavolo nell'ampolla 161
avere il fiele nella lingua 197
avere il fuoco addosso 216
avere il fuoco di Sant'Antonio 468
avere il fuoco in gola 216
avere il fuoco nelle vene 216
avere il fuoco sotto il culo 153
avere il gatto nella madia 223
avere il Genio della lampada 252
avere il granchio alla borsa 238
avere il granchio alla scarsella 238
avere il mal della lupa 276
avere il mal di mare 276
avere il malanno e l'uscio addosso 276
avere il male, il malanno e l'uscio addosso 276
avere il mestolo in mano 298
avere il miele in bocca e il rasoio alla cintola 300
avere il miele sulle labbra e il veleno nel cuore 300
avere il moccio al naso 87
avere il morale a zero 309
avere il muso 317
avere il muso lungo un palmo 317
avere il naso come un peperone 318
avere il pallino 361
avere il pelo sullo stomaco 387
avere il pepe nel culo 153
avere il pollice verde 415
avere il pugno proibito 429
avere il sigillo alle labbra 490
avere il sigillo diplomatico 490
avere il tabacco del nonno 514
avere il tarlo con qualcuno 518
avere il tatto di un elefante 518
avere il tocco di re Mida 299
avere il veleno in corpo 552
avere il vento in poppa 555
avere il verme solitario 557
avere in animo 397

avere in bocca un gusto amaro 57
avere in braccio 64
avere in corpo 145
avere in cuore 155
avere in forza 209
avere in mano 282
avere in mente 525
avere in petto 397
avere in sorte 496
avere in testa 525
avere ingoiato il manico della scopa 280
avere la bacchetta magica 40
avere la benda agli occhi 50
avere la bocca che sa ancora di latte 57
avere la bottega aperta 62
avere la buccia dura 385
avere la camicia che non tocca il culo 82
avere la candela al naso 87
avere la castagna 107
avere la coda di paglia 130
avere la corda al collo 142
avere la coscienza sporca 148
avere la lampada di Aladino 252
avere la lingua in bocca 262
avere la luna 267
avere la luna per traverso 267
avere la maledizione addosso 277
avere la mano felice 282
avere la mano leggera 282
avere la mano pesante 282
avere la memoria del cardinal Mezzofanti 294
avere la memoria di Mitridate 294
avere la memoria di Pico della Mirandola 294
avere la pancia piena 363
avere la pancia vuota 363
avere la parrucca con la coda 375
avere la pazienza di Giobbe 382
avere la pazienza di un bue 382
avere la pazienza di un certosino 382
avere la pazienza di un santo 382
avere la pelle d'oca 385
avere la pelle dura 385
avere la piva 413
avere la puzza sotto al naso 433
avere la schiena di vetro 476
avere la schiena rotta 64
avere la scienza infusa 476
avere la scimmia 477
avere la scimmia sulla spalla 477

avere la scomunica addosso 478
avere la scorza dura 478
avere la stola sui piedi 507
avere la tarantola 517
avere la testa a segno 525
avere la testa dura 525
avere la testa fra le nuvole 525
avere la testa per aria 526
avere la testa piena di grilli 241
avere la testa piena di pigne 410
avere la testa solo per bellezza 526
avere la testa sul collo 526
avere la testa sulle spalle 526
avere la testa vuota 526
avere la vista corta 564
avere la vista lunga 564
avere l'acqua alla gola 6
avere l'anello di Salomone 462
avere l'argento vivo addosso 27
avere l'aria di ... 27
avere l'arme dei cinque topi 31
avere lasciato la lingua a casa 262
avere le ali ai piedi 11
avere le braccia legate 64
avere le braccia lunghe 64
avere le braccia rotte 64
avere le carte in regola 103
avere le corna a sette palchi 144
avere le fette di prosciutto sugli occhi 335
avere le fette di salame sugli occhi 335
avere le formiche 207
avere le gambe che fanno diego diego 221
avere le gambe che fanno giacomo giacomo 221
avere le gambe di stoppa 221
avere le ginocchia che fanno giacomo giacomo 227
avere le lacrime in tasca 251
avere le madonne 273
avere le mani bucate 282
avere le mani in pasta 282
avere le mani legate 282
avere le mani lunghe 282
avere le mani pulite 282
avere le mani sporche 282
avere le mutande di cuoio 154
avere le mutande di latta 154
avere le noci in bocca 380
avere le ore contate 345
avere le orecchie lunghe 348
avere le ossa dure 352

avere le ossa rotte 352
avere le palpebre che si chiudono 335
avere le patate in bocca 380
avere le paturnie 381
avere le pezze sul sedere 397
avere le pigne in testa 410
avere le polveri bagnate 416
avere le scarpe del morto 473
avere le spalle forti 498
avere le spalle grosse 498
avere le spalle quadre 498
avere le unghie lunghe 543
avere le vele a segno 552
avere l'età della ragione 183
avere l'età di 183
avere lo stomaco di ... 507
avere lo stomaco in fondo alle scarpe 507
avere l'ultima parola 372
avere manico a un lavoro 280
avere messo il tetto 532
avere mille braccia 64
avere molta carne addosso 101
avere molte bocche da sfamare 57
avere molte corde al proprio arco 141
avere molte frecce al proprio arco 210
avere molte primavere 425
avere molti anni addosso 24
avere molti anni sulle spalle 24
avere nel sangue 466
avere occhi da bue 335
avere occhi solo per ... 335, 338
avere orecchio 348
avere paglia in becco 359
avere paura anche a respirare 381
avere per i piedi 405
avere per le mani 282
avere più corna che capelli 144
avere più guai che capelli 93
avere poca carne addosso 101
avere poca materia grigia 292
avere qualche santo in paradiso 469
avere qualcosa al sole 494
avere qualcuno sulle corna 144
avere salute da vendere 464
avere sangue di piattola 402
avere sette spiriti come i gatti 502
avere sette vite come i gatti 565
avere solo gli occhi per piangere 335
avere sotto gli occhi 334
avere sotto i tacchi 514

avere sott'occhio 335
avere stoppa nel cervello 117
avere sul collo 131
avere sul gobbo 131
avere sulla punta della lingua 262
avere sulla punta delle dita 168
avere sulle braccia 64
avere sulle spalle 498
avere tutto il cotone a riva 451
avere un bel dire 167
avere un bel fegato 191
avere un bel polso 416
avere un bello stomaco 507
avere un carnet affollato 102
avere un chiodo fisso in testa 122
avere un chiodo in testa 122
avere un cocomero in corpo 129
avere un cuore di ghiaccio 155
avere un cuore grande come una casa 105
avere un diavolo in corpo 162
avere un diavolo per capello 162
avere un giro 233
avere un granchio 238
avere un groppo in gola 324
avere un luminoso futuro dietro le spalle 219
avere un mattone sullo stomaco 292
avere un nodo alla gola 324
avere un occhio alla padella e uno al gatto 335
avere un occhio di riguardo 335
avere un peso sulla coscienza 395
avere un peso sullo stomaco 395
avere un piede nella fossa 405
avere un piede nella tomba 405
avere un ramo di follia 441
avere un ramo di pazzia 441
avere un santo dalla propria 469
avere una bella faccia 185
avere una bella maschera 291
avere una benda sugli occhi 50
avere una brutta cera 114
avere una brutta faccia 185
avere una brutta giornata 230
avere una buona lingua 262
avere una buona mano 282
avere una buona sponda 503
avere una ciabatta del Machiavelli 123
avere una fame da non vederci 187
avere una marcia in più 289
avere una maschera sul volto 291

avere una memoria da elefante 294
avere una mente come un vulcano 572
avere una rotella fuori posto 456
avere una sola parola 372
avere una vena di ... 553
avere unguento per ogni piaga 543
avere uno stomaco da struzzo 507
avere uno stomaco di ferro 508
avere vita breve 565
avere vita lunga 565
averne da vendere 553
averne fin sopra gli occhi 335
averne fin sopra i capelli 93
averne fin sopra la testa 526
averne fino agli occhi 335
averne piene le scatole 474
averne una pelle 385
avvenimento del secolo 481
avvocato del diavolo 39
avvocato in causa propria 39
azzannare le calcagna 76

bacchiare le acerbe e le mature 40
Bacco, tabacco e Venere 41
baciare il chiavistello 120
bacio di Giuda 234
bagnare il naso 319
bagnarsi il becco 48
bagnarsi la gola 236
bagnarsi l'ugola 542
bagnato come un pulcino 41
bagnato come un topo 41
bagnato fino al midollo 41
ballare come un orso 42
ballare nelle scarpe del morto 473
ballare su un quattrino 42
balzare agli occhi 335
balzare all'occhio 340
banco di prova 43
barcata di soldi 46
barile di lardo 46
basta la parola 372
bastonare come suonare a predica 423
batter cassa 106
batter moneta 308
batter sempre sullo stesso chiodo 122
battere come un materasso 291
battere come un tappeto 517
battere due chiodi a una calda 122
battere i denti 159
battere il basto invece dell'asino 46

battere il cane al posto del padrone 87
battere il ferro finché è caldo 192
battere il tamburo 516
battere in ritirata 451
battere la campagna 83
battere la fiacca 194
battere la sella invece del cavallo 484
battere la solfa 495
battere la testa contro il muro 526
battere sullo stesso tasto 518
battersi all'ultimo sangue 466
battersi il petto 397
battersi la fronte 213
battesimo del fuoco 47
battesimo del sangue 47
battesimo dell'aria 47
beati gli ultimi 542
beffa del destino 161
bel colpo 134
bel nome 326
bella cera 114
bella come una sposa 50
bella forza 208
bellezza dell'asino 49
bell'ingegno 247
bello come il sole 49
bello come un Adone 10
bello come un angelo 49
bello come un Dio 49
bello come un quadro 49
bello scherzo 475
ben di Dio 50
benedetto come un'acqua d'agosto 522
benedire col manico della granata 51
benedire col manico della scopa 51
benedire con le pertiche 51
bere come una spugna 51
bere come un cammello 51
bere come un lanzo 51
bere come un tedesco 51
bere come uno squalo 52
bere grosso 241
bere il calice 79
bere il calice dell'amarezza 79
bere il calice fino alla feccia 79
berle grosse 241
berretto sulle ventitré 554
bestemmiare come un luterano 52
bestemmiare come un porco 53
bestemmiare come un turco 53
bestemmiare tutti i santi del calendario 53

bestemmiare tutti i santi del paradiso 53
bestia nera 53
bestia rara 53
bianco come il latte 54
bianco come un cencio 113
bianco come un morto 54
bianco come uno straccio 54
bianco come uno straccio lavato 54
bianco e rosso 54
bicchiere della staffa 55
biglietto da visita 55
bocca della verità 57
bocca di miele e cuore di fiele 57
bocca inutile 57
boccata d'aria 58
boccata d'ossigeno 58
boccon del prete 59
boccone da prete 59
bollare d'infamia 59
botta e risposta 61
botta segreta 61
botte da orbi 61
botte delle Danaidi 158
braccio destro 64
braccio di ferro 64
braccio forte 64
brancolare nel buio 71
brodo di carrucola 67
brodo lungo 67
brodo lungo e seguitate 67
bronzo funebre 68
bruciare a fuoco lento 216
bruciare i ponti 418
bruciare i vascelli 549
bruciare le tappe 517
bruciarsi i ponti alle spalle 418
bruciarsi le cervella 117
brutta bestia 53
brutta botta 61
brutto come il demonio 68
brutto come il diavolo 68
brutto come il peccato 68
brutto come la fame 68
brutto come un rospo 68
brutto male 276
brutto scherzo 475
bugiardo come un lunario 70
buio che si affetta col coltello 71
buio che si affetta col filo 71
buio come il di dentro di un infedele 321
buon diavolo 162

buon genio 225
buon nome 326
buon partito 376
buon viaggio 561
buona notte 327
buona stampa 505
buonanotte al secchio 480
buonanotte suonatori 327, 513
buono come il pane 71
buono come un angelo 71
buono da bosco e da riviera 61
bussare a denari 436
bussare a quattrini 436
bussare alla porta 420
buttar bene 72
buttar là 72
buttar l'osso 352
buttar male 72
buttar sardelle per prender lucci 264
buttar via il fiato 196
buttare a mare 289
buttare a terra 523
buttare acqua sul fuoco 6
buttare al vento 555
buttare all'aria 27
buttare in mezzo a una strada 510
buttare la spugna 505
buttare l'acqua sporca col bambino dentro 6
buttare sardine per prendere lucci 264
buttare un occhio 336
buttarsi a pesce 393
buttarsi al collo 131
buttarsi alla campagna 83
buttarsi alla macchia 272
buttarsi dietro le spalle 499
buttarsi in picchiata 403
buttarsi nel fuoco per ... 216

caccia alle streghe 74
cacciare il naso 319
cacciare in capo 528
cacciare un cocomero in corpo 129
cacciarsi in mente 296
cacciarsi in un ginepraio 227
cacciarsi in un vicolo cieco 562
cacciarsi nella tana del lupo 516
cacciatori di teste 74
cader di Scilla e non scampar Cariddi 477
cadere a fagiolo 187
cadere a pezzi 398
cadere come una pera 391

cadere come una pera matura 391
cadere come un cencio 113
cadere dal cielo 126
cadere dal mondo delle nuvole 331
cadere dal sonno 495
cadere dalla padella nella brace 356
cadere dalle nuvole 331
cadere di peso 395
cadere di Scilla in Cariddi 477
cadere in bocca al lupo 269
cadere in braccio 64
cadere in disgrazia 168
cadere in piedi 405
cadere in piedi come i gatti 405
cadere nel silenzio 490
cadere nel vuoto 572
cadere nella brace 356
cadere nella pania 366
cadere nella rete 446
cadere sul duro 176
cadere sulle braccia 65
cadere una tegola in testa 519
calare la tela 519
calare le brache 66
calcar terra 523
calcare il palcoscenico 360
calcare la mano 283
calcare le orme 350
calcare le scene 474
calci della mosca 77
calcio dell'asino 77
caldo boia 78
caldo d'inferno 78
caldo infernale 78
calma e gesso 80
calma e sangue freddo 80
calmare i bollenti spiriti 502
calvo come un uovo 80
calzare come un guanto 242
cambiano i suonatori ma la musica rimane la stessa 316
cambiar cielo 125
cambiar la musica ma non i suonatori 316
cambiare a balia 42
cambiare aria 27
cambiare bandiera 44
cambiare colore 132
cambiare disco 167
cambiare le carte in tavola 103
cambiare registro 444
cambiare rotta 456

cambiare salsa 462
cambio della guardia 81
camminare a passo di lumaca 378
camminare come una lumaca 83
camminare come una tartaruga 83
camminare con le proprie gambe 221
camminare sopra un filo di seta 200
camminare sul filo del rasoio 202
camminare sul velluto 552
camminare sulle noci 83
camminare sulle uova 83
camminare ventre a terra 556
campa cavallo 110
campanello d'allarme 84
campare d'aria 27
campare di vento 555
campato in aria 27
campo minato 85
campo neutro 85
can che abbaia non morde 88
candido come la neve 87
candido come una colomba 87
cane da pagliaio 88
cane grosso 88
cane non mangia cane 89
cane sciolto 88
canta che ti passa 91
cantar chiaro 119
cantar vittoria 91
cantare ai sordi 91
cantare come una rana 91
cantare come un canarino 91
cantare il De profundis 160
cantare il Dies irae 164
cantare il maggio 274
cantare in rima 449
cantarle chiare 119
canto da Sirena 491
canto del cigno 92
canto della civetta 92
canzone dell'oca 92
canzone dell'uccellino 93
capelli d'argento 93
capelli sale e pepe 93
capire che aria tira 28
capire che vento tira 555
capire con un grano di sale 461
capire l'antifona 25
capirsi a volo 570
capitare a fagiolo 187
capitare sotto le unghie 543

capitare sulle braccia 65
capitare tra capo e collo 96
capo d'argento 93
caricarsi di legna verde 258
carne battezzata 101
carne da cannone 101
carne da macello 101
carne viva 101
casa chiusa 105
casa d'appuntamenti 105
cascare dal pero 392
cascare dal sonno 495
cascasse il mondo 305
caschi il mondo 305
caso di coscienza 148
castello di carte 107
castello di menzogne 107
castigo di Dio 108
catena di Sant'Antonio 108
cattedra di San Pietro 465
cattiva stampa 505
cattivo arnese 31
cattivo genio 225
causa di forza maggiore 208
cavalcar la capra 99
cavalcare la capra verso il chino 99
cavalcare la tigre 533
cavalier del dente 159
cavaliere errante 109
cavaliere senza macchia e senza paura 109
cavallo d'acciaio 110
cavallo di battaglia 110
cavallo di Frisia 110
cavallo di ritorno 110
cavallo di Troia 110
cavar le castagne dal fuoco 107
cavar le castagne dal fuoco con la zampa del gatto 107
cavar sangue dalle pietre 466
cavar sangue dalle rape 466
cavare di bocca 57
cavare gli occhi a qualcuno 335
cavare il granchio dalla buca 238
cavarsela a buon mercato 297
cavarsela per il rotto della cuffia 153
cavarsi gli occhi 335
c'è un santo anche per te 469
cedere il campo 86
cedere il passo 378
cedere la mano 286
cento di questi giorni 231

cercar miglior pane che di grano 363
cercar padrone 356
cercar rogne 452
cercare a destra e a sinistra 161
cercare cinque piedi al montone 405
cercare col lanternino 115
cercare col lumicino 115
cercare il bandolo della matassa 44
cercare il nodo nel giunco 324
cercare il pelo nell'uovo 387
cercare in lungo e in largo 115
cercare in tutti gli angoli 21
cercare la pietra filosofale 115
cercare la pipa e averla in bocca 412
cercare la quadratura del cerchio 115
cercare la quadratura del circolo 115
cercare l'asino ed esserci sopra 33
cercare le pulci in testa a qualcuno 430
cercare Maria per Ravenna 115
cercare per mare e per terra 116
cercare per mari e monti 116
cercare per monti e per valli 116
cercare un ago in un pagliaio 11
cercare un cece in mare 113
cercarsele con la lanterna 254
cervello di gallina 117
che buono tu 72
che Dio ce la mandi buona 165
... che Dio la manda 165
... che è una bellezza 49
... che è un incanto 245
... che è un piacere 399
... che non mi piace 399
che peccato 383
che piva 413
... che si rispetti 451
... che si taglia col coltello 136
che solfa 495
che ti sappia d'aglio 10
chi di dovere 173
chi di spada ferisce... 497
chi ha la rogna se la gratti 452
chi la dura la vince 175
chi la vuol calda e chi la vuol fredda 78
chi mi ama mi segua 16
chi non può dare all'asino dà al basto 46
chi s'è visto s'è visto 550
chi va con lo zoppo impara a zoppicare 575
chi vuol dell'acqua chiara vada alla fonte 5
chiamare alle urne 546
chiamare i fichi fichi e la tazza tazza 196

chiamare la gatta gatta e non micia 118
chiamare le cose con il loro nome 118
chiamate Erode 182
chiari di luna 119
chiaro anche per un cieco 119
chiaro come due e due fanno quattro 119
chiaro come il giorno 119
chiaro come il sole 119
chiaro come l'olio 119
chiavi in mano 120
chieder conto 139
chiedere albergo 12
chiedere asilo 32
chiedere la testa di qualcuno 531
chiedere lumi 266
chiedere ragione 440
chiedere scusa anche all'aria 480
chiedere secchi e rifiutare vasche 480
chiese del silenzio 121
chinare il capo 97
chinare la fronte 213
chinare la testa 530
chiodo fisso 122
chiodo scaccia chiodo 122
chiuder bottega 62
chiudere a sette chiavi 120
chiudere con sette sigilli 490
chiudere gli occhi 335
chiudere il forno 207
chiudere il pozzo dopo che è annegato il vitello 423
chiudere in bellezza 49
chiudere la ciabatta 123
chiudere la marcia 289
chiudere la stalla dopo che i buoi sono fuggiti 505
chiudere le porte 420
chiudere nell'angolo 21
chiudere tra l'uscio e il muro 547
chiudere un occhio 336
chiudersi a riccio 447
chiudersi come un riccio 447
chiudersi in casa 105
chiudersi in una torre d'avorio 38
chiudersi le labbra con un sigillo 490
chiudersi nel proprio bozzolo 62
chiudersi nel proprio guscio 243
chiuso come un riccio 123
chiuso come un'ostrica 123
ci rivedremo a Filippi 199
ci vuol altro 569

ci vuole un bel fegato 191
cieco come una talpa 125
cielo sporco 125
circolo vizioso 127
città dei Cesari 128
città del fiore 128
città di Dio 128
città eterna 128
città fantasma 128
città morta 128
città proibita 128
città santa 128
città satellite 128
ciurlare nel manico 280
clima pesante 129
cogliere al volo 570
cogliere alle spalle 499
cogliere con le mani nel sacco 283
cogliere i fichi in vetta 196
cogliere il frutto quando è maturo 214
cogliere l'attimo fuggente 37
coi baffi 41
coi fiocchi 203
coi fiocchi e i controfiocchi 203
col boccone in gola 59
col cavolo 112
col compasso 137
col contagocce 139
col cuore in gola 155
col cuore in mano 155
col fischio 203
colare a picco 403
colazione al sacco 130
colmare la misura 302
colomba della pace 131
colonne d'Ercole 182
color can che scappa 88
color sale e pepe 460
colore locale 132
colosso dai piedi d'argilla 133
colpire al cuore 155
colpire alle spalle 498
colpire nel segno 483
colpo basso 133
colpo da maestro 134
colpo d'ala 133
colpo di bacchetta magica 40
colpo di coda 133
colpo di forza 133
colpo di frusta 133
colpo di fulmine 134

colpo di grazia 134
colpo di mano 134
colpo di piccone 134
colpo di scena 134
colpo di scopa 134
colpo di testa 134
colpo d'occhio 336
colpo gobbo 134
colpo maestro 134
colpo mancino 535
colpo proibito 134
colpo segreto 61
colpo su colpo 135
comandare a bacchetta 40
comandare a campanello 84
combattere con lance d'argento 253
combattere contro i mulini a vento 315
combinare un arrosto 31
combinarne tante 516
come bere un bicchier d'acqua 187
com'è come non è 136
come Dio volle 166
come Dio vuole 165
come due e due fanno quattro 437
come è piccolo il mondo 305
come il cacio sui maccheroni 74
come il diavolo e l'acqua santa 162
come il gatto e l'acqua bollita 223
come il vento 555
come l'acqua e il fuoco 5
come le mosche 313
come l'ha fatto mamma 277
come mosche 313
come per incanto 245
come se piovesse 411
come suonare a predica 423
come una palla di fucile 360
come un fulmine 214
come un matto 383
come un pazzo 382
come un pesce fuor d'acqua 393
come un razzo 443
come un sacco di patate 459
come un sol uomo 544
com'è vero Dio 165
come viene viene 554
cominciare con la solita canzone 93
cominciare da zero 574
cominciare dal mestolino 298
cominciare dalla santa croce 151
cominciare la casa dal tetto 106

comperare il porco 419
compiere meraviglie 296
comprar carote 103
comprare a scatola chiusa 474
comprare il lardo dal gatto 254
comprare la gatta nel sacco 223
comprare noci per castagne 324
con armi e bagagli 30
con beneficio d'inventario 51
con buona grazia di qualcuno 240
con buona pace di ... 356
con il coltello alla gola 136
con il cuore sulle labbra 155
con la bacchetta magica 40
con la camicia che non tocca il culo 82
con la coda dell'occhio 336
con la corda al collo 141
con la testa nel sacco 526
con la testa per aria 526
con l'acqua alla gola 5
con le ali ai piedi 12
con le brutte 69
con le gambe sotto un tavolo 222
con le spalle al muro 498
con le unghie e coi denti 543
con mano ferma 283
con questi chiari di luna 266, 267
con religione 445
con rispetto parlando 451
con tanti niente ammazzi l'asino 323
con tanto di naso 319
con tanto d'occhi 336
con tutti i crismi 151
con tutti i crismi e sacrismi 151
con tutto il cuore 155
con un colpo di bacchetta magica 40
con un grano di sale 461
con un palmo di naso 319
con un po' di sesto 488
con un'aria da nulla 28
concedere carta bianca 104
concedere il beneficio del dubbio 51
concedere le proprie grazie 240
conciare per le feste 137
conciato da buttar via 137
condannare ai ferri 192
condannare al remo 445
condire via 137
condurre al talamo 515
condurre all'altare 14
condurre in porto 421

confondere le acque 6
conoscere al fiuto 138
conoscere al tasto 138
conoscere al tatto 138
conoscere all'odore 138
conoscere bene le proprie pecore 138
conoscere come le proprie tasche 138
conoscere di vista 138
conoscere i propri polli 138
conoscere i tordi dagli stornelli 139
conoscere le sorbe dai fichi 139
conoscere l'umore della bestia 53
conoscere mezzo mondo 139
conoscere palmo a palmo 139
conosciuto come la betonica 53
conosciuto come l'ortica 351
consegnare alla storia 508
consegnare il guanto 242
consiglio d'oro 139
consolarsi con l'aglietto 10
consumare il bene di sette chiese 50
consumare più vino che olio 562
contaminare il talamo 515
contare come il due di coppe 139
contare come il due di picche 139
contare fino a cento prima di parlare 114
contare i minuti 301
contare i travicelli 538
contare le pecore 383
contare quanto il due di briscola 139
contare quanto il due di briscola quando l'asso è in tavola 139
contare quanto il fante di picche 139
contare sulle dieci dita 168
contare sulle dita 168
contare sulle proprie forze 208
conto della serva 139
contro corrente 146
contro coscienza 148
coperto come una cipolla 127
coprirsi le spalle 499
coraggio da leone 141
coraggio della disperazione 141
coraggio della paura 141
cordone ombelicale 144
corona della vittoria 145
coronare un sogno d'amore 492
corpo a corpo 145
correggere il tiro 535
correrci quanto dal cielo alla terra 146
correrci quanto dal sole alla terra 146

correrci quanto tra il giorno e la notte 146
correrci quanto un velo di cipolla 146
correrci un abisso 146
correrci un passo 378
correre ai ripari 450
correre cattivo sangue 467
correre i mari 290
correre la cavallina 109
correre l'avventura 39
correre ventre a terra 556
corrotto fino all'osso 352
corte dei miracoli 147
cortina di ferro 147
corto di mente 295
cosa letta nel libro dei sogni 260
cosa nostra 148
cose che non vendono gli speziali 501
cose da matti 292
cose da pazzi 383
cose dell'altro mondo 305
costare l'osso del collo 353
costare un occhio 336
costare un occhio della testa 336
costringere nell'angolo 21
costruire sulla sabbia 459
costruire sulle nuvole 331
covare con gli occhi 336
covare sotto le ceneri 113
covare una serpe al seno 486
creare rogne 452
credere agli asini che volano 149
credere che gli asini volano 150
credersi al centro dell'universo 150
credersi il centro dell'universo 150
credersi il figlio della gallina bianca 150
credersi il figlio dell'oca bianca 150
credersi il padrone del mondo 150
credersi l'ombelico dell'universo 150
credersi l'unico gallo nel pollaio 150
credersi un padreterno 150
crepare dalla bile 56
crepare di salute 464
crepare d'invidia 248
crepi il lupo 269
crepi l'astrologo 36
crepi l'avarizia 38
crescere alla scuola di... 480
crescere come i funghi 216
crollare come un castello di carte 107
cucinare a fuoco lento 216
cucinare in tutte le salse 462

cucirsi la bocca 57
cuocere a fuoco lento 216
cuor contento il ciel l'aiuta 155
cuor di coniglio 155
cuor di leone 155
cuore di bronzo 156
cuore di ghiaccio 156
cuore di marmo 156
cuore di pietra 156
cuore d'oro 156
cuore solitario 156
cura urto 546
curare con sugo di bosco 512
curare il proprio orticello 351
curarsi l'orto 352
curioso come una biscia 157
curioso come un gatto 157
curvare la fronte 213
curvare la schiena 476

da basto e da sella 46
da burla 72
da cani 88
da capo a fondo 96
da capo a piedi 96
da cattivo corvo, cattivo uovo 147
da cavalli ad asini 110
da certosino 116
da che mondo è mondo 305
da che pulpito viene la predica 430
da cima a fondo 126
da cristiani 151
da due soldi 493
da far paura 381
da favola 190
da galeotto a marinaio 220
da ladri 251
da lavoro 256
da levare il fiato 196
da lupi 269
da maestro 274
da matti 383
da mozzare il fiato 196
da non vederci 550
da operetta 345
da pazzi 383
da prendere con le molle 304
da quattro soldi 493
da razza 443
da re 443
da romanzo 453
da salotto 462

da sballo 472
da sbarco 472
da sbatter via 472
da scoppiare 478
da segnarsi col carbone bianco 100
da sella e da soma 47
da strapazzo 511
da tagliare col coltello 136
da un giorno all'altro 231
da uomo a uomo 544
d'acciaio 2
dal Campidoglio alla Rupe Tarpea 85
dal grembo del nulla 329
dal seno del nulla 329
dal vivo 567
dalla culla alla tomba 153
dalla mattina alla sera 292
dalla punta dei piedi fino alla punta dei capelli 94
dalla sera alla mattina 486
dalla testa ai piedi 526
dall'alfa all'omega 13
dalle stelle alle stalle 506
d'alto bordo 60
dannarsi l'anima 22
d'annata 23
dar buoni frutti 214
dar calci alla greppia 77
dar calci all'aria 77
dar corda 497
dar corpo 145
dar corpo alle ombre 145
dar da bere al prete perché il chierico ha sete 424
dar del culo in terra 154
dar del culo sul lastrone 153
dar di becco 48
dar di gomito 237
dar di naso 319
dar di sprone 504
dar di stomaco 508
dar fiato alle trombe 540
dar fondo a una nave di sughero 320
dar fuoco alla miccia 216
dar fuoco alle polveri 216
dar grucciate agli zoppi 242
dar la caccia a ... 74
dar le pere in guardia all'orso 391
dar l'erba trastulla 180
dar l'incenso ai morti 245
dar lustro 271

dar man forte 283
dar nel naso 319
dar noia anche all'aria 325
dar noia anche all'ombra 325
dar sapore 470
dar tempo al tempo 520
dar troppo braccio 65
dar via il culo 153
darci un punto 432
dare a Cesare quel che è di Cesare 118
dare a intendere bianco per nero 54
dare a intendere che Cristo è morto di freddo 151
dare a intendere che Cristo è morto di sonno 151
dare ai nervi 322
dare albergo 12
dare alla luce 265
dare alla testa 526
dare all'occhio 336
dare anche il culo 153
dare aria 28
dare aria ai denti 28
dare aria alla bocca 28
dare braccio 65
dare cappotto 99
dare carta bianca 104
dare cattivi frutti 214
dare corda 142
dare dalla porta e togliere dalla finestra 420
dare dei punti a qualcuno 431
dare del filo da torcere 200
dare di volta il cervello 117
dare gas 223
dare gli otto giorni 231
dare i calzoni alla moglie 81
dare i confetti di Papa Sisto 137
dare i numeri 329
dare il colpo di grazia 134
dare il diapason 161
dare il due di picche 403
dare il fieno all'oca 197
dare il foglio di via 205
dare il la 250
dare il latte 255
dare il pane con la balestra 363
dare il pane e la sassata 364
dare il primo colpo di piccone 135
dare il sapone 470
dare il viatico 561
dare in pasto 380

dare la benedizione del Piovano Arlotto 30
dare la biada all'asino 54
dare la birra 56
dare la cappa 97
dare la corda 142
dare la croce addosso 152
dare la mala Pasqua 376
dare la mossa 314
dare la polvere 417
dare l'addio 9
dare l'anima per … 22
dare le mele 293
dare le pecore in guardia al lupo 383
dare le pere 391
dare le perle in pasto ai porci 392
dare libero corso 147
dare l'imbeccata 244
dare lo zuccherino 575
dare l'ultima mano 283
dare l'unguento di zecca 544
dare metà del proprio sangue 466
dare nell'occhio 336
dare ombra a … 342
dare ossigeno 28
dare per morto 311
dare per perso 393
dare perle ai porci 391
dare scacco 473
dare scacco matto 473
dare spago 497
dare spettacolo 501
dare sui nervi 322
dare sulla voce 568
dare una bella suonata 512
dare una calcio alla fortuna 78
dare una calcio alla tonaca 78
dare un aghetto per avere un galletto 11
dare un ago per avere un palo 11
dare una leccata 256
dare una lustrata 271
dare una mano 283
dare una mano di bianco 283
dare una mano di colore 283
dare una mano e vedersi prendere il braccio 283
dare una ripassata 450
dare una spolverata 503
dare una voce a … 568
dare un calcio al mondo 78
dare un colpo al cerchio e uno alla botte 135

dare un colpo di piccone 135
dare un colpo di scopa 135
dare un colpo di spugna 135
dare un colpo di turibolo 135
dare un dito e farsi prendere il braccio 168
dare un giro di vite 234
dare un occhio a ... 336
dare un occhio per ... 336
dare un occhio pur di... 336
dare un po' di burro 72
dare un pugno in cielo 429
dare un taglio 515
dare via libera 560
darla a intendere 248
darle di santa ragione 440
darne tante 516
darne una calda e una fredda 78
darne una zuppa 575
darsela a gambe 222
darsi al bel tempo 521
darsi alla bella vita 565
darsi alla campagna 83
darsi alla macchia 272
darsi alla pazza gioia 230
darsi alla vita 565
darsi alle gambe da sé 480
darsi alle scene 475
darsi all'ippica 248
darsi anima e corpo 22
darsi delle arie 28
darsi il dito nell'occhio 168
darsi in braccio 65
darsi la scure sui piedi 480
darsi la zappa sui piedi 573
darsi l'aria di ... 28
darsi malato 275
darsi pace 356
darsi una mossa 314
d'effetto 179
deformazione professionale 159
del diavolo 162
del senno del poi son piene le fosse 484
d'elezione 180
della domenica 170
della più bell'acqua 6
della stessa risma 450
della stessa tacca 514
dello stesso calibro 79
dello stesso stampo 505
denaro di San Pietro 332
denominatore comune 159

d'epoca 180
destare il can che dorme 90
destare sensazione 485
dettar legge 257
devoto di Bacco 41
di alto profilo 427
di bassa lega 256
di bassa mano 283
di basso profilo 427
di belle speranze 500
di buon animo 23
di buon braccio 65
di buon passo 378
di buzzo buono 73
di casa 106
di coda 130
di colore 132
di cuore 155
di facili costumi 149
di famiglia 188
di fantasia 188
di favola 190
di felice memoria 295
di ferro 192
di figura 198
di fila 199
di fresco 212
di fuoco 216
di getto 226
di giornata 230
di gran classe 129
di granito 239
di grazia 240
di grosso calibro 79
di madre lingua 274
di mano di qualcuno 283
di mano in mano 281
di marmo 290
di mente corta 295
di mestiere 297
di mezza tacca 514
di mondo 305
di nome 326
di nome e di fatto 326
di ordinaria amministrazione 18
di pari passo 378
di parola 373
di parola in parola 373
di passaggio 377
di piazza 402
di piccolo cabotaggio 74

di pietra 408
di piombo 411
di polso 416
di prima classe 129
di prima forza 208
di prima grandezza 239
di prima mano 283
di primo pelo 387
di primo piano 400
di prim'ordine 347
di professione 427
di pubblica ragione 440
di punto in bianco 431
di razza 443
di repertorio 446
di riflesso 449
di sana pianta 400
di scuola 479
di seconda mano 283
di secondo piano 400
di second'ordine 348
di sogno 492
di sotto banco 43
di sponda 503
di stampo antico 505
di striscio 511
di taglio 515
di terz'ordine 348
di testa propria 526
di tre cotte 149
di tutto punto 431
di tutto rispetto 451
di volata 569
dichiarare forfait 207
dietro le spalle 498
difendere a spada tratta 497
difendere coi denti 159
difendere con le unghie e coi denti 159
difendere i colori 132
difensore d'ufficio 164
digerire anche i chiodi 164
digerire anche i sassi 164
digerire anche il ferro 164
d'inferno 247
Dio l'abbia in gloria 235
Dio lo volesse 166
Dio manda il freddo secondo i panni 166
Dio non voglia 166
Dio sa come 166
Dio sa quando 166
Dio sa se ... 166

Dio solo sa 166
dipanare la matassa 291
dipingere con la granata 167
dire a lettere maiuscole 259
dire a mezze parole 373
dire a nuora perché suocera intenda 330
dire a tutte lettere 259
dire addio al mondo 9
dire chiaro e tondo 119
dire corna 397
dire due parole 373
dire in camera caritatis 82
dire in faccia 185
dire in rima 449
dire in soldoni 493
dire la propria 167
dire meraviglie 296
dire pane al pane 364
dire pane al pane e vino al vino 364
dire per bocca di qualcuno 57
dire peste e corna 397
dire sul muso 185
dire sul viso 185
dire una buona parola 373
dirla grossa 241
dirne di tutti i colori 133
dirne quattro 167
dirne tante 516
dirne un'ira di Dio 248
dirsela con qualcuno 167
discendere da magnanimi lombi 264
discendere da sacri lombi 264
discendere dalla costola di Adamo 9
disciplina di ferro 167
discorsi da caffè 75
discorsi da Sirena 491
discorso a mezz'aria 168
discorso a pera 168
discutere sul sesso degli angeli 20
disgrazia volle 168
distruggere alla radice 439
diventar cenere 114
diventare di fiamma 194
diventare di fuoco 216
diventare di gelo 225
diventare di ghiaccio 225
diventare di marmo 290
diventare di pietra 408
diventare di tutti i colori 133
diventare giallo di paura 227
diventare palle e santi 360

diventare rosso come un peperone 391
diventare un'ombra 343
divertirsi un mondo 305
dividere il grano dalla zizzania 239
dividersi a metà 298
dividersi la torta 538
divorare con gli occhi 338
do di petto 397
doccia fredda 170
doccia scozzese 170
dolce come il miele 170
dolce come la melassa 170
dolenti note 326
dolori di corpo 145
domandare all'oste se ha buon vino 354
domenica di Quasimodo 170
donna cannone 171
donna di malaffare 171
donna di mondo 171
donna di strada 172
donna di vita 172
doppio come le cipolle 127
doppio come una cipolla 127
dormirci sopra 172
dormire a occhi aperti 172
dormire all'albergo della luna 172
dormire all'albergo della stella 172
dormire come una marmotta 172
dormire come un angioletto 172
dormire come un ciocco 172
dormire come un ghiro 172
dormire come un orso 172
dormire come un sasso 172
dormire come un tasso 172
dormire con gli occhi aperti 172
dormire con un occhio solo 172
dormire della grossa 172
dormire il sonno del giusto 172
dormire in Cristo 151
dormire in pace i propri sonni 172
dormire in piedi 172
dormire in piedi come i cavalli 173
dormire quanto i sacconi 173
dormire quanto le materasse 173
dormire sotto i ponti 173
dormire sotto le stelle 173
dormire su entrambe le orecchie 173
dormire su un barile di polvere 173
dormire su un letto di piume 173
dormire su un vulcano 173
dormire sugli allori 14

dormire tra due guanciali 173
dormire tutti i propri sonni 173
d'oro 350
dose da cavallo 173
dose urto 546
dotto come uno scaffale 473
dove non batte il sole 494
dritto come una freccia 210
dritto come un fuso 174
dritto come un palo 174
drizzare il becco agli sparvieri 48
drizzare le corna 144
due cuori e una capanna 156
due parole in croce 374
d'un fiato 196
d'un soffio 492
durare da Natale a Santo Stefano 175
durare dal mattino alla sera 175
durare dalla sera alla mattina 175
durare lo spazio di un mattino 175
duro come il diamante 176
duro come il ferro 176
duro come il granito 176
duro come il marmo 176
duro come un mulo 176
duro come un muro 176
duro come un sasso 176
duro come uno zoccolo 176
duro di comprendonio 137
duro di timpani 176
duro d'orecchio 176

è più debole il puntello della trave 431
è tutto da rifare 448
è tutto dire 167
è una parola 373
e via cantando 91
e via dicendo 92
ecco fatto il becco all'oca 48
ecco fatto il becco all'oca e la coda all'elefante 48
edificare sulla sabbia 459
entrarci come i cavoli a merenda 112
entrarci come il culo con le quarant'ore 153
entrare da un orecchio e uscire dall'altro 348
entrare in ballo 42
entrare in gioco 229
entrare in parola con qualcuno 373
entrare in religione 445
entrare in sacrestia 460

entrare in scena 475
entrare in urto 546
entrare negli "anta" 24
entrare nel giro 233
entrare nel vivo 568
entrare nella tana del leone 516
entrare nello spirito di ... 502
entrare papa in conclave e uscirne cardinale 367
epoca d'oro 351
epoche buie 70
erba voglio 181
eroe da caffè 75
eroe della sesta giornata 183
esercito di Franceschiello 183
esposto ai quattro venti 555
espressivo come un pesce 393
esser baciati dalla fortuna 208
esser baciati in fronte dalla fortuna 208
esser battezzato di domenica 170
esser becco e bastonato 48
esser chiuso nel proprio guscio 243
esser come il giovedì 232
esser come la castagna 107
esser come la gramigna 238
esser come le dita di una mano 169
esser come l'olio per il lume 342
esser come mettere olio nel lume 342
esser del numero 329
esser della partita 376
esser della stessa buccia 387
esser della stessa lana 253
esser di buccia dura 69
esser di gamba lesta 222
esser di mano 283
esser di poco pasto 380
esser di sprone 504
esser dietro le sbarre 472
esser donna e Madonna 172
esser fatto di corna di chiocciola 121
esser la favola del paese 190
esser la Madonna dei dolori 273
esser la più bella rosa del giardino 454
esser l'asino che vola 33
esser nato di domenica 170
esser nato per mangiar biade 54
esser peggio delle piaghe d'Egitto 399
esser pieno di vento 555
esser più la spesa che l'impresa 501
esser preso 131
esser scritto anche sui muri 315

esser tondo come l'o di Giotto 332
esser tutto fiori e baccelli 203
esser tutto un dolore 170
esserci dentro fino agli occhi 336
esserci lo zampino di 573
esserci posto per far ballare i topi 421
esserci puzza di... 433
esserci un abisso 146
esserci un bel salto 463
esserci un passo 378
essere a casa di Pietro 106
essere a cavallo 111
essere a cavallo della tigre 533
essere a corto 147
essere a posto 422
essere a terra 523
essere a un bivio 182
essere a un passo da... 378
essere a un pelo da ... 387
essere a zero 573
essere acuto come un'aquila 26
essere agli ultimi 535
essere agli ultimi colpi di piccone 135
essere ai ferri corti 193
essere ai limiti del codice 130
essere al capolinea 97
essere al confitemini 138
essere al fresco 212
essere al lumicino 267
essere al miserere 302
essere al mondo 306
essere al settimo cielo 125
essere al soldo di ... 493
essere al verde 557
essere alla fine 202
essere alla frasca 210
essere alla frutta 214
essere alla sbarra 472
essere all'altezza 491
essere all'altezza della situazione 491
essere all'amen 17
essere all'asciutto 32
essere alle porte 420
essere alle prime armi 30
essere alle strette 511
essere alle ultime cartucce 105
essere all'Olio Santo 342
essere ancora al mondo 306
essere ancora in vita 565
essere anima e corpo 22
essere appeso a un filo 200

essere articolo di fede 191
essere attaccato a un filo 200
essere attaccato alle gonnelle della mamma 277
essere atteso come il Messia 297
essere avanti con gli anni 24
essere becco e contento 48
essere bene in carne 101
essere bravo solo a parole 373
essere buio in viso 563
essere buon papero e cattiva oca 368
essere caduto dal seggiolone 482
essere carne e ciccia 101
essere carne e unghia 101
essere casa e chiesa 106
essere cattivo profeta 427
essere chiamati da Dio 118
essere col capo in cimbali 113
essere comandato di ramazza 440
essere come cane e gatto 88
essere come Ercole al bivio 182
essere come i polli di mercato 415
essere come i rasoi dei barbieri 442
essere come i soldati del papa 493
essere come i soldati del re Erode 493
essere come il cacio sui maccheroni 74
essere come il caval del Ciolla 111
essere come il cerotto dei frati 116
essere come il cuculo, tutto voce e niente penne 153
essere come il formaggio sui maccheroni 74
essere come il fumo negli occhi 215
essere come il gatto e la volpe 223
essere come il latte di gallina 255
essere come il matto dei tarocchi 292
essere come il paiolo che tinge o scotta 359
essere come il Piovano Arlotto 30
essere come il prezzemolo 424
essere come il prezzemolo nelle polpette 425
essere come il quarto d'ora di Rabelais 346
essere come il trotto dell'asino 540
essere come la bandiera del Piovano Arlotto 30
essere come la betonica 54
essere come la camicia dei gobbi 82
essere come la campana del Bargello 83
essere come la coda del cane di Alcibiade 88
essere come la Madonna dei Sette Dolori 273

essere come la moglie di Cesare 303
essere come la parrocchia di San Quintino 465
essere come la principessa del pisello 426
essere come la tela di Penelope 388
essere come la torre di Babele 40
essere come l'ancora 19
essere come l'Araba Fenice 192
essere come l'arca di Noè 27
essere come l'asino al suono della lira 33
essere come l'asino alla lira 33
essere come le canne degli organi 90
essere come le tre grazie 240
essere come l'ebreo errante 178
essere come l'edera 36
essere come l'orcio dei poveri 347
essere come l'uomo delle caverne 544
essere come Oreste e Pilade 350
essere come un can frustato 90
essere come un libro aperto 260
essere come un pugno in un occhio 429
essere come un pulcino bagnato 430
essere come un pulcino nella stoppa 430
essere come un'anima del Limbo 22
essere come una goccia nel mare 236
essere come una mosca nel latte 313
essere come una nave in un bosco 320
essere con il piede nella staffa 405
essere con la testa nel sacco 526
essere conosciuto come la mal'erba 181
essere corbacchione di campanile 84
essere cotto 149
essere culo e camicia 154
essere decorato sul campo 86
essere del gatto 223
essere del mestiere 298
essere delicato di stomaco 508
essere della compagnia della lesina 259
essere della vecchia guardia 242
essere dell'altra sponda 503
essere dello stesso conio 138
essere di bocca buona 57
essere di bocca larga e di mano stretta 57
essere di bronzo 68
essere di buona pasta 380
essere di buon cuore 156
essere di carne debole 102
essere di cartellone 105
essere di casa 106
essere di dozzina 174
essere di famiglia 188

essere di ferro 193
essere di gamba lunga 222
essere di gelo 225
essere di ghiaccio 226
essere di giornata 230
essere di luna buona 267
essere di manica larga 279
essere di manica stretta 279
essere di mano lesta 284
essere di parte 375
essere di pasta grossa 380
essere di peso 395
essere di quarto 436
essere di ramazza 440
essere di scorza dura 478
essere di settimana 489
essere di spalla tonda 498
essere di stoppa 508
essere di tutt'altra pasta 380
essere di umore nero 543
essere di un'altra parrocchia 375
essere di un pelo e di una buccia 387
essere di un peso e di una lana 395
essere di vetro 559
essere dolce di sale 461
essere donna e Madonna 273
essere due anime in un nocciolo 22
essere due corpi e un'anima 145
essere due ghiotti a un tagliere 227
essere due gocce d'acqua 236
essere d'un peso e d'una lana 253
essere facile profeta 427
essere feccia 191
essere figlio del proprio padre 197
essere figlio del proprio tempo 197
essere figlio delle proprie azioni 197
essere formicon di sorbo 207
essere fritti 212
essere fuori dal mondo 306
essere fuori dell'orbita di qualcuno 347
essere fuori di sentimento 485
essere fuori di testa 526
essere fuori forma 207
essere fuori legge 257
essere fuori sesto 488
essere fuori strada 509
essere fuori tiro 535
essere giù di corda 142
essere grossa 241
essere grosso come l'acqua dei maccheroni 6

essere il bastone della vecchiaia 47
essere il braccio destro di qualcuno 65
essere il braccio e la mente 65
essere il capro espiatorio 99
essere il cervello 117
essere il chiù dell'edera 123
essere il comandante della piazza 136
essere il diavolo e la croce 162
essere il fanalino di coda 188
essere il fico dell'orto 196
essere il figlio della serva 197
essere il fuoco di Sant'Elmo 469
essere il gallo della Checca 221
essere il Ganimede di qualcuno 223
essere il meglio che offre la piazza 402
essere il numero due 329
essere il numero uno 329
essere il padrone del baccellaio 356
essere il padrone del vapore 357
essere il pane di qualcuno 364
essere il parto della montagna 308
essere il più bel fico del paniere 196
essere il pomo della discordia 167
essere il principio della fine 202
essere il quinto evangelista 184
essere il ritratto della fame 451
essere il ritratto della salute 451
essere il ritratto di qualcuno 451
essere il sale della terra 461
essere il terzo incomodo 246
essere impastato di sonno 495
essere impiccato 245
essere in acque basse 6
essere in affari 10
essere in alto mare 290
essere in aria 28
essere in ballo 42
essere in bolletta 59
essere in buona con qualcuno 72
essere in buona età 183
essere in buona forma 207
essere in cantiere 92
essere in carattere 100
essere in catalessi 108
essere in cattive acque 7
essere in cimbali 113
essere in dubbio 174
essere in età 183
essere in età da... 183
essere in forma 207
essere in forza 208

essere in forze 209
essere in gattabuia 223
essere in gioco 229
essere in giornata di grazia 231
essere in giorno di grazia 231
essere in giro 233
essere in là con gli anni 24
essere in mezzo a una strada 509
essere in odore di ... 340
essere in odor di santità 341
essere in orbita 347
essere in panna 366
essere in parola con qualcuno 373
essere in pensiero 390
essere in piazza 402
essere in posizione chiave 120
essere in prima linea 262
essere in primo piano 400
essere in punto e virgola 432
essere in quattro gatti 223
essere in ribasso 447
essere in rodaggio 452
essere in rotta 456
essere in tempo di vacche grasse 548
essere in tempo di vacche magre 548
essere in testa 527
essere in una botte di ferro 61
essere in un baccello 413
essere in un bagno di melassa 294
essere in un bagno di sudore 512
essere in un mare di guai 290
essere in un vicolo cieco 562
essere in vena 553
essere in vituperio 566
essere indietro di cottura 149
essere indietro di sale 461
essere la bestia nera di qualcuno 53
essere la buona stella di qualcuno 506
essere la colonna 132
essere la copia carbone 100
essere la fata Turchina 190
essere la fine del mondo 202
essere la formica del sorbo 207
essere la gallina nera 221
essere la goccia che fa traboccare il vaso 236
essere la luce degli occhi 265
essere la lunga mano di qualcuno 283
essere la Madonna Pellegrina 273
essere la mano di Dio 283
essere la morte di qualcuno 310

essere la ninfa Egeria 179
essere la panca delle tenebre 362
essere la pecora nera 384
essere la punta di diamante 161
essere la quinta ruota del carro 457
essere la ruota di scorta 458
essere la scimmia di qualcuno 478
essere la storia del cane di Alcibiade 88
essere la Verità rivelata 557
essere l'ago della bilancia 55
essere l'alloro di ogni festa 14
essere l'apriti sesamo 487
essere legato a doppio filo 200
essere legato mani e piedi 284
essere l'Eldorado 179
essere l'elefante in una cristalleria 180
essere l'illuminazione di Prete Cuio 244
essere l'inizio della fine 202
essere lo scemo del paese 474
essere lo scemo del villaggio 474
essere l'ombra di Banco 43
essere l'ombra di qualcuno 342
essere l'operaio dell'ultima ora 344
essere l'ora di qualcuno 345
essere l'oracolo 347
essere l'ottava meraviglia 296
essere l'uccello sulla frasca 542
essere l'ultima ruota del carro 457
essere lungo 268
essere l'uscio del trenta 546
essere mezzo in chiesa 121
essere mezzo morto di paura 381
essere musica per le orecchie di qualcuno 316
essere nei guai fino al collo 131
essere nel calendario 78
essere nel giro 233
essere nel grembo di Dio 240
essere nel mondo dei più 306
essere nel mondo dei sogni 306
essere nel Nirvana 324
essere nel pallone 361
essere nel primo sonno 495
essere nel verde degli anni 24
essere nella fossa dei leoni 209
essere nella manica di qualcuno 279
essere nella mente di Dio 295
essere nella stanza dei bottoni 506
essere nella stessa barca 46
essere nella tana del leone 516
essere nell'aria 28

essere nelle grazie di qualcuno 240
essere nelle mani di Dio 284
essere nelle mani di qualcuno 284
essere nelle nuvole 331
essere nelle peste 396
essere nell'orbita di qualcuno 347
essere nero 543
essere pane e cacio 364
essere pappa e ciccia 368
essere parte a sé 376
essere parte in causa 375
essere peggio di un tafano 515
essere per aria 28
essere pieno di pepe 390
essere più di là che di qua 250
essere più largo che lungo 254
essere più realista del re 444
essere più tondo dell'o di Giotto 332
essere più vecchio del prezzemolo 550
essere promosso sul campo 86
essere pronti e dopo aver mangiato 428
essere pronti e già mangiati 428
essere quattrini gigliati 436
essere quattro noci in un sacco 324
essere schiavo di ... 476
essere segnato 483
essere sempre in filo 200
essere sempre la solita minestra 300
essere sempre la stessa musica 316
essere sempre la stessa solfa 495
essere sempre la stessa zuppa 300
essere senza cervello 117
essere senza nervi 322
essere senza prezzo 425
essere senza religione 445
essere senza sale 461
essere senza sesso 488
essere senza testa 527
essere senz'anima 22
essere senz'arte né parte 32
essere solo una rotella 456
essere sospeso a un capello 93
essere sotto chiave 120
essere sotto il fuoco 216
essere sotto il fuoco incrociato 535
essere sotto il tiro incrociato 535
essere sotto l'ala di qualcuno 12
essere sotto le luci della ribalta 446
essere sotto pressione 424
essere sotto scacco 473
essere sotto terra 523

essere sotto tiro 535
essere sotto tiro incrociato 216
essere sotto un fuoco incrociato 216
essere su di giri 233
essere su un binario morto 56
essere su un terreno pericoloso 524
essere sui carboni accesi 100
essere sui carboni ardenti 100
essere sui cavi sottili 111
essere sul chi vive 567
essere sul filo di lana 200
essere sul lastrico 254
essere sul letto di Procuste 427
essere sul libro nero 260
essere sul piede di guerra 405
essere sul piede di partenza 405
essere sul viale del tramonto 561
essere sulla bocca di tutti 58
essere sulla buona strada 509
essere sulla cattiva strada 509
essere sulla linea del fuoco 262
essere sulla via di Damasco 560
essere sulle mosse 314
essere sulle peste di qualcuno 396
essere sulle spese 501
essere sulle spine 502
essere sulle tracce di qualcuno 396
essere sull'orlo dell'abisso 1
essere suocera e nuora 512
essere svelto di mano 284
essere terra bruciata 523
essere tra color che son sospesi 496
essere tra i piedi 405
essere tra la vita e la morte 565
essere tra le braccia di Morfeo 310
essere tra l'incudine e il martello 246
essere tra Scilla e Cariddi 477
essere tutta un'altra minestra 300
essere tutta un'altra musica 316
essere tutto casa e chiesa 106
essere tutto cuore 156
essere tutto d'un pezzo 398
essere tutto Gesù e Maria 226
essere tutto latte e miele 255
essere tutto miele 300
essere tutto nervi 322
essere tutto pepe 391
essere tutto rose e fiori 454
essere tutto santi e madonne 273, 469
essere tutto un programma 427
essere tutto zucchero 575

essere tutt'occhi 336
essere tutt'orecchi 348
essere tutt'ossi 352
essere uccel di bosco 542
essere uccel di gabbia 542
essere un abatino 1
essere un abatino d'Arcadia 1
essere un Adone 10
essere un agnello 11
essere un agnello tra i lupi 11
essere un allocco 13
essere un Amleto 18
essere un amore 18
essere un anfitrione 20
essere un angelo 20
essere un Apollo 25
essere un Arpagone 31
essere un asso 36
essere un barbablù 45
essere un bastian contrario 46
essere un bel campione 85
essere un bel capitale 95
essere un bel numero 330
essere un bell'umore 543
essere un bidone 55
essere un burro 72
essere un calepino ambulante 79
essere un calvario 80
essere un camaleonte 81
essere un cane 88
essere un cannone 91
essere un capestro 95
essere un cappone 98
essere un carbone spento 100
essere un Carneade 102
essere un Carneade qualsiasi 102
essere un cataplasma 108
essere un Cerbero 115
essere un ciclone 125
essere un Cincinnato 127
essere un codino 375
essere un collo torto 131
essere un colpo gobbo 134
essere un coniglio 138
essere un diavolo in carne 162
essere un diavolo in carne e ossa 162
essere un Don Chisciotte 171
essere un dongiovanni 171
essere un dritto 174
essere un duro 176
essere un ebreo 178

essere un Eden 178
essere un elefante in un negozio di porcellane 179
essere un eroe della sesta giornata 183
essere un falco 187
essere un fantoccio 189
essere un farfallone 189
essere un fariseo 189
essere un fiammifero 194
essere un filisteo 200
essere un fiore di serra 487
essere un fulmine 214
essere un fuorilegge 257
essere un furetto 219
essere un fuscello 219
essere un fuscello nella tempesta 219
essere un Ganimede 223
essere un gatto 223
essere un ginepraio 227
essere un gioco 230
essere un gioiello 230
essere un Giuda 234
essere un grande anfitrione 20
essere un granito 176
essere un guastafeste 193
essere un impiastro 245
essere un invito a nozze 328
essere un legno torto 258
essere un leone 258
essere un leone in gabbia 258
essere un libro chiuso 260
essere un'altra musica 316
essere un magro affare 10
essere un maiale 275
essere un marcantonio 288
essere un mattone 292
essere un Matusalemme 292
essere un Meo 296
essere un merlo 297
essere un miracolo di ... 301
essere un moscone 314
essere un mulino a vento 314
essere un nome 326
essere un numero 330
essere un otre gonfio di vento 354
essere un padreterno 150
essere un pane perduto 364
essere un pane perso 364
essere un passo avanti 378
essere un passo indietro 378
essere un peccato 383

essere un pennivendolo 389
essere un peperino 391
essere un peso morto 395
essere un pezzo di ghiaccio 226
essere un pezzo di pane 364
essere un pianto 401
essere un pidocchio 403
essere un pidocchio rifatto 403
essere un pollo 415
essere un porco 419
essere un porto di mare 421
essere un pugno in un occhio 429
essere un pulcino nella stoppa 430
essere un punto interrogativo 432
essere un quadro 435
essere un quarantotto 435
essere un ragno 440
essere un ranocchio 442
essere un rasoio al cuore 443
essere un re Tentenna 522
essere un Re Travicello 538
essere un rebus 444
essere un relitto umano 445
essere un Rodomonte 452
essere un rospo 454
essere un salame 460
essere un santo 469
essere un satiro 471
essere un senza Dio 166
essere un senza legge 257
essere un senza nome 326
essere un sepolcro imbiancato 486
essere un serpente 487
essere un serpente a sonagli 487
essere un sogno 492
essere un sor Prudenzio 429
essere un sor Tentenna 522
essere un tandem 516
essere un tappo 517
essere un tartufo 518
essere un terremoto 524
essere un tordo 537
essere un uomo morto 544
essere un vaso di coccio 549
essere un vaso di coccio tra vasi di ferro 549
essere un venditore di lunari 268
essere un verme 558
essere un volpone 571
essere un vulcano 572
essere una Babele 40
essere una Babilonia 40

essere una balestra furlana 41
essere una banderuola 43
essere una banderuola al vento 43
essere una baracca 44
essere una barba 45
essere una bella nespola 322
essere una bella rogna 453
essere una benedizione 51
essere una biblioteca ambulante 55
essere una bolla di sapone 59
essere una botte 62
essere una buona forchetta 206
essere una buona lana 253
essere una buona penna 389
essere una buonalana 253
essere una Cafarnao 75
essere una canna al vento 90
essere una cannetta di vetro 560
essere una cannonata 91
essere una carampana 100
essere una carogna 103
essere una carretta 103
essere una Cassandra 106
essere una casta Susanna 513
essere una chicca 120
essere una chimera 121
essere una cima 126
essere una Circe 127
essere una civetta 128
essere una cuccagna 152
essere una delle Sette Meraviglie 296
essere una faccenda di lana caprina 253
essere una farfallina 189
essere una fata 190
essere una foglia al vento 205
essere una fucina d'idee 214
essere una furia 219
essere una goccia nel mare 236
essere una lancia spezzata 253
essere una litania 264
essere una lumaca 266
essere una lupa bianca 269
essere una maga Alcina 13
essere una maga Circe 127
essere una mala erba 181
essere una manna 280
essere una marmotta 291
essere una megera 293
essere una meraviglia del creato 297
essere una meteora 298
essere una mignatta 37

essere una minestra che non piace 300
essere una miseria 302
essere una morte lenta 310
essere una mosca senza testa 313
essere una mosca tse-tse 313
essere una pacchia 356
essere una palla al piede 360
essere una patata 380
essere una pecora 384
essere una pecora segnata 384
essere una Penelope 389
essere una penna venduta 389
essere una perla 392
essere una perla rara 392
essere una peste 397
essere una pezza da piedi 398
essere una piaga 399
essere una piattola 402
essere una pigna verde 410
essere una pittima 413
essere una piuma al vento 413
essere una piva 413
essere una pizza 414
essere una primadonna 425
essere una processione 427
essere una promessa 428
essere una Quaresima 435
essere una quercia 437
essere una regina di virtù 444
essere una remora 445
essere una rogna 452
essere una rotella 456
essere una Russia 458
essere una sanguisuga 468
essere una scamorza 473
essere una scarpa 473
essere una scarpa e una ciabatta 474
essere una scarpa e uno zoccolo 474
essere una scimmia 477
essere una serpe 486
essere una sfinge 489
essere una Sirena 491
essere una spugna 504
essere una stella 507
essere una stella di prima grandezza 239
essere una suocera 512
essere una *turris eburnea* 38
essere una Tebaide 519
essere una tigna 533
essere una tomba 536
essere una torre d'avorio 38

essere una *tabula rasa* 514
essere una vecchia carampana 99
essere una vecchia carretta 103
essere una vecchia ciabatta 123
essere una vecchia megera 293
essere una vecchia quercia 437
essere una vecchia volpe 571
essere una Venere 554
essere una vipera 563
essere una voce nel deserto 569
essere una volpe 571
essere una zucca 575
essere una zucca dura 575
essere una zucca vuota 575
essere una zuppa 575
essere una zuppa e un pan molle 575
essere un'anguilla imburrata 21
essere un'aquila 26
essere un'enciclopedia ambulante 180
essere un'ira di Dio 249
essere un'isola 249
essere uno che fa notte innanzi sera 327
essere uno scozzese 479
essere uno scricciolo 479
essere uno storpio e un gobbo 509
essere uno zero 573
essere uno zuccherino 575
essere uno zucchero 575
essere uscio e bottega 62
essere usciti dalla stessa madia 273
essere vecchio del mestiere 550
essere veicolo di ... 551
essere violino di spalla 562
essere visitati da Dio 166
essere zucchero e miele 575
essersene perduto lo stampo 505
estirpare alla radice 439
estirpare la mala erba 181
estrarre a sorte 496
estrarre dal mazzo 293
estremo addio 9
età canonica 183
età critica 184
età da marito 184
età dell'oro 184
età difficile 184
età ingrata 184
età legale 184
evacuare il corpo 145

fabbrica degli angeli 185

fabbrica del duomo 185
fabbrica di San Pietro 185
fabbricare sulla sabbia 459
fabbricare sulle nuvole 331
faccia a faccia 185
faccia all'acqua e sapone 5
faccia da boia 186
faccia da luna piena 186
faccia da sberle 186
faccia da schiaffi 186
faccia d'angelo 185
faccia della terra 186
faccia di bronzo 186
faccia di capra 186
faccia lunga 564
faccia tosta 186
facile come bere un bicchier d'acqua 187
facile come bere un uovo 187
falsa fame 187
fame da lupi 187
fanalino di coda 188
far accapponare la pelle 385
far baco baco 41
far ballare i denti 159
far ballare il tavolino 42
far ballare su un quattrino 42
far ballare sulla corda 142
far baracca 44
far bella vista 564
far bocca d'orcio 58
far borsa 60
far breccia 67
far bugiardo 70
far buona caccia 74
far buona cera 114
far buon viso a cattiva sorte 563
far buono 71
far cadere dall'alto 15
far cadere delle teste 527
far cadere il velo dagli occhi 552
far cadere le braccia 65
far campana all'orecchio 83
far cantare 92
far capitale di qualcosa 95
far cascare il pane di mano 364
far cascare le braccia 65
far cascare le brache 66
far castelli in aria 107
far castelli in Spagna 107
far causa comune 109
far centro 114

far chiasso 120
far cilecca 126
far colpo 135
far come i pifferi di montagna 410
far comunella 137
far conti da speziali 139
far copia di sé 141
far coro a qualcuno 145
far corpo 146
far della notte il giorno 327
far di necessità virtù 320
far di una mosca un elefante 313
far diciotto con tre dadi 158
far due parti in commedia 375
far entrare in testa 527
far epoca 180
far faville 478
far felici gli eredi 182
far fesso 193
far figura 198
far filare 199
far flanella 205
far forca a scuola 206
far fronte a ... 213
far fronte unico 213
far fruttare il tempo 521
far fuochi d'artificio 216
far fuoco 216
far furore 219
far gabole 220
far gavetta 224
far gioco 229
far giornata 231
far girare 232
far girare la testa 527
far giustizia di qualcosa 235
far gola 236
far grazia di qualcosa 240
far il diavolo e peggio 162
far la barba al palo 44
far la barba e il contropelo 45
far la bocca a cul di pollo 58
far la bocca a culo di gallina 58
far la cresta 151
far la cresta sulla spesa 151
far la festa a qualcuno 193
far la figura del cappellone 98
far la figura del cioccolataio 198
far la mano a qualcosa 286
far la parte del cappellone 98
far la ruota 457

far la ruota come un pavone 382
far la visita delle sette chiese 121
far la vita del beato porco 419
far la zuppa nel paniere 575
far l'acciuga in barile 2
far lavorare il cervello 117
far lavorare le meningi 295
far le fusa 219
far le nozze coi fichi secchi 328
far le nozze coi funghi 328
far le spese di ... 501
far lega con qualcuno 256
far legge 257
far l'occhio da pesce morto 336
far l'occhio di triglia 336
far l'osso a ... 352
far luce su qualcosa 265
far male al cuore 157
far man bassa 284
far marcia indietro 289
far mente locale 296
far meraviglie 297
far mercato del proprio corpo 297
far mercato di ... 297
far mercato di sé 297
far miracoli 301
far miracoli con ... 301
far molto rumore per nulla 456
far monete false per qualcuno 308
far morir dal ridere 448
far morire 310
far mostra 564
far notizia 326
far notte 327
far numero 330
far palco 360
far parlare 371
far parlare di sé 371
far parola di qualcosa 373
far parte a sé 375
far passar la poesia 414
far passare acqua sotto i ponti 7
far passi da gigante 378
far pena 388
far perdere la poesia 414
far pesare il piatto 401
far piangere 399
far piangere i sassi 400
far piazza pulita 402
far pietà 408
far piovere 411

far più lunga l'antifona del salmo 25
far ponti d'oro 418
far porto a ... 421
far presa 424
far pressione 424
far primiera con tre carte 425
far prudere le mani 287
far quadrato 435
far quattro chiacchiere 118
far questioni di lana caprina 253
far razza a sé 443
far ridere 448
far ridere i polli 448
far ridere i sassi 448
far ridere il mondo 448
far ridere le panche 448
far ridere le pietre 448
far ritratto da qualcuno 451
far rizzare i capelli 93
far rizzare i capelli in testa 93
far rumore 457
far Russia 458
far salire il sangue alla testa 466
far salotto 462
far saltar fuori 463
far saltare 463
far saltare i nervi 322
far saltare il banco 43
far saltare la mosca al naso 313
far San Pietro 45
far scena 475
far secco 481
far sedile di botte 482
far senso 485
far sentire il sapore del bastone 47
far sentire il sapore di qualcosa 470
far sera 486
far sputar sangue 467
far su un arrosto 31
far su un gran minestrone 300
far su un risotto 450
far tanti pampini e poca uva 362
far tanto chiasso per niente 120
far tanto di cappello 98
far tela 519
far tela con qualcuno 519
far terra bruciata 523
far tesoro di qualcosa 525
far testo 532
far tre passi su un mattone 378
far tremare 539

far vedere i sorci verdi 496
far vedere la luna nel pozzo 267
far vedere le lucciole 264
far vedere le stelle 264
far venir la barba 44
far venir la morte 310
far venir la mosca al naso 313
far venir l'acqua all'ugola 8
far venire i bordoni 60
far venire i capelli bianchi 93
far venire i nervi 322
far venire il latte alle ginocchia 255
far venire il mal di mare 276
far venire la barba 45
far venire l'acquolina in bocca 8
far venire l'inedia 247
far vista di … 564
far vita da cappuccino 99
far vita da nababbo 318
far vita da principe 426
far vita da re 443
farci il callo 80
farci la birra 56
farci su i ricami 447
farci su una croce 152
farci una croce sopra 152
fare a bocca e borsa 58
fare a calci 78
fare a craniate contro il muro 315
fare a lingua in bocca 262
fare a palle e santi 360
fare a pari e dispari 370
fare a pezzi 398
fare a pugni 429
fare a testate nei muri 315
fare acqua 6
fare acqua da tutte le parti 6
fare ala 12
fare alla romana 453
fare altare contro altare 14
fare alto e basso 15
fare andare il sangue alla testa 466
fare anticamera 24
fare aria 28
fare assaggiare il bastone 47
fare atto di dovere 174
fare atto di fede 191
fare baco 41
fare buon viso a cattivo gioco 563
fare cappello 99
fare cappotto 98

fare carte false 104
fare cifra tonda 140
fare civetta 128
fare come a casa propria 106
fare come Achille sotto la tenda 3
fare come gli antichi 25
fare come i capponi di Renzo 98
fare come i gamberi 222
fare come i ladri di Pisa 251
fare come i topi degli speziali 536
fare come il cane dell'ortolano 88
fare come il cane di Esopo 89
fare come il corvo col cacio 148
fare come il cuculo 153
fare come il delfino che mette i tonni nella rete e poi scappa 159
fare come il fiaccheraio che comincia dalla frusta 194
fare come il gatto che prima ammazza il topo e poi miagola 223
fare come il gatto col topo 224
fare come il ranocchio 442
fare come il serpente che si mangia la coda 487
fare come la cicala delle favole 124
•fare come la gallina nera 221
fare come la gatta di Masino 223
fare come la rana con il bue 441
fare come la volpe con l'uva 571
fare come l'asino che dà calci alla greppia 78
fare come l'asino che porta il vino e beve l'acqua 34
fare come l'asino del pentolaio 34
fare come l'asino di Buridano 33
fare come le campane 83
fare come le monache che danno un aghetto per avere un galletto 11
fare come le oche del Campidoglio 85
fare come le secchie 480
fare come lo struzzo 511
fare come mastro Piallino 399
fare come Pilato 410
fare come quel contadino che portò il cacio al padrone 74
fare come quello che portò il cacio al padrone 75
fare come San Pietro 465
fare conte di Cornovaglia 145
fare conto tondo 139
fare contraltare 140

fare corpo a sé 146
fare da cavalier servente 109
fare da ciabattina 123
fare da Cicerone 124
fare da Cireneo 128
fare da civetta 129
fare da contraltare 140
fare da Marta e da Maddalena 291
fare da palo 362
fare da ponte 418
fare da spalla 498
fare da tappezzeria 517
fare da terzo incomodo 246
fare dello spirito 502
fare di una lancia un punteruolo 253
fare di una trave un nottolino 538
fare d'ogni erba un fascio 181
fare duca di Corneto 144
fare due chiodi e una calda 122
fare due passi 378
fare due più due 174
fare d'una lancia uno zipolo 253
fare d'un fuscello una trave 219
fare effetto 179
fare fiasco 195
fare follie 205
fare follie per qualcuno 205
fare forca a scuola 479
fare fuoco e fiamme 217
fare fuoco e fulmini 217
fare furia 219
fare gemere i torchi 537
fare Gesù 226
fare Gesù con cento mani 226
fare gli interessi della propria parrocchia 375
fare gli occhi alle pulci 336
fare gli occhi dolci 336
fare gli onori di casa 344
fare i conti addosso 140
fare i conti con ... 140
fare i conti in tasca 140
fare i conti senza l'oste 140
fare i fichi 196
fare i limoni 261
fare i numeri 330
fare i propri passi 378
fare i propri porci comodi 419
fare i salti mortali 463
fare i vermi 558
fare i vermi come la carne tenera 102

fare il bastian contrario 46
fare il bello e il cattivo tempo 521
fare il biscotto 56
fare il boia e l'impiccato 59
fare il callo 80
fare il camaleonte 81
fare il capo grosso 96
fare il Cicerone 124
fare il cicisbeo 124
fare il Cincinnato 127
fare il Cireneo 128
fare il collo da giraffa 130
fare il contropelo 140
fare il culo 154
fare il di più 413
fare il diavolo a quattro 162
fare il diavolo e la versiera 162
fare il dongiovanni 171
fare il doppio gioco 229
fare il duro 177
fare il filo 200
fare il finto tonto 536
fare il furbo 218
fare il galletto 220
fare il gallo 221
fare il Ganimede 223
fare il gioco di qualcuno 229
fare il giro col cappello 98
fare il giro delle sette chiese 121
fare il giro dell'universo 233
fare il gradasso 237
fare il gran passo 378
fare il grande 238
fare il Grande di Spagna 238
fare il grillo parlante 241
fare il grillo saggio 241
fare il guastafeste 193
fare il lupo pecoraio 269
fare il maggio 274
fare il Mangia 278
fare il mestolino 298
fare il miracolo di Maometto 288
fare il morto 312
fare il muso 317
fare il negro di qualcuno 320
fare il nesci 322
fare il palo 362
fare il pappagallo 368
fare il parto della montagna 308
fare il passo più lungo della gamba 378
fare il passo secondo la gamba 378

fare il pavone 382
fare il pelo e il contropelo 387
fare il pesce in barile 394
fare il pieno 408
fare il ponte 418
fare il porco comodo 419
fare il portoghese 421
fare il proprio corso 147
fare il Pulcinella 430
fare il punto 432
fare il punto della situazione 432
fare il quadro 435
fare il quarto 436
fare il regalo che fece Marzio alla nuora 444
fare il Rodomonte 452
fare il salto della quaglia 463
fare il santificetur 469
fare il sordo 496
fare il terzo grado 238
fare il tifo 532
fare il tiro al piccione 403
fare il verso 558
fare il violino di spalla 563
fare il viso buio 563
fare il viso dell'arme 563
fare il viso duro 563
fare il viso scuro 563
fare il volo del calabrone 76
fare il volo di Icaro 244
fare il volto scuro 563
fare il vuoto intorno a ... 572
fare in un Credo 150
fare insieme una Bibbia 54
fare la barba agli asini 44
fare la barba e il contropelo 388
fare la bella vita 565
fare la bocca a qualcosa 58
fare la carità di Don Tubero 101
fare la carità di Monna Candia 101
fare la carità di Monna Candia e Don Tubero 101
fare la carogna 103
fare la Cassandra 107
fare la cena del galletto 113
fare la cena di Salvino 113
fare la cicala 123
fare la civetta 128
fare la coda 130
fare la commedia 137
fare la corte 147
fare la faccia scura 186

fare la fame 187
fare la fine del conte Ugolino 542
fare la fine del topo 536
fare la forca 206
fare la formica 207
fare la gatta morta 224
fare la gavetta 225
fare la gran dama 158
fare la guerra 243
fare la lucertola 266
fare la mano morta 284
fare la morte del conte Ugolino 542
fare la morte del topo 536
fare la mosca cocchiera 313
fare la mozione degli affetti 10
fare la notte 327
fare la parte del diavolo 163
fare la parte del leone 258
fare la parte di Giuda 234
fare la pelle 385
fare la pelle di cappone 385
fare la pentola a due manici 390
fare la pioggia e il bel tempo 521
fare la piva 413
fare la politica dello struzzo 414
fare la primadonna 425
fare la prova del nove 428
fare la ronda 453
fare la ruota come un pavone 457
fare la scimmia 478
fare la Sirena 491
fare la spola 503
fare la testa come una campana 527
fare la testa come un pallone 527
fare la testa grossa 527
fare la torta 538
fare la visita di Santa Elisabetta 563
fare la vita 565
fare la vita del Michelaccio 299
fare la voce grossa 568
fare la volpe con un'altra volpe 571
fare la zuppa 575
fare l'Achille sotto la tenda 3
fare l'allocco 13
fare l'Amleto 18
fare l'anguilla 21
fare l'Aristarco 29
fare l'Arlecchino 29
fare l'Arlecchino servitore di due padroni 29
fare l'asino 34

fare l'Aventino 38
fare le capate col muro 315
fare le carte 104
fare le corna 144
fare le cose a verso 558
fare le cose con il capo nel sacco 527
fare le cose con la testa nel sacco 527
fare le cose in grande 238
fare le forche 206
fare le fusa come un gatto 219
fare le meraviglie 297
fare le ore piccole 345
fare le parti con l'accetta 2
fare le pulci 429
fare le scarpe a ... 474
fare l'indiano 246
fare l'inglese 247
fare lo gnorri 235
fare lo scemo per non pagare il dazio 474
fare l'occhio da pesce morto 337
fare l'occhio del porco 337
fare l'occhiolino 337
fare l'ora di ... 345
fare l'uccello del malaugurio 542
fare macchina indietro 272
fare marcia indietro 272
fare mea culpa 154
fare mille versi 558
fare muro 315
fare muro di gomma 315
fare nero qualcuno 321
fare onore a ... 344
fare onore alla bandiera 44
fare orecchio da mercante 348
fare padella 356
fare parente qualcuno 370
fare più miglia di un lupo a digiuno 269
fare più parti in commedia 376
fare polpette di qualcuno 416
fare prima il morto e poi piangerlo 312
fare professione di fede 191
fare promesse da marinaio 428
fare qualcosa con tutti i sentimenti 485
fare qualcosa con tutti i sette sentimenti 485
fare qualcosa contro stomaco 508
fare qualcosa giocando 228
fare qualcosa senza testa 527
fare Quaresima 435
fare quattro passi 378
fare quattro salti 464
fare retromarcia 446

fare ridere gli eredi 182
fare rigar dritto 174
fare salsicce di qualcuno 463
fare San Martino 464
fare San Michele 464
fare San Pietro 465
fare sbellicare dalle risa 450
fare scena muta 475
fare scintille 478
fare scuola 479
fare sensazione 485
fare spallucce 498
fare spezzatino di qualcuno 501
fare storie 508
fare strada 510
fare strada nella vita 510
fare tabula rasa 514
fare tappezzeria 517
fare tutto un sonno 495
fare un bel salto 464
fare un bidone 55
fare un buco nell'acqua 69
fare un buio 71
fare un certo effetto 179
fare un colpo 135
fare un colpo di vita 135
fare un culo così 154
fare un fischio 203
fare un giro di cappello 98
fare un giro d'orizzonte 233
fare un lavoro coi piedi 405
fare un macello 272
fare un mercato 297
fare un minestrone 300
fare un pandemonio 363
fare un passo avanti 378
fare un passo avanti e due indietro 378
fare un passo indietro 378
fare un patto col diavolo 163
fare un quadro 435
fare un quarantotto 435
fare un risotto 450
fare un salto 464
fare un salto nel buio 71
fare un saluto 464
fare un San Quintino 465
fare un viaggio e due servizi 175
fare una baraccata 44
fare una cosa con la mano sinistra 284
fare una cosa con una mano sola 284
fare una faccia 186

fare una filippica 200
fare una finestra sul tetto 202
fare una frittata 212
fare una levataccia 16
fare una litania 264
fare una pelle a qualcuno 385
fare una scappata 473
fare una scena madre 475
fare una stecca 506
fare una stecca falsa 506
fare una testa così 527
fare una vita da chiocciola 121
fare una vita da Sardanapalo 471
fare un'alzataccia 16
fare un'apertura al buio 71
fare un'ira di Dio 249
fare uno strappo alla regola 445
fare versi 558
farla brutta 68
farla corta 147
farla da maestro 274
farla da padrone 357
farla finita 203
farla grossa 241
farla in barba 45
farla lunga 268
farla più lunga della camicia di Meo 268
farla sotto il naso 319
farla sporca 504
farla vedere a ... 550
farne di cotte e di crude 149
farne di tutti i colori 133
farne quante Carlo in Francia 101
farne quante Nemo 320
farne tante 516
farne un romanzo 453
farsela addosso 9
farsela come i barbieri 45
farsela nei calzoni 81
farsela sotto 81
farsene un baffo 41
farsene un baffo a tortiglione 41
farsi avanti coi gomiti 237
farsi bello con le penne altrui 389
farsi bello con le penne del pavone 389
farsi bello del sole di luglio 494
farsi brutto 69
farsi cascare le brache 66
farsi cattivo sangue 466
farsi cuore 156
farsi desiderare 160

farsi di brace 66
farsi di fiamma 194
farsi di fuoco 216
farsi di gelo 225
farsi di ghiaccio 226
farsi di pietra 408
farsi eco di qualcosa 178
farsi forte di qualcosa 208
farsi forza 209
farsi gli occhi 337
farsi i cavoli propri 112
farsi il culo 154
farsi il fegato marcio 191
farsi il segno della croce 152
farsi in cento 114
farsi in due 175
farsi in quattro 437
farsi intendere 248
farsi la frusta per la schiena 213
farsi largo 254
farsi largo a gomitate 237
farsi le gambe 222
farsi le ossa 352
farsi mangiare la lingua dal gatto 262
farsi onore del sole di luglio 494
farsi piovere addosso 412
farsi rispettare 451
farsi saltare le cervella 117
farsi sangue amaro 466
farsi schiacciare le costole 148
farsi scoppiare il fegato 191
farsi scudo di ... 479
farsi sentire 485
farsi specchio di qualcuno 500
farsi strada 510
farsi strada coi gomiti 237
farsi tirare la giubba 234
farsi una pera 391
farsi una posizione 421
farsi una ragione 440
farsi una sponda 503
farsi un culo così 154
farsi un nome 326
farsi valere 548
farsi vento 555
farsi verde come un aglio 557
farsi vivo 567
fasciarsi la testa prima di essersela rotta 528
fastidioso come una mosca 190
fastidioso come una pulce 190
fastidioso come una vespa 190

fastidioso come una zanzara 190
fastidioso come un calabrone 190
fata dai capelli turchini 190
fatica al vento 190
fatica da Ercole 182
fatica di Sisifo 491
faticare come una bestia 53
fatto a punto e virgola 432
fatto coi calcagni 76
fatto coi piedi 405
fatto col culo 154
fatto come Dio comanda 166
fatto come si deve 173
fatto con l'accetta 2
fatto con lo stampo 506
fatto di sangue 466
fatto in punto e virgola 432
febbre da cavallo 190
febbre del sabato sera 191
felice come una Pasqua 191
felice come un re 191
fermarsi a metà strada 510
fermo come un sasso 192
ferrare l'oca 332
ferri del mestiere 193
fianco a fianco 194
fiato corto 195
fiato grosso 195
ficcare il naso 319
ficcarsi in mente 296
ficcarsi in testa 528
fifa blu 197
figli d'Adamo 8
figlio d'arte 197
figlio del proprio secolo 197
figlio della colpa 197
figlio della serva 197
figlio dell'uomo 197
figlio di buona donna 198
figlio di famiglia 197
figlio di latte 197
figlio di mamma 197
figlio di mammà 198
figlio di mignotta 198
figlio di nessuno 198
figlio di papà 198
figlio di puttana 198
figlio di un cane 89
figlio unico di madre vedova 198
figliol prodigo 198
filar dritto 174

filare come un razzo 443
filare con qualcuno 199
filare il perfetto amore 18
filarsela alla francese 199
filarsela all'inglese 199
filo del discorso 201
filo della schiena 201
filo di Arianna 201
fin nelle ossa 353
finché la barca va ... 46
finché si ha denti in bocca 159
finiamola qui 437
finir male 275
finire a monte 309
finire come le nozze di Pulcinella 430
finire i giorni 231
finire in bellezza 49
finire in gloria 235
finire in pesce 394
finire in una bolla di sapone 59
finire in un vespaio 559
finire nel nulla 329
finire nelle sabbie mobili 459
finire sotto la tavola 518
fino a non aver più fiato in corpo 195
fino a scoppiare 478
fino al midollo 299
fino alla fine dei secoli 202
fino alla nausea 320
fino alla punta dei capelli 94
fino all'osso 352
fino all'ultimo respiro 446
fiori d'arancio 26
firmare una cambiale in bianco 81
firmare un'ipoteca 248
fischiare ai tordi 537
fitti come il buio 71
fiume di lacrime 204
fiume di parole 204
fiume sacro 204
fiutare il vento 555
flagello di Dio 204
fondo di bicchiere 206
fondo di bottiglia 206
forte come Sansone 208
forte come una quercia 208
forte come un bue 208
forte come un cavallo 208
forte come un Ercole 208
forte come un orso 208
fortunato come un cane in chiesa 89

fossa dei serpenti 209
fra cani grossi non si mordono 89
frase fatta 210
fratelli in Cristo 151
fratello di latte 210
fratello di sangue 210
freccia del Parto 211
freddo boia 211
freddo cane 211
freddo da cani 211
freddo da ladri 211
freddo ladro 211
fregarsi le mani 284
fresco come una rosa 454
fresco come una rosa di maggio 454
friggere con l'acqua 212
friggere con l'acqua fredda 212
friggere d'impazienza 212
fritto e rifritto 212
fronte interno 213
frugare in tutti gli angoli 21
frullare in testa 213
frullare per il capo 213
frutto della colpa 214
frutto dell'amore 214
frutto di stagione 214
frutto proibito 214
fuggire dal secolo 481
fuggire l'acqua sotto le grondaie 6
fulmine a ciel sereno 214
fulmine di guerra 214
fumare come un camino 215
fumare come un treno 215
fumare come un turco 215
fumare come una ciminiera 215
fumare come una vaporiera 215
fuoco di fila 217
fuoco di paglia 217
fuoco di Sant'Elmo 468
fuoco fatuo 217
fuoco greco 217
fuoco incrociato 217
fuoco sotto la cenere 217
fuori campo 86
fuori classe 129
fuori combattimento 136
fuori corso 147
fuori dai denti 160
fuori l'osso 354
fuori mano 284
fuori misura 302

fuori programma 427
fuori serie 486
furbo come una volpe 218
furbo come un furetto 218
furbo di tre cotte 218

gabbare il mondo 306
gabbare San Pietro 465
gabbia di matti 220
gabbia dorata 220
gabbia d'oro 220
gallina dalle uova d'oro 221
gallina vecchia fa buon brodo 221
gatta ci cova 224
gatta da pelare 224
gatto di marmo 224
gatto di piombo 224
gatto Mammone 224
gazza ladra 225
generoso come un pellicano 387
genio incompreso 225
genio tutelare 226
gentil sesso 488
gettar acqua sul fuoco 6
gettar fango 188
gettar l'abito 1
gettar l'abito alle ortiche 351
gettar la tonaca alle ortiche 351
gettar luce su qualcosa 265
gettar olio sul fuoco 342
gettar polvere negli occhi 417
gettar sabbia negli occhi 459
gettare a mare 290
gettare acqua sul muro 6
gettare al vento 555
gettare alle ortiche 351
gettare dalla finestra 203
gettare delle ombre 343
gettare fumo negli occhi 215
gettare il guanto 242
gettare il malocchio 277
gettare il manico dietro la pala 280
gettare il manico dietro la scure 280
gettare il sasso e nascondere la mano 471
gettare in braccio a... 65
gettare in catene 108
gettare in faccia 186
gettare in viso 563
gettare la maschera 291
gettare la moneta 308
gettare la spugna 505

gettare l'acqua sporca col bambino dentro 6
gettare l'amo 18
gettare le braccia al collo 131
gettare olio sulle onde 342
gettare sul tappeto 517
gettare sulle spalle 498
gettare un osso 352
gettare un ponte 418
gettare un sasso nello stagno 471
gettare una buona luce su 265
gettare una tavola a qualcuno 518
gettarsi a testa bassa 528
gettarsi alle ginocchia 227
gettarsi dietro le spalle 499
gettarsi in braccio 65
gettarsi in picchiata 403
gettarsi nel fuoco 216
giardino d'Armida 227
giardino dell'Eden 178
giocare a... 228
giocare a carte scoperte 104
giocare a pari e dispari 370
giocare a partita doppia 376
giocare al rialzo 446
giocare al ribasso 447
giocare alla morra al buio 310
giocare col morto 228
giocare come il gatto col topo 224
giocare con la morte 311
giocare d'azzardo 39
giocare di... 228
giocare fuori casa 228
giocare il tutto per tutto 228
giocare in casa 228
giocare la carta di... 104
giocare su... 228
giocare sul terreno avversario 228
giocare sulle parole 228
giocare tutte le carte 104
giocare tutte le carte migliori 104
giocare una carta 104
giocarsi anche la camicia 82
giocarsi il Paradiso 369
giocarsi la testa 528
giocarsi qualcosa 228
giocarsi un occhio 337
gioco delle parti 376
gioco delle scatole cinesi 474
gioco di mano 476
gioco di prestigio 229
gioco pesante 229

giornata nera 231
giorni di calendario 231
giorno di grazia 232
giorno nero 231
giovani leoni 258
giovanotto di belle speranze 500
girar pagina 359
girarci intorno 233
girare a vuoto 232
girare come il sole 494
girare come un girasole 494
girare con il vento 556
girare il mantello secondo il vento 288
girare in tondo 232
girare intorno a qualcosa 232
girare intorno a qualcuno 233
girare l'occhio 337
girare sui tacchi 514
girare sulle calcagna 76
girarsi i pollici 415
giro del fumo 233
giro dell'oca 233
giro di boa 233
giro di calendario 78
giro di chiglia 233
giro di valzer 233
giro di vite 234
giro vizioso 234
giù le mani da ... 284
giudizio di Dio 234
giudizio di Salomone 462
giudizio salomonico 462
giungere a riva 452
giungere al diapason 161
giungere alla frutta 214
giungere all'amen 17
gli affari sono affari 10
godere delle grazie di una donna 240
godere il papato 367
godere un mondo 306
godersela un mondo 305
gomito a gomito 237
gonfio come una rana 441
granello di sabbia 459
grattar la rogna a qualcuno 453
grattar via la tigna 533
grattare la pancia alla cicala 124
grattarsi i pidocchi 404
grattarsi la pancia 363
grattarsi la pera 391
grattarsi la testa 528

grattarsi la zucca 391
gravare le spalle 499
grazia di Dio 240
grazie a 240
gridar vendetta 553
gridar vendetta al cospetto di Dio 553
gridare a piena gola 241
gridare a pieni polmoni 240
gridare a squarciagola 240
gridare ai quattro venti 555
gridare al lupo 269
gridare al vento 555
gridare allo scandalo 473
gridare come un ossesso 546
gridare dai tetti 532
gridare fino a slogarsi l'ugola 241
gridare la croce addosso 152
gridare l'anatema 19
grondare di sangue 466
guadagnar tempo 521
guadagnare terreno 524
guadagnarsi il pane 359
guadagnarsi il pane col sudore della fronte 364
guadagnarsi la giornata 231
guadagnarsi la minestra 301
guadagnarsi la pagnotta 359
guadagnarsi la vita 565
guai ai vinti 562
guardar brutto 242
guardar le mosche che volano 313
guardar male 242
guardar storto 242
guardare a vista 564
guardare con gli occhiali rosa 307
guardare con la coda dell'occhio 336
guardare con tanto d'occhi 336
guardare dall'alto in basso 15
guardare di brutto 69
guardare di buon occhio 340
guardare di mal occhio 337
guardare di traverso 242
guardare il minuto 301
guardare in alto 15
guardare in cagnesco 242
guardare in faccia qualcosa 186
guardare in faccia qualcuno 186
guardare in giro 234
guardare la paglia e non vedere la trave 359
guardare la pagliuzza nell'occhio altrui 359

guardare l'albero e perder di vista la foresta 12
guardare nel bianco degli occhi 337
guardare per aria 28
guardare per il dritto e per il rovescio 174
guardare per il sottile 242
guardarla da un altro verso 558
guardarsi alle spalle 499
guardarsi allo specchio 500
guardarsi attorno 37
guardarsi in giro 234
guastar la festa 194
guastare i sonni a qualcuno 495
guastare la minestra 300
guastarsi gli occhi 337
guastarsi il sangue 466
guastarsi la vista 564
guastarsi la vita 565
guerra dei nervi 243
guerra senza quartiere 436
guidare con un filo di seta 201
guidare i passi di qualcuno 378
guidare la mano 287
guscio di noce 243

ha da venì Baffone 41
ha parlato l'Oracolo 347

i beni della terra 50
i fumi di ... 215
i miei rispetti 451
i morsi della fame 188
i morti non mordono 312
i muri hanno orecchie 315
i muri parlano 315
i paperi menano l'oca a bere 368
i più bei nomi 326
i soldi non hanno odore 493
idea pellegrina 244
idea peregrina 244
il basso popolo 419
il bel mondo 306
il bisogno aguzza l'ingegno 56
il cane pauroso abbaia più forte 88
il casto sposo 504
il cavallo non beve 111
il cielo non voglia 126
il cuore della città 156
il danaro apre tutte le porte 159
il di più 413
il diavolo non ci andrebbe per un'anima 163
il Divino Poeta 414

il dolce far niente 324
il Figlio di Dio 198
il fior fiore 203
il fiore degli anni 203
il fuoco eterno 217
il ghibellin fuggiasco 226
il gioco non vale la candela 87
il gran mondo 306
il ladro conosce il ladro 251
il lupo cambia il pelo ma non il vizio 270
il lupo perde il pelo ma non il vizio 270
il mal corvo fa mal uovo 148
il mestiere più vecchio del mondo 298
il mio regno per un cavallo 444
il mulino non macina senz'acqua 314
il padrone ce l'hanno i cani 357
il peso della carne 395
il piatto piange 401
il più bel fico del paniere 196
il primo che passa 426
il primo uomo 544
il primo venuto 425
il principe dei demoni 426
il principe delle tenebre 426
il sangue non è acqua 466
il seno della terra 485
il Sommo Poeta 414
il sonno del giusto 496
il tacco d'Italia 514
il tallone d'Italia 515
il tempo è denaro 521
il tempo stringe 521
il vecchio Adamo 8
il vecchio triangolo 540
il ventre della Terra 523
il ventre non ha orecchie 556
il verde degli anni 24
illustre ignoto 478
illustre sconosciuto 478
imbottar nebbia 320
imbrattar carta 104
imbrattare le tele 519
imbrogliare i fili 201
imbrogliare le carte 104
immerso fino al collo 131
impara l'arte e mettila da parte 31
imparare l'abbicì di una scienza 1
in alto loco 15
in area Cesarini 118
in bella vista 564
in bella vita 565

in bocca al lupo 270
in buone mani 284
in calce 77
in capo al mondo 96
in carne e ossa 102
in cattive mani 284
in cattivo arnese 31
in che film? 200
in coda 130
in codice 130
in erba 181
in fasce 189
in fila indiana 199
in fiore 203
in forza di ... 209
in forze 209
in fretta e furia 212
in gamba 222
in gambissima 222
in grazia di... 240
in mani sicure 284
in palla 360
in pianta stabile 400
in pillole 410
in pompa magna 418
in potenza 422
in primo piano 400
in punta di piedi 405
in punto 432
in quale film l'hai mai visto? 200
in quattro e quattr'otto 437
in seno a ... 485
in separata sede 482
in soldoni 493
in spirito 502
in tronco 540
in tutte le salse 462
in un amen 17
in una parola 373
in un batter d'ali 12
in un batter di ciglia 337
in un batter d'occhio 337
in un fiato 195
in un soffio 492
in veste di ... 559
in viaggio 561
in vista 564
in vita 565
in zona Cesarini 118
incerti del mestiere 298
inciampare in un filo di paglia 201

incidente di percorso 245
incidere nel bronzo 68
incidere nel marmo 291
incompatibilità di campanile 84
incontrarsi a metà strada 510
inconvenienti del mestiere 298
incrociare i ferri 193
incrociare le braccia 65
incrociare le gambe 222
incrociare le lame 252
incrociare le spade 497
indice di gradimento 246
indorare la pillola 411
indovinala grillo 246
infilare l'ago al buio 11
ingannare il tempo 520
ingannare la fame 187
inghiottire amaro e sputar dolce 16
inghiottire fiele 197
inghiottire la pillola 411
ingoiar bile 56
ingoiare il rospo 454
ingoiare le lacrime 251
innamorato cotto 248
insaccar nebbia 320
insegnare a nuotare ai pesci 248
insegnare ai gatti ad arrampicarsi 248
inseguire una chimera 121
insulso come l'acqua tiepida 8
intendersi come i ladri alla fiera 252
intingere la penna nel fiele 389
intorbidare le acque 6
intrecciare una corda di sabbia 142
inventare di sana pianta 400
inventarle tutte 541
invertire la marcia 289
invertire la rotta 456
invitare a nozze 328
invitare il matto alle sassate 292
invitare la lepre a correre 259
invitare l'orso alle pere 351
invitare qualcuno al suo gioco 229
invocare la Musa 316
inzuccherare la pillola 411
ira d'Achille 3
ironia del destino 249
ironia della sorte 249

la barba non fa il filosofo 45
la barca fa acqua 46
la camicia di Nesso 323
la città dei morti 128
la corona val bene una messa 370
la fame caccia il lupo dal bosco 187
la fame dà cattivi consigli 187
la fame è una cattiva consigliera 187
la farina del Diavolo va sempre in crusca 189
la farina del Diavolo va tutta in crusca 189
la goccia scava la pietra 236
la Gran Sentenza 485
la grande madre 274
la lingua batte dove il dente duole 262
la luce eterna 265
la luce perpetua 265
la mia metà 298
la misura è colma 302
la necessità aguzza l'ingegno 56
la notte eterna 327
la paura fa novanta 381
la prima acqua è quella che bagna 7
la prima gallina che canta è quella che ha fatto l'uovo 221
la primavera della vita 425
la spada della giustizia 497
la spada della legge 497
la storia dell'uovo e della gallina 508
la vedremo 550
la verde età 184
la vigna del Signore 562
la vispa Teresa 522
la vita è fatta a scale 565
la vita eterna 565
l'abito non fa il monaco 1
l'acqua cheta smuove i ponti 7
l'acqua fa le funi 7
lacrime di coccodrillo 251
lacrime di San Lorenzo 251
lacrime di sangue 251
lacrime e sangue 251
ladro di cuori 252
ladro in guanti gialli 252
l'Al di là 250
l'alfa e l'omega 13
l'altra faccia della medaglia 293
l'altra riva 452
l'altro mondo 306
lambiccarsi il cervello 117
l'amico ciliegia 17
l'amico del giaguaro 17
l'amore non fa bollire la pentola 18
lampo di genio 252

lanciar fiamme dagli occhi 194
lanciare la moneta 308
lanciare un sasso nello stagno 471
l'antico serpente 487
lì per lì 260
l'aprile della vita 26
l'aquila non prende mosche 26
largo di bocca e stretto di mano 57
l'arte di Michelaccio 299
lasciar bollire qualcuno nel suo brodo 68
lasciar brutto 69
lasciar cadere 75
lasciar cantare 92
lasciar correre 146
lasciar correre il dado 158
lasciar la paglia vicino al fuoco 359
lasciar la testa sul palco 360
lasciar l'acqua alla china 7
lasciar le cinque dita in faccia 169
lasciar le pere in guardia all'orso 391
lasciar lì come un salame 460
lasciar nudo 329
lasciar passare l'acqua sotto i ponti 7
lasciar schiacciare le noci in casa propria 324
lasciar secco 481
lasciarci il pelo 388
lasciarci la pelle 386
lasciarci le penne 390
lasciare a bocca asciutta 57
lasciare a desiderare 160
lasciare a metà 298
lasciare a piedi 405
lasciare a secco 481
lasciare all'asciutto 32
lasciare andare l'acqua alla china 7
lasciare che i morti seppelliscano i morti 312
lasciare il campo 86
lasciare il certo per l'incerto 116
lasciare il collo sul palco 360
lasciare il focolare 205
lasciare il passo 378
lasciare il segno 483
lasciare il tempo che si trova 521
lasciare in sospeso 497
lasciare la lattuga in guardia ai paperi 255
lasciare la stecca 506
lasciare la via vecchia per la nuova 560
lasciare le briglie sul collo 67
lasciare le cinque dita 169

lasciare le redini sul collo 67
lasciare lo strascico come le lumache 266
lasciare nel dimenticatoio 165
lasciare nella penna 389
lasciare nelle secche 480
lasciare nell'ombra 343
lasciare qualcuno nel suo brodo 68
lasciare sul terreno 524
lasciare tempo al tempo 521
lasciarsi piovere addosso 411
lasciarsi scappare di bocca 58
lasciarsi sfuggir di penna 389
lasciarsi uscir di penna 389
l'asino del comune 34
latte dei vecchi 255
l'aurora della vita 37
l'autunno della vita 37
lavaggio del cervello 117
lavar la testa all'asino 528
lavare i panni in Arno 366
lavare i panni sporchi in famiglia 366
lavare in casa i panni sporchi 366
lavare nel sangue 466
lavare una macchia col sangue 272
lavarsene le mani 285
lavarsene mani e piedi 285
lavarsi come il gatto 224
lavata di capo 96
lavata di testa 528
lavorare a giornata 230
lavorare ai fianchi 194
lavorare come un negro 320
lavorare di bastone 47
lavorare di fino 255
lavorare di gomiti 237
lavorare di spalle 499
lavorare dietro le quinte 438
lavorare il terreno 524
lavorare impiccato 245
lavorare per la gloria 235
lavorare per la minestra 301
lavorare per la pagnotta 359
lavorare sott'acqua 7
lavorarsi qualcuno 255
lavoro certosino 256
lavoro cinese 256
lavoro da certosino 256
lavoro da maestro 256
lavoro di pazienza 256
lavoro di schiena 256
le alte sfere 489

le bugie hanno le gambe corte 70
le due corna del dilemma 165
le gioie del focolare 230
le luci della ribalta 265
le ombre della notte 343
le tenebre eterne 522
le viscere della Terra 523
leccare e non mordere 256
leccare i piedi 405
leccare il culo 406
leccare un pane dipinto 364
leccarsi i baffi 41
leccarsi le dita 169
leccarsi le labbra 250
legar le viti con le salsicce 562
legare come un salame 460
legare la vigna con le salsicce 562
legare l'asino dove vuole il padrone 34
legare mani e piedi 284
legarsela al dito 169
legarsi a qualcuno 257
legge draconiana 257
leggere come in un libro aperto 260
leggere dentro a qualcuno 257
leggere in faccia 186
leggere in fronte 213
leggere in viso 563
leggere in volto 564
leggere negli occhi 337
leggere nell'animo 23
leggere tra le righe 449
leggero come una farfalla 257
leggero come una libellula 257
leggero come una piuma 257
leggero come un sospiro 257
legnate da Olio Santo 258
l'erba cattiva non muore mai 181
l'eterno triangolo 540
lettera fiume 259
letto di morte 260
letto di piume 260
levare gli occhi al cielo 337
levare i calici 80
levare il fiato 195
levare il pane di bocca 364
levare il pelo 388
levare il saluto 464
levare il vino dai fiaschi 562
levare la pelle 385
levare le ancore 19

levare le castagne dal fuoco con la zampa del gatto 107
levare le mense 295
levare le penne maestre 389
levare le tende 522
levarsi dai piedi 407
levarsi dalla testa 528
levarsi gli occhi 339
levarsi la sete col prosciutto 488
levarsi la sete con l'acqua salata 488
levarsi tanto di cappello 98
levarsi un dente 160
levarsi un peso dallo stomaco 396
levata di scudi 479
levata d'ingegno 247
liberarsi di un peso 395
libro da spiaggia 261
libro del destino 261
libro della natura 261
libro della vita 261
libro dell'universo 261
libro sacro 261
lieve come un sospiro 257
linea d'ombra 262
lingua affilata 262
lingua biforcuta 262
lingua che taglia e cuce 263
lingua di fuoco 263
lingua di serpente 263
lingua d'inferno 263
lingua infernale 263
lingua lunga 263
lingua sciolta 263
lingua serpentina 263
lingua tagliente 263
lingua viperina 263
l'inverno della vita 248
lisciar la coda al diavolo 163
lisciare il pelo 388
liscio come l'olio 264
liscio come una palla da biliardo 264
liscio come un biliardo 264
liscio come un uovo 264
livello di guardia 264
lo sa Dio 166
lo sa il cielo 125
lo vedrebbe anche un cieco 119
lo zampino del diavolo 573
l'occasione fa l'uomo ladro 333
l'occhio del mondo 306
lontano dagli occhi ... 337
l'oro apre tutte le porte 350

lotta a coltello 136
lotta senza quartiere 436
luci della ribalta 447
lucidare a specchio 500
l'ultima sentenza 485
l'ultimo viaggio 561
luna di miele 267
luna sporca 267
l'unghia del leone 543
lungo come il digiuno 268
lungo come il Po 268
lungo come la fame 268
lungo come la Messa cantata 268
lungo come la processione 268
lungo come la Quaresima 268
lungo come l'anno della fame 268
lungo come una sposa 268
l'uomo è il suo abito 1
l'uomo propone e Dio dispone 428
lupo di mare 270
lupo in veste d'agnello 270
lupo mannaro 270
lustrare le scarpe 474
lustrarsi gli occhi 337

ma che ... d'Egitto 179
ma fammi il piacere 399
ma per piacere 399
macchiare il talamo 516
macinar parole 373
maddalena pentita 273
madonna infilzata 273
madonnina infilzata 273
madre patria 274
maggiore età 184
magro affare 10
magro come il cavallo dell'Apocalisse 274
magro come la Quaresima 274
magro come un chiodo 274
magro come un lampione 275
magro come un uscio 274
magro come una lanterna 275
magro come un'acciuga 274
mal del miserere 276
mal della pietra 276
mal di luna 276
mal di maggio 276
mal francese 276
mal sottile 276
mala erba 181
mala lingua 263

mala parata 369
malato al cervello 275
malato al cuore 275
male del secolo 276
male del vedovo 277
male giallo 277
male in arnese 31
male inglese 277
male napoletano 277
male spagnolo 277
mamma li turchi 541
mancarci un capello 94
mancarci un pelo 388
mancare all'appello 25
mancare del pane 364
mancare di fegato 191
mancare di una rotella 456
mancare di un venerdì 553
mancare diciannove soldi a una lira 494
mancare solo la parola 373
mancare un pelo 388
mancare un soffio 492
mancare un'unghia 543
mandar fuoco dagli occhi 217
mandar giù con l'imbuto 244
mandar giù 277
mandar giù un boccone amaro 59
mandar giù veleno 552
mandare a bastonare i pesci 394
mandare a casa del Diavolo 105
mandare a Corneto 144
mandare a dar via il culo 154
mandare a far la calza 80
mandare a fare in culo 154
mandare a farsi benedire 51
mandare a farsi frate 210
mandare a farsi friggere 212
mandare a fondo 206
mandare a Legnaia 257
mandare a padrone 356
mandare a quel paese 357
mandare a ramengo 440
mandare a rotoli 456
mandare a scopare il mare 289
mandare a segno 483
mandare al buio 71
mandare al creatore 149
mandare al diavolo 163
mandare al macello 272
mandare al tappeto 517
mandare all'altro mondo 305

mandare all'aria 28
mandare all'inferno 247
mandare avanti 277
mandare avanti la baracca 44
mandare da Erode a Pilato 182
mandare il cervello in vacanza 117
mandare il guanto 242
mandare in bianco 54
mandare in Cafarnao 75
mandare in Cornovaglia 145
mandare in fumo 215
mandare in malora 277
mandare in palla 360
mandare per le lunghe 269
mandare qualcuno a impiccarsi 245
mandare sulla forca 206
mandare un accidente 2
mandato da Dio 166
mangiar l'aglio 10
mangiar l'uovo in corpo alla gallina 545
mangiar pane e cipolle 364
mangiar veleno 552
mangiare a quattro palmenti 278
mangiare a ufo 278
mangiare alla carta 104
mangiare coi piedi 278
mangiare come un bue 278
mangiare come un grillo 278
mangiare come un maiale 278
mangiare come un porco 278
mangiare come un re 278
mangiare come un uccellino 278
mangiare come uno scricciolo 278
mangiare con gli occhi 337
mangiare con l'imbuto 244
mangiare da re 278
mangiare di grasso 239
mangiare il grano in erba 239
mangiare il pane a tradimento 365
mangiare il pane a ufo 365
mangiare il porro dalla coda 420
mangiare in bianco 54
mangiare la foglia 205
mangiare la pappa in testa a qualcuno 528
mangiare la polvere 417
mangiare la torta in testa 528
mangiare le noci col mallo 324
mangiare pane e veleno 365
mangiare pane e volpe 365
mangiare per due 279
mangiare quanto uno scricciolo 278

mangiare quel che passa il convento 141
mangiarsi anche la camicia 82
mangiarsi il cuore 156
mangiarsi il pan pentito 365
mangiarsi le mani 286
mangiarsi qualcuno in insalata 248
mangiarsi qualcuno in un boccone 59
mangiarsi vivo qualcuno 279
mani di burro 285
mani di fata 285
mani di pasta frolla 285
manica di... 279
mano di ferro in guanto di velluto 285
mano lesta 285
marcare visita 563
marchio di fabbrica 288
marchio d'infamia 289
marcia a vista 289
màrciare a vuoto 289
marcio fino al midollo 289
marcio fino all'osso 289
mare a montoni 290
mare a ochette 290
mare senza fondo 290
marinaio d'acqua dolce 290
marinare la scuola 479
masticare amaro 16
masticare come il pane 365
mattina e sera 292
mattino e sera 292
matto come un cavallo 292
medaglia alla memoria 294
medico da borsa 293
meglio un uovo oggi ... 546
memoria di ferro 295
menar le mani 285
menar l'orso a Modena 351
menare il can per l'aia 89
menare le calcagna 76
menare le oche in pastura 333
menare per il bavero 48
menare per il naso 319
mentire per la gola 236
mercante d'ebano 297
mercante di morte 297
mercato nero 297
meritare una medaglia 293
mescolare ebrei e samaritani 178
mescolare il sacro col profano 460
mestiere girovago 298
metter becco 48

metter capo 97
metter capo a ... 96
metter fuori le unghie 543
metter giù una piva 413
metter gli occhi addosso a ... 338
metter gli occhi su 338
metter gola 236
metter la testa a posto 529
metter le carte in tavola 104
metter le gambe sotto il tavolo 222
metter le gambe sotto la tavola 222
metter male 277
metter mano alla borsa 60
metter radici 439
mettercela tutta 298
metterci del proprio 299
metterci lo zampino 573
metterci una buona parola 373
metterci una pezza 398
metterci una pietra sopra 408
metterci un po' di testa 528
metterci un punto 432
mettercisi di punta 431
mettere a bottega 62
mettere a castello 108
mettere a ferro e fuoco 193
mettere a frutto 214
mettere a fuoco 217
mettere a libro 261
mettere a nudo 329
mettere a padrone 356
mettere a partito 376
mettere a partito qualcosa 376
mettere a posto qualcosa 422
mettere a posto qualcuno 422
mettere a rumore 457
mettere a sacco 459
mettere a segno 483
mettere ai ferri 193
mettere ai piedi della croce 152
mettere al buio 71
mettere al mondo 306
mettere al muro 315
mettere al tappeto 517
mettere al torchio 537
mettere alla berlina 52
mettere alla gogna 236
mettere alla porta 420
mettere alla prova 428
mettere alla sbarra 472
mettere alle corde 142

mettere alle strette 511
mettere all'indice 246
mettere freddo 211
mettere fuori combattimento 136
mettere gli occhi su 334
mettere i bastoni fra le gambe 47
mettere i bastoni tra le ruote 47
mettere i piedi sul collo 406
mettere i puntini sulle i 431
mettere il becco a mollo 48
mettere il becco in qualcosa 48
mettere il cappio al collo 98
mettere il carro davanti ai buoi 103
mettere il cervello a bottega 117
mettere il coltello alla gola 136
mettere il coltello in mano al pazzo 136
mettere il dito sulla piaga 169
mettere il freddo addosso 211
mettere il fuoco addosso 218
mettere il fuoco nelle vene 218
mettere il laccio al collo 250
mettere il lupo nell'ovile 270
mettere il muso 317
mettere il naso 319
mettere il naso fuori di casa 319
mettere il piede avanti 406
mettere il rasoio in mano al pazzo 136
mettere il sale sulla coda 461
mettere in bocca a qualcuno 58
mettere in bocca al lupo 270
mettere in buona luce 265
mettere in campo 86
mettere in cantiere 92
mettere in canzone 93
mettere in catene 108
mettere in ceppi 114
mettere in chiaro 119
mettere in corpo 146
mettere in croce 152
mettere in gabbia 220
mettere in gattabuia 223
mettere in ginocchio 227
mettere in gioco 229
mettere in giro 234
mettere in libertà 260
mettere in luce 265
mettere in macchina 272
mettere in mezzo alla strada 510
mettere in musica 316
mettere in piazza 402
mettere in piedi 406

mettere in piena luce 265
mettere in ponte 418
mettere in quarantena 435
mettere in ridere 450
mettere in riga 449
mettere in riso 450
mettere in sesto 488
mettere in testa 528
mettere in vetrina 559
mettere la corda al collo 142
mettere la fiaccola sotto il moggio 194
mettere la frasca 210
mettere la lancia in resta 253
mettere la lucerna sotto il moggio 266
mettere la mano sul fuoco 285
mettere la paglia vicino al fuoco 359
mettere la pelle del leone 387
mettere la pulce nell'orecchio 430
mettere la testa a partito 376
mettere la testa a segno 525
mettere le corna 144
mettere le mani addosso 285
mettere le mani avanti 285
mettere le mani su ... 285
mettere le mense 295
mettere le unghie addosso 543
mettere le zeppe fra due persone 573
mettere l'esca accanto al fuoco 183
mettere mano a ... 285
mettere molta carne al fuoco 102
mettere nel culo 154
mettere nel dimenticatoio 165
mettere nel sacco 459
mettere nero su bianco 321
mettere qualcosa sotto i denti 160
mettere sotto i piedi 406
mettere sotto i tacchi 515
mettere sotto il naso 319
mettere sotto il torchio 537
mettere sotto il vetrino 560
mettere sotto pressione 424
mettere sotto vetro 560
mettere sugli altari 14
mettere sul piatto della bilancia 55
mettere sul tappeto 517
mettere sulla buona strada 510
mettere sulla strada 510
mettere sulle spalle 499
mettere tra l'uscio e il muro 546
mettere troppa carne al fuoco 102
mettere tutti in un mazzo 293

mettere un piede davanti all'altro 406
mettere un piede in fallo 406
mettere una pezza 398
mettere una zeppa 573
mettere un'ipoteca 248
mettere zizzania 574
metterla in soldoni 494
mettersi ai tacchi di ... 515
mettersi al posto di qualcuno 422
mettersi all'opera 344
mettersi con qualcuno 299
mettersi di punta 431
mettersi il cuore in pace 356
mettersi in caccia 74
mettersi in capo 529
mettersi in cappa 97
mettersi in cappa magna 97
mettersi in coda 130
mettersi in ghingheri 227
mettersi in ginocchio 228
mettersi in gioco 229
mettersi in libertà 260
mettersi in mare senza biscotti 290
mettersi in pari 370
mettersi in riga con qualcuno 449
mettersi in tasca qualcuno 518
mettersi in testa 529
mettersi in urto 546
mettersi in vista 564
mettersi insieme 248
mettersi la strada fra le gambe 510
mettersi l'animo in pace 356
mettersi le gambe in spalla 222
mettersi le mani nei capelli 286
mettersi nei panni di qualcuno 366
mettersi nelle mani di qualcuno 286
mettersi sotto l'ala di qualcuno 12
mettersi sulla scia 476
mettersi una corda al collo 142
mettersi una mano sul cuore 286
mettersi una mano sul petto 286
mettersi una mano sulla coscienza 286
mettersi una maschera 291
mettersi un velo davanti agli occhi 553
mezza calzetta 80
mezza cartuccia 105
mezza parola 373
mezza sega 482
mezze maniche 279
mezze misure 302
mezze parole 373

mezzo mondo 306
mezzo sangue 467
mezzo uomo 544
mietere allori 14
mietere l'altrui campo 86
minestra riscaldata 301
miniera d'oro 301
minore età 184
mio nonno in carriola 326
mirare in alto 15
misura per misura 302
misurare a braccio 65
misurare le parole 374
mite come un agnello 11
modo di dire 303
mogli e buoi dei paesi tuoi 304
molti sono i chiamati 118
momento critico 432
moneta sonante 308
montare in banco 43
montare in bestia 53
montare in pulpito 430
montare la testa 529
montare sul cavallo di Orlando 350
montarsi la testa 529
morale della favola 309
morbido come il burro 309
morbo sacro 309
mordere la catena 108
mordere la polvere 417
mordersi i pugni 429
mordersi la lingua 263
mordersi le dita 169
mordersi le làbbra 250
mordersi le mani 286
morir dal ridere 448
morir di fame 187
morir di fame ad Altopascio 188
morire al mondo 306
morire come un cane 89
morire con le scarpe ai piedi 474
morire di fame in una madia di pane 188
morire in odore di santità 341
morire piuttosto che ... 310
morire sulle labbra 250
morte bianca 311
morte civile 311
morte dolce 311
morte eterna 311
morto di fame 311
morto di sonno 311

morto e sepolto 311
morto e seppellito 312
morto e sotterráto 312
morto un papa se ne fa un altro 367
mossa falsa 314
mostrare a dito 169
mostrare i denti 160
mostrare i pugni 429
mostrare la corda 143
mostrare le calcagna 76
mostrare le costole 149
mostrare le proprie grazie 240
mostrare le unghie 543
mostrare l'unghia del leone 543
mostro sacro 314
mozzare il fiato 196
muover campo 86
muovere cielo e terra 125
muovere i primi passi 379
muoversi coi piedi di piombo 404
murare a secco 481
muro del pianto 315
muscoli d'acciaio 316
muscoli di bronzo 316
musica maestro 316
muso lungo 317
mutare il piombo in oro 411
mutare le noci in chiocciole 324
mutarsi da bruco in farfalla 68
muto come una tomba 317
muto come un pesce 317

nascere con la camicia 82
nascere sotto una buona stella 507
nascere sotto una cattiva stella 507
nascondere la testa come lo struzzo 512
nascondere sotto il moggio 194
nascondersi dietro una penna 389
nascondersi dietro un dito 169
naufragare in porto 421
navigare fra le due acque 8
navigare in acque basse 6
navigare in cattive acque 7
ne è passata di acqua sotto i ponti 7
neanche a farlo apposta 26
neanche il papa è infallibile 367
neanche per scherzo 475
neanche per sogno 492
negare il braccio 65
nei ritagli di tempo 521
nel cuore di... 156

nel proprio piccolo 403
nel verde degli anni 557
nella notte dei tempi 327
nell'ombra 343
nemico pubblico numero uno 320
nemmeno per sogno 492
nero come il buio 321
nero come il carbone 321
nero come il di dentro di un infedele 321
nero come la fame 321
nero come la notte 321
nero come l'ala di un corvo 321
nero come una notte senza luna 321
nero come un calabrone 321
nero come un carbonaio 321
nero come un cioccolatino 321
nero come un corvo 321
nero come un magnano 321
nero come un paiolo 321
nero come uno spazzacamino 321
nervi d'acciaio 322
nessuno ci corre dietro 146
neve perenne 323
nevi eterne 323
nido d'amore 323
nido di serpi 323
nido di vespe 323
nido di vipere 323
niente di nuovo sotto il sole 494
nocciolo della questione 324
nodo di Gordio 325
nodo gordiano 325
noioso come una mosca 325
noioso come una pulce 325
noioso come una vespa 325
noioso come una zanzara 326
noioso come un calabrone 325
nome d'arte 326
non accozzare il desinare con la cena 113
non alzare un dito 169
non andare né su né giù 512
non aprir becco 48
non aprir bocca 58
non aver legge 257
non aver né bocca né orecchie 349
non aver niente da metter sotto i denti 160
non aver niente da spartire 500
non aver nulla da dire 167
non aver paura dell'inferno 381
non aver paura di nessuno 381
non aver paura neanche del diavolo 381

non aver peso 396
non aver più neanche gli occhi per piangere 335
non aver più occhi per piangere 338
non aver prezzo 425
non aver sangue nelle vene 467
non aver anima 22
non avere cuore di ... 156
non avere il becco di un quattrino 437
non avere il verso 558
non avere la testa a posto 529
non aver materia grigia 292
non avere né amore né sapore 18
non avere né arte né parte 32
non avere né capo né coda 96
non avere né capo né piede 97
non avere né casa né tetto 106
non avere né occhi né orecchie 349
non avere occhi che per... 338
non avere ore 345
non avere parole 374
non avere paura né di diavolo né di versiera 381
non avere peli sulla lingua 388
non avere più cartucce 105
non avere qualcuno sul proprio calendario 78
non avere scarpe ai piedi 474
non avere testa 529
non avere testa per ... 529
non avere tutti i giovedì a posto 232
non avere un quattrino da far cantare un cieco 437
non avere un'ora fissa 345
non avere voce in capitolo 95
non bastare il cuore 156
non batter chiodo 122
non batter ciglio 126
non capire un accidente 2
non capire un cavolo 112
non capire un'acca 95
non capire uno iota 95
non cavare un ragno dal buco 440
non c'è barba di frate 45
non c'è barba di santo 45
non c'è Cristo 151
non c'è Cristo che tenga 151
non c'è due senza tre 175
non c'è più religione 445
non c'è rosa senza spine 454
non c'è santo che tenga 469

non c'è verso 558
non chiudere occhio 338
non ci piove 412
non ci sono santi 469
non combinare il pranzo con la cena 113
non combinare un accidente 2
non conoscere l'ortica al tasto 139
non correre buon sangue 467
non credere ai propri occhi 150
non credere alle proprie orecchie 150
non credere neanche al pan cotto 150
non credere neanche all'acqua bollita 150
non dar fastidio neanche all'erba 325
non dar noia a una mosca 325
non dar noia neanche all'erba 325
non dar peso a qualcosa 395
non dare a vedere 550
non dare né in sette né in sei 489
non dare quartiere 436
non dare un Cristo a baciare 151
non dare un soldo per … 494
non dire a sordo 496
non distinguere i bufali dalle oche 70
non distinguere il nero dal bianco 321
non distinguere il pan dai sassi 365
non dovere niente a nessuno 173
non è ancor detta l'ultima parola 373
non è pane per i tuoi denti 160
non esiste 183
non esser di giorno giusto 232
non esser erba del proprio orto 181
non esser farina da far ostie 189
non esser farina del proprio sacco 189
non esser farina schietta 189
non esser mica noccioline 324
non esser più di questo mondo 306
non esser terreno da piantar vigna 524
non esserci anima viva 22
non esserci con la testa 529
non esserci "ma" che tenga 272
non esserci neanche un cane 89
non esserci posto neanche per bestemmiare 422
non esserci strada 510
non essere della stessa parrocchia 375
non essere di questo mondo 306
non essere giornata 231
non essere la giornata giusta 231
non essere la strada dell'orto 560
non essere la via dell'orto 560
non essere né a piedi né a cavallo 406

non essere né carne né pesce 102
non essere né cotto né crudo 149
non essere né di Dio né del Diavolo 166
non essere né guelfo né ghibellino 243
non essere padrone in casa propria 357
non essere più ai tempi che Berta filava 52
non essere secondo a nessuno 482
non essere tutto giusto 235
non essere uno stinco di santo 469
non far di noccioli 324
non far pubblicità 429
non far razza 443
non far sapere alla mano destra quello che fa la sinistra 286
non fare figli e figliastri 198
non fare male a una mosca 277
non fare né caldo né freddo 78
non fare parola 373
non fare una grinza 407
non fare una piega 407
non fare un cavolo 112
non farmi ridere 448
non farsi crescere l'erba sotto i piedi 181
non farsi né in là né in qua 250
non farsi pestare i calli 80
non fermarsi al primo uscio 547
non fiatare 195
non finisce qui 437
non guardare in faccia nessuno 186
non guardare in viso nessuno 186
non guardare più in faccia qualcuno 186
non importare un corno 144
non importare un fico secco 196
non indovinarne una 247
non intender ragione 440
non lasciar vivere 567
non lasciare neanche il seme 484
non legare neanche i calzari a qualcuno 81
non levare gli occhi di dosso 338
non mandarle a dire 277
non metterci né sale né olio 461
non metterci né sale né pepe 461
non mettere il naso fuori di casa 105
non mollare di un pollice 415
non muove foglia … 205
non muovere un dito 169
non parlare a sordo 496
non parlare nella barba 372
non passare neanche per l'anticamera del cervello 124
non passare per la mente 296

non passare per l'anticamera del cervello 24
non perderci il sonno 496
non perdere d'occhio 340
non più che tanto 516
non più di tanto 516
non portare il basto 47
non poter digerire 164
non poter giurare su ... 235
non poter soffrire 492
non poter vedere 550
non poterci giurare 235
non poterne più 423
non restare pietra su pietra 408
non ricordare dal naso alla bocca 319
non ricordarsi da qui a lì 437
non rischiare un capello 94
non saper fare l'o col fondo del bicchiere 332
non saper né di sale né di pepe 461
non saper reggere la frusta 213
non saper stare al mondo 307
non saper tenere in mano la frusta 213
non saper tenere la penna in mano 389
non sapere a che santo rivolgersi 469
non sapere a che santo votarsi 469
non sapere che acqua bere 469
non sapere che pesci pigliare 470
non sapere da che parte voltarsi 470
non sapere di che colore sia una cosa 470
non sapere dove picchiare la testa 529
non sapere dove sbattere il capo 470
non sapere dove sbattere la testa 470, 529
non sapere dove si andrà a sbattere 470
non sapere dove stia di casa qualcosa 470
non sapere in che mondo si vive 306
non sapere né di sale né di pepe 461
non sapere neanche di mele secche 293
non se ne trova l'uguale a girare tutto il mondo 307
non sentir ragione 440
non sentirci 485
non sentirci da un orecchio 349
non sentire la frusta 213
non sentire volare una mosca 313
non si scappa 473
non sognarselo neanche 492
non sognarselo nemmeno 492
non spostarsi di un capello 94
non spostarsi di un pollice 415
non stare alle mosse 314
non stare in sé da ... 480

non stare né in cielo né in terra 125, 126
non stare nei panni 366
non stare nella pelle 385
non stuzzicare il can che dorme 89
non tenere un cece in bocca 113
non tenere un cocomero all'erta 129
non torcere un capello 94
non trovare acqua in mare 7
non trovare la strada di casa 510
non trovarsi a tutti gli usci 547
non valere la candela 87
non valere l'unghia del dito mignolo 543
non valere una cicca 124
non valere una lira 263
non valere un bottone 62
non valere un cavolo 112
non valere un fico secco 197
non valere un fischio 203
non valere un soldo bucato 494
non valere uno zero 573
non veder l'ora 345
non vederci più 550
non vedercisi 551
non vedere la foresta a causa degli alberi 12
non vedere neanche 551
non vedere neppure 551
non vedere più in là del proprio campanile 84
non vedere più in là del proprio naso 319
non vedere un bufalo nella neve 70
non voler essere nei panni di qualcuno 366
non voler essere nella pelle di qualcuno 386
non volere il pane a conto 365
non volere qualcosa neanche per cacio bacato 75
nota falsa 326
nota stonata 326
notizia calda 326
notizia fresca 327
noto a tutti, anche ai cisposi e ai barbieri 46
noto ai cisposi e ai barbieri 45
noto al popolo e al comune 419
notte bianca 327
notte dei cristalli 327
notte dei lunghi coltelli 327
notte di San Bartolomeo 328
notte di Valpurga 328
notte in bianco 327
nozze d'argento 328
nozze di diamante 328
nozze di Pulcinella 430

nozze d'oro 328
nudo bruco 329
nudo come l'ha fatto mamma 329
nudo come un bruco 329
nudo come un verme 329
nudo e bruco 329
nudo e crudo 329
numerosi come la sabbia del mare 330
numerosi come le stelle del cielo 330
numerosi come mosche 330
nuotare come un delfino 330
nuotare come un gatto di piombo 330
nuotare come un mattone 330
nuotare come un pesce 330
nuotare in acque basse 6
nuotare in un bagno di melassa 294
nuotare in un mare di latte 290
nuotare nel grasso 239
nuotare nel lardo 254
nuotare nel miele 300
nuotare nell'oro 350
nuotare senza sughero 330
nuova fiamma 194
nuovo di zecca 331
nuovo fiammante 331

o bere o affogare 52
o Cesare o Niccolò 118
o la va o la spacca 19
o mangi la minestra o salti la finestra 301
oasi di pace 332
oasi di tranquillità 332
obolo di San Pietro 332
oca giuliva 333
occhi bovini 338
occhi come carboni accesi 338
occhi da basilisco 338
occhi da civetta 338
occhi da gatto 338
occhi da pesce lesso 338
occhi da talpa 338
occhi d'acciaio 338
occhi di smalto 338
occhi ladri 338
occhi pesti 338
occhio alla penna 338
occhio clinico 339
occhio da pesce lesso 339
occhio da pesce morto 339
occhio d'aquila 26
occhio di Caino 76

occhio di falco 339
occhio di lince 339
occhio per occhio 339
occhio per occhio, dente per dente 339
offerta di Caino 76
offrire il fianco 195
oggi polli, domani grilli 241
ogni agio ha il suo disagio 10
ogni agio porta il suo disagio 10
ogni frutto ha la sua stagione 505
ogni pentola ha il suo coperchio 390
ogni pentola trova il suo coperchio 390
olio di gomito 342
oltre ogni speranza 500
ombra della morte 343
ombroso come un cavallo 344
opera delle tenebre 522
opera santa 344
operare meraviglie 296
opere delle tenebre 522
ora canonica 345
ora della verità 345
ora estrema 346
ora si balla 42
ora X 346
ora zero 346
ordine di scuderia 479
ore di punta 346
ore liete 346
ore tristi 346
orecchio di Dionigi 167
orecchio di Dioniso 166
ormai la frittata è fatta 212
oro del Giappone 351
oro di Bologna 351
osso del collo 353
osso di prosciutto 353
osso duro 353
ottenere la palma 361
ozi di Capua 354

pace eterna 356
paese che vai... 357
paese dei Balocchi 43
paese della Cuccagna 153
paese di Bengodi 51
paga Pantalone 367
Paganini non ripete 358
pagare a caro prezzo 358
pagare a peso d'oro 358
pagare a pronta cassa 358

pagare di borsa 60
pagare di persona 358
pagare il Giorno del Giudizio 358
pagare in moneta sonante 358
pagare lo scotto 478
pagare l'obolo a Caronte 332
pagare nella Valle di Giosafat 358
pagare per San Bindo 358
pagare per tutti 358
pagare pronta cassa 106
pagare una miseria 302
pagina bianca 358
palla bianca 360
palla di lardo 360
pallido come un cencio 113
pallido come un morto 312
pallone gonfiato 361
palma del martirio 361
palma della vittoria 361
palmo a palmo 362
pancia mia fatti capanna 363
pappa molle 368
pappagallo della strada 369
paradiso artificiale 369
paradiso delle Urì 369
paradiso terrestre 369
parco buoi 370
parente per parte di Adamo 9
parere il diavolo in un canneto 163
parere il Giorno del Giudizio 232
parere il giorno del Giudizio Universale 232
parere una chiesa parata a festa 121
parere un Gesù morto 226
pari e patta 370
Parigi val bene una messa 370
parla quando pisciano le galline 371
parlar grasso 239
parlar male 275
parlare a braccio 65
parlare a quattr'occhi 333
parlare a vanvera 371
parlare ai sordi 371
parlare al deserto 371
parlare al muro 316
parlare al vento 371
parlare arabo 371
parlare chiaro 119
parlare cinese 371
parlare coi calcagni 77
parlare come monsieur de La Palisse 254

parlare come una mitragliatrice 372
parlare come un carrettiere 371
parlare come un libro stampato 261
parlare come uno scaricatore di porto 372
parlare con gli occhi 339
parlare con un filo di voce 201
parlare del più e del meno 413
parlare del tempo 372
parlare della pioggia e del bel tempo 372
parlare di corda in casa dell'impiccato 143
parlare dietro le spalle 372
parlare fra i denti 372
parlare francese come una vacca spagnola 209
parlare in faccia 185
parlare in punta di forchetta 207
parlare in punto e virgola 432
parlare male di Garibaldi 223
parlare nella barba 372
parlare ostrogoto 372
parlare solo perché si ha la lingua in bocca 372
parlare turco 372
parlarsi addosso 9
parola di Dio 374
parola di re 374
parola d'ordine 373
parola per parola 374
parole di fuoco 374
parole d'oro 374
parole grosse 374
parole pesanti 374
parole sante 374
partire a cavallo e tornare a piedi 111
partire a lancia in resta 253
partire all'attacco 35
partire col piede giusto 406
partire col piede sbagliato 406
partire da zero 574
partire in quarta 436
partire in tromba 540
partire in un sacco e tornare in un baule 48
partire per i Monti della luna 309
pascer l'occhio 339
pascersi di vento 555
passaggio chiave 377
passaggio obbligato 377
passar parola 374
passar sopra a qualcosa 377
passare a fil di spada 201
passare a miglior vita 565

passare agli atti 37
passare al mondo dei più 306
passare al setaccio 488
passare al vaglio 548
passare al vaglio fine 548
passare alla storia 508
passare all'altra sponda 503
passare alle vie di fatto 560
passare come una meteora 298
passare dal letto al lettuccio 260
passare dall'altare alla polvere 14
passare dalle stelle alle stalle 506
passare dall'osanna al crucifige 352
passare di bocca in bocca 58
passare di mente 529
passare di misura 303
passare di testa 529
passare il fosso 209
passare il quarto d'ora di Rabelais 346
passare il Rubicone 456
passare il segno 483
passare in cavalleria 109
passare in fanteria 188
passare in razza 443
passare in rivista 452
passare in seconda linea 262
passare la mano 286
passare la misura 303
passare la notte 328
passare la palla 360
passare la patata bollente 380
passare la stecca 506
passare la visita 563
passare la voce 568
passare le acque 7
passare nel numero dei più 330
passare per ... 377
passare per il buco della chiave 69
passare per il buco della serratura 69
passare per il capo 529
passare per il rotto della cuffia 153
passare per la testa 529
passare per le armi 30
passare sotto il giogo 230
passare sotto le forche caudine 206
passare sotto silenzio 490
passare un brutto quarto d'ora 346
passare un colpo di spugna 135
passarla bella 377
passarla liscia 377
passarne delle brutte 69

passarne tante 516
passarsela bene 377
passarsela male 377
passi lunghi e ben distesi 379
passin passetto 379
passo d'elefante 379
passo falso 379
passo passo 379
pasta d'uomo 380
patata bollente 380
patire le pene dell'inferno 388
patti chiari... 380
patto leonino 380
paziente come un bove 382
pazienza certosina 382
peccato della carne 383
peccato di Dio 383
peccato di gioventù 383
peccato mortale 383
peggio che andar di notte 328
peggio il taccone del buco 515
pel di carota 388
pelar la gazza senza farla stridere 225
pelare come un pollo 416
pelare il pollo 416
pelare l'orso 351
pelato come il culo delle scimmie 384
pelato come una palla da biliardo 384
pelato come un ginocchio 384
pelato come un uovo 384
pelle di pesca 386
pelle di seta 386
pelle e ossa 352, 353
pendaglio da forca 206
pendere dalle labbra di qualcuno 250
penetrare nelle midolla 300
penna d'oro 390
pensa alla salute 464
pensare alla buccia 69
pensare solo al ventre 556
pensarle tutte 541
per amor del cielo 18
per amor di platea 414
per amore o per forza 19
per avventura 39
per cause di forza maggiore 208
per due soldi 494
per filo e per segno 201
per forza di cose 209
per gioco 229
per grazia ricevuta 240

per la cronaca 152
per la grossa 241
per la platea 414
per l'amor del Cielo 19
per l'amor di Dio 19
per le corte 147
per miracolo 302
per modo di dire 303
per ogni verso 558
per onor di firma 344
per partito preso 376
per puro miracolo 302
per quattro palanche 360
per quattro soldi 494
per riflesso 449
per sport 504
per tutti i diavoli 163
per tutti i secoli dei secoli 481
per tutto l'oro del mondo 351
per un altro verso 558
per un capello 94
per un pelo 388
per un piatto di lenticchie 401
per un soffio 492
per un tozzo di pane 365
per un verso 558
per un'incollatura 246
per un'unghia 543
perder colpi 135
perder le staffe 505
perder quota 438
perder terreno 524
perderci gli occhi 339
perderci la vista 565
perdere di vista 565
perdere d'occhio 339
perdere il ben dell'intelletto 50
perdere il filo 201
perdere il filo del discorso 201
perdere il lume degli occhi 267
perdere il lume della ragione 266
perdere il passo 379
perdere il proprio latino 255
perdere il ranno e il sapone 442
perdere il sonno 496
perdere il treno 539
perdere la bussola 72
perdere la faccia 186
perdere la rotta 456
perdere la testa 529
perdere la trebisonda 539

perdere l'autobus 37
perdere smalto 491
perdere terreno 524
perdersi d'animo 23
perdersi di cuore 156
perdersi in un bicchier d'acqua 5
perdersi nella notte dei tempi 327
periodo di rodaggio 452
periodo d'oro 351
perso per perso 393
persona di carattere 100
personaggio del giorno 393
pesare col bilancino 55
pesare con la bilancia dell'orafo 55
pesare le parole 374
pescare nel torbido 537
pesce d'aprile 394
pesce grosso 394
pesce piccolo 394
peso massimo 396
peso piuma 396
pestare i calli a qualcuno 80
pestare i piedi 406
pestare i piedi a qualcuno 406
pestare l'acqua nel mortaio 7
pettegolo come una portinaia 397
pettegolo come una taccola 397
pezza d'appoggio 398
pezzo da museo 398
pezzo da novanta 398
pezzo d'asino 531
pezzo di ... 399
pezzo di pane 399
pezzo d'uomo 398
pezzo forte 399
pezzo grosso 399
pia illusione 161
pianger miseria 400
piangere come una vite tagliata 400
piangere come un vitello 400
piangere con un occhio solo 340
piangere il morto 400
piangere lacrime amare 251
piangere lacrime di coccodrillo 251
piangere per morto 312
piangere sul latte versato 400
piangersi addosso 9
piano di battaglia 400
piantar carote 103
piantar porri e raccogliere cipolle 420
piantare baracca e burattini 44

piantare capra e cavoli 99
piantare in asso 36
piantare le radici 439
piantare le tende 522
piantare un chiodo 122
piantare un melo 294
piantare un pero 392
pianto greco 401
piatto del giorno 401
piatto forte 401
piazza d'armi 402
picchiare alla porta 420
picchiare il capo contro il muro 530
picchiare la testa contro i muri 526
piede della staffa 406
piegare il capo 97
piegare il collo 131
piegare il collo sotto il giogo 131
piegare la schiena 476
piegare la testa 529
pieno come un otre 408
pieno come un uovo 408
pieno di falle 187
pieno di sé 408
pieno di vita 565
pieno fino alla gola 408
pietoso come un pellicano 387
pietra angolare 408
pietra del focolare 409
pietra dello scandalo 409
pietra di paragone 409
pietra miliare 409
pigiati come acciughe 2
pigiati come sardine 471
pigliar mosche 313
pigliare la lepre col carro 259
pigliarla per un altro verso 558
pigliarsi una cosa in santa pace 356
pio desiderio 160
piombare adosso 9
piove, governo ladro 237
piove sempre sul bagnato 412
piovere a bocca di barile 412
piovere a catinelle 412
piovere a orcio 412
piovere a ritrecine 412
piovere a secchie 412
piovere addosso 412
piovere che Dio la manda 412
piovere dal cielo 126
piovere sul bagnato 412

pirata della strada 412
pittore della domenica 413
più bugiardo di un epitaffio 70
più bugiardo di un gallo 70
più di così si muore 310
più il fiume è profondo, più scorre in silenzio 204
più morto che vivo 312
più povero di San Quintino 465
più ricco di Creso 447
più superbo di un pavone lodato 382
più vecchio del mondo 550
placare Caronte 103
pochi, maledetti e subito 414
poco di buono 72
poeta vate 414
politica del carciofo 414
politica del piede di casa 415
politica della lesina 415
politica delle mani nette 415
politica delle mani pulite 415
pollice verso 415
polso di ferro 416
pomo d'Adamo 9
ponte del diavolo 163
ponte dell'asino 34
popolo bue 419
por testa 530
porgere il ramo d'olivo 342
porgere l'altra guancia 242
porre la prima pietra 409
porre l'animo 23
porre mano 286
porre su piede di parità 370
portar acqua ai fiumi 8
portar acqua al mare 7
portar cavoli a Legnaia 112
portar coccodrilli in Egitto 129
portar frasconi a Vallombrosa 210
portar legna al bosco 258
portar legna alla selva 258
portar nottole ad Atene 328
portar vasi a Samo 549
portare a casa la buccia 69
portare a casa la ghirba 227
portare a libro 261
portare al cielo 126
portare alla luce 265
portare all'altare 14
portare alle stelle 507
portare i calzoni 81

portare il cavolo in mano e il cappone sotto 112
portare il cervello all'ammasso 117
portare il collare 130
portare il proprio mattone 409
portare il ramo d'olivo 342
portare il soccorso di Pisa 491
portare il vino e bere l'acqua 34
portare in palma di mano 362
portare la lettera di Bellerofonte 49
portare la propria croce 152
portare la propria pietra 409
portare l'acqua al proprio mulino 315
portare l'acqua con gli orecchi 8
portare l'acqua con le orecchie 8
portare l'arme alla sepoltura 31
portare polli 416
portare sugli scudi 479
portare un figlio in seno 198
portare un segreto nella tomba 483
portarsi fuori tiro 535
portarsi in pari 370
portarsi la casa addosso come la chiocciola 106
posa l'osso 353
posare la prima pietra 409
posizione chiave 120
possa morire se … 310
posto da capre 422
posto da lupi 422
potenze occulte 422
poter mostrare il viso 564
poter mostrare il volto 564
potessi morire se … 310
povero cane 89
povero Cristo 151
povero di spirito 502
povero diavolo 163
povero figlio di mamma 198
povero in canna 423
pozzo di San Patrizio 423
pozzo di scienza 423
pozzo senza fondo 423
predicar bene e razzolare male 424
predicare ai porri 420
predicare il digiuno a pancia piena 164
predicare la croce addosso 152
pregare in ginocchio 228
prender Buda 70
prender campo 86
prender corpo 146

prender forma 207
prender la mano a qualcosa 286
prender la mano a qualcuno 286
prender la vita con filosofia 202
prender l'abito 2
prender le misure 303
prender le mosse 314
prender le mosse da … 314
prender per fame 188
prender piede 406
prender Pietro per la barba 45
prender posto 422
prendere a calci 78
prendere a calci in faccia 78
prendere a cuore 156
prendere al volo 571
prendere alla gola 236
prendere alle spalle 499
prendere bianco per nero 54
prendere braccio 65
prendere calci 78
prendere cappello 98
prendere come oro colato 351
prendere con le mani nel sacco 283
prendere di peso 396
prendere di petto 397
prendere di punta 431
prendere due piccioni con una fava 175
prendere due rigogoli a un fico 175
prendere fischi per fiaschi 203
prendere fuoco 218
prendere il cappello 98
prendere il cappello e andarsene 98
prendere il largo 424
prendere il lecchetto 256
prendere il lecchino 256
prendere il mondo come viene 307
prendere il tordo 537
prendere il toro per le corna 537
prendere il trentuno 540
prendere il trentuno e andarsene 540
prendere il turco per i baffi 541
prendere il velo 553
prendere il vento 555
prendere il volo 571
prendere in castagna 107
prendere in giro 234
prendere in parola 374
prendere la fortuna per i capelli 94
prendere la gola 236
prendere la pala per il manico 360

prendere la palla al balzo 361
prendere la porta 420
prendere la porta e andarsene 420
prendere la strada dell'orto 561
prendere la via dell'orto 561
prendere l'aire 11
prendere l'anguilla per la coda 21
prendere le distanze 168
prendere lucciole per lanterne 264
prendere o lasciare 424
prendere ombra 343
prendere per ... 424
prendere per buono 72
prendere per il bavero 48
prendere per il collo 131
prendere per il culo 154
prendere per il naso 319
prendere per il verso del pelo 558
prendere per il verso giusto 558
prendere per la gola 236
prendere per moneta buona 308
prendere per moneta corrente 308
prendere per oro colato 351
prendere per Vangelo 549
prendere piede 65
prendere posizione 421
prendere quel che passa il convento 140
prendere quota 438
prendere riviera 452
prendere Roma per Toma 453
prendere soldi a babbo morto 40
prendere sotto gamba 222
prendere sulla parola 374
prendere un bidone 55
prendere un granchio 238
prendere un granchio a secco 238
prendere un sacco di nespole 323
prendere una boccata d'aria 28
prendere una brutta piega 408
prendere una brutta strada 510
prendere una buona piega 407
prendere una cattiva strada 510
prendere una cotta 149
prendere una papera 368
prendere una stecca 506
prendere una suonata 512
prendere uno spaghetto 497
prendere uno spago 497
prenderla con filosofia 202
prenderla in mala parte 424
prenderla larga 254

prenderla male 424
prenderle di santa ragione 440
prendersela calda 78
prendersela coi mulini a vento 314
prendersela un tanto a canna 90
prendersi a cuore 156
prendersi delle confidenze 138
prendersi delle libertà con qualcuno 260
prendersi gioco di qualcuno 229
prendersi la libertà di fare qualcosa 260
prendersi per i capelli 94
prendersi una bella gatta da pelare 224
prendersi una rogna 453
prendersi una scuffia 479
prendersi un bell'osso da rodere 353
prendersi un osso da rodere 353
preparare il terreno 524
presentare il fianco 195
presentare il fianco al nemico 195
presentare qualcosa nella sua vera luce 265
presentarsi a Dio 166
presentarsi con la corda al collo 143
presenza di spirito 503
preso dal sacro fuoco 218
preso fino al collo 131
prestare il fianco 195
prezzi impiccati 425
prezzo alle stelle 425
prezzo fisso 425
prezzo stracciato 425
prima di parlare conta fino a cento 372
primi passi 379
primo, non nuocere 426
principe consorte 426
principe del sangue 426
privo di corpo 146
problemi di corpo 145
procedere al buio 71
professione di fede 191
promettere bene 428
promettere male 428
promettere mari e monti 290
promettere poco 428
promettere Roma e Toma 453
proteggersi le spalle 499
prova d'amore 429
prova di forza 429
provare lo stesso gusto che a succhiare un chiodo 122
provocare un terremoto 524
pugnalare alla schiena 476

pugnalare alle spalle 498
pugno di ferro 429
pugno di ferro in guanto di velluto 429
pungere nel vivo 568
puntare i piedi 406
puntare i piedi al muro 406
puntare l'indice 246
puntare l'indice addosso 246
punto critico 432
punto di rottura 432
punto d'onore 432
punto e basta 432
punto morto 432, 433
punto per punto 432
puro come l'acqua 433
puro come l'acqua dei maccheroni 433
puro come una colomba 433
puro come un angelo 433
puro come una vergine 433
puro come un giglio 433
puro come un neonato 433
puro come un ruscello di montagna 433
puzza di bruciato 341
puzzare ancora di caverna 111
puzzare come una iena 434
puzzare come un avello 433
puzzare come un cadavere 434
puzzare come un maiale 434
puzzare come un pesce 434
puzzare come un pesce marcio 434
puzzare di... 434
puzzare di sacrestia 460

quadratura mentale 435
qual buon vento 556
qualche santo ci aiuterà 469
quando a tordi, quando a grilli 241
quando il gatto non c'è i topi ballano 224
quando non vanno i cavalli vanno anche gli asini 111
quante ne può benedire un prete 51
quarti di nobiltà 436
quartier generale 436
quartieri alti 436
quarto d'ora accademico 346
quarto d'ora di celebrità 346
quattro parole in croce 374
quello che abbaia è il cane sdentato 88
questione di pelle 386
questione di vita o di morte 566
questioni di campanile 84

questioni di cuore 155
qui casca l'asino 34
quieto vivere 567
quinta colonna 132

raccogliere broccoli 67
raccogliere dal fango 188
raccogliere il guanto 242
raccogliere le vele 552
raccomandare l'anima a Dio 22
raccomandarsi a Dio 166
raccomandarsi a tutti i santi 469
raccomandato di ferro 439
raccomandazione di ferro 439
raccontar gabole 220
raccontare la favola del tordo 190
raddrizzare il timone 533
raddrizzare le gambe ai cani 222
raddrizzare le ossa a qualcuno 353
ragazza da marito 439
ragazzo di strada 439
ragazzo di vita 439
raggio d'azione 439
raggiungere la vetta 560
ragion di stato 440
raglio d'asino non giunge al cielo 34
rammentare i morti a tavola 312
ramo morto 441
ramo secco 441
rapare a zero 574
raro come le mosche d'inverno 442
raro come una mosca bianca 442
raro come un cane giallo 442
raro come un merlo bianco 442
raschiare il fondo del barile 206
razza d'Adamo 8
razza di ... 443
razza di un cane 89
razza d'un cane 89
re da burla 443
re da operetta 345
realtà romanzesca 444
recitare a braccio 65
recitare il confiteor 138
recitare il mea culpa 154
recitare per le sedie 482
regger la corda 143
reggere i passi di qualcuno 379
reggere il lume 267
reggere il moccolo 303
reggere il sacco 460

reggere il timone 534
reggere la candela 87
reggere la mano a ... 286
reggere l'anima con i denti 22
reggere le fila 201
reggersi i fianchi 195
regolamento di conti 445
regolare i conti con qualcuno 140
render la pariglia 370
rendere a misura di carbone 303
rendere colpo per colpo 135
rendere colpo su colpo 136
rendere coltelli per guaine 136
rendere frasche per foglie 210
rendere l'anima 23
rendere l'anima a Dio 23
rendere pan per focaccia 365
rendere ragione di ... 440
resa dei conti 446
responso delle urne 546
restar male 275
restar nudo 329
restarci male 275
restarci secco 481
restare a becco asciutto 49
restare a bocca aperta 58
restare a bocca asciutta 49
restare a galla 220
restare a mani vuote 287
restare a piedi 407
restare alla parola 374
restare becco e bastonato 48
restare col culo per terra 154
restare come la moglie di Lot 304
restare come un allocco 13
restare con la bocca amara 58
restare con l'amaro in bocca 16
restare con le mani piene di vento 287
restare con le pive nel sacco 414
restare con niente in mano 324
restare di ghiaccio 226
restare di marmo 291
restare di princisbecco 426
restare di sasso 471
restare di stucco 512
restare in brache di tela 66
restare in panchina 362
restare in secca 480
restare in sella 484
restare lettera morta 259
restare nel mazzo 293

restare senza fiato 196
restare senza niente in mano 324
restare senza parole 374
restare senza tetto 532
restare sotto i ferri 193
restare stecchito 481
restare sul gozzo 237
restare sul terreno 524
restare sull'albero a cantare 12
rialzare la fronte 213
rialzo delle quotazioni 446
ribadire il chiodo 122
ribellarsi al giogo 230
ricacciare in gola 237
ricacciare nel gozzo 237
ricamarci su 447
ricco come un Creso 447
ricevere la cappa 97
ricevere la luce 265
ricevere la Rosa d'Oro 454
richiamo delle foresta 447
ricominciare da zero 574
ricondurre all'ovile 354
riconoscere al fiuto 204
riconoscere dall'odore 341
ricoprire di sputi 505
ridere a denti stretti 448
ridere alle spalle 499
ridere come un cavallo 448
ridere di cuore 156
ridere di gusto 448
ridere in faccia 448
ridere sotto i baffi 448
ridere sul muso 317
ridere verde 448
ridotto all'osso 353
ridurre a uno spezzatino 501
ridurre a uno straccio 509
ridurre ai minimi termini 523
ridurre al silenzio 490
ridurre in camicia 82
ridurre in marmellata 290
ridurre in polvere 417
ridurre sul lastrico 254
ridursi a un cencio 113
ridursi a un filo 201
ridursi a zero 574
ridursi al lumicino 267
ridursi al verde 557
ridursi alla candela 87
ridursi alle porte coi sassi 420

ridursi in cenere 114
ridursi in maniche di camicia 82
ridursi l'ombra di se stesso 343
riempirsi il gozzo 237
rientrare in seno a ... 485
rientrare nei ranghi 441
rifare da capo a piedi 97
rifare di sana pianta 400
rifare il letto a qualcuno 260
rifare il nonno 326
rifare il verso 558
rifare la casa 106
rifare la nonna 326
rifare la voce di ... 568
rifarsi con qualcuno 449
rifarsi dalla Santa Croce 152
rifarsi gli occhi 340
rifarsi la bocca 58
riferire a volo d'uccello 570
rifiutare il braccio 65
rigar dritto 174
rimandare a San Bindo 464
rimandare al Giorno del Giudizio 232
rimaner brutto 69
rimanere a piedi 407
rimanere al palo 362
rimanere come un salame 460
rimanere con un pugno di mosche in mano 429
rimanere di sale 461
rimanere di stucco 512
rimanere giulebbe 235
rimanere in chiave 120
rimanere indietro come la coda del maiale 130
rimanere male 275
rimanere nel buio 71
rimanere padrone del campo 357
rimanere sotto i ferri 193
rimangiarsi la parola 374
rimboccarsi le maniche 279
rimedio eroico 450
rimestare nel torbido 537
rimetterci anche la camicia 82
rimetterci anche le suole delle scarpe 474
rimetterci di borsa 61
rimetterci la pelle 386
rimetterci la testa 528
rimetterci l'anima 23
rimetterci le penne 390
rimetterci l'osso del collo 354

rimettere a posto 422
rimettere in arnese 31
rimettere in palla 361
rimettere in piedi 407
rimettere in riga 449
rimettere in sesto 488
rimettere insieme 248
rimettere insieme i cocci 248
rimettere le cose a posto 422
rimettersi in forze 209
rimettersi in sella 484
rinascere dalle proprie ceneri 114
rincarare la dose 173
rinfrescare la memoria 295
ripagare con la stessa moneta 308
ripartire da zero 574
ripassare le bucce 69
ripetere a macchinetta 272
ripetere a pappagallo 369
riportare a casa la pelle 386
riportare a casa le ossa 386
riportare all'ovile 354
riportare sulla buona strada 510
riportare sulla retta via 561
riposare sugli allori 14
riprender datteri per fichi 158
riprendere fiato 196
ripulire le tasche 518
risalire alla fonte 206
risalire in sella 484
rischiare la pelle 386
rischiare le penne 386
rischiare l'osso del collo 354
risorgere dalle ceneri 114
risparmiare il fiato 196
risponder male 275
rispondere col sale e col pepe 461
rispondere per le rime 449
rispondere picche 403
risposta dalle urne 546
ritirarsi dal secolo 481
ritirarsi in buon'ordine 348
ritirarsi sull'Aventino 38
ritirata strategica 451
ritornare a zero 574
ritornare al focolare 205
ritorno di fiamma 194
rivedere i conti a qualcuno 140
rivedere le bucce 69
rivoltare come un materasso 291
rivoltare la frittata 212

rivoltare la giubba 234
rivoltare le tasche 518
rivoltare lo stomaco 508
rizzare il pelo 388
rizzare le orecchie 349
roba che non sta né in cielo né in terra 126
roba da chiodi 123
roba da far resuscitare i morti 312
roba da matti 292
roba da pazzi 383
roba dell'altro mondo 305
roba dell'altro secolo 482
rodersi dalla bile 56
rodersi il cuore 156
rodersi il fegato 191
Roma non fu costruita in un giorno 453
rompere i ponti con qualcuno 418
rompere i ranghi 442
rompere i timpani 534
rompere il ghiaccio 226
rompere il muso 317
rompere il passo 379
rompere l'anima 23
rompere le ossa a qualcuno 354
rompere le righe 449
rompere le uova nel paniere 546
rompere l'incanto 245
rompersi il capo 530
rompersi la schiena 476
rompersi la testa 530
rompersi le corna 144
rompersi l'osso del collo 354
ronzare intorno 233
rosso come il fuoco 455
rosso come una fragola 455
rosso come un gambero 455
rosso come un papavero 455
rosso come un peperone 455
rosso come un pomodoro 455
rosso come un rubino 455
rovescio della medaglia 293
rovinar la piazza 402
rovinarsi la vista 564
rubare il cuore 156
rubare la parola di bocca 375
rubare le ore al sonno 346
ruolino di marcia 457
ruota della fortuna 457
ruota della vita 457
ruota di scorta 457
russare come una locomotiva 458

russare come un ghiro 458

sacco d'ossa 354
sacri bronzi 68
sacri testi 532
sacrificare a Venere 554
sacrificare sull'altare di ... 14
sacro fuoco 218
saggiare il terreno 524
salare la scuola 479
saldare i conti con qualcuno 140
saldare la partita 376
salire al Campidoglio 85
salire al cielo 126
salire alla ribalta 447
salire alle stelle 507
salire in cattedra 109
salire in pulpito 431
salire tra gli angeli 20
salsa di San Bernardo 463
saltar d'Arno in Bacchiglione 31
saltar fuori 463
saltar su 463
saltare a piè pari 404
saltare addosso 463
saltare agli occhi 340
saltare all'occhio 340
saltare di palo in frasca 362
saltare i pasti 380
saltare il fosso 209
saltare il grillo 241
saltare il ticchio 241
saltare in aria 463
saltare in mente 296
saltare in testa 463
saltare in testa a qualcuno 463
saltare per aria 463
salute di bronzo 464
salute di ferro 464
salvar la faccia 186
salvar la ghirba 227
salvare capra e cavoli 99
salvare la buccia 69
salvare la pancia per i fichi 363
salvare la pellaccia 386
salvare la pelle 386
salvare le apparenze 25
salvarsi in corner 144
sangue blu 467
sangue bollente 467
sangue caldo 467

sangue del proprio sangue 467
sangue di rana 441
sangue freddo 467
sangue latino 467
sano come una lasca 468
sano come un pesce 468
santa pazienza 382
saper di sale 461
saper stare al mondo 307
saper vivere 567
saperci fare 470
sapere a pappagallo 369
sapere cosa bolle in pentola 390
sapere di che morte si muore 311
sapere di che panno è vestito qualcuno 366
sapere di lucerna 266
sapere dove il diavolo tiene nascosta la coda 470
sapere il fatto proprio 470
sapere qualcosa come l'avemaria 38
sapere sulla punta delle dita 168
sapere vita, morte e miracoli 566
saperla lunga 269
saperne una più del diavolo 470
sapersi mettere 299
sapienza di Salomone 462
sbaglia anche il prete a dir messa 424
sbaglia anche il prete all'altare 424
sbalzare di sella 484
sbarcare il lunario 268
sbarrare il passo 379
sbatterci il naso 319
sbattere in faccia 186
sbattere la porta in faccia 421
sbattere la porta sul naso 421
sbattere la testa contro il muro 530
sbattere sul muso 317
sbellicarsi dalle risa 450
sbuffare come una ciminiera 472
sbuffare come una vaporiera 472
sbuffare come un cavallo 472
sbuffare come un mantice 472
scagliare la prima pietra 409
scagliare l'anatema 19
scaldare il banco 43
scaldare il cuore 156
scaldare la sedia 482
scaldare la testa 530
scaldare le panche 362
scaldare una serpe in seno 486
scambiare la notte per il giorno 327

scambiare Roma per Toma 453
scappar detto 473
scapparci il morto 313
scatenare una tempesta in un bicchier d'acqua 520
scatenare un inferno 247
scatenarsi come un uragano 546
scattare come una molla 304
scavare un pozzo vicino a un fiume 423
scavarsi la fossa 209
scegliere fior da fiore 203
scendere a patti 381
scendere dal pero 392
scendere dalla pianta 400
scendere dall'Olimpo 342
scendere in campo 86
scendere in piazza 402
scendere sul terreno 524
scettro del comando 475
scheletro nell'armadio 475
scherzare col fuoco 218
scherzare con la morte 311
scherzo da prete 475
scherzo di mano 475
scherzo di natura 476
scherzo pesante 476
schiacciati come acciughe 2
schiaffo morale 476
schizzare il grasso dagli occhi 239
sciacquare i panni in Arno 366
sciogliere i muscoli 316
sciogliere la bocca al sacco 58
sciogliere la lingua 263
sciogliere le vele 552
sciogliersi come neve al sole 323
scivolare su una buccia di banana 69
scivolare sulla pelle 386
scodellare la pappa a qualcuno 368
scolpire nel marmo 291
scommetterci l'osso del collo 354
scoppiare da ... 478
scoppiare di salute 464
scoprir paese 357
scoprire gli altarini 14
scoprire il gioco di qualcuno 229
scoprire l'acqua calda 8
scoprire l'America 17
scoprire l'ombrello 344
scoprire un altare 15
scoprire un altare per coprirne un altro 15
scorticare un pidocchio 404

scritto a caratteri di sangue 467
scritto col sangue 467
scritto con l'inchiostro dei Sette Gioielli 245
scritto sui boccali di Montelupo 58
scritto sul ghiaccio 226
scritto sulla sabbia 459
scrivere a caratteri di scatola 100
scrivere a lettere da speziali 259
scrivere a lettere di appigionasi 259
scrivere a lettere di scatola 259
scrivere a lettere maiuscole 259
scrollare il capo 530
scrollare la testa 530
scuola della domenica 479
scuotere il capo 530
scuotere il pero a qualcuno 392
scuotere la polvere di dosso 417
scuotere la testa 530
se Dio vuole 166
se il diavolo ci mette lo zampino 573
se il diavolo non ci mette la coda 163
se la montagna non viene a Maometto ... 288
se ne è perso il seme 484
se non casca il mondo 307
se non è zuppa è pan bagnato 576
se son rose fioriranno 454
secco come un chiodo 481
secco come un uscio 481
secco come un'acciuga 481
secco come un'aringa 481
secolo d'oro 351
secondi fini 202
secondo fine 202
secondo il vento che tira 556
sedere in piuma 413
sedere in pizzo di sedia 482
sedere in punta di sedia 482
sedersi intorno a un tavolo 519
segnare a dito 169
segnare il passo 379
segnare sul libro nero 260
segnare un punto 432
segnarsi coi gomiti 237
segnarsi con il gomito 237
segnato da Dio 483
segnato dal Signore 483
segno dei tempi 483
segno di Caino 76
segreti del talamo 483
segreto delle sette comari 483

segreto di Pulcinella 430
segreto di stato 484
seguire a ruota 458
seguire come un cagnolino 484
seguire come un cane 484
seguire come un'ombra 484
seguire con la pala e il sacco 360
seguire i passi di qualcuno 350
seguire il proprio corso 147
seguire il proprio destino 161
seguire la corrente 146
seguire la propria stella 507
seguire le orme 350
seguire le orme di qualcuno 396
seguire le peste di qualcuno 396
seguire l'onda 344
seguire nella tomba 536
sembrare il ritratto della fame 188
sembrare il ritratto della salute 451
sembrare la fine del mondo 202
sembrare la Madonna del petrolio 273
sembrare la Madonna di Monte Nero 273
sembrare la mamma del freddo 277
sembrare Lazzaro risuscitato 256
sembrare l'ombra di qualcuno 343
sembrare morso dalla tarantola 518
sembrare un albero di Natale 13
sembrare un bastone da pollaio 415
sembrare un cane bastonato 89
sembrare un disco rotto 167
sembrare un leone in gabbia 258
sembrare un morto che cammina 313
sembrare un morto in piedi 313
sembrare un quadro 435
sembrare un sacco 459
sembrare un sacco di patate 459
sembrare un topo uscito dall'orcio 536
sembrare una maschera 291
sembrare una scopa 478
sembrare una scopa vestita 478
sembrare una sfinge 489
sembrare una statua di sale 461
seme d'Adamo 9
seminare al vento 556
seminare nella sabbia 459
seminare zizzania 574
sempre la solita zuppa 576
sensazione di pelle 386
senso comune 485
sentir l'erba crescere 181
sentir montare il sangue alla testa 530

sentir nascere la gramigna 238
sentire all'odore 341
sentire aria di tempesta 341
sentire che aria tira 28
sentire che vento tira 28
sentire di ... 485
sentire i morsi della fame 188
sentire il richiamo della foresta 448
sentire la testa pesante 530
sentire le gambe che fanno diego diego 222
sentire odor di bruciato 341
sentire odor di polvere 341
sentire odor di quattrini 341
sentire odor di stalla 341
sentire odor di tempesta 341
sentire odor di zolfo 341
sentire puzza di... 433
sentire tutte le campane 83
sentirsi a pezzi 399
sentirsi addosso una cappa di piombo 97
sentirsi allargare il cuore 155
sentirsi bruciare le labbra 250
sentirsi crollare il mondo addosso 307
sentirsi fischiare le orecchie 349
sentirsi gelare il sangue 467
sentirsi gelare il sangue nelle vene 467
sentirsi gli occhi pesanti 335
sentirsi il cuore di piombo 156
sentirsi il cuore pesante 156
sentirsi il fuoco dentro 218
sentirsi in Paradiso 369
sentirsi in vacanza 548
sentirsi le ossa rotte 352
sentirsi mancare il fiato 196
sentirsi mancare il terreno sotto i piedi 524
sentirsi mancare l'aria 28
sentirsi morire 310
sentirsi mozzare il fiato 196
sentirsi piangere il cuore 156
sentirsi piegare le ginocchia 228
sentirsi prudere le mani 287
sentirsi rimescolare il sangue nelle vene 467
sentirsi scoppiare la pancia 478
sentirsi scoppiare la pancia dal ridere 478
sentirsi stringere il cuore 156
sentirsi un leone 258
sentirsi un pesce fuor d'acqua 393
senza appello 25
senza aver l'aria 28
senza babbo né mamma 40
senza batter ciglio 126

senza colpo ferire 136
senza corpo 146
senza cuore 156
senza frutto 214
senza infamia e senza lode 247
senza infamia e senza onore 247
senza mezzi termini 523
senza nuvole 331
senza ombre 343
senza poesia 414
senza por tempo in mezzo 521
senza soluzione di continuità 495
senza spina dorsale 502
senza sugo 512
senza tante storie 508
senza tanti discorsi 168
senza tanti riguardi 449
senza una preoccupazione al mondo 307
senza un pensiero al mondo 307
senza vita 566
senz'arte né parte 32
senz'ombra di dubbio 174
serpente di mare 487
serrare i ranghi 442
servi di Dio 487
servire come uno specchio a un cieco 500
servire da bosco e da riviera 61
servire da sprone 504
servire di barba e capelli 45
servire di barba e parrucca 45
servire di coppa e di coltello 141
servire due padroni 175
sesso debole 488
sesso forte 488
sesto senso 485
settimana corta 489
settimana dei tre giovedì 489
settimana grassa 489
settimana santa 489
sfida all'arma bianca 489
sfidare all'arma bianca 489
sfiorare il codice 130
sfondare una porta aperta 421
sfortunato come un cane in chiesa 89
sfregarsi le mani 284
sfuggire come la peste 397
sguardo clinico 339
sguardo da civetta 338
sguardo da pesce lesso 490
sguardo da sfinge 489
sguardo d'acciaio 490

sguardo di gelo 490
sguardo di ghiaccio 490
sguazzare nel fango 188
si apre una pigna verde 410
si fa per dire 167
silenzio di tomba 490
silenzio sepolcrale 490
smuovere cielo e terra 125
smuovere le acque 8
smussare gli angoli 21
soffiare come una vaporiera 472
soffiare il naso alle galline 319
soffiare il posto 492
soffiare sul fuoco 218
soffiare sul fuoco che arde 218
soffiare sulla brace 66
soffiare sulla pappa 368
soffocare nel sangue 467
soffrire come una bestia 492
soffrire come un'anima dannata 492
soffrire le pene dell'Inferno 492
sognare a occhi aperti 492
sognare il principe azzurro 426
sognare le luci della ribalta 447
sogni d'oro 492
sole che spacca le pietre 494
sollevare un polverone 417
solo al mondo 495
solo come un cane 495
solo il papa è infallibile 367
soluzione di continuità 495
somigliarsi come due gocce d'acqua 236
sonno da marmotta 291
sonno duro 496
sonno eterno 496
sonno pesante 496
sopra le righe 449
soprattutto niente zelo 573
sordo come una campana 496
sorprendere con le brache in mano 66
sorvegliare a vista 564
sospendere a divinis 169
sospeso a un filo 201
sotto banco 43
sotto il sasso sta l'anguilla 471
sotto il segno di ... 483
sotto il sole 494
sotto le armi 30
sotto l'ombra di ... 343
sotto mano 287
sotto pelle 386

sotto sigillo di confessione 137
sotto vincolo di confessione 137
spaccare il capello in quattro 94
spaccare il minuto 301
spaccare il muso 317
spaccare il secondo 301
spaccare le ossa a qualcuno 354
spaccare lo zero 574
spaccare lo zero in quattro 574
spada di Damocle 158
spander lacrime 251
spander lacrime di sangue 251
sparare a palle infuocate 361
sparare a vista 565
sparare a zero 574
sparare le ultime cartucce 105
sparare tutte le cartucce 105
spararle grosse 499
sparger sale sulle ferite 461
sparger sale sulle piaghe 461
sparger sangue 467
spartirsi i noccioli 500
spartirsi la torta 538
specchietto per allodole 13
specchio di ... 500
spegnere il fuoco con la stoppa 218
spendere come un re 443
spendere con il compasso 137
spendere e spandere 500
spendere una parola 374
spendere un nome 326
spennare come un pollo 416
spesa viva 501
spese folli 501
spese pazze 501
spezzare il cuore 156
spezzare il guscio 243
spezzare il pane della scienza 365
spezzare le catene 109
spezzare le reni 446
spezzare una lancia a favore di qualcuno 253
spezzarsi la schiena 476
spianare la gobba a qualcuno 235
spianare la schiena a qualcuno 476
spianare la strada 510
spianare le costole 149
spianati nella stessa madia 273
spiegare ali più grandi del nido 12
spiegare il volo 12
spiegare la voce 568

spiegare le ali 12
spiegare le vele 552
spina dorsale 502
spina nel cuore 502
spina nel fianco 502
spingere all'eccesso 178
spirito di campanile 84
spirito di corpo 503
spirito di parte 503
spirito di patata 503
spirito di rapa 503
spolverare le spalle 499
sporcarsi le mani 287
sporco come le stalle di Augia 504
sporco come un bastone da pollaio 504
sporco come un maiale 504
sposa dello Spirito Santo 504
sposo celeste 504
sposo delle vergini 504
sprecare il fiato 196
sprecare il proprio latino 255
spremere come un limone 261
spremere i limoni 261
spremere le lacrime 251
spremersi le meningi 295
sprizzare da tutti i pori 420
sprofondare nelle sabbie mobili 459
spuntare la lesina 259
sputa l'osso 354
sputar l'anima 23
sputar sangue 467
sputar sentenze 485
sputarci sopra 505
sputare i polmoni 416
sputare il rospo 454
sputare in faccia 186
sputare nel piatto in cui si mangia 401
sputare su ... 505
sputare tondo 505
sputare veleno 552
star bene in carne 101
star coi frati a zappar l'orto 210
star con l'arco teso 27
star con le mani sui fianchi 287
star di buon cuore 156
star fresco 211
star lustro 271
star male a... 275
star qui 508
star ritto coi fili 201
star ritto per ingegno 247

star ritto per scommessa 247
star seduti su due sedie 482
star seduti su un barile di polvere 173
star seduti su un vulcano 173
starci come i cavoli a merenda 112
starci come il prezzemolo nelle polpette 425
stare a casa di Dio 105
stare a cavallo del fosso 209
stare a cuore 156
stare a dozzina 174
stare a fianco 195
stare a fronte 213
stare a galla 220
stare a guardare 242
stare a quel che fa la piazza 402
stare a uscio e bottega 62
stare al gioco 229
stare al minuto 301
stare al mondo 306
stare al passo 379
stare al proprio posto 422
stare al tacco di 515
stare alla finestra 203
stare alla larga da ... 254
stare all'ancora 19
stare alle apparenze 25
stare alle calcagna 77
stare alle costole 149
stare alle mosse di ... 314
stare all'erta 183
stare all'occhio 340
stare col fiato sospeso 196
stare col fucile puntato 214
stare col fucile spianato 214
stare col naso all'aria 320
stare come il cane alla catena 90
stare come sardine in una scatola 471
stare come un abate 1
stare come un papa 367
stare come un pappagallo impagliato 369
stare come un pisello in un baccello 412
stare come un re 443
stare con l'arma al piede 30
stare con le armi al piede 30
stare con le mani in tasca 287
stare con l'orecchio teso 349
stare da papa 367
stare di buon animo 23
stare di traverso 538
stare d'incanto 245
stare in barba di micio 45

stare in cagnesco 242
stare in campana 83
stare in croce 152
stare in filo 200, 202
stare in gamba 222
stare in orecchi 349
stare in panciolle 363
stare in Paradiso a dispetto dei santi 369
stare in pensiero 390
stare in piedi 407
stare in piedi da solo 407
stare in punta di forchetta 207
stare in un ventre di vacca 548
stare su un letto di rose 260
stare sul chi vive 567
stare sul collo 131
stare sul filo della schiena 201
stare sul sicuro 490
stare sulla corda 143
stare sull'anima 23
stare sulle corna 144
stare sulle spese 501
stare sulle spine 502
stare sullo stomaco 508
stare tra due materassi 291
stare tra i piedi 405
stare un po' sul pero e un po' sul pomo 393
starsene con le mani in mano 287
stato di grazia 240
stato interessante 506
stella dei Magi 507
stendere la mano 287
stendere un velo 553
stendere un velo pietoso 553
stendersi quanto è lungo il lenzuolo 258
stirare le gambe 222
stonato come una campana 508
storcere il naso 318
storia di coltello 136
storie di vita vissuta 508
strabismo di Venere 554
strada del Paradiso 369
strappare il cuore 157
strappare la mala erba 181
strappare la maschera 291
strapparsi i capelli 94
stretta al cuore 157
strillare come una gallina spennata 511
strillare come un'aquila 511
stringere i cordoni della borsa 61
stringere i denti 160

stringere i freni 211
stringere i pugni 429
stringere i tempi 521
stringere il cuore 157
stringere la cinghia 127
stringersi intorno a ... 511
stringersi nelle spalle 499
strisciare come un verme 558
strizzare l'occhio 340
strofinarsi gli occhi con la cipolla 127
strombazzare ai quattro venti 555
stupido come l'acqua tiepida 8
sturare le orecchie a qualcuno 349
su con la vita 566
su misura 303
su piano di parità 370
su tutta la linea 262
subire uno scacco 473
succedere un quarantotto 435
succhiare anche il midollo 300
succhiare il sangue 468
succhiare la ruota 458
sudar freddo 211
sudar sangue 468
sudare quattro camicie 82
sudare sette camicie 82
sul far del giorno 232
sul far della notte 328
sul filo del rasoio 202
sul tamburo 516
sulla carta 104
sulla cresta dell'onda 151
sulla faccia della Terra 523
sulla parola 374
sulle ali del sogno 12
sulle ali del vento 12
sulle ali della fantasia 12
sulle ventitré 554
sull'onda di ... 344
sull'unghia 543
suonar bene 512
suonar male 512
suonare a morto 313
suonare a vituperio 567
suonare il violino 563
suonare la diana 161
suonare sempre la stessa solfa 495
suonare strano 512
supplizio di Tantalo 513
suscitare un vespaio 559
svanire come neve al sole 323

svanire nel nulla 329
svegliare il can che dorme 90

tagliar corto 515
tagliar fuori 515
tagliar la veste secondo il panno 559
tagliare con l'accetta 2
tagliare i panni addosso a qualcuno 366
tagliare i ponti a qualcuno 418
tagliare i ponti con qualcuno 418
tagliare il fico per cogliere i fichi 197
tagliare il nodo gordiano 325
tagliare il ramo su cui si è seduti 441
tagliare la corda 143
tagliare la strada 510
tagliare la testa al toro 537
tagliare le braccia 65
tagliare le gambe 222
tagliare un capello in quattro 94
tagliato con la scure 480
tagliato con l'accetta 2
tallone d'Achille 3
tante cose 148
tant'è suonare un corno che un violino 145
tanto di ... 516
tanto di guadagnato 516
tanto fumo e poco arrosto 215
tanto paga Pantalone 367
tanto per cambiare 81
tanto per la cronaca 152
tanto tuonò che piovve 540
tanto va la gatta al lardo ... 224
tapparsi gli orecchi 349
tapparsi gli orecchi con la cera 114
tapparsi la bocca 57
tapparsi le orecchie 349
tappeto verde 517
tardo di comprendonio 137
tarpare le ali 12
tastare il polso 416
tastare il terreno 524
tasto doloroso 518
tavola rotonda 519
tazzare l'anima 23
te lo raccomando 439
tegola in testa 519
tempesta di sentimenti 519
tempesta in un bicchier d'acqua 520
tempi bui 521
tempi d'oro 351
tempi duri 521

tempo cane 522
tempo da cani 521
tempo da ladri 522
tempo da lupi 522
tempo ladro 522
tendere le orecchie 348
tendere le reti 446
tendere le reti al vento 446
tendere l'orecchio 349
tendere una mano a qualcuno 287
tendere un laccio 250
tenera età 184
tener banco 43
tener cattedra 109
tener corte 147
tener dalla minestra 301
tener duro 176
tener la bocca chiusa 49
tener mano a qualcuno 287
tener mantello per ogni acqua 288
tener testa 530
tenere a battesimo 47
tenere a corto 147
tenere a distanza 168
tenere a pane e acqua 363
tenere a segno 483
tenere a stecchetto 506
tenere alle mosse 314
tenere alta la bandiera 44
tenere asciutte le polveri 417
tenere bordone 60
tenere buono 72
tenere cartellone 105
tenere chiusa la borsa 61
tenere come una reliquia 445
tenere da conto 140
tenere di conto 140
tenere d'occhio 340
tenere due pesi e due misure 395
tenere gli occhi addosso 340
tenere gli occhi aperti 340
tenere gli occhi bassi 340
tenere gli occhi ben aperti 340
tenere i piedi per terra 405
tenere i segreti come un paniere 484
tenere il becco chiuso 49
tenere il campo 86
tenere il capo solo per bellezza 526
tenere il coltello dalla parte del manico 136
tenere il lupo per gli orecchi 271
tenere il mazzo 293

tenere il muso 317
tenere il passo 379
tenere il piede in due scarpe 407
tenere il piede in due staffe 407
tenere il sacco 459
tenere in ballo 42
tenere in caldo 78
tenere in corpo 146
tenere in gran conto 140
tenere in parola qualcosa 375
tenere in parola qualcuno 375
tenere in piedi 407
tenere in poco conto 140
tenere in ponte 419
tenere in scacco 473
tenere in sospeso 497
tenere la carta bassa 104
tenere la lingua a freno 263
tenere la lingua a posto 263
tenere la testa tra due guanciali 530
tenere l'anguilla per la coda 21
tenere l'anima coi denti 22
tenere le braccia in croce 66
tenere le fila 202
tenere le mani a casa 106
tenere le mani a posto 287
tenere le zampe a casa 106
tenere l'orto salvo e la capra sazia 352
tenere nel cotone 149
tenere nel limbo 261
tenere nella bambagia 43
tenere salotto 462
tenere scuola 480
tenere sotto chiave 120
tenere sotto i tacchi 514
tenere sotto il tacco 515
tenere sotto scacco 473
tenere sotto una campana di vetro 84
tenere sotto vetro 560
tenere stretta la borsa 61
tenere sulla corda 143
tenere sulle mosse 314
tenere un occhio a tutto 334
tenero come il burro 309
tenersi a distanza 168
tenersi buono qualcuno 72
tenersi caro 102
tenersi fra le due acque 8
tenersi i fianchi 195
tenersi in sella 484
tenersi la pancia dal ridere 363

tenersi la pancia dalle risate 363
tenersi leggero 257
tentare la sorte 496
tentare le corde 143
tentare tutte le strade 511
terra benedetta 523
terra consacrata 523
terra di nessuno 523
terra promessa 523
terra santa 523
terra terra 524
terreno minato 524
terzo grado 238
terzo sesso 488
teso come le corde di un violino 143
teso come una corda di violino 143
teso come una molla 304
teso come un tamburo 516
tessere la tela di Penelope 388
testa a pera 530
testa calda 530
testa coronata 531
testa d'ariete 29
testa d'asino 531
testa di cavolo 531
testa di cazzo 531
testa di gesso 531
testa di legno 531
testa di ponte 419
testa di rapa 531
testa di turco 531
testa d'uovo 531
testa o croce 531
testa quadra 531
testa vuota 531
testardo come un mulo 531
testi sacri 532
tetto del mondo 532
ti conosco mascherina 291
ti è morto il gatto? 224
ti saprà d'aglio 10
ti si possa seccare la lingua 263
tigre di carta 533
t'insegno io 248
tipo da spiaggia 501
tira tira la corda si strappa 143
tirar calci al rovaio 78
tirar calci all'aria 77
tirar dritto 534
tirar fuori le unghie 543
tirar giù dalle spese 501

tirar giù madonne 274
tirar giù tutti i santi del calendario 53
tirar giù tutti i santi del paradiso 53
tirar grande 534
tirar la cinghia 127
tirar madonne 274
tirar sera 486
tirar su 534
tirar su la cresta 150
tirar tardi 534
tirar troppo la corda 143
tirar via 534
tirare a campare 85
tirare a sorte 496
tirare avanti 534
tirare avanti la baracca 44
tirare avanti qualcosa 535
tirare di lungo 269
tirare giù a campane doppie 84
tirare giù tutti i santi del Paradiso 369
tirare gli ultimi 535
tirare i fili 202
tirare i remi in barca 445
tirare il collo 131
tirare il diavolo per la coda 163
tirare il fiato 196
tirare in ballo 42
tirare in lungo 269
tirare la carretta 103
tirare la paglia più corta 359
tirare la volata 569
tirare l'acqua al proprio mulino 315
tirare le calze 80
tirare le cuoia 154
tirare le fila 202
tirare le orecchie 349
tirare le orecchie al diavolo 164
tirare le somme 535
tirare per i capelli 94
tirare sassi in piccionaia 471
tirare su le calze a qualcuno 81
tirare sul prezzo 425
tirare una bordata 60
tirare un santo dalla propria 469
tirarle fuori dalle mani 287
tirarsi addosso 535
tirarsi fuori 535
tirarsi indietro 535
tirarsi la zappa sui piedi 573
tirarsi un velo sugli occhi 553
tirato coi denti 160

tirato come una corda molle 143
tirato per i capelli 94
tiro incrociato 217
tiro mancino 535
tizzone d'inferno 536
toccar legno 258
toccare con mano 287
toccare ferro 193
toccare il cielo con un dito 125
toccare il cuore 157
toccare il diapason 161
toccare il fondo 206
toccare il tasto giusto 518
toccare in sorte 496
toccare l'anima 23
toccare nel portafoglio 61
toccare nel vivo 568
toccare nella borsa 61
toccare una corda 143
toccare una corda sensibile 143
toccare un tasto doloroso 518
toccare un tasto falso 518
togliere il disturbo 168
togliere il saluto 464
togliere la parola di bocca 375
togliere le castagne dal fuoco 107
togliersi dai piedi 407
togliersi dalla testa 528
togliersi dalle spese 501
togliersi il pane di bocca 364
togliersi un peso dal cuore 157
togliersi un peso dalla coscienza 395
togliersi un peso dallo stomaco 396
topo d'albergo 536
topo d'appartamento 537
topo d'auto 537
topo di biblioteca 537
topo di treno 537
torcere il collo 131
torcere il naso 318
torcersi le mani 287
tornare a bomba 60
tornare a galla 220
tornare a piè zoppo 404
tornare al mondo 307
tornare al nido 323
tornare alla carica 101
tornare all'ovile 354
tornare con la coda fra le gambe 130
tornare con le pive nel sacco 413
tornare di papa vescovo 367

tornare sui propri passi 379
tornare sulla retta via 561
torre di Babele 40
tortura cinese 538
tra il dire e il fare ... 167
tra il lusco e il brusco 271
tra il riso e il pianto 450
tra le quinte 438
tra moglie e marito... 304
tra un boccone e l'altro 59
tramare nell'ombra 343
trampolino di lancio 538
tranquillo come un due lire 263
trarre partito 376
trattamento alla pari 370
trattare a pesci in faccia 394
trattare coi guanti 242
trattare come il concio 137
trattare come le cose sante 148
trattare come una bestia 53
trattare come una pezza da piedi 398
trattare come un cane 90
trattare come un cane in chiesa 90
trattare come uno straccio 509
trattare con la frusta 213
trattare con rispetto 451
trattare con tutti i rispetti 451
trattare dall'alto in basso 15
trattenere il fiato 196
tre fili fanno uno spago 202
tremare come una canna 539
tremare come una foglia 539
tremare come una vetta 539
tremare verga a verga 539
treno bianco 539
treno di vita 539
troncare le braccia 66
troppa grazia Sant'Antonio 468
troppo buono 72
trovar carne per i propri denti 160
trovar padrone 356
trovar paese 357
trovare cinque piedi al montone 405
trovare da dire 167
trovare del filo da torcere 200
trovare il bandolo della matassa 44
trovare il diavolo nel catino 164
trovare il letto rifatto 260
trovare il nodo nel giunco 325
trovare il pelo nell'uovo 387
trovare il terreno adatto 524

trovare la chiave 120
trovare la lucertola con due code 266
trovare la minestra bell'e pronta 301
trovare la minestra già scodellata 301
trovare la pappa pronta 368
trovare la pietra filosofale 115
trovare la propria strada 511
trovare la via del cuore 157
trovare l'ago in un pagliaio 11
trovare l'America 17
trovare l'Eldorado 179
trovare l'uscio di legno 547
trovare pane per i propri denti 160
trovare tutte le porte aperte 421
trovare un denominatore comune 159
trovare un punto d'incontro 246
trovare una porta chiusa 421
trovarsi a mal partito 376
trovarsi a un punto morto 432, 433
trovarsi con le spalle al muro 498
trovarsi fra Scilla e Cariddi 477
trovarsi nella fossa dei leoni 209
trovarsi nelle peste 396
trovarsi nelle sabbie mobili 459
trovarsi nell'occhio del ciclone 125
trovarsi sotto il fuoco 216
trovarsi sulle braccia 64
trovarsi tra due fuochi 218
trovarsi tra l'incudine e il martello 246
trovarsi un posto al sole 422
tubare come due colombi 132
tunnel della droga 540
tutta scena 475
tutta un'altra storia 509
tutte le strade portano a Roma 453
tutti i fiumi vanno al mare 204
tutti i nodi vengono al pettine 325
tutto da ridere 448
tutto di fila 199
tutto d'un fiato 196
tutto è puro per i puri 433
tutto fa brodo 68
tutto finisce qui 437
tutto in ghingheri 227
tutto miele 300
tutt'ossi 353

uccellaccio del malaugurio 542
uccello del malaugurio 542
uccello di passo 542
uccidere il vitello grasso 566

uccidere un uomo morto 544
ugola d'oro 542
ultima ora 346
ultima spiaggia 501
ultima tavola di salvezza 519
ultima Thule 532
ultimo addio 9
ultimo prezzo 425
ultimo sonno 496
ululare alla luna 267
un bel gioco dura poco 229
un bel giorno 232
un brutto vaso non si rompe 549
un certo non so che 116
un corno 145
un fazzoletto di terra 190
un fior di ... 203
un fiume di ... 204
un gioco da ragazzi 230
un grano di... 239
un mare di ... 290
un mazzo d'agli 10
un mondo di ... 307
un mondo di bene 307
un monte di ... 309
un muro di ... 316
un occhio della testa 340
un passo dopo l'altro 379
un pelo di ... 388
un sacco e una sporta 460
un tanto al braccio 66
un tanto al chilo 66
una barca di ... 46
una lacrima di ... 251
una miniera di ... 301
una perla di ... 392
una pioggia di ... 411
una punta di ... 431
una rondine non fa primavera 454
una storia lunga 509
una vecchia storia 509
ungere i denti 160
ungere il dente 160
ungere le ruote 458
un'insalata di discorsi 168
un'ira di Dio 249
unire l'utile al dilettevole 547
uno, ma leone 258
uno straccio di ... 509
un'ombra di ... 343
uomo del giorno 545

uomo della Provvidenza 545
uomo della situazione 545
uomo della strada 545
uomo di fatica 545
uomo di mondo 545
uomo di paglia 545
uomo di penna 545
uomo di poca fede 191
uomo di punta 545
uomo di soldo 545
uomo di stoppa 545
uomo d'onore 544
uomo nero 545
uomo nuovo 545
uovo di Colombo 132
urlare come un'anima dannata 546
urlare come un ossesso 546
urtare i nervi 322
urto di vomito 546
usar la frusta 213
usare il bastone e la carota 47
usare un occhio di riguardo 335
uscir di chiave 120
uscir di scena 475
uscire dagli occhi 340
uscire dai gangheri 222
uscire dai ranghi 442
uscire dai sentimenti 485
uscire dal binario 56
uscire dal bozzolo 62
uscire dal giro 234
uscire dal gregge 240
uscire dal guscio 243
uscire dal manico 280
uscire dal mazzo 293
uscire dal mondo 307
uscire dal seminato 484
uscire dal tunnel 540
uscire dalle rotaie 455
uscire di cervello 117
uscirne con la testa rotta 531
utile idiota 244

valere tant'oro quanto si pesa 351
valere un Perù 393
valle di lacrime 548
valutare a braccio 66
valutare all'ingrosso 247
valvola di scarico 549
valvola di sfogo 548
valvola di sicurezza 549

vaso delle Danaidi 158
vecchia fiamma 194
vecchia gallina 221
vecchiaia dell'aquila 26
vecchio bacucco 550
vecchio come il cucco 550
vecchio come l'arca di Noè 550
vecchio come Matusalemme 550
vecchio come Noè 550
vecchio del mestiere 298
veder cascar le olive nel paniere 342
veder rosso come i tori 455
vederci chiaro 119
vederci doppio 551
vedere che aria tira 28
vedere col binocolo 56
vedere come butta 73
vedere come il fumo negli occhi 215
vedere di buon occhio 340
vedere di mal occhio 337
vedere il fondo 206
vedere il mondo dipinto di rosa 307
vedere in faccia qualcosa 186
vedere la dama bianca 158
vedere la luce 265
vedere la morte in faccia 311
vedere le stelle 507
vedere lontano 551
vedere rosso 455
vedere tutto nero 322
vedere una strada 511
vederne di tutti i colori 133
vederne tante 517
vedersela brutta 69
vedersela con ... 551
vedersi a colpo d'occhio 136
vedersi come il diavolo e l'acqua santa 162
veglia d'armi 551
veloce come una saetta 460
veloce come un fulmine 553
veloce come un furetto 553
veloce come un razzo 553
vender cara la pelle 386
vender cara la vita 387
vender carote 103
vender fumo 215
vendere a peso d'oro 358
vendere alla tromba 540
vendere carote per raperonzoli 103
vendere come il pane 366
vendere crusca per farina 152

vendere il sole di luglio 494
vendere la pelle dell'orso prima di averlo ucciso 386
vendere l'uccello sulla frasca 542
vendere per un pezzo di pane 365
vendersi la camicia 82
venditore di fumo 216
venir fuori 554
venir fuori dal mazzo 554
venir giù dal pero 392
venir giù dalla pianta 401
venir giù un'ira di Dio 249
venir l'ora di qualcuno 345
venir meno a se stesso 295
venir su 554
venir su alla scuola di ... 480
venir su come i funghi 216
venire a capo 96
venire a funi 7
venire a galla 220
venire a male parole 375
venire a parole 375
venire a patti 381
venire a tempo come un'acqua d'agosto 522
venire a tiro 535
venire ai ferri 193
venire ai ferri corti 193
venire al dunque 175
venire al mondo 307
venire alla luce 265
venire alla ribalta 447
venire alle brutte 69
venire alle mani 287
venire come la montagna a Maometto 288
venire dal grembo di Dio 240
venire dal mondo della luna 307
venire dalla costola di Adamo 9
venire dalla gavetta 225
venire dallo stesso ceppo 114
venire in chiaro 119
venire in luce 266
venire la Pasqua in domenica 376
venire per le mani 287
venirne fuori 535
venirsene fuori con ... 554
venirsi incontro 246
vento di fronda 212
verde come un aglio 557
verde di bile 557
vergine folle 557
verità sacrosanta 557

versare fiumi d'inchiostro 204
vestire come un re 443
vestire i panni di qualcuno 366
vestire la pelle del leone 387
vestirsi in cappa magna 97
vestiti della festa 559
via Crucis 561
via di mezzo 561
via lattea 561
viaggiare come un baule 48
viaggiare in tandem 516
viaggio della speranza 561
vibrare come una corda di violino 144
villano rifatto 562
vincere a piè zoppo 404
vincere ai punti 433
vincere alla grande 238
vincere di misura 303
vincere di stretta misura 303
vincere di un corto naso 320
vincere sul filo di lana 200
vino battezzato 562
vino duro 562
viscido come un'alga 13
viscido come un serpente 487
viso da furetto 219
viso d'angelo 564
viso lungo 564
viso pallido 564
vispo come un grillo 564
vispo e arzillo come un grillo 564
vista d'aquila 26
vista la mala parata 369
vita da cani 566
vita da cappuccino 99
vita di vespa, 559
vita facile 566
vitino di vespa 559
vittoria ai punti 566
vittoria di Pirro 412
vivere alla giornata 567
vivere alla grande 567
vivere alle spalle di qualcuno 499
vivere all'ombra del campanile 85
vivere all'ombra di qualcuno 343
vivere come in un limbo 261
vivere come una chiocciola 121
vivere come un nababbo 318
vivere come un principe 426
vivere come un re 443
vivere con la testa fra le nuvole 526

vivere d'aria 27
vivere delle proprie braccia 66
vivere di buio come le piattole 71
vivere di lucertole 266
vivere di pan duro 366
vivere di pan secco 366
vivere di vento 555
vivere e lasciar vivere 567
vivere gli anni di Nestore 24
vivere in un Eden 178
vivere in un limbo 261
vivere in un'isola 249
vivere nel fango 188
vivere nel mondo dei sogni 493
vivere nel mondo della luna 307
vivere nel silenzio 490
vivere nell'attimo 37
vivere nell'ombra 343
vivere sulle nuvole 331
vivere un sogno d'amore 493
vivo e vegeto 567
vizio contro natura 568
vizio solitario 568
voce bianca 568
voce da confessionale 568
voce da Sirena 491
voce d'angelo 568
voce del cuore 568
voce del sangue 568
voce di bronzo 568
voce di corridoio 569
voce di tomba 569
voce nel deserto 569
voglie da Cesari e borsa da cappuccino 99
voglie da imperatori e borsa da cappuccino 99
volare al cielo 126
volare alto 569
voler cantare e portar la croce 569
voler essere sotto terra 524
voler fare la frittata senza rompere le uova 570
voler la carne senza l'osso 569
voler la frittata senza rompere le uova 569
voler la pappa pronta 368
voler pettinare un riccio 570
voler piantare il manico dopo aver piantato la pala 360
voler spiegare ali più grandi del nido 12
volerci del bello e del buono 50
volerci un soldo a cominciare e due a smettere 494

volere andare in paradiso in carrozza 570
volere appendere all'uncino il formaggio tenero 570
volere il miele senza le mosche 569
volere il pesce senza la lisca 570
volere la botte piena e la moglie ubriaca 570
volere la botte piena e la serva ubriaca 570
volere la luna 570
volere la rosa senza spine 570
volere la testa di qualcuno 531
volere le pere monde 570
volere le tre otto 354
volere o volare 570
volere una medaglia 293
volesse il cielo 126
volgere le spalle 499
volgersi a tutti i venti 556
volo pindarico 571
volontà d'acciaio 571
volontà di ferro 571

voltar gabbana 220
voltar pagina 359
voltare bandiera 44
voltare i tacchi 514
voltare la faccia 187
voltare la schiena 476
voltare le spalle 499
voltare l'occhio 337
volto d'angelo 564
volto di Madonna 572
vuotare il sacco 460
vuotare le tasche a qualcuno 518

zampe di gallina 573
zampe di mosca 573
zero al quoto 574
zero assoluto 574
zero via zero 574
zio d'America 17
zio Sam 574
zitto e mosca 313
zona d'ombra 343

INDICE TEMATICO

Abbandono
  Appendere al chiodo
  Attaccare il collare a un fico
  Bruciare i ponti
  Gettare alle ortiche
  Lasciare il campo
  Lasciare nelle secche
  Perdere di vista
  Piantare baracca e burattini
  Piantare capra e cavoli
  Piantare in asso
  Voltare la schiena
  Voltare le spalle

Abbigliamento
  In pompa magna
  Parere una chiesa parata a festa
  Vestire come un re
  Vestirsi in cappa magna
  Vestiti della festa

Abbondanza
  Alla grande
  Ben di Dio
  Essere in tempo di vacche grasse
  Fare le cose in grande
  Grazia di Dio
  Legar la vigna con le salsicce
  Piove sul bagnato
  Una miniera di

Abilità
  Avere buon occhio
  Avere le mani d'oro
  Avere manico a un lavoro
  Ballare su un quattrino
  Cogliere il frutto quand'è maturo
  Colpo di bacchetta magica
  Far miracoli con
  Fare civetta
  Fare gli occhi alle pulci
  Farla da maestro
  Giocare di
  Gioco di prestigio
  Lavoro da maestro
  Mani di fata
  Mutare le noci in chiocciole
  Prendere l'anguilla per la coda
  Tenere in scacco
  Tenere l'orto salvo e la capra sazia

Abitudine
  Farci il callo
  Far l'osso a
  Fare la bocca a qualcosa
  Prendere il lecchino

Accordo
  Accordare gli strumenti
  Andare a braccetto
  Andare d'amore e d'accordo
  Anima gemella
  Essere due anime in un nocciolo
  Essere due corpi e un'anima
  Essere in buona con qualcuno
  Essere in carattere
  Essere pane e cacio
  Fare a lingua in bocca
  Intendersi come i ladri alla fiera
  Non aver nulla da dire
  Parole sante
  Patti chiari
  Smussare gli angoli
  Strizzare l'occhio
  Togliere la parola in bocca

Accusa
  Bollare d'infamia
  Dare la croce addosso
  Gridare la croce addosso
  Scagliare la prima pietra

Adattabilità
  Da basto e da sella
  Essere di bocca buona

Paese che vai
Stare al gioco
Stare alle mosse di

ADULAZIONE
Dare il sapone
Dare un po' di burro
Dare una leccata
Dare una lustrata
Fare i fichi
Leccare i piedi
Lisciare il pelo
Lustrare le scarpe
Suonare il violino

AFFOLLAMENTO
Essere come l'arca di Noè
Essere l'uscio del trenta
Essere un porto di mare
Farsi schiacciare le costole
Fitti come il buio
Pigiati come acciughe
Pigiati come sardine

AGGRESSIVITÀ
Aggiungere legna al fuoco
A mano armata
Chi di spada ferisce ...
Con le unghie e coi denti
Gettare olio sul fuoco
Mangiarsi vivo qualcuno
Mettere fuori le unghie
Prendere di punta
Saltare agli occhi
Saltare in testa
Soffiare sul fuoco
Soffiare sulla brace
Sparare a vista
Sparare a zero
Sparare palle infuocate

AIUTO
Alzare le mani al cielo
Andare avanti a calci nel sedere
Avere qualche santo in Paradiso
Consiglio d'oro
Dar braccio
Dar man forte
Dare il viatico
Essere il bastone della vecchiaia
Essere la ninfa Egeria
Essere nella manica di qualcuno
Essere nelle grazie di qualcuno
Essere violino di spalla
Far coro a qualcuno
Far da spalla
Far pesare il piatto
Fare il gioco di qualcuno
Genio tutelare
Gettare una tavola a qualcuno
Grattare la rogna a qualcuno
Guidare i passi di qualcuno
Mandato da Dio
Non sapere dove sbattere la testa
Opera santa
Portar la propria pietra
Preparare il terreno
Raccomandarsi a tutti i santi
Raccomandato di ferro
Spendere una parola
Stare a fianco
Tendere una mano a qualcuno
Tenere mano a qualcuno
Uomo della provvidenza

ALLARME
Campanello d'allarme
Fare come le oche del Campidoglio
Gridare al lupo

ALLOGGIO
Chiedere albergo
Chiedere asilo
Essere la Madonna pellegrina
Restare senza tetto
Trattamento alla pari
Trovar paese

ALTERNANZA
Doccia scozzese
Quando a tordi quando a grilli
Ruota della vita

AMAREZZA
Amaro come il fiele
Aver l'amaro in corpo
Avere il cuore pesante
Bere il calice dell'amarezza
Restare con la bocca amara

AMBIZIONE
Alzare gli occhi su
Avere i grilli per la testa
Farsi avanti coi gomiti
Mirare in alto

AMICIZIA
Amici per la pelle
Amico del cuore
Essere culo e camicia
Essere di casa
Far tela con qualcuno
Fare come i ladri di Pisa
Fratello di latte
L'amico ciliegia
Spirito di corpo
Stringersi intorno a

AMORE
Amare alla follia
Amico del cuore
Amor di madre
Avere il cuore libero
Buttarsi al collo
Buttarsi nel fuoco per
Cantare il maggio
Colpire al cuore
Covare con gli occhi
Dare l'anima per
Dirsela con qualcuno
Due cuori e una capanna
Essere cotto
Essere la luce degli occhi
Essere una stella
Far flanella
Far follie per qualcuno
Fare i limoni
Fare il filo
Filare con qualcuno
Filare il perfetto amore
L'eterno triangolo
Ladro di cuori
Luna di miele
Mal di maggio
Malato al cuore
Mettersi con qualcuno
Nido d'amore
Nuova fiamma
Occhio da pesce lesso
Occhio da pesce morto
Prendere una cotta
Prendersi una scuffia
Rubare il cuore
Tenersi caro
Tubare come due colombi
Un mondo di bene
Vecchia fiamma
Vivere un sogno d'amore
Voce del cuore

ANDARSENE
Andarsene insalutato ospite
Cambiare aria
Comperare il porco
Filarsela all'inglese
Girare sui tacchi
Prendere il largo
Prendere il trentuno
Prendere la porta
Togliersi dai piedi

ANONIMATO
Vivere nell'ombra
Vivere nel silenzio

ANSIA
Anima in pena
Avere il mal di mare
Col cuore in gola
Contare i minuti
Essere con il piede nella staffa
Essere sui carboni ardenti
Essere sulle spine
Non stare alle mosse
Non vedere l'ora
Sbuffare come un cavallo
Sbuffare come una vaporiera
Stare col fiato sospeso

ANTIPATIA
Avercela a morte con qualcuno
Avere il tarlo con qualcuno
Avere qualcuno sulle corna
Essere come il fumo negli occhi
Faccia da schiaffi
Guardare di malocchio
Guardare male
Non aver qualcuno nel proprio calendario
Non poter digerire
Non poter vedere
Stare sull'anima
Stare sullo stomaco
Vedere come il fumo negli occhi

APPARENZA
Avere l'aria di
Cambiare salsa

Darsi l'aria di
Far tanti pampini e poca uva
Per la platea
Salvare le apparenze
Stare alle apparenze
Tanto fumo e poco arrosto
Vestire la pelle del leone

APPROFITTARE
Appendere il cappello al chiodo
Battere il ferro finché è caldo
Dare una mano e vedersi prendere il braccio
Fare come il cuculo
Godere il papato
Mangiare a ufo
Mietere l'altrui campo
Pescare nel torbido
Prendere la palla al balzo
Seguire l'onda

APPROSSIMAZIONE
A braccio
A lume di naso
A occhio
A occhio e croce
Un tanto al braccio

ARMAMENTO
Ad armi spianate
Armato come un Saracino
Armato fino ai denti

ARTIFICIO
Ad arte
Tirato per i capelli
Tirato coi denti

ASSENZA
Essere in giro
Non esserci anima viva
Non esserci neanche un cane

ASSILLO
Appiccicoso come la melassa
Attaccarsi come una mignatta
Non dare quartiere
Stare alle costole

ASSURDITÀ
Cose da matti
Cose da pazzi
Cose dell'altro mondo
Non stare né in cielo né in terra
Roba da matti

ASTENSIONE
Fare l'Achille sotto la tenda
Fare come la gatta di Masino
Negare il braccio
Politica delle mani nette
Stare a guardare

ASTUZIA
A nemico che fugge ponti d'oro
Avere una ciabatta del Machiavelli
Avere la volpe sotto l'ascella
Essere un furetto
Essere una volpe
Essere un volpone
Fare lo scemo per non pagare il dazio
Farla in barba
Furbo come un furetto
Furbo come una volpe
Furbo di tre cotte
Giocare come il gatto col topo
Giocare qualcuno
Sapere dove il diavolo tiene nascosta la coda
Saperne una più del diavolo

ATTACCO
Azzannare le calcagna
Colpo di coda
Partire a lancia in resta
Tirare una bordata

ATTENZIONE
Aprire bene le orecchie
Aprire la mente a qualcosa
Avere gli occhi d'Argo
Avere l'occhio a qualcosa
Avere l'occhio a tutto
Essere tutt'orecchi
L'occhio del mondo
Pendere dalle labbra
Rizzare le orecchie
Stare con l'orecchio teso
Tendere l'orecchio

ATTESA
Aspetta e spera
Aspettar che venga maggio
Aspettare il Messia
Aspettare il panierino dal piano di sopra
Aspettare il porco alla quercia

Aspettare la lepre al balzello
Bruciare a fuoco lento
Essere atteso come il Messia
Fare anticamera
Farsi desiderare
Non è ancora detta l'ultima parola
Non stare nella pelle
Stare a guardare
Stare alla finestra
Stare all'ancora
Tenere nel limbo

ATTIVITÀ
Avere per le mani
Dividersi a metà
Essere in ballo
Immerso fino al collo
Non sapere da che parte voltarsi

AUGURIO
Buon viaggio
Cento di questi giorni
Dio l'abbia in gloria
In bocca al lupo
Sogni d'oro
Stare in gamba

AUMENTO
Giocare al rialzo
Rialzo delle quotazioni

AUTOCONTROLLO
Ingoiare le lacrime
Mordersi le labbra
Nervi d'acciaio
Non dare a vedere
Ricacciare in gola
Stringere i pugni
Tenere la lingua a posto

AUTONOMIA
Camminare con le proprie gambe
Contare sulle proprie forze
Contro corrente
Di testa propria
Far corpo a sé
Non dover niente a nessuno
Stare in piedi da solo
Togliersi dalle spese

AVARIZIA
Avere il granchio alla borsa
Essere della compagnia della lesina
Essere una pigna verde
Non dare un Cristo a baciare
Scorticare un pidocchio
Spuntare la lesina
Tener stretta la borsa

AVIDITÀ
Adorare il vitello d'oro
Fare come il cane di Esopo
Medico da borsa

AVVERSITÀ
Mala parata
Passarne tante
Tegola in testa
Uccello del malaugurio

AVVILIMENTO
Asino bastonato
Avere il morale a zero
Essere a terra
Essere giù di corda
Far cascare il pan di mano
Lasciarsi andare
Perdersi di cuore
Sembrare un cane bastonato
Sentirsi a pezzi
Tirar su
Vedere tutto nero

BAGNATO
Bagnato come un pulcino
Bagnato come un topo
Bagnato fino al midollo
Parere un topo uscito dall'orcio

BEFFA
Dare la benedizione del piovano Arlotto
Menare per il naso
Pesce d'aprile
Prendere per il bavero
Prendere per il culo

BELLEZZA
Anche l'occhio vuole la sua parte
Bella come una sposa
Bellezza dell'asino
Bello come il sole
Bello come un angelo
Bello come un Dio
Da favola
Di sogno
Essere la fine del mondo

Essere l'ottava meraviglia
Essere una delle sette meraviglie
Far bella vista
In fiore
Lustrarsi gli occhi
Meraviglia del creato
Rifarsi gli occhi
Sembrare un quadro
Strabismo di Venere
Viso d'angelo
Volto di Madonna

BENESSERE
Allargare il cuore
Essere di luna buona
Far le fusa
Fregarsi le mani
Stato di grazia
Togliersi un peso dal cuore
Trovar paese
Vedere il mondo dipinto di rosa

BERE
Alzare il gomito
Andare in cimbali
Bagnarsi il becco
Bagnarsi la gola
Bagnarsi l'ugola
Bere come un cammello
Bere come un lanzo
Bere come una spugna
Bere come un tedesco
Bere come uno squalo
Bicchiere della staffa
Dare alla testa
Devoto di Bacco
Essere in cimbali
Finire sotto il tavolo
Mettere il becco a mollo
Prendere una scuffia
Vederci doppio

BERSAGLIO
Essere sotto il fuoco
Essere sotto il tiro incrociato
Essere sotto tiro
Essere sotto il fuoco incrociato

BESTEMMIA
Bestemmiare come un luterano
Bestemmiare come un porco
Bestemmiare come un turco
Bestemmiare tutti i santi del Paradiso
Bestemmiare tutti i santi del calendario
Tirare giù a campane doppie
Tirar giù tutti i santi del Paradiso
Tirar Madonne

BIANCO
Bianco come il latte
Candido come la neve
Candido come una colomba

BIGOTTISMO
Aria di sacrestia
Essere tutto Santi e Madonne
Fare il santificetur

BONTÀ
Angelo del Paradiso
Avere il cuore grande come una casa
Buon diavolo
Buono come il pane
Buono come un angelo
Cuor d'oro
Essere di buon cuore
Essere di buona pasta
Essere tutto cuore
Essere un pezzo di pane
Non far male a una mosca
Pasta d'uomo
Per amore del cielo

BREVITÀ
Farla corta
Per le corte
Tagliar corto a qualcosa

BRUTTEZZA
Brutto come il demonio
Brutto come il peccato
Brutto come la fame
Brutto come un rospo

BUGIA
Bugiardo come un lunario
Castello di menzogne
Le bugie hanno le gambe corte
Lingua biforcuta
Non essere farina schietta
Piantar carote
Più bugiardo di un epitaffio
Più bugiardo di un gallo

Raccontar gabole
Spararle grosse

CADUTA
Andare a gambe all'aria
Cadere come una pera
Cadere di peso
Piantare un melo
Piantare un pero

CALDO
Caldo boia
Caldo d'inferno
I primi caldi

CALMA
Al tempo
Calma e sangue freddo
Gettare acqua sul fuoco
Gettare olio sulle onde
Nessuno ci corre dietro
Quieto vivere

CALVIZIE
Essere in piazza
Liscio come un biliardo
Pelato come il culo delle scimmie
Pelato come una palla da biliardo
Pelato come un ginocchio
Pelato come un uovo

CAMBIAMENTO
Cambiare rotta
Cambio della guardia
Giro di boa
Passare dall'osanna al crucifige
Pigliarla per un altro verso
Rifarsi la bocca
Spezzare il guscio
Uscire dal guscio
Voltar pagina

CAMMINARE
Andare col cavallo di San Francesco
Andare col vetturino Gamba
Aver buone gambe
Mettere un piede davanti all'altro
Mettersi la strada fra le gambe
Mettersi le gambe in spalla

CAMPANILISMO
Incompatibilità di campanile
Questioni di campanile
Spirito di campanile
Vivere all'ombra del campanile

CAPACITÀ
Avere la lingua in bocca
Essere all'altezza della situazione
Essere del mestiere
Far miracoli
Saperci fare
Uomo della situazione
Uomo di punta

CAPELLI
Capelli d'argento
Color sale e pepe
Pel di carota

CAPRICCIO
Avere i grilli per la testa
L'erba voglio
Levarsi il gusto
Per sport
Saltare il grillo

CARATTERE
Essere di buccia dura
Essere di carne debole
Essere un duro
Persona di carattere

CAUTELA
Andare coi piedi di piombo
A occhi aperti
Avere le mutande di cuoio
Camminare sopra un filo di seta
Camminare sulle uova
Da prendere con le molle
Guardarsi attorno
I muri parlano
In punta di piedi
Mettersi in cappa
Tenere la carta bassa

CERTEZZA
Aver cento ragioni
Aver ragione da vendere
Come due e due fanno quattro
Essere articolo di fede
Mettere la mano sul fuoco
Non ci piove
Senz'ombra di dubbio

CHIAREZZA
A caratteri di scatola
A lettere d'oro

Alla luce del giorno
Andar giù di piatto
Cantare in rima
Chiamare la gatta gatta e non micia
Chiamare le cose con il loro nome
Chiaro come due e due fanno quattro
Chiaro come il giorno
Dipanare la matassa
Dire a tutte lettere
Far luce su qualcosa
In soldoni
Levare il vino dai fiaschi
Mettere a fuoco
Presentare qualcosa nella sua vera luce
Rendere l'idea
Scrivere a lettere maiuscole
Scrivere a lettere da speziale
Sturare gli orecchi a qualcuno

CIBO
Boccone da prete
Non aver niente da metter sotto i denti
Prendere per la gola

COINVOLGIMENTO
Avere le mani in pasta
Esserci dentro fino agli occhi
Metterci del proprio

COLPA
Avere un peso sulla coscienza
Aver la coscienza sporca
Cogliere con le mani nel sacco
Essere in difetto
Essere l'ombra di Banco
La prima gallina che canta è quella che ha fatto l'uovo
Prendere in castagna

COMMOZIONE
Far pena
Far pietà
Strappare il cuore
Strappare le lacrime
Toccare il cuore
Toccare l'animo

COMODITÀ
Aspettare la pappa scodellata
Con le gambe sotto il tavolo
Far la vita del beato porco
Far vita da principe
Far vita da re
Mettersi in libertà
Stare come un abate
Stare come un Papa
Stare come un pisello in un bacello
Stare come un re
Stare in ventre di vacca
Stare su un letto di rose
Trovare il letto rifatto
Trovare la minestra bell'e pronta
Trovare la pappa pronta
Vita facile

COMPAGNIA
Essere della partita
Essere del numero

COMPLETEZZA
Da capo a piedi
Dalla rava alla fava
Dall'alfa all'omega
Dalla testa ai piedi
Di tutto punto
Fino alla punta dei capelli
Fino al midollo
Fino all'osso
Su tutta la linea

COMPLICITÀ
Essere come il gatto e la volpe
Essere legato a doppio filo
Essere pappa e ciccia
Reggere la candela
Reggere la corda
Tenere bordone
Tenere il sacco

COMPORTAMENTO
Allungare le mani
Allungare le zampe
Andare come una biscia
Essere sulla cattiva strada
Far la figura del cioccolataio
Mangiare coi piedi
Prendersi delle libertà con qualcuno
Saper stare al mondo
Saper vivere
Stare al proprio posto
Tenere le mani a casa

Tenere le mani a posto
Uscire dal binario
Uscire dalle rotaie
Villano rifatto
COMPRENSIONE
Capire che vento tira
Capire l'antifona
Capirsi a volo
Far entrare in testa
COMPROMESSO
Incontrarsi a metà strada
Scendere a patti
Via di mezzo
CONCLUSIONE
Colpo di grazia
Chiudere in bellezza
Condurre in porto
Ecco fatto il becco all'oca
Essere agli ultimi colpi di piccone
In fin dei conti
Mettere capo a
Morale della favola
Pari e patta
Tirare i remi in barca
Tirare le fila
Tirare le somme
CONCRETEZZA
Avere i piedi per terra
Avere le spalle quadre
Metterla in soldoni
Scendere dalla pianta
CONDANNA
Condannare ai ferri
Condannare al remo
Morte civile
Pollice verso
CONDIZIONAMENTO
Guidare con un filo di lana
Lavaggio del cervello
Lavorarsi qualcuno
Portare il cervello all'ammasso
Seguire la corrente
Seguire l'onda
Tirare i fili
CONFESSIONE
Far cantare
Interrogatorio di terzo grado
Mettere sotto il torchio

Sciogliere la bocca al sacco
Vuotare il sacco
CONFIDENZA
Aprire l'animo
In camera caritatis
CONFUSIONE
Buttar all'aria
Essere la fine del mondo
Essere una Russia
Fare il diavolo a quattro
Far Russia
Fare un mercato
Fare un minestrone
Fare un pandemonio
Fare un risotto
Gabbia di matti
Giro del fumo
Imbrogliare i fili
Lanciare un sasso nello stagno
Mandare a Cafarnao
Mettere a rumore
Parere il diavolo in un canneto
Parere il giorno del Giudizio
Perdere la bussola
Sembrare la fine del mondo
Sollevare un polverone
Suscitare un vespaio
Tempesta in un bicchier d'acqua
Tirar sassi in piccionaia
Provocare un terremoto
CONOSCENZA
Allo scoperto
A memoria
Aprire gli occhi
Aprire gli occhi a qualcuno
Aprire gli occhi ai ciechi
Aprire la mente
Avere in testa
Aver paglia in becco
Avere sulla punta delle dita
Conoscere bene le proprie pecore
Conoscere come le proprie tasche
Conoscere di vista
Conoscere mezzo mondo
Conoscere palmo a palmo
Essere il pane di qualcuno
Masticare come il pane
Sapere come l'Ave Maria

Sapere cosa bolle in pentola
Sapere di che panno è vestito qualcuno
Sapere vita, morte e miracoli
Sciogliere la bocca del sacco
Scoprire gli altarini
Scoprire il gioco di qualcuno
Ti conosco, mascherina
Venire all'orecchio

CONSAPEVOLEZZA
A occhi aperti
A sangue freddo
Sapere il fatto proprio

CONSERVATORISMO
Avere la parrucca con la coda
Essere della vecchia guardia

CONTINUITÀ
Cambiare la musica ma non i suonatori
Essere sempre la solita minestra
Essere sempre la stessa musica

CONTRAPPOSIZIONE
Come il gatto e l'acqua bollita
Come l'acqua e il fuoco
Fare il bastian contrario
L'altra faccia della medaglia
Rovescio della medaglia

CONTROLLO
Andare a fondo di
Avere sott'occhio
Dare un occhio a
Non levare gli occhi di dosso
Prendere la mano
Prendere le misure
Tenere d'occhio
Tenere le fila
Uscire dal manico
Vedere come butta

CONTROPARTITA
Per un piatto di lenticchie
Rendere frasche per foglie
Rendere pan per focaccia

CONVINZIONE
Ficcarsi in mente
Mettere in mente
Mettersi in mente

CORAGGIO
A fronte scoperta
Aspettare a piè fermo
A viso aperto
Aver fegato
Avere il cuore di
Cavaliere senza macchia e senza paura
Coraggio da leone
Coraggio della disperazione
Coraggio della paura
Cuor di leone
Fare cuore
Farsi forza
Non aver cuore di
Non aver paura di nessuno
Non aver paura neanche del diavolo
Non aver paura né di diavolo né di versiera
Su con la vita!

CORPORATURA
Alto come un soldo di cacio
Aver ingoiato il manico della scopa
Dritto come un palo
Mezza cartuccia
Mezzo uomo
Pezzo d'uomo

CORRUZIONE
Buttare l'osso
Dare l'unguento di zecca
Tirare il diavolo per la coda
Ungere il dente
Ungere le ruote

CORTEGGIAMENTO
Arare con il bue e con l'asino
Attaccare il maio a ogni uscio
Bacchiare le acerbe e le mature
Essere il gallo della Checca
Fare l'occhio di triglia
Fare gli occhi dolci
Fare il filo
Fare il galletto
Fare il gallo
Fare il pappagallo
Fare l'asino
Fare la corte
Ladro di cuori
Pappagallo della strada

CORTESIA
- Alla mano
- A buon rendere
- Far buona cera
- Per favore
- Servire di coppa e di coltello

COSCIENZA
- Caso di coscienza
- Contro coscienza

COSPIRAZIONE
- Agire dietro le quinte
- Fronte interno
- Quinta colonna
- Tramare nell'ombra

COSTRIZIONE
- A viva forza
- Causa di forza maggiore
- Cavare il granchio dalla buca
- Chiudere nell'angolo
- Con la corda al collo
- Con le spalle al muro
- Essere legato mani e piedi
- Essere sul letto di Procuste
- Essere un capestro
- Far ballare sulla corda
- Gabbia dorata
- Gettare sulle spalle
- Inghiottire fiele
- Inghiottire la pillola
- Mandar giù veleno
- Mettere al muro
- Mettere alle corde
- Mettere alle strette
- Mettere il laccio al collo
- Mettere i piedi sul collo
- Mettere la corda al collo
- Mettere tra l'uscio e il muro
- Non essere padrone in casa propria
- Non si scappa
- O bere o affogare
- O mangi la minestra o salti la finestra
- Passaggio obbligato
- Per amore o per forza
- Prendere o lasciare
- Prendere per fame
- Prendere per il collo
- Prendere per la gola
- Ricacciare in gola
- Sciogliere la lingua
- Stare al passo
- Stare a quel che fa la piazza
- Stare come un cane alla catena
- Stare sul collo
- Tenere le briglie sul collo
- Tenere sotto il tacco
- Tirare per i capelli
- Volere o volare

CRITICA
- Fare le pulci
- Guardare la paglia e non vedere la trave
- Mettere alla sbarra
- Mostrare a dito
- Suonare a vituperio
- Trovare da dire

CULMINE
- Alla massima potenza
- A più non posso
- Fino a scoppiare
- Giungere al diapason
- Toccare il fondo

CURA
- Avere a cuore
- Avere un occhio di riguardo
- Con religione
- Fatto come Dio comanda
- Fatto come si deve
- Lavorare di fino
- Tenere come una reliquia
- Tenere da conto
- Trattare coi guanti
- Trattare come le cose sante

CURIOSITÀ
- Allungare il collo
- Curioso come una biscia
- Curioso come un gatto
- Essere tutt'occhi
- Fare i conti in tasca a qualcuno

DANNO
- A doppio taglio
- Aguzzarsi un palo sulle ginocchia
- Brutto scherzo
- Castigo di Dio
- Essere becco e bastonato

Essere come il paiolo che tinge o scotta
Fare la torta
Giocare sul terreno avversario
Il danno e le beffe
Prestare il fianco
Ridurre a uno straccio
Sbalzare di sella
Scherzo da prete
Scivolare su una buccia di banana
Scuotere il pero a qualcuno
Trattare come uno straccio

DEBOLEZZA
Avere i nervi a pezzi
Cadere a pezzi
Essere un relitto umano
Ridurre a uno straccio
Ridursi alla candela
Ridursi all'ombra di se stesso
Ridursi a un cencio

DEBITO
Affogare nei debiti
Andare in rosso
Aprire un buco per chiuderne un altro
Farsi tirare la giubba
Non dover niente a nessuno
Non volere il pane a conto
Piantare un chiodo

DEBOLEZZA
Avere le gambe che fanno giacomo giacomo
Avere le gambe di stoppa
Mani di pasta frolla
Non saper tenere in mano la frusta
Non sentire la frusta
Sentirsi piegare le ginocchia

DECISIONE
Fare il gran passo
Non fermarsi al primo uscio
Passare il Rubicone
Saltare il fosso

DECLINO
Andare in acqua
Essere in ribasso
Essere sul viale del tramonto
Essere buon papero e cattiva oca
Fare come i gamberi
Passare in seconda linea
Perdere smalto

DELINQUENZA
Avanzo di galera
Avere cento braccia
Essere senza legge
Essere un fuori legge
Fare un colpo
Nemico pubblico numero uno
Pendaglio da forca
Pesce piccolo

DELUSIONE
Con un palmo di naso
Far passare la poesia
Fare come i pifferi di montagna
Fare il parto della montagna
Prendere una scornata
Restare come un salame
Restare con la bocca amara
Restare con le mani piene di vento
Restare male
Rimanere con un pugno di mosche in mano
Tornare a pie' zoppo
Tornare con le pive nel sacco
Trovare una porta chiusa

DENARO
Avere le mani bucate
A babbo morto
A fondo perduto
A pronta cassa
Batter cassa
Batter moneta
Bussare a quattrini
Essere sulle spese
Essere una miseria
Fare follie
Guadagnarsi la giornata
I soldi non hanno odore
Mettere mano alla borsa
Moneta sonante
Non avere né arte né parte
Pelare come un pollo
Per quattro soldi
Pochi, maledetti e subito
Rivoltare le tasche
Spendere come un re
Spendere con il compasso
Spendere e spandere
Spesa viva

Spese pazze
Tirare sul prezzo
Un occhio della testa
Vuotare le tasche di qualcuno

DENSITÀ
Aver corpo
Da tagliare col coltello
Far corpo

DERISIONE
Prendere in giro
Prendersi gioco di qualcuno
Ridere alle spalle
Ridere in faccia
Ridere sul muso

DESIDERIO
Andar matto per
Andar pazzo per
Essere in vena di
Far gola
Far venire l'acquolina in bocca
Mangiare con gli occhi
Mettere gli occhi addosso a
Occhio di falco
Terra promessa

DESTINO
Libro del destino
Seguire il proprio destino
Seguire la propria stella

DETERMINAZIONE
Andare per la propria strada
A tutti i costi
Cascasse il mondo
Prendere di peso

DIFESA
Chiudersi come un riccio
Difendere a spada tratta
Difendere coi denti
Difendere i colori
Far quadrato
Guardarsi alle spalle
Proteggersi le spalle
Spezzare una lancia in favore di qualcuno
Tenere alta la bandiera
Vendere cara la pelle

DIFETTO
Cadere a pezzi
Far difetto
Far piangere
Fare acqua da tutte le parti
Fare i vermi
Fatto col culo
Lasciare a desiderare
Marcia zoppa
Mostrare la corda

DIFFERENZA
Correrci quanto dal cielo alla terra
Correrci quanto tra il giorno e la notte
Correrci quanto un velo di cipolla
Correrci un abisso
Esserci un bel salto
Esserci un passo
Essere di tutt'altra pasta
Essere tutt'un'altra minestra
Essere tutta un'altra cosa
Essere un'altra musica
Non aver niente da spartire
Non essere della stessa parrocchia
Per un soffio

DIFFICOLTÀ
Affare di Stato
A questi lumi di luna
Battere la testa contro i muri
Brutta bestia
Cacciarsi in un ginepraio
Camminare sulle noci
Con l'acqua alla gola
Con questi chiari di luna
Essere come una nave in un bosco
Essere in un ginepraio
Essere in un mare di guai
Essere nelle peste
Essere un legno torto
È una parola
Gatta da pelare
Giocare sul terreno avversario
Gioco delle scatole cinesi
Giudizio di Dio
Menar l'orso a Modena
Navigare in cattive acque
Nodo gordiano
Non essere la via dell'orto
Passare il quarto d'ora di Rabelais
Passare un brutto quarto d'ora
Patata bollente

Pelare l'orso
Restare in secca
Rompersi il capo
Star ritto coi fili
Tempi duri
Tra il dire e il fare
Vedersela brutta
Vita da cani
Volerci del bello e del buono

Diffusione
A macchia d'olio
Andare in giro col tamburo
Battere il tamburo
Essere come la gramigna
Essere veicolo di
Far girare
Farsi eco di qualcosa
Gridare ai quattro venti
Metter radici
Mettere in giro
Passar parola
Passare di bocca in bocca
Passare la voce

Digestione
Avere un mattone sullo stomaco
Avere uno stomaco da struzzo
Avere uno stomaco di ferro
Digerire anche i chiodi
Digerire anche il ferro
Digerire anche i sassi

Digiuno
Fare Quaresima
Stringere la cinghia

Dimenticanza
Avere sulla punta della lingua
Battersi la fronte
Cadere nel silenzio
Dare un colpo di scopa
Gettarsi dietro le spalle
Metterci una pietra sopra
Mettere nel dimenticatoio
Rinfrescare la memoria
Scritto sul ghiaccio
Stendere un velo
Uscire di mente

Disaccordo
Chi la vuol calda chi la vuol fredda
Essere come cane e gatto
Non correre buon sangue
Seminare zizzania

Disagio
Cadere sul duro
Come un pesce fuor d'acqua
Essere una brutta giornata
Essere un pulcino bagnato
Essere un pulcino nella stoppa
Non vedercisi

Disarmonia
Come il diavolo e l'acqua santa
Essere come un pugno in un occhio
Essere una scarpa e uno zoccolo
Fare a calci
Fare a pugni
Starci come i cavoli a merenda

Discorso
Aprire il becco
Avere le noci in bocca
Avere le patate in bocca
Avere una buona lingua
A viva voce
Botta e risposta
Cambiar disco
Canzone dell'oca
Chiudere il forno
Di parola in parola
Dire a mezze parole
Discorso a mezz'aria
Discorso a pera
Discorso da caffè
Far parola di qualcosa
Fare un quadro
Fiume di parole
Girare intorno a qualcosa
Lingua affilata
Lingua di fuoco
Lingua sciolta
Macinar parole
Mezze parole
Parlare a braccio
Parlare coi calcagni
Parlare come un carrettiere
Parlare come uno scaricatore di porto
Parlare della pioggia e del bel tempo
Parlarsi addosso

Parola per parola
Parola pesante
Quattro parole in croce
Sputar l'osso
Sputare i polmoni
Venirsene fuori con

DISGRAZIA
Avere il male, il malanno e l'uscio addosso
Avere più guai che capelli
Canto della civetta
Dare la mala Pasqua
Essere nei guai fino al collo
Essere visitati da Dio
Piovere addosso

DISGUSTO
Arricciare il naso
Arricciare le labbra
Far senso
Fare qualcosa contro stomaco
Fare una faccia
Urto di vomito

DISIMPEGNO
Fare come Pilato
Fare l'Aventino
Fare la politica dello struzzo
Lasciare la stecca
Non perderci il sonno
Tirare a campare
Tirarsi fuori

DISINTERESSE
Alzare le spalle
Alzata di spalle
Chi ha la rogna se la gratti
Farsene un baffo
Lasciar bollire qualcuno nel suo brodo
Lasciar cadere
Lasciar cantare
Lasciar perdere
Lasciare che i morti seppelliscano i morti
Lavarsene le mani
Non metterci né sale né olio
Partire in un sacco e tornare in un baule
Star coi frati e zappar l'orto
Tirar via

DISONESTÀ
Andare per vie traverse
Anima persa
Avere le mani sporche
Essere senza religione
Fare la torta
Farla sporca
Farne di cotte e di crude
Farne di tutti i colori
Farne tante
Gli affari sono affari
Mala erba
Marcio fino all'osso
Marcio fino al midollo
Poco di buono
Puro come l'acqua dei maccheroni
Spartirsi la torta
Sporcarsi le mani
Vivere nel fango

DISORIENTAMENTO
Essere nel pallone
In palla

DISPREZZO
Avere sotto i tacchi
Mettere sotto i piedi
Non vedere neppure
Sputare in faccia
Sputare su

DISTRAZIONE
Andare in Emmaus
Andare in giro col naso per aria
Avere la testa nei calcagni
Cercare l'asino ed esserci sopra
Dormire in piedi
Essere fuori dal mondo
Girare l'occhio
Guardare per aria
Vivere nel mondo della luna

DISTRUZIONE
Dare alle fiamme
Dare un colpo di piccone
Fare a pezzi
Far piazza pulita
Far terra bruciata
Mettere a ferro e a fuoco
Non restare pietra su pietra
Ridurre in polvere

DIVAGAZIONE
Andare per rane
Perdere il filo
Saltare d'Arno in Bacchiglione
Saltare di palo in frasca
Uscire dal seminato
Volo pindarico

DIVERTIMENTO
Darsi alla pazza gioia
Darsi al bel tempo
Divertirsi un mondo
Fare follie
Fare la bella vita
Fare quattro salti
Fare un colpo di vita
Febbre del sabato sera
Per gioco

DOCUMENTAZIONE
Pezza d'appoggio
Pezza giustificativa

DOLCEZZA
Avere la mano leggera
Essere tutto latte e miele
Essere uno zucchero
Essere zucchero e miele
Indorare la pillola
Tutto miele

DOLORE
Avere un granchio
Essere tutto un dolore
Fuori il dente fuori il dolore
Urlare come un'anima dannata
Vedere le lucciole
Vedere le stelle

DONNA
Angelo del focolare
Donna e Madonna
Gentil sesso
Sesso debole
Vecchia gallina

DORMIRE
Andare a letto con le galline
Andare a pollaio
Dormire all'albergo della luna
Dormire a occhi aperti
Dormire come una marmotta
Dormire come un angioletto
Dormire come un ciocco
Dormire come un ghiro
Dormire come un orso
Dormire come un sasso
Dormire come un tasso
Dormire della grossa
Dormire quanto i sacconi
Essere nel mondo dei sogni
Far della notte il giorno
Far tutto un sonno
Rubare le ore al sonno
Russare come un ghiro

DROGA
Avere la scimmia
Farsi una pera
Mercante di morte
Paradiso artificiale

DURATA
Aver vita breve
Durare da Natale a Santo Stefano
Durare dal mattino alla sera
Durare lo spazio di un mattino
Essere ancora in vita
Essere come la tela di Penelope
Essere una storia lunga
Fuoco di paglia

DUREZZA
Duro come il diamante
Duro come il ferro
Duro come il granito
Duro come il marmo
Duro come un muro
Duro come un sasso

ECCEZIONALITÀ
Cose dell'altro mondo
Far piovere
Fare uno strappo alla regola
Oltre ogni speranza

ECCITAZIONE
Andar su di giri
Avere il fuoco addosso
Essere in orbita
Mettere il fuoco addosso
Sentirsi il fuoco dentro

ELIMINAZIONE
Estirpare alla radice

Estirpare la mala erba
Non lasciare neanche il seme
Tirar giù dalle spese

EMERGERE
Mettersi in vista
Uscire dal gregge
Uscire dal mazzo
Venir fuori dal mazzo

EMOZIONE
A fior di pelle
Avere in cuore
Avere un nodo alla gola
Cambiare colore
Diventare di tutti i colori
Far piangere i sassi
Sensazione di pelle
Sentirsi morire
Sentirsi rimescolare il sangue nelle vene
Sotto pelle
Tempesta di sentimenti
Toccare una corda
Trattenere il fiato
Vibrare come una corda di violino

EPOCA
Età dell'oro
Periodo d'oro
Tempi bui

ERRORE
Darsi un dito nell'occhio
Fare i conti senza l'oste
Fare una frittata
Fare una stecca
Farla grossa
Fuori strada
Lasciarsi uscir di penna
Licenza poetica
Mettere un piede in fallo
Mossa falsa
Passo falso
Peccato di gioventù
Peccato mortale
Piangere per morto
Prendere bianco per nero
Prendere fischi per fiaschi
Prendere lucciole per lanterne
Prendere Roma per Toma
Prendere una papera
Prendere un granchio
Sbaglia anche il prete all'altare
Solo il Papa è infallibile
Vederci doppio

ESAGERAZIONE
Andarci pesante
Andare fuori giri
Avere gli occhi più grandi della pancia
Calcare la mano
Con tanti niente ammazzi l'asino
Dirla grossa
Essere la goccia che fa traboccare il vaso
Far molto rumore per nulla
Fare di una mosca un elefante
Fare di un fuscello una trave
Fare il di più
Fare il passo più lungo della gamba
Farne un romanzo
Metter troppa carne al fuoco
Oltre misura
Passare il segno
Scoppiare da
Sentir l'erba crescere
Soprattutto niente zelo
Spingere all'eccesso
Tagliare il fico per cogliere i fichi
Tirare troppo la corda
Troppa grazia sant'Antonio

ESAME
Fare il punto
Fare un giro d'orizzonte
Guardare per il dritto e per il rovescio
Guardarsi allo specchio
Guardarsi in giro
Mettere sotto il vetrino
Passare al setaccio
Passare al vaglio
Passare in rivista
Tastare il polso
Tastare il terreno

ESASPERAZIONE
Averne fino agli occhi
Averne fin sopra i capelli
Averne fin sopra la testa
Averne piene le scatole

Averne una pelle
Essere un leone in gabbia
È ora di cambiare musica
Fare il pieno
Far saltare i nervi
Far venire i nervi
Levare gli occhi al cielo
Levare il fiato
Mordere le catene
Perdere le staffe
Santa pazienza

ESEMPIO
Calcare le orme
Specchio di

ESPERIENZA
Aver l'occhio a qualcosa
Aver provato il morso del lupo
Conoscere al fiuto
Conoscere al tatto
Conoscere i propri polli
Donna di mondo
Essere una vecchia volpe
Essere vecchio del mestiere
Far gavetta
Farsi le ossa
Gallina vecchia fa buon brodo
Periodo di rodaggio
Prendere la mano a qualcosa
Uomo di mondo
Vederne di tutti i colori
Vederne tante

ESPRESSIVITÀ
Espressivo come un pesce
Occhi bovini
Occhio da pesce lesso
Occhio da pesce morto
Parlare con gli occhi

ETÀ
Avere l'arme dei cinque topi
Avere l'età della ragione
Entrare negli anta
Età avanzata
Età critica
Età ingrata
Età legale
Il fiore degli anni
L'aprile della vita

L'aurora della vita
La primavera della vita
La verde età
Maggiore età
Nel verde degli anni
Tenera età

EVIDENZA
Avere davanti agli occhi
Mettere in piena luce
Mettere sotto il naso
Saltare all'occhio
Sbatterci il naso
Sprizzare da tutti i pori
Venire alla luce
Venire in luce

FACILITÀ
A buon mercato
Andare sul velluto
Aprire la strada
Bella forza!
Come due e due fanno quattro
Essere tutto rose e fiori
Essere un gioco da ragazzi
Essere uno zuccherino
Facile come bere un bicchier
  d'acqua
Facile come bere un uovo
Fare due più due
Fare qualcosa giocando
Fare una cosa con la mano sinistra
Fare una cosa con una mano sola
Prendere la via dell'orto
Senza colpo ferire
Spianare la strada
Trovare tutte le porte aperte

FAME
Avere la pancia vuota
Avere lo stomaco in fondo alle
  scarpe
Avere una fame da non vederci
Falsa fame
Fame da lupi
Fare la morte del conte Ugolino
I morsi della fame
Ingannare la fame
Salsa di san Bernardo

FAMIGLIA
Aria di famiglia
Avere molte bocche da sfamare
Lasciare il focolare
Le gioie del focolare
Pietra del focolare
Sangue del proprio sangue

FANTASIA
Da romanzo
Sognare a occhi aperti
Sulle ali della fantasia
Sulle ali del vento

FASCINO
Canto da sirena
Fare la sirena
Occhi ladri

FATICA
Aver fatto trenta e fare anche trentuno
Farsi in due
Fatica d'Ercole
Faticare come una bestia
Lavorare come un negro
Mandare avanti
Mandare avanti la baracca
Olio di gomito
Sputar l'anima
Sputar sangue
Sudare sette camicie
Tirare avanti
Tirare la carretta

FELICITÀ
Accogliere come il Messia
Andare in brodo di giuggiole
Essere al settimo cielo
Essere in giornata di grazia
Essere nel Nirvana
Felice come una Pasqua
Felice come un re
Giorno di grazia
Non stare nella pelle
Nuotare in un mare di latte
Nuotare nel miele
Paradiso terrestre
Sentirsi in Paradiso
Vivere in un Eden

FERMEZZA
Aver polso
Con mano ferma
Di ferro
Di marmo
Di polso
Essere un duro
Polso di ferro
Pugno di ferro in guanto di velluto
Volontà di ferro

FIACCHEZZA
Avere la schiena di vetro
Battere la fiacca
Essere di spalla tonda
Essere senza nervi
Essere senza spina dorsale
Essere un carbone spento
Morto di sonno
Pappa molla

FIDUCIA
A occhi chiusi
Aspettare a gloria
Atto di fede
C'è un santo anche per te
Essere nelle mani di qualcuno
In buone mani
Lasciare tempo al tempo
Mettersi nelle mani di qualcuno
Prendere per buono
Prendere per moneta corrente
Prendere per oro colato
Prendere per Vangelo
Prestare orecchio
Qualche santo ci aiuterà

FIGLIO
Figlio d'arte
Figlio di latte
Figlio di mamma
Figlio di nessuno
Frutto della colpa
Sangue del proprio sangue

FINE
Arrivare alla frasca
Arrivare alla frutta
Arrivare al tetto
Arrivare in porto
Aver messo il tetto
Avere i giorni contati
Calare la tela
Chiudere bottega
Dar fondo a

Essere al lumicino
Essere a zero
Essere sul filo della lana
Farci una croce sopra
Giungere all'amen
Giungere a riva
Mettere la frasca
Morto e sepolto
Ridursi a zero
Sciogliersi come la neve al sole
Sentire odor di stalla
Suonare a morto
Vedere il fondo

FINZIONE
Bocca di miele e cuore di fiele
Darsi malato
Doppio come le cipolle
Duro di timpani
Essere come il piovano Arlotto
Essere come la castagna
Far palco
Fare come il ranocchio
Fare come la volpe con l'uva
Fare il finto tonto
Fare il nesci
Fare il sordo
Fare la commedia
Fare le forche
Fare orecchi da mercante
Fare vista di
Giocare a
Giocare sulle parole
Guardare per aria
Non essere farina del proprio sacco
Non essere farina schietta
Oro del Giappone
Oro di Bologna
Pianger miseria
Piangere con un occhio solo
Piangere il morto
Predicare bene e razzolare male
Spararle grosse
Spremere le lacrime
Strofinarsi gli occhi con la cipolla
Tirare diritto
Tutta scena

FORMA
A pera
Essere fuori forma
Essere in forma
Prendere corpo

FORTUNA
Andare di culo
Avere il diavolo nell'ampolla
Avere in sorte
Avere la lampada di Aladino
Avere la mano felice
Avere un santo dalla propria
Cadere in piedi
Essere baciato dalla fortuna
Essere la mano di Dio
Essere nato di domenica
Essere nel calendario
Far primiera con tre carte
Fare diciotto con tre dadi
La vita è fatta a scale
Nascere con la camicia
Nascere sotto una buona stella
Paese di Bengodi
Per miracolo
Piovere addosso
Piovere dal cielo
Prendere il turco per i baffi
Ruota della fortuna
Segnarsi con il gomito
Veder cascare le olive nel paniere

FORZA
A colpi di ariete
A corpo morto
Avere la pelle dura
Aver le ossa dure
D'acciaio
Forte come un bue
Forte come un cavallo
Forte come un Ercole
Forte come un orso
Forte come una quercia
Muscoli d'acciaio
Sentirsi un leone
Testa d'ariete

FRAGILITÀ
Castello di carte
Colosso dai piedi di argilla
Costruire sulla sabbia
Essere di vetro

Essere un vaso di coccio tra vasi di ferro
Fiore di serra

FRAMMENTARIETÀ
A canne d'organo
A pezzi e bocconi
A salti

FRANCHEZZA
Cantar chiaro
Cantarle chiare
Da uomo a uomo
Dire chiaro e tondo
Dire in faccia
Dire pane al pane e vino al vino
Dire sul muso
Fuori dai denti
Giocare a carte scoperte
Guardare in faccia qualcuno
Guardare nel bianco degli occhi
Non avere peli sulla lingua
Non mandarle a dire
Nudo e crudo
Senza mezzi termini

FREDDEZZA
Diventare di gelo
Essere un pezzo di ghiaccio
Farsi di gelo
Non aver sangue nelle vene
Sguardo di gelo

FREDDO
Avere la pelle d'oca
Battere i denti
Coperto come una cipolla
Far accapponare la pelle
Fare la pelle di cappone
Freddo boia
Freddo cane
Freddo ladro
Sembrare la mamma del freddo

FREQUENZA
All'ordine del giorno
A ogni passo
A ogni piè sospinto

FRETTA
A scappa e fuggi
Avere il fuoco sotto il culo
Avere i tempi impiccati
Col boccone in gola
Con l'acqua alla gola
Il tempo stringe
In fretta e furia
Menare le calcagna
Stringere i tempi
Tagliare corto
Tirare di lungo
Tra un boccone e l'altro

FUGA
Alzare i tacchi
Buttarsi alla campagna
Darsela a gambe
Darsi alla macchia
Essere uccel di bosco
Far tela
Mostrare le calcagna
Prendere il volo
Scappare a piè levato
Tagliare la corda
Voltare le spalle

FURTO
Allungare le mani
Avere le mani lunghe
Avere le unghie lunghe
Essere svelto di mano
Far la cresta
Far man bassa
Gazza ladra
Ladro in guanti gialli
Passare in cavalleria
Passare in fanteria

FUTURO
Alle calende greche
Dio sa quando
Essere nella mente di Dio
Essere segnato
Non sapere dove si andrà a sbattere

GIOCHI
Avere una buona mano
Esser di mano
Far saltare il banco
Fare il quarto
Giocare col morto
Il piatto piange
Tappeto verde
Tenere il morto
Tirare le orecchie al diavolo

GIUSTIFICAZIONE
- Con buona pace di
- Con rispetto parlando
- Nascondersi dietro una penna
- Render ragione di
- Resa dei conti

GOFFAGGINE
- Avere il tatto di un elefante
- Ballare come un orso
- Come un sacco di patate
- Essere l'elefante in un negozio di porcellane
- Passi da elefante
- Sembrare un sacco

GRASSEZZA
- Annegare nel grasso
- Essere bene in carne
- Faccia da luna piena
- Palla di lardo
- Schizzare il grasso dagli occhi

GRAVAME
- Bocca inutile
- Essere di peso
- Essere un peso morto
- Liberarsi di un peso

GROSSOLANITÀ
- Essere di pasta grossa
- Fatto con l'accetta
- Tagliato con la scure

GUADAGNO
- Affondare il dente
- Essere più la spesa che l'impresa
- Far fruttare il tempo
- Fare giornata
- Mangiare a quattro palmenti
- Mettere a frutto
- Miniera d'oro
- Odor di quattrini
- Riprender datteri per fichi

GUERRA
- Aprire il fuoco
- Darsi alla macchia
- Guerra fredda
- Odor di polvere
- Stare con l'arma al piede

GUIDA
- Dare il latte
- Filo di Arianna
- Reggere la mano
- Tenere a segno

IDENTIFICAZIONE
- Mettersi nei panni di qualcuno
- Non voler essere nei panni di qualcuno
- Non voler essere nella pelle di qualcuno

IGNORANZA
- Asino battezzato
- Asino calzato e vestito
- Asino risalito
- Avere le orecchie lunghe
- Chiedere lumi
- Chiudere gli occhi
- Dio solo sa
- Fare come lo struzzo
- Illustre sconosciuto
- Non sapere di che colore sia una cosa
- Non sapere dove sta di casa una cosa
- Parlare francese come una vacca spagnola
- Venire dal mondo della luna

ILLUSIONE
- Aspettare il corvo
- Campato per aria
- Dar l'erba trastulla
- Far castelli in aria
- Far castelli in Spagna
- Inseguire una chimera
- Mettere un velo davanti agli occhi
- Pio desiderio

IMITAZIONE
- Fare il pappagallo
- Fare la scimmia
- Fare scuola
- Mettersi sulla scia
- Non essere erba del proprio orto
- Rifare il verso
- Rifare la voce di
- Seguire le orme
- Seguire le peste di qualcuno

IMMEDIATEZZA
- Andare dritto e filato
- A tamburo battente

Sul tamburo
Sull'unghia
IMMOBILITÀ
Essere in panna
Fare il morto
Fermo come un sasso
Legare come un salame
IMPARZIALITÀ
Giudizio di Salomone
Non essere né di Dio né del diavolo
Non essere né Guelfo né Ghibellino
Non fare figli e figliastri
Non guardare in faccia nessuno
IMPEGNO
A cento mani
A corpo morto
A tutt'uomo
Avere sul collo
Aver fatto trenta e trentuno
Cavar sangue dalle rape
Con tutte le forze
Darsi anima e corpo
Di buzzo buono
Essere sotto pressione
Far fuoco e fiamme
Far monete false per qualcuno
Fare i numeri
Fare i salti mortali
Farsi in quattro
Farsi un culo così
Giocare tutte le carte
Mettercela tutta
Mettersi di punta
Preso fino al collo
Sacro fuoco
IMPORTANZA
Alto papavero
Avvenimento del secolo
D'alto bordo
Di grosso calibro
Di primo piano
Essere il numero uno
Essere una goccia nel mare
Far notizia
In primo piano
Mostro sacro
Non dar peso a qualcosa
Pesce grosso
Piatto forte

Pietra angolare
Pietra miliare
Questione di vita o di morte
IMPOSIZIONE
Farsi valere
Finiamola qui
Mettere in riga
Punto e basta
IMPOSSIBILITÀ
Essere l'asino che vola
Non c'è verso
Settimana dei tre giovedì
Voler pettinare un riccio
IMPOTENZA
Avere il cappio al collo
Avere le mani legate
Dar calci all'aria
Essere un fuscello nella tempesta
IMPREVIDENZA
Essere cattivo profeta
Fare una finestra sul tetto
Mangiare il grano in erba
Mangiare l'uovo in corpo alla
  gallina
Mettere il carro davanti ai buoi
Promettere male
Promettere poco
Vendere l'uccello sulla frasca
Vendere la pelle dell'orso prima di
  averlo ucciso
IMPREVISTO
Colpo di scena
Essere una bella nespola
Fra capo e collo
Incerti del mestiere
Se il diavolo non ci mette la coda
Se non casca il mondo
IMPRODUTTIVITÀ
Bocca inutile
Mangiare il pane a ufo
Ramo morto
Ramo secco
IMPROVVISAMENTE
Dalla sera alla mattina
Di punto in bianco
In tronco
IMPRUDENZA
Dare le pecore in guardia al lupo

Fare il lupo pecoraio
Lasciare le pere in guardia all'orso
Mettere il lupo nell'ovile
Mettersi in mare senza biscotto
Prendere sotto gamba
Toccare un tasto falso

IMPULSIVITÀ
A testa bassa
Buttarsi a pesce
Di getto
Gettarsi in picchiata
Partire in quarta
Partire in tromba
Sull'onda di

INATTIVITÀ
A pancia all'aria
Aspettare la manna dal cielo
Contare i travicelli
Dormire sugli allori
Fare l'acciuga in barile
Far flanella
Farsi vento
Girarsi i pollici
Grattarsi la pancia
Guardare le mosche che volano
Il dolce far niente
L'arte di Michelaccio
Non fare un cavolo
Non muovere un dito
Ozi di Capua
Scaldare il banco
Scaldare la sedia
Scaldare le panche
Stare col naso all'aria.
Stare come un pappagallo impagliato
Stare con le braccia in croce
Stare con le mani in mano
Stare con le mani in tasca
Stare con le mani sui fianchi

INCAPACITÀ
Affogare in un bicchier d'acqua
Cercare un cece in mare
Essere come i soldati del Papa
Essere come l'ancora
Essere un re Travicello
Fare la zuppa nel paniere
Inciampare in un filo di paglia

Morir di fame ad Altopascio
Morir di fame in una madia di pane
Non saper far l'o col fondo del bicchiere
Non trovare acqua in mare

INCERTEZZA
Andare all'avventura
Asino di Buridano
Ciurlare nel manico
Essere come un'anima del limbo
Essere in aria
Essere la storia dell'uovo e della gallina
Essere tra color che son sospesi
Essere un punto interrogativo
Essere un sor Tentenna
Grattarsi la pera
Non essere né cotto né crudo
Non poter giurare su
Non sapere a che santo votarsi
Non sapere che acqua bere
Non sapere che pesci pigliare
Non trovare la strada di casa
Perdere la rotta
Procedere al buio
Sapere di che morte morire
Scuotere il capo
Stare a cavallo del fosso
Stare un po' sul pero e un po' sul melo
Tenere in sospeso
Tenere sulla corda
Tra il lusco e il brusco
Tra il riso e il pianto
Uomo di poca fede

INCITAMENTO
Colpo di frusta
Dar di sprone
Dare la mossa
Servire da sprone
Suonare la diana

INCLINAZIONE
Avere il bernoccolo
Aver succhiato qualcosa col latte della mamma
Avere il pallino
Avere nel sangue

INCOERENZA
- Fare il boia e l'impiccato
- Far da Marta e da Maddalena
- Incominciare la casa dal tetto
- Mangiare il porro dalla coda
- Non avere né capo né coda
- Rivoltare la frittata

INCONTRO
- Com'è piccolo il mondo
- Dar di naso
- Faccia a faccia
- Qual buon vento

INCURIA
- Come viene viene
- Fare una cosa con la mano sinistra
- Fare un lavoro coi piedi
- Fatto coi calcagni
- Fatto coi piedi
- Perdere d'occhio
- Tirar via

INDAGINE
- Brancolare nel buio
- Occhio di lince
- Rivedere i conti a qualcuno

INDEGNITÀ
- Cose dell'altro mondo
- Dar via il culo
- Dare anche il culo
- Gridar vendetta
- Marchio d'infamia
- Non stare né in cielo né in terra

INDIFFERENZA
- Bacchiare le acerbe e le mature
- Cadere nel vuoto
- Con un'aria da nulla
- Fare muro di gomma
- Non batter ciglio
- Non fare né caldo né freddo
- Non fare una piega
- Non farsi né in là né in qua
- Non spostarsi di un capello
- Prendersela tanto a canna
- Senza aver l'aria
- Tirare di lungo
- Voce nel deserto

INDIZIO
- Avere una vena di
- Essere nell'aria
- Far sentire il sapore di qualcosa
- Odor di bruciato
- Odor di tempesta

INDULGENZA
- Chiudere un occhio
- Essere di manica larga
- Lasciar correre
- Passare sopra a qualcosa

INEFFICACIA
- Ci vuol altro
- Entrare da un orecchio e uscire dall'altro
- Essere uno storpio e un gobbo
- Mezze misure
- Restare lettera morta

INESAURIBILITÀ
- Fabbrica del Duomo
- Fabbrica di San Pietro
- Mare senza fondo
- Pozzo di san Patrizio
- Pozzo senza fondo

INESPERIENZA
- Autista della domenica
- Avere ancora i denti da latte
- Avere ancora la goccia al naso
- Avere appena smesso i pantaloni corti
- Avere la bocca che puzza ancora di latte
- Avere la candela al naso
- Di primo pelo
- Essere alle prime armi
- Essere un pulcino nella stoppa
- Marinaio d'acqua dolce

INFERIORITÀ
- Di secondo piano
- Essere il numero due
- Non legare neanche i calzari a qualcuno

INFLUENZA
- Essere fuori dell'orbita di qualcuno
- Essere nell'orbita di qualcuno
- Lasciare il tempo che si trova
- Sotto il segno di

INFORMAZIONE
- Ascoltare tutte le campane
- Essere il chiù dell'edera
- Per la cronaca
- Sentire che aria tira

INGANNO
- Abboccare all'amo
- Accennare coppe e dar denari
- Avere il miele in bocca e il rasoio alla cintola
- Avere il miele sulle labbra e il veleno nel cuore
- Cadere nella pania
- Cadere nella rete
- Cambiare le carte in tavola
- Colpo basso
- Condire via
- Dare a intendere che Cristo è morto di sonno
- Dare corda
- Dare spago
- Far fesso
- Far gabole
- Far vedere la luna nel pozzo
- Fare il biscotto
- Fare il lupo pecoraio
- Fare un bidone
- Farla sotto il naso
- Farsela come i barbieri
- Farsi fregare
- Gabbare il mondo
- Gettare fumo negli occhi
- Gettar polvere negli occhi
- Gettar sabbia negli occhi
- Gettare il sasso e nascondere la mano
- Giocare sulle parole
- Imbrogliare le carte
- Lavorare sott'acqua
- Mettere nel culo
- Mettere nel sacco
- Pelar la gazza senza farla stridere
- Prendere il tordo
- Secondi fini
- Specchietto per le allodole
- Tendere le reti
- Tendere un braccio
- Tiro mancino
- Vender crusca per farina
- Vendere carote per raperonzoli
- Vendere fumo
- Vendere il sole di luglio
- Venditore di fumo
- Viscido come un serpente

INGRATITUDINE
- Calcio dell'asino
- Dar calci alla greppia
- Rendere coltelli per guaine
- Sputare nel piatto in cui si mangia

INIZIAZIONE
- Battesimo del fuoco
- Battesimo del sangue

INIZIO
- Alzare le vele al vento
- Aprire la marcia
- A tutta prima
- Dare il primo colpo di piccone
- In erba
- In fasce
- La prima acqua è quella che bagna
- Mettere in macchina
- Mettere in piedi
- Mettere in ponte
- Mettere la frasca
- Mettere mano a
- Mettersi all'opera
- Ora X
- Ora zero
- Partire a lancia in resta
- Partire col piede giusto
- Partire da zero
- Posare la prima pietra
- Prendere il vento
- Prendere le mosse da
- Primi passi
- Spiegare le ali
- Tenere a battesimo

INOPPORTUNITÀ
- Parlare di corda in casa dell'impiccato
- Rammentare i morti a tavola

INSEGUIMENTO
- Essere l'ombra di qualcuno
- Essere sulle peste di qualcuno
- Mettere alle calcagna
- Stare alle costole
- Stare sul collo

INSENSIBILITÀ
- Avere il pelo sullo stomaco
- Avere un cuore di ghiaccio
- Come il bronzo

Come il marmo
Di ghiaccio
Di marmo
Di pietra
Diventare di marmo
Duro come il diamante
Essere come l'asino al suono della lira
Essere di gelo
Essere di ghiaccio
Farsi di pietra
Non avere anima
Senza cuore

INSIPIDEZZA
Acqua sporca
Essere senza sale
Non avere né amore né sapore
Non essere né carne né pesce
Non sapere neanche di mele secche
Senza sugo

INSISTENZA
Battere sempre sullo stesso chiodo
Battere sullo stesso tasto
Far pressione
Lavorare ai fianchi
Porre l'accento su
Tornare alla carica

INSUCCESSO
Andare a carte quarantotto
Andar buca
Andare a Roma e non vedere il Papa
Andare a gambe all'aria
Andare a monte
Andare a ramengo
Andare a vuoto
Andare in bianco
Andare per lana e tornarse tosi
Andarsene con la coda fra le gambe
Avere le polveri bagnate
Avere un luminoso futuro dietro le spalle
Buona notte!
Essere in un vicolo cieco
Far fiasco
Fare cappotto
Fare cilecca
Fare un buco nell'acqua
Finire in una bolla di sapone
Guastare la minestra
Lasciar la testa sul palco
Mangiar le noci col mallo
Molti sono i chiamati
Naufragare in porto
Non cavare un ragno dal buco
Partire a cavallo e tornare a piedi
Rimaner brutto
Rompersi le corna
Subire uno scacco
Tornare con la coda fra le gambe
Tornare con le pive nel sacco
Tornare da Papa vescovo

INSULTO
Dirne di tutti i colori
Dirne tante
Fare le corna
Gettare in viso
Parole grosse
Parole pesanti
Ricoprire di sputi

INTERESSE
Avvocato in causa propria
Curare il proprio orticello
Essere parte in causa
Far colpo
Fare gli interessi della propria parrocchia
Mentire per la gola
Non avere occhi che per
Non levare gli occhi di dosso
Prendere a cuore
Ragion di Stato
Stare a cuore
Tener dalla minestra
Tenersi buono qualcuno
Tirare l'acqua al proprio mulino
Toccare nella borsa

INTERRUZIONE
Dare un taglio
Farla finita
Fermarsi a metà strada
Metterci un punto
Morire sulle labbra

INTERVENTO
Entrare in ballo
Entrare in gioco

Entrare in scena
Fare i propri passi
Muovere cielo e terra
Rompere il ghiaccio

INTRANSIGENZA
Essere più realista del re
Non c'è barba di santo
Non c'è santo che tenga
Non esserci ma che tenga
Non mollare di un pollice

INTROMISSIONE
Ficcare il naso
Metterci lo zampino
Mettere il becco in qualcosa
Saltar fuori
Saltar su
Tra moglie e marito

INTUITO
Avere buon naso
Aver fiuto
Fiutare il vento
Lampo di genio
Leggere dentro a qualcuno
Leggere in faccia
Leggere in fronte
Leggere in viso
Leggere negli occhi
Leggere nell'animo
Leggere tra le righe
Mangiare la foglia
Occhio clinico
Sentire all'odore
Sentire odore di
Sesto senso

INUTILITÀ
Abbaiare alla luna
Andare a caccia di grilli
Andare a scopare il mare
Andare per acqua col vaglio
Attaccare il campanello al collo del gatto
Avere un bel dire
A vuoto
Buttare al vento
Cantare ai sordi
Cercare la pietra filosofale
Cercare la quadratura del cerchio
Dare il fieno all'oca
Dare perle ai porci
Dare un pugno in cielo
Drizzare il becco agli sparvieri
Essere un pan perso
Farci la birra
Fatiche al vento
Ferrare l'oca
Fischiare ai tordi
Gettare acqua sul muro
Girare in tondo
Gridare al vento
Imbottar nebbia
Levarsi la sete col prosciutto
Levarsi la sete con l'acqua salata
Marciare a vuoto
Menare le oche in pastura
Parlare ai sordi
Parlare al deserto
Parlare al muro
Parlare al vento
Perdere il ranno e il sapone
Pestare l'acqua col mortaio
Pigliar mosche
Portar nottole ad Atene
Portar vasi a Samo
Portare cavoli a Legnaia
Prendersela coi mulini a vento
Raddrizzare le gambe ai cani
Recitare per le sedie
Seminare al vento
Seminare sulla sabbia
Senza frutto
Soffiare il naso alle galline
Sprecare il fiato
Tant'è suonare un corno che un violino
Tendere le reti al vento
Vaso delle Danaidi

IPOCRISIA
Acqua cheta
Avere una maschera sul volto
Essere tutto latte e miele
Essere un collo torto
Fare la carità di monna Candia
Fare la gatta morta
Fare prima il morto e poi piangerlo
Far meraviglie
Madonnina infilzata

Predicare il digiuno a pancia piena
IRA
Andare in bestia
Arruffare le penne
Avere gli occhi fuori dalle orbite
Avere il veleno in corpo
Avere un diavolo per capello
Battere la testa contro il muro
Crepare dalla bile
Far andare il sangue alla testa
Fare il diavolo a quattro
Far girare
Far saltare la mosca al naso
Farsi brutto
Farsi cattivo sangue
Farsi il sangue amaro
Guastarsi la vita
Ingoiare bile
Ira di Achille
Lanciare fiamme dagli occhi
Mandare fuoco dagli occhi
Mangiare pane e veleno
Mordersi i pugni
Mordersi le dita
Non vederci più
Perdere la trebisonda
Prendere fuoco
Rizzare il pelo
Rodersi il fegato
Saltare per aria
Strapparsi i capelli
Uscire dai gangheri
Veder rosso come i tori
Verde di bile

IRREQUIETEZZA
Aver bisogno di una doccia fredda
Avere il ballo di San Vito
Avere il fuoco di Sant'Antonio
Avere l'argento vivo addosso
Avere la tarantola
Avere un cocomero in corpo
Avere un diavolo in corpo
Essere l'uccello sulla frasca
Essere per aria
Essere pieno di pepe
Essere tutto nervi
Essere tutto pepe
Fare scintille
Far fuochi d'artificio
Girare come il sole
Uccello di passo

IRRILEVANZA
Essere l'ultima ruota del carro
Essere solo una rotella
Granello di sabbia
Ruota di scorta

ISOLAMENTO
Chiudersi in una torre d'avorio
Chiudersi nel proprio bozzolo
Dare un calcio al mondo
Essere chiuso nel proprio guscio
Fare il vuoto intorno a
Far parte a sé
Far razza a sé
Mettere in quarantena
Morire al mondo
Morte civile
Non far razza
Tagliar fuori

LAVORO
A cento mani
Andare a bottega
Andare a giornata
Andare a padrone
Andare sotto padrone
A spalla
Avere bisogno di braccia
Cercar padrone
Da lavoro
Dare gli otto giorni
Essere a posto
Ferri del mestiere
Guadagnarsi il pane col sudore della fronte
Guadagnarsi la pagnotta
Guadagnarsi la vita
In pianta stabile
Lavorare di spalle
Lavorare per la gloria
Lavorare per la minestra
Lavorare per la pagnotta
Mestiere girovago
Mettere a posto
Mettere in mezzo alla strada
Non avere né arte né parte

Spezzarsi la schiena
Sporcarsi le mani
Uomo di fatica
Vivere delle proprie braccia

LEALTÀ
Avere una sola parola
A viso aperto

LEGAME
Cordone ombelicale
Essere nel giro
Legarsi a qualcuno
Mettersi con qualcuno

LENTEZZA
Andare al passo
A passo di formica
A passo di lumaca
A sospiri
Camminare come una lumaca
Camminare come una tartaruga
Essere una lumaca
Far tre passi su un mattone
Gatto di piombo
Lento come una lumaca
Lento come una tartaruga
Pigliare la lepre col carro

LIBERTÀ
A piede libero
A ruota libera
Avere il campo libero
Dare via libera
Il padrone ce l'hanno i cani
Lasciare le briglie sul collo
Mettere in libertà
Non portar il basto
Prendersi la libertà di fare qualcosa
Spezzare le catene
Vivere e lasciar vivere

LIBRO
Ad apertura di libro
Libri canonici
Libro da spiaggia
Libro sacro

LIMITATEZZA
Avere la vista corta
Curare il proprio orticello
Nel proprio piccolo
Non vedere più in là del proprio campanile
Non vedere più in là del proprio naso

LIMITE
Colmare la misura
Colonne d'Ercole
Cortina di ferro
Livello di guardia
Passare il limite
Passare la misura
Un muro di

LITE
Alzare la voce
Aria di tempesta
Aver da dire
Cavare gli occhi a qualcuno
Cercar rogne
Far come i capponi di Renzo
Far venire fuori un pieno
Incrociare le spade
Nozze di Pulcinella
Per amor di polemica
Prendersi per i capelli

LODE
Di felice memoria
Mettere in buona luce
Portare al cielo
Portare alle stelle
Portare in palma di mano
Portare sugli scudi

LONTANANZA
A casa del diavolo
A casa di Dio
Ai quattro angoli della terra
Andare fino al polo
Andare fino a Timbuctu
Andar fino in Cina
Essere in alto mare
Fuori mano
Il diavolo non ci andrebbe per un'anima
In capo al mondo
Ultima Thule

LUNGAGGINE
Brodo lungo
Che solfa
Cominciare dalla santa Croce
Fare più lunga l'antifona del salmo
Farla lunga

Farla più lunga della camicia
  di Meo
Far la visita di santa Elisabetta
Lungo come una sposa
Mandare per le lunghe

LUNGHEZZA
Lettera fiume
Lungo come il digiuno
Lungo come il Po
Lungo come l'anno della fame
Lungo come la messa cantata
Lungo come la processione
Lungo come la Quaresima

LUSSO
Fare una vita da Sardanapalo
Vivere alla grande

MAGREZZA
Aver poca carne addosso
Essere il ritratto della fame
Essere tutt'occhi
Magro come il cavallo
  dell'Apocalisse
Magro come la Quaresima
Magro come un acciuga
Magro come un chiodo
Magro come un uscio
Magro come una lanterna
Mostrare le costole
Pelle e ossa
Ridursi a un filo
Ridursi l'ombra di se stesso
Sacco d'ossa
Secco come un'aringa
Secco come un chiodo
Sembrare Lazzaro resuscitato
Sembrare il ritratto della fame
Sembrare una scopa
Vitino di vespa
Vivere di lucertole

MALATTIA
Andare sotto i ferri
Avere il fuoco di sant'Antonio
Avere il mal di mare
Avere le formiche
Avere una brutta faccia
Conciato da buttar via
Dose urto

Essere come la Madonna dei sette
  dolori
Essere tra il letto e il lettuccio
Essere tra la vita e la morte
Febbre da cavallo
Lottare con la morte
Male del secolo
Male giallo
Marcare visita
Passare la notte
Sembrare un morto che cammina

MALAVOGLIA
A bocca stretta
A denti stretti
Andare a piè zoppo
Andare come il ladro alla forca
Andare come una biscia all'incanto
Avere l'aria di andare al capestro
Contro voglia
Dare il pane con la balestra
Parlare tra i denti

MALIGNITÀ
Andare col cembalo in colombaia
Andare in tanto veleno
Avere il fiele nella lingua
Dar di becco
Dare in pasto
Dietro le spalle
Dire peste e corna
Far parlare di sé
Gettare fango
Gridare l'anatema
Intingere la penna nel fiele
Lingua da taglia e cuce
Lingua d'inferno
Lingua lunga
Lingua serpentina
Mala lingua
Mandare un accidente
Parlare male di Garibaldi
Pettegolo come una portinaia
Pettegolo come una taccola
Raccogliere broccoli
Rovinare la piazza
Sputare veleno
Tagliare i panni addosso a qualcuno
Tirare giù a campane doppie

MALTEMPO
- Tempo boia
- Tempo da cani
- Tempo da ladri
- Tempo da lupi
- Tempo d'inferno

MALTRATTAMENTO
- A mal partito
- Conciare per le feste
- Prendere a calci
- Rifare il letto a qualcuno
- Saltare addosso
- Trattare come il concio
- Trattare come una bestia
- Trattare come una pezza da piedi
- Trattare come un cane
- Trattare come uno straccio

MALUMORE
- Alzarsi con il piede sinistro
- Atmosfera pesante
- Avere l'amaro in corpo
- Avere la luna
- Avere la piva
- Avere le Madonne
- Avere le paturnie
- Essere buio in viso
- Essere di umor nero
- Muso lungo
- Nero come la fame
- Nero come un calabrone
- Non essere di giorno giusto
- Ti è morto il gatto?

MALVAGITÀ
- Anima dannata
- Anima nera
- Essere un diavolo in carne
- L'erba cattiva non muore mai
- Nido di serpi
- Tizzone d'inferno

MANCANZA
- A secco di
- Essere a corto
- Far difetto

MANGIARE
- Aprire il forno
- Avere il mal della lupa
- Avere il verme solitario
- Campare di vento
- Cavalier del dente
- Essere pieno fino alla gola
- Essere una buona forchetta
- Far ballare i denti
- Fino alla nausea
- Levare le mense
- Mangiare a quattro palmenti
- Mangiare come un bue
- Mangiare come un grillo
- Mangiare come uno scricciolo
- Mangiare come un porco
- Mangiare come un re
- Mangiare come un uccellino
- Mangiare di grasso
- Mangiare per due
- Mettere le gambe sotto la tavola
- Pancia mia fatti capanna
- Pensare solo al ventre
- Pieno come un otre
- Pieno come un uovo
- Pieno fino alla gola
- Riempirsi il gozzo
- Saltare i pasti
- Sentirsi scoppiare la pancia
- Tenersi leggero
- Teso come un tamburo
- Ungere i denti

MASSACRO
- Carne da cannone
- Carne da macello
- Fare macello
- Fare un San Quintino
- Notte di San Bartolomeo

MATRIMONIO
- Andare all'altare
- Andare a nozze
- Buon partito
- Chiedere la mano di
- Concedere la mano
- Condurre all'altare
- Condurre al talamo
- Coronare un sogno d'amore
- Fiori d'arancio
- La mia metà
- Luna di miele
- Mettere il laccio al collo
- Sognare il principe azzurro

MEDIOCRITÀ
Aver sangue di piattola
A scartamento ridotto
Di mezza tacca
Mezza calzetta
Mezza cartuccia
Mezza sega
Mezze maniche
Mezzo uomo
Non essere né a piedi né a cavallo
Povero diavolo
Povero di spirito
Rimanere nel buio
Stare a galla
Uomo di stoppa

MEMORIA
A memoria
Avere ancora negli occhi
Avere la memoria del cardinal Mezzofanti
Avere la memoria di Mitridate
Avere la memoria di Pico della Mirandola
Avere una memoria da elefante
Avere una memoria di ferro
Non ricordare dal naso alla bocca
Ripetere a pappagallo
Tenere a mente
Venire in mente

MERITO
Essere promosso sul campo
Meritare una medaglia
Tornare a lode
Volere una medaglia

METODICITÀ
A tappeto
Palmo a palmo
Politica del carciofo
Punto per punto

MINACCIA
Can che abbaia non morde
Ci rivedremo a Filippi
Di fuoco
Fare il viso buio
Fare il viso dell'arme
Fare il viso duro
Mettere il coltello alla gola
Mostrare i pugni
Non finisce qui

MOLESTIA
Andare di traverso
Avere delle rogne
Dar nel naso
Dar noia anche all'aria
Essere peggio delle sette piaghe d'Egitto
Essere peggio di un tafano
Far saltare la mosca al naso
Fare il guastafeste
Fastidioso come una mosca
Fastidioso come una pulce
Fastidioso come una vespa
Fastidioso come una zanzara
Fastidioso come un calabrone
Guastare la festa
Noioso come una mosca
Noioso come una vespa
Noioso come una zanzara
Noioso come un calabrone
Non andare né su né giù
Non dar noia a una mosca
Pestare i calli a qualcuno
Prendersi una rogna
Rompere l'anima

MONDANITÀ
Da salotto
Di mondo
Far salotto
Il bel mondo
Il gran mondo
Tenere salotto

MONDO
Faccia della terra
Non essere di questo mondo
Sotto il sole
Sulla faccia della terra
Valle di lacrime

MORTE
Abbandonare questa terra
Addormentarsi in Cristo
Andare a babboriveggoli
Andare a Buda
Andare a far pelle di tamburo
Andare a far terra da pipe
Andare a far terra per i ceci
Andare a ingrassare i cavoli

Andare al Creatore
Andare al macello
Andare al mondo dei più
Andare al mondo di là
Andare all'altro mondo
Andare alle ballodole
Andare a porta inferi
Andare a sentire cantare i grilli
Avere le ore contate
Avere un piede nella fossa
Chiudere gli occhi
Dar calci all'aria
Dire addio al mondo
Diventare cenere
Essere al lumicino
Essere al miserere
Essere alla fine
Essere all'olio santo
Essere chiamato da Dio
Essere l'ora di qualcuno
Essere nel mondo dei più
Essere più di là che di qua
Essere sotto terra
Fare la fine del topo
Finire i giorni
L'altra riva
Lasciarci il pelo
Letto di morte
L'ultimo viaggio
Morire come un cane
Morire con le scarpe ai piedi
Non esserci più
Non essere più di questo mondo
Ora estrema
Pagare l'obolo a Caronte
Passare a miglior vita
Passare all'altra sponda
Passare nel numero dei più
Presentarsi a Dio
Raccomandare l'anima a Dio
Rendere l'anima
Restarci secco
Restare sotto i ferri
Restare stecchito
Restare sul terreno
Ridursi alla candela
Rimetterci la pelle
Rimetterci le penne
Salire al cielo
Salire tra gli angeli
Scapparci il morto
Seguire nella tomba
Sonno eterno
Stirare le gambe
Suonare a morto
Tirare gli ultimi
Tirare le calze
Tirare le cuoia
Ultima spiaggia
Ultimo addio
Ultimo sonno
Uscire dal mondo
Volare al cielo

MUSICA
Aver orecchio
A quattro mani
Cantare come una rana
Do di petto
Mettere in musica
Tentare le corde
Ugola d'oro

NASCITA
Dare alla luce
Mettere al mondo
Vedere la luce
Venire al mondo
Venire alla luce

NASCOSTAMENTE
Covare sotto la cenere
Fuoco sotto la cenere
Sotto banco
Tra le quinte

NEGAZIONE
Neanche per scherzo
Nemmeno per sogno
Non farmi ridere
Non sognarselo nemmeno

NERVOSISMO
Avere i nervi a fior di pelle
Avere i nervi scossi
Crisi di nervi

NOBILTÀ
Quarti di nobiltà
Sangue blu
Venire dalla costola di Adamo

NOIA
- Ammazzare il tempo
- Ammazzare la noia
- Essere sempre la solita minestra
- Far venire il latte alle ginocchia
- Far venire la barba

NORMALITÀ
- Andare per il proprio verso
- Di ordinaria amministrazione
- Uomo della strada

NOTORIETÀ
- Conosciuto come l'ortica
- Di pubblica ragione
- Essere conosciuto come la malerba
- Essere scritto anche sui muri
- Essere sulla bocca di tutti
- Essere una stella
- Far epoca
- Far parlare di sé
- Luci della ribalta
- Noto al popolo e al comune
- Passare alla storia
- Personaggio del giorno
- Quarto d'ora di celebrità
- Scritto a caratteri di sangue
- Sognare le luci della ribalta
- Uomo del giorno
- Venire alla ribalta

NOVITÀ
- Di prima mano
- Di sana pianta
- Niente di nuovo sotto il sole
- Nuovo di zecca
- Nuovo fiammante

NUMERO
- Andare come le mosche al miele
- Come mosche
- Essere in quattro gatti
- Essere quattro noci in un sacco
- Far numero
- Mezzo mondo
- Numerosi come la sabbia del mare
- Numerosi come le mosche
- Numerosi come le stelle del cielo

OCCASIONE
- Perdere l'autobus
- Rimanere al palo
- Venire per le mani

OCCULTISMO
- Fare le carte
- Far ballare i tavolini
- Libro nero
- Potenze occulte

ODORE
- Prendere la gola
- Sentire di

OMISSIONE
- Lasciare nella penna
- Lasciare nell'ombra
- Passare sotto silenzio
- Saltare a piè pari
- Stendere un velo pietoso

OMOSSESSUALITÀ
- Amicizie particolari
- Essere dell'altra sponda
- Essere di un'altra parrocchia
- Terzo sesso
- Vizio contro natura

ONESTÀ
- A fronte alta
- Andare a testa alta
- Candido come una colomba
- Dare a Cesare quel che è di Cesare
- Dormire il sonno del giusto
- Essere come la moglie di Cesare
- Essere di buona pasta
- Leccare e non mordere
- Poter mostrare il viso
- Rigar diritto
- Senz'ombra
- Strada del Paradiso
- Tirare il diavolo per la coda
- Tutto d'un pezzo

ONORE
- Fare ala
- Libro d'oro
- Mettere sugli altari
- Tenere alta la bandiera
- Uomo d'onore

OPPORTUNISMO
- Accendere una candela ai santi e una al diavolo
- Arare con il bue e con l'asino
- Aver mantello per ogni acqua
- Far due parti in commedia
- Fare il camaleonte

23. Dizionario dei modi di dire

Girare il mantello secondo il vento
Rivoltare la giubba
Secondo il vento che tira
Tenere il piede in due staffe
Voltar gabbana

ORDINE
Essere a posto
Mettere a posto qualcosa

ORIGINE
Andare alla fonte
Dal seno del nulla
Discendere da magnanimi lombi
Venire dallo stesso ceppo

OSSESSIONE
Avere un chiodo in testa
Un chiodo fisso

OSTACOLO
Avvocato del diavolo
Dare del filo da torcere
Dare ombra a
Essere tra i piedi
Essere una palla al piede
Fare come il cane dell'ortolano
Lasciare nell'ombra
Levare le penne maestre
Lo zampino del diavolo
Mettere il bastone fra le ruote
Pestare i piedi a qualcuno
Sbarrare il passo
Tagliare i ponti a qualcuno
Tagliare la strada
Tagliare le braccia
Tagliare le gambe
Tarpare le ali

OSTILITÀ
Avere il dente avvelenato
Essere nel libro nero
Fare la guerra
Fare muro
Guardare di brutto
Guardare storto
Mostrare i denti
Non poter digerire
Star fresco
Vista la mala parata
Voltare le spalle

OSTINAZIONE
Andare fino in fondo
Chi la dura la vince
Duro come un mulo
Duro come un muro
Duro come un sasso
Essere come l'edera
Fare a testate nei muri
Fare carte false
Non sentir ragione
Per partito preso
Piantare un chiodo
Puntare i piedi
Puntare i piedi al muro
Punto d'onore
Testa quadra
Testardo come un mulo

OTTUSITÀ
Avere poco sale in zucca
Bere grosso
Di mente corta
Duro come uno zoccolo
Essere battezzato di domenica
Essere dolce di sale
Essere indietro di sale
Essere senza sale
Essere una marmotta
Fare il Pulcinella
Guardare l'albero e perdere di vista la foresta
Tardo di comprendonio
Vedere gli asini che volano

OVVIETÀ
Scoprire l'acqua calda
Scoprire l'America
Scoprire l'ombrello
Sfondare una porta aperta
Spero bene

PACE
Colomba della pace
Oasi di pace
Portare il ramo d'olivo

PAGAMENTO
A babbo morto
A buon mercato
A peso d'oro
Fare alla romana
Guerra dei prezzi
Il piatto piange

Pagare a peso d'oro
Pagare a pronta cassa
Pagare il giorno del Giudizio
Pagare in moneta sonante
Pagare nella valle di Giosafat
Pagare per san Bindo
Per quattro palanche
Per un tozzo di pane
Prezzi impiccati
Prezzo alle stelle
Ultimo prezzo

PALLORE
Bianco come un morto
Bianco come uno straccio
Pallido come un cencio
Pallido come un morto
Verde come un aglio

PARTENZA
Andarsene con Dio
Armi e bagagli
Essere sul piede di partenza
Levare le ancore
Levare le tende
Sciogliere le vele
Spiegare le vele

PARZIALITÀ
Avere due pesi e due misure
Essere di parte
Spirito di parte

PASSAGGIO
Farsi largo
Farsi strada

PASSATO
Acqua passata
Ai tempi che Berta filava
Ai tempi di Noè
Al tempo dei tempi
A memoria d'uomo
Aver fatto il proprio tempo
D'epoca
Di stampo antico
Essere nella mente di Dio
Essere una vecchia storia
Pezzo da museo
Roba dell'altro secolo

PASSEGGIO
Andare dove le gambe portano
Andare in giro

Essere in giro
Fare quattro passi

PASSIONALITÀ
Sangue caldo
Sangue latino

PAURA
Avere i sudori freddi
Aver le budella nel paniere
Aver paura anche a respirare
Aver paura anche dell'aria
Aver paura della propria ombra
Avere la pelle d'oca
Battere i denti
Bestia nera
Da far paura
Diventare giallo di paura
Essere mezzo morto di paura
Far accapponare la pelle
Fare la pelle di cappone
Far rizzare i capelli in testa
Far tremare
Far venire i capelli bianchi
Farsela addosso
Farsela nei calzoni
La paura fa novanta
Mamma li Turchi!
Metter freddo
Più morto che vivo
Prendere uno spaghetto
Sentirsi gelare il sangue nelle vene
Sudar freddo
Tigre di carta

PAZIENZA
Armarsi di pazienza
Avere la pazienza di Giobbe
Avere la pazienza di un bue
Avere la pazienza di un certosino
Avere la pazienza di un santo
Avere le spalle grosse
Campa cavallo
Dar tempo al tempo
Lasciar passare l'acqua sotto i ponti
Lavoro di pazienza

PENSIERO
A casa mia
Applicare la mente a qualcosa
Avere in petto
Avere una mente come un vulcano

Dire la propria
Essere una fucina di idee
Far lavorare il cervello
Far lavorare il meningi
Frullare in testa
Pensarle tutte
Saltare in mente
Saltare in testa
Spremersi le meningi

PENTIMENTO
Battersi il petto
Essere come il gatto che prima ammazza il topo e poi miagola
Essere sulla via di Damasco
Fare mea culpa
Far prima il morto e poi piangerlo
Figliol prodigo
Gettarsi alle ginocchia
Lacrime di coccodrillo
Maddalena pentita
Mangiarsi il pan pentito
Mordersi la lingua
Mordersi le dita
Mordersi le mani
Piangere a calde lacrime
Piangere lacrime amare
Recitare il Confiteor
Sentirsi bruciare le labbra
Tornare all'ovile

PERCOSSA
Alzare le mani
A sangue
Avere la mano pesante
Battere come un materasso
Benedire col manico della scopa
Benedire con le pertiche
Botte da orbi
Curare col sugo di bosco
Dare le mele
Dare una bella suonata
Darle di santa ragione
Darne tante
Essere svelto di mano
Far sentire il sapore del bastone
Fare polpette di qualcuno
Fare salsicce di qualcuno
Grattar via la tigna
Lasciare le cinque dita in faccia
Lavorare di bastone
Legnate da olio santo
Lisciare il pelo
Mandare a legnaia
Menar le mani
Mettere le mani addosso
Passare alle vie di fatto
Prendere un sacco di nespole
Raddrizzare le ossa a qualcuno
Ridurre a uno spezzatino
Ridurre in marmellata
Rompere il muso
Rompere le ossa a qualcuno
Scherzo di mano
Scuotere la polvere di dosso
Sentirsi prudere le mani
Spianare la gobba a qualcuno
Spianare le costole
Spolverare le spalle
Tirarle fuori dalle mani

PERDITA
Andare in Emmaus
Buonanotte al secchio
Cantare il De profundis
Cantare il Dies irae
Consolarsi con l'aglietto
Dare l'addio
Dare per perso
Dare un calcio alla fortuna
Giocarsi il Paradiso
Giocarsi un occhio
Magro affare
Pagare a caro prezzo
Pagare di borsa
Perdere colpi
Perdere il passo
Restare a becco asciutto
Restare a mani vuote
Restare a piedi
Restare con le mani piene di vento
Restare in brache di tela
Restare senza niente in mano
Ridursi in cenere
Rimetterci anche la suola delle scarpe
Rimetterci l'anima
Ritornare a zero
Tornare da Papa vescovo

PERFEZIONE
  A pennello
  A ventiquattro carati
  Calzare com un guanto
  Calzato e vestito
  Da Cristiani
  Essere un miracolo di
  Essere una regina di virtù
  Fatto in punto e virgola
PERMANENZA
  Mettere radici
  Piantare le tende
PERICOLO
  Cacciarsi nella tana del lupo
  Cadere dalla padella nella brace
  Cadere di Scilla in Cariddi
  Cadere in bocca al lupo
  Camminare sopra un filo di seta
  Cavalcare la tigre
  Dormire su un barile di polvere
  Dormire su un vulcano
  Essere attaccato a un filo
  Essere in acque basse
  Essere in gioco
  Essere in prima linea
  Essere nella fossa dei leoni
  Essere sul filo del rasoio
  Essere sull'orlo dell'abisso
  Essere sulla linea del fuoco
  Fossa dei serpenti
  Mettere in bocca al lupo
  Passarla bella
  Pensare alla buccia
  Presentare il fianco
  Punto critico
  Sabbie mobili
  Scherzare con la morte
  Sentirsi mancare il terreno sotto i piedi
  Spada di Damocle
  Terreno minato
  Trovarsi fra Scilla e Cariddi
  Trovarsi fra due fuochi
  Vedere la morte in faccia
  Vedere in faccia qualcosa
  Vedersela brutta
PIACERE
  Andarci con una gamba sola
  Da sballo
  Essere musica per le orecchie di qualcuno
  Far morire
  Giardino di Armida
  Leccarsi i baffi
  Leccarsi le dita
  Leccarsi le labbra
  Pascere l'occhio
  Prenderci gusto
  Saper vivere
PIANTO
  Avere le lacrime in tasca
  Fare il mestolino
  Fiume di lacrime
  Piangere a calde lacrime
  Piangere come una vite tagliata
  Piangere come un vitello
  Spander lacrime
PIGNOLERIA
  Attaccarsi al fumo delle candele
  Cercare il nodo nel giunco
  Cercare il pelo nell'uovo
  Contare i minuti
  Discutere sul sesso degli angeli
  Fare il pelo e il contropelo
  Far la barba e il contropelo
  Far questioni di lana caprina
  Guardare il minuto
  Il conto della serva
  Mettere i puntini sulle i
  Rivedere le bucce
  Spaccare un capello in quattro
PIOGGIA
  Piovere a bocca di barile
  Piovere a catinelle
  Piovere che Dio la manda
  Piovere a ritrecine
  Piovere a secchie
PITTURA
  Avere una buona mano
  Dare una mano di colore
  Dipingere con la granata
  Imbrattare le tele
PLEBE
  Basso popolo
  Popolo bue

POSSESSO
  Avere in mano
  Avere qualcosa al sole
  Mettere le mani su
  Mettere le unghie addosso

POTERE
  A braccio libero
  Avere il bastone del comando
  Avere il mestolo in mano
  Aver voce in capitolo
  Avere tutti ai propri piedi
  Battere la solfa
  Comandare a bacchetta
  Comandare a campanello
  Dare braccio
  Dare carta bianca
  Dettar legge
  Essere a capo di
  Essere il comandante della piazza
  Essere il padrone del paccellaio
  Essere il padrone del vapore
  Essere l'ago della bilancia
  Essere nella stanza dei bottoni
  Far ballare su un quattrino
  Fare alto e basso
  Fare la pioggia e il bel tempo
  Far filare
  In alto loco
  Le alte sfere
  Pezzo da novanta
  Portare i calzoni
  Prendere braccio
  Quartier generale
  Scettro del comando
  Tenere il coltello dalla parte del manico
  Tenersi il mazzo

POVERTÀ
  Avere il gallo nella madia
  Avere le pezze sul sedere
  Avere solo gli occhi per piangere
  Campare d'aria
  Dormire sotto i ponti
  Dormire sotto le stelle
  Essere all'asciutto
  Essere al verde
  Essere in acque basse
  Essere in bolletta
  Essere in mezzo a una strada
  Fare la fame
  Grattarsi i pidocchi
  L'amore non fa bollire la pentola
  Male in arnese
  Mancare del pane
  Morire di fame
  Morto di fame
  Non accozzare il desinare con la cena
  Non avere il becco di un quattrino
  Non avere né casa né tetto
  Non avere scarpe ai piedi
  Nudo bruco
  Passarsela male
  Piangere miseria
  Più povero di san Quintino
  Povero Cristo
  Povero diavolo
  Povero in canna
  Sul lastrico
  Tirare il diavolo per la coda
  Vita da cappuccino
  Vivere di pane duro

PRECARIETÀ
  Andare alla ventura
  Attaccare con lo sputo
  Attaccato con la saliva
  Essere l'uccello sulla frasca
  Scritto sulla sabbia
  Sul filo del rasoio
  Tenere il lupo per gli orecchi
  Tenere l'anguilla per la coda
  Tirare a campare

PRECISIONE
  Al capello
  Col compasso
  Fare i conti da speziali
  Guardare per il sottile
  Lavoro cinese
  Lavoro da certosino
  Lavoro di cesello
  Per filo e per segno
  Pesare con la bilancia dell'orafo

PREGHIERA
  Farsi il segno della Croce
  Gettarsi alle ginocchia
  Picchiare alla porta
  Pregare in ginocchio

PREOCCUPAZIONE
- Avere un mattone sullo stomaco
- Avere un peso sullo stomaco
- Fare la faccia scura
- Grattarsi i pidocchi
- Guastare i sonni a qualcuno
- Levarsi un dente
- Non c'è problema
- Perdere il sonno
- Prendersela calda
- Spina nel cuore
- Spina nel fianco
- Togliersi un peso dallo stomaco

PRESENZA
- Essere come il giovedì
- Essere come il matto dei tarocchi
- Essere come il prezzemolo
- Farsi vivo
- Reggere il moccolo

PRESUNZIONE
- Credersi al centro dell'universo
- Credersi il figlio della gallina bianca
- Credersi il padrone del mondo
- Credersi l'unico gallo del pollaio
- Credersi un padreterno
- I paperi menano l'oca a bere
- Il primo venuto
- Insegnare a nuotare ai pesci
- Insegnare ai gatti ad arrampicarsi
- Salire in cattedra
- Sputar sentenze

PRETESA
- Voler andare in Paradiso in carrozza
- Voler cantare e portar la Croce
- Volere la rosa senza spine
- Voler la botte piena e la moglie ubriaca
- Voler la carne senza l'osso
- Voler la frittata senza rompere le uova
- Voler la luna

PREVIDENZA
- Aver ombrello per ogni acqua
- Fare la formica
- Mettere il piede avanti
- Mettere le mani avanti
- Tenere le polveri asciutte
- Vedere lontano

PRIGIONE
- Andare al fresco
- Andare a vedere il sole a scacchi
- Andare dove le capre non cozzano
- Dietro le sbarre
- Essere in gattabuia
- Essere nelle mani di qualcuno
- Essere uccell di gabbia
- Mettere ai ferri
- Mettere al buio
- Mettere in catene
- Mettere in gabbia

PROGETTO
- Avere in testa
- Piano di battaglia
- Ruolino di marcia

PROMESSA
- Essere una promessa
- Mezza parola
- Prendere in parola
- Promesse da marinaio
- Promettere Roma e Toma
- Rimangiarsi la parola

PRONTEZZA
- Al volo
- Prendere al volo
- Presenza di spirito

PROSTITUZIONE
- Donna di mondo
- Donna di strada
- Donna di vita
- Fare la vita
- Ragazzo di vita

PROTESTA
- Farsi sentire
- Scendere in piazza

PROTEZIONE
- Allevare nella bambagia
- Angelo custode
- Avere qualche santo in Paradiso
- Avere una buona sponda
- Chiudere con sette sigilli
- Essere la buona stella di qualcuno
- Essere sotto l'ala di qualcuno
- Farsi scudo di
- Figlio di mamma
- Stare fra due materassi

Tenere sotto chiave
Tenere sotto una campana di vetro
Tenere sotto vetro

PRUDENZA
Adagio che le scale son di vetro
Prendere per il verso del pelo

PUBBLICO
Alla luce del sole
Di piazza

PUNIZIONE
A pane e acqua
Castigo di Dio
Far cadere delle teste
Giro di chiglia
La spada della giustizia
Mettere a pane e acqua

PUNTUALITÀ
In punto
Spaccare il minuto
Stare al minuto

PUREZZA
Candido come la neve
Candido come una colomba
Essere una casta Susanna
Puro come l'acqua
Puro come un angelo
Puro come un giglio
Puro come un neonato
Puro come un ruscello di montagna
Puro come una colomba
Puro come una vergine

PUZZA
Puzzare come una iena
Puzzare come un avello
Puzzare come un cadavere
Puzzare come un maiale
Puzzare come un pesce

QUALITÀ
Avere dei numeri
Di bassa lega
Di bassa mano
Di prima forza
Di prima grandezza
Di prim'ordine
Di second'ordine
Di terz'ordine
Essere come i polli di mercato

Fondo di bottiglia
Il fior fiore
In gamba
Terra terra
Un fior di
Uno ma leone
Uno straccio di

QUANTITÀ
A fiumi
A man salva
A non finire
A piene mani
A pioggia
Contare sulle dita
Contarsi sulle dita di una mano
Da vendere
Dose da cavallo
Essere una goccia nel mare
Il grosso di
Immerso fino al collo
In pillole
Mancare un pelo a qualcosa
Non più di tanto
Per un pelo
Per un'unghia
Quante ne può benedire un prete
Una barca di
Una lacrima di
Una punta di
Un fiume di
Un grano di
Un mare di
Un mondo di
Un monte di
Un pelo di
Un sacco e una sporta
Venir su come i funghi

RAFFORZATIVO
Alla follia
A morte
A piena gola
Che Dio la manda
Che è una bellezza
Coi fiocchi
Come un pazzo
Da cani
Da ladri

Da lupi
Da non vederci
Da pazzi
Del diavolo
Della più bell'acqua
Di fuoco
D'oro
Pezzo di
Più di così si muore
Razza di
Tanto di

RAPIDITÀ
A vista d'occhio
A volo d'uccello
Di passaggio
D'un soffio
Fare in un Credo
In quattro e quattr'otto
In un amen
In un fiato
Parlare come una mitragliatrice
Passare come una meteora
Senza por tempo in mezzo
Tutto d'un fiato

RAPPORTO
Averci a che fare come la luna coi granchi
Entrarci come il culo con le quarant'ore
Essere in rotta
Girare intorno a qualcuno
Non guardare più in faccia qualcuno
Prendere le distanze
Tagliare i ponti con qualcuno
Tenere a distanza
Togliere il saluto

RARITÀ
A ogni morte di Papa
A urli di lupo
Bestia rara
Cose che non vendono gli speziali
Essere come il latte di gallina
Essere una lupa bianca
Essersene perduto lo stampo
Figlio unico di madre vedova
Non se ne trova l'uguale a girare tutto il mondo
Non trovarsi a tutti gli usci
Raro come le mosche d'inverno
Raro come una mosca bianca
Raro come un cane giallo
Raro come un merlo bianco
Trovare la lucertola con due code

RASSEGNAZIONE
Asino bastonato
Bere il calice dell'amarezza
Buon viaggio
Come Dio vuole
Essere nelle mani di Dio
Far di necessità virtù
Fare buon viso a cattiva sorte
Farsi una ragione
Inghiottire la pillola
Ingoiare il rospo
Lasciar correre il dado
Mandar giù un boccone amaro
Mangiar l'aglio
Mettersi il cuore in pace
Mettersi l'anima in pace
Ormai la frittata è fatta
Portare la propria croce
Prendere il mondo come viene
Prendere la vita con filosofia
Prendere quello che passa il convento
Stringersi nelle spalle

REAZIONE
A botta calda
Alzata di testa
Mettere il dito sulla piaga
Rendere colpo per colpo
Rendere colpo su colpo
Rispondere col sale e col pepe
Rispondere per le rime
Saltar su
Scattare come una molla
Toccare nel vivo

RECUPERO
Mettersi in pari
Rimettersi in sella

REDENZIONE
Raccogliere dal fango
Ricondurre all'ovile
Riportare sulla buona strada
Tornare sulla retta via

REGOLARITÀ
Avere le carte in regola
Con tutti i crismi

RELIGIONE
Accostarsi all'altare
Al secolo
Dare addio al mondo
Dare un calcio alla tonaca
Entrare in religione
Essere chiamato da Dio
Fuggire dal secolo
Gettare alle ortiche
Portare il collare
Prendere il velo
Prendere l'abito

REPUTAZIONE
Cattiva stampa
Passare per
Salvare la faccia

RESA
Alzare le mani
Bandiera bianca
Dichiarare forfait
Lasciare il campo

RESISTENZA
Osso duro
Stringere i denti
Tener duro
Tenere il campo

RESPONSABILITÀ
Avere molte bocche da sfamare
Avere sulle spalle
Essere figlio delle proprie azioni
Gravare sulle spalle

RIBELLIONE
Alzata di scudi
Ribellarsi al giogo
Tirare vento di fronda

RICCHEZZA
Annegare nel grasso
Avere il tocco di re Mida
Figlio di famiglia
Figlio di papà
Nuotare nel grasso
Nuotare nel lardo
Nuotare nell'oro
Paese di Bengodi
Quartieri alti
Ricco come Creso
Trovare l'America
Zio d'America

RICERCA
A destra e a sinistra
Battere la campagna
Cercare col lanterino
Cercare in lungo e in largo
Cercare in tutti gli angoli
Cercare per mari e per monti
Cercare per monti e per valli
Cercare per terra e per mare
Cercare un ago nel pagliaio
Dar la caccia a
Fare il miracolo di Maometto
Rivoltare come un materasso

RICERCATEZZA
Avere la puzza sotto il naso
Essere in punto e virgola
Fare la bocca a cul di pollo
Parlare in punta di forchetta

RIDICOLO
Da operetta
Essere la favola del paese
Essere un numero
Far ridere
Far ridere i polli
Far ridere i sassi
Far ridere il mondo
Far ridere le panche
Mettere in canzone
Tutto da ridere

RIDUZIONE
Fare come mastro Piallino
Fare di una lancia un punteruolo
Fare di una trave un nottolino

RIFIUTO
Col fischio
Chiudere le porte
Dare il due di picche
Morire piuttosto che
Non c'è Cristo che tenga
Non passare per l'anticamera del cervello
Non sentirci
Non sentirci da un orecchio
Non voler qualcosa neanche per cacio bacato

Per tutto l'oro del mondo
Piuttosto mi faccio frate
Puntare i piedi al muro
Scuotere il capo
Tapparsi le orecchie
Te lo raccomando!

RIFLESSIONE
Contare fino a cento prima di parlare
Dormirci sopra
Pesare le parole

RIMEDIO
Avere unguento per ogni piaga
Correre ai ripari
Essere come il cerotto dei frati
Mettere una pezza
Mettere una zeppa
Peggio il taccone del buco
Rimedio eroico

RIMPROVERO
Da che pulpito viene la predica
Dare una lustrata
Dare una ripassata
Dare una spolverata
Dirne quattro
Fare il culo
Lavata di capo
Levare il pelo
Levare la pelle
Mettere a posto qualcuno
Tirare le orecchie

RINFACCIARE
Dare il pane e la sassata
Gettare in faccia
Sbattere sul muso

RINUNCIA
A spese di
Buttare a mare
Calare le brache
Gettare la spugna
Passare la mano
Rientrare nei ranghi
Togliersi di mente
Vivere all'ombra di qualcuno

RINVIO
Guadagnare tempo
Rimandare al giorno del Giudizio
Rimandare a san Bindo
Tenere in sospeso

RIPETIZIONE
Come suonare a predica
Cominciare con la solita canzone
Dare una ripassata
Dare una spolverata
Di seconda mano
Fritto e rifritto
In tutte le salse
Mettere in musica
Minestra riscaldata
Sembrare un disco rotto
Suonare sempre la stessa solfa

RIPRISTINO
È tutto da rifare
Raddrizzare il timone
Rimettere in piedi

RISCHIO
Andarne della pelle
Arma a doppio taglio
Campo minato
Cavare le castagne dal fuoco
Colpo di testa
Correre l'avventura
Essere sospeso a un capello
Essere un terreno pericoloso
Fare un'apertura al buio
Fare un salto nel buio
Firmare una cambiale in bianco
Giocare d'azzardo
Giocare una carta
Giocarsi qualcosa
Lasciare il certo per l'incerto
Lasciare la strada vecchia per la nuova
Mancarci un capello
Mettere in gioco
Mettere l'esca accanto al fuoco
Mettersi in gioco
Non rischiare un capello
Rischiare la pelle
Svegliare il can che dorme
Tentare il tutto per tutto
Tentare la sorte

RISERVATEZZA
Acqua in bocca
Chiuso come un'ostrica
Chiuso come un riccio

Essere un libro chiuso
Farsi i cavoli propri
Lavare in casa i panni sporchi
Non far pubblicità

RISO
Far morir dal ridere
Ridere come un cavallo
Ridere di cuore
Ridere in faccia
Ridere sotto i baffi
Sbellicarsi dalle risa
Tenersi i fianchi
Tenersi la pancia dal ridere

RISPARMIO
A stecchetto
Far ridere gli eredi
Fare Quaresima
Fare le nozze coi fichi secchi
Mangiare pane e cipolla
Politica della lesina
Stringere i cordoni della borsa

RISPETTO
Farsi rispettare
Trattare con rispetto

RITARDO
Arrivare alla frutta
Arrivare a lumi spenti
Arrivare a piatti levati
Arrivare al fumo delle candele
Arrivare dopo la musica
Arrivare quando si spengono le luci
Chiudere il pozzo dopo che è annegato il vitello
Essere la gallina nera
Tirar tardi
Trovare il diavolo nel catino

RITIRATA
Ammainare le vele
Battere in ritirata
Cedere il campo
Cedere il passo
Fare macchina indietro
Fare retromarcia
Far marcia indietro
Non avere più cartucce
Ritirarsi in buon ordine
Ritirata strategica
Tirarsi indietro
Uscir di scena

RIUNIONE
Con le gambe sotto il tavolo
Sedersi attorno a un tavolo
Tavola rotonda

ROBUSTEZZA
A prova di
A prova di bomba
A prova di botta
Avere la scorza dura
Vecchia quercia

ROSSORE
Diventare di fiamma
Diventare di fuoco
Farsi di brace
Rosso come un gambero

ROVINA
Andare a farsi benedire
Andare a Maravalle
Andare a Patrasso
Andare a picco
Andare a rotoli
Andare in baracca
Andare in fumo
Andare in malora
Andare in vacca
Dal Campidoglio alla rupe Tarpea
Dalle stelle alle stalle
Essere del gatto
Essere fritti
Essere il principio della fine
Essere la morte di qualcuno
Essere un uomo morto
Far saltare
Farsi la frusta per la schiena
La barca fa acqua
Lasciar nudo
Mandare a fondo
Mandare all'aria
Mettere in ginocchio
Mettersi una corda al collo
Passare dall'altare alla polvere
Restare col culo per terra
Ridurre ai minimi termini
Ridurre in marmellata
Ridursi in maniche di camicia
Rimetterci anche la camicia
Rompere le uova nel paniere

Rompersi il capo
Saltare per aria
Scavarsi la fossa
Vendersi la camicia
Volere la testa di qualcuno

SACRIFICIO
Abbracciare la Croce
A proprie spese
Dare l'anima per
Dare metà del proprio sangue
Dare un occhio per
Mettere ai piedi della Croce
Sacrificarsi sull'altare di

SAGGEZZA
Avere la testa a segno
Avere la testa sul collo
Avere la testa sulle spalle
Con un grano di sale
Essere il sale della terra
Fare il passo secondo la gamba
Tagliare la veste secondo il panno

SALUTE
Avere la pelle dura
Avere salute da vendere
Avere una bella faccia
Bianco e rosso
Cambiar colore
Crepare di salute
Digerire anche i chiodi
Essere il ritratto della salute
Essere in forze
In gamba
Passare la visita
Rimettere in sesto
Salute di ferro
Sano come una lasca
Sano come un pesce
Vivo e vegeto

SALVEZZA
Accendere un cero
Ancora di salvezza
Essere fuori tiro
In zona Cesarini
Restare a galla
Riportare a casa la pelle
Salvare la buccia
Salvare la ghirba

Salvare la pelle
Salvarsi in corner
Ultima spiaggia
Ultima tavola di salvezza

SAPIENZA
Abisso di scienza
Aprire la mente
Arca di scienza
Avere la scienza infusa
Dotto come uno scaffale
Essere una biblioteca ambulante
Essere un calepino ambulante
Pozzo di scienza
Sapienza di Salomone

SCACCIARE
Andare a farsi benedire
Andare a quel paese
Andare a scopare il mare
Dare le pere
Mandare a bastonare i pesci
Mandare a dar via il culo
Mandare a farsi benedire
Mandare a farsi frate
Mandare a farsi friggere
Mandare al diavolo
Mandare a quel paese
Mandare in malora
Mandare sulla forca
Ma vai a farti frate
Mettere alla porta
Sbattere la porta sul naso

SCALPORE
Dare nell'occhio
Far rumore
Fare sensazione
Far scena
Gridare allo scandalo

SCELTA
Chi mi ama mi segua
D'elezione
Essere come Ercole al bivio
Estrarre dal mazzo
Non sapere che acqua bere
O bere o affogare
Scegliere fior da fiore
Stare a cavallo del fosso

SCONFITTA
Mangiare la polvere

    Mordere la polvere
    Uscirne con la testa rotta
SCONGIURO
    Fare le corna
    Toccare ferro
    Toccar legno
SCONTRO
    Aguzzare i ferri
    All'ultimo sangue
    Braccio di ferro
    Dar fuoco alle polveri
    Entrare in polemica
    Entrare in urto
    Entrare nella tana del leone
    Essere sul piede di guerra
    Guerra dei nervi
    Incrociare i ferri
    Incrociare le lame
    Incrociare le spade
    Lotta a coltello
    Lotta senza quartiere
    Prendere alle spalle
    Scendere in campo
    Scendere sul terreno
    Sfida all'arma bianca
    Venire ai ferri corti
    Venire alle brutte
    Venire alle mani
SCRITTORE
    Essere una buona penna
    Essere una penna venduta
    Fare il negro di qualcuno
    Uomo di penna
SCRITTURA
    Mettere nero su bianco
    Zampe di gallina
    Zampe di mosca
SCUOLA
    Far forca a scuola
    Marinare la scuola
    Scuola della domenica
    Spezzare il pane della scienza
    Tenere scuola
SEGRETEZZA
    A porte chiuse
    Avere il sigillo sulle labbra
    Cantare come un canarino
    In separata sede

    Muto come un pesce
    Muto come una tomba
    Non far sapere alla mano destra quello che fa la sinistra
    Non tenere un cece in bocca
    Portare un segreto nella tomba
    Sotto il sigillo della confessione
    Tenere i segreti come un paniere
SEGRETO
    Scheletro nell'armadio
    Segreto di Pulcinella
    Segreto di Stato
    Tenere i segreti come un paniere
SERENITÀ
    A cuor leggero
    Attaccare i pensieri al campanello dell'uscio
    Dormire il sonno del giusto
    Dormire in pace i propri sonni
    Dormire su un letto di piume
    Dormire tra due guanciali
    Dormire tutti i propri sonni
    Senza nuvole
    Senza un pensiero al mondo
    Star di buon cuore
    Tenere la testa fra due guanciali
    Tranquillo come due lire
SESSO
    Andare a donne
    Concedere le proprie grazie
    Godere delle grazie di una donna
    Mettere le mani addosso
    Peccato della carne
    Sacrificare a Venere
    Vizio solitario
SEVERITÀ
    Avere la mano pesante
    Disciplina di ferro
    Far rigare diritto
    Giro di vite
    Legge draconiana
    Stringere i freni
    Trattare con la frusta
    Usare la frusta
SFIDA
    Andare a nozze
    Gettare il guanto
    Invitare a nozze

La vedremo
Non aver paura dell'inferno
Raccogliere il guanto
Trovare pane per i propri denti

SFORTUNA
Avere la maledizione addosso
Avere la scomunica addosso
Essere la mano di Dio
Fortunato come un cane in chiesa
Povero cane

SFRONTATEZZA
Avere una bella faccia
Aver un bel fegato
Faccia di bronzo

SFRUTTAMENTO
Essere una sanguisuga
Fare il negro di qualcuno
Levare il pane di bocca
Mangiare il pane a tradimento
Spremere come un limone
Succhiare anche il midollo
Succhiare il sangue
Testa d'ariete
Vivere alle spalle di qualcuno

SGUARDO
Con la coda dell'occhio
Fare l'occhio del porco
Occhi come carboni accesi
Occhi da basilisco
Occhi da civetta
Occhi da gatto
Occhi di smalto
Occhi ladri
Occhi pesti
Sguardo d'acciaio
Sguardo di gelo

SICUREZZA
Chiudere a sette chiavi
Essere in una botte di ferro
In mani sicure
Senza fallo
Valvola di sicurezza

SILENZIO
Avere lasciato la lingua a casa
Chiudere la ciabatta
Fare il pesce in barile
Far scena muta
Farsi mangiare la lingua dal gatto
In punta di piedi
Mordersi la lingua
Muto come un pesce
Muto come una tomba
Non aprir becco
Non fiatare
Non sentir volare una mosca
Risparmiare il fiato
Silenzio di tomba
Tenere il becco chiuso
Tenere in corpo
Ti si possa seccare la lingua
Zitto e mosca!

SINCERITÀ
A cuore aperto
Avere il cuore sulle labbra
Col cuore in mano
Mettersi una mano sulla coscienza
Mettersi una mano sul petto

SOFFERENZA
Amaro calice
Avere il cuore pesante
Avere il cuore stretto
Bere il calice fino alla feccia
Bruciare a fuoco lento
Dolenti note
Essere una morte lenta
Far morire
Lacrime di sangue
Lacrime e sangue
Male del vedovo
Mettersi le mani nei capelli
Muro del pianto
Non avere più occhi per piangere
Parere un Gesù morto
Patire le pene dell'inferno
Pianto greco
Sentirsi il cuore di piombo
Sentirsi piangere il cuore
Soffrire come una bestia
Soffrire come un'anima dannata
Soffrire le pene dell'inferno
Spargere sale sulle piaghe
Spezzare il cuore
Stretta al cuore
Stringere il cuore
Supplizio di Tantalo
Tasto doloroso

Tortura cinese
SOLE
Fare la lucertola
Sole che spacca le pietre
SOLITUDINE
Cuore solitario
Morire come un cane
Solo al mondo
Solo come un cane
SOLUZIONE
Chiave di volta
Essere l'apriti Sesamo
Non esserci strada
Tagliare il nodo gordiano
Tagliare la testa al toro
Trovare il bandolo della matassa
Vedere una strada
SOMIGLIANZA
Della stessa risma
Dello stesso calibro
Dello stesso stampo
Essere come le dita di una mano
Essere della stessa lana
Essere dello stesso conio
Essere di un pelo e di una buccia
Essere di un peso e di una lana
Essere due gocce d'acqua
Essere figlio del proprio padre
Essere usciti dalla stessa madia
SONNO
Avere gli occhi che si chiudono
Avere gli occhi pesanti
Cascare dal sonno
Contare le pecore
Dormire in piedi
Essere impastato di sonno
Essere nel primo sonno
Essere tra le braccia di Morfeo
Morto di sonno
Non chiudere occhio
Notte bianca
Sentire le palpebre pesanti
Sonno da marmotta
SORDITÀ
Avere campane grosse
Avere il cotone negli orecchi
Avere la cera negli orecchi
Duro d'orecchio

Duro di timpani
Sordo come una campana
SORPRESA
Fulmine a ciel sereno
Piovere dal cielo
SORTEGGIO
A testa o croce
Gettare la moneta
Giocare a pari e dispari
Tirare a sorte
Tirare la paglia più corta
SOSPETTO
Avere la coda di paglia
Dar corpo alle ombre
Essere in odore di
Essere una minestra che non piace
Gatta ci cova
Gettare delle ombre
Mettere la pulce nell'orecchio
Puzzare di
Sentir nascere la gramigna
SOSTANZA
Entrare nel vivo
Essere il nocciolo della questione
Morale della favola
Ridotto all'osso
Toccare nel vivo
Venire al dunque
SOSTEGNO
Andare avanti a forza di puntelli
Essere la colonna
Essere una lancia spezzata
Fare il tifo
Mettersi con qualcuno
Tenere in piedi
SOTTOMISSIONE
A testa bassa
Chiedere scusa anche all'aria
Chinare la fronte
Curvare la schiena
Dare i calzoni alla moglie
Far da ciabatta
Fare le spese di
Lasciar schiacciare le noci in casa propria
Lasciarsi piovere addosso
Legare l'asino dove vuole il padrone

Mettersi in ginocchio
Piegare il capo
Piegare il collo
Stare coi frati e zappar l'orto
Stare con le braccia in croce
Strisciare come un verme
Tenere gli occhi bassi
Tenere le braccia in croce

SOTTOSUOLO
Il seno della terra
Le viscere della terra

SPAZIO
A perdita d'occhio
Esserci posto per far ballare i topi
Mezzo mondo
Non esserci posto neanche per bestemmiare
Piazza d'armi

SPENSIERATEZZA
Avere buon tempo
Vivere alla giornata

SPIA
Allungare le orecchie
Anche i muri hanno orecchi
Avere le orecchie lunghe
Essere come la campana del Bargello
Soffiare sulla pappa
Star ritto coi fili
Uomo di soldo

SPORCIZIA
Essere come l'orcio dei poveri
Nero come un carbonaio
Nero come uno spazzacamino
Sporco come le stalle di Augia
Sporco come un bastone da pollaio
Sporco come un maiale
Stare in piedi da solo

SPOSTAMENTO
Fare la spola
Fare san Martino
Far san Michele
Mandare da Erode a Pilato

SQUILIBRIO
Andare fuori di zucca
Andare in tilt
Aver bevuto l'acqua di Fontebranda
Avere un ramo di pazzia
Dar di volta il cervello
Dare i numeri
Essere fuori di testa
Malato al cervello
Mancare un venerdì
Matto come un cavallo
Non aver tutti i giovedì a posto
Non essere del tutto giusto
Perdere il lume della ragione
Perdere la ragione
Uscir di cervello
Uscire dai sentimenti

SREGOLATEZZA
Far baracca
Non avere ore
Ragazzo di strada

STANCHEZZA
Avere il cervello in fumo
Avere il cervello in pappa
Sentirsi a pezzi

STASI
Punto morto
Segnare il passo

STRAVAGANZA
Essere caduto dal seggiolone
Mancare di una rotella
Tipo da spiaggia
Vergine folle

STUPIDITÀ
Andare vitello e tornare bue
Aver la testa solo per bellezza
Avere le pigne in testa
Avere scritto giocondo in fronte
Avere stoppa nel cervello
Aver perduto i muli e cercare i capestri
Caricarsi di legna verde
Cervello di gallina
Comprare il lardo dal gatto
Comprare la gatta nel sacco
Dar la biada all'asino
Domandare all'oste se ha buon vino
Essere indietro di cottura
Essere lo scemo del paese
Essere una mosca senza capo
Essere una zucca

Fare come l'asino che porta il vino e beve l'acqua
Fare la barba agli asini
Fuggire l'acqua sotto le grondaie
Gettar l'acqua sporca col bambino dentro
Grosso come l'acqua dei maccheroni
Infilare l'ago al buio
Invitare il matto alle sassate
Invitare qualcuno al suo gioco
Non avere materia grigia
Non distinguere i bufali dalle oche
Non distinguere il nero dal bianco
Non distinguere il pan dai sassi
Parlare solo perché si ha la lingua in bocca
Portar legna al bosco
Portare fiasconi a Vallombrosa
Stupido come l'acqua tiepida
Testa d'asino

STUPORE
Con tanto d'occhi
Levare il fiato
Mozzare il fiato
Non credere ai propri occhi
Non credere alle proprie orecchie
Restare a bocca aperta
Restare come la moglie di Lot
Restare come un allocco
Restare come un salame
Restare di princisbecco
Restare di sasso
Restare senza fiato
Rimanere di sale
Rimanere di stucco
Sentirsi mancare il fiato
Sgranare gli occhi

SUCCESSIONE
A getto continuo
Andare in processione
Catena di Sant'Antonio
Essere un mulino a vento
Fuoco di fila
Fuoco incrociato
In fila indiana
Mattina e sera
Morto un papa se ne fa un altro

SUCCESSO
A gonfie vele
Andare a ruba
Andare a segno
Andare col vento in poppa
Andare di lusso
Andare diritto
Andare forte
Andar liscia
A vele spiegate
Avere le carte in regola
Cavarsela per il rotto della cuffia
Colpire nel segno
Colpo gobbo
Da galeotto a marinaio
Do di petto
Essere a cavallo
Far breccia
Far buona caccia
Fare strada
Fare un bel salto
Far furore
Farsi largo
Farsi strada
Finire in gloria
Libro d'oro
Mettere a segno
Mietere allori
Passarla liscia
Pezzo forte
Raggiungere la vetta
Restare in sella
Salire alle stelle
Salvare capra e cavoli
Sulla cresta dell'onda
Trovarsi un posto al sole
Uomo nuovo
Venire dalla gavetta

SUICIDIO
Farla finita
Farsi saltare le cervella

SUPERBIA
Alzare la cresta
Alzare le corna
Arie da regina
Avere la camicia che non tocca il culo
Dare alla testa

Darsi delle arie
Esser pieno di vento
Essere come la principessa del pisello
Essere un otre gonfio di vento
Essere un pidocchio rifatto
Far cadere dall'alto
Fare come la rana con il bue
Fare il grande
Fare la gran dama
Farla da maestro
Gonfio come una rana
Pallone gonfiato
Scendere dall'Olimpo
Scendere dal pero
Sputar tondo

SUPERIORITÀ
Appartenere all'olimpo di
Avere una marcia in più
Bagnare il naso
Dare dei punti a qualcuno
Dare la birra
Essere la punta di diamante
Essere in prima linea
Essere in testa
Far vedere i sorci verdi
Farla vedere a
Guardare dall'alto in basso
Mangiarsi qualcuno in un boccone
Mettersi in tasca qualcuno
Montare in banco

SVENTATEZZA
Avere i grilli per la testa
Avere la testa fra le nuvole
Avere la testa per aria
Cercare la pipa e averla in bocca
Chiudere la stalla dopo che i buoi sono fuggiti
Cogliere i fichi in vetta
Essere fuori del mondo
Essere nel mondo dei sogni
Essere senza testa
Gettare il manico dietro la scure
Lasciare la lattuga in guardia del papero
Lasciarsi scappare di bocca
Non ricordarsi da qui a lì
Non sapere in che mondo si vive
Oca giuliva
Scherzare col fuoco
Sognare a occhi aperti
Tagliare il ramo su cui si è seduti
Testa vuota
Tirarsi addosso
Vivere nel limbo
Vivere sulle nuvole

SVILUPPO
Buttare bene
Far passi da gigante
Fare un passo avanti
Mutarsi da bruco in farfalla
Prendere una buona piega
Se son rose fioriranno
Tirar su
Uscire dal bozzolo
Venir su

TEATRO
Calcare il palcoscenico
Calcare le scene
Luci della ribalta

TEMPO
A tempo perso
Avere le ore contate
Aver tempo da vendere
Capitare a fagiolo
Cogliere l'attimo fuggente
Da che mondo è mondo
Di buon mattino
Far la visita delle sette chiese
Far notte
Fino alla fine dei secoli
Frutti di stagione
Giorni di calendario
In un soffio
Nei ritagli di tempo
Nel giro di
Nella notte dei tempi
Non essere la giornata
Per tutti i secoli dei secoli
Roma non fu costruita in un giorno

TENSIONE
Avere i nervi tesi come le corde di un violino
Teso come una corda di violino
Teso come una molla

TENTATIVO
Attaccarsi anche alle funi del cielo
Perso per perso
Sparare tutte le cartucce
Tentare il tutto per tutto
Tentare tutte le strade

TORMENTO
Avere in corpo
Camicia di Nesso
Essere un rasoio al cuore
Far venire i capelli bianchi
Mettere in croce
Mordersi le mani
Non lasciar vivere
Rodersi il cuore

TRADIMENTO
Allevare una serpe in seno
Amico del giaguaro
Avere le corna a sette palchi
Avere più corna che capelli
Bacio di Giuda
Cambiare bandiera
Colpo gobbo
Contaminare il talamo
Dare i confetti di Papa Sisto
Fare conte di Cornovaglia
Fare duca di Corneto
Fare il doppio gioco
Fare la forca
Fare la parte di Giuda
Fare le corna
Girare sulle calcagna
Passare all'altra sponda
Pugnalare alla schiena
Servire due padroni

TRATTATIVA
Essere in parola con qualcuno
Tenere in parola qualcosa
Tenere in parola qualcuno

TURNO
Essere di quarto
Essere di ramazza
Essere di settimana

UCCISIONE
Ammazzare come una bestia
Ammazzare come un cane
Avere le scarpe del morto
Fare la festa a qualcuno
Fare la pelle
Far secco
Fatto di sangue
Grondare di sangue
Lasciare la testa sul palco
Mandare al Creatore
Mettere al muro
Passare a fil di spada
Passare per le armi
Ridurre al silenzio
Soffocare nel sangue
Sparger sangue
Tirar giù dalle spese
Tirare il collo

UDITO
Avere le orecchie foderate di prosciutto
Aver l'orecchio fino

UGUAGLIANZA
Essere sempre la solita zuppa
Fatto con lo stesso stampo
Mettere sullo stesso piano
Se non è zuppa è pan bagnato

UMANITÀ
A misura d'uomo
Figli di Adamo
Il vecchio Adamo
Mettersi una mano sulla coscienza

UMILIAZIONE
Abbassare la cresta
Andare a Canossa
Mettere alla gogna
Passare sotto il giogo
Passare sotto le forche caudine
Sapere di sale

UMORISMO
Fare dello spirito
Spirito di patata

UNIONE
A ranghi serrati
Come un sol uomo
Essere tutti sulla stessa barca
Essere tutt'uno
Far causa comune
Far da ponte
Far fronte unico
Far lega con qualcuno

Rompere i ranghi
Serrare i ranghi
Tre fili fanno uno spago

VALORE
Coi baffi
Canto del cigno
Contare come il due di coppe
Contare come il due di picche
Contare quanto il due di briscola
Contare quanto il fante di picche
Da nulla
Da quattro soldi
Da strapazzo
Della domenica
Di razza
Di tutto rispetto
Essere di dozzina
Essere un numero
Essere uno zero
Far testo
Il meglio che offre la piazza
Non dare un soldo
Non essere mica noccioline
Non essere secondo a nessuno
Non valere l'unghia del dito mignolo
Non valere una cicca
Non valere una lira
Non valere un bottone
Non valere un fischio
Non valere uno zero
Non valere un soldo bucato
Pezza da piedi
Un mazzo d'agli
Una perla di
Valere tant'oro quanto pesa
Valere un Perù

VANITÀ
Eroe da caffè
Eroe della sesta giornata
Fare come il corvo col cacio
Far la ruota
Far la ruota come un pavone
Farsi bello del sole di luglio
Farsi bello con le penne altrui
Farsi bello con le penne del pavone
Mettere in vetrina
Restare sull'albero a cantare

VANTAGGIO
A spese di
Asso nella manica
Avere buon gioco
Avere buone carte
Avere molte corde al proprio arco
Avere molte frecce al proprio arco
Avere una buona mano
Avere un'arma segreta
Buon pro ti faccia
Come il cacio sui maccheroni
Dar buoni frutti
Esser di mano
Essere sulla buona strada
Far capitale di qualcosa
Fare il salto della quaglia
Fare la parte del leone
Fare un patto col diavolo
Far ponti d'oro
Far tesoro di qualcosa
Farsi forte di qualcosa
Gallina dalle uova d'oro
Giocare a partita doppia
Giocare in casa
Guadagnare terreno
Meglio un uovo oggi
Mettere a partito qualcosa
Raschiare il fondo del barile
Salvare la pancia per i fichi
Segnare un punto
Sotto il sasso sta l'anguilla
Sull'onda di
Tenere in caldo
Toccare il tasto giusto
Trarne partito
Trovare il terreno adatto
Trovare la propria strada
Unire l'utile al dilettevole
Venire a tempo come un'acqua d'agosto
Venire la Pasqua di domenica

VECCHIAIA
Aver gli anni del primo topo
Aver gli anni di Matusalemme
Avere l'arme dei cinque topi
Avere molte primavere
Capelli d'argento

Essere in età
Essere in là con gli anni
Essere più vecchio del prezzemolo
Essere un Matusalemme
Essere un vecchio bacucco
Età avanzata
L'autunno della vita
Più vecchio del mondo
Vecchio come il cucco
Vecchio come l'arca di Noè
Vecchio come Matusalemme
Vecchio come Noè
Vivere gli anni di Nestore

VELOCITÀ
A briglia sciolta
A gambe levate
Andare a manetta
A passo d'uomo
A rotta di collo
A spron battuto
A tutta birra
A tutto gas
A tutto vapore
A vele spiegate
Avere le ali ai piedi
Bruciare le tappe
Come il vento
Come una palla di fucile
Come un fulmine
Come un razzo
Correre ventre a terra
Dare gas
Dritto come una freccia
Essere di gamba lesta
Essere un fulmine
Fulmine di guerra
In un batter d'ali
Sulle ali del vento
Veloce com un fulmine
Veloce come un furetto

VENDETTA
Aspettare al varco
Far la barba e il contropelo
Lavare nel sangue
Lavare una macchia col sangue
Legarsela al dito
Occhio per occhio
Regolamento di conti

Regolare i conti con qualcuno
Rendere a misura di carbone
Rendere frasche per foglie
Rendere la pariglia
Rendere pan per focaccia
Ripagare con la stessa moneta
Saldare la partita

VERGOGNA
Andare a nascondersi
Voler essere sotto terra

VERIFICA
Banco di prova
Con beneficio d'inventario
Dividere il grano dalla zizzania
Fare la prova del nove
Guardarsi allo specchio
Il pro e il contro
Mettere alla prova
Mettere sul piatto della bilancia
Ora della verità
Pietra di paragone
Toccare con mano

VERITÀ
Gettare la maschera
Mettere le carte in tavola
Ora della verità
Parola di re
Parole d'oro
Verità sacrosanta

VIAGGIO
Andare alla ventura
Fare il giro dell'universo
Fare più miglia di un lupo a digiuno
Girare come il sole
In viaggio

VICINANZA
A due passi
A tiro
A tiro di voce
A un tiro di balestra
A un tiro di sasso
A un tiro di schioppo
A uno sputo di distanza
Avere sott'occhio
Essere a un pelo da qualcosa
Essere alla porta
Essere uscio e bottega
Fianco a fianco

Gomito a gomito
In spirito
Mancare un soffio
Mancare un unghia
Picchiare alla porta
Seguire a ruota

VIGILANZA
Avere un occhio alla padella e uno al gatto
Dormire con un occhio solo
Fare da palo
Fare la ronda
Guardare a vista
Occhio alla penna
Stare all'erta
Stare all'occhio
Stare col fucile spianato
Stare con l'arco teso
Stare in campana
Stare in guardia
Stare sul chi vive
Tenere d'occhio
Tenere gli occhi aperti

VIGLIACCHERIA
Assalire alle spalle
Battere il basto invece dell'asino
Battere il cane al posto del padrone
Battere la sella invece del cavallo
Calcio dell'asino
Chi non può dare all'asino dà al basto
Cuor di coniglio
Dar grucciate agli zoppi
Fare il tiro al piccione
Non aver sangue nelle vene
Uccidere un uomo morto

VINO
Il latte dei vecchi
Vino battezzato
Vino duro

VISITA
Fare una scappata
Fare un salto
Fare un saluto

VISTA
Aguzzare gli occhi
Aguzzare le ciglia
Allo scoperto
A occhio nudo
Aver la vista corta
Avere gli occhi foderati di prosciutto
Cieco come una talpa
Guastarsi la vista
In bella vista
Non distinguere il pane dai sassi
Occhio al falco
Occhio di lince
Perderci gli occhi
Vederci doppio
Vista d'aquila

VITA
Al mondo
Alti e bassi
Dall'alfa all'omega
Essere al mondo
Essere ancora al mondo
Osso del collo

VITALITÀ
Avere sette spiriti
Avere sette vite come i gatti
Pieno di vita

VITTORIA
Avere l'ultima parola
Aver ragione di qualcuno
Cantare vittoria
Dare scacco matto
Fare cappotto
Mandare al tappeto
Mettere in ginocchio
Ottenere la palma
Rimanere padrone del campo
Vincere ai punti
Vincere a piede zoppo
Vincere di stretta misura
Vincere di un corto naso
Vittoria ai punti
Vittoria di Pirro

VOCE
Avere buoni polmoni
Gridare a pieni polmoni
Gridare a squarciagola
Gridare fino a slogarsi l'ugola
Strillare come un'aquila
Strillare come una gallina spennata

Voce bianca
Voce d'angelo
Voce da sirena
VOLUBILITÀ
Andare a giornate
Andare a lune
Essere una banderuola al vento
Essere una canna al vento
Essere una foglia al vento
Essere una piuma al vento
Volgersi a tutti i venti

ZERO
Finire nel nulla
Ripartire da zero
Tagliare a zero
Zero al quoto
Zero assoluto
Zero via zero
ZITTO
Parla quando pisciano le galline
Ridurre al silenzio
Zitto e mosca!

Finito di stampare nel mese di dicembre 1992
presso lo stabilimento Grafica Pioltello s.r.l.
Seggiano di Pioltello (MI)

Printed in Italy

BUR
Periodico settimanale: 8 Gennaio 1993
Direttore responsabile: Evaldo Violo
Registr. Trib. di Milano n. 68 del 1°-3-74
Spedizione abbonamento postale TR edit.
Aut. n. 51804 del 30-7-46 della Direzione PP.TT. di Milano

ANNOTAZIONI

ANNOTAZIONI

ANNOTAZIONI

ANNOTAZIONI

ANNOTAZIONI

0007773
MONICA QUARTU
DIZIONARIO DEI
MODI DI DIRE
1a.EDIZIONE
BUR R.C.S.RIZZOLI
LIBRI.MILANO

L. 30.000

20164 7 104566 120